ANDRÉ LAGARDE

Agrégé des Lettres
Inspecteur général
de l'Instruction Publique

LAURENT MICHARD

Ancien élève
de l'École Normale Supérieure
Inspecteur général de l'Instruction Publique

XIXᵉ SIĒCLE

LES GRANDS AUTEURS FRANÇAIS DU PROGRAMME

Anthologie
et histoire littéraire

Bordas

Couverture : B.-P. Debia, *Classiques et Romantiques* (détail), peinture, 1832. Musée Ingres, Montauban.
Ph. G. Roumagnac © Arch. Photeb.
Maquette couverture : P. Verbruggen

© Bordas, Paris, 1985

ISBN 2-04-16216-X

AVANT-PROPOS

Selon le principe de la collection, nous avons réuni dans un *livre unique* des extraits spécialement présentés en vue de l'*explication* en classe, des *lectures* complémentaires, une *histoire littéraire* suivie et toujours en relation étroite avec ces textes. Nous voudrions ainsi alléger pour le professeur la tâche de présenter et d'analyser les œuvres ou de dicter des questionnaires, et lui permettre de consacrer tout son temps à l'*étude des textes,* en compagnie d'élèves déjà préparés à cet exercice et intéressés par des lectures complémentaires.

L'ouvrage étant surtout destiné à de grands élèves, nous avons donné d'assez larges extraits des poètes romantiques, des romanciers, des historiens, des poètes symbolistes. En ce qui concerne les poètes et les romanciers de la fin du siècle, nos lacunes sont volontaires : nous contentant de donner quelques pages d'Anatole France et de Loti, nous avons réservé pour le recueil consacré au XXe SIECLE l'étude des grands écrivains dont la carrière commencée au XIXe SIECLE s'épanouit au début du XXe SIECLE. Par cet ensemble, nous espérons concilier les exigences d'une préparation efficace et l'ambition de former des esprits cultivés, en éveillant le désir de prolonger l'examen des textes choisis par la lecture des œuvres intégrales.

• On retrouvera dans cette édition les mêmes extraits que dans les éditions antérieures.

• **Les questionnaires** ont été mis en conformité avec les tendances de la pédagogie actuelle et les instructions ministérielles.

On y trouvera des listes d'extraits d'auteurs du même siècle ou des autres, permettant d'intégrer librement le texte examiné dans des « **groupements de textes choisis et étudiés selon une cohérence thématique ou problématique clairement formulée** ». En raison de la formule de ce recueil, ces textes pourront toujours être situés dans la chronologie et dans les œuvres dont ils sont tirés.

On y trouvera aussi de nombreux exercices à pratiquer **en classe** ou proposés **à l'examen :** contractions, commentaires composés, essais littéraires, entretiens, exposés, débats ; les groupes thématiques offrent d'ailleurs la possibilité de concevoir d'autres sujets relevant de ces divers types d'exercices. On aura avantage à consulter **l'index des groupements thématiques** page 572.

• **L'illustration** a été groupée en **dossiers thématiques.** En relation avec les textes auxquels elle invite sans cesse à se reporter, elle conduira à une étude plus approfondie de questions importantes, les textes eux-mêmes appelant le regroupement avec d'autres extraits. La confrontation texte-iconographie permettra des exercices d'expression orale et écrite.

Avec le précieux concours des documentalistes, nous avons veillé à la qualité de l'illustration, en couleur pour la majeure partie : elle soulignera la parenté entre littérature et beaux-arts, et, pour une première initiation, elle pourra jouer le rôle d'une sorte de **musée imaginaire.**

Les Événements	Les Auteurs	Poésie	Roman	Théâtre et divers
↓ Directoire	*1783 Stendhal* (handwritten) 1797 Vigny 1798 Michelet			
1799 **CONSULAT**	1799 Balzac 1802 Hugo 1803 Mérimée		1801 *Atala* 1802 *René*	1800 *De la Littérature* 1802 *Génie du* *Christianisme*
↓ 1804 **EMPIRE**	1804 Sainte-Beuve			
↓	1808 Nerval 1810 Musset		1809 *Les Martyrs*	1810-13 *De l'Allemagne*

1814 **RESTAURATION**
  1815 Cent-jours,
    Waterloo,
    Louis XVIII
	1818 Leconte
	    de Lisle
	1821 Baudelaire
	    Flaubert
		1820 *Les Méditations*
		1822 Hugo : *Les Odes*
		  Vigny : *Poèmes*
			1816 *Adolphe*	**Le Drame**
				romantique

1824 Charles X	1823 Renan			
	1828 Taine	1826 *P. Antiques et M.* 1829 *Les Orientales*	1826 *Cinq-Mars*	1827 Préf. de *Cromwell*
1830 **LOUIS-PHILIPPE**		1830 *Les Harmonies* 1831 *F. d'Automne* 1835 *Ch. du crépuscule* 1835-41 *Les Nuits,* *Souvenir*	1830 *Le Rouge et le Noir* 1831 *N.-D. de Paris* 1834 *Le Père Goriot* 1835 *Lys dans la vallée*	1830 *Hernani* 1835 *Chatterton* *Lorenzaccio*

	1840 Daudet (handwritten)
	Zola (handwritten)
	1842 Stendhal (†)
	  Mallarmé
	1844 Verlaine
	  A. France
		1836 *Jocelyn*
		1837 *Voix intérieures*
		1840 *Rayons et Ombres*
			1839 *Chartreuse de*
			Parme
			1840 *Colomba*
			1842 *Comédie humaine*
			1845 *Carmen*
				1838 *Ruy Blas*
				1843 *Les Burgraves*
				1833-44 Michelet :
				Hist. de France (I à VI)
				1847 *Révolution*

1848 **IIᵉ RÉPUBLIQUE**	1848 Chateaubriand (†)			1848-50 *Mém. d'O.-T.* 1848-90 *L'Avenir de la* *Science*
1851 Coup d'État ↓ 2 déc.	1850 Balzac (†) Loti *Maupassant* (handwritten)			1851-62 Sainte-Beuve : *Lundis*
1852 **IIᵉ EMPIRE**	1852 Paul Bourget 1854 Rimbaud 1855 Nerval (†)	1852 *Poèmes antiques* 1853 *Les Châtiments*		1855-67 Michelet : *Hist. de France* (VII à XVII)
	1857 Musset (†)	1856 *Contemplations* 1857 *Fleurs du Mal* 1859 *Lég. des Siècles*	1856 *Madame Bovary*	
	1862 Barrès 1863 Vigny (†) 1867 Lamartine (†) Baudelaire (†)	1862 *Poèmes barbares* 1864 *Les Destinées* 1866 *Parnasse contemp.*	1862 *Les Misérables* *Salammbô* *Dominique* 1866-69 *Lettres de* *mon Moulin*	1863 Taine : *Hist. de la* *Littérature anglaise* 1863-70 Sainte-Beuve : *Nouveaux Lundis*
1870-1871 guerre ↓ franco-allemande 1870 **IIIᵉ RÉPUBLIQUE** (4 Septembre) 1871 La Commune	1869 Sainte-Beuve (†) 1870 Mérimée (†)	1871 Rimbaud écrit *Bateau ivre,* 1873 *Saison en Enfer*	1869 *L'Éducation* *sentimentale*	
Constitution de 1875	1874 Michelet (†) 1880 Flaubert (†)	1874 *et Illuminations* 1876 *L'Après-midi* *d'un Faune* 1881 *Sagesse*	1877 *Trois Contes* 1877 *L'assommoir* 1880-90 Maupassant : *Contes*	**Théâtre Naturaliste** **et Symboliste** 1882 Becque : *Les Corbeaux*
	1885 Hugo (†) 1891 Rimbaud (†) 1892 Renan (†)	1886 *Manif. Symboliste* 1891 *École romane*	1885 *Germinal* 1886 *Pêcheur d'Islande* 1889 *Le Disciple*	1887 Antoine fonde le *Théâtre libre* 1892 Maeterlinck : *Pelléas et Mélisande*
	1893 Taine (†) 1894 L. de Lisle (†) 1896 Verlaine (†)	1893 *Les Trophées*	1897-1901 *L'Histoire* *Contemporaine*	
	1898 Mallarmé (†)	Mallarmé : *Poésies*		

Une lutte symbolique

E. Delacroix, « La Lutte de Jacob avec l'Ange » (détail), peinture murale entre 1850 et 1861.

Delacroix s'inspire de la Bible (*Genèse*, XXXII, 25-33). Toute une nuit, Jacob lutte contre un mystérieux étranger qui ne triomphe de lui que par une intervention miraculeuse. Cet étranger n'est autre que Dieu, qui le met à l'épreuve.

Les romantiques ont aimé interpréter symboliquement les épisodes bibliques. Lamartine, dans les *Nouvelles Méditations* (XII) voit dans ce combat l'image du **poète aux prises avec l'inspiration.** On pourrait en faire aussi le **symbole** de toutes les **luttes pour le progrès et la libération de l'homme**, comme celles du XIXe siècle.

F. Rude, « Le Départ » surnommé « La Marseillaise de pierre », sculpture,
1836. (Arc de Triomphe, Paris. Ph. Jeanbor © Arch. Photeb.)

« La Marseillaise ailée et volant dans les balles » (cf. V. Hugo, **p. 167-168** ; — Michelet, **p. 379**).
Symbole du XIXᵉ siècle : guerres et révolutions - conquête des libertés démocratiques (cf. **p. 7-9**).

INTRODUCTION

Un coup d'œil d'ensemble sur le XIXᵉ SIÈCLE français révèle avant tout sa *complexité*. Au rythme heurté des événements politiques correspond tout un enchevêtrement de courants d'idées et de mouvements littéraires. Complexité d'autant plus sensible que nous sommes encore tout près du XIXᵉ siècle ; aussi ne songeons-nous pas à le résumer d'un mot, comme le « siècle de la Renaissance », le « siècle classique » ou le « siècle des lumières ». Privés de ce moyen commode de l'embrasser d'un seul regard, nous sommes en revanche préservés de la tentation de le simplifier abusivement, et peut-être sentons-nous mieux ainsi sa *richesse* et sa *diversité*, du ROMANTISME au RÉALISME, du réalisme au SYMBOLISME.

I. HISTOIRE ET CIVILISATION

De 1800 à 1900 la France a connu, sans compter le bref épisode des Cent-jours, *sept régimes politiques* : le Consulat, l'Empire, la Restauration, la Monarchie de Juillet, la Seconde République, le Second Empire et la Troisième République. Parvenue au sommet de la puissance et de la gloire militaire sous Napoléon Iᵉʳ, elle a subi ensuite deux *invasions* au terme de l'épopée impériale (1814-1815) et une troisième en 1870-1871 ; accrue de la Savoie et du comté de Nice en 1860, elle s'est vu amputer de l'Alsace-Lorraine par le traité de Francfort (1871). C'est dire que le XIXᵉ siècle apparaît dans notre histoire comme *une période d'extrême instabilité*.

On peut déplorer que notre pays n'ait pas suivi une voie plus unie, qu'il soit allé de triomphes en désastres, de révolutions en contre-révolutions, non sans une terrible dépense d'énergie, au lieu d'évoluer pacifiquement. Mais les à-coups de son histoire, s'ils révèlent des divisions intestines et parfois des rêves trop ambitieux, témoignent aussi d'une vie généreuse et surabondante. En effet la nation française, tantôt glorieuse, tantôt humiliée et tenue à l'écart du concert européen (1815-1822), a montré dans tous les domaines une *puissante vitalité* et une remarquable *faculté de redressement*. D'autre part l'alternance des régimes autoritaires et libéraux, de l'émancipation et de la réaction, ne saurait dissimuler le large mouvement par lequel *le peuple français a reconquis*, au cours du XIXᵉ siècle, *le gouvernement démocratique* instauré par la Révolution de 1789 mais bientôt remplacé, sous la Révolution même, par un pouvoir dictatorial.

LE MOUVEMENT DÉMOCRATIQUE

Politique et littérature Continuant la tradition du XVIIIᵉ siècle, *de nombreux écrivains s'engagent dans la lutte politique et sociale par leurs œuvres et leur action*. Le fait est surtout frappant à l'époque *romantique* : LAMARTINE et HUGO sont députés ; VIGNY lui-même se présente aux élections. En 1848 LAMARTINE, qui a beaucoup contribué à l'avènement de la République, devient chef du gouvernement provisoire.

Vers le milieu du siècle, les adeptes de l'art pour l'art se détournent de l'action, imités en cela, un peu plus tard, par les fervents de la poésie pure. Mais HUGO, de son exil, foudroie Napoléon III dans les *Châtiments*, poursuivant ainsi l'accomplissement de sa *mission*. A ses côtés ou après lui, beaucoup d'écrivains militent pour la cause républicaine ou socialiste, en particulier ZOLA, par ses romans et son énergique intervention dans l'affaire Dreyfus.

Le libéralisme

Sous la Restauration, les questions à l'ordre du jour sont surtout *politiques* : le parti libéral réclame une stricte application de la Charte, puis un élargissement des libertés qu'elle garantit. Il s'enhardit peu à peu jusqu'à souhaiter le rétablissement de la République. « Escamotée » en 1830, elle sera proclamée en 1848.

Les libéraux sont souvent des anticléricaux comme STENDHAL ou le pamphlétaire PAUL-LOUIS COURIER (1772-1825). Mais, une fois « chassé » du ministère, CHATEAUBRIAND devient libéral et prévoit l'avènement de la démocratie, qu'un autre catholique, l'historien TOCQUEVILLE, considère comme un fait voulu par Dieu (cf. p. 359). D'autre part *le romantisme*, qui dans son ensemble avait d'abord été monarchiste, *évolue après 1830 dans un sens libéral et social.*

Le socialisme

Sous la Monarchie de juillet, la misère du prolétariat ouvrier, révélée par des enquêtes ou par les émeutes qu'elle provoque, amène des hommes de cœur et des théoriciens à poser la *question sociale* : la liberté ne suffit pas, il faut aussi promouvoir l'*égalité* ou lutter au moins contre les excès les plus flagrants de l'injustice sociale. Ce problème va diviser les républicains, les uns, comme Lamartine, tenant à conserver la propriété individuelle, les autres souhaitant des réformes radicales. Le débat aboutira à deux crises violentes, les journées de juin 1848 et la Commune de 1871. Mais le Second Empire reconnaîtra aux ouvriers le *droit de coalition* et la Troisième République constituera peu à peu toute une *législation sociale*.

DEUX PRÉCURSEURS. Le comte de SAINT-SIMON (1760-1825), petit-neveu du mémorialiste, conçoit un ordre social fondé sur la notion de *productivité*. Plus d'oisifs, plus d'héritage ; seuls ont des droits les citoyens qui exercent une activité productrice ; l'avenir est à l'industrie. Quant à FOURIER (1772-1837), il imagine une nouvelle cellule sociale, le *phalanstère*, qui permettrait un groupement harmonieux des individus.

LE CATHOLICISME SOCIAL. Créé par LAMENNAIS, ce mouvement poursuit un idéal de charité et de justice conforme à l'enseignement de l'Évangile. Condamné par l'encyclique *Mirari vos* en 1832, Lamennais rompt avec l'Église et devient franchement socialiste ; ses amis LACORDAIRE et MONTALEMBERT se soumettent sans abandonner leur action généreuse.

LE SOCIALISME FRANÇAIS : PROUDHON. Pierre PROUDHON (1809-1865) attaque le principe de la propriété, résumant sa critique dans une formule célèbre : « La propriété, c'est le vol. » Individualiste, il est hostile à toute forme de socialisme d'État : on peut le considérer comme l'ancêtre du *syndicalisme*.

LE SOCIALISME INTERNATIONAL : KARL MARX. Le socialisme ne tarde pas à devenir *internationaliste*, et la première *Internationale ouvrière* est constituée à Londres en 1864. En même temps il devient « scientifique », avec l'Allemand KARL MARX, auteur du *Manifeste communiste* (1847) et du *Capital* (1867). Critique serrée du régime capitaliste, le *marxisme* se fonde sur une philosophie, le matérialisme historique.

LE PROGRÈS SCIENTIFIQUE ET INDUSTRIEL

**Prestige
de la Science**
Découverte de la planète Neptune par l'astronome
LEVERRIER, travaux de LOUIS PASTEUR (1822-1895),
de PIERRE et MARIE CURIE sur le radium : le
XIXe siècle a connu un magnifique essor de toutes les sciences. De grandes
hypothèses comme l'*évolutionnisme* et le *transformisme* ont bouleversé les idées
traditionnelles sur les espèces animales et sur l'homme lui-même. Il n'est donc
pas étonnant que la science ait acquis un immense prestige et influencé la littérature, soit directement, soit par l'intermédiaire de la philosophie *positiviste*
d'AUGUSTE COMTE (cf. p. 385). Le *scientisme* accorde une confiance absolue à la
science, que l'on croit appelée à élucider entièrement le mystère du monde.
La critique et l'histoire s'érigent en sciences humaines. Les Parnassiens fondent
leur poésie sur l'histoire et l'archéologie. Avec BALZAC, avec FLAUBERT, et plus
encore avec le naturalisme, le roman lui-même affirme des prétentions scientifiques : ZOLA imite la méthode du biologiste CLAUDE BERNARD.

L'industrie
L'application de la machine à vapeur aux *chemins
de fer*, à la *marine*, révolutionne les moyens de
transport. Le développement de l'*industrie* et sa concentration progressive
entraînent un accroissement considérable du prolétariat urbain et augmentent
l'acuité des questions sociales. Les saint-simoniens participent activement à
l'industrialisation du pays, mais des poètes rejettent cette « civilisation » industrielle, déclarant avec THÉOPHILE GAUTIER que l'*utile et le beau sont incompatibles*.

L'argent
Le mouvement industriel nécessite des opérations
bancaires et permet l'édification d'énormes fortunes.
La bourgeoisie riche accélère son ascension et devient à partir du règne de Louis-
Philippe la classe dirigeante du pays. Ressort politique et social, l'*argent* est aussi,
dans les romans de BALZAC puis de ZOLA, un thème littéraire de premier plan, que
les auteurs peignent l'insolence de ses privilégiés ou la misère de ses victimes.

LA FRANCE DANS LE MONDE

**Le romantisme
et l'étranger**
Si le classicisme du XVIIe siècle était spécifi-
quement français, *le romantisme apparaît comme un
mouvement européen*. En France la poésie romantique
a des sources nationales, mais elle subit l'influence anglaise et l'influence allemande
(cf. Mme DE STAEL, p. 15). Le *Werther* de GŒTHE et les romans de WALTER
SCOTT inspirent toute une génération. Un nouveau *cosmopolitisme* naît de l'émigration, des guerres napoléoniennes et de l'éveil des nationalités vers 1813.

**La France
et la liberté**
Même sous la Restauration, la France reste, aux
yeux d'une grande partie de l'Europe, *le pays de la
Révolution, la patrie de la liberté*. La révolution de
1830 et celle de 1848 ont une répercussion immédiate dans plusieurs capitales
européennes. Un peu plus tard Napoléon III se fait le champion des *nationalités*.

Les échanges　　Dans la seconde moitié du siècle, et surtout après
　　intellectuels　1870, l'influence de *la science et de l'érudition germaniques* devient considérable. D'autre part la musique
de WAGNER (1813-1883), d'abord peu goûtée en France, apporte une révélation
aux symbolistes, ainsi que le théâtre d'idées du Norvégien IBSEN (1828-1906).
Cependant la célébrité de PASTEUR se répand dans le monde entier ; ZOLA publie
en Russie ses articles sur le naturalisme, tandis que le vicomte de VOGÜÉ révèle
aux Français le roman russe (1886, peu avant l'alliance franco-russe).

L'essor colonial　　Après la défaite de 1871, la France trouve un
　　　　　　　　　　　nouvel emploi de ses énergies dans son *expansion
coloniale*, dont la première étape au XIXᵉ siècle avait été la prise d'Alger en 1830.
Les voyages d'exploration et les expéditions coloniales favorisent un renouveau
de l'*exotisme* dont le représentant le plus typique est un officier de marine, LOTI.

II. LES COURANTS LITTÉRAIRES

Le XIXᵉ siècle est traversé par trois grands courants littéraires, le ROMANTISME,
le RÉALISME et le SYMBOLISME. Ils ont donné naissance à trois écoles, à trois
conceptions de l'art, mais chacun d'eux correspond, d'une façon beaucoup plus
large, à une *vue originale sur l'homme et sur le monde*. Aussi ne peut-on leur
assigner des dates précises. Approximativement, ils se sont succédé, le romantisme
triomphant sous la Restauration et la Monarchie de Juillet, le réalisme sous le
Second Empire, et le symbolisme sous la Troisième République ; mais en fait ils
s'entremêlent, et l'on assiste, de l'un à l'autre, à des *échanges* féconds. BALZAC,
créateur du roman *réaliste*, fut aussi un *romantique* et un *visionnaire*. J.K. HUYS-
MANS est passé du réalisme le plus avancé, le *naturalisme*, à l'*idéalisme mystique*.

A. LE ROMANTISME

Les *Méditations* de LAMARTINE (1820), la bataille d'*Hernani* au Théâtre-Français
(1830) et l'échec des *Burgraves* (1843) marquent les grandes dates du romantisme,
mais sa vitalité s'affirme bien plus avant dans le siècle : les écrivains nés vers 1820,
BAUDELAIRE, RENAN, FLAUBERT, FROMENTIN, sont profondément marqués par le
romantisme de leur jeunesse, même lorsqu'ils le renient ou veulent s'en « guérir ».

Sa nature　　Il est difficile de définir le romantisme dans sa
　　　　　　　　diversité. Préférant l'*imagination* et la *sensibilité* à la
raison classique, il se manifeste d'abord par un magnifique épanouissement du
lyrisme personnel, qu'avait préparé CHATEAUBRIAND, et avant lui le préromantisme
du XVIIIᵉ siècle. Il est inspiré par l'*exaltation du moi*, exaltation inquiète et
orgueilleuse dans le « vague des passions » et le « mal du siècle », épicurienne et
passionnée chez STENDHAL. Ce lyrisme traduit aussi un large mouvement de
communion avec la nature et avec l'humanité tout entière. Enfin le romantisme
poursuit la *libération de l'art : le* drame rejette les règles de la tragédie classique ;
HUGO veut substituer l'*ordre*, plus souple, à la *régularité* monotone ; tout
devient sujet pour la poésie, qui peut s'exprimer en prose comme en vers ; elle
rejette la superstition du langage noble et prend ainsi une vigueur nouvelle.

L'art romantique   A l'époque romantique des liens étroits unissent les écrivains et les poètes aux artistes inspirés du même idéal. GIRODET hésite encore entre la tradition et les tendances nouvelles : le style néo-classique de ses *Funérailles d'Atala* s'adapte parfaitement à l'art de CHATEAUBRIAND à cette époque. En 1819 GÉRICAULT présente, avec le *Radeau de la Méduse*, un véritable manifeste romantique ; mais le maître incontesté va être DELACROIX (1799-1863). L'art de COROT est plus discret, plus intérieur : il annonce le symbolisme. Quant à INGRES, il réagit contre la mode romantique et recherche la perfection du dessin. En sculpture, RUDE, auteur du *Départ des volontaires de 1792* (ou la *Marseillaise*) anime ses groupes d'un mouvement épique. Enfin la musique romantique compte deux grands maîtres, l'un plus discrètement sensible, CHOPIN, l'autre plus hardi, et longtemps incompris, HECTOR BERLIOZ.

B. LE RÉALISME

Le respect du réel   Né du romantisme, le réalisme se révolte bientôt contre lui. Le romantisme se réclamait déjà du *réel* : « La nature donc ! s'écriait Victor Hugo, la nature et la vérité ! » et encore : « Tout ce qui est dans la nature est dans l'art ». Mais le goût du rêve, du mystère, du fantastique, les écarts de l'imagination s'accordaient assez mal avec ce programme. L'idéalisme romantique déformait parfois la vérité pour des raisons esthétiques ou sentimentales. C'est ce qui explique la *réaction réaliste*. En relation avec le positivisme et le scientisme, une nouvelle école va professer le *respect des faits matériels*, étudier les hommes d'après leur *comportement*, dans leur *milieu*, à la lumière de théories sociales ou physiologiques ; elle se défiera du rêve, de l'imagination, de la métaphysique.

Le roman réaliste   Le domaine d'élection du réalisme est *le roman*, qui connaît au XIXe siècle une prodigieuse fortune. BALZAC le conçoit comme « l'histoire des mœurs » et l'enracine solidement dans la *réalité matérielle* : on lui reprochera longtemps d'avoir inauguré le roman « où l'on mange » et de s'être montré « vulgaire », avant de rendre hommage à son puissant génie. Le réalisme de STENDHAL est surtout *psychologique*, mais il s'étend aussi à la peinture des mœurs. Pour FLAUBERT, le réalisme est d'abord une *discipline* qu'il impose à son romantisme spontané, puis il devient son mode d'expression naturel. D'autres écrivains, ZOLA en particulier, vont renchérir encore sur le réalisme et créer le *naturalisme* et le *roman expérimental*. L'écueil se dessine alors : on risque d'infliger au réel une autre mutilation en ignorant des faits d'expérience comme le sentiment religieux et les aspirations idéalistes, ou en se cantonnant dans les sujets rejetés jusque là par la littérature.

L'art réaliste   On risquait aussi d'*abaisser l'art littéraire* en donnant dans le *vérisme* ou le « chosisme », reproduction pure et simple des objets. Mais en fait les maîtres du réalisme ont été aussi des *artistes*. FLAUBERT communie avec les poètes de *l'art pour l'art* et les Parnassiens, dans un même effort pour immortaliser, grâce au miracle d'une *forme impeccable*, les spectacles passagers et les êtres éphémères. On peut même dire que, si le réalisme a été illustré par un sculpteur animalier comme BARYE, un peintre comme COURBET, les plus grands artistes qu'il ait inspirés sont Flaubert et Leconte de Lisle.

C. LE SYMBOLISME

Malgré tout, l'observation du réel n'offre pas à l'esprit des perspectives illimitées, le roman naturaliste tourne au document ou au reportage, et on se lasse même de la beauté parnassienne, froide comme le marbre. En pleine période réaliste, l'*idéalisme* trouve d'ardents défenseurs comme BARBEY D'AUREVILLY ou VILLIERS DE L'ISLE-ADAM. Déjà HUGO et NERVAL avaient eu une *expérience de l'au-delà*, mais c'est surtout BAUDELAIRE qui ouvre la voie au symbolisme.

Le rôle de Baudelaire   Héritier du romantisme par sa sensibilité exacerbée, fervent de l'art pur, BAUDELAIRE dépasse la contradiction entre réalisme et idéalisme en établissant de mystérieuses *correspondances* entre *le monde des sensations* et l'*univers suprasensible*. La confidence, chez lui, se fait allusive et voilée ; la poésie cesse d'être éloquente, descriptive ou sculpturale pour devenir *musicale* et *incantatoire*. Un autre poète, Paul Valéry, admirera dans les vers de Baudelaire « une combinaison de chair et d'esprit, un mélange de solennité, de chaleur et d'amertume, d'éternité et d'intimité » et dans sa *voix* « une ligne mélodique admirablement pure et une sonorité parfaitement tenue qui la distinguent de toute prose » ; il lui rendra grâce d'avoir « engendré » VERLAINE, RIMBAUD et MALLARMÉ.

L'aventure poétique   Rompant les amarres, reniant la « littérature », la poésie apporte à RIMBAUD et à MALLARMÉ ce que les mystiques demandent à la contemplation : *une communion totale avec l'Être*. Tous deux tentent cette grandiose aventure, « Au risque de tomber pendant l'éternité », au risque de déboucher sur le néant, comme Mallarmé, ou de « ne pouvoir plus parler », comme Rimbaud.

La poésie symboliste n'a pas toujours été aussi ambitieuse, mais des caractères communs distinguent ses adeptes. Ils éprouvent comme un frisson sacré devant le *mystère universel*, scrutent les profondeurs du *subconscient* et les dédales du *rêve*. Pour transcrire leurs impressions, leurs visions, ou les impalpables émanations de l'âme des choses, ils ont recours au « paysage intérieur », au symbole, à la métaphore, à l'allusion ; au lieu de *nommer* un objet, ils tentent, avec Mallarmé, de créer en nous, par toutes les ressources du verbe poétique, *l'impression* que nous donnerait sa présence, ou son absence.

L'impressionnisme   Les symbolistes ont particulièrement apprécié des peintres tels que GUSTAVE MOREAU et ODILON REDON, mais des ressemblances plus profondes les rapprochent des *impressionnistes* (RENOIR, DEGAS, MONET) qui, à l'exemple de MANET, cherchent moins à reproduire le réel qu'à le transposer en valeurs de lumière. La sculpture de RODIN (qu'on songe à son *Balzac*) relève elle aussi de toute une « alchimie ». Enfin GABRIEL FAURÉ et CLAUDE DEBUSSY s'inspirent de Verlaine, de Mallarmé, de Maeterlinck, et ils apportent tous deux dans le domaine musical des innovations comparables à celles de la poésie symboliste.

MADAME DE STAEL

Mme de Staël et la France
LA FILLE DE NECKER. Fille du riche banquier genevois qui sera plus tard ministre de Louis XVI, Germaine NECKER naît à Paris en 1766. Dans le salon de sa mère, elle fait paraître une intelligence extrêmement précoce et se montre disciple enthousiaste des philosophes (*Lettre sur le caractère et les ouvrages de Jean-Jacques Rousseau*, 1788). En 1786 elle épouse le baron de Staël-Holstein, ambassadeur de Suède à Paris, à qui elle donnera trois enfants.

POLITIQUE ET LITTÉRATURE. Sous la Révolution, qu'elle accueille avec joie, Mme DE STAEL tente de jouer un rôle de premier plan dans la politique française. Cherchant un homme capable d'appliquer ses idées, elle pousse Narbonne au ministère, puis songe à Talleyrand. Après un voyage en Angleterre, elle séjourne à Coppet, en Suisse, dans le domaine de son père, et rencontre BENJAMIN CONSTANT (1794) : c'est le début d'une liaison orageuse qui ne sera définitivement rompue qu'en 1808 (cf. p. 22). Puis elle rentre en France (1795), mais son activité inquiète le Directoire qui la met en demeure de regagner la Suisse.

En 1796, un essai traitant *De l'influence des passions sur le bonheur des individus et des nations* révèle chez Mme de Staël des tendances romantiques qui s'affirment, en 1800, dans un ouvrage important : *De la littérature considérée dans ses rapports avec les institutions sociales*. Puis c'est un roman, *Delphine* (1802), qui plaide ardemment en faveur des droits du cœur contre les préjugés sociaux.

Mme DE STAEL ET NAPOLÉON. Dès son retour à Paris en 1797, Mme de Staël a discerné le génie de Bonaparte. Elle voudrait devenir son égérie, mais Bonaparte est un des rares hommes qui soient restés insensibles à l'éloquence passionnée de cette femme laide et pourtant séduisante. Il ne lui pardonne pas de se mêler de politique et la considère comme une redoutable intrigante. Son hostilité s'accroît lorsque Benjamin Constant, membre du Tribunat, se range dans l'opposition : en 1803, Mme de Staël reçoit l'ordre de s'éloigner *à quarante lieues au moins de Paris*. Elle aura beau multiplier les démarches et les promesses d'être «sage», Napoléon, tout en conservant certains égards, lui interdira toujours l'accès de la capitale, et la surveillance exercée sur Mme de Staël par la police impériale deviendra de plus en plus sévère.

Mme de Staël et l'Europe
COPPET. Ainsi exilée, Mme de Staël va partager sa vie entre les voyages et les séjours à Coppet. Ame tourmentée, lorsqu'elle parcourt l'Europe elle songe à Coppet, mais dès qu'elle y réside depuis quelques mois, l'ennui l'envahit. Elle y est entourée, pourtant, d'une véritable cour d'amis et d'admirateurs : Mme Récamier (cf. p. 81), Benjamin Constant, Mathieu de Montmorency, etc... Coppet devient un lieu de réputation européenne où se succèdent les visiteurs illustres.

LES VOYAGES. En 1803, Mme de Staël part pour l'Allemagne, où elle rencontre Gœthe et Schiller à Weimar et s'initie à la littérature germanique grâce à Guillaume SCHLEGEL qu'elle ramène en Suisse. Un voyage en Italie (1804) lui inspire un nouveau roman, *Corinne* (1807), dont l'héroïne ressemble à l'auteur plus encore que Delphine, car elle brille par les dons de l'esprit autant que par la passion. En 1807 Mme de Staël repart pour l'Allemagne et l'Autriche. En 1810 son principal ouvrage, *De l'Allemagne*, est prêt à paraître lorsque Napoléon en fait détruire les épreuves. Le livre sera publié à Londres en 1813 et à Paris en 1814. Cependant, en 1812, Mme de Staël se rend en Russie puis en Suède : elle rêve de faire de Bernadotte le successeur de Napoléon.

DERNIÈRES ANNÉES. La Restauration lui permet de revenir à Paris où elle rouvre aussitôt un salon. Veuve depuis 1802, elle épouse en secondes noces un jeune officier suisse, John Rocca. Mais sa santé est gravement altérée ; terrassée par une attaque d'apoplexie, elle s'éteint quelques mois plus tard (juillet 1817).

Mme de Staël et le romantisme

UNE HÉROÏNE ROMANTIQUE. Dans sa personne, dans sa vie et dans son œuvre, Mme DE STAEL *unit à l'héritage du XVIIIe siècle toutes les grandes aspirations romantiques.*

Raisonneuse, douée au fond de sens pratique, elle conserve le goût du XVIIIe siècle pour les idées abstraites et les systèmes logiques ; mais elle est *enthousiaste, passionnée, exaltée* jusqu'au délire. Sa vie errante est un perpétuel orage ; partout où elle passe, elle déchaîne le scandale ou l'adoration. Pour peindre l'âme romantique, il lui suffit de se considérer elle-même et de s'épancher, ce qu'elle fait dans ses romans. Elle y exprime son expérience de la passion, ses revendications féministes, sa soif de liberté, son instinct de domination ; même les événements de sa vie y sont aisément reconnaissables, seul le dénouement est beaucoup plus mélodramatique que la réalité.

ÉLABORATION D'UNE DOCTRINE ROMANTIQUE. Mme de Staël n'apporte pas seulement à la jeune génération l'exemple d'une vie passionnée ; dans ses ouvrages théoriques, *De la Littérature* (1800) et *De l'Allemagne* (1813), elle analyse avec lucidité l'état d'âme romantique et lance les mots d'ordre qui inspireront la poésie nouvelle.

1. LE MAL DU SIÈCLE. Mme de Staël discerne admirablement l'inquiétude, la mélancolie et aussi l'enthousiasme lyrique qui caractérisent l'âme romantique (cf. p. 19).

2. LE RENOUVEAU POÉTIQUE. En affirmant la relativité du goût et la primauté du génie, élan passionné de l'âme, elle libère l'inspiration. Elle trace la voie à une poésie nouvelle qui sera moderne, chrétienne et nationale, et prendra plus volontiers pour exemples Shakespeare ou Schiller que Virgile ou Homère.

L'INFLUENCE DE Mme DE STAEL. Sans doute Mme de Staël manque d'art, et, ce qui est plus grave, ses vues critiques ne résistent guère à un examen approfondi. Son information est étendue, mais superficielle : c'est le danger du cosmopolitisme qu'elle pratique et qu'elle répand. Elle connaît mal la littérature allemande qu'elle donne en exemple à la France, simplifie abusivement la littérature gréco-latine et ne comprend pas le classicisme français qu'elle aborde avec les préjugés de la critique germanique du temps. Pourtant son influence sera considérable.

« Elle trouvait le génie dans l'âme au lieu de le chercher dans l'artifice ; elle faisait de la pensée exprimée dans la littérature non plus un métier mais une religion » dira Lamartine, qui lui rend grâce également d'avoir inauguré une critique féconde : « C'est à la flamme de l'enthousiasme qu'elle faisait comparaître le génie, non pour étudier froidement ses taches, mais pour s'extasier sur ses chefs-d'œuvre ». L'influence de Mme de Staël, comme celle de Chateaubriand, tient pour une large part à la remarquable *opportunité* de ses ouvrages : elle a mis en circulation, *au moment le plus favorable*, des *idées* et des *formules frappantes* qui ont aidé le romantisme à prendre conscience de lui-même.

De la Littérature
1800

Le titre de l'ouvrage est significatif : *De la littérature considérée dans ses rapports avec les institutions sociales.* L'auteur, qui examine l'influence de la religion, des mœurs et des lois sur la littérature (et accessoirement l'influence de la littérature sur la société), croit à un progrès parallèle des lettres et de la civilisation. Mme de Staël reprend des idées déjà répandues au XVIIIe siècle, en particulier par Diderot, sur la dépendance de la poésie par rapport à l'état des mœurs, et elle applique à la littérature la fameuse théorie de MONTESQUIEU sur *l'influence du climat* (cf. *XVIIIe Siècle*, p. 107) ; thèse que nous retrouverons à la base du système critique de TAINE (p. 399).

« Le climat est l'une des raisons principales des différences... entre les images qui plaisent dans le Nord et celles qu'on aime à se rappeler dans le Midi... Les poètes du Midi mêlent sans cesse l'image de la fraîcheur, des bois touffus, des ruisseaux limpides à tous les sentiments de la vie. Ils ne se retracent pas même les jouissances du cœur sans y mêler l'idée de l'ombre bienfaisante qui doit les préserver des brûlantes ardeurs du soleil. Cette nature si vive qui les environne excite en eux plus de mouvements que de pensées. C'est à tort, ce me semble, qu'on a dit que les passions étaient plus violentes dans le Midi que dans le Nord. On y voit plus d'intérêts divers, mais moins d'intensité dans une même pensée ; or c'est la fixité qui produit les miracles de la passion et de la volonté.

« Les peuples du Nord sont moins occupés des plaisirs que de la douleur, et leur imagination n'en est que plus féconde. Le spectacle de la nature agit fortement sur eux ; elle agit comme elle se montre dans leurs climats, toujours sombre et nébuleuse. » Cette poésie mélancolique, nourrie du sentiment de l'incomplet de la destinée (cf. p. 19), « convient beaucoup plus que celle du Midi à l'esprit d'un peuple libre » ; et l'esprit de liberté assurera la supériorité de la littérature moderne sur la littérature antique.

Les romantiques retiendront surtout de cet ouvrage *l'opposition entre poésie du Nord (Ossian) et poésie du Midi (Homère), et la préférence donnée à la première.*

De l'Allemagne
1813

Le retentissement de ce livre fut beaucoup plus considérable que celui du précédent. « Il fit pour la littérature ce que le *Génie du christianisme* avait fait pour le catholicisme » (Lamartine). L'ouvrage comprend quatre parties : *De l'Allemagne et des mœurs des Allemands, De la littérature et des arts, La philosophie et la morale, La religion et l'enthousiasme.*

Mme de Staël met l'accent sur le rôle de *l'inspiration* et du *génie*, élan enthousiaste de l'âme. Elle retrouve le sens de la poésie, du *lyrisme* surtout (cf. p. 16). Enfin, reprenant et approfondissant l'opposition entre poésie du Midi et poésie du Nord, elle établit un *parallèle*, demeuré célèbre, *entre la poésie classique et la poésie romantique* (cf. p. 17).

De la poésie

Rompant avec la tradition du XVIIIᵉ siècle, Mme DE STAEL refuse de voir dans la poésie une *technique* ou une simple *parure*. La poésie est un *chant religieux* issu du plus profond de *l'âme*, inspiré par une *sensibilité ardente, inquiète*. Peut-être est-ce négliger un peu trop le rôle de l'art, mais à l'époque une réaction, même outrée, contre l'abus de l'artifice était nécessaire et féconde. Du reste l'auteur ne se contente pas d'exalter dans le vague *l'élan lyrique du romantisme*, mais discerne clairement les principaux *thèmes* que va faire retentir la *nouvelle poésie française* (*De l'Allemagne* II, 10).

La poésie
en général

Ce qui est vraiment divin dans le cœur de l'homme ne peut être défini ; s'il y a des mots pour quelques traits, il n'y en a point pour exprimer l'ensemble, et surtout le mystère de la véritable beauté dans tous les genres. Il est difficile de dire ce qui n'est pas de la poésie ; mais si l'on veut comprendre ce qu'elle est, il faut appeler à son secours les impressions qu'excitent une belle contrée, une musique harmonieuse, le regard d'un objet [1] chéri, et par-dessus tout un sentiment religieux qui nous fait éprouver en nous-mêmes la présence de la Divinité [2]. La poésie est le langage naturel à tous les cultes. La Bible est pleine de poésie ;
10 Homère est plein de religion [3]. Ce n'est pas qu'il y ait des fictions dans la Bible, ni des dogmes dans Homère ; mais l'enthousiasme [4] rassemble dans un même foyer des sentiments divers ; l'enthousiasme est l'encens de la terre vers le ciel ; il les réunit l'un à l'autre.

Le don de révéler par la parole ce qu'on ressent au fond du cœur est très

---

— 1 Être. — 2 Citer des poèmes romantiques inspirés par ces divers sentiments. — 3 Il y avait un parallèle de la Bible et d'Homère dans le *Génie du christianisme*. Pour Hugo la Bible et Homère représenteront les deux premiers âges de la poésie, lyrisme et épopée, auxquels doit succéder le drame (cf. p. 232, *Le mélange des genres*). — 4 Au sens propre, *inspiration divine* ; cf. l. 8, 31 et p. 20.

rare ; il y a pourtant de la poésie dans tous les êtres capables d'affections vives et profondes ; l'expression manque à ceux qui ne sont pas exercés à la trouver. Le poète ne fait, pour ainsi dire, que dégager le sentiment prisonnier au fond de l'âme ; le génie poétique est une disposition intérieure [5], de la même nature que celle qui rend capable d'un généreux sacrifice : c'est rêver l'héroïsme que
20 de composer une belle ode. Si le talent n'était pas mobile, il inspirerait aussi souvent les belles actions que les touchantes paroles ; car elles partent toutes également de la conscience du beau, qui se fait sentir en nous-mêmes...

Le lyrisme

La poésie lyrique s'exprime au nom de l'auteur même ; ce n'est plus dans un personnage qu'il se transporte, c'est en lui-même qu'il trouve les divers mouvements dont il est animé : J.-B. Rousseau [6] dans ses Odes religieuses, Racine dans *Athalie*, se sont montrés poètes lyriques ; ils étaient nourris des psaumes et pénétrés d'une foi vive ; néanmoins les difficultés de la langue et de la versification françaises s'opposent presque toujours à l'abandon de l'enthousiasme [7]. On peut citer
30 des strophes admirables dans quelques-unes de nos odes ; mais y en a-t-il une entière dans laquelle le dieu n'ait point abandonné le poète ? De beaux vers ne sont pas de la poésie ; l'inspiration, dans les arts, est une source inépuisable, qui vivifie depuis la première parole jusqu'à la dernière : amour, patrie, croyance, tout doit être divinisé dans l'ode, c'est l'apothéose du sentiment : il faut, pour concevoir la vraie grandeur de la poésie lyrique, errer par la rêverie dans les régions éthérées, oublier le bruit de la terre en écoutant l'harmonie céleste [8], et considérer l'univers entier comme un symbole des émotions de l'âme.

L'énigme de la destinée humaine n'est de rien pour la plupart des hommes ; le poète l'a toujours présente à l'imagination. L'idée de la mort, qui décourage
40 les esprits vulgaires, rend le génie plus audacieux, et le mélange des beautés de la nature et des terreurs de la destruction excite je ne sais quel délire de bonheur et d'effroi [9], sans lequel on ne peut ni comprendre ni décrire le spectacle de ce monde. La poésie lyrique ne raconte rien, ne s'astreint en rien à la succession des temps, ni aux limites des lieux ; elle plane sur les pays et sur les siècles ; elle donne de la durée à ce moment sublime, pendant lequel l'homme s'élève au-dessus des peines et des plaisirs de la vie. Il se sent au milieu des merveilles du monde comme un être à la fois créateur et créé, qui doit mourir et qui ne peut cesser d'être, et dont le cœur tremblant, et fort en même temps, s'enorgueillit en lui-même et se prosterne devant Dieu.
50 Les Allemands, réunissant tout à la fois, ce qui est très rare, l'imagination et le recueillement contemplatif, sont plus capables que la plupart des autres nations de la poésie lyrique. Les modernes ne peuvent se passer d'une certaine profondeur d'idées dont une religion spiritualiste leur a donné l'habitude ; et si cependant cette profondeur n'était point revêtue d'images, ce ne serait pas de la poésie : il faut donc que la nature grandisse aux yeux de l'homme, pour qu'il puisse s'en servir comme de l'emblème de ses pensées. Les bosquets, les fleurs et les ruisseaux suffisaient aux poètes du paganisme ; la solitude des forêts, l'Océan sans bornes, le ciel étoilé, peuvent à peine exprimer l'éternel et l'infini dont l'âme des chrétiens est remplie.

— 5 Au XVIIIᵉ siècle on considérait la poésie comme un *ornement* ou un *style* (cf. l. 31-32).
— 6 Cf. XVIIIᵉ *Siècle*, p. 354. — 7 « On parle souvent dans les arts du mérite de la difficulté vaincue... Les entraves font ressortir l'habileté de l'esprit ; mais il y a souvent dans le génie une sorte de maladresse..., et l'on aurait tort de vouloir l'asservir à des gênes arbitraires, car il s'en tirerait beaucoup moins bien que des talents du second ordre. » (II, 9). — 8 Cf. Lamartine. — 9 Cf. Chateaubriand, p. 43.

POÉSIE CLASSIQUE ET POÉSIE ROMANTIQUE

Si l'on considère le détail de l'argumentation, la thèse de Mme DE STAEL est fragile, comme celle de Chateaubriand tentant d'établir, dans le *Génie du christianisme*, la supériorité de la poésie chrétienne sur la poésie païenne (cf. p. 52). Pourtant c'est bien dans le sens indiqué ici que le romantisme, en s'opposant à la *tradition antique, païenne et plastique*, va s'affirmer comme une littérature *moderne et nationale, chrétienne, lyrique,* inspirée par *l'inquiétude et l'exaltation du moi* (*De l'Allemagne* II, 11).

Le nom de *romantique* a été introduit nouvellement en Allemagne, pour désigner la poésie dont les chants des troubadours [1] ont été l'origine, celle qui est née de la chevalerie et du christianisme. Si l'on n'admet pas que le paganisme et le christianisme, le Nord et le Midi, l'antiquité et le moyen âge, la chevalerie et les institutions grecques et romaines, se sont partagé l'empire de la littérature, l'on ne parviendra jamais à juger sous un point de vue philosophique le goût antique et le goût moderne.

On prend quelquefois le mot classique comme synonyme de perfection. Je m'en sers ici dans une autre acception, en considérant la poésie clas-
10 sique comme celle des anciens, et la poésie romantique comme celle qui tient de quelque manière aux traditions chevaleresques. Cette division se rapporte également aux deux ères du monde : celle qui a précédé l'établissement du christianisme, et celle qui l'a suivi [2].[...]

La nation française, la plus cultivée des nations latines, penche vers la poésie classique, imitée des Grecs et des Romains. La nation anglaise, la plus illustre des nations germaniques, aime la poésie romantique et chevaleresque, et se glorifie des chefs-d'œuvre qu'elle possède en ce genre. Je n'examinerai point ici lequel de ces deux genres de poésie mérite la préférence [3] : il suffit de montrer que la diversité des goûts, à
20 cet égard, dérive non seulement de causes accidentelles, mais aussi des sources primitives de l'imagination et de la pensée.

Il y a dans les poèmes épiques et dans les tragédies des anciens un genre de simplicité qui tient à ce que les hommes étaient identifiés à cette époque avec la nature, et croyaient dépendre du destin comme elle dépend de la nécessité [4]. L'homme, réfléchissant peu [5], portait toujours l'action de son âme au dehors ; la conscience elle-même était figurée par des objets extérieurs, et les flambeaux des Furies secouaient des remords sur la tête des coupables [6]. L'événement était tout dans l'antiquité ; le caractère tient plus de place dans les temps modernes [7] ; et cette réflexion
30 inquiète [8], qui nous dévore souvent comme le vautour de Prométhée,

---

— 1 Au moyen âge, poètes de langue d'oc (dans les pays de langue d'oïl, on disait : *trouvères*). — 2 Cf. Hugo, p. 232, *Le mélange des genres.* — 3 Dans quelle mesure Mme de Staël vous paraît-elle impartiale ? — 4 A discuter. — 5 Citer des preuves du contraire. — 6 L'argument vous paraît-il convaincant ? — 7 A discuter également. — 8 Montrer en quoi cette notation, beaucoup plus juste que les précédentes, caractérise l'âme romantique.

n'eût semblé que de la folie, au milieu des rapports clairs et prononcés qui existaient dans l'état civil et social des anciens.[...]

L'homme personnifiait la nature ; des nymphes habitaient 'les eaux, des hamadryades les forêts [9] : mais la nature, à son tour, s'emparait de l'homme, et l'on eût dit qu'il ressemblait au torrent, à la foudre, au volcan, tant il agissait par une impulsion involontaire, et sans que la réflexion pût en rien altérer les motifs ni les suites de ses actions [10]. Les anciens avaient, pour ainsi dire, une âme corporelle, dont tous les mouvements étaient forts, directs et conséquents ; il n'en est pas de même 40 du cœur humain développé par le christianisme : les modernes ont puisé dans le repentir chrétien l'habitude de se replier continuellement sur eux-mêmes [11].[...]

Les sources des effets de l'art sont donc différentes, à beaucoup d'égards, dans la poésie romantique : dans l'une, c'est le sort qui règne ; dans l'autre, c'est la Providence ; le sort ne compte pour rien les sentiments des hommes, la Providence ne juge les actions que d'après les sentiments. Comment la poésie ne créerait-elle pas un monde d'une tout autre nature, quand il faut peindre l'œuvre d'un destin aveugle et sourd, toujours en lutte avec les mortels, ou cet ordre intelligent auquel préside 50 un Être Suprême, que notre cœur interroge et qui répond à notre cœur [12] ?

La poésie païenne doit être simple et saillante comme les objets extérieurs ; la poésie chrétienne a besoin de toutes les couleurs de l'arc-en-ciel pour ne pas se perdre dans les nuages [13]. La poésie des anciens est plus pure comme art, celle des modernes fait verser plus de larmes ; mais la question pour nous n'est pas entre la poésie classique et la poésie ✳ romantique, mais entre l'imitation de l'une et l'inspiration de l'autre [14]. La littérature des anciens est chez les modernes une littérature transplantée [15] : la littérature romantique ou chevaleresque est chez nous indigène, et c'est notre religion et nos institutions qui l'ont fait éclore. Les 60 écrivains imitateurs des anciens se sont soumis aux règles du goût les plus sévères ; car, ne pouvant consulter ni leur propre nature, ni leurs propres souvenirs, il a fallu qu'ils se conformassent aux lois d'après lesquelles les chefs-d'œuvre des anciens peuvent être adaptés à notre goût, bien que toutes les circonstances politiques et religieuses qui ont donné le jour à ces chefs-d'œuvre soient changées [16]. Mais ces poésies d'après l'antique, quelque parfaites qu'elles soient, sont rarement populaires, parce qu'elles ne tiennent, dans le temps actuel, à rien de national.[...]

— 9 Cf. Chateaubriand (p. 52). — 10 Ne croirait-on pas plutôt qu'il s'agit du *héros romantique ?* Cf. *Hernani* : « Je suis une force qui va ». — 11 Quel est l'intérêt de cette idée ? — 12 Cette opposition, logiquement déduite, vous paraît-elle confirmée par la lecture des tragédies d'Eschyle et de Sophocle, ou de *l'Enéide ?* —

13 On lit dans ce même chapitre : « On a comparé... la poésie antique à la sculpture, et la poésie romantique à la peinture ». — 14 Souligner l'importance de cette affirmation. — 15 Est-ce l'impression que vous laisse notre XVIIe siècle ? — 16 Est-ce la véritable raison d'être des règles classiques ?

Nos poètes français sont admirés par tout ce qu'il y a d'esprits cultivés chez nous et dans le reste de l'Europe ; mais ils sont tout à fait
70 inconnus aux gens du peuple et aux bourgeois même des villes, parce que les arts en France ne sont pas, comme ailleurs [17], natifs, du pays même où leurs beautés se développent.[...]

La littérature romantique est la seule qui soit susceptible encore d'être perfectionnée, parce qu'ayant ses racines dans notre propre sol, elle est la seule qui puisse croître et se vivifier de nouveau : elle exprime notre religion ; elle rappelle notre histoire ; son origine est ancienne, mais non antique.

La poésie classique doit passer par les souvenirs du paganisme pour arriver jusqu'à nous : la poésie des Germains est l'ère chrétienne des
80 beaux-arts : elle se sert de nos impressions personnelles pour nous émouvoir : le génie qui l'inspire s'adresse immédiatement à notre cœur, et semble évoquer notre vie elle-même comme un fantôme, le plus puissant et le plus terrible de tous [18].

– *La thèse. a) Dégagez l'idée dominante ; – b) Étudiez l'enchaînement logique de ces affirmations ; – c) Signalez celles qui sont discutables ; – d) Que retenez-vous de cette thèse ?*
– *La méthode. Précisez la méthode de* Mme de Stael. *Vous semble-t-elle reconnaître l'originalité du classicisme ? Sur quels points annonce-t-elle le romantisme ?*
• **Groupe thématique : Classique et romantique.** xviie siècle, p. 347 ; p. 397. – xixe siècle, p. 231 ; 391. – xxe siècle, p. 294.
– *Essai. D'après les extraits du* xixe siècle, *en quoi cette page annonce-t-elle le renouvellement de la poésie au* xixe siècle *? Citez des exemples tirés des écrivains romantiques.*

L'âme romantique

Les passages rassemblés ici offrent une analyse pénétrante de l'âme romantique. L'exaltation de Mme de Stael ne l'empêche pas de voir clair en elle-même, car tous ces sentiments c'est *dans son propre cœur* qu'elle les trouve. On notera en particulier le *lien entre les élans d'enthousiasme et les états de dépression inquiète*, et aussi la formule qui caractérise si bien l'élément le plus profond du *mal du siècle*, ce *sentiment douloureux de l'incomplet de la destinée.*

L'incomplet
de la destinée

Ce que l'homme a fait de plus grand, il le doit au sentiment douloureux de l'incomplet de sa destinée [1]. Les esprits médiocres sont, en général, assez satisfaits de la vie commune ; ils arrondissent, pour ainsi dire, leur existence, et suppléent à ce qui peut leur manquer encore par les illusions de la vanité ; mais le sublime de l'esprit, des sentiments et des actions, doit son essor au besoin d'échapper aux bornes qui circonscrivent l'imagination. L'héroïsme de la morale, l'enthousiasme de l'éloquence, l'ambition de la gloire, donnent des jouissances surnaturelles qui ne sont nécessaires qu'aux âmes à la fois exaltées et mélancoliques [2], fatiguées
10 de tout ce qui se mesure, de tout ce qui est passager, d'un terme enfin, à quelque distance qu'on le place [3]. C'est cette disposition de l'âme, source de toutes les passions généreuses, comme de toutes les idées philosophiques, qu'inspire particulièrement la poésie du Nord. (*De la Littérature* I, ii.)

— 17 Mme de Staël cite l'Espagne, le Portugal, l'Angleterre et l'Allemagne. — 18 Montrer que l'on peut reconnaître ici le *mal du siècle*.

— 1 Cf. l. 17 et Senancour (p. 27) : « Il y a l'infini entre ce que je suis et ce que j'ai besoin d'être ». — 2 Cf. Chateaubriand et René (p. 40). — 3 Cf. Senancour, p. 27, l. 23-26.

La mélancolie   Le célèbre métaphysicien allemand Kant [4], en
                          examinant la cause du plaisir que font éprouver
l'éloquence, les beaux-arts, tous les chefs-d'œuvre de l'imagination, dit [5] que ce
plaisir tient au besoin de reculer les limites de la destinée humaine : ces limites
qui resserrent douloureusement notre cœur, une émotion vague, un sentiment
élevé les fait oublier pendant quelques instants ; l'âme se complaît dans le
20 sentiment inexprimable que produit en elle ce qui est noble et beau, et les bornes
de la terre disparaissent quand la carrière immense du génie et de la vérité
s'ouvre à nos yeux : en effet, l'homme supérieur ou l'homme sensible se soumet
avec effort aux lois de la vie, et l'imagination mélancolique rend heureux un
moment en faisant rêver l'infini.

Le dégoût de l'existence, quand il ne porte pas au découragement [6], quand
il laisse subsister une belle inconséquence : l'amour de la gloire [7], le dégoût
de l'existence peut inspirer de grandes beautés de sentiment ; c'est d'une certaine
hauteur que tout se contemple ; c'est avec une teinte forte que tout se peint.
Chez les anciens, on était d'autant meilleur poète que l'imagination s'enchantait
30 plus facilement. De nos jours, l'imagination doit être aussi détrompée de l'espérance [8] que de la raison ; c'est ainsi que cette imagination philosophe peut encore
produire de grands effets.

Il faut qu'au milieu de tous les tableaux de la prospérité même, un appel aux
réflexions du cœur vous fasse sentir le penseur dans le poète. A l'époque où nous
vivons, la mélancolie est la véritable inspiration du talent [9] : qui ne se sent pas
atteint par ce sentiment, ne peut prétendre à une grande gloire comme écrivain ;
c'est à ce prix qu'elle est achetée [10]. (*De la Littérature* II, 5.)

L'enthousiasme   Beaucoup de gens sont prévenus [11] contre l'en-
                           thousiasme ; ils le confondent avec le fanatisme [12],
40 et c'est une grande erreur. Le fanatisme est une passion exclusive, dont une
opinion [13] est l'objet ; l'enthousiasme se rallie à l'harmonie universelle : c'est
l'amour du beau, l'élévation de l'âme, la jouissance du dévouement, réunis dans
un même sentiment, qui a de la grandeur et du calme [14]. Le sens de ce mot, chez
les Grecs, en est la plus noble définition : l'enthousiasme signifie *Dieu en nous*.
En effet, quand l'existence de l'homme est expansive [15], elle a quelque chose
de divin.

Tout ce qui nous porte à sacrifier notre propre bien-être ou notre propre vie est
presque toujours de l'enthousiasme ; car le droit chemin de la raison égoïste [16] doit
être de se prendre soi-même pour but de tous ses efforts, et de n'estimer dans
50 ce monde que la santé, l'argent et le pouvoir. Sans doute la conscience suffit
pour conduire le caractère le plus froid dans la route de la vertu ; mais l'enthousiasme est à la conscience ce que l'honneur est au devoir : il y a en nous un
superflu d'âme qu'il est doux de consacrer à ce qui est beau, quand ce qui est

— 4 Mort en 1800. — 5 Dans la *Critique du
jugement esthétique*. — 6 Oberman souffre sans
cesse de ce *découragement*. — 7 En quoi est-il
« une belle inconséquence » ? — 8 Cf. Senancour : « Je n'ai ni joie, *ni espérance*, ni repos »
(*Oberman*, lettre xv) et Lamartine : « Mon
cœur lassé de tout, *même de l'espérance...* »
(p. 96). — 9 Montrer par des exemples toute
la portée de cette remarque. — 10 Quel est le
danger, selon vous ? — 11 Ont une prévention
injustifiée. — 12 Dont on a horreur depuis
Voltaire. — 13 Une croyance sujette à discussion. — 14 Dans quelle mesure le *calme*
vous paraît-il compatible avec *l'enthousiasme* ?
Mme de Staël est-elle d'accord ici avec Diderot ?
(cf. *XVIII*e *siècle*, p. 199). — 15 Ne se limite
pas à elle-même (cf. p. 20, § 1). — 16 Montrer
que l'auteur combat certains aspects de la
philosophie du XVIIIe siècle.

bien est accompli. Le génie et l'imagination ont aussi besoin qu'on soigne un peu leur bonheur dans ce monde ; et la loi du devoir, quelque sublime qu'elle soit, ne suffit pas pour faire goûter toutes les merveilles du cœur et de la pensée.[...]

Cette disposition de l'âme a de la force, malgré sa douceur, et celui qui la ressent sait y puiser une noble constance. Les orages des passions s'apaisent, les plaisirs de l'amour-propre se flétrissent, l'enthousiasme seul est inaltérable ;
60 l'âme elle-même s'affaisserait dans l'existence physique, si quelque chose de fier et d'animé ne l'arrachait pas au vulgaire ascendant de l'égoïsme : cette dignité morale, à laquelle rien ne saurait porter atteinte, est ce qu'il y a de plus admirable dans le don de l'existence : c'est pour elle que dans les peines les plus amères il est encore beau d'avoir vécu [17], comme il serait beau de mourir.

(De l'Allemagne IV, 10.)

Les travaux de l'esprit ne semblent à beaucoup d'écrivains qu'une occupation presque mécanique, et qui remplit leur vie comme toute autre profession pourrait le faire ; c'est encore quelque chose de préférer celle-là ; mais de tels hommes ont-ils l'idée du sublime bonheur de la pensée, quand l'enthousiasme l'anime [18] ? Savent-ils de quel espoir l'on se sent pénétré, quand on croit manifester par le
70 don de l'éloquence une vérité profonde, une vérité qui forme un généreux lien entre nous et toutes les âmes en sympathie avec la nôtre [19] ?

Les écrivains sans enthousiasme ne connaissent de la carrière littéraire que les critiques, les rivalités, les jalousies, tout ce qui doit menacer la tranquillité quand on se mêle aux passions des hommes ; ces attaques et ces injustices font quelquefois du mal ; mais la vraie, l'intime jouissance du talent peut-elle en être altérée ? Quand un livre paraît, que de moments heureux n'a-t-il pas déjà valus à celui qui l'écrivit selon son cœur, et comme un acte de son culte ! Que de larmes pleines de douceur n'a-t-il pas répandues dans sa solitude sur les merveilles de la vie, l'amour, la gloire, la religion ? Enfin, dans ses rêveries,
80 n'a-t-il pas joui de l'air comme l'oiseau ; des ondes, comme un chasseur altéré ; des fleurs, comme un amant qui croit respirer encore les parfums dont sa maîtresse est environnée [20] ? Dans le monde, on se sent oppressé par ses facultés, et l'on souffre souvent d'être seul de sa nature, au milieu de tant d'êtres qui vivent à si peu de frais [21] ; mais le talent créateur suffit, pour quelques instants du moins, à tous nos vœux ; il a ses richesses et ses couronnes, il offre à nos regards les images lumineuses et pures d'un monde idéal, et son pouvoir s'étend quelquefois jusqu'à nous faire entendre dans notre cœur la voix d'un objet chéri [22].[...]

La nature peut-elle être sentie par des hommes sans enthousiasme ? ont-ils pu lui parler de leurs froids intérêts, de leurs misérables désirs ? Que répon-
90 draient la mer et les étoiles aux vanités étroites de chaque homme pour chaque jour ? Mais si notre âme est émue, si elle cherche un Dieu dans l'univers [23], si même elle veut encore de la gloire et de l'amour, il y a des nuages qui lui parlent, des torrents qui se laissent interroger, et le vent dans la bruyère [24] semble daigner nous dire quelque chose de ce qu'on aime. *(De l'Allemagne IV, 12.)*

— 17 Ainsi l'enthousiasme peut préserver du désespoir auquel a succombé Werther, et qui menace René et Oberman. — 18 « C'est un métier que de faire un livre, comme de faire une pendule » : cette formule de La Bruyère n'a-t-elle pas sa grandeur ? — 19 Montrer en quoi cette conception de la poésie annonce celle de Victor Hugo (cf. p. 162). — 20 Emportée elle-même par l'enthousiasme, Mme de Staël devient lyrique. — 21 Cf. Senancour, p. 27-28, l. 34-39. — 22 Être aimé. — 23 Cf. Chateaubriand, Lamartine, Hugo. — 24 Cette note évoque Ossian (cf. p. 43, n. 19).

BENJAMIN CONSTANT

**L'homme
et l'œuvre**   BENJAMIN CONSTANT DE REBECQUE naît à Lausanne
en 1767. Fils d'un colonel suisse au service de la Hollande,
mais issu, du côté paternel et du côté maternel, de familles
françaises contraintes à l'exil par la révocation de l'Édit de Nantes, le jeune homme reçoit
à Oxford, en Allemagne, à Edimbourg, une éducation européenne. Il continue ensuite
à voyager, séjourne à Paris, puis devient gentilhomme ordinaire du duc de Brunswick.

Quelques années après un mariage malheureux, il s'éprend de Mme DE STAEL (1794),
la suit à Paris, revendique la nationalité française et amorce une carrière d'*homme politique*.
Membre du Tribunat après le 18 Brumaire, il est exclu de cette assemblée pour son opposition libérale (1802). Il accompagne Mme de Staël en exil, mais cette liaison orageuse lui
pèse et il la rompt finalement en 1808, après avoir épousé secrètement Charlotte de
Hardenberg. En 1814, il prend position contre Napoléon ; pourtant, par une volte-face
surprenante, il lui offre ses services pendant les Cent-Jours et rédige l'*Acte additionnel aux
constitutions de l'Empire*. Il passe en Angleterre après Waterloo et y publie un roman,
Adolphe (1816). Il rentre alors en France et devient à la Chambre l'un des principaux
orateurs libéraux. Nommé Président du Conseil d'État par Louis-Philippe, il meurt peu
après (décembre 1830).

Benjamin Constant avait publié un grand nombre d'écrits politiques et des livres de
philosophie religieuse, mais il doit sa renommée durable à un roman autobiographique,
Adolphe, et à des œuvres posthumes qui nous font pénétrer, elles aussi, dans l'intimité de
ses sentiments et de sa vie. Le *Cahier rouge* retrace sa jeunesse, *Cécile* nous révèle ses
relations avec Charlotte de Hardenberg et complète ainsi les *Journaux intimes*.

Remarquablement intelligent mais irrésolu, peu fait pour l'action, faible parfois jusqu'à
la lâcheté, joueur plutôt que calculateur, Constant apparaît comme une personnalité
complexe mais décevante. *Il a trouvé dans l'analyse de lui-même sa véritable vocation.*

ADOLPHE

ADOLPHE *est un jeune homme timide, dont l'éducation
a refoulé la sensibilité ; ainsi sa vivacité d'esprit se manifeste
aux dépens de ses qualités de cœur et il se fait une réputation « de légèreté, de persiflage et de
méchanceté ». Il s'éprend, ou plutôt, par besoin d'être aimé, par amour-propre et par vanité
il croit s'éprendre d'*ELLÉNORE, *de dix ans son aînée. Celle-ci sacrifie tout à Adolphe, ses
enfants, sa fortune, la considération dont elle jouissait en dépit d'une situation irrégulière. Mais
Adolphe se détache d'elle à mesure que la passion d'Ellénore devient plus exigeante. Il cesse
de l'aimer ou, plus exactement, il s'aperçoit, trop tard, qu'il ne l'a jamais aimée. Pourtant,
par faiblesse et par pitié, il se montre incapable de la quitter ; mais il ne peut lui dissimuler
ses sentiments réels, et lui inflige ainsi une torture de tous les instants. Pressé par son père, et las
de traîner cette chaîne, il s'engage à rompre, mais rompt sans cesse l'entretien décisif avec sa
maîtresse. Enfin Ellénore apprend* indirectement *sa décision (cf. p. 23) : le coup est beaucoup
plus dur pour elle que si Adolphe avait eu le courage de lui en faire part ; elle en mourra, et
Adolphe, loin de retrouver la* liberté, *sera condamné à la* solitude *et au remords (p. 25).*

LE ROMAN AUTOBIOGRAPHIQUE.

Le roman se termine par un débat sur la
responsabilité d'Adolphe, qui est à la fois excusable et blâmable. L'égoïsme se mêle intimement chez lui à la pitié. Sensible, il paraît incapable de passion. Il manque surtout de
caractère et abuse de l'introspection : éternel spectateur de lui-même, il hésite constamment, se perd dans de stériles débats de conscience et fait souffrir davantage Ellénore
en voulant l'épargner. A tous ces traits, il est impossible de ne pas reconnaître l'auteur ;
Adolphe est une transposition de sa liaison avec Mme de Staël. Sans doute Benjamin
Constant a souvent modifié les faits ; pour peindre Ellénore il s'est également inspiré
d'autres femmes ; mais c'est Mme de Staël qu'on « examinait avec intérêt et curiosité
comme un bel orage » ; ces scènes pénibles ont eu lieu à Coppet (cf. p. 13) ; cette chaîne,
c'est celle que Constant se préparait à rompre lorsqu'il écrivait *Adolphe* (1806-1807).

DE L'ANALYSE CLASSIQUE AU MAL DU SIÈCLE. D'ailleurs l'intérêt du livre dépasse largement celui de la confidence. *Adolphe* reste un des chefs-d'œuvre du roman d'analyse. La psychologie des personnages, du héros surtout, est complexe, fouillée et véridique. Il s'agit d'une analyse tout à fait CLASSIQUE par sa lucidité, même lorsqu'on atteint les limites de la conscience claire ; par sa tendance à l'universalité, qui donne à maintes remarques la portée de lois psychologiques ; par la schématisation de tout ce qui n'est pas sentiment ou passion ; de plus, sans vouloir moraliser, l'auteur prend l'attitude du moraliste ; enfin l'œuvre est dense et brève, le style parfaitement pur et sobre. Mais *Adolphe* retient aussi l'attention par des éléments déjà ROMANTIQUES. Dans ce style dépouillé, presque froid, des images apparaissent pourtant, empruntées généralement à la *nature*, dont on goûte la présence poétique, en harmonie avec les sentiments (cf. p. 24, l. 40-52). Bien des façons de penser et de sentir sont romantiques : la passion d'Ellénore, l'ennui, la rêverie vague d'Adolphe. « J'ai voulu peindre dans Adolphe une des principales maladies morales de notre siècle : cette fatigue, cette incertitude, cette absence de force, cette analyse perpétuelle, qui place une arrière-pensée à côté de tous les sentiments, et qui les corrompt dès leur naissance » ; l'auteur l'a indiqué expressément : son héros, qui lui ressemble, incarne aussi le *mal du siècle*.

" *L'AMOUR ÉTAIT TOUTE MA VIE* "

ADOLPHE a écrit à un ami de son père, M. de T***, qu'il était résolu à quitter ELLENORE, mais les jours passent sans qu'il se décide à le lui déclarer à elle-même. Soudain Ellénore tombe malade, elle délire ; c'est que M. de T***, pour brusquer les choses, *lui a envoyé la lettre d'Adolphe*. Cependant son état s'améliore assez pour qu'elle puisse recevoir celui qu'elle aime. Le jeune homme tente de lui rendre quelque espoir ; mais Ellénore est trop lucide, trop cruellement atteinte aussi ; elle lui répond avec une générosité accablante et désespérée (*Adolphe*, chapitre X).

Son agitation devint extrême. Elle posa son front sur ma main ; il était brûlant ; une contraction terrible défigurait ses traits. « Au nom du ciel, m'écriai-je, chère Ellénore, écoutez-moi. Oui, je suis coupable : cette lettre... ». Elle frémit et voulut s'éloigner. Je la retins. « Faible, tourmenté [1], continuai-je, j'ai pu céder un moment à une instance [2] cruelle ; mais n'avez-vous pas vous-même mille preuves que je ne puis vouloir ce qui nous sépare ? J'ai été mécontent, malheureux, injuste ; peut-être, en luttant avec trop de violence contre une imagination rebelle, avez-vous donné de la force à des velléités passagères que je méprise aujourd'hui ;
10 mais pouvez-vous douter de mon affection profonde [3] ? nos âmes ne sont-elles pas enchaînées [4] l'une à l'autre par mille liens que rien ne peut rompre ? Tout le passé ne nous est-il pas commun ? Pouvons-nous jeter un regard sur les trois années qui viennent de finir, sans nous retracer des impressions que nous avons partagées, des plaisirs que nous avons goûtés, des peines que nous avons supportées ensemble ? Ellénore, commençons en ce jour une nouvelle époque, rappelons les heures du bonheur et de l'amour. » Elle me regarda quelque temps avec l'air du

---

— 1 Tout en s'excusant, Adolphe s'analyse et se juge avec sa lucidité coutumière. — 2 Les instances de M. de T*** pour l'amener à rompre avec Ellénore. — 3 Quel est le mot qu'il ne parvient pas à prononcer ? — 4 Et justement cette *chaîne* lui était devenue insupportable.

doute. « Votre père, reprit-elle enfin, vos devoirs, votre famille, ce qu'on attend de vous !... — Sans doute, répondis-je, une fois, un jour
20 peut-être... ». Elle remarqua que j'hésitais [5]. « Mon Dieu, s'écria-t-elle, pourquoi m'avait-il rendu l'espérance pour me la ravir aussitôt ? Adolphe, je vous remercie de vos efforts : ils m'ont fait du bien, d'autant plus de bien qu'ils ne vous coûteront, je l'espère, aucun sacrifice [6] ; mais, je vous en conjure, ne parlons plus de l'avenir... Ne vous reprochez rien, quoi qu'il arrive. Vous avez été bon pour moi. J'ai voulu ce qui n'était pas possible. L'amour était toute ma vie : il ne pouvait être la vôtre. Soignez-moi maintenant quelques jours encore. » Des larmes coulèrent abondamment de ses yeux ; sa respiration fut moins oppressée ; elle appuya sa tête sur mon épaule. « C'est ici, dit-elle, que j'ai toujours désiré
30 mourir [7]. » Je la serrai contre mon cœur, j'abjurai de nouveau mes projets, je désavouai mes fureurs cruelles. « Non, reprit-elle, il faut que vous soyez libre et content. — Puis-je l'être si vous êtes malheureuse ? — Je ne serai pas longtemps malheureuse, vous n'aurez pas longtemps à me plaindre. » Je rejetai loin de moi des craintes que je voulais croire chimériques [8]. « Non, non, cher Adolphe, me dit-elle, quand on a longtemps invoqué la mort, le Ciel nous envoie, à la fin, je ne sais quel pressentiment infaillible qui nous avertit que notre prière est exaucée. » Je lui jurai de ne jamais la quitter. « Je l'ai toujours espéré, maintenant j'en suis sûre. »

40 C'était une de ces journées d'hiver où le soleil semble éclairer tristement la campagne grisâtre, comme s'il regardait en pitié la terre qu'il a cessé de réchauffer [9]. Ellénore me proposa de sortir. « Il fait bien froid, lui dis-je. — N'importe, je voudrais me promener avec vous. » Elle prit mon bras ; nous marchâmes longtemps sans rien dire ; elle avançait avec peine, et se penchait sur moi presque tout entière. « Arrêtons-nous un instant. — Non, me répondit-elle, j'ai du plaisir à me sentir encore soutenue par vous. » Nous retombâmes dans le silence. Le ciel était serein ; mais les arbres étaient sans feuilles ; aucun souffle n'agitait l'air, aucun oiseau ne le traversait : tout était immobile, et le seul bruit qui se
50 fît entendre était celui de l'herbe glacée qui se brisait sous nos pas. « Comme tout est calme, me dit Ellénore ; comme la nature se résigne [10] ! Le cœur aussi ne doit-il pas apprendre à se résigner ? » Elle s'assit sur une pierre ; tout à coup elle se mit à genoux, et, baissant la tête, elle l'appuya sur ses deux mains. J'entendis quelques mots prononcés à voix basse. Je m'aperçus qu'elle priait. Se relevant enfin : « Rentrons, dit-elle, le froid m'a saisie. J'ai peur de me trouver mal. Ne me dites rien ; je ne suis pas en état de vous entendre. »

— 5 Que conclut-elle de cette hésitation ? — 6 Montrer qu'en prononçant ces mots Ellénore est partagée entre deux sentiments. — 7 La présence de la mort va peser sur toute la fin du passage, et du roman. — 8 Préciser la part de l'égoïsme dans cette réaction. — 9 Quelle impression nous laisse cette phrase ? Comment est-elle obtenue ? — 10 Commenter cette notation.

– Décalage. *Analysez : a) les sentiments d'Ellénore ; – b) le caractère d'Adolphe et ce qu'il éprouve pour Ellénore.*
– *Étudiez le lien entre la structure de la scène et le jeu des sentiments.*
– L'accent du vécu. *Étudiez l'alternance du dialogue, du discours indirect, du monologue intérieur, des notations qui créent le pathétique et l'accent de vérité.*
• **Comparaison.** Correspondance entre paysage et état d'âme, XVIIIᵉ SIÈCLE. ROUSSEAU, p. 287.

Égoïsme et sensibilité

Désormais ELLÉNORE ne cesse de s'affaiblir et de dépérir. Sa fin est proche, il n'est plus possible d'en douter, et ADOLPHE, expert dans l'art de s'examiner et de se torturer, mesure par avance le désarroi dans lequel va le plonger cette mort dont il se sent responsable ; dans sa solitude il n'aura même pas la consolation d'avoir aimé (*Adolphe*, chapitre X).

Je la vis de la sorte marcher par degrés à la destruction [1]. Je vis se graver sur cette figure si noble et si expressive les signes avant-coureurs de la mort. Je vis [2], spectacle humiliant [3] et déplorable, ce caractère énergique et fier recevoir de la souffrance physique mille impressions confuses et incohérentes, comme si, dans ces instants terribles, l'âme, froissée par le corps, se métamorphosait en tous sens pour se plier avec moins de peine à la dégradation des organes.

Un seul sentiment ne varia jamais dans le cœur d'Ellénore : ce fut sa tendresse pour moi [4]. Sa faiblesse lui permettait rarement de me parler ; mais elle fixait sur moi ses yeux en silence, et il me semblait alors que ses regards me demandaient
10 la vie que je ne pouvais plus lui donner. Je craignais de lui causer une émotion violente ; j'inventais des prétextes pour sortir : je parcourais au hasard tous les lieux où je m'étais trouvé avec elle ; j'arrosais de mes pleurs les pierres, le pied des arbres, tous les objets qui me retraçaient son souvenir.

Ce n'était pas les regrets de l'amour, c'était un sentiment plus sombre et plus triste ; l'amour s'identifie tellement à l'objet aimé que dans son désespoir même il y a quelque charme. Il lutte contre la réalité, contre la destinée ; l'ardeur de son désir le trompe sur ses forces, et l'exalte au milieu de sa douleur. La mienne était morne et solitaire ; je n'espérais point mourir avec Ellénore ; j'allais vivre sans elle dans ce désert du monde, que j'avais souhaité tant de fois de traverser indé-
20 pendant [5]. J'avais brisé l'être qui m'aimait ; j'avais brisé ce cœur, compagnon du mien, qui avait persisté à se dévouer à moi, dans sa tendresse infatigable ; déjà l'isolement m'atteignait. Ellénore respirait encore, mais je ne pouvais déjà plus lui confier mes pensées ; j'étais déjà seul sur la terre ; je ne vivais plus dans cette atmosphère d'amour qu'elle répandait autour de moi ; l'air que je respirais me paraissait plus rude, les visages des hommes que je rencontrais plus indifférents ; toute la nature semblait me dire que j'allais à jamais cesser d'être aimé [6].

– Le roman d'analyse. *Étudiez la sincérité de l'analyse et son acuité ; montrez comment le style suggère les émotions du héros.*
• **Groupe thématique : Nature et souvenir** (l. 11-13). XVIIIᵉ SIÈCLE, p. 263 (bas). – XIXᵉ SIÈCLE, p. 88 ; p. 163 ; p. 226.
• **Comparaison.** Adolphe assiste au « dernier combat » d'Ellénore, comme Félix de Vandenesse à celui de Mme De Mortsauf, p. 321. Comparez les deux situations et les sentiments des personnages.
– *Essai. D'après cet extrait et le précédent, commentez le jugement de B. CONSTANT sur Adolphe : « Vous le verrez toujours la victime de ce mélange d'égoïsme et de sensibilité qui se combinait en lui pour son malheur et celui des autres ».*

— 1 Commenter le choix de ce terme. — 2 Quel est l'effet de cette répétition ? — 3 Préciser en quoi. — 4 Qu'éprouve Adolphe en le constatant ? (cf. § 3). — 5 Noter l'opposition entre l'*indépendance* qu'il rêvait, et le *désert*, l'*isolement* qui l'attendent. — 6 Pour ce rôle de la nature, cf. p. 24, l. 40-52.

SENANCOUR

Sa vie (1770-1846) UN INADAPTÉ. Au cours d'une longue existence généralement solitaire, Étienne Pivert de SENANCOUR ne connut ni la gloire ni le bonheur. Riche d'aspirations et de sensibilité, il se montre dès l'adolescence profondément *inadapté à la vie sociale*. Au terme de ses humanités, ne pouvant se résoudre ni à entrer au séminaire (selon le désir de son père) car il est acquis aux idées des philosophes, ni à embrasser une autre carrière, il passe en Suisse (1789). « Il fallait commencer, pour la vie peut-être, ce que tant de gens qui n'ont en eux aucune autre chose, appellent un état. Je n'en trouvai point qui ne fût étranger à ma nature, ou contraire à ma pensée... Je vis qu'il n'y avait point d'accord entre moi et la société, ni entre mes besoins et les choses qu'elle a faites. » *(Oberman)*. Il se marie à Fribourg en 1790, mais son union n'est pas heureuse ; elle aboutira à une séparation définitive en 1802. Rentré en France après le 9 Thermidor, il y connaît la détresse d'un amour malheureux, bientôt aggravée par des difficultés financières, et devient précepteur, puis publiciste, pour gagner sa vie.

L'HOMME DE LETTRES. Les *Rêveries sur la nature primitive de l'homme* (1799) révèlent en SENANCOUR un disciple de ROUSSEAU, mais un disciple *pessimiste* et *désabusé*. En 1804 l'ouvrage qui devait immortaliser son nom, *Oberman*, passe tout à fait inaperçu : c'est en 1833 seulement, lors d'une réédition, que Sainte-Beuve en signalera l'intérêt. Viennent ensuite de nombreux livres et opuscules d'inspiration politique ou philosophique, en particulier des *Observations sur le « Génie du Christianisme »* (publiées en 1816) où Senancour tente de réfuter la thèse de Chateaubriand ; antichrétien mais spiritualiste, il est attiré par les idées illuministes (cf. p. 305, § 2). L'amitié de Thiers lui vaut une pension qui assure la sécurité de ses dernières années ; enfin, peu connu jusqu'au bout, il meurt en 1846.

Oberman LE JOURNAL INTIME. Cet être si réservé, si discret, s'est pourtant confié au lecteur dans une œuvre autobiographique, *Oberman*. La confidence psychologique ne fait pas de doute, mais on a hésité davantage à voir dans ce livre un journal de la *vie* même de Senancour, de 1789 à 1803. Sainte-Beuve l'avait pressenti, mais l'auteur, soucieux de garder secrets des détails qu'il avait soigneusement transposés, protesta contre l'assimilation entre son héros et lui-même. Après des études décisives, celles de M. Monglond en particulier, le doute n'est plus possible aujourd'hui.

LE MAL D'OBERMAN. Mais c'est surtout la confidence *psychologique* qui retient l'attention, l'état d'âme d'Oberman, autrement dit de Senancour. C'est une forme originale du mal du siècle, la plus profonde sans doute et la moins guérissable. En lisant les lettres d'Oberman nous sommes frappés, puis pénétrés par un *ennui*, une *lassitude*, un *découragement* indicibles, que *la qualité lyrique de l'expression* rend pour ainsi dire contagieux (cf. p. 28). Ce malaise essentiel, lié au fait même d'exister, négation spontanée de la joie de vivre, est d'origine *métaphysique :* il vient de l'âme bien plus que du cœur. *Oberman est assoiffé d'absolu, d'éternité* (cf. p. 27) ; comme il reste résolument hostile au christianisme, il en est réduit à chercher dans le symbolisme pythagoricien du nombre ou les visions de Swedenborg (cf. p. 309, n. 6) un apaisement à son inquiétude. Il aboutit finalement non pas à la paix et à la sérénité, mais, par la pratique de la résignation, à une sorte de *sagesse désabusée*.

LETTRE XVIII. — OBERMAN nous révèle dans toute son ampleur et analyse de la façon la plus pénétrante le mal dont il souffre. Cette incurable tristesse, sans motifs apparents, a une cause profonde : la présence d'aspirations *illimitées* chez un être qui ressent cruellement *ses limites* et n'est pas soutenu par une foi religieuse. On songe à l'homme tel que le peindra Lamartine, « borné dans sa nature, infini dans ses vœux ». Ce qui rend si pénétrant l'accent de SENANCOUR, c'est pour une large part l'absence de toute emphase, la *sincérité absolue*. Il connaît sans doute l'amère volupté de la mélancolie (cf. p. 28), mais il ne nous donne jamais l'impression de se complaire à son mal, ou de s'en parer.

« *QUE M'IMPORTE CE QUI PEUT FINIR ?* »

LETTRE XVIII : Fontainebleau, 17 août.

Même triste, je n'aime que le soir. L'aurore me plaît un moment : je crois que je sentirais sa beauté, mais le jour qui va la suivre doit être si long [1] ! J'ai bien une terre libre à parcourir ; mais elle n'est pas assez sauvage, assez imposante. Les formes en sont basses ; les roches petites et monotones ; la végétation n'y a pas en général cette force, cette profusion qui m'est nécessaire ; on n'y entend bruire aucun torrent dans des profondeurs inaccessibles : c'est une terre des plaines [2]. Rien ne m'opprime ici, rien ne me satisfait [3]. Je crois même que l'ennui augmente : c'est que je ne souffre pas assez. Je suis donc plus heureux ? Point du tout :

10 souffrir ou être malheureux, ce n'est pas la même chose ; jouir ou être heureux, ce n'est pas non plus une même chose [4].

Ma situation est douce, et je mène une triste vie. Je suis ici on ne peut mieux ; libre, tranquille, bien portant, sans affaires, indifférent sur l'avenir dont je n'attends rien, et perdant sans peine le passé dont je n'ai pas joui. Mais il y a dans moi une inquiétude qui ne me quittera pas ; c'est un besoin que je ne connais pas, que je ne conçois pas, qui me commande, qui m'absorbe, qui m'emporte au-delà des êtres périssables... Vous vous trompez, et je m'y étais trompé moi-même : ce n'est pas le besoin d'aimer [5]. Il y a une distance bien grande du vide de mon cœur

20 à l'amour qu'il a tant désiré ; mais il y a l'infini entre ce que je suis et ce que j'ai besoin d'être. L'amour est immense, il n'est pas infini. Je ne veux point jouir ; je veux espérer, je voudrais savoir [6] ! Il me faut des illusions sans bornes, qui s'éloignent pour me tromper toujours. Que m'importe ce qui peut finir [7] ? L'heure qui arrivera dans soixante années est là tout auprès de moi. Je n'aime point ce qui se prépare, s'approche, arrive, et n'est plus. Je veux un bien, un rêve, une espérance enfin qui soit toujours devant moi, au-delà de moi, plus grande que mon attente elle-même, plus grande que tout ce qui passe. Je voudrais être toute intelligence, et que l'ordre éternel du monde [8]... Et, il y a trente ans,

30 l'ordre était, et je n'étais point !

Accident [9] éphémère et inutile, je n'existais pas, je n'existerai pas : je trouve avec étonnement mon idée plus vaste que mon être ; et si je considère que ma vie est ridicule à mes propres yeux, je me perds dans des ténèbres impénétrables. Plus heureux, sans doute, celui qui coupe

---

— 1 Commenter ce sentiment et la façon dont il est traduit. — 2 Définir d'après ce passage le paysage cher à l'âme romantique ; comment s'explique cette prédilection ? — 3 Expliquer l'alliance inattendue de ces deux verbes. — 4 Apprécier cette double distinction. — 5 Opposer Rousseau : « Dévoré du besoin d'aimer sans jamais l'avoir pu bien satisfaire... » (cf. *René*, p. 41). — 6 Le mal de Senancour est donc plus *métaphysique* que sentimental (cf. Vigny et *le doute*). — 7 « Qu'est-ce que tout cela, qui n'est pas éternel ? » dira plus tard Leconte de Lisle (*L'Illusion suprême*). — 8 Compléter l'idée ; pourquoi la phrase reste-t-elle inachevée ? — 9 Préciser le sens.

du bois, qui fait du charbon, et qui prend de l'eau bénite quand le tonnerre gronde ! Il vit comme la brute ? Non : mais il chante en travaillant. Je ne connaîtrai point sa paix, et je passerai comme lui. Le temps aura fait couler sa vie ; l'agitation, l'inquiétude, les fantômes d'une puérile grandeur égarent et précipitent [10] la mienne.

– *Méditation triste. Suivez le cours de la méditation à partir des impressions initiales, en distinguant les thèmes ; montrez qu'ils s'enchaînent et se complètent.*
– *Oberman et la nature. Qu'en attend-il ? en quoi ne peut-elle le satisfaire ?*
– *Le mal métaphysique. a) Précisez sa nature et ses effets ; – b) En quoi correspond-il à l'analyse de MME DE STAEL sur « l'incomplet de la destinée », p. 19 ?*
– *Le style. En quoi traduit-il ce découragement, cette tristesse sans remède ?*
• **Groupe thématique : Mal de vivre et mal du siècle.** Comparez la mélancolie d'Oberman avec celle de René, p. 39-43 et de CHATEAUBRIAND (*Mémoires d'Outre-Tombe*, p. 76-78).

Volupté de la mélancolie

Avant Lamartine (cf. p. 98), après Rousseau (cf. *XVIIIᵉ Siècle*, p. 334) et Chateaubriand (cf. p. 77), SENANCOUR chante ici la mélancolie de l'automne ; son originalité réside dans l'*analyse* extrêmement pénétrante des impressions et des sentiments qu'il éprouve, et dans l'*accent lyrique*, discret et poignant, qui fait de cette page un *poème en prose*, une *mélodie sur le mode mineur* (XXIV).

Fontainebleau, 28 octobre, IIᵉ année.

Lorsque les frimas s'éloignent, je m'en aperçois à peine ; le printemps passe, et ne m'a pas attaché ; l'été passe, je ne le regrette point. Mais je me plais à marcher sur les feuilles tombées, aux derniers beaux jours, dans la forêt dépouillée [1].

D'où vient à l'homme la plus durable des jouissances de son cœur, cette volupté de la mélancolie [2], ce charme plein de secrets, qui le fait vivre de ses douleurs et s'aimer encore dans le sentiment de sa ruine ? Je m'attache à la saison heureuse qui bientôt ne sera plus : un intérêt tardif, un plaisir qui paraît contradictoire m'amène à elle alors qu'elle va finir. Une même loi morale me rend 10 pénible l'idée de la destruction, et m'en fait aimer ici le sentiment dans ce qui doit cesser avant moi [3]. Il est naturel que nous jouissions mieux de l'existence périssable, lorsqu'avertis de toute sa fragilité nous la sentons néanmoins durer en nous. Quand la mort nous sépare de tout, tout reste pourtant ; tout subsiste sans nous. Mais, à la chute des feuilles, la végétation s'arrête, elle meurt ; nous, nous restons pour des générations nouvelles, et l'automne est délicieuse parce que le printemps doit venir encore pour nous.

Le printemps est plus beau dans la nature ; mais l'homme a tellement fait que l'automne est plus douce. La verdure qui naît, l'oiseau qui chante, la fleur qui s'ouvre ; et ce feu qui revient affermir la vie, ces ombrages qui protègent 20 d'obscurs asiles ; et ces herbes fécondes, ces fruits sans culture, ces nuits faciles qui permettent l'indépendance ! Saison du bonheur ! je vous redoute trop dans mon ardente inquiétude. Je trouve plus de repos vers le soir de l'année, et la saison où tout paraît finir est la seule où je dorme en paix sur la terre de l'homme [4].

— 10 Image du torrent après celle du ruisseau tranquille (*couler*).
— 1 Analyser l'impression et la façon dont elle est rendue. — 2 Cf. p. 20, 42 et déjà Ber-

nardin de Saint-Pierre (*XVIIIᵉ Siècle*, p. 345).
— 3 D'ordinaire l'homme compare au contraire sa fragilité à la pérennité de la nature (citer des exemples). — 4 En quoi ce paragraphe est-il lyrique ?

CHATEAUBRIAND

Les rêves
et l'aventure
C'est à Saint-Malo, en 1768, que par une nuit de tempête la mère de François-René de CHATEAUBRIAND lui « infligea la vie ».

1. SAINT-MALO ET COMBOURG (1768-1786). Ses premières années sont celles d'un enfant abandonné aux domestiques, qui se bat avec les polissons sur la grève, ou passe des heures à contempler la mer en écoutant « le refrain des vagues ». En 1777, toute la famille s'installe au *château de Combourg*, et le jeune « chevalier », destiné à la marine, fait des études assez décousues à Dol, à Rennes et à Dinan. Mais à l'âge de 16 ans, vaguement attiré par la prêtrise, il revient à Combourg dont le cadre romanesque l'avait conquis. Pendant « *deux années de délire* », entre un père sombre et taciturne et une mère pieusement mélancolique, il y mènera une *existence étrange* (cf. p. 72 à 78) : terreurs, rêveries solitaires, courses sur la lande en compagnie de sa sœur LUCILE, nature tendre et maladive ; exaltations, tristesses sans cause, troubles d'une sensibilité ardente en proie au « *vague des passions* » (cf. p. 41 et 50). Sa *vocation poétique* s'éveille alors et son âme d'artiste restera marquée par les impressions de Combourg.

2. LE JEUNE OFFICIER (1786-1791). Après avoir longtemps hésité sur sa carrière, CHATEAUBRIAND prend un brevet de sous-lieutenant en 1786, est présenté au roi à Versailles, se mêle à la vie sceptique et dissipée des *salons parisiens*. Il y rencontre Parny, Lebrun, Chamfort, FONTANES qui sera son ami le plus cher ; il rêve de succès poétiques, s'enthousiasme pour Rousseau et *perd sa foi religieuse*. Il assiste même avec sympathie aux débuts de la Révolution.

3. LE VOYAGE EN AMÉRIQUE (1791). En avril 1791, il s'embarque pour l'Amérique, soit qu'il rêve de découvrir un passage au nord-ouest du continent, soit qu'il aille y faire provision d'*images exotiques* et y chercher la gloire. Son séjour dura cinq mois seulement, de juillet à décembre. S'il a dû se rendre de Baltimore à Philadelphie, remonter l'Hudson et voir les chutes du Niagara, il n'a certainement pas pu, comme il le prétend dans son *Voyage en Amérique* (1826), descendre l'Ohio jusqu'au Mississipi et revenir par la Floride. Mais il lui a suffi de contempler une *nature vierge* et de vivre au contact des Indiens pour que ses impressions, précisées par la *lecture de récits de voyages*, donnent naissance aux évocations si neuves qui assureront bientôt ses premiers succès littéraires (cf. p. 32). A la nouvelle de l'arrestation de Louis XVI, il obéit à son loyalisme breton et *se rembarque pour la France*, emportant dans ses bagages un énorme paquet de notes et l'ébauche du poème épique en prose des *Natchez*.

4. L'EXIL (1792-1800). Rentré à Saint-Malo, CHATEAUBRIAND se marie, puis rejoint *l'armée des émigrés*. Blessé au siège de Thionville et presque mourant, il traverse la Belgique et se réfugie à Londres (1793). Il y vivra misérablement, souffrant de la faim et du froid, vivant de leçons et de traductions, et travaillant la nuit à l'*Essai sur les Révolutions* (1797). Écho de ses désillusions et de ses doutes, ce livre complexe nous révèle une âme où le *scepticisme encyclopédique* est aux prises avec une *vague inquiétude religieuse*. Mais en 1798, frappé par la mort de sa mère puis de sa sœur Julie, CHATEAUBRIAND revient à la religion de son enfance dont il entreprend l'apologie dans le *Génie du Christianisme*. L'ouvrage est sur le point de paraître quand l'auteur décide de rentrer en France (mai 1800).

La gloire
littéraire
Rayé de la liste des émigrés, CHATEAUBRIAND se mêle à la vie littéraire : dans le salon de sa tendre amie PAULINE DE BEAUMONT, il rencontre Bonald, Joubert, Fontanes.

1. SUCCÈS DU « GÉNIE ». Il travaille activement au *Génie* et prend nettement parti, dans le *Moniteur*, dirigé par Fontanes, contre les tenants de l'esprit du

XVIIIᵉ siècle. Pour attirer l'attention, il décide de publier d'abord *Atala* (1801), épisode qu'il avait détaché des *Natchez* pour en faire un chapitre du *Génie* (cf. p. 31), Le succès éclatant de ce récit encourage l'auteur qui, reçu avec faveur par la haute société, publie enfin en 1802 le *Génie du Christianisme* (cf. p. 44). Ce livre, dont faisaient aussi partie *Atala* et *René* (cf. p. 39) souleva un tel enthousiasme que FONTANES en profita pour faire nommer son ami secrétaire de légation à Rome (1803).

2. DÉBUTS DIPLOMATIQUES. Dans la ville éternelle, l'artiste enrichit son talent d'impressions nouvelles dont il parera la *Lettre sur la Campagne Romaine* (cf. p. 56), et plus tard son *Voyage en Italie*. Il a toutefois la douleur de perdre Mme DE BEAUMONT venue le rejoindre à Rome, et l'amertume d'être subordonné à l'oncle du Premier Consul, le cardinal Fesch avec lequel il ne s'entend pas. La nouvelle de *l'exécution du duc d'Enghien* réveille son loyalisme et il donne sa démission (1804). Dès lors, profondément affecté par la mort de sa sœur LUCILE, il voyage en Auvergne, en Suisse, en Bretagne et publie un *Voyage au Mont-Blanc* (1806).

3. LE VOYAGE EN ORIENT (1806-1807). Cédant au rêve de sa jeunesse (cf. *René*, p. 40) et en quête « d'images » pour l'épopée des *Martyrs*, il s'embarque pour l'Orient, visite la Grèce et les Lieux Saints et revient par l'Égypte, la Tunisie et l'Espagne. Dans ce grand voyage il recueille les souvenirs qui enrichiront à son retour les *Martyrs* (1809), l'*Itinéraire de Paris à Jérusalem* (1811), et en 1826 les *Aventures du Dernier Abencérage*.

4. LA VALLÉE-AUX-LOUPS. — OPPOSITION A L'EMPIRE. Ces ouvrages sont le fruit de sa laborieuse retraite dans l'ermitage de la Vallée-aux-Loups, acquis en 1807. Il y commence aussi les *Mémoires d'Outre-Tombe* et y travaille à des *Études Historiques*. En même temps il poursuit une lutte de plus en plus ouverte contre NAPOLÉON. Élu à l'Académie en 1811, il ne peut prononcer le discours hardi où il flétrit la tyrannie impériale. A la fin de l'Empire, il rédige la violente brochure *De Buonaparte et des Bourbons* (1814), dont la publication, de l'aveu de Louis XVIII, fit plus pour la restauration monarchique qu'une armée de cent mille hommes.

La vie politique   Déçu par Louis XVIII qui n'aimait guère ce romantique plein d'orgueil et d'ambition, CHATEAUBRIAND le suit néanmoins en Belgique pendant les Cent jours, et devient *ministre de l'Intérieur ;* mais il entend avec douleur la canonnade de Waterloo (cf. p. 79).

1. L'HOMME DE L'OPPOSITION. A son retour, il est nommé *pair de France* mais non ministre comme il l'espérait. Il cède alors à sa vocation d'*éternel opposant* et devient par dépit un des chefs de la droite : dans *La Monarchie selon la Charte* (1816), il revendique le pouvoir pour les ultra-royalistes. Avec des collaborateurs d'élite comme Bonald, Villèle, Polignac, Nodier, Lamennais, il fonde le *Conservateur* où, polémiste redoutable, il attaque le ministère Decazes et provoque sa chute en le rendant responsable de l'assassinat du duc de Berry (1820). Pour l'éloigner, le roi le nomme diplomate.

2. AMBASSADEUR ET MINISTRE. Ambassadeur à Berlin (1821) puis à Londres (1822), il est envoyé au *Congrès de Vérone* où il contribue à faire confier à la France la mission de réduire la révolte des Espagnols contre leur roi. Peu après il devient *ministre des Affaires Étrangères* et s'empresse de monter l'*expédition d'Espagne :* il la considère comme un acte de haute politique destiné à rétablir la France à son rang de grande puissance (1823). Le succès rapide de la campagne et l'orgueil qu'il en tire suscitent des jalousies : on saisit la première occasion de le « chasser » (1824).

3. RETOUR A L'OPPOSITION. CHATEAUBRIAND revient alors à ses vraies convictions, celles d'un *monarchiste modéré* et soucieux des libertés publiques : dans le *Journal des Débats*, il combat activement le ministère Villèle. En même temps, pour résoudre ses difficultés pécuniaires, il publie le *Dernier Abencérage* (1826), les *Natchez* (1826), le *Voyage en Amérique* (1827) et entreprend la publication de ses *Œuvres Complètes* (1826-1831). A la chute du ministère, il accepte l'ambassade de Rome qu'on lui offre pour l'écarter du pouvoir ; mais il va démissionner dès la constitution du ministère Polignac (1829). En 1830, il condamne les Ordonnances ; toutefois, fidèle à son passé, il repousse les avances de la monarchie de Juillet, et se met à la disposition de Charles X.

La vieillesse Avec dignité il abandonne son titre et sa pension de pair et reste noblement attaché à une cause qu'il sait perdue. Poursuivi en Cour d'Assises pour son *Mémoire sur la captivité de la duchesse de Berry*, il est triomphalement acquitté (1833) ; il accepte aussi une mission à Prague lors de la majorité du comte de Chambord. Mais ces épisodes romanesques marquent la fin de sa carrière politique. CHATEAUBRIAND, dont la situation financière est difficile, consacre sa vieillesse à la littérature : *Études Historiques* (1831), *Essai sur la Littérature Anglaise* (1836), *Congrès de Vérone* (1838), *Vie de Rancé*, réformateur de la Trappe, écrite pour sa pénitence à la demande de son confesseur (1844). Mais surtout il s'occupe de dresser sa statue devant l'éternité et ne cesse de travailler aux *Mémoires d'Outre-Tombe* (cf. p. 70). De temps à autre il en donne lecture à l'Abbaye-aux-Bois, dans le salon de Mme RÉCAMIER (cf. p. 81). L'ardeur du sentiment qui les unissait depuis 1818 s'est maintenant adoucie en une « respectueuse tendresse », et dans ses dix dernières années l'écrivain lui rend visite tous les jours, même lorsqu'elle devient aveugle et qu'il est lui-même à demi paralysé. C'est ainsi qu'au terme d'une *vieillesse mélancolique* CHATEAUBRIAND, octogénaire, s'éteint en juillet 1848. Conformément à son vœu, sa tombe solitaire se dresse, près de Saint-Malo, à la pointe du Grand-Bé, face à la mer.

ATALA (1801)

Détachée de l'épopée en prose des *Natchez* (1826), l'histoire d'*Atala* fut insérée dans l'édition anglaise du *Génie du Christianisme* pour illustrer « les harmonies de la religion chrétienne avec les scènes de la nature et les passions du cœur humain » (cf. p. 37). De retour en France, CHATEAUBRIAND publia cet épisode un an avant le *Génie* sous le titre suivant : *Atala ou les Amours de deux sauvages dans le désert*.

1. « LES AMOURS DE DEUX SAUVAGES ». Au moment où sévissait la mode anglaise des romans sombres et terrifiants, le public fut conquis par cette simple *histoire d'amour*. Le thème *exotique* n'était pourtant pas nouveau : parmi tant d'autres romans il avait déjà produit un chef-d'œuvre avec *Paul et Virginie*. A vrai dire, dans *Atala* les deux héros ne sont que des *demi-sauvages :* ils ont connu la civilisation et Atala est chrétienne (cf. p. 36) ; trop souvent même le langage du vieux Chactas, au lieu d'être purement « indien », nous rappelle qu'il a séjourné en Europe (cf. p. 37). Toutefois si ces caractères sont moins naïfs que ne l'exigerait la vraisemblance, on peut admirer cette peinture du bonheur de deux êtres qui obéissent innocemment à la nature (cf. p. 34), puis du *conflit entre leurs aspirations naturelles et la loi religieuse*, enfin de l'apaisement dû aux certitudes de la foi (cf. p. 36). Nous sommes également sensibles à *l'aspect lyrique* du roman où se devine l'âme de CHATEAUBRIAND lui-même : goût de la solitude, mélancolie, exaltation passionnée, sentiment désespéré d'une fatalité hostile au bonheur humain.

2. « TRIOMPHE DU CHRISTIANISME ? » L'épisode primitif devait constituer, comme les *Natchez*, « l'épopée de l'homme de la nature ». CHATEAUBRIAND semble l'avoir modifié pour illustrer le *Génie du Christianisme*, et nous montrer « la religion première législatrice des hommes » (cf. p. 35), « les combats des passions et des vertus dans un cœur simple » (cf. p. 35), « enfin le triomphe du christianisme sur le sentiment le plus fougueux et la crainte la plus terrible, l'amour et la mort » (cf. p. 36 et 37).

On peut cependant contester la *valeur apologétique* du roman : Atala périt victime de sa superstitieuse ignorance, et l'indignation de Chactas devant une religion qui contredit la nature est aussi touchante que les sermons du P. Aubry sur le néant des passions et la bonté de la Providence. En définitive nous sommes trop séduits par la *poésie de la vie sauvage* et par l'idylle d'Atala et de Chactas au sein d'une nature magnifique pour adhérer tout à fait à l'issue édifiante de leur douloureuse aventure.

3. L'EXOTISME AMÉRICAIN. CHATEAUBRIAND n'avait pas visité le pays du Mississipi (cf. p. 29, § 3) : on lui reproche d'y situer les paysages et les mœurs d'autres régions. Il a eu le tort de proclamer dans la *Préface d'Atala* que « la nature américaine y est peinte avec la plus scrupuleuse exactitude ». Cette exactitude, il la concevait non

en savant mais en *artiste :* il lui suffisait d'emprunter des détails aux voyageurs dignes de foi, et de les animer à l'aide de son imagination et de ses propres souvenirs. Ainsi son roman doit être considéré comme l'aboutissement littéraire des récits d'explorateurs et de missionnaires qui s'étaient accumulés depuis trois siècles. Cet *exotisme américain* parut une grande *nouveauté*, plus par la magnificence des paysages que par la singularité des mœurs et du « style indien », qui reste relativement discret. CHATEAUBRIAND révélait à ses contemporains un décor sans équivalent dans nos pays européens (cf. p. 32-35) : d'autres écrivains avaient publié leurs impressions d'Amérique, mais *Atala* produisit un *effet d'enchantement.*

4. « L'ENCHANTEUR ». Les Français découvrirent en 1801 qu'il leur était né un *admirable artiste.* Il définissait lui-même son œuvre comme « *une sorte de poème moitié descriptif, moitié dramatique* ». Ses *paysages* sont toujours ordonnés et composés avec art : les lignes, les formes, les divers plans s'organisent en véritables tableaux (cf. p. 32-33). Ce sens pittoresque est complété par un don presque magique de *suggérer* à la sensibilité, par l'harmonie, le rythme et le mouvement des phrases, tout ce qu'on ne saurait décrire pour l'imagination (cf. p. 38). L'auteur recourt naturellement à toutes les ressources du langage pour traduire l'ardeur des passions et les troubles de l'âme ; mais de plus, par ce pouvoir de suggestion, la *nature* elle-même cesse d'être un simple décor et s'accorde secrètement avec la situation et les sentiments des personnages. Ainsi ce « poème », qui reste de goût classique à bien des égards, apparut comme « une sorte de production d'un genre inconnu » et marquait en effet l'*aube de la littérature romantique.*

LES RIVES DU MESCHACEBÉ

L'épisode d'*Atala* s'ouvre sur une majestueuse description du Mississipi (ou Meschacebé). Si au cours de son rapide séjour CHATEAUBRIAND n'a pu pousser jusqu'à ce fleuve, il lui suffisait de confronter avec des récits de voyageurs sa connaissance *personnelle* de la nature américaine (cf. p. 47 et p. 53) pour produire sur ses lecteurs un *effet de dépaysement total.* On étudiera avec quel art, voulant leur présenter « *le tableau le plus extraordinaire* », il a su mettre en valeur la puissance d'une nature grandiose et luxuriante, le charme pittoresque d'une flore et d'une faune inconnues, la fraîcheur des coloris, la vie mystérieuse des sous-bois.

Les deux rives du Meschacebé présentent le tableau le plus extraordinaire. Sur le bord occidental, des savanes[1] se déroulent à perte de vue ; leurs flots de verdure[2], en s'éloignant, semblent monter dans l'azur du ciel, où ils s'évanouissent. On voit dans ces prairies sans bornes errer à l'aventure des troupeaux de trois ou quatre mille buffles sauvages. Quelquefois un bison chargé d'années, fendant les flots à la nage, se vient coucher, parmi de hautes herbes, dans une île du Meschacebé. A son front orné de deux croissants, à sa barbe antique et limoneuse, vous le prendriez pour le dieu du fleuve[3], qui jette un œil satisfait sur la grandeur
10 de ses ondes et la sauvage abondance de ses rives[4].

Telle est la scène sur le bord occidental ; mais elle change sur le bord opposé, et forme avec la première un admirable contraste. Suspendus sur le cours des eaux, groupés sur les rochers et sur les montagnes, dispersés

---

— 1 Prairies couvertes de hautes herbes. — 2 Préciser cette image. — 3 Souvenir mytho- logique : dans l'antiquité, le dieu du fleuve était représenté avec un front orné de cornes. — 4 Quel est le ton de cette fin de paragraphe ?

dans les vallées, des arbres de toutes les formes, de toutes les couleurs, de tous les parfums, se mêlent, croissent ensemble, montent dans les airs à des hauteurs qui fatiguent les regards [5]. Les vignes sauvages, les bignonias, les coloquintes s'entrelacent au pied de ces arbres, escaladent leurs rameaux, grimpent à l'extrémité des branches, s'élancent de l'érable au tulipier, du tulipier à l'alcée [6], en formant mille grottes, mille voûtes,

20 mille portiques [7]. Souvent égarées d'arbre en arbre, ces lianes traversent des bras de rivières, sur lesquelles elles jettent des ponts de fleurs. Du sein de ces massifs, le magnolia élève son cône immobile ; surmonté de ses larges roses blanches, il domine toute la forêt, et n'a d'autre rival que le palmier, qui balance légèrement auprès de lui ses éventails de verdure.

Une multitude d'animaux placés dans ces retraites par la main du Créateur [8] y répandent l'enchantement et la vie [9]. De l'extrémité des avenues on aperçoit des ours enivrés de raisins, qui chancellent sur les branches des ormeaux [10] ; des cariboux [11] se baignent dans un lac ; des écureuils noirs se jouent dans l'épaisseur des feuillages ; des oiseaux-

30 moqueurs, des colombes de Virginie, de la grosseur d'un passereau, descendent sur les gazons rougis par les fraises ; des perroquets verts à tête jaune, des piverts empourprés, des cardinaux [12] de feu grimpent en circulant au haut des cyprès ; des colibris étincellent sur le jasmin des Florides, et des serpents-oiseleurs sifflent suspendus aux dômes des bois en s'y balançant comme des lianes.

Si tout est silence et repos dans les savanes de l'autre côté du fleuve, tout ici, au contraire, est mouvement et murmure [13] : des coups de bec contre le tronc des chênes, des froissements d'animaux qui marchent, broutent ou broient entre leurs dents les noyaux des fruits ; des bruisse-

40 ments d'ondes, de faibles gémissements, de sourds meuglements, de doux roucoulements remplissent ces déserts d'une tendre et sauvage harmonie [14]. Mais quand une brise vient à animer ces solitudes, à balancer ces corps flottants, à confondre ces masses de blanc, d'azur, de vert, de rose [15] ; à mêler toutes les couleurs, à réunir tous les murmures : alors il sort de tels bruits du fond des forêts, il se passe de telles choses aux yeux, que j'essayerais en vain de les décrire à ceux qui n'ont point parcouru ces champs primitifs de la nature.

— 5 Étudier la précision et la valeur évocatrice des verbes de cette phrase. — 6 *Bignonia* : sorte de liane ; *coloquinte* : genre de concombre à fleurs jaunes ; *tulipier* : espèce de grand magnolia ; *alcée* : rose trémière. Quelle est l'impression créée par ces noms de plantes et par le choix des verbes de cette phrase ? — 7 Thème déjà cher à Bernardin de Saint-Pierre : la nature imite, avec plus de grâce, les travaux des hommes (cf. le *pont naturel*, p. 37, l. 2). Étudier ce thème dans la fin du §. — 8 Cette idée de la Providence qui peuple la nature reparaît dans le *Génie du Christianisme*. —

9 Étudier le rapport entre cette phrase et le reste du §. — 10 Détail confirmé, dit Chateaubriand, par plusieurs voyageurs. — 11 « Élans, sortes de rennes ». — 12 Oiseaux au plumage rouge. — 13 Étudier dans les lignes suivantes la propriété des termes évoquant les bruits. — 14 Justifier les deux adjectifs. — 15 Chateaubriand aime ces jeux de couleurs. Cf. plus haut : « On voit... le long des rivages, des îles flottantes de pistia et de nénuphar, dont les roses jaunes s'élèvent comme de petits pavillons. Des serpents verts, des hérons bleus, des flamants roses, de jeunes crocodiles s'embarquent passagers sur ces vaisseaux de fleurs. »

– Le « bord occidental ». *a) Précisez les impressions crées dans le § 1 (choix des termes, effets de rythme) ; – b) Étudiez l'assimilation progressive du bison à un « dieu du fleuve ».*
– Le « bord opposé ». *a) Montrez le contraste avec l'autre rive (relief, végétation, faune) ; – b) Dans les deux derniers §, définissez les impressions créées par la structure et le rythme des phrases. A quoi reconnaît-on le classicisme de la composition (les §, les fins de §) ?*
– *Commentaire composé (l. 1-24). Un « admirable contraste » suggéré par la magie du style.*
– *Exposé.* CHATEAUBRIAND *et la nature américaine d'après les extraits d'*Atala *et du* Génie.
• **Groupe thématique : Exotisme.** Comparez les extraits d'*Atala* et de *Paul et Virginie,* XVIIIe SIÈCLE.

En 1725, « poussé par des passions et des malheurs », un Français nommé RENÉ *se réfugie dans la tribu indienne des Natchez, et le vieux sachem aveugle* CHACTAS, *qui a jadis vécu en France, lui donne comme épouse l'Indienne Céluta. « Une nuit, à la clarté de la lune, tandis que tous les Natchez dorment au fond de leurs pirogues, et que la flotte indienne, élevant ses voiles de peaux de bêtes, fuit devant une légère brise, René, demeuré seul avec Chactas, lui demande le récit de ses aventures. » Ce récit comprend trois épisodes : les* Chasseurs, *les* Laboureurs, *le* Drame.

LES CHASSEURS. *Vaincu avec sa tribu par les Muscogulges, le jeune* CHACTAS *a été recueilli et élevé par l'Espagnol* LOPEZ ; *à vingt ans, épris de solitude, il reprend son arc et ses flèches et regagne les bois. Capturé par les Muscogulges, il est condamné à être brûlé. Mais une nuit, la fille du chef,* ATALA, *qui s'est éprise du captif, le délivre, et tous deux se réfugient dans la savane.*

Une idylle dans la savane

Après ROUSSEAU et BERNARDIN DE SAINT-PIERRE (cf. *XVIIIe Siècle,* p. 347), CHATEAUBRIAND se plaît à décrire la vie simple et heureuse de deux *êtres primitifs* au sein d'une nature accueillante. Dans ce *cadre exotique,* que la magie évocatrice du romancier propose à l'émerveillement de ses lecteurs européens, la *Providence* prodigue aux deux fugitifs commodités et enchantements. Mais l'idylle païenne est déjà menacée : ATALA, qui a été élevée par sa mère dans la foi chrétienne, va devenir pour CHACTAS « un être incompréhensible ».

Atala me fit un manteau avec la seconde écorce du frêne, car j'étais presque nu. Elle me broda des mocassines [1] de peau de rat musqué, avec du poil de porc-épic. Je prenais soin à mon tour de sa parure. Tantôt je lui mettais sur la tête une couronne de ces mauves bleues que nous trouvions sur notre route, dans des cimetières indiens abandonnés ; tantôt je lui faisais des colliers avec des graines rouges d'azalea ; et puis je me prenais à sourire en contemplant sa merveilleuse beauté [2].

Quand nous rencontrions un fleuve, nous le passions sur un radeau ou à la nage. Atala appuyait une de ses mains sur mon épaule ; et, comme deux cygnes
10 voyageurs, nous traversions ces ondes solitaires [3].

Souvent, dans les grandes chaleurs du jour, nous cherchions un abri sous les mousses des cèdres. Presque tous les arbres de la Floride, en particulier le cèdre et le chêne-vert, sont couverts d'une mousse blanche qui descend de leurs rameaux jusqu'à terre. Quand la nuit, au clair de la lune, vous apercevez, sur la nudité d'une savane, une yeuse [4] isolée revêtue de cette draperie, vous croiriez voir un fantôme traînant après lui ses longs voiles. La scène n'est pas moins pittoresque [5] au grand jour ; car une foule de papillons, de mouches brillantes, de colibris, de perruches vertes, de geais d'azur, vient s'accrocher à ces mousses, qui

---

— 1 Chaussure indienne. — 2 Étudier ces manifestations d'amour réciproque. — 3 A | quoi tient la poésie de cette évocation ? — 4 Chêne-vert. — 5 Montrer en effet le *pittoresque* de ces deux tableaux.

produisent alors l'effet d'une tapisserie en laine blanche, où l'ouvrier euro-
20 péen aurait brodé des insectes et des oiseaux éclatants [6].

C'était dans ces riantes hôtelleries, préparées par le Grand Esprit [7], que nous nous reposions à l'ombre. Lorsque les vents descendaient du ciel pour balancer ce grand cèdre, que le château aérien bâti sur ses branches allait flottant avec les oiseaux et les voyageurs endormis sous ses abris, que mille soupirs sortaient des corridors et des voûtes du mobile édifice, jamais les merveilles de l'ancien monde n'ont approché de ce monument du désert [8].

Chaque soir nous allumions un grand feu, et nous bâtissions la hutte du voyage avec une écorce élevée sur quatre piquets. Si j'avais tué une dinde sauvage, un ramier, un faisan des bois, nous le suspendions, devant le chêne embrasé, au bout 30 d'une gaule plantée en terre, et nous abandonnions au vent le soin de tourner la proie du chasseur. Nous mangions des mousses appelées *tripes de roches*, des écorces sucrées de bouleau, et des pommes de mai, qui ont le goût de la pêche et de la framboise. Le noyer noir, l'érable, le sumac [9], fournissaient le vin à notre table. Quelquefois, j'allais chercher, parmi les roseaux, une plante dont la fleur, allongée en cornet, contenait un verre de la plus pure rosée. Nous bénissions la Providence, qui, sur la faible tige d'une fleur, avait placé cette source limpide au milieu des marais corrompus, comme elle a mis l'espérance au fond des cœurs ulcérés par le chagrin, comme elle a fait jaillir la vertu du sein des misères de la vie [10] !

Hélas ! je découvris bientôt que je m'étais trompé sur le calme apparent 40 d'Atala. A mesure que nous avancions, elle devenait triste. Souvent elle tressaillait sans cause, et tournait précipitamment la tête. Je la surprenais attachant sur moi un regard passionné, qu'elle reportait vers le ciel avec une profonde mélancolie. Ce qui m'effrayait surtout était un secret, une pensée cachée au fond de son âme [11], que j'entrevoyais dans ses yeux. Toujours m'attirant et me repoussant, ranimant et détruisant mes espérances, quand je croyais avoir fait un peu de chemin dans son cœur, je me retrouvais au même point.

*Pendant des semaines, les fugitifs poursuivent leur marche, mais un terrible orage les oblige à se réfugier dans la forêt. Là, en dépit de leurs épreuves, leur bonheur touche à son comble puisqu'ils découvrent qu'*ATALA *est née d'une première union de sa mère avec* LOPEZ, *le bienfaiteur de* CHACTAS. *Au plus fort de la tempête, tous deux sont recueillis par un vieux missionnaire, qui leur donne asile dans sa grotte et leur promet de les marier.*

LES LABOUREURS. *Pendant qu'*ATALA *repose endormie, le* P. AUBRY *fait visiter à* CHACTAS *le village de la Mission où il enseigne aux Indiens, devenus laboureurs, la piété et les arts de la paix. Chactas est séduit par cette communauté évangélique : «* J'admirais le triomphe du Christianisme sur la vie sauvage ; je voyais l'Indien se civilisant à la voix de la religion ; j'assistais aux noces primitives de l'Homme et de la Terre... Qu'une hutte avec Atala, sur ces bords, eût rendu ma vie heureuse ! *»*

LE DRAME. *De retour à la grotte, ils retrouvent* ATALA *mourante. Elle leur dévoile son «* funeste secret *» : consacrée à la Vierge dès sa naissance, elle a juré à sa mère mourante de ne jamais se marier ; depuis qu'elle aime* CHACTAS, *elle s'est débattue entre le désir de vivre heureuse auprès de lui et la terreur de manquer à son serment. Le* P. AUBRY *la console : elle pourra être relevée de ses vœux par l'évêque de Québec. Hélas ! il est trop tard : la veille même, craignant de succomber à sa passion, elle a absorbé du poison. Ainsi* ATALA *va mourir, victime, selon les paroles du* P. AUBRY, «* des dangers de l'enthousiasme et du défaut de lumières en matière de religion *».*

— 6 Apprécier cette comparaison faite par Chactas. — 7 Tout ce récit est dominé par l'idée de la Providence. — 8 Cf. p. 33, n. 7. Étudier dans ce § l'image de « l'hôtellerie ». — 9 Arbrisseau de la famille des térébinthes. —

10 En quoi ce dernier trait met-il particulièrement en lumière la bonté de la Providence ? — 11 Atala a déjà laissé échapper ces mots : « Où nous conduira cette passion ? ma religion me sépare de toi pour toujours ».

La mort d'Atala

L'*intention apologétique* pénètre intimement le récit dans toute la seconde partie du roman. CHATEAUBRIAND prête à son héroïne cette fin calme et pleine d'espérance qui, d'après le *Génie du Christianisme*, transfigure les derniers moments du chrétien. C'est surtout le côté matériel de ces rites mystérieux qui a frappé CHACTAS ; néanmoins son imagination primitive attribue aux gestes du P. AUBRY une valeur magique et surnaturelle. On notera qu'il s'exprime tantôt avec la naïveté d'un sauvage, tantôt avec la ferveur d'un croyant : négligeant la vraisemblance et l'unité de ton, Chateaubriand a voulu nous émouvoir par un récit baigné de *mystère* et de *merveilleux*.

La voix d'Atala s'éteignit ; les ombres de la mort se répandirent autour de ses yeux et de sa bouche ; ses doigts errants cherchaient à toucher quelque chose ; elle conversait tout bas avec des esprits invisibles.

Bientôt, faisant un effort, elle essaya, mais en vain, de détacher de son cou le petit crucifix ; elle me pria de le dénouer moi-même, et elle me dit : « Quand je te parlai pour la première fois, tu vis cette croix briller à la lueur du feu [1] sur mon sein ; c'est le seul bien que possède Atala. Lopez, ton père [2] et le mien, l'envoya à ma mère peu de jours après ma naissance. Reçois donc de moi cet héritage, ô mon frère, conserve-le en mémoire de mes malheurs [3]. Tu auras recours à ce Dieu
10 des infortunés dans les chagrins de ta vie. Chactas, j'ai une dernière prière à te faire. Ami, notre union aurait été courte sur la terre, mais il est après cette vie une plus longue vie. Qu'il serait affreux d'être séparé de toi pour jamais ! Je ne fais que te devancer aujourd'hui, et je te vais attendre dans l'empire céleste. Si tu m'as aimée, fais-toi instruire dans la religion chrétienne, qui préparera notre réunion. Elle fait sous tes yeux un grand miracle, cette religion, puisqu'elle me rend capable de te quitter, sans mourir dans les angoisses du désespoir [4]. Cependant, Chactas, je ne veux de toi qu'une simple promesse ; je sais trop ce qu'il en coûte, pour te demander un serment. Peut-être ce vœu te séparerait-il de quelque femme plus heureuse que moi... O ma mère ! pardonne à ta fille. O Vierge !
20 retenez votre courroux. Je retombe dans mes faiblesses, et je te dérobe, ô mon Dieu ! des pensées qui ne devraient être que pour toi [5] ».

Navré [6] de douleur, je promis à Atala d'embrasser un jour la religion chrétienne. A ce spectacle, le Solitaire, se levant d'un air inspiré et étendant les bras vers la voûte de la grotte : « Il est temps, s'écria-t-il, il est temps d'appeler Dieu ici ! »

A peine a-t-il prononcé ces mots, qu'une force surnaturelle me contraint de tomber à genoux et m'incline la tête au pied du lit d'Atala. Le prêtre ouvre un lieu secret où était enfermée une urne d'or couverte d'un voile de soie ; il se prosterne et adore profondément. La grotte parut soudain illuminée ; on entendit dans les airs les paroles des anges et les frémissements des harpes célestes ; et
30 lorsque le Solitaire tira le vase sacré de son tabernacle, je crus voir Dieu lui-même sortir du flanc de la montagne [7].

Le prêtre ouvrit le calice ; il prit entre ses deux doigts une hostie blanche comme la neige, et s'approcha d'Atala en prononçant des mots mystérieux. Cette sainte avait les yeux levés au ciel, en extase. Toutes ses douleurs parurent suspendues, toute sa vie se rassembla sur sa bouche ; ses lèvres s'entr'ou-

---

— 1 Le feu de camp des Indiens qui l'avaient fait prisonnier. — 2 Bienfaiteur de Chactas, Lopez est devenu son père adoptif. — 3 Thème romantique (cf. Lamartine, *Le Crucifix*). — 4 Le caractère sublime et consolant du Christianisme est un des thèmes du *Génie* (cf. p. 44). — 5 Étudier dans tout le § la conciliation entre les aspirations naturelles et la religion, qui étaient jusque là en conflit. Cf. « *Tantôt, j'aurais voulu être avec toi la seule créature vivante sur la terre ; tantôt, sentant une divinité qui m'arrêtait dans mes horribles transports, j'aurais désiré que cette divinité se fût anéantie, pourvu que, serrée dans tes bras, j'eusse roulé d'abîme en abîme, avec les débris de Dieu et du monde !* » — 6 *Blessé* (sens étymologique). — 7 Étudier comment le merveilleux s'insère dans le récit.

vrirent, et vinrent avec respect chercher le Dieu caché sous le pain mystique. Ensuite le divin vieillard trempe un peu de coton dans une huile consacrée ; il en frotte les tempes d'Atala, il regarde un moment la fille mourante, et tout à coup ces fortes paroles lui échappent : « Partez, âme chrétienne, allez rejoindre
40 votre Créateur ! » Relevant alors ma tête abattue, je m'écriai en regardant le vase où était l'huile sainte : « Mon père, ce remède rendra-t-il la vie à Atala ? — Oui, mon fils, dit le vieillard en tombant dans mes bras, la vie éternelle ! » Atala venait d'expirer.

LES FUNÉRAILLES D'ATALA

Cette scène célèbre est déjà *romantique* par le sujet, les sentiments, le deuil de la nature associé à celui des hommes. Pourtant CHATEAUBRIAND organise son récit et groupe les éléments descriptifs ou émouvants avec une maîtrise vraiment classique, un sens très sûr de la *plénitude artistique ;* ne pourrait-on même déceler une sorte de classicisme dans la *parfaite ordonnance des thèmes romantiques ?* Mais à cette description « trop belle pour être entièrement touchante », SAINTE-BEUVE préférait encore l'ensevelissement de Manon où « ce qui domine et anime tout, c'est la passion » (cf. *XVIIIe Siècle*, p. 74). « Chactas, disait-il, n'a d'autre défaut que de faire trop attention à l'effet qu'il éprouve et à celui qu'il produit, et de trop regarder toute chose et lui-même ».

Nous convînmes que nous partirions le lendemain au lever du soleil pour enterrer Atala sous l'arche du pont naturel [1], à l'entrée des Bocages de la mort [2]. Il fut aussi résolu que nous passerions la nuit en prière auprès du corps de cette sainte.

Vers le soir, nous transportâmes ses précieux restes à une ouverture de la grotte qui donnait vers le Nord. L'ermite les avait roulés dans une pièce de lin d'Europe, filé par sa mère : c'était le seul bien qui lui restât de sa patrie, et depuis longtemps il le destinait à son propre tombeau [3].
10 Atala était couchée sur un gazon de sensitives [4] des montagnes ; ses pieds, sa tête, ses épaules et une partie de son sein étaient découverts. On voyait dans ses cheveux une fleur de magnolia fanée [5]... Ses lèvres, comme un bouton de rose cueilli depuis deux matins, semblaient languir et sourire. Dans ses joues d'une blancheur éclatante, on distinguait quelques veines bleues. Ses beaux yeux étaient fermés, ses pieds modestes étaient joints, et ses mains d'albâtre pressaient sur son cœur un crucifix d'ébène ; le scapulaire [6] de ses vœux était passé à son cou. Elle paraissait enchantée [7] par l'Ange de la mélancolie, et par le double sommeil de l'innocence et de la tombe. Je n'ai rien vu de plus céleste. Quiconque eût ignoré que cette jeune fille [8] avait joui de la lumière, aurait pu la prendre pour la
20 statue de la Virginité endormie [9].

— 1 Une « merveille » de la nature américaine qui a jeté une *arche* entre deux rochers. — 2 Le cimetière des Indiens. — 3 Quelles vertus nous révèle ce trait ? — 4 Plantes dont les feuilles se replient quand on les touche. — 5 En la quittant, Chactas avait déposé cette fleur, « humectée des larmes du matin », sur la tête d'Atala endormie. *Quelle est l'intention de l'auteur ?* — 6 Pièce d'étoffe bénite qui lui rappelait son serment. — 7 *Au sens classique :* rendue immobile par un « charme », un sortilège magique. — 8 Première rédaction : *cette Vestale.* Expliquer la correction, et étudier l. 27-31 le parti que l'auteur a tiré de cette idée. — 9 « Ce Chactas, avant d'être amant, est certainement peintre et statuaire... Ce groupe est un marbre de Canova ». Montrer que cette appréciation de Sainte-Beuve comporte un *éloge* mais aussi une *critique.*

Le religieux ne cessa de prier toute la nuit. J'étais assis en silence au chevet du lit funèbre de mon Atala. Que de fois, durant son sommeil, j'avais supporté sur mes genoux cette tête charmante! Que de fois je m'étais penché sur elle, pour entendre et pour respirer son souffle [10]! Mais à présent aucun bruit ne sortait de ce sein immobile, et c'était en vain que j'attendais le réveil de la beauté!

La lune prêta son pâle flambeau à cette veillée funèbre. Elle se leva au milieu de la nuit, comme une blanche vestale [11] qui vient pleurer sur le cercueil d'une compagne. Bientôt elle répandit dans les bois ce grand
30 secret de mélancolie, qu'elle aime à raconter aux vieux chênes et aux rivages antiques des mers [12]. De temps en temps, le religieux plongeait un rameau fleuri dans une eau consacrée, puis secouant la branche humide, il parfumait la nuit des baumes du ciel. Parfois il répétait sur un air antique quelques vers d'un vieux poète nommé Job [13]; il disait :

« J'ai passé comme une fleur : j'ai séché comme l'herbe des champs. [14]

« Pourquoi la lumière a-t-elle été donnée à un misérable, et la vie à ceux qui sont dans l'amertume du cœur [15] ? »

Ainsi chantait l'ancien des hommes. Sa voix grave et un peu cadencée allait roulant dans le silence des déserts. Le nom de Dieu et du tombeau
40 sortait de tous les échos, de tous les torrents, de toutes les forêts. Les roucoulements de la colombe de Virginie, la chute d'un torrent dans la montagne, les tintements de la cloche qui appelait les voyageurs, se mêlaient à ces chants funèbres, et l'on croyait entendre dans les Bocages de la mort le chœur lointain des décédés, qui répondait à la voix du solitaire [16].

Cependant une barre d'or se forma dans l'orient. Les éperviers criaient sur les rochers et les martres rentraient dans le creux des ormes [17] : c'était le signal du convoi d'Atala. Je chargeai le corps sur mes épaules ; l'ermite marchait devant moi, une bêche à la main. Nous commençâmes à des-
50 cendre de rochers en rochers ; la vieillesse et la mort ralentissaient également nos pas. A la vue du chien qui nous avait trouvés dans la forêt, et qui maintenant, bondissant de joie, nous traçait une autre route, je me mis à fondre en larmes. Souvent la longue chevelure d'Atala, jouet des brises matinales, étendait son voile d'or sur mes yeux [18] ; souvent, pliant

sous le fardeau, j'étais obligé de le déposer sur la mousse et de m'asseoir auprès, pour reprendre des forces. Enfin, nous arrivâmes au lieu marqué par ma douleur ; nous descendîmes sous l'arche du pont. O mon fils [19] ! il eût fallu voir un jeune sauvage et un vieil ermite, à genoux l'un vis-à-vis de l'autre dans un désert, creusant avec leurs mains un tombeau pour
60 une pauvre fille dont le corps était étendu près de là, dans la ravine desséchée d'un torrent !

Quand notre ouvrage fut achevé, nous transportâmes la beauté dans son lit d'argile. Hélas ! j'avais espéré de préparer une autre couche pour elle ! Prenant alors un peu de poussière dans ma main, et gardant un silence effroyable, j'attachai pour la dernière fois mes yeux sur le visage d'Atala. Ensuite je répandis la terre du sommeil sur un front de dix-huit printemps ; je vis graduellement disparaître les traits de ma sœur, et ses grâces se cacher sous le rideau de l'éternité ; son sein surmonta quelque temps le sol noirci, comme un lis blanc s'élève du milieu d'une sombre
70 argile : « Lopez [20], m'écriai-je alors, vois ton fils inhumer ta fille ! » et j'achevai de couvrir Atala de la terre du sommeil.

– Le sommeil d'Atala. *a) Justifiez les expressions : « Sommeil de l'innocence » et « statue de la virginité endormie » ;
– b) En quoi l'évocation de la mort est-elle discrète ?*
– La « veillée funèbre ». *a) En quoi les prières du religieux s'accordent-elles avec la situation et les sentiments de Chactas ? – b) Comment la nature est-elle associée à son deuil ?*
– Les funérailles. *a) Quelles impressions éprouvez-vous devant cette scène ? – b) Relevez les détails et les contrastes qui avivent la douleur de Chactas ; – c) Comment se traduit-elle ?*
– **Débat.** *Pour ou contre l'objection de l'abbé Morellet (cf. note 12).* CHATEAUBRIAND *est-il encore pour vous « grand poète et grand magicien » (Sainte-Beuve) ?*
• **Groupe thématique. Mort.** Comparez le récit de la mort et des funérailles d'Atala, p. 36-39 avec le récit de la mort et de l'ensevelissement de Manon, XVIIIᵉ SIÈCLE, p. 73-74.
– *Entretien. Voyez-vous dans* Atala *les principaux éléments d'un « western » ?*

RENÉ

Paru en 1802 dans la première édition du *Génie du Christianisme*, *René* en a été détaché en 1805 pour être réuni désormais à *Atala*.

1. AUTOBIOGRAPHIE ET FICTION ROMANESQUE. L'enfance rêveuse du héros ressemble beaucoup à celle de François-*René* de Chateaubriand (cf. p. 29, et *Analyse* ci-dessous) ; le mal de René, ce « vague des passions », semble être la peinture d'un état d'âme réellement éprouvé par l'auteur lors de son adolescence, et aussi dans la solitude de son exil à Londres et le refoulement de son impossible amour pour la jeune Charlotte Ives.

Mais la part de la *fiction romanesque*, qui apparaît déjà dans le récit de l'enfance de René, devient prépondérante à partir de son adolescence. Au moment où il écrit cet épisode CHATEAUBRIAND a pu seulement rêver de ces grands voyages en Méditerranée où son imagination se complaît : il ne les réalisera que plus tard. Et surtout, dans la seconde moitié du roman, il n'y a plus rien de commun entre sa sœur LUCILE et Amélie, dont l'aventure semble uniquement inspirée par des *souvenirs littéraires*.

— 19 Chactas s'adresse à René. — 20 Père d'Atala et père adoptif de Chactas (cf. p. 35, *Analyse*).

2. LE MAL DE RENÉ. Chateaubriand a voulu illustrer le chapitre du *Génie* sur le
« *Vague des passions* », auquel on se reportera comme à l'analyse la plus pénétrante du
mal de René (cf. p. 50). Le roman nous offre la peinture d'une *âme inquiète*, torturée par
un besoin tyrannique de s'abandonner à la violence des passions et incapable de fixer
sur un objet cette « surabondance de vie » : elle sait d'avance que rien dans la réalité
ne saurait répondre à *l'infini de ses aspirations* et à la richesse de son imagination. Aussi,
rassasié sans avoir goûté et « détrompé sans avoir joui », *René ne croit plus au bonheur et
sa vie n'a plus de sens.* Pour dissiper l'*ennui* qui le tourmente, il se lance dans les voyages,
change d'existence, recherche les sensations étranges et inconnues ; mais il n'aboutit
qu'à une conscience plus aiguë du *néant* des choses terrestres, à l'idée du *suicide*.

Sans remonter jusqu'à l'antiquité (cf. p. 50, n. 9), ce besoin d'infini s'exprimait déjà
dans les *Rêveries* de Rousseau (cf. p. 41, n. 5), dans le *Werther* de Gœthe et chez
Mme de Staël (cf. p. 19). On le retrouve sous une forme plus désespérée dans l'*Oberman*
de Senancour (cf. p. 27). C'est en le comparant à ce dernier qu'on découvre l'originalité
de René. On sent que la tristesse d'Oberman est un état permanent, un terne acca-
blement de l'âme. René au contraire nous apparaît plus *orgueilleux* qu'accablé de son
état singulier, car « une grande âme doit contenir plus de douleur qu'une petite » ; il
s'enchante lui-même des chimères de sa brillante *imagination ;* il se drape dans sa douleur
et dans cette attitude d'*homme fatal* qui porte avec lui le malheur. Dans cette première
figure du *héros romantique*, Sainte-Beuve voyait un « beau ténébreux » avec sa « haute
coquetterie », trop artiste et trop fier de lui-même pour être un désespéré ; perfidement,
il ajoutait : « On sent en le lisant qu'il guérira, ou du moins qu'il se distraira ».

3. CHATEAUBRIAND ET LE MAL DU SIÈCLE. Selon l'auteur du *Génie*, ce
vague des passions est *le mal de l'homme moderne :* fils d'un siècle qui a tout examiné, et
revenu de toutes les illusions, il a perdu le sens de l'action. Vers la fin du roman, par les
dures paroles du P. SOUEL (cf. *Analyse*, p. 43), Chateaubriand a voulu condamner ces
« inutiles rêveries » en leur opposant la vie *chrétienne* et la pratique des *vertus sociales*.

Mais, comme cela s'était déjà produit pour *Atala*, on négligea la portée édifiante du
roman et l'on fut séduit par le *charme poétique* du vague des passions et par les *élans
lyriques* d'une sensibilité exaspérée. Bientôt, à la chute de l'Empire, toute une génération
déchue de ses rêves de gloire, désorientée et réduite à l'inaction, croira se reconnaître
dans le héros de CHATEAUBRIAND. Le mal de René deviendra le « *mal du siècle* » : cet
ennui, cette inquiétude, cette désespérance se retrouveront avec des nuances diverses
dans les œuvres des *poètes romantiques* et jusque dans le spleen baudelairien (cf. p. 442).

Dans les *Mémoires d'Outre-Tombe* (II, 1, 11), CHATEAUBRIAND désavouera ironiquement
cette postérité, mais un peu à la manière de son héros qui ne parvient pas à confesser
ses erreurs sans en tirer quelque orgueil : « *Si René n'existait pas, je ne l'écrirais plus ;
s'il m'était possible de le détruire, je le détruirais : il a infesté l'esprit d'une partie de la
jeunesse, effet que je n'avais pu prévoir, car j'avais au contraire voulu la corriger. Une famille
de Renés poètes et de Renés prosateurs a pullulé ; on n'a plus entendu bourdonner que des
phrases lamentables et décousues ; il n'a plus été question que de vents d'orage, de maux
inconnus livrés aux nuages et à la nuit ; il n'y a pas de grimaud sortant du collège qui n'ait
rêvé d'être le plus malheureux des hommes, qui, à seize ans, n'ait épuisé la vie, qui ne se soit
cru tourmenté par son génie, qui, dans l'abîme de ses pensées, ne se soit livré au vague de ses
passions, qui n'ait frappé son front pâle et échevelé, qui n'ait étonné les hommes stupéfaits
d'un malheur dont il ne savait pas le nom, ni eux non plus* ».

L'épisode de RENÉ nous est présenté comme la suite d'ATALA. — *Accueilli dans la
tribu de Chactas,* RENÉ *lui raconte à son tour sa douloureuse histoire. Sa naissance a coûté
la vie à sa mère. Dans le château de sa jeunesse, l'influence d'une sœur mélancolique (cf.
p. 74), les spectacles de l'automne (cf. p. 77) ont plongé son âme dans la rêverie. Bouleversé
par la mort de son père il songe à s'enfermer dans un couvent puis, tout à coup, il décide de
voyager. L'Italie, la Grèce, l'Angleterre, les ruines du passé, les « monuments de la nature »,
rien ne parvient à calmer son inquiétude :* « L'étude du monde ne m'avait rien appris, et
pourtant je n'avais plus la douceur de l'ignorance... Mon âme, qu'aucune passion n'avait
encore usée, cherchait un objet qui pût l'attacher ». *En vain il se retire dans un faubourg
de* Paris : *il n'y trouve que l'*ennui *et le sentiment plus aigu de sa solitude ; en vain il se
réfugie à la campagne : la nature exalte en lui la tendance au rêve et le* mal de l'infini.

Chateaubriand et l'exotisme

A.L. Girodet-Trioson, « Portrait de F.-R. de Chateaubriand » (détail), peinture, 1807 ou 1808. (Musée de Saint-Malo. Ph. J. Schweisthal © Arch. Photeb.)

Chateaubriand apporte à ses contemporains les mirages d'un exotisme nouveau. Son voyage outre-Atlantique lui a révélé la magnificence de la nature américaine (cf. **p. 31-32**). Secrétaire d'ambassade, puis plus tard ambassadeur à Rome, il a évoqué avec délicatesse la douceur du paysage italien (cf. **p. 56**). Son long voyage en Orient l'a mis au contact d'autres sites, d'autres civilisations : *L'Itinéraire de Paris à Jérusalem* nous entraîne sur ses pas tout autour de la Méditerranée (cf. **p. 67 et 69**). *Les Mémoires d'Outre-Tombe*, enfin, retracent, en plus, ses impressions d'Europe Centrale, ainsi que les joies (cf. **p. 82**) et les tristesses d'un homme sur la fin de sa carrière qui se retrouve à Venise avec tous ses souvenirs.

I

« *Atala* », *Hotelin-Hurel, gravure d'après Gustave Doré, 1863.* (Ph. © Bibl. Nat., Paris. Arch. Photeb.)
Le Meschacebé.

« *Chateaubriand à la Chute du Niagara* », *F. Delannoy, gravure d'après G. Staal, 1848.* (Bibl. Nat., Paris. Ph. Jeanbor © Arch. Photeb.)

L'exotisme américain

Dans *Atala, Le Génie du Christianisme, Le Voyage en Amérique, Les Natchez*, les *Mémoires*, les lecteurs de Chateaubriand découvraient une nature grandiose qui sollicitait puissamment leur imagination. Gustave Doré a fidèlement suivi ces suggestions : fleuves majestueux aux bords luxuriants (cf. **p. 32, 47**) peuplés d'une faune inconnue sous nos cieux (cf. **p. 32**), forêts « aussi vieilles que le monde » (cf. **p. 52**), splendeur des soleils couchants, mystère des nuits sous la lune (cf. **p. 47**), et, dominant le tout, les « sourds mugissements » de la cataracte du Niagara (cf. **p. 47**).

A.L. Girodet-Trioson, « Atala au tombeau », peinture, vers 1808. (Musée du Louvre, Paris. Ph.L. Joubert © Arch. Photeb.)

« Atala et Chactas dans la forêt », Ch. Laplante, gravure d'après Gustave Doré, 1863. (Ph. © Bibl. Nat., Paris. Arch. Photeb.)

L'exotisme américain

Dans le cadre d'une nature vierge, Chateaubriand a placé les amours de deux sauvages, ou plutôt demi-sauvages (cf. **p. 32-39**). Atala s'est éprise de Chactas, prisonnier de sa tribu indienne. Elle s'enfuit avec lui, et, dans son extraordinaire luxuriance, évoquée ici par Gustave Doré, la nature se fait complice de leur passion (cf. **p. 34**). Mais le poème d'amour sera contrarié par les scrupules religieux d'Atala et l'idylle finira tragiquement (cf. **p. 36-39**). Dans *Les Funérailles d'Atala*, Girodet — comme Gustave Doré — s'inspire fidèlement du récit de Chateaubriand.

« *L'Arc-en-ciel sur la pyramide de Cestius et le couvent de Sainte-Sabine* », *papier sur carton, début XIXᵉ siècle.* (Musée du Louvre, Paris. Ph. © Lauros - Giraudon.)

« *Chateaubriand aux ruines de Carthage* », *F. Delannoy, gravure d'après G. Staal, XIXᵉ siècle.* (Bibl. Nat., Paris. Ph Jeanbor © Arch. Photeb.)

L'exotisme méditerranéen

Dans la *Lettre sur la Campagne romaine* (cf. **p. 56**) et les *Mémoires d'Outre-Tombe*, l'Italie est pour Chateaubriand un sujet **d'émerveillement** : douceur de la lumière et des paysages, chefs-d'œuvre à profusion, charme d'une campagne « demeurée antique comme les ruines qui la couvrent ».

Il y connaît aussi des heures de **mélancolie** : « Je retourne encore dans la campagne. [...] Qu'y fais-je ? Rien : j'écoute le silence, et je regarde passer mon ombre de portique en portique, le long des aqueducs éclairés par la lune ». Mélancolie, sentiment poignant de la **fuite du temps** : tel est le fruit de la méditation sur les ruines, cent fois recommencée, à Rome, en Grèce (cf. **p. 67**), en Palestine, en Égypte (cf. **p. 69**), à Carthage, en Espagne.

Le « poème » des Mémoires

« René », F. Delannoy, gravure d'après G. Staal, *XIX*ᵉ *siècle.* (Bibl. Nat., Paris. Ph. Jeanbor © Arch. Photeb.)
*René et ses feuilles de saule (cf. **p. 41**).*

« Le château de Combourg », aquarelle de E. Gallois, le 8 juillet 1894. (Ph. © Bibl. Nat., Paris. Photeb.)
Combourg « visage de pierre » (Chateaubriand).

De son propre aveu, le dessein de Chateaubriand dans les *Mémoires d'Outre-Tombe* était d'insérer dans « l'épopée de son temps » — dont il se considère comme un héros représentatif — le « poème » de sa propre vie.

C'est d'abord, avec tous les beaux mensonges qu'entraîne un tel arrangement poétique, le **poème lyrique de l'enfance et de l'adolescence**, tantôt orageuse tantôt mélancolique, à Combourg (cf. **p. 72-78**) : le « poème » recoupe les demi-confidences déjà introduites dans la fiction romanesque de *René* (cf. **p. 39-43**).

H. Bellangé, « Le Dernier Carré à Waterloo », peinture, 1849. (Musée de Picardie, Amiens. Ph. Studio Photo Nisso © Arch. Photeb.)

Poésie épique et satirique : Chateaubriand et Napoléon

A son retour d'Amérique, Chateaubriand s'engage dans l'émigration : il est blessé à Thionville. Avec les épisodes militaires de l'armée des Princes et les aventures de l'exil, le poème lyrique des *Mémoires d'Outre-Tombe* prend un accent tantôt **dramatique**, tantôt **héroï-comique**.

Chateaubriand s'oppose à Napoléon, l'autre héros de son temps auquel il n'hésite pas à se comparer. L'épopée napoléonienne qu'il retrace souvent sur le mode épique trouve son terme à Waterloo : éloigné du combat, Chateaubriand évoque d'une façon originale le retentissement du drame national sur son propre **drame intérieur** (cf. **p. 79**).

Cette bataille où s'est joué le sort de l'Europe a inspiré bien des écrivains. Hugo y voit le sujet de prodigieuses fresques épiques dans *Les Misérables* (cf. **p. 201**) et *Les Châtiments* (*L'expiation*). Stendhal, au contraire, nous décrit les réactions d'un soldat improvisé qui ne voit du combat qu'un aspect épisodique dans un périmètre limité (cf. **p. 339**).

« *La Chambre de Mme Récamier à l'Abbaye-aux-Bois* », *H. Aubry-Leconte, lithographie d'après une peinture de F.L. Dejuine, 1827.* (Ph. © Bibl. Nat., Paris. Arch. Photeb.)

F. Baron Gérard, « *Madame Récamier* », *peinture, vers 1805.* (Musée Carnavalet, Paris. Ph. H. Josse © Arch. Photeb.)

Poésie lyrique : l'amour et la tendresse

L'amour a inspiré à Chateaubriand d'admirables pages lyriques, mais aucune passion n'a laissé dans les *Mémoires* une trace plus émouvante que la longue amitié amoureuse avec Juliette Récamier (cf. **p. 81**).

Pourtant, on s'accorde aujourd'hui sur l'authenticité d'une « confession délirante » qu'on intitule *Amour et vieillesse.* On y entend les cris de rage d'un homme trop âgé pour se faire aimer, torturé de jalousie à l'idée qu'une jeune inconnue peut être heureuse entre les bras d'un autre, et menaçant d'aller jusqu'au crime.

F. Ziem, « Venise, le palais des Doges », peinture, XIXe siècle. (Ville de Paris, Musée du Petit Palais, Paris. Ph. © Lauros - Giraudon.)

Poésie lyrique : la fuite du temps

En 1833, Chateaubriand se retrouve à Venise : il est sous le charme de cette ville pittoresque (cf. **p. 82**), faite pour inspirer les poètes romantiques (cf. **p. 206**). Pourtant, vieilli, désabusé, il y éprouve plus fortement que jamais le sentiment de la fuite du temps et de la destruction inéluctable de toute chose humaine.

Il y compose son plus beau poème lyrique sur le thème de la **vieillesse**, la *Rêverie au Lido*. Sa pensée se reporte mélancoliquement vers Juliette Récamier, dont il écrit le nom sur la grève : « Les lames successives ont attaqué lentement le nom consolateur. [...] Je sentais qu'elles effaçaient ma vie ».

Venise lui paraît l'image même de sa vieillesse :

« Venise ! nos destins ont été pareils ! mes songes s'évanouissent à mesure que vos palais s'écroulent ; les heures de mon printemps se sont noircies, comme les arabesques dont le faîte de vos monuments est orné. Mais vous périssez à votre insu ; moi, je sais mes ruines ; votre ciel voluptueux, la vénusté des flots qui vous lavent, me trouvent aussi insensible que je le fus jamais. Inutilement je vieillis, je rêve encore mille chimères. » Désabusé de tout, mais resté avide et passionné, le « vieux René » ne parviendra jamais à « expliquer [son] inexplicable cœur » !

LES " INCERTITUDES " DE RENÉ

L'inquiétude de RENÉ nous apparaît ici comme un *déséquilibre de l'adolescence*, rendu plus aigu par la solitude dans la nature, l'extrême sensibilité du héros et la richesse de son imagination. CHATEAUBRIAND semble avoir mis beaucoup de lui-même dans cette âme instable, avide et toujours inassouvie, qui trouve une jouissance presque *morbide* dans l'analyse de son propre ennui

Cette vie [1], qui m'avait d'abord enchanté, ne tarda pas à me devenir insupportable. Je me fatiguai de la répétition des mêmes scènes et des mêmes idées. Je me mis à sonder mon cœur, à me demander ce que je désirais. Je ne le savais pas [2], mais je crus tout à coup que les bois me seraient délicieux [3]. Me voilà soudain résolu d'achever, dans un exil champêtre, une carrière à peine commencée, et dans laquelle j'avais déjà dévoré des siècles.

J'embrassai ce projet avec l'ardeur que je mets à tous mes desseins ; je partis précipitamment pour m'ensevelir dans une chaumière, comme j'étais parti autrefois pour faire le tour du monde.

10 On m'accuse d'avoir des goûts inconstants, de ne pouvoir jouir longtemps de la même chimère, d'être la proie d'une imagination qui se hâte d'arriver au fond de mes plaisirs, comme si elle était accablée de leur durée ; on m'accuse de passer toujours le but que je puis atteindre : hélas ! je cherche seulement un bien inconnu, dont l'instinct [4] me poursuit. Est-ce ma faute, si je trouve partout des bornes, si ce qui est fini n'a pour moi aucune valeur [5] ? Cependant je sens que j'aime la monotonie des sentiments de la vie, et si j'avais encore la folie de croire au bonheur, je le chercherais dans l'habitude.

La solitude absolue, le spectacle de la nature, me plongèrent bientôt dans un état presque impossible à décrire. Sans parents, sans amis, pour ainsi dire seul 20 sur la terre, n'ayant point encore aimé, j'étais accablé d'une surabondance de vie. Quelquefois je rougissais subitement, et je sentais couler dans mon cœur comme des ruisseaux d'une lave ardente ; quelquefois je poussais des cris involontaires, et la nuit était également troublée de mes songes et de mes veilles. Il me manquait quelque chose pour remplir l'abîme de mon existence : je descendais dans la vallée, je m'élevais sur la montagne, appelant de toute la force de mes désirs l'idéal objet d'une flamme future ; je l'embrassais dans les vents ; je croyais l'entendre dans les gémissements du fleuve ; tout était ce fantôme imaginaire [6], et les astres dans les cieux, et le principe même de vie dans l'univers [7]. Toutefois cet état de calme et de trouble, d'indigence et de richesse, n'était pas sans 30 quelques charmes. Un jour je m'étais amusé à effeuiller une branche de saule sur un ruisseau, et à attacher une idée à chaque feuille que le courant entraînait. Un roi qui craint de perdre sa couronne par une révolution subite ne ressent pas des angoisses plus vives que les miennes, à chaque accident qui menaçait les débris de mon rameau. O faiblesse des mortels ! O enfance du cœur humain qui ne vieillit jamais ! Voilà donc à quel degré de puérilité notre superbe raison peut descendre ! Et encore est-il vrai que bien des hommes attachent leur destinée à des choses d'aussi peu de valeur que mes feuilles de saule.

— 1 A Paris, « vaste désert d'hommes ». — 2 Montrer que c'est la source même du mal de René. — 3 Prélude à bien des pages romantiques. — 4 Cf. « Est-ce un instinct indéterminé, un vide intérieur que nous ne saurions remplir qui nous tourmente ? Je l'ai aussi sentie, cette soif vague de quelque chose » (*Essai sur les Révolutions*). — 5 Cf. Rousseau : « J'étouffais dans l'univers, j'aurais voulu m'élancer dans l'infini (voir *XVIII*e *Siècle*, p. 317, l. 51-59) ; mais ce sentiment ravissait Jean-Jacques, au lieu de le torturer. — 6 Cf. p. 76. — 7 Cette analyse, insérée dans *René* en 1804, figurait primitivement dans le *Génie* pour évoquer la passion d'aimer qui tourmente les âmes oisives.

– René héros romantique. a) Précisez les traits dominants de son caractère ; – b) Quelles sont les manifestations morales et physiques de son mal ? – c) Quelles en sont les causes ? Cet état d'âme existe-il de nos jours ? Quels en sont les dangers pour l'individu et pour la société ?
– Thèmes lyriques. Dégagez ces thèmes et étudiez la valeur évocatrice du style.
• **Comparaison.** En quoi cette peinture correspond-elle à l'analyse du « vague des passions » p. 50-51 ? ressemblances et différences.

L'APPEL DE L'INFINI

RENÉ « a tout dévoré par la pensée, par cette jouissance abstraite, délicieuse, hélas ! et desséchante, du rêve ; son esprit est lassé et comme vieilli ; le besoin du cœur lui reste, un besoin immense et vague, mais que rien n'est capable de remplir » (Sainte-Beuve). Ainsi le « *vague des passions* » aboutit dans cette page à un *élan vers l'infini* dont se souviendront bien des romantiques. L'art de l'écrivain y revêt une telle perfection qu'on peut la considérer comme un véritable *poème lyrique en prose*.

Mais comment exprimer cette foule de sensations fugitives, que j'éprouvais dans mes promenades ? Les sons que rendent les passions dans le vide d'un cœur solitaire [1] ressemblent au murmure que les vents et les eaux font entendre dans le silence d'un désert [2] ; on en jouit [3], mais on ne peut les peindre.

L'automne [4] me surprit au milieu de ces incertitudes : j'entrai avec ravissement dans les mois des tempêtes [5]. Tantôt j'aurais voulu être un de ces guerriers errant au milieu des vents, des nuages et des fantômes [6] ; tantôt j'enviais jusqu'au sort du pâtre que je voyais réchauffer ses mains
10 à l'humble feu de broussailles qu'il avait allumé au coin d'un bois [7]. J'écoutais ses chants mélancoliques, qui me rappelaient que dans tout pays le chant naturel de l'homme est triste [8], lors même qu'il exprime le bonheur. Notre cœur est un instrument incomplet, une lyre où il manque des cordes, et où nous sommes forcés de rendre les accents de la joie sur le ton consacré aux soupirs [9].

Le jour, je m'égarais sur de grandes bruyères terminées par des forêts [10]. Qu'il fallait peu de choses à ma rêverie [11] ! une feuille séchée que le vent chassait devant moi, une cabane dont la fumée s'élevait dans la cime dépouillée des arbres, la mousse qui tremblait au souffle du Nord
20 sur le tronc d'un chêne, une roche écartée, un étang désert où le jonc flétri murmurait [12] ! Le clocher solitaire s'élevant au loin dans la vallée a souvent attiré mes regards [13] ; souvent j'ai suivi des yeux les oiseaux de passage [14] qui volaient au-dessus de ma tête. Je me figurais les bords ignorés, les climats lointains où ils se rendent [15] ; j'aurais voulu être sur

— 1 Préciser le sens de cette expression (cf. p. 41, l. 18-28). — 2 Expliquer l'image (cf. p. 33, l. 36-47), et étudier l'harmonie de la phrase en accord avec l'idée. — 3 Cf. p. 41, l. 29. Est-ce le fait d'un désespéré ? Quel trait de caractère apparaît ici ? — 4 Ce sera la saison romantique (cf. p. 77 et p. 98). — 5 Comment s'explique ce « ravissement » ? — 6 C'est l'atmosphère des poèmes d'Ossian (cf. n. 19). — 7 Qu'est-ce qui séduit dans ces deux conditions opposées ? — 8 Tous les chants populaires sont-ils tristes ? — 9 Étudier la naissance et l'utilisation littéraire de cette image. — 10 Souvenir des landes de Combourg et des « années de délire » de Chateaubriand (cf. p. 76). — 11 Quel mélange de sentiments perçoit-on dans cette exclamation ? — 12 A quoi tient la mélancolie de ces évocations ? Étudier le rythme de la phrase. — 13 Quels sentiments s'éveillent à la vue de ce clocher ? — 14 Souvenir de Combourg (cf. p. 77-78). — 15 S'agit-il d'une aspiration *précise* ?

leurs ailes [16]. Un secret instinct [17] me tourmentait : je sentais que je n'étais moi-même qu'un voyageur [18], mais une voix du ciel semblait me dire : « Homme, la saison de ta migration n'est pas encore venue ; attends que le vent de la mort se lève, alors tu déploieras ton vol vers ces régions inconnues que ton cœur demande. »

30 « Levez-vous vite [19], orages désirés [20] qui devez emporter René dans les espaces d'une autre vie [21] ! » Ainsi disant, je marchais à grands pas, le visage enflammé, le vent sifflant dans ma chevelure [22], ne sentant ni pluie, ni frimas, enchanté, tourmenté, et comme possédé [23] par le démon de mon cœur.

La nuit, lorsque l'aquilon ébranlait ma chaumière, que les pluies tombaient en torrent sur mon toit, qu'à travers ma fenêtre je voyais la lune sillonner les nuages amoncelés, comme un pâle vaisseau qui laboure les vagues, il me semblait que la vie redoublait au fond de mon cœur, que j'aurais la puissance de créer des mondes [24].

– *Un drame intérieur. Les étapes de la rêverie, de l'observation du réel à l'élan vers l'infini.*
– Les incertitudes (l. 1-15). *a) Relevez les termes évoquant l'instabilité et la mélancolie de René ; – b) Est-il ambitieux ? – c) Que pensez-vous de sa conclusion ?*
– Les rêves (l. 16-29). *a) Étudiez le lien entre les aspects de l'automne et la mélancolie de René ; – b) Comment l'image de la « migration » de l'homme s'impose-t-elle à lui ?*
– L'élan vers l'infini (l. 30-39). *Analysez les sentiments qui agitent l'adolescent. Comment en vient-il à lancer cet appel désespéré ?*
– *Commentaire composé (l. 15-24). Un poème lyrique en prose (thèmes, expression, rythme).*
– *Entretien. René et l'adolescent d'aujourd'hui, permanences et différences.*
– *Exposé. Le mal de René et le mal d'Oberman, p. 26-28.*
• **Groupe thématique : L'automne.** p. 77 ; p. 98 ; p. 163 ; p. 443 ; p. 507 ; p. 541. – XXᵉ SIÈCLE, p. 44 ; p. 553. – XVIIIᵉ SIÈCLE, p. 334, 359.

Pour détourner RENÉ *du suicide, sa sœur* AMÉLIE *lui apporte le réconfort de sa présence ; mais elle dépérit aussi d'un mal inconnu et, brusquement, elle va s'enfermer dans un couvent. Désespéré,* RENÉ *assiste à l'émouvante cérémonie de ses vœux et surprend le secret de ce mal étrange : Amélie, qui s'est prise pour son frère d'une tendresse excessive, est torturée de remords. Le désespoir du jeune homme vient enfin combler le vide de son existence :* « Mon chagrin était devenu une occupation qui remplissait tous mes moments : tant mon cœur est naturellement pétri d'ennui et de misère ! » *Laissant sa sœur repentante et apaisée par la vie du couvent, il s'est embarqué alors pour l'Amérique ; mais une lettre vient de lui apprendre qu'Amélie est morte comme une sainte « en soignant ses compagnes ».*

Chactas s'efforce de consoler René. Cependant un missionnaire, le P. SOUEL, *tire de cette histoire une leçon plus sévère :* « Je vois un jeune homme entêté de chimères, à qui tout déplaît, et qui s'est soustrait aux charges de la société pour se livrer à d'inutiles rêveries. On n'est point, monsieur, un homme supérieur parce qu'on aperçoit le monde sous un jour odieux. On ne hait les hommes et la vie que faute de voir assez loin. Étendez un peu plus votre regard, et vous serez bientôt convaincu que tous ces maux dont vous vous plaignez sont de purs néants... Que faites-vous seul au fond des forêts où vous consumez vos jours, négligeant tous vos devoirs ?... La solitude est mauvaise à celui qui n'y vit pas avec Dieu ; elle redouble les puissances de l'âme en même temps qu'elle leur ôte tout sujet pour s'exercer. Quiconque a reçu des forces doit les consacrer au service de ses semblables ; s'il les laisse inutiles, il en est d'abord puni par une secrète misère, et tôt ou tard le ciel lui envoie un châtiment effroyable ».

16 Étudier le contraste de rythme entre ces deux phrases. — 17 Cf. p. 41, l. 14. — 18 Cf. p. 51, l. 28-37 ; et p. 97, v. 38. — 19 Cf. Ossian : « *Levez-vous, ô vents orageux d'Erin ; mugissez, ouragans des bruyères ; puisse-je mourir au milieu de la tempête, enlevé dans un nuage par les fantômes irrités des morts* ». Mais en quoi l'aspiration de René est-elle différente ? — 20 Commenter l'alliance des mots. — 21 S'agit-il d'une aspiration *chrétienne ?* — 22 On songe au portrait de Girodet. Cf. aussi p. 76. — 23 Le terme est-il juste ? — 24 Préciser ce que ce § ajoute aux précédents.

LE GÉNIE DU CHRISTIANISME (1802)

Un livre qui vient à son heure   L'*Essai sur les Révolutions*, paru à Londres en 1797, est à certains égards l'œuvre d'un « philosophe » presque athée qui finit par demander : « Quelle sera la religion qui remplacera le christianisme ? » Or peu après, si nous l'en croyons, apprenant coup sur coup la mort de sa mère et de sa sœur Julie, CHATEAUBRIAND redevient chrétien. Dès lors, il aurait entrepris de se réhabiliter en mettant son talent au service de la religion.

Après un début de publication à Londres (1800), le *Génie du Christianisme* paraît à Paris en avril 1802, quatre jours avant le Concordat. CHATEAUBRIAND n'a donc pas rouvert les églises comme il s'en est vanté : elles l'étaient depuis plusieurs années. Après l'éclipse due à la Révolution, le sentiment religieux, reparu déjà dans la seconde moitié du XVIIIe siècle, retrouvait son éclat ; mais, blessée par les sarcasmes des philosophes, la ferveur restait comme paralysée par la crainte du ridicule. Le *Génie du Christianisme* souleva l'enthousiasme parce qu'il montrait aux Français qu'ils n'avaient pas à rougir de leur foi.

Une œuvre d'art chrétien   I. LE DESSEIN DE L'AUTEUR. Selon ses détracteurs, « le christianisme était un culte né du sein de la barbarie, absurde dans ses dogmes, ridicule dans ses cérémonies, ennemi des arts et des lettres, de la raison et de la beauté ; un culte qui n'avait fait que verser le sang, enchaîner les hommes, et retarder le bonheur et les lumières du genre humain ». — « *On devait donc chercher à prouver au contraire que, de toutes les religions qui ont jamais existé, la religion chrétienne est la plus poétique, la plus humaine, la plus favorable à la liberté, aux arts et aux lettres ;* que le monde moderne lui doit tout, depuis l'agriculture jusqu'aux sciences abstraites ; depuis les hospices pour les malheureux jusqu'aux temples bâtis par Michel-Ange et décorés par Raphaël. On devait montrer qu'il n'y a rien de plus divin que sa morale, rien de plus aimable, de plus pompeux que ses dogmes, sa doctrine et son culte ; on devait dire qu'elle favorise le génie, épure le goût, développe les passions vertueuses, donne de la vigueur à la pensée, offre des formes nobles à l'écrivain et des moules parfaits à l'artiste ; qu'il n'y a point de honte à croire avec Newton et Bossuet, Pascal et Racine... » (I, 1, 1).

II. L'APOLOGIE DU CHRISTIANISME. Dans le *Génie du Christianisme* l'apologie *rationnelle* est faible. CHATEAUBRIAND traite de haut les difficultés soulevées par l'exégèse biblique (cf. *XVIIIe Siècle*, p. 14-15) ; il confond trop souvent le christianisme avec la religion naturelle, et ses preuves de l'existence de Dieu sont parfois puériles (p. 46) ou contestables (p. 47, 52). Enfin on lui reproche surtout de croire qu'il suffit d'exalter la *beauté* d'une religion pour en démontrer la *vérité*.

Mais *l'entreprise était parfaitement adaptée à la situation* en 1802 : il importait moins de prouver la vérité du christianisme à la manière des théologiens (d'autres l'avaient tenté avant lui), que de triompher du mépris qui pesait sur la foi. CHATEAUBRIAND avait le désir « *de porter un grand coup au cœur et de frapper vivement l'imagination* » et il y a parfaitement réussi.

« Il fallait appeler tous les enchantements de l'imagination et tous les intérêts du cœur au secours de cette même religion contre laquelle on les avait armés ». L'auteur du *Génie* a su rendre sensibles à ses contemporains l'émouvante beauté des croyances et des cérémonies chrétiennes, et les services rendus à l'humanité par la religion de l'Évangile. Il a même une tendance excessive à mobiliser tout ce qui, de près ou de loin, pouvait témoigner en faveur de sa foi : la composition de l'ouvrage s'en ressent.

III. UN CHEF-D'ŒUVRE LITTÉRAIRE. Mais CHATEAUBRIAND *a surtout fait œuvre d'artiste.* Que de *tableaux* d'une admirable perfection littéraire ! Merveilles de grâce et de délicatesse : les nids des oiseaux, leurs migrations, leur chant (p. 46) ; fresques puissantes où revivent « les grandes scènes de la nature » et les émotions qu'elles éveillent : l'immensité mouvante de l'Océan ou la splendeur étrange des nuits américaines (p. 47 et 53) ; véritables poèmes en prose évoquant le pittoresque et le mystère de la cathédrale gothique (p. 54), le charme mélancolique des ruines, la pompe ou la simplicité rustique des cérémonies religieuses (p. 55). Ces peintures sont toutes baignées de sentiment et s'élargissent souvent en *méditations* (p. 47 et 52) : aussi ne sommes-nous pas surpris de goûter dans le même ouvrage de fines *études littéraires* (p. 48) et une *analyse* pénétrante de la mélancolie moderne (p. 50).

Originalité et influence

Le *Génie du Christianisme* est à l'origine de tout le mouvement religieux au XIXe siècle ; mais, plus sûrement encore, son influence s'est exercée sur le *renouvellement de la littérature* et l'évolution de la *critique*.

I. RUPTURE AVEC LES CONVENTIONS CLASSIQUES. Prenant parti, à la suite de Mme DE STAEL (p. 17), dans la vieille querelle des Anciens et des Modernes, CHATEAUBRIAND soutient que les modernes ne peuvent plus, sans artifice, faire appel à la *mythologie païenne* (p. 52). Il montre que nos classiques, eux-mêmes admirateurs des anciens, ont surpassé leurs modèles en puisant dans la civilisation chrétienne une connaissance plus complète de l'âme et une notion plus haute de la beauté morale (p. 48). De là l'idée que, loin d'être asservie aux traditions surannées, *la littérature doit marcher avec son temps* et que l'art moderne ne peut vivre que s'il repose sur une *inspiration moderne*.

C'est ainsi qu'en harmonie avec le réveil du sentiment religieux le *christianisme* apparaîtra au romantisme naissant comme une grande source de poésie et d'émotion. De même le *sentiment de la nature*, déjà libéré de la mythologie par Rousseau et Bernardin de Saint-Pierre, va contribuer à enrichir l'art littéraire. Par la théorie et par l'exemple, CHATEAUBRIAND montre que loin d'être « un fond de tableau » la nature peut être l'objet de *magnifiques descriptions*, que par sa majesté, sa solitude mystérieuse, sa « divinité immense », elle répond aux *aspirations de notre âme* et que ses spectacles éveillent en nous des *émotions profondes*.

II. NOUVELLES SOURCES D'INSPIRATION. Élargissant les horizons du goût, CHATEAUBRIAND attirait l'attention sur des sources de beauté à peu près méconnues auxquelles puisera bientôt l'inspiration romantique. Il réhabilite la *Bible* dont la poésie, tantôt simple et naïve, tantôt majestueuse et sublime, lui paraît comparable à celle d'Homère. Il révèle aux Français les *grandes épopées étrangères* de Dante, du Tasse et surtout de Milton. Il suscite l'intérêt pour le *Moyen Age*, les vertus héroïques de la chevalerie, la beauté de l'art gothique (p. 54). Il orientait enfin la curiosité vers l'*histoire nationale* et éveillait ses lecteurs à l'intelligence du passé, amorçant ainsi l'*essor de l'histoire*.

III. RÉNOVATION DE LA CRITIQUE LITTÉRAIRE. En recherchant ce que les chefs-d'œuvre doivent à l'esprit chrétien, CHATEAUBRIAND a contribué à fonder *la critique historique :* il montre, après Mme de STAEL, que l'artiste subit l'*influence de son milieu* et que nous le comprenons mieux quand nous connaissons les circonstances historiques, la civilisation, les mœurs de son temps, parfois même les œuvres étrangères qui ont pu l'inspirer (cf. p. 48). D'autre part sa méthode comparative l'engageait à préférer à la critique mesquine des défauts la *recherche féconde des beautés*. Par delà la barrière des règles, des conventions et des rhétoriques, pour comparer les œuvres, il se réfère à un « beau idéal » (cf. p. 50, n. 11) et rattache la critique à *ce qu'il y a de plus profond dans l'âme humaine*. C'est ainsi que cet initiateur de la littérature moderne s'est montré pourtant un fervent de l'antiquité. Personne avant lui n'avait mieux commenté Homère et surtout Virgile, qu'au terme d'un beau parallèle il finit par préférer à Racine.

L'influence du *Génie du Christianisme* fut donc essentiellement libératrice : en ouvrant la voie à la spontanéité créatrice, à l'imagination et au sentiment, CHATEAUBRIAND préparait l'avènement du romantisme.

DOGMES ET DOCTRINES   Première Partie. — *Chateaubriand évoque la beauté et la noblesse morale du Christianisme dans ses mystères (Trinité, Rédemption, Incarnation), dans ses sacrements (du Baptême à l'Extrême-Onction), dans ses vertus (Foi, Espérance et Charité) et même, en dépit des objections scientifiques, dans la vérité des Écritures (chute originelle, Déluge).*
Livre v : Existence de Dieu prouvée par les merveilles de la nature *(cf. p. 46 et 47).*
Livre vi : L'immortalité de l'âme prouvée par la morale et le sentiment.

Chant des oiseaux

La volonté organisatrice de Dieu se manifeste dans le spectacle de l'univers, l'instinct des animaux, le *chant des oiseaux*, la perfection de leurs nids, leurs migrations. N'est-il pas puéril de vouloir démontrer à tout prix la Providence, à la manière de Bernardin de Saint-Pierre (cf. *XVIIIe Siècle*, p. 346) ? n'y a-t-il pas quelque danger à trop assimiler le christianisme à la *religion naturelle ?* Peu importe à Chateaubriand qui, fort de ses souvenirs de voyageur et de son talent de peintre, préfère aux arguments théologiques « *les raisons poétiques et les raisons de sentiment* ». Sous sa plume, le chant des oiseaux devient un hymne à l'Éternel et un enchantement « commandé pour notre oreille » par la Providence. C'est bien « l'Enchanteur » qui apparaît ici (I, v, 5).

La nature a ses temps de solennité, pour lesquels elle convoque des musiciens[1] de différentes régions du globe. On voit accourir de savants artistes avec des sonates merveilleuses, de vagabonds troubadours qui ne savent chanter que des ballades à refrain, des pèlerins qui répètent mille fois les couplets de leurs longs cantiques. Le loriot siffle, l'hirondelle gazouille, le ramier gémit : le premier, perché sur la plus haute branche d'un ormeau, défie notre merle, qui ne le cède en rien à cet étranger[2] ; la seconde, sous un toit hospitalier, fait entendre son ramage confus ainsi qu'au temps d'Évandre[3] ; le troisième, caché dans le feuillage d'un chêne, prolonge ses roucoulements, semblables aux sons onduleux d'un cor
10 dans les bois ; enfin le rouge-gorge répète sa petite chanson sur la porte de la grange où il a placé son gros nid de mousse. Mais le rossignol dédaigne de perdre sa voix au milieu de cette symphonie : il attend l'heure du recueillement et du repos, et se charge de cette partie de la fête qui se doit célébrer dans les ombres.
Lorsque les premiers silences de la nuit et les derniers murmures du jour luttent sur les coteaux, au bord des fleuves, dans les bois et dans les vallées ; lorsque les forêts se taisent par degrés, que pas une feuille, pas une mousse ne soupire, que la lune est dans le ciel, que l'oreille de l'homme est attentive, le premier chantre de la création entonne ses hymnes à l'Éternel. D'abord il frappe l'écho des[4] brillants éclats du plaisir : le désordre[5] est dans ses chants ;
20 il saute du grave à l'aigu, du doux au fort ; il fait des pauses ; il est lent, il est vif : c'est un cœur que la joie enivre, un cœur qui palpite sous le poids de l'amour[6]. Mais tout à coup la voix tombe, l'oiseau se tait. Il recommence ! Que ses accents sont changés ! quelle tendre mélodie. Tantôt ce sont des modulations languissantes, quoique variées ; tantôt c'est un air un peu monotone, comme celui de ces vieilles romances françaises, chefs-d'œuvre de simplicité et de mélancolie. Le chant est aussi souvent la marque de la tristesse que de la joie : l'oiseau qui a perdu ses petits chante encore ; c'est encore l'air du temps du bonheur qu'il redit, car il n'en sait qu'un ; mais, par un coup de son art, le musicien n'a fait que changer la clef[7], et la cantate du plaisir est devenue la complainte de la
30 douleur.

— 1 On étudiera les variations sur ce *thème* dans tout le passage. — 2 Le merle ne quitte pas son pays natal. — 3 Souvenir de l'*Énéide* (VIII, 456), où le héros Evandre est tiré de sa chaumière par le chant des oiseaux. — 4 Par les. — 5 Montrer que la suite de la phrase évoque ce *désordre.* — 6 Comment est suggérée la ferveur de cet amour ? — 7 L'intonation.

" UNE NUIT DANS LES DÉSERTS DU NOUVEAU MONDE "

Une partie du *Voyage en Amérique*, intitulée *Journal sans date*, est constituée par des notes prises heure par heure au cours d'une nuit de marche à travers les forêts du Nouveau Monde. Cette « nuit américaine » n'a cessé de hanter le souvenir de CHATEAUBRIAND (cf. p. 53). Il avait la conviction de révéler à ses contemporains des sensations inconnues et il a donné de la description qu'on va lire jusqu'à sept rédactions différentes. Celle du *Génie* fait suite à l'évocation d'un majestueux coucher de soleil sur l'Océan, et l'ensemble, intitulé « *Deux perspectives de la nature* » est destiné à prouver que les grands spectacles naturels nous font sentir la présence de Dieu (I, v, 12). — Cf. *XVIIIᵉ Siècle*, p. 343.

Un soir je m'étais égaré dans une forêt, à quelque distance de la cataracte du Niagara ; bientôt je vis le jour s'éteindre autour de moi, et je goûtai, dans toute sa solitude, le beau spectacle d'une nuit dans les déserts du Nouveau Monde.

Une heure après le coucher du soleil la lune se montra au-dessus des arbres, à l'horizon opposé. Une brise embaumée, que cette reine des nuits [1] amenait de l'orient avec elle, semblait la précéder dans les forêts, comme sa fraîche haleine. L'astre solitaire monta peu à peu dans le ciel :
10 tantôt il suivait paisiblement sa course azurée [2], tantôt il reposait sur des groupes de nues qui ressemblaient à la cime de hautes montagnes couronnées de neige. Ces nues, ployant et déployant leurs voiles, se déroulaient en zones diaphanes de satin blanc, se dispersaient en légers flocons d'écume, ou formaient dans les cieux des bancs d'une ouate éblouissante, si doux à l'œil, qu'on croyait ressentir leur mollesse et leur élasticité [3].

La scène sur la terre n'était pas moins ravissante : le jour bleuâtre et velouté de la lune descendait dans les intervalles des arbres, et poussait des gerbes [4] de lumière jusque dans l'épaisseur des plus profondes ténèbres. La rivière qui coulait à mes pieds tour à tour se perdait dans le bois, tour à tour reparaissait brillante des constellations de la nuit, qu'elle
20 répétait dans son sein. Dans une savane [5], de l'autre côté de la rivière, la clarté de la lune dormait sans mouvement sur les gazons ; des bouleaux agités par les brises et dispersés çà et là formaient des îles d'ombres flottantes sur cette mer immobile de lumière. Auprès tout aurait été silence et repos sans la chute de quelques feuilles, le passage d'un vent subit, le gémissement de la hulotte [6] ; au loin, par intervalles, on entendait les sourds mugissements de la cataracte du Niagara, qui, dans le calme de la nuit, se prolongeaient de désert en désert et expiraient à travers les forêts solitaires.

La grandeur, l'étonnante mélancolie de ce tableau ne sauraient
30 s'exprimer dans les langues humaines ; les plus belles nuits en Europe ne peuvent en donner une idée. En vain dans nos champs cultivés l'ima-

---

— 1 Périphrase de « style empire » (cf. l. 8). Est-elle déplacée dans ce passage ? — 2 Préciser le sens. Procédé littéraire qui deviendra courant dans la poésie symboliste (cf. aussi l. 17). — 3 Noter ici (et l. 16) l'apparition de ce que Baudelaire appellera des « correspondances » de sensations (cf. p. 431). — 4 Étudier la valeur évocatrice des deux termes. — 5 Prairie de hautes herbes. — 6 Chat-huant.

gination cherche à s'étendre ; elle rencontre de toutes parts les habitations des hommes ; mais dans ces régions sauvages l'âme se plaît [7] à s'enfoncer dans un océan de forêts, à planer sur le gouffre des cataractes, à méditer au bord des lacs et des fleuves, et, pour ainsi dire, à se trouver seule devant Dieu [8].

– *Précisez l'impression qui se dégage du préambule (l. 1-4)*
– Le « paysage céleste » : *a) A quels sens s'adresse la description ? – b) Relevez les procédés tendant à suggérer la variété des mouvements de la lune et leurs nuances.*
– La « scène sur la terre » : *a) Distinguez les divers plans du paysage ; – b) Étudiez le rôle de la lumière ; – c) Comment sont évoqués les bruits ? Quel est l'effet obtenu ?*
• **Comparaison.** XVIIIᵉ, BERNARDIN DE SAINT-PIERRE, p. 343. Comment procèdent les deux écrivains pour présenter des aspects nouveaux de la nature ?
• **Groupe thématique : Effets de lune.** p. 38 ; p. 43 ; p. 182 ; p. 188 ; p. 277 ; p. 507. – XVIIᵉ SIÈCLE, p. 388. – XVIIIᵉ SIÈCLE, p. 288 ; p. 350.
– *Exercice : Comparer les l. 5-14 à leur rédaction dans l'*Essai sur les Révolutions *(1797) : « La lune était au plus haut point du ciel ; on voyait çà et là, dans de grands intervalles épurés, scintiller mille étoiles. Tantôt la lune reposait sur un groupe de nuages qui ressemblait à la cime de hautes montagnes couronnées de neige ; peu à peu ces nues s'allongeaient, se déroulaient en zones diaphanes et onduleuses de satin blanc, ou se transformaient en légers flocons d'écume, en innombrables troupeaux errant dans les plaines bleues du firmament. Une autre fois, la voûte aérienne paraissait changée en une grève où l'on distinguait les couches horizontales, les rides parallèles tracées comme par le flux et le reflux régulier de la mer ; une bouffée de vent venait encore déchirer le voile et partout se formaient dans les cieux de grands bancs d'une ouate éblouissante de blancheur, si doux à l'œil qu'on croyait ressentir leur mollesse et leur élasticité. »*

POÉTIQUE DU CHRISTIANISME

DEUXIÈME PARTIE. — *Chateaubriand montre que les œuvres des écrivains chrétiens sont loin d'être inférieures à celles des anciens. Ils ont mieux dépeint les époux, le père, la mère (cf. p. 48-50), le fils, la fille, le prêtre, le guerrier. D'autre part « le christianisme a changé les rapports des passions en changeant les bases du vice et de la vertu », et les conflits qu'il éveille dans les âmes conduisent à des analyses plus profondes (Phèdre). Le christianisme est lui-même une passion qui « fournit des trésors immenses au poète » (Polyeucte, « cette querelle immense entre les amours de la terre et les amours du ciel »). Enfin, il est à l'origine de la mélancolie moderne (cf. p. 50). Bannissant la mythologie, il nous rend plus sensibles aux beautés de l'univers et son merveilleux a plus de grandeur que celui du paganisme (cf. p. 52-53). La Bible soutient victorieusement la comparaison avec Homère.*

La mère : Andromaque

On étudiera ici, avec les réserves qui s'imposent, *deux des arguments essentiels* de CHATEAUBRIAND. En premier lieu, le Christianisme, connaissant mieux l'âme humaine, est « *plus favorable à la peinture des caractères* » : on verra ce que l'Andromaque de Racine doit, selon lui, à l'influence chrétienne. D'autre part, le christianisme *montre la nature de l'homme sous un jour nouveau*, « en changeant les bases du vice et de la vertu » : loin d'être avilissante, l'*humilité* de l'Andromaque moderne devient une des formes du « *beau idéal moral* » qui rend l'homme « plus parfait que nature et comme approchant de la divinité ». Quoi que l'on puisse penser de sa thèse, CHATEAUBRIAND ouvre ainsi « un nouveau sentier » à la *critique littéraire* qui sera désormais plus attentive aux circonstances historiques et à l'*influence du milieu* sur les écrivains (II, 11, 6).

Le culte de la Vierge et l'amour de Jésus-Christ pour les enfants prouvent assez que l'esprit du christianisme a une tendre sympathie avec le génie des mères [1]. Ici nous proposons d'ouvrir un nouveau sentier à la critique ; nous chercherons dans les sentiments d'une mère *païenne*, peinte par un auteur

---

— 7 Expliquer pourquoi. Cf. p. 53, l. 50-65. —
8 Comparer dans l'*Essai* la conclusion du passage : « et pour ainsi dire, à se mêler, à se

fondre avec toute une nature sauvage et sublime ».
— 1 Le sentiment maternel.

moderne, les traits *chrétiens* que cet auteur a pu répandre dans son tableau, sans s'en apercevoir lui-même.[...]

Les sentiments les plus touchants de l'Andromaque de Racine émanent pour la plupart d'un poète *chrétien*. L'Andromaque de l'*Iliade* est plus épouse que mère [2] ; celle d'Euripide a un caractère à la fois rampant et ambitieux, qui détruit
10 le caractère maternel [3] ; celle de Virgile est tendre et triste, mais c'est moins encore la mère que l'épouse ; la veuve d'Hector ne dit pas : *Astyanax ubi est ?* mais : *Hector ubi est* [4] ?

L'Andromaque de Racine est plus sensible, plus intéressante que l'Andromaque antique. Ce vers simple et si aimable :

> *Je ne l'ai point encore embrassé d'aujourd'hui,*

est le mot d'une femme chrétienne : cela n'est point dans le goût des Grecs, et encore moins des Romains. L'Andromaque d'Homère gémit sur les malheurs futurs d'Astyanax, mais elle songe à peine à lui dans le présent ; la mère, sous notre culte, plus tendre, sans être moins prévoyante, oublie quelquefois ses chagrins, en donnant un baiser à son fils. Les anciens n'arrêtaient pas longtemps
20 les yeux sur l'enfance ; il semble qu'ils trouvaient quelque chose de trop naïf dans le langage du berceau [5]. Il n'y a que le Dieu de l'Évangile qui ait osé nommer sans rougir les *petits enfants (parvuli)*, et qui les ait offerts en exemple aux hommes [6].

Lorsque la veuve d'Hector dit à Céphise, dans Racine :

> *Qu'il ait de ses aïeux un souvenir modeste ;*
> *Il est du sang d'Hector, mais il en est le reste :*

qui ne reconnaît la chrétienne ? C'est le *deposuit potentes de sede* [7]. L'antiquité ne parle pas de la sorte [8], car elle n'imite que les sentiments *naturels :* or, les sentiments exprimés dans ces vers de Racine *ne sont point purement dans la nature ;* ils contredisent au contraire la voix du cœur. Hector ne conseille point à son fils d'avoir *de ses aïeux un souvenir modeste ;* en élevant Astyanax vers le
30 ciel, il s'écrie : « O Jupiter, et vous tous, dieux de l'Olympe, que mon fils règne, comme moi, sur Ilion ; faites qu'il obtienne l'empire entre les guerriers ; qu'en le voyant revenir chargé des dépouilles de l'ennemi, on s'écrie : Celui-ci est encore plus vaillant que son père [9] ! »

Enée dit à Ascagne :

> *.... Et te, animo repetentem exempla tuorum,*
> *Et pater Æneas, et avunculus excitet Hector* [10].

A la vérité l'Andromaque moderne s'exprime à peu près comme Virgile sur les aïeux d'Astyanax. Mais après ce vers : *Dis-lui par quels exploits leurs noms ont éclaté*, elle ajoute : *Plutôt ce qu'ils ont fait que ce qu'ils ont été.*

— 2 En réalité, chez Homère *(Iliade)*, Andromaque unit dans la même tendresse son fils et son mari. — 3 Captive de Néoptolème (Pyrrhus), dont elle a un enfant, elle lutte contre sa rivale Hermione. — 4 Elle ne demande pas à Enée : *Où est Astyanax ?* mais *Où est Hector ?* Et pourtant elle a perdu son mari et son fils *(Enéide* III, 312). — 5 Cette thèse est exagérée. L'enfant occupe-t-il plus de place dans notre littérature classique que dans les œuvres an- tiques ? — 6 Jésus nous donne ainsi une leçon d'humilité : « *Si vous ne devenez comme de petits enfants, vous n'entrerez point dans le Royaume des Cieux* » (Matth. XVIII, 3). — 7 « *Il a renversé les puissants de leur trône* » (Luc, I, 52). — 8 Modestie, modération, humilité sont pourtant des lieux communs de la sagesse antique. — 9 Iliade, VI, 476 sq. — 10 « Sou- viens-toi des exemples des tiens, et que ton père Enée et ton oncle Hector enflamment ton courage » *(Enéide, XII, 439-440).*

Or, de tels préceptes sont directement opposés au cri de l'orgueil : on y voit la nature corrigée, la nature plus belle [11], la nature évangélique. Cette humilité
40 que le christianisme a répandue sur les sentiments, et qui a changé pour nous le rapport des passions [12], comme nous le dirons bientôt, perce à travers tout le rôle de la moderne Andromaque.

DU VAGUE DES PASSIONS

Dans l'édition de 1802, ce chapitre célèbre (II, 111, 9) servait d'introduction au roman de *René* (cf. p. 39) qui constituait le *Livre IV* de la DEUXIÈME PARTIE. Étudiant l'action du christianisme sur la sensibilité et les passions, CHATEAUBRIAND en vient à analyser *les sources de la mélancolie moderne*. Mais, loin de se borner à l'influence chrétienne, il découvre d'autres causes du « *vague des passions* », dont certaines s'exerceront surtout à partir de 1815. Ainsi, par une sorte de pressentiment, l'auteur du *Génie du christianisme* donnait avant l'heure une analyse de ce « *mal du siècle* » dans lequel se complairont les jeunes écrivains de la génération romantique.

Il reste à parler d'un état de l'âme qui, ce nous semble, n'a pas encore été bien observé [1] : c'est celui qui précède le développement des passions, lorsque nos facultés, jeunes, actives, entières, mais renfermées [2], ne se sont exercées que sur elles-mêmes, sans but et sans objet. Plus les peuples avancent en civilisation, plus cet état du *vague* des passions augmente ; car il arrive alors une chose fort triste : le grand nombre d'exemples qu'on a sous les yeux, la multitude de livres qui traitent de l'homme et de ses sentiments rendent habile sans expérience [3]. On est détrompé sans avoir joui [4] ; il reste encore des désirs, et l'on n'a plus d'illusions. L'imagination est riche, abondante et merveilleuse ; l'existence
10 pauvre, sèche et désenchantée. On habite avec un cœur plein un monde vide [5], et sans avoir usé de rien on est désabusé de tout [6].

L'amertume que cet état de l'âme répand sur la vie est incroyable [7] ; le cœur se retourne et se replie en cent manières pour employer des forces qu'il sent lui être inutiles. Les anciens ont peu connu cette inquiétude secrète, cette aigreur des passions étouffées qui fermentent toutes ensemble : une grande existence politique, les jeux du gymnase et du Champ de Mars, les affaires du Forum et de la place publique remplissaient leurs moments [8] et ne laissaient aucune place aux ennuis du cœur [9].

D'une autre part, ils n'étaient pas enclins aux exagérations, aux espérances,
20 aux craintes sans objet, à la mobilité des idées et des sentiments, à la perpétuelle inconstance, qui n'est qu'un dégoût constant ; dispositions que nous acquérons

---

— 11 « La religion chrétienne est si heureusement formée qu'elle est elle-même une sorte de poésie, puisqu'elle place les caractères dans le *beau idéal* » (II, 11, 8). — 12 « Chez les anciens, l'humilité passait pour bassesse, et l'orgueil pour grandeur : chez les chrétiens au contraire l'orgueil est le premier des vices, et l'humilité une des premières vertus ».

— 1 Trop catégorique. Cf. *XVIIIe Siècle* : Mme du Deffand et Mlle de Lespinasse (p. 262-263) ; Bernardin de Saint-Pierre (p 345). Pour Mme de Staël, « la mélancolie est la véritable inspiration du talent » (*De la Littérature*, II, 5) : Cf. également ci-dessous, n. 9. — 2 Expliquer sous quelles influences ils peuvent être, comme nous dirions, « refoulées ». — 3 Commenter la formule, en montrant pourquoi cet

état est « fort triste ». — 4 Cf. analyse de *René*, p. 40. — 5 Expliquer les deux adj. opposés. — 6 Étudier dans les l. 1-11 comment procède l'auteur pour préciser cette notion subtile et aboutir à une formule saisissante. — 7 Étudier comment Chateaubriand va exprimer ces tortures. — 8 Montrer que la cause suggérée ici va jouer après 1815 pour la génération romantique (cf. p. 123 et 209). Quels seraient donc les remèdes au « mal du siècle » ? — 9 Thèse excessive. Sénèque analysait déjà « cet ennui, ce dégoût de soi, ce tourbillonnement d'une âme qui ne se fixe à rien, cette sombre impatience que nous cause notre propre inaction » (*De la tranquillité de l'âme*, II, 9-15). On pourrait encore citer bien des exemples de mélancolie chez Sapho, Platon, Lucrèce, Virgile, Tibulle, Saint Augustin, etc.

dans la société des femmes [10]. Les femmes, indépendamment de la passion directe qu'elles font naître chez les peuples modernes, influent encore sur les autres sentiments[11]. Elles ont dans leur existence un certain abandon qu'elles font passer dans la nôtre ; elles rendent notre caractère d'homme moins décidé, et nos passions, amollies par le mélange des leurs, prennent à la fois quelque chose d'incertain et de tendre [12].

Enfin, les Grecs et les Romains, n'étendant guère leurs regards au-delà de la vie et ne soupçonnant point des plaisirs plus parfaits que ceux de ce monde, 30 n'étaient point portés comme nous aux méditations et aux désirs par le caractère de leur culte. Formée pour nos misères et pour nos besoins, la religion chrétienne nous offre sans cesse le double tableau [13] des chagrins de la terre et des joies célestes, et par ce moyen elle fait dans le cœur une source de maux présents et d'espérances lointaines, d'où découlent d'inépuisables rêveries [14]. Le chrétien se regarde toujours comme un voyageur qui passe ici-bas dans une vallée de larmes [15] et qui ne se repose qu'au tombeau. Le monde n'est point l'objet de ses vœux, car il sait que l'*homme vit peu de jours* [15], et que cet objet lui échapperait vite.

Les persécutions qu'éprouvèrent les premiers fidèles augmentèrent en eux ce dégoût des choses de la vie. L'invasion des barbares y mit le comble, et l'esprit 40 humain en reçut une impression de tristesse très profonde et une teinte de misanthropie qui ne s'est jamais bien effacée. De toutes parts s'élevèrent des couvents, où se retirèrent des malheureux trompés par le monde et des âmes qui aimaient mieux ignorer certains sentiments de la vie que de s'exposer à les voir cruellement trahis [16]. Mais de nos jours [17], quand les monastères ou la vertu qui y conduit ont manqué à ces âmes ardentes, elles se sont trouvées étrangères au milieu des hommes. Dégoûtées par leur siècle, effrayées par leur religion [18], elles sont restées dans le monde sans se livrer au monde : alors elles sont devenues la proie de mille chimères ; alors on a vu naître cette coupable mélancolie qui s'engendre au milieu des passions, lorsque ces passions, sans objet, se consument 50 d'elles-mêmes dans un cœur solitaire.

– *D'après les l. 1-18, quelles sont les manifestations du « vague des passions » ?*
– *Quelles sont, d'après l'auteur, les cinq causes du « vague des passions » ? Précisez, à propos de chacune d'elles : a) en quoi elle paraît juste ; b) en quoi elle est contestable.*
– *Sur quels points cette analyse se rattache-t-elle à l'expérience personnelle de l'auteur ?*
– *Résumé (ensemble du texte). Essai : Le vague des passions est-il lié au progrès de la civilisation ?*
– *Enquête. Quels sont dans René les éléments qui illustrent directement ce chapitre ?*
– *Exercice : Voici quelle était en 1802 la rédaction des l. 44-50 : « Une prodigieuse mélancolie fut le fruit de cette vie monastique ; et ce sentiment, qui est d'une nature un peu confuse, en se mêlant à tous les autres, leur imprima son caractère d'incertitude : mais en même temps, par un effet bien remarquable, le vague même où la mélancolie plonge les sentiments est ce qui la fait renaître ; car elle s'engendre au milieu des passions, lorsque ces passions, sans objet, se consument d'elles-mêmes dans un cœur solitaire ». Étudier le rapport différent établi dans les deux rédactions entre la mélancolie et le vague des passions. Quelle est celle qui se concilie le mieux avec l'épisode de René (cf. ci-dessous, note 16) ?*

— 10 Ce jugement paraît-il confirmé par les salons du XVIIᵉ et du XVIIIᵉ ? — 11 Idée de Mme de Staël : les Grecs n'ont pas connu la mélancolie parce que les femmes n'avaient guère de place dans leur société (*De la Littérature*, 1800). — 12 Au moment où il écrit ces pages, Chateaubriand est épris de Pauline de Beaumont dont il fréquente le cercle littéraire. Songer aussi à l'influence de Lucile (cf. p. 74). — 13 Cf. Hugo, p. 232 « L'homme double ». — 14 Cf. René, p. 42 ; Lamartine, p. 91-95 ; Bau-delaire, p. 452. Mais on opposera à cet état d'âme celui d'un Bossuet et de chrétiens fervents, tel Polyeucte. — 15 Expression biblique. — 16 *René* est destiné à montrer « la nécessité des abris du cloître pour certaines calamités de la vie auxquelles il ne resterait que le désespoir et la mort ». Discuter cette conception romanesque de la vie monastique. — 17 Préciser l'allusion historique. — 18 Montrer comment ces deux raisons *concourent* à inspirer le *vague des passions*.

QUE LA MYTHOLOGIE RAPETISSAIT LA NATURE

diminishes

Bien qu'excellent *humaniste* et très sensible au charme de l'antiquité classique, CHA-TEAUBRIAND a conscience de l'*enrichissement du sentiment de la nature* depuis la seconde moitié du XVIIIᵉ siècle. Pour les besoins de sa thèse, il se montre injuste envers les anciens et il y aurait beaucoup à redire sur l'attribution de ce renouvellement au christianisme. Mais l'auteur du *Génie* a eu le mérite de reprendre à ce propos la vieille *querelle du merveilleux (cf. XVIIᵉ Siècle, p. 433) :* par la théorie et par son propre exemple, il libère des chaînes de la mythologie le *sentiment moderne de la nature* (II, IV, 1).

On ne peut guère supposer que des hommes aussi sensibles que les anciens eussent manqué d'yeux pour voir la nature et de talent pour la peindre si quelque cause puissante ne les avait aveuglés. Or cette cause était la mythologie, qui, peuplant l'univers d'élégants fantômes [1], ôtait à la création sa gravité, sa grandeur et sa solitude. Il a fallu que le christianisme vînt chasser ce peuple de faunes, de satyres et de nymphes [2], pour rendre aux grottes leur silence et aux bois leur rêverie. Les déserts ont pris sous notre culte un caractère plus triste, plus grave, plus sublime : le dôme des forêts s'est exhaussé ; les fleuves ont brisé leurs petites
10 urnes [3], pour ne plus verser que les eaux de l'abîme du sommet des montagnes : le vrai Dieu, en rentrant dans ses œuvres, a donné son immensité à la nature.

Le spectacle de l'univers ne pouvait faire sentir aux Grecs et aux Romains les émotions qu'il porte à notre âme [4]. Au lieu de ce soleil couchant, dont le rayon allongé tantôt illumine une forêt, tantôt forme une tangente d'or sur l'arc roulant des mers ; au lieu de ces accidents de lumière qui nous retracent chaque matin le miracle de la création, les anciens ne voyaient partout qu'une uniforme machine d'opéra [5].

Si le poète s'égarait dans les vallées du Taygète [6], au bord du Sper-
20 chius [7], sur le Ménale [8] aimé d'Orphée, ou dans les campagnes d'Élore [9], malgré la douceur de ces dénominations, il ne rencontrait que des faunes, il n'entendait que des dryades [10] ; Priape [11] était là sur un tronc d'olivier, et Vertumne [12] avec les zéphyrs menait des danses éternelles. Des sylvains et des naïades peuvent frapper agréablement l'imagination, pourvu qu'ils ne soient pas sans cesse reproduits ; nous ne voulons point

> ... Chasser les tritons de l'empire des eaux,
> Oter à Pan sa flûte, aux Parques leurs ciseaux[13]...

— 1 Êtres inconsistants. — 2 Divinités des champs, des forêts et des sources (cf. p. 59). — 3 Les artistes représentaient les fleuves sous la forme de nymphes tenant des urnes d'où s'écoulait l'eau de la source (cf. p. 59, l. 1-5). — 4 Ne peut-on trouver de vives émotions devant la nature chez les poètes grecs, si sensibles à la lumière et au spectacle de la mer, et chez les Latins comme Virgile, Horace ou même Lucain (cf. III, 399 sq : la forêt de Marseille) ? — 5 Expliquer l'allusion. — 6 Près de Sparte. — 7 En Thessalie. — 8 En Arcadie. — 9 Ville de Sicile. — 10 Nymphes des chênes. — 11 Dieu des jardins. — 12 Dieu qui présidait au changement des saisons. — 13 Boileau, *Art Poétique* (III, 221-222).

Mais enfin, qu'est-ce que tout cela laisse au fond de l'âme ? qu'en résulte-t-il pour le cœur ? quel fruit peut en tirer la pensée ? Oh ! que le poète chrétien est plus favorisé dans la solitude où Dieu se promène avec lui ! Libres de ce troupeau de dieux ridicules qui les bornaient de
30 toutes parts, les bois se sont remplis d'une Divinité immense. Le don de prophétie et de sagesse, le mystère et la religion semblent résider éternellement dans leurs profondeurs sacrées.

Pénétrez dans ces forêts américaines [14] aussi vieilles que le monde : quel profond silence dans ces retraites quand les vents reposent ! quelles voix inconnues quand les vents viennent à s'élever ! Êtes-vous immobile, tout est muet ; faites-vous un pas, tout soupire. La nuit s'approche, les ombres s'épaississent : on entend des troupeaux de bêtes sauvages passer dans les ténèbres ; la terre murmure sous vos pas ; quelques coups de foudre font mugir les déserts ; la forêt s'agite, les arbres tombent, un
40 fleuve inconnu coule devant vous. La lune sort enfin de l'Orient ; à mesure que vous passez au pied des arbres, elle semble errer devant vous dans leur cime et suivre tristement vos yeux. Le voyageur s'assied sur le tronc d'un chêne pour attendre le jour ; il regarde tour à tour l'astre des nuits, les ténèbres, le fleuve ; il se sent inquiet, agité, et, dans l'attente de quelque chose d'inconnu, un plaisir inouï, une crainte extraordinaire font palpiter son sein comme s'il allait être admis à quelque secret de la Divinité : il est seul au fond des forêts, mais l'esprit de l'homme remplit aisément les espaces de la nature, et toutes les solitudes de la terre sont moins vastes qu'une seule pensée de son cœur.

50 Oui, quand l'homme renierait la Divinité, l'être pensant, sans cortège et sans spectateur, serait encore plus auguste au milieu des mondes solitaires que s'il y paraissait environné des petites déités de la fable ; le désert vide aurait encore quelques convenances avec l'étendue de ses idées, la tristesse de ses passions et le dégoût même d'une vie sans illusion et sans espérance.

Il y a dans l'homme un instinct qui le met en rapport avec les scènes de la nature. Eh ! qui n'a passé des heures entières assis, sur le rivage d'un fleuve, à voir s'écouler les ondes ! Qui ne s'est plu, au bord de la mer, à regarder blanchir l'écueil éloigné ! Il faut plaindre les anciens,
60 qui n'avaient trouvé dans l'Océan que le palais de Neptune et la grotte de Protée [15] ; il était dur de ne voir que les aventures des tritons et des néréides dans cette immensité des mers, qui semble nous donner une mesure confuse de la grandeur de notre âme, dans cette immensité qui fait naître en nous un vague désir de quitter la vie pour embrasser la nature et nous confondre avec son auteur [16].

— 14 Cf. *Atala* p. 32-33 et *Génie* p. 47. — de forme. — 16 Cf. Rousseau, *XVIIIᵉ Siècle*,
15 Dieu marin qui avait la faculté de changer p. 317 et 341.

– *Définissez, d'après Chateaubriand, la nature vue par les anciens et par les modernes. Quelle est, à ses yeux la supériorité du sentiment moderne de la nature ?*
– *Chateaubriand est-il indifférent à la mythologie ? Pourquoi condamne-t-il le merveilleux païen ?*
– *Que veut prouver l'auteur en décrivant les forêts américaines ? Aimez-vous cette description ?*
– **Contraction** *(ensemble du texte).* **Essai.** *Le rapport entre l'homme et les scènes de la nature.*
– **Commentaire composé** *(l. 33-49)* – *Le texte considéré comme un poème en prose.*
– **Débat.** *Ces arguments conduisent-ils nécessairement au Dieu des chrétiens ?*
• **Groupe thématique : Nature.** a) Les anciens et la majesté de la **nature** (voir les notes). – b) D'après vos extraits des XVIᵉ, XVIIᵉ et XVIIIᵉ SIÈCLES, comment les écrivains chrétiens ont-ils vu la nature ?
• **Comparaison.** La nuit américaine d'après ce texte et celui de la p. 47.

**BEAUX-ARTS
ET LITTÉRATURE**
Troisième Partie. — *Le Christianisme a inspiré les plus grands peintres et sculpteurs, leur fournissant « des sujets plus beaux, plus riches, plus dramatiques, plus touchants que les sujets mythologiques ».* Nous lui devons cette merveille : la cathédrale gothique *(cf. p. 54).* Loin d'être hostile à la « *vraie philosophie* » et au *progrès scientifique,* il s'honore d'avoir inspiré des philosophes comme Bacon, Newton, Leibnitz, Malebranche, La Bruyère, Pascal ; des historiens comme Bossuet ; des orateurs comme les Pères de l'Église, Massillon et Bossuet. Les « *harmonies de la religion chrétienne avec les scènes de la nature et les passions du cœur humain* » sont elles-mêmes source de beauté ; Chateaubriand consacre plusieurs pages au thème des ruines, *reprenant en somme les idées de Diderot et de Bernardin de Saint-Pierre (cf.* XVIIIᵉ Siècle, *p.* 222 *et* 346*).* L'épisode d'Atala *terminait primitivement cette IIIᵉ Partie.*

Des églises gothiques

« L'ordre gothique, au milieu de ses proportions barbares, a toutefois une beauté qui lui est particulière ». Cette beauté, méconnue encore à son époque où l'architecture religieuse s'inspire des temples grecs (ex. : l'église de la Madeleine), Chateaubriand l'avait perçue à Saint-Malo et à Westminster. Nous admettons aujourd'hui que le gothique est issu progressivement du roman, et ces hypothèses architecturales, inspirées de la littérature anglaise, ne nous paraissent guère fondées. Mais cette *interprétation symbolique* de la cathédrale a aidé à en retrouver le sens véritable et la poésie mystique ; on ne peut plus entrer dans une église gothique sans songer à cette page, d'une si grande perfection littéraire (III, 1, 8). Désormais le *Moyen âge chrétien* va susciter l'intérêt des historiens et des archéologues et inspirer *l'art romantique* (cf. p. 196).

L es forêts ont été les premiers temples de la Divinité, et les hommes ont pris dans les forêts la première idée de l'architecture. Cet art a donc dû varier selon les climats. Les Grecs ont tourné l'élégante colonne corinthienne avec son chapiteau de feuilles sur le modèle du palmier. Les énormes piliers du vieux style égyptien représentent le sycomore, le figuier oriental, le bananier et la plupart des arbres gigantesques de l'Afrique et de l'Asie.

Les forêts des Gaules ont passé à leur tour dans les temples de nos pères, et nos bois de chênes ont ainsi maintenu leur origine sacrée [1]. Ces voûtes ciselées en feuillages, ces jambages, qui appuient les murs et finissent brusquement
10 comme des troncs brisés, la fraîcheur des voûtes, les ténèbres du sanctuaire, les ailes obscures, les passages secrets, les portes abaissées, tout retrace les labyrinthes des bois dans l'église gothique [2] ; tout en fait sentir la religieuse horreur, les mystères et la divinité [3]. Les deux tours hautaines plantées à l'entrée de l'édifice surmontent les ormes et les ifs du cimetière, et font un effet pittoresque sur l'azur du ciel. Tantôt le jour naissant illumine leurs têtes jumelles, tantôt elles paraissent couronnées d'un chapiteau de nuages, ou grossies dans

---

— 1 Allusion à la religion des druides. —
2 Préciser chacun de ces rapprochements. —

3 Cf. « On ne pouvait entrer dans une église gothique sans éprouver une sorte de frissonnement et un sentiment vague de la Divinité ».

une atmosphère vaporeuse [4]. Les oiseaux eux-mêmes semblent s'y méprendre et les adopter pour les arbres de leurs forêts : des corneilles voltigent autour de leurs faîtes et se perchent sur leurs galeries. Mais tout à coup des rumeurs
20 confuses s'échappent de la cime de ces tours et en chassent les oiseaux effrayés. L'architecte chrétien, non content de bâtir des forêts, a voulu [5], pour ainsi dire en imiter les murmures, et au moyen de l'orgue et du bronze suspendu [6] il a attaché au temple gothique jusqu'au bruit des vents et des tonnerres, qui roulent dans la profondeur des bois. Les siècles, évoqués par ces sons religieux, font sortir leurs antiques voix du sein des pierres, et soupirent dans la vaste basilique [7] : le sanctuaire mugit comme l'antre de l'ancienne Sibylle [8] ; et, tandis que l'airain se balance avec fracas sur votre tête, les souterrains voûtés de la mort [9] se taisent profondément sous vos pieds [10].

CULTE   QUATRIÈME PARTIE. — *Chateaubriand souligne le charme poétique des cloches, des chants et des prières, des solennités religieuses ; il nous parle, en artiste, des tombeaux et des cimetières. Il consacre de longs chapitres au clergé, aux missionnaires, aux ordres militaires, aux services rendus à la société par le christianisme en général.*
CONCLUSION : *Évoquant la barbarie qui menaçait les hommes à la chute de l'Empire Romain, l'auteur montre que par le christianisme « la face du monde a été renouvelée » : il « sortira triomphant de l'épreuve qui vient de le purifier ».*

Les cloches

Exemple de l'*art* et aussi de l'*ingéniosité* de CHATEAUBRIAND lorsqu'il chante la *beauté poétique du culte*. Scènes rustiques, émotions de sa lointaine enfance, angoisses plus récentes : autant de souvenirs qui concourent à nous montrer que les cloches sont associées à toutes nos émotions et répondent à notre besoin d'infini (IV, 1, 1).

Lorsque, avec le chant de l'alouette, vers le temps de la coupe des blés, on entendait [1] au lever de l'aurore les petites sonneries de nos hameaux, on eût dit que l'ange des moissons, pour réveiller les laboureurs, soupirait, sur quelque instrument des Hébreux, l'histoire de Séphora ou de Noémi [2]. Il nous semble que si nous étions poète, nous ne dédaignerions point cette cloche *agitée par les fantômes* dans la vieille chapelle de la forêt, ni celle qu'une religieuse frayeur balançait dans nos campagnes pour écarter le tonnerre, ni celle qu'on sonnait la nuit, dans certains ports de mer, pour diriger le pilote à travers les écueils. Les carillons des cloches, au milieu de nos fêtes, semblaient augmenter l'allégresse
10 publique : dans des calamités, au contraire, ces mêmes bruits devenaient terribles. Les cheveux dressent encore à la tête au souvenir de ces jours de meurtre et de feu, retentissant des clameurs du tocsin. Qui de nous a perdu la mémoire de ces hurlements, de ces cris aigus, entrecoupés de silence, durant lesquels on distinguait de rares coups de fusil, quelque voix lamentable et solitaire, et surtout

— 4 Étudier comment l'auteur nous a rendu sensible ce pittoresque. — 5 Ne peut-on regretter ce retour à la thèse initiale ? Expliquer pourquoi. — 6 Tout un chap. du *Génie* est consacré aux *cloches* et aux sentiments d'allégresse, de pitié et de terreur qu'elles éveillent en nous (ci-dessous). — 7 Cf. « Un monument n'est vénérable qu'autant qu'une longue histoire du passé est pour ainsi dire empreinte sous ces voûtes toutes noires de siècles ». —

8 Prêtresse d'Apollon qui prédisait l'avenir dans une grotte. — 9 « Ces basiliques toutes moussues » sont « toutes remplies des générations des décédés ». — 10 Harmonie des mots, appel à l'imagination : étudier cet art de clore un développement.

— 1 Interdites depuis dix ans, les cloches retentirent de nouveau quelques jours avant la publication du *Génie*. — 2 Allusion à des scènes *rustiques* de la Bible.

le bourdonnement de la cloche d'alarme ou le son de l'horloge qui frappait tranquillement l'heure écoulée [3] ?

Mais dans une société bien ordonnée, le bruit du tocsin, rappelant une idée de secours, frappait l'âme de pitié et de terreur, et faisait couler ainsi les deux sources des sensations tragiques [4].

20   Tels sont à peu près les sentiments que faisaient naître les sonneries de nos temples ; sentiments d'autant plus beaux qu'il s'y mêlait un souvenir du ciel. Si les cloches eussent été attachées à tout autre monument qu'à des églises, elles auraient perdu leur sympathie morale avec nos cœurs. C'était Dieu même qui commandait à l'ange des victoires de lancer les *volées* qui publiaient nos triomphes, ou à l'ange de la mort de sonner le départ de l'âme qui venait de remonter à lui. Ainsi, par mille voix secrètes une société chrétienne correspondait avec la Divinité, et ses institutions allaient se perdre mystérieusement à la source de tout mystère.

Laissons donc les cloches rassembler les fidèles, car la voix de l'homme n'est
30   pas assez pure pour convoquer au pied des autels le repentir, l'innocence et le malheur. Chez les Sauvages de l'Amérique, lorsque des suppliants se présentent à la porte d'une cabane, c'est l'enfant du lieu qui introduit ces infortunés au foyer de son père : si les cloches nous étaient interdites, il faudrait choisir un enfant pour nous appeler à la maison du Seigneur.

LETTRE SUR LA CAMPAGNE ROMAINE

Secrétaire d'ambassade à Rome, CHATEAUBRIAND écrivit à son ami FONTANES, en janvier 1804, une *Lettre sur la campagne romaine* qui fut aussitôt publiée et figura plus tard dans le *Voyage en Italie* (1826). Après avoir décrit la *désolation* de ces campagnes, il évoque ici leur « *inconcevable grandeur* » pour qui les contemple « en artiste, en poète, et même en philosophe ». C'est la partie centrale de la lettre, la plus belle : le peintre des « solitudes » américaines assouplit sa technique pour mieux rendre la *pureté lumineuse* du paysage italien, et son art nous paraît enrichi par le souvenir des *paysagistes du XVIIe siècle* (Le Lorrain, et sans doute Poussin) et par sa *sensibilité d'humaniste* qui s'émeut devant cette terre « demeurée antique comme les ruines qui la couvrent. »

Rien n'est comparable pour la beauté aux lignes de l'horizon romain, à la douce inclinaison des plans, aux contours suaves et fuyants des montagnes qui le terminent [1]. Souvent les vallées dans la campagne prennent la forme d'une arène, d'un cirque, d'un hippodrome ; les coteaux sont taillés en terrasses, comme si la main puissante des Romains avait remué toute cette terre. Une vapeur particulière, répandue dans les lointains, arrondit les objets et dissimule ce qu'ils pourraient avoir de dur ou de heurté dans leurs formes. Les ombres ne sont jamais lourdes et noires [2] ; il n'y a pas de masses si obscures de rochers et de feuillages, dans les-
10 quelles [3] il ne s'insinue toujours un peu de lumière. Une teinte singu-lièrement harmonieuse marie la terre, le ciel et les eaux : toutes les sur-

---

— 3 *Souvenirs de la Terreur*. Comment est créée l'impression d'angoisse ? — 4 Cf. Boileau, *XVIIe Siècle*, p. 342 (v. 17-20).

— 1 Préciser l'impression dominante. — 2 Montrer le lien entre cette remarque et la précédente. — 3 Analyser logiquement pour comprendre le sens de la phrase.

faces, au moyen d'une gradation insensible de couleurs, s'unissent par leurs extrémités, sans qu'on puisse déterminer le point où une nuance finit et où l'autre commence. Vous avez sans doute admiré dans les paysages de Claude Lorrain [4] cette lumière qui semble idéale et plus belle que nature ? Eh bien, c'est la lumière de Rome !

Je ne me lassais point de voir à la *villa* Borghèse [5] le soleil se coucher sur les cyprès du mont Marius [6] et sur les pins de la *villa* Pamphili [7], plantés par Le Nôtre. J'ai souvent aussi remonté le Tibre à Ponte-Mole,
20 pour jouir de cette grande scène de la fin du jour [8]. Les sommets des montagnes de la Sabine [9] apparaissent alors de lapis-lazuli [10] et d'opale [11], tandis que leurs bases et leurs flancs sont noyés dans une vapeur d'une teinte violette et purpurine. Quelquefois de beaux nuages, comme des chars légers, portés sur le vent du soir avec une grâce inimitable, font comprendre [12] l'apparition des habitants de l'Olympe sous ce ciel mythologique ; quelquefois l'antique Rome semble avoir étendu dans l'occident toute la pourpre de ses consuls et de ses Césars, sous les derniers pas du dieu du jour [13]. Cette riche décoration ne se retire pas aussi vite que dans nos climats : lorsque vous croyez que ses teintes vont s'effacer, elle
30 se ranime sur quelque autre point de l'horizon ; un crépuscule succède à un crépuscule, et la magie du couchant se prolonge [14]. Il est vrai qu'à cette heure du repos des campagnes, l'air ne retentit plus de chants bucoliques ; les bergers n'y sont plus, *Dulcia linquimus arva* [15]! mais on voit encore les *grandes victimes du Clitumne* [16], des bœufs blancs ou des troupeaux de cavales demi-sauvages qui descendent au bord du Tibre et viennent s'abreuver dans ses eaux. Vous vous croiriez transporté au temps des vieux Sabins ou au siècle de l'Arcadien Évandre, ποίμενες λαῶν [17], alors que le Tibre s'appelait *Albula*, et que le pieux Enée remonta ses ondes inconnues [18].

– Dans le § 1 : *Quelles impressions se dégagent du paysage ? Par quels procédés descriptifs sont-elles suggérées ?*
– Dans le § 2 : *a) Justifiez l'expression :* « la magie du couchant » ; *étudiez la différence entre cette évocation et celle du § précédent ; – b) Étudiez comment sont introduits les souvenirs littéraires et comment ils contribuent à la* « *magie* »
• **Comparaison.** Etudiez l'originalité de cette page par rapport aux descriptions de paysages américains, p. 32 ; p.47 ; p. 53.
– *Commentaire composé : l. 1-16. Impressionnisme : rôle de la lumière dans les croquis du paysagiste.*
• **Groupe thématique : Soleils couchants.** a) Chateaubriand et Bernardin de saint-pierre. XVIIIᵉ siècle, p. 343 ; – b) XIXᵉ siècle, p. 103 ; p. 183 ; p. 423 ; p. 428 ; p. 439 ; p. 441 ; p. 449 ; p. 482 ; p. 506.

— 4 Claude Gelée, dit Le Lorrain (1600-1682) dont les paysages évoquent la campagne romaine. — 5 Chateaubriand était reçu dans cette villa du XVIIᵉ siècle par la famille Borghèse. — 6 Du nom de la villa de Mario Mellini (XVᵉ siècle). — 7 Construite par le prince Pamphili (XVIIᵉ siècle). — 8 Préciser le ton et l'intention de l'artiste. — 9 A l'ouest du Tibre. — 10 Pierre précieuse de teinte bleue. — 11 Pierre d'un éclat vitreux et de teinte variable. — 12 Expliquer pourquoi. — 13 Cette seconde comparaison est d'ordinaire jugée fort inférieure à la précédente ; pour quelles rai-

sons ? — 14 Étudier dans toute la phrase l'adaptation du rythme à l'idée. — 15 « Nous quittons nos douces campagnes », paroles mélancoliques d'un berger chassé de ses terres, dans Virgile (*Bucoliques*, I, 3). — 16 Fleuve d'Ombrie. Souvenir de Virgile : les « blancs troupeaux » qui se baignent dans le Clitumne sont destinés aux sacrifices (*Géorgiques*, II, 146-148). — 17 Expression homérique : « *pasteurs de peuples* ». — 18 Au livre VIII de l'*Enéide*, Enée remontant le Tibre va demander secours à Evandre, fondateur d'une ville sur l'emplacement de la future Rome.

LES MARTYRS (1809)

Épopée à thèse   L'auteur des *Martyrs*, épopée en prose, a voulu illustrer
une thèse du *Génie* :
1° « J'ai avancé que la *religion chrétienne* me paraissait plus favorable que le paganisme
au développement des *caractères* et au jeu des *passions* dans l'épopée ».
2° « J'ai dit encore que le *merveilleux* de cette religion pouvait peut-être lutter contre
le merveilleux emprunté de la mythologie » *(Préface)*.

Richesse du sujet   Le sujet était bien choisi et ce projet d'épopée chrétienne aurait pu réussir.

I. CHRISTIANISME ET PAGANISME. « Il m'a semblé qu'il fallait chercher un
sujet qui renfermât dans un même cadre le tableau des deux religions, la morale, les
sacrifices, les pompes des deux cultes : un sujet où le langage de la *Genèse* pût se faire
entendre auprès de celui de l'*Odyssée*... La scène s'ouvre au moment de la persécution
excitée par Dioclétien, vers la fin du IIIe siècle. Le Christianisme n'était point encore
la religion dominante de l'Empire Romain, mais ses autels s'élevaient auprès des autels
des idoles ». Le *moment* historique, le *choix des personnages* (cf. p. 59) permettait d'évoquer
parallèlement les deux religions. La destinée de ces *martyrs* s'inscrit dans le grand mouvement qui conduit au triomphe du christianisme. C'est ainsi que le sujet s'élève jusqu'à
la grandeur épique, en retraçant « les combats de deux religions » et le sort de l'Empire.

II. COULEUR HISTORIQUE ET GÉOGRAPHIQUE. « J'ai trouvé moyen, par
le récit et par le cours des événements, d'amener la peinture des *différentes provinces de
l'Empire romain* ». De fait, l'auteur nous transporte en Grèce, dans la Rome impériale,
à l'armée du Rhin, chez les Francs, dans la Gaule armoricaine (cf. p. 61). La *description
géographique* reposait sur l'expérience directe de l'auteur (cf. p. 67). Son incomparable
talent lui permettait d'affirmer : « ce sont des portraits ressemblants et non des descriptions
vagues et ambitieuses ».
L'*évocation historique* était plus délicate. CHATEAUBRIAND s'était imposé une documentation minutieuse. Il a eu le tort de citer orgueilleusement ses sources dans son
Examen des Martyrs : c'était appeler la controverse et on lui a reproché bien des erreurs
et des anachronismes. Mais peut-on exiger de lui des scrupules que n'avaient pas les
historiens de son temps ? A le juger, selon son vœu, « comme poète » et non « comme
historien », on reconnaîtra le *relief parfois saisissant de ses tableaux*.

III. LA QUESTION DU MERVEILLEUX. Sur ce point essentiel, CHATEAUBRIAND
a reconnu son *échec* : « Le défaut des *Martyrs* tient au *merveilleux direct* que, dans le reste
de mes préjugés classiques, j'avais mal à propos employé. » Voulant prouver la supériorité du merveilleux chrétien, il a commis l'erreur de créer à l'image de la mythologie
païenne une *mythologie chrétienne*, artificielle et ridicule, qui encombre de son fatras des
livres entiers des *Martyrs*. Comment s'accommoder d'une *représentation matérielle* du
Paradis, même illuminé par des diamants et des portiques de soleils, et enchanté par les
chœurs des saints et des anges qui entourent le trône de l'Éternel ? Et que dire de ces
Enfers chrétiens où la Mort vient à vous sous la forme d'un squelette et où se tiennent
des assemblées de démons si agitées que Dieu lui-même doit rétablir l'ordre ?
Pourtant, comme pour nous faire regretter ces erreurs, CHATEAUBRIAND a parfois
recours à un *merveilleux plus discret* et parfaitement acceptable, comme l'intervention
de ce raz de marée qui sauve les Francs, que Dieu réserve à de grandes destinées (cf. p. 61).

Valeur   *Les Martyrs* sont donc une *épopée manquée*. L'erreur
dans le choix du merveilleux, certaines longueurs dans la
seconde partie rendent souvent rebutante la lecture de ces 24 Livres. Mais si l'on passe
sur ces faiblesses, il reste des *épisodes* très attachants (cf. *Analyse*) ; de magnifiques
paysages ; des scènes charmantes (cf. p. 59) ou touchantes (cf. p. 64) ou d'une haute
intensité tragique (cf. p. 66) ; des tableaux d'histoire (cf. p. 61) si réussis qu'ils ont donné

le premier élan à la « résurrection du passé » (cf. p. 355) ; il reste enfin, chez cet écrivain dont la blessure secrète était de n'être pas poète en vers, l'exemple d'une prose qui atteint parfois à la plus haute poésie.

Rencontre d'Eudore et de Cymodocée

Dès la présentation *romanesque* de ses deux personnages, CHATEAUBRIAND a voulu marquer le lien qui unit les *Martyrs* au *Génie du Christianisme*. Rencontre entre une *païenne* et un *chrétien* où tout est contraste : pas une pensée, pas une parole qui ne soit destinée à souligner l'*opposition* entre les deux conceptions de la divinité et de la vie. Toutefois l'artiste paraît s'être laissé prendre au charme des souvenirs classiques... ou de sa propre virtuosité à pasticher la poésie homérique. Si nous sommes touchés par la simplicité pleine de grandeur — et peut-être un peu tendue — du « langage chrétien », ne sommes-nous pas séduits par la « prolixité païenne » de CYMODOCÉE, tout illuminée de ravissantes légendes et baignée des immortelles harmonies de la Grèce ? *(Livre I)*.

Sous Dioclétien (IIIe siècle après J.C.), en Messénie, l'aède DÉMODOCUS, *prêtre d'Homère dont il est le descendant, élève sa fille* CYMODOCÉE *dans les vertus païennes et l'a consacrée aux Muses. Au retour d'une fête religieuse, la jeune fille s'est égarée, seule dans la nuit.*

Une source d'eau vive, environnée de hauts peupliers, tombait à grands flots d'une roche élevée ; au-dessus de cette roche, on voyait un autel dédié aux Nymphes, où les voyageurs offraient des vœux et des sacrifices. Cymodocée allait embrasser l'autel, et supplier la divinité de ce lieu de calmer les inquiétudes de son père, lorsqu'elle aperçut un jeune homme qui dormait, appuyé contre un rocher. Sa tête [1], inclinée sur sa poitrine, et penchée sur son épaule gauche, était un peu soutenue par le bois d'une lance ; sa main, jetée négligemment sur cette lance, tenait à peine la laisse d'un chien qui semblait prêter l'oreille à quelque bruit ; la lumière de l'astre de la nuit, passant entre les branches
10 de deux cyprès, éclairait le visage du chasseur : tel un successeur d'Apelle [2] a représenté le sommeil d'Endymion [3]. La fille de Démodocus crut, en effet, que ce jeune homme était l'amant de la reine des forêts : une plainte du zéphyr lui parut être un soupir de la déesse, et elle prit un rayon fugitif de la lune dans le bocage pour le bord de la tunique blanche de Diane qui se retirait [4]. Épouvantée, craignant d'avoir troublé les mystères, Cymodocée tombe à genoux et s'écrie : « Redoutable sœur d'Apollon [5], épargnez une vierge imprudente : ne la percez pas de vos flèches ! Mon père n'a qu'une fille, et jamais ma mère, déjà tombée sous vos coups, ne fut orgueilleuse de ma naissance [6]. »

A ces cris, le chien aboie, le chasseur se réveille. Surpris de voir cette jeune
20 fille à genoux, il se lève précipitamment :
« Comment ! dit Cymodocée, confuse et toujours à genoux, est-ce que tu n'es pas le chasseur Endymion ? — Et vous, dit le jeune homme, non moins interdit, est-ce que vous n'êtes pas un ange ? — Un ange ? » reprit la fille de Démodocus.

Alors l'étranger, plein de trouble : « Femme, levez-vous ; on ne doit se prosterner que devant Dieu. »

Après un moment de silence, la prêtresse des Muses dit au chasseur : « Si tu n'es pas un dieu caché sous la forme d'un mortel [7], tu es sans doute un étranger

---

— 1 Cf. p. 37, l. 10-20. — 2 Peintre grec (IVe s. av. J.-C.). Allusion au *sommeil d'Endymion* peint par Girodet (1791). — 3 Berger aimé de Diane et conservant, dans un sommeil éternel, son admirable beauté. — 4 Cf. p. 52, l. 19-24. — 5 Diane chasseresse, « reine des forêts » (cf. l. 12). — 6 Allusion à Niobé, si fière de ses enfants qu'elle osa mépriser Latone, mère d'Apollon et de Diane : ces derniers percèrent de leurs flèches ses sept fils et ses sept filles (cf. p. 407). — 7 Souvenir de la rencontre d'Ulysse et de Nausicaa (*Odyssée*, VI) ; idée fréquente chez les Grecs.

que les satyres [8] ont égaré comme moi dans les bois. Dans quel port est entré
30 ton vaisseau ? Viens-tu de Tyr, si célèbre par la richesse de ses marchands ?
Viens-tu de la charmante Corinthe, où tes hôtes t'auront fait de riches présents ?
Es-tu de ceux qui trafiquent sur les mers jusqu'aux colonnes d'Hercule [9] ?
Suis-tu le cruel Mars dans les combats ? Ou plutôt, n'es-tu pas le fils d'un de
ces mortels jadis décorés du sceptre, qui régnaient sur un pays fertile en troupeaux,
et chéri des dieux ? »

L'étranger répondit : « Il n'y a qu'un Dieu, maître de l'univers, et je ne suis
qu'un homme plein de trouble et de faiblesse. Je m'appelle Eudore ; je suis fils
de Lasthénès. Je revenais de Thalames [10], je retournais chez mon père ; la nuit
m'a surpris : je me suis endormi au bord de cette fontaine. Mais vous, comment
40 êtes-vous seule ici ? Que le ciel vous conserve la pudeur, la plus belle des craintes
après celle de Dieu ! »

Le langage de cet homme confondait Cymodocée. Elle sentait devant lui un
mélange d'amour et de respect, de confiance et de frayeur. La gravité de sa
parole et la grâce de sa personne formaient à ses yeux un contraste extraordinaire.
Elle entrevoyait comme une nouvelle espèce d'hommes, plus noble et plus
sérieuse que celle qu'elle avait connue jusqu'alors [11]. Croyant augmenter l'intérêt
qu'Eudore paraissait prendre à son malheur, elle lui dit : « Je suis fille d'Homère
aux chants immortels. »

L'étranger se contenta de répliquer : « Je connais un plus beau livre que le
50 sien. »

Déconcertée par la brièveté de cette réponse, Cymodocée dit en elle-même :
« Ce jeune homme est de Sparte [12]. »

Puis elle raconta son histoire. Le fils de Lasthénès dit : « Je vais vous reconduire
chez votre père. » Et il se mit à marcher devant elle.

La fille de Démodocus le suivait ; on entendait le frémissement de son haleine,
car elle tremblait. Pour se rassurer un peu, elle essaya de parler : elle hasarda
quelques mots sur les charmes de la Nuit sacrée, épouse de l'Érèbe, et mère des
Hespérides et de l'Amour. Mais son guide, l'interrompant : « Je ne vois que
des astres qui racontent la gloire du Très-Haut [13]. »

60 Ces paroles jetèrent de nouveau la confusion dans le cœur de la prêtresse
des Muses. Elle ne savait plus que penser de cet inconnu, qu'elle avait pris
d'abord pour un immortel. Était-ce un impie qui errait la nuit sur la terre,
haï des hommes et poursuivi par les dieux ? Était-ce un pirate descendu de
quelque vaisseau, pour ravir les enfants à leurs pères ? Cymodocée commençait à sentir une vive frayeur, qu'elle n'osait toutefois laisser paraître. Son
étonnement n'eut plus de bornes lorsqu'elle vit son guide s'incliner devant un
esclave délaissé qu'ils trouvèrent au bord d'un chemin, l'appeler son frère,
et lui donner son manteau pour couvrir sa nudité.

« Étranger, dit la fille de Démodocus, tu as cru sans doute que cet esclave
70 était quelque dieu caché sous la figure d'un mendiant, pour éprouver le cœur
des mortels ?

— Non, répondit Eudore, j'ai cru que c'était un homme. »

EUDORE *raccompagne la jeune fille. Le lendemain* DÉMODOCUS *et* CYMODOCÉE *se rendent chez* LASTHÉNÈS *pour remercier le jeune homme. Ils y reçoivent l'hospitalité simple et affable d'une* famille chrétienne *qui mène une vie patriarcale à la manière biblique. A la demande de Démodocus, Eudore commence un long récit de sa vie (Livres IV à X).*

LE RÉCIT D'EUDORE. — *A seize ans,* EUDORE *a été envoyé à Rome comme otage. Séduit par les merveilles de la Ville impériale, le jeune chrétien se lie avec le prince* CONSTANTIN *(futur empereur chrétien) et* oublie sa religion *dans une vie de débauches en compagnie de* JÉROME *et d'*AUGUSTIN *qui deviendront, après leur conversion, deux grands saints (anachronisme voulu). En contraste avec cette vie de délices, l'auteur évoque la simplicité de la communauté chrétienne, dont l'évêque Marcellin finit par excommunier Eudore pour son inconduite.*

Envoyé à l'armée du Rhin, le jeune Grec prend part à un combat contre les Francs *(cf. p. 61-63). Au moment d'être vaincus, ces derniers, protégés de Dieu, sont sauvés par un raz de marée qui envahit le champ de bataille. Fait prisonnier par les Francs,* EUDORE *est libéré pour avoir sauvé la vie à Mérovée au cours d'une chasse. Après une expédition en Bretagne (Angleterre), il devient gouverneur de l'Armorique. Ici se place l'épisode de* VELLÉDA, *druidesse gauloise ennemie des Romains qui s'éprend d'Eudore et, ne pouvant se faire aimer, se donne la mort. Pris de scrupules,* EUDORE *redevient chrétien, abandonne son pouvoir et retourne auprès de son père.*

L'ARMÉE DES FRANCS

L'auteur vient de décrire la belle ordonnance de l'armée romaine. Mais voici *la horde des Francs* qui paraît encore plus formidable « par le contraste d'une sauvage simplicité ». CHATEAUBRIAND se flatte de n'utiliser que des détails empruntés aux *historiens anciens* et, pour la plupart, à TACITE. Les historiens contemporains en tiraient d'ennuyeuses compilations, sèchement documentaires ; mais il fallait l'*imagination épique* d'un CHATEAUBRIAND pour tout animer et faire revivre l'épisode. Non seulement *nous assistons à la bataille*, mais nous la voyons avec les yeux d'Eudore : nous voyons s'avancer vers nous ce « troupeau de bêtes féroces » qui déferle sur le monde romain ; c'est le choc de deux civilisations *(Livre VI)*.

P arés [1] de la dépouille des ours, des veaux marins [2], des urochs [3] et des sangliers, les Francs se montraient de loin comme un troupeau de bêtes féroces. Une tunique courte et serrée laissait voir toute la hauteur de leur taille, et ne leur cachait pas le genou. Les yeux de ces barbares ont la couleur d'une mer orageuse ; leur chevelure blonde, ramenée en avant sur leur poitrine et teinte d'une liqueur rouge, est semblable à du sang et à du feu [4]. La plupart ne laissent croître leur barbe qu'au-dessus de la bouche, afin de donner à leurs lèvres plus de ressemblance avec le mufle des dogues et des loups. Les uns chargent leur main droite d'une
10 longue framée [5], et leur main gauche d'un bouclier qu'ils tournent comme une roue rapide ; d'autres, au lieu de ce bouclier, tiennent une espèce de javelot, nommé angon, où s'enfoncent deux fers recourbés, mais tous ont à la ceinture la redoutable francisque, espèce de hache à deux tran-

---

— 1 « Ce n'était pas l'habillement des Francs, mais c'était leur parure » (Chateaubriand, d'après César et Tacite). — 2 Ou *phoques*. — | 3 Ou *aurochs* : bœufs sauvages. — 4 « Tout ce paragraphe est tiré de Sidoine Apollinaire » (Chateaubriand). — 5 Javeline.

chants, dont le manche est recouvert d'un dur acier ; arme funeste que le Franc jette en poussant un cri de mort, et qui manque rarement de frapper le but qu'un œil intrépide a marqué [6].

Ces barbares, fidèles aux usages des anciens Germains [7], s'étaient formés en coin, leur ordre accoutumé de bataille. Le formidable triangle, où l'on ne distinguait qu'une forêt de framées, des peaux de bêtes et des
20 corps demi-nus, s'avançait avec impétuosité, mais d'un mouvement égal [8], pour percer la ligne romaine. A la pointe de ce triangle étaient placés des braves qui conservaient une barbe longue et hérissée, et qui portaient au bras un anneau de fer. Ils avaient juré de ne quitter ces marques de servitude qu'après avoir sacrifié un Romain. Chaque chef dans ce vaste corps était environné des guerriers de sa famille afin que, plus ferme dans le choc, il remportât la victoire ou mourût avec ses amis ; chaque tribu se ralliait sous un symbole : la plus noble d'entre elles se distinguait par des abeilles ou trois fers de lance [9]. Le vieux roi des Sicambres [10], Pharamond, conduisait l'armée entière et laissait une partie
30 du commandement à son petit-fils Mérovée [11]. Les cavaliers Francs, en face de la cavalerie romaine, couvraient les deux côtés de leur infanterie : à leurs casques en forme de gueules ouvertes ombragées de deux ailes de vautour, à leurs corselets de fer, à leurs boucliers blancs, on les eût pris pour des fantômes ou pour ces figures bizarres que l'on aperçoit au milieu des nuages pendant une tempête [12]. Clodion, fils de Pharamond et père de Mérovée, brillait à la tête de ces cavaliers menaçants.

Sur une grève, derrière cet essaim d'ennemis, on apercevait leur camp, semblable à un marché de laboureurs et de pêcheurs ; il était rempli de femmes et d'enfants, et retranché avec des bateaux de cuir et des chariots
40 attelés de grands bœufs. Non loin de ce camp champêtre, trois sorcières en lambeaux faisaient sortir de jeunes poulains d'un bois sacré, afin de découvrir par leur course à quel parti Tuiston [13] promettait la victoire. La mer d'un côté, des forêts de l'autre, formaient le cadre de ce grand tableau.

– *Comment vous représentez-vous les Francs (au physique et au moral) d'après cette description ? Relevez les détails et les comparaisons qui suggèrent ces impressions.*
– *Comment procède* CHATEAUBRIAND *pour éclairer les noms « barbares » qui désignent les armes ? et pour rendre vivante leur évocation ?*
– *Définissez la formation de bataille des Francs par comparaison à celle d'une armée romaine.*
– *Relevez dans ce récit les éléments qui le rattachent au genre épique.*
• **Groupe thématique : « Résurrection du passé ».** Dans quelle mesure cette description et la scène suivante, p. 63, annoncent-elles la conception romantique de l'histoire « **résurrection du passé** », p. 362 ?
– **Entretien.** *Le film qu'on pourrait tirer des* Martyrs : *type de film ; séquences.*

— 6 Étudier la couleur épique de cette scène rapide. — 7 Les détails de ce § dérivent de Tacite (*La Germanie*). — 8 Étudier comment ces deux notions se complètent. — 9 « Je place ici l'origine dex armes de la monarchie » (Chateaubriand). Allusion aux fleurs de lis et peut-être aux abeilles de l'Empire. — 10 Peu-plade germanique. — 11 « Il y aura ici ana-chronisme, si l'on veut ; ou l'on dira que c'est un Pharamond, un Mérovée, un Clodion, ancêtres des princes de ce nom que nous voyons dans l'histoire » (Chateaubriand). — 12 Atmosphère des poèmes d'Ossian (cf. p. 52, l. 7-8). — 13 Dieu des Enfers.

Le bardit des Francs

Le *combat épique* est généralement précédé d'invectives et de cris belliqueux. Guidé par une simple allusion de TACITE au *bardit* des Francs, CHATEAUBRIAND a eu l'idée d'imiter un *chant de guerre* des peuples du Nord, « en y ajoutant un refrain et quelques détails sur les armes ». Parfaitement adapté à la situation, ce « *poème barbare* » (cf. p. 414) produit une saisissante impression d'*art primitif*. On étudiera tout ce qu'il nous révèle de l'*âme farouche* de ces guerriers. C'est en déclamant ce *bardit* qu'AUGUSTIN THIERRY, encore écolier, aurait senti s'éveiller sa vocation historique (cf. p. 357).

Le soleil du matin, s'échappant des replis d'un nuage d'or [1], verse tout à coup sa lumière sur les bois, l'Océan et les deux armées. La terre paraît embrasée du feu des casques et des lances ; les instruments guerriers sonnent l'air antique de Jules César partant pour les Gaules. La rage s'empare de tous les cœurs, les yeux roulent du sang, la main frémit sur l'épée. Les chevaux se cabrent, creusent l'arène [2], secouent leur crinière, frappent de leur bouche écumante leur poitrine enflammée, ou lèvent vers le ciel leurs naseaux brûlants, pour respirer les sons belliqueux [3]. Les Romains commencent le chant de Probus [4] :
« *Quand nous aurons vaincu mille guerriers francs, combien ne vaincrons-nous*
10 *pas de millions de Perses !* »

Les Grecs répètent en chœur le Paean [5] et les Gaulois l'hymne des Druides. Les Francs répondent à ces cantiques de mort : ils serrent leurs boucliers contre leurs bouches, et font entendre un mugissement [6] semblable au bruit de la mer que le vent brise contre un rocher ; puis tout à coup poussant un cri aigu, ils entonnent le bardit [7] à la louange de leurs héros :

« *Pharamond ! Pharamond ! nous avons combattu avec l'épée* [8].

« *Nous avons lancé la francisque à deux tranchants ; la sueur tombait du front des guerriers et ruisselait le long de leurs bras. Les aigles et les oiseaux aux pieds jaunes* [9] *poussaient des cris de joie ! le corbeau nageait dans le sang des morts ; tout*
20 *l'Océan n'était qu'une plaie : les vierges ont pleuré longtemps* [10] *!*

« *Pharamond ! Pharamond ! nous avons combattu avec l'épée.*

« *Nos pères sont morts dans les batailles* [11], *tous les vautours en ont gémi : nos pères les rassasiaient de carnage. Choisissons des épouses dont le lait soit du sang, et qui remplissent de valeur le cœur de nos fils. Pharamond, le bardit est achevé, les heures de la vie s'écoulent ; nous sourirons quand il faudra mourir* [12] *!* »

Ainsi chantaient quarante mille barbares. Leurs cavaliers haussaient et baissaient leurs boucliers blancs en cadence ; et, à chaque refrain, ils frappaient du fer d'un javelot leur poitrine couverte de fer [13].

— 1 Cf. p. 52, l. 13-18. — 2 Pourquoi ce terme noble ? — 3 Définir le rythme de ce début et expliquer le contraste avec celui des lignes suivantes. — 4 Empereur romain qui arrêta la première invasion germanique (IIIᵉ siècle). Le chant de Probus disait : « Nous *avons vaincu* en une fois mille Francs ». Expliquer la correction de Chateaubriand. — 5 Ou *Péan*, en l'honneur d'Apollon : hymne de guerre et de victoire. — 6 Ce détail pittoresque est dans Tacite ; la comparaison est de Chateaubriand : étudier son intérêt poétique. — 7 Chant de guerre (terme emprunté à Tacite). — 8 Tacite dit pourtant qu'ils s'en servaient rarement. Mais l'épée est une arme noble... — 9 Oiseaux de mer qui se repaissent de cadavres. Quelle impression produit cette épithète ? — 10 Étudier le rythme de cette « strophe » et les sentiments divers qu'elle traduit. — 11 Préciser l'enchaînement des idées. — 12 Ils croient en effet que les héros morts au combat vont dans leur paradis, le Walhalla. — 13 Comment les effets de rythme concourent-ils à l'atmosphère épique ?

EUDORE *et* CYMODOCÉE *se déclarent mutuellement leur amour, et la jeune fille décide de se convertir pour partager le destin d'Eudore. Mais le perfide et puissant* HIÉROCLÈS, *qui convoitait Cymodocée, va multiplier les intrigues pour les séparer et les perdre. Leur rencontre et leur amour ne sont pas le fait du hasard. Voulant purifier les chrétiens dont la vertu s'est affaiblie, l'*ÉTERNEL *a permis à* SATAN *de susciter une dernière persécution au terme de laquelle « la croix devait être placée sur le trône de l'Univers ». C'est* EUDORE *qui sera sacrifié pour sauver les Chrétiens, et « les païens aussi auront leur hostie, car les chrétiens et les idolâtres vont se réunir au pied du calvaire » : cette victime sera* CYMODOCÉE. *Ils seront soutenus par le Christ et par Marie.*

HIÉROCLÈS *parvient à les faire arrêter au milieu de la cérémonie des fiançailles. Au terme de péripéties compliquées et souvent mélodramatiques,* EUDORE *sera exposé aux fauves dans l'amphithéâtre où* CYMODOCÉE, *venue le rejoindre, subira avec lui le martyre.*

Le repas libre

Dans les *Actes des Martyrs,* CHATEAUBRIAND a remarqué ces lignes édifiantes : « La coutume est de faire à ceux qui sont condamnés aux bêtes un souper qu'on nomme le souper libre. Nos saints martyrs changèrent, autant qu'il leur fut possible, ce dernier souper en un repas de charité [*agape*]. La salle où ils mangeaient était pleine de peuple ; les martyrs lui adressaient la parole de temps en temps... Ces paroles jetèrent de l'étonnement et de la frayeur dans l'âme de la plupart... Plusieurs restèrent pour se faire instruire et crurent en Jésus-Christ ». Parti de ces brèves indications l'écrivain chrétien a imaginé *le plus émouvant des récits* qui, comme l'*Évangile* et les *Actes des Martyrs,* tire sa grandeur de son *extrême simplicité* (Livre XXII).

Il y avait à Rome un antique usage : la veille de l'exécution des criminels condamnés aux bêtes, on leur donnait à la porte de la prison un repas public appelé le repas libre. Dans ce repas on leur prodiguait toutes les délicatesses d'un somptueux festin : raffinement barbare de la loi ou brutale clémence de la religion : l'une qui voulait faire regretter la vie à ceux qui l'allaient perdre ; l'autre qui, ne considérant l'homme que dans les plaisirs, voulait du moins en combler l'homme expirant [1].

Ce dernier repas était servi sur une table immense, dans le vestibule de la prison. Le peuple, curieux et cruel, était répandu alentour, et des soldats main-
10 tenaient l'ordre. Bientôt les martyrs sortent de leurs cachots et viennent prendre leurs places autour du banquet funèbre : ils étaient tous enchaînés, mais de manière à pouvoir se servir de leurs mains. Ceux qui ne pouvaient marcher à cause de leurs blessures étaient portés par leurs frères. Eudore se traînait [2] appuyé sur les épaules de deux évêques, et les autres confesseurs [3], par pitié et par respect, étendaient leurs manteaux sous ses pas. Quand il parut hors de la porte, la foule ne put s'empêcher de pousser un cri d'attendrissement, et les soldats donnèrent à leur ancien capitaine le salut des armes. Les prisonniers se rangèrent sur les lits [4] en face de la foule : Eudore et Cyrille [5] occupaient le centre de la table ; les deux chefs des martyrs unissaient sur leurs fronts ce que
20 la jeunesse et la vieillesse ont de plus beau : on eût cru voir Joseph et Jacob assis au banquet de Pharaon [6]. Cyrille invita ses frères à distribuer au peuple

---

— 1 Il y a quelque parti pris dans cette explication : ne pourrait-on en trouver une autre ? — 2 Eudore a déjà été martyrisé, déchiré avec des ongles de fer et assis sur une chaise rougie au feu. — 3 Ceux qui confessent publiquement leur foi en subissant le martyre

(*martyr* signifie *témoin*). — 4 Les Romains mangeaient étendus sur des lits. — 5 Évêque qui a demandé à Dieu de le choisir pour victime. — 6 Jacob était le père de Joseph devenu l'homme de confiance du Pharaon Souvenir biblique un peu incertain (*Genèse*, 43).

ce repas fastueux, afin de le remplacer par une simple agape [7], composée d'un peu de pain et de vin pur : la multitude, étonnée, faisait silence ; elle écoutait avidement les paroles des confesseurs.

« Ce repas, disait Cyrille, est justement appelé le repas libre, puisqu'il nous délivre des chaînes du monde et des maux de l'humanité. Dieu n'a pas fait la mort, c'est l'homme qui l'a faite. L'homme nous donnera demain son ouvrage, et Dieu, qui est l'auteur de la vie, nous donnera la vie [8]. Prions, mes frères, pour ce peuple : il semble aujourd'hui touché de notre destinée ; demain il battra des mains à notre mort ; il est bien à plaindre ! Prions pour lui et pour Galérius, notre empereur. »

Et les martyrs priaient pour le peuple et pour Galérius, leur empereur [9].

Les païens, accoutumés à voir les criminels se réjouir follement dans l'orgie funèbre ou se lamenter sur la perte de la vie, ne revenaient pas de leur étonnement. Les plus instruits disaient : « Quelle est donc cette assemblée de Catons [10] qui s'entretiennent paisiblement de la mort, la veille de leur sacrifice ? Ne sont-ce point des philosophes, ces hommes qu'on nous représente comme les ennemis des dieux ? Quelle majesté sur leur front ! quelle simplicité dans leurs actions et dans leur langage ! »

La foule disait : « Quel est ce vieillard qui parle avec tant d'autorité et qui enseigne des choses si innocentes et si douces ? Les chrétiens prient pour nous et pour l'empereur ; ils nous plaignent, ils nous donnent leur repas ; ils sont couverts de plaies, et ils ne disent rien contre nous ni contre les juges. Leur Dieu serait-il le véritable Dieu ? »

Tels étaient les discours de la multitude. Parmi tant de malheureux idolâtres, quelques-uns se retirèrent saisis de frayeur [11], quelques autres se mirent à pleurer, et criaient : « Il est grand, le Dieu des chrétiens ! Il est grand, le Dieu des martyrs ! »

Ils restèrent pour se faire instruire, et ils crurent en Jésus-Christ.

Martyre d'Eudore et de Cymodocée

Libérée de sa prison par des chrétiens déguisés en soldats, CYMODOCÉE échappe à la surveillance de son père et parvient à se glisser dans l'arène pour y partager le martyre d'EUDORE. Avec une discrétion toute classique, CHATEAUBRIAND a évité de s'attarder sur des scènes d'horreur. Pour obéir à la suggestion de l'écrivain, on pourra étudier comment « toute la terreur, s'il y en a ici, se trouve placée avant l'apparition du tigre », et se demander comment l'auteur est parvenu à « montrer le martyre comme un triomphe et non comme un malheur » (Livre XXIV).

Lorsque l'Empereur parut, les spectateurs se levèrent, et lui donnèrent le salut accoutumé. Eudore s'incline respectueusement devant César [1]. Cymodocée s'avance sous le balcon pour demander à l'Empereur la grâce d'Eudore, et s'offrir elle-même en sacrifice. La foule tira Galérius de l'embarras de se montrer miséricordieux ou cruel : depuis longtemps elle attend le combat ; la soif du sang avait redoublé à la vue des victimes. On crie de toutes parts : « Les bêtes ! Qu'on lâche les bêtes ! Les impies aux bêtes ! »

— 7 Repas en commun des premiers chrétiens. — 8 De quelle vie s'agit-il ? — 9 Quel effet produit cette reprise de termes ? — 10 Après la défaite de Thapsus, le stoïcien Caton d'Utique se donna la mort au terme d'une nuit passée à lire le *Phédon* de Platon, et ses consi-dérations sur l'immortalité de l'âme. — 11 Craignant sans doute d'être convertis et exposés au martyre.

— 1 Eudore est martyr de sa foi, mais en vrai chrétien il reconnaît l'autorité de l'Em-pereur.

Eudore veut parler au peuple en faveur de Cymodocée ; mille voix étouffent sa voix : « Qu'on donne le signal ! Les bêtes ! Les chrétiens aux bêtes ! »

10   Le son de la trompette se fait entendre : c'est l'annonce de l'apparition des bêtes féroces. Le chef des rétiaires [2] traverse l'arène, et vient ouvrir la loge d'un tigre connu par sa férocité.

Alors s'élève entre Eudore et Cymodocée une contestation à jamais mémorable : chacun des deux époux voulait mourir le dernier [3].

— Eudore, disait Cymodocée, si vous n'étiez pas blessé [4], je vous demanderais à combattre la première ; mais à présent, j'ai plus de force que vous et je puis vous voir mourir.

— Cymodocée, répondit Eudore, il y a plus longtemps que vous que je suis chrétien : je pourrai mieux supporter la douleur, laissez-moi quitter la terre 20 le dernier.[...]

La trompette sonne pour la seconde fois.

On entend gémir la porte de fer de la caverne du tigre : le gladiateur qui l'avait ouverte s'enfuit effrayé. Eudore place Cymodocée derrière lui. On le voyait debout, uniquement attentif à la prière, les bras étendus en forme de croix, et les yeux levés vers le ciel [5].

La trompette sonne pour la troisième fois.

Les chaînes du tigre tombent, et l'animal furieux s'élance en rugissant dans l'arène : un mouvement involontaire fait tressaillir les spectateurs. Cymodocée, saisie d'effroi, s'écrie : « Ah ! sauvez-moi ! »

30   Et elle se jette dans les bras d'Eudore, qui se retourne vers elle. Il la serre contre sa poitrine, il aurait voulu la cacher dans son cœur. Le tigre arrive aux deux martyrs. Il se lève debout, et, enfonçant ses ongles dans les flancs du fils de Lasthénès, il déchire avec ses dents les épaules du confesseur [6] intrépide. Comme Cymodocée, toujours pressée dans le sein de son époux, ouvrait sur lui des yeux pleins d'amour et de frayeur, elle aperçoit la tête sanglante du tigre auprès de la tête d'Eudore. A l'instant la chaleur abandonne les membres de la vierge victorieuse [7] ; ses paupières se ferment ; elle demeure suspendue aux bras de son époux, ainsi qu'un flocon de neige aux rameaux d'un pin du Ménale ou du Lycée [8]. Les saintes martyres, Eulalie, Félicité, Perpétue [9], des-40 cendent pour chercher leur compagne : le tigre avait rompu [10] le cou d'ivoire de la fille d'Homère [11]. L'ange de la mort coupe en souriant le fil des jours de Cymodocée [12]. Elle exhale son dernier soupir sans effort et sans douleur ; elle rend au ciel un souffle divin, qui semblait tenir à peine à ce corps formé par les Grâces ; elle tombe comme une fleur que la faux du villageois vient d'abattre sur le gazon [13]. Eudore la suit un moment après dans les éternelles demeures : on eût cru voir un de ces sacrifices de paix, où les enfants d'Aaron [14] offraient au Dieu d'Israël une colombe et un jeune taureau.

---

2 Gladiateurs armés d'un filet et d'un trident. — 3 D'après les lignes qui suivent, est-ce par crainte de la mort ? — 4 Cf. p. 64, n. 2. — 5 Détail tiré de l'*Histoire ecclésiastique* de l'évêque Eusèbe (267-340). — 6 Cf. p. 64, n. 3. *Intrépide :* Qui ne tremble pas (sens étym.). — 7 Son martyre est une victoire. — 8 Montagnes d'Arcadie, pays de sa jeunesse. Apprécier la valeur de l'image. — 9 Eulalie, brûlée vive à douze ans ; Félicité, dame romaine martyrisée après ses fils ; Perpétue, de Carthage, tuée par un gladiateur (IIIᵉ siècle). — 10 Expliquer le choix de ce plus-que-parfait. — 11 Elle est *descendante* d'Homère. — 12 Comme la Parque chez les païens. En quoi l'impression est-elle différente ? — 13 Cf. Virgile évoquant la mort du jeune Euryale : « *Telle une fleur éclatante, coupée par la charrue, languit et meurt* » (*Énéide*, IX, 435). — 14 Frère de Moïse et grand-prêtre des Juifs. Après l'image païenne, l'image biblique : étudier sa valeur symbolique.

Les époux martyrs avaient à peine reçu la palme, que l'on aperçut au milieu des airs une croix de lumière, semblable à ce Labarum qui fit triompher Cons-
50 tantin [15] ; la foudre gronda sur le Vatican [16], colline alors déserte, mais souvent visitée par un esprit inconnu ; l'amphithéâtre fut ébranlé jusque dans ses fondements ; toutes les statues des idoles tombèrent, et l'on entendit, comme autrefois à Jérusalem, une voix qui disait : « Les dieux s'en vont [17]. »

Par un raccourci saisissant, l'auteur rassemble en quelques journées les événements de plusieurs années *qui assurent le triomphe de* CONSTANTIN, *survenu aux portes de Rome avec ses légions.* « Sur la tombe des jeunes martyrs, Constantin reçoit la couronne d'Auguste, et sur cette même tombe il proclame la religion chrétienne religion de l'empire ».

L'Itinéraire   L'*Itinéraire de Paris à Jérusalem* (1811) est le journal de voyage de CHATEAUBRIAND autour de la Méditerranée, au moment où il allait « chercher des images » pour écrire *Les Martyrs* (cf. p. 30, *Voyage en Orient*). On y retrouve le talent du paysagiste et les émotions de l'humaniste et du chrétien devant les lieux « les plus fameux de l'histoire ». Cela nous vaut de magnifiques évocations qui, bien qu'écrites avec recherche, sont moins pompeuses que celles des *Martyrs*. Un des charmes de l'*Itinéraire* réside souvent dans la découverte d'un autre CHATEAUBRIAND, détendu, familier, volontiers humoriste : un voyageur qui se confie avec sincérité.

ATHÈNES AU SOLEIL LEVANT

A Athènes l'*artiste*, l'*humaniste* et le *philosophe* communient dans une même ferveur, qui nous vaut une des plus belles pages de l'œuvre. On pourrait même dire qu'elle est « signée » comme si, à propos de ce site sans égal, CHATEAUBRIAND avait voulu rassembler les traits les plus *représentatifs* de son *tempérament*, de son *talent*, et peut-être, à nos yeux, de ses *faiblesses* (cf. Renan, p. 396).

Il faut maintenant se figurer [1] tout cet espace tantôt nu et couvert d'une bruyère jaune, tantôt coupé par des bouquets d'oliviers, par des carrés d'orge, par des sillons de vignes ; il faut se représenter des fûts de colonne et des bouts de ruines anciennes et modernes sortant du milieu de ces cultures ; des murs blanchis et des clôtures de jardins traversant les champs : il faut répandre dans la campagne des Albanaises qui tirent de l'eau ou qui lavent à des puits les robes des Turcs [2] ; des paysans qui vont et viennent, conduisant des ânes ou portant sur leur dos des provisions à la ville ; il faut supposer toutes ces montagnes dont
10 les noms sont si beaux [3], toutes ces ruines si célèbres, toutes ces îles, toutes ces mers non moins fameuses éclairées d'une lumière éclatante. J'ai vu, du haut de l'Acropolis, le soleil se lever entre les deux cimes du mont Hymette [4] ; les corneilles, qui nichent autour de la citadelle mais

---

— 15 Constantin aurait aperçu dans le ciel une croix lumineuse avec l'inscription *In hoc signo vinces* (Tu vaincras par ce signe). Il avait fait figurer la croix et l'inscription sur son étendard, appelé *Labarum*. — 16 Futur siège de la papauté. Étudier le caractère symbolique de cette fin. — 17 L'épopée chrétienne se terminait primitivement par ce *miracle*.

— 1 C'est le *voyageur* qui s'adresse à l'*imagination* du lecteur. Étudier la composition et le mouvement de cette grande phrase, et préciser le ton. — 2 La Grèce est sous la domination turque (cf. l. 31). — 3 Cf. p. 52, l. 21. — 4 Montagne de l'Attique célèbre par ses abeilles (cf. l. 16-18). L'Hymette n'a qu'un sommet : illusion d'optique ?

qui ne franchissent jamais son sommet, planaient au-dessous de nous [5] ; leurs ailes noires et lustrées étaient glacées de rose par les premiers reflets du jour ; des colonnes de fumée bleue et légère montaient dans l'ombre le long des flancs de l'Hymette et annonçaient les parcs ou les chalets des abeilles ; Athènes, l'Acropolis et les débris du Parthénon [6] se coloraient de la plus belle teinte de la fleur du pêcher ; les sculptures de
20 Phidias [7], frappées horizontalement d'un rayon d'or, s'animaient et semblaient se mouvoir sur le marbre par la mobilité des ombres du relief [8] ; au loin, la mer et le Pirée [9] étaient tout blancs de lumière ; et la citadelle de Corinthe, renvoyant l'éclat du jour nouveau, brillait sur l'horizon du couchant comme un rocher de pourpre et de feu [10].

Du lieu où nous étions placés, nous aurions pu voir [11], dans les beaux jours d'Athènes, les flottes sortir du Pirée pour combattre l'ennemi ou pour se rendre aux fêtes de Délos [12] ; nous aurions pu entendre éclater au théâtre de Bacchus [13] les douleurs d'Œdipe, de Philoctète et d'Hécube [14] ; nous aurions pu ouïr les applaudissements des citoyens aux
30 discours de Démosthène [15]. Mais, hélas ! aucun son ne frappait notre oreille. A peine quelques cris échappés à une populace esclave sortaient par intervalles de ces murs qui retentirent si longtemps de la voix d'un peuple libre. Je me disais, pour me consoler, ce qu'il faut se dire sans cesse : Tout passe, tout finit dans ce monde. Où sont allés les génies divins qui élevèrent le temple sur les débris duquel j'étais assis ? Ce soleil qui peut-être éclairait les derniers soupirs de la pauvre fille de Mégare [16], avait vu mourir la brillante Aspasie [17]. Ce tableau de l'Attique, ce spectacle que je contemplais, avait été contemplé par des yeux fermés depuis deux mille ans. Je passerai à mon tour : d'autres hommes aussi
40 fugitifs que moi viendront faire les mêmes réflexions sur les mêmes ruines. Notre vie et notre cœur sont entre les mains de Dieu : laissons-le donc disposer de l'une comme de l'autre.

– La campagne. *Relevez les détails pittoresques ; comment l'auteur élargit-il le paysage ?*
– La ville. *a) Le rôle de la ville dans l'organisation de la description ; – b) Les nuances notées par le coloriste (comment procède-t-il) ? – c) Comment s'animent les sculptures ?*
– Les scène antiques. *(l. 25-30) : a) En quoi évoquent-elles l'antique grandeur d'Athènes ? – b) Sur quels points apparaît le contraste avec l'Athènes moderne (l. 30-33) ?*
– *Étudiez la méditation sur la fuite du temps ; quelle leçon en tire* CHATEAUBRIAND *?*
• **Comparaison.** Fuite du temps et néant de l'homme. XVIIᵉ SIÈCLE : *Sermon sur la Mort,* p. 265 à 269.
• **Groupe thématique : Méditation sur les ruines.** a) Les deux textes de l'*Itinéraire,* p. 67-69 ; – b) XVIᵉ SIÈCLE. DU BELLAY : *Les antiquités de Rome,* p. 102-107. – XVIIIᵉ SIÈCLE. DIDEROT : « La poétique des ruines », p. 222. – BERNARDIN DE SAINT-PIERRE, p. 346. – XXᵉ SIÈCLE. MALRAUX, « L'art est un anti-destin », p. 675.

— 5 Étudier le rythme élégant et évocateur de cette phrase. — 6 Temple d'Athéna, le joyau de l'Acropole. — 7 Célèbre sculpteur du Vᵉ s. av. J.-C., auteur des bas-reliefs du Parthénon (frise des Panathénées). — 8 Remarquer l'allitération expressive. — 9 Port d'Athènes. — 10 Étudier le rythme de la phrase qui termine le §. — 11 Préciser la nuance de ces conditionnels. — 12 L'île sainte, dans les Cyclades, où Athènes envoyait de magnifiques délé-

gations pour les fêtes d'Apollon. — 13 Le théâtre de Dionysos, taillé au flanc de l'Acropole. — 14 Allusion à de grandes tragédies grecques : *Œdipe Roi, Œdipe à Colone, Philoctète* de Sophocle ; *Hécube* d'Euripide. — 15 Le célèbre orateur politique (IVᵉ s. av. J.-C.). — 16 Jeune malade que Chateaubriand avait soignée à son passage à Mégare. — 17 Amie de Périclès, célèbre pour son esprit et sa beauté (Vᵉ s. av. J.-C.).

Les Pyramides

Voici l'autre aspect essentiel de l'*Itinéraire* : la *tendance à la méditation*, qui apparaissait déjà à la fin de la description d'Athènes. Les Pyramides, qu'il décrit à peine, inspirent au philosophe de graves variations sur *le thème de l'immortalité et du néant*, dont le ton fait songer à BOSSUET. Pourtant, pour une fois, CHATEAUBRIAND s'élève contre l'extrême rigueur du prédicateur : il est trop avide de gloire (cf. p. 70, *Poésie et vérité*) pour méditer sur le néant avec la majestueuse humilité de Bossuet. En lisant cette page on songe à ce tête-à-tête avec l'Océan et avec l'éternité qu'évoque le tombeau solitaire du Grand-Bé.

Nous découvrîmes le sommet des Pyramides : nous en étions à plus de dix lieues. Pendant le reste de notre navigation [1], qui dura encore près de huit heures, je demeurai sur le pont à contempler ces tombeaux ; ils paraissaient s'agrandir et monter dans le ciel à mesure que nous approchions.[...]

J'avoue qu'au premier aspect des Pyramides, je n'ai senti que de l'admiration. Je sais que la philosophie peut gémir ou sourire [2] en songeant que le plus grand monument sorti de la main des hommes est un tombeau ; mais pourquoi ne voir dans la pyramide de Chéops [3] qu'un amas de pierres et un squelette ? Ce n'est point par le sentiment de son néant [4] que l'homme a élevé un tel sépulcre,
10 c'est par l'instinct de son immortalité : ce sépulcre n'est point la borne qui annonce la fin d'une carrière d'un jour, c'est la borne qui marque l'entrée d'une vie sans terme ; c'est une espèce de porte éternelle bâtie sur les confins de l'éternité [5]. « Tous ces peuples (d'Égypte), dit Diodore de Sicile, regardant la durée de la vie comme un temps très court et de peu d'importance, font au contraire beaucoup d'attention à la longue mémoire que la vertu laisse après elle : c'est pourquoi ils appellent les maisons des vivants des hôtelleries par lesquelles on ne fait que passer ; mais ils donnent le nom de demeures éternelles aux tombeaux des morts, d'où l'on ne sort plus. Ainsi les rois ont été comme indifférents sur la construction de leurs palais ; et ils se sont épuisés dans la cons-
20 truction de leurs tombeaux. »

On voudrait aujourd'hui que tous les monuments eussent une utilité physique, et l'on ne songe pas qu'il y a pour les peuples une utilité morale d'un ordre fort supérieur, vers laquelle tendaient les législations de l'antiquité. La vue d'un tombeau n'apprend-elle donc rien ? Si elle enseigne quelque chose, pourquoi se plaindre qu'un roi ait voulu rendre la leçon perpétuelle [6] ? Les grands monuments font une partie essentielle de la gloire de toute société humaine. A moins de soutenir qu'il est égal pour une nation de laisser ou de ne pas laisser un nom dans l'histoire, on ne peut condamner ces édifices qui portent la mémoire d'un peuple au-delà de sa propre existence et le font vivre contemporain des générations
30 qui viennent s'établir dans ses champs abandonnés. Qu'importe alors que ces édifices aient été des amphithéâtres ou des sépulcres ? Tout est tombeau chez un peuple qui n'est plus. Quand l'homme a passé, les monuments de sa vie sont encore plus vains que ceux de sa mort [7] ; son mausolée est au moins utile à ses cendres ; mais ses palais gardent-ils quelque chose de ses plaisirs [8] ?

— 1 Chateaubriand a mis sept jours à remonter le Nil. — 2 Expliquer cette opposition. — 3 La plus grande des trois. — 4 Cf. « Quelque effort que fassent les hommes, leur néant paraît partout : ces pyramides étaient des tombeaux » (Bossuet, cité par Chateaubriand). — 5 Étudier comment l'auteur aboutit à cette formule. — 6 A quelle leçon pense Chateaubriand ? Est-ce la seule qu'inspirent les Pyramides ? — 7 Expliquer pourquoi. — 8 Étudier cette opposition.

LES MÉMOIRES D'OUTRE-TOMBE

Histoire de l'œuvre   I. RÉDACTION. C'est à Rome, vers la fin de 1803, après la mort de Mme de Beaumont, que Chateaubriand conçut pour la première fois l'idée d'écrire des *Mémoires de sa vie*. Il en commence la rédaction en 1809, précisant à cette date : « J'entreprends l'histoire de mes idées et de mes sentiments plutôt que l'histoire de ma vie ». Mais les événements ou d'autres travaux littéraires viennent sans cesse le détourner de son dessein. En juillet 1817, dans le parc du château de Montboissier, le chant d'un oiseau, réveillant en lui des souvenirs de jeunesse, le ramène à ses *Mémoires :* « Je fus tiré de mes réflexions par le gazouillement d'une grive perchée sur la plus haute branche d'un bouleau. A l'instant, ce son magique fit reparaître à mes yeux le domaine paternel ;... transporté subitement dans le passé, je revis ces campagnes où j'entendis si souvent siffler la grive... » (I, III, 1). Une première phase de la rédaction, surtout active pendant son ambassade à Londres (1822), aboutit à ce qu'on appelle *le manuscrit de* 1826, dont nous avons conservé les Livres I à III.

Après 1830 commence une nouvelle phase : apparition du titre définitif, *Mémoires d'Outre-Tombe* (1832) ; élargissement de la conception d'ensemble ; importante révision du manuscrit de 1826 et rédaction de nouveaux livres. L'auteur divise sa vie jusqu'en 1830 en trois *carrières* successives, de soldat et de voyageur, d'homme de lettres, d'homme d'État, et il veut *représenter dans sa personne l'épopée de son temps*. En rapport avec ce dessein grandiose, il se forge un *style original*, hardi et divers.

En 1834, dans le salon de Mme Récamier à l'Abbaye-aux-bois (cf. p. 81), il procède à la lecture de plusieurs passages des *Mémoires*, afin d'attirer l'attention du public et de piquer la curiosité sans toutefois la satisfaire entièrement. Puis il s'occupe de la publication future ; en 1836, il cède la propriété de l'ouvrage, à charge de le publier après sa mort, à une société constituée à cet effet, qui doit lui verser une somme considérable, puis une rente viagère. Rassuré, au moins provisoirement, sur le destin des *Mémoires*, Chateaubriand continue à y travailler, grossissant de plus en plus une quatrième partie, qui contient sa « dernière carrière, mélange des trois précédentes », et en achève la composition, par une vaste *Conclusion*, en 1841 (cf. p. 83).

II. PUBLICATION. Du vivant de l'auteur, la Société avait vendu à un quotidien, la *Presse*, le droit de publier les *Mémoires d'Outre-Tombe* en même temps qu'ils paraîtraient en volumes. Chateaubriand s'était indigné, mais en vain, à l'idée que son œuvre paraîtrait en *feuilleton :* c'est effectivement ce qui se produisit, d'octobre 1848 à juillet 1850. La version de la *Presse* et celle des volumes publiés à la même époque laissaient à désirer ; l'édition Biré (1898-1899) a marqué un progrès sensible ; enfin, dans son *édition du centenaire* (Flammarion), M. Levaillant a restitué le texte intégral des *Mémoires*.

Poésie et vérité   Quelle est la valeur des *Mémoires d'Outre-Tombe ?* est-elle d'ordre documentaire ? Certes Chateaubriand nous fournit, sur son temps et sur lui-même, toute sorte de renseignements précieux, mais il procède à des interprétations, à des arrangements qui tendent à une stylisation esthétique et morale. Son dessein véritable n'est pas d'écrire l'histoire de sa vie, mais de dresser un monument grandiose qui en perpétuera la mémoire : « Vous qui aimez la gloire, soignez votre tombeau » (IV, IV, 14). De sa vie il fait une œuvre d'art et l'incarnation d'une fidélité indéfectible et désabusée : son honneur de gentilhomme exige qu'il défende jusqu'au bout la cause légitimiste à laquelle il ne croit plus.

Les *Mémoires* ne respectent donc pas toujours l'exactitude matérielle des faits ; bien des points restent dans l'ombre, et souvent la véracité du témoignage peut être mise en doute. Le parti pris de stylisation entraîne des entorses à la vérité, et aussi des attitudes étudiées, une certaine absence de naturel, bref de la pose. Il trahit un orgueil immense, parfois empreint de naïveté. Mais cet orgueil est indissolublement lié au sens de la grandeur et de la beauté. Pour apprécier cette œuvre, il faut accepter la perspective de l'auteur. Chateaubriand applique à sa vie même sa théorie du *beau idéal*, qu'il définissait dans le *Génie* « l'art de *choisir* et de *cacher* ». C'est aussi l'époque où Vigny expose sa conception de la *vérité dans l'art* (cf. p. 129) : de même Chateaubriand atteint dans ses *Mémoires* à une « vérité » esthétique et poétique supérieure littérairement à la stricte vérité des faits. Ce n'est pas non plus une histoire de son temps, mais plutôt « l'épopée de son temps » qu'il faut chercher dans ce livre. Les *Mémoires d'Outre-Tombe* constituent un immense poème en prose, lyrique et épique.

LE POÈME LYRIQUE. Les sources d'inspiration sont nombreuses : la nature, la mer en particulier ; l'amour ; la jeunesse (cf. p. 78) ; mais un double thème domine : *la poésie du souvenir et de la mort*. L'auteur se penche sur son passé ; il prend un plaisir mélancolique à évoquer ses années de jeunesse (Ire Partie, cf. p. 72-78), à se confronter avec lui-même, à reconnaître, sous les changements provoqués par l'âge, son identité profonde : « Inutilement je vieillis, je rêve encore mille chimères » ; il reste en effet, jusqu'au bout, l'éternel insatisfait, l'éternel René. A mesure qu'il s'abandonne à la dangereuse magie des souvenirs, la présence de la mort le hante. Les appels des morts se succèdent (cf. p. 81, l. 23-36) : « Mme de Beaumont ouvre la marche funèbre de ces femmes qui ont passé devant moi »... « J'ai vu la mort entrer sous ce toit de paix et de bénédiction, le rendre peu à peu solitaire, fermer une chambre et puis une autre qui ne se rouvrait plus ». En rédigeant la IVe Partie, Chateaubriand éprouve, au jour le jour, l'angoisse de la fuite du temps : relatant désormais des événements tout récents, il sent au fil des heures le présent devenir irrémédiablement le passé. Il se laisse prendre au sortilège du titre qu'il a choisi : « *Mémoires d'Outre-Tombe* », et tente de réaliser cette fiction, d'envisager de l'au-delà le monde des hommes. La mort l'attire et lui fait horreur ; à force d'art, il va l'exorciser : « La mort est belle, elle est notre amie : néanmoins nous ne la reconnaissons pas, parce qu'elle se présente à nous masquée et que son masque nous épouvante ». L'immortalité promise par sa foi chrétienne (cf. p. 84, l. 75-76) ne lui suffit pas : il veut encore *être immortel, par sa gloire, dans la mémoire des hommes ;* et pour cela il compte sur *la pérennité de son art* (cf. p. 69).

LE POÈME ÉPIQUE. Chateaubriand n'aimait pas Napoléon, il l'a combattu, mais il l'admire parce qu'il a le sens de la grandeur. Après la chute de l'Empereur, la scène politique lui paraît vide : l'épopée est finie (cf. p. 79). Il parle de « la solitude dans laquelle Bonaparte a laissé le monde » ; il écrit encore : « Retomber de Bonaparte et de l'Empire à ce qui les a suivis, c'est tomber de la réalité dans le néant, du sommet d'une montagne dans un gouffre ». Les *Mémoires* établissent un vaste parallèle entre Napoléon et Chateaubriand lui-même : l'un a dominé l'histoire, l'autre la littérature du temps. L'auteur est moins convaincant lorsqu'il exagère son rôle politique, qui fut d'ailleurs important, et ses dons d'homme d'État ; en revanche il brosse, à la fin de son œuvre, un tableau saisissant des transformations du monde qu'il a vu s'accomplir (cf. p. 83), et il se montre très clairvoyant lorsqu'il annonce l'avènement de la démocratie, affirmant que l'idée chrétienne et l'idée démocratique ne sont nullement inconciliables.

· *L'œuvre d'art*   Avec les *Mémoires d'Outre-Tombe*, Chateaubriand parvient à une entière maîtrise de son style et de son art. L'œuvre est écrite en plein romantisme, et l'auteur, s'il est dur pour ses fils spirituels, profite pourtant de leurs hardiesses. Il dépasse le pseudo-classicisme qui, dans le *Génie* et les *Martyrs*, a beaucoup vieilli. En outre il a mûri son admiration pour le vrai classicisme, celui du XVIIe siècle, et retrouve tantôt l'ample période de Bossuet, tantôt l'impérieuse nervosité de Saint-Simon. Il réalise ainsi un rêve qui lui était cher, en devenant le grand classique de l'ère romantique. Il enrichit son vocabulaire par la résurrection de mots rares et expressifs dédaignés depuis la Renaissance, trouve des images somptueuses, atteint à une véritable perfection rythmique et varie les effets presque à l'infini : de la mélancolie superbe et harmonieuse dans laquelle, depuis longtemps, il excelle (cf. p. 74), il passe à une gaîté gracieuse et familière (cf. p. 82), ou bien à des formules sèches et impitoyables qui traduisent sa hauteur dédaigneuse : « Il y avait une impatience de parjure dans cette assemblée que poussait une peur intrépide » dit-il de la Chambre des Pairs pendant la Révolution de 1830 ; ou bien encore : « M. de Talleyrand en vieillissant avait tourné à la tête de mort ; ses yeux étaient ternes, de sorte qu'on avait peine à y lire, ce qui le servait bien ; comme il avait reçu beaucoup de mépris, il s'en était imprégné et l'avait placé dans les deux coins pendants de sa bouche ».

Les *Mémoires d'Outre-Tombe* restent vivants dans tous leurs aspects ; ils répondent au vœu de leur auteur en lui assurant à eux seuls, autant et plus que le reste de son œuvre, l'immortalité.

La vie à Combourg

Après divers séjours de courte durée, CHATEAUBRIAND passa deux années entières à Combourg (1784-1786). Au Sud de Dol, entre Fougères et Dinan, le château dresse son imposante silhouette féodale près d'un étang, dans un paysage de bois, de landes et de cultures pauvres. Un décor austère et même triste parfois, une demeure glacée, immense et si peu habitée (quatre des six enfants l'ont déjà quittée), un père froid et sévère, une mère mélancolique, voilà de quoi troubler et exalter l'imagination et la sensibilité de l'adolescent. L'influence qu'ont eue sur sa formation ce cadre et ce milieu est indéniable ; mais en lisant ces souvenirs, il faut tenir compte de son imagination même, et discerner aussi les soucis esthétiques de l'homme mûr, qui présente sous un jour presque *fantastique* l'atmosphère de Combourg (1re Partie, Livre III, Chap. 3).

Le calme morne du château de Combourg était augmenté par l'humeur taciturne et insociable de mon père [1]. Au lieu de resserrer sa famille et ses gens autour de lui, il les avait dispersés à toutes les aires de vent [2] de l'édifice. Sa chambre à coucher était placée dans la petite tour de l'est, et son cabinet dans la petite tour de l'ouest. Les meubles de ce cabinet consistaient en trois chaises de cuir noir et une table couverte de titres et de parchemins. Un arbre généalogique de la famille des Chateaubriand tapissait le manteau de la cheminée [3], et dans l'embrasure d'une fenêtre on voyait toutes sortes d'armes depuis le pistolet jusqu'à l'espingole [4]. L'appartement de ma mère régnait au-dessus de la grand'
10 salle, entre les deux petites tours : il était parqueté et orné de glaces de Venise à facettes. Ma sœur habitait un cabinet dépendant de l'appartement de ma mère. La femme de chambre couchait loin de là dans le corps de logis des grandes tours. Moi, j'étais niché dans une espèce de cellule isolée, au haut de la tourelle de l'escalier qui communiquait de la cour intérieure aux diverses parties du château. Au bas de cet escalier, le valet de chambre de mon père et le domestique gisaient dans des caveaux voûtés, et la cuisinière tenait garnison [5] dans la grosse tour de l'ouest.

Mon père se levait à quatre heures du matin, hiver comme été : il venait dans la cour intérieure appeler et éveiller son valet de chambre, à l'entrée de l'escalier
20 de la tourelle. On lui apportait un peu de café à cinq heures ; il travaillait ensuite dans son cabinet jusqu'à midi. Ma mère et ma sœur déjeunaient chacune dans leur chambre, à huit heures du matin. Je n'avais aucune heure fixe, ni pour me lever, ni pour déjeuner ; j'étais censé étudier jusqu'à midi : la plupart du temps je ne faisais rien [6].

A onze heures et demie, on sonnait le dîner que l'on servait à midi. La grand' salle était à la fois salle à manger et salon : on dînait et l'on soupait à l'une de

---

— 1 Cf. « Un des caractères les plus sombres qui aient été » ou « Son état habituel était une tristesse profonde que l'âge augmenta et un silence dont il ne sortait que par des emportements » (I, 1, 2). — 2 Terme de marine : *divisions du cercle de la boussole* (cf. *rose des vents*). Rédaction primitive (ms. de 1826) : « *dans tous les coins* de l'édifice ». — 3 « Une seule passion dominait mon père, celle de son nom » (I, 1, 2). — 4 Ancien fusil, court et à canon évasé. — 5 Ms. de 1826 : « *habitaient* des caveaux... *logeait* dans la grosse tour ». Apprécier ces corrections. — 6 Circonstances propices au *vague des passions* (cf. p. 50, 76).

ses extrémités du côté de l'est ; après les repas, on se venait placer à l'autre extrémité du côté de l'ouest, devant une énorme cheminée. La grand'salle était boisée, peinte en gris blanc et ornée de vieux portraits depuis le règne de Fran-
30 çois Ier jusqu'à celui de Louis XIV ; parmi ces portraits, on distinguait ceux de Condé et de Turenne : un tableau représentant Hector tué par Achille sous les murs de Troie était suspendu au-dessus de la cheminée.

Le dîner fait, on restait ensemble jusqu'à deux heures. Alors, si [7] l'été, mon père prenait le divertissement de la pêche, visitait ses potagers, se promenait dans l'étendue du vol du chapon [8] ; si l'automne et l'hiver, il partait pour la chasse, ma mère se retirait dans la chapelle, où elle passait quelques heures en prière. Cette chapelle était un oratoire sombre, embelli de bons tableaux des plus grands maîtres, qu'on ne s'attendait guère à trouver dans un château féodal, au fond de la Bretagne. J'ai aujourd'hui en ma possession une *Sainte Famille* de
40 l'Albane [9], peinte sur cuivre, tirée de cette chapelle : c'est tout ce qui me reste de Combourg [10].

Mon père parti et ma mère en prière, Lucile s'enfermait dans sa chambre ; je regagnais ma cellule, ou j'allais courir les champs.

A huit heures, la cloche annonçait le souper. Après le souper, dans les beaux jours, on s'asseyait sur le perron. Mon père, armé de son fusil, tirait les chouettes qui sortaient des créneaux à l'entrée de la nuit. Ma mère, Lucile et moi, nous regardions le ciel, les bois, les derniers rayons du soleil, les premières étoiles. A dix heures, on rentrait et l'on se couchait.

Les soirées d'automne et d'hiver étaient d'une autre nature. Le souper fini
50 et les quatre convives revenus de la table à la cheminée, ma mère se jetait, en soupirant, sur un vieux lit de jour [11] de siamoise flambée [12] ; on mettait devant elle un guéridon avec une bougie. Je m'asseyais auprès du feu avec Lucile ; les domestiques enlevaient le couvert et se retiraient. Mon père commençait alors une promenade, qui ne cessait qu'à l'heure de son coucher. Il était vêtu d'une robe de ratine [13] blanche, ou plutôt d'une espèce de manteau que je n'ai vu qu'à lui. Sa tête, demi-chauve, était couverte d'un grand bonnet blanc qui se tenait tout droit [14]. Lorsqu'en se promenant il s'éloignait du foyer, la vaste salle était si peu éclairée par une seule bougie qu'on ne le voyait plus ; on l'entendait seulement encore marcher dans les ténèbres ; puis il revenait lentement vers la
60 lumière et émergeait peu à peu de l'obscurité, comme un spectre [15], avec sa robe blanche, son bonnet blanc, sa figure longue et pâle. Lucile et moi, nous échangions quelques mots à voix basse, quand il était à l'autre bout de la salle ; nous nous taisions quand il se rapprochait de nous. Il nous disait, en passant : « De quoi parliez-vous ? » Saisis de terreur, nous ne répondions rien ; il continuait sa marche. Le reste de la soirée, l'oreille n'était plus frappée que du bruit mesuré de ses pas, des soupirs de ma mère et du murmure du vent [16].

——— 7 Si *c'était*... — 8 Vieux terme de droit : espace d'un demi-hectare environ autour d'un manoir. — 9 Peintre italien (1587-1660). — 10 A quel sentiment correspond cette remarque ? — 11 Sorte de divan. — 12 Étoffe de coton, du genre des toiles de Siam, qu'on passait à la flamme pour enlever le duvet. — 13 Tissu de laine à poil long. — 14 « M. de Chateaubriand était grand et sec ; il avait le nez aquilin, les lèvres minces et pâles, les yeux enfoncés, petits et pers ou glauques, comme ceux des lions ou des anciens barbares. Je

n'ai jamais vu un pareil regard : quand la colère y montait, la prunelle étincelante semblait se détacher et venir vous frapper comme une balle » (I, 1, 2). — 15 Et l'on racontait à Combourg des histoires de revenants. — 16 Ici, l'auteur a supprimé tout un § du ms. de 1826, qui se résume dans cette phrase : « Il arrivait que mon père, interrompant sa promenade, venait quelquefois s'asseoir au foyer pour nous faire l'histoire de la détresse de son enfance et des traverses de sa vie ». Pourquoi cette suppression, selon vous ?

Dix heures sonnaient à l'horloge du château : mon père s'arrêtait ; le même ressort, qui avait soulevé le marteau de l'horloge, semblait avoir suspendu ses pas.
70 Il tirait sa montre, la montait, prenait un flambeau d'argent surmonté d'une grande bougie, entrait un moment dans la petite tour de l'ouest, puis revenait, son flambeau à la main, et s'avançait vers sa chambre à coucher, dépendante de la petite tour de l'est. Lucile et moi, nous nous tenions sur son passage ; nous l'embrassions, en lui souhaitant une bonne nuit. Il penchait vers nous sa joue sèche et creuse sans nous répondre, continuait sa route et se retirait au fond de la tour, dont nous entendions les portes se refermer sur lui.

Le talisman était brisé [17] ; ma mère, ma sœur et moi, transformés en statues par la présence de mon père, nous recouvrions les fonctions de la vie. Le premier effet de notre désenchantement se manifestait par un débordement de paroles : si le silence nous avait opprimés, il nous le payait cher [18].

– *Quel est dans ce récit le moment le plus saisissant ? comment est-il préparé ?*
– *Relevez et commentez les détails concernant le château, ses habitants, leur mode de vie.*
– *Les soirées : quelles impressions a retenu l'auteur ? comment les suggère-t-il ?*
– **Commentaire composé** : *l. 49-66. Récit autobiographique et stylisation artistique.*
– **Entretien.** *En quoi la vie à Combourg a-t-elle pu exalter l'imagination et la sensibilité de* CHATEAUBRIAND *adolescent ?*

LUCILE

Dans le sombre château de Combourg, un seul être jeune auprès de FRANÇOIS-RENÉ, sa sœur LUCILE, de quatre ans son aînée ; leurs trois sœurs sont déjà mariées, ce qui a encore resserré les liens des deux jeunes gens. Tous deux nerveux, rêveurs, mélancoliques, ils s'aiment et se comprennent, sans échapper pourtant au sentiment d'une pesante solitude. Un douloureux destin attend Lucile, dont la mort — sans doute un suicide — reste entourée de mystère. Et Chateaubriand, cédant aux sollicitations conjuguées de son art et de sa mémoire affective, projette le triste souvenir des dernières années et de la mort de sa sœur sur le portrait qu'il nous fait d'elle à vingt ans (I, III, 7).

Lucile était grande et d'une beauté remarquable, mais sérieuse. Son visage pâle était accompagné de longs cheveux noirs ; elle attachait souvent au ciel ou promenait autour d'elle des regards pleins de tristesse ou de feu. Sa démarche, sa voix, son sourire, sa physionomie avaient quelque chose de rêveur et de souffrant.

Lucile et moi nous nous étions inutiles. Quand nous parlions du monde, c'était de celui que nous portions au-dedans de nous et qui ressemblait bien peu au monde véritable. Elle voyait en moi son protecteur, je voyais en elle mon amie. Il lui prenait des accès de pensées noires
10 que j'avais peine à dissiper : à dix-sept ans [1], elle déplorait la perte de ses jeunes années ; elle se voulait ensevelir dans un cloître [2]. Tout lui était souci, chagrin, blessure : une expression qu'elle cherchait, une chimère qu'elle s'était faite, la tourmentaient des mois entiers. Je l'ai souvent vue,

— 17 Expliquer, ainsi que *désenchantement*. | — 1 Dix-neuf ou vingt ans en réalité (1784).
— 18 Commenter le changement de ton. | — 2 Cf. Amélie, dans *René*, p. 43, *Analyse*.

un bras jeté sur sa tête, rêver immobile et inanimée ; retirée vers son cœur, sa vie cessait de paraître au dehors ; son sein même ne se soulevait plus. Par son attitude, sa mélancolie, sa vénusté [3], elle ressemblait à un génie funèbre. J'essayais* alors de la consoler, et l'instant d'après je m'abîmait dans des désespoirs inexplicables.

20 Lucile aimait à faire seule, vers le soir, quelque lecture pieuse : son oratoire de prédilection était l'embranchement de deux routes champêtres, marqué par une croix de pierre et par un peuplier dont le long style [4] s'élevait dans le ciel comme un pinceau. Ma dévote mère [5], toute charmée, disait que sa fille lui représentait une chrétienne de la primitive Église, priant à ces stations appelées *laures* [6].

De la concentration de l'âme naissaient chez ma sœur des effets d'esprit extraordinaires : endormie, elle avait des songes prophétiques ; éveillée, elle semblait lire dans l'avenir. Sur un palier de l'escalier de la grande tour, battait une pendule qui sonnait le temps au silence ; Lucile, dans ses insomnies, s'allait asseoir sur une marche, en face de cette pendule :
30 elle regardait le cadran à la lueur de sa lampe posée à terre. Lorsque les deux aiguilles, unies à minuit, enfantaient dans leur conjonction [7] formidable l'heure des désordres et des crimes, Lucile entendait des bruits qui lui révélaient des trépas lointains. Se trouvant à Paris quelques jours avant le 10 août [8], et demeurant avec mes autres sœurs dans le voisinage du couvent des Carmes [9], elle jette les yeux sur une glace, pousse un cri, et dit : « Je viens de voir entrer la mort. » Dans les bruyères de la Calédonie [10], Lucile eût été une femme céleste de Walter Scott [11], douée de la seconde vue ; dans les bruyères armoricaines, elle n'était qu'une solitaire avantagée de beauté, de génie et de malheur [12].

– *Comment est conçu et organisé ce portrait ? est-il pittoresque ? Quelle en est la formule essentielle ?*
– *Esquissez le portrait moral de Lucile : ressemblances et différences avec son frère.*
– *Qu'y a-t-il de pathétique dans la relation entre le frère et la sœur ?*
– *Discernez et appréciez les éléments fantastiques, dramatiques et poétiques du dernier §.*

– **Exercice** : *Voici la 1ʳᵉ rédaction de ce chapitre (Manuscrit de 1826). Que nous révèle la confrontation des deux textes sur : a) le travail du style ; b) l'idéal artistique ; c) le dessein de l'auteur ?*
    « Lucile comptait déjà dix-sept ans ; elle était grande... de tristesse et de feu. Sa démarche, sa voix, sa physionomie... et de souffrant.
    Hormis pour nous aimer, nous étions inutiles l'un à l'autre, Lucile et moi ; elle ne me pouvait dire la raison de ce que j'éprouvais. Je ne lui aurais pu dire la raison de son ennui ; nous ignorions tout également. Quand nous parlions... bien peu au véritable. Elle voyait en moi... des accès de vapeurs noires que j'avais toute *peine à dissiper. A dix-sept ans... jeter dans un couvent. Tout lui était souci... la tourmentait des mois entiers. Je l'ai souvent vue... comme une statue antique, rêver immobile... sa mélancolie et sa beauté, elle ressemblait... je tombais moi-même dans des désespoirs inexplicables : on raconte l'histoire de deux jumeaux qui étaient malades ensemble, bien portants ensemble, et qui lorsqu'ils étaient séparés voyaient intuitivement ce qui leur arrivait l'un à l'autre ; c'est mon histoire et celle de Lucile, avec cette différence que les deux jumeaux moururent le même jour, et que j'ai survécu à ma sœur. »*

— 3 *Grâce* : mot emprunté à la langue du XVIᵉ siècle. — 4 *Fût* ; commenter le choix du terme. — 5 Cf. « Pour la piété, ma mère était un ange ». — 6 Chapelles rustiques. — 7 *Rencontre* ; mais le mot évoque l'astrologie (*conjonctions* astrales). — 8 Le 10 août 1792 (prise des Tuileries). — 9 Rue de Vaugirard : transformé en prison, ce couvent fut, avec l'Abbaye et la Force, le théâtre des massacres de septembre 1792. — 10 L'Ecosse d'Ossian. — 11 Romancier écossais (1771-1832) dont l'influence sur notre romantisme fut considérable. — 12 Commenter l'union de ces trois termes, et l'alliance de mots : *avantagée... de malheur.*

DEUX ANNÉES DE DÉLIRE

En proie au *vague des passions*, l'adolescent se crée une compagne idéale, la *Sylphide*, qu'il pare de tous les attraits de la beauté et de la poésie. « L'ardeur de mon imagination, ma timidité, la solitude firent qu'au lieu de me jeter au dehors, je me repliai sur moi-même ; faute d'objet réel, j'évoquai par la puissance de mes vagues désirs un fantôme qui ne me quitta plus. » Mais ces rêves, loin de calmer sa fièvre, l'exaspèrent encore. A l'âge mûr, il fera de cette « enchanteresse » le symbole de *son ardente inquiétude*, de *ses aspirations toujours insatisfaites* (I, III, 12).

Ce délire dura deux années entières [1] pendant lesquelles les facultés de mon âme arrivèrent au plus haut point d'exaltation. Je parlais peu, je ne parlai plus ; j'étudiais encore, je jetai là les livres ; mon goût pour la solitude redoubla. J'avais tous les symptômes d'une passion violente [2] ; mes yeux se creusaient ; je maigrissais ; je ne dormais plus ; j'étais distrait, triste, ardent, farouche. Mes jours s'écoulaient d'une manière sauvage, bizarre, insensée, et pourtant pleine de délices.

Au nord du château s'étendait une lande semée de pierres druidiques ; j'allais m'asseoir sur une de ces pierres au soleil couchant. La cime dorée
10 des bois, la splendeur de la terre, l'étoile du soir scintillant à travers les nuages de rose, me ramenaient à mes songes : j'aurais voulu jouir de ce spectacle avec l'idéal objet de mes désirs [3]. Je suivais en pensée l'astre du jour ; je lui donnais ma beauté à conduire afin qu'il la présentât radieuse avec lui aux hommages de l'univers. Le vent du soir qui brisait les réseaux tendus par l'insecte sur la pointe des herbes, l'alouette de bruyère qui se posait sur un caillou, me rappelaient à la réalité : je reprenais le chemin du manoir, le cœur serré, le visage abattu.

Les jours d'orage en été, je montais au haut de la grosse tour de l'ouest. Le roulement du tonnerre sous les combles du château, les torrents de
20 pluie qui tombaient en grondant sur le toit pyramidal des tours, l'éclair qui sillonnait la nue et marquait d'une flamme électrique les girouettes d'airain, excitaient mon enthousiasme [4] : comme Ismen sur les remparts de Jérusalem, j'appelais la foudre ; j'espérais qu'elle m'apporterait Armide [5].

Le ciel était-il serein ? je traversais le grand Mail [6], autour duquel étaient des prairies divisées par des haies plantées de saules. J'avais établi un siège, comme un nid, dans un de ces saules : là, isolé entre le ciel et la terre, je passais des heures avec les fauvettes ; ma nymphe était à mes côtés. J'associais également son image à la beauté de ces nuits de printemps toutes remplies de la fraîcheur de la rosée, des soupirs du
30 rossignol et du murmure des brises [7].

— 1 Sans doute de l'été 1784 à l'été 1786. — 2 Cf. *le vague des passions* (p. 50). — 3 La *Sylphide* (cf. *ma beauté*). — 4 Cf. Levez-vous vite, orages désirés,... » (p. 43). — 5 Allusion à la *Jérusalem délivrée* du TASSE ; le magicien Ismen défend la ville contre les chrétiens. — 6 Futaie de chênes, de hêtres, de sycomores, d'ormes et de châtaigniers, située tout près du château. — 7 Comparer, pour le rythme, le texte du ms. de 1826 : « j'associais... à la beauté de ces nuits d'été, de printemps, toutes remplies de la clarté des étoiles, du chant du rossignol, du murmure des brises et du parfum des fleurs ».

D'autres fois, je suivais un chemin abandonné, une onde ornée de ses plantes rivulaires ; j'écoutais les bruits qui sortent des lieux infréquentés ; je prêtais l'oreille à chaque arbre ; je croyais entendre la clarté de la lune chanter dans les bois : je voulais redire ces plaisirs, et les paroles expiraient sur mes lèvres. Je ne sais comment je retrouvais encore ma déesse dans les accents d'une voix, dans les frémissements d'une harpe, dans les sons veloutés ou limpides d'un cor ou d'un harmonica.

- *Etudiez l'état moral du jeune homme ; comment se traduit-il (aspect physique, comportement) ?*
- *Discernez, d'après ce texte, en quoi consiste le vague des passions.*
- *Montrez comment le sentiment de la nature s'associe à ces rêves, à ces émotions.*
- **Commentaire composé** : *l. 17-37 – Thèmes, et poème en prose (sonorités, rythmes, harmonie).*
- **Comparaison.** *René*, p. 41-43. Lequel de ces textes préférez-vous ? Pourquoi ?

MES JOIES DE L'AUTOMNE

CHATEAUBRIAND avait traduit dans *René* les émotions qu'il avait éprouvées à Combourg durant « les mois des tempêtes » (cf. p. 42). Il revient maintenant sur ce thème, mais le renouvelle par l'ampleur de la méditation et la perfection de son art. Ainsi l'image de Chateaubriand vieilli se superpose pour nous à celle de François-René adolescent. Plus encore que des impressions de jeunesse nous trouvons ici une méditation sur la fragilité de l'homme insérée dans le poème de l'automne (I, III, 13).

Plus la saison était triste, plus elle était en rapport avec moi ; le temps des frimas, en rendant les communications moins faciles, isole les habitants des campagnes : on se sent mieux à l'abri des hommes [1].

Un caractère moral s'attache aux scènes de l'automne : ces feuilles qui tombent comme nos ans, ces fleurs qui se fanent comme nos heures, ces nuages qui fuient comme nos illusions, cette lumière qui s'affaiblit comme notre intelligence, ce soleil qui se refroidit comme nos amours, ces fleuves qui se glacent comme notre vie, ont des rapports secrets avec nos destinées [2].

10 Je voyais avec un plaisir indicible le retour de la saison des tempêtes [3], le passage des cygnes et des ramiers, le rassemblement des corneilles dans la prairie de l'étang, et leur perchée à l'entrée de la nuit sur les plus hauts chênes du grand Mail [4]. Lorsque le soir élevait une vapeur bleuâtre au carrefour des forêts, que les complaintes ou les lais [5] du vent gémissaient dans les mousses flétries, j'entrais en pleine possession des sympathies de ma nature [6]. Rencontrais-je quelque laboureur au bout d'un guéret ? je m'arrêtais pour regarder cet homme germé à l'ombre des épis parmi

---

— 1 Commenter cette réflexion ; à quel autre écrivain fait-elle penser ? — 2 Étudier le rythme de ce §. Cf. Rousseau (*XVIIIe Siècle*, p. 334), Senancour (p. 28) et Lamartine (p. 98). — 3 Cf. *René* (p. 42, l. 6-7 et 22-29). — 4 Cf. p. 76 (n. 6). — 5 Ce mot désignait au moyen âge des poèmes lyriques, et aussi des mélodies bretonnes. — 6 Étudier les modifications apportées au texte de 1826 : « Lorsque le soir... au carrefour d'une forêt, et que j'entendais tomber les feuilles, j'étais alors dans la disposition la plus naturelle à mon cœur. »

lesquels il devait être moissonné [7], et qui, retournant la terre de sa tombe avec le soc de la charrue, mêlait ses sueurs brûlantes aux pluies glacées
20 de l'automne : le sillon qu'il creusait était le monument destiné à lui survivre. Que faisait à cela mon élégante démone [8] ? Par sa magie, elle me transportait au bord du Nil, me montrait la pyramide égyptienne noyée dans le sable [9], comme un jour le sillon armoricain caché sous la bruyère [10] : je m'applaudissais d'avoir placé les fables de ma félicité hors du cercle des réalités humaines.

Le soir je m'embarquais sur l'étang, conduisant seul mon bateau au milieu des joncs et des larges feuilles flottantes du nénuphar. Là se réunissaient les hirondelles prêtes à quitter nos climats. Je ne perdais pas un seul de leurs gazouillis : Tavernier [11] enfant était moins attentif
30 au récit d'un voyageur. Elles se jouaient sur l'eau au tomber du soleil, poursuivaient les insectes, s'élançaient ensemble dans les airs, comme pour éprouver leurs ailes, se rabattaient à la surface du lac, puis se venaient suspendre aux roseaux que leur poids couchait à peine et qu'elles remplissaient de leur ramage confus [12].

La nuit descendait ; les roseaux agitaient leurs champs de quenouilles et de glaives, parmi lesquels la caravane emplumée, poules d'eau, sarcelles, martins-pêcheurs, bécassines, se taisait ; le lac battait ses bords ; les grandes voix de l'automne sortaient des marais et des bois ; j'échouais mon bateau au rivage et retournais au château.

— En quoi ce texte complète-t-il le précédent ? en quoi en diffère-t-il ?
— Précisez la tonalité de l'ensemble ; comment s'entrelacent impressions et méditation ?
— Que pensez-vous des diverses modifications apportées à la première rédaction ?
*— **Commentaire composé** : l. 1-21. L'homme et l'automne. XVIIIe SIÈCLE, p. 334. – XIXe SIÈCLE, p. 28, p. 98.*

Adieux à la jeunesse

La IIIe Partie des *Mémoires*, « Ma Carrière politique », comprend deux *Époques* : la première est consacrée à Bonaparte (« Parlons du vaste édifice qui se construisait en dehors de mes songes. ») ; la seconde aux années 1815-1830 et au rôle diplomatique de Chateaubriand pendant cette période. Mais avant d'aborder la partie historique de son œuvre, l'auteur jette un regard en arrière et *adresse à sa jeunesse un poétique adieu*. On verra avec quel art, dans ce prologue, « Chateaubriand entremêle le double souci du rythme et des images » (M. Levaillant). — III, 1re Époque, L. 1, Chap. 1.

L a jeunesse est une chose charmante [1] ; elle part au commencement de la vie couronnée de fleurs comme la flotte athénienne pour aller conquérir la Sicile [2] et les délicieuses campagnes d'Enna [3]. La prière est dite à haute voix par le prêtre

---

— 7 Étudier l'image. — 8 La *sylphide*. — 9 Cf. la méditation sur les Pyramides, dans l'*Itinéraire* (p. 69). Pensez-vous que Chateaubriand adolescent ait vraiment songé aux Pyramides ? — 10 Comme le sillon... *serait* un jour caché... (cf. l. 20). — 11 Célèbre voyageur du XVIIe siècle. — 12 Manuscrit de 1826 : « Je les voyais se jouer dans l'eau au coucher du soleil, poursuivre les insectes en poussant de petits cris, s'élancer toutes ensemble dans les airs,

comme pour éprouver leur force, puis se rabattre à la surface du lac, et venir enfin se percher sur les roseaux que leur poids léger courbait à peine, et qu'elles remplissaient de leur ramage confus ».

— 1 Les derniers mots du Livre I feront écho à cette ouverture : « O ! magie de la jeunesse ! » — 2 Commencée dans l'enthousiasme (415 av. J.-C.), cette expédition, conduite par Alcibiade et Nicias, se termina par un désastre. — 3 Ville de Sicile.

de Neptune ; les libations sont faites avec des coupes d'or ; la foule, bordant la mer, unit ses invocations à celles du pilote ; le péan [4] est chanté, tandis que la voile se déploie aux rayons et au souffle de l'aurore. Alcibiade, vêtu de pourpre et beau comme l'Amour, se fait remarquer sur les trirèmes, fier des sept chars qu'il a lancés dans la carrière d'Olympie [5]. Mais à peine l'île d'Alcinoüs [6] est-elle passée, l'illusion s'évanouit : Alcibiade banni va vieillir loin de sa patrie et mourir percé de flèches sur le sein de Timandra [7]. Les compagnons de ses premières espérances, esclaves à Syracuse, n'ont pour alléger le poids de leurs chaînes que quelques vers d'Euripide [8].

Vous avez vu ma jeunesse quitter le rivage ; elle n'avait pas la beauté du pupille de Périclès [9], élevé sur les genoux d'Aspasie [10] ; mais elle en avait les heures matineuses : et des désirs et des songes, Dieu sait ! Je vous les ai peints, ces songes : aujourd'hui, retournant à la terre après maint exil, je n'ai plus à vous raconter que des vérités tristes comme mon âge. Si parfois je fais encore entendre les accords de la lyre, ce sont les dernières harmonies du poète qui cherche à se guérir de la blessure des flèches du temps ou à se consoler de la servitude des années.

LA BATAILLE DE WATERLOO

CHATEAUBRIAND a-t-il réellement entendu le canon de Waterloo ? à vol d'oiseau, une soixantaine de kilomètres séparent Gand du champ de bataille. Peut-être nous trouvons-nous ici en présence d'une *stylisation dramatique et épique*. Authentique ou non, l'épisode ainsi présenté donne une intensité concrète au drame qui se joue dans l'âme de Chateaubriand, partagée entre son *loyalisme* et son *patriotisme* (III, 1re Époque, VI, 16).

Le 18 juin 1815, vers midi, je sortis de Gand [1] par la porte de Bruxelles ; j'allai seul achever ma promenade sur la grande route. J'avais emporté les *Commentaires de César* [2] et je cheminais lentement, plongé dans ma lecture. J'étais déjà à plus d'une lieue de la ville, lorsque je crus ouïr un roulement sourd : je m'arrêtai, regardai le ciel assez chargé de nuées, délibérant en moi-même si je continuerais d'aller en avant, ou si je me rapprocherais de Gand dans la crainte d'un orage. Je prêtai l'oreille ; je n'entendis plus que le cri d'une poule d'eau dans les joncs et le son d'une horloge de village [3]. Je poursuivis ma route : je n'avais pas fait trente pas que le roulement recommença, tantôt bref, tantôt long, et à intervalles inégaux ; quelquefois il n'était sensible que par une trépidation de l'air, laquelle se communiquait à la terre sur ces plaines immenses, tant il était éloigné. Ces détonations moins vastes, moins onduleuses, moins liées ensemble que celles de la foudre, firent naître dans mon

---

4 Hymne à Apollon. — 5 Ses chars avaient triomphé aux Jeux olympiques. — 6 Corfou ; dans l'*Odyssée* Alcinoüs est le roi des Phéaciens. — 7 Exilé, Alcibiade mourut lamentablement en Phrygie, auprès de sa maîtresse, assassiné sur les ordres d'un satrape. — 8 Quelques-uns des prisonniers athéniens enfermés dans les *Latomies* de Syracuse furent libérés pour avoir chanté des vers d'Euripide. — 10 Compagne de Périclès, célèbre par son esprit et sa beauté.

— 1 Où il avait accompagné Louis XVIII. — 2 Pourquoi ce détail, selon vous ? — 3 Quelle impression Chateaubriand veut-il nous donner ?

esprit l'idée d'un combat. Je me trouvais devant un peuplier planté à l'angle d'un champ de houblon. Je traversai le chemin et je m'appuyai debout contre le tronc de l'arbre, le visage tourné du côté de Bruxelles. Un vent du sud s'étant levé m'apporta plus distinctement le bruit de l'artillerie. Cette grande bataille, encore sans nom, dont j'écoutais les
20 échos au pied d'un peuplier, et dont une horloge de village venait de sonner les funérailles inconnues, était la bataille de Waterloo !

Auditeur silencieux et solitaire du formidable arrêt des destinées, j'aurais été moins ému si je m'étais trouvé dans la mêlée : le péril, le feu, la cohue de la mort ne m'eussent pas laissé le temps de méditer ; mais seul sous un arbre, dans la campagne de Gand, comme le berger des troupeaux qui paissaient autour de moi, le poids des réflexions m'accablait : Quel était ce combat ? Était-il définitif ? Napoléon était-il là en personne ? Le monde, comme la robe du Christ [4], était-il jeté au sort ? Succès ou revers de l'une ou l'autre armée, quelle serait la conséquence
30 de l'événement pour les peuples, liberté ou esclavage ? Mais quel sang coulait ! chaque bruit parvenu à mon oreille n'était-il pas le dernier soupir d'un Français ? Était-ce un nouveau Crécy, un nouveau Poitiers, un nouvel Azincourt, dont allaient jouir les plus implacables ennemis de la France ? S'ils triomphaient, notre gloire n'était-elle pas perdue ? Si Napoléon l'emportait, que devenait notre liberté ? Bien qu'un succès de Napoléon m'ouvrît un exil éternel [5], la patrie l'emportait dans ce moment dans mon cœur ; mes vœux étaient pour l'oppresseur de la France, s'il devait, en sauvant notre honneur, nous arracher à la domination étrangère.

Wellington triomphait-il ? La légitimité [6] rentrerait donc dans Paris
40 derrière ces uniformes rouges qui venaient de reteindre leur pourpre au sang des Français ! La royauté aurait donc pour carrosses de son sacre les chariots d'ambulance remplis de nos grenadiers mutilés ! Que sera-ce qu'une restauration accomplie sous de tels auspices ?... Ce n'est là qu'une bien petite partie des idées qui me tourmentaient. Chaque coup de canon me donnait une secousse et doublait le battement de mon cœur. A quelques lieues d'une catastrophe immense, je ne la voyais pas ; je ne pouvais toucher le vaste monument funèbre croissant de minute en minute à Waterloo, comme du rivage de Boulaq, au bord du Nil, j'étendais vainement mes mains vers les Pyramides [7].

- *Relevez les notations, la mise en scène, les contrastes qui préparent la révélation (l. 21).*
- *Distinguez les éléments du dilemme qui divise la conscience de* CHATEAUBRIAND. *De quel côté penche-t-il et pourquoi ? Que pensez-vous de son choix ?*
- *Quels sont les éléments épiques de cette page ? Comment* CHATEAUBRIAND *s'y prend-il pour mêler l'épopée de son âme à l'épopée de son siècle ?*
- **Groupe thématique : Waterloo.** CHATEAUBRIAND. – HUGO, p. 201 – STENDHAL, p. 339.
- **Confrontation.** XXe SIÈCLE, GRACQ : « Peut-être qu'il n'y a plus rien ? », p. 649.

— 4 Quand le Christ fut crucifié, les soldats tirèrent sa robe au sort (saint Matthieu, XXVII, 35 ; saint Jean, XIX, 23-24). — 5 Chateau- briand était compromis par sa brochure *De Buonaparte et des Bourbons*. — 6 La monarchie légitime, les Bourbons. — 7 Cf. *Itinéraire*, p. 69.

Madame Récamier à l'Abbaye-aux-Bois

Dans la IIe Époque de la IIIe Partie, CHATEAUBRIAND consacre tout le Livre VII à Mme RÉCAMIER. A la fin de ce Livre, au chapitre 23, l'auteur évoque avec une tendresse recueillie « l'asile solitaire » que son amie, après des revers de fortune, occupa de 1819 à 1829 dans un couvent de la rue de Sèvres, *l'Abbaye-aux-Bois*. C'est dans un autre appartement de la même maison, plus vaste et plus confortable, qu'eurent lieu en 1834 les lectures des *Mémoires*. Dans la douce intimité de Juliette, l'âme inquiète de René a trouvé la paix ; elle seule a su le fixer et lui inspirer une *sérénité* que nous voyons ici menacée un instant par la *hantise de la mort*, mais qu'il retrouve pour rendre un *délicat hommage* à son incomparable amie .

Un corridor noir séparait deux petites pièces ; je prétendais que ce vestibule était éclairé d'un jour doux. La chambre à coucher était ornée d'une bibliothèque, d'une harpe, d'un piano, du portrait de Mme de Staël et d'une vue de Coppet [1] au clair de lune. Sur les fenêtres étaient des pots de fleurs.

Quand tout essoufflé, après avoir grimpé trois étages [2], j'entrais dans la cellule aux approches du soir, j'étais ravi. La plongée des fenêtres était sur le jardin de l'Abbaye, dans la corbeille verdoyante duquel tournoyaient des religieuses et couraient des pensionnaires. La cime d'un acacia arrivait à la hauteur de l'œil. Des clochers pointus coupaient le ciel, et l'on apercevait à l'horizon les collines
10 de Sèvres. Le soleil couchant dorait le tableau et entrait par les fenêtres ouvertes. Mme Récamier était à son piano ; *l'Angelus* tintait ; les sons de la cloche, qui semblait pleurer le jour qui se mourait : *il giorno pianger che si muore* [3], se mêlaient aux derniers accents de l'invocation à la nuit, du *Roméo et Juliette* [4] de Steibelt. Quelques oiseaux se venaient coucher dans les jalousies relevées de la fenêtre. Je rejoignais au loin le silence et la solitude, par-dessus le tumulte et le bruit d'une grande cité.

Dieu, en me donnant ces heures de paix, me dédommageait de mes heures de trouble ; j'entrevoyais le prochain repos que croit ma foi, que mon espérance appelle [5]. Agité au dehors par les occupations politiques ou dégoûté par l'ingrati-
20 tude des cours, la placidité du cœur m'attendait au fond de cette retraite, comme le frais des bois au sortir d'une plaine brûlante. Je retrouvais le calme auprès d'une femme de qui la sérénité s'étendait autour d'elle, sans que cette sérénité eût rien de trop égal, car elle passait au travers d'affections profondes. Hélas ! les hommes que je rencontrais chez Mme Récamier, Mathieu de Montmorency, Camille Jordan, Benjamin Constant, le duc de Laval ont été rejoindre Hingant, Joubert, Fontanes, autres absents d'une autre société absente [6].[...]

Le malheur de mes amis a souvent penché sur moi et je ne me suis jamais dérobé au fardeau sacré : le moment de la rémunération est arrivé : un attachement sérieux daigne m'aider à supporter ce que leur multitude ajoute de pesan-
30 teur à des jours mauvais. En approchant de ma fin, il me semble que tout ce que j'ai aimé, je l'ai aimé dans Mme Récamier, et qu'elle était la source cachée de mes affections. Mes souvenirs de divers âges, ceux de mes songes, comme ceux de mes réalités, se sont pétris, mêlés, confondus pour faire un composé de charmes et de douces souffrances, dont elle est devenue la forme visible. Elle règle mes sentiments, de même que l'autorité du ciel a mis le bonheur, l'ordre et la paix dans mes devoirs.

— 1 Cf. p. 13. — 2 A partir de 1829 Mme Récamier eut un appartement au premier étage. — 3 Dante, *Purgatoire* (VIII, 6). — 4 Noter que Mme Récamier s'appelait elle-même Juliette. — 5 Cf. p. 84, fin du texte. — 6 Les amis de Mme Récamier sont morts à leur tour, après les amis plus anciens de Chateaubriand.

Je l'ai suivie, la voyageuse, par le sentier qu'elle a foulé à peine ; je la devancerai bientôt dans une autre patrie. En se promenant au milieu de ces *Mémoires*, dans les détours de la Basilique que je me hâte d'achever, elle pourra rencontrer
40 la chapelle qu'ici je lui dédie ; il lui plaira peut-être de s'y reposer : j'y ai placé son image.

Les Gondoliers de Venise

Après 1830, CHATEAUBRIAND reste fidèle aux Bourbons ; il défend, sans espoir, la cause du Duc de Bordeaux, Henri V pour les légitimistes, ce qui lui vaut une arrestation et un procès. La Duchesse de Berry le charge d'une mission à Prague auprès de Charles X. Peu après son retour à Paris, il repart pour VENISE où il doit rencontrer la Duchesse (septembre 1833). Il avait fort peu apprécié le charme de cette ville lors de son départ pour l'Orient (1806) ; mais cette fois Venise l'enchante ; *il y retrouve jeunesse et gaîté.* Une grâce fraîche et primesautière, inattendue chez lui, anime le Livre où il relate ce séjour, et en particulier la jolie page qu'on va lire (IV, VII, 7).

La gaîté de ces fils de Nérée [1] ne les abandonne jamais : vêtus de soleil, la mer les nourrit ; ils ne sont pas couchés et désœuvrés comme les lazzaroni [2] à Naples : toujours en mouvement, ce sont des matelots qui manquent de vaisseaux et d'ouvrage, mais qui feraient encore le commerce du monde et gagneraient la bataille de Lépante [3], si le temps de la liberté et de la gloire vénitienne n'était passé [4].
A six heures du matin ils arrivent à leurs gondoles attachées, la proue à terre, à des poteaux. Alors ils commencent à gratter et laver leurs *barchette* [5] aux *traghetti* [6], comme des dragons étrillent, brossent et épongent leurs chevaux au
10 piquet. La chatouilleuse cavale marine s'agite, se tourmente aux mouvements de son cavalier qui puise de l'eau dans un vase de bois, la répand sur les flancs et dans l'intérieur de la nacelle. Il renouvelle plusieurs fois l'aspersion, ayant soin d'écarter l'eau de la surface de la mer, pour prendre dessous une eau plus pure. Puis il frotte les avirons, éclaircit les cuivres et les glaces du petit château noir [7] ; il épouste [8] les coussins, les tapis, et fourbit le fer taillant de la proue. Le tout ne se fait pas sans quelques mots d'humeur ou de tendresse, adressés, dans le joli dialecte vénitien, à la gondole quinteuse ou docile.
La toilette de la gondole achevée, le gondolier passe à la sienne : il se peigne, secoue sa veste et son bonnet bleu, rouge ou gris ; se lave le visage, les pieds et
20 les mains. Sa femme, sa fille ou sa maîtresse lui apporte dans une gamelle une miscellanée [9] de légumes, de pain et de viande. Le déjeuner fait, chaque gondolier attend en chantant la Fortune : il l'a devant lui [10], un pied en l'air, présentant son écharpe au vent et servant de girouette, au haut du monument de la Douane de mer. A-t-elle donné le signal ? le gondolier favorisé, l'aviron levé, part debout à l'arrière de sa nacelle, de même qu'Achille voltigeait autrefois, ou qu'un écuyer de Franconi [11] galope aujourd'hui debout sur la croupe d'un destrier. La gondole, en forme de patin, glisse sur l'eau comme sur la glace. *Sia stati ! sta longo* [12] ! en voilà pour toute la journée. Puis vienne la nuit, et la *calle* [13] verra mon gondolier chanter et boire avec la *zitella* [14] le demi-sequin que je lui laisse
30 en allant, très certainement, remettre Henri V sur le trône.

— 1 *Dieu marin.* Noter l'humour de cette noble périphrase (cf. l. 25). — 2 Miséreux. — 3 Victoire des Vénitiens et des Espagnols sur la flotte turque (1561). — 4 Cf. cette évocation de Venise (chap. 16) : « Elle languit maintenant enchaînée au pied des Alpes du Frioul, comme jadis la reine de Palmyre au pied des montagnes de la Sabine ». — 5 Petite barque. — 6 Poteaux auxquels sont amarrées les gondoles. — 7 La cabine. — 8 Forme ancienne et familière. — 9 Mélange (latinisme). — 10 Voici la Fortune... mais ce n'est qu'une girouette ! — 11 Fondateur d'un cirque célèbre. — 12 Arrêtez ! place ! — 13 La rue. — 14 Jeune fille.

Conclusion

Voici la fin des *Mémoires d'Outre-Tombe*. Le dernier Livre forme une vaste conclusion consacrée à la fois à une ample récapitulation et à des perspectives d'avenir souvent saisissantes. Chateaubriand a le sentiment d'avoir vécu une époque capitale pour l'histoire du monde ; il a mesuré l'importance des transformations de toute sorte auxquelles il a assisté. Il affirmait un peu plus haut : « l'idée chrétienne est l'avenir du monde ». Ses prédictions se font plus vagues maintenant, mais elles sont empreintes d'une *poésie cosmique* vraiment grandiose. Enfin le moment est venu de dire adieu à son œuvre et au monde ; alors Chateaubriand, sur une dernière image, sur un dernier acte de foi et d'espérance, se fixe à jamais dans l'attitude dont il veut laisser le souvenir à la postérité (IV, xii, fin du chap. 9 et chap. 10).

J e me suis rencontré entre deux siècles, comme au confluent de deux fleuves ; j'ai plongé dans leurs eaux troublées, m'éloignant à regret du vieux rivage où je suis né, nageant avec espérance vers une rive inconnue.

La géographie entière a changé depuis que, selon l'expression de nos vieilles coutumes, *j'ai pu regarder le ciel de mon lit* [1]. Si je compare deux globes terrestres, l'un du commencement, l'autre de la fin de ma vie, je ne les reconnais plus. Une cinquième partie de la terre, l'Australie, a été découverte et s'est peuplée : un sixième continent vient d'être aperçu par des voiles françaises, dans les glaces du pôle antarctique [2], et les Parry, les Ross, les Franklin ont tourné, à notre pôle,
10 les côtes qui dessinent la limite de l'Amérique au septentrion [3] ; l'Afrique a ouvert ses mystérieuses solitudes ; enfin il n'y a pas un coin de notre demeure qui soit actuellement ignoré. On attaque toutes les langues de terre qui séparent le monde ; on verra sans doute bientôt des vaisseaux traverser l'isthme de Panama et peut-être l'isthme de Suez [4].

L'histoire a fait parallèlement au fond du temps des découvertes immenses ; les langues sacrées ont laissé lire leur vocabulaire perdu ; jusque sur les granits de Mezraïm, Champollion a déchiffré ces hiéroglyphes qui semblaient être un sceau mis sur les lèvres du désert, et qui répondait de leur éternelle discrétion.[...]

La marine qui emprunte du feu le mouvement ne se borne pas à la navigation
20 des fleuves, elle franchit l'Océan ; les distances s'abrègent ; plus de courants, de moussons, de vents contraires, de blocus, de ports fermés Il y a loin de ces romans industriels au hameau de Plancouët [5] : en ce temps-là, les dames jouaient aux jeux d'autrefois à leur foyer ; les paysannes filaient le chanvre de leurs vêtements ; la maigre bougie de résine éclairait les veillées de village ; la chimie n'avait point opéré ses prodiges ; les machines n'avaient pas mis en mouvement toutes les eaux et tous les fers pour tisser les laines ou broder les soies ; le gaz [6], resté aux météores, ne fournissait point encore l'illumination de nos théâtres et de nos rues.

Ces transformations ne se sont pas bornées à nos séjours : par l'instinct de son
30 immortalité, l'homme a envoyé son intelligence en haut : à chaque pas qu'il a fait dans le firmament, il a reconnu des miracles de la puissance inénarrable. Cette étoile qui paraissait simple à nos pères, est double et triple à nos yeux ; les

---

— 1 Depuis que j'ai ouvert les yeux, après ma naissance. — 2 Une expédition de Dumont d'Urville venait de découvrir la terre Louis-Philippe et la terre Amélie. — 3 Ces explorateurs avaient réalisé l'entreprise rêvée par Chateaubriand lui-même à son départ pour l'Amérique. — 4 Prophéties réalisées en 1914 et 1869. — 5 Où vivaient, du temps de son enfance, sa grand'mère et sa grand'tante. — 6 L'éclairage au gaz avait été inventé par Lebon, mort en 1804.

soleils, interposés devant les soleils, se font ombre et manquent d'espace pour leur multitude. Au centre de l'infini, Dieu voit défiler autour de lui ces magnifiques théories [7], preuves ajoutées aux preuves de l'Être suprême. Nous échangeons contre ces merveilles les deux luminaires domestiques [8] du foyer de nos pères.

Représentons-nous, selon la science agrandie, notre chétive planète nageant dans un océan à vagues de soleils, dans cette voie lactée, matière brute de lumière, métal en fusion de mondes que façonnera la main du Créateur. La distance de
40 telles étoiles est si prodigieuse que leur éclat ne pourra parvenir à l'œil qui les regarde que quand ces étoiles seront éteintes, le foyer [9] avant le rayon. Que l'homme est petit sur l'atome où il se meut, mais qu'il est grand comme intelligence [10] ! Il sait quand le visage des astres se doit charger d'ombre, à quelle heure reviennent les comètes après des milliers d'années, lui qui ne vit qu'un instant ! Insecte microscopique inaperçu dans un pli de la robe du ciel, les globes ne lui peuvent cacher un seul de leurs pas dans la profondeur des espaces. Ces astres nouveaux pour nous, puisque nous venons de les découvrir, quelles destinées éclaireront-ils ? La révélation de ces astres est-elle liée à quelque nouvelle phase [11] de l'humanité ? Vous le saurez, races à naître ; je l'ignore et je me retire.
50 Grâce à l'exorbitance [12] de mes années, mon monument est achevé. Ce m'est un grand soulagement ; je sentais quelqu'un qui me poussait ; le patron de la barque sur laquelle ma place est retenue [13] m'avertissait qu'il ne me restait qu'un moment pour monter à bord. Si j'avais été le maître de Rome, je dirais comme Sylla que je finis mes *Mémoires* la veille même de ma mort ; mais je ne conclurais pas mon récit par ces mots comme il conclut le sien : « J'ai vu en songe un de mes enfants qui me montrait Métella sa mère, et m'exhortait à venir jouir du repos dans le sein de la félicité éternelle [14]. » Si j'eusse été Sylla, la gloire ne m'aurait jamais pu donner le repos et la félicité [15].

Des orages nouveaux se formeront ; on croit pressentir des calamités qui
60 l'emporteront sur les afflictions dont nous avons été comblés ; déjà, pour retourner au champ de bataille, on songe à rebander ses vieilles blessures [16]. Cependant je ne pense pas que des malheurs prochains éclatent : peuples et rois sont également recrus [17] ; des catastrophes imprévues ne fondront pas sur la France : ce qui me suivra ne sera que l'effet de la transformation générale. On touchera sans doute à des stations [18] pénibles ; le monde ne saurait changer de face (et il faut qu'il change) sans qu'il y ait douleur. Mais, encore un coup, ce ne seront point des révolutions à part ; ce sera la grande révolution allant à son terme. Les scènes de demain ne me regardent plus ; elles appellent d'autres peintres : à vous, messieurs.
70 En traçant ces derniers mots, ce 16 novembre 1841, ma fenêtre, qui donne à l'ouest sur les jardins des Missions étrangères, est ouverte [19] : il est six heures du matin ; j'aperçois la lune pâle et élargie ; elle s'abaisse sur la flèche des Invalides à peine révélée par le premier rayon doré de l'Orient : on dirait que l'ancien monde finit et que le nouveau commence [20]. Je vois les reflets d'une aurore dont je ne verrai pas se lever le soleil. Il ne me reste qu'à m'asseoir au bord de ma fosse, après quoi je descendrai hardiment, le Crucifix à la main, dans l'Éternité.

— 7 Processions. — 8 Périphrase désignant le soleil et la lune. — 9 Le foyer *s'éteignant*... — 10 Souvenir de Pascal. — 11 Apprécier le choix du terme. — 12 Nombre exceptionnellement élevé (néologisme). — 13 Le passeur des morts, Charon. — 14 Souvenir de Plutarque, *Vie de Sylla*. — 15 Pourquoi ? — 16 Allusion à la crise européenne de 1840. — 17 Épuisés. — 18 Terme d'astronomie (cf. l. 46-49). — 19 Chateaubriand écrit dans la maison où il mourra, 120, rue du Bac. — 20 L'auteur semble prévoir ici l'avènement de la démocratie.

LAMARTINE

près de la Suisse

Un jeune aristocrate   Alphonse de LAMARTINE est né à Mâcon en 1790. Il a vécu ses dix premières années en petit campagnard, dans le village de Milly, près de Mâcon, où son père, échappé aux cachots de la Terreur, exploitait le maigre domaine familial (cf. p. 120). Au charme de *la nature* s'ajoutait la douce influence de ses sœurs et surtout de *sa mère*, très pieuse, qui lui donna une éducation catholique et le confia à l'abbé Dumont (p. 112).

Après s'être échappé d'une pension lyonnaise où il était malheureux, LAMARTINE fait de bonnes études au collège des jésuites de Belley : il goûte Virgile et Horace, lit Chateaubriand, et éprouve une grande *ferveur religieuse*. Au sortir du collège, ne voulant pas servir « l'usurpateur », il mène à Milly la vie d'un aristocrate oisif, consacrée à la rêverie, à la lecture, à la poésie chrétienne (1808-1811). Pour dissiper son ennui, il entreprend avec son ami Aymon de Virieu un *voyage en Italie* (1811-1812) et noue une charmante idylle avec une jeune napolitaine dont il fera un jour l'héroïne de *Graziella* (1849). *beaucoup d'influence*

En 1814, à la chute de l'Empire, il entre dans les *gardes du corps* de Louis XVIII, mais après Waterloo il démissionne et revient à Milly. A toute occasion il retourne à Paris où, peu à peu, il a pris des *habitudes de libertin*, faisant au jeu de lourdes dettes. Sa poésie trahit alors l'influence des « philosophes » et des élégiaques du XVIIIᵉ siècle. Il tente sa voie dans la tragédie à la manière de Voltaire *(Médée)* et rêve même d'un *poème épique*.

Des Méditations aux Harmonies   En 1816, LAMARTINE se dispose à publier un recueil de mélodieuses *élégies* où il évoque une morte inconnue qu'il appelle Elvire. Pourtant c'est une autre femme qu'il va immortaliser sous ce nom d'ELVIRE.

I. LAMARTINE ET ELVIRE. A l'automne 1816, à Aix-les-Bains où il soigne des troubles nerveux, il rencontre une jeune femme malade de la poitrine, JULIE CHARLES, épouse d'un physicien réputé. Sur les bords du lac du Bourget, ils se lient d'un amour vite spiritualisé par l'idée de « ce mystérieux *ailleurs* vers lequel elle se sent glisser » (H. Guillemin). Ils se retrouvent à Paris au cours de l'hiver 1817 et promettent de se revoir à Aix l'été suivant. Mais LAMARTINE eut la douleur de *se trouver seul au rendez-vous* (cf. p. 88) : la maladie de JULIE la retenait à Paris où elle devait mourir en décembre.

II. LES MÉDITATIONS (1820). C'est la douleur de cet *amour brisé* et le désir de retrouver, avec *la foi*, la paix de l'âme qui inspirent à LAMARTINE les plus beaux poèmes des *Méditations* (1820). Ce petit livre, le premier recueil lyrique du romantisme, remporte immédiatement un succès extraordinaire : du jour au lendemain LAMARTINE est un poète célèbre. Bien accueilli dans les milieux catholiques, il reçoit le poste d'*attaché d'ambassade* à Naples. Cette situation lui permet d'obtenir la main d'une jeune Anglaise, Mary-Ann BIRCH, qu'il a rencontrée en 1819 à Chambéry.

Après quelques mois d'émerveillement en Italie du Sud, le jeune couple rentre en France (1821), fait un séjour en Angleterre (1822) et partage sa vie entre Paris et le château de Saint-Point, que le poète avait reçu à son mariage (1822-1825). C'est dans cette période que LAMARTINE publie les *Nouvelles Méditations* (1823), *La Mort de Socrate* (1823) et *Le Dernier chant du pèlerinage d'Harold* (1825).

III. LES HARMONIES (1830). Nommé secrétaire d'ambassade à Florence (1825), LAMARTINE y passe trois années heureuses, dans un paysage enchanteur où il compose la plupart des *Harmonies* (cf. p. 99). Bien qu'il s'acquitte brillamment de son rôle diplomatique, il se voit refuser le poste de ministre de France devenu vacant, demande un congé et rentre à Saint-Point pour y vivre en *gentilhomme campagnard*. Il est reçu à l'Académie et publie les *Harmonies Poétiques et Religieuses* (1830).

**L'action
philosophique
et politique**

La Révolution de 1830 ne surprend pas LAMARTINE qui évolue déjà vers le *libéralisme*. Il se rallie au nouveau régime, mais démissionne pour raisons personnelles. Candidat malheureux à la députation, il affirme ses idées libérales en publiant en 1831 la *Réponse à Némésis*, une brochure *Sur la Politique Rationnelle* et l'*Ode sur les Révolutions* (cf. p. 106-110).

I. LE VOYAGE EN ORIENT. Hanté depuis 1821 par le projet d'une grande épopée, LAMARTINE, qui a déjà rédigé plusieurs fragments de *Jocelyn*, entreprend un *voyage aux Lieux Saints :* au berceau du christianisme, il espère raffermir sa foi et enrichir son inspiration épique. Embarqué en 1832 avec sa femme et sa fille, il visite la Grèce et le Liban, et pousse jusqu'au Saint Sépulcre : loin d'y trouver la ferveur purement orthodoxe, *il se croit appelé à devenir le « Messie » d'une religion épurée* (cf. p. 111). Un coup terrible finit de le détacher de son ancienne foi : de retour à Beyrouth, il a l'immense douleur d'y *perdre sa fille Julia ;* son désespoir et sa révolte trouveront encore leur écho en 1834 dans un vaste poème : *Gethsémani.*

II. LAMARTINE DÉPUTÉ. Il était encore en Orient quand il apprit, en 1833, son élection à Bergues (Nord). Bientôt élu à Mâcon, *il ne cessera d'être député jusqu'en* 1851. Il s'acquitte très sérieusement de son mandat, se documente avec précision sur les questions les plus ingrates et devient *un des plus grands orateurs politiques de son temps* (cf. p. 108, haut). Il refuse de s'attacher à un parti et déclare qu'il siègera « au plafond » ; mais, *homme de progrès,* il s'efforce de pénétrer d'esprit évangélique l'action gouvernementale. Il soutient d'abord le ministère, puis passe à une *opposition de plus en plus ardente :* il évolue sans cesse vers la gauche jusqu'à la Révolution de 1848 (cf. p. 106). Joignant l'*activité littéraire* à l'action politique, il s'efforce de réaliser son rêve d'une *littérature sociale* (cf. p. 106-110). Le *Voyage en Orient* (1835) révèle l'orientation nouvelle de sa pensée religieuse, qui se précise dans *Jocelyn* (1836) et *La Chute d'un Ange* (1838), dans les *Recueillements* (1839, cf. p. 108) et l'*Histoire des Girondins* (1847).

III. LAMARTINE AU POUVOIR. Quand survient la révolution de 1848, LAMARTINE, devenu un des chefs de l'opposition depuis son discours de 1843 (cf. p. 106, I), est porté à la tête du *Gouvernement Provisoire* et entraîné à proclamer la République. C'est à cette occasion que, pour résister aux délégations venues imposer le drapeau rouge, il prononce un discours célèbre et fait acclamer le maintien du *drapeau tricolore.* Elu triomphalement à la Constituante par dix départements (1.600.000 voix), il pourrait devenir seul « Ministre exécutif » ; mais, fidèle à ses principes, il propose la création d'une Commission exécutive de plusieurs membres. Dès lors *ses propres partisans l'abandonnent :* quelque temps encore il parvient, par son éloquence, à contenir l'agitation populaire jusqu'aux journées de juin où l'autorité passe au général CAVAIGNAC chargé de réduire l'émeute. En décembre 1848, huit mois après son élection triomphale, sa candidature à la Présidence de la République ne recueille que 18.000 voix contre cinq millions et demi pour le prince Napoléon : pratiquement sa carrière politique est terminée.

**Le « galérien
des lettres »**

Les vingt dernières années de LAMARTINE sont attristées par les questions d'argent : il est ruiné et il a d'*énormes dettes* dues à sa prodigalité, à sa générosité, à son goût des vastes domaines. Il se trouve ainsi condamné aux « *travaux forcés littéraires* » et cette triste vieillesse n'est adoucie que par les attentions de sa nièce VALENTINE DE CESSIAT.

Il revient d'abord aux souvenirs de sa jeunesse dans les *Confidences* (1849) qui contiennent la chaste idylle de *Graziella*, et dans *Raphaël*, où il évoque en l'idéalisant sa passion pour Julie Charles. Puis, déçu par la politique, il écrit pour les humbles des romans sociaux : *Geneviève*, histoire d'une servante (1851) et *Le Tailleur de pierres de Saint-Point* (1851). Désormais ses œuvres se ressentiront de leur rédaction hâtive et du désir d'atteindre un vaste public. Ce sont des compilations historiques : *Histoires de la Restauration* (1851-53), *des Constituants* (1854), *de la Turquie* (1854-55), *de la Russie* (1855) ; ou les biographies de l'*Histoire de l'humanité par les grands hommes* (1852-56).

A partir de 1856, il adresse chaque mois à ses abonnés le *Cours familier de Littérature*, production inégale offrant de temps à autre la surprise d'un chef-d'œuvre, comme *La Vigne et la Maison* (1857, cf. p. 118). Fin 1860 LAMARTINE doit se résigner à vendre la chère maison de Milly, à accepter un chalet à Passy, offert par la ville de Paris, et, suprême humiliation, à solliciter de l'Empire un secours qu'il avait longtemps refusé comme un déshonneur. Terrassé par une attaque en 1867, il vécut encore à peu près inconscient jusqu'en février 1869. Sa famille déclina les funérailles nationales et il repose auprès des siens dans le modeste caveau de Saint-Point.

MÉDITATIONS POÉTIQUES (1820)

Pour le public de 1820, ce mince recueil de 24 poèmes, produisit l'effet d'une *révolution en poésie*. « Je suis le premier, dit Lamartine, qui ai fait descendre la poésie du Parnasse et qui ai donné à ce qu'on nommait la Muse, au lieu d'une lyre à sept cordes de convention, *les fibres même du cœur de l'homme,* touchées et émues par les innombrables frissons de *l'âme* et de *la nature* » (Préface).

Sans doute, pour l'histoire littéraire, les *Méditations* représentent l'aboutissement de tout un courant de poésie élégiaque vieux de plus d'un siècle (cf. *XVIIIᵉ Siècle*, p. 359-364), et le lecteur moderne est souvent agacé par les périphrases, les allusions mythologiques, l'abus des exclamations, des interrogations et des prosopopées, l'allure oratoire de cette poésie.

Mais, moins gêné que nous par le classicisme attardé de la forme, le public fut enthousiasmé de trouver, enrichis par *le rythme et l'harmonie des vers,* les thèmes et les sentiments *nouveaux* mis à la mode depuis Gœthe, Byron et Chateaubriand ; et celui qui les exprimait était un poète profondément, douloureusement *personnel.*

L'élégie de l'amour brisé
Les plus célèbres de ces *Méditations* n'étaient que des « soupirs de l'âme », la plainte d'un cœur affligé par l'épreuve de *l'amour brisé* (cf. p. 85) : Le Lac, L'Immortalité, Le Désespoir, L'Isolement, Le Soir, Le Vallon, L'Automne nous livrent les émotions d'une sensibilité blessée : souvenirs et regrets, espérances et désespoirs, élans épicuriens devant la fuite du temps, apaisement passager, inquiétude de la destinée, hantise de la mort, aspiration à l'éternité.

Pour LAMARTINE ces vibrations intimes sont inséparables du *sentiment de la nature* amie, confidente et consolatrice qu'il associe à ses joies et à ses peines. On a critiqué ses descriptions médiocrement pittoresques ; mais l'étude directe de *L'Isolement* ou du *Vallon* montrera que l'évocation de ces paysages indécis et riches en suggestions a pour effet d'accorder secrètement notre sensibilité avec *l'état d'âme du poète* qui nous révèle ainsi son « paysage intérieur ».

Par leur accent personnel, par ce sentiment de la nature, par l'importance des thèmes de l'amour, de la destinée, de l'infini, ces élégies répondaient à l'attente de la génération romantique. En dépit des variations du goût, il est permis d'affirmer que les meilleures d'entre elles, jaillies de l'âme comme un cri, atteignent à ce *romantisme profond* qui rejoint le classicisme dans ce qu'il a d'*éternellement humain.*

L'inquiétude religieuse
Au thème de l'amour brisé se lie étroitement le thème de l'inquiétude religieuse. Certaines *Méditations* sont plus particulièrement consacrées à la philosophie morale et aux grands problèmes métaphysiques : *L'Homme, L'Immortalité* (cf. p. 91), *Le Désespoir, La Providence à l'Homme, La Prière, Dieu.*

C'est surtout le *problème de l'au-delà* qui hante LAMARTINE. Il y a en lui une *aspiration permanente vers Dieu* et le fond de sa pensée est essentiellement *chrétien,* mais d'un christianisme poétique qui rappelle celui de Chateaubriand. Plus que des certitudes inébranlables, nous trouvons dans ses vers l'*espérance* confiante d'une immortalité qui répond au besoin profond de sa sensibilité cruellement blessée par le malheur (cf. p. 94). Ce lien qu'il établit entre son amour et son aspiration religieuse constitue l'originalité de Lamartine : dans sa poésie *l'amour humain* revêt une telle spiritualité qu'il ne peut être qu'infini et immortel et qu'il apparaît, paradoxalement mais en toute sincérité, comme une *étape vers l'amour divin* (cf. p. 91-94 et 113 : *Jocelyn*, Analyse, fin).

Il arrive que les hésitations du poète donnent à certains passages un ton de doute et de blasphème (cf. *Le Désespoir*) ; mais généralement il triomphe de ses incertitudes et aboutit à des élans *optimistes*. Ainsi dans *L'Homme*, méditation dédiée à Byron, LAMARTINE invite ce poète à s'incliner devant la volonté divine, même incompréhensible :

> *Tout est bien, tout est bon, tout est grand à sa place.*

Pareille abdication de notre raison nous semble dure, car notre nature est double :

> *Borné dans sa nature, infini dans ses vœux,*
> *L'Homme est un dieu tombé qui se souvient des cieux.*

Mais après avoir déploré les malheurs qui accablent l'humanité et qui l'ont frappé lui-même, le poète termine sur un « *Gloire à toi* » lancé vingt fois vers Dieu (cf. p. 92, n. 18).

Ainsi s'explique que LAMARTINE, plutôt déiste que chrétien orthodoxe, divisé comme ses contemporains entre la « philosophie » et l'instinct religieux, ait été considéré néanmoins comme le poète par excellence de la religion chrétienne.

LE LAC

Quand LAMARTINE écrit le *Lac*, JULIE est encore vivante mais retenue près de Paris par la « maladie de langueur » qui va bientôt l'emporter. Seul au rendez-vous, attendri par le spectacle du *lac du Bourget* et vivement ému par le souvenir d'un bonheur si tôt menacé, le poète exprime son angoisse devant la *fuite du temps*, et son désir d'éterniser cet amour au moins par le *souvenir*. D'abord intitulé *Le Lac de B****, ce poème est donc lié à des circonstances précises ; et il serait aisé, d'autre part, d'y découvrir bien des réminiscences littéraires (cf. *XVIIIᵉ Siècle, Nouvelle Héloïse*, p. 288). Mais, à l'occasion de son aventure personnelle, évoquée avec une extrême discrétion, LAMARTINE a trouvé des accents d'une *humanité* si profonde, d'une *sincérité* si poignante que *Le Lac* est devenu le poème immortel de l'inquiétude humaine devant le destin, de l'élan vers le bonheur et de l'amour éphémère aspirant à l'éternité.

> Ainsi, toujours poussés [1] vers de nouveaux rivages,
> Dans la nuit éternelle emportés [2] sans retour,
> Ne pourrons-nous jamais sur l'océan des âges
>   Jeter l'ancre [3] un seul jour ?
>
> O lac ! l'année à peine a fini sa carrière [4],
> Et près des flots chéris qu'elle devait revoir,
> Regarde ! Je viens seul m'asseoir sur cette pierre
>   Où tu la vis s'asseoir !
>
> Tu mugissais ainsi [5] sous ces roches profondes ;
> Ainsi tu te brisais sur leurs flancs déchirés ;
> Ainsi le vent jetait l'écume de tes ondes
>   Sur ses pieds adorés [6].

10

— 1 Cf. *emportés* (v. 2). Préciser cette idée romantique. — 2 Var. : *Sans pouvoir rien fixer, entraînés...* Apprécier la correction. — 3 Étudier ces métaphores (cf. v. 35 et 45-46) : leur rapport avec le paysage et ce qu'elles ajoutent au thème banal de la fuite du temps. — 4 Depuis octobre 1816. Relever les éléments élégiaques de cette strophe. — 5 Analyser les sentiments du poète devant ce décor qui n'a pas changé. — 6 Expliquer cette épithète.

Un soir, t'en souvient-il ? nous voguions en silence [7] ;
On n'entendait au loin, sur l'onde et sous les cieux,
Que le bruit des rameurs qui frappaient en cadence [8]
   Tes flots harmonieux [9].

Tout à coup des accents inconnus à la terre [10]
Du rivage charmé [11] frappèrent les échos ;
Le flot fut attentif, et la voix qui m'est chère
20   Laissa tomber ces mots [12] :

« O temps, suspends ton vol ! et vous, heures propices [13],
   Suspendez votre cours !
Laissez-nous savourer les rapides délices
   Des plus beaux de nos jours [14] !

« Assez de malheureux ici-bas vous implorent :
   Coulez, coulez pour eux ;
Prenez avec leurs jours les soins [15] qui les dévorent ;
   Oubliez les heureux.

« Mais je demande en vain quelques moments encore,
30   Le temps m'échappe et fuit [16] ;
Je dis à cette nuit : « Sois plus lente » ; et l'aurore
   Va dissiper la nuit [17].

« Aimons donc, aimons donc ! de l'heure fugitive,
   Hâtons-nous, jouissons [18] !
L'homme n'a point de port, le temps n'a point de rive ;
   Il coule, et nous passons ! »

Temps jaloux [19], se peut-il que ces moments d'ivresse,
Où l'amour à long flots nous verse le bonheur [20],
S'envolent loin de nous de la même vitesse
40   Que les jours de malheur ?

Hé quoi ! n'en pourrons-nous fixer au moins la trace [21] ?
Quoi ! passés pour jamais ? quoi ! tout entiers perdus ?
Ce temps qui les donna, ce temps qui les efface,
   Ne nous les rendra plus [22] ?

— 7 Cf. Rousseau : « Nous gardions un profond silence. Le bruit égal et mesuré des rames m'excitait à rêver » (*XVIIIe Siècle*, p. 288). — 8 Étudier le rythme évocateur de ce vers. — 9 Relever dans la strophe tous les éléments qui créent une impression d'intimité et de perfection dans le bonheur. — 10 Elvire est pour lui un être supraterrestre. — 11 *Comme soumis à un enchantement* (sens classique). Cf. le v. 19. — 12 Var. : *Chanta ces tristes mots.* En quoi la rédaction définitive évoque-t-elle le ton et l'état d'âme d'Elvire ? — 13 Favorables. — 14 Souhait déjà exprimé par Lamartine dans un poème écrit en 1814. — 15 *Soucis* (sens classique). — 16 Var. : Le temps m'*écoute et fuit.* Expliquer et apprécier la correction. — 17 Comment le poète évoque-t-il par le vocabulaire et par le rythme le sentiment *tragique* de la fuite du temps ? — 18 Conclusion épicurienne dans la veine d'Horace, de Catulle, des poètes du XVIIIe siècle, ou encore de Ronsard. — 19 Jaloux *du bonheur humain.* Ici commence la méditation philosophique, qui prolonge la plainte d'Elvire. — 20 Étudier l'accord du rythme et de l'idée. — 21 Cf. v. 52. — 22 Cf. *XVIIIe Siècle*, p. 288 (l. 25-28). Préciser les sentiments du poète. Comment sont-ils soulignés par le tour des phrases et le rythme des vers ?

Éternité, néant, passé, sombres abîmes [23],
Que faites-vous des jours que vous engloutissez ?
Parlez : nous rendrez-vous ces extases sublimes
    Que vous nous ravissez [24] ?

O lac ! rochers muets ! grottes ! forêt obscure !
50 Vous que le temps épargne ou qu'il peut rajeunir [25],
Gardez de cette nuit, gardez, belle nature,
    Au moins le souvenir [26] !

Qu'il soit dans ton repos, qu'il soit dans tes orages,
Beau lac, et dans l'aspect de tes riants coteaux,
Et dans ces noirs sapins, et dans ces rocs sauvages [27]
    Qui pendent sur tes eaux !

Qu'il soit dans le zéphyr qui frémit et qui passe,
Dans les bruits de tes bords par tes bords répétés [28],
Dans l'astre au front d'argent [29] qui blanchit ta surface
60   De ses molles clartés !

Que le vent qui gémit, le roseau qui soupire,
Que les parfums légers de ton air embaumé,
Que tout ce qu'on entend, l'on voit ou l'on respire,
    Tout dise : « Ils ont aimé [30] ! »

voir p. 42

(annotations manuscrites : la lune ; — demander à la nature de conserver le souvenir ; — un peu d'espoir)

  — *Par quelle succession d'idées et de sentiments* LAMARTINE *passe-t-il de l'évocation du bonheur perdu à l'effusion lyrique des v. 49-64 ? Précisez le ton de chaque partie.*
  — *Le poème d'amour : a) Montrez que l'héroïne est évoquée avec discrétion et devient le symbole de l'amante idéale ; — b) Dégagez cette conception de l'amour.*
  — *La fuite du temps. Étudiez ce thème dans l'ensemble du poème (les idées, leur expression). En quoi est-il rendu plus poignant par la situation d'Elvire et par les sentiments du poète au moment où il compose* Le Lac ?
  — *Le sentiment de la nature. Distinguez des détails précis et d'autres indécis et idéalisés. Quel est l'effet ainsi obtenu ? Montrez que la nature est une confidente et une amie.*
  • **Comparaison :** Cf. la « Promenade sur le lac » dans *La Nouvelle Héloïse*, XVIIIe SIÈCLE, p. 287-289.
  • **Groupe thématique.** Le thème du **souvenir** dans la poésie romantique, d'après *Le Lac*, *Tristesse d'Olympio*, p. 163 et *Souvenir*, p. 226. – Cf. aussi *Lettre à Lamartine*, p. 219.
  • **Groupe thématique. La nature, l'homme et le souvenir**, d'après *Le Lac* et, dans *Jocelyn*, « L'ivresse du printemps », p. 113, « L'indifférence de la nature », p. 117. – Voir aussi : VIGNY, *Maison du Berger*, III, v. 148-182, p. 141-142.
  — *Commentaire composé : v. 13-36. L'ardeur épicurienne et sa traduction littéraire.*

— 23 *Sombres abîmes* est en apposition aux trois termes précédents. — 24 Cf. *Tristesse d'Olympio*, p. 165 (v. 77-88). — 25 Expliquer l'idée (cf. Ronsard, *XVIe Siècle*, p. 131). — 26 Cf. Musset, p. 226. — 27 Ces contrastes évoquent les deux aspects du paysage sur les rives du Lac du Bourget. — 28 Quel est l'effet produit par la répétition de *bords* ? — 29 Périphrase pseudo-classique. — 30 « Ses vers sont comme une conjuration qui lie à jamais, pour d'innombrables lecteurs, l'image du couple d'amants qu'Elvire et lui furent un jour, au paysage du lac... La plainte de Lamartine est une prise de possession pour l'éternité de ce coin de Savoie » (Lanson).

Le lyrisme lamartinien

H. de Caisne, « Alphonse de Lamartine », peinture,
1839. (Musée municipal des Ursulines, Macon. Ph. Denave © Arch. Photeb.)

Le lyrisme lamartinien. Dans les *Méditations*, le lyrisme a pour thème principal l'**élégie de l'amour brisé** par le destin (cf. **p. 87-99**). Il s'élargit et se renouvelle dans les *Harmonies* où l'**inquiétude religieuse**, oscillant entre les incertitudes et les élans de la foi, occupe la première place (cf. **p. 99-106**). Élargissant encore son inspiration à partir de 1830, Lamartine méditera en **philosophe** sur les révolutions (cf. **p. 109**), la démocratie et la fraternité des peuples (cf. **p. 106-108**). Dans sa vieillesse, il reviendra au **lyrisme intime** avec les « psalmodies de l'âme » de *La Vigne et la Maison* (cf. **p. 118**).

A. de Bar, « Le Lac », gravure, 1860. (Ph. © Bibl. Nat., Paris. Arch. Photeb.)

Deeble, « Le Lac », gravure, vers 1837. (Ph. Bibl. Nat., Paris. Ph. Jeanbor © Arch. Photeb.)

L'élégie lamartinienne

Pour la postérité, Lamartine demeure le poète du *Lac* (cf. **p. 88-90**), celui qui adjure le « beau lac », avec son « repos » et ses « orages », de garder le **souvenir de son amour brisé**. Le *Lac*, c'est aussi le « chant d'Elvire », le sentiment poignant du **temps qui s'enfuit** et le désir ardent de savourer les « rapides délices » du bonheur présent.

L'interrogation sur la nature qui peut être dépositaire — amie ou indifférente — du souvenir humain se retrouvera chez Hugo (cf. **p. 163**), Musset (cf. **p. 226**), Leconte de Lisle (cf. **p. 413**).

A.-V.-C. Fielding, « Coucher de soleil au large d'Hastings » (détail), aquarelle, 1819. (Victoria and Albert Museum, Londres. Ph. © Lauros, Giraudon.)

L'« Harmonie » lamartinienne

Dès le XVIIIᵉ siècle, Bernardin de Saint-Pierre s'était montré sensible aux « **harmonies de la nature** » (cf. **p. 343**), et aussi aux **harmonies entre la nature et les sentiments humains** (cf. **p. 345**). L'intuition de ces accords est, au XIXᵉ siècle, un moyen privilégié d'exprimer ou de suggérer des états d'âme, pour Lamartine (cf. **p. 96-98**) comme pour Chateaubriand (cf. **p. 76-77**), Vigny (cf. **p. 138**), Hugo (cf. **p. 181**), Musset (cf. **p. 226**), Baudelaire (cf. **p. 439 ; 449**), Verlaine (cf. **p. 515**) et Rimbaud (cf. **p. 522**).

Mieux encore, dans les *Harmonies* de Lamartine, ces accords deviennent un **instrument d'investigation** des profondeurs de l'âme et des mystères de la Création. C'est sans doute dans *L'Occident* (cf. **p. 103**) que devant le spectacle du soleil couchant il est allé le plus loin dans cette quête :

> « O lumière ! où vas-tu ? Globe épuisé de flamme,
> Nuages, aquilons, vagues, où courez-vous ? [...]
> A toi, grand Tout, dont l'astre est la pâle étincelle [...]
> Vaste océan de l'Être où tout va s'engloutir ! »

Cette inspiration se retrouvera dans les méditations émerveillées (mais parfois aussi délirantes) où Hugo nous entraîne jusqu'*au bord de l'Infini.*

Marquis de Courceval, « Habitation de Monsieur de Lamartine à Milly », aquarelle, 1826. (Ph. © Bibl. Nat., Paris. Arch. Photeb.)

« Le Château de Saint-Point ». (Ph. © F. Bouillot, Marco Polo.)

« Psalmodies de l'âme »

Lamartine a souvent chanté son attachement au domaine de Milly, cadre de son enfance, comme à Saint-Point, cadre de sa vie de gentilhomme campagnard. C'est cet attachement à la vieille maison familiale de Milly qui nous a valu *La Vigne et la Maison*, chef d'œuvre à bien des égards **symboliste**, en tout cas le plus original et le plus profond de la littérature **intimiste** (cf. **p. 118**). Le sentiment de **la fuite du temps** s'y exprime sur le mode mineur avec la tristesse du vieillard qui voit tout se dégrader autour de lui et qui, devant cette vieille maison vide et défigurée, retrouve le souvenir du temps où, la famille étant réunie, tout était joie en ces lieux.

Images du romantisme

C.D. Friedrich, « Le Voyageur au-dessus des nuages », peinture, vers 1818.
(Kunsthalle, Hambourg. Ph. R. Kleinhempel © Arch. Photeb.)

B. Roubaud, « Le Grand Chemin de la Postérité » (détail), lithographie, 1842.
(Maison de Balzac, Paris. Ph. Jeanbor © Arch. Photeb.)

Le mouvement romantique a donné naissance à toute une imagerie, souvent satirique, révélant le profond renouvellement de la sensibilité et des modes littéraires. On pourrait interpréter chaque détail de cette caricature qui rassemble les romantiques en renom à la suite de Victor Hugo. Dans cette caricature, Lamartine flotte sur les nuages, de même qu'élu député il décida de siéger « au plafond » au-dessus des partis.

La **position dominante** — à valeur symbolique — convient aux aspirations romantiques. Chateaubriand adolescent rêvait d'errer « au milieu des vents, des nuages et des fantômes » (cf. **p. 42**) ; le *Moïse* de Vigny s'isole de la foule sur le Mont Nébo (cf. **p. 125**) ; Hugo écoute « ce qu'on entend sur la montagne » ; Gautier aime « les monts fiers et sublimes où l'on se sent plus près du ciel » (cf. **p. 268**), et Proust a noté chez les héros stendhaliens « un certain sentiment de l'altitude se liant à la vie spirituelle » (cf. **p. 342**).

J. Martin, « Le Barde », peinture, vers 1817. (Laing Art Gallery and Museum, Newcastle. Ph. J.L. Charmet © Arch. Photeb.)

Romantisme exacerbé

Un ensemble d'éléments qui pourraient figurer le romantisme dans ses formes **extrêmes**. C'est un paysage tourmenté avec des rochers à pic sur un torrent aux eaux bouillonnantes ; au fond, des montagnes escarpées couronnées de nuages ; dominant le précipice, d'un côté une forteresse puissante, de l'autre le **barde** aux cheveux agités par le vent, s'accompagnant de la harpe et déclamant un poème sous la dictée de l'**inspiration**. Les arbres eux-mêmes ont des formes étranges et le défilé des cavaliers, avec leurs armures et leurs bannières, complète la couleur médiévale. Ces éléments — que les ironistes rangeraient dans le bric-à-brac romantique — se retrouvent çà et là dans la poésie de l'époque (cf. **p. 130**) et l'on songe à quelque rude épisode de la *Légende des Siècles* (cf. **p. 190**).

*Cheyere, « Les Romantiques », lithographie,
vers 1830.* (Musée Carnavalet, Paris. Ph. J.L. Charmet ©
Photeb.)

*J.-M. Fontaine, « La Solitude », gravure d'après A.
Devéria, 1825/26.* (Ph. © Bibl. Nat., Paris. Photeb.)

*Levasseur, « Le Jeune Romantique », gravure
d'après A. Devéria, 1822.* (Bibl. Nat., Paris. Ph. ©
Arch. Photeb.)

Les grandes attitudes

Le romantique se plaît à prendre la pose dans
de grandes attitudes symboliques : **méditation**
sur les ruines ou devant un panorama qu'on
domine ; **solitude** orgueilleuse sur les sommets
inaccessibles au vulgaire ; image plus émouvante, la **longue attente** de Victor Hugo sur le
« rocher des proscrits », devant l'immensité de
« l'onde aux plis infranchissables » qui le sépare
de sa patrie.

*Ch. Hugo, « Victor Hugo sur le Rocher des Proscrits »,
photo, vers 1855.* (Maison de Victor Hugo, Paris. Ph. © Ch. Hugo.
Bulloz. Arch. Photeb.)

K. Blechen, « Église gothique en ruines », peinture, 1826. (Staatliche Kunstsammlungen, Gemälde galerie Neue Meister, Dresde. Ph. G. Reinhold © Arch. Photeb.)

Le gothique et les ruines

La poésie des ruines, la mode du gothique, deux volets complémentaires de l'inspiration romantique. Dans *Le Génie du Christianisme*, Chateaubriand leur consacre plusieurs pages (cf. **p. 54**). Michelet chantera l'élan spirituel symbolisé par la **cathédrale** (cf. **p. 368**), tout en déplorant sa fragilité (cf. **p. 370**). Elle est en somme le personnage central de *Notre-Dame de Paris* (cf. **p. 196**) et beaucoup de dessins de V. Hugo ont pour thème des burgs et des villes médiévales. Flaubert raillera avec férocité les excès de cette mode (cf. **p. 459**), mais les écrivains postérieurs resteront sensibles à la haute spiritualité de la cathédrale ou au chatoiement de ses vitraux, par exemple Mallarmé (cf. **p. 538**) et, au XXᵉ siècle, Péguy (cf. **p. 160 ; 162**), Claudel (cf. **p. 206**) et Proust (cf. **p. 228**).

L'Immortalité

Exemple parfait de ces *Méditations* où l'*inquiétude métaphysique* est étroitement liée au *poème d'amour* (cf. p. 87). A la fin de 1817, LAMARTINE envoya ces vers à JULIE qui allait mourir : avec délicatesse, le poète, malade lui aussi, ne parle de la mort que comme s'il s'agissait de lui-même. L'analyse du poème permettra de définir la démarche de sa pensée philosophique, son instinct religieux, son spiritualisme, le lien qu'il établit entre l'amour humain et l'amour divin. La beauté, parfois sublime, de l'*élan lyrique* révèle à quel point le « discours en vers » peut être transfiguré par une émotion sincèrement ressentie (*Méditation IV*).

Le soleil de nos jours pâlit dès son aurore ;
Sur nos fronts languissants à peine il jette encore
Quelques rayons tremblants qui combattent la nuit :
L'ombre croît, le jour meurt, tout s'efface et tout fuit.
Qu'un autre à cet aspect frissonne et s'attendrisse,
Qu'il recule en tremblant des bords du précipice,
Qu'il ne puisse de loin [1] entendre sans frémir
Le triste chant des morts tout prêt à retentir,
Les soupirs étouffés d'une amante ou d'un frère [2]
10   Suspendus sur les bords de son lit funéraire,
Ou l'airain gémissant [3], dont les sons éperdus
Annoncent aux mortels qu'un malheureux n'est plus !
Je te salue, ô Mort ! Libérateur [4] céleste,
Tu ne m'apparais point sous cet aspect funeste [5]
Que t'a prêté longtemps l'épouvante ou l'erreur ;
Ton bras n'est point armé d'un glaive destructeur,
Ton front n'est point cruel, ton œil n'est point perfide ;
Au secours des douleurs un Dieu clément te guide ;
Tu n'anéantis pas, tu délivres ! ta main,
20   Céleste messager, porte un flambeau divin [6].
Quand mon œil fatigué se ferme à la lumière,
Tu viens d'un jour plus pur inonder ma paupière ;
Et l'Espoir, près de toi, rêvant sur un tombeau,
Appuyé sur la Foi, m'ouvre un monde plus beau [7].
Viens donc, viens détacher mes chaînes corporelles !
Viens, ouvre ma prison ; viens, prête-moi tes ailes !
Que tardes-tu ? Parais ; que je m'élance enfin
Vers cet Être inconnu [8], mon principe et ma fin !
Qui m'en a détaché ? Qui suis-je, et que dois-je être [9] ?
30   Je meurs, et ne sais pas ce que c'est que de naître.
Toi qu'en vain j'interroge, esprit, hôte inconnu,
Avant de m'animer, quel ciel habitais-tu ?
Quel pouvoir t'a jeté sur ce globe fragile ?
Quelle main t'enferma dans ta prison d'argile [10] ?
Par quels nœuds étonnants, par quels secrets rapports
Le corps tient-il à toi comme tu tiens au corps ?
Quel jour séparera l'âme de la matière ?

— 1 D'avance, en imagination. — 2 Aymon de Virieu, que Lamartine aimait comme un frère. — 3 Expliquer. — 4 La mort est un *ange.* — 5 *Funèbre.* — 6 Étudier l'image. — 7 Dégager les deux conceptions de la mort qui s'opposent et préciser l'allégorie. — 8 Cf. :

« Le catholicisme chez Lamartine a enveloppé, non pas chassé le déisme » (Lanson). — 9 Série de questions métaphysiques qui seront agitées longuement dans *L'Homme* (1819). — 10 Thème platonicien. Cf. *L'Homme* : « Dans la prison des sens enchaîné sur la terre » (v. 76).

Pour quel nouveau palais quitteras-tu la terre ?
As-tu tout oublié ? Par-delà le tombeau,
40 Vas-tu renaître encor dans un oubli nouveau ?
Vas-tu recommencer une semblable vie [11] ?
Ou dans le sein de Dieu, ta source et ta patrie [12],
Affranchi pour jamais de tes liens mortels,
Vas-tu jouir enfin de tes droits éternels ?

Oui, tel est mon espoir, ô moitié de ma vie [13] !
C'est par lui que déjà mon âme raffermie
A pu voir sans effroi sur tes traits enchanteurs
Se faner du printemps les brillantes couleurs [14] ;
C'est par lui que, percé du trait qui me déchire,
50 Jeune encore, en mourant, vous me verrez sourire,
Et que des pleurs de joie, à nos derniers adieux,
A ton dernier regard [15] brilleront dans mes yeux.

« Vain espoir ! » s'écriera le troupeau d'Épicure [16].[...]
Qu'un autre vous réponde, ô sages de la terre !
Laissez-moi mon erreur ; j'aime, il faut que j'espère ;
Notre faible raison se trouble et se confond.
Oui, la raison se tait ; mais l'instinct vous répond [17].
Pour moi, quand je verrais dans les célestes plaines
Les astres, s'écartant de leurs routes certaines,
60 Dans les champs de l'éther l'un par l'autre heurtés,
Parcourir au hasard les cieux épouvantés ;
Quand j'entendrais gémir et se briser la terre ;
Quand je verrais son globe errant et solitaire,
Flottant loin des soleils, pleurant l'homme détruit,
Se perdre dans les champs de l'éternelle nuit ;
Et quand, dernier témoin de ces scènes funèbres,
Entouré du chaos, de la mort, des ténèbres,
Seul je serais debout : seul, malgré mon effroi,
Être infaillible et bon, j'espérerais en toi,
70 Et certain du retour de l'éternelle aurore,
Sur les mondes détruits je t'attendrais encore [18] !

Souvent, tu t'en souviens, dans cet heureux séjour [19]
Où naquit d'un regard notre immortel amour,
Tantôt sur les sommets de ces rochers antiques,
Tantôt aux bords déserts des lacs mélancoliques [20],
Sur l'aile du désir loin du monde emportés,
Je plongeais avec toi dans ces obscurités [21].

— 11 Théorie de Pythagore et de Platon, reprise par Virgile (*Enéide*, VI). — 12 Cf. v. 28. — 13 Horace appelait aussi Virgile : *Animae dimidium meae* (Odes, I, 3). — 14 Julie était poitrinaire et Lamartine lui-même se croyait menacé. — 15 Par discrétion, le poète évoque sa propre mort et le dernier regard que lui adressera Julie. — 16 Horace désigne ainsi les matérialistes qui nient l'immortalité de l'âme. Dans les vers qui ne sont pas cités, Lamartine expose leur thèse. — 17 Lamartine se fie au sentiment, comme Rousseau. — 18 Étudier cet admirable acte de foi. De même, dans *L'Homme*, après la mort de Julie : « J'aime ta volonté dans mes supplices même : Gloire à toi ! Gloire à toi ! Frappe, anéantis-moi ! Tu n'entendras qu'un cri : Gloire à jamais à toi ! » — 19 A Aix-les-Bains (cf. p. 85). — 20 Pluriel poétique qui dépouille ce souvenir de son caractère anecdotique : « Il n'y a pas de *Lac bleu* qui vaille cela » (Sainte-Beuve). — 21 Ces questions obscures.

Les ombres, à longs plis descendant des montagnes [22],
Un moment à nos yeux dérobaient les campagnes ;
80 Mais bientôt, s'avançant sans éclat et sans bruit,
Le chœur mystérieux des astres de la nuit,
Nous rendant les objets voilés à notre vue,
De ses molles lueurs revêtait l'étendue.
Telle, en nos temples saints par le jour éclairés,
Quand les rayons du soir pâlissent par degrés,
La lampe [23], répandant sa pieuse lumière,
D'un jour plus recueilli remplit le sanctuaire.
 Dans ton ivresse alors tu ramenais mes yeux
Et des cieux à la terre et de la terre aux cieux :
90 « Dieu caché [24], disais-tu, la nature est ton temple [25] !
L'esprit te voit partout quand notre œil la contemple ;
De tes perfections, qu'il cherche à concevoir,
Ce monde est le reflet [26], l'image, le miroir ;
Le jour est ton regard, la beauté ton sourire ;
Partout le cœur t'adore et l'âme te respire ;
Éternel, infini, tout-puissant et tout bon,
Ces vastes attributs n'achèvent pas ton nom ;
Et l'esprit, accablé sous ta sublime essence,
Célèbre ta grandeur jusque dans son silence.
100 Et cependant, ô Dieu ! pas sa sublime loi [27],
Cet esprit abattu s'élance encore à toi,
Et, sentant que l'amour est la fin de son être [28],
Impatient d'aimer, brûle de te connaître [29] ».
 Tu disais ; et nos cœurs unissaient leurs soupirs
Vers cet être inconnu qu'attestaient nos désirs [30] :
A genoux devant lui, l'aimant dans ses ouvrages,
Et l'aurore et le soir lui portaient nos hommages,
Et nos yeux enivrés contemplaient tour à tour
La terre notre exil, et le ciel son séjour.
110 Ah ! si dans ces instants où l'âme fugitive
S'élance et veut briser le sein qui la captive [31],
Ce Dieu, du haut du ciel répondant à nos vœux,
D'un trait libérateur nous eût frappés tous deux,
Nos âmes, d'un seul bond remontant vers leur source,
Ensemble auraient franchi les mondes dans leur course ;
A travers l'infini, sur l'aile de l'amour,
Elles auraient monté comme un rayon du jour,
Et, jusqu'à Dieu lui-même arrivant éperdues,
Se seraient dans son sein pour jamais confondues !
120 Ces vœux nous trompaient-ils ? Au néant destinés,
Est-ce pour le néant que les êtres sont nés ?
Partageant le destin du corps qui la recèle,
Dans la nuit du tombeau l'âme s'engloutit-elle ?

— 22 Cf. Virgile. *Buc.* I, 83. — 23 La lampe qui veille, dans les églises, devant le Saint-Sacrement. — 24 Cf. Isaïe, XLV, 15. — 25 Cf. *Les Harmonies*. — 26 Idée platonicienne (cf. *XVIe Siècle*, p. 100). — 27 Sa loi intérieure qui est d'*aimer*. — 28 *Le but de son existence*. Idée platonicienne. — 29 Cf. « C'est peu de croire en toi, bonté, beauté suprême ! Je te cherche partout, j'aspire à toi, je t'aime ! » *(La Prière)*. — 30 Dont nos désirs attestaient l'existence. — 31 Qui la *retient*.

Tombe-t-elle en poussière ? ou, prête à s'envoler,
Comme un son qui n'est plus va-t-elle s'exhaler ?
Après un vain soupir, après l'adieu suprême,
De tout ce qui t'aimait n'est-il plus rien qui t'aime ?
Ah ! sur ce grand secret n'interroge que toi !
Vois mourir ce qui t'aime, Elvire, et réponds-moi !

L'ISOLEMENT

ELVIRE est morte en décembre 1817. Accablé par la perte de « la personne qu'il aimait le plus au monde », LAMARTINE s'est retiré à Milly, dans « *une complète solitude et un isolement total* ». Il a cru qu'il ne survivrait pas à sa douleur et, sincèrement, il a *désiré la mort* : « Je reste seul, écrit-il, mais j'ai presque la certitude que ce ne sera pas pour longtemps ; je puis déjà d'avance me compter au nombre des morts » (Lettre du 26 avril 1818). C'est cette *sincérité* qui confère à l'*Isolement* (août 1818) une résonance particulière parmi tant de déclamations inspirées par la mélancolie romantique. *(Méd. I).*

Souvent sur la montagne [1], à l'ombre du vieux chêne,
Au coucher du soleil, tristement je m'assieds ;
Je promène au hasard mes regards sur la plaine,
Dont le tableau changeant se déroule à mes pieds.

Ici gronde le fleuve aux vagues écumantes [2] ;
Il serpente, et s'enfonce en un lointain obscur ;
Là le lac immobile [3] étend ses eaux dormantes
Où l'étoile du soir se lève dans l'azur.

Au sommet de ces monts couronnés de bois sombres,
10 Le crépuscule encor jette un dernier rayon ;
Et le char vaporeux de la reine des ombres [4]
Monte [5], et blanchit déjà les bords de l'horizon.

Cependant, s'élançant de la flèche gothique [6],
Un son religieux se répand dans les airs :
Le voyageur s'arrête, et la cloche rustique
Aux derniers bruits du jour mêle de saints concerts [7].

Mais à ces doux tableaux mon âme indifférente
N'éprouve devant eux ni charme ni transports [8] ;
Je contemple la terre ainsi qu'une ombre [9] errante :
20 Le soleil des vivants n'échauffe plus les morts.

De colline en colline en vain portant ma vue,
Du sud à l'aquilon [10], de l'aurore au couchant,
Je parcours tous les points [11] de l'immense étendue,
Et je dis : « Nulle part le bonheur ne m'attend. »

— 1 Le Craz, au-dessus de Milly, où le poète allait se recueillir. Pourquoi dit-il : *la* montagne, *la* plaine ? — 2 VAR. : « Ici le fleuve en paix roule ses eaux dormantes », notation qui convenait pour la Saône. Le poète lui substitue le souvenir du Rhône, plus impétueux. — 3 Aucun lac n'est visible de Milly. A quoi pense le poète ? — 4 Cf. v. 45 et p. 47, l. 6-7. — 5 Quel est l'effet du rejet ? — 6 Noter l'influence du *Génie du Christianisme* (cf. p. 54-55). — 7 Justifier à propos des v. 5-16 l'expression « ces doux tableaux » et préciser les goûts du poète (cf. v. 27). — 8 Préciser le rapport des deux termes. — 9 VAR. : *âme.* — 10 Au Nord. — 11 VAR. : Je *fixe* chaque point.

vers célèbre

Que me font ces vallons, ces palais [12], ces chaumières,
Vains objets dont pour moi le charme est envolé [13] ?
Fleuves, rochers, forêts, solitudes si chères,
Un seul être vous manque, et tout est dépeuplé [14] !

30 Que le tour du soleil ou commence ou s'achève,
D'un œil indifférent je le suis dans son cours ;
En un ciel sombre ou pur qu'il se couche ou se lève,
Qu'importe le soleil ? je n'attends rien des jours. *très triste*

Quand je pourrais le suivre en sa vaste carrière,
Mes yeux verraient partout le vide et les déserts :
Je ne désire rien de tout ce qu'il éclaire ;
Je ne demande rien à l'immense univers.

Mais peut-être au-delà des bornes de sa sphère,
Lieux où le vrai soleil [15] éclaire d'autres cieux,
Si je pouvais laisser ma dépouille à la terre,
40 Ce que j'ai tant rêvé [16] paraîtrait à mes yeux ! *un élan vers l'au-delà*

Là [17], je m'enivrerais à la source où j'aspire ;
Là, je retrouverais et l'espoir et l'amour,
Et ce bien idéal [18] que toute âme désire,
Et qui n'a pas de nom au terrestre séjour !

Que ne puis-je, porté sur le char de l'Aurore,
Vague objet [19] de mes vœux, m'élancer jusqu'à toi !
Sur la terre d'exil [20] pourquoi resté-je encore ?
Il n'est rien de commun entre la terre et moi.

Quand la feuille des bois tombe dans la prairie,
50 Le vent du soir s'élève et l'arrache aux vallons ; *P. 43 Chateaubriand*
Et moi, je suis semblable à la feuille flétrie :
Emportez-moi comme elle, orageux aquilons [21] !

— *Par quelle démarche et quels sentiments le poète s'achemine-t-il vers l'élan final ?*
— *Quels sont les éléments du paysage ? Est-il réel ? Quel est son rôle dans l'élégie ?*
— *Relevez les vers traduisant l'indifférence à tout spectacle. Quelle en est la cause ?*
— *Comment interprétez-vous la correction du v. 40 (voir la note) ?* LAMARTINE *peut-il être qualifié de « poète chrétien » d'après ce poème ?*
● **Comparaison.** Comparez les sentiments de LAMARTINE et ceux de *René*, p. 42-43.
— **Essai.** « *Un seul être vous manque et tout est dépeuplé* ». Si ce vers est la « clé » du poème, en quoi vous aide-t-elle à le distinguer des lieux communs du « mal du siècle » ?
● **Groupe thématique : L'homme et l'infini.** LAMARTINE. « L'Immortalité », p. 91. – XVIᵉ SIÈCLE. DU BELLAY : « L'Idée », p. 100. – XIXᵉ SIÈCLE. BAUDELAIRE : « Élévation », p. 433. – MALLARMÉ : « l'Azur », p. 533 ; – « Les Fenêtres », p. 532.
— **Essai.** *Étudiez, d'après « Le Vallon » et les autres extraits des* Méditations, *le sentiment de la nature dans la poésie de* LAMARTINE *: les « beaux lieux » du paysage lamartinien ; – la description et son rôle dans l'élégie ; – la relation entre la nature et les sentiments du poète ; les correspondances symboliques ; – l'influence de la nature sur l'âme humaine ; la nature et le sentiment religieux.*

— 12 *Ces palais :* Que nous révèle le choix de ce terme ? — 13 Cf. v. 28 et 32. — 14 A quoi tient la force expressive de ce vers (cf. v. 34) ? — 15 Expression chrétienne qui désigne Dieu, et qui rejoint la doctrine platonicienne des Idées : les objets sensibles ne sont que des reflets d'un monde idéal, celui des réalités véritables que l'âme contemplera après la mort (cf. Du Bellay, *L'Idée : XVIᵉ Siècle*, p. 100). — 16 Première rédaction : Ce que j'ai tant *pleuré.* — 17 Étudier le mouvement de la strophe. — 18 Cf. p. 41, l. 13. — 19 Cf. p. 50. — 20 Cf. « L'homme est un dieu tombé qui se souvient des cieux » (*Méditation II*). — 21 Cf. p. 43, l. 30.

Le Vallon

« Ce vallon est situé dans les montagnes du Dauphiné, aux environs du Grand-Lemps ; il se creuse entre deux collines boisées et son embouchure est fermée par les ruines d'un vieux manoir qui appartenait à mon ami Aymon de Virieu. Nous allions quelquefois y passer des heures de solitude » *(Commentaire)*. C'est en effet chez son ami que LAMARTINE dut commencer ce poème en 1819 : si ce vallon n'est pas celui de son enfance, il symbolise à ses yeux cette *nature apaisante et amie* qui fut toujours pour lui la grande consolatrice. Le poème offre les caractères essentiels de *l'élégie lamartinienne* : pour ne pas trahir cette conception de l'art, il faut s'abandonner à la mollesse fluide des impressions et des images et se laisser pénétrer par le calme qui descend dans l'âme du poète. — *(Méditation V)*.

Mon cœur, lassé de tout, même de l'espérance,
N'ira plus de ses vœux importuner le sort ;
Prêtez-moi seulement, vallon de mon enfance,
Un asile d'un jour pour attendre la mort [1].

Voici l'étroit sentier de l'obscure vallée :
Du flanc de ces coteaux pendent des bois épais,
Qui, courbant sur mon front leur ombre entremêlée,
Me couvrent tout entier de silence et de paix.

10   Là, deux ruisseaux cachés sous des ponts de verdure
Tracent en serpentant les contours du vallon :
Ils mêlent un moment leur onde et leur murmure,
Et non loin de leur source ils se perdent sans nom [2].

La source de mes jours comme eux s'est écoulée :
Elle a passé sans bruit, sans nom [3] et sans retour [4] ;
Mais leur onde est limpide, et mon âme troublée
N'aura pas réfléchi les clartés d'un beau jour.

La fraîcheur de leurs lits, l'ombre qui les couronne,
M'enchaînent [5] tout le jour sur les bords des ruisseaux.
Comme un enfant bercé par un chant monotone,
20   Mon âme s'assoupit au murmure des eaux.

Ah ! c'est là qu'entouré d'un rempart [6] de verdure,
D'un horizon borné qui suffit à mes yeux,
J'aime à fixer mes pas, et, seul dans la nature,
A n'entendre que l'onde, à ne voir que les cieux [7].

J'ai trop vu, trop senti, trop aimé dans ma vie [8] ;
Je viens chercher vivant le calme du Léthé [9].
Beaux lieux, soyez pour moi ces bords où l'on oublie :
L'oubli seul désormais est ma félicité.

Mon cœur est en repos, mon âme est en silence ;
30   Le bruit lointain du monde expire en arrivant,
Comme un son éloigné qu'affaiblit la distance,
A l'oreille incertaine apporté par le vent.

— 1 On étudiera l'évolution des sentiments du poète depuis *L'Isolement*. — 2 Étudier dans cette strophe et la suivante les allusions symboliques à la destinée de Lamartine et d'Elvire. — 3 Avant 1820 Lamartine est presque inconnu. — 4 Cf. v. 42 et p. 88, v. 2. — 5 Opposer *L'Iso-* *lement* (v. 17-18). — 6 Justifier ce terme (cf. v. 4). — 7 Cette aspiration n'est-elle ici qu'un thème romantique banal ? — 8 Préciser la différence entre cette lassitude et celle de René. — 9 Fleuve des Enfers où les âmes puisaient l'oubli du passé.

D'ici je vois la vie, à travers un nuage,
S'évanouir pour moi dans l'ombre du passé ;
L'amour seul est resté [10], comme une grande image
Survit seule au réveil dans un songe effacé.

Repose-toi, mon âme, en ce dernier asile,
Ainsi qu'un voyageur qui, le cœur plein d'espoir,
S'assied, avant d'entrer, aux portes de la ville,
40 Et respire un moment l'air embaumé du soir [11].

Comme lui, de nos pieds secouons la poussière [12] ;
L'homme par ce chemin ne repasse jamais ;
Comme lui, respirons au bout de la carrière
Ce calme avant-coureur de l'éternelle paix.

Tes jours, sombres et courts comme les jours d'automne,
Déclinent comme l'ombre au penchant des coteaux ;
L'amitié te trahit, la pitié t'abandonne [13],
Et seule, tu descends le sentier des tombeaux.

Mais la nature est là qui t'invite et qui t'aime ;
50 Plonge-toi dans son sein qu'elle t'ouvre toujours :
Quand tout change pour toi, la nature est la même,
Et le même soleil se lève sur tes jours.

De lumière et d'ombrage elle t'entoure encore :
Détache ton amour des faux biens que tu perds ;
Adore ici l'écho qu'adorait Pythagore [14],
Prête avec lui l'oreille aux célestes concerts.

Suis le jour dans le ciel, suis l'ombre sur la terre :
Dans les plaines de l'air vole avec l'aquilon ;
Avec le doux rayon de l'astre du mystère [15],
60 Glisse à travers les bois dans l'ombre du vallon.

Dieu, pour le concevoir, a fait l'intelligence :
Sous la nature enfin découvre son auteur !
Une voix à l'esprit parle dans son silence [16] :
Qui n'a pas entendu cette voix dans son cœur ?

– Essai. Étudiez, d'après « Le Vallon » et les autres extraits des Méditations, *le sentiment de la nature dans la poésie de* Lamartine *: les « beaux lieux » du paysage lamartinien ; – la description et son rôle dans l'élégie ; – la relation entre la nature et les sentiments du poète ; les correspondances symboliques ; – l'influence de la nature sur l'âme humaine ; la nature et le sentiment religieux.*

— 10 Dépouillé de toute amertume (cf. p. 226). — 11 Étudier la portée symbolique de la comparaison. — 12 Avant d'entrer dans ce « dernier asile », puisque le « voyage » est terminé. — 13 Ce sentiment de solitude était peut-être rendu plus vif par la rivalité entre Lamartine et Louis de Vignet, tous deux épris de Miss Birch. — 14 Philosophe grec, pour qui *l'harmonie universelle* se traduisait par la musique des sphères célestes dans leur mouvement régulier. — 15 Justifier la périphrase. — 16 Le silence de la nature.

L'AUTOMNE

La *Méditation XXIII*, écrite à Milly en 1819, traduit l'évolution sentimentale du poète : sans oublier Elvire, à qui il consacrera encore *Le Crucifix* dans les *Nouvelles Méditations* (1823), LAMARTINE s'est épris de MISS BIRCH et retrouve peu à peu le goût de vivre. « Ces vers sont cette lutte entre *l'instinct de tristesse* qui fait accepter la mort et *l'instinct de bonheur* qui fait regretter la vie » *(Commentaire).*

Salut, bois couronnés d'un reste de verdure,
Feuillages jaunissants sur les gazons épars [1] !
Salut, derniers beaux jours ! le deuil de la nature
Convient à la douleur [2] et plaît à mes regards [3].

Je suis d'un pas rêveur le sentier solitaire [4] ;
J'aime à revoir encor, pour la dernière fois,
Ce soleil pâlissant, dont la faible lumière
Perce à peine à mes pieds l'obscurité des bois.

Oui, dans ces jours d'automne où la nature expire,
10   A ses regards voilés [5] je trouve plus d'attraits ;
C'est l'adieu d'un ami, c'est le dernier sourire [6]
Des lèvres que la mort va fermer pour jamais.

Ainsi, prêt à [7] quitter l'horizon de la vie [8],
Pleurant de mes longs jours l'espoir [9] évanoui,
Je me retourne encore, et d'un regard d'envie
Je contemple ses biens dont je n'ai pas joui [10].

Terre, soleil, vallons, belle et douce nature,
Je vous dois une larme aux bords de mon tombeau ;
L'air est si parfumé ! la lumière est si pure !
20   Aux regards d'un mourant le soleil est si beau !

Je voudrais maintenant [11] vider jusqu'à la lie
Ce calice mêlé de nectar et de fiel [12] :
Au fond de cette coupe où je buvais la vie,
Peut-être restait-il une goutte de miel !

Peut-être l'avenir me gardait-il encore
Un retour de bonheur dont l'espoir est perdu [13] !
Peut-être, dans la foule, une âme que j'ignore
Aurait compris mon âme, et m'aurait répondu !...

— 1 Epithète de *feuillages*. Quel est l'effet de l'inversion ? — 2 Comparer ce sentiment à celui de René (cf. p. 42, l. 6-7). — 3 Étudier l'effet produit dans cette strophe par la régularité du rythme. — 4 Préciser les nuances marquées par les deux épithètes. — 5 Qui perdent leur éclat. — 6 Indiquer la nuance de ce sourire. — 7 Près de. — 8 Montrer que cette image se précise dans les v. 13-16. — 9 L'espoir de *vivre* de longs jours. Quel est l'effet produit par l'inversion ? — 10 Faire une remarque sur les rimes de cette strophe. — 11 Montrer l'importance de cet adverbe. — 12 Expliquer l'image. — 13 Lamartine « sans emploi, ni fortune » a été refusé par la mère de Miss Birch.

La fleur tombe en livrant ses parfums au zéphire ;
30 A la vie, au soleil, ce sont là ses adieux :
Moi, je meurs ; et mon âme, au moment qu'elle expire,
S'exhale comme un son triste et mélodieux.

– *Distinguez les sentiments qui se mêlent dans ce poème. Quel est celui qui l'emporte ?*
– *Quel aspect de l'automne est ici évoqué ? Étudiez l'harmonie entre cette évocation et les sentiments du poète.*
– *En quoi consiste ici ce qu'on appelle le « symbolisme » de* LAMARTINE *?*
– **Essai.** *Étudiez l'évolution des sentiments que l'on perçoit lorsqu'on lit successivement « L'isolement », « Le Vallon »,*
« L'Automne ».
• **Groupe thématique : L'automne.** P. 42, p. 77, p. 443, p. 507. – XVIIIᵉ SIÈCLE, p. 334. – XXᵉ SIÈCLE,
p. 44, p. 553.

HARMONIES POÉTIQUES ET RELIGIEUSES

Conçues pour la plupart en Italie de 1826 à 1828 quand LAMARTINE était attaché d'ambassade à Florence, les *Harmonies* parurent en juin 1830. En dépit de quelques négligences de rédaction, certains considèrent ce recueil de 48 poèmes comme le chef-d'œuvre lyrique de LAMARTINE par la magnificence du *sentiment de la nature*, la spontanéité de l'*émotion religieuse*, la richesse des *images*, la variété des *rythmes*.

I. LA VEINE DES MÉDITATIONS. On retrouve dans quelques *Harmonies* la veine intime et personnelle des *Méditations*, notamment dans *Le Premier Regret*, souvenir d'un premier amour (pour une Napolitaine, cf. *Graziella*) et dans *Milly ou la Terre natale*, qui reste pour nous le poème de la famille : à la brillante Italie, le poète préfère son humble village ; il s'émeut au souvenir des siens et souhaite de finir ses jours à Milly.

II. L'INSPIRATION RELIGIEUSE. LAMARTINE voulait d'abord écrire des « *Psaumes modernes* », en souvenir du lyrisme biblique. Pour la plupart en effet, les *Harmonies* sont des hymnes à la bonté et à la puissance du Créateur, inspirés à l'auteur par sa joie de vivre heureux et son ravissement devant les magnifiques paysages de Toscane.

1. « DES DEGRÉS POUR MONTER A DIEU ». Le poète nous apparaît comme une de ces âmes qui, selon sa *Préface*, « cherchent en elles-mêmes et dans la création qui les environne *des degrés pour monter à Dieu*, des expressions et des images pour se le révéler à elles-mêmes, pour se révéler à lui ». C'est la nature entière qui s'élance vers Dieu :

> Montez donc, flottez donc, roulez, volez, vents, flammes,
> Oiseaux, vagues, rayons, vapeurs, parfums et voix !
> Terre, exhale ton souffle ! homme, élève ton âme !
> Montez, flottez, roulez, accomplissez vos lois !
> Montez, volez à Dieu ! plus haut, plus haut encore ! *(Hymne du matin)*

Comment contenir l'élan éperdu de notre âme devant le mystère d'une nuit étoilée (*L'Infini dans les Cieux*) ou la splendeur de ce *Paysage dans le Golfe de Gênes ?*

> O terre, ô mer, ô nuit, que vous avez de charmes !
> Miroir éblouissant d'éternelle beauté,
> Pourquoi, pourquoi mes yeux se voilent-ils de larmes
>   Devant ce spectacle enchanté ?
> Pourquoi, devant ce ciel, devant ces flots qu'elle aime,
> Mon âme sans chagrin gémit-elle en moi-même ?
>   Jéhovah, beauté suprême,
> C'est qu'à travers ton œuvre elle a cru te saisir ;
> C'est que de tes grandeurs l'ineffable harmonie
> N'est qu'un premier degré de l'échelle infinie,
> Qu'elle s'élève à toi de désir en désir,
> Et que plus elle monte et plus elle mesure
> L'abîme qui sépare et l'homme et la nature
>   De toi, mon Dieu, son seul soupir !

Au cœur même du recueil, les *Quatre grandes Harmonies* (cf. p. 100) développent en rythmes souverains cette idée que tout dans la création révèle l'existence de Dieu.

2. Évolution du sentiment religieux. Quelques-uns de ces hymnes sont d'inspiration nettement *chrétienne* et même *catholique*, par exemple l'*Ode aux Chrétiens dans les temps d'épreuve*, influencée par les idées de Lamennais, et surtout l'*Hymne au Christ* qui contient un très bel éloge de Jésus et une solennelle profession de foi catholique :

> *O Dieu de mon berceau, sois le Dieu de ma tombe!*

Toutefois, si dans l'ensemble les *Harmonies* sont animées d'un élan religieux très vif et très ardent, ce sentiment, dégagé du dogme, s'apparenterait plutôt au *déisme* à la manière de Rousseau (cf. p. 102, 105). Dans certains cas l'expression a pu faire croire à une sorte de *panthéisme* (cf. p. 104) ; mais il serait plus juste de parler d'une aspiration *platonicienne :* la communion avec la nature n'est qu'un moyen d'élever l'âme jusqu'aux beautés éternelles :

> *Élance-toi mon âme et d'essor en essor*
> *Remonte de ce monde aux beautés éternelles* (Paysage).

Un des derniers poèmes du recueil, *Novissima verba* (« Les ultimes paroles », 1829) exprime l'angoisse de l'auteur, par une mélancolique journée d'automne où il se prend à douter de tout : « *L'éternité vaut-elle une heure d'agonie ?* ».

Et mon âme est déjà triste jusqu'à la mort...	Comme la feuille sèche autour du tronc des bois;
Mon âme avec effroi regarde derrière elle,	Je regarde en avant, et je ne vois que doute
Et voit son peu de jours passés et déjà froids	Et ténèbres couvrant le terme de la route !

Mais invoquant aussitôt l'instinct irrésistible qui nous pousse à espérer et à croire en Dieu, Lamartine réagit bien vite contre ce désespoir. Toutefois ces *incertitudes* qui traversent l'âme du poète marquent une nouvelle étape dans son évolution (cf. p. 111).

LE CHÊNE

Le *Chêne* (1826) est la seconde des *Quatre grandes Harmonies* (qui à l'origine n'en formaient qu'une) liées par un thème unique : à celui qui sait voir, tout révèle l'existence de Dieu. *Jéhovah* (I) montre que tous les peuples adorent Dieu et que la nature chante sa gloire. Dans *L'Humanité* (III), l'idée de Dieu est tirée du génie de l'homme et du pressentiment de son immortalité. *L'Idée de Dieu* (IV), conclusion de l'ensemble, traduit l'enthousiasme qu'inspire cette certitude. Dans *Le Chêne*, c'est l'histoire d'un arbre prodigieux, symbole de *la grandeur et de l'ordre de la nature*, qui doit nous révéler l'existence des « causes finales » et la *toute-puissance* de Dieu.

> Voilà ce chêne solitaire,
> Dont le rocher s'est couronné :
> Parlez à ce tronc séculaire [1],
> Demandez comment il est né.
>
> Un gland tombe de l'arbre et roule sur la terre ;
> L'aigle à la serre vide, en quittant les vallons,
> S'en saisit en jouant et l'emporte à son aire
> Pour aiguiser le bec de ses jeunes aiglons [2] ;
> Bientôt du nid désert [3] qu'emporte la tempête
> Il roule confondu dans les débris mouvants,
> Et sur la roche nue un grain de sable arrête
> Celui qui doit un jour rompre l'aile des vents [4].
>
> L'été vient, l'aquilon soulève
> La poudre [5] des sillons, qui [6] pour lui n'est qu'un jeu,

10

— 1 Le chêne de Casciano, en Toscane, qui inspire cette *Harmonie*, était déjà célèbre en 1300. — 2 A quoi tendent tous ces détails ? — 3 Abandonné par les aigles. — 4 Commenter l'enjambement et l'effet obtenu par la périphrase. — 5 Poussière (classique). — 6 Ce qui.

Et sur le germe éteint où couve [7] encor la sève
En laisse retomber un peu [8].
Le printemps, de sa tiède ondée,
L'arrose comme avec la main ;
Cette poussière est fécondée,
20 Et la vie y circule enfin [9].

La vie ! A ce seul mot tout œil, toute pensée,
S'inclinent confondus et n'osent pénétrer ;
Au seuil de l'infini c'est la borne placée [10],
Où la sage ignorance et l'audace insensée [11]
Se rencontrent pour adorer !

Il vit, ce géant des collines ;
Mais, avant de paraître au jour,
Il se creuse avec ses racines
Des fondements comme une tour.
30 Il sait quelle lutte s'apprête,
Et qu'il doit contre la tempête
Chercher sous la terre un appui ;
Il sait que l'ouragan sonore
L'attend au jour... ou, s'il l'ignore,
Quelqu'un du moins le sait pour lui [12].

Ainsi quand le jeune navire
Où s'élancent les matelots,
Avant d'affronter son empire [13],
Veut s'apprivoiser sur les flots,
40 Laissant filer son vaste câble,
Son ancre va chercher le sable
Jusqu'au fond des vallons mouvants,
Et sur ce fondement mobile
Il balance son mât fragile
Et dort au vain [14] roulis des vents.

Il vit ! le colosse superbe
Qui couvre [15] un arpent [16] tout entier
Dépasse à peine le brin d'herbe
Que le moucheron fait plier.
50 Mais sa feuille boit la rosée,
Sa racine fertilisée
Grossit comme une eau dans son cours,
Et dans son cœur qu'il fortifie
Circule un sang ivre de vie
Pour qui les siècles sont des jours.

Les sillons où les blés jaunissent
Sous les pas changeants des saisons,
Se dépouillent et se vêtissent [17]
Comme un troupeau de ses toisons ;
Le fleuve naît, gronde et s'écoule ;   60
La tour monte, vieillit, s'écroule [18] ;
L'hiver effeuille le granit [19] ;
Des générations sans nombre
Vivent et meurent sous son ombre :
Et lui ? voyez, il rajeunit !

Son tronc que l'écorce protège,
Fortifié par mille nœuds,
Pour porter sa feuille ou sa neige
S'élargit sur ses pieds noueux ;
Ses bras, que le temps multiplie,   70
Comme un lutteur qui se replie
Pour mieux s'élancer en avant,
Jetant leurs coudes en arrière
Se recourbent dans la carrière [20]
Pour mieux porter le poids du vent [21].

Et son vaste et pesant feuillage,
Répandant la nuit alentour,
S'étend, comme un large nuage,
Entre la montagne et le jour ;
Comme de nocturnes fantômes,   80
Les vents résonnent dans ses dômes ;
Les oiseaux y viennent dormir,
Et pour saluer la lumière
S'élèvent comme une poussière
Si sa feuille vient à frémir [22].

---

7 Expliquer ces deux images. — 8 Étudier la coupe de ce vers. — 9 Préciser le ton de ce dernier vers. — 10 Apprécier cette image philosophique. — 11 Expliquer ces deux attitudes et commenter les adj. — 12 Étudier l'effet qui termine cette strophe. — 13 Périphrase classique (cf. v. 42 et 57). — 14 *Inutile*. Expliquer pourquoi. — 15 Actuellement. —

16 De 30 à 50 ares. — 17 Comme les écrivains du XVIIIe siècle, Lamartine préfère *vêtissent* à la forme correcte *vêtent*. — 18 Étudier l'effet obtenu par ces deux vers parallèles. — 19 Expliquer cette métaphore originale. — 20 L'arène, où les lutteurs sont aux prises. — 21 Étudier l'art de la comparaison pour suggérer la puissance du chêne. — 22 Discerner les éléments *romantiques*.

La nef, dont le regard implore
Sur les mers un phare certain,
Le voit, tout noyé dans l'aurore [23],
Pyramider [24] dans le lointain.
90 Le soir fait pencher sa grande ombre
Des flancs de la colline sombre
Jusqu'au pied des derniers coteaux [25].
Un seul des cheveux de sa tête [26]
Abrite contre la tempête
Et le pasteur et les troupeaux.

Et pendant qu'au vent des collines
Il berce ses toits habités,
Des empires dans ses racines,
Sous son écorce des cités [27],
100 Là, près des ruches des abeilles,
Arachné [28] tisse ses merveilles,
Le serpent siffle, et la fourmi
Guide à des conquêtes de sables
Ses multitudes innombrables
Qu'écrase un lézard endormi.

Et ces torrents d'âme et de vie,
Et ce mystérieux sommeil,
Et cette sève rajeunie
Qui remonte avec le soleil [29],
Cette intelligence divine　　　　　　110
Qui pressent, calcule, devine
Et s'organise pour sa fin [30] ;
Et cette force qui renferme
Dans un gland le germe du germe
D'êtres sans nombres et sans fin [31] ;

Et ces mondes de créatures
Qui, naissant et vivant de lui,
Y puisent être et nourritures
Dans les siècles comme aujourd'hui :
Tout cela n'est qu'un gland fragile　　　120
Qui tombe sur le roc stérile
Du bec de l'aigle ou du vautour ;
Ce n'est qu'une aride poussière
Que le vent sème en sa carrière
Et qu'échauffe un rayon du jour [32] !

Et moi, je dis : « Seigneur, c'est toi seul ; c'est ta force,
　　　　Ta sagesse et ta volonté,
　　　　Ta vie et ta fécondité,
　　　　Ta prévoyance et ta bonté !
130　　Le ver trouve ton nom gravé sous son [33] écorce,
　　Et mon œil [34] dans sa masse et son éternité ! »

– *Par quelles étapes, recourant tantôt à l'observation tantôt à la réflexion, le poète est-il conduit à proclamer la toute-puissance de la Providence ?*
– *Dans les v. 26-115, commentez les images qui personnifient le chêne ; Étudiez les divers procédés tendant à montrer sa puissance prodigieuse.*
– *Le lyrisme : a) les thèmes ; – b) images et comparaisons ; – c) rythme et mouvement lyrique.*
– *Essai. La vision de la nature dans les* Harmonies *et les* Méditations.
– *Essai. D'après « Le Chêne », marquez les étapes de la pensée religieuse et de sa traduction poétique dans une* Harmonie lamartinienne.
• **Groupe thématique : Providence et causes finales.** Comparez la pensée de LAMARTINE à celle de VOLTAIRE : XVIIIe SIÈCLE, p. 135, p. 160, p. 167, p. 177 et de DIDEROT : XVIIIe SIÈCLE, p. 211-217.
– *Commentaire composé : v. 1-25. Traduction poétique d'une intention philosophique.*
• **Groupe thématique : L'homme et l'arbre.** p. 161. – XVIe SIÈCLE, p. 126, p. 128. – XVIIe SIÈCLE, p. 263. – XXe SIÈCLE, p. 330, p. 488, p. 639.

— 23 Étudier les images et préciser cette impression. — 24 Se dresser comme une pyramide. — 25 Commenter cette évocation pittoresque, à la manière de V. Hugo. — 26 Image courante depuis Virgile. De quoi s'agit-il ici ? — 27 Que sont ces *empires* et ces *cités* ? — 28 Habile ouvrière que la jalousie de Minerve avait changée en *araignée*. — 29 Au printemps. — 30 Pour atteindre son *but* (cf. les *causes finales*, qui prouvent l'action de la Providence). — 31 Montrer ce qu'a de poétique cette évocation de l'infini. — 32 A quoi tend ce rappel du début du poème ? — 33 Celle du *chêne*. — 34 Comprendre : *trouve ton nom gravé.*

L'OCCIDENT

En dépit de la dernière strophe, cette *Harmonie* probablement écrite en Italie ne saurait justifier l'accusation de panthéisme, LAMARTINE s'étant toujours défendu de « confondre le créateur et la création dans une vague et ténébreuse unité » ; cependant le poème traduit plutôt *l'inquiétude religieuse* que la certitude inébranlable du chrétien. C'est une des poésies les plus originales de LAMARTINE où il fait figure de *précurseur*. Plus précise que d'ordinaire, sa description parvient à concilier la splendeur pittoresque et l'impression de mystère : on songe ici aux plus belles réussites de VICTOR HUGO (cf. p. 170) et, chose inattendue, la majestueuse netteté du rythme n'est pas sans annoncer la fermeté de l'art parnassien.

Et la mer s'apaisait, comme une urne écumante
Qui s'abaisse [1] au moment où le foyer pâlit,
Et, retirant du bord sa vague encor fumante [2],
Comme pour s'endormir rentrait dans son grand lit [3] ;

Et l'astre [4] qui tombait de nuage en nuage [5]
Suspendait sur les flots son orbe sans rayon,
Puis plongeait la moitié de sa sanglante image [6],
Comme un navire en feu qui sombre à l'horizon [7] ;

Et la moitié du ciel pâlissait, et la brise
10 Défaillait [8] dans la voile, immobile et sans voix [9],
Et les ombres couraient, et sous leur teinte grise
Tout sur le ciel et l'eau s'effaçait à la fois ;

Et dans mon âme aussi pâlissant [10] à mesure,
Tous les bruits d'ici-bas tombaient avec le jour,
Et quelque chose [11] en moi, comme dans la nature [12],
Pleurait, priait, souffrait, bénissait tour à tour [13] !

Et, vers l'occident seul, une porte éclatante
Laissait voir la lumière à flots d'or ondoyer [14],
Et la nue empourprée imitait une tente [15]
20 Qui voile sans l'éteindre un immense foyer ;

Et les ombres, les vents, et les flots de l'abîme,
Vers cette arche de feu tout paraissait courir,
Comme si la nature et tout ce qui l'anime
En perdant la lumière avait craint de mourir !

La poussière du soir y [16] volait de la terre.
L'écume à blancs flocons sur la vague y flottait [17] ;

— 1 Dont *l'écume* s'abaisse. — 2 Montrer la valeur expressive du rythme. — 3 Étudier les deux comparaisons de la strophe. Comment sont-elles liées ? — 4 Le soleil (cf. v. 37). — 5 Comment est évoquée cette « chute » ? — 6 Cf. p. 439 et p. 423. — 7 Apprécier cette comparaison. — 8 Expirait. — 9 Épithète de *brise*. Comment l'idée est-elle soulignée par la versification et le rythme ? — 10 Expliquer cette image (cf. v. 9). — 11 Que révèle le vague de cette expression ? — 12 Sur ces harmonies symboliques, cf. *Le Vallon* (p. 96) et *L'Automne* (p. 98). — 13 Expliquer chacun de ces sentiments. — 14 Se répandre comme une onde. — 15 Une étoffe *tendue*. — 16 *Vers* le soleil. — 17 Quel est l'effet de l'allitération ?

Et mon regard long, triste, errant, involontaire [18],
Les suivait, et de pleurs sans chagrin s'humectait.

Et tout disparaissait ; et mon âme oppressée
30 Restait vide et pareille à l'horizon couvert ;
Et puis il s'élevait une seule pensée,
Comme une pyramide au milieu du désert.

O lumière ! où vas-tu ? Globe épuisé de flamme,
Nuages, aquilons, vagues, où courez-vous ?
Poussière, écume, nuit ; vous, mes yeux ; toi, mon âme,
Dites, si vous savez, où donc allons-nous tous [19] ?

A toi, grand Tout, dont l'astre est la pâle étincelle [20],
En qui la nuit, le jour, l'esprit vont aboutir !
Flux et reflux divin de vie universelle,
40 Vaste océan de l'Être où tout va s'engloutir !

— *Étudiez le passage de l'observation pittoresque au symbole, du matériel au spirituel.*
— *Comment à partir de la réalité, le poète a-t-il créé une impression de mystère ?*
— *Quelles questions se pose* LAMARTINE *? Quelle réponse leur donne-t-il (v. 37-40) ?*
— *Entretien. Christianisme, déisme et panthéisme d'après « L'Occident ».*
• **Groupe thématique.** Les rapports entre **la nature, l'homme et Dieu** d'après « L'Occident », « Le Chêne », p. 100, « Éternité de la nature, brièveté de l'homme », p. 104.
• **Groupe thématique : Soleils couchants.** J. Lemaitre considère celui-ci comme « la merveille des merveilles ». Qu'en pensez-vous, en faisant les rapprochements indiqués dans le questionnaire p. 57 ?

Éternité de la nature, brièveté de l'homme

« C'est une des poésies de ma jeunesse qui me rappellent le plus à moi-même le *modèle idéal du lyrisme* dont j'aurais voulu approcher » (Lamartine). Ce « *cantique* » illustre en effet tout un aspect du lyrisme métaphysique dans les *Harmonies*. L'auteur « paraphrase » les *psaumes de David*, comme tant de poètes depuis le XVIe siècle, mais avec une *exaltation vibrante et sincère*, qui anime l'ode tout entière d'une majestueuse ardeur. « *Les cieux racontent la gloire de Dieu* » : ce thème du psalmiste, devenu lieu commun, conduit ici à de puissantes évocations des *espaces infinis* et de l'*éternité de la nature ;* mais comme un écho lointain de PASCAL la méditation philosophique aboutit, en une sorte de défi, à l'affirmation de la *dignité de l'homme* et de son *immortalité*. La comparaison avec *Le Chêne* et *L'Occident* permettra de discerner dans cette ode une conception plus originale et plus complète des *rapports entre la nature, l'homme et Dieu*.

Roulez dans vos sentiers de flamme,
Astres, rois de l'immensité [1] !
Insultez, écrasez mon âme
Par votre presque éternité !
Et vous, comètes vagabondes,
Du divin océan des mondes
Débordement prodigieux,
Sortez des limites tracées
Et révélez d'autres pensées [2]
10 De Celui qui pensa les cieux !

Triomphe, immortelle nature,
A qui la main pleine de jours [3]
Prête des forces sans mesure,
Des temps qui renaissent toujours !
La mort retrempe ta puissance :
Donne, ravis, rends l'existence
A tout ce qui la puise en toi ;
Insecte [4] éclos de ton sourire,
Je nais, je regarde et j'expire :
Marche, et ne pense plus à moi !   20

— 18 Expliquer cet état d'âme et étudier l'évocation par le rythme. — 19 Étudier l'élargissement progressif du thème. — 20 Idée platonicienne (cf. p. 95, n. 15).

— 1 C'est aussi le thème de toute une *Harmonie : L'Infini dans les Cieux*. — 2 Leur marche obéit à des lois différentes des lois ordinaires de la gravitation. — 3 Montrer l'originalité de cette périphrase. — 4 Expliquer.

Vieil Océan, dans tes rivages
Flotte comme un ciel écumant [5],
Plus orageux que les nuages,
Plus lumineux qu'un firmament !
Pendant que les empires naissent,
Grandissent, tombent, disparaissent
Avec leurs générations,
Dresse tes bouillonnantes crêtes,
Bats ta rive, et dis aux tempêtes :
30 « Où sont les nids des nations [6] ? »

Toi qui n'es pas lasse d'éclore
Depuis la naissance des jours,
Lève-toi, rayonnante aurore,
Couche-toi, lève-toi toujours !
Réfléchissez ses feux sublimes,
Neiges éclatantes des cimes
Où le jour descend comme un roi !
Brillez, brillez pour me confondre !
Vous qu'un rayon du jour peut fondre,
40 Vous subsisterez plus que moi.

Et toi qui t'abaisse et t'élève [7]
Comme la poudre des chemins,
Comme les vagues sur la grève,
Race innombrable des humains [8],
Survis au temps qui me consume,
Engloutis-moi dans ton écume :
Je sens moi-même mon néant.
Dans ton sein qu'est-ce qu'une vie ?
Ce n'est qu'une goutte de pluie
50 Dans les bassins de l'Océan.

Vous mourez pour renaître encore,
Vous fourmillez dans vos sillons,
Un souffle du soir à l'aurore
Renouvelle vos tourbillons ;
Une existence évanouie [9]
Ne fait pas baisser d'une vie
Le flot de l'être toujours plein ;
Il ne vous manque, quand j'expire,
Pas plus qu'à l'homme qui respire
60 Ne manque un souffle de son sein.

Vous allez balayer ma cendre :
L'homme ou l'insecte en renaîtra !
Mon nom brûlant de se répandre
Dans le nom commun [10] se perdra :
Il fut ! voilà tout. Bientôt même
L'oubli couvre ce mot suprême [11],
Un siècle ou deux l'auront vaincu !
Mais vous ne pouvez, ô Nature,
Effacer une créature.
Je meurs ! qu'importe ? j'ai vécu [12] !   70

Dieu m'a vu [13] ! le regard de vie
S'est abaissé sur mon néant ;
Votre existence rajeunie
A des siècles : j'eus mon instant !
Mais dans la minute qui passe
L'infini de temps et d'espace
Dans mon regard s'est répété [14],
Et j'ai vu dans ce point de l'être [15]
La même image m'apparaître
Que vous dans votre immensité !   80

Distances incommensurables,
Abîmes des monts et des cieux,
Vos mystères inépuisables
Se sont révélés à mes yeux :
J'ai roulé dans mes vœux sublimes
Plus de vagues que tes abîmes
N'en roulent, ô mer en courroux !
Et vous, soleils aux yeux de flamme,
Le regard brûlant de mon âme
S'est élevé plus haut que vous [16] !   90

De l'Être universel, unique,
La splendeur dans mon ombre a lui,
Et j'ai bourdonné mon cantique
De joie et d'amour devant lui ;
Et sa rayonnante pensée
Dans la mienne s'est retracée,
Et sa parole m'a connu [17],
Et j'ai monté devant sa face,
Et la Nature m'a dit : « Passe ;
Ton sort est sublime : il t'a vu ! »   100

— 5 Comparer cette image à celles des v. 6-7, 46, 57. — 6 Cf. p. 142, v. 165. — 7 Licence fréquente chez Lamartine, pour les besoins de la rime (3ᵉ personne au lieu de la 2ᵉ). — 8 L'humanité elle-même est éternelle. — 9 Tour classique pour : *l'évanouissement d'une existence*. — 10 Un *homme* parmi les autres. — 11 Ce dernier mot : *il fut*. —

12 Préciser le *ton*, et montrer l'importance de cette idée dans le poème. — 13 Cela suffit à fonder la dignité de l'homme (cf. v. 100). — 14 S'est réfléchi. — 15 Cette *infime partie* de l'être universel. — 16 Montrer l'accent pascalien de ces affirmations. — 17 Les v. 97-98 sont d'inspiration biblique et rappellent la grandeur de Moïse.

Vivez donc vos jours sans mesure,
Terre et ciel, céleste flambeau,
Montagnes, mers ! et toi, Nature,
Souris longtemps sur mon tombeau !
Effacé du livre de vie,

Que le néant même m'oublie !
J'admire et ne suis point jaloux.
Ma pensée a vécu d'avance,
Et meurt avec une espérance
Plus impérissable que vous !   110

L'INSPIRATION POLITIQUE ET SOCIALE

A partir de 1830, LAMARTINE va s'orienter de plus en plus vers l'*activité politique et sociale :* son inspiration s'en trouvera renouvelée. Sortant de son « égoïsme étroit », le poète des *Méditations* et des *Harmonies* va devenir l'interprète des souffrances humaines, à l'imitation du Christ qui s'est chargé des maux de l'humanité pour les offrir à Dieu. Cet « élargissement du cœur », il s'en fait gloire dans l'Épître *A Félix Guillemardet* (1837) :

Frère, le temps n'est plus où j'écoutais mon âme
Se plaindre et soupirer comme une faible femme
Qui de sa propre voix soi-même s'attendrit ;
Où par des chants de deuil ma lyre intérieure
Allait multipliant, comme un écho qui pleure,
Les angoisses d'un seul esprit...

Ma personnalité remplissait la nature :
On eût dit qu'avant elle aucune créature
N'avait vécu, souffert, aimé, perdu, gémi ;
Que j'étais à moi seul le mot du grand mystère,
Et que toute pitié du ciel et de la terre
Dût rayonner sur ma fourmi...

Puis mon cœur, insensible à ses propres misères,
S'est élargi plus tard aux douleurs de mes frères ;
Tous leurs maux ont coulé dans le lac de mes pleurs,
Et, comme un grand linceul que la pitié déroule,
L'âme d'un seul, ouverte aux plaintes de la foule,
A gémi toutes les douleurs...

I. LA PENSÉE POLITIQUE DE LAMARTINE. *Légitimiste* au moment des *Méditations*, il évolue vers la *gauche* jusqu'à devenir en 1848 le chef du *Gouvernement provisoire* de la République. L'idée profonde qui assure l'unité de sa carrière a été mise en lumière par H. Guillemin. LAMARTINE pense que l'avenir de l'humanité est dans la *démocratie politique ;* mais, riche propriétaire lui-même, il croit sincèrement que la *propriété* est la seule forme sociale viable, l'instrument de civilisation conforme à la volonté divine. Or il voit avec inquiétude grossir un *prolétariat urbain* misérable, qui, tout en aspirant légitimement à la démocratie, menace de s'imposer par la violence et de supprimer la propriété. Tous ses efforts tendront à conjurer ce danger. Jusqu'en 1841, tout en soutenant un gouvernement capable de s'opposer à l'anarchie, il prône des réformes sociales destinées à élever matériellement et moralement la condition des prolétaires. Mais il s'efforce en vain de réunir conservateurs et libéraux autour de cette formule prudente : « *des choses extrêmement libérales faites par des gouvernements extrêmement forts* ». Devant son échec, à partir de 1841 il passe à l'*opposition de gauche* dont il prend la tête en 1843 : il conduira le peuple à la Révolution, rendue inévitable par l'aveuglement des conservateurs, mais sa pensée secrète est d'user de sa popularité pour limiter ce mouvement à la conquête de la démocratie politique et de larges avantages sociaux, sans toucher pour autant au droit de propriété. Comme il l'avait prévu, il est porté au pouvoir, en février 1848, par une sorte d'unanimité : « *l'enthousiasme fanatique et double de la République que je fonde et de l'ordre que je sauve* ». A la tête du Gouvernement provisoire, il parvient à faire avorter les mouvements socialistes ; mais après l'élection de la Constituante, sa *fidélité à l'idéal démocratique* va provoquer sa chute : il refuse de mener contre le prolétariat la guerre ouverte que l'Assemblée conservatrice attendait de lui.

II. LA MISSION SOCIALE DU POÈTE. Lors de sa première candidature à Bergues (Nord), LAMARTINE fut attaqué, dans l'hebdomadaire *La Némésis*, par le poète BARTHÉLEMY qui lui reprochait d'avilir sa Muse par son ambition politique et de solliciter, lui, légitimiste et chrétien, les suffrages des libéraux. Dans sa vibrante *Réponse à Némésis* (1831), LAMARTINE répliqua avec une magnifique vigueur, en proclamant que le poète a le devoir d'oublier son art quand la patrie est menacée ; aux sarcasmes de son adversaire, il opposait sa *foi religieuse* et son *idéal de liberté* :

> Honte à qui peut chanter pendant que Rome brûle
> S'il n'a l'âme et la lyre et les yeux de Néron...
>
> Honte à qui peut chanter pendant que les sicaires
> En secouant leur torche aiguisent leurs poignards,
> Jettent les dieux proscrits aux rires populaires,
> Ou traînent aux égouts les bustes des Césars !
> C'est l'heure de combattre avec l'arme qui reste,
> C'est l'heure de monter au rostre ensanglanté,
> Et de défendre au moins de la voix et du geste
> Rome, les dieux, la liberté !
>
> Va, n'attends pas de moi que je la sacrifie
> Ni devant vos dédains ni devant le trépas !
> Ton Dieu n'est pas le mien, et je m'en glorifie :
> J'en adore un plus grand qui ne te maudit pas !
> La liberté que j'aime est née avec notre âme,
> Le jour où le plus juste a bravé le plus fort,
> Le jour où Jéhovah dit au fils de la femme :
> « Choisis, des fers ou de la mort ! »

[annotation manuscrite : quand sa va mal il faut s'engager]

Bientôt LAMARTINE ira jusqu'à subordonner son inspiration à ses idées philosophiques et sociales. Dans son article *Des destinées de la poésie* (1834), devenu en 1849 la seconde préface des *Méditations*, il affirme la *mission sociale de la poésie* au XIXe siècle : « Elle ne sera plus lyrique dans le sens où nous prenons ce mot... *La poésie sera de la raison chantée*, voilà sa destinée pour longtemps ; elle sera philosophique, religieuse, politique, sociale, comme les époques que le genre humain va accomplir... Elle va se faire peuple, et devenir populaire comme la religion, la raison et la philosophie ».

Partagée alors par bien des poètes de la génération romantique, cette conception de la littérature apparaîtra dans *Jocelyn* (1836), *La Chute d'un Ange* (1838), et les *Recueillements* (1839). C'est elle qui va inspirer l'*Histoire des Girondins* (1847), destinée à instruire le peuple par l'exemple d'hommes modérés et vertueux qui, s'ils avaient eu le sens de l'action, auraient pu réaliser une révolution pacifique. Enfin *Geneviève* et *Le Tailleur de Pierres de Saint-Point* (1851), romans sociaux, visent à l'éducation morale du peuple.

III. LES IDÉES ET LES ŒUVRES. Au service de l'homme d'action, l'écrivain nous livre, *supérieurement exprimées par son génie*, ses idées politiques et sociales.

1. LES RÉVOLUTIONS ET LE PROGRÈS. Contrairement à son milieu légitimiste et conservateur, LAMARTINE considère que l'humanité est perpétuellement en marche. C'est la loi du *progrès*, évoquée dans la célèbre parabole de la *Caravane Humaine* qui, pour franchir un abîme et continuer sa route, n'hésite pas à abattre une magnifique forêt (*Jocelyn*, 8e Époque). Pour ce progrès, en effet, la *volonté divine* choisit la voie qui lui convient, et les *Révolutions* en sont une, car rien ici-bas n'arrive sans la permission du ciel (cf. p. 109). Ainsi, la Révolution de 89 doit être interprétée en dehors de ses atrocités : elle apporte un progrès en appliquant à la société civile l'idée de l'égalité des âmes révélée au monde par le Christianisme. C'est donc aux hommes de collaborer avec Dieu.

2. LA DÉMOCRATIE ET L'ESPRIT ÉVANGÉLIQUE. Influencé par Lamennais, LAMARTINE présente la démocratie comme la traduction politique de l'idéal évangélique. Ainsi *Jocelyn* (1836) est baigné d'esprit social et de fraternité humaine : le curé de Valneige s'intéresse à la vie des humbles laboureurs (cf. p. 114), s'apitoie sur la misère d'un pauvre tisserand et donne à ses ouailles des leçons de tolérance. Dans *La Chute d'un Ange* (1838), le Livre Primitif définit les progrès de la justice sociale, qui sera un jour dépassée par la charité et la fraternité des hommes *(Vision VIII)* ; le poète y condamne aussi avec un

réalisme symbolique la tyrannie des géants qui traitent les autres hommes comme un troupeau d'esclaves *(Visions X et XI)*. Les *Recueillements* (1839) contiennent également plusieurs poèmes sociaux comme *Utopie*, où l'auteur expose ses rêves démocratiques.

Enfin LAMARTINE EST UN GRAND ORATEUR. Il a déployé une *éloquence frémissante et parfois prophétique* pour réclamer l'instruction du peuple, l'abolition de l'esclavage et de la peine de mort, la liberté de la presse, le suffrage universel, la séparation de l'Église et de l'État, le développement des chemins de fer ; parlant contre le retour des cendres de Napoléon, il a prophétisé le Second Empire, et en combattant l'idée de faire de Paris un camp retranché, il a prédit les heures sombres du siège et de la Commune. Certaines de ses *formules* sont restées célèbres, comme celle où il déclare que « *la France est une nation qui s'ennuie* » ou celle qui annonce à Louis-Philippe « *la révolution du mépris* ».

3. PAIX ET FRATERNITÉ DES PEUPLES. A plusieurs reprises, les événements ont entraîné LAMARTINE à traduire sous une forme étincelante ses idées humanitaires et pacifistes. C'est ainsi que, dans le *Toast porté dans un banquet des Gallois et des Bretons* (1838, publié en 1839 dans les *Recueillements*), il chante la fraternité des deux peuples.

> Quand ils se rencontraient sur la vague ou la grève,
> En souvenir vivant d'un antique départ,
> Nos pères se montraient les deux moitiés d'un glaive
> Dont chacun d'eux gardait la symbolique part :
> « Frère, se disaient-ils, reconnais-tu la lame ?
> Est-ce bien là l'éclair, l'eau, la trempe et le fil ?
> Et l'acier qu'a fondu le même jet de flamme
>   Fibre à fibre se rejoint-il ?
>
> Et nous, nous vous disons : « O fils des mêmes plages,
> Nous sommes un tronçon de ce glaive vainqueur !
> Regardez-nous aux yeux, aux cheveux, aux visages
> Nous reconnaissez-vous à la trempe du cœur ?..

Poussant alors « trois sublimes hourrahs » pour l'Angleterre et la Bretagne qui, réunies par Dieu, cesseront de se combattre, le poète élargit cette fraternité à l'humanité entière :

> Dans notre coupe pleine où l'eau du ciel déborde,
> Désaltérés déjà buvons aux nations !
> Iles ou continents, que l'onde entoure ou borde,
> Ayez part sous le ciel à nos libations !
> Oui, buvons, et, passant notre coupe à la ronde
> Aux convives nouveaux du festin éternel,
> Faisons boire avec nous tous les peuples du monde
>   Dans le calice fraternel !

Avec *La Marseillaise de la Paix* (1841), l'inspiration est encore plus généreuse car LAMARTINE répond au poète allemand BECKER qui, dans *Le Rhin allemand*, vient de lancer un défi impertinent à la France *(Ils ne l'auront pas, le libre Rhin allemand...)*. A la provocation belliqueuse, le poète français oppose un *hymne pacifique* qui n'implique aucun renoncement à son patriotisme : il invite les nations à s'unir pour le progrès social :

> Roule libre et royal entre nous tous, ô fleuve !
> Et ne t'informe pas, dans ton cours fécondant,
> Si ceux que ton flot porte ou que ton urne abreuve
> Regardent sur tes bords l'aurore ou l'occident,
>
> Ce ne sont plus des mers, des degrés, des rivières
> Qui bornent l'héritage entre l'humanité.
> Les bornes de l'esprit sont leurs seules frontières ;
> Le monde en s'éclairant s'élève à l'unité.
> Ma patrie est partout où rayonne la France,
> Où son génie éclate aux regards éblouis !
> Chacun est du climat de son intelligence :
> Je suis concitoyen de toute âme qui pense :
>   La vérité, c'est mon pays !

Ministre des Affaires Étrangères en 1848, LAMARTINE évita peut-être à la France une invasion en proclamant dans son *Manifeste aux puissances* les intentions pacifiques de la République : « Le monde et nous, nous voulons marcher à la fraternité et à la paix ».

LES RÉVOLUTIONS

Venant après la *Réponse à Némésis* et la brochure *Sur la Politique Rationnelle*, l'*Ode sur les Révolutions* (déc. 1831) révèle la hardiesse des idées de LAMARTINE au lendemain de 1830. Il subissait alors l'influence de son ami DARGAUD, qui était du parti libéral, et surtout celle de LAMENNAIS qui s'efforçait d'insérer l'esprit évangélique dans le progrès des idées démocratiques. Au service de cette tentative, LAMARTINE apportait le prestige d'un *lyrisme enflammé* que l'ampleur même du sujet élève naturellement à la *grandeur épique*. Dans cette ode, dont nous donnons la *Troisième Partie*, le poète lance d'abord une apostrophe aux conservateurs, aux « peuples assis de l'Occident stupide » : ils ne comprennent pas la loi imposée au monde par Dieu, qui est de marcher sans cesse. Les hommes doivent donc s'associer au mouvement irrésistible que la Providence divine imprime aux sociétés et dont le *progrès* découle des principes mêmes de l'Évangile.

Marchez ! l'humanité ne vit pas d'une [1] idée !
Elle éteint chaque soir celle qui l'a guidée,
Elle en allume une autre à l'immortel flambeau :
Comme ces morts vêtus de leur parure immonde [2],
Les générations emportent de ce monde
    Leurs vêtements [3] dans le tombeau.

Là c'est leurs dieux ; ici les mœurs de leurs ancêtres,
Le glaive des tyrans, l'amulette des prêtres,
Vieux lambeaux, vils haillons de cultes ou de lois :
10 Et quand après mille ans dans leurs caveaux on fouille,
On est surpris de voir la risible [4] dépouille
    De ce qui fut l'homme autrefois.

Robes, toges, turbans, tunique, pourpre, bure,
Sceptres, glaives, faisceaux, haches, houlette, armure [5],
Symboles vermoulus, fondent sous votre main,
Tour à tour au plus fort, au plus fourbe, au plus digne,
Et vous vous demandez vainement sous quel signe
    Monte ou baisse le genre humain.

Sous le vôtre, ô chrétiens [6] ! L'homme en qui Dieu travaille [7]
20 Change éternellement de formes et de taille :
Géant de l'avenir, à grandir destiné,
Il use en vieillissant ses vieux vêtements, comme
Des membres élargis font éclater sur l'homme
    Les langes où l'enfant est né.

L'humanité n'est pas le bœuf à courte haleine
Qui creuse à pas égaux son sillon dans la plaine
Et revient ruminer sur un sillon pareil :
C'est l'aigle rajeuni qui change son plumage,
Et qui monte affronter, de nuage en nuage,
30   De plus hauts rayons du soleil [8].

— 1 D'une *seule* idée. — 2 Expliquez cette alliance de mots. — 3 D'après les v. 7-18, préciser le sens de ce terme (propre et figuré). — 4 Pourquoi *risible* ? — 5 Quelles civilisations sont évoquées v. 13-14 ? — 6 Cf. « Cette époque pourra s'appeler l'*époque évangélique* », car elle verra « la réalisation sociale du sublime principe de l'égalité et de la dignité morales de l'homme reconnues enfin dans le code des sociétés civiles » *(Politique Rationnelle)*. — 7 Cf. v. 41. — 8 Étudier comment le rythme souligne le contraste.

Enfants de six mille ans [9] qu'un peu de bruit étonne,
Ne vous troublez donc pas d'un mot nouveau [10] qui tonne,
D'un empire éboulé, d'un siècle qui s'en va !
Que vous font les débris qui jonchent la carrière ?
Regardez en avant, et non pas en arrière :
      Le courant roule à Jéhovah [11] !

Que dans vos cœurs étroits vos espérances vagues
Ne croulent pas sans cesse avec toutes les vagues :
Ces flots vous porteront, hommes de peu de foi [12] !
40 Qu'importent bruit et vent, poussière et décadence,
Pourvu qu'au-dessus d'eux la haute Providence
      Déroule l'éternelle loi !

Vos siècles page à page épellent l'Évangile :
Vous n'y lisiez qu'un mot, et vous en lirez mille ;
Vos enfants plus hardis y liront plus avant [13] !
Ce livre est comme ceux des sibylles antiques
Dont l'augure [14] trouvait les feuillets prophétiques
      Siècle à siècle arrachés au vent [15].

Dans la foudre et l'éclair votre Verbe [16] aussi vole :
50 Montez à sa lueur, courez à sa parole,
Attendez sans effroi l'heure lente à venir,
Vous, enfants de celui qui, l'annonçant d'avance,
Du sommet d'une croix vit briller l'espérance
      Sur l'horizon de l'avenir.[...]

Nous [17] donc, si le sol tremble au vieux toit de nos pères
Ensevelissons-nous sous des cendres si chères,
Tombons enveloppés de ces sacrés linceuls !
Mais ne ressemblons pas à ces rois d'Assyrie
Qui traînaient au tombeau femmes, enfants, patrie,
60   Et ne savaient pas mourir seuls ;

Qui jetaient au bûcher, avant que d'y descendre,
Famille, amis, coursiers, trésors réduits en cendre,
Espoir ou souvenirs de leurs jours plus heureux,
Et, livrant leur empire et leurs dieux à la flamme,
Auraient voulu qu'aussi l'univers n'eût qu'une âme,
      Pour que tout mourût avec eux !

– *Comment nous est représentée, dans ce poème, l'évolution de l'humanité ?*
– *Quelle est la relation établie entre le progrès social et l'enseignement de l'Évangile ?*
– *Dans quels passages s'agit-il des révolutions ? Quel est selon vous, le sens des deux dernières strophes ? Est-il dans la logique du reste du poème ?*
– *Exposé. La civilisation et le progrès d'après ce poème et l'épisode des « Laboureurs », p. 114.*
• **Groupe thématique : Les romantiques et l'idée de progrès**, p. 83, p. 109, p. 137, p. 144, p. 162, p. 170, p. 259, p. 293.

— 9 Age de l'humanité selon la Bible. — 10 Préciser. — 11 Le *Dieu* de la Bible. — 12 Parole de Jésus à Pierre qui hésitait à marcher comme lui sur les eaux du lac de Tibériade *(Matth. XIV).* — 13 Cf. « L'Évangile est plein de promesses sociales et encore obscures ;... il ne découvre à chaque époque que la partie de la route qu'elle doit atteindre *(Politique Rationnelle).* — 14 Les prophéties des Livres Sibyllins étaient interprétées par des *prêtres*, qui n'étaient d'ailleurs pas des *augures*, ceux-ci prédisant l'avenir d'après l'observation des oiseaux. — 15 La sibylle de Cumes écrivait ses prophéties sur des feuilles d'arbres et les jetait au vent. Comment le poète a-t-il modifié la légende pour exprimer sa pensée ? — 16 La *Parole* de Jésus à ses disciples. — 17 Lamartine s'adresse aux royalistes et aux chrétiens déconcertés par la révolution de 1830.

LA PENSÉE RELIGIEUSE DE LAMARTINE

Du catholicisme au déisme
LAMARTINE a été élevé par une mère très pieuse. Au sortir de l'adolescence, sous l'influence des « philosophes », il traverse une *crise d'incrédulité;* mais avant 1820 il est redevenu *catholique pratiquant* pour retrouver, dit-il « la paix de l'âme et la vérité intérieure ». On le considère alors comme le poète du christianisme. Pourtant les *Méditations* traduisent l'inquiétude religieuse plus que la certitude (cf. p. 87) et les *Harmonies* reflètent déjà un *déisme assez vague*, parfois même le doute et l'angoisse (cf. p. 100). Après 1830 nous le voyons *déchiré entre la foi et le rationalisme*. Il voudrait encore se persuader qu'il peut rester « catholique philosophe » en identifiant la raison humaine et la vérité évangélique, « car la raison est divine aussi » ; il en vient à l'idée que le christianisme doit se rénover par une interprétation moderne de l'Évangile (cf. p. 110, v. 43-45).

C'est au cours du pèlerinage aux Lieux-Saints, destiné dans son esprit à raviver sa foi, que la douleur de perdre sa fille Julia finit de le détacher du catholicisme (décembre 1832). Selon lui *le dogme chrétien*, fait pour guider des peuples primitifs, *doit désormais être épuré* des « impostures » qui choquent la raison des modernes : les miracles, la crainte de l'enfer, l'Incarnation, la présence réelle dans l'Eucharistie ; Dieu n'est pas connu par la Révélation mais, dit-il,

> « Son témoin éternel, à nous, c'est sa nature ;
> Son témoin éternel, à nous, c'est sa raison » *(Jocelyn)*.

Pour l'adorer on n'a donc point besoin de rites particuliers : son vrai culte, c'est la morale éternelle, la charité.

Ce *déisme* qui rappelle celui du Vicaire Savoyard (cf. *XVIIIe Siècle*, p. 308), LAMARTINE se croyait choisi par Dieu pour le faire triompher. C'est le message qu'apportent à ses lecteurs le *Voyage en Orient* (1835), *Jocelyn* (1836), *La Chute d'un Ange* (1838) et la plupart de ses écrits jusqu'à sa mort. Toutefois, loin de rompre brutalement avec les catholiques, il use souvent d'habiles *formules de conciliation*, car il voudrait les gagner à son « *rationalisme chrétien* », terrain d'entente possible avec les déistes éclairés. L'entreprise échoua et les œuvres de LAMARTINE furent mises à l'*Index*.

Dieu et la Providence
L'inquiétude lamartinienne résulte essentiellement du *conflit* entre l'aspiration vers Dieu et l'impossibilité de le concevoir : « Je meurs de ne pouvoir nommer ce que j'adore » *(Novissima verba)*. C'est l'*écueil du déisme :* la prière et l'adoration se perdent dans le vague. Le poète s'abandonne néanmoins avec espoir à « Cette aspiration qui prouve une atmosphère » *(Utopie)* : « Quand même ce serait inutile, c'est égal ! c'est si consolant de parler en haut ! » *(Le Tailleur de pierres)*.

Sa foi en la PROVIDENCE oscille avec la bonne et la mauvaise fortune : « Irrésistible dans les moments de bonheur, elle disparaît presque totalement quand le malheur m'accable, et le désespoir l'éteint tout à fait » *(A Virieu*, 1818). Cependant il surmonte la tentation du blasphème ; de plus en plus il considèrera que la vraie prière est dans *la résignation et le sacrifice :* « L'homme n'a qu'un moyen de diviniser sa volonté, c'est de l'unir par l'humilité résignée et laborieuse à la volonté suprême » *(Cours familier*, 1866). Ainsi dans les *Méditations*, après le *Désespoir*, où la divinité est une force aveugle et même un « Dieu cruel », LAMARTINE a écrit *La Providence à l'Homme*, hymne à la bonté du Créateur ; dans *Novissima verba*, l'angoisse et le doute font place à l'espérance consolatrice (cf. p. 100) ; dans *Gethsémani*, la grande ode inspirée en 1833 par la mort de Julia, après un mouvement de révolte aboutit à la résignation : « Mais c'est Dieu qui t'écrase, ô mon âme, sois forte : Baise sa main sous la douleur ! »

En dépit de ce perpétuel balancement entre l'orthodoxie et la révolte, c'est en définitive ce *désir de servir Dieu*, de collaborer à ce qu'il prend pour la volonté divine, qui paraît présider à la pensée religieuse de LAMARTINE comme à son action politique.

JOCELYN (1836)

Le « grand Poème »   Dès 1821, LAMARTINE rêvait d'une épopée monumentale, *Les Visions*, dont l'idée d'ensemble était déjà fixée. *Séduit par la grâce d'une jeune fille, un ange forme le vœu de devenir homme. Il se trouve aussitôt précipité sur la terre et connaît, avec l'amour, les vicissitudes humaines (c'est le sujet de* La Chute d'un ange). *Mais puisqu'il a préféré la terre aux félicités éternelles, Dieu le condamne à renaître perpétuellement, jusqu'à la fin du monde, moment où il aura l'énergie de se détourner de l'amour terrestre et de reconquérir le royaume des Cieux, par la souffrance et le sacrifice.* Dans une sorte de *Légende des siècles*, divers épisodes nous auraient transportés aux temps des Patriarches, de Socrate, du Christ, au Moyen Age, sous la Révolution.

Dans *Jocelyn*, LAMARTINE s'inspire en partie de l'histoire de son ancien précepteur, l'abbé Dumont, qui a volontairement renoncé aux joies de ce monde. Ce poème obtint un incroyable succès populaire ; au contraire *La Chute d'un ange* (1838) reçut un accueil « sauvage » qui découragea l'écrivain. Il semble avoir alors considéré *Jocelyn*, poème d'amour et de sacrifice, comme le dénouement de son épopée.

Le message
de Jocelyn   Cet ensemble de 8.000 vers répartis en neuf *Époques* présente bien des faiblesses mais aussi de magnifiques *évocations de la nature* (cf. p. 113, 116) et des pages d'une profonde *vérité humaine :* l'âme passionnée du poète en a fait, pour des générations, le plus émouvant des romans d'amour. Pour l'auteur, c'était aussi une œuvre symbolique, chargée d'un *message politique et religieux*. Comme LAMARTINE, Jocelyn médite sur les Révolutions et le progrès (cf. p. 109) ; apôtre d'une sorte de *christianisme social*, il pratique la charité tout en enseignant aux pauvres que le bonheur est dans la vie simple et la résignation (cf. p. 115). C'est d'ailleurs un prêtre peu banal, moins fidèle à l'orthodoxie qu'au *déisme lamartinien*. Il s'abstient des cérémonies pompeuses et méprise le « stérile savoir » des théologiens : s'il veut révéler Dieu aux enfants, loin de leur parler des miracles, « vulgaires prestiges », il leur fait admirer les étoiles ; il prêche la tolérance comme un « philosophe » et juge sévèrement les ambitions temporelles des anciens papes. S'attachant, non aux dogmes, mais à *l'esprit de l'Évangile*, JOCELYN compose sa vie à l'exemple de son divin Maître, dans le sacrifice. On croit entendre LAMARTINE lui-même, atteint dans ses affections les plus chères et volontairement résigné, car l'âme doit *s'élever par l'expiation*. Par là, *Jocelyn* serait à la fois un message sur *la destinée humaine* et une *confidence personnelle* du poète.

Sacrifiant sa part d'héritage pour aider sa sœur à se marier, le jeune JOCELYN *entre au séminaire. Six ans plus tard, en* 1793, *la Révolution l'oblige à se réfugier dans les montagnes du Dauphiné. Un autre proscrit, blessé à mort par des soldats, lui confie son fils* LAURENCE, *âgé de seize ans. Les deux jeunes gens vivent dans la « Grotte des Aigles », unis par une vive amitié (cf. p.* 113), *jusqu'au jour où, à la suite d'un accident,* JOCELYN *découvre que* LAURENCE *est en réalité une jeune fille habillée en garçon : elle a gardé le secret pour obéir aux dernières volontés de son père. Leur amitié se mue alors en un* chaste amour *et le jeune homme promet à sa compagne de l'épouser.*

Un jour de 1795, *on l'appelle à Grenoble auprès de l'évêque emprisonné et condamné à l'échafaud : désirant communier avant de mourir, ce dernier décide* JOCELYN *à se laisser ordonner prêtre. La Terreur prend fin peu après, mais le mariage des deux amoureux est devenu impossible. Désespérée, cherchant en vain à oublier,* LAURENCE *va vivre à Paris une existence brillante et dissipée.* JOCELYN *devient* curé du pauvre village de Valneige, *en pleine montagne : il y mène une vie de sacrifice, se consacrant à la prière, au travail, à l'éducation des enfants, et s'intéressant aux humbles avec les idées humanitaires que lui inspire son* idéal évangélique *(cf. p.* 116). *Une nuit de novembre* 1802, *on vient le chercher pour assister une jeune femme mourante : c'est* LAURENCE : *se sentant malade, elle a voulu revoir la grotte et le cadre de son bonheur, mais ses forces l'ont trahie.* JOCELYN *se fait reconnaître, entend sa confession et adoucit ses derniers instants. Il la fait enterrer près de son père, à la grotte des Aigles (cf. p. 117), où il viendra bientôt la rejoindre, car, toujours voué au sacrifice, il meurt en soignant des pestiférés. Dans un* ÉPILOGUE *publié en 1839, un pâtre raconte au poète qu'il a vu dans le miroir du lac, non loin de la grotte, les ombres des deux amants unies pour des « noces éternelles », pendant que les eaux du lac murmuraient :* « Laurence ! Jocelyn ! amour ! éternité ! ».

L'IVRESSE DU PRINTEMPS

Le mois de mai dissipe les dernières neiges ; autour de la Grotte des Aigles, la nature déborde de vie : JOCELYN et LAURENCE sont gagnés par cette « ivresse universelle » du printemps. *Deux aspects essentiels de l'œuvre apparaissent ici.* Elle se déroule en grande partie dans la *montagne :* on observera avec quel *pittoresque*, quelle *précision vécue*, le poète évoque le décor alpestre et nous communique la sensation du renouveau. D'autre part, *Jocelyn* est un émouvant *poème d'amour.* L'émotion de ces deux êtres devant un paysage sublime s'apparente sans doute aux élans de LAMARTINE lui-même dans les *Harmonies ;* mais, bien que dans ce passage JOCELYN *ignore encore le secret de* LAURENCE, leur trouble, leurs silences, leur exaltation heureuse trahissent déjà à leur insu la *force mystérieuse de la Nature* qui les unira bientôt d'un sentiment plus tendre. On étudiera avec quel art le poète a ménagé la *transition* de l'exaltation physique à ce trouble de l'âme, à ce *besoin de communion humaine et mystique* qu'il souligne plus nettement dans son manuscrit original : « Je voudrais me confondre avec ce mol éther... Avec ces rayons purs du jour sur ton visage, Avec tout ce qui brille ou respire en ce lieu, Avec toi, Jocelyn ! Et tous deux avec Dieu ! » *(IVᵉ Époque).*

Oh ! qui n'eût partagé l'ivresse universelle
Que l'air, le jour, l'insecte, apportaient sur leur aile ?[...]
La sève de nos sens ¹, comme celle des arbres,
Eût fécondé des troncs, eût animé des marbres ;
Et la vie, en battant dans nos seins à grands coups,
Semblait vouloir jaillir et déborder de nous.
Nous courions ; des grands rocs nous franchissions les fentes ;
Nous nous laissions rouler dans l'herbe sur les pentes ² ;
Sur deux rameaux noués le bouleau nous berçait ;
10 Notre biche ³ étonnée à nos pieds bondissait ;
Nous jetions de grands cris pour ébranler les voûtes
Des arbres, d'où pleuvait la sève ⁴ à grosses gouttes ;
Nous nous perdions ⁵ exprès, et, pour nous retrouver,
Nous restions des moments, sans parole, à rêver ⁶ ;
Puis nous partions d'un trait, comme si la pensée
Par le même ressort en nous était pressée,
Et, vers un autre lieu prompts à nous élancer,
Nous courions pour courir ⁷ et pour nous devancer.
Mais toute la montagne était la même fête :
20 Les nuages d'été qui passaient sur sa tête
N'étaient qu'un chaud duvet, que les rayons brûlants
Enlevaient au glacier, cardaient en flocons blancs ⁸ ;
Les ombres qu'allongeaient les troncs sur la verdure,
Se découpant sur l'herbe en humide bordure,
Dans quelque étroit vallon, berceau déjà dormant,
Versaient plus de mystère et de recueillement ;
Et chaque heure du jour, en sa magnificence,

— 1 Expliquer l'image. — 2 Comparer le rythme des v. 7-8. — 3 Une biche apprivoisée par Laurence. — 4 Ou plutôt la *rosée.* — 5 Nous nous *égarions* (cf. « *se perdre* » dans un bois). Pourquoi *exprès ?* — 6 Étudier les coupes de ce vers. — 7 Préciser l'idée. — 8 Expliquer ces images successives.

Apportant sa couleur, son bruit ou son silence,
A la grande harmonie ajoutait un accord,
30　A nos yeux une scène, à nos sens un transport.
Enfin, comme épuisés d'émotions intimes,
L'un à côté de l'autre, en paix nous nous assîmes
Sur un tertre aplani, qui, comme un cap de fleurs,
S'avançait dans le lac plus profond là qu'ailleurs,
Et dont le flot, bruni par l'ombre haute et noire,
Ceignait d'un gouffre bleu ce petit promontoire :
On y touchait [9] de l'œil tout ce bel horizon ;
Une mousse jaunâtre y servait de gazon,
Et des verts coudriers l'ombre errante et légère,
40　Combattant les rayons, y flottait sur la terre.
Nos cœurs étaient muets à force d'être pleins [10] ;
Nous effeuillions sur l'eau des tiges dans nos mains ;
Je ne sais quel attrait des yeux pour l'eau limpide
Nous faisait regarder et suivre chaque ride,
Réfléchir, soupirer, rêver sans dire un mot [11],
Et perdre et retrouver notre âme à chaque flot.
Nul n'osait le premier rompre un si doux silence,
Quand, levant par hasard un regard sur Laurence,
Je vis son front rougir et ses lèvres trembler,
50　Et deux gouttes de pleurs [12] entre ses cils rouler,
Comme ces pleurs des nuits qui ne sont pas la pluie,
Qu'un pur rayon colore, et qu'un vent tiède essuie.
— ...Que se passe-t-il donc, Laurence, aussi dans toi ?
Est-ce qu'un poids secret t'oppresse ainsi que moi ?
— Oh ! je sens, me dit-il, mon cœur prêt à se fendre,
Mon âme cherche en vain des mots pour se répandre ;
Elle voudrait créer une langue de feu,
Pour crier de bonheur vers la nature et Dieu... »

LES LABOUREURS

L'épisode des *Laboureurs* est le seul auquel LAMARTINE ait donné un titre : il se suffirait à lui-même. Il n'en est pas moins lié à la *Neuvième Époque :* c'est l'humble curé de Valneige qui contemple cette famille de laboureurs au travail, et sa méditation le conduit à glorifier *le labeur humain, source de civilisation.* La *description du labourage,* évocatrice dans sa poésie familière, faisait pleurer d'émotion GEORGE SAND, dont les scènes de labour ont pourtant une saveur plus réaliste (cf. p. 296). Mais ici, ce qui est admirable, c'est *l'élan lyrique* qui jaillit comme un cri, et nous enlève d'un coup jusqu'aux sommets de *l'idéal.* En lisant ces « Géorgiques modernes », le lecteur recueillait le message de *Jocelyn.*

O travail, sainte loi du monde,　　　　　Ouvre les flancs de cette mère
Ton mystère [13] va s'accomplir !　　　　Où germent les fruits et les fleurs ;
Pour rendre la glèbe féconde,　　　　　Comme l'enfant mord la mamelle
De sueur il faut l'amollir.　　　　　　Pour que le lait monte et ruisselle
L'homme, enfant et fruit de la terre,　　Du sein de sa nourrice en pleurs.　　10

— 9 Commenter l'impression et le choix des termes. — 10 Analyser cet état d'âme. — 11 Cf. v. 14. — 12 Cf. les pleurs « sans chagrin », p. 104, v. 28. — 13 Expliquer ce qu'est ce *mystère.*

La terre, qui se fend sous le soc qu'elle aiguise [1],
En tronçons [2] palpitants s'amoncelle et se brise,
Et, tout en s'entrouvant, fume comme une chair
Qui se fend et palpite et fume sous le fer.
En deux monceaux poudreux les ailes [3] la renversent ;
Ses racines à nu, ses herbes se dispersent ;
Ses reptiles, ses vers, par le soc déterrés,
Se tordent sur son sein en tronçons torturés [4].
L'homme les foule aux pieds, et, secouant le manche,
20 Enfonce plus avant le glaive [5] qui les tranche ;
Le timon plonge et tremble, et déchire ses doigts ;
La femme parle aux bœufs du geste et de la voix ;
Les animaux, courbés sur leur jarret qui plie,
Pèsent de tout leur front sur le joug qui les lie ;
Comme un cœur généreux [6] leurs flancs battent d'ardeur ;
Ils font bondir le sol jusqu'en sa profondeur.
L'homme presse ses pas, la femme suit à peine ;
Tous au bout du sillon arrivent hors d'haleine ;
Ils s'arrêtent : le bœuf [7] rumine, et les enfants
30 Chassent avec la main les mouches de ses flancs.

Il est ouvert, il fume encore
Sur le sol, ce profond dessin [8] !
O terre, tu vis tout [9] éclore
Du premier sillon de ton sein !
Il fut un Eden sans culture [10]
Mais il semble que la nature,
Cherchant à l'homme un aiguillon [11],
Ait enfoui pour lui sous terre
Sa destinée et son mystère [12],
40 Cachés dans son premier sillon.

Oh ! le premier jour où la plaine,
S'entrouvrant sous sa forte main,
But la sainte sueur humaine
Et reçut en dépôt le grain !
Pour voir la noble créature
Aider Dieu [13], servir la nature,
Le ciel ouvert roula son pli [14] ;
Les fibres du sol palpitèrent,
Et les anges surpris chantèrent
50 Le second prodige [15] accompli !

Et les hommes ravis lièrent
Au timon les bœufs accouplés ;
Et les coteaux multiplièrent
Les grands peuples comme les blés ;
Et les villes, ruches trop pleines,
Débordèrent au sein des plaines ;
Et les vaisseaux, grands alcyons [16],
Comme à leurs nids les hirondelles,
Portèrent sur leurs larges ailes
Leur nourriture aux nations ! 60

Et pour consacrer [17] l'héritage
Du champ labouré par leurs mains,
Les bornes firent le partage
De la terre entre les humains ;
Et l'homme, à tous les droits propice,
Trouva dans son cœur [18] la justice,
En grava le code en tout lieu,
Et, pour consacrer ses lois même,
S'élevant à la loi suprême,
Chercha le juge et trouva Dieu [19] ! 70

— 1 Expliquer l'image. — 2 Les mottes. — 3 Les deux *versoirs*. — 4 Par la souffrance. — 5 Le coutre. — 6 Expliquer cette comparaison. — 7 Singulier collectif. — 8 Le sillon. — 9 Toute la civilisation. — 10 Le Paradis terrestre. — 11 Pour le pousser au travail. — 12 Le mystère de son avenir. — 13 A réaliser ses desseins. — 14 A quoi est comparé le ciel ? — 15 Après le prodige de la création. — 16 Oiseaux de mer. — 17 Rendre sacré et inviolable. — 18 Cf. Rousseau : *Conscience, instinct divin !* — 19 Expliquer pourquoi cette doctrine suscita la protestation des catholiques.

Et la famille, enracinée
Sur le coteau qu'elle a planté,
Refleurit d'année en année,
Collective immortalité ;
Et sous sa tutelle chérie
Naquit l'amour de la patrie,
Gland de peuple au soleil germé,
Semence de force et de gloire,
Qui n'est que la sainte mémoire
80 Du champ par ses pères semé !

Et les temples de l'Invisible
Sortirent des flancs du rocher,
Et, par une échelle insensible,
L'homme de Dieu put s'approcher,
Et les prières qui soupirent,
Et les vertus qu'elles inspirent
Coulèrent du cœur des mortels.
Dieu dans l'homme admira sa gloire,
Et pour en garder la mémoire
Reçut l'épi sur ses autels.   90

Un moment suspendu, les voilà qui reprennent
Un sillon parallèle, et sans fin vont et viennent
D'un bout du champ à l'autre, ainsi qu'un tisserand
Dont la main, tout le jour sur son métier courant,
Jette et retire à soi le lin qui se dévide,
Et joint le fil au fil sur sa trame rapide.
La sonore vallée est pleine de leurs voix ;
Le merle bleu s'enfuit en sifflant dans les bois,
Et du chêne à ce bruit les feuilles ébranlées
100 Laissent tomber sur eux les gouttes distillées.
Cependant le soleil darde à nu ; le grillon
Semble crier de feu sur le dos du sillon.
Je vois flotter, courir sur la glèbe embrasée
L'atmosphère palpable où nage la rosée
Qui rejaillit du sol et qui bout dans le jour,
Comme une haleine en feu de la gueule d'un four.
Des bœufs vers le sillon le joug plus lourd s'affaisse ;
L'homme passe la main sur son front, sa voix baisse ;
Le soc glissant vacille entre ses doigts nerveux,
110 La sueur de la femme imbibe les cheveux.
Ils arrêtent le char à moitié de sa course ;
Sur les flancs d'une roche ils vont lécher la source,
Et, la lèvre collée au granit humecté,
Savourent sa fraîcheur et son humidité.

Oh ! qu'ils boivent dans cette goutte
L'oubli des pas qu'il faut marcher !
Seigneur, que chacun sur sa route
Trouve son eau dans le rocher !
Que ta grâce les désaltère !

Tous ceux qui marchent sur la terre   120
Ont soif à chaque heure du jour :
Fais à leur lèvre desséchée
Jaillir de ta source cachée
La goutte de paix et d'amour !

- *Étudiez la composition de l'épisode et le lien entre descriptions et passages lyriques.*
- *Définissez le travail du laboureur au xixe siècle, d'après* LAMARTINE.
- *Distinguez les étapes de la civilisation ; cet historique est-il conforme à la tradition chrétienne ?*
- *Quelle est, du point de vue symbolique, la portée sociale de la dernière strophe ?*
- **Étude d'ensemble.** *L'épisode des « Laboureurs », réalisme, lyrisme, valeur symbolique.*
- **Comparaison.** *La naissance de la civilisation selon* LAMARTINE *et* ROUSSEAU, XVIIIe SIÈCLE, *p. 273-275.*
- **Exposé et débat.** *a) L'agriculture au* XIXe SIÈCLE *d'après ce poème et l'extrait de* GEORGE SAND, *p. 296 ;*
  — b) Ressemblances et différences avec l'agriculture d'aujourd'hui.
- **Commentaire composé :** *vers 11-30. Exactitude de la description ; — valeur symbolique.*

L'indifférence de la Nature

NEUVIÈME ÉPOQUE. Après l'enterrement de LAURENCE non loin de la grotte des Aigles, JOCELYN a voulu contempler une dernière fois ces lieux qui avaient vu naître leur amour. Quelle immense déception ! C'est la fin de l'automne ; le héros est seul, accablé de tristesse : l'admirable paysage où ils avaient goûté l'ivresse du printemps (cf. p. 113) lui paraît maintenant désolé, étranger, indifférent. Tout évoque le deuil et la mort, leurs souvenirs les plus chers ont été profanés : Jocelyn prend douloureusement conscience de l'*indifférence de la nature* et de la *médiocrité de notre destinée terrestre*. En dépit de quelques négligences, ce beau passage peut être considéré comme la réponse à l'invocation à la Nature qui termine *Le Lac*, et VICTOR HUGO se souviendra de ces vers en écrivant quelque temps plus tard *Tristesse d'Olympio*. Sur le thème de la nature indifférente, cf. p. 142.

     Quand j'eus seul devant Dieu pleuré toutes mes larmes,
     Je voulus sur ces lieux si pleins de tristes charmes
     Attacher un regard avant que de mourir,
     Et je passai le soir à les tous parcourir.
     Oh ! qu'en peu de saisons les étés et les glaces
     Avaient fait du vallon évanouir nos traces !
     Et que, sur ces sentiers si connus de mes pieds,
     La terre en peu de jours nous avait oubliés !
     La végétation, comme une mer de plantes,
10   Avait tout recouvert de ses vagues grimpantes ;
     La liane et la ronce entravaient chaque pas ;
     L'herbe que je foulais ne me connaissait pas.
     Le lac, déjà souillé par les feuilles tombées,
     Les rejetait partout de ses vagues plombées ;
     Rien ne se reflétait dans son miroir terni,
     Et son écume morte aux bords avait jauni.
     Des chênes qui couvraient l'antre de leurs racines,
     Deux, hélas ! n'étaient plus que de mornes ruines.[...]
         J'entrai sans respirer dans la grotte déserte,
20   Comme un mort, dont les siens ont oublié la perte,
     Rentrerait inconnu dans sa propre maison
     Dont les murs qu'il bâtit ne savent plus son nom !
     Mon regard d'un coup d'œil en parcourut l'enceinte,
     Et retomba glacé comme une lampe éteinte.
     O temple d'un bonheur sur la terre inconnu,
     Hélas ! en peu de temps qu'étiez-vous devenu ?[...]
     Dans ce séjour de paix, d'amour, d'affection,
     Tout n'était que ruine et profanation...
     Je reculai d'horreur ! O vil monceau de boue,
30   O terre qui produis tes fleurs et qui t'en joue,
     Oh ! voilà donc aussi ce que tu fais de nous !
     Nos pas sur tes vallons, tu les laboures tous !
     Tu ne nous permets pas d'imprimer sur ta face
     Même de nos regrets la fugitive trace ;
     Nous retrouvons la joie où nous avons pleuré,
     La brute souille l'antre où l'ange a demeuré !
     L'ombre de nos amours, au ciel évanouie,
     Ne plane pas deux jours sur notre point de vie ;
     Nos cercueils, dans ton sein, ne gardent même pas
40   Ce peu de cendre aimée où nous traînent nos pas.[...]
     Va, terre, tu n'es rien ! ne pensons plus qu'aux cieux !

La Vigne et la Maison

LAMARTINE semblait avoir fait ses adieux à la poésie, quand en 1857 parurent ces
« *Psalmodies de l'âme* », dans la livraison mensuelle de son *Cours familier de littérature*
(15e entretien). Comme les *Méditations* et les *Harmonies*, elles sont nées d'une vive émotion
du poète, revenu à Milly au temps heureux des vendanges. « Je me couchai sur l'herbe,
à l'ombre de la maison de mon père, en regardant les fenêtres fermées, et je pensai
aux jours d'autrefois. Ce fut ainsi que ce chant me monta du cœur aux lèvres, et que j'en
écrivis les strophes au crayon sur les marges d'un vieux *Pétrarque*... ». *Dramatique* à la
manière des *Nuits* de MUSSET, ce vaste ensemble est un dialogue entre deux aspects du
poète : MOI, encore sensible au charme décadent de l'automne, et L'AME, accablée par
les deuils et le sentiment de la solitude. A la fois *personnel* et *largement humain*, c'est un
des chefs-d'œuvre lyriques de LAMARTINE, par la sincérité, la poésie intime, le symbolisme
de l'évocation, l'élévation spiritualiste de la pensée ; chef-d'œuvre littéraire aussi par la
variété du ton et du rythme et par la musique expressive des vers.

MOI

Quel fardeau te pèse, ô mon âme !
Sur ce vieux lit des jours par l'ennui retourné [1],
Comme un fruit de douleurs [2] qui pèse aux flancs de femme,
Impatient de naître et pleurant d'être né ?
La nuit tombe, ô mon âme ! un peu de veille encore !
Ce coucher d'un soleil est d'un autre l'aurore.
Vois comme avec tes sens s'écroule ta prison [3] !
Vois comme aux premiers vents de la précoce automne,
Sur les bords de l'étang où le roseau frissonne,
10   S'envole brin à brin le duvet du chardon !
Vois comme de mon front la couronne [4] est fragile !
Vois comme cet oiseau dont le nid est la tuile
Nous suit pour emporter à son frileux asile
Nos cheveux blancs, pareils à la toison que file
La vieille femme assise au seuil de sa maison !
Dans un lointain qui fuit ma jeunesse recule,
Ma sève refroidie avec lenteur circule,
L'arbre quitte sa feuille et va nouer [5] son fruit :
Ne presse pas ces jours qu'un autre doigt calcule,
20   Bénis plutôt ce Dieu qui place un crépuscule
Entre les bruits du soir et la paix de la nuit [6] !
Moi qui par des concerts [7] saluai ta naissance,
Moi qui te réveillai neuve à cette existence
Avec des chants de fête et des chants d'espérance,
Moi qui fis de ton cœur chanter chaque soupir,
Veux-tu que, remontant [8] ma harpe qui sommeille,
Comme un David assis près d'un Saül qui veille [9],
Je chante encor pour t'assoupir ?

— 1 Transposition du participe : c'est le *vieillard* que l'ennui pousse à *se retourner* dans son lit (cf. *frileux* asile, v. 13 ; l'aurore *frileuse*, v. 53). — 2 *Douloureux*. Pourquoi l'*homme âgé* est-il comparé à l'enfant qui va *naître* ? (cf. v. 6). — 3 Le *corps* (cf. p. 91, v. 26). — 4 Cf. v. 14. — 5 Terme *technique*, mais impropre : le fruit est *noué* (formé) dès la fécon-dation, au printemps. — 6 Étudier ces rapprochements entre la vieillesse, l'automne et le crépuscule (cf. au contraire, le *printemps* dans la nature et dans les cœurs, p. 113). — 7 La *poésie*, qui est le chant de l'âme. — 8 En *retendant* les cordes. — 9 C'est en jouant de la harpe que David calmait les insomnies de Saül tourmenté par « l'esprit malin ».

L'AME

Non ! Depuis qu'en ces lieux le temps m'oublia seule [10],
30 La terre m'apparaît vieille comme une aïeule
Qui pleure ses enfants sous ses robes de deuil.
Je n'aime des longs jours que l'heure des ténèbres,
Je n'écoute des chants que ces strophes funèbres
Que sanglote le prêtre en menant un cercueil.

MOI

Pourtant le soir qui tombe a des langueurs sereines
Que la fin donne à tout, aux bonheurs comme aux peines.
Le linceul même est tiède au cœur enseveli :
On a vidé ses yeux de ses dernières larmes [11],
L'âme à son désespoir trouve de tristes charmes,
40 Et des bonheurs perdus se sauve dans l'oubli [12].

Cette heure a pour nos sens des impressions douces
Comme des pas muets qui marchent sur des mousses [13] :
C'est l'amère douceur du baiser des adieux.
De l'air plus transparent le cristal est limpide,
Des monts vaporisés [14] l'azur vague et liquide
       S'y fond avec l'azur des cieux.

Je ne sais quel lointain y baigne toute chose.
Ainsi que le regard l'oreille s'y repose,
On entend dans l'éther glisser le moindre vol ;
50 C'est le pied de l'oiseau sur le rameau qui penche,
Ou la chute d'un fruit détaché de la branche
       Qui tombe du poids [15] sur le sol.

Aux premières lueurs de l'aurore frileuse,
On voit flotter ces fils, dont la vierge fileuse
D'arbre en arbre au verger a tissé le réseau [16] :
Blanche toison de l'air que la brume encor mouille,
Qui traîne sur nos pas, comme de la quenouille,
       Un fil traîne après le fuseau [17].

Aux précaires tiédeurs de la trompeuse automne,
60 Dans l'oblique rayon le moucheron foisonne,
Prêt à [18] mourir d'un souffle à son premier frisson ;
Et sur le seuil désert de la ruche engourdie,
Quelque abeille en retard, qui sort et qui mendie,
       Rentre lourde de miel dans sa chaude prison.

— 10 Cf. Ses deuils successifs, v. 171-186. — 11 Quand on approche de la mort... — 12 L'âme n'échappe que par l'oubli à *l'amertume* des bonheurs perdus. — 13 Étudier l'harmonie évocatrice de ce vers et de beaucoup d'autres dans ce passage. — 14 Comme baignés d'une vapeur bleuâtre. — 15 De tout son poids. — 16 Ce sont les « fils de la Vierge ». — 17 Cf. v. 14-15. — 18 *Prêt à* employé pour *près de*.

Viens, reconnais la place où ta vie était neuve [19] !
N'as-tu point de douceur, dis-moi, pauvre âme veuve,
A remuer ici la cendre des jours morts [20] ?
A revoir ton arbuste et ta demeure vide,
Comme l'insecte ailé revoit sa chrysalide,
70   Balayure qui fut son corps ?

Moi, le triste instinct m'y ramène :
Rien n'a changé là que le temps ;
Des lieux où notre œil se promène,
Rien n'a fui que les habitants.

Suis-moi du cœur pour voir encore,
Sur la pente douce au midi,
La vigne qui nous fit éclore
Ramper sur le roc attiédi.

Contemple la maison de pierre,
80 Dont nos pas usèrent le seuil :
Vois-la se vêtir de son lierre
Comme d'un vêtement de deuil...

Regarde au pied du toit qui croule :
Voilà, près du figuier séché,
Le cep vivace qui s'enroule
A l'angle du mur ébréché.

L'hiver noircit sa rude écorce ;
Autour du banc rongé du ver
Il contourne sa branche torse
Comme un serpent frappé du fer. 90

Autrefois ses pampres sans nombre
S'entrelaçaient autour du puits ;
Père et mère goûtaient son ombre,
Enfants, oiseaux rongeaient ses fruits.

Il grimpait jusqu'à la fenêtre,
Il s'arrondissait en arceau ;
Il semble encor nous reconnaître
Comme un chien gardien d'un berceau.

Sur ce cep de vigne qui t'aime,
O mon âme ! ne crois-tu pas 100
Te retrouver enfin toi-même
Malgré l'absence et le trépas ?...

L'Ame exprime maintenant avec plénitude sa tristesse *devant la maison déserte ; pourtant,
elle va se laisser reprendre par* les frais souvenirs d'autrefois, *avant d'évoquer mélancoliquement tous les deuils qui, peu à peu, ont vidé la demeure.*

L'AME

Que me fait le coteau, le toit, la vigne aride ?
Que me ferait le ciel, si le ciel était vide [21] ?
Je ne vois en ces lieux que ceux qui n'y sont pas [22] !
Pourquoi ramènes-tu mes regrets sur leur trace ?
Des bonheurs disparus se rappeler la place,
C'est rouvrir des cercueils pour revoir des trépas [23] !

Le mur est gris, la tuile est rousse,
110 L'hiver a rongé le ciment ;
Des pierres disjointes la mousse
Verdit l'humide fondement ;
Les gouttières, que rien n'essuie,
Laissent en rigoles de suie [24]
S'égoutter le ciel pluvieux,
Traçant sur la vide demeure
Ces noirs sillons par où l'on pleure,
Que les veuves ont sous les yeux [25].

La porte où file l'araignée,
Qui [26] n'entend plus le doux accueil, 120
Reste immobile et dédaignée
Et ne tourne plus sur son seuil ;
Les volets que le moineau souille,
Détachés de leurs gonds de rouille,
Battent nuit et jour le granit ;
Les vitraux brisés par les grêles
Livrent aux vieilles hirondelles
Un libre passage à leur nid.

---

19 Cf. v. 23. — 20 Expliquer cette
image. — 21 Cf. *L'Isolement*, v. 25-28. —
22 Opposer le v. 74. — 23 Opposer Musset :
Souvenir (p. 226). — 24 *Couleur* de suie. —
25 Commenter l'idée et l'expression. — 26 Quel
est l'antécédent de ce relatif ?

Leur gazouillement sur les dalles
130 Couvertes de duvets flottants
Est la seule voix de ces salles,
Pleines des silences du temps.
De la solitaire demeure

Une ombre lourde d'heure en heure [27]
Se détache sur le gazon :
Et cette ombre, couchée et morte,
Est la seule chose qui sorte
Tout le jour de cette maison !

Efface ce séjour, ô Dieu ! de ma paupière,
140 Ou rends-le moi semblable à celui d'autrefois [28],
Quand la maison vibrait comme un grand cœur de pierre [29]
De tous ces cœurs joyeux qui battaient sous ses toits !

A l'heure où la rosée au soleil s'évapore,
Tous ces volets fermés s'ouvraient à sa chaleur,
Pour y laisser entrer, avec la tiède aurore,
Les nocturnes parfums de nos vignes en fleur.

On eût dit que ces murs respiraient comme un être
Des pampres réjouis [30] la jeune exhalaison ;
La vie apparaissait rose [31], à chaque fenêtre,
150 Sous les beaux traits d'enfants nichés dans la maison.

Leurs blonds cheveux, épars au vent de la montagne,
Les filles [32], se passant leurs deux mains sur les yeux,
Jetaient des cris de joie à l'écho des montagnes [33],
Ou sur leurs seins naissants croisaient leurs doigts pieux.

La mère, de sa couche à ces doux bruits levée,
Sur ces fronts inégaux se penchait tour à tour,
Comme la poule heureuse assemble sa couvée,
Leur apprenant les mots qui bénissent le jour [34].

Moins de balbutiements sortent du nid sonore,
160 Quand, au rayon d'été qui vient la réveiller,
L'hirondelle, au plafond qui les abrite encore,
A ses petits sans plume apprend à gazouiller [35].

Et les bruits du foyer que l'aube fait renaître,
Les pas des serviteurs sur les degrés de bois,
Les aboiements du chien qui voit sortir son maître,
Le mendiant plaintif qui fait pleurer sa voix,

— 27 Le soleil se déplace. — 28 Le poète dira plus bas : « *Non plus grand, non plus beau, mais pareil, mais le même* ». — 29 Cf. v. 147. — 30 Expliquez ce terme. — 31 Étudiez l'effet obtenu par la coupe. — 32 Lamartine avait cinq sœurs. — 33 Que penser de cette rime ? — 34 La prière du matin. — 35 Étudier cette comparaison.

Montaient avec le jour ; et, dans les intervalles,
Sous des doigts de quinze ans répétant leur leçon,
Les claviers résonnaient ainsi que des cigales
170   Qui font tinter l'oreille au temps de la moisson [36] !

Puis ces bruits d'année en année
Baissèrent d'une vie, hélas ! et d'une voix ;
Une fenêtre en deuil, à l'ombre condamnée [37],
Se ferma sous le bord des toits.

Printemps après printemps, de belles fiancées
Suivirent de chers ravisseurs,
Et, par la mère en pleurs sur le seuil embrassées,
Partirent en baisant leurs sœurs [38].

Puis sortit un matin, pour le champ où l'on pleure,
180   Le cercueil tardif de l'aïeul [39].
Puis un autre, et puis deux [40], et puis dans la demeure
Un vieillard morne resta seul [41] !

Puis la maison glissa sur la pente rapide
Où le temps entasse les jours ;
Puis la porte à jamais se ferma sur le vide,
Et l'ortie envahit les cours !...

L'Ame *retrouve le souvenir de ses chers absents :* « *Oui, je vous revois tous, et toutes, âmes mortes !...* » *Elle se console à l'idée que Dieu leur rendra, dans ses «globes sans nombre», un toit semblable à celui-ci, où la famille se trouvera réunie comme autrefois.*

O douce Providence ! ô mère de famille [42]
Dont l'immense foyer de tant d'enfants fourmille,
Et qui les vois pleurer, souriante au milieu,
Souviens-toi, cœur du ciel, que la terre est ta fille
Et que l'homme est parent de Dieu !

MOI

Pendant que l'âme oubliait l'heure,
Si courte dans cette saison,
L'ombre de la chère demeure
S'allongeait sur le froid gazon ;
Mais de cette ombre sur la mousse

L'impression funèbre et douce
Me consolait d'y pleurer seul :
Il me semblait qu'une main d'ange
De mon berceau prenait un lange
Pour m'en faire un sacré linceul !

– Vers 1-102. *a) Dégagez les sentiments qui animent* MOI *et tentez de discerner ceux de l'*AME ; *– b) Étudiez l'harmonie entre le paysage d'automne et les sentiments de* MOI.
– Vers 103-170. *Dégagez les sentiments de l'*AME ; *pourquoi se tourne-t-elle vers les souvenirs d'autrefois ? Caractérisez ces souvenirs.*
– Vers 171-186. *Comment est créée la sensation de l'abandon progressif de la maison, puis du « vide » ?*
– **Commentaire composé.** *Deux descriptions de Milly : v. 71-102 et v. 103-138 ; en quoi sont-elles opposées ? Comment expliquer qu'elles soient si différentes ?*
– **Essai.** *A propos de ce poème, expliquez la remarque de G. Poulet sur « le souvenir affectif » : « Se retrouver dans les lieux du passé, c'est assurément d'abord en faire revivre dans la pensée tous les aspects externes ; mais c'est encore ressentir à nouveau en leur présence ce qui avait été pour la première fois ressenti ».*

---

36 Étudier les sonorités évocatrices de cette strophe. — 37 Expliquer ce trait. — 38 Elles se marièrent toutes entre 1813 et 1827. — 39 Sans doute un *oncle* du poète (1827). — 40 Une sœur, puis la mère. — 41 Le père de Lamartine (mort en 1840). — 42 Expliquer l'image.

ALFRED DE VIGNY

ALFRED DE VIGNY est né à Loches en Touraine, en 1797, mais sa jeunesse s'est écoulée à Paris. Son père, ancien officier de la Guerre de Sept ans, sa mère, issue d'une famille de marins, lui inculquent de bonne heure *la fierté d'être noble*, le regret de l'ancien régime, le mépris de l'Empire et de ses « parvenus ». Gagné par leur *amertume*, l'enfant considère les nobles comme des parias de la société moderne, surtout lorsqu'à la pension Hix, où il entre en 1807, il est persécuté par ses camarades qui jalousent ses succès et son titre de noblesse. « Ces chagrins d'enfant, dira-t-il, laissent dans l'homme une teinte de sauvagerie difficile à effacer ».

Servitude militaire

Son père lui avait inspiré *le culte des armes et de l'honneur* : « Je vis dans la noblesse une grande famille de soldats héréditaires ». Ainsi, malgré son hostilité à l'Empire, rêvant de gloire militaire, il prépare l'École Polytechnique. Brusquement, à dix-sept ans, la Restauration fait de lui un *sous-lieutenant* des Compagnies rouges, uniquement formées de gentilhommes. Mais sa seule « campagne » consistera à escorter la calèche de Louis XVIII en fuite devant Napoléon revenu de l'île d'Elbe ; après les Cent jours, versé dans l'infanterie, il subit avec lassitude la monotonie sans gloire de *la vie de garnison*. C'est en vain qu'en 1823, au moment de l'intervention en Espagne, il se fait affecter comme *capitaine* à un régiment de ligne : à la tête de ses hommes il effectue une longue marche de Strasbourg aux Pyrénées, mais au lieu d'aller s'illustrer au combat il retrouve à Orthez, à Oloron, à Pau, la morne existence de garnison. Pour en sortir, il obtient en 1825 un *congé* qui sera prolongé jusqu'en 1827, date de sa *mise en réforme* pour une maladie de poitrine. Du métier militaire il n'a donc connu que *les amertumes :* journées d'ennui, camarades décevants, ambitions brisées. Néanmoins son passage dans l'armée a profondément marqué son caractère : il a développé son sentiment de *l'honneur*, son *abnégation*, son *stoïcisme*. Mort du Loup

Le poète romantique

Mais, de 1816 à 1825, VIGNY n'a pas été un officier comme les autres : il a déjà une *activité littéraire* et, quand il quitte l'armée, il est presque célèbre. Dès 1816, pour combattre la monotonie du service, il s'est remis à ses études : la Bible, Mme de Staël, Chateaubriand, Joseph de Maistre, Chénier ; il lit dans le texte les écrivains anglais, surtout Byron. Introduit au Cénacle en 1820, il donne ses premiers vers au *Conservateur Littéraire* de VICTOR HUGO qui devient son ami, et en 1822 il publie un recueil anonyme de dix *Poèmes*. En route vers l'Espagne en 1823, s'il rêve de gloire militaire, il n'oublie pas la littérature : au cours des longues étapes, il compose entièrement *Éloa*, épopée en trois chants qui est triomphalement accueillie, et ébauche d'autres poèmes. Lorsqu'il tient garnison dans les Pyrénées, il reste en relations étroites avec les salons littéraires de Paris ; d'ailleurs le calme et la beauté des sites favorisent son inspiration (*Le Cor*).

Dès son congé de 1825 il s'installe à Paris avec sa femme, la jeune Anglaise LYDIA BUNBURY qu'il vient d'épouser à Pau, et se consacre essentiellement à son œuvre : coup sur coup il publie les *Poèmes antiques et modernes* (1826) et *Cinq-Mars* (1826). Après ce roman historique, VIGNY se laisse tenter par le *Théâtre* qui suscite les passions autour de 1830. Il écrit des adaptations en vers de Shakespeare : celle d'*Othello* connaît en 1829 à la Comédie Française un assez vif succès ; il donnera encore, avec moins d'éclat, *La Maréchale d'Ancre* (1831) avant de trouver sa voie avec *Chatterton* (1835).

Philosophie politique et sociale

La Révolution de 1830 apporte à VIGNY de *nouvelles déceptions*. Bien qu'il réprouve les Ordonnances et n'aime guère la dynastie régnante, il se sent lié à elle par ses traditions d'*honneur ;* mais la veulerie du Roi qui abandonne ses partisans le libère de ses « gênantes superstitions politiques ». Sous Louis-Philippe, il devient commandant d'un bataillon de la garde nationale ; il est même gagné par les *sentiments humanitaires* qui se font jour après 1830, il s'intéresse au christianisme social de Lamennais (p. 293) et à la doctrine des saint-simoniens (p. 385) et il va évoluer lentement vers les idées républicaines.

Renonçant pour quelques années à la poésie, il consacre son œuvre, plus *philosophique*, aux «parias» de la société moderne : il évoque la condition du poète dans *Stello* (1832), d'où il tire le drame de *Chatterton* (1835, cf. p. 255) ; puis celle du soldat, dans *Servitude et Grandeur militaires* (1835). Le récit de *Daphné* aborde les questions religieuses (1837).

« La sainte solitude »   VIGNY connaît alors une *nouvelle série d'épreuves :* la mort de sa mère, la brouille avec ses anciens amis du Cénacle, la rupture de sa liaison orageuse avec l'infidèle MARIE DORVAL, l'actrice pour laquelle il avait écrit *Chatterton*. Désormais, se renfermant dans son amertume, il vivra de plus en plus retiré du monde.

Après un séjour au manoir du Maine-Giraud, en Charente (qu'il vient de recevoir en héritage), et un voyage en Angleterre pour y régler la succession de son beau-père (1838-1839), il mène à Paris une « *vie d'ermite* » et mûrit ses grands poèmes : *La Mort du Loup* (1838), *La Colère de Samson* (1839), *Le Mont des Oliviers* (1839), *La Maison du Berger* (1844), *La Bouteille à la mer* (1847). S'il a connu une crise de pessimisme aigu, il retrouve peu à peu son équilibre, attire à lui les jeunes écrivains, et, après six candidatures malheureuses, finit par être élu à l'Académie (1845).

Il devait éprouver en 1848 une *dernière amertume :* pris d'enthousiasme pour la Révolution, il espère *jouer un rôle politique* et se présente à la députation en Charente, mais il obtient si peu de voix qu'il en est ulcéré. De plus en plus pessimiste, il se retire jusqu'en 1853 au Maine-Giraud où il vit en *gentilhomme campagnard*, et soigne avec une admirable abnégation sa femme qui finira par être impotente et presque aveugle. De retour à Paris où il passera ses dix dernières années, il continue à vivre solitaire, écrivant encore quelques beaux poèmes et continuant de rédiger les impressions qui seront recueillies dans le *Journal d'un Poète*. Il meurt d'un cancer à l'estomac en 1863. C'est son exécuteur testamentaire Louis Ratisbonne qui rassembla dans le recueil intitulé *Les Destinées* (1864) les poèmes parus dans la Revue des Deux-mondes depuis 1843 ou restés inédits.

POÈMES ANTIQUES ET MODERNES

Les *Poèmes* de 1822 sont repris pour la plupart dans les *Poèmes Antiques et Modernes* de 1826, complétés en 1837 et répartis en trois groupes, comme une *Légende des Siècles :*
I. Livre Mystique : *Moïse* (cf. p. 125), *Eloa*, épopée en trois chants, *Le Déluge.*
II. Livre Antique : *La Fille de Jephté, La Dryade, Symétha, Le bain d'une dame romaine.*
III. Le Livre Moderne : inspiration médiévale : *Le Cor, La Neige ;* épisodes espagnols d'un romantisme exacerbé : *Dolorida, Le Trappiste ;* épopée moderne : *La Frégate « La Sérieuse » ; Élévations* inspirées par des événements récents : *Paris* (1831), *Les Amants de Montmorency* (1832).

Ce recueil est inégal : on y sent trop l'influence de Chénier, Byron, Chateaubriand, et le poète débutant hésite entre un classicisme suranné et un romantisme criard. Toutefois des ensembles épiques comme *Eloa* ou *Le Déluge* offrent déjà de belles réussites poétiques ; *La Fille de Jephté, Le Cor*, et surtout *Moïse* sont des chefs-d'œuvre.

« Le seul mérite qu'on n'ait jamais disputé à ces compositions, c'est d'avoir devancé en France toutes celles de ce genre dans lesquelles *une pensée philosophique est mise en scène sous une forme épique ou dramatique* » (Préface de 1837). Telle est bien la principale originalité de ces *Poèmes :* le procédé du *symbole*, dont VIGNY devait faire un usage si personnel (cf. p. 129) ; et l'indication de problèmes qui seront désormais au cœur de sa *réflexion philosophique :* le caractère sublime de *la pitié* et de *l'amour* (cf. *Eloa*), la *solitude du génie*, l'angoissante question des *rapports de Dieu et de l'humanité* (cf. p. 125). Le poète paraît déjà obsédé par l'injustice de la Toute-Puissance qui frappe innocents et coupables *(Le Déluge)* et qui exige de Jephté le sacrifice de sa fille (cf. p. 128, n. 35).

MOÏSE

Dans cet épisode écrit en 1822 et publié en 1826 VIGNY s'inspire de la Bible qu'il connaît parfaitement. Mais s'il en suit de près les données pour évoquer *le pays et les mœurs* des Hébreux, il est moins fidèle au récit biblique pour camper le personnage de MOÏSE : il lui attribue certains exploits de Josué et en invente d'autres, et surtout il lui prête un *découragement plein d'amertume* que le patriarche n'a pas dans la Bible. C'est qu'à travers ce personnage VIGNY a voulu exprimer l'angoisse de sa *solitude morale*, et ses premiers doutes devant *le mystère de la justice divine*. Plus tard il élargira la *portée symbolique* de son poème : « Ce grand nom ne sert que de masque à un homme de tous les siècles et plus moderne qu'antique : *l'homme de génie*, las de son éternel veuvage et désespéré de voir sa solitude plus vaste et plus aride à mesure qu'il grandit. Fatigué de sa grandeur, il demande le néant » (à Camilla Maunoir, 1838).

Le soleil prolongeait sur la cime des tentes [1]
Ces obliques rayons, ces flammes éclatantes,
Ces larges traces d'or qu'il laisse dans les airs,
Lorsqu'en un lit de sable il se couche aux déserts.
La pourpre et l'or semblaient revêtir la campagne.
Du stérile Nébo [2] gravissant la montagne,
Moïse, homme de Dieu [3], s'arrête, et, sans orgueil [4],
Sur le vaste horizon promène un long coup d'œil.
Il voit d'abord Phasga [5], que des figuiers entourent ;
10 Puis, au-delà des monts que ses regards parcourent,
S'étend tout Galaad, Éphraïm, Manassé,
Dont le pays fertile à sa droite est placé ;
Vers le midi, Juda, grand et stérile, étale
Ses sables où s'endort la mer occidentale [6] ;
Plus loin, dans un vallon que le soir a pâli,
Couronné d'oliviers, se montre Nephtali ;
Dans des plaines de fleurs magnifiques et calmes
Jéricho s'aperçoit : c'est la ville des palmes ;
Et, prolongeant ses bois, des plaines de Phogor,
20 Le lentisque [7] touffu s'étend jusqu'à Ségor.
Il voit tout Chanaan [8], et la terre promise,
Où sa tombe, il le sait, ne sera point admise.
Il voit ; sur les Hébreux étend sa grande main [9],
Puis vers le haut du mont il reprend son chemin.

Or, des champs de Moab couvrant la vaste enceinte,
Pressés au large pied de la montagne sainte,

— 1 Avant d'arriver à la Terre Promise, les Hébreux ont vécu en nomades. — 2 Montagne au N.-E. de la Mer Morte. Moïse y parvient après avoir conduit les Hébreux à travers le désert pendant 40 ans, depuis leur départ d'Égypte. — 3 Expression biblique. — 4 Préciser, d'après la suite, pourquoi il ne tire pas orgueil de sa grandeur. — 5 L'énumération des contrées de la Palestine avec leurs productions (V. 11-20) est directement inspirée du *Deutéronome* (XXXIV, 1-4) où l'Éternel fait contempler à Moïse la Terre Promise, mais lui en refuse l'entrée pour avoir une fois douté de lui. — 6 La Méditerranée. — 7 Sorte de pistachier. — 8 Nom qui désigne la Terre Promise : la Palestine. — 9 Pour les bénir.

Les enfants d'Israël s'agitaient au [10] vallon
Comme les blés épais. qu'agite l'aquilon.
Dès l'heure où la rosée humecte l'or des sables
30 Et balance sa perle au sommet des érables,
Prophète centenaire [11], environné d'honneur,
Moïse était parti pour trouver le Seigneur.
On le suivait des yeux aux flammes de sa tête [12],
Et, lorsque du grand mont il atteignit le faîte,
Lorsque son front perça le nuage de Dieu
Qui couronnait d'éclairs la cime du haut lieu [13],
L'encens brûla partout sur les autels de pierre.
Et six cent mille Hébreux, courbés dans la poussière,
A l'ombre du parfum par le soleil doré,
40 Chantèrent d'une voix le cantique sacré ;
Et les fils de Lévi [14], s'élevant de la foule,
Tels qu'un bois de cyprès sur le sable qui roule,
Du peuple avec la harpe accompagnant les voix,
Dirigeaient vers le ciel l'hymne du Roi des Rois.

Et, debout devant Dieu, Moïse ayant pris place,
Dans le nuage obscur lui parlait face à face [15].

Il disait au Seigneur : « Ne finirai-je pas [16] ?
Où voulez-vous encor que je porte mes pas ?
Je vivrai donc toujours puissant et solitaire [17] ?
50 Laissez-moi m'endormir du sommeil de la terre [18]. —
Que vous ai-je donc fait pour être votre élu ?
J'ai conduit votre peuple où vous avez voulu.
Voilà que son pied touche à la terre promise.
De vous à lui qu'un autre accepte l'entremise,
Au coursier d'Israël qu'il attache le frein [19] ;
Je lui lègue mon livre [20] et la verge d'airain [21].

Pourquoi vous fallut-il tarir mes espérances,
Ne pas me laisser homme avec mes ignorances,
Puisque du mont Horeb [22] jusques au mont Nébo

— 10 Dans le. — 11 Il a 120 ans. — 12 Signe de l'élection divine. — 13 Souvenir de l'entrevue du Sinaï, où Dieu parlait à Moïse dans un nuage orageux. — 14 Les *lévites*, chargés du culte, descendaient de Lévi, un des fils de Jacob. — 15 Expression tirée de la Bible. — 16 Dans le *Deutéronome*, Moïse *sait* qu'il va mourir. Vigny s'inspire ici d'un autre livre (*Nombres*, XI, 14-15) : « Pourquoi avez-vous affligé votre serviteur ? et pourquoi n'ai-je pas trouvé grâce devant vos yeux pour que vous ayez mis sur moi la charge de tout ce peuple ?... Au lieu de me traiter ainsi, faites-moi mourir plutôt, afin que je ne sois point témoin de mon malheur ! » Mais dans la Bible, cette lassitude est *passagère* et le ton moins âpre que chez Vigny. — 17 Montrer le lien entre les deux idées. — 18 Moïse n'aspire pas à l'immortalité. Cf. « Il demande le *néant* » (Vigny). — 19 Comment imaginer les Hébreux d'après cette métaphore ? — 20 Le *Pentateuque*, formé des cinq premiers livres de la Bible, attribués à Moïse. — 21 Insigne miraculeux de son pouvoir avec lequel il changea l'eau en sang, et fit jaillir une source d'un rocher. — 22 Dans le désert du Sinaï, en Arabie, où *l'humble berger* Moïse, déjà octogénaire, avait reçu de Dieu qui lui apparut dans un buisson ardent la mission de conduire les Hébreux d'Égypte en Palestine.

60 Je n'ai pas pu trouver le lieu de mon tombeau ?
Hélas ! vous m'avez fait sage parmi les sages !
Mon doigt du peuple errant a guidé les passages [23].
J'ai fait pleuvoir le feu sur la tête des rois [24] ;
L'avenir à genoux adorera mes lois [25] ;
Des tombes des humains j'ouvre la plus antique,
La mort trouve à ma voix une voix prophétique [26] ;
Je suis très grand, mes pieds sont sur les nations,
Ma main fait et défait les générations [27]. —
Hélas ! je suis, Seigneur, puissant et solitaire,
70 Laissez-moi m'endormir du sommeil de la terre !

Hélas ! je sais aussi tous les secrets des Cieux ;
Et vous m'avez prêté la force de vos yeux.
Je commande à la nuit de déchirer ses voiles ;
Ma bouche par leur nom a compté les étoiles,
Et dès qu'au firmament mon geste l'appela,
Chacune s'est hâtée en disant : « Me voilà ».
J'impose mes deux mains sur le front des nuages
Pour tarir dans leurs flancs la source des orages ;
J'engloutis les cités sous les sables mouvants ;
80 Je renverse les monts sous les ailes des vents ;
Mon pied infatigable est plus fort que l'espace ;
Le fleuve aux grandes eaux se range quand je passe,
Et la voix de la mer se tait devant ma voix [28].
Lorsque mon peuple souffre, ou qu'il lui faut des lois,
J'élève mes regards, votre esprit me visite ;
La terre alors chancelle et le soleil hésite [29],
Vos anges sont jaloux et m'admirent entre eux. —
Et cependant, Seigneur, je ne suis pas heureux ;
Vous m'avez fait vieillir puissant et solitaire,
90 Laissez-moi m'endormir du sommeil de la terre.

Sitôt que votre souffle a rempli le berger [30],
Les hommes se sont dit : « Il nous est étranger [31] » ;
Et leurs yeux se baissaient devant mes yeux de flamme,
Car ils venaient, hélas ! d'y voir plus que mon âme.
J'ai vu l'amour s'éteindre et l'amitié tarir ;
Les vierges se voilaient et craignaient de mourir [32].
M'enveloppant alors de la colonne noire [33],
J'ai marché devant tous, triste et seul dans ma gloire,

— 23 Mer Rouge et déserts. — 24 Une grêle mêlée de feu : septième plaie d'Égypte. — 25 Le *Décalogue*, demeuré la loi des chrétiens. — 26 Vers obscurs : peut-être allusion au fait que Moïse avait emporté les ossements de Joseph, doués d'un pouvoir prophétique. — 27 Il tient en ses mains la *vie* et la *mort* des générations : il a fait périr les premiers nés des Égyptiens et fait massacrer d'un coup 24.000 Hébreux idolâtres. — 28 Au passage de la Mer Rouge. — 29 Cf. Josué arrêtant le soleil. — 30 Cf. n. 22. — 31 S'agit-il d'une simple supériorité ? — 32 La vue de Dieu anéantit les non-élus. — 33 Nuée qui guide les Hébreux.

Et j'ai dit dans mon cœur : « Que vouloir à présent ? »
100 Pour dormir sur un sein mon front est trop pesant,
Ma main laisse l'effroi sur la main qu'elle touche,
L'orage est dans ma voix, l'éclair est sur ma bouche ;
Aussi, loin de m'aimer, voilà qu'ils tremblent tous,
Et, quand j'ouvre les bras, on tombe à mes genoux [34].
O Seigneur ! j'ai vécu puissant et solitaire,
Laissez-moi m'endormir du sommeil de la terre ! »

Or, le peuple attendait, et, craignant son courroux,
Priait sans regarder le mont du Dieux jaloux [35] ;
Car, s'il levait les yeux, les flancs noirs du nuage
110 Roulaient et redoublaient les foudres de l'orage,
Et le feu des éclairs, aveuglant les regards,
Enchaînait tous les fronts courbés de toutes parts.
Bientôt le haut du mont reparut sans Moïse [36]. —
Il fut pleuré [37]. — Marchant vers la terre promise,
Josué [38] s'avançait pensif et pâlissant,
Car [39] il était déjà l'élu du Tout-Puissant.

– *Dans les v. 1-46, comment vous apparaissent les Hébreux ? et Moïse ?*
– *Quelles sont les manifestations de la puissance de Moïse ? en quoi est-il plus qu'un « homme » ?*
– *Dégagez les causes de la solitude de Moïse ; pourquoi est-il malheureux malgré sa toute-puissance ? Quelle attitude adopte-t-il devant l'incompréhension ?*
– *Le symbole de l'homme de génie ; quels sont ses rapports avec la divinité ? et avec les hommes ?*
• **Comparaison.** Le MOÏSE de VIGNY et celui de la Bible (cf. *Deutéronome*, XXXIV) : ressemblances et différences ; en quoi les différences permettent-elles de déceler les intentions de VIGNY ?
• **Groupe thématique : Le poète.** VIGNY, p. 125 ; p. 137 ; p. 144 ; p. 150 ; p. 259. – HUGO, p. 162 ; p. 170 ; p. 171. – BAUDELAIRE, p. 434. – RIMBAUD, p. 525. – XXᵉ SIÈCLE, p. 183-188 ; p. 304-309, p. 321 ; p. 330.
– *Enquête. L'interprétation des symboles représentant le poète dans les extraits du XIXᵉ SIÈCLE.*

ELOA (1824)

ELOA, « *sœur des anges* » *est née d'une* larme du Christ, *versée devant le cadavre de Lazare. Elle entend l'histoire* de LUCIFER, *cet ange révolté qui expie son crime en Enfer. Aussitôt elle est prise de pitié pour ce malheureux. Elle s'aventure au voisinage de l'Enfer et se trouve attirée par un ange « jeune, triste et charmant » qui l'attendrit sur son infortune, se présente comme un rival de Dieu, un bienfaiteur des hommes, et lui déclare sa passion. Fascinée,* ELOA *se rapproche de lui et sa candeur trouble un instant le Tentateur qui regrette sa pureté d'autrefois. Mais il se ressaisit au moment où* ELOA *allait le sauver : voyant qu'elle va lui échapper, il la retient en versant des « pleurs fallacieux ». Émue de pitié, elle se laisse entraîner à sa suite dans une* chute tragique, *loin des cieux, et découvre trop tard que son séducteur est* SATAN.

Ce récit, d'une élégance un peu molle, offre des passages d'une *poésie émouvante*, troublante même, dans la scène de la séduction ; et le dialogue haletant qui le termine est d'un *effet dramatique intense.* VIGNY nous découvre déjà cette *sensibilité au charme féminin* qui lui inspirera de si beaux vers (cf. p. 140). Surtout nous voyons préluder certains de ses thèmes philosophiques : ELOA est *abandonnée* et même trompée par Dieu au moment de la tentation ; elle est admirable par sa *pitié* devant le malheur. Plus tard, VIGNY sera tenté d'en faire la consolatrice de l'humanité malheureuse, capable par sa PITIÉ de racheter Satan lui-même.

---

34 Quels sentiments s'expriment dans ces deux attitudes ? — 35 Expression biblique : l'Éternel exige d'être seul adoré. Mais Vigny affecte de la prendre au sens péjoratif : cf. : « C'est la vapeur du sang qui plaît au Dieu jaloux ! » (*La Fille de Jephté*). — 36 Sa mort reste mystérieuse, comme dans la Bible : « Personne n'a connu son tombeau ». — 37 Que penser de cette oraison funèbre ? — 38 Successeur de Moïse. — 39 Expliquer ce terme.

LES DESTINÉES

Les onze pièces du recueil posthume des *Destinées* ont été rédigées entre 1838 et la mort du poète. Nous donnons les plus importantes dans *l'ordre chronologique* qui permet de suivre l'évolution de sa pensée selon les vicissitudes de son existence. Mais le livre des *Destinées* publié par Louis Ratisbonne en 1864 présente ces poèmes dans un *ordre différent*, sans doute voulu par VIGNY, dont il importe de tenir compte pour porter une juste appréciation sur son *message philosophique*.

I. LA « PHILOSOPHIE » DES DESTINÉES. Voici comment, suivant de près la justification de M. Pierre Moreau, on pourrait interpréter l'architecture du recueil de 1864. « Tout d'abord un double portique : *Les Destinées, La Maison du Berger* ». Dans *Les Destinées* (cf. p. 148), poème liminaire qui donne son titre à tout l'ouvrage, VIGNY pose le PROBLÈME DE LA CONDITION HUMAINE : avec son fardeau de misère et d'ignorance, est-elle inéluctablement soumise à une *fatalité* qui nous interdit toute espérance et rend vains tous nos efforts ? Aussitôt après, *La Maison du Berger* (cf. p. 137) « annoncera, avec l'idéal même et l'inspiration du livre entier — *inspiration et idéal de poésie, d'amour, de pitié* — le plan général selon lequel chaque poème s'ordonnera » : le philosophe sensible aux souffrances humaines se reconnaît la mission de guider ses semblables.

« Tour à tour LE MAL SOCIAL sera envisagé dans les problèmes de la politique (*Les Oracles*), des races et de la civilisation *(La Sauvage*, cf. p. 132, n. 16), de l'amour même *(La Colère de Samson)*, dans les lourdes tâches du devoir » *(La Mort du Loup*, cf. p. 130).

Puis, ce sera LE MAL PHILOSOPHIQUE : l'âme enchaînée au corps qui paralyse ses élans *(La Flûte)*, l'ignorance et le doute, misères de la condition humaine *(Le Mont des Oliviers)*.

Enfin VIGNY ouvre la route lumineuse, celle de la Science, de la Pensée, du PROGRÈS *(La Bouteille à la mer*, cf. p. 144) : malgré la résistance des tyrannies et des préjugés *(Wanda)*, L'AVENIR RADIEUX DE L'HUMANITÉ verra le triomphe de l'*Esprit Pur* (p. 150).

Partis d'un *pessimisme* en révolte contre le mal social et philosophique, nous découvrons chemin faisant le moyen d'endurer avec dignité cette condition terrestre : « en face du mal philosophique : *le silence* ; en face du mal social : *la pitié* » ; et par-dessus tout la « *religion de l'honneur* » qui inspire le stoïcisme de VIGNY et formait déjà l'idée maîtresse de *Servitude et grandeur militaires*. Mais ce pessimisme stoïque n'est qu'un point de départ : le poète affirme sa foi dans la civilisation qui permettra à l'homme, abandonné à lui-même par la divinité, de triompher des destinées qui l'écrasent. Cet optimisme s'appuie sur une *philosophie idéaliste* qui attribue à l'Esprit une réalité indépendante (cf. p. 140, v. 92-98) et aboutit à une *religion de l'Esprit*. Par son culte du progrès et de l'humanité VIGNY est, comme les positivistes (cf. p. 385), l'héritier des « philosophes ».

II. LA POÉSIE DES DESTINÉES. La poésie de VIGNY a sa source dans son EXPÉRIENCE INTIME, mais sa *pudeur* se refuse au lyrisme indiscret. Ses amertumes de poète et de soldat se devinaient dans les récits de *Stello* et de *Servitude*... ; de même, à travers le symbole, la révolte de l'amant trahi retentit dans la *Colère de Samson* avec une rare sincérité d'accent. Ce sont les angoisses et les espérances de VIGNY qui, soumises à une lente maturation et portées par le *symbole* sur le plan des idées, donnent naissance au message philosophique des *Destinées*.

LE SYMBOLE, devenu ainsi inséparable de sa création poétique, donne à l'idée une expression *concrète* qui la rend plus accessible et la grave dans les mémoires. Dans ses *Réflexions sur la vérité dans l'art* (1827), VIGNY invoquant la « vérité de l'art », supérieure au « vrai du fait », se reconnaissait le droit de « faire céder parfois la réalité des faits à l'*Idée* que chacun d'eux doit représenter aux yeux de la postérité » : on peut pourtant regretter qu'il ait déformé, pour les besoins du symbole, des événements importants (cf. p. 125 et 133). Dans d'autres cas, VIGNY descend de l'idée au symbole qu'il crée de toutes pièces et qui s'adapte plus parfaitement à la pensée (cf. p. 130, 137, 144, 148). Une fois le symbole trouvé, il excelle à choisir *l'atmosphère* de son épisode et à lui imprimer son *rythme*, tantôt dramatique, tantôt d'une majestueuse sérénité.

La FORME présente des maladresses largement compensées par *les plus hautes réussites poétiques*. Vigny sait tout le pouvoir d'un rythme, d'un mot « mis en sa place » ; on étudiera son art de cristalliser la pensée en *formules d'une netteté inoubliable*, ou au contraire de *suggérer les nuances les plus fugitives :* « ses vers, signifiant toujours au-delà de ce qu'ils expriment, retentissent en nous longuement et délicieusement, y parachèvent leur sens et s'y égrènent en échos lents à mourir » (J. Lemaître).

LA MORT DU LOUP

En lisant ce poème écrit au Maine-Giraud en octobre 1838 et publié en 1843, on n'oubliera pas qu'au moment où il le compose VIGNY vient de subir de *dures épreuves :* la mort de sa mère, la rupture avec Marie Dorval. Retiré dans son manoir, il trouve un magnifique symbole pour affirmer sa *volonté de rester libre*, au prix d'un isolement farouche, et surtout sa résolution de s'élever par un *silence stoïque* au-dessus de la fatalité, de la souffrance et même de la mort. Le problème de l'homme « traqué » par la fatalité reparaîtra dans *Le Mont des Oliviers* (cf. p. 133). — Ce récit de chasse nocturne contient, paraît-il, quelques erreurs techniques ; mais qu'importe ? le paysage est fidèlement observé et *l'impression générale de vérité* reste assez frappante pour nous attacher à ce drame jusqu'au moment où l'art du poète nous fait passer *du plan réel au plan symbolique.*

I

Les nuages couraient sur la lune enflammée
Comme sur l'incendie on voit fuir la fumée,
Et les bois étaient noirs jusques à l'horizon.
Nous marchions, sans parler, dans l'humide gazon,
Dans la bruyère épaisse, et dans les hautes brandes [1],
Lorsque, sous des sapins [2] pareils à ceux des Landes,
Nous avons aperçu les grands ongles marqués
Par les loups voyageurs que nous avions traqués [3].
Nous avons écouté, retenant notre haleine
10   Et le pas suspendu. — Ni le bois ni la plaine
Ne poussait un soupir dans les airs ; seulement
La girouette en deuil criait au firmament ;
Car le vent, élevé bien au-dessus des terres,
N'effleurait de ses pieds que les tours solitaires [4],
Et les chênes d'en bas, contre les rocs penchés,
Sur leurs coudes semblaient endormis et couchés [5].
Rien ne bruissait donc, lorsque, baissant la tête,
Le plus vieux des chasseurs qui s'étaient mis en quête
A regardé le sable en s'y couchant ; bientôt,
20   Lui que jamais ici l'on ne vit en défaut,
A déclaré tout bas que ces marques récentes
Annonçaient la démarche et les griffes puissantes

— 1 Bruyère sèche des terrains maigres. — 2 Les Landes sont plantées de *pins* et non de *sapins.* — 3 *Encerclés.* Dans l'*Esprit Pur* il s'agira au contraire d'une chasse à courre (cf. p. 150, v. 17). — 4 Vigny dit que son manoir du Maine-Giraud est posé sur une colline « comme sur un piédestal formé d'un seul roc » et « isolé au milieu des bois et des rochers ». — 5 Étudier le caractère fantastique du cadre : que deviennent le vent, les chênes ?

De deux grands loups-cerviers [6] et de deux louveteaux.
Nous avons tous alors préparé nos couteaux,
Et, cachant nos fusils et leurs lueurs trop blanches,
Nous allions pas à pas en écartant les branches.
Trois s'arrêtent, et moi, cherchant ce qu'ils voyaient,
J'aperçois tout à coup deux yeux qui flamboyaient,
Et je vois au delà quatre [7] formes légères
30 Qui dansaient sous la lune au milieu des bruyères,
Comme font chaque jour, à grand bruit sous nos yeux,
Quand le maître revient, les lévriers joyeux.
Leur forme était semblable et semblable la danse [8] ;
Mais les enfants du Loup se jouaient [9] en silence,
Sachant bien qu'à deux pas, ne dormant qu'à demi,
Se couche dans ses murs l'homme, leur ennemi.
Le père était debout [10], et plus loin, contre un arbre,
Sa louve reposait, comme celle de marbre
Qu'adoraient les Romains, et dont les flancs velus
40 Couvaient les demi-dieux Rémus et Romulus [11].
Le Loup vient et s'assied, les deux jambes dressées,
Par leurs ongles crochus dans le sable enfoncées [12].
Il s'est jugé perdu, puisqu'il était surpris,
— Sa retraite coupée et tous ses chemins pris [13],
Alors il a saisi, dans sa gueule brûlante,
Du chien le plus hardi la gorge pantelante,
Et n'a pas desserré ses mâchoires de fer,
Malgré nos coups de feu, qui traversaient sa chair,
Et nos couteaux aigus qui, comme des tenailles,
50 Se croisaient en plongeant dans ses larges entrailles,
Jusqu'au dernier moment où le chien étranglé,
Mort longtemps avant lui, sous ses pieds a roulé [14].
Le Loup le quitte alors et puis il nous regarde.
Les couteaux lui restaient au flanc jusqu'à la garde,
Le clouaient au gazon tout baigné dans son sang ;
Nos fusils l'entouraient en sinistre croissant.
Il nous regarde encore, ensuite il se recouche,
Tout en léchant le sang répandu sur sa bouche,
Et, sans daigner savoir comment il a péri,
60 Refermant ses grands yeux, meurt sans jeter un cri.

— 6 C'est un félin appelé aussi *lynx* ; mais dans certaines campagnes on donnait ce nom à un loup assez vigoureux pour s'attaquer aux cerfs. — 7 Les deux *louveteaux* et leurs *ombres*, au clair de lune. — 8 Définir les impressions suggérées par les v. 28-33. — 9 Jouaient (tour classique). — 10 Expliquer cette attitude. — 11 Allusion à la statue de *bronze* de la *Louve romaine*, allaitant deux enfants. Étudier la valeur plastique de l'évocation et l'idée suggérée. — 12 Préciser l'impression créée dans ces deux vers. — 13 *Interceptés*. Comment le poète a-t-il traduit l'effet de surprise ? — 14 Montrer la valeur évocatrice de la phrase (construction et rythme), en la comparant aux vers 53-60.

II

J'ai reposé mon front sur mon fusil sans poudre,
Me prenant à penser, et n'ai pu me résoudre
A poursuivre sa Louve et ses fils, qui, tous trois
Avaient voulu l'attendre, et, comme je le crois,
Sans ses deux louveteaux, la belle et sombre veuve
Ne l'eût pas laissé seul subir la grande épreuve ;
Mais son devoir était de les sauver, afin
De pouvoir leur apprendre à bien souffrir la faim [15],
A ne jamais entrer dans le pacte des villes [16]
70   Que l'homme a fait avec les animaux serviles [17]
Qui chassent devant lui, pour avoir le coucher,
Les premiers possesseurs du bois et du rocher.

III

Hélas ! ai-je pensé, malgré ce grand nom d'Hommes,
Que j'ai honte de nous, débiles que nous sommes !
Comment on doit quitter la vie et tous ses maux,
C'est vous qui le savez, sublimes animaux [18].
A voir ce que l'on fut sur terre et ce qu'on laisse [19],
Seul le silence est grand [20] ; tout le reste est faiblesse.
— Ah ! je t'ai bien compris, sauvage voyageur,
80   Et ton dernier regard m'est allé jusqu'au cœur.
Il disait : « Si tu peux, fais que ton âme arrive,
A force de rester studieuse [21] et pensive,
Jusqu'à ce haut degré de stoïque fierté [22]
Où, naissant dans les bois, j'ai tout d'abord [23] monté.
Gémir, pleurer, prier, est également lâche [24].
Fais énergiquement ta longue et lourde tâche
Dans la voie où le sort a voulu t'appeler,
Puis, après, comme moi, souffre et meurs sans parler. »

- Les chasseurs. *Relevez les détails qui révèlent : a) leur expérience ; b) leur acharnement.*
- Les loups. *Quelles sont les qualités les plus remarquables de ces animaux ? Expliquez l'attitude du loup blessé à mort ; qu'en pensez-vous ?*
- Le symbole. *En quoi la conduite de l'homme devant la mort ressemble-t-elle à celle d'un animal traqué ? En quoi consiste, pour l'homme, l'attitude de « stoïque fierté » ? Par quels arguments* VIGNY *la justifie-t-il ?*
- **Rapprochement.** *L'homme et la société d'après ce poème et* La maison du berger, *p. 137.*
- **Essai.** *Commentez ce mot de P.-G. Castex : « La morale de Vigny est la morale de l'homme seul. »*
- • **Groupe thématique :** VIGNY **et le problème de la mort** *d'après ses poèmes et* Chatterton, *p. 255-262.*

— 15 Qui veut *rester libre* doit *savoir souffrir.*
— 16 Au contraire, dans *La Sauvage* (1842), les Indiens qui reculent devant la colonisation sont comparés à « des loups perdus qui se mordent entre eux... Sauvages animaux sans but, sans loi, sans âme » ; ils haïssent « l'ordre et les lois civiles Et la sainte union des peuples dans les villes ». Vigny oscille entre l'élan fraternel vers les hommes et l'aspiration « sauvage » à la liberté. — 17 Les chiens. — 18 Il s'agit de ceux qui conservent leur dignité, comme les loups. — 19 Cf. v. 75. — 20 Cf. p. 136. — 21 Appliquée. — 22 Cf. la maxime : *Supporte et abstiens-toi.* — 23 Du premier coup. — 24 Ce vers est considéré comme une critique de certains poèmes romantiques. Lesquels ?

Le Mont des Oliviers

Écrit entre 1839 et 1843, et publié en 1844, cet admirable poème exprime *l'angoisse religieuse* qui s'emparera de plus en plus de VIGNY. Il ne peut se résigner à *l'ignorance* où Dieu laisse les hommes sur les grands problèmes, surtout sur *la question du Mal et de la Providence* : si les hommes étaient tirés du *doute*, ils comprendraient le sens de leurs souffrances et seraient heureux. *C'est* JÉSUS *lui-même qui devient l'interprète de cette angoisse.* VIGNY suppose que dans sa mystérieuse agonie — considérée par les théologiens comme une défaillance de sa nature humaine — le Fils a supplié le Père de lui laisser compléter la Rédemption en *éclairant* les hommes, pour qu'ils soient heureux. Mais, si émouvante que soit cette supplication, on peut regretter qu'au lieu d'inventer un symbole adapté à son idée VIGNY crée une *équivoque gênante* sur un épisode évangélique très connu ; en effet, si les circonstances matérielles sont à peu près respectées, *l'attitude et la pensée de Jésus sont considérablement déformées.* La strophe du *Silence*, ajoutée en 1862 (cf. n. 41), représente le dernier point de la philosophie de VIGNY sur ce problème qui n'a cessé de l'obséder.

I

Alors il était nuit, et Jésus marchait seul,
Vêtu de blanc ainsi qu'un mort de son linceul :
Les disciples dormaient au pied de la colline.
Parmi les oliviers, qu'un vent sinistre incline,
Jésus marche à grands pas en frissonnant comme eux,
Triste jusqu'à la mort [1], l'œil sombre et ténébreux,
Le front baissé, croisant les deux bras sur sa robe
Comme un voleur de nuit cachant ce qu'il dérobe ;
Connaissant les rochers mieux qu'un sentier uni,
10   Il s'arrête en un lieu nommé Gethsémani [2].
Il se courbe à genoux, le front contre la terre ;
Puis regarde le ciel en appelant : « Mon père ! »
— Mais le ciel reste noir, et Dieu ne répond pas [3].
Il se lève étonné, marche encore à grands pas,
Froissant les oliviers qui tremblent. Froide et lente
Découle de sa tête une sueur sanglante.
Il recule, il descend, il crie avec effroi [4] :
« Ne pouviez-vous prier et veiller avec moi ? »
Mais un sommeil de mort accable les apôtres.
20   Pierre à la voix du maître est sourd comme les autres.
Le Fils de l'Homme alors remonte lentement ;
Comme un pasteur d'Égypte, il cherche au firmament
Si l'Ange ne luit pas au fond de quelque étoile.
Mais un nuage en deuil s'étend comme le voile
D'une veuve, et ses plis entourent le désert [5].
Jésus, se rappelant ce qu'il avait souffert
Depuis trente-trois ans, devint homme [6], et la crainte
Serra son cœur mortel d'une invincible étreinte.
Il eut froid. Vainement il appela trois fois :
30   « Mon Père ! » Le vent seul répondit à sa voix.

— 1 « Mon âme est triste jusqu'à la mort, demeurez ici et veillez avec moi » dit Jésus à ses disciples. — 2 Étudier comment Vigny dramatise le récit et crée une atmosphère d'angoisse. — 3 Dans l'Évangile, Jésus demande que l'épreuve lui soit épargnée, mais adhère avec soumission à la volonté du Père : « Si ce calice ne peut passer sans que je le boive, que votre volonté s'accomplisse ». Et, selon saint Luc, le Père lui envoie un ange pour le fortifier. — 4 Détail qui n'est pas dans l'Évangile. — 5 Cf. au contraire la n. 3. — 6 Opta pour la nature humaine et éprouva l'angoisse humaine devant le mystère de la souffrance et de la mort (cf. v. 32).

Il tomba sur le sable assis, et, dans sa peine,
Eut sur le monde et l'homme une pensée humaine.
— Et la terre trembla, sentant la pesanteur
Du Sauveur qui tombait aux pieds du Créateur.

II

Jésus disait : « O Père, encor laisse-moi vivre !
Avant le dernier mot [7] ne ferme pas mon livre !
Ne sens-tu pas le monde et tout le genre humain
Qui souffre avec ma chair et frémit dans ta main ?
C'est que la Terre a peur de rester seule et veuve,
40   Quand meurt celui qui dit [8] une parole neuve [9],
Et que tu n'as laissé dans son sein desséché
Tomber qu'un mot du ciel par ma bouche épanché.
Mais ce mot est si pur, et sa douceur est telle,
Qu'il a comme enivré la famille mortelle
D'une goutte de vie et de divinité,
Lorsqu'en ouvrant les bras j'ai dit : « Fraternité [10]. »

Père, oh ! si j'ai rempli mon douloureux message [11] :
Si j'ai caché le Dieu sous la face du sage,
Du sacrifice humain si j'ai changé le prix,
50   Pour l'offrande des corps recevant les esprits [12],
Substituant partout aux choses le symbole [13],
La parole au combat, comme au trésor l'obole [14],
Aux flots rouges du sang les flots vermeils du vin,
Aux membres de la chair le pain blanc sans levain [15] :
Si j'ai coupé les temps en deux parts, l'une esclave
Et l'autre libre [16] ; — au nom du passé que je lave,
Par le sang de mon corps qui souffre et va finir,
Versons-en la moitié pour laver l'avenir [17] !
Père libérateur ! je te aujourd'hui, d'avance,
60   La moitié de ce sang d'amour et d'innocence
Sur la tête de ceux qui viendront en disant :
« Il est permis pour tous [18] de tuer l'innocent. »
Nous savons qu'il naîtra, dans le lointain des âges,
Des dominateurs durs escortés de faux sages
Qui troubleront l'esprit de chaque nation
En donnant un faux sens à ma rédemption [19].
— Hélas ! je parle encor, que déjà ma parole
Est tournée en poison dans chaque parabole ;
Éloigne ce calice impur et plus amer
70   Que le fiel, ou l'absinthe, ou les eaux de la mer.

— 7 *Avant le dernier mot* : avant que *mon enseignement* ne soit complet. — 8 Qui a dit. —
9 *Évangile* signifie « la bonne nouvelle » (cf.
v. 46). — 10 Cf. « Aimez-vous les uns les
autres ». — 11 Ma mission. — 12 Le sacrifice
des victimes vivantes est *remplacé par* l'offrande
des épreuves humaines. — 13 Les manifestations matérielles ne valent désormais que
comme traduction des intentions spirituelles.
— 14 L'obole de la pauvre veuve est préférée
par Jésus à l'offrande du riche. — 15 Allusion
à l'Eucharistie. — 16 Cf. *Les Destinées*, p. 148.
— 17 Racheter l'humanité à venir, en dissipant
ses ignorances, comme l'indiquera la suite. —
18 *Dans l'intérêt commun.* Vigny a souvent protesté contre la doctrine de J. de Maistre sur
la réversibilité des souffrances. — 19 Les théologiens croient en effet que Jésus a souffert en
prévoyant la déformation de sa doctrine pour
justifier les tyrans. Mais Vigny paraît surtout
viser les persécutions et les guerres de religion.

Les verges qui viendront, la couronne d'épine,
Les clous des mains, la lance au fond de ma poitrine,
Enfin toute la croix qui se dresse et m'attend,
N'ont rien, mon Père, oh ! rien qui m'épouvante autant !
Quand les Dieux [20] veulent bien s'abattre sur les mondes,
Ils n'y doivent laisser que des traces profondes ;
Et, si j'ai mis le pied sur ce globe incomplet [21],
Dont le gémissement sans repos m'appelait,
C'était pour y laisser deux Anges à ma place
80   De qui la race humaine aurait baisé la trace,
— La Certitude heureuse et l'Espoir confiant,
Qui, dans le paradis, marchent en souriant [22].
Mais je vais la quitter, cette indigente terre,
N'ayant que soulevé ce manteau de misère
Qui l'entoure à grands plis, drap lugubre et fatal,
Que d'un bout tient le Doute et de l'autre le Mal [23].

« Mal et Doute ! En un mot je puis les mettre en poudre [24].
Vous les aviez prévus, laissez-moi vous absoudre
De les avoir permis [25]. — C'est l'accusation
90   Qui pèse de partout sur la création [26] ! —
Dans son tombeau désert faisons monter Lazare.
Du grand secret des morts qu'il ne soit plus avare,
Et de ce qu'il a vu donnons-lui souvenir ;
Qu'il parle [27]. — Ce qui dure et ce qui doit finir [28],
Ce qu'a mis le Seigneur au cœur de la Nature,
Ce qu'elle prend et donne à toute créature,
Quels sont avec le ciel ses muets entretiens,
Son amour ineffable et ses chastes liens [29] ;
Comment tout s'y détruit et tout s'y renouvelle ;
100 Pourquoi ce qui s'y cache et ce qui s'y révèle [30] ;
Si les astres des cieux tour à tour éprouvés
Sont comme celui-ci coupables et sauvés ;
Si la terre est pour eux ou s'ils sont pour la terre [31] ;
Ce qu'a de vrai la fable et de clair le mystère,
D'ignorant le savoir et de faux la raison [32] ;
Pourquoi l'âme est liée en sa faible prison,
Et pourquoi nul sentier entre deux larges voies,
Entre l'ennui du calme et des paisibles joies
Et la rage sans fin des vagues passions,
110 Entre la léthargie et les convulsions [33] ;

[handwritten marginal note: il déforme le réalité du Bible — tout est renversé]

20 Pluriel étrange, ainsi que le verbe *s'abattre*. — 21 Cf. « Il est certain que la création est une œuvre manquée ou à demi accomplie » (*Journal*). — 22 Inattendu : pourquoi l'Espoir au paradis, qui est possession du Bien Suprême ? — 23 Désormais ce langage n'a plus rien de commun avec le récit évangélique. C'est Vigny qui reproche à Dieu de laisser l'homme dans le doute, source de notre mal. — 24 Et, par suite, rendre l'humanité heureuse. — 25 Vigny ira jusqu'à imaginer, dans son *Journal*, qu'au Jugement dernier ce sont les hommes qui jugeront Dieu ! — 26 Cf.

« La terre est révoltée des injustices de la création » (*Journal*) et, à la fin de *Stello*, le résumé de la condition humaine : « *Pourquoi ?* et *Hélas !* » — 27 N'est-il pas étrange que Jésus recoure à Lazare ressuscité pour révéler ce secret ? — 28 Ici commence une revue des *problèmes métaphysiques* qui tourmentent les hommes. — 29 Mystères de la nature (cf. *La Maison du Berger*). — 30 Problèmes scientifiques. — 31 Place de la Terre dans la Création. — 32 Problèmes de la foi et de la raison. — 33 Oscillation romantique entre l'ennui et les passions.

Et pourquoi pend la Mort comme une sombre épée
Attristant la Nature à tout moment frappée ;
Si le juste et le bien, si l'injuste et le mal
Sont de vils accidents en un cercle fatal,
Ou si de l'univers ils sont les deux grands pôles [34],
Soutenant terre et cieux sur leurs vastes épaules [35] ;
Et pourquoi les Esprits du mal sont triomphants
Des maux [36] immérités, de la mort des enfants ;
Et si les Nations sont des femmes guidées
120   Par les étoiles d'or des divines idées [37],
Ou de folles enfants sans lampes dans la nuit,
Se heurtant et pleurant, et que rien ne conduit ;
Et si, lorsque des temps l'horloge périssable
Aura jusqu'au dernier versé ses grains de sable,
Un regard de vos yeux, un cri de votre voix,
Un soupir de mon cœur, un signe de ma croix,
Pourra faire ouvrir l'ongle aux Peines éternelles,
Lâcher leur proie humaine et reployer leurs ailes [38].
— Tout sera révélé dès que l'homme saura
130   De quels lieux il arrive et dans quels il ira. »

III

Ainsi le divin Fils parlait au divin Père.
Il se prosterne encor, il attend, il espère,
Mais il renonce et dit : « Que votre volonté
Soit faite et non la mienne, et pour l'éternité [39] ! »
Une terreur profonde, une angoisse infinie
Redoublent sa torture et sa lente agonie.
Il regarde longtemps, longtemps cherche sans voir,
Comme un marbre de deuil tout le ciel était noir ;
La Terre, sans clartés, sans astre et sans aurore,
140   Et sans clartés de l'âme ainsi qu'elle est encore [40],
Frémissait. — Dans le bois il entendit des pas,
Et puis il vit rôder la torche de Judas.

LE SILENCE

S'il est vrai [41] qu'au Jardin sacré des Écritures,
Le Fils de l'homme ait dit ce qu'on voit rapporté ;
Muet, aveugle et sourd au cri des créatures,
Si le Ciel nous laissa comme un monde avorté,
Le juste opposera le dédain à l'absence
Et ne répondra plus que par un froid silence
Au silence éternel de la Divinité.

---

34 Le mal et la Providence. —
35 Comme le géant Atlas. — 36 Ils triomphent
par ces maux. — 37 Problème de l'évolution
sociale et du progrès. — 38 *Tous* les hommes
seront-ils un jour sauvés ? Cf. *Les Destinées.* —
39 Cf. n. 3. Étudier la différence de ton. —
40 Cette belle comparaison résume la protestation de Vigny. — 41 Strophe rédigée dès 1851
et ajoutée en 1862. Un fragment du *Journal*,
contemporain du *Mont des Oliviers*, révèle que
Vigny avait déjà conçu cette réplique et l'idée

que les hommes, abandonnés de Dieu, doivent
s'unir pour améliorer leur condition. « Notre
devoir est de nous résigner au doute, mais de
nous entr'aider, de nous tendre la main
mutuellement dans notre prison et notre exil.
Que les hommes se rapprochent donc ; qu'ils
laissent le soin inutile des philosophies et
renoncent à pénétrer au ciel toujours voilé.
Que le travail joyeux nous passionne et nous
emporte. Le monde est encore à conquérir
sur la Barbarie ».

LA MAISON DU BERGER

Après *La Mort du Loup, La Colère de Samson, Le Mont des Oliviers*, poèmes de désespoir profond, VIGNY s'oriente vers des vues *moins pessimistes*. La composition de *La Maison du Berger* s'étend de 1840 à 1844 : aussi est-il difficile de dégager nettement l'unité de cet ensemble. Mais à travers la diversité des thèmes, il est possible de suivre l'enchaînement très souple de cette *pensée vivante*. Loin des servitudes urbaines funestes à la rêverie, les âmes blessées par la vie trouveront dans *la Nature* un refuge apaisant pour le cœur et favorable à la poésie. Mais la retraite du Poète n'est pas la sécession égoïste dans une « tour d'ivoire » : si la poésie, « perle de la pensée », exige la solitude, c'est pour mieux élaborer les idées qui guideront les hommes *vers le progrès et le bonheur*. L'homme est abandonné de Dieu et ne saurait vouer un culte à la Nature indifférente : aussi toute la sollicitude du Poète se tournera désormais vers ses compagnons d'infortune, et il sera aidé dans sa *mission fraternelle* par la Femme, plus sensible aux « souffrances humaines ». Cette *Troisième Partie*, d'une poésie délicate et pleine de rêve, contient un *hymne à la Femme* qui compte parmi les plus justes et les plus émouvants.

A Éva[1]

Si ton cœur, gémissant du poids de notre vie [2],
Se traîne et se débat comme un aigle blessé,
Portant comme le mien, sur son aile asservie [3],
Tout un monde fatal [4], écrasant et glacé ;
S'il ne bat qu'en saignant par sa plaie immortelle,
S'il ne voit plus l'amour [5], son étoile fidèle,
Éclairer pour lui seul l'horizon effacé ;

Si ton âme enchaînée [6], ainsi que l'est mon âme,
Lasse de son boulet et de son pain amer,
10 Sur sa galère en deuil laisse tomber la rame,
Penche sa tête pâle et pleure sur la mer,
Et cherchant dans les flots une route inconnue,
Y voit [7], en frissonnant, sur son épaule nue,
La lettre sociale [8] écrite avec le fer ;

Si ton corps, frémissant des passions secrètes,
S'indigne des regards, timide et palpitant [9] ;
S'il cherche à sa beauté de profondes retraites
Pour la mieux dérober au profane insultant ;
Si ta lèvre se sèche au poison des mensonges,
20 Si ton beau front rougit de passer dans les songes
D'un impur inconnu qui te voit et t'entend [9],

— 1 Dans le *Journal* de Vigny, Éva désigne Marie Dorval ; mais ici ce nom mystérieux semble être celui de la *femme idéale* dont il rêve pour partager sa solitude. — 2 Cf. p. 132, v. 75. — 3 Cf. « L'indépendance fut toujours mon désir, et la dépendance ma destinée » (*Journal*, 1835). — 4 Les passions humaines et la servitude sociale (cf. v. 25). — 5 Cf. la *Troisième Partie*. — 6 Prisonnière des contraintes sociales comme un galérien. *Étudier le développement pittoresque de cette métaphore et les éléments affectifs qui s'y mêlent.* — 7 Dans son image reflétée par les flots. — 8 La marque au fer rouge sur l'épaule du forçat. — 9 Allusions obscures à la pudeur d'une amante qui redoute la curiosité indiscrète : une première rédaction, plus explicite, était inspirée par la liaison du poète avec Mme Holmès.

Pars courageusement, laisse toutes les villes ;
Ne ternis plus tes pieds aux poudres [10] du chemin ;
Du haut de nos pensers vois les cités serviles
Comme les rocs [11] fatals de l'esclavage humain.
Les grands bois et les champs sont de vastes asiles,
Libres comme la mer autour des sombres îles.
Marche à travers les champs une fleur à la main [12].

*pas de communion
entre poète et nature*

30   La Nature t'attend [13] dans un silence austère ;
L'herbe élève à tes pieds son nuage des soirs [14],
Et le soupir d'adieu du soleil à la terre [15]
Balance les beaux lis comme des encensoirs.
La forêt a voilé ses colonnes profondes,
La montagne se cache, et sur les pâles ondes
Le saule a suspendu ses chastes reposoirs [16].

Le crépuscule ami s'endort dans la vallée [17],
Sur l'herbe d'émeraude et sur l'or du gazon,
Sous les timides joncs de la source isolée
Et sous le bois rêveur qui tremble à l'horizon,
40   Se balance en fuyant dans les grappes sauvages,
Jette son manteau gris sur le bord des rivages,
Et des fleurs de la nuit entr'ouvre la prison [18].

Il est sur ma montagne [19] une épaisse bruyère
Où les pas du chasseur ont peine à se plonger,
Qui plus haut que nos fronts lève sa tête altière,
Et garde dans la nuit le pâtre et l'étranger.
Viens y cacher l'amour et ta divine faute [20] ;
Si l'herbe est agitée ou n'est pas assez haute,
J'y roulerai pour toi la Maison du Berger [21].

50   Elle va doucement avec ses quatre roues,
Son toit n'est pas plus haut que ton front et tes yeux ;
La couleur du corail et celle de tes joues [22]
Teignent le char nocturne et ses muets essieux.
Le seuil est parfumé, l'alcôve est large et sombre,
Et, là, parmi les fleurs, nous trouverons dans l'ombre,
Pour nos cheveux unis un lit silencieux [23].[...]

— 10 Poussières. — 11 Écueils ? Ilots où sont déportés les forçats ? Rocher où était enchaîné Prométhée ? — 12 *Préciser le contraste entre ces trois vers et tout le début du poème.* — 13 Cf. p. 97, v. 49. — 14 La brume. — 15 La brise du soir. — 16 *Étudier les termes qui créent une impression de gravité religieuse et de pureté.* — 17 *Strophe à étudier pour le contraste avec la précédente :* variété, fantaisie, spectacles qui séduisent l'artiste. — 18 Les *belles-de-nuit* ne s'ouvrent que le soir. Selon d'autres commen-tateurs, ce beau vers évoquerait l'apparition des *étoiles.* — 19 Au Maine-Giraud (cf. p. 130, n. 4). — 20 Idée romantique : l'amour coupable réhabilité par le caractère *sacré* de la passion (cf. Lamartine, Musset). — 21 Cf. « Je n'ai jamais aperçu au coin d'un bois la hutte rou-lante d'un berger sans songer qu'elle me suf-firait avec toi » (Chateaubriand, *Martyrs*, X). — 22 Préciser le ton. — 23 Évoquant leur course vagabonde, le poète s'écrie : *Que m'importe le jour ? Que m'importe le monde ? Je dirai qu'ils sont beaux quand tes yeux l'auront dit.*

A cette vie calme et libre, refuge des âmes meurtries, refuge de l'amour, Vigny oppose la fièvre de la civilisation matérielle, symbolisée par les chemins de fer. « Sur ce taureau de fer qui fume, souffle et beugle. L'homme a monté trop tôt » : une catastrophe récente venait en effet de réveiller les controverses. Le poète ne condamne pas absolument les chemins de fer, mais il redoute l'égoïsme des hommes d'affaires ; et surtout il regrette la poésie du voyage, tuée par le progrès.

II

Poésie [24] ! ô trésor ! perle de la pensée [25] !
Les tumultes du cœur, comme ceux de la mer,
Ne sauraient empêcher ta robe nuancée
60   D'amasser les couleurs qui doivent te former.
Mais, sitôt qu'il te voit briller sur un front mâle,
Troublé de ta lueur mystérieuse et pâle,
Le vulgaire effrayé commence à blasphémer [26].

Le pur enthousiasme [27] est craint des faibles âmes
Qui ne sauraient porter [28] son ardeur et son poids.
Pourquoi le fuir ? — La vie est double dans les flammes [29].
D'autres flambeaux divins nous brûlent quelquefois :
C'est le Soleil du ciel, c'est l'Amour, c'est la Vie :
Mais qui de les éteindre a jamais eu l'envie ?
70   Tout en les maudissant, on les chérit tous trois.

Si la Poésie a perdu de sa dignité, c'est que les poètes eux-mêmes l'ont égarée. Vigny critique les poètes galants ou érotiques, puis les contemporains qui avilissent l'art en le subordonnant à la politique (cf. LAMARTINE, p. 107 ; HUGO, p. 162). La Poésie, avec ses « graves symboles », a une mission plus haute : « O toi, des vrais penseurs impérissable amour ! ».

Comment se garderaient les profondes pensées
Sans rassembler leurs feux dans ton diamant pur,
Qui conserve si bien leurs splendeurs condensées ?
Ce fin miroir solide, étincelant et dur,
Reste des nations mortes, durable pierre
Qu'on trouve sous ses pieds lorsque dans la poussière
On cherche les cités sans en voir un seul mur.

Diamant sans rival, que tes feux illuminent
Les pas lents et tardifs de l'humaine Raison [30] !
80   Il faut, pour voir de loin les peuples qui cheminent,
Que le berger t'enchâsse au toit de sa maison.
Le jour n'est pas levé. — Nous en sommes encore
Au premier rayon blanc qui précède l'aurore
Et dessine la terre aux bords de l'horizon [31].

---

24 De l'opposition entre la Rêverie et la Science, Vigny passe à la définition de la Poésie. — 25 Expliquer la métaphore (cf. v. 78). — 26 Cf. *Moïse*, p. 127 (v. 91-106) et *Chatterton* (p. 259). — 27 Vigny a comparé l'enthousiasme poétique à une extase, à l'éruption d'un volcan... — 28 Supporter. —

29 Le poète souffre, mais sa vie est plus intense. — 30 *Le poète méprise la politique mais ne renonce pas à son rôle de guide* (cf. p. 260, l. 30-41) : « La neutralité du penseur est une *neutralité armée* qui s'éveille au besoin » (*Stello*). — 31 Étudier le détail de ce symbole qui évoque l'éveil de la civilisation.

Les peuples tout enfants à peine se découvrent
Par-dessus les buissons nés pendant leur sommeil,
Et leur main, à travers les ronces qu'ils entrouvent,
Met aux coups mutuels le premier appareil [32].
La barbarie encor tient nos pieds dans sa gaine.

90   Le marbre des vieux temps jusqu'aux reins nous enchaîne,
Et tout homme énergique au dieu Terme est pareil [33].

Mais notre esprit rapide en mouvements abonde ;
Ouvrons tout l'arsenal de ses puissants ressorts.
L'invisible est réel. Les âmes ont leur monde
Où sont accumulés d'impalpables trésors [34].
Le Seigneur contient tout dans ses deux bras immenses,
Son Verbe [35] est le séjour de nos intelligences,
Comme ici-bas l'espace est celui de nos corps.

III

Éva, qui donc es-tu ? Sais-tu bien ta nature ?
Sais-tu quel est ici ton but et ton devoir ?

100   Sais-tu que, pour punir l'homme, sa créature,
D'avoir porté la main sur l'arbre du savoir [36],
Dieu permit qu'avant tout, de l'amour de soi-même
En tout temps, à tout âge, il fît son bien suprême,
Tourmenté de s'aimer, tourmenté de se voir [37] ?

Mais, si Dieu près de lui t'a voulu mettre, ô femme !
Compagne délicate ! Éva ! sais-tu pourquoi ?
C'est pour qu'il se regarde au miroir d'une autre âme [38],
Qu'il entende ce chant qui ne vient que de toi :

110   — L'enthousiasme pur [39] dans une voix suave.
C'est afin que tu sois son juge et son esclave
Et règnes sur sa vie en vivant sous sa loi [40].

Ta parole joyeuse a des mots despotiques ;
Tes yeux sont si puissants, ton aspect est si fort
Que les rois d'Orient ont dit dans leurs cantiques
Ton regard redoutable à l'égal de la mort [41] ;
Chacun cherche à fléchir tes jugements rapides [42]...
— Mais ton cœur, qui dément tes formes intrépides,
Cède sans coup férir aux rudesses du sort.

— 32 *Pansement* aux blessures, à la suite des luttes entre peuples que séparaient les préjugés et les frontières. — 33 Entravé dans sa volonté d'aller de l'avant, tel le dieu Terme, que les Romains représentaient par une *borne*, surmontée d'un buste ou d'une tête. — 34 Vigny croit à la réalité transcendante de l'*Idée*, à la puissance de l'*Esprit*, « roi du monde » (cf. p. 151, v. 50). — 35 Sa sagesse éternelle. — 36 Allusion biblique, mais ici la femme ne prend aucune part à la faute. — 37 Souvenir de La Rochefoucauld. *Comment le poète donne-t-il du relief à l'idée ?* — 38 Cf. p. 152, v. 64-67. — 39 La poésie inspirée par l'amour (cf. v. 64). — 40 Vigny semble oublier la *Colère de Samson* (1839) et sa diatribe contre la femme impure et trompeuse : le temps a apaisé la révolte de l'homme trahi. — 41 Cf. *Cantique des Cantiques* : « L'amour est fort comme la mort » (VIII, 6). — 42 Allusion à l'*intuition* féminine (cf. v. 120).

120 Ta pensée a des bonds comme ceux des gazelles [43],
Mais ne saurait marcher sans guide et sans appui.
Le sol meurtrit ses pieds, l'air fatigue ses ailes,
Son œil se ferme au jour dès que le jour a lui ;
Parfois, sur les hauts lieux [44] d'un seul élan posée,
Troublée au bruit des vents, ta mobile pensée
Ne peut seule y veiller sans crainte et sans ennui.

Mais aussi tu n'as rien de nos lâches prudences,
Ton cœur vibre et résonne au cri de l'opprimé [45],
Comme dans une église aux austères silences
130 L'orgue entend un soupir et soupire alarmé.
Tes paroles de feu meuvent les multitudes,
Tes pleurs lavent l'injure [46] et les ingratitudes,
Tu pousses par le bras l'homme... Il se lève armé [47].

C'est à toi qu'il convient d'ouïr les grandes plaintes
Que l'humanité triste exhale sourdement.
Quand le cœur est gonflé d'indignations saintes,
L'air des cités l'étouffe à chaque battement.
Mais de loin [48] les soupirs des tourmentes civiles,
S'unissant au-dessus du charbon noir des villes [49],
140 Ne forment qu'un grand mot qu'on entend clairement [50].

Viens donc ! le ciel pour moi n'est plus qu'une auréole
Qui t'entoure d'azur, t'éclaire et te défend [51] ;
La montagne est ton temple et le bois sa coupole ;
L'oiseau n'est sur la fleur balancé par le vent,
Et la fleur ne parfume et l'oiseau ne soupire
Que pour mieux enchanter l'air que ton sein respire ;
La terre est le tapis de tes beaux pieds d'enfant.

Éva, j'aimerai tout dans les choses créées,
Je les contemplerai dans ton regard rêveur [52]
150 Qui partout répandra ses flammes colorées,
Son repos gracieux, sa magique saveur :
Sur mon cœur déchiré viens poser ta main pure,
Ne me laisse jamais seul avec la Nature,
Car je la connais trop pour n'en pas avoir peur.

— 43 Étudier le rythme des v. 120-126 et l'enchaînement des images. — 44 Les hauteurs de la philosophie. — 45 La *pitié* est pour Vigny une vertu essentielle. — 46 L'injustice. — 47 Contre l'infortune et l'injustice. — 48 Éva est sensible aux misères des hommes, mais l'agitation des villes détournerait son attention. Elle se retirera auprès du poète : *de loin* sa *pitié* entendra mieux l'appel des souf-frances humaines. — 49 Vigny avait été péniblement impressionné par une visite aux forges de Birmingham (1839). — 50 Appel à la pitié ou à la justice ? aspiration à un ordre social plus humain ? P. Flottes souligne que pour Vigny le remède au servage urbain est soit le retour à la terre soit la colonisation. — 51 Montrer que cette strophe prépare les oppositions des v. 152-182, et les v. 190-196. — 52 Cf. p. 138, note 23.

Elle me dit : « Je suis l'impassible théâtre [53]
Que ne peut remuer le pied de ses acteurs [54] ;
Mes marches d'émeraude et mes parvis d'albâtre,
Mes colonnes de marbre ont les dieux pour sculpteurs [55].
Je n'entends ni vos cris ni vos soupirs ; à peine [56]
160 Je sens passer sur moi la comédie humaine [57]
Qui cherche en vain au ciel ses muets spectateurs [58].

Je roule avec dédain, sans voir et sans entendre,
A côté des fourmis les populations [59] ;
Je ne distingue pas leur terrier de leur cendre,
J'ignore en les portant les noms des nations.
On me dit une mère, et je suis une tombe [60],
Mon hiver prend vos morts comme son hécatombe [61],
Mon printemps ne sent pas vos adorations [62].

Avant vous, j'étais belle et toujours parfumée,
170 J'abandonnais au vent mes cheveux tout entiers :
Je suivais dans les cieux ma route accoutumée,
Sur l'axe harmonieux [63] des divins balanciers,
Après vous, traversant l'espace où tout s'élance,
J'irai seule et sereine, en un chaste silence
Je fendrai l'air du front et de mes seins altiers [64]. »

C'est là ce que me dit sa voix triste et superbe [65],
Et dans mon cœur alors je la hais [66], et je vois
Notre sang dans son onde et nos morts sous son herbe
Nourrissant de leurs sucs la racine des bois.
180 Et je dis à mes yeux qui lui trouvaient des charmes [67] :
« Ailleurs tous vos regards, ailleurs toutes vos larmes,
Aimez ce que jamais on ne verra deux fois [68]. »

Oh ! qui verra deux fois ta grâce et ta tendresse,
Ange doux et plaintif qui parle en soupirant ?
Qui naîtra comme toi portant une caresse
Dans chaque éclair tombé de ton regard mourant,

---

53 Étudier comment cette comparaison se prolonge dans la strophe. — 54 Cf. « J'aime l'humanité. J'ai pitié d'elle. La nature est pour moi une décoration dont la durée est insolente et sur laquelle est jetée cette passagère et sublime marionnette appelée l'homme » (*Journal*, 1835). — 55 Montrer la valeur *explicative* de ce détail. — 56 Que traduit ce rejet ? — 57 *Préciser le ton*. C'est en 1842 que Balzac a donné à son œuvre ce titre, que Vigny juge d'ailleurs prétentieux. — 58 Cf. *Le Mont des Oliviers* (p. 136, v. 131-149). — 59 Qu'indique ce rapprochement ? — 60 Expliquer cette opposition (*Une mère :* cf. p. 114, v. 1-10). — 61 Sacrifice de *cent bœufs* à une *divinité* (cf. v. 192). — 62 Cf. Leconte de Lisle : « La nature se rit des souffrances humaines Ne contemplant jamais que sa propre grandeur » (*La Fontaine aux Lianes*). — 63 Cf. p. 97, v. 55-56. — 64 Étudier la *poésie* de cette évocation *plastique* de la Nature. — 65 Grave et orgueilleuse. — 66 Cf. *Mont des Oliviers*, v. 143-149. Pour cette réaction altière de Vigny, cf. p. 127, v. 91-98 et p. 132, v. 78. — 67 Cf. p. 138, v. 29-42. — 68 Expliquer ce vers particulièrement émouvant.

Dans les balancements de ta tête penchée,
Dans ta taille dolente et mollement couchée,
Et dans ton pur sourire amoureux et souffrant [69] ?

190 Vivez, froide Nature, et revivez sans cesse
Sous nos pieds, sur nos fronts, puisque c'est votre loi ;
Vivez et dédaignez, si vous êtes déesse,
L'homme, humble passager, qui dut [70] vous être un roi ;
Plus que tout votre règne et que ses splendeurs vaines,
J'aime la majesté des souffrances humaines [71] ;
Vous ne recevrez pas un cri d'amour de moi.

Mais toi, ne veux-tu pas, voyageuse indolente,
Rêver sur mon épaule, en y posant ton front ?
Viens du paisible seuil de la maison roulante
200 Voir ceux qui sont passés et ceux qui passeront.
Tous les tableaux humains [72] qu'un Esprit pur m'apporte
S'animeront pour toi quand devant notre porte
Les grands pays muets longuement s'étendront [73].

Nous marcherons ainsi, ne laissant que notre ombre
Sur cette terre ingrate où les morts ont passé ;
Nous nous parlerons d'eux à l'heure où tout est sombre,
Où tu te plais à suivre un chemin effacé,
A rêver, appuyée aux branches incertaines [74],
Pleurant comme Diane au bord de ses fontaines [75],
Ton amour taciturne et toujours menacé [76].

– **Première partie.** *Par quelles images et comparaisons le poète exprime-t-il les blessures de la vie en société ? Par quels bienfaits la Nature peut-elle les apaiser ?*
– **Deuxième partie.** *a) Dégagez la conception de la poésie en expliquant les métaphores de la perle et du diamant. b) Quel est selon* VIGNY *le rôle du poète ? Comment peut-il s'en acquitter ?*
– **Troisième partie.** *a) Comment* VIGNY *définit-il le rôle de l'homme et de la femme dans le couple ? et le rôle social de la femme ? Précisez les raisons de la « haine » du poète pour la Nature ; comment peut-elle se concilier avec les « charmes » qu'il lui avait reconnus ?*
– *Expliquez pourquoi le poète reporte son amour sur les « souffrances humaines » ; montrez l'originalité de cette attitude en la comparant à celle d'autres romantiques.*
– **Essai.** *L'homme et la femme d'après* La maison du berger .
– **Débat.** *L'écho des problèmes politiques et sociaux dans* La maison du berger *et* L'Esprit pur, *p. 150 : ceux qui ne se posent plus ; ceux qui restent actuels.*
• **Groupe thématique : L'homme et la nature.** D'après la « Maison du berger » ; *Le lac*, p. 88 ; – « Tristesse d'Olympio », p. 163 ; – *Souvenir*, p. 226. – Lire aussi en classant les textes : XVIᵉ SIÈCLE. RONSARD, p. 124 ; p. 126 ; p. 131. – XVIIIᵉ SIÈCLE. DIDEROT, p. 197. – ROUSSEAU, p. 283 ; p. 334. – XIXᵉ SIÈCLE. LAMARTINE, p. 94 ; p. 96 ; p. 98 ; p. 104 ; p. 113 ; p. 117. – HUGO, p. 181. – XXᵉ SIÈCLE. PROUST, p. 232. – GIDE, p. 270.

---

69 Étudier dans cette strophe l'accord entre le rythme et les idées. — 70 *Aurait dû* (tour classique). — 71 « *Ce vers est le sens de tous mes poèmes philosophiques* : l'esprit d'humanité ; l'amour entier de l'humanité et de l'amélioration de ses destinées » (*Journal*, 1844). — 72 Vigny désigne ainsi ses poèmes (cf. *L'Esprit Pur*, v. 63). — 73 Préciser l'impression produite par ce vers. — 74 Apprécier la valeur suggestive de l'adjectif. — 75 Peut-être souvenir de Shakespeare, évoquant (dans *Comme il vous plaira*) la *Diane*, toujours en pleurs, de la pastorale de Montemayor. Mais Vigny applique ce trait à Diane, déesse chasseresse, qui hante les bois. — 76 Montrer que ce vers, qui rappelle le thème de la *Iʳᵉ Partie*, reprend aussi le thème essentiel de la *IIIᵉ Partie*.

LA BOUTEILLE A LA MER

Écrit en 1847 et publié en 1854, ce poème permet de mesurer *l'évolution de* VIGNY *vers un optimisme humaniste*. Il condamne désormais CHATTERTON, poète trop vite découragé, qui avant de se suicider a brûlé ses œuvres, refusant de les léguer à une société indigne (cf. p. 262). Son héros est maintenant un Capitaine qui lutte jusqu'au bout, qui *pense aux hommes à venir*, qui ne désespère pas de faire aboutir son message. Dès 1842, VIGNY avait écrit : « Un livre est une bouteille jetée en pleine mer, sur laquelle il faut coller cette étiquette : *Attrape qui peut* ». C'est le thème de ce récit symbolique, un des plus dramatiques, un des plus parfaitement adaptés à l'idée, où il exprime *sa foi enthousiaste dans le triomphe futur de la Science et de l'Esprit*.

> Conseil à un jeune homme inconnu.

Courage, ô faible enfant [1], de qui ma solitude [2]
Reçoit ces chants plaintifs, sans nom, que vous jetez
Sous mes yeux ombragés du camail [3] de l'étude.
Oubliez les enfants par la mort arrêtés ;
Oubliez Chatterton [4], Gilbert [5] et Malfilâtre [6] ;
De l'œuvre d'avenir saintement idolâtre,
Enfin, oubliez l'homme [7] en vous-même. — Écoutez :

Quand un grave marin voit que le vent l'emporte
Et que les mâts brisés pendent tous sur le pont,
10   Que dans son grand duel la mer est la plus forte
Et que par des calculs [8] l'esprit en vain répond ;
Que le courant l'écrase et le roule en sa course,
Qu'il est sans gouvernail et, partant [9], sans ressource,
Il se croise les bras dans un calme profond [10].

Il voit les masses d'eau, les toise et les mesure,
Les méprise en sachant qu'il en est écrasé [11],
Soumet son âme au poids de la matière impure
Et se sent mort ainsi que son vaisseau rasé.
— A de certains moments, l'âme est sans résistance ;
20   Mais le penseur s'isole et n'attend d'assistance
Que de la forte foi [12] dont il est embrasé.

— 1 Réponse à un jeune poète découragé qui a écrit à l'auteur de *Chatterton* pour lui demander de le réconforter. — 2 Vigny est au Maine-Giraud, vivant en « ermite » comme dans une « cellule de moine ». — 3 Pèlerine ecclésiastique à capuchon ; peut-être aussi allusion à la visière qu'il portait pour protéger ses yeux fatigués. — 4 Cf. p. 255. — 5 Le poète Gilbert mourut en réalité des suites d'une chute de cheval (cf. *XVIIIᵉ Siècle*, p. 363). Vigny raconte son histoire dans *Stello*, ainsi que celles de Chatterton et de Chénier. — 6 Poète du XVIIIᵉ siècle, mort lui aussi d'accident et non de faim comme le prétendait Gilbert. — 7 L'homme de pensée « doit s'intéresser uniquement à ce qu'il laisse et non à ce qu'il fut » *(Journal)*. — 8 Les *calculs* du savant pour tenir tête aux éléments. — 9 Par conséquent. — 10 Cf. p. 132. — 11 Cf. Pascal : « Quand l'univers l'écraserait, l'homme serait plus noble que ce qui le tue, parce qu'il sait qu'il meurt, et l'avantage que l'univers a sur lui ; l'univers n'en sait rien ». — 12 La *foi* dans l'avenir de son œuvre.

Dans les heures du soir, le jeune Capitaine
A fait ce qu'il a pu pour le salut des siens.
Nul vaisseau n'apparaît sur la vague lointaine,
La nuit tombe, et le brick court aux rocs indiens [13],
— Il se résigne, il prie [14] ; il se recueille, il pense
A celui qui soutient les pôles et balance
L'équateur hérissé des longs méridiens [15].

Son sacrifice est fait ; mais il faut que la terre
30 Recueille du travail le pieux monument [16].
C'est le journal savant, le calcul solitaire,
Plus rare que la perle et que le diamant ;
C'est la carte des flots faite dans la tempête,
La carte de l'écueil qui va briser sa tête :
Aux voyageurs futurs sublime testament.

Il écrit : « Aujourd'hui, le courant nous entraîne,
Désemparés [17], perdus, sur la Terre-de-Feu.
Le courant porte à l'est. Notre mort est certaine :
Il faut cingler [18] au nord pour bien passer ce lieu.
40 — Ci-joint est mon journal, portant quelques études
Des constellations des hautes [19] latitudes.
Qu'il aborde, si c'est la volonté de Dieu ! »

Puis, immobile et froid, comme le cap des brumes [20]
Qui sert de sentinelle au détroit Magellan,
Sombre comme ces rocs au front chargé d'écumes,
Ces pics noirs dont chacun porte un deuil castillan [21],
Il ouvre une bouteille et la choisit très forte,
Tandis que son vaisseau que le courant emporte
Tourne en un cercle étroit comme un vol de milan [22].

50 Il tient dans une main cette vieille compagne,
Ferme [23], de l'autre main, son flanc noir et terni,
Le cachet porte encor le blason de Champagne :
De la mousse de Reims [24] son col vert est jauni.
D'un regard, le marin en soi-même rappelle
Quel jour il assembla l'équipage autour d'elle,
Pour porter un grand toste [25] au pavillon béni [26].[...]

---

13 Vers les côtes de la Terre de Feu (cf. v. 37). L'Amérique a longtemps porté le nom d'Indes Occidentales, car Colomb croyait avoir abordé aux Indes. — 14 Opposer p. 132, v. 85 et p. 136, v. 147. — 15 Expliquer le choix de cette périphrase. — 16 Souvenir transmis à la postérité (sens étym.). — 17 Un navire est *désemparé* quand il ne peut plus manœuvrer (cf. v. 13). — 18 *Naviguer vers*. Tous ces détails sont empruntés aux récits de Bougainville. — 19 Éloignées de l'Équateur et voisines du pôle.

— 20 Le cap Horn, énorme falaise au sud de la Terre de Feu. — 21 « Les pics San-Diego et San-Ildefonso » (Note de Vigny). — 22 Étudier les impressions créées par les 3 comparaisons de cette strophe. — 23 *Bouche*. — 24 « Papier doré, imitant la mousse, qui revêt le col de la bouteille » (J. Giraud). — 25 Ou *toast* : paroles prononcées avant de boire à la santé de quelqu'un. — 26 Dans les strophes suivantes, le poète évoque *la fête à bord* où chacun songeait aux êtres chers qui l'attendent en France.

Le Capitaine encor jette un regard au pôle
Dont il vient d'explorer les détroits inconnus.
L'eau monte à ses genoux et frappe son épaule ;
60 Il peut lever au ciel l'un de ses deux bras nus.
Son navire est coulé, sa vie est révolue :
Il lance la Bouteille à la mer [27], et salue
Les jours de l'avenir qui pour lui sont venus.

Il sourit en songeant que ce fragile verre
Portera sa pensée et son nom jusqu'au port ;
Que d'une île inconnue il agrandit la terre ;
Qu'il marque un nouvel astre [28] et le confie au sort ;
Que Dieu peut bien permettre à des eaux insensées
De perdre des vaisseaux, mais non pas des pensées ;
70 Et qu'avec un flacon il a vaincu la mort [29].

Tout est dit. A présent, que Dieu lui soit en aide !
Sur le brick englouti l'onde a pris son niveau.
Au large flot de l'est le flot de l'ouest succède,
Et la bouteille y roule en son vaste berceau.
Seule dans l'Océan la frêle passagère [30]
N'a pas pour se guider une brise légère ;
Mais elle vient de l'arche [31] et porte le rameau.

Vigny retrace alors l'odyssée de cette Bouteille : « Les courants l'emportaient, les glaçons la retiennent... ». Un jour, une frégate est sur le point de la recueillir, mais l'abandonne soudain pour aller combattre un négrier.

Seule dans l'Océan, seule toujours ! — Perdue
Comme un point invisible en un mouvant désert,
80 L'aventurière [32] passe errant dans l'étendue,
Et voit tel cap secret qui n'est pas découvert.
Tremblante voyageuse à flotter condamnée,
Elle sent sur son col que depuis une année
L'algue et les goémons lui font un manteau vert.

Un soir enfin, les vents qui soufflent des Florides
L'entraînent vers la France et ses bords pluvieux,
Un pêcheur accroupi sous des rochers arides
Tire dans ses filets le flacon précieux.
Il court, cherche un savant et lui montre sa prise,
90 Et, sans l'oser ouvrir, demande qu'on lui dise
Quel est cet élixir noir et mystérieux.

— 27 Ce geste va devenir symbolique (cf. v. 125).
— 28 Cf. v. 41. — 29 Étudier comment Vigny adapte l'idée pascalienne du *roseau pensant* (cf. n. 11). — 30 Cf. « La pauvre petite Bouteille qui apporte une science de plus à notre pauvre espèce humaine est l'héroïne du poème autant que le brave Capitaine » (A Crépet, 1862). — 31 Allusion à la colombe qui *revint* vers l'arche de Noé avec un rameau vert, indiquant la fin du Déluge. *Comment justifier ce rapprochement ?* — 32 Elle vogue à *l'aventure*.

Quel est cet élixir ? Pêcheur, c'est la science,
C'est l'élixir divin que boivent les esprits,
Trésor de la pensée et de l'expérience ; *c'est la pensée avant tout*
Et si tes lourds filets, ô pêcheur, avaient pris *qui conte*
L'or qui toujours serpente aux veines du Mexique,
Les diamants de l'Inde et les perles d'Afrique,
Ton labeur de ce jour aurait eu moins de prix.

Regarde. — Quelle joie ardente et sérieuse !
100   Une gloire de plus luit dans la nation.
Le canon tout-puissant et la cloche pieuse
Font sur les toits tremblants bondir l'émotion [33].
Aux héros du savoir plus qu'à ceux des batailles [34]
On va faire aujourd'hui de grandes funérailles,
Lis ce mot sur les murs : « Commémoration ! »

Souvenir éternel ! gloire à la découverte
Dans l'homme ou la nature, égaux en profondeur [35],
Dans le Juste et le Bien, source à peine entr'ouverte,
Dans l'Art inépuisable, abîme de splendeur !
110   Qu'importe oubli, morsure, injustice insensée,
Glaces et tourbillons de notre traversée ?
Sur la pierre des morts croît l'arbre de grandeur.

Cet arbre est le plus beau de la terre promise,
C'est votre phare à tous, Penseurs laborieux !
Voguez sans jamais craindre ou les flots ou la brise
Pour tout trésor scellé du cachet précieux [36].
L'or pur doit surnager, et sa gloire est certaine ;
Dites en souriant comme ce capitaine :
« Qu'il aborde, si c'est la volonté des Dieux ! »

120   Le vrai Dieu, le Dieu fort [37], est le Dieu des idées.
Sur nos fronts où le germe est jeté par le sort,
Répandons le Savoir en fécondes ondées [38] ;
Puis, recueillant le fruit tel que de l'âme il sort,
Tout empreint du parfum des saintes solitudes,
Jetons l'œuvre à la mer, la mer des multitudes :
— Dieu la prendra du doigt pour la conduire au port [39].

– *Expliquez l'attitude du poète devant la mort ; pourquoi veut-il transmettre aux hommes son message ? Quelle est la leçon morale de cet épisode ?*
– *Dégagez le symbole de la « bouteille à la mer » ; quels sont les arguments propres à réconforter le « jeune homme inconnu » ?*
– *Précisez les idées de* VIGNY *sur le progrès ; comparez-les à celles de* La maison du berger *(II), cf. p.139.*
• **Groupe thématique : Le sacrifice de l'homme au progrès, p. 426. XXᵉ SIÈCLE, p. 59 ; p. 427, p. 490.**

— 33 Étudier le passage du *concret* à l'*abstrait*.
— 34 Idée qui rappelle l'opposition voltairienne entre *héros* et *grands hommes* (cf. p. 139, v. 82-91). — 35 Les savants pénètrent les secrets de la *nature* et de l'*âme humaine*. —

36 Du sceau du *génie*. — 37 Expression biblique. — 38 Le *génie* est donné en germe par le sort ; les *connaissances* le fertilisent. — 39 Que penser de cette confiance en la Providence, chez l'auteur de la str. du *Silence* (p. 136)?

Les Destinées

Écrit au Maine-Giraud en 1849, le poème des *Destinées* se ressent peut-être des déceptions politiques de Vigny au lendemain de 1848. Il revient à l'*inquiétude métaphysique* (cf. p. 130 et p. 133), pour poser cette fois le *problème de la Fatalité*. S'il admet que le christianisme a « élargi le collier » de l'esclavage humain et nous donne l'illusion de pouvoir modeler notre destin, il adopte l'idée janséniste de la prédestination et conclut que *la Grâce ne fait que rétablir la Fatalité*. Il lui est même arrivé de considérer la Providence comme plus redoutable que l'antique Destin, car elle nous incite à lutter comme si nous étions libres, alors que tout est fixé d'avance : elle « laisse jouer l'homme entre ses griffes et lui tend un piège éternel ». Toutefois, dès 1849, Vigny concevait *Les Destinées* comme la première pièce d'un recueil dont la dernière eût été *La Bouteille à la Mer*. Loin de s'en tenir à une fatalité insurmontable, il aboutissait donc déjà à un *acte de foi dans le génie humain*.

C'était écrit

Depuis le premier jour de la création,
Les pieds lourds et puissants de chaque Destinée
Pesaient sur chaque tête et sur toute action [1].

Chaque front se courbait et traçait sa journée,
Comme le front d'un bœuf creuse un sillon profond
Sans dépasser la pierre [2] où sa ligne est bornée.

Ces froides déités [3] liaient le joug de plomb
Sur le crâne et les yeux [4] des hommes leurs esclaves,
Tous errants, sans étoile, en un désert sans fond ;

10   Levant avec effort leurs pieds chargés d'entraves,
Suivant le doigt d'airain dans le cercle fatal,
Le doigt des Volontés inflexibles et graves.

Tristes divinités du monde oriental [5],
Femmes au voile blanc, immuables statues,
Elles nous écrasaient de leur poids colossal.

Comme un vol de vautours sur le sol abattues,
Dans un ordre éternel, toujours en nombre égal
Aux têtes des mortels sur la terre épandues,

Elles avaient posé leur ongle sans pitié
20   Sur les cheveux dressés des races éperdues,
Traînant la femme en pleurs et l'homme humilié.

Un soir [6] il arriva que l'antique planète
Secoua sa poussière. — Il se fit un grand cri :
« Le Sauveur est venu, voici le jeune athlète ;

Il a le front sanglant et le côté meurtri,
Mais la Fatalité meurt au pied du Prophète ;
La Croix monte et s'étend sur nous comme un abri ! »

Avant l'heure où, jadis, ces choses arrivèrent,
Tout homme était courbé, le front pâle et flétri ;
30   Quand ce cri fut jeté, tous ils se relevèrent.

Détachant les nœuds lourds du joug de plomb du Sort,
Toutes les nations à la fois s'écrièrent :
« O Seigneur ! est-il vrai ? le Destin est-il mort ? »

Et l'on vit remonter vers le ciel, par volées,
Les filles du Destin, ouvrant avec effort
Leurs ongles qui pressaient nos races désolées ;

— 1 Étudier dans tout le poème comment est suggéré le caractère implacable de ces Destinées. — 2 La borne du champ. — 3 Divinités. *Étudier la création de ce mythe poétique et philo-*sophique. — 4 Les hommes, comme aveugles, ignorent leur destin. — 5 Où règne le fatalisme. — 6 Étudier comment Vigny a créé une impression d'espérance, de soulagement (v. 22-42).

Sous leur robe aux longs plis voilant leurs pieds d'airain,
Leur main inexorable et leur face inflexible ;
Montant avec lenteur en innombrable essaim,
40   D'un vol inaperçu [7], sans ailes, insensible,
Comme apparaît au soir, vers l'horizon lointain,
D'un nuage orageux l'ascension paisible.

Parvenues devant le Tout-Puissant, les Destinées *se plaignent d'être dépouillées de leur*
« antique pouvoir ». Si l' Homme reçoit la Liberté, *qui va porter « ce poids sur la pensée, dont*
le nom est en bas : Responsabilité *» ? Mais une* Voix *les renvoie aussitôt sur la terre :*

« Retournez en mon nom, reines, je suis la Grâce [8].
L'homme sera toujours un nageur incertain
Dans les ondes du temps qui se mesure et passe.
Vous toucherez son front, ô filles du Destin !
Son bras ouvrira l'eau, qu'elle soit haute ou basse,
Voulant trouver sa place et deviner sa fin [9].
Il sera plus heureux, se croyant maître et libre [10]
50   En luttant contre vous dans un combat mauvais
Où moi seule, d'en haut, je tiendrai l'équilibre [11].
De moi naîtra son souffle et sa force à jamais.
Son mérite est le mien, sa loi perpétuelle :
Faire ce que je veux pour venir où Je sais [12]. »
Et le chœur descendit vers sa proie éternelle
Afin d'y ressaisir sa domination
Sur la race timide, incomplète [13] et rebelle.
On entendit venir la sombre Légion
Et retomber les pieds des femmes inflexibles,
60   Comme sur nos caveaux tombe un cercueil de plomb.
Chacune prit chaque homme en ses mains invisibles ;
Mais, plus forte à présent, dans ce sombre duel,
Notre âme en deuil combat ces Esprits impassibles.
Nous soulevons parfois leur doigt faux et cruel.
La volonté transporte à des hauteurs sublimes
Notre front éclairé par un rayon du ciel.
Cependant sur nos caps, sur nos rocs, sur nos cimes,
Leur doigt rude et fatal se pose devant nous,
Et, d'un coup, nous renverse au fond des noirs abîmes.
70   Oh ! dans quel désespoir nous sommes encor tous !
Vous avez élargi le collier qui nous lie [14],
Mais qui donc tient la chaîne ? — Ah ! Dieu juste [15], est-ce vous ?
Arbitre libre et fier des actes de sa vie,
Si notre cœur s'entr'ouvre au parfum des vertus,
S'il s'embrase à l'amour, s'il s'élève au génie,

───── 7 Imperceptible. — 8 La *Grâce* est
« un don surnaturel ou un secours que Dieu
nous accorde par pure bonté pour nous aider
à faire notre salut ». Les théologiens disputent
sur la possibilité de concilier la *liberté humaine*
avec l'action de *la grâce divine*, et les jansénistes
admettent la *prédestination* qui supprime le libre
arbitre (cf. *XVIIᵉ Siècle*, p. 131-132). —
9 Soutenu par la grâce, l'homme *croira* pouvoir
s'affranchir du destin. — 10 Ce n'est donc
qu'une *illusion*. — 11 La grâce permet à
l'homme de lutter *à armes égales* contre la destinée ; mais c'est *elle seule* qui décide de l'issue
de la lutte, si l'on n'admet pas l'infinie bonté de
Dieu. C'est donc un retour à la Fatalité. —
12 *Prédestination :* le libre arbitre de l'homme
est réduit à néant par la puissance et la
prescience divines. — 13 Puisqu'elle n'est pas
maîtresse d'elle-même. — 14 Cf. « Il y a deux
sortes de Destinées : celles de la Fatalité ont
des ailes de plomb ; celles de la Grâce des ailes
d'anges (1852). — 15 Préciser la nuance.

Que l'ombre des Destins, Seigneur, n'oppose plus
A nos belles ardeurs une immuable entrave,
A nos efforts sans fin des coups inattendus [16] !
O sujet d'épouvante à troubler le plus brave !
80   Question sans réponse où vos saints se sont tus !
O mystère ! ô tourment de l'âme forte et grave !
Notre mot éternel est-il : C'ÉTAIT ÉCRIT ?
SUR LE LIVRE DE DIEU, dit l'Orient esclave ;
Et l'Occident répond : SUR LE LIVRE DU CHRIST.

L'Esprit Pur

Achevé en mars 1863, quelques mois avant la mort de l'écrivain, ce poème est son *testament* littéraire et philosophique. Il y exprime sa foi enthousiaste dans *le progrès*, conçu comme le *triomphe de l'Esprit Pur* — l'Esprit indépendant de la matière — dont les interprètes terrestres sont les poètes et les philosophes. VIGNY a la joie de faire partie de cette élite qui s'immortalise en guidant le genre humain vers des jours plus radieux. Cette *conscience orgueilleuse* dissipe toutes les amertumes auxquelles était lié son pessimisme : qu'importe la faillite de la noblesse du sang, puisqu'il appartient à celle de l'intelligence ! qu'importe la gloire militaire, puisqu'au règne de la guerre succède celui de l'Esprit ! qu'importent les détresses du poète, si son génie doit triompher un jour ! Même ses doutes métaphysiques viennent s'effacer devant cette *religion de l'*ESPRIT.

A ÉVA

Si l'orgueil prend ton cœur [1] quand le peuple me nomme,
Que de mes livres seuls [2] te vienne ta fierté.
J'ai mis sur le cimier doré du gentilhomme
Une plume de fer [3] qui n'est pas sans beauté.
J'ai fait illustre un nom qu'on m'a transmis sans gloire.
Qu'il soit ancien [4], qu'importe ? il n'aura de mémoire [5]
Que du jour seulement où mon front l'a porté.

Dans le caveau des miens plongeant mes pas nocturnes,
J'ai compté mes aïeux, suivant leur vieille loi [6].
10   J'ouvris leurs parchemins, je fouillai dans leurs urnes
Empreintes sur le flanc des sceaux de chaque roi.
A peine une étincelle a relui dans leur cendre.
C'est en vain que d'eux tous le sang m'a fait descendre ;
Si j'écris leur histoire, ils descendront de moi [7].

Ils furent opulents, seigneurs de vastes terres [8],
Grands chasseurs devant Dieu, comme Nemrod [9], jaloux
Des beaux cerfs qu'ils lançaient des bois héréditaires
Jusqu'où voulait la mort les livrer à leurs coups ;
Suivant leur forte meute à travers deux provinces,
20   Coupant les chiens du roi, déroutant ceux des princes,
Forçant les sangliers et détruisant les loups [10] ;

— 16 Ce souhait s'exprimera comme une croyance enthousiaste dans *La Bouteille à la Mer* (p. 147) et *l'Esprit Pur* (p. 151).
— 1 Cf. p. 137, n. 1. Les premiers vers de *l'Esprit Pur* sont de la même époque que *la Maison du Berger*. — 2 Et non de mon titre nobiliaire. — 3 En guise de *panache* : symbole de son œuvre littéraire. — 4 En réalité, sa no-blesse ne remonte qu'à Charles IX. — 5 Ne laissera de souvenir mémorable. — 6 Vigny avait fouillé dans ses archives pour écrire un roman sur ses ancêtres : il exprime sa déception. — 7 Montrer l'originalité de cette fière formule. — 8 Cf. v. 29. — 9 « Grand chasseur devant l'Éternel », selon la *Genèse* (X, 9). — 10 Expliquer les termes de vénerie et dégager l'impression générale de la strophe.

Galants guerriers sur terre et sur mer [11], se montrèrent
Gens d'honneur en tout temps comme en tous lieux, cherchant
De la Chine au Pérou les Anglais, qu'ils brûlèrent
Sur l'eau qu'ils écumaient du levant au couchant ;
Puis, sur leur talon rouge, en quittant les batailles,
Parfumés et blessés revenaient à Versailles
Jaser à l'Œil-de-bœuf [12] avant de voir leur champ [13].

Mais les champs de la Beauce avaient leurs cœurs, leurs âmes,
30 Leurs soins. Il les peuplaient d'innombrables garçons,
De filles qu'ils donnaient aux chevaliers pour femmes,
Dignes de suivre en tout l'exemple et les leçons ;
Simples et satisfaits si chacun de leur race
Apposait saint Louis en croix sur sa cuirasse [14],
Comme leurs vieux portraits qu'aux murs noirs nous plaçons.

Mais aucun, au sortir d'une rude campagne,
Ne sut se recueillir, quitter le destrier,
Dételer pour un jour ses palefrois d'Espagne [15],
Ni des coursiers de chasse enlever l'étrier
40 Pour graver quelque page et dire en quelque livre
Comme son temps vivait et comment il [16] sut vivre,
Dès qu'ils n'agissaient plus, se hâtant d'oublier [17].

Tous sont morts en laissant leur nom sans auréole ;
Mais sur le disque [18] d'or voilà qu'il est écrit [19],
Disant : « Ici passaient deux races de la Gaule [20]
Dont le dernier vivant monte au temple et s'inscrit,
Non sur l'obscur amas des vieux noms inutiles,
Des orgueilleux méchants et des riches futiles,
Mais sur le pur tableau des livres de l'ESPRIT [21]. »

50 Ton règne est arrivé, PUR ESPRIT [22], roi du monde !
Quand ton aile d'azur dans la nuit nous surprit [23],
Déesse [24] de nos mœurs, la guerre vagabonde
Régnait sur nos aïeux. Aujourd'hui, c'est l'ÉCRIT [25],
L'ÉCRIT UNIVERSEL, parfois impérissable,
Que tu graves au marbre ou traces sur le sable,
Colombe au bec d'airain ! VISIBLE SAINT-ESPRIT [26] !

Seul et dernier anneau de deux chaînes brisées,
Je reste. Et je soutiens encor dans les hauteurs,
Parmi les maîtres purs de nos savants musées [27],
60 L'IDÉAL du poète et des graves penseurs.

— 11 *Sur terre :* branche paternelle. *Sur mer :* son grand-père maternel, chef d'escadre. — 12 Salle éclairée par une fenêtre en *œil-de-bœuf* où les courtisans faisaient antichambre avant le lever du roi. — 13 Étudier les contrastes dans cette strophe. — 14 La *croix de Saint-Louis* récompensait les services militaires. — 15 Vocabulaire *médiéval* remis à la mode par le « *style troubadour* ». — 16 L'ancêtre. —17 Ils n'écrivaient pas de *Mémoires.* — 18 Le *disque* de la Gloire, placé dans le *temple* de la Renommée (cf. v. 46). — 19 Tour impersonnel (style biblique). — 20 Cf. « Homme du Nord par mon père et du Midi par ma mère ». — 21 Préciser l'opposition indiquée dans ces trois derniers vers. — 22 « L'Esprit pur » est celui du penseur, dégagé des préjugés, des passions et de la matière (cf. v. 47-48). — 23 Cf. p. 139, v. 82-98. — 24 Apposition à *guerre.* — 25 Cf. p. 147, v. 120. — 26 Étudier ces deux images. — 27 Sanctuaires des Muses.

J'éprouve sa durée en vingt ans de silence [28],
Et toujours, d'âge en âge encor, je vois la France
Contempler mes tableaux et leur jeter des fleurs.

Jeune postérité d'un vivant qui vous aime [29] !
Mes traits dans vos regards ne sont pas effacés ;
Je peux en ce miroir *me connaître moi-même* [30],
Juge toujours nouveau de nos travaux passés !
Flots d'amis renaissants ! Puissent mes destinées [31]
Vous amener à moi, de dix en dix années,
70   Attentifs à mon œuvre, et pour moi c'est assez !

Le Journal d'un poète

Ces quelques réflexions détachées du *Journal d'un poète* permettront de retrouver et de compléter le *portrait moral de* VIGNY, notamment celles qui concernent la « religion de l'honneur », thème central de *Servitude et Grandeur militaires*.

— La sévérité froide et un peu sombre de mon caractère n'était pas native. Elle m'a été donnée par la vie. Une sensibilité extrême refoulée dès l'enfance par les maîtres, et à l'armée par les officiers supérieurs, demeura enfermée dans le coin le plus secret du cœur. Le monde ne vit plus, pour jamais, que les idées (1832).
— Les animaux lâches vont en troupes. Le lion marche seul dans le désert. Qu'ainsi marche toujours le poète (1844).
— Quand j'ai dit : *la solitude est sainte*, je n'ai pas entendu par solitude une séparation et un oubli entier des hommes et de la société, mais une retraite où l'âme se puisse recueillir en elle-même, puisse jouir de ses propres facultés et rassembler ses forces pour produire quelque chose de grand (1832).
— Il faut surtout anéantir l'espérance dans le cœur de l'homme. Un désespoir paisible, sans convulsions de colère et sans reproches au ciel, est la sagesse même (1832).
— *Cinq-Mars, Stello, Servitude et Grandeur militaires* sont les chants d'une sorte de poème épique sur la désillusion ; mais ce ne sera que des choses sociales et fausses que je ferai perdre et que je foulerai aux pieds, les illusions ; j'élèverai sur ces débris, sur cette poussière, la sainte beauté de l'enthousiasme, de l'amour, de l'honneur, de la bonté, de la miséricordieuse et universelle indulgence qui remet toutes les fautes, et d'autant plus étendue que l'intelligence est plus grande (1833).
— La religion de l'honneur a son dieu toujours présent dans notre cœur. D'où vient qu'un homme qui n'est pas chrétien ne fait pas un vol qui serait inconnu ? L'honneur invisible l'arrête (1834). — *L'honneur, c'est la poésie du devoir* (1835). — Dittmer... pense comme moi que l'honneur est la conscience exaltée, et que c'est la seule religion vivante aujourd'hui dans les cœurs mâles et sincères (1836).
— Le jour où il n'y aura plus parmi les hommes ni enthousiasme, ni amour, ni adoration, ni dévouement, creusons la terre jusqu'à son centre, mettons-y cinq cent milliards de barils de poudre, et qu'elle éclate en pièces comme une bombe au milieu du firmament (1834).
— J'aime l'humanité. J'ai pitié d'elle. La nature est pour moi une décoration dont la durée est insolente, et sur laquelle est jetée cette passagère et sublime marionnette appelée l'homme (1835). — Cf. p. 143, v. 195, n. 71.

— 28 Il a peu publié depuis la *Maison du Berger*. — 29 Les jeunes prenaient Vigny pour guide : il parle comme un *patriarche*. — 30 Allusion au précepte socratique : *Connais-toi toi-même*. — 31 Var. : mes *Destinées*. Expliquer la nuance.

Le Romantisme et la Bible

« *Alfred de Vigny en uniforme de gendarme de la maison du Roi* »,
peinture anonyme, XIXᵉ siècle. (Musée Carnavalet, Paris. Ph. Jeanbor. Arch. Photeb.)

Dès les *Poèmes Antiques et Modernes* (cf. **p. 124**), Vigny comprend le parti qu'il peut tirer de la Bible pour exprimer sa pensée philosophique sous la forme de **récits symboliques** : formule originale qui triomphe dans *Les Destinées* (cf. **p. 129**).

Les romantiques ont reçu une formation classique et religieuse et font souvent référence à la Bible. De telle sorte que, paradoxalement, pour aborder les œuvres d'inspiration romantique, il est bon de posséder une solide culture **antique** et, en particulier, **biblique**.

Michel-Ange, « Moïse », marbre (détail du mausolée de Jules II), 1513. (Église St-Pierre-aux-Liens, Rome. Ph. Scala © Arch. Photeb.)

Symbolisme biblique

Vigny nous donne une image majestueuse de **Moïse**, patriarche redouté que ses pouvoirs surnaturels isolent de la foule, — et c'est le symbole de l'**homme de génie** (cf. **p. 125**). Cette impression correspond à celle que nous éprouvons devant le *Moïse* de Michel-Ange.

A. Mantegna, « Le Christ au Jardin des Oliviers », peinture, 1456-1460.
(Musée des Beaux-Arts, Tours. Ph. J.J. Moreau © Arch. Photeb.)

Vigny et la Bible

Dans le *Mystère de Jésus*, Pascal méditait sur l'angoisse du Christ, seul devant son Père et délaissé par ses disciples qui dorment, pendant que s'avance la troupe de Judas (cf. XVIIᵉ **siècle, p. 170**).

Dans le *Mont des Oliviers* (cf. **p. 133**), Vigny fait exprimer par Jésus lui-même cette angoisse, à propos de problèmes qui préoccupent le poète mais restent étrangers au récit du Nouveau Testament. C'est le cas où le récit biblique est détourné de sa portée réelle pour des raisons d'ordre philosophique.

En dehors de Pascal et de Vigny, l'agonie au Jardin des Oliviers et, plus encore, la Passion du Christ ont inspiré aux écrivains chrétiens des pages parfois bouleversantes, même pour des non croyants : au Moyen Age (cf. **p. 161-166**), au XVIIᵉ siècle (Bossuet, **p. 259**), au XIXᵉ siècle (Verlaine, **p. 513**), au XXᵉ siècle (Péguy, **p. 145 ; 152**).

**« *L'arbre de Jessé* »,
*vitrail, XVIᵉ siècle.*** (Église Ste
Madeleine, Troyes. Ph. © Lauros -
Giraudon.)

L'arbre de Jessé, arbre
généalogique du Christ (cf.
p. 186) est un motif fréquent
dans les bas-reliefs et les vitraux
du Moyen Age. Du ventre de
Jessé endormi sort un arbre
dont les branches supportent
ses descendants ; au sommet se
trouve la Vierge avec l'Enfant
sur ses genoux. Petit-fils de
Ruth et Booz, Jessé est le père
du roi David, dont descenda
Joseph, « l'époux de Marie, de
laquelle est né Jésus, qui est
appelé Christ » (Matthieu, I,
16). Victor Hugo substitue
donc à Jessé son grand-père
Booz.

N. Poussin, « L'Été ou Ruth et Booz » (détail), peinture, 1660-1664.
(Musée du Louvre, Paris. Ph. H. Josse © Arch. Photeb.)

Hugo et la Bible : « Booz endormi » (p. 186)

La scène retenue par Poussin est conforme à la donnée biblique. Sur les conseils de sa belle-mère, Ruth, qui est veuve, est venue glaner dans le champ du Patriarche et lui demande de l'épouser, comme parent du mari qu'elle a perdu, selon la coutume hébraïque. C'est seulement la nuit suivante que Booz retrouvera Ruth endormie à ses pieds.

On mesure les modifications apportées au récit biblique par l'auteur de *Booz endormi*, afin de le plier à ses **intentions édifiantes** et **poétiques**. Le songe envoyé par Dieu dispose Booz à la mission de fonder avec cette femme étrangère la lignée dont sortira le Christ, et l'atmosphère de mystère et de merveilleux qui termine le poème revêt ainsi toute sa signification.

Autrefois...

G. Debillemont-Chardon,
« *Victor Hugo jeune* », minia-
ture, début du XXᵉ siècle.
(Musée Lambinet, Versailles. Ph. © Bulloz.
D.R.)

A. de Chatillon, « Léopoldine
au livre d'heures », peinture,
1835. (Maison de Victor Hugo, Paris. Ph.
Jeanbor © Arch. Photeb.)

Autrefois

Dans les *Contemplations* (cf. **p. 172**), Hugo divise sa vie en deux périodes, **avant** et **après** la mort de Léopoldine : « Autrefois, Aujourd'hui. Un abîme les sépare, le tombeau ».

Autrefois, c'était le temps heureux où le père voyait grandir l'enfant preste comme un oiseau (cf. **p. 174**), puis l'adolescente grave et docile qu'il formait « comme l'abeille fait son miel ». Ce portrait de Léopoldine nous fait comprendre les dernières strophes désolées d'*A Villequier* (cf. **p. 175**).

Lamartine fait aussi la comparaison entre autrefois et aujourd'hui après la perte de sa fille Julia, dans le vaste poème de *Gethsémani*, et surtout, vers la fin de sa vie, dans *La Vigne et la Maison* (cf. **p. 118**).

Chateaubriand également, après avoir fait ses « Adieux à la jeunesse » (cf. **p. 78**) reviendra sans cesse sur **le regret du passé**, par contraste avec les amertumes de la vieillesse.

Aujourd'hui

A. Rodin, « Étude pour le buste de Victor Hugo », dessin, 1884.
(Maison de Victor Hugo, Paris. Ph. © Bulloz - Arch. Photeb.)

Victor Hugo, « Fracta Juventus », dessin, 1864.
(Maison de Victor Hugo, Paris. Ph. © Bulloz.)

Aujourd'hui

Aujourd'hui, pour Victor Hugo, c'est l'engagement politique, c'est la période amère, mais intensément créatrice, de l'exil qui a vu naître tant de chefs d'œuvre. Mais, au-delà des poèmes douloureux des *Contemplations* (cf. **p. 175-183**), il lui restera un fond de tristesse dont témoigne par exemple « Fracta Juventus », ce dessin de 1864, vingt ans après la mort de Léopoldine.

L'inspiration médiévale

F.C. Nanteuil-Lebœuf, « *La Cour des miracles », aquarelle, 1835.* (Maison de Victor Hugo, Paris. Ph. Jeanbor © Arch. Photeb.)

Th. Gautier, « Esméralda et Quasimodo », dessin, XIXᵉ siècle. (Musée Carnavalet, Paris. Ph. J.L. Charmet © Arch. Photeb.)

« Résurrection du passé »

On a vu plus haut le goût des romantiques pour la **cathédrale** et **l'art gothique** (cf. planche XVI). C'est Victor Hugo qui, à partir des *Odes et Ballades* (cf. **p. 159**), traduit de la façon la plus originale cet intérêt pour l'inspiration médiévale. Elle se manifeste dans tout un ensemble de ses dessins, dans de nombreux poèmes de la *Légende des Siècles* (cf. **p. 189-192**) et surtout dans *Notre-Dame de Paris* (cf. **p. 195-198**).

S'appuyant sur sa documentation et avec le don de sympathie qui féconde son imagination, il tente dans ce roman la « **résurrection du passé** » que Michelet présentera plus tard comme son idéal d'historien.

Le pittoresque de l'évocation de la Cour des Miracles, l'alliance du sublime et du grotesque dans le personnage de Quasimodo, la radieuse figure d'Esméralda ont inspiré beaucoup d'illustrateurs.

VICTOR HUGO

VICTOR HUGO occupe une place exceptionnelle dans l'histoire de nos lettres ; il domine le XIXᵉ siècle par la durée de sa vie et de sa carrière, par la fécondité de son génie et la diversité de son œuvre : poésie lyrique, satirique, épique, drame en vers et en prose, roman, etc... Il a évolué avec son temps, dans son art et dans ses idées, se faisant sinon le guide du moins l'interprète éloquent des mouvements d'opinion. Persuadé que le poète remplit une mission, il a pris une part active aux grands débats politiques, devenant à la fin de sa vie le poète officiel de la République. Une grande partie de son œuvre est populaire, par les idées sociales qu'elle a contribué à répandre et par les grands sentiments humains, nobles et simples, qu'elle chante : amour paternel, patriotisme, joies du travail, grandeur des humbles. Au XXᵉ siècle, sa gloire a paru un moment remise en question : on insistait sur ses défauts : philosophie sommaire, démesure, rhétorique, orgueil, sans s'aviser qu'ils étaient simplement le revers d'une prodigieuse puissance créatrice. Mais par un juste retour le génie de Hugo n'est plus contesté aujourd'hui : la critique met l'accent sur la variété de son inspiration, de la fantaisie la plus légère jusqu'aux sombres visions ; elle salue dans le mage romantique l'un des initiateurs de la poésie moderne.

Un talent précoce (1802-1826)

LA FORMATION : VOYAGES ET ÉTUDES. « Ce siècle avait deux ans... » : VICTOR HUGO est né à Besançon en 1802, d'une mère nantaise et d'un père lorrain, alors commandant, qui deviendra général et comte d'Empire. Il est leur troisième fils, cadet d'Abel et d'Eugène. Mme Hugo vit à Paris avec ses enfants de 1804 à 1807, puis à Naples, et revient à Paris en 1809. Le temps heureux passé aux *Feuillantines* laissera au poète de chers souvenirs : « J'eus dans ma blonde enfance, hélas ! trop éphémère, Trois maîtres : un jardin, un vieux prêtre et ma mère » ; séjour prolongé jusqu'en 1814, mais interrompu par un voyage d'un an en Espagne (1811-1812), dont l'enfant précoce rapporte des impressions ineffaçables. Cependant il commence à souffrir de la mésentente croissante qui règne entre ses parents et aboutit bientôt à une séparation de fait. Il devient alors interne à la pension Cordier et suit les cours du lycée Louis-le-Grand (1815-1818), obtient des succès scolaires et compose ses premiers poèmes. Dès ce moment son ambition est immense : « Je veux être Chateaubriand ou rien », écrit-il en 1816. Des récompenses que lui décernent l'Académie française (1817) puis l'Académie des Jeux floraux de Toulouse (1819) l'aident à convaincre son père qui aurait voulu le voir préparer l'École Polytechnique ; pour se consacrer à sa vocation littéraire, il renoncera même bientôt à des études de droit entreprises sans enthousiasme.

APPRENTISSAGE LITTÉRAIRE ET DÉBUTS DANS LA VIE. En 1819 Victor Hugo fonde avec ses frères le *Conservateur littéraire ;* la rédaction de cette revue va l'initier à des tâches littéraires très variées. Il est alors catholique et monarchiste et cherche à obtenir l'appui de Chateaubriand. Une *Ode sur la Mort du duc de Berry* attire l'attention sur son jeune talent (1820). Vers le même temps, il s'éprend d'ADÈLE FOUCHER, qu'il épouse en 1822. Ils auront quatre enfants : LÉOPOLDINE (1824), CHARLES (1826), FRANÇOIS (1828) et ADÈLE (1830).

L'année 1822 voit aussi paraître son premier recueil de poèmes, les *Odes*, précédées d'une importante Préface (cf. p. 159) et qui deviendront en 1826 les *Odes et ballades* (édition définitive, 1828). Hugo amorce également une carrière de romancier, avec *Han d'Islande* (1823) et *Bug-Jargal* (1826 ; première version, 1820). Il collabore à la *Muse française*, fondée en 1823, et fréquente le salon de CHARLES NODIER à l'Arsenal, où il rencontre VIGNY et LAMARTINE. Il s'engage prudemment sur la voie du romantisme, déclarant encore dans une nouvelle Préface des *Odes*, en 1824, qu'il n'est ni classique, ni romantique, mais conciliateur (cf. p. 159).

monarchist [handwritten annotation]

La mêlée romantique (1827-1830)

LA PRÉFACE DE CROMWELL. Mais bientôt son évolution s'accélère. Il rêve d'assurer le triomphe du romantisme par un coup d'éclat : la conquête de la scène. En 1827 il publie *Cromwell*, drame en vers injouable, mais accompagné d'une Préface qui constitue le manifeste anticlassique le plus éclatant et définit le drame romantique (cf. p. 232).

LES ORIENTALES. En 1829, tenté par l'art pur, il affirme dans la Préface des *Orientales* la *liberté de l'inspiration ;* le recueil correspond d'ailleurs à l'élan d'enthousiasme philhellénique qui règne alors en France, mais il révèle aussi chez l'auteur une maîtrise accrue, un *sens plastique* et une *virtuosité rythmique* tout à fait remarquables. La même année Hugo publie un nouveau roman, de tendance humanitaire, *Le Dernier jour d'un Condamné*, et compose un second drame, *Marion de Lorme*, qui, arrêté par la censure de Charles X, ne sera joué qu'en 1831.

LA BATAILLE D'HERNANI. C'est un troisième drame, *Hernani*, qui forcera les portes de la Comédie Française, citadelle des classiques. Le soir de la première (25 février 1830), les « Jeune-France », étudiants ou rapins comme GÉRARD DE NERVAL et THÉOPHILE GAUTIER, mènent l'assaut contre les « perruques » et assurent le triomphe de la pièce. Cette révolution littéraire précède de peu la révolution politique de juillet, et Hugo semble le pressentir lorsqu'il écrit dans la Préface d'*Hernani* (mars 1830) : « Le romantisme n'est, à tout prendre, que le *libéralisme* en littérature. »

LE CÉNACLE. Victor Hugo est maintenant le chef de file incontesté du romantisme, l'idole de la jeune génération. L'appartement de la Rue Notre-Dame-des-Champs où il s'est installé en 1827, sans détrôner tout à fait le salon de Nodier, est devenu le lieu de réunion du « cénacle » que constituent les romantiques militants, artistes ou écrivains comme Vigny, Dumas, Mérimée, Balzac, Sainte-Beuve, Nerval et Gautier. C'est le quartier général où a été préparée, dans une activité fiévreuse, la bataille d'*Hernani*.

La gloire littéraire (1830-1843)

Avant trente ans, Victor Hugo, ce jeune dieu, accède à la gloire ; mais à peine commence-t-il à en savourer l'ivresse qu'il va en connaître les amertumes. Au lendemain d'*Hernani* le cénacle commence à se disperser. La première trahison et la plus grave est celle d'un ami très cher, Sainte-Beuve, qui noue une intrigue avec Mme Hugo. Son bonheur conjugal brisé, le poète, infidèle à son tour, s'éprend en 1833 de JULIETTE DROUET, liaison passionnée d'abord, puis sereine et inaltérable. Placée dans une situation difficile, Juliette Drouet forcera le respect par sa discrétion, sa tendresse et son dévouement.

NOTRE-DAME DE PARIS. Cependant un autre triomphe suit de près celui d'*Hernani*. Après le théâtre Hugo annexe au romantisme le roman avec *Notre-Dame de Paris* (1831 ; cf. p. 195). Il y donne la mesure de son imagination, de sa puissance verbale, et exploite habilement le goût du temps pour le Moyen Age qui l'avait déjà inspiré dans ses *Ballades*.

LES RECUEILS LYRIQUES. Entre 1830 et 1840 il va publier quatre recueils lyriques, *Les Feuilles d'Automne* (1831), *Les Chants du Crépuscule* (1835), *Les Voix intérieures* (1837), *Les Rayons et les Ombres* (1840). De l'un à l'autre on voit évoluer ses idées, s'affirmer son originalité et se préciser sa conception de la poésie (cf. p. 159-166).

LE DRAME. Enfin Hugo fait jouer de nouveaux drames : *Le Roi s'amuse* (1832) ; puis, en prose, *Lucrèce Borgia* et *Marie Tudor* (1833), *Angelo* (1835) ; en 1838, revenant au drame en vers, il donne son chef-d'œuvre, RUY BLAS (cf. p. 240). Cette période créatrice trouve son couronnement dans l'élection du poète à l'Académie française (1841), mais se termine sur un échec, celui d'un dernier drame, *Les Burgraves*, en 1843. Signe des temps : la même année triomphe une tragédie néo-classique, la *Lucrèce* de Ponsard.

La vie politique (1843-1851)

MORT DE LÉOPOLDINE. Cette année 1843 marque un tournant dans la vie de Victor Hugo. Le 4 septembre sa fille aînée Léopoldine, mariée depuis peu, se noie en *drowned* Seine, à Villequier, avec son mari Charles Vacquerie. La douleur du père est atroce, et reste d'abord muette ; lorsqu'il peut l'exprimer dans des poèmes, il ne se résout pas à les publier : il s'écoulera seize ans entre *Les Rayons et les Ombres* et le nouveau recueil lyrique contenant les pièces consacrées à la mémoire de Léopoldine, *Les Contemplations*.

surtout les notes

LE PAIR DE FRANCE. Détourné en partie de l'activité littéraire, Hugo va chercher un dérivatif dans l'action politique. La mission du poète telle qu'il la concevait (cf. p. 162) trouvait là son aboutissement normal. D'autre part, après être resté réservé à l'égard de Louis-Philippe, il avait été conquis par la jeune duchesse d'Orléans, admiratrice enthousiaste de son œuvre (1837). Il avait pu penser qu'en accédant au trône le prince héritier l'appellerait au ministère. La mort du duc d'Orléans (1842) avait mis fin brutalement à ses rêves, sans détruire son attachement à la duchesse et à ses enfants. Nommé pair de France en 1845, il intervient à la chambre haute en faveur de la Pologne, parle contre la peine de mort et l'injustice sociale. En 1848 il tente vainement de faire proclamer la régence de la duchesse d'Orléans.

VICTOR HUGO ET LE PRINCE-PRÉSIDENT. Député de Paris à l'Assemblée Constituante puis à l'Assemblée Législative, Hugo se montre d'abord partisan résolu du prince Louis-Napoléon. Il est de ceux qui ont préparé son succès de longue date, en contribuant à répandre (depuis les *Chants du Crépuscule*) la légende napoléonienne ; il a appuyé chaleureusement sa candidature à la Présidence de la République ; il semble même avoir envisagé un moment sans répugnance l'établissement d'un régime d'autorité en faveur du prince. Mais soudain, pour des raisons à la fois idéologiques et personnelles il se rapproche de la gauche, dénonce les ambitions et les menées du prince-président, combat le césarisme dans un journal qu'il a fondé, l'*Événement*. Au 2 décembre, il s'efforce sans succès de soulever le peuple de Paris et, risquant d'être arrêté, doit passer la frontière.

L'exil (1851-1870)

Après l'épreuve d'un deuil cruel, l'épreuve de l'exil achève de mûrir le génie de Victor Hugo. Le poète commence alors une nouvelle carrière ; c'est en exil qu'il va composer ou parfaire ses œuvres maîtresses. Il séjourne d'abord à Bruxelles (1851-52) où il aborde la tâche la plus urgente : stigmatiser le coup d'État et son auteur ; il rédige à cet effet un récit virulent, l'*Histoire d'un crime* (qui ne paraîtra qu'en 1877) et un pamphlet, *Napoléon le Petit*.

JERSEY (1852-1855). En août 1852 il passe à Jersey et s'installe avec les siens à Marine-Terrace. Poursuivant son œuvre vengeresse, il compose et publie LES CHATIMENTS (Bruxelles, 1853), satire éloquente, ironique, enflammée, où il clame son mépris et sa haine pour Napoléon III, son amour de la liberté et son espoir en des temps meilleurs (cf. p. 166-172). Répandu clandestinement en France, l'ouvrage galvanise l'opposition républicaine qui reconnaît dans l'illustre proscrit son chef spirituel. Cependant Hugo achève les *Contemplations*. En septembre 1853 une amie reçue à Marine-Terrace, Delphine de Girardin, l'initie au spiritisme ; dans les sombres mois d'hiver et de tempête, il est hanté par l'idée de la mort, le mystère de l'âme et du monde. Alors se libère en lui la tendance latente à une poésie hallucinatoire, et il ébauche, sous forme de visions apocalyptiques, une épopée philosophique qui aborde le problème du mal : *La Fin de Satan*, et le problème de l'infini : *Dieu*. Ces deux œuvres, commencées l'une en février-mars 1854, l'autre au printemps de 1855, ne paraîtront qu'après sa mort, en 1886 et 1891 (cf. p. 193-194).

GUERNESEY (1855-1870). L'agitation des proscrits inquiétant les autorités locales, Hugo doit quitter Jersey pour Guernesey (octobre 1855). Il y acquiert une maison, Hauteville-House, où son imagination vibrera au spectacle de la mer et des côtes de France dans le lointain.

LES ŒUVRES GRAVES. En 1856 il fait paraître LES CONTEMPLATIONS, son chef-d'œuvre lyrique (cf. p. 172-184). Renonçant pour un temps à l'épopée métaphysique, il se consacre à l'épopée humaine, qu'il traduit sous deux formes, dans les vers de LA LÉGENDE DES SIÈCLES (1859 ; cf. p. 185-193), et dans un immense roman, fruit d'une longue élaboration, LES MISÉRABLES (1862 ; cf. p. 198-204). Après *William Shakespeare* (1864), qui traite plutôt du *génie* que de Shakespeare, viennent deux autres romans : *Les Travailleurs de la mer* (1866) et *L'Homme qui rit* (1869).

LA FANTAISIE. Mais Hugo éprouve parfois un besoin de détente : alors il donne libre cours à sa fantaisie dans des œuvres gaies et légères : *Les Chansons des Rues et des Bois* (recueil lyrique, 1865) et *Le Théâtre en Liberté* (publié en 1886). Épris de contrastes, séduit aussi, à cette date, par la diversité de Shakespeare, le poète exprime ainsi, par le double aspect de son œuvre, la dualité des choses vues par son génie : *ombre et lumière*.

Dès le début de la guerre de 1870, Hugo songe à rentrer en France ; il est à Bruxelles en août et à Paris dès le lendemain de la proclamation de la République, le 5 septembre.

La vieillesse (1870-1885)

HUGO ET LA IIIe RÉPUBLIQUE. Triste retour, aussitôt suivi du siège de Paris et de la défaite. Mme Hugo est morte en 1868 ; c'est maintenant le tour de son fils Charles (1871). Député de Paris à l'Assemblée Nationale, Hugo vote contre la paix, puis démissionne. Pendant la Commune, il séjourne à Bruxelles, puis au Luxembourg. De retour à Paris, il échoue aux élections législatives, mais devient sénateur inamovible en 1876. Il est l'idole de la gauche républicaine et l'écrivain populaire par excellence. Lorsqu'il entre dans sa quatre-vingtième année, le peuple de Paris l'acclame (février 1881). Enfin, lorsqu'il meurt le 22 mai 1885, ses funérailles nationales, de l'Arc de Triomphe au Panthéon, prennent l'ampleur d'une apothéose.

LES DERNIÈRES ŒUVRES. Jusqu'au bout son activité créatrice est restée intense. En 1872 paraît *L'Année Terrible* (en vers) : c'est l'année du siège, de la défaite, de la Commune, et aussi de la mort de Charles. *La Légende des Siècles* est complétée par une nouvelle série (1877) et une dernière série (1883). En 1877 également, *L'Art d'être grand-père* groupe les poèmes que lui a inspirés sa tendresse pour ses petits-enfants GEORGES et JEANNE. Après *L'Ane* (1880), qui aborde le problème de la science, *Les Quatre Vents de l'Esprit* (1881) illustrent encore une fois la variété de son génie. Parmi les ouvrages en prose, le plus important est un roman historique, *Quatre-vingt-treize* (1874).

Enfin l'œuvre posthume comprend, outre les titres déjà cités, des recueils de vers : *Toute la Lyre, Les Années Funestes, Dernière Gerbe ;* des notes : *Choses vues ;* des impressions de voyage : *Alpes et Pyrénées, France et Belgique.*

Le génie de Victor Hugo

GÉNIE PUISSANT. Étroitement lié à son talent, le génie de Hugo ne s'est pas révélé d'un seul coup (cf. p. 157, *L'Art*). Mais lorsqu'on considère l'ensemble de l'œuvre, c'est la puissance de ce génie qui frappe avant tout : abondance créatrice, imagination gigantesque, sensibilité plutôt vigoureuse que raffinée. L'impression dominante est celle d'un dynamisme peu commun. En rapport avec cette puissance, Hugo laisse paraître un *orgueil* immense, que certains ont jugé ridicule, sinon pathologique. Mais cet orgueil, favorisé par la réussite matérielle, s'explique aisément par la nature même de l'imagination du poète, par son inspiration et sa conception de la poésie. Hugo a cru de bonne foi qu'il était un *prophète*, un *voyant* visité par des révélations surnaturelles, et, si l'on donne à ses affirmations une valeur symbolique, il ne s'est pas trompé ; il retrouve en effet cette « révélation » que la poésie n'est pas seulement un art, mais un moyen de connaissance, une des voies qui permettent d'accéder au mystère du monde.

GÉNIE DES CONTRASTES. Chez Hugo la vision du monde se caractérise par les contrastes. L'antithèse, vieille figure de rhétorique, devient une façon de concevoir le réel. Le sublime appelle le grotesque (cf. p. 232), l'ombre appelle la lumière, le crime appelle l'innocence. A l'hiver, sombre et lugubre, s'oppose la vie radieuse de l'été. Il y a là un danger évident : associations automatiques, contrastes hyperboliques, la tendance dégénérant en manie. Mais il faut bien se pénétrer de cette idée que l'antithèse est à la source de son inspiration. Hugo pense le monde en termes de *manichéisme :* une lutte épique oppose sans cesse l'esprit du bien à l'esprit du mal. Son œuvre, comme le notait Théophile Gautier, présente un double aspect, *exact* et *chimérique*, correspondant à l'aspect *visible* des choses et à leur aspect *invisible ;* ici encore le contraste règne, mais son sens profond apparaît clairement : ces deux faces sont celles d'une seule et même réalité ; à travers les antithèses c'est l'unité essentielle que poursuit le poète.

Cette façon de voir, de sentir et de penser contribue à répandre dans cette œuvre énorme une extrême variété : les chansons gaies alternent avec les visions sombres, la fantaisie la plus folle avec l'éloquence ou la méditation. Ainsi le tempérament de Victor Hugo explique son goût romantique pour le mélange des genres, mais l'engage aussi à unir, suivant une formule très classique, « le grave au doux, le plaisant au sévère. »

GÉNIE LYRIQUE ET ÉPIQUE. Jusque dans ses ouvrages en prose, Hugo est d'abord poète (cf. p. 195), et sa poésie est essentiellement *lyrique* et *épique*. Ces deux inspirations dominent même dans ses *romans* et dans ses *drames* (cf. p. 235) ; elles transfigurent la *satire* dans les *Châtiments* (cf. p. 167).

1. LE LYRISME. D'abord intime ou pittoresque, fondé sur des souvenirs, des émotions, des rêves encore vagues ou des sensations, le lyrisme de Victor Hugo est allé s'élargissant jusqu'à la poésie cosmique. Le poète s'est défini lui-même comme *l'écho sonore* répercutant toutes les voix du monde, voix des hommes, de la nature et de Dieu. Une évolution marquée par la maturité, le deuil et l'exil l'a conduit à prendre de plus en plus nettement conscience des résonances universelles de ses sentiments (cf. p. 173). Lyrisme personnel et lyrisme impersonnel se sont alors fondus harmonieusement dans son œuvre. Il n'est pas de grand thème lyrique que Victor Hugo n'ait abordé et immortalisé : l'amour, la tendresse paternelle, la grâce enfantine ; la mort et le destin de l'homme ; la patrie et la liberté ; la charité, la pitié pour les malheureux ; le travail et sa noblesse ; la nature, son charme et son mystère, son visage tantôt souriant, tantôt indifférent ou hostile ; le monde et ses abîmes, Dieu présent dans l'immensité...

2. L'ÉPOPÉE. Hugo est notre plus grand poète épique : c'est lui qui a doté notre littérature de cette épopée qu'elle attendait depuis les siècles (cf. p. 185). Il a fait jaillir l'épopée de l'histoire, de la légende, de la métaphysique. Il l'a démocratisée sans lui ôter sa noblesse, en introduisant dans la *Légende des Siècles*, à côté des héros et des dieux, un couple d'humbles pêcheurs *(Les Pauvres Gens)*, en faisant d'un forçat au grand cœur une figure de légende *(Les Misérables)*. Dépassant la vieille querelle du merveilleux païen et du merveilleux chrétien qui embarrassait encore Chateaubriand (cf. p. 52), il a vu partout le miracle et le surnaturel, et a créé ainsi un merveilleux vécu, à la mesure de son imagination.

L'IMAGINATION. La « faculté maîtresse » de Victor Hugo est l'imagination, *imagination des yeux*, disait Taine, plutôt qu'imagination du cœur comme celle de Michelet. Il avait des sensations, surtout visuelles, extrêmement vives, et le don de voir ce qu'il imaginait avec autant d'intensité que les objets réels. On comprend dès lors qu'il ait si souvent projeté hors de lui ce qui se passait en lui-même, faisant de ses impressions des visions, de ses pensées des révélations de l'au-delà. Brunetière écrivait à ce propos : « Le long travail d'analyse qui, depuis tant de siècles, semble avoir eu pour terme de nous apprendre à discerner nos idées d'avec les sensations qui en sont le point de départ, et nos sensations elles-mêmes d'avec les objets qui en sont l'occasion, tout ce travail a été d'abord comme nul ou non avenu pour Hugo ; et parce qu'elle est d'un primitif, c'est pour cela que cette confusion en lui de l'objet, de la sensation et de l'idée est d'un poète unique... dans notre littérature. » Tel est sans doute le secret de Hugo poète épique, telle est l'origine du sens que prennent dans son œuvre images et métaphores (p. 173).

L'Art de Victor Hugo

Dans *William Shakespeare*, Hugo, proclamant l'éminente supériorité du génie, rabaisse le talent et le goût. Pourtant le talent est chez lui inséparable de l'inspiration : son génie a mûri parallèlement à son art, et l'étude des textes montrera le rôle que joue le travail conscient et attentif dans les plus belles réussites du poète.

ÉVOLUTION. Hugo a pressenti ce que serait l'essence de sa poésie avant de posséder l'outil qui lui permettrait de réaliser cet idéal (cf. p. 159, *Les Odes*). Sa forme est d'abord tributaire de Lamartine et même des poètes du XVIIIᵉ siècle. Puis vient une période où il fait triompher au théâtre les outrances romantiques : alexandrins disloqués, rejets provocants, vocabulaire réaliste ; vers le même temps il se montre plus discret dans ses recueils lyriques, cherchant sa voie parmi les rythmes et les tons, et affirmant de plus en plus sa manière personnelle. Enfin les œuvres de l'exil révèlent un art sûr de lui, divers, puissant, où les hardiesses romantiques ne sont plus jeux et exercices, mais s'insèrent dans une poétique nouvelle fondée sur la magie évocatoire des rythmes et des mots (cf. p. 173-174, *Le Verbe*).

DONS EXCEPTIONNELS. Mais le poète a révélé très tôt des dons exceptionnels : 1. une *facilité* extrême (qui l'oppose par exemple à Vigny) et une *abondance* toujours prête à jaillir ; 2. une *éloquence* ample, aisée, chaleureuse, qui excelle à rendre les larges mouvements de la pensée et du sentiment ; 3. une *richesse* et une *somptuosité verbales* incomparables ; 4. un *foisonnement* spontané des *images* ; 5. une parfaite *maîtrise* dans le maniement des rythmes les plus divers.

Plusieurs de ces qualités ont leur revers : l'abondance est parfois démesure, ou bien l'éloquence étouffe le chant proprement lyrique ; il a manqué à Hugo d'avoir en lui-même ce critique dont la présence constamment attentive caractérise le classique, selon Paul Valéry. Mais ses dons lui ont épargné la hantise de la stérilité, les lenteurs rebutantes d'une composition pénible. Ils lui ont assuré une aisance supérieure dans la profusion.

AMOUR DE LA BEAUTÉ. Attiré un moment par la poésie pure (cf. p. 159, *Les Orientales*), Hugo a bientôt repoussé la tentation. Convaincu que le poète exerce une mission humanitaire (p. 162) et même religieuse (p. 173, *Le Mage*), il a préféré à l'art pour l'art « *l'art pour l'humanité* ». Il avait pourtant le culte de la beauté sous toutes ses formes, dans la vie et dans la création littéraire, et l'on discerne dans toutes ses œuvres maîtresses une *marge d'art pur*. Humaniste consommé, admirateur fervent d'Homère et de Virgile, il a maintenu dans notre romantisme le sens antique et méditerranéen de la *beauté plastique*. Jusque dans les brumes des îles anglo-normandes, alors qu'il était fasciné par la poésie farouche des ténèbres, des tempêtes et de l'abîme, il a fait retentir le son clair de l'idylle gréco-latine.

VARIÉTÉ DE L'ORCHESTRATION. « Il savait son métier, celui-là, dira Péguy à propos des *Châtiments*. Il savait faire un tocsin rien qu'avec des mots ; une fanfare, avec des rimes ; un bourdon, rien qu'avec des rythmes ». Avec des mots, des rimes et des rythmes, Hugo « savait faire » aussi bien des hymnes guerriers (p. 167) ou des chevauchées (p. 179 et 190) que des chansons d'amour (p. 189).

Les sons. Hugo aimait les mots pour eux-mêmes, pour le pouvoir évocateur de leurs sonorités. Dans *Hernani* et *Ruy Blas*, l'atmosphère espagnole est créée avant tout par des sons : « Monts d'Aragon, Galice, Estramadoure ! » (p. 238, v. 1). Les *soldats de l'An II* marchent à la victoire dans le fracas des fanfares et de la mêlée. Exotique, guerrière, farouche ou solennelle, la musique se fait parfois langoureuse et doucement obsédante : après les cuivres, nous croyons entendre un violon vibrer sous l'archet (p. 239) ; ou bien nous écoutons des accents « radieux » comme ceux de la Terre au début de la *Légende des Siècles*, d'une pureté et d'un éclat tout helléniques :

> Fils, je suis Déméter, la déesse des dieux ;
> Et vous me bâtirez un temple radieux
> Sur la colline Callichore.

Les rythmes. Hugo a pratiqué *l'alexandrin* avec prédilection, et il en a tiré les effets les plus divers, soit par le jeu des coupes, des accents et des enjambements, soit en l'associant à l'hexasyllabe (p. 163, 167, 175) ou à l'octosyllabe (p. 179, 181). Mais il a aussi *varié à l'infini mètres et strophes*, se livrant parfois à de véritables exercices de virtuosité (ci-dessous, *Ballades* et *Orientales*). — C'est le rythme du pas de charge (p. 167), du tocsin (cf. p. 166, *La Satire*, § 2), de la chevauchée lugubre (p. 179), allègre (p. 189) ou sauvage (p. 190), le chant de la nuit biblique (p. 186), la fusion mystérieuse de la musique dans un silence lui-même mélodieux (p. 190, v. 68-71), ou la grâce aérienne de cette chanson tendre *(Contemplations* II, 2*)* :

Mes vers fuiraient, doux et frêles,	Si mes vers avaient des ailes
Vers votre jardin si beau,	Des ailes comme l'oiseau...

Les Odes (1822)

Ce premier recueil groupe des pièces *intimes* et des poèmes *officiels* d'inspiration catholique et légitimiste. On y discerne l'influence de Chateaubriand et de Lamartine et aussi un talent précoce, mais rien n'y révèle encore la véritable originalité de Victor Hugo. En revanche la 1re Préface (juin 1822) contient des *vues prophétiques* — a) sur *l'unité de la poésie*, qu'elle s'exprime en vers ou en prose, à propos des « émotions d'une âme » ou des « révolutions d'un empire » ; — b) sur *son essence* même : « Le domaine de la poésie est illimité. Sous le monde réel, il existe un monde idéal qui se montre resplendissant à l'œil de ceux que des méditations graves ont accoutumés à voir dans les choses plus que les choses... La poésie n'est pas dans la forme des idées mais dans les idées elles-mêmes. La poésie, c'est tout ce qu'il y a d'intime dans tout. »

La Préface de 1824 esquisse une autre idée que Hugo orchestrera de plus en plus largement, celle de la *fonction* que remplit le poète (cf. p. 162) : « Telle est la mission du génie ; ses élus sont ces sentinelles laissées par le Seigneur sur les tours de Jérusalem et qui ne se tairont ni jour ni nuit ». Le poète « doit marcher devant les peuples comme une lumière et leur montrer le chemin... Il faut que toutes les fibres du cœur humain vibrent sous ses doigts comme les cordes d'une lyre. Il ne sera jamais l'écho d'aucune parole, si ce n'est de celle de Dieu ».

Les Odes et Ballades (1826)

Pourtant les *Ballades* qu'il joint aux *Odes* en 1826 relèvent surtout d'une inspiration *pittoresque*. Elles font revivre, dans le genre troubadour alors à la mode, le Moyen Age tel qu'on l'imaginait d'après les ballades germaniques et les romans ou les poèmes de Walter Scott. Leur intérêt réside surtout dans une virtuosité rythmique qui va jusqu'au tour de force : *Le Pas d'armes du roi Jean* (ajouté en 1828) est composé tout entier en vers de trois syllabes. *un sorte de jeu*

Les Orientales (1829)

description detaillé

Cette tendance pittoresque s'épanouit dans les *Orientales*. Hugo semble choisir *l'art pour l'art :* « Tout est sujet ; tout relève de l'art ; tout a droit de cité en poésie... Le poète est libre » (Préface). De fait plusieurs de ces pièces sont des impressions, des paysages ; dans les *Djinns*, la poésie devient rythme pur. Pourtant les *Orientales* n'offrent pas seulement des tableaux méditerranéens, elles ne sont pas en réalité un « livre inutile de pure poésie » : chanter la beauté, c'est chanter la Grèce, et le recueil lance *un fervent appel en faveur de l'indépendance hellénique*. Bien souvent la description cache une idée, la défense d'une cause *(Clair de Lune) ;* dans *l'Enfant*, le bel enfant grec aux yeux bleus ne veut ni fleur, ni fruit, ni l'oiseau merveilleux, il veut « de la poudre et des balles ».

Les Feuilles d'Automne (1831)

Au milieu de la tempête politique, ce sont des vers *intimes*, généralement empreints d'une *mélancolie douce*, « des vers comme tout le monde en fait ou en rêve, des vers de la famille, du foyer domestique, de la vie privée ; des vers de l'intérieur de l'âme. » Le poète dit sa pitié pour « les mille objets de la création qui souffrent et languissent autour de nous » et célèbre la charité *(Pour les Pauvres) ;* il nous confie ses joies de père *(Lorsque l'enfant paraît)*, médite sur la nature et l'humanité *(Ce qu'on entend sur la montagne)* ou sur la brièveté de la vie, après avoir laissé vibrer son imagination devant la fantasmagorie des *Soleils Couchants*. Dans la première pièce *(Ce siècle avait deux ans)*, il évoque son enfance et sa mère, puis nous révèle en ces termes le secret de son inspiration :

> C'est que l'amour, la tombe, et la gloire, et la vie,
> L'onde qui fuit, par l'onde incessamment suivie,
> Tout souffle, tout rayon, ou propice ou fatal,
> Fait reluire et vibrer mon âme de cristal,
> Mon âme aux mille voix, que le Dieu que j'adore
> Mit au centre de tout comme un écho sonore.

Les Chants du Crépuscule (1835)

Cet *écho* devient triste dans les *Chants du Crépuscule* qui reflètent une double crise. *Crise intime* d'abord : la foi du poète vacille, son bonheur conjugal s'est évanoui, et il éprouve pour Juliette Drouet une passion ardente et inquiète *(Dans l'église de***)* ; *crise politique* ensuite : Hugo devine que la monarchie de juillet ne sera qu'un régime transitoire. « La Société attend que ce qui est à l'horizon s'allume tout à fait ou s'éteigne complètement. » Ainsi, la note dominante du recueil, « c'est cet étrange état *crépusculaire* de l'âme et de la société dans le siècle où nous vivons : c'est cette brume au dehors, cette incertitude au dedans ; c'est ce je ne sais quoi d'à demi éclairé qui nous environne. » Mais en dépit de son angoisse, Hugo « est de ceux qui espèrent », et il fait vibrer le cœur des Français en célébrant la gloire de Napoléon *(A la Colonne, Napoléon II)* et « Ceux qui pieusement sont morts pour la patrie » *(Hymne)*.

Les Voix Intérieures (1837)

Ces *voix* que le poète entend résonner en lui-même sont celle de *l'homme*, qui parle au cœur *(le foyer)*, celle de la *nature*, qui parle à l'âme *(le champ)* et celle des *événements*, qui parle à l'esprit *(la rue)*. Son livre « est l'écho... de ce chant qui répond en nous au chant que nous entendons hors de nous ». Le poète évoque la mémoire de son père (dédicace du recueil), son *frère* Eugène devenu fou *(A Eugène, vicomte H.)*, *sa femme et ses enfants (Regardez : les enfants se sont assis en rond, A des oiseaux envolés)*. Il nous communique le frisson qu'il éprouve devant le mystère de la *nature (A Albert Dürer, p. 161)* ou au contraire salue en elle la « mère universelle », familière, indulgente et féconde *(La Vache)*. Enfin il médite sur les *événements* contemporains *(Sunt lacrymae rerum, A l'Arc de Triomphe)*.

Les Rayons et les Ombres (1840)

Hugo souligne à juste titre, dans la Préface, les liens qui unissent ce livre aux trois précédents ; mais il ajoute que, dans *les Rayons et les Ombres*, l'horizon est peut-être élargi. De fait ce recueil, le dernier avant l'exil, révèle chez l'auteur *une réflexion plus profonde sur sa propre mission* et *une inspiration plus largement humaine.*

1. La FONCTION DU POÈTE, aperçue dès 1824, précisée en 1837, devient un thème dominant (cf. p. 162). Le poète a le devoir de guider les hommes. Il leur apporte un *message d'amour :* « charité pour les pauvres, tendresse pour les misérables *(Regard jeté dans une mansarde)*, compassion pour la femme » *(Fiat voluntas)*, « dignité de la créature humaine » ; un *message de justice :* il a le droit de critiquer les codes humains, « car il passe les nuits et les jours à étudier... le texte des codes divins » ; et un *message de vérité*, car la poésie est connaissance des vérités éternelles. Rien ne troublera le *rêveur sacré* « dans sa profonde et austère contemplation. »

2. Ainsi L'INSPIRATION DEVIENT LARGEMENT HUMAINE. Hugo voudrait composer « la grande épopée mystérieuse dont nous avons tous un chant en nous-mêmes... : le Poème de l'Homme ». Ses méditations devant la nature se font plus amples et prennent un accent pathétique *(Oceano Nox ; Tristesse d'Olympio, p. 163)* ; le mystère de la mort hante sa rêverie, qui tend à s'épanouir en vision *(Dans le cimetière de...)*. « Savoir, penser, rêver. Tout est là » : ces derniers mots de la Préface annoncent les poèmes de l'exil.

A Albert Dürer

Les romantiques ont admiré dans le peintre et graveur allemand Albert Dürer (1471-1528) un génie inspiré et un précurseur ; ainsi, aux yeux de Michelet, sa *Melancolia* symbolise l'esprit de la Renaissance et son échec. Pour HUGO, Dürer est un visionnaire qui l'aide à pénétrer le mystère universel, comme Virgile avait jadis guidé Dante dans l'au-delà. La forêt devient pour le poète un monde fantastique, où des tressaillements, des regards le font frissonner et lui révèlent confusément, comme il le dira plus tard, que « tout vit, tout est plein d'âmes ». Il est frappant de voir Hugo glisser, dès cette date, *de la sensation à l'hallucination* (*Voix Intérieures*, X ; 20 avril 1837).

Dans les vieilles forêts où la sève à grands flots
Court du fût noir de l'aulne au tronc blanc des bouleaux,
Bien des fois, n'est-ce pas ? à travers la clairière,
Pâle, effaré, n'osant regarder en arrière,
Tu t'es hâté, tremblant et d'un pas convulsif,
O mon maître Albert Düre, ô vieux peintre pensif !
On devine, devant tes tableaux qu'on vénère,
Que dans les noirs taillis ton œil visionnaire [1]
Voyait distinctement, par l'ombre recouverts,
10   Le faune aux doigts palmés, le sylvain aux yeux verts,
Pan, qui revêt de fleurs l'antre où tu te recueilles,
Et l'antique dryade [2] aux mains pleines de feuilles.
    Une forêt pour toi, c'est un monstre hideux.
Le songe et le réel s'y mêlent tous les deux.
Là se penchent rêveurs [3] les vieux pins, les grands ormes
Dont les rameaux tordus font cent coudes difformes,
Et, dans ce groupe sombre agité par le vent,
Rien n'est tout à fait mort ni tout à fait vivant.
Le cresson boit ; l'eau court ; les frênes sur les pentes,
20   Sous la broussaille horrible et les ronces grimpantes,
Contractent lentement leurs pieds noueux et noirs.
Les fleurs au cou de cygne [4] ont les lacs pour miroirs ;
Et sur vous qui passez et l'avez réveillée,
Mainte chimère étrange à la gorge écaillée [5],
D'un arbre entre ses doigts serrant les larges nœuds,
Du fond d'un antre obscur fixe un œil lumineux.
O végétation ! esprit ! matière ! force !
Couverte de peau rude ou de vivante écorce !
Aux bois, ainsi que toi, je n'ai jamais erré,
30   Maître, sans qu'en mon cœur l'horreur [6] ait pénétré,
Sans voir tressaillir l'herbe, et, par le vent bercées,
Pendre à tous les rameaux de confuses pensées.
Dieu seul, ce grand témoin des faits mystérieux,
Dieu seul le sait, souvent, en de sauvages lieux,
J'ai senti, moi qu'échauffe une secrète flamme,
Comme moi palpiter et vivre avec une âme,
Et rire, et se parler dans l'ombre à demi-voix
Les chênes monstrueux qui remplissent les bois.

— 1 Hugo se substitue inconsciemment à Dürer. — 2 Nymphe des arbres. — 3 Relever les termes assimilant les végétaux à des êtres humains. — 4 Quel est le sens profond de cette métaphore ? — 5 La chimère mythologique tenait de la chèvre, du lion et du *dragon*. — 6 Frisson sacré devant le mystère des choses.

Fonction du poète

Dans la Préface des *Voix Intérieures*, HUGO avait déjà parlé de la « fonction sérieuse » du poète, de sa mission *civilisatrice*. L'idée s'affirme et se précise ici : sans descendre dans l'arène politique, *le poète doit guider les peuples ; il est l'annonciateur de l'avenir*, inspiré par l'éternelle vérité, et ne saurait sans trahir sa mission se limiter à la poésie pure. Cette conviction caractérise la tendance dominante du romantisme après 1830, mais elle est aussi tout à fait personnelle à Hugo chez qui elle ira s'amplifiant ; dès cette date, quelques formules frappantes (v. 21, 32) révèlent sa conception du poète *mage*, du poète *voyant* (*Les Rayons et les Ombres*, I ; 25 mars-1er avril 1839).

Dieu le veut, dans les temps contraires,
Chacun travaille et chacun sert [1].
Malheur à qui dit à ses frères :
Je retourne dans le désert !
Malheur à qui prend ses sandales
Quand les haines et les scandales
Tourmentent le peuple agité !
Honte au penseur qui se mutile
Et s'en va, chanteur inutile,
10 Par la porte de la cité [2] !

Le poète en des jours impies
Vient préparer des jours meilleurs.
Il est l'homme des utopies [3],
Les pieds ici, les yeux ailleurs.
C'est lui qui sur toutes les têtes,
En tout temps, pareil aux prophètes [4],
Dans sa main, où tout peut tenir,
Doit, qu'on l'insulte ou qu'on le loue,
Comme une torche qu'il secoue,
20 Faire flamboyer l'avenir !

Il voit [5], quand les peuples végètent !
Ses rêves, toujours pleins d'amour,
Sont faits des ombres que lui jettent
Les choses qui seront un jour.
On le raille. Qu'importe ! il pense.
Plus d'une âme inscrit en silence
Ce que la foule n'entend pas.
Il plaint ses contempteurs frivoles ;
Et maint faux sage à ses paroles
30 Rit tout haut et songe tout bas !.[...]

Peuples ! écoutez le poète [6] !
Écoutez le rêveur sacré !
Dans votre nuit, sans lui complète,
Lui seul a le front éclairé.
Des temps futurs perçant les ombres,
Lui seul distingue en leurs flancs sombres
Le germe qui n'est pas éclos.
Homme, il est doux comme une femme.
Dieu parle à voix basse à son âme
Comme aux forêts et comme aux flots. 40

C'est lui qui, malgré les épines,
L'envie et la dérision,
Marche, courbé dans vos ruines,
Ramassant la tradition.
De la tradition féconde
Sort tout ce qui couvre le monde,
Tout ce que le ciel peut bénir.
Toute idée, humaine ou divine,
Qui prend le passé pour racine
A pour feuillage l'avenir [7]. 50

Il rayonne ! il jette sa flamme
Sur l'éternelle vérité !
Il la fait resplendir pour l'âme
D'une merveilleuse clarté.
Il inonde de sa lumière
Ville et désert, Louvre et chaumière,
Et les plaines et les hauteurs ;
A tous d'en haut il la dévoile ;
Car la poésie est l'étoile
Qui mène à Dieu rois et pasteurs [8]. 60

— 1 Le poète répond à un interlocuteur qui lui conseille d'abandonner l'action politique : « Va dans les bois ! va sur les plages !... Dans les champs tout vibre et soupire. La nature est la grande lyre, Le poète est l'archet divin ! » — 2 Apprécier les images évoquant la défection à laquelle le poète se refuse. — 3 Préciser le sens. — 4 Cf. *Les Mages* (*Contemplations*, VI, 23). — 5 Noter la mise en valeur du mot ; cf. *il pense*,

v. 25. — 6 Voici maintenant la conclusion ; Hugo s'adresse directement au public. — 7 Fidélité à la tradition propre à rassurer ceux qui craindraient de voir dans le poète un révolutionnaire. — 8 Rappel de l'étoile qui guida bergers et rois mages vers l'étable de Bethléem ; cf. d'autre part Vigny disant du poète : « Il lit dans les astres la route que nous montre le doigt du Seigneur. » (*Chatterton*, III, 6 ; p. 260).

TRISTESSE D'OLYMPIO

En octobre 1837 HUGO retourne dans la vallée de la Bièvre, jusqu'à cette maison des Metz, près de Jouy, où il rejoignait Juliette Drouet durant l'automne de 1834 et 1835. Sa liaison avec Juliette se poursuit, heureuse et tendre, mais le poète pensait retrouver, grâce à ce pèlerinage d'amour, le charme irremplaçable de la passion dans sa première fleur : or voici qu'une *poignante mélancolie* l'étreint, et lui inspire des *méditations douloureuses.* Ce retour sur les lieux, loin d'effacer le temps écoulé, souligne sa fuite inexorable et la vanité des désirs de l'homme qui voudrait éterniser les instants de bonheur. Pourtant Hugo parvient à surmonter la tristesse qui l'envahit : si la nature oublie, *l'homme se souvient,* et ses trésors sont préservés par le miracle du souvenir (*Les Rayons et les Ombres,* XXXIV, strophes 1-16 et 29-fin) — C'est dans les *Voix Intérieures* qu'était apparu pour la première fois le personnage d'OLYMPIO, ce frère intérieur du poète.

Les champs n'étaient point noirs, les cieux n'étaient pas mornes [1].
Non, le jour rayonnait dans un azur sans bornes
      Sur la terre étendu,
L'air était plein d'encens [2] et les prés de verdures
Quand il revit ces lieux où par tant de blessures
      Son cœur s'est répandu !

L'automne souriait ; les coteaux vers la plaine
Penchaient leurs bois charmants qui jaunissaient à peine ;
      Le ciel était doré ;
10 Et les oiseaux, tournés vers celui que tout nomme,
Disant peut-être à Dieu quelque chose de l'homme,
      Chantaient leur chant sacré !

Il voulut tout revoir, l'étang près de la source,
La masure où l'aumône avait vidé leur bourse,
      Le vieux frêne plié,
Les retraites d'amour au fond des bois perdues,
L'arbre où dans les baisers leurs âmes confondues
      Avaient tout oublié !

Il chercha le jardin, la maison isolée,
20 La grille d'où l'œil plonge en une oblique allée,
      Les vergers en talus.
Pâle, il marchait. — Au bruit de son pas grave et sombre,
Il voyait à chaque arbre, hélas ! se dresser l'ombre
      Des jours qui ne sont plus [3] !

Il entendait frémir dans la forêt qu'il aime
Ce doux vent qui, faisant tout vibrer en nous-même,
      Y réveille l'amour,
Et, remuant le chêne ou balançant la rose,
Semble l'âme de tout qui va sur chaque chose
30   Se poser [4] tour à tour !

Les feuilles qui gisaient dans le bois solitaire,
S'efforçant sous ses pas de s'élever de terre,
      Couraient dans le jardin [5] ;

— 1 Que traduit le tour négatif ? — 2 Cf. v. 10-12. — 3 Apprécier les différences avec la Iʳᵉ rédaction : *... Le jardin, les fossés ;* | *Il marchait, et voyait, dans ce vallon sauvage* | *Se dresser à chaque arbre au bruit de son passage* | *L'ombre des jours passés.* — 4 D'abord *souffle,* l'âme devient *papillon* (cf. v. 34-35). — 5 Comment la comparaison qui suit est-elle préparée ?

Ainsi, parfois, quand l'âme est triste, nos pensées
S'envolent un moment sur leurs ailes blessées,
      Puis retombent soudain [6].

Il contempla longtemps les formes magnifiques
Que la nature prend dans les champs pacifiques ;
      Il rêva jusqu'au soir ;
40   Tout le jour il erra le long de la ravine,
Admirant tour à tour le ciel, face divine,
      Le lac, divin miroir !

Hélas ! se rappelant ses douces aventures,
Regardant, sans entrer, par-dessus les clôtures,
      Ainsi qu'un paria [7],
Il erra [8] tout le jour. Vers l'heure où la nuit tombe,
Il se sentit le cœur triste comme une tombe ;
      Alors il s'écria :

« O douleur ! j'ai voulu, moi dont l'âme est troublée [9],
50   Savoir si l'urne encor conservait la liqueur [10],
Et voir qu'avait fait cette heureuse vallée
De tout ce que j'avais laissé là de mon cœur !

« Que peu de temps suffit pour changer toutes choses !
Nature au front serein, comme vous oubliez !
Et comme vous brisez dans vos métamorphoses
Les fils mystérieux où nos cœurs sont liés [11] !

« Nos chambres de feuillage en halliers sont changées !
L'arbre où fut notre chiffre [12] est mort ou renversé ;
Nos roses dans l'enclos ont été ravagées
60   Par les petits enfants qui sautent le fossé.

« Un mur clôt la fontaine où, par l'heure échauffée,
Folâtre, elle buvait en descendant des bois ;
Elle prenait de l'eau dans sa main, douce fée,
Et laissait retomber des perles de ses doigts [13] !

« On a pavé la route âpre et mal aplanie,
Où, dans le sable pur se dessinant si bien,
Et de sa petitesse étalant l'ironie [14],
Son pied charmant semblait rire à côté du mien [15] !

« La borne du chemin, qui vit des jours sans nombre,
70   Où jadis pour m'entendre elle aimait à s'asseoir,
S'est usée en heurtant, lorsque la route est sombre,
Les grands chars gémissants qui reviennent le soir [16].

« La forêt ici manque et là s'est agrandie...
De tout ce qui fut nous presque rien n'est vivant :
Et, comme un tas de cendre éteinte et refroidie,
L'amas des souvenirs se disperse à tout vent !

— 6 Commenter l'effet du rythme. — 7 Préciser le sens. — 8 Commenter la reprise de ce mot. — 9 Pour le changement de rythme, cf. *Le Lac* (p. 89). — 10 Expliquer cette image. — 11 On songe aux fils de la Vierge. — 12 Leurs *initiales*, gravées sur l'écorce. — 13 Quel *Conte* de Perrault est évoqué ici ? — 14 Le souvenir d'amour prend ici une grâce un peu mièvre. — 15 Alexandrin *ternaire* ; 3 accents au lieu de 4 : char*mant*, *rire*, *mien*. Relever d'autres exemples et noter la mise en valeur du mot *rire* par l'accent. — 16 Analyser le pouvoir évocateur de ce vers, et cf. Lamartine : « Le bruit lointain des chars gémissant sous leur poids ».

« N'existons-nous donc plus ? Avons-nous eu notre heure ?
Rien ne la rendra-t-il à nos cris superflus [17] ?
L'air joue avec la branche au moment où je pleure ;
80   Ma maison me regarde et ne me connaît plus [18][...]

« Dieu nous prête un moment les prés et les fontaines,
Les grands bois frissonnants, les rocs profonds et sourds,
Et les cieux azurés et les lacs et les plaines,
Pour y mettre nos cœurs, nos rêves, nos amours ;

« Puis il nous les retire [19]. Il souffle notre flamme.
Il plonge dans la nuit l'antre où nous rayonnons [20] ;
Et dit à la vallée, où s'imprima notre âme,
D'effacer notre trace et d'oublier nos noms.

« Eh bien ! oubliez-nous, maison, jardin, ombrages ;
90   Herbe, use notre seuil ! ronce, cache nos pas !
Chantez, oiseaux ! ruisseaux, coulez ! croissez, feuillages !
Ceux que vous oubliez ne vous oublieront pas [21].

« Car vous êtes pour nous l'ombre de l'amour même,
Vous êtes l'oasis qu'on rencontre en chemin !
Vous êtes, ô vallon, la retraite suprême
Où nous avons pleuré nous tenant par la main !

« Toutes les passions s'éloignent avec l'âge,
L'une emportant son masque et l'autre son couteau [22],
Comme un essaim chantant d'histrions en voyage
100 Dont le groupe décroît derrière le coteau [23].

« Mais toi, rien ne t'efface, amour ! toi qui nous charmes !
Toi qui, torche ou flambeau [24], luis dans notre brouillard !
Tu nous tiens par la joie, et surtout par les larmes ;
Jeune homme on te maudit, on t'adore vieillard.

« Dans ces jours où la tête au poids des ans s'incline [25],
Où l'homme, sans projets, sans but, sans visions,
Sent qu'il n'est déjà plus qu'une tombe en ruine [26]
Où gisent ses vertus et ses illusions ;

« Quand notre âme en rêvant descend dans nos entrailles,
110 Comptant dans notre cœur, qu'enfin la glace atteint,
Comme on compte les morts sur un champ de batailles [27],
Chaque douleur tombée et chaque songe éteint,

« Comme quelqu'un qui cherche en tenant une lampe [28],
Loin des objets réels, loin du monde rieur,

— 17 Cf. *Le Lac*, v. 41-44. — 18 Olympio s'afflige à la pensée que d'autres amants viendront abriter leur bonheur dans ces lieux qui lui semblaient consacrés à jamais à *son* amour. Puis il lance une apostrophe pathétique : quand il sera mort ainsi que sa bien-aimée, la nature pourra-t-elle *continuer* sa *fête paisible, toujours sourire* et *chanter toujours* ? — 19 Commenter cet enjambement de strophe à strophe. — 20 Apprécier l'effet de contraste. — 21 Analyser le mouvement lyrique, et opposer l'attitude de Vigny (page 142). — 22 Quel est le sens de ces attributs ? — 23 Apprécier cette évocation. — 24 Préciser l'opposition. — 25 La phrase s'étend jusqu'à la fin du poème ; que traduit l'ampleur de ce mouvement ? — 26 Souligner la valeur des deux termes. — 27 Comparer cette nouvelle image à celle des v. 99-100. — 28 Apprécier la double valeur, concrète (cf. v. 111) et symbolique, de ce vers.

Elle arrive à pas lents par une obscure rampe
Jusqu'au fond désolé du gouffre intérieur [29] ;

« Et là, dans cette nuit qu'aucun rayon n'étoile,
L'âme, en un repli sombre où tout semble finir,
Sent quelque chose encor palpiter sous un voile... —
C'est toi qui dors dans l'ombre, ô sacré souvenir [30] ! »

21 octobre 1837.

– **Structure.** *a) Étudiez la « composition symphonique » des impressions, de la méditation, du retournement final ; – b) Distinguez les thèmes lyriques et justifiez leur enchaînement.*
– **La mélancolie.** *Comment se manifeste-t-elle avant que nous n'en connaissions les causes ?*
– **L'homme et la nature.** *a) Précisez les sentiments du poète à l'égard de la nature ; – b) Analysez et commentez le rôle qu'il accorde au souvenir.*
– *Comment procède* HUGO *pour conférer à sa méditation personnelle une valeur universelle ?*
– **Rapprochement.** *Le défi à l'indifférence de la nature :* La Maison du berger, *p. 142.*
– **Commentaire composé :** *v. 105-120. La descente dans le gouffre ; le souvenir de l'amour ; cf. p. 438 ; p. 439.*
● **Groupe thématique. Souvenir.** Comparez *Tristesse d'Olympio*, p. 163, au *Lac*, p. 88 et à *Souvenir*, p. 226, en marquant : a) la différence des situations ; b) les ressemblances et les différences entre les sentiments exprimés. Indiquez, en la justifiant, votre préférence pour l'un ou l'autre de ces poèmes.

LES CHATIMENTS

Une fureur vengeresse anime Victor Hugo contre Napoléon III, contre son crime, le coup d'État du 2 décembre, et le régime autoritaire qu'il a établi ; fureur spontanée d'abord, puis exaltée par son propre déchaînement et orchestrée à des fins polémiques et esthétiques. Ainsi naît une œuvre puissante, remarquable à la fois par *l'unité de son inspiration satirique* et par *la variété de ses accents.*

La Satire   Des ténèbres *(Nox)* à la clarté de l'espérance *(Lux)*, un large mouvement d'ensemble anime les *Châtiments* sans imposer de contrainte gênante au libre élan de l'inspiration. Les titres des six premiers Livres reprennent ironiquement les formules officielles par lesquelles Napoléon III prétend légitimer le coup d'État : *La Société est sauvée, L'Ordre est rétabli*, etc... ; le septième annonce par un jeu de mots la chute de l'Empire : *Les Sauveurs se sauveront.* Hugo s'inspire de grands satiriques comme JUVÉNAL et AGRIPPA d'AUBIGNÉ (cf. XVIᵉ *Siècle*, p. 174), il se souvient aussi des chansons de BÉRANGER, et des *Iambes* d'Auguste BARBIER (1831) ; mais il se fie surtout à sa propre verve.

Cette verve satirique se présente sous deux formes essentielles : la *violence indignée* qui jette l'anathème sur le crime, *l'ironie* qui raille la bassesse ; Napoléon III est tantôt un bandit monstrueux, tantôt un nain et un paillasse : ainsi les *Châtiments* fournissent une nouvelle illustration du mélange des genres. Le ton est tantôt virulent et passionné, tantôt gouailleur, tantôt pathétique, lorsque Victor Hugo évoque les victimes, envoyées au bagne ou assassinées comme l'enfant que pleure sa grand-mère (*Souvenir de la nuit du 4*, II, 3). Alternant avec les invectives, des *chansons* gravent en nous leur *refrain :* complainte nostalgique : « On ne peut pas vivre sans pain ; | On ne peut pas non plus vivre sans la patrie » (*Chanson*, VII, 14), ou martèlement obsédant de l'appel : « Lazare ! Lazare ! Lazare ! | Lève-toi ! » (*Au Peuple*, II, 3), « Sonne aujourd'hui le glas, bourdon de Notre-Dame, | Et demain le tocsin ! » (*L'Empereur s'amuse*, III, 10). Cette variété du ton et du rythme permet au poète de faire rebondir constamment l'intérêt dans une satire qui compte plus de 6.000 vers.

— 29 Cf. « ... Une pente insensible | Va du monde réel à la sphère invisible ; | La spirale est profonde... » (*Feuilles d'Automne*, XXIX, 5-7) ; et « Spirale aux bords douteux, aux profondeurs énormes » (*Voix Intérieures*, XXVII, 6). — 30 Cf. *Souvenir* (p. 228, v. 67-68, 73-76).

Épopée et lyrisme En outre Hugo déborde sans cesse le champ de la satire par des envolées épiques ou lyriques : les *Châtiments* rejoignent ainsi la *Légende des Siècles* et les *Contemplations*.

1. L'ÉPOPÉE. Traitée par Hugo, la satire s'élargit spontanément en épopée : *a)* Souvent *la satire* elle-même *prend soudain une taille, des résonances épiques :* les choses deviennent des êtres vivants et le merveilleux apparaît (p. 169) ; le recours à la Bible transfigure le combat que mène le poète (p. 171). *b)* Ou bien l'auteur, las de remuer tant de boue, entonne avec enthousiasme un chant héroïque : *l'épopée du passé* fait ressortir par contraste les hontes du présent (p. 168) ; pour mieux écraser Napoléon le petit, Hugo exalte Napoléon le grand (*L'Expiation*, V, 13). *c)* Enfin, par un nouveau contraste, des prophéties à la fois épiques et lyriques annoncent un *avenir lumineux* (p. 170), un monde régénéré où règnera la République universelle.

2. LE LYRISME. Il est lui-même inséparable de l'inspiration épique et satirique. Il apparaît dans les *chansons*, apporte ses rythmes, sa fraîcheur (p. 169, v. 1-12) ; il triomphe dans les moments de *détente* au sein de la nature (*Aube*, IV, 10), dans *l'espoir en des temps meilleurs*.

Valeur durable L'invective et le sarcasme risquent de lasser ; à la longue les injures accumulées ennuient sans convaincre, en particulier lorsqu'elles visent des comparses tombés dans l'oubli. On peut même critiquer l'acharnement de Victor Hugo contre un homme qu'il avait contribué à porter au pouvoir (cf. p. 155). Néanmoins la satire reste grande par sa puissance, son accent de conviction, la variété et la vigueur de ses rythmes. Et surtout le génie de Hugo éclate lorsqu'il *élève le débat*, jusqu'à y voir la lutte du bien contre le mal, de la lumière contre les ténèbres, lorsqu'il fait retentir l'épopée biblique, révolutionnaire, napoléonienne ou laisse entendre, dominant les cris des hommes, le chant du monde. Les *Châtiments* inaugurent et d'avance résument la seconde carrière de Victor Hugo ; ils constituent un monument sans équivalent dans la poésie française au XIXe siècle.

O SOLDATS DE L'AN DEUX !

Le souvenir d'un ardent débat parlementaire consacré à *l'obéissance passive* inspire à Hugo, en janvier 1853, un poème où il oppose l'armée nationale et sa gloire immortelle à l'armée de métier réduite lors du coup d'État à de basses besognes politiques. Celui qui a écrit : « J'aurais été soldat si je n'étais poète » aimait l'armée, la gloire militaire : *l'épopée des volontaires de la Révolution*, combattants de la liberté, n'a jamais été chantée avec plus d'élan et d'enthousiasme que dans ces vers (II, 7, *A l'Obéissance passive*, I).

O soldats de l'an deux ! ô guerres ! épopées !
Contre les rois tirant ensemble leurs épées,
    Prussiens, autrichiens,
Contre toutes les Tyrs et toutes les Sodomes ¹,
Contre le czar du Nord ², contre ce chasseur d'hommes,
    Suivi de tous ses chiens,

Contre toute l'Europe avec ses capitaines,
Avec ses fantassins couvrant au loin les plaines,
    Avec ses cavaliers,

— 1 Ces deux villes antiques, *Tyr*, grand port de commerce, et *Sodome*, frappée par le feu du ciel en punition de ses vices, représentent la richesse et la corruption, en face de la pauvreté et de l'austérité républicaines (cf. Montesquieu, *XVIIIe Siècle*, p. 98-100, la *vertu* démocratique). — 2 Il n'interviendra qu'en 1798 ; mais quel est l'effet recherché ?

10 Tout entière debout comme une hydre [3] vivante,
Ils chantaient, ils allaient [4], l'âme sans épouvante
    Et les pieds sans souliers !

Au levant, au couchant, partout, au sud, au pôle,
Avec de vieux fusils sonnant sur leur épaule,
    Passant torrents et monts,
Sans repos, sans sommeil, coudes percés, sans vivres,
Ils allaient, fiers, joyeux, et soufflant dans des cuivres,
    Ainsi que des démons !

La liberté sublime emplissait leurs pensées.
20 Flottes prises d'assaut [5], frontières effacées
    Sous leur pas souverain,
O France, tous les jours c'était quelque prodige,
Chocs, rencontres, combats ; et Joubert sur l'Adige,
    Et Marceau sur le Rhin !

On battait l'avant-garde, on culbutait le centre ;
Dans la pluie et la neige et de l'eau jusqu'au ventre
    On allait ! en avant !
Et l'un offrait la paix et l'autre ouvrait ses portes,
Et les trônes, roulant comme des feuilles mortes,
30   Se dispersaient au vent !

Oh ! que vous étiez grands au milieu des mêlées,
Soldats ! L'œil plein d'éclairs, faces échevelées
    Dans le noir tourbillon,
Ils rayonnaient, debout, ardents, dressant la tête ;
Et comme les lions aspirent la tempête
    Quand souffle l'aquilon,

Eux, dans l'emportement de leurs luttes épiques,
Ivres, ils savouraient tous les bruits héroïques,
    Le fer heurtant le fer,
40 La Marseillaise ailée [6] et volant dans les balles,
Les tambours, les obus, les bombes, les cymbales,
    Et ton rire, ô Kléber !

La révolution leur criait : — Volontaires,
Mourez pour délivrer tous les peuples vos frères ! —
    Contents, ils disaient oui.
— Allez, mes vieux soldats, mes généraux imberbes ! —
Et l'on voyait marcher ces va-nu-pieds superbes
    Sur le monde ébloui !

— 3 Le monstre de Lerne détruit par Hercule.
— 4 Noter les *anapestes* (deux brèves, une longue), rythme *guerrier*. Relever d'autres exemples de ce mètre. — 5 La flotte hollandaise du Helder, bloquée par les glaces, fut enlevée par les hussards de Pichegru (janvier 1795). — 6 Cf. la *Marseillaise* de Rude (*Départ des volontaires de 1792*, à l'Arc de Triomphe).

La tristesse et la peur leur étaient inconnues,
50 Ils eussent, sans nul doute, escaladé les nues [7],
Si ces audacieux,
En retournant les yeux dans leur course olympique [8],
Avaient vu derrière eux la grande République
Montrant du doigt les cieux.

– *Composition. Distinguez les diverses étapes et montrez l'unité du mouvement d'ensemble.*
– *Étudiez : a) les idées et les sentiments qui inspirent le poète ; b) leur traduction par la strophe, le rythme, les sons.*
– *Précisez l'impression dominante. Comment HUGO a-t-il animé le poème d'un souffle épique ?*
• **Comparaison.** Les soldats de la Révolution vus par HUGO et MICHELET, p. 379, avec des intentions différentes.

Le manteau impérial

La pourpre du manteau impérial était semée d'abeilles d'or. Donnant à la fois la *vie* et une *mission morale* à ces abeilles par un procédé que nous retrouverons dans la *Légende des Siècles*, l'imagination épique de Hugo les lance à l'attaque de Napoléon III. Le poème est remarquable par un effet de contraste (l'*azur* et la *fange*) et surtout par son *mouvement*. Après une ouverture lyrique, le ton change, le rythme se précipite, et la pièce se termine sur la *charge furieuse et vengeresse* des abeilles, sévère leçon pour ceux qui acceptent lâchement la tyrannie (V, 3 ; Jersey, juin 1853)

Oh ! vous dont le travail est joie,
Vous qui n'avez pas d'autre proie
Que les parfums, souffles du ciel,
Vous qui fuyez quand vient décembre [1],
Vous qui dérobez aux fleurs l'ambre [2]
Pour donner aux hommes le miel,

Chastes buveuses de rosée,
Qui, pareilles à l'épousée,
Visitez le lys du coteau [3],
10 O sœurs des corolles vermeilles,
Filles de la lumière [4], abeilles,
Envolez-vous de ce manteau !

Ruez-vous sur l'homme, guerrières !
O généreuses ouvrières [5],
Vous le devoir, vous la vertu,
Ailes d'or et flèches de flamme [6],
Tourbillonnez sur cet infâme !
Dites-lui : — « Pour qui nous prends-tu ?

« Maudit ! nous sommes les abeilles !
Des chalets ombragés de treilles 20
Notre ruche orne le fronton ;
Nous volons, dans l'azur écloses [7],
Sur la bouche ouverte des roses
Et sur les lèvres de Platon [8].

« Ce qui sort de la fange y rentre.
Va trouver Tibère en son antre [9]
Et Charles neuf sur son balcon [10].
Va ! sur ta pourpre il faut qu'on mette,
Non les abeilles de l'Hymette [11],
Mais l'essaim noir de Montfaucon [12] ! » 30

Et percez-le toutes ensemble [13],
Faites honte au peuple qui tremble,
Aveuglez l'immonde trompeur,   *Napoléon III*
Acharnez-vous sur lui, farouches,
Et qu'il soit chassé par les mouches
Puisque les hommes en ont peur !

— 7 Comme les Titans montant à l'assaut de l'Olympe pour détrôner Jupiter. — 8 Digne des athlètes vainqueurs aux Jeux olympiques.

— 1 Expliquer le double sens. — 2 Commenter le choix de ce mot. — 3 Transposition d'un passage biblique *(Cantique des Cantiques)*. — 4 Montrer comment les abeilles sont *idéalisées* dans ces deux strophes. — 5 Encore une expression à double entente ; préciser en quoi. — 6 Quel est l'effet de l'allitération ? — 7 Cf. vers 10 et 11. — 8 On racontait que des abeilles s'étaient posées sur les lèvres du jeune Platon endormi : symbole du charme de sa parole, *douce comme le miel*. — 9 Sa retraite de Capri. Hugo prend volontiers Tibère comme type du tyran cruel. — 10 Une légende veut qu'il ait assisté au massacre de la Saint-Barthélemy, et même tiré sur les huguenots, d'un balcon du Louvre. — 11 Montagne de l'Attique, célèbre par ses ruches. — 12 Les corbeaux qui rôdaient autour du gibet de Montfaucon. — 13 Vers 31-34 : cf. p. 191-192.

STELLA

Cette pièce au titre révélateur est une de celles qui répandent sur le fond sombre des *Châtiments* la lumière de *l'espérance*. La nature apporte au poète une détente, un apaisement ; mais cette détente n'est point paresse ni relâchement, elle est l'état de grâce qui annonce la révélation ; et le penseur a la vision d'un avenir meilleur. Par un *élargissement* qui fait la grandeur du poème, Hugo ne prophétise pas seulement la fin d'un régime qu'il abhorre : *il salue l'avènement de la liberté et de la vérité* (VI, 15).

Je m'étais endormi la nuit près de la grève.
Un vent frais m'éveilla, je sortis de mon rêve,
J'ouvris les yeux, je vis l'étoile du matin.
Elle resplendissait au fond du ciel lointain
Dans une blancheur molle, infinie et charmante.
Aquilon [1] s'enfuyait emportant la tourmente.
L'astre éclatant changeait la nuée en duvet [2].
C'était une clarté qui pensait, qui vivait ;
Elle apaisait l'écueil où la vague déferle [3] ;
On croyait voir une âme à travers une perle [4].

10 Il faisait nuit encor, l'ombre régnait en vain,
Le ciel s'illuminait d'un sourire divin [5].
La lueur argentait le haut du mât qui penche ;
Le navire était noir, mais la voile était blanche [6] ;
Des goélands debout sur un escarpement,
Attentifs, contemplaient l'étoile gravement
Comme un oiseau céleste et fait d'une étincelle.
L'océan, qui ressemble au peuple, allait vers elle,
Et, rugissant [7] tout bas, la regardait briller,

20 Et semblait avoir peur de la faire envoler.
Un ineffable amour emplissait l'étendue [8].
L'herbe verte à mes pieds frissonnait éperdue [9].
Les oiseaux se parlaient dans les nids ; une fleur
Qui s'éveillait me dit [10] : c'est l'étoile ma sœur.
Et pendant qu'à longs plis l'ombre levait son voile,
J'entendis une voix qui venait de l'étoile
Et qui disait : — Je suis l'astre qui vient d'abord.
Je suis celle qu'on croit dans la tombe et qui sort.
J'ai lui sur le Sina [11], j'ai lui sur le Taygète [12] ;

30 Je suis le caillou d'or et de feu que Dieu jette,
Comme avec une fronde [13], au front noir de la nuit.
Je suis ce qui renaît quand un monde est détruit.

— 1 Qu'annonce la personnification ? — 2 Cf. p. 184, v. 30-31. — 3 Cf. p. 183, v. 1-4. — 4 Apprécier cette expression. — 5 Cf. p. 184, v. 38. — 6 Préciser le sens symbolique. — 7 Cf. v. 35. — 8 C'est l'atmosphère même d'*Éclaircie* (p. 183). — 9 Cf. encore *Éclaircie*, v. 15. — 10 Cf. Ce que dit la Bouche d'Ombre : « Tout dit dans l'infini quelque chose à quelqu'un... Tout parle ». — 11 Le *Sinaï*, pour inspirer Moïse le prophète. — 12 Pour inspirer Lycurgue, législateur de Sparte. — 13 Allusion au combat de David contre Goliath.

O nations ! je suis la Poésie ardente.
J'ai brillé sur Moïse et j'ai brillé sur Dante.
Le lion océan est amoureux de moi.
J'arrive. Levez-vous, vertu, courage, foi !
Penseurs, esprits, montez sur la tour, sentinelles !
Paupières, ouvrez-vous ! allumez-vous, prunelles !
Terre, émeus le sillon ; vie, éveille le bruit ;
40   Debout, vous qui dormez ! — car celui qui me suit,
Car celui qui m'envoie en avant la première,
C'est l'ange Liberté, c'est le géant Lumière !

– *En suivant le déroulement du poème, montrez que la révélation est progressive, des impressions aux idées ; examinez*
comment se fait le passage de la réalité au symbolisme.
– *Étudiez l'évolution du rythme qui correspond à cette progression.*
– **Rapprochement.** *Comparez les impressions et l'atmosphère dans « Stella » et « Éclaircie », p. 183.*
• **Groupe thématique : La poésie engagée.** « Fonction du poète », p. 162 et extraits des *Châtiments.*
– XXᵉ SIÈCLE : DESNOS, p. 350. – ELUARD, p. 354. – ARAGON, p. 357. – XVIᵉ SIÈCLE, p. 157-160 ; p. 176-188.

SONNEZ, SONNEZ TOUJOURS...

Dans ce poème HUGO utilise, ou plutôt *revit en imagination* un épisode célèbre de la
Bible (*Josué*, VI), la prise de JÉRICHO par les Hébreux, les murailles de la ville écroulées
miraculeusement au son des trompettes de Josué. Il resserre l'action, ne retenant de
la Bible que les sept tours du septième jour ; il l'introduit et la conclut par deux vers
lapidaires, et invente l'attitude railleuse du roi et des habitants. Mais l'histoire du peuple
hébreu est constamment *symbolique :* chaque événement illustre une *vérité éternelle.*
A l'évocation de cette scène l'âme de Victor Hugo s'exalte car il y trouve une confirmation grandiose de *sa mission*, de la *fonction du poète* et de *l'efficacité de la pensée* (VII, I).

Sonnez, sonnez toujours, clairons de la pensée.

Quand Josué rêveur [1], la tête aux cieux dressée [2],
Suivi des siens, marchait [3], et, prophète irrité,
Sonnait de la trompette autour de la cité,
Au premier tour qu'il fit le roi se mit à rire [4] ;
Au second tour, riant toujours, il lui fit dire :
— Crois-tu donc renverser ma ville avec du vent ?
A la troisième fois l'arche [5] allait en avant,
Puis les trompettes, puis toute l'armée en marche [6],
10   Et les petits enfants venaient cracher sur l'arche,
Et, soufflant dans leur trompe, imitaient le clairon ;
Au quatrième tour, bravant les fils d'Aaron [7],
Entre les vieux créneaux tout brunis par la rouille,
Les femmes s'asseyaient en filant leur quenouille,

— 1 Cf. Vigny (p. 128, v. 114-116). L'intention est-elle la même ici ? — 2 Expliquer cette
attitude. — 3 Comment et pourquoi ce verbe
est-il mis en valeur ? — 4 Allusion au rire

méprisant de Napoléon le petit devant les
attaques du poète. — 5 *L'arche d'alliance*,
coffret sacré renfermant les Tables de la Loi. —
6 Noter l'élargissement. — 7 Les Hébreux.

Et se moquaient, jetant des pierres aux Hébreux ;
A la cinquième fois, sur ces murs ténébreux,
Aveugles et boiteux vinrent, et leurs huées
Raillaient le noir clairon sonnant sous les nuées ;
A la sixième fois, sur sa tour de granit
20   Si haute qu'au sommet l'aigle faisait son nid,
Si dure que l'éclair l'eût en vain foudroyée,
Le roi revint, riant à gorge déployée,
Et cria : — Ces Hébreux sont bons musiciens ! —
Autour du roi joyeux riaient tous les anciens
Qui le soir sont assis au temple et délibèrent.

A la septième fois, les murailles tombèrent.

– *Précisez l'idée illustrée dans ce poème ; a) sa portée dans les* Châtiments ; – b) *sa valeur universelle.*
– *Comment cette idée est-elle traduite ? Quels sont les avantages du choix de cet épisode ? Étudiez sa mise en œuvre dramatique : le progrès dans la dérision ; l'approche inéluctable du dénouement.*
– *Étudiez les contrastes : a) entre Hébreux et assiégés ; – b) entre éléments épiques et notations familières.*
• **Comparaison.** Comparez Josué et Moïse, p. 125 comme : a) conducteurs de peuples ; – b) symboles du poète.

LES CONTEMPLATIONS

La mort de Léopoldine a profondément marqué Victor Hugo : il doute un moment de sa mission, connaît la tentation de la révolte et du blasphème. Puis est venu l'exil, et le poète a connu, après le sursaut de fureur qui lui a dicté les *Châtiments*, un redoublement de détresse. Il sent parfois avec angoisse que tout se retire de lui (p. 181). Mais son immense vitalité est la plus forte, et sa détresse même va devenir féconde. D'abord l'expérience de la douleur le fait communier du fond de l'âme avec tous ceux qui souffrent. Ensuite il trouve en lui-même sa suprême ressource : dans la conviction qu'il est appelé à *percer par son génie le mystère du monde* et à *le révéler par la magie de son verbe*. Les *Contemplations* voient s'épanouir la maturité de l'homme, du penseur et de l'artiste.

« Les Mémoires   « Qu'est-ce que les *Contemplations ?* C'est ce qu'on
d'une âme »   pourrait appeler... les Mémoires d'une âme » (Préface).
        Le livre retrace en effet l'itinéraire moral et spirituel
du poète pendant un quart de siècle, de 1830 environ à 1855, avec une coupure tragique
à la date du 4 septembre 1843 : « c'est une âme qui se raconte dans ces deux volumes.
Autrefois, Aujourd'hui. Un abîme les sépare, le tombeau. »

AUTREFOIS, AUJOURD'HUI. Chacun des deux volumes est divisé en trois
livres : *Aurore, L'Ame en fleur, Les Luttes et les Rêves ;* puis *Pauca meae, En marche, Au
bord de l'Infini.* La mort de Léopoldine domine le livre, lui donne son sens et son organisation ; elle éclaire même d'un jour nouveau telle pièce antérieure à 1843 (cf. p. 179).
Hugo a regroupé avec un art très concerté des poèmes composés à trois époques différentes : 1) de 1834 à 1843 ; 2) de 1844 à 1848 (sur la mort de sa fille) ; 3) à Jersey de
1852 à 1855. Ainsi s'établit un dialogue pathétique entre le *présent* et le *passé*.

PAUCA MEAE. Sous ce titre, inspiré à Hugo par un passage de Virgile, le Livre IV
est consacré tout entier à la mémoire de Léopoldine. *Quelques poèmes pour ma chérie...*

Ces quelques poèmes, inspirés par la douleur paternelle (p. 175), le souvenir désolé des temps heureux (p. 174) ou le sentiment d'une présence de l'enfant disparue (p. 178), comptent parmi les plus émouvants de Victor Hugo.

« Je vous parle de vous »   On s'est étonné parfois que le poète ait écrit les plus beaux vers de *Pauca meae* au moment où Juliette Drouet venait à son tour de perdre sa fille Claire (1846) ; loin d'être choquant, ce fait nous révèle un élargissement de la sensibilité de Victor Hugo et de son romantisme. La souffrance lui a appris tout le sens de la *communion humaine*. Il est vraiment le frère, désormais, de tous ceux qui souffrent. Son lyrisme reste intensément personnel, mais sans égoïsme ni étroitesse ; il chante, pour nous tous, *les grands sentiments humains*. « Mémoires d'une âme », ce livre figure aussi « l'existence humaine sortant de l'énigme du berceau et aboutissant à l'énigme du cercueil ». « Est-ce donc la vie d'un homme ? » lisons-nous encore dans la Préface, « Oui, et la vie des autres hommes aussi... Hélas ! quand je vous parle de moi, je vous parle de vous... Ah ! insensé, qui crois que je ne suis pas toi ! » L'inspiration humanitaire apparaît dans de nombreuses pièces (cf. p. 180). Nous citerons ce quatrain (III, 4 *Écrit au bas d'un crucifix*, 1847) :

> Vous qui pleurez, venez à ce Dieu, car il pleure.
> Vous qui souffrez, venez à lui, car il guérit.
> Vous qui tremblez, venez à lui, car il sourit.
> Vous qui passez, venez à lui, car il demeure.

Au bord de l'Infini   LA BOUCHE D'OMBRE. Depuis longtemps Hugo méditait sur *l'immortalité de l'âme, le problème du mal, le destin de l'homme et du monde*. Maintenant ces questions le hantent, il est obsédé par le mystère, qu'il nomme gouffre, abîme ou ombre. Sa fille morte lui semble à demi vivante, tandis que lui-même, triste, seul, vieillissant, est mort à demi. Quel est le mot de l'immense énigme ? Il se forge ainsi, peu à peu, une philosophie composite, où se mêlent le christianisme, le pythagorisme et le panthéisme. L'âme coupable, précipitée des cieux, est reléguée, selon la gravité de sa faute, dans le corps de l'homme, dans la bête, l'arbre ou le caillou. Chaque vice nous alourdit de matière, chaque vertu nous rapproche du ciel. L'expiation aura-t-elle un terme ? l'ascension des âmes les ramènera-t-elle dans le sein de Dieu ? Repoussant la tentation du doute, Victor Hugo répond affirmativement (cf. p. 193). Cette théologie peut paraître faible, mais Hugo n'est pas métaphysicien, il est poète, et la véritable valeur de cette révélation ne réside pas dans un système logique, mais dans *le sentiment intense, hallucinant, de l'unité de toutes choses, de la vie et de l'amour universels* (cf. p. 183) ; dans un prodigieux *animisme :* «... vents, ondes, flammes, | Arbres, roseaux, rochers, tout vit ! Tout est plein d'âmes. » *(Ce que dit la Bouche d'Ombre).*

Le poète, inspiré, est persuadé qu'il *entre en contact avec l'Être :* de penseur, il devient *voyant.* Il sent, il voit, il entend. Son message est une *révélation surnaturelle* qui lui a été faite par la *Bouche d'Ombre.* La contemplation se termine en apocalypse.

LE MAGE. Par là même, la *fonction du poète* devient plus grandiose encore : il est le prophète, le mage, le voyant *(Les Mages),* celui qui sait, le seul vrai prêtre, élu de Dieu.

Le Verbe   Enfin Hugo croit au *caractère surnaturel de son verbe poétique,* qui lui permet de traduire la voix de l'au-delà. A cet égard, le contraste est frappant entre les pièces VII et VIII du Livre I des *Contemplations ;* les deux poèmes ont été composés en octobre 1854, mais le premier, daté intentionnellement de 1834 *(Réponse à un acte d'accusation)* ne fait que rappeler les hardiesses romantiques qui indignaient les fidèles du classicisme au temps d'*Hernani :* « Je mis un bonnet rouge au vieux dictionnaire » ou « J'ai dit au long fruit d'or : Mais tu n'es qu'une poire ! » La seconde pièce au contraire *(Suite)* s'encadre entre ces deux vers, révélateurs d'une poétique entièrement nouvelle : « Car le mot, qu'on le sache est un être vivant. »... « Car le mot, c'est le Verbe, et le Verbe, c'est Dieu. » A ce *pouvoir magique attribué au mot* correspond le sens que prennent les *métaphores,* dans les *Contem-*

plations : elles ne sont plus de simples ornements poétiques, pas même de simples images : elles ont, pour Victor Hugo, une valeur de *connaissance*, de *révélation*. C'est ainsi que des expressions comme « le pâtre promontoire au chapeau de nuées » *(Pasteurs et Troupeaux)*, « le bec du vautour aquilon » (p. 182, v. 15) ou « l'écaille de la mer, la plume du nuage » (p. 184, v. 30) ouvrent à notre esprit des perspectives inexplorées.

O Souvenirs !

Les pièces VI, VII et IX de *Pauca meae*, composées à la même époque, chantent sur un même rythme les chers souvenirs de l'époque heureuse, si proche et si éloignée, où LÉOPOLDINE était enfant, puis adolescente. La première est consacrée à Léopoldine seule, la seconde aux deux sœurs. Dans la troisième, que voici, l'évocation s'étend aux quatre enfants et à l'atmosphère familiale : la famille, l'enfance, ces thèmes chers à Victor Hugo viennent se mêler à la tendresse du père pour l'enfant disparue. Le charme du poème tient à la fraîcheur, à la gaîté naïve du paradis perdu, et à cette douloureuse nostalgie, si poignante dans sa discrétion (Villequier, 4 septembre 1846).

O souvenirs ! printemps ! aurore !
Doux rayon triste et réchauffant !
— Lorsqu'elle était petite encore [1],
Que sa sœur était tout enfant [2]... —

Connaissez-vous sur la colline
Qui joint Montlignon à Saint-Leu,
Une terrasse [3] qui s'incline
Entre un bois [4] sombre et le ciel bleu ?

C'est là que nous vivions. — Pénètre,
10 Mon cœur, dans ce passé charmant ! —
Je l'entendais sous ma fenêtre
Jouer le matin doucement.

Elle courait dans la rosée,
Sans bruit, de peur de m'éveiller ;
Moi, je n'ouvrais pas ma croisée,
De peur de la faire envoler [5].

Ses frères riaient... — Aube pure !
Tout chantait sous ces frais berceaux,
Ma famille avec la nature,
20 Mes enfants avec les oiseaux !

Je toussais, on devenait brave [6] ;
Elle montait à petits pas,
Et me disait d'un air très grave :
J'ai laissé les enfants en bas.

Qu'elle fût bien ou mal coiffée,
Que mon cœur fût triste ou joyeux,

Je l'admirais. C'était ma fée,
Et le doux astre de mes yeux !

Nous jouions toute la journée.
O jeux charmants ! chers entretiens !   30
Le soir, comme elle était l'aînée,
Elle me disait : « Père, viens !

« Nous allons t'apporter ta chaise,
Conte-nous une histoire, dis ! » —
Et je voyais rayonner d'aise
Tous ces regards du paradis [7].

Alors, prodiguant les carnages [8],
J'inventais un conte profond
Dont je trouvais les personnages
Parmi les ombres du plafond [9].   40

Toujours, ces quatre douces têtes
Riaient, comme à cet âge on rit,
De voir d'affreux géants très bêtes
Vaincus par des nains pleins d'esprit.

J'étais l'Arioste [10] et l'Homère
D'un poème éclos d'un seul jet ;
Pendant que je parlais, leur mère
Les regardait rire, et songeait.

Leur aïeul [11], qui lisait dans l'ombre,
Sur eux parfois levait les yeux,   50
Et moi, par la fenêtre sombre
J'entrevoyais un coin des cieux [12] !

— 1 A l'époque évoquée v. 5-8 (1840-1842) Léopoldine avait de 16 à 18 ans : Hugo la voit plus jeune encore dans son souvenir. — 2 Adèle était née en 1830, Charles en 1826 et François en 1828. — 3 La propriété où la famille Hugo passa l'été en 1840 et 1841, à Saint-Prix, s'appelait La Terrasse. — 4 La forêt de Montmorency. — 5 Cf. v. 18-20, et « Le soir, auprès de ma bougie, Elle *jasait*

à petit bruit » (IV, 6). — 6 Expliquer ce vers, et commenter l'emploi de *on*. — 7 Cf. « Les anges se miraient en elle » (IV, 6). — 8 Préciser le ton. — 9 Apprécier l'humour de cette strophe. — 10 Poète épique italien, auteur du *Roland furieux* (XVIᵉ siècle). — 11 M. Foucher, père de Mme Hugo. — 12 A la fin de la pièce 6, le regret de cette époque heureuse s'exprime ainsi : « Toutes ces choses sont passées Comme l'ombre et comme le vent ! »

A VILLEQUIER

A Villequier constitue le sommet de *Pauca meae* et du drame humain des *Contemplations*. La plus grande partie du poème a été composée dès 1844, mais Hugo a ajouté quelques strophes en 1846 et daté l'ensemble du 4e anniversaire de la mort de Léopoldine sans doute pour marquer que le temps ne changerait plus rien à sa résignation désolée. Mûri par la douleur, le poète dépasse les querelles d'écoles littéraires ; il approfondit sa communion avec l'humanité souffrante et retrouve, au fond de son cœur, les accents pathétiques qui, depuis le Livre de *Job*, dans la Bible, ont chanté le malheur incompréhensible de l'homme et la soumission à la volonté de Dieu (IV, 15).

Maintenant que Paris, ses pavés et ses marbres,
Et sa brume et ses toits sont bien loin de mes yeux ;
Maintenant que je suis sous les branches des arbres,
Et que je puis songer à la beauté des cieux ;

Maintenant que du deuil qui m'a fait l'âme obscure
        Je sors, pâle et vainqueur [1],
Et que je sens la paix de la grande nature
        Qui m'entre dans le cœur ;

Maintenant que je puis, assis au bord des ondes [2],
10 Ému par ce superbe et tranquille horizon,
Examiner en moi les vérités profondes
Et regarder les fleurs qui sont dans le gazon [3] ;

Maintenant, ô mon Dieu, que j'ai ce calme sombre
        De pouvoir désormais
Voir de mes yeux la pierre où je sais que dans l'ombre
        Elle dort pour jamais ;

Maintenant qu'attendri par ces divins spectacles,
Plaines, forêts, rochers, vallons, fleuve argenté,
Voyant ma petitesse et voyant vos miracles,
20 Je reprends ma raison devant l'immensité :

Je viens à vous, Seigneur, père auquel il faut croire [4] ;
        Je vous porte, apaisé,
Les morceaux de ce cœur tout plein de votre gloire
        Que vous avez brisé ;

Je viens à vous, Seigneur ! confessant que vous êtes
Bon, clément, indulgent et doux, ô Dieu vivant !
Je conviens que vous seul savez ce que vous faites,
Et que l'homme n'est rien qu'un jonc qui tremble au vent [5] ;

— 1 Montrer en quoi ces deux adj. résument l'attitude morale du poète. — 2 Au bord de la Seine, à Villequier (cf. v. 13-16 et v. 18). —

3 Éclairer ce rapprochement par le contexte (en particulier v. 17-20). — 4 Cf. le quatrain cité p. 173. — 5 Cf. Pascal : « L'homme n'est qu'un roseau, le plus faible de la nature... »

Je dis que le tombeau qui sur les morts se ferme
30   Ouvre le firmament ;
Et que ce qu'ici-bas nous prenons pour le terme
          Est le commencement ;

Je conviens à genoux que vous seul, père auguste,
Possédez l'infini, le réel, l'absolu ;
Je conviens qu'il est bon, je conviens qu'il est juste
Que mon cœur ait saigné, puisque Dieu l'a voulu !

Je ne résiste plus à tout ce qui m'arrive
          Par votre volonté.
L'âme de deuils en deuils, l'homme de rive en rive,
40   Roule à l'éternité.

Nous ne voyons jamais qu'un seul côté des choses [6] ;
L'autre plonge en la nuit d'un mystère effrayant.
L'homme subit le joug sans connaître les causes,
Tout ce qu'il voit est court, inutile et fuyant.

Vous faites revenir toujours la solitude
          Autour de tous ses pas.
Vous n'avez pas voulu qu'il eût la certitude
          Ni la joie ici-bas !

Dès qu'il possède un bien, le sort le lui retire.
50 Rien ne lui fut donné, dans ses rapides jours,
Pour qu'il s'en puisse faire une demeure, et dire :
C'est ici ma maison, mon champ et mes amours !

Il doit voir peu de temps tout ce que ses yeux voient.
          Il vieillit sans soutiens.
Puisque ces choses sont, c'est qu'il faut qu'elles soient ;
          J'en conviens, j'en conviens [7] ![...]

Nos destins ténébreux vont sous des lois immenses
Que rien ne déconcerte et que rien n'attendrit.
Vous ne pouvez avoir de subites clémences
60 Qui dérangent le monde, ô Dieu, tranquille esprit !

Je vous supplie, ô Dieu, de regarder mon âme,
          Et de considérer
Qu'humble comme un enfant et doux comme une femme,
          Je viens vous adorer [8] !...

---

6 Vers 41-56 ajoutés par le poète en 1846. Hugo ne dit plus *je*, mais *nous* ou *l'homme*. — 7 Dans les strophes 15-20, Hugo orchestre le même thème ; il se soumet à *l'ordre du monde* en dépit des maux incompréhensibles qu'il comporte : « Il faut que l'herbe pousse et que les enfants meurent, Je le sais, ô mon Dieu ! » — 8 Hugo avait-il donc mérité d'être ainsi frappé ? Il avoue *qu'il a pu blasphémer* : dans le malheur, comment se pourrait-il que l'homme « Ait présente à l'esprit la sérénité sombre Des constellations » ? (strophes 23-28).

Aujourd'hui, moi qui fus faible comme une mère,
Je me courbe à vos pieds devant vos cieux ouverts.
Je me·sens éclairé dans ma douleur amère
Par un meilleur regard jeté sur l'univers.

Seigneur, je reconnais que l'homme est en délire
70   S'il ose murmurer ;
Je cesse d'accuser, je cesse de maudire,
        Mais laissez-moi pleurer [9] !

Hélas ! laissez les pleurs couler de ma paupière,
Puisque vous avez fait les hommes pour cela !
Laissez-moi me pencher sur cette froide pierre
Et dire à mon enfant : Sens-tu que je suis là ?

Laissez-moi lui parler [10], incliné sur ses restes,
        Le soir, quand tout se tait,
Comme si, dans sa nuit rouvrant ses yeux célestes,
80   Cet ange m'écoutait [11] !

Hélas ! vers le passé tournant un œil d'envie,
Sans que rien ici-bas puisse m'en consoler,
Je regarde toujours ce moment de ma vie
Où je l'ai vue ouvrir son aile et s'envoler.

Je verrai cet instant jusqu'à ce que je meure,
        L'instant, pleurs superflus !
Où je criai : L'enfant que j'avais tout à l'heure,
        Quoi donc ! je ne l'ai plus !

Ne vous irritez pas que je sois de la sorte,
90 O mon Dieu ! cette plaie a si longtemps saigné !
L'angoisse dans mon âme est toujours la plus forte,
Et mon cœur est soumis, mais n'est pas résigné.

Ne vous irritez pas ! fronts que le deuil réclame,
        Mortels sujets aux pleurs.
Il nous est malaisé de retirer notre âme
        De ces grandes douleurs.

Voyez-vous, nos enfants nous sont bien nécessaires,
Seigneur ; quand on a vu dans sa vie, un matin,
Au milieu des ennuis, des peines, des misères,
100 Et de l'ombre que fait sur nous notre destin,

Apparaître un enfant [12], tête chère et sacrée,
        Petit être joyeux,

— 9 Montrer l'importance de ces 2 vers (cf. v. 92). — 10 Cf. p. 178. — 11 Lorsque ces vers paraîtront, ils auront pris un sens nouveau, Hugo croyant désormais au spiritisme. — — 12 Cf. « Lorsque l'enfant paraît, le cercle de famille Applaudit à grands cris... ».

Si beau, qu'on a cru voir s'ouvrir à son entrée
Une porte des cieux ;

Quand on a vu, seize ans, de cet autre soi-même
Croître la grâce aimable et la douce raison,
Lorsqu'on a reconnu que cet enfant qu'on aime
Fait le jour dans notre âme et dans notre maison,

Que c'est la seule joie ici-bas qui persiste
110   De tout ce qu'on rêva,
Considérez que c'est une chose bien triste
De le voir qui s'en va !

Villequier, 4 septembre 1847.

─ *Distinguez les moments successifs du poème et montrez leur enchaînement naturel.*
─ La douleur paternelle. *Précisez : a) ses divers aspects ; ─ b) les phases et l'aboutissement de son évolution.*
─ La méditation lyrique. *Hugo et le problème du mal dans le monde : a) le père malheureux ; ─ b) le croyant ; ─ c) le philosophe. ─ cf. VOLTAIRE, Zadig « L'ermite », XVIIIᵉ SIÈCLE, p. 135.*
─ *Débat. « Demain dès l'aube », p. 178 et « A Villequier » : quel est le poème qui vous touche le plus, et pourquoi ?*
● **Groupe thématique.** La conception de **Dieu** et des rapports entre **Dieu et l'homme** chez HUGO.
─ *Commentaire composé. v. 97-112. Parents et enfants. cf. XVIIᵉ SIÈCLE, p. 376-381. ─ XIXᵉ SIÈCLE, p. 48 ; p. 315. ─ XXᵉ SIÈCLE, p. 57 ; p. 227 ; p. 573 ; p. 656.*

Demain, dès l'aube...

Aux accents amples et pathétiques, mais trop éloquents parfois de *A Villequier*, on peut préférer l'intimité bouleversante de cette courte pièce et la parfaite sobriété de son art. Quatre ans ont passé depuis la disparition de Léopoldine sans atténuer la douleur de Victor Hugo ; mais il lui semble maintenant sentir comme une *présence* de son enfant chérie : il lui parle à mi-voix, tendrement, comme si elle était encore vivante. Elle l'appelle, elle l'attend, et il sera fidèle au rendez-vous sur sa tombe, dans le petit cimetière qui domine la Seine. Avec cet humble bouquet, il lui offrira symboliquement toute la beauté du paysage, toute cette splendeur du monde à laquelle il ne veut plus être sensible. Le poème a été composé le 4 octobre 1847, mais la date du 3 septembre, veille du douloureux anniversaire, l'insère d'une façon plus significative dans le culte du souvenir (IV, 14).

Demain, dès l'aube, à l'heure où blanchit la campagne,
Je partirai[1]. Vois-tu, je sais que tu m'attends[2].
J'irai par la forêt, j'irai par la montagne.
Je ne puis demeurer loin de toi plus longtemps[3].

Je marcherai les yeux fixés sur mes pensées,
Sans rien voir au dehors, sans entendre aucun bruit,
Seul, inconnu, le dos courbé, les mains croisées,
Triste[4], et le jour pour moi sera comme la nuit.

Je ne regarderai ni l'or du soir qui tombe[5],
10   Ni les voiles au loin descendant vers Harfleur[6],
Et quand j'arriverai, je mettrai sur ta tombe
Un bouquet de houx vert et de bruyère en fleur[7].

─── ─ 1 Apprécier ce rejet. ─ 2 Préciser le ton.
─ 3 Une des données de l'exil sera, pour le poète, de ne pouvoir accomplir ce pèlerinage annuel (cf. *A celle qui est restée en France*). ─
4 Quelle est l'impression produite par le rythme, depuis *Seul* ? ─ 5 Cf. III, 22 : *La clarté du dehors ne distrait pas mon âme.* ─
6 Sur la rive droite de l'estuaire, entre Le Havre, d'où part probablement le poète, et Villequier. ─ 7 En quoi ces 2 vers sont-ils émouvants ?

A QUOI SONGEAIENT LES DEUX CAVALIERS DANS LA FORÊT

Ce poème a été composé non pas en 1853 mais en 1841, ce qui explique son rythme et son atmosphère de *ballade germanique* (cf. le *Roi des Aulnes* de Gœthe ou la *Lenore* de Bürger) ; en effet, après deux voyages sur les bords du Rhin (1839-1840), Hugo subit fortement, à cette date, l'influence allemande, et les *Burgraves* commencent à prendre forme dans son esprit. Hermann représente un aspect de lui-même, l'aspect pessimiste. Plus tard, en exil, le poète fut frappé, semble-t-il, par la ressemblance entre les tendances d'Hermann et celles du philosophe Pierre Leroux ; mais l'essentiel reste cependant le dialogue intérieur, qui, après tant de deuils et de tristesses, s'est chargé pour lui de résonances nouvelles. « Il y a peu d'exemples plus accomplis de la poésie symbolique, note Joseph Vianey ; l'idée et l'image ne font qu'un. » (IV, 12).

La nuit était fort noire et la forêt très sombre.
Hermann à mes côtés me paraissait une ombre [1].
Nos chevaux galopaient. A la garde de Dieu !
Les nuages du ciel ressemblaient à des marbres [2].
Les étoiles volaient dans les branches des arbres
  Comme un essaim d'oiseaux de feu.

Je suis plein de regrets. Brisé par la souffrance,
L'esprit profond d'Hermann est vide d'espérance.
Je suis plein de regrets. O mes amours, dormez !
10 Or, tout en traversant ces solitudes vertes,
Hermann me dit : Je songe aux tombes entr'ouvertes !
  Et je lui dis : Je pense aux tombeaux refermés [3] !

Lui regarde en avant ; je regarde en arrière.
Nos chevaux galopaient à travers la clairière ;
Le vent nous apportait de lointains angelus [4] ;
Il dit : Je songe à ceux que l'existence afflige,
A ceux qui sont, à ceux qui vivent. — Moi, lui dis-je,
  Je pense à ceux qui ne sont plus [5] !

Les fontaines chantaient. Que disaient les fontaines ?
20 Les chênes murmuraient. Que murmuraient les chênes [6] ?
Les buissons chuchotaient comme d'anciens amis [7].
Hermann me dit : Jamais les vivants ne sommeillent.
En ce moment, des yeux pleurent, d'autres yeux veillent.
  Et je lui dis : Hélas ! d'autres sont endormis !

— 1 Définir l'atmosphère. — 2 Expliquer cette image ainsi que la suivante. — 3 Préciser le sens de cette opposition. — 4 C'est donc, sans doute, la fin de la nuit ; qu'évoque, selon vous, l'angelus pour chacun des deux cavaliers ? — 5 Cf. Lamartine, *Le Soir* : « Je pense à ceux qui ne sont plus ». — 6 Analyser l'impression produite par le rythme et les sonorités (v. 19-20). — 7 Cf. « Tout dit dans l'infini quelque chose à quelqu'un » (*Ce que dit la Bouche d'Ombre*). Cf. Musset, p. 226, v. 15.

Hermann reprit alors : Le malheur, c'est la vie.
Les morts ne souffrent plus. Ils sont heureux [8]! J'envie
Leur fosse où l'herbe pousse, où s'effeuillent les bois,
Car la nuit les caresse avec ses douces flammes [9] ;
Car le ciel rayonnant calme toutes les âmes
30 Dans tous les tombeaux à la fois !

Et je lui dis : Tais-toi! respect au noir mystère !
Les morts gisent couchés sous nos pieds dans la terre.
Les morts, ce sont les cœurs qui t'aimaient autrefois !
C'est ton ange [10] expiré ! c'est ton père et ta mère !
Ne les attristons pas par l'ironie amère [11].
Comme à travers un rêve, ils entendent nos voix [12].

Octobre 1853.

– **La ballade.** *Étudiez : a) l'entrelacement des thèmes et des strophes ; – b) les effets de rythme et de parallélisme.*
– **La nature.** *a) Quelles impressions produit-elle dans la première strophe ? – b) Quel rôle joue-t-elle par la suite ?*
– **Les deux cavaliers.** *a) Sur quels points se marque leur opposition ? Quel est le plus pessimiste ? – b) S'ils représentent deux voix de son dialogue intérieur, quel est le choix du poète ?*
– *Étudiez les effets de style et de versification.*
– **Rapprochement.** *La chevauchée : suggestion par le rythme, p. 189 et p. 190-192.*
• **Groupe thématique :** Le « *noir mystère* ». p. 91, p. 141 (v. 148-182) ; p. 448. – xxᵉ siècle, p. 327 (v. 49-114).

LE MENDIANT

Hugo a souvent célébré la grandeur des humbles, des *pauvres gens*, des *misérables*. Il renouvelle ici la tradition antique et médiévale qui voit dans le mendiant un *homme de Dieu*. Mais au lieu de s'en tenir à une méditation ou de transfigurer le personnage lui-même, par un effet de son imagination réaliste et grandiose à la fois il trouve une révélation sublime dans la contemplation d'un pauvre objet, «désolé», lamentable, *le manteau du mendiant*. Franchissant ainsi la marge indécise où l'impression devient vision, la pièce s'épanouit en un très beau *symbole poétique* et *moral* (V, 9 ; décembre 1854).

Un pauvre homme passait dans le givre et le vent.
Je cognai sur ma vitre ; il s'arrêta devant
Ma porte, que j'ouvris d'une façon civile.
Les ânes revenaient du marché de la ville,
Portant les paysans accroupis sur leurs bâts.
C'était le vieux qui vit dans une niche [1] au bas
De la montée, et rêve [2], attendant, solitaire,
Un rayon du ciel triste, un liard de la terre,
Tendant les mains pour l'homme et les joignant pour Dieu [3].

— 8 Cf. *Je songe aux morts, ces délivrés (Contemplations* III, 22) ; même idée chez Leconte de Lisle *(Le vent froid de la nuit).* — 9 Apprécier cette expression. — 10 A qui songe Hugo, en 1853 ? — 11 En quoi consiste cette ironie ? —

12 Ce vers prend un sens nouveau, depuis que le poète a été initié au spiritisme.

— 1 Apprécier le choix de ce terme, ainsi que du mot *le vieux*. — 2 Comment et pourquoi le mot est-il mis en valeur ? — 3 Préciser le double aspect que prend le mendiant.

10 Je lui criai : « Venez vous réchauffer un peu.
Comment vous nommez-vous ? » Il me dit : « Je me nomme
Le pauvre [4]. » Je lui pris la main : « Entrez, brave homme. »
Et je lui fis donner une jatte de lait.
Le vieillard grelottait de froid ; il me parlait,
Et je lui répondais, pensif et sans l'entendre [5].
« Vos habits sont mouillés, dis-je, il faut les étendre
Devant la cheminée. » Il s'approcha du feu.
Son manteau, tout mangé des vers, et jadis bleu,
Étalé largement sur la chaude fournaise,
20 Piqué de mille trous par la lueur de braise,
Couvrait l'âtre, et semblait un ciel noir étoilé [6].
Et, pendant qu'il séchait ce haillon désolé [7]
D'où ruisselait la pluie et l'eau des fondrières,
Je songeais que cet homme était plein de prières [8],
Et je regardais, sourd à ce que nous disions,
Sa bure où je voyais des constellations [9].

– *Indiquez la composition en soulignant : a) le contraste entre réalisme banal et vision poétique ; – b) la façon dont se fait le passage de l'un à l'autre ; – c) les deux impressions successives créées par le rythme.*
– *Commentez le symbole final du point de vue moral et poétique.*
– **Commentaire composé.** *L'art de faire jaillir la poésie des êtres et des choses les plus humbles.*
– **Exposé.** HUGO, *le voyant (cf. p. 519) d'après « Le Mendiant », « Stella », « Fonction poète », « A Albert Dürer ».*
• **Groupe thématique : Pauvreté.** MOYEN AGE, p. 69 ; 124 ; 127 ; 185-190. – XVIIᵉ SIÈCLE, p. 215, p. 261, p. 418. – XVIIIᵉ SIÈCLE, p. 303. – XIXᵉ SIÈCLE, p. 452, p. 487, p. 490. – XXᵉ SIÈCLE, p. 91, p. 414, p. 493.

PAROLES SUR LA DUNE

Triste jour pour l'exilé que l'anniversaire de son arrivée à Jersey : voilà l'une des raisons de cette heure d'abattement, dans un été qui lui a inspiré pourtant des pièces beaucoup plus optimistes. Le poète est en proie à la lassitude et au doute ; quel est le sens de la vie, et le sens de la mort ? que signifie pour l'homme le spectacle inquiétant ou serein de la nature indifférente ? Dans le Vᵉ Livre, *En Marche*, ce poème constitue comme un temps d'arrêt, une halte morne et découragée. Le voyant reprendra sa *marche vers l'Infini ;* de nouveau la mort lui apparaîtra comme une seconde naissance, comme une *aube :* « Ne dites pas : mourir ; dites : naître. Croyez. » (VI, 22, *Ce que c'est que la Mort*) ; de nouveau il pénétrera le mystère des choses. Mais ces accents d'*angoisse* et de *désarroi* éveillent en notre âme un écho profond, et jamais l'art de Hugo n'a été plus *riche de suggestion* (V, 13 ; 5 août 1854).

Maintenant que mon temps décroît comme un flambeau [1],
Que mes tâches sont terminées ;
Maintenant que voici que je touche au tombeau [2]
Par le deuil et par les années,

————— 4 Noter l'effet du rejet. Quelle différence y a-t-il entre *un pauvre homme* (v. 1) et *le pauvre* ? — 5 Qu'annonce cette attitude ? — 6 Indiquer les détails matériels qui ont préparé cette image. — 7 Qu'a de notable l'emploi de l'épithète. — 8 Comment est exprimée ici l'idée abstraite ? — 9 Après la méditation,

retour à l'image, élargie jusqu'à devenir une sorte de *vision.*

————— 1 Comparer ces 3 premières strophes au début de *A Villequier* (p. 175) ; l'impression produite est-elle la même ? — 2 Cf. v. 47-48 ; préciser la différence.

Et qu'au fond de ce ciel que mon essor rêva [3],
     Je vois fuir, vers l'ombre entraînées,
Comme le tourbillon du passé qui s'en va,
     Tant de belles heures sonnées ;

Maintenant que je dis : — Un jour, nous triomphons,
10   Le lendemain tout est mensonge ! —
Je suis triste, et je marche au bord des flots profonds,
     Courbé comme celui qui songe [4].

Je regarde, au-dessus du mont et du vallon,
     Et des mers sans fin remuées,
S'envoler sous le bec du vautour aquilon [5],
     Toute la toison des nuées [6] ;

J'entends le vent dans l'air, la mer sur le récif,
     L'homme liant la gerbe mûre ;
J'écoute, et je confronte en mon esprit pensif
20   Ce qui parle à ce qui murmure [7] ;

Et je reste parfois couché sans me lever
     Sur l'herbe rare de la dune,
Jusqu'à l'heure où l'on voit apparaître et rêver
     Les yeux sinistres de la lune.

Elle monte, elle jette un long rayon dormant
     A l'espace, au mystère, au gouffre ;
Et nous nous regardons tous les deux fixement,
     Elle qui brille et moi qui souffre [8].

Où donc s'en sont allés mes jours évanouis ?
30   Est-il quelqu'un qui me connaisse ?
Ai-je encor quelque chose en mes yeux éblouis,
     De la clarté de ma jeunesse ?

Tout s'est-il envolé ? Je suis seul, je suis las ;
     J'appelle sans qu'on me réponde ;
O vents ! ô flots ! ne suis-je aussi qu'un souffle, hélas !
     Hélas ! ne suis-je aussi qu'une onde ?

Ne verrai-je plus rien de tout ce que j'aimais ?
     Au dedans de moi le soir tombe.

— 3 Expliquer le sens. En quoi cette expression est-elle poétique ? — 4 Cf. p. 178, v. 5-8. — 5 Commenter cette assimilation ; cf. *le pâtre promontoire au chapeau de nuées.* — 6 Cf. « La laine des moutons sinistres de la mer » *(Pasteurs et troupeaux).* — 7 Dans *Ce qu'on entend sur la montagne (Feuilles d'Automne)*, Hugo se demandait pourquoi le Seigneur « Mêle éternellement dans un fatal hymen Le chant de la nature au cri du genre humain ». — 8 Quelle impression nous laisse cette confrontation ?

O terre, dont la brume efface les sommets,
40   Suis-je le spectre, et toi la tombe [9] ?

Ai-je donc vidé tout, vie, amour, joie, espoir ?
   J'attends, je demande, j'implore ;
Je penche tour à tour mes urnes pour avoir
   De chacune une goutte encore.

Comme le souvenir est voisin du remord [10] !
   Comme à pleurer tout nous ramène !
Et que je te sens froide en te touchant, ô mort [11],
   Noir verrou de la porte humaine [12] !

Et je pense, écoutant gémir le vent amer,
50   Et l'onde aux plis infranchissables ;
L'été rit [13], et l'on voit sur le bord de la mer
   Fleurir le chardon bleu [14] des sables.

— Indiquez et commentez la succession des sentiments et des mouvements lyriques.
— Précisez l'attitude du poète à l'égard : a) du présent ; – b) du passé ; – c) de l'avenir et du destin de l'homme ;
– d) de la nature. – Quelle est l'impression finale ?
● **Comparaison.** L'inspiration de ce poème et celle de LAMARTINE dans _Le Lac_, p. 88 et _Le Vallon_, p. 96.
— **Essai.** Aux états d'âme pessimistes qui étreignent ici HUGO, _vous opposerez l'optimisme qui apparaît dans d'autres poèmes des_ Châtiments _et des_ Contemplations. _Pouvez-vous expliquer ces différences ?_
— **Commentaire composé :** v. 29-52. Lassitude et découragement traduits par les images, les tours, le rythme, les sonorités.

ÉCLAIRCIE

Durant l'été de 1855, HUGO connaît des heures sereines et lumineuses. Il écoute, extasié, la grande voix de la nature qui lui révèle alors non plus des mystères d'effroi et de ténèbres mais l'immense appel de la vie et de l'amour. _Mugitusque boum_ (26 juillet) fait retentir, sous l'invocation de Virgile, le chant géorgique de la fécondité. L'hymne à la vie est plus large encore dans _Éclaircie_ (4 juillet, VI, 10) : il englobe la terre, la mer et le ciel, sous le regard de Dieu ; il nous entraîne, avec le poète, _au bord de l'Infini._

L'océan resplendit sous sa vaste nuée.
L'onde, de son combat sans fin exténuée,
S'assoupit, et, laissant l'écueil se reposer,
Fait de toute la rive un immense baiser [1].
On dirait qu'en tous lieux en même temps, la vie
Dissout le mal, le deuil, l'hiver, la nuit, l'envie [2],
Et que le mort couché dit au vivant debout :
Aime [3] ! et qu'une âme obscure, épanouie en tout [4],

— 9 La tristesse fait naître ici une sorte d'hallucination funèbre. — 10 Commenter l'orthographe. — 11 Quel est l'effet produit par l'apostrophe ? — 12 Expliquer la métaphore. — 13 Comment le contraste est-il mis en valeur ? — 14 Que traduit cette notation ?

— 1 Commenter le rythme des vers 1-4. — 2 Que traduit le rapprochement de ces termes ? — 3 Noter la mise en valeur de ce terme ; pourquoi ce conseil est-il donné par le _mort_ au _vivant ?_ — 4 Cf. « Tout vit, tout est plein d'âmes » _(Ce que dit la Bouche d'Ombre)._

Avance doucement sa bouche vers nos lèvres [5].
10 L'être, éteignant dans l'ombre et l'extase ses fièvres,
Ouvrant ses flancs, ses seins, ses yeux, ses cœurs épars,
Dans ses pores profonds reçoit de toutes parts
La pénétration de la sève sacrée [6].
La grande paix d'en haut vient comme une marée [7].
Le brin d'herbe palpite aux fentes du pavé ;
Et l'âme a chaud. On sent que le nid est couvé.
L'infini semble plein d'un frisson de feuillée.
On croit être à cette heure où la terre éveillée
Entend le bruit que fait l'ouverture du jour,
20 Le premier pas du vent, du travail, de l'amour,
De l'homme, et le verrou de la porte sonore,
Et le hennissement du blanc cheval aurore [8].
Le moineau d'un coup d'aile, ainsi qu'un fol esprit,
Vient taquiner le flot monstrueux qui sourit ;
L'air joue avec la mouche, et l'écume avec l'aigle [9] ;
Le grave [10] laboureur fait ses sillons et règle
La page où s'écrira le poème des blés ;
Des pêcheurs sont là-bas sous un pampre attablés [11] ;
L'horizon semble un rêve éblouissant où nage
30 L'écaille de la mer, la plume du nuage,
Car l'océan est hydre et le nuage oiseau [12].
Une lueur, rayon vague, part du berceau
Qu'une femme balance au seuil d'une chaumière,
Dore les champs, les fleurs, l'onde, et devient lumière [13]
En touchant un tombeau [14] qui dort près du clocher.
Le jour plonge au plus noir du gouffre, et va chercher
L'ombre, et la baise au front sous l'eau sombre et hagarde.
Tout est doux, calme, heureux, apaisé ; Dieu regarde.

Marine-Terrace, juillet 1855.

— *Analysez les impressions successives et montrez comment elles se transforment en une révélation sur le monde. En quoi l'atmosphère créée prépare-t-elle la formule finale ?*
— *Montrez que cet instant symbolise une perpétuelle jeunesse du monde, cf.* xxᵉ siècle, *p. 164.*
— *Comment* Hugo *nous communique-t-il le sentiment intense de la vie universelle ?*
— *Exposez la conception de l'amour qui anime ce poème et la façon dont il est évoqué.*
● **Comparaison.** Deux regards sur la création, « Paroles sur la dune », p. 181 et « Éclaircie », p. 183.
● **Groupe thématique. Le sentiment de la vie universelle** dans les extraits de Hugo.

— 5 Cf. Saint-Amant : « Le soir et le matin la Nuit baise le Jour ; Tout aime, tout s'embrasse, et je crois que le monde Ne renaît au printemps que pour mourir d'amour. » *(Le Printemps des environs de Paris).* — 6 Pourquoi *sacrée ?* — 7 En quoi la comparaison est-elle particulièrement heureuse ? — 8 Vers 18-22, transposition de sensations : le lever du jour est évoqué par des sensations non pas visuelles, mais auditives (cf. les *correspondances* baude-lairiennes, p. 431). — 9 Commenter le changement de ton. — 10 Expliquer le choix de l'épithète. — 11 On songe maintenant à une églogue de Théocrite. — 12 Cf. p. 182, v. 15, le *vautour aquilon.* — 13 Commenter cette transformation de la « lueur, rayon vague ». — 14 Comparer et opposer : « C'est l'existence humaine sortant de l'énigme du berceau et aboutissant à l'énigme du cercueil » (Préface des *Contemplations*).

LA LÉGENDE DES SIÈCLES

poème épique

Depuis Chateaubriand (cf. p. 58) écrivains et poètes romantiques rêvent de faire revivre *l'épopée*. Chez Hugo la tendance épique, expression du tempérament, apparaît de bonne heure (cf. p. 236), puis s'affirme dans les *Châtiments*; enfin, élargie jusqu'à devenir une vision originale du monde, elle triomphe dans la *Légende des Siècles*.

L'épopée de l'humanité *La Légende des Siècles*, « c'est l'épopée humaine, âpre, immense, écroulée » (*La Vision d'où est sorti ce livre*), première partie d'un ensemble plus vaste encore qui dépassera la perspective terrestre pour résoudre le problème de l'homme (cf. p. 193). L'ambition du poète est immense : « Exprimer l'humanité dans une espèce d'œuvre cyclique ; la peindre successivement et simultanément sous tous ses aspects, histoire, fable, philosophie, religion, science... ; faire apparaître... cette grande figure une et multiple, lugubre et rayonnante, fatale et sacrée, l'Homme. »

PETITES ÉPOPÉES. Cette épopée ne sera pas, selon la tradition antique, un récit continu, mais groupera un grand nombre de pièces constituant autant d'« empreintes successives du profil humain... moulées sur le masque des siècles », autant de *Petites Épopées*, selon le titre primitif. Hugo surmonte ainsi l'un des obstacles auxquels se heurtait toute tentative d'épopée moderne.

LE FIL CONDUCTEUR. Mais toutes ces petites épopées s'organisent en un mouvement d'ensemble, « un seul et immense mouvement d'ascension vers la lumière » (cf. p. 173, *Au bord de l'Infini*). Nous assistons à « l'épanouissement du genre humain de siècle en siècle », nous voyons « l'homme montant des ténèbres à l'idéal..., l'éclosion lente et suprême de la liberté ». Un fil unit le passé, depuis la création, au présent et à l'avenir entrevu, « le grand fil mystérieux du labyrinthe humain, le Progrès ».

HISTOIRE ET LÉGENDE. Cette vaste fresque suppose une documentation considérable, mais les faits historiques sont interprétés et transfigurés par l'imagination créatrice du poète. Pas de déformations conscientes, affirme Hugo : « La fiction parfois, la falsification jamais » ; « C'est de l'histoire écoutée aux portes de la légende. »

Le merveilleux épique L'épopée a donc son *héros :* l'homme, et son *sujet :* l'ascension de l'humanité vers la lumière. Ce héros et ce sujet lui confèrent *grandeur* et *portée symbolique*. La foi dans le progrès lui donne une *mystique*. Enfin, Hugo renouvelle le merveilleux.

LES MYTHOLOGIES. D'abord il brasse puissamment les mythologies successives qui témoignent des aspirations et des croyances des hommes. Il les fait revivre car il les vit lui-même : il a le sens du mystère, du miracle, du mythe.

PRÉSENCE DU SURNATUREL. Ensuite et surtout, il crée lui-même des mythes. Le merveilleux n'est pas pour lui un ornement, mais l'expression d'une vision du monde. Il a un sens *moral*, traduisant la justice immanente ou l'intervention miraculeuse de la Providence ; il a aussi un sens *métaphysique :* si les choses prennent vie, c'est que « tout est plein d'âmes » (cf. p. 173). Le surnaturel se manifeste sous deux formes principales :

LES PRODIGES. Les animaux et les choses interviennent miraculeusement dans le drame humain. La montagne parle à Kanut, puis le sang de sa victime, goutte à goutte, retombe sur sa tête, éternellement *(Le Parricide)*. Le cheval de Roland entend les paroles du *petit roi de Galice*, lève la tête et dit « C'est bien, roi ». (Cf. *L'aigle du casque*, p. 190).

LE MERVEILLEUX DIFFUS. Parfois une notation fugitive suffit à réveiller en nous le sens du mystère : c'est un murmure du vent : « ...Le vent semblait me parler bas » *(Le Cimetière d'Eylau) ;* une porte qui s'ouvre : « La porte, cette fois, comme si, par instants, | Les objets étaient pris d'une pitié suprême, | Morne, tourna dans l'ombre et s'ouvrit d'elle-même » *(Les Pauvres Gens)*. Parfois le poème tout entier baigne dans une atmosphère discrètement surnaturelle (cf. p. 186). Le remords est présence obsédante de Dieu *(La Conscience)*.

BOOZ ENDORMI

Hugo a conté avec quel émerveillement il se plongea, tout enfant, dans une Bible découverte au grenier par ses deux frères et lui-même : « Nous lûmes tous les trois ainsi, tout le matin, Joseph, Ruth et Booz, le bon Samaritain, Et toujours plus charmés, le soir nous le relûmes » *(Aux Feuillantines, Contemplations)*. C'est l'histoire de Ruth et Booz qui lui inspira, bien des années plus tard, l'un des plus purs poèmes de la *Légende des Siècles*, « un poème de paix biblique, patriarcale, nocturne » disait Péguy. — *D'Ève à Jésus*, pièce VI ; 1er mai 1859.

Booz s'était couché, de fatigue accablé ;
Il avait tout le jour travaillé dans son aire,
Puis avait fait son lit à sa place ordinaire [1] ;
Booz dormait auprès des boisseaux pleins de blé [2].

Ce vieillard possédait des champs de blés et d'orge ;
Il était, quoique riche [3], à la justice enclin ;
Il n'avait pas de fange en l'eau de son moulin ;
Il n'avait pas d'enfer dans le feu de sa forge [4].

10   Sa barbe était d'argent comme un ruisseau d'avril [5],
Sa gerbe n'était point avare ni haineuse [6] ;
Quand il voyait passer quelque pauvre glaneuse :
« Laissez tomber exprès des épis, » disait-il [7].

Cet homme marchait pur loin des sentiers obliques [8],
Vêtu de probité candide et de lin blanc ;
Et, toujours du côté des pauvres ruisselant,
Ses sacs de grains semblaient des fontaines publiques [9].

Booz était bon maître et fidèle parent ;
Il était généreux, quoiqu'il fût économe ;
Les femmes regardaient Booz plus qu'un jeune homme,
20   Car le jeune homme est beau, mais le vieillard est grand.

Le vieillard, qui revient vers la source première,
Entre aux jours éternels et sort des jours changeants ;
Et l'on voit de la flamme aux yeux des jeunes gens,
Mais dans l'œil du vieillard on voit de la lumière [10].

Donc, Booz dans la nuit dormait parmi les siens ;
Près des meules, qu'on eût prises pour des décombres,

— 1 Quel est, d'après la suite, l'intérêt de ce détail ? — 2 Définir l'atmosphère. — 3 Dans l'Écriture, les mauvais riches sont maudits de Dieu. — 4 Chez Hugo, comme dans la Bible, le monde matériel correspond symboliquement au monde moral ; cf. v. 14. —

5 Montrer comment l'image *rajeunit* le vieillard. — 6 Commenter ce procédé de style. — 7 Trait emprunté au *Livre de Ruth*. — 8 Préciser le sens. — 9 Apprécier l'image, et l'élargissement épique du v. 12 au v. 16. — 10 Hugo a 57 ans ; dès 1830, dans *Hernani* (III, 1) il prêtait au vieux Ruy Gomez des vues du même genre.

Les moissonneurs couchés faisaient des groupes sombres [11] ;
Et ceci se passait dans des temps très anciens [12].

Les tribus d'Israël avaient pour chef un juge ;
30 La terre, où l'homme errait sous la tente, inquiet
Des empreintes de pieds de géants qu'il voyait,
Était encor mouillée et molle du déluge [13].

Comme dormait Jacob [14], comme dormait Judith [15],
Booz, les yeux fermés, gisait sous la feuillée ;
Or, la porte du ciel s'étant entre-bâillée
Au-dessus de sa tête, un songe en descendit.

Et ce songe était tel, que Booz vit un chêne [16]
Qui, sorti de son ventre, allait jusqu'au ciel bleu ;
Une race y montait comme une longue chaîne ;
40 Un roi [17] chantait en bas, en haut mourait un Dieu [18].

Et Booz murmurait avec la voix de l'âme :
« Comment se pourrait-il que de moi ceci vînt ?
Le chiffre de mes ans a passé quatre-vingt [19],
Et je n'ai pas de fils, et je n'ai plus de femme.

« Voilà longtemps que celle avec qui j'ai dormi,
O Seigneur ! a quitté ma couche pour la vôtre ;
Et nous sommes encor tout mêlés l'un à l'autre,
Elle à demi vivante et moi mort à demi.

« Une race naîtrait de moi ! Comment le croire ?
50 Comment se pourrait-il que j'eusse des enfants ?
Quand on est jeune, on a des matins triomphants,
Le jour sort de la nuit comme d'une victoire ;

« Mais, vieux, on tremble ainsi qu'à l'hiver le bouleau [20] ;
Je suis veuf, je suis seul, et sur moi le soir tombe,
Et je courbe, ô mon Dieu ! mon âme vers la tombe,
Comme un bœuf ayant soif penche son front vers l'eau. »

Ainsi parlait Booz dans le rêve et l'extase,
Tournant vers Dieu ses yeux par le sommeil noyés ;
Le cèdre ne sent pas une rose à sa base,
60 Et lui ne sentait pas une femme à ses pieds.

— 11 Préciser l'impression. — 12 Pour conférer à ces *temps très anciens* le mystère du mythe, Hugo va mêler les âges : à l'époque du *Livre de Ruth* (évoquée par le v. 29) les Hébreux n'étaient plus nomades (cf. v. 30) ; le vers 31 (inspiré de la *Genèse*) nous fait remonter plus loin encore, avant le déluge ; le v. 32 nous ramène au lendemain du déluge. — 13 Étudier les sonorités expressives. — 14 Jacob vit en songe une échelle reliant la terre aux cieux, sur laquelle montaient et descendaient des anges (*Genèse*, XXVIII, 10-14). — 15 La Bible ne mentionne pas de songe de Judith, mais elle aussi fut visitée par l'esprit de Dieu. — 16 A l'échelle de Jacob se substitue *l'arbre de Jessé*, arbre généalogique du Christ, souvent représenté par l'art du Moyen Age (Jessé est le petit-fils de Ruth et de Booz). — 17 David, fils de Jessé. — 18 Le Christ. — 19 Cf. Abraham : « Naîtrait-il un fils à un homme âgé de cent ans ? » (*Genèse*, XVII, 17). — 20 C'est la contrepartie des vers 19-24. Rédactions antérieures : « *Je perds ma feuille ainsi... Je plie* et tremble ainsi... ». Commenter.

Pendant qu'il sommeillait, Ruth, une Moabite [21],
S'était couchée aux pieds de Booz, le sein nu,
Espérant on ne sait quel rayon inconnu,
Quand viendrait du réveil la lumière subite.

Booz ne savait point qu'une femme était là,
Et Ruth ne savait point ce que Dieu voulait d'elle [22].
Un frais parfum sortait des touffes d'asphodèle ;
Les souffles de la nuit flottaient sur Galgala [23].

L'ombre était nuptiale, auguste et solennelle ;
70   Les anges y volaient sans doute obscurément,
Car on voyait passer dans la nuit, par moment,
Quelque chose de bleu qui paraissait une aile [24].

La respiration de Booz qui dormait
Se mêlait au bruit sourd des ruisseaux sur la mousse.
On était dans le mois où la nature est douce,
Les collines ayant des lis sur leur sommet.

Ruth songeait et Booz dormait ; l'herbe était noire,
Les grelots des troupeaux palpitaient vaguement ;
Une immense bonté tombait du firmament [25] ;
80   C'était l'heure tranquille où les lions vont boire.

Tout reposait dans Ur [26] et dans Jérimadeth [27] ;
Les astres émaillaient le ciel profond et sombre ;
Le croissant fin et clair parmi ces fleurs de l'ombre
Brillait à l'occident, et Ruth se demandait,

Immobile, ouvrant l'œil à moitié sous ses voiles,
Quel dieu, quel moissonneur de l'éternel été
Avait, en s'en allant, négligemment jeté
Cette faucille d'or dans le champ des étoiles [28].

– Composition. *Distinguez les tableaux successifs et étudiez l'art de cette composition.*
– Le sujet. *Du point de vue chrétien : – a) Comment se manifeste l'intervention de Dieu ? Booz et Ruth peuvent-ils sentir qu'ils sont les instruments de ses desseins ? – b) Quelle est pour l'avenir de l'humanité l'importance de l'union qui se prépare ? – c) Est-il utile de savoir qu'on est à Bethléem ?*
– Booz. *Pourquoi l'auteur insiste-t-il sur les vertus de ce patriarche ? à quoi les reconnaît-on ?*
– *Comment HUGO a-t-il créé une impression de merveilleux et de mystère ?*
• **Comparaison.** En quoi HUGO a-t-il modifié l'épisode biblique ? *Livre de Ruth ; – Genèse,* XXVIII, 10-16.

— 21 Du pays de Moab, en Arabie Pétrée. — 22 Pourquoi cette insistance ? — 23 Collines près de Bethléem. Apprécier les sonorités. — 24 Montrer avec quelle discrétion le *merveilleux* intervient dans cette strophe. — 25 Cf. p. 170, v. 21 et p. 184, v. 38. — 26 En Chaldée.

— 27 Dans ce nom de ville forgé par Hugo, on a pu voir un calembour (j'ai rime à *dait*), mais il existe des mots hébreux assez voisins (Jérahméel, Jérimoth). — 28 En quoi cette image couronne-t-elle le poème d'une façon particulièrement heureuse ?

Chanson d' « *Eviradnus* »

Eviradnus (1858-1859) s'inscrit dans le cycle des *Chevaliers errants*. L'action se situe au XVᵉ siècle. L'empereur SIGISMOND, surnommé JOSS, et le roi de Pologne LADISLAS, surnommé ZÉNO, trament un noir complot contre la jeune marquise de Lusace, MAHAUD. Mais un vieux paladin, EVIRADNUS, est là qui veille : il tuera les deux complices et sauvera Mahaud. Ici, dans un moment de détente, le ton devient lyrique ; sans doute c'est l'odieux Joss qui chante, et sa chanson est menteuse ; mais nous oublions le drame pour nous livrer au charme tout *musical* de cette *invitation au voyage et au rêve d'amour*. Gide lui-même, pourtant sévère pour l'ensemble du poème, reconnaissait aux alexandrins qui encadrent cette chanson « une extrême beauté », « une qualité particulièrement rare » *(Eviradnus, XI : Un peu de musique)*.

Écoutez ! — Comme un nid qui murmure invisible,
Un bruit confus s'approche, et des rires, des voix,
Des pas, sortent du fond vertigineux [1] des bois.

Et voici qu'à travers la grande forêt brune [2]
Qu'emplit la rêverie immense de la lune [3],
On entend frissonner et vibrer mollement,
Communiquant aux bois son doux frémissement,
La guitare des monts d'Inspruck, reconnaissable
Au grelot de son manche où sonne un grain de sable ;
10 Il s'y mêle la voix d'un homme, et ce frisson
Prend un sens, et devient une vague chanson [4] :

« Si tu veux, faisons un rêve [5] :
Montons sur deux palefrois ;
Tu m'emmènes, je t'enlève [6].
L'oiseau chante dans les bois [7].

« Je suis ton maître et ta proie ;
Partons, c'est la fin du jour ;
Mon cheval sera la joie,
Ton cheval sera l'amour [8].

20 « Nous ferons toucher leurs têtes ;
Les voyages sont aisés ;
Nous donnerons à ces bêtes
Une avoine de baisers [9].

« Viens ! nos doux chevaux mensonges [10]
Frappent du pied tous les deux,
Le mien au fond de mes songes,
Et le tien au fond des cieux.

« Un bagage est nécessaire [11] ;
Nous emporterons nos vœux,
Nos bonheurs, notre misère   30
Et la fleur de tes cheveux.

« Viens, le soir brunit les chênes ;
Le moineau rit ; ce moqueur
Entend le doux bruit des chaînes
Que tu m'as mises au cœur [12].

« Ce ne sera point ma faute
Si les forêts et les monts,
En nous voyant côte à côte,
Ne murmurent pas : « Aimons ! »

« Viens, sois tendre, je suis ivre.   40
O les verts taillis mouillés !
Ton souffle te fera suivre
Des papillons réveillés [13].

— 1 Quelle impression traduit cet adjectif ? — 2 Cf. v. 32. — 3 Commenter cette transposition, qui annonce le symbolisme. — 4 Comparer le *crescendo* discret de ce prélude au *decrescendo* des v. 68-71. — 5 Comment se traduit, dans toute cette chanson, l'invitation au voyage et à l'amour ? — 6 Préciser cette conception des *liens d'amour* (cf. v. 16), et montrer en quoi le rythme évoque une *chevauchée*. — 7 Montrer que la *nature* va être constamment associée à l'*amour*. — 8 Apprécier ce symbolisme. — 9 Quelle nuance nouvelle apparaît ici ? — 10 Comment comprenez-vous cette expression ? — 11 Avec un sourire, Hugo enlace au thème de la chevauchée de rêve (évasion dans l'amour) celui du voyage très réel. Relever dans la suite des effets analogues. — 12 Apprécier cette préciosité nuancée d'humour. — 13 Parce qu'il est aussi suave que le parfum des fleurs.

« L'envieux [14] oiseau nocturne,
Triste, ouvrira son œil rond ;
Les nymphes, penchant leur urne,
Dans les grottes souriront ;

« Et diront : « Sommes-nous folles !
« C'est Léandre avec Héro [15] ;
50 « En écoutant leurs paroles
« Nous laissons tomber notre eau. »

« Allons-nous-en par l'Autriche !
Nous aurons l'aube à nos fronts ;
Je serai grand, et toi riche,
Puisque nous nous aimerons.

« Allons-nous-en par la terre,
Sur nos deux chevaux charmants,
Dans l'azur, dans le mystère,
Dans les éblouissements [16] !

« Nous entrerons à l'auberge,   60
Et nous paîrons l'hôtelier
De ton sourire de vierge,
De mon bonjour d'écolier.

« Tu seras dame et moi comte ;
Viens, mon cœur s'épanouit ;
Viens, nous conterons ce conte
Aux étoiles de la nuit. »

La mélodie encor quelques instants se traîne
Sous les arbres bleus par la lune sereine,
Puis tremble, puis expire, et la voix qui chantait   70
S'éteint comme un oiseau se pose ; tout se tait [17].

L'AIGLE DU CASQUE

Ce poème a paru en 1877 dans la nouvelle série de la *Légende des Siècles ;* mais le sujet avait été fourni à Hugo par un article du médiéviste Jubinal, paru en 1846, et qui lui inspira également *Le Mariage de Roland* et *Aymerillot.* Dans le cas présent, c'est la *Geste de Raoul de Cambrai* que Jubinal a révélée au poète (cf. *Moyen Age,* p. 40-41). Hugo a transporté la scène en Écosse, sans doute sous l'influence d'Ossian et de Walter Scott ; il a déployé, pour animer la poursuite, toutes les ressources de sa rythmique ; enfin il a imaginé un dénouement grandiose où passe le frisson sacré du *merveilleux épique.* (Vers 252-280, 372-fin ; cycle des *Avertissements et Châtiments.*)

Chargé par son grand-père mourant de venger l'honneur de sa famille dès qu'il serait armé chevalier, ANGUS, *à seize ans, ose défier le terrible* TIPHAINE. *Il attaque vaillamment, mais lorsque Tiphaine à son tour fond sur lui, « le pauvre petit », pris de panique jette sa lance et s'enfuit. « Alors commença l'âpre et sauvage poursuite, Et vous ne lirez plus ceci qu'en frémissant. »*

Tremblant, piquant des deux, du côté qui descend,
Devant lui, n'importe où, dans la profondeur fauve,
Les bras au ciel, l'enfant épouvanté se sauve [1].
Son cheval l'aime [2] et fait de son mieux. La forêt
L'accepte et l'enveloppe, et l'enfant disparaît.
Tous se sont écartés pour lui livrer passage.
En le risquant ainsi son aïeul fut-il sage ?
Nul ne le sait. Le sort est de mystères plein ;
Mais la panique existe et le triste orphelin
10 Ne peut plus que s'enfuir devant la destinée.
Ah ! pauvre douce tête au gouffre abandonnée !

— 14 En quoi peut-il donner cette impression ?
— 15 Prêtresse de Vénus aimée de *Léandre.* Il est naturel que les *nymphes* évoquent des amants de la *légende grecque.* — 16 Noter cet élargissement progressif (depuis le v. 52),

et souligner le contraste avec la strophe suivante. — 17 Analyser le rythme.

— 1 Que traduit le rythme ? — 2 Cf. l'attitude de la forêt.

Il s'échappe, il s'esquive, il s'enfonce à travers
Les hasards de la fuite obscurément ouverts,
Hagard, à perdre haleine, et sans choisir sa route ;
Une clairière s'offre, il s'arrête, il écoute,
Le voilà seul ; peut-être un dieu l'a-t-il conduit ?
Tout à coup il entend dans les branches du bruit... —
  Ainsi dans le sommeil notre âme d'effroi pleine
Parfois s'évade et sent derrière elle l'haleine
20 De quelque noir cheval de l'ombre et de la nuit ;
On s'aperçoit qu'au fond du rêve on vous poursuit.
Angus tourne la tête, il regarde en arrière ;
Tiphaine monstrueux bondit dans la clairière,
O terreur ! et l'enfant, blême, égaré, sans voix,
Court et voudrait se fondre avec l'ombre des bois.
L'un fuit, l'autre poursuit. Acharnement lugubre.
Rien, ni le roc debout, ni l'étang insalubre,
Ni le houx épineux, ni le torrent profond,
Rien n'arrête leur course ; ils vont ! ils vont ! ils vont !

La nuit tombe. Un vieillard, des religieuses, une femme supplient en vain Tiphaine d'épargner Angus : il les repousse sauvagement.

30 Ce fut dans on ne sait quel ravin inconnu
Que Tiphaine atteignit le pauvre enfant farouche [3] ;
L'enfant pris n'eut pas même un râle dans la bouche ;
Il tomba de cheval, et, morne, épuisé, las,
Il dressa ses deux mains suppliantes ; hélas !
Sa mère morte était dans le fond de la tombe,
Et regardait [4]. — Tiphaine accourt, s'élance, tombe
Sur l'enfant, comme un loup dans les cirques romains,
Et d'un revers de hache il abat ses deux mains
Qui dans l'ombre élevaient vers les cieux la prière ;
40 Puis, par ses blonds cheveux dans une fondrière
Il le traîne. — Et riant de fureur, haletant,
Il tua l'orphelin, et dit : Je suis content !
Ainsi rit dans son antre infâme la tarasque [5].

Alors l'aigle d'airain qu'il avait sur son casque,
Et qui, calme, immobile et sombre, l'observait,
Cria : Cieux étoilés, montagnes que revêt
L'innocente blancheur des neiges vénérables,
O fleuves, ô forêts, cèdres, sapins, érables,
Je vous prends à témoin que cet homme est méchant !
50 Et, cela dit, ainsi qu'un piocheur fouille un champ,

— 3 Apprécier le ton. — 4 Hugo croit fermement que les morts restent en contact | avec les vivants. — 5 Monstre dont sainte Marthe aurait débarrassé le midi de la France.

> Comme avec sa cognée un pâtre brise un chêne,
> Il se mit à frapper à coups de bec Tiphaine ;
> Il lui creva les yeux ; il lui broya les dents ;
> Il lui pétrit le crâne en ses ongles ardents
> Sous l'armet d'où le sang sortait comme d'un crible,
> Le jeta mort à terre, et s'envola terrible.

– **Composition.** *Montrez le caractère dramatique de cet épisode. Indiquez les passages du mouvement rapide au mouvement lent ; exposez la raison et l'effet de cette alternance.*
– *Étudiez le contraste entre Angus et Tiphaine ; montrez en quoi il prend une valeur symbolique.*
– **Le merveilleux épique.** *a) Montrez qu'il apparaît discrètement avant le dénouement ; – b) Quelle est sa valeur poétique ? – c) Sa valeur morale ? – d) A quelle croyance correspond-il chez HUGO ?*
• **Comparaison.** MOYEN AGE. Raoul de Cambrai, p. 40-42, ressemblances et différences.

Le Satyre

En retrouvant l'instinct profond du paganisme antique, le *naturalisme de la Renaissance* a préparé l'avènement d'un *panthéisme* moderne ; il constitue donc une étape décisive dans le progrès de l'homme vers la lumière : telle est l'idée qui inspire à Hugo le mythe du *Satyre*. Suspect aux dieux de l'Olympe par sa vitalité insolente, le SATYRE comparaît devant leur assemblée. Loin de se troubler, il les brave, il chante la Nature, puis l'homme ; il prophétise. Et voici maintenant qu'il *se transfigure*, devenant l'*Étoilé* (v. 682-fin).

> Tout en parlant ainsi [1], le satyre devint
> Démesuré [2] ; plus grand d'abord que Polyphème [3],
> Puis plus grand que Typhon [4] qui hurle et qui blasphème,
> Et qui heurte ses poings ainsi que des marteaux,
> Puis plus grand que Titan [5], puis plus grand que l'Athos [6] ;
> L'espace immense entra dans cette forme noire ;
> Et, comme le marin voit croître un promontoire,
> Les dieux dressés voyaient grandir l'être effrayant ;
> Sur son front blêmissait un étrange orient [7] ;
> 10   Sa chevelure était une forêt ; des ondes,
> Fleuves, lacs, ruisselaient de ses hanches profondes ;
> Ses deux cornes semblaient le Caucase et l'Atlas [8] ;
> Les foudres l'entouraient avec de sourds éclats ;
> Sur ses flancs palpitaient des prés et des campagnes,
> Et ses difformités s'étaient faites montagnes [9].
> Les animaux, qu'avaient attirés ses accords [10],

— 1 Son chant nous a révélé peu à peu qu'il incarne le principe divin latent dans l'univers ; il vient d'annoncer aux dieux anthropomorphiques qu'ils disparaîtraient un jour, car ils sont éphémères comme la civilisation qui les a conçus. — 2 L'enjambement traduit la *stupeur* que provoque cette métamorphose (cf. v. 8). — 3 Le Cyclope aveuglé par Ulysse. — 4 Ou *Typhée*, géant écrasé par les dieux sous l'Etna ; au v. suivant, Hugo mêle deux mythes attribuant les grondements du volcan l'une à l'impuissante fureur de Typhée, l'autre au fracas des *marteaux* dans la forge de Vulcain et des Cyclopes. — 5 Le poète individualise le nom générique des fils de la Terre révoltés contre Jupiter et foudroyés par lui. — 6 Montagne de Macédoine. Le passage des *Titans* aux *montagnes* se fait très naturellement, les Titans ayant entassé les monts pour escalader le ciel. — 7 Dégager le sens symbolique. — 8 Le *Caucase* évoque le Titan Prométhée, lui aussi victime de Jupiter ; quant à *Atlas*, frère de Prométhée, il portait le monde sur ses épaules. — 9 Cf. le *génie* tel que le conçoit Hugo : ses *difformités* mêmes sont grandioses, et non pas ridicules. — 10 Orphée et, dans la *VIe Églogue* de Virgile, Silène charmaient ainsi les bêtes sauvages.

Daims et tigres [11], montaient tout le long de son corps ;
Des avrils tout en fleurs verdoyaient sur ses membres ;
Le pli de son aisselle abritait des décembres ;
20 Et des peuples errants demandaient leur chemin,
Perdus au carrefour des cinq doigts de sa main [12] ;
Des aigles tournoyaient dans sa bouche béante ;
La lyre, devenue en le touchant géante,
Chantait, pleurait, grondait, tonnait, jetait des cris [13] ;
Les ouragans étaient dans les sept cordes pris
Comme des moucherons dans de lugubres toiles ;
Sa poitrine terrible était pleine d'étoiles.

Il cria :
            « L'avenir tel que les cieux le font,
      « C'est l'élargissement dans l'infini sans fond [14],
30   « C'est l'esprit pénétrant de toutes parts la chose [15] !
      « On mutile l'effet en limitant la cause ;
      « Monde, tout le mal vient de la forme des dieux [16].
      « On fait du ténébreux avec le radieux ;
      « Pourquoi mettre au-dessus de l'Être des fantômes [17] ?
      « Les clartés, les éthers ne sont pas des royaumes [18].
      « Place au fourmillement éternel des cieux noirs,
      « Des cieux bleus [19], des midis, des aurores, des soirs !
      « Place à l'atome saint [20] qui brûle ou qui ruisselle [21] !
      « Place au rayonnement de l'âme universelle [22] !
40   « Un roi c'est de la guerre, un dieu c'est de la nuit [23].
      « Liberté, vie et foi sur le dogme détruit !
      « Partout une lumière et partout un génie !
      « Amour ! tout s'entendra, tout étant l'harmonie !
      « L'azur du ciel sera l'apaisement des loups.
      « Place à Tout ! Je suis Pan [24] ; Jupiter ! à genoux. »

La Fin de Satan   Dans la préface de la *Légende des Siècles*, Hugo déclare
                         qu'il a esquissé dans la solitude un poème « où se réverbère
le problème unique, l'Être, sous sa triple face : l'Humanité, le Mal, l'Infini », et dont les
trois chants sont *La Légende des Siècles, La Fin de Satan* et *Dieu. La Fin de Satan* se déroule
sur deux plans : *hors de la terre*, Hugo nous montre en des visions cosmiques (cf. p. 194)
le destin surnaturel de Satan, prince du Mal ; *sur la terre*, l'esprit du Mal possède Nemrod
qui incarne la Guerre, et il inspire aux hommes le crime affreux par lequel ils font périr
le Christ sur la croix. Mais la puissance du Mal n'est pas éternelle : l'ange Liberté obtient
de Satan un mouvement de repentir, et *Satan, pardonné, redeviendra Lucifer*, l'archange
de la Lumière.

— 11 Ils sont *réconciliés* (cf. v. 43). — 12 Ici le
gigantisme devient presque bouffon, et l'on
songe à Rabelais. — 13 Que représentent la
lyre et ses accents ? — 14 Cf. le mot de Diderot :
« Élargissez Dieu ! », cité par Michelet qui
comparera le philosophe à Prométhée (p. 378).
— 15 Cf. Virgile : « *mens agitat molem :* l'esprit
anime la matière ». Mais Hugo a plutôt
tendance à traduire l'esprit en termes de
matière. — 16 De ce que l'homme *prête une
forme* aux dieux. — 17 Quels sont ces *fantômes ?* — 18 Préciser le sens et cf. v. 40. —

19 Les quatre parties du *Satyre* sont intitulées :
le Bleu, le Noir, le Sombre, l'Étoilé. — 20 Cf. la
philosophie scientifique d'Épicure et de
Lucrèce, fondée sur l'atome. Pourquoi *saint ?*
— 21 Suivant que les atomes constituent le
feu ou l'eau. — 22 Cf. *Ce que dit la Bouche
d'Ombre* (p. 173). — 23 Montrer en quoi ce
vers est caractéristique d'une certaine manière
de Victor Hugo. — 24 Pan était un dieu de
la végétation ; mais comme le mot *pan*, en grec,
signifie *tout*, on a eu tendance à faire de lui,
dès l'antiquité, le grand Tout, l'incarnation
panthéistique de la nature divinisée.

Et nox facta est

Le prélude de la *Fin de Satan* se situe *hors de la terre*, dans l'immensité prodigieuse de l'espace et du temps. SATAN, l'archange révolté contre Dieu, est précipité dans l'abîme ; il tombe interminablement tandis que la nuit s'appesantit sur lui. « Et la nuit fut » : Hugo oppose ce titre, lourd d'une angoisse hallucinante, à la célèbre parole de la *Genèse* évoquant la création du monde : « Et la lumière fut » *(Et lux facta est)*.

Depuis quatre mille ans il tombait dans l'abîme.
Il n'avait pas encor pu saisir une cime,
Ni lever une fois son front démesuré.
Il s'enfonçait dans l'ombre et la brume, effaré,
Seul, et, derrière lui, dans les nuits éternelles,
Tombaient plus lentement les plumes de ses ailes [1].
Il tombait foudroyé, morne, silencieux,
Triste, la bouche ouverte et les pieds vers les cieux,
L'horreur du gouffre empreinte à sa face livide.
10 Il cria : Mort ! — les poings tendus vers l'ombre vide.
Ce mot plus tard fut homme et s'appela Caïn [2].
Il tombait. Tout à coup un roc heurta sa main ;
Il l'étreignit, ainsi qu'un mort étreint sa tombe,
Et s'arrêta. Quelqu'un, d'en haut, lui cria : — Tombe !
Les soleils s'éteindront autour de toi, maudit ! —
Et la voix dans l'horreur immense se perdit.
Et, pâle, il regarda vers l'éternelle aurore.
Les soleils étaient loin, mais ils brillaient encore [3].
Satan dressa la tête et dit, levant ses bras :
20 — Tu mens ! — Ce mot plus tard fut l'âme de Judas [4].
Pareil aux dieux d'airain debout sur leurs pilastres,
Il attendit mille ans, l'œil fixé sur les astres.
Les soleils étaient loin, mais ils brillaient toujours.
La foudre alors gronda dans les cieux froids et sourds.
Satan rit, et cracha du côté du tonnerre.
L'immensité, qu'emplit l'ombre visionnaire [5],
Frissonna. Ce crachat fut plus tard Barabbas.
Un souffle qui passait le fit tomber plus bas.

Dieu   Inachevé comme le précédent, ce poème illustre l'effort de l'homme pour concevoir Dieu. On y trouve un résumé de l'histoire des religions, reflet des méditations du poète. Successivement, six animaux symboliques lui parlent : la *Chauve-Souris* représente l'athéisme, le *Hibou* le scepticisme, le *Corbeau* le manichéisme (lutte de l'esprit du Bien contre l'esprit du Mal), le *Vautour* le paganisme ou polythéisme ; l'*Aigle* figure le monothéisme hébraïque avec son Dieu sévère ; le *Griffon* figure le christianisme : un seul Dieu en trois personnes, qui est un Dieu de bonté. Alors paraît l'*Ange*, qui raille l'orgueil humain mais apporte, avec un immense espoir, la vérité, c'est-à-dire le panthéisme que professe Hugo.

— 1 Une de ces plumes est restée près des cieux ; Dieu en fera l'ange Liberté qui assurera la rédemption de Satan. — 2 Illustration épique du pouvoir créateur du *mot*. — 3 Satan les verra s'éteindre l'un après l'autre...

« Et l'archange comprit, pareil au mât qui sombre, Qu'il était le noyé du déluge de l'ombre. » — 4 Annonce d'un des épisodes terrestres du poème, Le Gibet (Passion du Christ) ; cf. v. 27. — 5 L'ombre elle-même *voit*, et on ne peut la concevoir que par une *vision*.

LES ROMANS DE VICTOR HUGO

Du vivant de VICTOR HUGO, ses romans ont largement contribué à lui assurer la gloire. Touchant un très large public, parlant au cœur et à l'imagination, répandant des idées humanitaires simples et généreuses, ils ont fait de lui un auteur extrêmement *populaire*.

Le roman noir   CHARLES NODIER (1781-1844) avait acclimaté en France le *roman noir*. C'est cette veine que VICTOR HUGO exploite en 1823 avec *Han d'Islande* dont le héros est un monstre buveur de sang.

Bug-Jargal est un essai de jeunesse, repris et amplifié en 1826. Il s'agit cette fois *d'aventures romanesques et dramatiques*, où se discerne l'influence de Walter Scott. La seconde version accentue l'aspect historique (révolte des nègres de Saint-Domingue).

Roman historique et roman social   I. NOTRE-DAME DE PARIS (1831). Hugo situe une intrigue mélodramatique (cf. l'Analyse ci-dessous) dans un *cadre historique* rendu saisissant par la documentation et surtout par l'imagination du romancier. C'est le Paris du XVᵉ siècle, grouillant et coloré, avec sa Cour des Miracles peuplée des figures inquiétantes des truands, et sa *cathédrale* dont la masse imposante s'anime d'une vie mystérieuse et fantastique. Une *fatalité sombre* pèse sur ce roman qui ressemble aussi aux drames de Victor Hugo par le *mélange du sublime et du grotesque* (cf. p. 232), en particulier dans la personne de QUASIMODO.

II. LES MISÉRABLES (1862). Dès 1829, avec *Le Dernier Jour d'un Condamné*, plaidoyer contre la peine de mort, puis en 1834 avec *Claude Gueux*, Hugo s'oriente vers l'apostolat de la fraternité humaine et du progrès social. Cette conception s'épanouit dans les *Misérables* (cf. p. 198-204). L'auteur méditait depuis 1845 cette grande œuvre, qu'il intitula d'abord *Les Misères ;* c'est un énorme roman, inégal et surchargé, mais riche et puissant, dominé par une *thèse humanitaire* et une *inspiration épique*.

1. LE ROMAN SOCIAL. « Il y a un point où les infortunés et les infâmes se mêlent et se confondent dans un seul mot, les misérables ; de qui est-ce la faute ? » (III, VIII, 5). C'est la faute de la misère, de l'injustice et de l'indifférence, parfois d'un système répressif impitoyable. Seules l'instruction, la justice sociale et la *charité évangélique* empêcheront les « infortunés » de devenir des « infâmes ». Même les criminels endurcis, Hugo ne désespère pas de les sauver, à force de patience et d'amour.

2. LE ROMAN ÉPIQUE. *Les Misérables* offrent de grandes *fresques épiques :* la bataille de Waterloo (cf. p. 201), l'émeute de juin 1832 (cf. p. 203), la vision dantesque des égouts de Paris. Mais le roman est avant tout une *épopée de l'âme*, digne de l'épopée cosmique esquissée par l'auteur dans ses poèmes (cf. p. 193 et 194). Malheureux, puis coupable, le forçat JEAN VALJEAN, éclairé par la charité sublime de Mgr Myriel, *se rachète* par la bonté, le travail et l'abnégation (cf. p. 198-200) jusqu'à devenir un véritable *saint*.

III. LES DERNIERS ROMANS. Dans *Les Travailleurs de la mer* (1866), Hugo unit à *l'épopée du travail* le *drame* de l'homme luttant contre l'Océan. *L'Homme qui rit* (1869) est une œuvre déconcertante, où se déchaînent toutes les outrances d'un génie « baroque ». Enfin *Quatrevingt-treize* (1874) illustre la formule du roman *historique et symbolique* à propos d'un épisode de la guerre de Vendée.

NOTRE-DAME DE PARIS   *A Paris, en 1482, le poète Gringoire s'égare dans la Cour des Miracles ; menacé d'un mauvais sort, il doit son salut à une séduisante bohémienne, la* ESMERALDA. *L'archidiacre* FROLLO *éprouve pour celle-ci une sinistre passion et a chargé le* sonneur de Notre-Dame, QUASIMODO, *de s'emparer d'elle ; mais le capitaine* PHŒBUS *délivre la jeune fille qui s'éprend* *de son sauveur. Pour sa tentative de rapt, Quasimodo, qui est un* monstre difforme, *a été condamné au pilori : émue de pitié, la Esmeralda lui donne à boire et le malheureux conçoit pour elle un attachement passionné.*

Cependant Frollo assassine Phœbus et laisse accuser la bohémienne. Elle est amenée devant Notre-Dame pour y faire amende honorable : Quasimodo l'entraîne dans la cathédrale où elle jouira du droit d'asile. Mais les truands attaquent Notre-Dame pour délivrer leur amie : ils sont repoussés par le sonneur (cf. p. 196). La Esmeralda retrouve sa mère, qui ne peut l'arracher à son persécuteur. Rendue à la justice, la jeune fille est pendue. *Comprenant enfin le rôle qu'a joué son maître Frollo,* Quasimodo le précipite du haut de Notre-Dame *et va lui-même* mourir au charnier de Montfaucon *où a été déposé le corps de la Esmeralda.*

LES TRUANDS A L'ASSAUT DE NOTRE-DAME

Cette scène *violente et grandiose* résulte, à l'origine, d'un *tragique malentendu :* les truands veulent délivrer la Esmeralda que Quasimodo croit protéger, alors qu'à Notre-Dame elle est à la merci de son pire ennemi, l'odieux Claude Frollo (d'où le titre du chapitre : *Un maladroit ami*). Cependant, au point où en sont venues les choses, le sonneur ne se trompe qu'à demi en défendant avec une passion aveugle à la fois sa bien-aimée et *sa* cathédrale, car cette dernière est terriblement menacée par les convoitises des gueux (cf. n. 8). — *Notre-Dame de Paris*, Livre X, chapitre IV.

Qui eût pu voir Quasimodo en ce moment eût été effrayé. Indépendamment de ce qu'il avait empilé de projectiles [1] sur la balustrade, il avait amoncelé un tas de pierres sur la plate-forme même [2]. Dès que les moellons amassés sur le rebord extérieur furent épuisés, il prit au tas. Alors il se baissait, se relevait, se baissait et se relevait encore, avec une activité incroyable. Sa grosse tête de gnome [3] se penchait par-dessus la balustrade, puis une pierre énorme tombait, puis une autre, puis une autre. De temps en temps il suivait une belle pierre de l'œil, et, quand elle tuait bien, il disait : Hun [4] !

10   Cependant les gueux ne se décourageaient pas. Déjà plus de vingt fois l'épaisse porte sur laquelle ils s'acharnaient avait tremblé sous la pesanteur de leur bélier de chêne multipliée par la force de cent hommes. Les panneaux craquaient, les ciselures volaient en éclats, les gonds à chaque secousse sautaient en sursaut sur leurs pitons, les ais se détraquaient [5], le bois tombait en poudre broyé entre les nervures de fer. Heureusement pour Quasimodo, il y avait plus de fer que de bois.

Il sentait pourtant que la grande porte chancelait. Quoiqu'il n'entendît pas, chaque coup de bélier se répercutait à la fois dans les cavernes de l'église et dans ses entrailles. Il voyait d'en haut les truands, pleins de

20 triomphe et de rage, montrer le poing à la ténébreuse façade, et il enviait, pour l'Égyptienne [6] et pour lui, les ailes des hiboux qui s'enfuyaient au-dessus de sa tête par volées.

Sa pluie de moellons ne suffisait pas à repousser les assaillants.

— 1 « Des gravats, des pierres, des moellons, jusqu'aux sacs d'outils des maçons ». — 2 La plate-forme entre les deux tours. — 3 Quasi-modo est difforme, bossu, bancal, borgne, sourd (cf. l. 17), mais prodigieusement fort. — 4 Cf. le *han* des bûcherons. — 5 Les planches se disloquaient. — 6 Esmeralda la bohémienne.

En ce moment d'angoisse, il remarqua, un peu plus bas que la balustrade d'où il écrasait les argotiers [7], deux longues gouttières de pierre qui se dégorgeaient immédiatement au-dessus de la grande porte. L'orifice interne de ces gouttières aboutissait au pavé de la plate-forme. Une idée lui vint. Il courut chercher un fagot dans son bouge de sonneur, posa sur ce fagot force bottes de lattes et force rouleaux de plomb, munitions
30 dont il n'avait pas encore usé, et, ayant bien disposé ce bûcher devant le trou des deux gouttières, il y mit le feu avec sa lanterne [8]. [...]

Tout à coup, au moment où ils se groupaient pour un dernier effort autour du bélier, chacun retenant son haleine et raidissant ses muscles afin de donner toute sa force au coup décisif, un hurlement, plus épouvantable encore que celui qui avait éclaté et expiré sous le madrier [9], s'éleva au milieu d'eux. Ceux qui ne criaient pas, ceux qui vivaient encore, regardèrent. Deux jets de plomb fondu tombaient du haut de l'édifice au plus épais de la cohue. Cette mer d'hommes venait de s'affaisser sous le métal bouillant qui avait fait, aux deux points où il
40 tombait, deux trous noirs et fumants dans la foule, comme ferait de l'eau chaude dans la neige. On y voyait remuer des mourants à demi calcinés et mugissant de douleur. Autour de ces deux jets principaux, il y avait des gouttes de cette pluie horrible qui s'éparpillaient sur les assaillants et entraient dans les crânes comme des vrilles de flamme. C'était un feu pesant qui criblait ces misérables de mille grêlons.

La clameur fut déchirante. Ils s'enfuirent pêle-mêle, jetant le madrier sur les cadavres, les plus hardis comme les plus timides, et le Parvis fut vide une seconde fois.

Tous les yeux s'étaient levés vers le haut de l'église. Ce qu'ils voyaient
50 était extraordinaire. Sur le sommet de la galerie la plus élevée, plus haut que la rosace centrale, il y avait une grande flamme qui montait entre les deux clochers avec des tourbillons d'étincelles, une grande flamme désordonnée et furieuse dont le vent emportait par moments un lambeau dans la fumée. Au-dessous de cette flamme, au-dessous de la sombre balustrade à trèfles [10] de braise, deux gouttières en gueules de monstres [11] vomissaient sans relâche cette pluie ardente qui détachait son ruissellement argenté sur les ténèbres de la façade inférieure. A mesure qu'ils approchaient du sol, les deux jets de plomb liquide s'élargissaient en gerbes, comme l'eau qui jaillit des mille trous de l'arrosoir. Au-dessus
60 de la flamme, les énormes tours, de chacune desquelles on voyait deux faces crues et tranchées, l'une toute noire l'autre rouge, semblaient plus grandes encore de toute l'immensité de l'ombre qu'elles projetaient jusque dans le ciel. Leurs innombrables sculptures de diables et de dragons prenaient un aspect lugubre. La clarté inquiète de la flamme

— 7 Les truands de la Cour des Miracles, qui parlent *argot*. — 8 Dans la *suspension* qui suit, Hugo évoque les *convoitises* des truands, qui « songeaient beaucoup moins à la délivrance de l'Égyptienne qu'au pillage de Notre-Dame ». — 9 Poutre jetée précédemment par Quasimodo sur les assaillants, qui depuis en ont fait un bélier. — 10 Découpures en forme de feuilles de trèfle. — 11 Gargouilles.

les faisait remuer à l'œil. Il y avait des guivres qui avaient l'air de rire, des gargouilles qu'on croyait entendre japper, des salamandres qui soufflaient dans le feu, des tarasques qui éternuaient dans la fumée. Et parmi ces monstres ainsi réveillés de leur sommeil de pierre par cette flamme, par ce bruit, il y en avait un qui marchait et qu'on voyait de 70 temps en temps passer sur le front ardent du bûcher comme une chauve-souris devant une chandelle.

Sans doute ce phare étrange allait éveiller au loin le bûcheron des collines de Bicêtre, épouvanté de voir chanceler sur ses bruyères l'ombre gigantesque des tours de Notre-Dame.

- *Distinguez les péripéties du récit ; étudiez l'art d'introduire et d'élargir la vision finale.*
- *L'action. a) Par quels moyens est-elle rendue vivante ? – b) Qualifiez l'imagination de l'auteur.*
- *Quasimodo. a) Quelle impression vous laisse-t-il ? – b) Analysez sa psychologie élémentaire.*
- *La vision. a) En quoi est-elle saisissante ? – b) Quelle forme d'imagination révèle-t-elle ?*
- **Entretien. Littérature et cinéma.** *a) Comment traduiriez-vous ces épisodes en séquences cinématographiques ?*
 – b) Sur quels points le romancier use-t-il de moyens étrangers au cinéaste ?

LES MISÉRABLES

L'ÉVÊQUE ET LE FORÇAT. Jean Valjean *a été envoyé au bagne pour avoir volé du pain. A sa libération, son passeport jaune d'ancien forçat le rend partout suspect. Farouche et hagard, le voilà réduit à l'état de bête errante, et prêt à devenir un vrai criminel. Accueilli avec une charité évangélique par l'évêque de Digne, Mgr* Myriel, *Jean Valjean lui vole de l'argenterie. Les gendarmes l'arrêtent, mais le saint prélat le disculpe en affirmant qu'il lui avait donné ces couverts, auxquels il joint deux chandeliers d'argent.* Ce geste admirable va transformer le paria *qui n'avait connu jusqu'ici que les rigueurs de la loi et la méchanceté des hommes. Après un dernier vol,* il éprouve de cruels remords et décide de se réhabiliter.

MONSIEUR MADELEINE. Établi dans le Pas-de-Calais, sous le nom de M. Madeleine, *il s'enrichit honnêtement, répand autour de lui la prospérité, multiplie les actes charitables, devient maire de Montreuil-sur-Mer et reçoit la Légion d'honneur. Seul un policier,* Javert, *croit parfois reconnaître en lui un ancien forçat. Soudain on arrête un individu que tout le monde prend pour Jean Valjean. Au terme d'un terrible* débat de conscience *(p. 199), le pseudo M. Madeleine se rend aux Assises, à Saint-Omer, et se dénonce au moment où l'innocent va être condamné.*

UNE GRANDE AME. Avant de se livrer à la justice, il avait secouru une malheureuse, Fantine, *et avait adouci son agonie en lui promettant de s'occuper de sa fille* Cosette. *Il s'évade du bagne où on l'a renvoyé, arrache la petite Cosette à un couple de malfaiteurs, les* Thénardier, *et lui fait donner une bonne éducation ;* Cosette devient sa raison de vivre. *Cependant il doit se cacher sans cesse car Javert a retrouvé sa trace. A Paris, l'étudiant* Marius Pontmercy *s'éprend de Cosette devenue une charmante jeune fille.*

Au cours d'une émeute (p. 203), Jean Valjean sauve la vie de Javert : chargé par les insurgés d'abattre ce « mouchard », il le laisse s'échapper. Il sauve aussi Marius blessé *en le portant sur ses épaules à travers les égouts de Paris. Ainsi Marius pourra épouser Cosette. Quant à Javert, il retrouve encore une fois la piste du forçat, mais ne peut se résoudre à arrêter l'homme qui l'a sauvé : désespéré d'avoir trahi son devoir, il se jette dans la Seine. Une dernière épreuve est réservée à Jean Valjean : apprenant sa véritable identité mais ignorant qu'il lui doit la vie, Marius écarte Cosette de son père adoptif. Enfin, mieux informé, le jeune homme revient à Jean Valjean qui a la joie suprême de revoir sa chère Cosette avant de mourir comme un saint :* « Sans doute, dans l'ombre, quelque ange immense était debout, les ailes déployées, attendant l'âme ».

UNE TEMPÊTE SOUS UN CRANE

Apprenant qu'un nommé Champmathieu, qu'on prend pour lui, va comparaître aux Assises, JEAN VALJEAN se trouve placé devant *un épouvantable dilemme :* va-t-il retourner au bagne ou laisser condamner un innocent à sa place ? Au cours d'une nuit d'agonie, dans une angoisse qui va parfois jusqu'au délire, il envisage tour à tour les deux solutions sans parvenir à une décision. Dans tout un long chapitre, HUGO nous peint avec autant de *puissance* que de *précision* la torture morale qu'endure le malheureux ; il vit ce *drame* et nous le fait vivre avec une extraordinaire *intensité* (I, VII, 3).

Il reculait maintenant avec une égale épouvante devant les deux résolutions qu'il avait prises tour à tour. Les deux idées qui le conseillaient lui paraissaient aussi funestes l'une que l'autre. — Quelle fatalité ! quelle rencontre que ce Champmathieu pris pour lui ! Être précipité justement par le moyen que la providence paraissait d'abord avoir employé pour l'affermir [1] !

Il y eut un moment où il considéra l'avenir. Se dénoncer, grand Dieu ! se livrer ! Il envisagea avec un immense désespoir tout ce qu'il faudrait quitter, tout ce qu'il faudrait reprendre. Il faudrait donc dire adieu à cette
10 existence si bonne, si pure, si radieuse, à ce respect de tous, à l'honneur, à la liberté ! Il n'irait plus se promener dans les champs, il n'entendrait plus chanter les oiseaux au mois de mai, il ne ferait plus l'aumône aux petits enfants ! Il ne sentirait plus la douceur des regards de reconnaissance et d'amour fixés sur lui ! Il quitterait cette maison qu'il avait bâtie, cette chambre, cette petite chambre ! Tout lui paraissait charmant à cette heure. Il ne lirait plus dans ces livres, il n'écrirait plus sur cette petite table de bois blanc ! Sa vieille portière, la seule servante qu'il eût, ne lui monterait plus son café le matin. Grand Dieu ! au lieu de tout cela, la chiourme [2], le carcan [3], la veste rouge, la chaine au pied, la fatigue, le
20 cachot, le lit de camp, toutes ces horreurs connues ! A son âge, après avoir été ce qu'il était ! Si encore il était jeune ! Mais, vieux, être tutoyé par le premier venu, être fouillé par le garde-chiourme, recevoir le coup de bâton de l'argousin [4] ! avoir les pieds nus dans des souliers ferrés ! tendre matin et soir sa jambe au marteau du rondier [5] qui visite la manille [6] ! subir la curiosité des étrangers auxquels on dirait : *Celui-là, c'est le fameux Jean Valjean, qui a été maire à Montreuil-sur-Mer !* Le soir, ruisselant de sueur, accablé de lassitude, le bonnet vert [7] sur les yeux, remonter deux à deux, sous le fouet du sergent, l'escalier-échelle du

---

— 1 Un peu plus tôt, cédant un moment à la tentation de ne pas se dénoncer, Jean Valjean se disait : « Après tout, s'il y a du mal pour quelqu'un, ce n'est aucunement de ma faute. C'est la providence qui a tout fait... Ai-je le droit de déranger ce qu'elle arrange ?... Le but auquel j'aspire depuis tant d'années, le songe de mes nuits, l'objet de mes prières au ciel, la sécurité, je l'atteins ! C'est Dieu qui le veut. Je n'ai rien à faire contre la volonté de Dieu. » — 2 Le bagne. — 3 Collier de fer fixé au cou des forçats. — 4 Surveillant du bagne. — 5 Garde-chiourme qui fait des *rondes.* — 6 Anneau auquel s'attachait la chaîne des forçats. — 7 Porté par les condamnés à perpétuité.

bagne flottant [8]! Oh! quelle misère! La destinée peut-elle donc être
30 méchante comme un être intelligent et devenir monstrueuse comme le
cœur humain!

Et, quoi qu'il fît, il retombait toujours sur ce poignant dilemme qui
était au fond de sa rêverie : — rester dans le paradis, et y devenir démon!
rentrer dans l'enfer, et y devenir ange!

Que faire, grand Dieu! que faire?

La tourmente dont il était sorti avec tant de peine se déchaîna de
nouveau en lui. Ses idées recommencèrent à se mêler. Elles prirent ce
je ne sais quoi de stupéfié et de machinal qui est propre au désespoir. Ce
nom de Romainville [9] lui revenait sans cesse à l'esprit avec deux vers
40 d'une chanson qu'il avait entendue autrefois. Il songeait que Romainville
est un petit bois près Paris où les jeunes amoureux vont cueillir des lilas
au mois d'avril [10].

Il chancelait au dehors comme au dedans. Il marchait comme un petit
enfant qu'on laisse aller seul [11].

A de certains moments, luttant contre sa lassitude, il faisait effort pour
ressaisir son intelligence. Il tâchait de se poser une dernière fois, et définitivement, le problème sur lequel il était en quelque sorte tombé d'épuisement. Faut-il se dénoncer? Faut-il se taire? — Il ne réussissait à rien
voir de distinct. Les vagues aspects de tous les raisonnements ébauchés
50 par sa rêverie tremblaient et se dissipaient l'un après l'autre en fumée.
Seulement il sentait que, à quelque parti qu'il s'arrêtât, nécessairement,
et sans qu'il fût possible d'y échapper, quelque chose de lui allait mourir;
qu'il entrait dans un sépulcre à droite comme à gauche; qu'il accomplis-
sait une agonie [12], l'agonie de son bonheur ou l'agonie de sa vertu.

Hélas! toutes ses irrésolutions l'avaient repris. Il n'était pas plus
avancé qu'au commencement.

Ainsi se débattait sous l'angoisse cette malheureuse âme. Dix-huit
cents ans avant cet homme infortuné, l'être mystérieux, en qui se résument
toutes les saintetés et toutes les souffrances de l'humanité, avait aussi lui,
60 pendant que les oliviers frémissaient au vent farouche de l'infini [13], longtemps écarté de la main l'effrayant calice [14] qui lui apparaissait ruisselant
d'ombre et débordant de ténèbres dans des profondeurs pleines d'étoiles.

– Le drame. a) Relevez les éléments en conflit dans ce débat de conscience; – b) Aboutit-il à une décision?
– Lignes 14-29. Appréciez l'intérêt psychologique des détails réalistes et de leur contraste.
– Lignes 36-56. Commentez l'état psychologique et même physique de Jean Valjean.
– Symbolisme. Quelle est, selon vous, la valeur symbolique du drame de Jean Valjean?
– Essai. La tendance au grandissement épique dans les romans de V. Hugo, p. 196-204.
• Groupe thématique : Drames de conscience. XVIIe SIÈCLE, p. 292, p. 297, p. 312, p. 362, p. 365.
– XIXe SIÈCLE, p. 79, p. 249, p. 342. – XXe SIÈCLE, p. 59, p. 102, p. 420, p. 463, p. 575.

———— 8 A cette époque, les forçats étaient
détenus sur des pontons, à Toulon. — 9 Souvenir obsédant, insignifiant d'ailleurs et sans
rapport avec la situation : « Il se rappela que
quelques jours auparavant il avait vu chez un
marchand de ferrailles une cloche à vendre sur
laquelle ce nom était écrit : *Antoine Albin de*

Romainville. » — 10 Cette évocation machinale
et même absurde forme un amer contraste avec
le drame de Jean Valjean. — 11 Dégager le
sens symbolique de cette comparaison. —
12 Montrer que le mot annonce le dernier §. —
13 Cf. Vigny (p. 133). — 14 « Mon Père, s'il
est possible, que ce calice s'éloigne de moi. »

La charge des cuirassiers à Waterloo

HUGO consacre à la bataille de Waterloo tout un Livre des *Misérables* (le Ier de la IIe Partie). Le lien de cet épisode avec l'action du roman est assez lâche : le soir du 18 juin 1815, THÉNARDIER a sauvé le père de Marius, Baron PONTMERCY colonel de cuirassiers, involontairement d'ailleurs car le misérable, occupé à dépouiller les morts, se souciait fort peu de secourir les blessés. Mais Hugo mesurait toute l'importance historique de cette journée (« Waterloo n'est point une bataille : c'est le changement de front de l'univers ») ; il discernait aussi le parti que son *génie épique* pouvait tirer de cette *mêlée gigantesque*. Hugo avait réuni une importante documentation sur Waterloo, puis il visita longuement le champ de bataille et, donnant l'essor à son imagination, termina sur place, en juin 1861, la rédaction de son récit (II, 1, 9 et 10).

Ils étaient trois mille cinq cents. Ils faisaient un front d'un quart de lieue. C'étaient des hommes géants sur des chevaux colosses [1]. Ils étaient vingt-six escadrons, et ils avaient derrière eux, pour les appuyer, la division de Lefebvre-Desnouettes, les cent six gendarmes d'élite, les chasseurs de la Garde, onze cent quatre-vingt-dix-sept hommes, et les lanciers de la Garde, huit cent quatre-vingts lances. Ils portaient le casque sans crins et la cuirasse de fer battu, avec les pistolets d'arçon dans les fontes et le long sabre-épée. Le matin toute l'armée les avait admirés quand, à neuf heures, les clairons sonnant, toutes les musiques chantant *Veillons au salut de l'Empire* [2], ils étaient venus, colonne épaisse, une
10 de leurs batteries à leur flanc, l'autre à leur centre, se déployer sur deux rangs entre la chaussée de Genappe et Frischemont, et prendre leur place de bataille dans cette puissante deuxième ligne, si savamment composée par Napoléon, laquelle, ayant à son extrémité de droite les cuirassiers de Milhaud, avait, pour ainsi dire, deux ailes de fer.

L'aide de camp Bernard leur porta l'ordre de l'empereur [3]. Ney tira son épée et prit la tête. Les escadrons énormes s'ébranlèrent.

Alors on vit un spectacle formidable.

Toute cette cavalerie, sabres levés, étendards et trompettes au vent, formée en colonnes par division, descendit, d'un même mouvement et comme un seul
20 homme, avec la précision d'un bélier de bronze qui ouvre une brèche, la colline de la Belle-Alliance, s'enfonça dans le fond redoutable où tant d'hommes déjà étaient tombés, y disparut dans la fumée, puis, sortant de cette ombre, reparut de l'autre côté du vallon, toujours compacte et serrée, montant au grand trot, à travers un nuage de mitraille crevant sur elle, l'épouvantable pente de boue du plateau de Mont-Saint-Jean. Ils montaient, graves, menaçants, imperturbables [4] ; dans les intervalles de la mousqueterie et de l'artillerie, on entendait ce piétinement colossal. Étant deux divisions, ils étaient deux colonnes ; la division Wathier avait la droite, la division Delord avait la gauche. On croyait voir de loin s'allonger vers la crête du plateau deux immenses couleuvres d'acier [5]. Cela [6]
30 traversa la bataille comme un prodige.

— 1 Noter dès à présent la tendance épique. — 2 Chant de l'époque révolutionnaire devenu hymne impérial sous Napoléon (par un changement de sens du mot *Empire*). — 3 En fait l'ordre fut donné par Ney ; Napoléon se serait écrié : « C'est trop tôt d'une heure ! » — 4 Cf. « Puis à pas lents, musique en tête, sans fureur, Tranquille, souriant à la mitraille anglaise, La garde impériale entra dans la fournaise. » *(Châtiments, L'Expiation).* — 5 Apprécier la façon dont Hugo reprend et amplifie l'image : *polype* (pieuvre), l. 34 ; *hydre* (l. 38). — 6 Commenter l'emploi de ce mot.

Rien de semblable ne s'était vu depuis la prise de la grande redoute de la Moskowa [7] par la grosse cavalerie ; Murat y manquait, mais Ney s'y retrouvait. Il semblait que cette masse était devenue monstre et n'eût qu'une âme. Chaque escadron ondulait et se gonflait comme un anneau du polype. On les apercevait à travers une vaste fumée déchirée çà et là. Pêle-mêle de casques, de cris, de sabres, bondissement orageux des croupes des chevaux dans le canon et la fanfare, tumulte discipliné et terrible ; là-dessus les cuirasses, comme les écailles sur l'hydre.

40   Ces récits semblent d'un autre âge. Quelque chose de pareil à cette vision apparaissait sans doute dans les vieilles épopées orphiques [8] racontant les hommes-chevaux, les antiques hippanthropes [9], ces titans à face humaine et à poitrail équestre dont le galop escalada l'Olympe, horribles, invulnérables, sublimes ; dieux et bêtes.

Bizarre coïncidence numérique, vingt-six bataillons allaient recevoir ces vingt-six escadrons. Derrière la crête du plateau, à l'ombre de la batterie masquée, l'infanterie anglaise, formée en treize carrés, deux bataillons par carré, et sur deux lignes, sept sur la première, six sur la seconde, la crosse à l'épaule, couchant en joue ce qui allait venir, calme, muette, immobile, attendait. Elle ne voyait pas les cuirassiers et les cuirassiers ne la voyaient pas. Elle écoutait monter cette 50   marée d'hommes [10]. Elle entendait le grossissement du bruit des trois mille chevaux, le frappement alternatif et symétrique des sabots au grand trot, le froissement des cuirasses, le cliquetis des sabres, et une sorte de grand souffle farouche. Il y eut un silence redoutable, puis, subitement, une longue file de bras levés brandissant des sabres apparut au-dessus de la crête, et les casques, et les trompettes, et les étendards, et trois mille têtes à moustaches grises criant : Vive l'Empereur [11] ! toute cette cavalerie déboucha sur le plateau, et ce fut comme l'entrée d'un tremblement de terre...

Soudain paraît un obstacle imprévu, le chemin creux d'Ohain que la crête dissimulait ; lancée au galop, la tête de colonne s'y écrase dans un effroyable pêle-mêle d'hommes et de chevaux, jusqu'à ce que le ravin soit comblé... Enfin les survivants, et la colonne Delord, qui a passé plus à gauche, abordent l'infanterie anglaise.

Les cuirassiers se ruèrent sur les carrés anglais. Ventre à terre, brides lâchées, sabre aux dents, pistolets au poing, telle fut l'attaque. Il y a des moments dans les 60   batailles où l'âme durcit l'homme jusqu'à changer le soldat en statue, et où toute cette chair se fait granit [12]. Les bataillons anglais, éperdument assaillis, ne bougèrent pas. Alors ce fut effrayant.

Toutes les faces des carrés anglais furent attaquées à la fois. Un tournoiement frénétique les enveloppa. Cette froide infanterie demeura impassible. Le premier rang, genou en terre, recevait les cuirassiers sur les bayonnettes, le second rang les fusillait ; derrière le second rang les canonniers chargeaient les pièces, le front du carré s'ouvrait, laissait passer une éruption de mitraille et se refermait [13]. Les cuirassiers répondaient par l'écrasement. Leurs grands chevaux se cabraient,

---

7 Cette victoire (7 septembre 1812) ouvrit à Napoléon la route de Moscou. — 8 Les Grecs attribuaient à Orphée divers fragments épiques ; mais Hugo évoque plus précisément (comme p. 169, v. 50) la lutte des Titans contre Jupiter. — 9 Les Centaures (cf. l. 73), que Hugo assimile ici aux Titans. —

10 Cf. l. 57 et 76-79. — 11 Commenter l'effet produit par l'apparition *progressive* des cuirassiers. — 12 Cf. *Expiation* : Napoléon voyait « en cet horrible gouffre, Fondre ces régiments de *granit* et d'acier... ». — 13 Que remarquez-vous dans cette description de la manœuvre des carrés anglais ? Quelle impression Hugo veut-il nous donner ?

enjambaient les rangs, sautaient par-dessus les baïonnettes et tombaient, gigan-
70 tesques, au milieu de ces quatre murs vivants [14]. Les boulets faisaient des trouées
dans les cuirassiers, les cuirassiers faisaient des brèches dans les carrés. Des
files d'hommes disparaissaient broyées sous les chevaux. Les baïonnettes s'enfonçaient dans les ventres de ces centaures. De là une difformité de blessures qu'on
n'a pas vue peut-être ailleurs. Les carrés, rongés par cette cavalerie forcenée,
se rétrécissaient sans broncher. Inépuisables en mitraille, ils faisaient explosion
au milieu des assaillants. La figure de ce combat était monstrueuse. Ces carrés
n'étaient plus des bataillons, c'étaient des cratères [15] ; ces cuirassiers n'étaient
plus une cavalerie, c'était une tempête. Chaque carré était un volcan attaqué
par un nuage ; la lave combattait la foudre.

La mort de Gavroche

Le 5 juin 1832, une manifestation républicaine organisée à l'occasion des funérailles du général
Lamarque se termine en *émeute*. HUGO groupe derrière *la barricade de la rue de la Chanvrerie*, dans
le quartier des Halles, les principaux personnages du roman : Jean Valjean, Marius, Javert et le
petit GAVROCHE, fils des Thénardier, qui va mourir en chantant... (V, I, 15). Gavroche est resté
le type du *gamin de Paris*, gai, impertinent, spirituel et débrouillard, mauvaise tête et grand cœur.

Il rampait à plat ventre, galopait à quatre pattes, prenait son panier aux
dents, se tordait, glissait, ondulait, serpentait d'un mort à l'autre, et vidait la
giberne ou la cartouchière comme un singe ouvre une noix.
De la barricade, dont il était encore assez près, on n'osait lui crier de revenir,
de peur d'appeler l'attention sur lui.
Sur un cadavre, qui était un caporal, il trouva une poire à poudre.
— Pour la soif [1], dit-il, en la mettant dans sa poche.
A force d'aller en avant, il parvint au point où le brouillard de la fusillade
devenait transparent.
10 Si bien que les tirailleurs de la ligne [2] rangés et à l'affût derrière leur levée
de pavés, et les tirailleurs de la banlieue [3] massés à l'angle de la rue, se montrèrent
soudainement quelque chose qui remuait dans la fumée.
Au moment où Gavroche débarrassait de ses cartouches un sergent gisant près
d'une borne, une balle frappa le cadavre.
— Fichtre ! fit Gavroche. Voilà qu'on me tue mes morts.
Une deuxième balle fit étinceler le pavé à côté de lui. Une troisième renversa
son panier. Gavroche regarda, et vit que cela venait de la banlieue.
Il se dressa tout droit, debout, les cheveux au vent, les mains sur les hanches,
l'œil fixé sur les gardes nationaux qui tiraient, et il chanta :

On est laid à Nanterre,
C'est la faute à Voltaire,
Et bête à Palaiseau,
C'est la faute à Rousseau [4].

— 14 Cf. *L'Expiation (Les Châtiments*, V, XIII) :
« Gouffre où les régiments, comme des pans
de murs, tombaient... ». — 15 Cf. *Expiation* :
« un gouffre flamboyant, rouge comme une
forge... la fournaise... des jets de souffre... Comme
fond une cire au souffle d'un brasier. »

— 1 Jeu de mots, à commenter, sur l'expression *une poire pour la soif.* — 2 De l'infanterie
de ligne. — 3 Gardes nationaux de la banlieue
de Paris. — 4 Les vers 2 et 4 formaient un
refrain populaire raillant les doléances des
ennemis de la Révolution ; par les vers 1 et 3
Gavroche nargue les gardes nationaux de la
banlieue.

20   Puis il ramassa son panier, y remit, sans en perdre une seule, les cartouches qui en étaient tombées, et, avançant vers la fusillade, alla dépouiller une autre giberne. Là une quatrième balle le manqua encore. Gavroche chanta :

> *Je ne suis pas notaire,*
> *C'est la faute à Voltaire,*
> *Je suis petit oiseau,*
> *C'est la faute à Rousseau.*

Une cinquième balle ne réussit qu'à tirer de lui un troisième couplet :

> *Joie est mon caractère,*
> *C'est la faute à Voltaire,*
> *Misère est mon trousseau,*
> *C'est la faute à Rousseau.*

Cela continua ainsi quelque temps.

Le spectacle était épouvantable et charmant. Gavroche, fusillé, taquinait la fusillade. Il avait l'air de s'amuser beaucoup. C'était le moineau becquetant les chasseurs. Il répondait à chaque décharge par un couplet. On le visait sans cesse, on le manquait toujours. Les gardes nationaux et les soldats riaient en l'ajustant.
30 Il se couchait, puis se redressait, s'effaçait dans un coin de porte, puis bondissait, disparaissait, reparaissait, se sauvait, revenait, ripostait à la mitraille par des pieds de nez, et cependant pillait les cartouches, vidait les gibernes et remplissait son panier. Les insurgés, haletants d'anxiété, le suivaient des yeux. La barricade tremblait ; lui, il chantait. Ce n'était pas un enfant, ce n'était pas un homme ; c'était un étrange gamin fée [5]. On eût dit le nain invulnérable de la mêlée. Les balles couraient après lui, il était plus leste qu'elles. Il jouait on ne sait quel effrayant jeu de cache-cache avec la mort ; chaque fois que la face camarde du spectre s'approchait, le gamin lui donnait une pichenette.

Une balle pourtant, mieux ajustée ou plus traître que les autres, finit par atteindre l'enfant feu follet. On vit Gavroche chanceler, puis il s'affaissa. Toute
40 la barricade poussa un cri ; mais il y avait de l'Antée [6] dans ce pygmée ; pour le gamin toucher le pavé, c'est comme pour le géant toucher la terre ; Gavroche n'était tombé que pour se redresser ; il resta assis sur son séant, un long filet de sang rayait son visage, il éleva ses deux bras en l'air, regarda du côté d'où était venu le coup, et se mit à chanter :

> *Je suis tombé par terre,*
> *C'est la faute à Voltaire,*
> *Le nez dans le ruisseau,*
> *C'est la faute à...*

Il n'acheva point. Une seconde balle du même tireur l'arrêta court. Cette fois il s'abattit la face contre le pavé, et ne remua plus. Cette petite grande âme [7] venait de s'envoler [8].

------

5 Victor Hugo aime accoler ainsi deux noms : cf. *le pâtre promontoire, le vautour aquilon*, et ici, l. 39, *l'enfant feu follet ;* ce raccourci jette une lumière nouvelle sur la réalité. — 6 Géant vaincu par Hercule, qui reprenait des forces au contact de la terre sa mère. — 7 Commenter le rapprochement des deux adjectifs. — 8 En quoi le mot est-il ici particulièrement heureux ?

Témoins de leur temps

E. Delacroix, « La Liberté guidant le peuple », peinture, 1850. (Musée du Louvre, Paris, Ph. Josse © Photeb.)

Témoins engagés. Comme le Chateaubriand des *Mémoires* (cf. **p. 79**), le Lamartine des poèmes politiques (cf. **p. 106-110**), le Vigny du *Journal d'un Poète* et de *Servitude et grandeur militaires*, Victor Hugo a été également témoin de son temps — avec les déformations qu'entraîne tout engagement politique — dans les *Châtiments*, les *Contemplations*, les notes posthumes de *Choses vues*, et aussi dans les *Misérables* (cf. **p. 201-204**), dont la scène de la barricade rappelle le fameux tableau de Delacroix.

V. Hugo, « Exil », dessin, 1858. (Maison de Victor Hugo, Paris. Ph. © Musées de la ville de Paris.)

V. Hugo, « La Vague ou ma Destinée », dessin, 1857. (Maison de Victor Hugo, Paris, Ph © Bulloz.)

Victor Hugo et l'exil

Exilé volontaire dans les îles Anglo-Normandes (cf. **p. 155**), résistant aux invitations à rentrer en France, Hugo s'est raidi dans son opposition au Second Empire : « Quand la liberté rentrera, je rentrerai » (cf. **p. 166-172**).

C'est la période la plus féconde de sa création poétique, fortement influencée par le spectacle de la mer, dans ses thèmes, ses images, ses symboles. Les deux dessins de Victor Hugo témoignent de cette influence : la voile blanche qui, depuis les temps anciens, est, avec l'étoile, le symbole de l'espérance (cf. **p. 170**), la barque ballottée par les vagues déchaînées, symbole de la destinée.

Le poète et la muse

Ch. Landelle, « *Alfred de Musset* », *peinture, 1878.* (Musée National du Château de Versailles. Ph. H. Josse © Arch. Photeb.)

A. Devéria, « *Alfred de Musset en costume de page* », *lithographie, vers 1830.* (Ph. © Bibl. Nat. Paris. Arch. Photeb.)

Avant d'être le poète des *Nuits* et des « grandes douleurs » dialoguant avec la Muse, Musset était un jeune homme plein de fantaisie (cf. **p. 206-207**), fréquentant la société élégante : le voici en costume de page pour une des soirées costumées données par le peintre Achille Devéria. Par la grâce du costume et de l'attitude, il fait penser aux personnages légers et charmants des comédies qu'il écrivait à l'époque.

E. Lami, « La Nuit d'Octobre » et « La Nuit de Décembre », aquarelles, 1859. (Musée National du Château de la Malmaison. Ph. Jeanbor © Arch. Photeb.)

« Ami, je suis la Solitude »

Depuis l'antiquité le poète s'est flatté d'être aimé des Muses : Du Bellay et Ronsard en ont tiré quelque orgueil (cf. **xvie siècle, p. 110 ; 151**).

L'originalité de Musset a été d'imaginer, dans le silence de la solitude, le dialogue du Poète avec une Muse descendue de l'Olympe et devenue son amie, parfois protectrice, parfois raisonneuse, toujours maternelle et consolatrice. On notera toutefois le caractère étrange de la *Nuit de Décembre* où la Muse est remplacée par le « double » de Musset qui se retrouve face à lui-même dans la « solitude » (cf. **p. 217**).

Le drame romantique

Langlumé, « Sublime d'"Hernani", plat romantique », lithographie, XIXᵉ siècle. (Musée Carnavalet, Paris. Ph. Jeanbor © Arch. Photeb.)

Je couverai dans l'œuf la panse impériale.

A. Besnard, « La Première d'Hernani », (25 février 1830), peinture, 1903. (Maison de Victor Hugo, Paris. Ph. Jeanbor © Arch. Photeb © by A.D.A.G.P. 1985.)

C'est au cours de la première d'*Hernani* que le drame romantique connut son premier triomphe (cf. **p. 154**). Le peintre a représenté la « bataille » d'Hernani, l'affrontement entre les jeunes romantiques chevelus, entraînés par Théophile Gautier arborant son fameux gilet rouge, et les partisans des classiques aux crânes déplumés, qu'ils baptisaient « les genoux ».

Le caricaturiste prend à la lettre les métaphores hardies d'un style peu académique ; il souligne lui aussi le déchaînement des adversaires en présence.

« *Hernani* », *acte V, scène 6. Mise en scène de R. Hossein. Décors de J. Mandaroux. Comédie Française, 1974.* (Avec F. Beaulieu (Hernani), G. Casile (Doña Sol), D. Rozan (Don Ruy Gomez de Silva). Ph. © Ph. Coqueux. Arch. Photeb.)

Le dénouement tragique

Le drame romantique pratique le mélange des genres mais le dénouement en est tragique. Dans *Hernani*, Doña Sol absorbe le poison et expire en tenant dans ses bras le héros qui meurt avec elle. Don Ruy Gomez se tuera aussitôt après.

A la différence de la tragédie classique, on assassine, on meurt sur la scène, comme dans Shakespeare. Mais Hugo note, après Diderot, que la « vérité selon l'art » n'est pas la « vérité selon la nature » (cf. **p. 234**). On meurt sur la scène avec noblesse ; si le spectateur doit être violemment ému, il faut aussi qu'il soit séduit par la beauté du spectacle.

XXX

« Ruy Blas », acte V, scène 3, T.N.P. 1954. Mise en scène de J. Vilar. (Avec Ch. Minazzoli, G. Philipe. Ph. © Agnès Varda.)

Le « sublime ». Acte V, sc. 3 (cf. **p. 243**). Le diabolique Don Salluste tente de décider la Reine, compromise, à renoncer à la couronne, en lui proposant de s'enfuir avec celui qu'elle aime et qu'elle prend pour Don César, « Bazan, et grand d'Espagne ». Sacrifiant son amour et sa vie pour sauver l'honneur de la Reine, le faux Don César s'écrie tout à coup :

> « Je m'appelle Ruy Blas, et
> je suis un laquais !
> Ne signez pas, Madame ! »

« Ruy Blas », acte IV, scène 5, T.N.P. 1954. Mise en scène de J. Vilar. (Avec Georges Wilson et Daniel Sorano. Ph. © Lipnitzki. Viollet. Arch. Photeb.)

Le « grotesque ». A l'acte IV (cf. **p. 241**), au contraire, l'atmosphère tragique est détendue par une série de scènes burlesques, comme le quiproquo où le vieux Don Guritan provoque en duel Don César, en le prenant pour un autre.

« *Lorenzaccio* », *acte I, scène 5. Tilly, gravure d'après G. Donato. Sire Maurice provoquant Lorenzaccio en présence du duc Alexandre de Medicis, Théâtre de la Renaissance, 1896.* (Département des Arts du spectacle. Bibl. Nat., Paris. Ph. M. Didier © Arch. Photeb.)

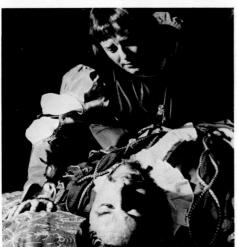

« *Lorenzaccio* », *acte IV, scène 11. L'assassinat d'Alexandre de Medicis, T.N.P. 1954.* (Avec G. Philipe et Ph. Noiret. Ph. © Agnès Varda. Arch. Photeb.)

Couleur locale (cf. p. 233)

A l'acte I de *Lorenzaccio*, voulant donner le change sur sa vraie personnalité, Lorenzo, provoqué par Sire Maurice en présence du Duc Alexandre, se déshonore en refusant lâchement de se battre en duel. Noter l'importance du décor et des costumes qui confèrent au drame l'attrait supplémentaire de la couleur locale. Le théâtre retrouve son sens étymologique de « spectacle ».

L'assassinat d'Alexandre, qui était pour Lorenzaccio l'ultime raison de vivre (cf. **p. 249**) est ici encore un beau meurtre, dans toute son horreur. On songe aux vers de Baudelaire dans l'*Hymne à la Beauté* (cf. **p. 435**), à moins que, sur le mode burlesque, on ne pense à cette boutade de Jouvet, exprimant le point de vue de l'acteur : « Il y a des soirs où l'on assassine mieux que d'autres ! »

ALFRED DE MUSSET

« *L'enfant terrible* »
du romantisme

ALFRED DE MUSSET est né à Paris en décembre 1810. Brillant élève du Lycée Henri IV, il commence dès 1824 à écrire des vers. S'il entreprend des études de droit, de médecine, de musique, de dessin, il les abandonne très vite, car seule la littérature l'intéresse. En 1828, il est introduit dans le Cénacle romantique et chez Nodier à l'Arsenal (cf. p. 153) : il se lie avec Vigny et Sainte-Beuve, admire la virtuosité de Hugo et, par la facilité de son talent, il a tôt fait de devenir *l'enfant prodige du romantisme*. Mais on verra ci-dessous (p. 206) que ses *Contes d'Espagne et d'Italie* (1830) révélaient déjà trop de fantaisie railleuse pour ne pas éveiller l'inquiétude de ses amis. De fait, dans ses poèmes de 1830-1832, l'admiration pour l'art classique, la raillerie des extravagances romantiques le situent *en marge de la nouvelle école* (cf. p. 208).

En 1832 la mort de son père affecte douloureusement MUSSET. Obligé de gagner sa vie, il publie *Un Spectacle dans un Fauteuil* qui comprend, en plus de *Namouna*, un drame : *La Coupe et les Lèvres*, et une comédie : *A quoi rêvent les jeunes filles*. Pièces publiées et non jouées ; en effet *La Nuit vénitienne* ayant échoué à la représentation (1830), MUSSET écrit désormais pour la lecture et non pour la scène (cf. p. 245). La *Revue des Deux Mondes* donnera de lui, en 1833, *André del Sarto* et *Les Caprices de Marianne* ; en 1834 il publie *Fantasio*, *On ne badine pas avec l'amour* et *Lorenzaccio*, un des chefs-d'œuvre du drame.

Le poète
des « grandes
douleurs »

MUSSET venait de remporter un brillant succès en publiant *Rolla* (cf. p. 209), quand il s'enflamma de passion pour GEORGE SAND (1833). Après un séjour idyllique à Fontainebleau, ils voulurent consacrer leur amour romantique par un voyage en Italie. Mais la désillusion fut prompte. A Venise, en février 1834, le poète tombe gravement malade ; George Sand le soigne de tout son dévouement, mais le trahit avec son médecin Pagello. MUSSET rentre seul à Paris et échange avec elle une correspondance où il semble lui accorder son pardon. Quelques mois plus tard, George Sand est de retour : d'août 1834 à mars 1835, c'est une suite de réconciliations et de ruptures orageuses où la jalousie nerveuse de Musset, excitée par l'abus de l'alcool, semble avoir joué un grand rôle. Cette aventure, cette inquiétude d'une âme tourmentée reparaîtront dans *La Confession d'un enfant du siècle* (1836).

Il avait compris très tôt que la source du vrai lyrisme est dans les élans du cœur (cf. p. 208), mais *sa douloureuse passion pour G. Sand a contribué à mûrir son génie :* même si elle n'est pas directement à l'origine de tous ses chefs-d'œuvre, c'est à cette « grande douleur » que nous devons la poignante sincérité des *Nuits* (1835-1837), de la *Lettre à Lamartine* (1836), de *Souvenir* (1841).

Au cours des années 1835-1840, les plus fécondes de sa carrière, MUSSET publie encore des comédies : *Barberine* (1835), *Le Chandelier* (1835), *Il ne faut jurer de rien* (1836) ; des nouvelles ; des poèmes satiriques : *Dupont et Durand* (1838), *Une soirée perdue* (1840) ; une œuvre de critique : *Lettres de Dupuis et Cotonet* (1836-37).

Le poète déchu

A trente ans, épuisé par les plaisirs et l'alcoolisme, MUSSET est menacé par une maladie de cœur. De temps à autre il donne quelques nouvelles, quelques comédies : *Il faut qu'une porte soit ouverte ou fermée* (1845), *Carmosine* (1850), *Bettine* (1851). Il entre à l'Académie en 1852, mais depuis longtemps *son inspiration poétique est tarie et il meurt dans l'obscurité en 1857.* Rien n'évoque mieux sa destinée mélancolique que le sonnet qu'il avait écrit *pour lui-même* dès 1840, et qui fut publié plus tard sous le titre de TRISTESSE :

« Tristesse »

J'ai perdu ma force et ma vie,
Et mes amis et ma gaîté ;
J'ai perdu jusqu'à la fierté
Qui faisait croire à mon génie.

Quand j'ai connu la Vérité,
J'ai cru que c'était une amie ;
Quand je l'ai comprise et sentie,
J'en étais déjà dégoûté.

Et pourtant elle est éternelle,
Et ceux qui se sont passés d'elle
Ici-bas ont tout ignoré.

Dieu parle, il faut qu'on lui réponde.
— Le seul bien qui me reste au monde
Est d'avoir quelquefois pleuré.

rien lui intéresse

— l'émotion

Contes d'Espagne et d'Italie (1830)

Le poète de dix-neuf ans qui publie les *Contes d'Espagne et d'Italie* est un familier du Cénacle, un admirateur des *Ballades* et des *Orientales* de V. Hugo (cf. p. 159).

I. LE ROMANTISME « FLAMBOYANT ». Ce recueil est comme une somme des *thèmes* et des *procédés* romantiques : *exotisme facile et couleur locale éclatante, passions violentes et criminelles, versification tourmentée, rimes provocantes.*

DON PAEZ, c'est l'Espagne romantique : jalousies, mandores et sérénades, « chambre tigrée » et ogive espagnole. Dans un corps de garde débraillé, nous assistons à l'effroyable duel où Don Paez étouffe dans ses bras son jeune rival Etur de Guadassé, avant d'aller tuer l'infidèle Juana et de mourir avec elle.

LES MARRONS DU FEU, c'est l'Italie du XVIIIe siècle et sans doute Venise. La célèbre danseuse Camargo, abandonnée par Rafaël Garucci, décide son grotesque soupirant, l'abbé Annibal, à la venger en assassinant le perfide Rafaël. Puis, nouvelle Hermione, elle repousse le meurtrier.

PORTIA est l'histoire du jeune Dalti qui enlève la belle Portia après avoir tué son mari. Les voici à Venise, en gondole. Dalti a perdu la veille toute la fortune qu'il avait gagnée au jeu : il avoue à Portia qu'il n'est plus qu'un pauvre pêcheur. Elle accepte pourtant de le suivre, parce qu'elle l'aime et que « Dieu rassemble les amants ».

Cette Italie romantique se retrouve dans les stances intitulées VENISE :

Dans Venise la rouge
Pas un bateau qui bouge,
Pas un pêcheur dans l'eau,
  Pas un falot.

Seul assis sur la grève,
Le grand lion soulève
Sur l'horizon serein
  Son pied d'airain.

Autour de lui, par groupes,
Navires et chaloupes,
Pareils à des hérons
  Couchés en rond,

Dorment sur l'eau qui fume
Et croisent dans la brume
En légers tourbillons
  Leurs pavillons.

La lune qui s'efface
Couvre son front qui passe
D'un nuage étoilé
  Demi voilé.

Ainsi, la dame abbesse
De Sainte-Croix rabaisse
Sa cape aux vastes plis
  Sur son surplis.

Et les palais antiques,
Et les graves portiques,
Et les blancs escaliers
  Des chevaliers,

Et les ponts, et les rues,
Et les mornes statues,
Et le golfe mouvant
  Qui tremble au vent,

Tout se tait, fors les gardes
Aux longues hallebardes
Qui veillent aux créneaux
  Des arsenaux.

II. L'ORIGINALITÉ DE MUSSET. Cependant, à travers les artifices du romantisme le plus conventionnel, la personnalité de Musset révèle déjà sa *double nature :*

1. UNE AME FOUGUEUSE, une intelligence précoce des problèmes du cœur, un sens tragique de la passion, qui éclate dans les fureurs de la Camargo, ou dans DON PAEZ :

Amour, fléau du monde, exécrable folie,

Toi qu'un lien si frêle à la volupté lie,
Quand par tant d'autres nœuds tu tiens à la
  [douleur,
Si jamais, par les yeux d'une femme sans cœur,

Tu peux m'entrer au ventre et m'empoisonner
  [l'âme,
Ainsi que d'une plaie on arrache une lame,
Plutôt que comme un lâche on me voie en
  [souffrir,
Je t'en arracherai, quand j'en devrais mourir.

2. UNE FANTAISIE LÉGÈRE, impertinente et ironique qui l'empêche de prendre entièrement au sérieux ces drames atroces. Ainsi la fin moqueuse des MARRONS DU FEU, où Annibal résume piteusement sa tragique aventure :

J'ai tué mon ami, j'ai mérité le feu,   J'ai taché mon pourpoint et l'on me congédie.

Toute l'histoire de MARDOCHE, poète romantique et dandy en quête de bonnes fortunes, est pleine d'humour et de croquis pittoresques.

Ballade à la Lune

Ce chef-d'œuvre de fantaisie et de verve gracieuse souleva les « clameurs » des Classiques. Ils y voyaient le type même de *l'outrance romantique* : évocations de la nuit, de la lune et de son mystère, des « damnés d'enfer » ; pittoresque agressif et rythme capricieux. Mais dès 1831 MUSSET se moquera de ces niais qui ont « *lu posément... la Ballade à la lune !* » Nous voici loin de Chateaubriand et de Lamartine, avec ce ciel borgne, ce « chérubin cafard » (hypocrite), ce « grand faucheux » (araignée champêtre), cette lune rongée par le ver ou éborgnée par un arbre ! Et n'y a-t-il pas quelque irrévérence à *parodier* le romantisme dans une ballade à la Victor Hugo ? Où finissait le sérieux, où commençait la raillerie ?

C'était, dans la nuit brune,
Sur le clocher jauni,
   La lune
Comme un point sur un i.

Lune, quel esprit sombre
Promène au bout d'un fil,
   Dans l'ombre,
Ta face et ton profil ?

Es-tu l'œil du ciel borgne ?
10 Quel chérubin cafard
   Nous lorgne
Sous ton masque blafard ?

N'es-tu rien qu'une boule,
Qu'un grand faucheux bien gras
   Qui roule
Sans pattes et sans bras ?

Es-tu, je t'en soupçonne,
Le vieux cadran de fer
   Qui sonne
20 L'heure aux damnés d'enfer ?

Sur ton front qui voyage.
Ce soir ont-ils compté
   Quel âge
A leur éternité ?

Est-ce un ver qui te ronge
Quand ton disque noirci
   S'allonge
En croissant rétréci ?

Qui t'avait éborgnée,
30 L'autre nuit ? T'étais-tu
   Cognée
A quelque arbre pointu ?

Car tu vins, pâle et morne,
Coller sur mes carreaux
   Ta corne
A travers les barreaux.

Va, lune moribonde,
Le beau corps de Phébé
   La blonde
Dans la mer est tombé. 40

Tu n'en es que la face
Et déjà, tout ridé,
   S'efface
Ton front dépossédé.[...]

Lune, en notre mémoire,
De tes belles amours
   L'histoire
T'embellira toujours.

Et toujours rajeunie,
Tu seras du passant 50
   Bénie,
Pleine lune ou croissant.

T'aimera le vieux pâtre,
Seul, tandis qu'à ton front
   D'albâtre,
Ses dogues aboieront.

T'aimera le pilote,
Dans son grand bâtiment
   Qui flotte
Sous le clair firmament. 60

Et la fillette preste
Qui passe le buisson,
   Pied leste,
En chantant sa chanson.[...]

Et qu'il vente ou qu'il neige,
Moi-même, chaque soir,
   Que fais-je
Venant ici m'asseoir ?

Je viens voir à la brune,
Sur le clocher jauni, 70
   La lune
Comme un point sur un i.

Vers le romantisme éternel   Cette fantaisie et ces impertinences froissèrent les poètes du Cénacle : les relations s'espacèrent entre MUSSET et la « boutique romantique ». Entre 1830 et 1833 nous voyons s'affirmer la *personnalité* et l'*indépendance* du jeune poète.

1. RETOUR AU GOUT CLASSIQUE. Sans renoncer à l'inspiration moderne, MUSSET exprime dans *Les Secrètes pensées de Rafaël* (1830) son désir de renouer avec la tradition française et surtout avec une forme plus régulière :

> Salut, jeunes champions d'une cause un peu vieille,
> Classiques bien rasés, à la face vermeille,
> Romantiques barbus aux visages blêmis !...
> Racine, rencontrant Shakespeare sur ma table
> S'endort près de Boileau qui leur a pardonné.

Dans *Namouna* (1832), il raille sans méchanceté l'exotisme à la mode :

> Si d'un coup de pinceau je vous avais bâti
> Quelque ville aux toits *bleus*, quelque *blanche* mosquée,
> Quelque tirade en vers, d'or et d'argent plaquée,
> Quelque description de minarets flanquée,
> Avec l'horizon *rouge* et le ciel assorti,
> M'auriez-vous répondu : « Vous en avez menti ! »

En revanche, à maintes reprises, il chante la Grèce classique : « *Je suis concitoyen de tes siècles antiques* » ; l'Hellade est pour lui la patrie de la beauté, où les artistes étaient « *Triomphants, honorés, dieux parmi les mortels* » *(Les Vœux stériles*, 1830*)*.

2. REFUS DE LA POÉSIE SOCIALE. Nous sommes bien loin de la Grèce, « mère des arts », dans cette « hideuse époque » de 1830, où le public se détourne de la poésie pour la vie politique, et où LAMARTINE, HUGO, VIGNY, veulent être à la fois poètes et hommes d'action (cf. p. 107, 162, 139). A l'opposé de la plupart des Romantiques après 1830, MUSSET se détourne de l'action et de la poésie sociale. Le poète, dit-il, doit être uniquement poète : « il ne doit pas faire de politique » (1831). Non que ce jeune homme se veuille « impassible », comme plus tard les Parnassiens (cf. p. 406) : il sera *poète lyrique* puisque « joie ou douleur, Tout demande sans cesse à sortir de *son* cœur » *(Les Vœux stériles)*.

3. LA POÉSIE DU CŒUR. Revenant vers la tradition, refusant de s'engager dans la poésie sociale, *cessait-il d'être Romantique ?* Il rompait, certes, avec les intempérances et les attitudes conventionnelles ; il proclamait la vanité des disputes d'écoles et refusait d'aliéner sa liberté d'inspiration. « Tous les raisonnements du monde ne pourraient faire sortir du gosier d'un merle la chanson du sansonnet. *Ce qu'il faut à l'artiste ou au poète, c'est l'émotion*. Quand j'éprouve, en faisant un vers, un certain battement de cœur que je connais, je suis sûr que mon vers est de la meilleure qualité que je puisse pondre » *(A son frère*, 1831*)*. Bien avant la *Nuit de Mai* (cf. p. 215) il a renouvelé cette profession de foi : « *Ah ! frappe-toi le cœur, c'est là qu'est le génie* » (A Édouard Bocher, 1832).

> « *Sachez-le, — c'est le cœur qui parle et qui soupire*
> *Lorsque la main écrit, — c'est le cœur qui se fond* » (Namouna, 1832).

Mais c'est justement en puisant son inspiration dans les émotions profondes et sincères que MUSSET s'engageait dans la voie du *romantisme éternel*, celui qui nous émeut encore. Les œuvres spontanées, jaillies des angoisses et des tempêtes de l'âme, vieillissent moins que les « chefs-d'œuvre » nés d'une mode éphémère ou de quelque habileté technique : « *Un artiste est un homme ; il écrit pour des hommes* » (Dédicace de *La Coupe et les Lèvres*).

MUSSET a maintes fois exprimé cet idéal d'un *lyrisme largement humain*, venant du cœur et allant au cœur. C'est ainsi qu'à la critique mesquine des « discuteurs damnés », il oppose la simplicité d'un MOLIÈRE prenant pour juge sa servante, la « pauvre Laforêt » qui ne savait pas lire *(Namouna)*. Poussant jusqu'au paradoxe, cet aristocrate d'esprit et de goût s'écriera un jour : « *Vive le mélodrame où Margot a pleuré !* » *(Après une lecture*, 1842*)*.

Le drame de Musset

De 1832 à 1835, avant de se placer lui-même, avec sa vie et ses souffrances, au cœur de son œuvre lyrique, MUSSET s'est surtout exprimé *indirectement*, par les héros de ses poèmes et de son théâtre. Nous le retrouvons, fantaisie et tendresse, dans le personnage d'Hassan (*Namouna*, 1832) ; puis, dédoublé sous les traits de Cœlio, mélancolique et pur, et d'Octave, spirituel et libertin, dans *Les Caprices de Marianne* (1833) ; puis tour à tour fantaisiste et rêveur sous le masque de *Fantasio* (1834). La confidence de MUSSET devient plus poignante encore quand la dualité de sa nature aboutit au *conflit aigu entre la débauche et la pureté*. Dès *La Coupe et Les lèvres* (1832), Franck, le héros du drame, garde la nostalgie d'une pureté irrémédiablement perdue. Dans *Namouna*, l'auteur trahit son propre désarroi lorsqu'il interprète l'inconstance de Don Juan comme la marque d'un insatiable appétit d'idéal et de perfection. En réalité le poète est torturé par le sentiment que la débauche est une maladie qui altère la fraîcheur de l'âme et laisse l'homme désemparé (cf. *Lorenzaccio*, p. 249).

ROLLA (1833) *est l'histoire d'un jeune homme de dix-neuf ans, plein de qualités :* « *C'était un noble cœur, naïf comme l'enfance, Bon comme la pitié, grand comme l'espérance* ». *Mais il s'est abandonné à ses passions et aux mœurs d'une époque corrompue. Devenu le plus grand débauché de Paris, il a dilapidé sa fortune et s'empoisonne après une dernière nuit d'orgie. Comment cet avilissement d'une âme pure est-il possible ?* MUSSET *incrimine le mal du siècle, l'impossibilité de croire à une foi religieuse ou à quelque noble idéal.*

De là cette célèbre invective contre VOLTAIRE. *coupable d'avoir détruit la foi et laissé les âmes livrées jusqu'au dégoût au vertige des passions :*

> Dors-tu content, Voltaire, et ton hideux sourire
> Voltige-t-il encor sur tes os décharnés ?
> Ton siècle était, dit-on, trop jeune pour te lire ;
> Le nôtre doit te plaire, et tes hommes sont nés...

Pourtant le poète voudrait se rassurer, se persuader que tout n'est pas perdu. A la dernière minute ROLLA, *qui n'avait jamais aimé vraiment, est touché par la pureté de* MARION *qui lui offre son collier d'or pour le sauver. Il meurt, mais son âme a retrouvé la fraîcheur d'un sentiment vrai :* « *Et pendant un moment tous deux avaient aimé* ».

Ce vaste poème, qui nous semble aujourd'hui bien déclamatoire, obtint immédiatement un large succès : *Rolla* parut à l'époque le symbole de toute une génération.

LUCIE

En contraste avec cette tragédie de la débauche, voici le *poème des âmes pures*. Dès 1830, dans *Le Saule*, le poète racontait sur le mode mélodramatique l'amour malheureux de Tiburce et de Georgina Smolen qui meurt au couvent : désespéré, le jeune homme se donne la mort sur un navire, en chantant la *romance du saule*, qu'elle chantait autrefois. De cette œuvre farouche et tourmentée, MUSSET a détaché plusieurs passages pour les insérer dans la touchante élégie de *Lucie* où la *pureté de la forme* s'allie à la *pureté des sentiments* (1835). Y avait-il à la source un souvenir personnel ? peut-être l'émotion d'entendre la MALIBRAN chanter le *Saule*. Toujours est-il qu'avant de s'immortaliser par *Les Nuits*, MUSSET était déjà le poète du cœur et des « grandes douleurs ».

> Mes chers amis, quand je mourrai,
> Plantez un saule au cimetière,
> J'aime son feuillage éploré,
> La pâleur m'en est douce et chère,
> Et son ombre sera légère
> A la terre où je dormirai.
>
> Un soir, nous étions seuls ; j'étais assis près d'elle.
> Elle penchait la tête, et sur son clavecin
> Laissait, tout en rêvant, flotter sa blanche main.

10 Ce n'était qu'un murmure : on eût dit les coups d'aile
D'un zéphyr éloigné glissant sur des roseaux [1],
Et craignant en passant d'éveiller les oiseaux [2].
Les tièdes voluptés des nuits mélancoliques
Sortaient autour de nous du calice des fleurs.
Les marronniers du parc et les chênes antiques
Se berçaient doucement sous leurs rameaux en pleurs.
Nous écoutions la nuit [3] ; la croisée entr'ouverte
Laissait venir à nous les parfums du printemps ;
Les vents étaient muets, la plaine était déserte ;
20 Nous étions seuls, pensifs, et nous avions quinze ans.
Je regardais Lucie. — Elle était pâle et blonde.
Jamais deux yeux plus doux n'ont du ciel le plus pur
Sondé la profondeur et réfléchi l'azur [4].
Sa beauté m'enivrait ; je n'aimais qu'elle au monde [5].
Mais je croyais l'aimer comme on aime une sœur,
Tant ce qui venait d'elle était plein de pudeur !
Nous nous tûmes longtemps ; ma main touchait la sienne,
Je regardais rêver son front triste et charmant,
Et je sentais dans l'âme, à chaque mouvement,
30 Combien peuvent sur nous, pour guérir toute peine,
Ces deux signes jumeaux de paix et de bonheur,
Jeunesse de visage et jeunesse de cœur.
La lune, se levant dans un ciel sans nuage,
D'un long réseau d'argent tout à coup l'inonda [6].
Elle vit dans mes yeux resplendir son image ;
Son sourire semblait d'un ange : elle chanta.

Elle chanta cet air qu'une fièvre brûlante
Arrache, comme un triste et profond souvenir,
D'un cœur plein de jeunesse et qui se sent mourir ;
40 Cet air qu'en s'endormant Desdemona tremblante,
Posant sur son chevet son front chargé d'ennuis,
Comme un dernier sanglot soupire au sein des nuits [7].[...]

Fille de la douleur [8], Harmonie, Harmonie !
Langue que pour l'amour inventa le génie !
Qui nous vins d'Italie et qui lui vins des cieux !
Douce langue du cœur, la seule où la pensée,
Cette vierge craintive et d'une ombre offensée,
Passe en gardant son voile et sans craindre les yeux [9] !
Qui sait ce qu'un enfant [10] peut entendre et peut dire
50 Dans tes soupirs divins, nés de l'air qu'il respire,
Tristes comme son cœur et doux comme sa voix ?

— 1 Apprécier les images. — 2 Étudier la valeur évocatrice des v. 7-12 (harmonie et rythme). — 3 Cf. p. 449, v. 14. — 4 Montrer ce que l'art de l'expression ajoute à l'évocation de ces yeux bleus. — 5 Commenter cet effet de rythme. — 6 Nous voilà loin de la Ballade à la Lune (cf. p. 207) ! — 7 C'est dans l'*Othello* de Shakespeare, mis en musique par Rossini, la *Romance du saule*, que chante Desdémone peu avant d'être tuée par le jaloux Othello. Dans le passage que nous ne citons pas, Musset évoque les divers mouvements de cette romance et l'émotion qu'elle soulève dans le cœur de Lucie. — 8 Cf. p. 215, v. 99. Les vers 43-54 se trouvaient déjà dans *Le Saule*.— 9 Étudier et expliquer ces images. — 10 Lucie n'a que quinze ans. Préciser l'idée des v. 46-54, et le sens de « *le reste* » (v. 53).

On surprend un regard, une larme qui coule ;
Le reste est un mystère ignoré de la foule,
Comme celui des flots, de la nuit et des bois !
Nous étions seuls, pensifs, je regardais Lucie.
L'écho de sa romance en nous semblait frémir [11].
Elle appuya sur moi sa tête appesantie.
Sentais-tu dans ton cœur Desdemona gémir,
Pauvre enfant ? Tu pleurais ; sur ta bouche adorée
60   Tu laissas tristement mes lèvres se poser,
Et ce fut ta douleur qui reçut mon baiser [12].
Telle je t'embrassai, froide et décolorée,
Telle, deux mois après, tu fus mise au tombeau ;
Telle, ô ma chaste fleur ! tu t'es évanouie.
Ta mort fut un sourire aussi doux que ta vie
Et tu fus rapportée à Dieu dans ton berceau [13].

Doux mystère du toit que l'innocence habite,
Chansons, rêves d'amour, rires, propos d'enfant,
Et toi, charme inconnu dont rien ne se défend,
70   Qui fis hésiter Faust au seuil de Marguerite [14],
Candeur des premiers jours, qu'êtes-vous devenus ?
Paix profonde à ton âme, enfant ! à ta mémoire !
Adieu ! ta blanche main sur le clavier d'ivoire,
Durant les nuits d'été ne voltigera plus....

> Mes chers amis, quand je mourrai,
> Plantez un saule au cimetière,
> J'aime son feuillage éploré,
> La pâleur m'en est douce et chère,
> Et son ombre sera légère
> A la terre où je dormirai [15].

– Vers 7-36. – *a) Dégagez le portrait physique et moral de Lucie ; relevez les traits qui annoncent son destin ; – b) Comment le poète a-t-il créé une impression d'intimité et d'émotion discrète ?*
– Vers 43-56. – *a) Précisez les affinités entre musique et poésie ; – b) en quoi la musique est-elle un moyen d'expression plus subtil ? – c) N'y a-t-il pas dans ce poème une harmonie des mots ?*
– *En quoi cette poésie est-elle une* élégie *? et une élégie romantique ?*
• **Groupe thématique. L'apprentissage de la vie** *d'après les extraits de* MUSSET.
– *Commentaire composé : v. 7-32. Délicatesse dans l'évocation de la découverte de l'amour.*

Le lyrisme personnel

Cette *poésie du cœur* à laquelle MUSSET aspirait depuis 1830, nous la voyons réalisée dans les chefs-d'œuvre lyriques (réunis pour la plupart dans le recueil des *Poésies Nouvelles*) qui se succèdent après l'aventure de Venise : *Nuit de Mai* (1835), *Nuit de Décembre* (1835), *Lettre à Lamartine* (1836), *Nuit d'Août* (1836), *Nuit d'Octobre* (1837), *Souvenir* (1841). Considérer toutes ces émotions comme liées à l'unique souvenir de GEORGE SAND serait une erreur : MUSSET s'était trop dispersé dans sa course au bonheur pour ne penser qu'à ce seul amour pendant six années. Mais c'est cette grande passion qui a transformé son lyrisme, lui donnant une *gravité*, une *intensité douloureuse* qu'il n'avait pas antérieurement. Même quand ces poèmes ont à leur origine directe d'autres émotions, l'ancienne blessure se rouvre à l'occasion de la nouvelle souffrance et c'est elle

---

11 En quoi les deux cœurs sont-ils rapprochés encore davantage par cette romance ? — 12 Expliquer le sens de ce beau vers. — 13 Expliquer l'image. — 14 Allusion à la séduction de Marguerite par Faust. — 15 Ces vers sont gravés sur la tombe de Musset auprès de laquelle on a planté un saule, au cimetière du Père-Lachaise.

qui donne à la douleur ses accents les plus déchirants. En somme, si l'on ne peut voir dans cet ensemble lyrique l'évolution d'une seule crise sentimentale, il n'en est pas moins vrai qu'elle en offre *les étapes naturelles :* souffrance aiguë (p. 213), mélancolie de la solitude (p. 217), recherche d'une consolation plus haute (p. 219), désir effréné de jouir de la vie (p. 221), illusion de l'apaisement, suivie d'une révolte et d'un pardon fièrement consenti (p. 221-225), souvenir calme et attendri (p. 226).

De la *Nuit de Mai* à la *Nuit d'Octobre*, MUSSET évoque à propos de sa «grande douleur» le problème *du rôle de la souffrance dans la création poétique et dans la vie :* de là ce dialogue si nouveau entre la MUSE tendrement maternelle et le POÈTE tourmenté par la souffrance. C'est justement cette conception qui explique *l'originalité de son lyrisme.* Pour lui la poésie doit être la traduction immédiate et sincère des émotions les plus intimes, saisies dans les moments de crise où elles sont plus vibrantes. « *Mon premier point sera qu'il faut déraisonner* » dit-il en 1842 : c'est-à-dire qu'il faut garder au sentiment toute sa spontanéité primitive, sans le disséquer par l'analyse ou le fausser par l'élaboration artistique. Cette volonté de *fonder la poésie sur la sincérité totale* fait que le poète se confond souvent avec l'homme : son regard découvre au fond de lui-même de subtiles vérités psychologiques (p. 224), son éloquence est comme un jaillissement de l'âme (p. 223) et c'est ainsi qu'en exprimant son *émotion individuelle*, il éveille en nous des résonances si profondes. Cette conception de la poésie explique peut-être aussi que l'activité créatrice de MUSSET se soit tarie de bonne heure : il ne créait que dans les moments de vive émotion ; pour éprouver ces émotions il fallait *vivre intensément*, et dans son ardeur de vivre il a gaspillé le temps et la force d'écrire de nouveaux chefs-d'œuvre.

LA NUIT DE MAI

Depuis la rupture définitive avec GEORGE SAND le poète est resté muet, lorsqu'en mai 1835 il sent qu'il a « quelque chose dans l'âme qui demande à sortir ». En deux nuits et un jour, dans un élan d'enthousiasme poétique, il écrit cette *Nuit de Mai*, « un des plus touchants et des plus sublimes cris d'un jeune cœur qui déborde » (Sainte-Beuve). Le dialogue entre la MUSE et le POÈTE est la transposition du débat entre le génie créateur de MUSSET, sensible à l'appel du renouveau, et le cœur de l'homme trahi, presque égaré par son malheur. « *Les plus désespérés sont les chants les plus beaux* » : à ce vers immortel, est-il un meilleur commentaire que la *Nuit de Mai* elle-même ?

LA MUSE.

Poète, prends ton luth [1] et me donne un baiser [2] ;
La fleur de l'églantier sent ses bourgeons éclore.
Le printemps naît ce soir ; les vents vont s'embraser ;
Et la bergeronnette, en attendant l'aurore,
Aux premiers buissons verts commence à se poser.
Poète, prends ton luth et me donne un baiser.

LE POÈTE.

Comme il fait noir dans la vallée [3] !
J'ai cru qu'une forme voilée
Flottait là-bas sur la forêt.
10   Elle sortait de la prairie ;
Son pied rasait l'herbe fleurie ;
C'est une étrange rêverie ;
Elle s'efface et disparaît.

— 1 Instrument à cordes qui, comme la lyre, symbolise l'inspiration poétique. — 2 Cf. v. 39 et 66 et expliquer ce que symbolise ce baiser. — 3 Étudier et expliquer le contraste entre cette réponse et l'appel de la Muse : inspiration, rythme et rimes, harmonie.

LA MUSE.

Poète, prends ton luth ; la nuit, sur la pelouse,
Balance le zéphyr dans son voile odorant [4].
La rose, vierge encor, se referme jalouse
Sur le frelon nacré qu'elle enivre en mourant [5].
Écoute ! tout se tait ; songe à ta bien-aimée [6].
Ce soir, sous les tilleuls, à la sombre ramée
20 Le rayon du couchant laisse un adieu plus doux.
Ce soir, tout va fleurir : l'immortelle nature
Se remplit de parfums, d'amour et de murmure [7],
Comme le lit joyeux de deux jeunes époux.

LE POÈTE.

Pourquoi mon cœur bat-il si vite [8] ?
Qu'ai-je donc en moi qui s'agite
Dont je me sens épouvanté ?
Ne frappe-t-on pas à ma porte ?
Pourquoi ma lampe à demi morte
M'éblouit-elle de clarté ?
30 Dieu puissant ! tout mon corps frissonne.
Qui vient ? qui m'appelle ? — Personne [9].
Je suis seul ; c'est l'heure qui sonne ;
O solitude ! ô pauvreté !

LA MUSE.

Poète, prends ton luth ; le vin de la jeunesse
Fermente cette nuit dans les veines de Dieu [10].
Mon sein est inquiet ; la volupté l'oppresse,
Et les vents altérés m'ont mis la lèvre en feu.
O paresseux enfant ! regarde, je suis belle.
Notre premier baiser, ne t'en souviens-tu pas,
40 Quand je te vis si pâle au toucher de mon aile,
Et que, les yeux en pleurs, tu tombas dans mes bras ?
Ah ! Je t'ai consolé d'une amère souffrance [11] !
Hélas ! bien jeune encor, tu te mourais d'amour.
Console-moi ce soir, je me meurs d'espérance [12] ;
J'ai besoin de prier pour vivre jusqu'au jour [13].

— 4 Expliquer ces images discrètes. — 5 Se rapporte à *frelon* (construction *archaïque*). — 6 La Muse. — 7 Montrer que l'appel de la Muse se fait plus pressant. — 8 Préciser d'après cette strophe comment se manifeste l'approche de l'*inspiration*. — 9 Expliquer cette « rechute » dans la réalité. — 10 Idée panthéiste et païenne : la nature devient la forme matérielle du Grand Être. — 11 Allusion à un amour du poète adolescent, source de sa première souffrance et de sa première inspiration (cf. p. 217). — 12 Quelle est, selon vous, cette espérance ? — 13 Expliquer comment la poésie peut être assimilée à une prière.

LE POÈTE.

Est-ce toi dont la voix m'appelle,
O ma pauvre Muse ! est-ce toi ?
O ma fleur ! ô mon immortelle !
Seul être pudique et fidèle
50 Où vive encor l'amour de moi [14] !
Oui, te voilà, c'est toi, ma blonde,
C'est toi, ma maîtresse et ma sœur [15] !
Et je sens, dans la nuit profonde,
De ta robe d'or qui m'inonde
Les rayons glisser dans mon cœur [16].

LA MUSE.

Poète, prends ton luth ; c'est moi, ton immortelle [17],
Qui t'ai vu cette nuit triste et silencieux,
Et qui, comme un oiseau que sa couvée appelle,
Pour pleurer avec toi descends du haut des cieux [18].
60 Viens, tu souffres, ami. Quelque ennui solitaire
Te ronge, quelque chose a gémi dans ton cœur ;
Quelque amour t'est venu, comme on en voit sur terre [19],
Une ombre de plaisir, un semblant de bonheur.
Viens, chantons devant Dieu ; chantons dans tes pensées,
Dans tes plaisirs perdus, dans tes peines passées ;
Partons, dans un baiser, pour un monde inconnu.
Éveillons au hasard les échos de ta vie,
Parlons-nous de bonheur, de gloire et de folie,
Et que ce soit un rêve, et le premier venu.
70 Inventons quelque part des lieux où l'on oublie ;
Partons, nous sommes seuls, l'univers est à nous [20]...

La MUSE *propose alors au* POÈTE *les genres et les sujets divers qui s'offrent à son inspiration :
poésie plastique, lyrique, épopée, drame, poésie philosophique, poèmes d'inspiration médiévale,
œuvres satiriques. L'inspiratrice reprend ensuite son vibrant appel :*

Prends ton luth ! prends ton luth ! je ne peux plus me taire,
Mon aile me soulève au souffle du printemps.
Le vent va m'emporter ; je vais quitter la terre.
Une larme de toi ! Dieu m'écoute ; il est temps.

LE POÈTE.

S'il ne te faut, ma sœur chérie,
Qu'un baiser d'une lèvre amie

---

14 Préciser l'allusion et les sentiments du poète. — 15 En quoi ce terme
corrige-t-il le précédent ? — 16 Étudier et
interpréter cette image mystérieuse. —
17 Cf. v. 48. Expliquer l'idée. — 18 Idée
romantique du poète inspiré par Dieu. —
19 En quoi l'amour de la Muse est-il différent ?
— 20 Étudier la conception de la poésie qui
s'exprime dans les v. 56-71.

Et qu'une larme de mes yeux,
Je te les donnerai sans peine ;
80   De nos amours qu'il te souvienne,
Si tu remontes dans les cieux.
Je ne chante ni l'espérance,
Ni la gloire, ni le bonheur,
Hélas ! pas même la souffrance.
La bouche garde le silence
Pour écouter parler le cœur.

LA MUSE.

Crois-tu donc que je sois comme le vent d'automne,
Qui se nourrit de pleurs jusque sur un tombeau,
Et pour qui la douleur n'est qu'une goutte d'eau [21] ?
90   O poète ! un baiser, c'est moi qui te le donne.
L'herbe que je voulais arracher de ce lieu,
C'est ton oisiveté ; ta douleur est à Dieu [22].
Quel que soit le souci que ta jeunesse endure,
Laisse-la s'élargir, cette sainte blessure
Que les noirs séraphins [23] t'ont faite au fond du cœur ;
Rien ne nous rend si grands qu'une grande douleur [24].
Mais, pour en être atteint [25], ne crois pas, ô poète,
Que ta voix ici-bas doive rester muette.
Les plus désespérés sont les chants les plus beaux [26],
100   Et j'en sais d'immortels qui sont de purs sanglots.
Lorsque le pélican [27], lassé d'un long voyage,
Dans les brouillards du soir retourne à ses roseaux [28],
Ses petits affamés courent sur le rivage
En le voyant au loin s'abattre sur les eaux.
Déjà, croyant saisir et partager leur proie,
Ils courent à leur père avec des cris de joie
En secouant leurs becs sur leurs goitres hideux [29].
Lui, gagnant à pas lents une roche élevée,
De son aile pendante abritant sa couvée,
110   Pêcheur mélancolique, il regarde les cieux [30].
Le sang [31] coule à longs flots de sa poitrine ouverte ;
En vain il a des mers fouillé la profondeur :
L'Océan était vide et la plage déserte ;

— 21 Préciser cette opposition entre la Muse et le vent d'automne. — 22 Cf. p. 224, v. 119. — 23 Les *anges* de la douleur. — 24 Cf. Vigny, p. 143, v. 195. — 25 Préciser la nuance de ce tour classique. — 26 Expliquer pourquoi. — 27 La légende du pélican qui donne son sang pour nourrir ses petits s'explique peut-être par le fait qu'il les alimente en rejetant les poissons qu'il a conservés dans son goitre. L'art chrétien en a fait le symbole du Christ qui se sacrifie pour la rédemption des pécheurs. — 28 Étudier l'harmonie entre le décor romantique et le drame qui s'y déroule. — 29 Relever les traits qui soulignent leur laideur physique et morale. — 30 Comparer le rythme des v. 108-110 à celui des v. 103-107. — 31 Comment le poète a-t-il créé un effet de surprise ?

Pour toute nourriture, il apporte son cœur [32].
Sombre et silencieux, étendu sur la pierre,
Partageant à ses fils ses entrailles de père,
Dans son amour sublime il berce sa douleur [33],
Et, regardant couler sa sanglante mamelle [34],
Sur son festin de mort [35] il s'affaisse et chancelle,
120   Ivre de volupté, de tendresse et d'horreur [36].
Mais parfois, au milieu du divin sacrifice [37],
Fatigué de mourir dans un trop long supplice,
Il craint que ses enfants ne le laissent vivant ;
Alors il se soulève, ouvre son aile au vent,
Et, se frappant le cœur avec un cri sauvage,
Il pousse dans la nuit un si funèbre adieu,
Que les oiseaux des mers désertent le rivage,
Et que le voyageur attardé sur la plage,
Sentant passer la mort, se recommande à Dieu [38].
130   Poète, c'est ainsi que font les grands poètes.
Ils laissent s'égayer ceux qui vivent un temps [39] ;
Mais les festins humains qu'ils servent à leurs fêtes [40]
Ressemblent la plupart à ceux des pélicans.
Quand ils parlent ainsi d'espérances trompées,
De tristesse et d'oubli, d'amour et de malheur,
Ce n'est pas un concert à dilater le cœur [41].
Leurs déclamations sont comme des épées :
Elles tracent dans l'air un cercle éblouissant,
Mais il y pend toujours quelque goutte de sang [42].

LE POÈTE.

140   O Muse ! spectre insatiable,
Ne m'en demande pas si long.
L'homme n'écrit rien sur le sable
A l'heure où passe l'aquilon [43].
J'ai vu le temps où ma jeunesse
Sur mes lèvres était sans cesse
Prête à chanter comme un oiseau ;
Mais j'ai souffert un dur martyre,
Et le moins que j'en pourrais dire,
Si je l'essayais sur ma lyre,
La briserait comme un roseau.

---

32 Montrer que le symbole des v. 132 sq. commence à se préciser. — 33 Expliquer l'*idée*. — 34 A prendre au sens figuré ! A quoi est comparé le *sang* qui coule de cette blessure ? — 35 Commenter l'alliance de mots. — 36 Expliquer ces sentiments qui paraissent contradictoires. — 37 Pourquoi : *divin ?* — 38 Comment Musset a-t-il souligné le caractère pathétique de cette mort ? — 39 Le « vulgaire ». — 40 Que désignent ces « festins » servis à la foule ? — 41 *Propre* à épanouir de joie. — 42 Étudier cette nouvelle comparaison symbolique. — 43 Vent violent qui symbolise la violence des passions.

– Vers 1-55. – *a) Étudiez la progression au terme de laquelle le poète reconnaît et accueille la Muse ; – b) Quel est le rôle de l'évocation du printemps ?*
– Vers 56-86. *Comment vous apparaissait la Muse depuis le début ; quel est son rôle dans ce passage ?*
– Vers 87-100. *Précisez le rapport entre la douleur et la poésie ; que pensez-vous de cette conception ?*
– Le sacrifice du pélican : *a) Étudiez les sentiments successifs du « personnage » ; – b) Expliquez le symbole d'après les v. 130-139 ; – c) Quels sont, dans le récit, les éléments qui se prêtent au rapprochement symbolique ?*
– **Débat.** *Quelles œuvres invoqueriez-vous à l'appui du v. 99 ? et pour le contredire ?*
– **Essai.** MAURIAC *considère* MUSSET *comme « le poète de la première adolescence ». Dans quelle mesure les* Nuits *vous semblent-elles illustrer cette assertion ? Qu'en pensez-vous ?*
– **Commentaire composé.** *v. 1-32. Le printemps, appel à la vie et à l'amour (cf. Lamartine, p. 113).*

LA NUIT DE DÉCEMBRE

Si nous en croyons le frère du poète, c'est la rupture avec une autre femme qu'il torturait par sa jalousie qui aurait inspiré à MUSSET ce poème d'où le souvenir de GEORGE SAND n'est d'ailleurs pas absent (1835). Le thème de la mystérieuse apparition d'un « double », MUSSET a pu le trouver chez Heine ou dans Shakespeare, mais il était lui-même sujet à des sortes d'hallucinations, de dédoublements de la personnalité (cf. p. 246). Cette VISION, fidèle amie des mauvais jours, réveille en lui le souvenir des *amertumes passées*, le sentiment douloureux de sa *solitude :* même si l'on fait la part de la « littérature », la *Nuit de Décembre* — la plus étrange, la plus originale — revêt un caractère de poignante sincérité.

Du temps que j'étais écolier,
Je restais un soir à veiller
Dans notre salle solitaire.
Devant ma table vint s'asseoir
Un pauvre enfant vêtu de noir,
Qui me ressemblait comme un frère.

Son visage était triste et beau.
A la lueur de mon flambeau,
Dans mon livre ouvert il vint lire.
10 Il pencha son front sur ma main,
Et resta jusqu'au lendemain,
Pensif, avec un doux sourire [1].

Comme j'allais avoir quinze ans,
Je marchais un jour, à pas lents,
Dans un bois, sur une bruyère.
Au pied d'un arbre vint s'asseoir
Un jeune homme vêtu de noir,
Qui me ressemblait comme un frère.

Je lui demandai mon chemin [2] ;
20 Il tenait un luth [3] d'une main,
De l'autre un bouquet d'églantine [4].
Il me fit un salut d'ami,
Et, se détournant à demi,
Me montra du doigt la colline [5].

A l'âge où l'on croit à l'amour [6],
J'étais seul dans ma chambre un jour,
Pleurant ma première misère [7].
Au coin de mon feu vint s'asseoir
Un étranger vêtu de noir,
Qui me ressemblait comme un frère.   30

Il était morne et soucieux [8] ;
D'une main il montrait les cieux,
Et de l'autre il tenait un glaive [9]. *sorte d'épée*
De ma peine il semblait souffrir,
Mais il ne poussa qu'un soupir,
Et s'évanouit comme un rêve.

A l'âge où l'on est libertin [10],
Pour boire un toast [11] en un festin,
Un jour je soulevai mon verre.
En face de moi vint s'asseoir   40
Un convive vêtu de noir,
Qui me ressemblait comme un frère.

Il secouait sous son manteau *la royauté*
Un haillon de pourpre en lambeau,
Sur sa tête un myrte [12] stérile.
Son bras maigre cherchait le mien,
Et mon verre, en touchant le sien,
Se brisa dans ma main débile [13].

— 1 Comment interpréter ce « doux sourire » qu'on ne reverra plus par la suite ? — 2 Préciser le sens symbolique. — 3 Symbole de la poésie. — 4 Récompense des poètes. — 5 Symbole des « hauteurs » de la poésie. Relever dans les v. 13-24 les détails évoquant l'éveil de l'inspiration. — 6 Que penser de cette réflexion ? — 7 Premier chagrin d'amour (cf. p. 213, v. 39-43). — 8 Pourquoi ? — 9 Symbole des blessures que réservent la passion et le destin (cf. v. 60). — 10 Musset a 21 ans (cf. v. 49-51). Relever les traits évoquant la vie d'un débauché. — 11 Boire à la santé de quelqu'un en prononçant un discours. — 12 Plante consacrée à Vénus. — 13 En quoi cette apparition diffère-t-elle des précédentes ?

Un an après, il était nuit,
50 J'étais à genoux près du lit
Où venait de mourir mon père [14].
Au chevet du lit vint s'asseoir
Un orphelin vêtu de noir,
Qui me ressemblait comme un frère.

Ses yeux étaient noyés de pleurs ;
Comme les anges de douleurs,
Il était couronné d'épine ;
Son luth à terre était gisant,
Sa pourpre de couleur de sang,
60 Et son glaive dans sa poitrine [15].

Je m'en suis si bien souvenu,
Que je l'ai toujours reconnu
A tous les instants de ma vie.
C'est une étrange vision,
Et cependant, ange ou démon [16],
J'ai vu partout cette ombre amie.

Lorsque plus tard, las de souffrir,
Pour renaître ou pour en finir,
J'ai voulu m'exiler de France [17] ;
70 Lorsque impatient de marcher,
J'ai voulu partir, et chercher
Les vestiges d'une espérance ;

A Pise, au pied de l'Apennin ;
A Cologne, en face du Rhin ;
A Nice, au penchant des vallées ;
A Florence, au fond des palais ;
A Brigues, dans les vieux chalets ;
Au sein des Alpes désolées ;

A Gênes, sous les citronniers ;
A Vevey, sous les verts pommiers ;   80
Au Havre, devant l'Atlantique ;
A Venise, à l'affreux Lido [18],
Où vient sur l'herbe d'un tombeau
Mourir la pâle Adriatique ;

Partout où, sous ces vastes cieux,
J'ai lassé mon cœur et mes yeux,
Saignant d'une éternelle plaie ;
Partout où le boiteux Ennui,
Traînant ma fatigue après lui,
M'a promené sur une claie [19] ;   90

Partout où, sans cesse altéré
De la soif d'un monde ignoré [20],
J'ai suivi l'ombre de mes songes ;
Partout où, sans avoir vécu,
J'ai revu ce que j'avais vu,
La face humaine et ses mensonges ;

Partout où, le long des chemins,
J'ai posé mon front dans mes mains
Et sangloté comme une femme ;
Partout où j'ai, comme un mouton   100
Qui laisse sa laine au buisson,
Senti se dénuer [21] mon âme ;

Partout où j'ai voulu dormir,
Partout où j'ai voulu mourir,
Partout où j'ai touché la terre [22],
Sur ma route est venu s'asseoir
Un malheureux vêtu de noir,
Qui me ressemblait comme un frère....

Sur un rythme plus large, plus tourmenté, le poète évoque l'amertume d'une rupture récente, à l'occasion de laquelle la Vision *s'est à nouveau présentée. Il l'interroge avec véhémence, intrigué par sa mélancolie, son amitié, sa discrétion :* « Tu me souris sans partager ma joie, Tu me plains sans me consoler ».

Qui donc es-tu, spectre de ma jeunesse,
110   Pèlerin [23] que rien n'a lassé ?
Dis-moi pourquoi je te trouve sans cesse
    Assis dans l'ombre où j'ai passé.
Qui donc es-tu, visiteur solitaire,
    Hôte assidu de mes douleurs ?
Qu'as-tu donc fait pour me suivre sur terre ?
Qui donc es-tu, qui donc es-tu, mon frère,
    Qui n'apparais qu'au jour des pleurs ?

— 14 Son père était mort en 1832. — 15 Cf. v. 33. « Quelque douleur que puissent causer les passions, il ne faut pas comparer les chagrins de la vie avec ceux de la mort » (*Confession*, III, 2). — 16 Puissance infernale. — 17 En Italie, avec George Sand (1833). —

18 C'est au Lido que G. Sand aurait avoué à Musset sa trahison (1834). Quel est l'effet de cette énumération ? — 19 Comme un supplicié. — 20 Cf. p. 95, v. 41-44. — 21 Se mettre à nu. — 22 Comme un vaincu. — 23 Voyageur.

LA VISION

— Ami, notre père est le tien.
Je ne suis ni l'ange gardien,
120 Ni le mauvais destin des hommes.
Ceux que j'aime, je ne sais pas
De quel côté s'en vont leurs pas
Sur ce peu de fange où nous sommes.

Je ne suis ni dieu ni démon,
Et tu m'as nommé par mon nom
Quand tu m'as appelé ton frère ;
Où tu vas, j'y [24] serai toujours,
Jusques au dernier de tes jours,
Où j'irai m'asseoir sur ta pierre [25].

manure

130 Le ciel m'a confié ton cœur [26].
Quand tu seras dans la douleur,
Viens à moi sans inquiétude.
Je te suivrai sur le chemin ;
Mais je ne puis toucher ta main,
Ami, je suis la Solitude.

– Les cinq premières visions (v. 1-60). a) A quels « âges » se produisent-elles ? – b) Relevez les éléments qui favorisent leur apparition.
– Le « double ». A quoi reconnaît-on sa sympathie pour le poète et son impuissance à l'aider ?
– Quel est, selon MUSSET, le rôle de la solitude dans la vie humaine ? Qu'en pensez-vous ?
– Quelle image MUSSET nous donne-t-il de lui-même et de sa conception de la vie ?
• **Groupe thématique : Apparitions.** MUSSET « Les deux Lorenzo », p. 246. – BALZAC, p. 309.
– *Essai.* Comment MUSSET a-t-il, dans la Nuit de Décembre, créé une impression de mystère et suggéré le fantastique ? Comment a-t-il éveillé et soutenu notre curiosité ?
– *Commentaire composé :* v. 85-108. Éléments romantiques et déjà baudelairiens (thèmes, expression).

Lettre à Lamartine

« Mais je hais les pleurards, les rêveurs à nacelles, Les amants de la nuit, des lacs, des cascatelles » : c'est ainsi que, dans La Coupe et les Lèvres, MUSSET avait raillé les fades imitateurs de LAMARTINE. Ce dernier se crut personnellement visé. Pourtant le poète des Nuits avait pour lui une vive admiration, témoin cette Lettre à Lamartine (1836), dont nous citons un extrait (v. 65-100). Sa propre souffrance le rapproche maintenant de l'auteur des Méditations : comme lui, il ne trouve de consolation que dans l'idée de l'immortalité de l'âme. L'assimilation « injurieuse » d'Elvire à George Sand fut loin de dissiper la froideur de LAMARTINE : il répondit dédaigneusement à cet « Enfant aux blonds cheveux, jeune homme au cœur de cire » (1840). A la mort de MUSSET, il lui consacrera un article sévère et ne lui rendra justice que sur la protestation de Paul de Musset.

Poète, je t'écris [1] pour te dire que j'aime,
Qu'un rayon du soleil est tombé jusqu'à moi
Et qu'en un jour de deuil et de douleur suprême,
Les pleurs·que je versais m'ont fait penser à toi.
Qui de nous, Lamartine, et de notre jeunesse,
Ne sait par cœur ce chant, des amants adoré,
Qu'un soir, au bord d'un lac, tu nous as soupiré [2] ?
Qui n'a lu mille fois, qui ne relit sans cesse
Ces vers mystérieux où parle ta maîtresse [3],
10 Et qui n'a sangloté sur ces divins sanglots,
Profonds comme le ciel et purs comme les flots ?
Hélas ! ces longs regrets des amours mensongères [4],
Ces ruines du temps [5] qu'on trouve à chaque pas,
Ces sillons infinis de lueurs éphémères [6],

— 24 Montrer la valeur expressive du pléonasme. — 25 La dalle du tombeau. — 26 Cf. plus haut : « En te voyant, j'aime la Providence ».
— 1 Musset vient de rappeler le souvenir de Byron, à qui Lamartine avait adressé sa

Méditation sur L'Homme. — 2 Cf. Le Lac, p. 88. — 3 Cf. p. 89, v. 17-36. — 4 Allusion à sa propre expérience, non à celle de Lamartine. — 5 Cf. p. 89, v. 43. — 6 La passion est éphémère, mais ses douleurs sont éternelles.

Qui peut se dire un homme, et ne les connaît pas [7] ?
Quiconque aima jamais porte une cicatrice ;
Chacun l'a dans le sein, toujours prête à s'ouvrir [8] ;
Chacun la garde en soi, cher et secret supplice [9],
Et mieux il est frappé, moins il en veut guérir.
20 Te le dirai-je, à toi, chantre de la souffrance,
Que ton glorieux [10] mal, je l'ai souffert aussi ?
Qu'un instant, comme toi, devant ce ciel immense,
J'ai serré dans mes bras la vie et l'espérance,
Et qu'ainsi que le tien, mon rêve s'est enfui ?
Te dirai-je qu'un soir, dans la brise embaumée,
Endormi comme toi, dans la paix du bonheur,
Aux célestes accents d'une voix bien-aimée,
J'ai cru sentir le temps s'arrêter dans mon cœur [11] ?
Te dirai-je qu'un soir, resté seul sur la terre,
30 Dévoré, comme toi, d'un affreux souvenir [12],
Je me suis étonné de ma propre misère,
Et de ce qu'un enfant [13] peut souffrir sans mourir ?
Ah ! ce que j'ai senti dans cet instant terrible,
Oserai-je m'en plaindre et te le raconter ?
Comment exprimerai-je une peine indicible ?
Après toi, devant toi, puis-je encor le tenter ? [...]
O toi qui sais aimer, réponds, amant d'Elvire,
Comprends-tu que l'on parte et qu'on se dise adieu ?
Comprends-tu que ce mot, la main puisse l'écrire,
40 Et le cœur le signer, et les lèvres le dire,
Les lèvres, qu'un baiser vient d'unir devant Dieu ?

MUSSET *évoque la trahison qui l'a fait souffrir. Comme* LAMARTINE, *il s'incline devant la volonté mystérieuse de la Providence, seule idée consolante qui nous fasse accepter nos maux et nous invite à l'espérance, car* l'âme est immortelle :

Créature d'un jour qui t'agites une heure,
De quoi viens-tu te plaindre et qui te fait gémir ?
Ton âme t'inquiète, et tu crois qu'elle pleure :
Ton âme est immortelle, et tes pleurs vont tarir...
Tes os dans le cercueil vont tomber en poussière,
Ta mémoire, ton nom, ta gloire vont périr,
Mais non pas ton amour, si ton amour t'est chère :
Ton âme est immortelle, et va s'en souvenir.

La Nuit d'Août

Publiée en 1836, la *Nuit d'Août* est comme la *Nuit de Mai* un dialogue entre la Muse et le Poète. Mais le ton et la situation sont presque à l'opposé. La MUSE reproche au POÈTE de négliger l'inspiration pour courir follement les aventures amoureuses : « Que t'en vas-tu chercher, sinon quelque hasard ? Et que rapportes-tu sinon quelque souffrance ? » En réponse, LE POÈTE invoque *la loi de la Nature* qui est d'aller vers la vie en se renouvelant sans cesse :

Quand j'ai passé par la prairie,
J'ai vu ce soir, dans le sentier,
Une fleur tremblante et flétrie,
Une pâle fleur d'églantier.
Un bourgeon vert à côté d'elle

Se balançait sur l'arbrisseau ;
J'y vis poindre une fleur nouvelle ;
La plus jeune était la plus belle :
L'homme est ainsi, toujours nouveau.

— 7 Cf. p. 221, v. 11. — 8 Cf. p. 215, v. 94. —
9 Cf. p. 216, v. 120. — 10 Par les poèmes qu'il inspire. — 11 Cf. p. 89, v. 21. — 12 *La trahison*. Le terme est impropre pour Lamartine. — 13 Cf. p. 217, v. 25 et p. 223, v. 68-103.

On le sent pris d'une *ardeur frénétique* qui le pousse à vivre intensément, même au prix de la souffrance, jusqu'à l'épuisement de son être et de son génie. Et cette rage épicurienne n'est peut-être qu'une réaction contre *la blessure qui ne parvient pas à guérir* :

> O Muse ! que m'importe ou la mort ou la vie ?
> J'aime, et je veux pâlir ; j'aime, et je veux souffrir ;
> J'aime, et pour un baiser je donne mon génie ;
> J'aime, et je veux sentir sur ma joue amaigrie
> Ruisseler une source impossible à tarir...

> Dépouille devant tous l'orgueil qui te dévore,
> Cœur gonflé d'amertume et qui t'es cru fermé.
> Aime, et tu renaîtras ; fais-toi fleur pour éclore.
> Après avoir souffert, il faut souffrir encore ;
> Il faut aimer sans cesse, après avoir aimé.

LA NUIT D'OCTOBRE

Octobre 1837. Bien des « consolatrices » ont pu donner à Musset l'illusion d'être guéri de sa souffrance. C'est dans son « cabinet d'étude », enfin retrouvé, que la Muse entendra la confidence du Poète. Souvenir d'une trahison plus récente ou besoin délicat de travestir les faits, l'amère aventure qu'il raconte n'est pas exactement celle de Venise. Mais *l'ancienne douleur se réveille bientôt* et les émotions les plus tumultueuses agitent le poète avant d'aboutir au pardon. C'est par cette extrême *variété* de sentiments que la *Nuit d'Octobre* est peut-être la plus complète. Le thème de la souffrance inspiratrice, épreuve féconde pour tout être humain, s'est enrichi depuis la *Nuit de Mai* ; on notera que si le poète recourt à l'idée de la Providence, il aboutit pourtant à des conclusions nettement *épicuriennes*.

LE POÈTE.

Le mal dont j'ai souffert s'est enfui comme un rêve ;
Je n'en puis comparer le lointain souvenir
Qu'à ces brouillards légers que l'aurore soulève,
Et qu'avec la rosée on voit s'évanouir.

LA MUSE.

Qu'aviez-vous donc, ô mon poète ?
Et quelle est la peine secrète
Qui de moi vous a séparé ?
Hélas ! je m'en ressens encore.
Quel est donc ce mal que j'ignore
10 Et dont j'ai si longtemps pleuré [1] ?

LE POÈTE.

C'était un mal vulgaire et bien connu des hommes.
Mais, lorsque nous avons quelque ennui [2] dans le cœur,
Nous nous imaginons, pauvres fous que nous sommes,
Que personne avant nous n'a senti la douleur.

— 1 C'est *l'oisiveté* du poète, tout à sa | douleur, qui était la cause de ces pleurs. —
2 Violent chagrin (sens classique).

LA MUSE.

Il n'est de vulgaire chagrin
Que celui d'une âme vulgaire [3].
Ami, que ce triste mystère
S'échappe aujourd'hui de ton sein.
Crois-moi, parle avec confiance :
20 Le sévère Dieu du silence
Est un des frères de la Mort ;
En se plaignant, on se console ;
Et quelquefois une parole
Nous a délivrés d'un remord [4].

LE POÈTE.

S'il fallait maintenant parler de ma souffrance,
Je ne sais trop quel nom elle devrait porter,
Si c'est amour, folie, orgueil, expérience,
Ni si personne au monde en pourrait profiter.
Je veux bien toutefois t'en raconter l'histoire,
30 Puisque nous voilà seuls, assis près du foyer.
Prends cette lyre, approche, et laisse ma mémoire
Au son de tes accords doucement s'éveiller.

LA MUSE.

Avant de me dire ta peine,
O poète ! en es-tu guéri ?
Songe qu'il t'en faut aujourd'hui
Parler sans amour et sans haine.
S'il te souvient que j'ai reçu
Le doux nom de consolatrice [5],
Ne fais pas de moi la complice
40 Des passions qui t'ont perdu.

LE POÈTE.

Je suis si bien guéri de cette maladie,
Que j'en doute parfois lorsque j'y veux songer ;
Et quand je pense aux lieux où j'ai risqué ma vie [6],
J'y crois voir à ma place un visage étranger.
Muse, sois donc sans crainte ; au souffle qui t'inspire
Nous pouvons sans péril tous deux nous confier.
Il est doux de pleurer, il est doux de sourire
Au souvenir des maux qu'on pourrait oublier [7].

LA MUSE.

Comme une mère vigilante
50 Au berceau d'un fils bien-aimé,

— 3 G. Sand avait protesté contre ce mépris hautain : « C'est bien d'un *amour vrai* et non d'un *caprice* que nous avons souffert tous deux ». — 4 Remords (Licence poétique) — 5 Cf. p. 213, v. 42. — 6 Venise (cf. p. 218, v. 82). — 7 Cf. p. 226-227.

Ainsi je me penche tremblante
Sur ce cœur qui m'était fermé.
Parle, ami, — ma lyre attentive
D'une note faible et plaintive
Suit déjà l'accent de ta voix
Et dans un rayon de lumière,
Comme une vision légère,
Passent les ombres d'autrefois.

LE POÈTE.

Jours de travail ! seuls jours où j'ai vécu [8] !
60   O trois fois chère solitude !
Dieu soit loué, j'y suis donc revenu,
A ce vieux cabinet d'étude !
Pauvre réduit, murs tant de fois déserts,
Fauteuils poudreux, lampe fidèle,
O mon palais, mon petit univers,
Et toi, Muse, ô jeune immortelle,
Dieu soit loué, nous allons donc chanter !

Le POÈTE *commence alors* l'histoire de son amour *(v. 68-162). Avec l'intensité d'une hallucination, il revit le bonheur entrevu, la souffrance de la trahison, la scène brutale de la rupture. En vain il voudrait rester maître de ses sentiments : malgré les efforts de la* MUSE *pour l'apaiser, son* indignation *éclate en une frémissante* invective lyrique.*

Honte à toi qui la première [9]
M'as appris la trahison,
70   Et d'horreur et de colère
M'as fait perdre la raison !
Honte à toi, femme à l'œil sombre [10]
Dont les funestes amours
Ont enseveli dans l'ombre
Mon printemps et mes beaux jours !
C'est ta voix, c'est ton sourire,
C'est ton regard corrupteur,
Qui m'ont appris à maudire
Jusqu'au semblant du bonheur ;
80   C'est ta jeunesse et tes charmes
Qui m'ont fait désespérer,
Et si je doute des larmes,
C'est que je t'ai vu pleurer.
Honte à toi ! j'étais encore
Aussi simple qu'un enfant ;

Comme une fleur à l'aurore,
Mon cœur s'ouvrait en t'aimant.
Certes, ce cœur sans défense
Put sans peine être abusé ;
Mais lui laisser l'innocence [11]   90
Était encor plus aisé.
Honte à toi ! tu fus la mère
De mes premières douleurs,
Et tu fis de ma paupière
Jaillir la source des pleurs !
Elle coule, sois-en sûre,
Et rien ne la tarira ;
Elle sort d'une blessure
Qui jamais ne guérira ;
Mais dans cette source amère   100
Du moins je me laverai,
Et j'y laisserai, j'espère,
Ton souvenir abhorré [12] !

LA MUSE.

Poète, c'est assez. Auprès d'une infidèle,
Quand ton illusion n'aurait duré qu'un jour,
N'outrage pas ce jour lorsque tu parles d'elle :

---

8 Les années 1837-1838 sont pour lui une période féconde. — 9 Était-ce bien son premier chagrin d'amour ? (cf. p. 213, v. 43 et n. 11). — 10 G. Sand avait les yeux noirs. — 11 En fait Musset n'avait plus cette innocence quand il connut G. Sand. — 12 Comment concilier les contradictions apparentes des v. 96-103 ?

Si tu veux être aimé [12], respecte ton amour.
Si l'effort est trop grand pour la faiblesse humaine
De pardonner les maux que nous viennent d'autrui,
110 Épargne-toi du moins le tourment de la haine ;
A défaut du pardon, laisse venir l'oubli.
Les morts dorment en paix dans le sein de la terre ;
Ainsi doivent dormir nos sentiments éteints.
Ces reliques du cœur ont aussi leur poussière ;
Sur leurs restes sacrés ne portons pas les mains [14].
Pourquoi, dans ce récit d'une vive souffrance,
Ne veux-tu voir qu'un rêve et qu'un amour trompé ?
Est-ce donc sans motif qu'agit la Providence ?
Et crois-tu donc distrait le Dieu qui t'a frappé [15] ?
120 Le coup dont tu te plains t'a préservé peut-être,
Enfant ; car c'est par là que ton cœur s'est ouvert [16].
L'homme est un apprenti, la douleur est son maître,
Et nul ne se connaît tant qu'il n'a pas souffert [17].
C'est une dure loi, mais un loi suprême,
Vieille comme le monde et la fatalité,
Qu'il nous faut du malheur recevoir le baptême [18],
Et qu'à ce triste prix tout doit être acheté.
Les moissons pour mûrir ont besoin de rosée ;
Pour vivre et pour sentir [19], l'homme a besoin de pleurs ;
130 La joie a pour symbole une plante brisée,
Humide encor de pluie et couverte de fleurs [20].
Ne te disais-tu pas guéri de ta folie ?
N'es-tu pas jeune, heureux, partout le bienvenu,
Et ces plaisirs légers qui font aimer la vie [21],
Si tu n'avais pleuré, quel cas en ferais-tu ?
Lorsqu'au déclin du jour, assis sur la bruyère,
Avec un vieil ami tu bois en liberté,
Dis-moi, d'aussi bon cœur lèverais-tu ton verre,
Si tu n'avais senti le prix de la gaîté ?
140 Aimerais-tu les fleurs, les prés et la verdure,
Les sonnets de Pétrarque et le chant des oiseaux,
Michel-Ange et les arts, Shakespeare et la nature [22],
Si tu n'y retrouvais quelques anciens sanglots [23] ?
Comprendrais-tu des cieux l'ineffable harmonie,
Le silence des nuits, le murmure des flots [24],

— 13 *A l'avenir encore.* Expliquer cette conception de l'amour et du bonheur qu'il procure. — 14 Étudier ce rapprochement. — 15 Cf. v. 154, et p. 220. — 16 A une vie émotionnelle intense. — 17 Montrer la vérité profonde de cette maxime. — 18 Le baptême est une *purification* qui fait naître à la *vie véritable.* — 19 Pour goûter pleinement la vie, avec une riche sensibilité. — 20 Apprécier ce symbole. — 21 Plaisirs épicuriens auxquels Musset n'a que trop sacrifié ! — 22 Expliquer le *désordre apparent* de l'énumération. — 23 Cf. p. 216, v. 139 et p. 433, v. 29-40. — 24 Chercher *l'unité* de ces éléments disparates.

Si quelque part là-bas [25] la fièvre et l'insomnie
Ne t'avaient fait songer à l'éternel repos [26] ?. [...]
De quoi te plains-tu donc ? L'immortelle espérance
S'est retrempée en toi sous la main du malheur.
150 Pourquoi veux-tu haïr ta jeune expérience,
Et détester un mal qui t'a rendu meilleur ?
O mon enfant ! plains-la, cette belle infidèle,
Qui fit couler jadis les larmes de tes yeux ;
Plains-la ! c'est une femme [27], et Dieu t'a fait, près d'elle,
Deviner, en souffrant, le secret des heureux [28].
Sa tâche fut pénible ; elle t'aimait peut-être ;
Mais le destin voulait qu'elle brisât ton cœur.
Elle savait la vie, et te l'a fait connaître ;
Une autre a recueilli le fruit de ta douleur [29].
160 Plains-la ! son triste amour a passé comme un songe ;
Elle a vu ta blessure et n'a pu la fermer.
Dans ses larmes, crois-moi, tout n'était pas mensonge [30].
Quand tout l'aurait été, plains-la ! tu sais aimer....

LE POÈTE

Tu dis vrai : la haine est impie,
Et c'est un frisson plein d'horreur
Quand cette vipère assoupie
Se déroule dans notre cœur.
Écoute-moi donc, ô déesse !
Et sois témoin de mon serment :
170 Par les yeux bleus de ma maîtresse [31],
Et par l'azur du firmament ;
Par cette étincelle brillante [32]
Qui de Vénus porte le nom,
Et, comme une perle tremblante,
Scintille au loin sur l'horizon ;
Par la grandeur de la nature,
Par la bonté du Créateur ;
Par la clarté tranquille et pure
De l'astre cher au voyageur [33] ;
180 Par les herbes de la prairie,
Par les forêts, par les prés verts,
Par la puissance de la vie,
Par la sève de l'univers [34],
Je te bannis de ma mémoire,
Reste d'un amour insensé,

Mystérieuse et sombre histoire
Qui dormiras dans le passé !
Et toi qui, jadis, d'une amie
Portas la forme et le doux nom,
L'instant suprême où je t'oublie   190
Doit être celui du pardon.
Pardonnons-nous ; je romps le charme
Qui nous unissait devant Dieu ;
Avec une dernière larme
Reçois un éternel adieu.
— Et maintenant, blonde rêveuse,
Maintenant, Muse, à nos amours !
Dis-moi quelque chanson joyeuse,
Comme au premier temps des beaux
Déjà la pelouse embaumée   [jours. 200
Sent les approches du matin ;
Viens éveiller ma bien-aimée,
Et cueillir les fleurs du jardin.
Viens voir la nature immortelle
Sortir des voiles du sommeil ;
Nous allons renaître avec elle
Au premier rayon du soleil !

_____ — 25 A Venise. — 26 La Muse rappelle alors la passion récente de Musset pour la belle Aimée d'Alton : ses épreuves ne le rendent-elles pas plus sensible à ce nouveau bonheur ? — 27 Plus sensible encore à la douleur (cf. v. 156). — 28 En comprenant le sens de la souffrance et en appréciant les plaisirs de la vie. — 29 Cf. n. 26 — 30 Cf. v. 82-83. — 31 Opposer le v. 72. — 32 Cf. la célèbre romance de Musset : *Pâle étoile du soir, Messagère lointaine.* — 33 La lune. — 34 L'*élan vital* de la nature, que Musset invoquait à la fin de la *Nuit d'Août* p. 220.

— Distinguez les étapes de ce poème ; étudiez son caractère dramatique en précisant le ton et le rythme de chaque mouvement.
– En quoi les rôles respectifs de la muse et du poète se sont-ils modifiés depuis la Nuit de Mai ?
– Quelle signification MUSSET assigne-t-il à la douleur humaine, et en particulier dans sa propre expérience ?
– **Débat.** Vers 122-123 : à l'aide d'exemples, quelles interprétations peut-on donner de cette formule ?
– **Essai.** Dans quelle mesure s'est modifiée, de la Nuit de Mai à la Nuit d'Octobre, la conception du rôle de la souffrance dans la vie humaine ? Quelle est votre propre opinion ?
– **Commentaire composé** : v. 104-123. Rapport entre amour, haine, pardon et oubli ; rôle de la Providence.

SOUVENIR

En septembre 1840, invité avec son frère au château d'Augerville, MUSSET traverse la forêt de Fontainebleau, témoin de son idylle naissante avec GEORGE SAND (cf. p. 205). Quelques mois plus tard il croise son ancienne amie dans les couloirs d'un théâtre. Vivement ému, il rentre chez lui et, en une nuit de travail, il compose *Souvenir* (1841), qui est comme l'épilogue des *Nuits*. Plus de débat entre la Muse et le Poète : *le temps a accompli son œuvre*, la souffrance a fait place à une tendre émotion devant le souvenir du bonheur passé. Pour traiter ce *thème cher aux romantiques* (cf. p. 88 et 163), MUSSET reprend la strophe élégiaque du *Lac ;* mais rien ne lui est plus personnel que cette conception de *l'amour*, source de vie intense, qui garde en soi une valeur absolue, et du *souvenir* par lequel le bonheur, embelli et idéalisé, reste toujours présent.

> J'espérais bien pleurer, mais je croyais souffrir
> En osant te revoir, place à jamais sacrée,
> O la plus chère tombe et la plus ignorée
>   Où dorme un souvenir !
>
> Que redoutiez-vous donc de cette solitude,
> Et pourquoi, mes amis, me preniez-vous la main,
> Alors qu'une si douce et si vieille habitude
>   Me montrait ce chemin ?
>
> Les voilà ces coteaux, ces bruyères fleuries,
> 10 Et ces pas argentins [1] sur le sable muet,
> Ces sentiers amoureux, remplis de causeries,
>   Où son bras m'enlaçait.
>
> Les voilà ces sapins à la sombre verdure,
> Cette gorge profonde aux nonchalants détours [2],
> Ces sauvages amis, dont l'antique murmure
>   A bercé mes beaux jours.
>
> Les voilà ces buissons, où toute ma jeunesse
> Comme un essaim d'oiseaux chante au bruit de mes pas.
> Lieux charmants, beau désert où passa ma maîtresse [3],
> 20   Ne m'attendiez-vous pas ?

— 1 « Qui ont le son clair de l'argent ». Cf. *Nuit d'Octobre :* « le sable argenté ». Indiquer le rapport de ces sensations. — 2 Évocation précise de la gorge de Franchart. — 3 Var. : *Qu'aimait tant ma maîtresse.*

Ah ! laissez-les couler, elles me sont bien chères [4],
Ces larmes que soulève un cœur encor blessé !
Ne les essuyez pas, laissez sur mes paupières
    Ce voile du passé !

Je ne viens point jeter un regret inutile
Dans l'écho de ces bois témoins de mon bonheur.
Fière est cette forêt dans sa beauté tranquille,
    Et fier aussi mon cœur.

Que celui-là se livre à des plaintes amères,
30 Qui s'agenouille et prie au tombeau d'un ami.
Tout respire en ces lieux ; les fleurs des cimetières
    Ne poussent point ici [5].

Voyez ! la lune monte à travers ces ombrages ;
Ton regard tremble encor, belle reine des nuits,
Mais du sombre horizon déjà tu te dégages
    Et tu t'épanouis.

Ainsi de cette terre, humide encor de pluie,
Sortent, sous tes rayons, tous les parfums du jour ;
Aussi calme, aussi pur, de mon âme attendrie
40   Sort mon ancien amour.

Que sont-ils devenus, les chagrins de ma vie ?
Tout ce qui m'a fait vieux [6] est bien loin maintenant ;
Et rien qu'en regardant cette vallée amie
    Je redeviens enfant.

O puissance du temps ! ô légères années !
Vous emportez nos pleurs, nos cris et nos regrets ;
Mais la pitié vous prend, et sur nos fleurs fanées [7]
    Vous ne marchez jamais.

Tout mon cœur te bénit, bonté consolatrice !
50 Je n'aurais jamais cru que l'on pût tant souffrir
D'une telle blessure, et que sa cicatrice
    Fût si douce à sentir [8].

Loin de moi les vains mots, les frivoles pensées,
Des vulgaires douleurs linceul accoutumé,
Que viennent étaler sur leurs amours passées
    Ceux qui n'ont point aimé.

Dante, pourquoi dis-tu qu'il n'est pire misère
Qu'un souvenir heureux dans les jours de douleur ?
Quel chagrin t'a dicté cette parole amère
60   Cette offense au malheur ?

— 4 Noter l'évolution depuis *la Nuit d'Octobre.*
— 5 Comment concilier cette affirmation avec les v. 3 et 4 ? — 6 Musset a trente ans ! — 7 Que représentent ces fleurs ? — 8 Cf. p. 220, v. 16. Étudier la justesse de l'image.

En est-il donc moins vrai que la lumière existe,
Et faut-il l'oublier du moment qu'il fait nuit ?
Est-ce bien toi, grande âme immortellement triste,
    Est-ce toi qui l'as dit [9] ?

Non, par ce pur flambeau dont la splendeur m'éclaire,
Ce blasphème vanté [10] ne vient pas de ton cœur.
Un souvenir heureux est peut-être sur terre
    Plus vrai que le bonheur.

Le poète s'indigne ensuite contre les négateurs qui raillent le bonheur éphémère parce que son souvenir enlaidit, par contraste, le reste de l'existence :

Ce fugitif instant fut toute votre vie : Ne le regrettez pas !

MUSSET *lui-même vient d'être soumis à une épreuve. Il a retrouvé récemment sa « seule amie, à jamais la plus chère », « jeune et belle encor » et souriante, mais devenue pour lui « une femme inconnue, une froide statue ».*

Eh bien ! ce fut sans doute une horrible misère
70 Que ce riant adieu d'un être inanimé [11].
Eh bien ! qu'importe encore ? O nature ! ô ma mère !
    En ai-je moins aimé ? [...]

Je me dis seulement : « A cette heure, en ce lieu,
Un jour, je fus aimé, j'aimais, elle était belle.
J'enfouis ce trésor dans mon âme immortelle,
    Et je l'emporte à Dieu ! »

- *Précisez les sentiments éprouvés successivement par* MUSSET *; examinez leur enchaînement et la réflexion philosophique à laquelle ils donnent naissance.*
- *Étudiez comment souvenirs et émotions sont liés à l'évocation du paysage.*
- *A quoi reconnaissez-vous l'apaisement du poète ? par quels moyens suggère-t-il son état d'âme ?*
- **Entretien.** *Le bonheur, le souvenir et la puissance du temps : quelles sont les grandes lignes de l'argumentation de* MUSSET *? Que pensez-vous de sa conclusion ?*
- **Groupe thématique.** Comparez le rôle attribué à l'expérience humaine de **la fuite du temps** dans *Souvenir* ; *Le Lac*, p. 88 ; *Tristesse d'Olympio*, p. 163 ; *La maison du Berger*, p. 137.
- **Groupe thématique. Le thème du souvenir** dans la poésie romantique (cf. questionnaire p. 90).

Musset et les classiques

De bonne heure MUSSET avait raillé le clinquant tout extérieur et artificiel de certains romantiques (cf. p. 208). Il reviendra souvent à la charge, notamment dans les *Lettres de Dupuis et Cotonet* (1836-37) où, au terme d'une enquête sur le Romantisme, il le définit par la manie des adjectifs.

C'est que MUSSET est un *indépendant* qui refuse d'être prisonnier d'une école. A mesure qu'il s'engage dans la voie d'un romantisme profondément humain, il apprécie la *vérité* et le *bon sens* des classiques. Il a défendu Corneille et Racine en soutenant l'actrice Rachel qui redonnait vie à la tragédie vers 1838-1840 ; il a dit son culte pour l'art de La Fontaine, « Fleur de sagesse et de gaîté » (*Silvia*, 1839) ; il admire les satires de Régnier (*Sur la Paresse*, 1841). Et surtout il a trouvé d'admirables formules pour rendre justice à MOLIÈRE.

---

9 Dans l'*Enfer* de Dante (V, 121), ces paroles sont prononcées par l'ombre de Françoise de Rimini qui expie sa passion coupable pour son beau-frère Paolo : leur supplice est lié au souvenir sans cesse renaissant de leur amour. — 10 Pourtant, en 1831, dans *Le Saule*, Musset avait repris en l'approuvant cette formule de Dante. — 11 *Insensible* et, aux yeux de Musset, *sans âme*.

UNE SOIRÉE PERDUE

Bien qu'il fût considéré comme un précurseur du drame, MOLIÈRE subissait depuis le romantisme une sorte d'éclipse. On ne savait plus le jouer et le public boudait ses représentations, témoin cette « solitude » qui soulève l'indignation de MUSSET (1840). Sans doute juge-t-il Molière en *romantique*, plus sensible à sa tristesse profonde qu'à sa vigueur délibérément comique ; mais ce sont surtout les *qualités classiques* de son théâtre qu'il admire, et cet éloge d'un classique tourne à la *satire de la littérature contemporaine*. Dans cette rêverie autour de Molière, MUSSET s'est mis tout entier avec cette *lucidité souriante et désabusée* qui n'est pas son moindre charme.

> J'étais seul, l'autre soir, au Théâtre-Français,
> Ou presque seul ; l'auteur n'avait pas grand succès.
> Ce n'était que Molière [1], et nous savons de reste
> Que ce grand maladroit, qui fit un jour *Alceste* [2],
> Ignora le bel art de chatouiller [3] l'esprit
> Et de servir à point un dénoûment bien cuit [4].
> Grâce à Dieu, nos auteurs ont changé de méthode,
> Et nous aimons bien mieux quelque drame à la mode [5]
> Où l'intrigue, enlacée et roulée en feston,
> 10   Tourne comme un rébus autour d'un mirliton [6].
>
>   J'écoutais cependant cette simple harmonie,
> Et comme le bon sens fait parler le génie.
> J'admirais quel amour pour l'âpre vérité
> Eut cet homme si fier en sa naïveté [7],
> Quel grand et vrai savoir des choses de ce monde,
> Quelle mâle gaîté, si triste et si profonde
> Que, lorsqu'on vient d'en rire, on devrait en pleurer !
> Et je me demandais : « Est-ce assez d'admirer ?
> Est-ce assez de venir, un soir, par aventure,
> 20   D'entendre au fond de l'âme un cri de la nature [8],
> D'essuyer une larme, et de partir ainsi,
> Quoi qu'on fasse d'ailleurs [9], sans en prendre souci ? »
>   Enfoncé que j'étais dans cette rêverie,
> Çà et là, toutefois, lorgnant la galerie,
> Je vis que, devant moi, se·balançait gaîment
> Sous une tresse noire un cou svelte et charmant ;
> Et, voyant cet ébène enchâssé dans l'ivoire,
> Un vers d'André Chénier chanta dans ma mémoire,
> Un vers presque inconnu, refrain inachevé,
> 30   Frais comme le hasard, moins écrit que rêvé.
> J'osai m'en souvenir, même devant Molière ;
> Sa grande ombre, à coup sûr, ne s'en offensa pas ;
> Et, tout en écoutant, je murmurais tout bas,
> Regardant cette enfant, qui ne s'en doutait guère :
> « Sous votre aimable tête, un cou blanc, délicat,
> Se plie, et de la neige effacerait l'éclat [10] ».
> Puis je songeais encore (ainsi va la pensée)
> Que l'antique franchise, à ce point délaissée,

— 1 Préciser le ton des v. 3-10. — 2 *Le Misanthrope*. — 3 Flatter. — 4 Préparé « à point », comme dans le mélodrame. — 5 Dans les *Lettres de Dupuis et Cotonet*, Musset a raillé les drames de Hugo et de Dumas père. — 6 Flûte de roseau qu'on ornait de rubans où étaient inscrits des *rébus*. — 7 Franchise naturelle. — 8 Issu de la nature profonde de l'homme. — 9 Quelle que soit par ailleurs notre conduite. — 10 Ces vers de Chénier s'appliquent à deux colombes.

Avec notre finesse et notre esprit moqueur,
40 Ferait croire, après tout, que nous manquons de cœur [11] ;
Que c'était une triste et honteuse misère
Que cette solitude à l'entour de Molière,
Et qu'il est *pourtant temps*, comme dit la chanson,
De sortir de ce siècle [12] ou d'en avoir raison ;
Car à quoi comparer cette scène embourbée,
Et l'effroyable honte où la muse est tombée ?
La lâcheté nous bride, et les sots vont disant
Que, sous ce vieux soleil, tout est fait à présent ;
Comme si les travers de la famille humaine
50 Ne rajeunissaient pas chaque an, chaque semaine.
Notre siècle a ses mœurs, partant, sa vérité ;
Celui qui l'ose dire est toujours écouté.
    Ah ! j'oserais parler, si je croyais bien dire ;
J'oserais ramasser le fouet de la satire,
Et l'habiller de noir, cet homme aux rubans verts
Qui se fâchait jadis pour quelques mauvais vers.
S'il rentrait aujourd'hui dans Paris, la grand'ville [13],
Il y trouverait mieux pour émouvoir sa bile
Qu'une méchante femme et qu'un méchant sonnet ;
60 Nous avons autre chose à mettre au cabinet [14].
O notre maître à tous ! si ta tombe est fermée,
Laisse-moi dans ta cendre, un instant ranimée,
Trouver une étincelle, et je vais t'imiter !
J'en aurai fait assez si je puis le tenter.
Apprends-moi de quel ton, dans ta bouche hardie,
Parlait la vérité, ta seule passion,
Et, pour me faire entendre, à défaut du génie,
J'en aurai le courage et l'indignation !
    Ainsi je caressais une folle chimère.
70 Devant moi cependant, à côté de sa mère,
L'enfant restait toujours, et le cou svelte et blanc
Sous les longs cheveux noirs se berçait mollement.
Le spectacle fini, la charmante inconnue
Se leva. Le beau cou, l'épaule à demi nue
Se voilèrent ; la main glissa dans le manchon ;
Et, lorsque je la vis au seuil de sa maison
S'enfuir, je m'aperçus que je l'avais suivie.
Hélas ! mon cher ami, c'est là toute ma vie.
Pendant que mon esprit cherchait sa volonté,
80 Mon corps avait la sienne et suivait la beauté ;
Et quand je m'éveillai de cette rêverie,
Il ne m'en restait plus que l'image chérie :
« Sous votre aimable tête, un cou blanc, délicat,
Se plie, et de la neige effacerait l'éclat. »

– Sur Molière. *Discernez la part du romantisme et de la critique pénétrante ; qu'en pensez-vous ?*
– Mussez poète satirique. *Précisez l'objet, la portée et le caractère de cette satire.*
– *Esquissez un portrait psychologique de* MUSSET *d'après ce poème.*

— 11 *Courage.* — 12 Comme Alceste. — | 13 Allusion à la chanson préférée par Alceste au sonnet d'Oronte. — 14 Cf. Misanthrope, v. 376.

LE THÉATRE ROMANTIQUE

Vers des formules nouvelles   Réduite à un ensemble de recettes usées et de situations devenues banales, la *tragédie décadente* se survivait grâce au talent d'acteurs comme Talma, Mlle George, Mlle Mars ; mais *l'évolution sociale* et l'avènement du *romantisme* appelaient de nouvelles formules.

1. LE MÉLODRAME. A la fin du XVIIIᵉ siècle un genre nouveau, le *mélodrame*, s'impose sur les boulevards, devant un public qui s'élargira sans cesse après la Révolution. Le maître et le théoricien du genre est GUILBERT DE PIXÉRÉCOURT qui, entre 1797 et 1835, produit plus de cent mélodrames (ex. *Cœlina ou l'Enfant du Mystère*, 1800).

Le succès du mélodrame s'explique par le recours aux *moyens simples* qui procurent des *émotions fortes* au public populaire. Négligeant la psychologie, il accorde la première place à *l'intrigue* et au *spectacle : jeux de scène, décors et costumes « historiques ».* Les caractères se ramènent à quelques *types élémentaires*, toujours les mêmes : un traître odieux, une victime vertueuse défendue par un jeune premier beau et héroïque, un personnage grotesque, niais ou poltron. On stimule la curiosité en affectant la « vérité historique » à grand renfort de « couleur locale », et l'émotion est portée à son comble par des oppositions brutales entre le pathétique et le bouffon.

Faisant bon marché des règles et des unités, le mélodrame, genre pourtant médiocre et sans valeur littéraire, n'est pas sans influer sur les conceptions du *drame romantique*.

2. ÉLABORATION DES THÉORIES DU DRAME. La théorie du drame romantique recevra sa plus vibrante expression dans la *Préface de Cromwell*. Mais ce manifeste n'est qu'un *aboutissement :* durant le premier quart du XIXᵉ siècle, les idées nouvelles ont été agitées dans les conversations, les préfaces et les articles de journaux.

C'est surtout la connaissance plus précise de SHAKESPEARE et des dramaturges allemands, acquise d'abord par les *émigrés*, qui élargit le goût et fournit des arguments contre la tragédie classique. Des *traductions* précédées d'importantes *préfaces* permettent de comparer les systèmes dramatiques : adaptation du *Wallenstein* de SCHILLER par Benjamin Constant (1808), traduction de SHAKESPEARE par Guizot (1821). A deux reprises, les Parisiens auront même l'occasion de voir jouer les drames de Shakespeare par des *comédiens anglais :* mal accueillis en 1822, ils triomphent en 1827.

C'est qu'entre temps des *écrits essentiels* avaient alimenté les controverses et préparé les spectateurs à mieux comprendre le grand écrivain anglais : la diffusion du *Cours de Littérature dramatique* de l'allemand Schlegel (traduit en 1814), qui contient un éloge de Shakespeare et expose déjà les principes du drame romantique ; la *Lettre sur les Unités*, de l'Italien Manzoni (écrite en 1820, publiée en 1823) ; les articles de Rémusat dans le journal libéral *Le Globe ;* et surtout en 1823-1825, le *Racine et Shakespeare* de STENDHAL, le plus important des écrits théoriques avant la *Préface de Cromwell* (1827).

STENDHAL, dont certaines idées seront adoptées par Hugo (cf. p. 232-234), avait le mérite de souligner la nécessité vitale pour toute œuvre dramatique de *plaire au public contemporain*. C'est à ses yeux la définition même du romantisme que, par parti pris libéral, il affecte d'appeler *romanticisme*, le mot *romanticismo* désignant en Italie un renouvellement littéraire lié au courant politique libéral :

« Le *romanticisme* est l'art de présenter aux peuples les œuvres littéraires qui, dans l'état actuel de leurs habitudes et de leurs croyances, sont susceptibles de leur donner le plus de plaisir possible. Le *classicisme* au contraire leur présente la littérature qui donnait le plus grand plaisir à leurs arrière-grands-pères... Imiter aujourd'hui Sophocle et Euripide, et prétendre que ces imitations ne feront pas bâiller le Français du XIXᵉ siècle, c'est du classicisme. » (III).

Selon STENDHAL, Racine et Shakespeare étaient l'un et l'autre *romantiques* en leur temps, puisqu'ils ont donné à leurs compatriotes la tragédie réclamée par leurs mœurs. Mais RACINE n'intéresse plus les hommes du XIXᵉ siècle que par des qualités psychologiques ou artistiques qui ne sont pas le *plaisir dramatique*. SHAKESPEARE au contraire offre l'exemple d'un théâtre qui n'est pas prisonnier des conventions classiques, et les modernes ont intérêt à « marcher sur ses traces » pour plaire à leurs contemporains. Ainsi, « le combat à mort est entre le système tragique de Racine et celui de Shakespeare », et STENDHAL n'hésite pas à écrire : « Le romantisme appliqué au genre tragique, c'est une tragédie en prose qui dure plusieurs mois et se passe en divers lieux », une « tragédie nationale ». Ces idées seront illustrées dès 1824-1828 par le théâtre de Mérimée (p. 347), puis par le succès d'un drame d'Alexandre DUMAS, *Henri III et sa Cour* (1829).

LA THÉORIE DU DRAME ROMANTIQUE

En 1827, Victor HUGO donne avec son *Cromwell* l'exemple d'un drame selon la technique shakespearienne. Plus importante encore, la *Préface de Cromwell* rassemble avec éclat les idées jusque là éparses qui définissent *l'esthétique du drame*. C'est un manifeste agressif, tumultueux, souvent encombré d'un verbalisme plus éclatant que profond ; mais les pages qui définissent le drame se trouvent être les plus spirituelles, les plus décisives. C'est donc dans cette *Préface* qu'il convient d'en étudier les formules, quitte à signaler certaines divergences, notamment avec STENDHAL.

Le mélange des genres   Au début de la *Préface*, se livrant à une ambitieuse synthèse, HUGO distingue arbitrairement trois âges de l'humanité : « Les temps primitifs sont *lyriques*, les temps antiques sont *épiques*, les temps modernes sont *dramatiques* ». C'est l'idée chrétienne de L'HOMME DOUBLE qui est à l'origine du drame : « Du jour où le christianisme a dit à l'homme : « Tu es double, tu es composé de deux êtres, l'un périssable, l'autre immortel, l'un charnel, l'autre éthéré, l'un enchaîné par les appétits, les besoins et les passions, l'autre emporté sur les ailes de l'enthousiasme et de la rêverie, celui-ci enfin toujours courbé vers la terre, sa mère, celui-là sans cesse élancé vers le ciel, sa patrie » ; de ce jour le drame a été créé. Est-ce autre chose en effet que ce contraste de tous les jours, que cette lutte de tous les instants entre deux principes opposés qui sont toujours en présence dans la vie, et qui se disputent l'homme depuis le berceau jusqu'à la tombe ? » Cette idée, particulière à HUGO, de lier le drame à la pensée chrétienne n'a d'autre objet que de fonder en raison *le mélange des genres*, condition d'une *peinture totale de la réalité* et d'un *enrichissement de l'art dramatique*, devenu « la poésie complète ».

1. UNE PEINTURE TOTALE DE LA RÉALITÉ. « La muse moderne... sentira que tout dans la création n'est pas humainement *beau*, que le laid y existe à côté du beau... Elle se mettra à faire comme la nature, à mêler dans ses créations, sans pourtant les confondre, l'ombre à la lumière, le grotesque au sublime, en d'autres termes, le corps à l'âme, la bête à l'esprit ». Vouloir isoler ces deux éléments dans deux genres distincts, la *comédie* et la *tragédie*, c'est selon HUGO produire des abstractions et trahir le réel : « Dans le drame, tout s'enchaîne et se déduit ainsi que dans la réalité. Le corps y joue son rôle comme l'âme ; et les hommes et les événements, mis en jeu par ce double agent, passent tour à tour bouffons et terribles, quelquefois terribles et bouffons tout ensemble... Ainsi Cromwell dira : J'ai le parlement dans mon sac et le roi dans ma poche ; ou, de la main qui signe l'arrêt de mort de Charles Ier, barbouillera d'encre le visage d'un régicide qui le lui rendra en riant. Ainsi César dans le char de triomphe aura peur de verser. Car les hommes de génie, si grands qu'ils soient, ont toujours en eux leur bête qui parodie leur intelligence. C'est par là qu'ils touchent l'humanité, car c'est par là qu'ils sont dramatiques ». Selon B. CONSTANT, le mélange des genres permet une *peinture plus complète des individus*, « avec leurs faiblesses, leurs inconséquences et cette mobilité ondoyante qui appartient à la nature humaine et qui forme les êtres réels » (Préface de *Wallenstein*).

2. « LE DRAME EST LA POÉSIE COMPLÈTE ». Dans la pensée de ses théoriciens, le drame romantique doit pouvoir embrasser tous les genres. « Le drame tient de la *tragédie* par la peinture des passions et de la *comédie* par la peinture des caractères » *(Préf. de Ruy Blas)*. « L'*ode* et l'*épopée* ne le contiennent qu'en germe ; il les contient l'une et l'autre en développement ; il les résume et les enserre toutes deux » *(Préf. de*

Cromwell). L'originalité du drame romantique, en particulier chez V. HUGO, sera dans cette forme infiniment *libre* et *souple*, ouverte à tous les souffles poétiques (cf. p. 235).

Toutefois les novateurs ne présentent pas le mélange des genres comme une règle obligatoire du drame. STENDHAL lui serait même hostile : il croit difficile à réaliser le mélange de l'*intérêt passionné* que suscite le tragique et de la *curiosité amusée* que provoque le comique. VICTOR HUGO *est seul à en faire une obligation absolue*, liée à l'essence du drame. C'est que les oppositions qui en résultent s'accordent parfaitement avec son génie antithétique, et on notera l'importance qu'il attribue au *grotesque*, dont le contraste avec le *sublime* est « la plus riche source que la nature puisse ouvrir à l'art » (cf. p. 235).

Contre les unités de temps et de lieu

Pour les modernes qui voulaient renouveler les sujets en substituant à la crise passionnelle de la tragédie la peinture des *événements historiques*, les unités constituaient des conventions absurdes, des contraintes insupportables. C'est avec une verve étincelante que VICTOR HUGO, *mettant hors de cause l'unité d'action*, ridiculise la « prétendue règle des *deux* unités », en retournant contre les classiques l'argument de la *vraisemblance*.

1. L'UNITÉ DE LIEU. « Ce qu'il y a d'étrange, c'est que les routiniers prétendent appuyer leur règle des deux unités sur la vraisemblance, tandis que *c'est précisément le réel qui la tue*. Quoi de plus invraisemblable et de plus absurde en effet que ce vestibule, ce péristyle, cette antichambre, lieu banal où nos tragédies ont la complaisance de venir se dérouler, où arrivent, on ne sait comment, les conspirateurs pour déclamer contre le tyran, le tyran pour déclamer contre les conspirateurs, chacun à leur tour... Où a-t-on vu vestibule ou péristyle de cette sorte ? Quoi de plus contraire, nous ne dirons pas à la vérité, les scolastiques en font bon marché, mais à la vraisemblance ? Il résulte de là que tout ce qui est trop caractéristique, trop intime, trop local, pour se passer dans l'antichambre ou dans le carrefour, c'est-à-dire tout le drame, se passe dans la coulisse. Nous ne voyons en quelque sorte sur le théâtre que les coudes de l'action ; ses mains sont ailleurs. *Au lieu de scènes, nous avons des récits ; au lieu de tableaux, des descriptions*. De graves personnages placés, comme le chœur antique, entre le drame et nous, viennent nous raconter ce qui se fait dans le temple, dans le palais, dans la place publique, de façon que souventes fois nous sommes tentés de leur crier : Vraiment ! mais conduisez-nous donc là-bas ! On s'y doit bien amuser, cela doit être beau à voir !... »

« On commence à comprendre de nos jours que *la localité exacte est un des premiers éléments de la réalité*. Les personnages parlants ou agissants ne sont pas les seuls qui gravent dans l'esprit du spectateur la fidèle empreinte des faits. Le lieu où telle catastrophe s'est passée en devient un témoin terrible et inséparable ; et l'absence de cette sorte de personnage muet décompléterait dans le drame les plus grandes scènes de l'histoire. Le poète oserait-il assassiner Rizzio ailleurs que dans la chambre de Marie Stuart ? poignarder Henri IV ailleurs que dans cette rue de la Ferronnerie, tout obstruée de haquets et de voitures ? brûler Jeanne d'Arc autre part que dans le Vieux-Marché ? ».

2. L'UNITÉ DE TEMPS. « L'unité de temps n'est pas plus solide que l'unité de lieu. L'action, encadrée de force dans les vingt-quatre heures, est aussi ridicule qu'encadrée dans le vestibule. *Toute action a sa durée propre comme son lieu particulier*. Verser la même dose de temps à tous les événements ! appliquer la même mesure sur tout ! On rirait d'un cordonnier qui voudrait mettre le même soulier à tous les pieds. Croiser l'unité de temps à l'unité de lieu comme les barreaux d'une cage, et y faire pédantesquement entrer, de par Aristote, tous ces faits, tous ces peuples, toutes ces figures que la providence déroule à si grandes masses dans la réalité ! c'est mutiler hommes et choses, c'est faire grimacer l'histoire ». — « *Faire grimacer l'histoire* » : STENDHAL a souligné ce danger, que la tragédie classique n'évite qu'en se concentrant sur de *brèves crises passionnelles*. « La tragédie racinienne ne peut jamais prendre que les trente-six dernières heures d'une action ; donc *jamais de développement des passions*. Quelle conjuration a le temps de s'ourdir, quel mouvement populaire peut se développer en trente-six heures ? Il est intéressant, il est beau de voir Othello, si amoureux au premier acte, tuer sa femme au cinquième. Si ce changement a lieu en trente-six heures, il est absurde, et je méprise Othello. Macbeth, honnête homme au premier acte, séduit par sa femme, assassine son

bienfaiteur et son roi, et devient un monstre sanguinaire. Ou je me trompe fort, ou ces changements de passions dans le cœur humain sont ce que la poésie peut offrir de plus magnifique au cœur des hommes, qu'elle touche et instruit à la fois ».

3. UNE AUTRE CONCEPTION DU THÉÂTRE. A n'en pas douter, *le règne des unités était révolu.* Certes, dans l'ardeur de la polémique, les novateurs négligeaient le caractère profond de l'art classique, essentiellement intérieur, pour lequel les règles et les conventions de la tragédie offraient un cadre favorable à l'éclosion des chefs-d'œuvre (cf. *XVIIᵉ Siècle*, p. 95-96). Mais la nature même de leurs critiques révélait qu'ils aspiraient à une *autre forme d'art dramatique :* un art plus libre, capable de prendre pour sujets les grands événements historiques, un art moins rigoureusement intellectuel, frappant directement les sens en substituant aux récits et aux descriptions le spectacle des événements mêmes. Conception justifiée par les chefs-d'œuvre d'un Shakespeare.

Unité d'action ou d'ensemble

L'unité d'action est « la seule admise par tous parce qu'elle résulte d'un fait : l'œil ni l'esprit humain ne sauraient saisir plus d'un ensemble à la fois ». Néanmoins, reprenant les idées de Manzoni et de Guizot, VICTOR HUGO cherche à l'assouplir en la définissant comme *l'unité d'ensemble :* « Gardons-nous de confondre l'unité avec la simplicité d'action. *L'unité d'ensemble* ne répudie en aucune façon les actions secondaires, sur lesquelles doit s'appuyer l'action principale. Il faut seulement que ces parties, savamment subordonnées au tout, gravitent sans cesse vers l'action centrale et se groupent autour d'elle... *L'unité d'ensemble est la loi de perspective du théâtre.* »

La nature « transfigurée »

La *liberté dans l'art*, ainsi se résumait la revendication de la nouvelle école. VICTOR HUGO indique avec *bon sens* les limites de cette liberté.

1. NI RÈGLES NI MODÈLES : LA NATURE. Hugo proclame *l'indépendance du génie* et se refuse à imiter : « pas plus Shakespeare que Molière, pas plus Schiller que Corneille ». Il n'admet pas de se soumettre à des contraintes qui stérilisent la création : « Mettons le marteau dans les théories, les poétiques et les systèmes... Il n'y a ni règles ni modèles ; ou plutôt il n'y a d'autres règles que *les lois générales de la nature...* »

2. « LA VIE TRANSFIGURÉE EN ART ». « *Tout ce qui est dans la nature est dans l'art* » ; cette formule célèbre, destinée à justifier le mélange du grotesque et du sublime, n'est pas une adhésion au réalisme absolu : HUGO insiste au contraire sur « la limite infranchissable qui sépare la *réalité selon l'art* de la *réalité selon la nature* ». Loin d'être une copie servile, l'art choisit, condense, interprète. Cf. VIGNY : «*l'art est la vérité choisie*».

3. LE DRAME, ŒUVRE D'ART : *a)* « Le drame est un miroir où se réfléchit la nature », mais c'est « un miroir de concentration », « *un point d'optique* » : « Tout ce qui existe dans le monde, dans l'histoire, dans la vie, dans l'homme, tout doit s'y réfléchir, mais sous la baguette magique de l'art » ; il élabore une *réalité supérieure.*

b) « Si le poète doit *choisir* dans les choses (et il le doit), ce n'est pas le *beau* mais le *caractéristique.* Non qu'il convienne de *faire*, comme on dit aujourd'hui, *de la couleur locale,* c'est-à-dire d'ajouter après coup quelques touches criardes çà et là sur un ensemble du reste parfaitement faux et conventionnel. Ce n'est point à la surface du drame que doit être la couleur locale, mais au fond, dans le cœur même de l'œuvre, d'où elle se répand au dehors, d'elle-même, naturellement, également, et dans tous les coins du drame, comme la sève qui monte de la racine à la dernière feuille de l'arbre ».

c) Soucieux de fuir « le commun » et d'assurer au drame son caractère *d'œuvre d'art,* HUGO se déclare en faveur du *drame en vers.* La plupart des théoriciens romantiques étaient au contraire partisans du drame en prose : ainsi STENDHAL protestait contre l'alexandrin pseudo-classique, ennemi du mot propre, qui interdisait de parler en vers de la « poule au pot » d'Henri IV ou du mouchoir d'Othello, et dont la fausse élégance était un obstacle à la véritable émotion. Mais VICTOR HUGO, virtuose du vers dramatique, réplique que les coupables sont les mauvais versificateurs et définit en termes très heureux *le vers du drame,* libre et audacieux, dont il donnera l'exemple (cf. p. 236-244).

LE THÉATRE DE VICTOR HUGO

Théorie et pratique   **I. VERS ET PROSE.** Hugo n'est pas toujours resté
fidèle à sa théorie du *drame en vers.* Après quatre œuvres
en vers : *Cromwell* (1827), *Hernani* (1830), *Marion de Lorme* (1831) et *Le Roi s'amuse*
(1832), il en donne trois en prose : *Lucrèce Borgia, Marie Tudor* (1833) et *Angelo* (1835),
puis revient au vers avec *Ruy Blas* (1838) et *Les Burgraves* (1843). Ses meilleurs drames
sont les drames en vers, surtout HERNANI et RUY BLAS ; dans les pièces en prose ses
tendances mélodramatiques s'exaspèrent sans être compensées par la poésie.

II. LE MÉLANGE DES GENRES. Les drames en prose marquent aussi un recul
du *mélange des genres :* ils sont uniformément sombres. Les éléments comiques étaient
nombreux dans *Cromwell* et plus encore dans *Marion de Lorme* (IIIᵉ acte et personnage
de Saverny). Dans *Hernani* le mélange des genres devient moins sensible. Avant les
pièces en prose, *Le Roi s'amuse* est déjà un *drame noir*, en dépit des plaisanteries de
Triboulet, fou de François Iᵉʳ ; son rôle montre d'ailleurs que l'alliance du sublime et
du grotesque n'est pas identique à celle du comique et du tragique : ce bouffon est
grotesque, mais, torturé dans son amour paternel, il est aussi *tragique*, et ne prête guère
à rire (cf. *Ruy Blas*, p. 240). Après les pièces en prose Hugo réagit : de propos délibéré,
il fait de *Ruy Blas* une illustration éclatante du mélange des genres (cf. p. 241). Cependant
il renoncera de nouveau au comique dans un dernier drame tout épique, *Les Burgraves.*

Caractères
généraux   **I. L'ACTION.** *Intrigue serrée, péripéties émouvantes,
dénouement frappant :* ces qualités *dramatiques* caractérisent le génie de Hugo même dans ses romans et sa
poésie ; pourtant l'épreuve du théâtre lui est peu favorable. Parfois surchargée *(Cromwell)*,
l'action des drames manque souvent de vraisemblance : dans *Hernani*, le héros proclame sa
volonté d'abattre le roi, mais lorsqu'il se trouve en face de lui, quelque incident vient
toujours l'empêcher d'exécuter son dessein. D'une façon générale *le hasard* — un hasard
fantasque, complaisant ou cruel — *joue un rôle excessif ;* il remplace le *destin* tragique, et
c'est là le défaut du drame. Nous n'avons pas l'impression que les héros adhèrent à leur
destinée : c'est le caprice du sort ou de l'auteur, non plus la fatalité antique ou la fatalité
interne de leurs passions, qui rend compte de leurs épreuves et les conduit à la catastrophe.
    Le *support historique* et la *couleur locale* ne suffisent pas à y remédier. L'intérêt du
spectacle en est accru, mais il ne saurait suppléer à celui de *l'action dramatique*, de même
que le *pathétique* ne remplace pas *l'émotion tragique.* Néanmoins l'intrigue, brillante,
spectaculaire, riche en rebondissements, est de nature à *enthousiasmer la jeunesse.*

    II. LES PERSONNAGES. Il en est de même des *sentiments*, ardents, romantiques,
dessinés avec vigueur, mais qui n'atteignent pas à la profondeur d'analyse de la tragédie
cornélienne ou racinienne. Les grandes figures historiques sont traitées avec désinvolture
(Don Carlos dans *Hernani*) ou avec parti pris (Richelieu dans *Marion de Lorme*). Quant
aux héros imaginaires, *leurs passions sont émouvantes mais assez simplifiées.* A la différence
de Racine, Hugo, toujours hanté par les contrastes, a tendance à créer *des héros tout bons
ou tout mauvais*, qui rejoindraient à la limite les types du mélodrame (cf. p. 231) : ainsi,
dans *Ruy Blas, Don Salluste est manifestement le traître.* Dans *Hernani*, la transformation morale de Don Carlos devenu Charles Quint paraît bien brusque, et beaucoup
moins vraisemblable que le revirement d'Auguste dans *Cinna.*

    III. LA POÉSIE. Mais le théâtre de Hugo est transfiguré par la *poésie.* Sans doute
cette poésie n'est-elle pas proprement dramatique comme celle de Racine ; mais, lyrique
ou épique, et même si parfois elle trahit une intervention un peu indiscrète de l'auteur,
elle n'en fait pas moins le *charme* et la *grandeur* de ses principaux drames.
    1. LE LYRISME. L'âme des héros est toute vibrante, comme celle de leur créateur.
Ils chantent leur enthousiasme, leurs rêves, leur mélancolie, leur amour avec un lyrisme

qui compense par son pouvoir de suggestion les imperfections de l'analyse. Les *duos d'amour* surtout, mêlant l'évocation de la nature à l'intimité des cœurs, ont des accents inoubliables (cf. p. 237 et 239). Parfois le lyrisme prend un autre visage, celui de la FANTAISIE, gaie ou rêveuse, capricieuse ou débridée : Hugo montre alors une verve étincelante, un humour où les gamineries n'excluent pas la poésie (cf. p. 241).

2. L'ÉLÉMENT ÉPIQUE. Dans ses drames, Hugo illustre déjà la définition de l'épopée qu'il donnera plus tard : « *C'est de l'histoire écoutée aux portes de la légende* ». Il brosse de *vastes fresques*, très colorées, évoquant autour de l'action centrale toute une époque, tout un pays : la révolution d'Angleterre *(Cromwell)*, la France sous Richelieu *(Marion de Lorme)*, l'Espagne de Charles Quint *(Hernani)* puis une Espagne au bord de la décadence *(Ruy Blas)*, le Moyen Age germanique, violent et grandiose, tel qu'il l'a imaginé en visitant les *burgs* rhénans *(Les Burgraves.)*.

Parfois l'inspiration épique, d'ordinaire diffuse, se condense dans une grande tirade qui suspend l'action mais en élargit les résonances et présente en elle-même le plus vif intérêt moral et esthétique : c'est la *méditation* de Don Carlos au tombeau de Charlemagne *(Hernani*, IV, 2), ou *l'invective* de Ruy Blas aux ministres corrompus *(Ruy Blas*, III, 2).

Hernani (1830)

A Saragosse, dans la chambre de DOÑA SOL, *la nuit, se rencontrent trois hommes épris de la jeune fille : le roi d'Espagne* DON CARLOS, *le proscrit* HERNANI *qui s'est révolté contre le roi pour venger son père, et le vieux* DON RUY GOMEZ DE SILVA, *oncle de Doña Sol. Celle-ci aime Hernani et s'apprête à le suivre (p. 237). Mais l'enlèvement échoue, et Hernani doit regagner ses montagnes. Traqué par les troupes royales, il se réfugie au château de Don Ruy Gomez, qui se dispose à épouser sa nièce. Surprenant le proscrit avec Doña Sol, le vieillard laisse éclater sa fureur ; mais il refuse au roi de lui* livrer *un hôte, fût-il son rival. Il ne déshonorera point, par une telle infamie, ses ancêtres dont les portraits ornent la salle. Don Carlos emmène Doña Sol comme otage. Cependant Hernani promet à son sauveur de mourir dès qu'il l'exigera : le signal sera le son du cor qu'il lui remet.*

A Aix-la-Chapelle, près du tombeau de Charlemagne, Don Carlos attend le résultat de l'élection à l'Empire ; il médite sur le destin du monde dominé par « *ces deux moitiés de Dieu, le Pape et l'Empereur* ». *Dans l'ombre, un complot se trame contre lui : les chefs sont Ruy Gomez et Hernani. Don Carlos est élu : le voici* CHARLES QUINT ; *alors il pardonne magnanimement aux conjurés arrêtés par sa garde ; à* HERNANI, *redevenu* DON JUAN D'ARAGON, *il accorde la main de* DOÑA SOL. *Hernani épouse donc celle qu'il aime : tous deux goûtent un instant de bonheur ineffable (cf. p. 239), mais le son du cor retentit : le vieillard inexorable vient réclamer sa proie. Doña Sol arrache le poison à Hernani et boit avant lui ; tous deux expirent et Ruy Gomez se tue à son tour.*

En dépit de ce dénouement sombre, *Hernani* faisait passer un souffle de *jeunesse* sur notre théâtre. Par ses hardiesses de ton, de style et de versification, ce drame était bien fait pour enthousiasmer les Jeune-France (cf. p. 154, *Bataille d'Hernani*) ; avec le lyrisme de ses sentiments simples, généreux, chevaleresques, avec sa tendresse et son « panache », il reste entraînant, exaltant même ; par ses qualités *romanesques* et ses accents *héroïques* il s'inscrit dans la lignée du *Cid*.

LE BANDIT

Ce dialogue *poétique, tendre et passionné* est en même temps une *exposition* animée, qui apprend au spectateur la vie que mène HERNANI et les sentiments qu'éprouve pour lui DOÑA SOL. Pour apprécier le mélange des genres dans *Hernani*, il faut songer que pendant ce duo d'amour DON CARLOS *est enfermé dans une armoire* dont il va sortir « avec fracas ». C'est aussi une *scène d'action :* le roi et le bandit croiseront le fer devant Doña Sol, mais le retour de DON RUY GOMEZ les obligera à remettre l'épée au fourreau (I, 2).

DOÑA SOL : Je vous suivrai.

HERNANI :   Parmi mes rudes compagnons ?
Proscrits dont le bourreau sait d'avance les noms,

Gens dont jamais le fer ni le cœur ne s'émousse,
Ayant tous quelque sang à venger qui les pousse ?
Vous viendrez commander ma bande, comme on dit ?
Car, vous ne savez pas, moi, je suis un bandit !
Quand tout me poursuivait dans toutes les Espagnes,
Seule, dans ses forêts, dans ses hautes montagnes,
Dans ses rocs où l'on n'est que de l'aigle aperçu,
La vieille Catalogne en mère m'a reçu.   10
Parmi ses montagnards, libres, pauvres, et graves,
Je grandis, et demain trois mille de ses braves,
Si ma voix dans leurs monts fait résonner ce cor,
Viendront... Vous frissonnez. Réfléchissez encor.
Me suivre dans les bois, dans les monts, sur les grèves,
Chez des hommes pareils aux démons de vos rêves,
Soupçonner tout, les yeux, les voix, les pas, le bruit,
Dormir sur l'herbe, boire au torrent, et la nuit
Entendre, en allaitant quelque enfant qui s'éveille,
Les balles des mousquets siffler à votre oreille,   20
Être errante avec moi, proscrite, et, s'il le faut,
Me suivre où je suivrai mon père, — à l'échafaud.

DOÑA SOL : Je vous suivrai.

HERNANI :   Le duc est riche, grand, prospère.
Le duc n'a pas de tache au vieux nom de son père.
Le duc peut tout. Le duc vous offre avec sa main
Trésors, titres, bonheur...

DOÑA SOL :   Nous partirons demain.
Hernani, n'allez pas sur mon audace étrange
Me blâmer. Êtes-vous mon démon ou mon ange ?
Je ne sais, mais je suis votre esclave. Écoutez.
Allez où vous voudrez, j'irai. Restez, partez.   30
Je suis à vous. Pourquoi fais-je ainsi ? je l'ignore.
J'ai besoin de vous voir et de vous voir encore
Et de vous voir toujours. Quand le bruit de vos pas
S'efface, alors je crois que mon cœur ne bat pas,
Vous me manquez, je suis absente de moi-même ;
Mais dès qu'enfin ce pas que j'attends et que j'aime
Vient frapper mon oreille, alors il me souvient
Que je vis, et je sens mon âme qui revient !

— A quelle intention obéit Hernani en évoquant sa vie ? Relevez les détails qui constituent des arguments implicites.
Comment réagit Doña Sol ?
— Quelle conception de l'amour incarne Doña Sol ? comment se traduit cet amour ?
— Quelle est l'utilité, quel est l'intérêt de cette scène pour l'action ?
— Quels éléments pourriez-vous qualifier de « romantiques » : a) dans la tirade d'Hernani et dans la réplique de Doña
Sol ? – b) dans la versification ?

JE SUIS UNE FORCE QUI VA !

Nous sommes au château de Don Ruy Gomez, dans les montagnes d'Aragon (cf. Analyse, p. 236). Avec une ironie amère, HERNANI félicite DOÑA SOL de son mariage imminent lorsqu'au fond de la corbeille de noces, sous l'amas des joyaux, la jeune fille lui montre un *poignard :* elle périra plutôt que de lui être infidèle. Alors HERNANI, avec un *lyrisme sombre,* crie ses *remords* et son *désespoir* (III, 4).

Monts d'Aragon ! Galice ! Estramadoure [1] !
— Oh ! je porte malheur à tout ce qui m'entoure ! —
J'ai pris vos meilleurs fils ; pour mes droits, sans remords
Je les ai fait combattre, et voilà qu'ils sont morts !
C'étaient les plus vaillants de la vaillante Espagne.
Ils sont morts [2] ! ils sont tous tombés dans la montagne,
Tous sur le dos [3] couchés, en braves, devant Dieu,
Et, si leurs yeux s'ouvraient, ils verraient le ciel bleu !
Voilà ce que je fais de tout ce qui m'épouse [4] !
10 Est-ce une destinée à te rendre jalouse ?
Doña Sol, prends le duc, prends l'enfer, prends le roi [5] !
C'est bien. Tout ce qui n'est pas moi vaut mieux que moi !
Je n'ai plus un ami qui de moi se souvienne,
Tout me quitte, il est temps qu'à la fin ton tour vienne,
Car je dois être seul. Fuis ma contagion.
Ne te fais pas d'aimer une religion [6] !
Oh ! par pitié pour toi, fuis ! — Tu me crois peut-être
Un homme comme sont tous les autres, un être
Intelligent, qui court droit au but qu'il rêva.
20 Détrompe-toi. Je suis une force qui va !
Agent aveugle et sourd de mystères funèbres !
Une âme de malheur faite avec des ténèbres !
Où vais-je ? je ne sais. Mais je me sens poussé
D'un souffle impétueux, d'un destin insensé.
Je descends, je descends, et jamais ne m'arrête.
Si parfois, haletant, j'ose tourner la tête,
Une voix me dit : Marche ! et l'abîme est profond,
Et de flamme ou de sang je le vois rouge au fond !
Cependant, à l'entour de ma course farouche,
30 Tout se brise, tout meurt. Malheur à qui me touche !
Oh ! fuis ! détourne-toi de mon chemin fatal,
Hélas ! sans le vouloir, je te ferais du mal [7] !

– *Comment Hernani définit-il sa « destinée » ? en quoi se sent-il différent des autres hommes ?*
– *Hernani et Doña Sol. Comment se traduit ici son amour pour la jeune femme ? Montrez que la tirade est ponctuée par une sorte de refrain ; quel est l'objet de ce refrain ?*
– *Relevez les éléments épiques de cette tirade : quelles en sont, selon vous, les beautés et les faiblesses ?*
● **Comparaison.** Ressemblances et différences entre cette tirade d'Hernani et celle de l'extrait précédent.
– *Essai. Hernani héros romantique. Étudiez d'après les extraits : a) le trait dominant de son caractère et ses diverses manifestations ; – b) les traits communs avec ceux d'autres héros romantiques ; – c) les ressemblances et différences avec certains héros de* RACINE *(par ex.* Oreste).

— 1 A quoi tient la beauté de ce vers ? — 2 Que traduit cette reprise ? — 3 Pourquoi cette précision ? — 4 Commenter le choix du terme. — 5 Don Carlos, lui aussi amoureux de Doña Sol ; apprécier la gradation. — 6 Un scrupule de conscience. — 7 Montrer que le dénouement confirmera cette crainte.

L'heure exquise

HERNANI vient d'épouser DOÑA SOL ; la noce se termine ; les invités se retirent ; parmi eux rôde un masque mystérieux, qui nous a inquiétés un moment... Mais voici les jeunes époux, enfin seuls ; après l'agitation du bal, ses flambeaux, ses fanfares, et avant un atroce réveil, *ils goûtent délicieusement le tête-à-tête* dans la sérénité du silence et de la nuit. Bonheur ineffable, si intense qu'il fait presque mal ; bonheur fragile que nous savons menacé. C'est l'heure exquise... Le vers de HUGO devient ici *musique pure ;* sa poésie a des résonances shakespeariennes et ouvre la voie au *Symbolisme* (Cf. Verlaine, *Clair de lune*). — Acte V, Scène 3.

DOÑA SOL : Un moment [1] ! — Vois-tu bien, c'est la joie ! et je pleure !
Viens voir la belle nuit.

Elle va à la balustrade.

Mon duc, rien qu'un moment !

Le temps de respirer et de voir seulement.
Tout s'est éteint, flambeaux et musique de fête.
Rien que la nuit et nous. Félicité parfaite !
Dis, ne le crois-tu pas ? sur nous, tout en dormant,
La nature à demi veille amoureusement.
Pas un nuage au ciel. Tout, comme nous, repose.
Viens, respire avec moi l'air embaumé de rose !
Regarde. Plus de feux, plus de bruit. Tout se tait [2].   10
La lune tout à l'heure à l'horizon montait ;
Tandis que tu parlais, sa lumière qui tremble
Et ta voix, toutes deux m'allaient au cœur ensemble [3],
Je me sentais joyeuse et calme, ô mon amant,
Et j'aurais bien voulu mourir en ce moment [4] !

HERNANI : Ah ! qui n'oublierait tout à cette voix céleste ?
Ta parole est un chant où rien d'humain ne reste [5].
Et, comme un voyageur, sur un fleuve emporté,
Qui glisse sur les eaux par un beau soir d'été
Et voit fuir sous ses yeux mille plaines fleuries,   20
Ma pensée entraînée erre en tes rêveries [6] !

DOÑA SOL : Ce silence est trop noir, ce calme trop profond [7].
Dis, ne voudrais-tu pas voir une étoile au fond ?
Ou qu'une voix des nuits tendre et délicieuse,
S'élevant tout à coup, chantât ?...

HERNANI, *souriant :*   Capricieuse !
Tout à l'heure on fuyait la lumière et les chants !

DOÑA SOL : Le bal ! mais un oiseau qui chanterait aux champs !
Un rossignol perdu dans l'ombre et dans la mousse,
Ou quelque flûte au loin !... Car la musique est douce,
Fait l'âme harmonieuse, et, comme un divin chœur,   30
Éveille mille voix qui chantent dans le cœur !
Ah ! ce serait charmant ! *On entend le bruit d'un cor dans l'ombre.*
Dieu ! je suis exaucée !

— 1 La scène est à Saragosse, sur une terrasse du palais d'Aragon. Hernani veut entraîner Doña Sol vers le palais. — 2 Cf. p. 190, v. 68-71 — 3 Cf. les *correspondances* baudelairiennes (p. 431). — 4 Apprécier ce sentiment. — 5 Cf. p. 89, v. 17. — 6 En quoi ce vers annonce-t-il le symbolisme ? (cf. p. 539). — 7 Doña Sol se sent gagnée par une vague inquiétude, comme si elle pressentait, inconsciemment, une menace.

RUY BLAS (1838)

I. DON SALLUSTE. DON SALLUSTE DE BAZAN *va quitter la cour de Madrid, en* 169...
Il *médite de se venger de la* REINE, *responsable de sa disgrâce, et a convoqué à cet effet
son cousin* DON CÉSAR DE BAZAN, *grand seigneur dévoyé, connu dans la bohême sous le nom
de* ZAFARI. *Dans sa dégradation Don César est resté chevaleresque : apprenant qu'il s'agit
de se venger d'une femme, il refuse avec indignation. Don Salluste le fera livrer aux pirates
barbaresques ; mais il a surpris une extraordinaire confidence de son valet* RUY BLAS *à Zafari:
le laquais est amoureux de la Reine d'Espagne ! Cette passion va servir les sombres desseins
de Don Salluste : présentant Ruy Blas à la cour sous le nom de Don César, grand d'Espagne,
il lui ordonne « de plaire à cette femme et d'être son amant ».*

*II. LA REINE D'ESPAGNE. Cloîtrée dans son palais, la Reine s'ennuie ; elle rêve
au mystérieux inconnu qui lui fait parvenir, au péril de sa vie, les fleurs qu'elle aime ; le
dernier bouquet était même accompagné d'une lettre d'amour... Arrive un jeune seigneur,
Don César, que le Roi lui donne pour écuyer ; la Reine devine en lui l'auteur de la lettre,
et ne peut dissimuler son émotion. Jaloux, le vieux* DON GURITAN *provoque en duel Don
César-Ruy Blas. Pour sauver celui-ci, la Reine écarte Don Guritan (cf. p. 241, v. 13-15).*

*III. RUY BLAS. Par la faveur de la Reine, Ruy Blas est parvenu aux plus hauts
emplois ; son amour lui donne du génie, et il tente de régénérer l'Espagne. Dans une tirade
véhémente, il reproche aux ministres leur corruption ; la Reine l'a entendu : enthousiasmée,
elle lui avoue son amour. Mais Don Salluste est de retour : il raille Ruy Blas de se prendre
au sérieux et l'humilie cruellement. Sans savoir encore ce que trame ce misérable, Ruy Blas
tremble pour la Reine.*

*IV. DON CÉSAR. Brusque détente : le vrai Don César a échappé aux Barbaresques ;
il tombe par la cheminée... dans le logis secret du faux Don César : d'où une série de quiproquos
du plus haut comique, exploités avec verve par César-Zafari (cf. p. 241). Son intervention
va-t-elle sauver Ruy Blas et la Reine ? Non ; Don Salluste paraît et fait arrêter son cousin.*

*V. LE TIGRE ET LE LION. Utilisant un billet qu'il avait fait écrire par Ruy Blas
à l'Acte I, Don Salluste attire la Reine dans un guet-apens. Surprise par lui en compagnie
de Ruy Blas, elle sera déshonorée ; il lui offre de renoncer au trône et de partir avec « Don
César ». Mais Ruy Blas, indigné, avoue à la Reine qu'il n'est qu'un laquais ; puis il tue
Don Salluste (cf. p. 243), s'empoisonne et meurt dans les bras de la Reine.*

LA HAINE ET L'AMOUR. Quoique l'intrigue soit mélodramatique, Ruy Blas
peut être considéré comme le chef-d'œuvre de Hugo. Sur toute la pièce pèse une menace
obsédante, *la vengeance machiavélique de Don Salluste* qui poursuit la Reine d'une haine
implacable et ne considère Ruy Blas que comme un *vil instrument*. L'éclat du *drame
d'amour* s'en trouve rehaussé ; passion émouvante et bien romantique, *cet amour d'un
laquais pour une reine* a le charme douloureux des rêves impossibles.

LE MÉLANGE DES GENRES. C'est un trait de *grotesque tragique* que la condition
de Ruy Blas, auquel un sort absurde a donné, *avec une âme sublime, l'état de laquais.*
Mais surtout Hugo pratique ici l'insertion du *comique* dans le *tragique.* A l'Acte II la
gaîté vive de Casilda, suivante de la Reine, contraste avec le mortel ennui qui pèse sur la
cour et avec les gestes d'automates de la Camerera mayor et de Don Guritan. L'Acte IV
presque entier est animé par *les bouffonneries de Don César*, personnage qui n'était
nullement indispensable à l'action.

LE DRAME SYMBOLIQUE. Enfin Hugo lui-même nous suggère toute une *interprétation symbolique* de son drame, en rapport avec la philosophie de l'histoire et la philosophie morale. Dans cette Espagne décadente, l'odieux DON SALLUSTE et DON CÉSAR,
sympathique mais déchu, figurent les deux aspects de *la noblesse ;* RUY BLAS, c'est *le
peuple*, et aussi *le génie.* Quant à MARIA DE NEUBOURG, l'auteur a voulu étudier en elle,
derrière la reine, la simple femme, tendre, rêveuse, avide d'affection, exilée loin des siens
dans une cour étrangère.

Détente burlesque

Dans cette demeure magique où il est entré par la cheminée, DON CÉSAR-ZAFARI a trouvé un pâté succulent et un vin délectable ; il y a reçu un monceau d'or et l'assurance qu'une mystérieuse dame viendrait au rendez-vous fixé. C'est maintenant un *duel* qui va lui tomber du ciel : il est décidément comblé ! *Plaisante confrontation*, corsée par un *quiproquo*, que celle de ces deux personnages *burlesques* : car la dignité offensée de DON GURITAN, parfaitement inaccessible à l'humour, n'est pas moins bouffonne que la verve insouciante et gouailleuse de DON CÉSAR (IV, 5).

DON GURITAN : Vous arrivez, mon cher monsieur ? Eh bien, j'arrive
     Encor bien plus que vous !

DON CÉSAR, *épanoui :*   De quelle illustre rive ?

DON GURITAN : De là-bas, dans le nord.

DON CÉSAR :   Et moi, de tout là-bas,
     Dans le midi.

DON GURITAN :   Je suis furieux !

DON CÉSAR :   N'est-ce pas ?
     Moi, je suis enragé !

DON GURITAN :   J'ai fait douze cent lieues !

DON CÉSAR : Moi, deux mille ! J'ai vu des femmes jaunes, bleues,
     Noires, vertes. J'ai vu des lieux du ciel bénis,
     Alger, la ville heureuse, et l'aimable Tunis,
     Où l'on voit, tant ces Turcs ont des façons accortes,
     Force gens empalés accrochés sur les portes.   10

DON GURITAN : On m'a joué, monsieur !

DON CÉSAR :   Et moi, l'on m'a vendu !

DON GURITAN : L'on m'a presque exilé !

DON CÉSAR :   L'on m'a presque pendu !

DON GURITAN : On m'envoie à Neubourg [1], d'une manière adroite,
     Porter ces quatre mots écrits dans une boîte :
     « Gardez le plus longtemps possible ce vieux fou. »

DON CÉSAR, *éclatant de rire :* Parfait ! Qui donc cela ?

DON GURITAN :   Mais je tordrai le cou
     A César de Bazan !

DON CÉSAR, *gravement :* Ah !

DON GURITAN :   Pour comble d'audace,
     Tout à l'heure il m'envoie un laquais à sa place.
     Pour l'excuser ! dit-il. Un dresseur de buffet !
     Je n'ai point voulu voir le valet [2]. Je l'ai fait   20
     Chez moi mettre en prison, et je viens chez le maître.
     Ce César de Bazan ! cet impudent ! ce traître !
     Voyons, que je le tue ! Où donc est-il ?

DON CÉSAR, *toujours avec gravité :*   C'est moi.

— 1 Pour éviter un duel entre Ruy Blas et Don Guritan, la reine a envoyé celui-ci porter... une boîte à son père l'électeur de Neubourg (principauté située entre le Palatinat et la Bavière). — 2 Rappel du drame qui se joue : si Don Guritan avait reçu ce valet, envoyé par Ruy Blas pour le prévenir qu'un danger menace la Reine, celle-ci ne tomberait pas dans le guet-apens tramé par Don Salluste.

DON GURITAN : Vous ! — Raillez-vous, monsieur ?

DON CÉSAR :   Je suis don César.

DON GURITAN :   Quoi !
      Encor !

DON CÉSAR :   Sans doute, encor !

DON GURITAN :   Mon cher, quittez ce rôle.
      Vous m'ennuyez beaucoup, si vous vous croyez drôle.

DON CÉSAR : Vous, vous m'amusez fort ! Et vous m'avez tout l'air
      D'un jaloux. Je vous plains énormément, mon cher.
      Car le mal qui nous vient des vices qui sont nôtres
      Est pire que le mal que nous font ceux des autres...   30

DON GURITAN : Savez-vous bien, monsieur, que vous m'exaspérez ?

DON CÉSAR : Bah !

DON GURITAN :   Que c'est trop fort !

DON CÉSAR :   Vrai ?

DON GURITAN :   Que vous me le paierez !

DON CÉSAR :   *(Il examine d'un air goguenard les souliers de don Guritan, qui*
      disparaissent sous des flots de rubans, selon la nouvelle mode) :
      Jadis on se mettait des rubans sur la tête.
      Aujourd'hui, je le vois, c'est une mode honnête,
      On en met sur sa botte, on se coiffe les pieds.
      C'est charmant !   Nous allons nous battre !

DON GURITAN :   Nous allons nous battre !

DON CÉSAR, *impassible :*   Vous croyez ?

DON GURITAN : Vous n'êtes pas César, la chose me regarde ;
      Mais je vais commencer par vous.

DON CÉSAR :   Bon. Prenez garde
      De finir par moi.

DON GURITAN *(Il lui présente une des deux épées) :* Fat ! Sur-le-champ !

DON CÉSAR, *prenant l'épée :*   De ce pas.
      Quand je tiens un bon duel, je ne le lâche pas !   40

DON GURITAN : Où ?

DON CÉSAR :   Derrière le mur. Cette rue est déserte.

DON GURITAN, *essayant la pointe de l'épée sur le parquet :*
      Pour César, je le tue ensuite !

DON CÉSAR :   Vraiment ?

DON GURITAN :   Certes !

DON CÉSAR, *faisant aussi ployer son épée :*
      Bah ! l'un de nous deux mort, je vous défie après
      De tuer don César.

— *Dans cet affrontement, quel est celui des deux qui prend l'avantage ? Montrez-le, point par point, en étudiant la composition de la scène.*
— *Relevez, en les classant, les différentes formes de comique : a) comique de situation ; — b) contraste des caractères ; — c) comique de mots.*
— La fantaisie. *Montrez que* HUGO *s'amuse et introduit un comique gratuit.*
— *Que pensez-vous de l'insertion d'une pareille scène dans un drame sombre (cf. n. 2 et extrait suivant) ?*
— **Entretien.** *Comment voyez-vous César, au physique et au moral ? vous est-il sympathique, et pourquoi ?*

LE TIGRE ET LE LION

Don Salluste tient sa vengeance : il va consommer la perte de la Reine réduite à sa merci, et désespérée d'apprendre que « *Don César* » est un laquais (cf. Analyse, p. 240). Mais tandis que le traître savoure son triomphe, Ruy Blas va fermer au verrou la porte de la pièce, puis, revenant sans bruit derrière Don Salluste, il lui arrache son épée. Ce *coup de théâtre* renverse la situation : le valet bafoué, complice malgré lui d'un atroce complot contre la femme qu'il aime, devient soudain *le Justicier* (V, 3).

RUY BLAS, *terrible, l'épée de don Salluste à la main :*
> Je crois que vous venez d'insulter votre reine !

> *Don Salluste se précipite vers la porte. Ruy Blas la lui barre.*

> — Oh ! n'allez point par là, ce n'en est pas la peine,
> J'ai poussé le verrou depuis longtemps déjà. —
> Marquis, jusqu'à ce jour Satan te protégea,
> Mais, s'il veut t'arracher de mes mains, qu'il se montre.
> — A mon tour ! — On écrase un serpent qu'on rencontre.
> — Personne n'entrera, ni tes gens, ni l'enfer !
> Je te tiens écumant sous mon talon de fer !
> — Cet homme vous parlait insolemment, madame ?
> Je vais vous expliquer. Cet homme n'a point d'âme,   10
> C'est un monstre. En riant hier il m'étouffait.
> Il m'a broyé le cœur à plaisir. Il m'a fait
> Fermer une fenêtre [1], et j'étais au martyre !
> Je priais ! je pleurais ! je ne peux pas vous dire.

> *Au marquis :*

> Vous contiez vos griefs dans ces derniers moments.
> Je ne répondrai pas à vos raisonnements,
> Et d'ailleurs — je n'ai pas compris. — Ah ! misérable !
> Vous osez, — votre reine, une femme adorable !
> Vous osez l'outrager quand je suis là ! — Tenez,
> Pour un homme d'esprit, vraiment, vous m'étonnez !   20
> Et vous vous figurez que je vous verrai faire
> Sans rien dire ! — Écoutez, quelle que soit sa sphère,
> Monseigneur, lorsqu'un traître, un fourbe tortueux,
> Commet de certains faits rares et monstrueux,
> Noble ou manant, tout homme a droit, sur son passage,
> De venir lui cracher sa sentence au visage,
> Et de prendre une épée, une hache, un couteau [2] !... —
> Pardieu ! j'étais laquais ! quand je serais bourreau ?

— 1 Pour lui rappeler qu'il n'était qu'un laquais alors que Ruy Blas lui parlait du salut de l'Espagne ! — 2 Apprécier la progression.

LA REINE : Vous n'allez pas frapper cet homme ?

RUY BLAS :   Je me blâme
D'accomplir devant vous ma fonction, madame.   30
Mais il faut étouffer cette affaire en ce lieu.

Il pousse don Salluste vers le cabinet.

C'est dit, monsieur ! allez-là dedans prier Dieu !

DON SALLUSTE : C'est un assassinat !

RUY BLAS :   Crois-tu [3] ?

DON SALLUSTE, *désarmé, et jetant un regard plein de rage autour de lui :*
Sur ces murailles
Rien ! pas d'armes ! *A Ruy Blas :* Une épée au moins !

RUY BLAS :   Marquis ! tu railles !
Maître ! est-ce que je suis un gentilhomme, moi ?
Un duel ! fi donc ! je suis un de tes gens à toi,
Valetaille de rouge et de galons vêtue,
Un maraud qu'on châtie et qu'on fouette, — et qui tue !
Oui, je vais te tuer, monseigneur, vois-tu bien ?
Comme un infâme ! comme un lâche ! comme un chien [4] !   40

LA REINE :   Grâce pour lui !

RUY BLAS, *à la Reine, saisissant le marquis :* Madame, ici chacun se venge.
Le démon ne peut plus être sauvé par l'ange !

LA REINE, *à genoux :* Grâce !

DON SALLUSTE, *appelant :* Au meurtre ! au secours !

RUY BLAS, *levant l'épée :*   As-tu bientôt fini ?

DON SALLUSTE, *se jetant sur lui en criant :*
Je meurs assassiné ! Démon !

RUY BLAS, *le poussant dans le cabinet :*   Tu meurs puni !

Ils disparaissent dans le cabinet, dont la porte se referme sur eux.

Lorsque Ruy Blas reparaît après avoir tué Don Salluste, la Reine refuse de lui pardonner. Alors Ruy Blas s'empoisonne. La Reine, désespérée, lui crie qu'elle lui pardonne et qu'elle l'aime. « Si j'avais pardonné ?... — J'aurais agi de même » répond le héros, qui meurt content, car la Reine, en l'étreignant une dernière fois, ne l'a plus appelé Don César mais Ruy Blas.

- *Relevez les effets dramatiques qui assurent la progression de la scène. Par quels procédés sont-ils créés ? A quelles réactions est conduit le spectateur ?*
- *Distinguez les divers sentiments qui animent Ruy Blas ; quel est celui qui fait l'unité de la scène ?*
- *En quoi le rapport des forces est-il modifié ? Pourquoi, selon vous, Ruy Blas refuse-t-il le duel ?*
- *Commentez l'attitude de Salluste devant la mort ; quelle critique pourrait-on formuler ?*
- *Discernez les éléments romantiques selon la dramaturgie hugolienne : situation, action, langage. Sur quels points notez-vous une différence avec la tragédie classique ?*

— 3 Noter le passage du *vous* au *tu :* cf. v. 39. — 4 Quelle remarque appelle le rythme du vers ?

LE THÉATRE DE MUSSET

Après l'échec de *La Nuit Vénitienne* (1830), MUSSET ne renonce pas au genre dramatique; mais les pièces qu'il publiera dans *Un spectacle dans un fauteuil* (1833 et 1834), puis dans les *Comédies et Proverbes* (1840 et 1854) seront écrites pour la lecture et non pour la scène. Affranchi de toute convention scénique, MUSSET peut donner libre cours à sa fantaisie, s'adresser à l'imagination et au rêve. Il multiplie les *tableaux*, brièvement situés : un salon, un bois, une rue, une fontaine ; il place l'action en Italie, en Bavière, en Hongrie, en Bohême, et même « où l'on voudra » ! *L'intrigue* peut, à son gré, se desserrer, s'étaler, se compliquer ou franchir les étapes avec désinvolture. L'auteur mélange les tons, *se met lui-même dans ses œuvres* avec ses confidences voilées, ses élans, son expérience parfois amère. Toutes les audaces lui sont permises, mais il en use avec un juste discernement.

Les drames   Le « *Spectacle* » de 1833 s'ouvrait sur *La Coupe et les Lèvres*, « poème dramatique » en cinq actes centré autour du personnage de FRANCK, le type même du *héros romantique*. En proie à un désespoir inexplicable, en révolte contre la société et contre Dieu, il est farouchement individualiste et se laisse guider par les forces obscures de son instinct ; ni la gloire ni la richesse ne le rendront heureux, car il garde la *nostalgie de la pureté* qu'il a perdue, et quand il croit goûter enfin à la coupe du bonheur, le destin la brise entre ses mains.

LORENZACCIO (1834) est le drame romantique qui répond le mieux aux idées de Stendhal (cf. p. 232), le seul digne d'être comparé à ceux de Shakespeare.

1. LE DRAME HISTORIQUE : Le sujet, emprunté aux *Chroniques florentines* de Varchi, avait inspiré George Sand avant d'être repris par MUSSET. C'est le drame de Lorenzo, meurtrier du tyran Alexandre, mais c'est aussi *une vaste fresque historique* où revit la Florence du XVIe siècle. A travers ses 39 tableaux — sites célèbres, jardins, rues, églises, palais — s'agite une profusion de personnages de *tous les milieux* avec leurs passions mesquines ou leurs aspirations élevées. Quelle *impression de vie intense!* Quelle impression de *vérité*, obtenue par un choix discret et évocateur de documents caractéristiques !

2. LORENZO ET MUSSET. Le Lorenzo de l'histoire, personnage taré, semble avoir frappé Alexandre pour une sordide question d'argent, puis s'être posé en libérateur national. MUSSET en a fait *une « manière d'Hamlet »*. On étudiera le *drame moral* de ce héros autrefois si pur (cf. p. 247), tombé dans la débauche pour accomplir une mission sublime et devenu prisonnier de son vice (cf. p. 249). Cette hantise d'être marqué d'une empreinte ineffaçable, c'est *celle de Musset lui-même*, qui s'exprimait déjà dans *La Coupe et les Lèvres* et dans *Rolla* (cf. p. 209). En évoquant la déchéance de Lorenzo, il se représente tel qu'il sera bientôt, et ce *cri d'angoisse* nous émeut profondément. En outre LORENZO, cet artiste qui a voulu devenir homme d'action, se double d'un *sceptique* désabusé d'avance sur l'efficacité de son acte ; et pourtant il ira jusqu'au bout, pour *donner un sens à sa vie* et pour affirmer orgueilleusement son être (cf. p. 250). C'est un des héros les plus *vivants* et les plus *complexes* de notre théâtre.

LORENZACCIO   *Florence vit sous la tyrannie d'une brute débauchée et sanguinaire : le duc* ALEXANDRE, *bâtard des Médicis, qui s'appuie sur les troupes de Charles-Quint. La pièce ressuscite cette* Florence *du XVIe siècle: les vices d'Alexandre et de ses protégés, l'avidité des marchands, l'indignation du peuple, la conjuration des grandes familles républicaines. Sur cette toile de fond, vivante et colorée, se détache la figure du cousin d'Alexandre,* LORENZO DE MÉDICIS *qu'on appelle avec mépris* LORENZACCIO. *Ce dégénéré, miné par les orgies, est le compagnon de débauche du duc. C'est un personnage odieux, sans scrupules, « glissant comme une anguille », soupçonné de s'insinuer parmi les conjurés pour les trahir et les faire exiler. Au premier acte, nous le voyons déshonorer publiquement le nom des Médicis : provoqué en duel en présence d'Alexandre qui raille sa lâcheté, il s'évanouit à la vue d'une épée dégainée !*

Les deux Lorenzo

Voici Lorenzaccio en présence de sa mère, Marie Soderini, et de sa tante Catherine Ginori. Même devant elles, le débauché s'exprime avec le *cynisme* d'une âme de boue. Pourtant l'hallucination vraiment shakespearienne de Marie nous révèle qu'il y a eu autrefois *un autre Lorenzo*, studieux et pur ; et l'énigmatique sursaut du jeune homme hanté par l'histoire de Brutus nous promet une surprise extraordinaire. — Acte II, sc. 4.

CATHERINE, *tenant un livre :* Quelle histoire vous lirai-je, ma mère [1] ?

MARIE : Ma Cattina [2] se moque de sa pauvre mère. Est-ce que je comprends rien à tes livres latins ?

CATHERINE : Celui-ci n'est point en latin, mais il en est traduit. C'est l'histoire romaine.

LORENZO : Je suis très fort sur l'histoire romaine. Il y avait une fois un jeune gentilhomme nommé Tarquin le fils.

CATHERINE : Ah ! c'est une histoire de sang.

LORENZO : Pas du tout ; c'est un conte de fées [3]. Brutus était un fou, un monomane, et rien de plus. Tarquin était un duc [4] plein de sagesse, qui allait voir en 10 pantoufles si les petites filles dormaient.

CATHERINE : Dites-vous aussi du mal de Lucrèce ?

LORENZO : Elle s'est donné le plaisir du péché et la gloire du trépas. Elle s'est laissé prendre toute vive comme une alouette au piège, et puis elle s'est fourré bien gentiment son petit couteau dans le ventre.

MARIE : Si vous méprisez les femmes, pourquoi affectez-vous de les rabaisser devant votre mère et votre sœur ?

LORENZO : Je vous estime, vous et elle. Hors de là, le monde me fait horreur [5].

MARIE : Sais-tu le rêve que j'ai eu cette nuit, mon enfant ?

LORENZO : Quel rêve ?   20

MARIE : Ce n'était point un rêve, car je ne dormais pas [6]. J'étais seule dans cette grande salle ; ma lampe était loin de moi, sur cette table auprès de la fenêtre. Je songeais aux jours où j'étais heureuse, aux jours de ton enfance, mon Lorenzino. Je regardais cette nuit obscure, et je me disais : il ne rentrera qu'au jour, lui qui passait autrefois les nuits à travailler. Mes yeux se remplissaient de larmes, et je secouais la tête, en les sentant couler. J'ai entendu tout d'un coup marcher lentement dans la galerie ; je me suis retournée, un homme vêtu de noir venait à moi, un livre sous le bras [7] ; c'était toi, Renzo. « Comme tu reviens de bonne heure ! » me suis-je écriée. Mais le spectre s'est assis auprès de la lampe sans me répondre ; il a ouvert son livre, et j'ai reconnu mon Lorenzino d'autrefois.   30

LORENZO : Vous l'avez vu ?

MARIE : Comme je te vois.

LORENZO : Quand s'en est-il allé ?

MARIE : Quand tu as tiré la cloche ce matin en rentrant [8].

LORENZO : Mon spectre, à moi ! Et il s'en est allé quand je suis rentré ?

— 1 « Catherine est belle-sœur de Marie ; elle lui donne le nom de mère parce qu'il y a entre elles une grande différence d'âge » (Musset). — 2 Diminutif de Catherine. — 3 Le dernier roi de Rome, Tarquin le Superbe, ayant fait périr le père et les frères de Brutus, ce dernier simula la folie et s'insinua dans la famille royale comme une sorte de bouffon inoffensif. Il attendait l'heure de la vengeance. Une nuit le fils du roi, le débauché Sextus Tarquin se présenta chez sa parente, la vertueuse Lucrèce, et lui fit violence : elle se suicida pour sauver son honneur. Saisissant alors l'occasion, Brutus souleva le peuple, chassa les Tarquins et abolit la royauté. *Montrer comment Lorenzo déforme cyniquement cette « histoire de sang ».* — 4 Pourquoi lui donne-t-il ce titre ? — 5 Cf. p. 250-251. — 6 Musset lui-même était sujet à des hallucinations (cf. p. 234). — 7 Cf. *La Nuit de Décembre*, p. 234. — 8 Expliquer ce symbole. —

MARIE : Il s'est levé d'un air mélancolique et s'est effacé comme une vapeur du matin.

LORENZO : Catherine, Catherine, lis-moi l'histoire de Brutus [9].

CATHERINE : Qu'avez-vous ? vous tremblez de la tête aux pieds.

LORENZO : Ma mère, asseyez-vous ce soir à la place où vous étiez cette nuit, 40 et si mon spectre revient, dites-lui qu'il verra bientôt quelque chose qui l'étonnera [10].

L'énigme d'une vie

PHILIPPE STROZZI, vieux républicain idéaliste qui hait le tyran mais a toujours reculé devant la violence, vient de voir arrêter ses deux fils sur l'ordre d'Alexandre. Dans son désespoir il voudrait *agir*, entrer dans une conjuration. LORENZO l'en dissuade en lui montrant les risques de l'entreprise pour un intellectuel vertueux comme lui. Devant ce vieillard malheureux, un des rares qui aient gardé confiance en lui, il va se laisser entraîner à *dévoiler le secret de sa vie*. — Acte III, scène 3.

LORENZO : N'avez-vous dans la tête que cela : délivrer vos fils ? Mettez la main sur la conscience ; quelque autre pensée plus vaste, plus terrible, ne vous entraîne-t-elle pas comme un chariot étourdissant au milieu de cette jeunesse [1] ?

PHILIPPE : Eh bien ! oui, que l'injustice faite à ma famille soit le signal de la liberté. Pour moi, et pour tous, j'irai !

LORENZO : Prends garde à toi, Philippe, tu as pensé au bonheur de l'humanité [2].

PHILIPPE : Que veut dire ceci ? Es-tu dedans comme dehors une vapeur infecte ? Toi qui m'a parlé d'une liqueur précieuse dont tu étais le flacon, est-ce là ce que tu renfermes ?

LORENZO : Je suis en effet précieux pour vous, car je tuerai Alexandre [3]. 10

PHILIPPE : Toi ?

LORENZO : Moi, demain ou après-demain. Rentrez chez vous, tâchez de délivrer vos enfants ; si vous ne le pouvez pas, laissez-leur subir une légère punition ; je sais pertinemment qu'il n'y a pas d'autres dangers pour eux, et je vous répète que d'ici à quelques jours il n'y aura pas plus d'Alexandre de Médicis à Florence qu'il n'y a de soleil à minuit.

PHILIPPE : Quand cela serait vrai, pourquoi aurais-je tort de penser à la liberté ? Ne viendra-t-elle pas quand tu auras fait ton coup, si tu le fais ?

LORENZO : Philippe, Philippe, prends garde à toi. Tu as soixante ans de vertu sur ta tête grise ; c'est un enjeu trop cher pour le jouer aux dés [4]. 20

PHILIPPE : Si tu caches sous ces sombres paroles quelque chose que je puisse entendre, parle ; tu m'irrites singulièrement.

LORENZO : Tel que tu me vois, Philippe, j'ai été honnête. J'ai cru à la vertu, à la grandeur humaine, comme un martyr croit à son Dieu. J'ai versé plus de larmes sur la pauvre Italie que Niobé sur ses filles [5].

PHILIPPE : Eh bien, Lorenzo ?

LORENZO : Ma jeunesse a été pure comme l'or. Pendant vingt ans de silence, la foudre s'est amoncelée dans ma poitrine ; et il faut que je sois réellement une

---

9 Nouveau Brutus, Lorenzo a besoin de tremper son courage, car l'heure de l'action est proche. — 10 Sens classique : « *comme un coup de tonnerre* ».

— 1 Dans la conjuration. — 2 Cette parole amère rappelle le *Moïse* de Vigny (cf. p. 128). — 3 Coup de théâtre ! Expliquer comment

Lorenzo est entraîné, pour la première fois, à cet aveu. — 4 Le risquer dans une action qui peut être dégradante et échouer. — 5 Niobé, fière de ses quatorze enfants, avait méprisé Léto, mère d'Apollon et d'Artémis. Ceux-ci vengèrent leur mère en tuant les enfants de Niobé qui fut changée en rocher (Cf. p. 407).

étincelle du tonnerre, car tout à coup, une certaine nuit que j'étais assis dans les
ruines du Colisée antique, je ne sais pourquoi [6] je me levai ; je tendis vers le ciel 30
mes bras trempés de rosée, et je jurai qu'un des tyrans de ma patrie mourrait
de ma main. J'étais un étudiant paisible, et je ne m'occupais alors que des arts
et des sciences, et il m'est impossible de dire comment cet étrange serment s'est
fait en moi. Peut-être est-ce là ce qu'on éprouve quand on devient amoureux.

PHILIPPE : J'ai toujours eu confiance en toi, et cependant je crois rêver.

LORENZO : Et moi aussi. J'étais heureux alors ; j'avais le cœur et les mains
tranquilles ; mon nom m'appelait au trône, et je n'avais qu'à laisser le soleil se
lever et se coucher pour voir fleurir autour de moi toutes les espérances humaines.
Les hommes ne m'avaient fait ni bien ni mal ; mais j'étais bon, et, pour mon
malheur éternel, j'ai voulu être grand. Il faut que je l'avoue : si la Providence 40
m'a poussé à la résolution de tuer un tyran, quel qu'il fût, l'orgueil m'y a poussé
aussi [7]. Que te dirais-je de plus ? Tous les Césars du monde me faisaient penser
à Brutus [8].

PHILIPPE : L'orgueil de la vertu est un noble orgueil. Pourquoi t'en défen-
drais-tu ?

LORENZO : Tu ne sauras jamais, à moins d'être fou, de quelle nature est la
pensée qui m'a travaillé. Pour comprendre l'exaltation fiévreuse qui a enfanté
en moi le Lorenzo qui te parle, il faudrait que mon cerveau et mes entrailles
fussent à nu sous un scalpel. Une statue qui descendrait de son piédestal pour
marcher parmi les hommes sur la place publique serait peut-être semblable à 50
ce que j'ai été le jour où j'ai commencé à vivre avec cette idée : il faut que je sois
un Brutus.

PHILIPPE : Tu m'étonnes de plus en plus.

LORENZO : J'ai voulu d'abord tuer Clément VII [9], je n'ai pu le faire parce qu'on
m'a banni de Rome avant le temps. J'ai recommencé mon ouvrage avec Alexandre.
Je voulais agir seul, sans le secours d'aucun homme. Je travaillais pour l'humanité ;
mais mon orgueil restait solitaire au milieu de tous mes rêves philanthropiques.
Il fallait donc entamer par la ruse un combat singulier avec mon ennemi. Je ne
voulais pas soulever les masses, ni conquérir la gloire bavarde d'un paralytique
comme Cicéron [10] ; je voulais arriver à l'homme, me prendre corps à corps avec 60
la tyrannie vivante, la tuer, et après cela porter mon épée sanglante sur la tribune,
et laisser la fumée du sang d'Alexandre monter au nez des harangueurs, pour
réchauffer leur cervelle ampoulée [11].

PHILIPPE : Quelle tête de fer as-tu, ami ! quelle tête de fer !

LORENZO : La tâche que je m'imposais était rude avec Alexandre. Florence
était, comme aujourd'hui, noyée de vin et de sang. L'empereur et le pape avaient
fait un duc d'un garçon boucher [12]. Pour plaire à mon cousin, il fallait arriver
à lui porté par les larmes des familles ; pour devenir son ami et acquérir sa confiance, il fallait baiser sur ses lèvres épaisses tous les restes de ses orgies. J'étais
pur comme un lis, et cependant je n'ai pas reculé devant cette tâche. Ce que je 70
suis devenu à cause de cela, n'en parlons pas. Tu dois comprendre ce que j'ai

---

6 Héros
romantique, Lorenzo est « une force qui va »,
comme Hernani (cf. p. 238). — 7 Commenter
cet aveu. — 8 Meurtrier de César. — 9 Pape
de 1523 à 1534, très impopulaire. — 10 Au
lieu de combattre Antoine par l'action, il

prononça contre lui ses *Philippiques*. —
11 Depuis deux ans, Lorenzo prépare silencieusement son acte : il méprise ceux qui
n'agissent qu'en paroles. — 12 Alexandre
avait un physique bestial et des mœurs peu
raffinées.

souffert, et il y a des blessures dont on ne lève pas l'appareil [13] impunément. Je suis devenu vicieux, lâche, un objet de honte et d'opprobre ; qu'importe ? ce n'est pas de cela qu'il s'agit.

PHILIPPE : Tu baisses la tête ; tes yeux sont humides.

LORENZO : Non, je ne rougis point ; les masques de plâtre n'ont point de rougeur au service de la honte. J'ai fait ce que j'ai fait. Tu sauras seulement que j'ai réussi dans mon entreprise. Alexandre viendra bientôt dans un certain lieu d'où il ne sortira pas debout. Je suis au terme de ma peine, et sois certain, Philippe, que le buffle sauvage, quand le bouvier l'abat sur l'herbe, n'est pas entouré de plus de 80 filets, de plus de nœuds coulants que je n'en ai tissu autour de mon [14] bâtard. Ce cœur, jusques auquel une armée ne serait pas parvenue en un an, il est maintenant à nu sous ma main ; je n'ai qu'à laisser tomber mon stylet pour qu'il y entre [15]. Tout sera fait. Maintenant, sais-tu ce qui m'arrive, et ce dont je veux t'avertir ?

PHILIPPE : Tu es notre Brutus si tu dis vrai.

LORENZO : Je me suis cru un Brutus, mon pauvre Philippe ; je me suis souvenu du bâton d'or couvert d'écorce [16]. Maintenant, je connais les hommes, et je te conseille de ne pas t'en mêler [17].

ULTIME RAISON DE VIVRE

« La conscience qu'a LORENZO d'avoir trop vu et trop pratiqué la vie, d'être allé trop au fond pour en jamais revenir, d'avoir introduit en lui l'être implacable qui, sous forme d'*ennui*, le ressaisira toujours et lui fera faire éternellement par habitude, par nécessité et sans plaisir, ce qu'il a fait d'abord par affectation et par feinte, cette affreuse situation morale est exprimée en paroles saignantes » (Sainte-Beuve). L'impossibilité de revenir au Lorenzo d'autrefois, ce meurtre *inutile* qui est tout ce qui lui reste de sa vertu, telle est en effet l'originalité poignante du personnage. Cette confidence sera plus émouvante encore si l'on y voit une transposition du drame intérieur de MUSSET (Acte III, scène 3).

PHILIPPE : Pauvre enfant, tu me navres le cœur ! Mais si tu es honnête, quand tu auras délivré ta patrie, tu le redeviendras . [...]

LORENZO : Il est trop tard. Je me suis fait à mon métier. Le vice a été pour moi un vêtement ; maintenant il est collé à ma peau. Je suis vraiment un ruffian [1], et quand je plaisante sur mes pareils, je me sens sérieux comme la mort au milieu de ma gaieté. Brutus a fait le fou pour tuer Tarquin [2], et ce qui m'étonne en lui, c'est qu'il n'y ait pas laissé sa raison. Profite de moi [3], Philippe, voilà ce que j'ai à te dire ; ne travaille pas pour ta patrie.

— 13 *L'appareil :* le pansement. — 14 Il lui appartient, comme une proie. — 15 Dans une scène précédente, Lorenzo a dérobé au duc la fine cotte de mailles qu'il portait toujours sous ses vêtements. — 16 Cf. p. 246, n. 3. Voulant passer pour simple d'esprit, Brutus offrit à Apollon de Delphes un bâton d'or enfermé dans une branche évidée. Mais c'était, dit-on, le symbole de son intelligence dissimulée sous son apparente sottise. — 17 Dans son

pessimisme total, Lorenzo considère les hommes comme des lâches : « S'il s'agit de tenter quelque chose pour les hommes, je te conseille de te couper les bras, car tu ne seras pas longtemps à t'apercevoir qu'il n'y a que toi qui en aies ».

— 1 Un débauché. — 2 Cf. p. 246, n. 3. Confusion entre le Brutus qui a *chassé* Tarquin et celui qui a *tué* César. — 3 Pour te venger *personnellement* (cf. p. 247, l. 1-6).

PHILIPPE, *l'idéaliste, a foi dans l'action des républicains pour rétablir la liberté. Mais* LORENZO *lui oppose* le pessimisme d'un homme d'expérience : « *Tu auras toujours affaire aux hommes... Je te gage que ni eux ni le peuple ne feront rien... Laisse-moi faire mon coup. Tu as les mains pures et moi je n'ai rien à perdre.* »

PHILIPPE : Mais pourquoi tueras-tu le duc, si tu as des idées pareilles ? [10]

LORENZO : Pourquoi ? tu le demandes ?

PHILIPPE : Si tu crois que c'est un meurtre inutile à ta patrie, comment le commets-tu ?

LORENZO : Tu me demandes cela en face ? Regarde-moi un peu. J'ai été beau, tranquille, vertueux [4].

PHILIPPE : Quel abîme ! Quel abîme tu m'ouvres !

LORENZO : Tu me demandes pourquoi je tue [5] Alexandre ? Veux-tu donc que je m'empoisonne [6], ou que je saute dans l'Arno ? veux-tu donc que je sois un spectre, et qu'en frappant sur ce squelette *(Il frappe sa poitrine)* il n'en sorte aucun son ? Si je suis l'ombre de moi-même [7], [20] veux-tu donc que je m'arrache le seul fil qui rattache aujourd'hui mon cœur à quelques fibres de mon cœur d'autrefois ? Songes-tu que ce meurtre, c'est tout ce qui me reste de ma vertu [8] ? Songes-tu que je glisse depuis deux ans sur un mur taillé à pic, et que ce meurtre est le seul brin d'herbe où j'aie pu cramponner mes ongles [9] ? Crois-tu donc que je n'aie plus d'orgueil, parce que je n'ai plus de honte ? et veux-tu que je laisse mourir en silence l'énigme de ma vie [10] ? Oui, cela est certain, si je pouvais revenir à la vertu, si mon apprentissage du vice pouvait s'évanouir, j'épargnerais peut-être ce conducteur de bœufs [11]. Mais j'aime le vin, le jeu et les filles [12] ; comprends-tu cela ? Si tu honores en moi [30] quelque chose, toi qui me parles, c'est mon meurtre que tu honores, peut-être justement parce que tu ne le ferais pas [13]. Voilà assez longtemps, vois-tu, que les républicains me couvrent de boue et d'infamie ; voilà assez longtemps que les oreilles me tintent [14] et que l'exécration des hommes empoisonne le pain que je mâche ; j'en ai assez d'entendre brailler en plein vent le bavardage [15] humain ; il faut que le monde sache un peu qui je suis et qui il est. Dieu merci ! c'est peut-être demain que je tue Alexandre ; dans deux jours j'aurai fini [16]. Ceux qui tournent autour de moi avec des yeux louches, comme autour d'une curiosité monstrueuse apportée d'Amérique [17], pourront satisfaire leur gosier et vider leur sac à [40] paroles. Que les hommes me comprennent ou non, qu'ils agissent ou n'agissent pas, j'aurai dit tout ce que j'ai à dire [18] ; je leur ferai tailler

---

— 4 Étudier l'enchaînement des idées (l. 17-49). — 5 Justifier ce *présent*. — 6 Expliquer le *dilemme* entre tuer Alexandre et se suicider. — 7 Moralement et même physiquement. Cf. Marie Soderini disant : « Ah ! il n'est même plus beau ; comme une fumée malfaisante la souillure de son cœur lui est montée au visage ». — 8 Expliquer cette vigoureuse expression. — 9 Comment est créée l'impression de chute *irrésistible* dans le mal ? — 10 Pourquoi tient-il à la dévoiler ? — 11 Cf. p. 248, l. 67. — 12 Cf. p. 249. — 13 Montrer la justesse de cette observation. — 14 Parce qu'on le maudit. — 15 Ce mot abstrait est sujet de *brailler*. — 16 Analyser ce sentiment. — 17 Découverte récemment. — 18 Sous quelle forme ?

leur plume [19], si je ne leur fais pas nettoyer leurs piques [20], et l'humanité gardera sur sa joue le soufflet de mon épée marqué en traits de sang [21]. Qu'ils m'appellent comme ils voudront, Brutus [22] ou Érostrate [23], il ne me plaît pas qu'ils m'oublient. Ma vie entière est au bout de ma dague [24], et que la Providence [25] retourne ou non la tête en m'entendant frapper, je jette la nature humaine à pile ou face sur la tombe d'Alexandre [26] ; dans deux jours les hommes comparaîtront devant le tribunal de ma volonté.

LORENZO *finit par attirer le tyran chez lui et le tue. Mais il avait vu juste :* ce meurtre reste inutile. *On proclame duc* COME DE MÉDICIS *et les Florentins s'inclinent sans résistance. La tête de Lorenzo est mise à prix : traqué, il se réfugie à Venise où* il périt assassiné. *Le peuple jette son corps dans la lagune.*

- *Pour quels motifs Lorenzo veut-il tuer Alexandre ? Quel est, selon vous, le plus important ?*
- *Quels sont, à vos yeux, les traits les plus marquants du caractère de Lorenzo ?*
- *Quel jugement Lorenzo porte-t-il sur lui-même et sur les hommes ? En quoi ressemble-t-il à* MUSSET *?*
- **Exposé.** *Lorenzaccio : dissimulation et sincérité ; drame de la recherche de soi, p. 245-251.*
- **Débat.** *Lorenzaccio et l'image habituelle du héros romantique : ressemblances ; originalité de Lorenzo.*
- **Essai.** *Le conflit entre débauche et pureté dans l'œuvre de* MUSSET, *p. 209-225 ; 245-251.*
- **Groupe thématique : Meurtre politique.** XVIIe SIÈCLE. CORNEILLE p. 109. – XXe SIÈCLE. p. 484, p. 575.

Les Comédies

A la tension extrême du drame, MUSSET préfère la comédie où s'épanouit avec grâce sa facilité naturelle. C'est une gamme très variée : simples conversations de salon *(Un Caprice ; Il faut qu'une porte soit ouverte ou fermée) ;* « proverbes » à la mode du XVIIIe siècle *(Il ne faut jurer de rien) ;* intrigues plus complexes *(Fantasio, Barberine, Le Chandelier) ;* pièces à mi-chemin entre la comédie et le drame *(Les Caprices de Marianne ; On ne badine pas avec l'amour).*

1. FANTAISIE ET ÉMOTION. Reflet de la double nature de l'auteur (cf. p. 206), *la fantaisie* et *l'émotion* mêlent leurs tons dans ses comédies. Ses PERSONNAGES se divisent en deux familles : d'un côté les *grotesques*, fantoches ridicules par leur sottise et leurs penchants grossiers, ou têtes sans cervelle (cf. p. 252) ; de l'autre les *premiers rôles*, intelligents, distingués, raffinés, attentifs aux problèmes du cœur. L'éternel SUJET c'est en effet *l'amour* avec ses nuances variées : sentiment à peine éclos, passion vibrante et parfois douloureuse, ou caprice léger. Les amoureux de MUSSET sont des êtres spontanés, aux sentiments simples et purs, sans perversité ; chez eux la coquetterie, la cruauté même sont les réactions naturelles d'un amour qui s'ignore ou qui s'étonne naïvement de rencontrer des résistances (cf. p. 253). Outre les scènes uniquement grotesques, tous *les caprices de l'amour* contribuent aussi à mêler la fantaisie à l'émotion ; mais parfois le badinage tourne brusquement au *tragique* (cf. p. 254).

2. LYRISME ET VÉRITÉ HUMAINE. Les intrigues, souvent irréelles, se situent dans un monde de rêve. Et pourtant nous sommes touchés au vif, nous éprouvons une *impression de vérité profonde.* C'est que *le cœur de ces personnages est celui de Musset lui-même,* que ses héros espèrent et souffrent comme lui, que ses héroïnes ont le visage des femmes qu'il a aimées (cf. p. 253). S'ils s'égarent dans des considérations sur l'amour, l'âme féminine (cf. p. 254), la condition humaine, c'est qu'ils expriment la « sagesse » désabusée d'un homme qui a beaucoup vécu. Liée à sa propre expérience, la psychologie de Musset compte parmi les plus fines, les plus variées.

Fantaisie légère et émotion profonde, poésie et vérité : cet *équilibre subtil entre le rêve et la réalité* assure aux comédies de MUSSET une place unique dans notre théâtre.

---

19 Préciser le sens. — 20 Il croit les Florentins trop veules pour se libérer par les armes. — 21 Pourquoi veut-il *souffleter* ainsi l'humanité ? — 22 Il s'agit probablement ici du meurtrier de César. — 23 Pour se rendre célèbre l'obscur Erostrate brûla le temple d'Artémis à Ephèse, une des sept merveilles du monde (351 av. J.-C.). — 24 N'a de sens que si elle aboutit à ce coup de dague. Étudier ce qui fait la force de cette expression. — 25 Cf. p. 248, l. 40. — 26 Expliquer cette allusion à un jeu de hasard.

On ne badine pas avec l'amour

Au terme de ses études, PERDICAN rentre au château paternel, accompagné de son gouverneur Maître Blazius. Le même jour, escortée de Dame Pluche, arrive aussi sa cousine CAMILLE qui sort du couvent. C'est le BARON, père de Perdican, qui a combiné cette rencontre : il veut marier ces enfants qui « s'aimaient d'ailleurs fort tendrement dès le berceau ». La première entrevue est plutôt décevante : CAMILLE, très réservée, refuse d'embrasser son cousin. Elle a entendu dire tellement de mal des hommes qu'elle a peur de l'amour et préfère revenir au couvent. Cette résistance va rendre PERDICAN amoureux de sa cousine. De dépit, il descend au village et fait la cour à la naïve paysanne ROSETTE, sœur de lait de Camille.

En pleine incohérence

On saisira dans cette courte scène deux aspects essentiels de *la fantaisie de* MUSSET. Ce sont d'abord ces *fantoches grotesques*, marionnettes prétentieuses rendues plus sottes encore par l'ivresse, que l'auteur aime présenter par couples, pour redoubler l'effet comique. D'autre part une *fantaisie plus légère* résulte de ces burlesques *associations de termes* par lesquelles la réalité métamorphosée nous donne l'impression de vivre *en pleine incohérence* (I, 5).

MAITRE BLAZIUS *le précepteur et* MAITRE BRIDAINE *le curé*, « *deux formidables dîneurs* », qui « *tous deux ont pour ventre un tonneau* », *viennent de se lever de table. Leur appétit en a fait des rivaux et* BLAZIUS *qui a bu un coup de trop va s'efforcer de perdre l'abbé* BRIDAINE *dans l'estime du* BARON. *Mais* BRIDAINE *survenant à son tour montre à quoi aboutit l'éducation donnée par* BLAZIUS !

BLAZIUS : Seigneur, j'ai un mot à vous dire ; le curé de la paroisse est un ivrogne.

LE BARON : Fi donc ! cela ne se peut pas.

BLAZIUS : J'en suis certain — il a bu à dîner trois bouteilles de vin.

LE BARON : Cela est exorbitant.

BLAZIUS : Et, en sortant de table, il a marché sur les plates-bandes.

LE BARON : Sur les plates-bandes ? — Je suis confondu ! — Voilà qui est étrange ! — Boire trois bouteilles de vin à dîner ! marcher sur les plates-bandes ! c'est incompréhensible. — Et pourquoi ne marchait-il pas dans l'allée ?

BLAZIUS : Parce qu'il allait de travers.

LE BARON, *à part* : Je commence à croire que Bridaine avait raison ce matin. 10 Ce Blazius sent le vin d'une manière horrible.

BLAZIUS : De plus il a mangé beaucoup ; sa parole était embarrassée.

LE BARON : Vraiment, je l'ai remarqué aussi.

BLAZIUS : Il a lâché quelques mots latins ; c'étaient autant de solécismes. Seigneur, c'est un homme dépravé.

LE BARON, *à part* : Pouah ! ce Blazius a une odeur qui est intolérable. — Apprenez, gouverneur, que j'ai bien autre chose en tête, et que je ne me mêle jamais de ce qu'on boit ni de ce qu'on mange. Je ne suis pas un majordome.

BLAZIUS : A Dieu ne plaise que je vous déplaise, monsieur le baron. Votre vin est bon.   20

LE BARON : Il y a de bon vin dans mes caves.

BRIDAINE, *entrant* : Seigneur, votre fils est sur la place, suivi de tous les polissons du village.

LE BARON : Cela est impossible.

BRIDAINE : Je l'ai vu de mes propres yeux. Il ramassait des cailloux pour faire des ricochets.

LE BARON : Des ricochets ? — Ma tête s'égare ; voilà mes idées qui se bouleversent. — Vous me faites un rapport insensé, Bridaine. Il est inouï qu'un docteur fasse des ricochets.

BRIDAINE : Mettez-vous à la fenêtre, monseigneur, vous le verrez de vos propres 30 yeux.

LE BARON, *à part* : O ciel ! Blazius a raison ; Bridaine va de travers.

BRIDAINE : Regardez, monseigneur, le voilà au bord du lavoir. Il tient sous le bras une jeune paysanne.

LE BARON : Une jeune paysanne ? Mon fils vient ici pour débaucher mes vassales ? Une paysanne sous son bras ! et tous les gamins du village autour de lui ! Je me sens hors de moi.

BRIDAINE : Cela crie vengeance.

LE BARON : Tout est perdu ! — perdu sans ressource ! — Je suis perdu : Bridaine va de travers, Blazius sent le vin à faire horreur, et mon fils séduit toutes les filles 40 du village en faisant des ricochets !

Le duel de CAMILLE *et de* PERDICAN *se poursuit. L'orgueilleuse est blessée de la légèreté avec laquelle son cousin parle des devoirs de fidélité d'un mari : elle retournera donc à son couvent. Mais* PERDICAN *arrache à* DAME PLUCHE *un billet de* CAMILLE *à une de ses amies : elle se flatte de partir en laissant le jeune homme désespéré. Piqué par cette cruauté, il donne rendez-vous à sa cousine auprès d'une fontaine et s'arrange pour qu'elle le voie en compagnie de* ROSETTE : *il fait à la paysanne une cour pressante et jette dans la fontaine l'anneau que* CAMILLE *lui avait donné autrefois. La jalousie s'empare de* CAMILLE *qui a tout entendu et qui reprend son anneau dans le bassin. Elle fait venir* ROSETTE *dans sa chambre, lui affirme que* PERDICAN *ne l'aime pas et ne l'épousera pas. Pour le lui prouver, elle la dissimule derrière une tapisserie, d'où elle assistera à un entretien de Camille et de son cousin.*

UN JEU CRUEL

Ce dialogue qui ressemble à un assaut d'escrime fait songer à ceux de MARIVAUX où s'exprime un amour qui s'ignore. Mais le ton s'est assombri : MUSSET a trop souffert à Venise pour traiter la passion avec le sourire. En écrivant le rôle de CAMILLE peut-être poursuit-il encore des souvenirs ; peut-être se souvient-il d'avoir été PERDICAN. Nous sommes ici à mi-chemin entre Marivaux et Racine (Acte III, scène 6).

CAMILLE : Bonjour, cousin, asseyez-vous.

PERDICAN : Quelle toilette, Camille ! A qui en voulez-vous ?

CAMILLE : A vous, peut-être ; je suis fâchée de n'avoir pu me rendre au rendez-vous que vous m'avez demandé ; vous aviez quelque chose à me dire ?

PERDICAN, *à part :* Voilà, sur ma vie, un petit mensonge assez gros pour un agneau sans tache ; je l'ai vue derrière un arbre écouter la conversation. (*Haut.*) Je n'ai rien à vous dire, qu'un adieu, Camille ; je croyais que vous partiez ; cependant votre cheval est à l'écurie, et vous n'avez pas l'air d'être en robe de voyage. 10

CAMILLE : J'aime la discussion ; je ne suis pas bien sûre de ne pas avoir eu envie de me quereller encore avec vous.

PERDICAN : A quoi sert de se quereller, quand le raccommodement est impossible ? Le plaisir des disputes, c'est de faire la paix.

CAMILLE : Êtes-vous convaincu que je ne veuille pas la faire ?

PERDICAN : Ne raillez pas ; je ne suis pas de force à vous répondre.

CAMILLE : Je voudrais qu'on me fît la cour ! je ne sais si c'est que j'ai une robe neuve, mais j'ai envie de m'amuser. Vous m'avez proposé d'aller au village, allons-y, je veux bien ; mettons-nous en bateau ; j'ai envie d'aller dîner sur l'herbe, ou de faire une promenade dans la forêt. Fera-t-il 20 clair de lune, ce soir ? Cela est singulier, vous n'avez plus au doigt la bague que je vous ai donnée ?

PERDICAN : Je l'ai perdue.

CAMILLE : C'est pour cela que je l'ai trouvée ; tenez, Perdican, la voilà.

PERDICAN : Est-ce possible ? Où l'avez-vous trouvée ?

CAMILLE : Vous regardez si mes mains sont mouillées, n'est-ce pas ? En vérité, j'ai gâté ma robe de couvent pour retirer ce petit hochet d'enfant de la fontaine. Voilà pourquoi j'en ai mis une autre, et, je vous dis, cela m'a changée ; mettez donc cela à votre doigt.

PERDICAN : Tu as retiré cette bague de l'eau, Camille, au risque de 30 te précipiter ? Est-ce un songe ? La voilà ; c'est toi qui me la mets au doigt ! Ah ! Camille, pourquoi me le rends-tu, ce triste gage d'un bonheur qui n'est plus ? Parle, coquette et imprudente fille, pourquoi pars-tu ? pourquoi restes-tu ? Pourquoi, d'une heure à l'autre, changes-tu d'apparence et de couleur, comme la pierre de cette bague à chaque rayon du soleil ?

CAMILLE : Connaissez-vous le cœur des femmes, Perdican ? Êtes-vous sûr de leur inconstance, et savez-vous si elles changent réellement de pensée en changeant quelquefois de langage ? Il y en a qui disent que non. Sans doute, il nous faut souvent jouer un rôle, souvent mentir ; 40 vous voyez que je suis franche ; mais êtes-vous sûr que tout mente dans une femme, lorsque sa langue ment ? Avez-vous bien réfléchi à la nature de cet être faible et violent, à la rigueur avec laquelle on le juge, aux principes qu'on lui impose ? Et qui sait si, forcée à tromper par le monde, la tête de ce petit être sans cervelle ne peut pas y prendre plaisir, et mentir quelquefois par passe-temps, par folie, comme elle ment par nécessité ?

PERDICAN : Je n'entends rien à tout cela, et je ne mens jamais. Je t'aime, Camille, voilà tout ce que je sais.

CAMILLE : Vous dites que vous m'aimez, et vous ne mentez jamais ? 50

PERDICAN : Jamais.

CAMILLE : En voilà une qui dit pourtant que cela vous arrive quelquefois. *(Elle lève la tapisserie ; Rosette paraît dans le fond, évanouie sur une chaise.)* Que répondrez-vous à cette enfant, Perdican, lorsqu'elle vous demandera compte de vos paroles ? Si vous ne mentez jamais, d'où vient donc qu'elle s'est évanouie en vous entendant me dire que vous m'aimez ? Je vous laisse avec elle ; tâchez de la faire revenir.

PERDICAN *s'entête à vouloir épouser* ROSETTE ; *et* CAMILLE, *folle de jalousie, raille cruellement ce projet. Mais ils ne peuvent dominer leur amour : ils finissent par convenir qu'ils sont insensés et se jettent dans les bras l'un de l'autre. A ce moment un cri retentit : c'est* ROSETTE *qui les épiait et qui n'a pu résister à ce coup. Elle tombe morte et sa fin tragique sépare à jamais Camille et Perdican :* On ne badine pas avec l'amour.

– *Comment Camille s'y prend-elle envers son cousin pour le persuader de son amour ? Expliquez son revirement.*
– *Relevez : a) les répliques où se révèle la coquetterie de Camille, en précisant chaque fois le ton et les nuances du sentiment ; – b) les répliques les plus poétiques ; en quoi consiste cette poésie ?*
– *Étudiez la cruauté de la jeune fille envers Perdican et envers Rosette.*
– **Entretien.** *Que pensez-vous des idées de Camille sur la condition féminine et l'inconstance qui en découle ?*
• **Groupe thématique.** MUSSET **poète de l'amour** : sa place, son rôle, ses effets sur la vie humaine, p. 209-225 ; p. 252-254.

LE THÉATRE DE VIGNY

VIGNY a commencé par adapter des pièces de Shakespeare (*Othello*, 1829) ; il s'essaya ensuite, sans grand succès, au drame historique (*La Maréchale d'Ancre*, 1831) et ne fut guère plus heureux avec *Quitte pour la peur* (1833). Mais *Chatterton* fut un triomphe.

Chatterton (1835)   *Chatterton* est un drame en trois actes, en prose, tiré d'une des trois nouvelles de *Stello*.

I. STELLO (1832). Dans *Stello*, VIGNY reprend la thèse de *Moïse* (cf. p. 125), en l'appliquant aux poètes qui sont « les parias de la société ». STELLO est un poète plein d'ardeur, avide de consacrer son talent à la cause publique. Pour le « guérir » de ses illusions, son ami le DOCTEUR-NOIR lui conte *l'histoire de trois génies méconnus.* Sous la monarchie absolue qui craint les poètes, GILBERT est mort de misère à l'hôpital (en réalité il mourut accidentellement). La monarchie constitutionnelle et bourgeoise méprise les poètes comme inutiles : elle a acculé CHATTERTON au suicide. La démocratie révolutionnaire, qui déteste la supériorité de l'esprit, a guillotiné ANDRÉ CHÉNIER. Tous les gouvernements sont donc hostiles au génie et le poète doit se mettre à l'abri de l'ordre social, son ennemi mortel. A cet effet, le DOCTEUR-NOIR rédige pour Stello une « Ordonnance » : *Séparer la vie poétique de la vie politique — Seul et libre accomplir sa mission : La solitude est sainte.* Le poète guidera les peuples par ses écrits, mais sans se mêler aux luttes politiques : « La neutralité du penseur solitaire est une *neutralité armée* qui s'éveille au besoin... Il dit le mot qu'il faut et la lumière se fait » ; puis « il rentre dans son silencieux travail et ne pense plus à ce qu'il a fait ».

2. CHATTERTON « DRAME DE LA PENSÉE ». Dans la *Dernière nuit de travail* qui sert de préface à *Chatterton*, VIGNY traite avec une ironie dédaigneuse les intrigues romantiques à succès : à leurs « surprises enfantines » qui font « sourire tout le monde », il oppose sa propre conception : le « DRAME DE LA PENSÉE ». « *J'ai voulu montrer l'homme spiritualiste étouffé par la société matérialiste où le calculateur avare exploite sans pitié l'intelligence et le travail* ». Pour donner plus de relief à cette thèse, il n'hésite pas à *déformer la vérité historique.* Du vrai CHATTERTON, pamphlétaire vendu à tous les partis, il a fait le symbole du poète le plus pur ; au contraire le lord-maire BECKFORD, qui était en réalité un homme éclairé, devient l'odieuse incarnation de la société matérialiste qui écrase l'esprit (cf. p. 259). Ainsi sera plaidée plus aisément *la cause du Poète*, que VIGNY distingue avec soin de l'*homme de lettres* et du *grand écrivain*. De nature passionnée, emporté par son imagination, doué d'une sensibilité toujours blessée, le Poète est parmi les hommes un inadapté, une sorte de malade. « Il a besoin de *ne rien faire* pour faire quelque chose de son art ». Le contraindre à un « travail positif et régulier » c'est l'obliger à *tuer* une partie de lui-même, c'est dans bien des cas le contraindre à « *se tuer tout entier* » (cf. p. 261). VIGNY demande donc que la société prenne en charge dès leurs débuts le petit nombre de poètes qui donnent des preuves de leur génie. Telle est la thèse : elle est *excessive* et le choix des poètes privilégiés serait difficile ! Mais l'auteur avait le mérite d'attirer l'attention sur la détresse des jeunes artistes, dont plusieurs avaient récemment mis fin à leurs jours. Aujourd'hui les prétentions de CHATTERTON, son exaltation, nous paraissent étranges : le « drame de la pensée » a beaucoup vieilli.

3. CHATTERTON DRAME D'AMOUR. Vigny a souligné lui-même l'autre aspect de *Chatterton*, celui qui en fait encore une *œuvre profondément humaine* : « Derrière le drame écrit, il y a comme un second drame que l'écriture n'atteint pas, et que n'expriment pas les paroles. Ce drame repose dans le mystérieux amour de CHATTERTON et de KITTY BELL ; cet amour qui se devine toujours et ne se dit jamais ; cet amour de deux êtres si purs qu'ils n'oseront jamais se parler ni rester seuls qu'au moment de la mort ; amour qui n'a pour expression que de timides regards, pour message qu'une Bible, pour messagers que deux enfants, pour caresses que la trace des lèvres et des larmes que ces fronts innocents portent de la jeune mère au jeune poète ; amour que le Quaker repousse toujours d'une main tremblante et gronde d'une voix attendrie ». Cette *intrigue discrète*,

toute en nuances, atteignant à l'intensité la plus poignante avec les mots, les gestes les plus simples, était vraiment *nouvelle* « au temps du drame historique, shakespearien, chargé d'incidents, peuplé de personnages, enluminé de couleur locale, plein de fougue et de violence » (Th. Gautier). VIGNY s'y révélait *un de nos psychologues les plus délicats* par la variété de ses types humains (cf. p. 259-260) et surtout par la touchante figure de KITTY BELL, digne des pures héroïnes de Racine (cf. p. 257-258).

4. UNE « TRAGÉDIE ROMANTIQUE ». La pièce est *romantique* par la thèse qu'elle soutient, par le souci d'exactitude dans le décor et les costumes (bourgeoisie anglaise du XVIIIe siècle), par le mélange des tons (cf. p. 259), par le style. Pourtant *sa formule dramatique se rapproche de l'art classique*. C'est, à la manière racinienne, une *crise* qui se dénoue en quelques heures, avec un seul changement de décor. L'intrigue est d'une extrême *simplicité* : « C'est l'histoire d'un homme qui a écrit une lettre le matin et qui attend la réponse jusqu'au soir ; elle arrive, et le tue ». Comme dans la tragédie racinienne, *l'action est tout intérieure* et progresse par le jeu des caractères : « L'action est dans cette âme livrée à de noires tempêtes ; elle est dans les cœurs de cette jeune femme et de ce vieillard qui assistent à la tourmente, cherchant en vain à retarder le naufrage ».

ACTE I. *La scène est à Londres en* 1770, *dans la demeure de* JOHN BELL, *riche industriel,* « *l'égoïste par excellence, le juste selon la loi* ». *Il traite ses ouvriers avec une rapacité extrême, Il ne se montre pas moins dur envers sa femme, la fragile* KITTY BELL, *dont il vérifie âprement les comptes. Elle doit avouer qu'il manque certaines sommes, mais refuse de s'expliquer avant le lendemain.* — *Depuis trois mois, ils ont comme locataire le jeune* CHATTERTON *qui s'est réfugié chez eux sous un nom d'emprunt ; c'est un* poète célèbre : *on admire ses pastiches de la poésie médiévale auxquels on s'est d'abord laissé prendre. Mais il est persécuté :* malheureux *et* pauvre, *il confie à un vieux* QUAKER, *ami de la famille, son intention de se tuer.*

ACTE II. *Chatterton a la désagréable surprise de voir arriver, en compagnie de jeunes seigneurs, son condisciple d'Oxford, lord* TALBOT : *devant ses hôtes, ce dernier le traite en ami, le complimente sur le succès de sa poésie et semble vouloir faire à* KITTY BELL *une cour déplacée. Après leur départ,* CHATTERTON, *qui éprouve pour la jeune femme une secrète tendresse, la voit méfiante à son égard, et s'irrite de cet incident : il regagne sa chambre dans une* exaltation *qui touche à la folie.*

PITIÉ OU AMOUR NAISSANT ?

Dans son désir de sauver le poète, le QUAKER va éclairer la jeune femme sur les sentiments de Chatterton : nous découvrons en même temps ceux de KITTY BELL. Le dialogue, d'une émouvante *simplicité*, révèle les *nuances délicates* de ce caractère féminin, dont Vigny a tracé le portrait suivant : « Jeune femme mélancolique, gracieuse..., réservée, religieuse, timide dans ses manières, tremblante devant son mari, expansive et abandonnée seulement dans son amour maternel. Sa pitié pour CHATTERTON va devenir de l'amour, elle le sent, elle en frémit ; la réserve qu'elle s'impose en devient plus grande ; tout doit indiquer, dès qu'on la voit, qu'une douleur imprévue et une subite terreur peuvent la faire mourir tout à coup ». — Acte II, sc. 5.

KITTY BELL : Mon Dieu ! qu'y a-t-il donc ici que je ne puis comprendre ? Ce jeune homme nous a trompés ; il s'est glissé ici comme un pauvre, et il est riche [1] ! Ces jeunes gens ne lui ont-ils pas parlé comme à leur égal ? Qu'est-il venu faire ici [2] ? qu'a-t-il voulu en se faisant plaindre ? Pourtant, ce qu'il dit a l'air vrai, et lui, il a l'air bien malheureux.

LE QUAKER : Il serait bon que ce jeune homme mourût.

KITTY BELL : Mourir ! pourquoi ?

— 1 De sa conversation avec les lords, elle a retenu qu'il a étudié à Oxford et que son père était riche ; mais elle ignore que ce dernier l'a laissé sans ressources. — 2 Les allusions indiscrètes des lords lui font croire que Chatterton a pu s'introduire chez elle pour tenter de la séduire.

LE QUAKER : Parce que mieux vaut la mort que la folie.

KITTY BELL : Et vous croyez ?... Ah ! le cœur me manque. *(Elle tombe assise.)*

LE QUAKER : ... Que la plus forte raison ne tiendrait [3] pas à ce qu'il souffre. — Je dois te dire toute ma pensée, Kitty Bell. Il n'y a pas d'ange au ciel qui soit plus pur que toi. La Vierge mère ne jette pas sur son enfant un regard plus chaste que le tien. Et pourtant, tu as fait, sans le vouloir, beaucoup de mal autour de toi.

KITTY BELL : Puissances du Ciel ! est-il possible !

LE QUAKER : Écoute, écoute, je t'en prie. — Comment le mal sort du bien, et le désordre de l'ordre même, voilà ce que tu ne peux t'expliquer, n'est-ce pas ? Eh bien ! sache, ma chère fille, qu'il a suffi pour cela d'un regard de toi, inspiré par la plus belle vertu qui siège à la droite de Dieu, la Pitié [4]. — Ce jeune homme, dont l'esprit a trop vite mûri sous les ardeurs de la Poésie, comme dans une serre brûlante, a conservé le cœur naïf d'un enfant. Il n'a plus de famille, et, sans se l'avouer, il en cherche une ; il s'est accoutumé à te voir vivre près de lui, et peut-être s'est habitué à s'inspirer de ta vue et de ta grâce maternelle. La paix qui règne autour de toi a été aussi dangereuse pour cet esprit rêveur que le sommeil sous la blanche tubéreuse [5] ; ce n'est pas ta faute si, repoussé de tous côtés, il s'est cru heureux d'un accueil bienveillant ; mais enfin cette existence de sympathie silencieuse et profonde est devenue la sienne. — Te crois-tu donc le droit de la lui ôter ?

KITTY BELL : Hélas ! croyez-vous donc qu'il ne nous ait pas trompés ?

LE QUAKER : Lovelace [6] avait plus de dix-huit ans, Kitty. Et ne lis-tu pas sur le front de Chatterton la timidité de la misère ? Moi, je l'ai sondée, elle est profonde.

KITTY BELL : O mon Dieu ! quel mal a dû lui faire ce que j'ai dit tout à l'heure [7] !

LE QUAKER : Je le crois, madame.

KITTY BELL : Madame [8] ? — Ah ! ne vous fâchez pas. Si vous saviez ce que j'ai fait et ce que j'allais faire !

LE QUAKER : Je veux bien le savoir.

KITTY BELL : Je me suis cachée de mon mari, pour quelques sommes que j'ai données pour monsieur Chatterton. Je n'osais pas les lui demander et je ne les ai pas reçues encore. Mon mari s'en est aperçu. Dans ce moment même j'allais peut-être me déterminer à en parler à ce jeune homme. Oh ! que je vous remercie de m'avoir épargné cette mauvaise action ! Oui, c'eût été un crime assurément, n'est-ce pas ?

LE QUAKER : Il en aurait fait un, lui, plutôt que de ne pas vous satisfaire. Fier comme je le connais, cela est certain. Mon amie, ménageons-le. Il

---

3 Ne résisterait pas à...
— 4 La Pitié joue un rôle essentiel dans la philosophie de Vigny (cf. *Eloa*, p. 128 ; cf. p. 141, v. 127-140). En quoi est-elle pourtant nuisible, ici comme dans *Eloa* ? — 5 Plante au parfum capiteux, qui trouble le cerveau. —

6 Séducteur de Clarisse Harlowe, dans le roman de Richardson, écrivain anglais du XVIIIe siècle. — 7 Luttant contre l'éveil de son amour, elle a paru regretter que Chatterton soit venu dans sa maison, avec des projets qu'il garde secrets. — 8 Il l'appelait d'ordinaire *ma fille*. Expliquer ce changement.

est atteint d'une maladie toute morale et presque incurable, et quelquefois
contagieuse : maladie terrible qui se saisit surtout des âmes jeunes,
ardentes et toutes neuves à la vie, éprises de l'amour du juste et du beau, 50
et venant dans le monde pour y rencontrer, à chaque pas, toutes les
iniquités et toutes les laideurs d'une société mal construite. Ce mal, c'est
la haine de la vie et l'amour de la mort : c'est l'obstiné Suicide [9].

KITTY BELL : Oh ! que le Seigneur lui pardonne ! serait-ce vrai ?

(Elle se cache la tête pour pleurer.)

LE QUAKER : Je dis *obstiné*, parce qu'il est rare que ces malheureux
renoncent à leur projet quand il est arrêté en eux-mêmes.

KITTY BELL : En est-il là [10] ? En êtes-vous sûr ? Dites-vous vrai ?
Dites-moi tout ! Je ne veux pas qu'il meure ! — Qu'a-t-il fait ? que
veut-il ? Un homme si jeune ! une âme céleste ! la bonté des anges ! la
candeur des enfants ! une âme toute éclatante de pureté, tomber ainsi 60
dans le crime des crimes, celui que le Christ hésiterait lui-même à pardonner ! Non, cela ne sera pas, il ne se tuera pas. Que lui faut-il ? est-ce
de l'argent ? Eh bien ! j'en aurai. — Nous en trouverons bien quelque
part pour lui. Tenez, tenez, voilà des bijoux, que jamais je n'ai daigné
porter, prenez-les, vendez tout. — Se tuer ! là, devant moi et mes
enfants ! — Vendez, vendez, je dirai ce que je pourrai. Je recommencerai
à me cacher ; enfin je ferai mon crime aussi, moi ; je mentirai : voilà tout.

LE QUAKER : Tes mains ! tes mains ! ma fille, que je les adore. *(Il baise
ses deux mains réunies.)* Tes fautes sont innocentes, et, pour cacher ton
mensonge miséricordieux, les saintes tes sœurs étendraient leurs voiles ; 70
mais garde tes bijoux, c'est un homme à mourir vingt fois devant un or
qu'il n'aurait pas gagné ou tenu de sa famille. J'essayerais bien inutilement de lutter contre sa faute unique, vice presque vertueux, noble
imperfection, péché sublime : l'orgueil de la pauvreté [11].

KITTY BELL : Mais n'a-t-il pas parlé d'une lettre qu'il aurait écrite à
quelqu'un dont il attendrait du secours [12] ?

LE QUAKER : Ah ! c'est vrai ! Cela était échappé à mon esprit, mais ton
cœur avait entendu. Oui, voilà une ancre de miséricorde [13]. Je m'y
appuierai avec lui.

- *Qu'apprenons-nous sur Chatterton, son histoire, ses sentiments envers Kitty Bell ?*
- *Par quels mots, quelles réactions la jeune femme laisse-t-elle paraître son amour naissant ? en est-elle consciente ?*
- *Kitty Bell : son caractère ; en quoi se confirme le portrait tracé par VIGNY, p. 256-259 ?*
- *Le Quaker : son caractère, son style ; comment s'y prend-il pour suggérer la tendresse de Chatterton ?*
- *Définissez la nature de l'intérêt dramatique dans cette scène et l'art de VIGNY dramaturge.*
- **Entretien.** *Que pensez-vous de ce qui est dit du suicide ? cf. XVIᵉ SIÈCLE, p. 223-224. – XXᵉ SIÈCLE, p. 468, p. 617-618.*

— 9 Cette apologie du suicide a fait scandale : en définissant ce « mal du siècle », Vigny semble justifier d'avance l'empoisonnement de Chatterton (cf. p. 261). Discuter cette justifi-cation. — 10 Étudier le ton et le rythme de cette réplique, et les sentiments qu'ils expri-ment. — 11 Expliquer cette formule. — 12 Pour l'instant cette lettre reste mystérieuse et repré-sente l'espérance. Chatterton est « un homme qui a écrit une lettre le matin et qui attend la réponse jusqu'au soir : elle arrive et le tue » (cf. p. 261). — 13 *L'Ancre de Salut*, réservée pour le cas où on perdait les autres.

ACTE III. *Chatterton est découragé. Pour le détourner du suicide, le* QUAKER, *sous le sceau du secret, lui révèle l'amour de* KITTY BELL : *s'il se tue, elle mourra de douleur. Mais voici Talbot avec ses compagnons. Il a appris la misère de* CHATTERTON, *que l'impitoyable John Bell parle déjà de chasser de chez lui, puisqu'il est sans ressources ; mais Talbot s'engage noblement à l'accueillir dans sa propre maison. A cet instant survient le lord-maire* BECKFORD.

A quoi sert le Poète ?

Cette scène est fidèlement empruntée à *Stello*, avec les modifications qu'exigeait le passage à l'optique du drame : *elle résume l'esprit et la thèse de ce roman*. Quelques instants avant l'arrivée du lord-maire, CHATTERTON a expliqué pourquoi il a demandé secours à BECKFORD : « Le lord-maire est à mes yeux le gouvernement : c'est sur l'Angleterre que je compte ». Ce dialogue est donc *symbolique :* c'est le débat entre le poète et la société matérialiste qui le considère comme un égaré, un inutile. L'art de Vigny consiste à *présenter la thèse sans raideur*, dans une conversation animée : tout en prenant sa valeur de symbole chaque personnage garde un *caractère vivant*, et les réactions discrètes de KITTY BELL redoublent notre émotion en nous rappelant que le drame se joue aussi sur un autre plan (Acte III, sc. 6).

M. BECKFORD : John Bell, n'avez-vous pas chez vous un jeune homme nommé Chatterton, pour qui j'ai voulu venir moi-même ?

CHATTERTON : C'est moi, milord, qui vous ai écrit.

M. BECKFORD : Ah ! c'est vous, mon cher ! Venez donc ici un peu, que je vous voie en face. J'ai connu votre père, un digne homme s'il en fut ; un pauvre soldat, mais qui avait bravement fait son chemin. Ah ! c'est vous qui êtes Thomas Chatterton ? Vous vous amusez à faire des vers, mon petit ami ; c'est bon pour une fois, mais il ne faut pas continuer. Il n'y a personne qui n'ait eu cette fantaisie. Hé ! hé ! j'ai fait comme vous dans mon printemps, et jamais Littleton, Swift et Wilkes [1] n'ont écrit pour les belles dames des vers plus galants et plus badins que les miens.

CHATTERTON : Je n'en doute pas, milord.

M. BECKFORD : Mais je ne donnais aux Muses que le temps perdu. Je savais bien ce qu'en dit Ben Johnson [2] : que la plus belle Muse au monde ne peut suffire à nourrir son homme, et qu'il faut avoir ces demoiselles-là pour maîtresses, mais jamais pour femmes. *(Lauderdale, Kingston et les lords rient.)*

LAUDERDALE : Bravo ! milord ! c'est bien vrai !

LE QUAKER, *à part :* Il veut le tuer à petit feu.

CHATTERTON : Rien de plus vrai, je le vois aujourd'hui, milord.

M. BECKFORD : Votre histoire est celle de mille jeunes gens ; vous n'avez rien pu faire que vos maudits vers, et à quoi sont-ils bons, je vous prie ? Je vous parle en père, moi, à quoi sont-ils bons ? — Un bon Anglais doit être utile au pays. — Voyons un peu, quelle idée vous faites-vous de nos devoirs à tous tant que nous sommes ?

CHATTERTON, *à part :* Pour elle ! pour elle ! je boirai le calice jusqu'à la lie. — *(Haut.)* Je crois les comprendre, milord. — L'Angleterre est un vaisseau [3]. Notre île en a la forme : la proue tournée au nord, elle est comme à l'ancre au milieu des mers, surveillant le continent. Sans cesse elle tire de ses flancs d'autres vaisseaux faits à son image, et qui vont la représenter sur toutes les côtes du monde. Mais c'est à bord du grand navire qu'est notre ouvrage à tous. Le Roi, les Lords,

---

— 1 Littleton et Wilkes, écrivains du XVIIIᵉ siècle, ont écrit des vers incidemment ; Swift (1665-1745) est l'auteur des *Voyages de* *Gulliver.* — 2 Dramaturge célèbre (1573-1637), auteur de *Volpone ;* il mourut dans la misère. — 3 Étudier la justesse et la poésie du symbole.

les Communes sont au pavillon, au gouvernail et à la boussole ; nous autres, nous devons tous avoir les mains aux cordages, monter aux mâts, tendre les voiles et charger les canons : nous sommes tous de l'équipage, et nul n'est inutile dans la manœuvre de notre glorieux navire.

M. BECKFORD : Pas mal ! pas mal ! quoiqu'il fasse encore de la poésie ; mais en admettant votre idée, vous voyez que j'ai encore raison. Que diable peut faire le Poète dans la manœuvre ? *(Un moment d'attente.)*

CHATTERTON : Il lit dans les astres la route que nous montre le doigt du Seigneur [4].

LORD TALBOT : Qu'en dites-vous, milord ? lui donnez-vous tort ? Le pilote 40 n'est pas inutile [5].

M. BECKFORD : Imagination, mon cher ! ou folie, c'est la même chose ; vous n'êtes bon à rien, et vous vous êtes rendu tel par ces billevesées. — J'ai des renseignements sur vous... à vous parler franchement... et...

LORD TALBOT : Milord, c'est un de mes amis, et vous m'obligerez en le traitant bien...

M. BECKFORD : Oh ! vous vous y intéressez, George ? Eh bien ! vous serez content ; j'ai fait quelque chose pour votre protégé, malgré les recherches de Bale [6]... Chatterton ne sait pas qu'on a découvert ses petites ruses de manuscrit ; mais elles sont bien innocentes, et je les lui pardonne de bon cœur. Le *Magisterial* 50 est un bien bon écrit ; je vous l'apporte pour vous convertir, avec une lettre où vous trouverez mes propositions : il s'agit de cent livres sterling par an. Ne faites pas le dédaigneux, mon enfant ; que diable ! votre père n'était pas sorti de la côte d'Adam ; il n'était pas frère du roi, votre père ; et vous n'êtes bon à rien qu'à ce qu'on vous propose, en vérité. C'est un commencement ; vous ne me quitterez pas, et je vous surveillerai de près [7].

(Kitty Bell supplie Chatterton, par un regard, de ne pas refuser. Elle a deviné son hésitation).

CHATTERTON *hésite, puis après avoir regardé Kitty :* Je consens à tout, milord.

LORD LAUDERDALE : Que milord est bon !

JOHN BELL : Voulez-vous accepter le premier toast [8], milord ?

KITTY BELL, *à sa fille :* Allez lui baiser la main [9].   60

LE QUAKER, *serrant la main à Chatterton :* Bien, mon ami, tu as été courageux.

LORD TALBOT : J'étais sûr de mon gros cousin, Tom. — Allons, j'ai fait tant qu'il est à bon port.

M. BECKFORD : John Bell, mon honorable Bell, conduisez-moi au souper de ces jeunes fous, que je les voie se mettre à table. — Cela me rajeunira.

LORD TALBOT : Parbleu ! tout ira, jusqu'au Quaker. — Ma foi, milord, que ce soit par vous ou par moi, voilà Chatterton tranquille ; allons, — n'y pensons plus.

JOHN BELL : Nous allons tous conduire milord. *(A Kitty Bell :)* Vous allez revenir faire les honneurs, je le veux. *(Elle va vers sa chambre.)*

CHATTERTON, *au Quaker :* N'ai-je point fait tout ce que vous vouliez ? *(A lord* 70 *Beckford :)* Milord, je suis à vous tout à l'heure, j'ai quelques papiers à brûler.

---

4 Cf. p. 139, v. 78-99 et p. 162. — 5 A l'acte I, sc. 5, Chatterton justifiait moins ambitieusement sa mission : « *N'ai-je pas quelque droit à l'amour de mes frères, moi qui travaille pour eux nuit et jour ; moi qui cherche avec tant de fatigues, dans les ruines nationales, quelques fleurs de poésie dont je puisse extraire un parfum durable ; moi qui veux ajouter une* perle de plus à la couronne de l'Angleterre, et qui plonge dans tant de mers et de fleuves pour la chercher ?... Si vous saviez mes travaux ! » — 6 Ce personnage paraît inventé par Vigny, de même que le *Magisterial*, journal littéraire. — 7 Le poste proposé reste encore imprécis. Pourquoi ? — 8 « Santé portée en votre honneur ». — 9 Interpréter cette attention. —

M. BECKFORD : Bien, bien !... Il se corrige de la Poésie, c'est bien. *(Ils sortent.)*

JOHN BELL *revient à sa femme brusquement :* Mais rentrez donc chez vous, et souvenez-vous que je vous attends.

(Kitty Bell s'arrête sur la porte un moment et regarde Chatterton avec inquiétude.)

KITTY BELL, *à part :* Pourquoi veut-il rester seul, mon Dieu ?

(Elle sort avec ses enfants et porte le plus jeune dans ses bras.)

O MORT, ANGE DE DÉLIVRANCE...

Dans STELLO, aussitôt après avoir reçu le billet du lord-maire, CHATTERTON y jette les yeux ; puis, tout à coup, il lance ses manuscrits au feu et se retire dans sa chambre pour se suicider. Dans la pièce (III, 7), la situation est profondément modifiée : par ce *monologue* conduit à la manière classique, VIGNY a voulu nous permettre de suivre le *travail mental* qui conduit CHATTERTON de la résignation à la révolte et à la mort. Ainsi *c'est la Société qui a tué le poète*, et Vigny se défendait d'avoir fait l'apologie du suicide : « Je n'ai point prétendu justifier les actes désespérés des malheureux, mais protester contre l'indifférence qui les y contraint... Y a-t-il un autre moyen de toucher la société que de lui montrer la torture de ses victimes ? »

CHATTERTON, *seul, se promenant :* Allez, mes bons amis. — Il est bien étonnant que ma destinée change ainsi tout à coup. J'ai peine à m'y fier ; pourtant les apparences y sont [1]. — Je tiens là ma fortune [2]. — Qu'a voulu dire cet homme en parlant de mes ruses [3] ? Ah ! toujours ce qu'ils disent tous. Ils ont deviné ce que je leur avouais moi-même, que je suis l'auteur de mon livre [4]. Finesse grossière ! je les reconnais là ! Que sera cette place ? quelque emploi de commis ? Tant mieux, cela est honorable ! Je pourrai vivre sans écrire les choses communes qui font vivre [5]. — Le Quaker rentrera dans la paix de son âme que j'ai troublée, et elle ! Kitty Bell, je ne la tuerai pas, s'il est vrai que je l'eusse tuée. — Dois-je le croire ? J'en doute : ce que l'on renferme toujours ainsi est peu violent, et, pour être si aimante, son âme est bien maternelle [6]. N'importe, cela vaut mieux, et je ne la verrai plus. C'est convenu... autant eût valu me tuer [7]. Un corps est aisé à cacher. — On ne le lui eût pas dit. Le Quaker y eût veillé, il pense à tout. Et, à présent, pourquoi vivre ? pour qui ? — Pour qu'elle vive, c'est assez [8]... Allons... arrêtez-vous, idées noires, ne revenez pas... Lisons ceci... *(Il lit le journal [9].)* « Chat-

---

— 1 Divers commentateurs sont surpris que Chatterton ne se hâte pas de lire les « propositions » du lord-maire. Ne peut-on justifier son attitude ? — 2 Mon sort. — 3 Cf. p. 260, l. 49. — 4 Pour désarmer les jaloux, Chatterton a présenté son œuvre comme la transcription d'un manuscrit du XVe siècle : « ils l'auraient brisée s'ils l'avaient crue faite de ma main ; ils l'ont adorée comme l'œuvre d'un moine qui n'a jamais existé, et que j'ai nommé Rowley » (I, 5). — 5 Cf. III, 1, « *Écrit trop vite ! écrit pour vivre !* » Chatterton

a déjà exprimé son amertume d'être réduit, pour subsister, à écrire sur commande, « comme un menuisier doit à l'ébéniste quelques planches péniblement passées au rabot » : « Je suis *ouvrier en livres*, voilà tout ! » (II, 1). — 6 Chatterton est moins perspicace que le Quaker, qui disait : « La mère donne à ses enfants un baiser d'amante sans le savoir » (cf. aussi, p. 260, l. 60). — 7 Expliquer pourquoi. — 8 Qu'y a-t-il d'émouvant dans cette réplique qu'il s'adresse à lui-même ? — 9 Le *Magisterial* que lui a remis le lord-maire (cf. p. 260, l. 50).

terton n'est pas l'auteur de ses œuvres... Voilà qui est bien prouvé. — Ces poèmes admirables sont réellement d'un moine nommé Rowley [10], qui les avait traduits d'un autre moine du Xᵉ siècle nommé Turgot... Cette 20 imposture, pardonnable à un écolier, serait criminelle plus tard... Signé... *Bale!...* » Bale ? Qu'est-ce que cela ? que lui ai-je fait ? — De quel égout sort ce serpent ?

Quoi ! mon nom étouffé ! ma gloire éteinte ! mon honneur perdu ! — Voilà le juge !... Le bienfaiteur ! voyons, qu'offre-t-il ? *(Il décachette la lettre, lit... et s'écrie avec indignation :)* Une place de premier valet de chambre dans sa maison [11] !...

Ah !... pays damné ! terre du dédain ! sois maudite à jamais ! *(Prenant la fiole d'opium.)* O mon âme, je t'avais vendue ! je te rachète avec ceci. *(Il boit l'opium.)* Skirner sera payé [12] ! — Libre de tous ! égal à tous, à 30 présent ! — Salut, première heure de repos que j'aie goûtée ! — Dernière heure de ma vie, aurore du jour éternel, salut ! — Adieu, humiliation, haines, sarcasmes, travaux dégradants, incertitudes, angoisses, misères, tortures du cœur, adieu ! Oh ! quel bonheur, je vous dis adieu ! — Si l'on savait ! si l'on savait ce bonheur que j'ai..., on n'hésiterait pas si longtemps ! *(Ici après un instant de recueillement durant lequel son visage prend une expression de béatitude, il joint les mains et poursuit :)* O Mort, Ange de délivrance, que ta paix est douce ! J'avais bien raison de t'adorer, mais je n'avais pas la force de te conquérir. — Je sais que tes pas seront lents et sûrs. Regarde-moi, Ange sévère, leur ôter à tous la trace de mes pas sur la terre. 40 *(Il jette au feu tous ses papiers.)* Allez, nobles pensées écrites pour tous ces ingrats dédaigneux, purifiez-vous dans la flamme et remontez [13] au ciel avec moi ! *(Il lève les yeux au ciel et déchire lentement ses poèmes, dans l'attitude grave et exaltée d'un homme qui fait un sacrifice solennel.)*

Poussée par « une épouvante inexplicable », Kitty Bell vient retrouver Chatterton. Il lui fait ses adieux et, dans leur trouble, ils découvrent leur amour mutuel. Mais le poison agit lentement : Chatterton tombe sans vie et Kitty meurt à son tour, victime de cette violente émotion, sous les yeux épouvantés de John Bell et de ses enfants. Les derniers mots sont prononcés par le Quaker à genoux : « Oh ! dans ton sein ! dans ton sein, Seigneur, reçois ces deux martyrs ! ».

— *Distinguez les divers moments du monologue ; étudiez l'accord du rythme avec chacun d'eux.*
— *Exposez les deux humiliations qui, coup sur coup, s'abattent sur Chatterton.*
— *Pour quelles raisons Chatterton accepte-t-il d'abord une existence médiocre ? pour quelles raisons s'empoisonne-t-il ?*
— *Dans la phrase « Adieu, humiliation... » précisez, d'après les extraits, le sens de chaque terme.*
— *L'appel à la mort. a) Comment expliquez-vous l'enthousiasme de Chatterton dans son appel à la mort ? – b) Que pensez-vous de cette attitude, du point de vue social ?*
— *Entretien. La condition matérielle de l'artiste d'après Chatterton. Quelle est-elle dans la société actuelle ? Quelle est votre position sur ce problème ?*
● *Groupe thématique :* **Invocations à la mort,** p. 91 (v. 13-28) ; p. 452. – xviᵉ siècle, p. 150. Opposer : xviiᵉ siècle, p. 215, 247.

—————————————— 10 Montrer la perfidie de cette allégation. — 11 Se rappeler les idées de Chatterton sur la mission du poète (cf. p. 260, l. 38 et n. 5). — 12 Chatterton doit au riche Skirner des loyers arriérés. Pour gagner l'argent nécessaire, il a « vendu son âme », c'est-à-dire abaissé son génie à des travaux médiocres ; « il a signé que, tel jour, il payerait sa dette et que, s'il mourait dans l'intervalle, il vendait à l'École de chirurgie son corps pour la payer ». — 13 Préciser le sens de ce verbe.

THÉOPHILE GAUTIER

Le Jeune-France Né à Tarbes en 1811, Théophile Gautier fait ses
études à Paris, au collège Charlemagne où il se lie avec
Gérard de Nerval (cf. p. 271). Il fréquente un *atelier de peinture* mais opte bientôt
pour la poésie. Avec Nerval et quelques jeunes artistes comme le graveur Célestin
Nanteuil et Pétrus Borel, peintre et poète, il forme un *petit cénacle*, qu'il évoquera plus
tard, non sans humour : « Il était de mode alors dans l'école romantique d'être pâle,
livide, verdâtre, un peu cadavéreux, s'il était possible. Cela donnait l'air fatal, byronien,...
dévoré par les passions et les remords ».
Lors de la bataille d'*Hernani* (cf. p. 154) Gautier, qui arbore un magnifique gilet
rouge, se signale par son enthousiasme pour Victor Hugo. La même année (1830) il publie
des *Poésies* d'un romantisme sincère mais sans grande originalité. Il y ajoute en 1832
un long poème descriptif et fantastique, *Albertus* : c'est l'histoire d'un jeune peintre
victime d'une sorcière. En 1833 un recueil de contes, *Les Jeunes-France*, montre par
son aimable ironie que l'auteur n'est pas dupe des outrances du romantisme frénétique.

Vers la maturité Sous des gamineries de rapin, Gautier dissimule un
romantisme plus profond, fait de *pessimisme* et d'*angoisse*.
Cette inquiétude apparaît dans un roman, *Mademoiselle de Maupin* (1835-1836) et
surtout dans un nouveau recueil lyrique : *La Comédie de la Mort* et *Poésies diverses*
(1838, cf. p. 264). Mais, selon le mot de Hugo, Gautier est à la fois « fils de la Grèce
antique et de la jeune France » : c'est un fervent de la *plastique gréco-latine*, de la *beauté*
dans la vie et dans l'art. Réagissant contre le romantisme moralisateur politique et
social, il déclare dès 1832 que l'art doit être cultivé pour lui-même, en dehors de toute
préoccupation utilitaire ; dans la Préface de *Mademoiselle de Maupin*, il se moque des
reproches d'immoralité adressés aux artistes : pour lui, loin d'influer sur la morale, l'art
est un reflet des mœurs.
Gautier commence en 1836 une carrière de *journaliste* qui lui assure la sécurité matérielle, mais c'est dans le *culte de l'art* qu'il trouvera son idéal et sa raison de vivre.

Le culte de l'art En 1840 un séjour de six mois en *Espagne* lui donne
le goût des voyages : il visitera l'Italie, la Grèce, la Russie,
la Turquie. Ses impressions d'Espagne, en exaltant *son sens des formes et des couleurs*,
font de lui, plus que jamais, « un homme pour qui le monde extérieur existe ». La relation
de son voyage, *Tra los Montes* (1843) et les poèmes d'*España* (1845) fixent la beauté
éclatante et farouche des paysages ibériques (p. 268) ou des chefs-d'œuvre de la peinture
espagnole (p. 266). Désormais *Gautier a choisi l'art pour l'art*.
La publication d'*Émaux et Camées* marque une nouvelle étape (1852). Le poète a fermé
« ses vitres » à « l'ouragan » des événements politiques pour ciseler de fins joyaux *(Préface)*.
Les idées et les sentiments personnels, exprimés jusqu'alors sous forme de *symboles*
(cf. p. 264 et 265), deviennent *plus discrets encore ;* le souvenir ému, le rêve d'idéal se
dissimulent derrière *le pittoresque des tableaux* et la *virtuosité des variations musicales.*
Gautier poursuit dans ses ROMANS un voyage à travers l'espace et le temps. Il évoque
Pompéi dans *Arria Marcella* (1852), l'Égypte antique dans *Le Roman de la Momie* (1858),
la vie des comédiens ambulants au XVIIᵉ siècle dans *Le Capitaine Fracasse* (1863). Sous
la documentation précise et l'imagination colorée, on discerne un symbolisme discret
qui s'épanouit dans *Le Spirite* (1866), transposition sur le plan surnaturel d'un grand
amour et d'une longue quête de l'idéal. Par leur côté pittoresque ces romans s'apparentent
aux *impressions de voyage* publiées par Gautier, à qui nous devons encore des *souvenirs*
(Histoire du romantisme) et de nombreux travaux de *critique esthétique et littéraire.*

Sous le Second Empire, Gautier est encouragé par la précieuse amitié de la princesse Mathilde à qui il dédie des poèmes. Atteint d'une maladie de cœur, très sensible à la défaite de la France, il meurt en 1872.

L'art pour l'art

GAUTIER *a été l'animateur du mouvement de l'art pour l'art ;* son œuvre en offre une théorie complète et une éclatante illustration.

1. LIBÉRATION DE L'ART. Par nature *l'art est désintéressé ;* on ne doit donc lui proposer aucun but *utile : il est à lui-même sa propre fin.* « Il n'y a de vraiment beau que ce qui ne peut servir à rien ; tout ce qui est utile est laid » (Préface de *Mlle de Maupin ;* cf. *Dans la Sierra,* p. 268). Ainsi l'art doit demeurer *indépendant de la morale et de la politique.* Pour rester pur, il se défiera même de la sentimentalité, préférant aux émotions les sensations et les impressions.

2. LA BEAUTÉ. L'artiste ne connaît qu'un culte, celui de la beauté. Elle seule peut fixer son rêve (cf. p. 270, v. 54-56) et apaiser son inquiétude ; *elle seule est éternelle.* N'ayant d'autre fin que la beauté, la poésie resserrera ses liens avec les arts plastiques.

3. LA TECHNIQUE. Pour conquérir la beauté, l'artiste ne doit rien négliger, rien laisser au hasard. Le travail de la forme, les recherches techniques deviennent essentielles. *L'œuvre sera d'autant plus belle qu'elle naîtra de difficultés vaincues :* c'est la leçon du poème *L'Art* (p. 270). Il faut bannir la facilité ; Gautier adopte des mètres difficiles : *terza rima* (p. 266), *vers courts (L'Art) ;* il soigne la rime, choisit des sonorités évocatrices, *transpose* les sensations visuelles en impressions musicales (p. 268 et 269), s'inspire du tracé *minutieux* de l'émailleur ou de l'orfèvre.

Le rôle de Gautier

Cette formule n'est pas sans risques : rétrécissement des sujets, indifférence excessive à l'égard des grands problèmes humains, difficulté pour la poésie de rivaliser avec les arts plastiques sur leur propre terrain. Certaines pièces d'*Émaux et Camées* sont surtout des *curiosités esthétiques.* De plus les dons de Gautier, pour riches qu'ils soient, demeurent limités ; sa virtuosité reste froide parfois, ou un peu mièvre. Ou bien on regrette que sa sensibilité, par excès de pudeur, ne s'exprime pas davantage.

Mais *son œuvre marque un tournant dans l'histoire de la poésie française.* Sans jamais renier le romantisme de sa jeunesse, THÉOPHILE GAUTIER ouvre la voie à la poésie *plastique* et « *impassible* » de LECONTE DE LISLE et du PARNASSE (cf. p. 406). Sa doctrine de l'art pour l'art a également influencé BAUDELAIRE, qui lui dédie les *Fleurs du Mal* (cf. p. 429). La poésie moderne lui est en partie redevable de cette *libération* qui la caractérise.

La caravane

Dans la VIIIᵉ Époque de *Jocelyn* (1836), Lamartine représentait *la caravane humaine* arrêtée un moment par un fleuve dans sa marche en avant ; mais les hommes, en ravageant une forêt, construisent un pont de bois et reprennent leur route. Ainsi le poète affirmait sa foi dans le progrès, fût-il acquis au prix des désordres sanglants qu'entraînent les révolutions. Pour GAUTIER, la caravane humaine ne va nulle part, sinon à la *mort,* qui est le seul refuge, la seule oasis. Ce *pessimisme,* qui annonce Leconte de Lisle, peut paraître déprimant et stérile, mais dans toute la partie *descriptive,* Gautier est très supérieur à Lamartine ; d'ailleurs cette philosophie aride et implacable ne s'accorde-t-elle pas avec l'atmosphère *désertique* qu'évoque *la caravane? (Poésies diverses).*

La caravane humaine au Sahara du monde,
Par ce chemin des ans qui n'a pas de retour,
S'en va traînant le pied, brûlée aux feux du jour,
Et buvant sur ses bras la sueur qui l'inonde.

Le grand lion rugit et la tempête gronde ;
A l'horizon fuyard, ni minaret, ni tour ;

La seule ombre qu'on ait, c'est l'ombre du vautour,
Qui traverse le ciel cherchant sa proie immonde [1].

L'on avance toujours, et voici que l'on voit
Quelque chose de vert [2] que l'on se montre au doigt :
C'est un bois de cyprès semé de blanches pierres.

Dieu, pour vous reposer, dans le désert du temps,
Comme des oasis, a mis les cimetières :
Couchez-vous et dormez. voyageurs haletants [3].

LE PIN DES LANDES

Ce poème, écrit par GAUTIER en route vers l'Espagne, fut publié aussitôt dans la *Presse* (1840), puis inséré dans *España* (1845). Son intérêt réside dans un art précis et suggestif, dans la rigueur du symbole et dans la manière dont celui-ci est abordé : d'autres poètes cherchent une image pour illustrer une idée, au contraire Gautier part ici de la *chose vue*, de l'impression, qui s'épanouit en idée ; il est *peintre plutôt que penseur.*

On ne voit, en passant par les Landes désertes,
Vrai Sahara français [1], poudré de sable blanc [2],
Surgir de l'herbe sèche et des flaques d'eaux vertes
D'autre arbre que le pin avec sa plaie au flanc [3] ;

Car pour lui dérober ses larmes de résine,
L'homme, avare [4] bourreau de la création,
Qui ne vit qu'aux dépens de ceux qu'il assassine,
Dans son tronc douloureux ouvre un large sillon !

Sans regretter son sang qui coule goutte à goutte,
Le pin verse son baume et sa sève qui bout [5],
Et se tient toujours droit sur le bord de la route,
Comme un soldat blessé qui veut mourir debout [6].

Le poète est ainsi dans les Landes du monde ;
Lorsqu'il est sans blessure, il garde son trésor.
Il faut qu'il ait au cœur une entaille profonde
Pour épancher ses vers, divines larmes d'or !

– *Étudiez le pittoresque de la description ; comment le symbole se dégage-t-il peu à peu de cette description ?*
– *Relevez les traits par lesquels l'arbre devient humain ; comment se comportent les hommes envers lui ?*
– *En quoi l'idée qui se dégage est-elle romantique (usez de rapprochements) ? Que pensez-vous de ce symbole ?*
– **Rapprochement.** MUSSET, *p. 215 (v. 101-139). Cherchez d'autres symboles de l'inspiration au XIXe SIÈCLE.*
– **Commentaire composé.** *Le symbole ; l'art de suggérer par des mots, des couleurs, des sons.*

— 1 Qu'annonce le vautour ? — 2 A quoi s'attend le lecteur ? — 3 Cf. la conclusion de Lamartine : « C'est ainsi que le temps, par Dieu même conduit, | Passe, pour avancer, sur ce qu'il a détruit. | Esprit saint ! conduis-les, comme un autre Moïse, | Par des chemins de paix à la terre promise ! »

— 1 Le boisement des Landes, entrepris par Brémontier à la fin du XVIIIe siècle, restait encore très fragmentaire en 1840. — 2 Étudier l'effet des sons ; de même au vers 4. — 3 L'entaille par où s'écoule la résine. — 4 Avide. — 5 Qui bouillonne : Gautier insiste sur l'idée que la sève est *vivante*. — 6 On songe au stoïcisme du loup de Vigny (p 130).

RIBEIRA

Épris de beauté plastique et peintre lui-même, GAUTIER consacre volontiers ses poèmes à des œuvres d'art, aux impressions et aux sentiments qu'il éprouve en les contemplant. Ainsi, dans *España*, deux pièces lui sont inspirées par les tableaux de Zurbaran et de RIBEIRA (ou Ribera, 1588-1656). Dans ce domaine de la critique d'art érigée en poésie on comparera la manière de Gautier au symbolisme de Baudelaire (p. 432).

Il est des cœurs épris du triste amour du laid.
Tu fus un de ceux-là, peintre à la rude brosse
Que Naple a salué du nom d'Espagnolet [1].

Rien ne put amollir ton âpreté féroce,
Et le splendide azur du ciel italien
N'a laissé nul reflet dans ta peinture atroce.

Chez toi, l'on voit toujours le noir Valencien [2],
Paysan hasardeux, mendiant équivoque,
More que le baptême à peine a fait chrétien.

10   Comme un autre le beau, tu cherches ce qui choque :
Les martyrs, les bourreaux, les gitanos, les gueux,
Étalant un ulcère à côté d'une loque ;

Les vieux au chef branlant, au cuir jaune et rugueux,
Versant sur quelque Bible un flot de barbe grise,
Voilà ce qui convient à ton pinceau fougueux.

Tu ne dédaignes rien de ce que l'on méprise ;
Nul haillon, Ribeira, par toi n'est rebuté :
Le vrai, toujours le vrai, c'est ta seule devise !

Et tu sais revêtir d'une étrange beauté
20   Ces trois monstres abjects, effroi de l'art antique,
La Douleur, la Misère et la Caducité.

Pour toi, pas d'Apollon, pas de Vénus pudique ;
Tu n'admets pas un seul de ces beaux rêves blancs
Taillés dans le paros ou dans le pentélique.

Il te faut des sujets sombres et violents
Où l'ange des douleurs vide ses noirs calices [3],
Où la hache s'émousse aux billots ruisselants.

Tu sembles enivré par le vin des supplices,
Comme un César romain dans sa pourpre insulté,
30   Ou comme un victimaire après vingt sacrifices.

— 1 A cause de son origine espagnole ; Ribera gagna l'Italie avant trente ans, séjourna à Rome et à Parme, puis se fixa à Naples où il mourut. — 2 Le peintre était né dans la province de Valence. — 3 Cf. la parole du Christ au Jardin des Oliviers, et l'expression « boire le calice jusqu'à la lie ».

Avec quelle furie et quelle volupté
Tu retournes la peau du martyr qu'on écorche,
Pour nous en faire voir l'envers ensanglanté !

Aux pieds des patients comme tu mets la torche !
Dans le flanc de Caton comme tu fais crier
La plaie, affreuse bouche ouverte comme un porche !

D'où te vient, Ribeira, cet instinct meurtrier ?
Quelle dent t'a mordu, qui te donne la rage,
Pour tordre ainsi l'espèce humaine et la broyer !

40 Que t'a donc fait le monde, et, dans tout ce carnage,
Quel ennemi secret de tes coups poursuis-tu ?
Pour tant de sang versé quel était donc l'outrage ?

Ce martyr, c'est le corps d'un rival abattu ;
Et ce n'est pas toujours au cœur de Prométhée
Que fouille l'aigle fauve avec son bec pointu [4].

De quelle ambition du ciel précipitée,
De quel espoir traîné par des coursiers sans frein
Ton âme de démon était-elle agitée ?

Qu'avais-tu donc perdu pour être si chagrin ?
50 De quels amours tournés se composaient tes haines,
Et qui jalousais-tu, toi, peintre souverain ?

Les plus grands cœurs, hélas ! ont les plus grandes peines ;
Dans la coupe profonde il tient plus de douleurs ;
Le ciel se venge ainsi sur les gloires humaines.

Un jour, las de l'horrible et des noires couleurs,
Tu voulus peindre aussi des corps blancs comme neige,
Des anges souriants, des oiseaux et des fleurs,

Des nymphes dans les bois que le satyre assiège,
Des amours endormis sur un sein frémissant,
60 Et tous ces frais motifs chers au moelleux Corrège [5] ;

Mais tu ne sus trouver que du rouge de sang,
Et quand du haut des cieux, apportant l'auréole,
Sur le front de tes saints l'ange de Dieu descend,

En détournant les yeux, il la pose et s'envole !

— Étudiez la composition du poème ; comment GAUTIER traduit-il ses impressions de façon réaliste ?
— Dégagez les idées sur la peinture, ses rapports avec l'artiste et son milieu (cf. p. 386 et p. 399).
• Rapprochements. Le beau et le laid : LECONTE DE LISLE, *p. 410.* – BAUDELAIRE, *p. 435*
• Comparaison. Les transpositions d'art : p. 266-268 ; p. 269. – p. 432 et p. 507-508.

— 4 En peignant le supplice de *Prométhée*, Ribeira aurait assouvi en imagination sa haine pour quelque rival. — 5 Peintre italien (1594-1634) que Ribeira avait connu à Parme.

Dans la Sierra

Dans cette pièce d'*España*, nous trouvons encore un *symbole* sous la poésie *pittoresque* : si GAUTIER préfère les monts arides aux « champs gras et fertiles », c'est qu'il y voit l'image de *l'art sublime*, qui doit être cultivé pour lui-même et non asservi à quelque fin *utile*, morale ou idéologique. Le poète parlait déjà dans *Albertus* (1832) de « Mille objets bons à rien, admirables à voir ».

J'aime d'un fol [1] amour les monts fiers et sublimes !
Les plantes n'osent pas poser leurs pieds frileux
Sur le linceul d'argent qui recouvre leurs cimes ;
Le soc s'émousserait à leurs pics anguleux [2].

Ni vigne aux bras lascifs [3], ni blés dorés, ni seigles,
Rien qui rappelle l'homme et le travail maudit.
Dans leur air libre et pur nagent des essaims [4] d'aigles.
Et l'écho du rocher siffle l'air du bandit [5].

Ils ne rapportent rien et ne sont pas utiles ;
Ils n'ont que leur beauté, je le sais, c'est bien peu.
Mais, moi, je les préfère aux champs gras et fertiles,
Qui sont si loin du ciel qu'on n'y voit jamais Dieu.

Carnaval

Dans *Émaux et Camées*, GAUTIER consacre quatre pièces à des *Variations* musicales *sur le Carnaval de Venise*. Voici la troisième, où la fantaisie spirituelle du virtuose traduit, par les accords aigrelets de la guitare, l'arabesque que dessinent, dans leurs gestes consacrés et comme mécaniques, les personnages traditionnels de la *comédie italienne* (cf. Verlaine, p. 508).

Venise pour le bal s'habille.
De paillettes tout étoilé,
Scintille, fourmille et babille [1]
Le carnaval bariolé.

Arlequin, nègre par son masque,
Serpent par ses mille couleurs,
Rosse d'une note fantasque
Cassandre, son souffre-douleurs.

10 Battant de l'aile avec sa manche
Comme un pingouin sur son écueil,
Le blanc Pierrot, par une blanche [2],
Passe la tête et cligne l'œil.

Le Docteur bolonais [3] rabâche
Avec la basse aux sons traînés ;
Polichinelle, qui se fâche,
Se trouve une croche pour nez.

Heurtant Trivelin [4] qui se mouche
Avec un trille extravagant,
A Colombine Scaramouche [5]
Rend son éventail ou son gant.   20

Sur une cadence se glisse
Un domino ne laissant voir
Qu'un malin regard en coulisse
Aux paupières de satin noir.

Ah ! fine barbe de dentelle [6],
Que fait voler un souffle pur,
Cet arpège me dit : C'est elle !
Malgré tes réseaux, j'en suis sûr,

Et j'ai reconnu, rose et fraîche,
Sous l'affreux profil de carton,   30
Sa lèvre au fin duvet de pêche,
Et la mouche de son menton.

— 1 Commenter le double sens (cf. v. 10) ; de même pour *sublimes* (cf. v. 12). — 2 Apprécier les sonorités (cf. v. 11). — 3 Qui étreignent capricieusement. — 4 Pourquoi ce mot ? — 5 Cf. *Hernani*, p. 237, v. 6-10.

— 1 Quel est l'effet de ces sons ? — 2 Note de musique ; expliquer. — 3 Pédant grotesque. — 4 Valet du genre Scapin. — 5 Vêtu de noir ; type intermédiaire entre le capitan (soldat fanfaron) et Arlequin. — 6 Dentelle ornant le loup (masque de carton recouvert de satin).

Symphonie en blanc majeur

Voici la plus célèbre des *transpositions d'art* tentées par GAUTIER : *variation musicale* sur toutes les nuances, tous les reflets du blanc ; *correspondance* aussi entre sensations, impressions et sentiments, la blancheur évoquant la froideur, la pureté éthérée, la distinction aristocratique. On appréciera à la fois le charme et les limites d'une telle poésie *(Émaux et Camées)*.

De leur col blanc courbant les lignes
On voit dans les contes du Nord,
Sur le vieux Rhin, des femmes-cygnes
Nager en chantant près du bord [1] ;

Ou, suspendant à quelque branche
Le plumage qui les revêt,
Faire luire leur peau plus blanche
Que la neige de leur duvet.

De ces femmes il en est une
10 Qui chez nous descend quelquefois [2],
Blanche comme le clair de lune
Sur les glaciers dans les cieux froids ;

Conviant la vue enivrée
De sa boréale fraîcheur
A des régals de chair nacrée,
A des débauches de blancheur !

Son sein, neige montée en globe,
Contre les camélias blancs
Et le blanc satin de sa robe
20 Soutient des combats insolents.

Dans ces grandes batailles blanches,
Satins et fleurs ont le dessous,
Et, sans demander leurs revanches,
Jaunissent comme des jaloux.

Sur les blancheurs de son épaule,
Paros au grain éblouissant,
Comme dans une nuit du pôle,
Un givre invisible descend.

De quel mica de neige vierge,
30 De quelle moelle de roseau,
De quelle hostie et de quel cierge
A-t-on fait le blanc de sa peau ?

A-t-on pris la goutte lactée
Tachant l'azur du ciel d'hiver,
Le lis à la pulpe argentée,
La blanche écume de la mer ;

Le marbre blanc, chair froide et pâle
Où vivent les divinités ;
L'argent mat, la laiteuse opale
Qu'irisent de vagues clartés ;   40

L'ivoire [3], où ses mains ont des ailes,
Et, comme des papillons blancs,
Sur la pointe des notes frêles
Suspendent leurs baisers tremblants ;

L'hermine vierge de souillure,
Qui, pour abriter leurs frissons,
Ouate de sa blanche fourrure
Les épaules et les blasons [4] ;

Le vif-argent [5], aux fleurs fantasques
Dont les vitraux sont ramagés ;   50
Les blanches dentelles des vasques,
Pleurs de l'ondine en l'air figés ;

L'aubépine de mai qui plie
Sous les blancs frimas de ses fleurs ;
L'albâtre où la mélancolie
Aime à retrouver ses pâleurs ;

Le duvet blanc de la colombe,
Neigeant sur les toits du manoir,
Et la stalactite qui tombe,
Larme blanche, de l'antre noir ?   60

Des Groenlands et des Norvèges
Vient-elle avec Séraphita [6] ?
Est-ce la Madone des neiges,
Un sphinx blanc que l'hiver sculpta ;

Sphinx enterré par l'avalanche,
Gardien des glaciers étoilés,
Et qui, sous sa poitrine blanche,
Cache de blancs secrets gelés ?

Sous la glace où calme il repose,
Oh ! qui pourra fondre ce cœur !   70
Oh ! qui pourra mettre un ton rose [7]
Dans cette implacable blancheur !

— 1 Gautier assimile les Walkyries (femmes-cygnes) aux Filles du Rhin. — 2 Une comtesse nordique, Marie Kalergis. — 3 Des touches du piano. — 4 Cf. l'écusson de Bretagne, et la devise : « Plutôt la mort que la souille ». — 5 Ici, le *givre* (sens habituel : *mercure*). — 6 Ange rêvé par Balzac. — 7 Apprécier la *dissonance* et la *pointe* qui termine ce poème en *madrigal*.

L'ART

Paru dans l'*Artiste* en 1857, puis ajouté comme une conclusion à la fin d'*Émaux et Camées*, ce poème exprime l'idéal de *l'art pour l'art*. Les civilisations passent, et avec elles les croyances, les idées, les sentiments des hommes, mais *la beauté plastique est éternelle*. Elle sera donc le seul but de l'artiste qui lui consacrera tous ses efforts et proscrira, pour l'atteindre, le flou et la facilité. Joignant l'exemple au précepte, GAUTIER a illustré la parenté de la poésie avec les arts plastiques, il a choisi des *rimes riches, des sonorités pleines* et, dans un *mètre étroit*, un *rythme difficile*. Cf. Verlaine, p. 510.

Oui, l'œuvre sort plus belle
D'une forme au travail
    Rebelle [1],
Vers, marbre, onyx, émail.

Point de contraintes fausses !
Mais que pour marcher droit
    Tu chausses,
Muse, un cothurne étroit.

10 Fi du rythme commode,
Comme un soulier trop grand,
    Du mode [2]
Que tout pied quitte et prend !

Statuaire, repousse
L'argile que pétrit
    Le pouce,
Quand flotte ailleurs l'esprit ;

Lutte avec le carrare [3],
Avec le paros dur
    Et rare,
20 Gardiens du contour pur [4] ;

Emprunte à Syracuse
Son bronze où fermement
    S'accuse
Le trait fier et charmant ;

D'une main délicate
Poursuis dans un filon
    D'agate
Le profil d'Apollon.

Peintre, fuis l'aquarelle
Et fixe la couleur 30
    Trop frêle
Au four de l'émailleur [5].

Fais les Sirènes bleues,
Tordant de cent façons
    Leurs queues,
Les monstres des blasons [6] ;

Dans son nimbe trilobe [7]
La Vierge et son Jésus,
    Le globe
Avec la croix dessus. 40

Tout passe. — L'art robuste
Seul a l'éternité ;
    Le buste
Survit à la cité.

Et la médaille austère
Que trouve un laboureur
    Sous terre
Révèle un empereur.

Les dieux eux-mêmes meurent,
Mais les vers souverains 50
    Demeurent
Plus forts que les airains [8].

Sculpte, lime, cisèle ;
Que ton rêve flottant
    Se scelle
Dans le bloc résistant !

— La thèse de Gautier. *a) Dégagez les idées principales en montrant contre quelles tendances l'auteur réagit ; – b) En quoi les exemples empruntés aux arts plastiques sont-ils significatifs ?*
— Son application. *Précisez : – a) les contraintes que l'auteur s'est imposées ; – b) l'effet qu'il en a tiré.*
— *Appréciez cette conception de la poésie : a) d'après cette pièce ; – b) en général.*
— **Essai.** *La doctrine de l'art pour l'art exclut-elle la pensée ou l'émotion ? Opposez* VERLAINE, *p. 510.*

— 1 Apprécier l'effet du rejet, et du vers court dans chaque strophe. — 2 Terme de musique (cf. *rythme*). — 3 Marbre d'Italie ; *paros* : marbre de Grèce. — 4 Apprécier le choix des sons dans cette strophe. — 5 Cf. *Émaux et Camées*. — 6 Cf. Heredia, *Blason céleste*. — 7 Auréole trilobée (en forme de feuille de trèfle). — 8 Souvenir d'Horace disant de ses vers : *Exegi monumentum aere perennius* : j'ai élevé un monument plus durable que l'airain (*Odes*, III, xxx, 1).

GÉRARD DE NERVAL

La jeunesse romantique   Né à Paris en 1808, GÉRARD DE NERVAL (de son vrai nom GÉRARD LABRUNIE) était le fils d'un médecin-adjoint de la Grande Armée. Il ne connut pas sa mère, morte en Silésie où elle avait accompagné son mari, et fut élevé à Mortefontaine, dans le Valois, par son grand-oncle Antoine Boucher. Paysages, légendes et impressions du *Valois* marqueront profondément cet enfant sensible, privé de l'affection maternelle et réduit à imaginer sa mère comme une *figure de rêve*.

Au collège Charlemagne, NERVAL est le condisciple de THÉOPHILE GAUTIER (cf. p. 263). Il fréquente alors le milieu de la bohème littéraire, qu'il évoquera, après HENRI MURGER (*Scènes de la Vie de Bohème*, 1848), dans les *Petits Châteaux de Bohème* (1853) et *La Bohème galante* (1855). La littérature allemande l'attire : il traduit dès 1828 le *Faust* de GŒTHE, se passionne pour les *Contes Fantastiques* d'HOFFMANN et écrit lui-même un conte mi-fantastique mi-humoristique, *La Main de Gloire* (1832). Il compose aussi des *Élégies* et des *Odelettes* dans le goût de Ronsard ; l'une d'elle (*Fantaisie*, p. 273) montre le rôle que joue déjà *le rêve* dans sa vie et son inspiration. En 1834 il voyage en Italie.

La raison ébranlée   En 1836, Nerval s'éprend d'une actrice, JENNY COLON, qui deviendra dans son œuvre AURÉLIE ou AURÉLIA ; celle-ci est peut-être sensible un moment à son amour, mais ne tarde pas à se marier. Cette passion malheureuse va avoir des conséquences terribles pour Nerval, ébranlant sa raison et déterminant ce qu'il a appelé « l'épanchement du songe dans la vie réelle » (*Aurélia*). Il a le sentiment d'avoir aimé, en Jenny Colon, l'image passagère d'une *éternelle figure féminine*, susceptible de multiples réincarnations. La traduction du *Second Faust* de GŒTHE (1840) le confirme dans cette croyance, et en 1841, atteint pour la première fois de *troubles mentaux*, il doit être soigné dans une maison de santé. Cependant il se rétablit ; mais la mort de Jenny en 1842 donne un nouvel essor à ses rêves mystiques : Aurélia va devenir pour lui une créature céleste qui se confondra avec les déesses orientales, Isis ou Cybèle, avec la Vierge Marie et aussi avec sa propre mère.

Au cours d'un voyage en Orient (1843), Nerval se passionne pour les *mythologies* et les *mystères* antiques, pour tous les *cultes ésotériques* (réservés aux initiés) inspirés par la croyance à la métempsycose (réincarnation des âmes). A son retour il poursuit ses études d'histoire des religions ; il est très frappé par le *syncrétisme* qui tenta, du IIe au IVe siècle de notre ère, de fondre en une seule religion les cultes orientaux d'Isis, de Cybèle, de Mithra et du Soleil ; les doctrines occultistes des *Illuminés* du XVIIIe siècle (Cazotte, Restif de La Bretonne) l'attirent également. Ces tendances se manifestent dans la rédaction définitive de son *Voyage en Orient* (1851).

La vie envahie par le rêve   En 1851 Nerval traverse une nouvelle crise et comprend que sa raison est menacée. Hanté par les idées mystiques il souffre d'un complexe de culpabilité, se sentant coupable d'une faute grave, mais mal déterminée, qu'il lui faut *expier ;* seule *l'intercession d'Aurélie*, sous l'une ou l'autre de ses multiples formes, *peut obtenir pour lui le pardon*. L'idée chrétienne de la Rédemption se mêle dans son esprit aux mythes antiques concernant la purification des âmes. Il est traité dans une maison de santé en avril-mai 1853, puis entre chez le docteur Blanche à Passy ; il y fera un dernier séjour d'août à octobre 1854.

Durant des intervalles d'entière lucidité, Nerval compose alors ses œuvres maîtresses. Après la publication de *Lorely* et des *Nuits d'Octobre* (1852), il évoque dans *Sylvie* les souvenirs de son cher Valois (cf. p. 276-279) ; paru dans la *Revue des Deux-Mondes* en 1853, ce récit sera inséré dans les *Filles du Feu* (1854), recueil de nouvelles accompagnées des sonnets des *Chimères* (cf. p. 274-275). Il rédige en 1853 *Aurélia* (cf. p. 280), qui paraîtra en 1855 : c'est l'histoire de son amour, des obsessions qui l'ont suivi, de cette tragique « descente aux enfers ». *Aurélia* s'achevait sur l'espoir d'une rédemption ; mais un dernier récit, *Pandora* (1853-1854) est beaucoup plus sombre dans sa seconde partie où règne l'angoisse.

Un matin de janvier 1855 on retrouva Gérard de Nerval pendu dans la rue de la Vieille-Lanterne, près du Châtelet ; cette mort tragique reste entourée de mystère, pourtant tout porte à croire que le malheureux avait mis fin à ses jours (cf. p. 280, l. 22).

Du réel au surréel

La poésie nervalienne, qu'elle s'exprime en vers ou en prose, doit ses résonances inimitables à l'extraordinaire expérience vécue par l'auteur. Pour Nerval « *le rêve est une autre vie* » dans laquelle « *le monde des Esprits s'ouvre pour nous* ». La vie réelle et les souvenirs sont transformés par le songe ; la mémoire du poète devient en quelque sorte intemporelle : le passé individuel se confond avec celui de l'humanité tout entière et annonce un avenir mystique ; le destin du poète figure celui de l'âme humaine, coupable et punie mais espérant le rachat au terme d'une série d'épreuves. *Une mystérieuse correspondance s'établit entre le monde familier et le monde surréel du rêve* : « Je ne sais comment expliquer que, dans mes idées, les événements terrestres pouvaient coïncider avec ceux du monde surnaturel, cela est plus facile à *sentir* qu'à évoquer clairement » *(Aurélia)*. Ainsi tout prend un aspect double : une fleur, un baiser donné par une jeune fille, *tout devient signe et symbole*. Quelques mots suffisent pour que le paysage se transforme, pour que le lecteur se sente transporté du rivage de Naples ou d'une prairie du Valois « *sur la lisière des saintes demeures* » (p. 277, l. 41).

On conçoit dès lors tout ce que la poésie *symboliste* (cf. p. 539) puis *surréaliste* devra à Nerval. Mais le symbolisme et le surréalisme de Nerval sont *absolument authentiques :* la vision de l'au-delà n'est jamais chez lui un artifice littéraire. Il s'est efforcé en toute simplicité, en toute humilité pourrait-on dire, de transcrire son expérience, de dominer ce déferlement du rêve en lui, et d'accéder à une nouvelle forme de *connaissance* par l'analyse lucide des songes qui menaçaient sa raison.

SYLVIE préserve miraculeusement l'équilibre entre les charmes simples de la vie réelle et la fascination exercée par le rêve. Nerval est partagé entre sa tendresse pour Sylvie, la douce compagne de son enfance, et la mystérieuse séduction d'Adrienne, qui se confond avec Aurélie-Jenny Colon. C'est le « *poème du souvenir et de l'adieu* » (Kléber Haedens) : *souvenir* de la jeunesse, du Valois, de la vie simple et tranquille ; *adieu* à l'existence normale, au calme bonheur entrevu. Car le geste, le mot qui uniraient le poète à Sylvie et le rattacheraient à la terre des hommes, demeurent impossibles, comme dans un cauchemar. L'attirance magique d'Adrienne est la plus forte, *Nerval va se perdre dans le monde du rêve.*

LES CHIMÈRES nous font participer de façon constamment *allusive et symbolique* à l'expérience de Nerval. C'est la *hantise mystique* qui domine (retour des anciens dieux, fusion de toutes les religions en une seule) à partir de *souvenirs à demi-rêvés*, comme l'épisode italien d'Octavie, jeune Anglaise dont l'influence apaisante a permis à Nerval de repousser la tentation du suicide (cf. p. 274, v. 5-8, et p. 275).

Enfin AURÉLIA est la *relation* de cette expérience. Nous y lisons en clair ce qui restait mystérieux et enveloppé dans les *Chimères :* obsession de la faute, aspiration au salut grâce à la médiation d'Aurélia, émouvante communion avec toutes les souffrances humaines, mysticisme unissant tous les mythes, toutes les croyances qui concernent la purification des âmes ; mais à présent le syncrétisme religieux semble s'orienter surtout vers le Messie chrétien et l'intercession de la Vierge Marie.

L'art de Nerval — Comment transmettre ce message ineffable ? Nerval y est parvenu grâce à *un art d'une extrême pureté*, et *presque immatériel*. *Les Chimères* atteignent parfois à la *poésie pure :* des vers comme « Rends-moi le Pausilippe et la mer d'Italie » (p. 274) ou « Le pâle Hortensia s'unit au Myrte vert » (p. 275) résonnent en nous comme des formules magiques ; leur pouvoir de suggestion, qu'il est presque impossible d'analyser, dépasse infiniment leur contenu intelligible. Nous saisissons alors la vertu propre du langage poétique, qui est de nous faire accéder à un autre univers, « au ciel antérieur où fleurit la Beauté » (Mallarmé, p. 533, v. 32).

Dans *Aurélia*, certaines visions nous frappent par leur *splendeur orientale* et leur *mouvement lyrique :* « Ma grande amie a pris place à mes côtés sur sa cavale blanche caparaçonnée d'argent... Et ses grands yeux dévoraient l'espace, et elle faisait voler dans l'air sa longue chevelure imprégnée des parfums de l'Yémen ». Mais la mélodie est généralement *plus discrète* et la peinture *moins colorée*.

Dans *Sylvie*, pas de fulgurations, mais *un charme subtil*, continu, qui pénètre le lecteur d'une douce et harmonieuse mélancolie ; quelques taches de couleur, mais surtout des demi-teintes, *une atmosphère vaporeuse*, celle du Valois, de Watteau, celle du passé, des souvenirs et des songes. L'intimité des scènes rustiques et familières, du cœur simple de Sylvie, nous conduit insensiblement à une mystérieuse intimité avec le monde du rêve : on ne saurait imaginer alliance plus parfaite de la grâce et de la délicatesse avec la profondeur.

Fantaisie

On est d'abord séduit par la musique de cette romance et par la grâce délicate de l'évocation. Mais l'intérêt du poème est plus profond : daté de 1831, publié pour la première fois en 1832, il nous fait déjà pénétrer dans le monde nervalien, où le souvenir et le rêve se confondent dans l'aspiration à un paradis perdu. Cet *air* dont la magie transporte l'âme du poète dans le passé, et même hors du temps, « c'est le chant d'Adrienne dans *Sylvie* » (Note de Nerval, 1853). On se reportera donc, pour l'explication, au chapitre II de *Sylvie*, p. 276.

> Il est un air pour qui je donnerais
> Tout Rossini, tout Mozart [1] et tout Weber [2],
> Un air très vieux, languissant et funèbre,
> Qui pour moi seul a des charmes secrets.
>
> Or, chaque fois que je viens à l'entendre,
> De deux cents ans mon âme rajeunit :
> C'est sous Louis-Treize... — et je crois voir s'étendre
> Un coteau vert que le couchant jaunit ;
>
> Puis un château de brique à coins de pierre,
> Aux vitraux teints de rougeâtres couleurs,
> Ceint de grands parcs, avec une rivière
> Baignant ses pieds, qui coule entre des fleurs.
>
> Puis une dame, à sa haute fenêtre,
> Blonde aux yeux noirs, en ses habits anciens...
> Que, dans une autre existence, peut-être [3],
> J'ai déjà vue — et dont je me souviens [4] !

— 1 Noter le rythme de *valse* de ce vers. — 2 Prononcer *Wèbre*, à l'allemande. — 3 La croyance, orphique et pythagoricienne, à la métempsycose (réincarnation des âmes) deviendra pour Nerval une véritable obsession (cf. p. 281, l. 42-56). — 4 Ainsi se fondent souvenirs, rêves, et réminiscences de vies antérieures (cf. Baudelaire, p. 436).

EL DESDICHADO

Les sonnets des *Chimères*, disait NERVAL, « perdraient de leur charme à être expliqués, si la chose était possible ». Le fait est qu'ils nous enchantent par leur *mystère* même, allié à une *plastique* très pure, lumineuse et admirablement évocatrice. Mais il n'est pas interdit au lecteur de chercher un fil d'Ariane, pourvu qu'il ne prétende pas *réduire* à un sens rationnel toute la richesse de ces rêves et de cet art. *Lumière et ténèbres*, tels sont les deux aspects de l'expérience « supernaturaliste » du poète visité tantôt par *l'angoisse et le désespoir* (v. 1-4), tantôt par la *radieuse vision du salut* obtenu grâce à la médiation de la femme aimée, et qui semble préfiguré ici par un *souvenir heureux* (v. 5-8, cf. la présentation de *Myrtho*, p. 275).

Je suis le ténébreux, — le veuf, — l'inconsolé,
Le prince d'Aquitaine à la tour abolie [1] :   – effacée
Ma seule *étoile* est morte [2], — et mon luth constellé
Porte [3] le *soleil noir* de la *Mélancolie* [4].   tristesse

Dans la nuit du tombeau, toi qui m'as consolé,
Rends-moi le Pausilippe [5] et la mer d'Italie,
La *fleur* [6] qui plaisait tant à mon cœur désolé,
Et la treille où le pampre à la rose s'allie.

Suis-je Amour ou Phébus, Lusignan ou Biron [7] ?
Mon front est rouge encor du baiser de la reine [8] ;
J'ai rêvé dans la grotte où nage la sirène...

Et j'ai deux fois vainqueur traversé l'Achéron [9],
Modulant tour à tour sur la lyre d'Orphée
Les soupirs de la sainte et les cris de la fée [10].

— 1 Dans *Ivanhoë*, de Walter Scott, un mystérieux chevalier, dépossédé de son fief par Jean sans Terre, paraît au tournoi : « Il n'avait sur son bouclier d'autres armoiries qu'un jeune chêne déraciné, et sa devise était le mot espagnol *Desdichado*, c'est-à-dire Déshérité » (chap. VIII). — 2 Cf. *Sylvie* (XVI) : « Ermenonville..., tu as perdu ta seule étoile, qui chatoyait pour moi d'un double éclat. Tour à tour bleue et rose comme l'astre trompeur d'Aldebaran, c'était Adrienne ou Sylvie, — c'étaient les deux moitiés d'un seul amour ». — 3 Le luth du poète se substitue à l'écu du chevalier. — 4 Cf. p. 280, l. 27, et *Voyage en Orient* : « Le soleil noir de la mélancolie, qui verse des rayons obscurs sur le front de l'ange rêveur d'Albert Dürer [dans la *Melancolia* du graveur allemand], se lève aussi parfois aux plaines lumineuses du Nil ». — 5 Cf. p. 275 (v. 2, 13 et n. 2). — 6 On devine dans les *Chimères* toute une symbolique des fleurs et des plantes ; cf. *Myrtho*, v. 13-14 ; *Delfica*, v. 2-6 ; et dans *Artémis* : « La rose qu'elle tient, c'est la *rose trémière*... Rose au cœur violet, fleur de sainte Gudule... Roses blanches, tombez ! » — 7 Nerval pensait descendre d'une ancienne famille du Périgord (cf. v. 2) apparentée aux Biron et à Lusignan, roi de Chypre, qui, d'après la légende, avait épousé une fée, Mélusine (cf. v. 14). — 8 On songe à la dauphine Marguerite d'Écosse embrassant le poète Alain Chartier (XVe siècle), et surtout au baiser donné à Adrienne (cf. p. 276, l. 16-20 et 43-45). — 9 Comme Orphée descendu aux Enfers pour en ramener Eurydice. Cf. *Aurélia* : « Je compare cette série d'épreuves que j'ai traversées à ce qui, pour les anciens, représentait l'idée d'une descente aux enfers », et Rimbaud : *Une Saison en Enfer* (p. 525). — 10 La femme aimée s'identifie à la fois aux saintes de la religion chrétienne (à la Vierge Marie en particulier) et aux fées qui révèlent une survivance du paganisme dans le folklore (cf. Michelet, p. 371). Commenter l'opposition entre *soupirs* et *cris*.

Myrtho

Dans *Octavie (Les Filles du Feu)*, NERVAL a évoqué le souvenir d'une jeune Anglaise rencontrée en Italie : cet épisode est le point de départ de *Myrtho* et de *Delfica* dans les *Chimères*. Mais l'anecdote est aussitôt dépassée ; la gracieuse figure féminine, la rencontre, le paysage napolitain prennent une valeur *symbolique*, deviennent les signes ou les clés d'un monde *surréel et mystique*. On ne saurait dire d'ailleurs si, dès l'origine, Octavie appartenait au domaine du souvenir ou à celui du rêve.

Je pense à toi, Myrtho [1], divine enchanteresse,
Au Pausilippe altier [2], de mille feux brillant,
A ton front inondé des clartés d'Orient [3],
Aux raisins noirs [4] mêlés avec l'or de ta tresse.

C'est dans ta coupe aussi que j'avais bu l'ivresse,
Et dans l'éclair furtif de ton œil souriant,
Quand aux pieds d'Iacchus [5] on me voyait priant,
Car la Muse m'a fait l'un des fils de la Grèce [6].

Je sais pourquoi, là-bas, le volcan s'est rouvert [7]...
C'est qu'hier tu l'avais touché d'un pied agile,
Et de cendres soudain l'horizon s'est couvert.

Depuis qu'un duc normand [8] brisa tes dieux d'argile,
Toujours, sous les rameaux du laurier de Virgile,
Le pâle Hortensia s'unit au Myrte vert [9] !

— 1 La *jeune Tarentine* de Chénier se nomme *Myrto*. La sonorité même de ce mot évoque la plastique grecque ; son association avec *myrte* (le feuillage consacré à Vénus) en fait aussi un symbole du paganisme et de ses mystères, réservés aux seuls initiés. — 2 Promontoire près de Naples ; la tradition y place le tombeau de Virgile, où Pétrarque aurait planté un laurier (v. 13). — 3 Du soleil levant ; mais c'est aussi d'Orient que sont venues, au cours des âges, les religions nouvelles. — 4 Annonce les v. 5 et 7 ; d'ailleurs la région de Naples est riche en vignobles réputés dès l'antiquité. — 5 Bacchus, associé aux mystères orphiques qui plongeaient les initiés dans une ivresse mystique. — 6 Montrer que l'*art* de Nerval, dans ce poème, est digne de la plastique grecque. — 7 Le Vésuve ; mais son éruption a un sens symbolique et mystique. — 8 Au XIe siècle des seigneurs normands, Robert Guiscard et son frère Roger, s'emparèrent de l'Italie du sud et de la Sicile. — 9 La beauté de ce vers s'auréole de mystère. On peut interpréter : le christianisme moderne, spiritualiste *(pâle)*, s'unit au paganisme antique, plus charnel, qui reste vivace *(vert)* ; cette union s'accomplit sous le signe de Virgile, dont la *IVe Églogue*, qui annonce le retour de l'âge d'or et des anciens dieux, fut considérée au Moyen Age comme une prophétie de la naissance du Christ.

ADRIENNE

L'auteur de Sylvie est amoureux d'une actrice, Aurélie, qu'il va admirer chaque soir au théâtre. Une nuit, la lecture d'un entrefilet de journal (« Fête du bouquet provincial ») éveille en lui « un écho lointain des fêtes naïves de la jeunesse », dans ce pays du Valois resté cher à son cœur. Il évoque alors cette ronde charmante devant un château ancien ; mais insensiblement *l'atmosphère change, avec la lumière, et la scène se charge d'un symbolisme mystérieux et poétique* (chapitre II). *Est-ce bien un souvenir ?* Nerval lui-même, au début du chapitre suivant, nous parle d'un « souvenir à demi-rêvé » et il ajoute : « Cet amour vague et sans espoir, conçu pour une femme de théâtre..., avait son germe dans le souvenir d'Adrienne, fleur de la nuit éclose à la pâle clarté de la lune... Aimer une religieuse sous la forme d'une actrice !... et si c'était la même ! — Il y a de quoi devenir fou ! »

Je me représentais [1] un château du temps de Henri IV [2], avec ses toits pointus couverts d'ardoises, et sa face rougeâtre aux encoignures dentelées de pierres jaunies, une grande place verte encadrée d'ormes et de tilleuls, dont le soleil couchant perçait le feuillage de ses traits enflammés [3]. Des jeunes filles dansaient en rond sur la pelouse en chantant de vieux airs transmis par leurs mères, et d'un français si naturellement pur, que l'on se sentait bien exister dans ce vieux pays du Valois, où, pendant plus de mille ans, a battu le cœur de la France.

J'étais le seul garçon dans cette ronde, où j'avais amené ma compagne
10 toute jeune encore, Sylvie [4], une petite fille du hameau voisin, si vive et si fraîche, avec ses yeux noirs, son profil régulier et sa peau légèrement hâlée !... Je n'aimais qu'elle, je ne voyais qu'elle, — jusque-là [5] ! A peine avais-je remarqué, dans la ronde où nous dansions, une blonde, grande et belle, qu'on appelait Adrienne. Tout d'un coup, suivant les règles de la danse, Adrienne se trouva placée seule avec moi au milieu du cercle. Nos tailles étaient pareilles. On nous dit de nous embrasser, et la danse et le chœur tournaient plus vivement que jamais. En lui donnant ce baiser, je ne pus m'empêcher de lui presser la main. Les longs anneaux roulés de ses cheveux d'or [6] effleuraient mes joues. De ce
20 moment, un trouble inconnu s'empara de moi [7]. — La belle devait chanter pour avoir le droit de rentrer dans la danse. On s'assit autour d'elle, et aussitôt, d'une voix fraîche et pénétrante, légèrement voilée, comme celle des filles de ce pays brumeux, elle chanta une de ces anciennes romances pleines de mélancolie et d'amour, qui racontent toujours les malheurs d'une princesse enfermée dans sa tour par la volonté d'un père qui la punit d'avoir aimé. La mélodie se terminait à chaque stance par ces trilles [8] chevrotants que font valoir si bien les voix jeunes, quand elles imitent par un frisson modulé la voix tremblante des aïeules.

— 1 A-t-on vraiment l'impression d'un *souvenir ?* — 2 Dans la mesure où ce château est réel, c'était celui de Mortefontaine. — 3 Cf. *Fantaisie* (p. 273). — 4 Cf. p. 272. — 5 Qu'indique le ton ? — 6 Cf. *Myrtho*, v. 4 (p. 275). — 7 Cf. p. 274, v. 10. — 8 Battements de voix sur l'avant-dernière note d'une phrase musicale, pour enjoliver la mélodie.

30 A mesure qu'elle chantait, l'ombre descendait des grands arbres, et
le clair de lune naissant tombait sur elle seule [9], isolée de notre cercle
attentif. — Elle se tut, et personne n'osa rompre le silence. La pelouse
était couverte de faibles vapeurs condensées, qui déroulaient leurs blancs
flocons sur les pointes des herbes. Nous pensions être en paradis [10]. —
Je me levai enfin, courant au parterre du château, où se trouvaient des
lauriers, plantés dans de grands vases de faïence peints en *camaïeu* [11].
Je rapportai deux branches, qui furent tressées en couronne et nouées
d'un ruban. Je posai sur la tête d'Adrienne cet ornement, dont les
feuilles lustrées éclataient sur ses cheveux blonds, aux rayons pâles
40 de la lune. Elle ressemblait à la Béatrix de *Dante*, qui sourit au poète
errant sur la lisière des saintes demeures [12].

Adrienne se leva. Développant sa taille élancée, elle nous fit un salut
gracieux, et rentra en courant dans le château. — C'était, nous dit-on,
la petite-fille de l'un des descendants d'une famille alliée aux anciens
rois de France ; le sang des Valois coulait dans ses veines. Pour ce jour
de fête, on lui avait permis de se mêler à nos jeux ; nous ne devions
plus la revoir [13], car le lendemain elle repartit pour un couvent où elle
était pensionnaire.

Quand je revins près de Sylvie, je m'aperçus qu'elle pleurait. La
50 couronne donnée par mes mains à la belle chanteuse était le sujet de
ses larmes. Je lui offris d'en aller cueillir une autre, mais elle me dit
qu'elle n'y tenait nullement, ne la méritant pas. Je voulus en vain me
défendre, elle ne me dit plus un seul mot pendant que je la reconduisais
chez ses parents.

Rappelé moi-même à Paris pour y reprendre mes études, j'emportai
cette double image d'une amitié tendre tristement rompue, — puis
d'un amour impossible et vague, source de pensées douloureuses que la
philosophie de collège était impuissante à calmer.

La figure d'Adrienne resta seule triomphante, — mirage de la gloire
60 et de la beauté, adoucissant ou partageant les heures des sévères études.
Aux vacances de l'année suivante, j'appris que cette belle à peine
entrevue était consacrée par sa famille à la vie religieuse [14].

— *Le sens apparent.* Retracez les étapes de ce petit drame ; commentez en particulier les § 3 et 5.
— *Le sens symbolique. a) A quels signes décelez-vous que la scène a aussi un autre sens, plus profond ?*
— *b) Dégagez ce sens symbolique à la lumière de cette formule de* NERVAL *qualifiant Adrienne et Sylvie :* « L'une
était l'idéal sublime, l'autre la douce réalité » ; – c) *Commentez de ce point de vue la transformation du paysage
pendant qu'Adrienne chante.*
— *Étudiez l'art avec lequel* NERVAL *a fondu le souvenir sentimental et les suggestions symboliques.*
• **Groupe thématique.** La place du **rêve** dans les extraits de NERVAL, p. 271-281 ; ses rapports avec
le souvenir.
— *Commentaire composé : l. 9-34. Le poème en prose : de la réalité à la suggestion paradisiaque.*

— 9 Ainsi éclairée, la figure d'Adrienne devient
irréelle et fascinante, comme une apparition. —
10 Expliquer cette impression et sa valeur
symbolique. — 11 Ton sur ton. — 12 Montrer
en quoi cette phrase constitue le sommet du
passage. — 13 Apprécier le ton, et le contraste
avec l'explication qui suit. — 14 Cf. p. 274,
v. 14 : « les soupirs de la sainte. »

" La fée des légendes, éternellement jeune "

Quelle charmante scène de roman champêtre ! Mais *sous l'intimisme familier se profile une autre perspective.* NERVAL n'appartient plus tout à fait au monde de SYLVIE, un mystérieux obstacle le sépare d'elle à jamais. Quelques notes d'un lyrisme vibrant, l'insertion du passé dans le présent, l'immobilisation de l'instant dans une vision d'éternité nous avertissent que nous franchissons « ces portes d'ivoire ou de corne qui nous séparent du monde invisible ». — *Sylvie*, chapitre VI.

La tante de Sylvie [1] habitait une petite chaumière bâtie en pierres de grès inégales que revêtaient des treillages de houblon et de vigne vierge : elle vivait seule de quelques carrés de terre que les gens du village cultivaient pour elle depuis la mort de son mari. Sa nièce arrivant, c'était le feu dans la maison. « Bonjour, la tante ! Voici vos enfants ! dit Sylvie ; nous avons bien faim ! » Elle l'embrassa tendrement, lui mit dans les bras la botte de fleurs [2], puis songea enfin à me présenter, en disant : « C'est mon amoureux ! » J'embrassai à mon tour la tante qui dit : « Il est gentil... C'est donc un blond !... — Il a de jolis cheveux fins, dit Sylvie. — Cela ne dure pas, dit la tante ; mais vous avez du temps
10 devant vous, et toi qui es brune, cela t'assortit bien. — Il faut le faire déjeuner, la tante, dit Sylvie. » Et elle alla cherchant dans les armoires, dans la huche, trouvant du lait, du pain bis, du sucre, étalant sans trop de soin sur la table les assiettes et les plats de faïence émaillés de larges fleurs et de coqs au vif plumage. Une jatte en porcelaine de Creil, pleine de lait où nageaient des fraises, devint le centre du service, et après avoir dépouillé le jardin de quelques poignées de cerises et de groseilles, elle disposa deux vases de fleurs aux deux bouts de la nappe. Mais la tante avait dit ces belles paroles : « Tout cela, ce n'est que du dessert. Il faut me laisser faire à présent. » Et elle avait décroché la poêle et jeté un fagot dans la haute cheminée. « Je ne veux pas que tu touches à cela ! dit-elle à Sylvie,
20 qui voulait l'aider ; abîmer tes jolis doigts qui font de la dentelle plus belle qu'à Chantilly ! tu m'en as donné, et je m'y connais. — Ah ! oui, la tante !... Dites donc, si vous en avez des morceaux de l'ancienne, cela me fera des modèles. — Eh bien ! va voir là-haut, dit la tante ; il y en a peut-être dans ma commode. — Donnez-moi les clefs, reprit Sylvie. — Bah ! dit la tante, les tiroirs sont ouverts. — Ce n'est pas vrai, il y en a un qui est toujours fermé. » Et pendant que la bonne femme nettoyait la poêle après l'avoir passée au feu, Sylvie dénouait des pendants de sa ceinture une petite clef d'un acier ouvragé, qu'elle me fit voir avec triomphe.

Je la suivis, montant rapidement l'escalier de bois qui conduisait à la chambre.
30 — O jeunesse, ô vieillesse saintes !... Le portrait d'un jeune homme du bon vieux temps souriait avec ses yeux noirs et sa bouche rose, dans un ovale au cadre doré, suspendu à la tête du lit rustique. Il portait l'uniforme des gardes-chasse de la maison de Condé [3] ; son attitude à demi martiale, sa figure rose et bienveillante, son front pur sous ses cheveux poudrés, relevaient ce pastel, médiocre peut-être, des grâces de la jeunesse et de la simplicité. Quelque artiste modeste invité aux chasses princières s'était appliqué à le pourtraire [4] de son mieux, ainsi que sa jeune épouse, qu'on voyait dans un autre médaillon, attrayante, maligne, élancée dans son corsage ouvert à échelle de rubans, agaçant de sa mine retroussée un oiseau posé sur son doigt. C'était pourtant la même bonne vieille

---

— 1 Plus exactement sa grand-tante. — 2 Des digitales que Sylvie a cueillies en venant. — 3 Les châteaux de Chantilly et Mortefontaine appartenaient aux Condé. — 4 Pourquoi Nerval choisit-il ce mot ancien ?

40 qui cuisinait en ce moment, courbée sur le feu de l'âtre. Cela me fit penser aux
fées des Funambules [5], qui cachent, sous leur masque ridé, un visage attrayant,
qu'elles révèlent au dénouement, lorsqu'apparaît le temple de l'Amour et son
soleil tournant qui rayonne de feux magiques [6]. « O, bonne tante, m'écriai-je,
que vous étiez jolie ! — Et moi donc [7] ? » dit Sylvie, qui était parvenue à ouvrir
le fameux tiroir. Elle y avait trouvé une grande robe en taffetas flambé [8], qui
criait du froissement de ses plis. « Je veux essayer si cela m'ira, dit-elle. Ah ! je
vais avoir l'air d'une vieille fée ! »

« La fée des légendes, éternellement jeune !... » dis-je en moi-même. — Et
déjà Sylvie avait dégrafé sa robe d'indienne et la laissait tomber à ses pieds.
50 La robe étoffée de la vieille tante s'ajusta parfaitement sur la taille mince de
Sylvie, qui me dit de l'agrafer. « Oh ! les manches plates, que c'est ridicule ! »
dit-elle. Et cependant les sabots [9] garnis de dentelles découvraient admirablement
ses bras nus, la gorge s'encadrait dans le pur corsage aux tulles jaunis, aux rubans
passés, qui n'avait serré que bien peu les charmes évanouis de la tante. « Mais
finissez-en ! Vous ne savez donc pas agrafer une robe ? » me disait Sylvie.
Elle avait l'air de l'accordée [10] de village de Greuze. « Il faudrait de la poudre,
dis-je. — Nous allons en trouver. » Elle fureta de nouveau dans les tiroirs.
Oh ! que de richesses ! que cela sentait bon, comme cela brillait, comme cela
chatoyait de vives couleurs et de modeste clinquant ! Deux éventails de nacre
60 un peu cassés, des boîtes de pâte à sujets chinois, un collier d'ambre et mille
fanfreluches, parmi lesquelles éclataient deux petits souliers de droguet [11] blanc
avec des boucles incrustées de diamants d'Irlande ! « Oh ! je veux les mettre,
dit Sylvie, si je trouve les bas brodés ! »

Un instant après, nous déroulions des bas de soie rose tendre à coins verts ;
mais la voix de la tante, accompagnée du frémissement de la poêle, nous rappela
soudain à la réalité [12]. « Descendez vite ! », dit Sylvie, et, quoi que je pusse dire,
elle ne me permit pas de l'aider à se chausser. Cependant, la tante venait de
verser dans un plat le contenu de la poêle, une tranche de lard frite avec des
œufs. La voix de Sylvie me rappela bientôt. « Habillez-vous vite ! » dit-elle, et,
70 entièrement vêtue elle-même, elle me montra les habits de noces du garde-chasse
réunis sur la commode. En un instant, je me transformai en marié de l'autre
siècle. Sylvie m'attendait sur l'escalier, et nous descendîmes tous deux en nous
tenant par la main. La tante poussa un cri en se retournant : « O mes enfants ! »
dit-elle, et elle se mit à pleurer, puis sourit à travers ses larmes. — C'était l'image
de sa jeunesse, — cruelle et charmante [13] apparition ! Nous nous assîmes auprès
d'elle, attendris et presque graves ; puis la gaieté nous revint bientôt, car, le
premier moment passé, la bonne vieille ne songea plus qu'à se rappeler les fêtes
pompeuses de sa noce. Elle retrouva même dans sa mémoire les chants alternés,
d'usage alors, qui se répondaient d'un bout à l'autre de la table nuptiale, et le
80 naïf épithalame [14] qui accompagnait les mariés rentrant après la danse. Nous
répétions ces strophes si simplement rythmées, avec les hiatus et les assonances
du temps ; amoureuses et fleuries comme le cantique de l'Écclésiaste [15] ; — nous
étions l'époux et l'épouse pour tout un beau matin d'été.

— 5 *Les Funambules* : théâtre du Boulevard
du Temple, où l'on donnait des féeries. —
6 Pour Nerval, la magie du théâtre est une
des portes du rêve. — 7 Son « amoureux »
pense-t-il encore à elle ? — 8 Tissu offrant des
dessins en forme de flammes. — 9 Manche très
courte et évasée. — 10 La fiancée. — 11 Étoffe de
soie à dessins brochés. — 12 Comment l'auteur
traduit-il le contraste entre le réel et le rêve ?
Sylvie n'est-elle pas restée beaucoup plus près
du réel que son ami ? préciser. — 13 En quoi ?
— 14 Chant célébrant un mariage. — 15 Le
Cantique des cantiques, dans la Bible, épithalame symbolique attribué, comme le livre de
l'*Ecclésiaste*, au roi Salomon.

Aurélia

Dans *Aurélia*, NERVAL retrace avec une admirable *lucidité* ses troubles mentaux et l'itinéraire spirituel qu'ils figurent. On notera en particulier dans ces extraits : 1° la soudaine *transfiguration du réel* (l. 2-6) et le tragique *désarroi* qui envahit alors l'âme du poète ; 2° son émouvante sollicitude pour tous les êtres, ce don de *pitié et de sympathie* par lequel il ressent la souffrance universelle (l. 30-31, 53-54, 60-64) ; 3° enfin son *inquiétude mystique*, et son désir pathétique de fixer, contre des retours menaçants de l'angoisse, la *paix* que lui a apportée une vision bénéfique.

En tournant la barrière de Clichy, je fus témoin d'une dispute. J'essayai de séparer les combattants, mais je n'y pus réussir. En ce moment, un ouvrier de grande taille passa sur la place même où le combat venait d'avoir lieu, portant sur l'épaule gauche un enfant vêtu d'une robe couleur d'hyacinthe [1]. Je m'imaginais que c'était saint Christophe portant le Christ, et que j'étais condamné [2] pour avoir manqué de force dans la scène qui venait de se passer. A dater de ce moment, j'errai en proie au désespoir dans les terrains vagues qui séparent le faubourg de la barrière. Il était trop tard pour faire la visite que j'avais projetée [3]. Je revins donc à travers les rues vers le centre de Paris.[...]

10 Désespéré, je me dirigeai en pleurant vers Notre-Dame de Lorette, où j'allai me jeter au pied de l'autel de la Vierge, demandant pardon pour mes fautes. Quelque chose en moi me disait : La Vierge est morte et tes prières sont inutiles. J'allai me mettre à genoux aux dernières places du chœur, et je fis glisser de mon doigt une bague d'argent dont le chaton portait gravés ces trois mots arabes : *Allah! Mohamed! Ali!* Aussitôt [4] plusieurs bougies s'allumèrent dans le chœur, et l'on commença un office auquel je tentai de m'unir en esprit. Quand on en fut à l'*Ave Maria,* le prêtre s'interrompit au milieu de l'oraison et recommença sept fois sans que je pusse retrouver dans ma mémoire les paroles suivantes. On termina ensuite la prière, et le prêtre fit un discours qui me semblait 20 faire allusion à moi seul. Quand tout fut éteint, je me levai et je sortis, me dirigeant vers les Champs-Élysées.

Arrivé sur la place de la Concorde, ma pensée était de me détruire [5]. A plusieurs reprises, je me dirigeai vers la Seine, mais quelque chose m'empêchait d'accomplir mon dessein. Les étoiles brillaient dans le firmament. Tout à coup, il me sembla qu'elles venaient de s'éteindre à la fois comme les bougies que j'avais vues à l'église. Je crus que les temps étaient accomplis, et que nous touchions à la fin du monde annoncée dans l'Apocalypse de saint Jean. Je croyais voir un soleil noir [6] dans le ciel désert et un globe rouge de sang au-dessus des Tuileries. Je me dis : « La nuit éternelle commence et elle va être terrible. Que va-t-il 30 arriver quand les hommes s'apercevront qu'il n'y a plus de soleil ? » Je revins par la rue Saint-Honoré, et je plaignais les paysans attardés que je rencontrais. Arrivé vers le Louvre, je marchai jusqu'à la place, et, là, un spectacle étrange m'attendait. A travers des nuages rapidement chassés par le vent, je vis plusieurs lunes qui passaient avec une grande rapidité. Je pensai que la terre était sortie de son orbite et qu'elle errait dans le firmament comme un vaisseau démâté, se

---

— 1 Entre le jaune et le rouge ; dans un autre passage, le Messie apparaît à Nerval : « sa robe était d'hyacinthe soufrée ». — 2 Sentiment obsédant d'avoir commis une *faute*, d'ailleurs mal déterminée. — 3 Au poète allemand Henri Heine. — 4 Comme si son geste, symbolisant la renonciation aux croyances orientales, était la *cause* de cette illumination. — 5 De fait, Nerval mettra fin à ses jours, en 1855. — 6 Cf. p. 274. v. 4.

rapprochant ou s'éloignant des étoiles qui grandissaient ou diminuaient tour à tour [7].[...]

O terreur [8] ! voilà l'éternelle distinction du bon et du mauvais. Mon âme est-elle la molécule indestructible, le globule qu'un peu d'air gonfle, mais qui retrouve
40 sa place dans la nature, ou ce vide même, image du néant qui disparaît dans l'immensité ? Serait-elle encore la parcelle fatale destinée à subir, sous toutes ses transformations, les vengeances des êtres puissants [9] ? Je me vis ainsi amené à me demander compte de ma vie, et même de mes existences antérieures [10]. En me prouvant que j'étais bon, je me prouvai que j'avais dû l'être toujours. Et si j'ai été mauvais, me dis-je, ma vie actuelle ne sera-t-elle pas une suffisante expiation ? Cette pensée me rassura, mais ne m'ôta pas la crainte d'être à jamais classé parmi les malheureux. Je me sentais plongé dans une eau froide, et une eau plus froide encore ruisselait sur mon front. Je reportai ma pensée à l'éternelle Isis, la mère et l'épouse sacrée [11] ; toutes mes aspirations, toutes mes prières
50 se confondaient dans ce nom magique, je me sentais revivre en elle, et parfois elle m'apparaissait sous la figure de la Vénus antique, parfois aussi sous les traits de la Vierge des chrétiens [12]. La nuit me ramena plus distinctement cette apparition chérie, et pourtant je me disais : « Que peut-elle, vaincue, opprimée peut-être, pour ses pauvres enfants ? »[...]

Cette nuit-là, j'eus un rêve délicieux, le premier depuis bien longtemps. J'étais dans une tour, si profonde du côté de la terre et si haute du côté du ciel, que toute mon existence semblait devoir se consumer à monter et à descendre. Déjà mes forces s'étaient épuisées, et j'allais manquer de courage, quand une porte latérale vint à s'ouvrir ; un esprit se présente et me dit : — Viens, mon frère !...
60 Je ne sais pourquoi il me vint à l'esprit qu'il s'appelait Saturnin. Il avait les traits du pauvre malade [13], mais transfigurés et intelligents. Nous étions dans une campagne éclairée des feux des étoiles ; nous nous arrêtâmes à contempler ce spectacle, et l'esprit étendit sa main sur mon front comme je l'avais fait la veille en cherchant à magnétiser mon compagnon ; aussitôt une des étoiles que je voyais au ciel se mit à grandir, et la divinité de mes rêves m'apparut souriante, dans un costume presque indien, telle que je l'avais vue autrefois. Elle marcha entre nous deux, et les prés verdissaient, les fleurs et les feuillages s'élevaient de terre sur la trace de ses pas... Elle me dit : « L'épreuve à laquelle tu étais soumis est venue à son terme ; ces escaliers sans nombre que tu te fatiguais
70 à descendre ou à gravir, étaient les liens mêmes des anciennes illusions qui embarrassaient ta pensée, et maintenant rappelle-toi le jour où tu as imploré la Vierge sainte et où, la croyant morte, le délire s'est emparé de ton esprit. Il fallait que ton vœu lui fût porté par une âme simple et dégagée des liens de la terre. Celle-là s'est rencontrée près de toi, et c'est pourquoi il m'est permis à moi-même de venir et de t'encourager. » La joie que ce rêve répandit dans mon esprit me procura un réveil délicieux. Le jour commençait à poindre. Je voulus avoir un signe matériel de l'apparition qui m'avait consolé, et j'écrivis sur le mur ces mots : « Tu m'as visité cette nuit. »

— 7 La scène date du printemps 1853. Les lignes 38-78 concernent le séjour de Nerval chez le Dr. Blanche (1854). — 8 Nerval vient d'éprouver une jouissance profonde à s'identifier à la nature universelle ; puis la terreur l'envahit, car le mystère du destin devient infiniment redoutable si on le rattache « aux formules mystérieuses qui établissent l'ordre des mondes ». — 9 Puissances maléfiques. — 10 Croyance à la métempsycose (cf. p. 273, v. 13-14 et n. 3). — 11 Le mythe de cette déesse égyptienne a inspiré l'un des sonnets des *Chimères, Horus*. — 12 On reconnaît ici le *syncrétisme* religieux (cf. p. 271, § 4). — 13 Un jeune malade mental que Nerval tente de tirer de sa prostration.

LES ROMANTIQUES MINEURS

On ne saurait apprécier toute la richesse et la variété du *lyrisme romantique* sans faire intervenir, à côté des grands maîtres qui les ont éclipsés par leurs dons prestigieux, une pléiade de *poètes mineurs* riches eux aussi de talent et de sensibilité. Les uns, comme MARCELINE DESBORDES-VALMORE, ANTONY DESCHAMPS, HÉGÉSIPPE MOREAU et FÉLIX ARVERS, sont surtout des élégiaques. D'autres ont orienté la poésie française vers *l'intimisme* : ainsi SAINTE-BEUVE (cf. p. 285) et AUGUSTE BRIZEUX (1806-1858), surtout connu par un recueil lyrique plein de fraîcheur, *Marie* (1831), et par une épopée rustique et familière, *Les Bretons* (1845).

MARCELINE DESBORDES-VALMORE

Sa vie (1786-1859)
Son œuvre
Née à Douai en 1786, MARCELINE DESBORDES devient chanteuse, puis comédienne. Elle conçoit pour un homme de lettres, Henri de Latouche, un amour ardent qui la fera souffrir, mais la soutient d'abord parmi les soucis de sa carrière et exalte son âme chaleureuse ; les échos de cette passion retentiront longtemps dans ses vers. En 1817 elle épouse l'acteur VALMORE, et quitte le théâtre en 1823. La vie fut dure pour cette créature sensible et passionnée : difficultés matérielles, peines de cœur, deuils cruels (elle perdit quatre enfants), rien ne lui fut épargné ; mais elle trouva sa consolation dans la poésie.

Elle publie en 1819, avant les *Méditations* de Lamartine, des *Élégies et Romances*, que suivront *Les Pleurs* (1833), *Pauvres Fleurs* (1839), *Bouquets et Prières* (1843) et d'aimables poèmes de l'enfance *(Aux Enfants)*. Enfin, quelques mois après sa mort, survenue en 1859, parurent des *Poésies posthumes* (1860).

La poésie du cœur
MARCELINE DESBORDES-VALMORE avait fait très peu d'études : « J'aurais adoré l'étude des poètes et de la poésie ; il a fallu me contenter d'y rêver, comme à tous les biens de ce monde » ; aussi le *lyrisme* est-il, pour elle, beaucoup moins un art qu'un *élan spontané*, un *besoin vital*. « Elle a chanté comme l'oiseau chante », disait Sainte-Beuve ; et elle écrivait elle-même au critique : « La musique roulait dans ma tête malade, et une mesure toujours égale arrangeait mes idées à l'insu de la réflexion. Je fus forcée de les écrire pour me délivrer de ce frappement fiévreux, et l'on me dit que c'était une élégie. » Donc pas de recherches savantes dans ses recueils, mais une émouvante *sincérité* et un *don naturel* peu commun. Elle confie à la poésie les cris de sa passion, la sollicitude de sa tendresse maternelle, son amour du pays natal (p. 283), ses élans mystiques (p. 284), toutes ses émotions, ses douleurs et ses joies.

Placée très haut par les *romantiques* sensibles à ses accents tendres ou passionnés, la poésie de Marceline Desbordes-Valmore a eu la rare fortune de n'être pas moins goûtée par les *symbolistes* qui admirèrent dans ses vers l'absence de toute rhétorique, la fraîcheur des sentiments et des images et la délicate musicalité du rythme. Lorsque VERLAINE lut ces poèmes, sur le conseil de Rimbaud, il en tira sans nul doute une confirmation de ses propres tendances ; même du point de vue technique, il ne put manquer d'être frappé par ces *vers impairs* qui allaient jouer un si grand rôle dans sa poétique.

On a pu comparer aussi à Verlaine, pour la nature et la qualité de son lyrisme, le poète ANTONY DESCHAMPS (1800-1869), auteur de *Dernières paroles*, de *Résignation*, et d'une traduction en vers de la *Divine Comédie* de Dante ; mais c'est à NERVAL que fait songer la vie pathétique de ce malheureux, devenu fou et soigné par le docteur Blanche.

HÉGÉSIPPE MOREAU (1810-1838) laissait en mourant des chansons et de délicates élégies, qui furent réunies dans un recueil posthume, *Le Myosotis*. Sa pièce la plus connue lui avait été inspirée par un frais ruisseau, *La Voulzie*.

Quant à FÉLIX ARVERS, un poème a suffi à immortaliser sa mémoire, le célèbre sonnet où il disait son timide et tendre amour pour Marie Nodier : « Mon âme a son secret, ma vie a son mystère...»

Rêve intermittent d'une nuit triste

Comme chez Lamartine (cf. p. 118-122), on trouve chez MARCELINE DESBORDES-VALMORE une vive tendresse pour le pays natal (la région de Douai). Cette pièce illustre assez bien les qualités et les défauts de sa poésie : sentiments sincères, lyrisme spontané, mais, à côté de belles réussites, une certaine maladresse dans l'exécution. On notera la présentation sous forme de distiques et surtout l'emploi du vers de *onze* syllabes, qui sera repris par Verlaine. — *Poésies posthumes.*

O champs paternels hérissés de charmilles,
Où glissent le soir des flots de jeunes filles [1] !

O frais pâturage où de limpides eaux
Font bondir la chèvre et chanter [2] les roseaux !

O terre natale ! à votre nom que j'aime,
Mon âme s'en va toute hors d'elle-même [3] :

Mon âme se prend à chanter sans effort,
A pleurer aussi, tant mon amour est fort !

J'ai vécu d'aimer, j'ai donc vécu de larmes [4] ;
10 Et voilà pourquoi mes pleurs eurent leurs charmes :

Voilà, mon pays [5], n'en ayant pu mourir,
Pourquoi j'aime encore au risque de souffrir ;

Voilà, mon berceau, ma colline enchantée
Dont j'ai tant foulé la robe [6] veloutée,

Pourquoi je m'envole à vos bleus horizons,
Rasant les flots d'or des pliantes moissons [7].

La vache mugit sur votre pente douce,
Tant elle a d'herbage et d'odorante mousse,

Et comme au repos appelant le passant,
20 Le suit d'un regard humide et caressant.

— 1 Cf. Hugo, *L'Enfant (Orientales)*, où l'on voit « Chio, qu'ombrageaient *les charmilles* » refléter dans les flots « Un chœur dansant *de jeunes filles* ». — 2 Apprécier la notation. — 3 Cf. Ronsard « plein de pensées vagabondes » lorsqu'il évoque son Vendômois (*XVIe Siècle*, p. 131). — 4 Sainte-Beuve admirait la *sensibilité intime* et *profonde* de la poétesse, ses *beaux élans de passion désolée*. — 5 La confidence s'adresse au pays natal comme à un être cher. — 6 La colline devient une *mère*. — 7 Montrer en quoi ce vers enrichit la métaphore du v. 15.

Jamais les bergers pour leurs brebis errantes
N'ont trouvé tant d'eau qu'à vos sources courantes.

J'y rampai débile en mes plus jeunes mois,
Et je devins rose au souffle de vos bois [8]...

LA COURONNE EFFEUILLÉE

D'une facture beaucoup plus ferme que le précédent, ce poème traduit avec autant de *grâce* que de *sincérité* l'élan d'une *âme mystique* meurtrie par les souffrances d'ici-bas mais réconfortée par la *foi* et l'*espérance*. Cette parfaite intimité dans le dialogue avec Dieu, cet abandon humble et confiant entre les mains du Père imposent la comparaison entre MARCELINE DESBORDES-VALMORE et le VERLAINE de *Sagesse*.

J'irai, j'irai [1] porter ma couronne effeuillée
Au jardin de mon père où revit toute fleur ;
J'y répandrai [2] longtemps mon âme agenouillée :
Mon père a des secrets pour vaincre la douleur.

J'irai, j'irai lui dire, au moins avec mes larmes :
« Regardez, j'ai souffert... » Il me regardera,
Et sous mes jours changés [3], sous mes pâleurs sans charmes,
Parce qu'il est mon père, il me reconnaîtra.

10   Il dira : « C'est donc vous, chère âme désolée ;
La terre manque-t-elle à vos pas égarés ?
Chère âme, je suis Dieu : ne soyez plus troublée ;
Voici votre maison, voici mon cœur, entrez ! »

O clémence ! ô douceur ! ô saint refuge ! ô Père !
Votre enfant qui pleurait, vous l'avez entendu !
Je vous obtiens déjà, puisque je vous espère
Et que vous possédez tout ce que j'ai perdu.

Vous ne rejetez pas la fleur qui n'est plus belle ;
Ce crime de la terre [4] au ciel est pardonné.
Vous ne maudirez pas votre enfant infidèle,
20   Non d'avoir rien vendu, mais d'avoir tout donné [5].

– *En indiquant la composition, expliquez et appréciez le symbole de la* couronne effeuillée.
– *Étudiez les sentiments exprimés ; à quoi reconnaît-on une sensibilité féminine ?*
• **Comparaison.** Comparez ce poème aux sonnets de VERLAINE, p. 513 ; quelle est la différence principale ? à quoi tient-elle ? dans quel sens va votre préférence, et pourquoi ? – Voir aussi XXᵉ SIÈCLE, JEAN-CLAUDE RENARD, p. 555.

— 8 Une deuxième partie joint *l'amour maternel* à l'amour pour le pays natal auquel la poétesse confie sa fille chérie.

— 1 Que traduit la répétition ? — 2 Épancherai. — 3 Le changement apporté par l'âge. — 4 Quel est ce « crime » ? — 5 Sur terre, « Ce qu'on donne à l'amour est à jamais perdu ! »

SAINTE-BEUVE

Avant de trouver sa voie dans la *critique littéraire* (cf. p. 385), SAINTE-BEUVE (1804-1869) avait fait entendre, dans le chœur *lyrique* du romantisme, des accents discrets, mal assurés, mais sincères et originaux. Il publie en 1829 *Vie, Poésies et Pensées de Joseph Delorme*, recueil de vers encadrés par la biographie et les réflexions d'un personnage qui n'est autre que lui-même (cf. Hugo et Olympio, p. 163). Puis ce sont en 1830 les *Consolations*, et il revient encore à la poésie en 1 337 avec les *Pensées d'Août*.

Sainte-Beuve ne possède ni les dons ni la technique d'un Victor Hugo, son inspiration n'a ni l'ampleur ni l'éclat du grand lyrisme romantique, et il sent bien lui-même, non sans amertume, qu'il reste inférieur à ses maîtres et à ses rivaux. Cependant sa poésie révèle déjà *l'analyste* de l'âme et *l'humaniste* (souvenirs de l'antiquité, du Moyen Age, de la Pléiade). Elle présente en outre un *double intérêt*.

1. LE LYRISME CONFIDENTIEL. Cette poésie est faite des « soupirs de décou-ragement », des « cris de détresse » d'une âme subtile, sensible, repliée sur elle-même. Chez Sainte-Beuve le mal du siècle perd son orgueilleuse splendeur mais se fait *plus intime ;* il devient une *morne détresse*, un véritable complexe d'infériorité qui colore d'une nuance triste les moindres mouvements de l'âme, la vie quotidienne et le décor familier. Le poète souffre de sa solitude, de sa timidité ; il se croit incapable d'inspirer de l'amour ; il sent même l'inspiration lui faire défaut lorsque, saisi d'un « grand désir de choses inconnues », il aspire à « voguer en pleine poésie » *(Le Calme)*.

2. L'AVENIR DU GENRE INTIME. Pratiquant en plein romantisme ce genre *intime* (on dira plus tard *intimiste*), SAINTE-BEUVE *apparaît comme un précurseur*. Par sa tristesse obsédante, il oriente la mélancolie romantique vers le *spleen* de BAUDELAIRE ; il a aussi l'intuition des *correspondances* qui unissent le monde apparent au monde intérieur (cf. p. 286) ; ses scènes de la rue sont comme une première ébauche des *Tableaux parisiens* dans les *Fleurs du Mal* (cf. p. 447). Son goût de *l'humble détail prosaïque* annonce la poésie familière de FRANÇOIS COPPÉE. Enfin VERLAINE et les *symbolistes* apprécieront ses paysages d'âme (cf. ci-dessous), sa sensibilité secrète et mélodieuse.

Mon âme est ce lac même...

Composé, nous dit l'auteur, un soir à six heures en face d'une pièce d'eau, ce poème est un *paysage d'âme*, harmonieux, délicat et mélancolique ; un de ces paysages d'âme qui donnent une grâce alanguie au roman de SAINTE-BEUVE, *Volupté* (cf. p. 385) et qui deviendront un thème de prédilection pour la *poésie symboliste* (cf. p. 507 et 543). — *Poésies de Joseph Delorme*.

Mon âme est ce lac même où le soleil qui penche,
Par un beau soir d'automne, envoie un feu mourant :
Le flot frissonne à peine, et pas une aile blanche,
Pas une rame au loin n'y joue en l'effleurant.

    Tout dort, tout est tranquille, et le cristal limpide,
En se refroidissant à l'air glacé des nuits,
Sans écho, sans soupir, sans un pli qui le ride,
Semble un miroir tout fait pour les pâles ennuis.

    Mais ne sentez-vous pas, Madame, à son silence,
A ses flots transparents de lui-même oubliés,
A sa calme étendue où rien ne se balance,
Le bonheur qu'il éprouve à se taire à vos pieds,

A réfléchir en paix le bien-aimé rivage,
A le peindre plus pur en ne s'y mêlant pas,
A ne rien perdre en soi de la divine image
De Celle dont sans bruit il recueille les pas ?

LES RAYONS JAUNES

Cette pièce est considérée à juste titre comme le chef-d'œuvre poétique de SAINTE-BEUVE. Elle résume *l'inspiration mélancolique et désabusée* des *Poésies de Joseph Delorme* : nostalgie de l'enfance et de la foi perdue, hantise de la mort et de la solitude, désarroi d'un être sensible égaré comme un étranger dans le tumulte de la grande ville. L'*alliance mystérieuse* entre ces sentiments tristes et les reflets monotones d'une déprimante lumière jaunâtre préfigure les *correspondances baudelairiennes* (cf. p. 431). L'intervention d'humbles détails matériels esquisse cette *poésie familière de la vie quotidienne* qui s'épanouira chez François Coppée (cf. p. 428).

Lurida præterea fiunt quæcumque...
Lucrèce, livre IV[1]

Les dimanches d'été, le soir, vers les six heures,
Quand le peuple empressé déserte ses demeures
        Et va s'ébattre aux champs,
Ma persienne fermée, assis à ma fenêtre,
Je regarde d'en haut passer et disparaître
        Joyeux bourgeois, marchands,

Ouvriers en habits de fête, au cœur plein d'aise ;
Un livre est entr'ouvert, près de moi, sur ma chaise :
        Je lis ou fais semblant ;
10   Et les jaunes rayons que le couchant ramène,
Plus jaunes ce soir-là que pendant la semaine [2],
        Teignent mon rideau blanc.

J'aime à les voir percer vitres et jalousie ;
Chaque oblique rayon trace à ma fantaisie
        Un flot d'atomes d'or ;
Puis, m'arrivant dans l'âme à travers la prunelle,
Ils redorent aussi mille pensers en elle,
        Mille atomes encor :

Ce sont des jours confus dont reparaît la trame,
20   Des souvenirs d'enfance, aussi doux à notre âme
        Qu'un rêve d'avenir ;

— 1 Vers 307 : « En outre tout devient jaune... ». Dans une note, Sainte-Beuve cite Diderot *(A Sophie Volland)* : « Une seule qualité physique peut conduire l'esprit qui s'en occupe à une infinité de choses diverses. Prenons une couleur, le jaune, par exemple : l'or est jaune, la soie est jaune, le souci est jaune, la bile est jaune, la lumière est jaune, la paille est jaune ; à combien d'autres fils ce fil ne répond-il pas ?... Le fou ne s'aperçoit pas qu'il en change : il tient un brin de paille jaune et luisante à la main, et il crie qu'il a saisi un rayon de soleil. » Puis il ajoute : « Le rêveur qui laisse flotter sa pensée fait quelquefois comme ce fou dont parle Diderot. »
— 2 Telle est du moins *l'impression* du poète.

C'était à pareille heure (oh ! je me le rappelle)
Qu'après vêpres, enfants, au chœur de la chapelle,
On nous faisait venir [3].

La lampe brûlait jaune, et jaune aussi les cierges ;
Et la lueur glissant aux fronts voilés des vierges
Jaunissait leur blancheur ;
Et le prêtre vêtu de son étole blanche
Courbait un front jauni, comme un épi qui penche
30 Sous la faux du faucheur.

Oh ! qui dans une église, à genoux sur la pierre,
N'a bien souvent, le soir, déposé sa prière,
Comme un grain pur de sel [4] ?
Qui n'a du crucifix baisé le jaune ivoire ?
Qui n'a de l'Homme-Dieu lu la sublime histoire
Dans un jaune missel ?

Mais où la retrouver, quand elle s'est perdue,
Cette humble foi du cœur, qu'un ange a suspendue
En palme [5] à nos berceaux ;
40 Qu'une mère a nourrie en nous d'un zèle immense ;
Dont chaque jour un prêtre arrosait la semence
Au bord des saints ruisseaux.

Peut-elle refleurir lorsqu'a soufflé l'orage,
Et qu'en nos cœurs l'orgueil, debout, a dans sa rage
Mis le pied sur l'autel ?
On est bien faible alors, quand le malheur arrive,
Et la mort... faut-il donc que l'idée en survive [6]
Au vœu d'être immortel !

J'ai vu mourir, hélas ! ma bonne vieille tante [7],
50 L'an dernier ; sur son lit, sans voix et haletante,
Elle resta trois jours,
Et trépassa. J'étais près d'elle dans l'alcôve ;
J'étais près d'elle encor quand sur sa tête chauve
Le linceul fit trois tours.

Le cercueil arriva, qu'on mesura de l'aune ;
J'étais là... puis, autour, des cierges brûlaient jaune,
Des prêtres priaient bas ;
Mais en vain je voulais dire l'hymne dernière ;
Mon œil était sans larme et ma voix sans prière,
60 Car je ne croyais pas.

— 3 Lorsqu'il était élève de l'Institution Blériot
à Boulogne. — 4 Ferment de vie et signe de
pureté, dans la symbolique chrétienne. —
5 Parce qu'elle promet la *gloire* du ciel. —
6 On interprète parfois : l'idée (c'est-à-dire
l'angoisse) *de la mort ;* mais une autre explication paraît préférable : l'empreinte *de la foi,*
un reste d'espoir, irraisonné, dans ses promesses. — 7 Marie-Thérèse de Sainte-Beuve,
morte en 1827.

Elle m'aimait pourtant... et ma mère aussi m'aime,
Et ma mère à son tour mourra [8] ; bientôt moi-même
    Dans le jaune linceul
Je l'ensevelirai ; je clouerai sous la lame [9]
Ce corps flétri, mais cher, ce reste de mon âme ;
    Alors je serai seul ;

Seul, sans mère, sans sœur, sans frère et sans épouse ;
Car qui voudrait m'aimer, et quelle main jalouse [10]
    S'unirait à ma main ?...
70 Mais déjà le soleil recule devant l'ombre,
Et les rayons qu'il lance à mon rideau plus sombre
    S'éteignent en chemin...

Non, jamais à mon nom ma jeune fiancée
Ne rougira d'amour, rêvant dans sa pensée
    Au jeune époux absent ;
Jamais deux enfants purs, deux anges de promesse,
Ne tiendront suspendus sur moi, durant la messe,
    Le poêle [11] jaunissant.

Non jamais, quand la mort m'étendra sur ma couche,
80 Mon front ne sentira le baiser d'une bouche,
    Ni mon œil obscurci
N'entreverra l'adieu d'une lèvre mi-close !
Jamais sur mon tombeau ne jaunira la rose,
    Ni le jaune souci.

— Ainsi va ma pensée, et la nuit est venue ;
Je descends et bientôt dans la foule inconnue
    J'ai noyé mon chagrin :
Plus d'un bras me coudoie ; on entre à la guinguette,
On sort du cabaret ; l'invalide en goguette
90   Chevrote un gai refrain.

Ce ne sont que chansons, clameurs, rixes d'ivrogne,
Ou qu'amours en plein air, et baisers sans vergogne,
    Et publiques faveurs ;
Je rentre : sur ma route on se presse, on se rue ;
Toute la nuit j'entends se traîner dans ma rue
    Et hurler les buveurs.

— Dégagez les thèmes et étudiez leur enchaînement ; comment est annoncé le thème de la mort ?
— Comment les deux scènes de la rue sont-elles liées à la méditation centrale ?
— Relevez les notations familières et prosaïques ; à quelle impression d'ensemble concourent-elles ?
— Étudiez la correspondance entre la couleur jaune et la tristesse ; valeur poétique, effet obsédant.
• Groupe thématique. a) Comparez cette symphonie en jaune majeur à la « Symphonie en blanc majeur » de GAUTIER , p. 269 ; – b) SAINTE-BEUVE et les « Tableaux Parisiens » p. 446-448.

— 8 Cf. Villon (*Moyen Age*, p. 215, v. 22). — 9 La *planche* (chez Villon, c'était la *pierre tombale*). — 10 Sans doute : *jalouse* de partager mon triste sort. — 11 Voile que l'on étendait au-dessus de la tête des époux pendant la bénédiction nuptiale.

LE POÈME EN PROSE

Le *poème en prose*, appelé à une éclatante fortune avec Baudelaire (p. 454), Lautréamont (p. 539) et Arthur Rimbaud (p. 527), est illustré à l'époque romantique, selon deux formules d'art très différentes d'ailleurs, par ALOYSIUS BERTRAND et MAURICE DE GUÉRIN.

ALOYSIUS BERTRAND (1807-1841) a certainement influencé Baudelaire. Lorsqu'il mourut phtisique à trente-quatre ans, il laissait entre autres manuscrits des poèmes en prose qui furent publiés l'année suivante par son ami Victor Pavie : *Gaspard de la Nuit ou Fantaisie à la lumière de Rembrandt et de Callot.* Un *art raffiné*, minutieux comme celui du graveur, s'allie dans ce recueil à une *émotion secrète mais ardente ;* des *impressions rares* ouvrent au lecteur d'étonnants aperçus sur *le monde du rêve.*

MAURICE DE GUÉRIN

Sa vie, son œuvre MAURICE DE GUÉRIN passe son enfance au château du Cayla, dans le Tarn, où il est né en 1810. Une profonde tendresse l'unit à sa sœur aînée, EUGÉNIE, qui écrira elle-même des poèmes et un *Journal.* Il fait ses études au petit séminaire de Toulouse puis à Paris, au Collège Stanislas. Sans fortune, il gagne difficilement sa vie en donnant des répétitions et en collaborant à des journaux. En 1832-1833, il séjourne en Bretagne chez LAMENNAIS (cf. p. 293), puis chez un autre ami, au Val d'Aguenon. Il se marie en 1838 et meurt phtisique en 1839.

Sa correspondance et ses œuvres, restées inédites, furent peu à peu révélées au public après sa mort : un journal intime, *Le Cahier vert* (cf. p. 292), une très belle *Méditation sur la mort de Marie* (Marie de La Morvonnais), des *Poésies* et deux poèmes en prose, *La Bacchante* (dont le texte est inachevé) et *Le Centaure* (cf. p. 290), publié en 1840.

Sa sensibilité, son art I. LE SENS DE LA VIE UNIVERSELLE. Le destin, qui réservait à Maurice de Guérin une existence sans éclat et une mort prématurée, l'avait doué en revanche d'une immense *richesse intérieure.* Son âme pieuse, inquiète, méditative et avant tout *réceptive* unit à la foi chrétienne une intuition panthéiste absolument spontanée. Peu d'êtres ont vibré aussi intensément, aussi subtilement, *au rythme de la vie universelle.* Pour Maurice de Guérin, descendre au plus profond de lui-même, c'est aussi « faire descendre la nature dans son âme ». Le rythme de sa vie intérieure, « alternance d'élans et de défaillances », se modèle sur celui du monde. Le poète *prête une âme à la nature* et traduit ses propres sentiments en termes de *paysage intérieur.* Son génie « est avant tout dans la perception des rumeurs de l'âme et des brusques irruptions de lumière ou de ténèbres qui l'envahissent tour à tour » (Albert Béguin).

2. LE DON DU RYTHME. Pour rendre ces résonances intimes et subtiles du rythme de la vie universelle, Maurice de Guérin a recours à de très belles *images*, poétiques et évocatrices, et surtout à un autre *rythme*, celui d'une *prose musicale* qui épouse les vibrations de l'âme, et, pour ainsi dire, les battements du cœur, la respiration large ou haletante. Cette prose rythmée rappelle parfois les cadences de Rousseau ou de Chateaubriand, mais elle n'est pas moins originale que les impressions qu'elle exprime. Enfin elle traduit, en plein romantisme, un *retour à l'harmonie grecque*, lié à un sens remarquable de la poésie et des mythes helléniques.

Le Centaure

Le centaire MACARÉE, qui « décline dans la vieillesse, calme comme le coucher des constellations », raconte sa vie à un homme ; mais ce ne sont pas des *événements* qu'il retrace : il évoque la *paix* indicible de son *enfance*, à peine troublée parfois lorsque sa mère rapportait les effluves du monde extérieur dans l'antre où il était élevé ; puis c'est *sa jeunesse ardente, rapide et agitée :* « Je vivais de mouvement et ne connaissais pas de borne à mes pas ». — Si GUÉRIN a prêté à un *centaure* les mouvements les plus profonds de sa vie secrète, c'est que cette race mythique représente comme un trait d'union entre l'homme et le monde, le vestige d'un âge où la nature humaine et la nature tout court auraient été encore à demi confondues Ainsi l'enfance paisible du centaure MACARÉE, sa jeunesse ardente et inquiète sont celles du poète ; la leçon finale est celle de Lamennais : pour trouver la paix, il faut renoncer humblement à poursuivre le grand secret de l'univers (cf. 1. 71-81).

J e me délassais souvent de mes journées dans le lit des fleuves [1]. Une moitié de moi-même, cachée dans les eaux, s'agitait pour les surmonter, tandis que l'autre s'élevait tranquille et que je portais mes bras oisifs bien au-dessus des flots. Je m'oubliais ainsi au milieu des ondes, cédant aux entraînements de leur cours qui m'emmenait au loin et conduisait leur hôte sauvage à tous les charmes des rivages. Combien de fois, surpris par la nuit, j'ai suivi les courants sous les ombres qui se répandaient, déposant jusque dans le fond des vallées l'influence nocturne des dieux ! Ma vie fougueuse se tempérait alors au point de ne laisser plus qu'un léger sentiment de mon existence répandu par tout mon être avec une
10 égale mesure [2], comme, dans les eaux où je nageais, les lueurs de la déesse qui parcourt les nuits [3]. Mélampe [4], ma vieillesse regrette les fleuves ; paisibles la plupart et monotones, ils suivent leur destinée avec plus de calme que les centaures, et une sagesse plus bienfaisante que celle des hommes. Quand je sortais de leur sein, j'étais suivi de leurs dons [5] qui m'accompagnaient des jours entiers et ne se retiraient qu'avec lenteur, à la manière des parfums.
Une inconstance sauvage et aveugle disposait de mes pas. Au milieu des courses les plus violentes, il m'arrivait de rompre subitement mon galop, comme si un abîme se fût rencontré à mes pieds, ou bien un dieu debout devant moi. Ces immobilités soudaines me laissaient ressentir ma vie tout émue par les
20 emportements où j'étais. Autrefois j'ai coupé dans les forêts des rameaux qu'en courant j'élevais par-dessus ma tête ; la vitesse de ma course suspendait la mobilité du feuillage qui ne rendait plus qu'un frémissement léger ; mais au moindre repos le vent et l'agitation rentraient dans le rameau, qui reprenait le cours de ses murmures. Ainsi ma vie, à l'interruption subite des carrières impétueuses que je fournissais à travers ces vallées, frémissait dans tout mon sein. Je l'entendais courir en bouillonnant et rouler le feu qu'elle avait pris dans l'espace ardemment franchi. Mes flancs animés luttaient contre ses flots dont ils étaient pressés intérieurement, et goûtaient dans ces tempêtes la volupté, qui n'est connue que des rivages de la mer, de renfermer sans aucune perte une
30 vie montée à son comble et irritée. Cependant, la tête inclinée au vent qui m'apportait le frais, je considérais la cime des montagnes devenues lointaines en quelques instants, les arbres des rivages et les eaux des fleuves, celles-ci portées d'un cours traînant, ceux-là attachés dans le sein de la terre, et mobiles seulement par leurs branchages soumis aux souffles de l'air qui les font gémir. « Moi seul,

---

— 1 Quelle impression nous laisse cette phrase ? — 2 Cf. Rousseau, *Ve Promenade :* « Le sentiment de l'existence dépouillé de toute autre affection... » (*XVIIIe Siècle*, p. 341 ;

cf. aussi p. 340, l. 14-18). Opposer l. 19-20. — 3 Quel est l'effet de cette périphrase ? — 4 L'homme à qui se confie le centaure. — 5 Quels sont ces *dons ?*

me disais-je, j'ai le mouvement libre, et j'emporte à mon gré ma vie de l'un à l'autre bout de ces vallées. Je suis plus heureux que les torrents qui tombent des montagnes pour n'y plus remonter. Le roulement de mes pas est plus beau que les plaintes des bois et que les bruits de l'onde ; c'est le retentissement du centaure errant et qui se guide lui-même. Ainsi, tandis que mes flancs agités
40 possédaient l'ivresse de la course, plus haut j'en ressentais l'orgueil, et, détournant la tête, je m'arrêtais quelque temps à considérer ma croupe fumante.

La jeunesse est semblable aux forêts verdoyantes tourmentées par les vents ; elle agite de tous côtés les riches présents de la vie, et toujours quelque profond murmure règne dans son feuillage. Vivant avec l'abandon des fleuves, respirant sans cesse Cybèle [6], soit dans le lit des vallées, soit à la cime des montagnes, je bondissais partout comme une vie aveugle et déchaînée. Mais lorsque la nuit, remplie du calme des dieux, me trouvait sur le penchant des monts, elle me conduisait à l'entrée des cavernes et m'y apaisait comme elle apaise les vagues de la mer, laissant survivre en moi de légères ondulations qui écartaient le
50 sommeil sans altérer mon repos [7]. Couché sur le seuil de ma retraite, les flancs cachés dans l'antre et la tête sous le ciel, je suivais le spectacle des ombres. Alors la vie étrangère qui m'avait pénétré durant le jour se détachait de moi goutte à goutte, retournant au sein paisible de Cybèle, comme après l'ondée les débris de la pluie attachée aux feuillages font leur chute et rejoignent les eaux. On dit que les dieux marins quittent durant les ombres leurs palais profonds, et, s'asseyant sur les promontoires, étendent leurs regards sur les flots. Ainsi je veillais, ayant à mes pieds une étendue de vie semblable à la mer assoupie. Rendu à l'existence distincte et pleine, il me paraissait que je sortais de naître, et que des eaux profondes qui m'avaient conçu dans leur sein venaient de me laisser sur le haut
60 de la montagne, comme un dauphin oublié sur les syrtes [8] par les flots d'Amphitrite.

Mes regards couraient librement et gagnaient les points les plus éloignés. Comme des rivages toujours humides, le cours des montagnes du couchant demeurait empreint de lueurs mal essuyées par les ombres. Là survivaient, dans les clartés pâles, des sommets nus et purs. Là je voyais descendre tantôt le dieu Pan [9], toujours solitaire, tantôt le chœur des divinités secrètes, ou passer quelque nymphe des montagnes enivrée par la nuit. Quelquefois les aigles du mont Olympe [10] traversaient le haut du ciel et s'évanouissaient dans les constellations reculées ou sous les bois inspirés. L'esprit des dieux, venant à s'agiter,
70 troublait soudainement le calme des vieux chênes [11].

Vous poursuivez la sagesse, ô Mélampe ! qui est la science de la volonté des dieux, et vous errez parmi les peuples comme un mortel égaré par les destinées. Il est dans ces lieux une pierre qui, dès qu'on la touche, rend un son semblable à celui des cordes d'un instrument qui se rompent, et les hommes racontent qu'Apollon, qui chassait son troupeau dans ces déserts, ayant mis sa lyre sur cette pierre, y laissa cette mélodie. O Mélampe ! les dieux errants ont posé leur lyre sur les pierres ; mais aucun... aucun ne l'y a oubliée. Au temps où je veillais dans les cavernes, j'ai cru quelquefois que j'allais surprendre les rêves de Cybèle endormie, et que la mère des dieux, trahie par les songes, perdrait quelques
80 secrets ; mais je n'ai jamais reconnu que des sons qui se dissolvaient dans le souffle de la nuit, ou des mots inarticulés comme le bouillonnement des fleuves.

— 6 La Terre, mère universelle. — 7 Cf. Rousseau, *XVIII*e *Siècle*, p. 340, l. 18-24. — 8 Bancs de sable. — 9 Dieu de la végé- tation. — 10 Montagne de Thessalie, et séjour des dieux ; l'aigle était l'oiseau de Jupiter. — 11 Cf. l'oracle de Dodone.

Une âme livrée au caprice des vents

L'état de l'atmosphère agit sur nos nerfs et sur notre humeur, nous l'avons tous éprouvé, en particulier les jours de grand vent. Mais MAURICE DE GUÉRIN *communie beaucoup plus intimement avec la nature ;* il ressent dans sa chair et dans son âme les assauts furieux des rafales contre la forêt ; lorsqu'il parle des *gémissements* du vent, des arbres que la bourrasque *désespère*, il ne s'agit pas de simples métaphores, mais d'ouvertures sur le mystère de l'*âme universelle* dont la tempête vient bouleverser le *rythme* harmonieux. Le poète, qui souffre de se sentir le jouet des éléments, aspire à trouver dans la *foi* un apaisement à son inquiétude, une *stabilité* morale. — Cette page est tirée du *Cahier vert ;* le 1ᵉʳ mai 1833, Maurice de Guérin se trouvait à La Chesnaie (près de Dinan), chez Lamennais.

Le 1ᵉʳ mai. — Dieu que c'est triste ! du vent, de la pluie et du froid. Ce 1ᵉʳ mai me fait l'effet d'un jour de noces devenu un jour de convoi [1]. Hier au soir c'était la lune, les étoiles, un azur, une limpidité, une clarté à vous mettre aux anges. Aujourd'hui je n'ai vu autre chose que les ondées courant dans l'air les unes sur les autres par grandes colonnes qu'un vent fou chasse à outrance devant lui [2]. Je n'ai entendu autre chose que ce même vent gémissant autour de moi avec ces gémissements lamentables et sinistres qu'il prend ou apprend je ne sais où : on dirait d'un souffle de malheur, de calamité, de toutes les afflictions que je suppose flotter dans notre atmosphère, ébranlant nos demeures et venant
10　chanter à toutes nos fenêtres ses lugubres prophéties [3]. Ce vent, quel qu'il soit, en même temps qu'il agitait si tristement mon âme par sa puissance mystérieuse, ébranlait au dehors la nature par son action matérielle, et peut-être aussi par quelque chose de plus : car qui sait si nous savons toute l'étendue des rapports et des entretiens des éléments entre eux [4] ? J'ai vu ce vent, à travers mes vitres, faisant rage contre les arbres, les désespérant. Il s'abattait parfois sur la forêt avec une telle impétuosité qu'il la bouleversait comme une mer, et que je croyais voir la forêt tout entière pivoter et tournoyer sur ses racines comme un immense tourbillon [5]. Les quatre grands sapins, derrière la maison, recevaient de temps à autre de si rudes coups qu'ils semblaient prendre l'épouvante et poussaient
20　comme des hourras de terreur à faire trembler. Les oiseaux qui s'aventuraient à voler étaient emportés comme des pailles ; je les voyais, marquant à peine leur faible lutte contre le courant et pouvant tout au plus tenir leurs ailes étendues, s'en aller à la dérive la plus rapide [6]. Ceux qui restent cachés donnent à peine quelques signes de vie en commençant leur chant qu'ils n'achèvent pas [7]. Les fleurs sont ternies et comme chiffonnées, tout est affligé. Je suis plus triste qu'en hiver. Par ces jours-là, il se révèle au fond de mon âme, dans la partie la plus intime, la plus profonde [8] de sa substance, une sorte de désespoir tout à fait étrange ; c'est comme le délaissement et les ténèbres hors de Dieu. Mon Dieu, comment se fait-il que mon repos soit altéré par ce qui se passe dans l'air, et que la paix
30　de mon âme soit ainsi livrée au caprice des vents ? Oh ! c'est que je ne sais pas me gouverner, c'est que ma volonté n'est pas unie à la vôtre et, comme il n'y a pas autre chose où elle puisse se prendre, je suis devenu le jouet de tout ce qui souffle sur la terre.

— 1 Convoi funèbre. — 2 Apprécier dans cette phrase le pouvoir évocateur des images. — 3 L'auteur paraît s'orienter vers le *fantastique ;* cette impression se confirmera-t-elle ? — 4 Expliquer et illustrer l'idée d'après la suite. —

5 Apprécier l'impression et l'image. — 6 Montrer en quoi le rythme de la phrase correspond à celui du vol des oiseaux. — 7 La phrase elle-même s'arrête court. — 8 Celle, justement, où l'âme communie avec la vie universelle.

LAMENNAIS

LE CATHOLICISME SOCIAL. Né en 1782 à Saint-Malo, Félicité DE LAMENNAIS trouve sa voie, après une jeunesse anxieuse, dans la foi catholique et la vocation sacerdotale. Ordonné prêtre, il publie l'année suivante (1817) le premier volume d'un *Essai sur l'indifférence en matière de religion* qui le place, avec Chateaubriand, au premier rang des apologistes de la religion chrétienne. Il est alors traditionaliste en politique, mais, après la révolution de 1830, il embrasse avec enthousiasme les idées libérales, donnant pour épigraphe à son journal *l'Avenir* : « Dieu et la liberté ». Animé par l'amour des humbles, ému de leur misère, il dénonce l'injustice sociale au nom des préceptes de l'Évangile et milite en faveur de la souveraineté du peuple. Son influence est considérable : celui que ses intimes appellent « Monsieur Féli » accueille dans sa propriété de LA CHESNAIE, près de Dinan, des âmes inquiètes comme Maurice de Guérin (cf. p. 289) et Sainte-Beuve (p. 285) ; il groupe autour de lui des cœurs généreux, apôtres du catholicisme social : LACORDAIRE, avocat entré dans les ordres en 1827, et le comte DE MONTALEMBERT. Mais sa doctrine trop hardie, est condamnée par le pape Grégoire XVI (1832).

LE SOCIALISME ÉVANGÉLIQUE. Lamennais semble d'abord se soumettre, mais il rompt avec Rome en publiant les *Paroles d'un croyant* (1834), dont le socialisme mystique s'écarte franchement de l'orthodoxie. Lacordaire et Montalembert se séparent de lui et s'orientent vers un catholicisme libéral plus modéré. Exclu de l'Église, Lamennais connaît l'amertume de la solitude et de l'abandon, mais rien ne peut l'amener à transiger. Il adhère au parti républicain et publie en 1837 *Le Livre du Peuple*. En 1841 il fait un an de prison pour une brochure jugée subversive. Membre de l'Assemblée Nationale en 1848, il renonce à toute activité politique après le 2 décembre, et meurt en 1854.

PAROLES D'UN CROYANT Ame généreuse et tourmentée, ardente et indomptable, l'auteur des *Paroles d'un croyant* est aussi *un authentique poète* par l'accent inspiré et le rythme lyrique d'une prose impérieuse (cf. l. 1-20), enflammée (l. 21-29) ou mélancolique (l. 30-56). Lamennais doit beaucoup à la BIBLE : non seulement ses anathèmes contre les riches et les puissants de ce monde, son amour de ceux qui souffrent, mais la forme du *verset*, la parabole évangélique, le ton prophétique (l. 21-26) et des visions dignes de l'*Apocalypse*. Cependant cette influence, loin de diminuer l'originalité de Lamennais, lui permet d'exprimer sa nature profonde et confère à son style une éclatante pureté.

Paroles d'un croyant

Ces deux extraits des *Paroles d'un croyant* (IV et XLI) permettront d'apprécier la *sensibilité vibrante* de LAMENNAIS, l'ardeur entraînante de son *apostolat* et le *ton inspiré* de ses *versets*. Le premier texte fait retentir le grand message de *justice* et d'*amour ;* il annonce avec une solennité prophétique la venue de *jours meilleurs*, après le « grand combat ». Le second, mélodie sur le *mode mineur*, exprime par un émouvant symbole la misère de l'homme, *exilé sur la terre* et qui garde *la nostalgie de sa patrie céleste*.

Justice et charité La justice, c'est la vie, et la charité, c'est encore la vie, et une plus douce et plus abondante vie.
Il s'est rencontré de faux prophètes qui ont persuadé à quelques hommes que tous les autres étaient nés pour eux ; et ce que ceux-ci ont cru, les autres l'ont cru aussi sur la parole des faux prophètes.
Lorsque cette parole de mensonge prévalut, les anges pleurèrent dans le ciel ;

car ils prévirent que beaucoup de violences, et beaucoup de crimes, et beaucoup de maux allaient déborder sur la terre.

Les hommes, égaux entre eux, sont nés pour Dieu seul, et quiconque dit une chose contraire dit un blasphème.

Que celui qui veut être le plus grand parmi vous soit votre serviteur ; et que celui qui veut être le premier parmi vous soit le serviteur de tous.

La loi de Dieu est une loi d'amour, et l'amour ne s'élève pas au-dessus des autres, mais il se sacrifie aux autres.

Celui qui dit dans son cœur : Je ne suis pas comme les autres hommes, mais les autres hommes m'ont été donnés pour que je leur commande, et que je dispose d'eux et de ce qui est à eux à ma fantaisie : celui-là est fils de Satan.

Et Satan est le roi de ce monde, car il est le roi de tous ceux qui pensent et agissent ainsi ; et ceux qui pensent et agissent ainsi se sont rendus, par ses conseils, les maîtres du monde.

Mais leur empire n'aura qu'un temps, et nous touchons à la fin de ce temps.

Un grand combat sera livré, et l'ange de la justice et l'ange de l'amour combattront avec ceux qui se seront armés pour rétablir parmi les hommes le règne de la justice et le règne de l'amour.

Et beaucoup mourront dans ce combat, et leur nom nous restera sur la terre comme un rayon de la gloire de Dieu.

C'est pourquoi, vous qui souffrez, prenez courage, fortifiez votre cœur ; car demain sera le jour de l'épreuve, le jour où chacun devra donner avec joie sa vie pour ses frères ; et celui qui suivra sera le jour de la délivrance.

L'exilé

Il s'en allait errant sur la terre. Que Dieu guide le pauvre exilé !

J'ai passé à travers les peuples, et ils m'ont regardé, et je les ai regardés, et nous ne nous sommes point reconnus. L'exilé partout est seul.

Lorsque je voyais, au déclin du jour, s'élever du creux d'un vallon la fumée de quelque chaumière, je me disais : Heureux celui qui retrouve le soir le foyer domestique, et s'y assied au milieu des siens ! L'exilé partout est seul.

Où vont ces nuages que chasse la tempête ? Elle me chasse comme eux, et qu'importe où ? L'exilé partout est seul.

Ces arbres sont beaux, ces fleurs sont belles ; mais ce ne sont point les fleurs ni les arbres de mon pays ; ils ne me disent rien. L'exilé partout est seul.

Ce ruisseau coule mollement dans la plaine ; mais son murmure n'est pas celui qu'entendit mon enfance ; il ne rappelle à mon âme aucun souvenir. L'exilé partout est seul.

Ces chants sont doux ; mais les tristesses et les joies qu'ils réveillent ne sont ni mes tristesses ni mes joies. L'exilé partout est seul.

On m'a demandé : « Pourquoi pleurez-vous ? » Et, quand je l'ai dit, nul n'a pleuré, parce qu'on ne me comprenait point. L'exilé partout est seul.

J'ai vu des vieillards entourés d'enfants, comme l'olivier de ses rejetons ; mais aucun de ces vieillards ne m'appelait son fils, aucun de ces enfants ne m'appelait son frère. L'exilé partout est seul.

Il n'y a d'amis, de pères et de frères que dans la patrie. L'exilé partout est seul.

Pauvre exilé ! cesse de gémir : tous sont bannis comme toi, tous voient passer et s'évanouir pères, frères, amis.

La patrie n'est point ici-bas : l'homme vainement l'y cherche, ce qu'il prend pour elle n'est qu'un gîte d'une nuit.

Il s'en va errant sur la terre. Que Dieu guide le pauvre exilé !

GEORGE SAND

Sa vie (1804-1876)
son œuvre

LA JEUNESSE. Née à Paris en 1804, AURORE DUPIN, fille d'un officier de l'Empire, passe son enfance à Nohant, dans le Berry. Son éducation s'achève dans un couvent parisien (1817-1820), puis elle revient à Nohant, et épouse, en 1822, le baron DUDEVANT. Elle lui donne deux enfants, mais ne tarde pas à se détacher de lui. Elle mène alors une existence très libre, parfois jusqu'au scandale. Les hommes se succèdent dans sa vie : après JULES SANDEAU, MUSSET (cf. p. 205), puis CHOPIN.

LA CARRIÈRE LITTÉRAIRE. Cependant, parmi des crises morales douloureuses, elle cherche sa voie ; JULES SANDEAU (1811-1883) la lui révèle tout en découvrant sa propre vocation : ils écrivent en collaboration un roman, *Rose et Blanche*. La jeune femme lui doit aussi le pseudonyme de GEORGE SAND que va illustrer une abondante production romanesque, inaugurée en 1832 avec *Indiana*. On distingue dans la carrière de George Sand quatre périodes correspondant à des phases de sa pensée et de ses sentiments.

1. De 1832 à 1840 George Sand traduit dans des romans ROMANESQUES et ROMANTIQUES comme *Indiana*, *Lélia* (1833), *Mauprat* (1837), les orages de la passion qui agitent sa vie. Elle y exprime aussi, avec un lyrisme un peu déclamatoire, des revendications féministes et sa révolte contre les impératifs ou les préjugés sociaux.

2. A partir de 1840, influencée par le *mysticisme humanitaire* de Lamennais (cf. p. 293), et surtout du philosophe Pierre Leroux, elle publie des romans d'inspiration SOCIALISTE : *Le Compagnon du Tour de France* (1841), *Le Meunier d'Angibault* (1845), ou d'inspiration MYSTIQUE : *Consuelo* (1842). En 1848 elle se signale même par des écrits politiques.

3. Cependant elle s'est installée à Nohant en 1839 et ses sentiments démocratiques prennent la forme concrète d'un vif intérêt pour les paysans du Berry, qu'elle a appris à connaître dès son enfance. Elle donne ainsi, en 1846, un premier ROMAN CHAMPÊTRE, *La Mare au Diable* (cf. p. 296-298), que vont suivre *François le Champi* (1847), *La Petite Fadette* (1848), et le chef-d'œuvre du genre, *Les Maîtres Sonneurs*, en 1853 (cf. p. 298-302). George Sand inaugure ainsi le *roman régionaliste* et trouve, dans la peinture de paysages et d'êtres qui lui sont chers, la meilleure expression de son talent.

4. Enfin, après avoir publié des souvenirs (*Histoire de ma vie*, 1854), elle revient, sous le second Empire, au ROMAN ROMANESQUE avec *Les Beaux Messieurs de Bois-Doré* (1857), *Le Marquis de Villemer* (1860), etc... Mais les thèses hardies et les effusions font place à des *idylles aimables* dans des milieux bourgeois ou mondains.

LA BONNE DAME DE NOHANT. Assagie par l'âge, la romancière, maintenant célèbre, vit dans son Berry des jours paisibles. Elle met en pratique, par la *charité* et la *bienfaisance*, son idéal humanitaire ; les paysans vénèrent en elle « la bonne dame de Nohant ». Jusqu'à sa mort en 1876 son activité intellectuelle reste grande, comme l'attestent sa correspondance et l'intérêt qu'elle témoigne aux écrivains de la nouvelle génération, FROMENTIN, ABOUT, FLAUBERT.

Le roman idéaliste

Durant toute sa carrière, George Sand a considéré son art comme le moyen d'exprimer ses sentiments, ses idées et les thèses qu'elle adoptait ; mais elle a évolué du romantisme exalté de sa jeunesse à un socialisme sentimental et humanitaire. Comme tant d'intellectuels vers 1848, dans un élan généreux elle a voulu aller au peuple, le comprendre, le peindre et l'aider à s'élever en mettant son message à la portée de tous (cf. Lamartine, p. 107, Hugo, p. 195). « Nous croyons que la mission de l'art est une mission de sentiment et d'amour, que le roman d'aujourd'hui devrait remplacer la parabole et l'apologue des temps naïfs » écrivait-elle au début de *La Mare au Diable*. Défendant contre Flaubert les *droits du cœur* en littérature, elle n'a jamais connu la tentation de l'art pour l'art, ni celle du réalisme cru ou pessimiste. A la fois par tempérament et par principe, elle a tendance à *embellir* la réalité et à *idéaliser* ses personnages : « L'art n'est pas une étude de la réalité positive ; c'est une recherche de la vérité idéale. »

George Sand n'évite pas toujours les écueils du genre : sentimentalité conventionnelle, platitude ou déclamation. Mais plusieurs de ses ouvrages, les *romans champêtres* en particulier, continuent de charmer le lecteur. L'intrigue est attachante et bien conduite ; les mœurs et les traditions rustiques apportent leur note pittoresque (p. 301) ou gracieuse (p. 302), le parler berrichon sa saveur de terroir ; ces paysans capables, dans leur simplicité, de délicatesse morale (p. 297) et d'émotions esthétiques (p. 299) ravivent en nous le sens de la fraternité humaine, par delà les différences de fortune, d'éducation et de culture. Enfin George Sand a le don de sentir et de traduire avec naturel la *poésie* des paysages familiers, des travaux champêtres (cf. ci-dessous) et des cœurs purs.

Le Labour

Sainte-Beuve louait GEORGE SAND d'avoir doté notre littérature « *de géorgiques bien françaises* ». Dans le chapitre II de la *Mare au Diable*, la romancière place elle-même ses réflexions et sa description sous le signe de Virgile en citant le fameux passage des *Géorgiques* (II, 458-459) : « O heureux l'homme des champs, s'il connaissait son bonheur ! » Dans le tableau de labour que voici, la *description* domine, mais elle n'efface pas la *méditation* idéaliste devant la *beauté*, la *poésie* et la *grandeur* du spectacle. En célébrant le travail des champs, George Sand voudrait aider les plus humbles paysans à prendre conscience du caractère exaltant et sacré de leur tâche quotidienne. On comparera l'Épisode des Laboureurs, dans *Jocelyn* (p. 114).

Ce qui attira ensuite mon attention était véritablement un beau spectacle, un noble [1] sujet pour un peintre. A l'autre extrémité de la plaine labourable, un jeune homme de bonne mine [2] conduisait un attelage magnifique : quatre paires de jeunes animaux à robe sombre mêlée de noir fauve à reflets de feu, avec ces têtes courtes et frisées qui sentent encore le taureau sauvage, ces gros yeux farouches, ces mouvements brusques, ce travail nerveux et saccadé qui s'irrite encore du joug et de l'aiguillon et n'obéit qu'en frémissant de colère à la domination nouvellement imposée. C'est ce qu'on appelle des bœufs *fraîchement liés*. L'homme qui les gouvernait avait à défricher un coin naguère abandonné au pâturage et rempli
10 de souches séculaires, travail d'athlète [3] auquel suffisaient à peine son énergie, sa jeunesse et ses huit animaux quasi indomptés.

Un enfant de six à sept ans [4], beau comme un ange, et les épaules couvertes, sur sa blouse, d'une peau d'agneau qui le faisait ressembler au petit saint Jean-Baptiste des peintres de la Renaissance [5], marchait dans le sillon parallèle à la charrue et piquait le flanc des bœufs avec une gaule longue et légère, armée d'un aiguillon peu acéré. Les fiers [6] animaux frémissaient sous la petite main de l'enfant, et faisaient grincer les jougs et les courroies liés à leur front, en imprimant au timon de violentes secousses. Lorsqu'une racine arrêtait le soc, le laboureur criait d'une voix puissante, appelant chaque bête par son nom, mais plutôt pour calmer
20 que pour exciter ; car les bœufs, irrités par cette brusque résistance, bondissaient, creusaient la terre de leurs larges pieds fourchus, et se seraient jetés de côté emportant l'areau [7] à travers champs, si, de la voix et de l'aiguillon, le jeune homme n'eût maintenu les quatre premiers, tandis que l'enfant gouvernait les quatre autres. Il criait aussi, le pauvret, d'une voix qu'il voulait rendre terrible et qui restait douce comme sa figure angélique. Tout cela était beau de force ou

---

— 1 Apprécier le choix du terme (cf. *solennel*, l. 29 et 33) ; comparer Hugo évoquant *le geste auguste du semeur*. — 2 C'est le héros du roman, Germain le *fin laboureur*. — 3 Que suggère l'expression, outre la force déployée ? — 4 Le fils de Germain, Petit-Pierre. — 5 Cf. en particulier la *Sainte Famille* de Vinci. — 6 Quasi indomptés (cf. 1er §). — 7 Charrue.

de grâce : le paysage, l'homme, l'enfant, les taureaux sous le joug ; et, malgré cette lutte puissante, où la terre était vaincue, il y avait un sentiment de douceur et de calme profond qui planait sur toutes choses. Quand l'obstacle était surmonté et que l'attelage reprenait sa marche égale et solennelle, le laboureur, dont
30 la feinte violence n'était qu'un exercice de vigueur et une dépense d'activité, reprenait tout à coup la sérénité des âmes simples et jetait un regard de contentement paternel sur son enfant, qui se retournait pour lui sourire. Puis la voix mâle de ce jeune père de famille entonnait le chant solennel et mélancolique que l'antique tradition du pays transmet, non à tous les laboureurs indistinctement, mais aux plus consommés dans l'art d'exciter et de soutenir l'ardeur des bœufs au travail. Ce chant, dont l'origine fut peut-être considérée comme sacrée, et auquel de mystérieuses influences ont dû être attribuées jadis, est réputé encore aujourd'hui posséder la vertu d'entretenir le courage de ces animaux, d'apaiser leurs mécontentements et de charmer l'ennui de leur longue besogne. Il ne
40 suffit pas de savoir bien les conduire en traçant un sillon parfaitement rectiligne, de leur alléger la peine en soulevant ou enfonçant à point le fer dans la terre : on n'est point un parfait laboureur si on ne sait chanter aux bœufs...

Le roman est la touchante histoire du second mariage de GERMAIN. *Resté veuf de bonne heure, avec trois enfants, il ne songeait pas à se remarier, mais c'est son beau-père lui-même, le père Maurice, qui l'en presse : il faut une jeune femme pour s'occuper des petits. A quelques lieues de là demeure une veuve qui serait un bon parti ; Germain accepte d'aller la voir. Au moment du départ, on lui demande de prendre en croupe la fille d'une pauvre veuve, la petite* MARIE *qui va se placer dans une ferme du voisinage. Ils trouvent en cours de route Petit-Pierre qui, pour être du voyage, a pris les devants et s'est caché au bord du chemin. Les voilà tous trois dans la forêt ; la nuit venue, ils s'égarent et tournent en rond autour de la* Mare au Diable, *qui passe pour un lieu enchanté ; ils se résignent finalement à attendre le jour sous les chênes. Le lendemain Germain arrive chez la veuve : c'est une coquette de village qui lui déplaît aussitôt ; d'ailleurs, durant les incidents de la nuit, la petite Marie s'est montrée si douce, si calme, si charmante, elle a si bien veillé sur Petit-Pierre que le laboureur ne voudrait pas d'autre femme... Il a l'occasion de la défendre contre la brutalité du fermier, et la ramène chez sa mère. Mais Marie repousse doucement ses avances : je suis trop pauvre, dit-elle ; Germain croit qu'elle ne l'aime pas et ne veut pas de lui. Enfin la mère Maurice décide son gendre à s'expliquer franchement avec la jeune fille.*

La petite Marie

Cet heureux dénouement illustre l'aspect *optimiste* et *sentimental* des romans champêtres de George Sand. D'ailleurs la scène reste *sobre* et ne manque pas de *vérité*. La romancière a su toucher les cœurs sans avilir son art, sans donner dans la sensiblerie. Dans sa « naïveté » voulue, son style garde sans doute des résonances un peu trop littéraires, pourtant il traduit sans le dénaturer l'amour de ces deux êtres simples et sincères (*La Mare au Diable*, XVII).

La petite Marie était seule au coin du feu, si pensive qu'elle n'entendit pas venir Germain. Quand elle le vit devant elle, elle sauta de surprise sur sa chaise et devint toute rouge.

— Petite Marie, lui dit-il en s'asseyant auprès d'elle, je viens te faire de la peine et t'ennuyer, je le sais bien : mais *l'homme et la femme de chez nous* (désignant ainsi, selon l'usage, les chefs de famille) veulent que je te parle et que je te demande de m'épouser. Tu ne le veux pas, toi, je m'y attends.

— Germain, répondit la petite Marie, c'est donc décidé que vous m'aimez ?

— Ça te fâche, je le sais, mais ce n'est pas ma faute : si tu pouvais changer

10 d'avis, je serais trop content, et sans doute je ne mérite pas que cela soit. Voyons,
regarde-moi, Marie, je suis donc bien affreux ?

— Non, Germain, répondit-elle en souriant, vous êtes plus beau que moi.

— Ne te moque pas ; regarde-moi avec indulgence ; il ne me manque encore
ni un cheveu ni une dent. Mes yeux te disent que je t'aime. Regarde-moi donc
dans les yeux, ça y est écrit, et toute fille sait lire dans cette écriture-là.

Marie regarda dans les yeux de Germain avec son assurance enjouée : puis,
tout à coup, elle détourna la tête et se mit à trembler.

— Ah ! mon Dieu ! je te fais peur, dit Germain, tu me regardes comme si
j'étais le fermier des Ormeaux. Ne te crains pas, je t'en prie, cela me fait trop
20 de mal. Je ne te dirai pas de mauvaises paroles, moi ; je ne t'embrasserai pas
malgré toi, et quand tu voudras que je m'en aille, tu n'auras qu'à me montrer
la porte. Voyons, faut-il que je sorte pour que tu finisses de trembler ? ·

Marie tendit la main au laboureur, mais sans détourner sa tête penchée vers
le foyer, et sans dire un mot.

— Je comprends, dit Germain ; tu me plains, car tu es bonne ; tu es fâchée
de me rendre malheureux : mais tu ne peux pourtant pas m'aimer ?

— Pourquoi me dites-vous de ces choses-là, Germain ? répondit enfin la
petite Marie ; vous voulez donc me faire pleurer ?

— Pauvre petite fille, tu as bon cœur, je le sais ; mais tu ne m'aimes pas, et
30 tu me caches ta figure parce que tu crains de me laisser voir ton déplaisir et ta
répugnance. Et moi ! je n'ose pas seulement te serrer la main ! Dans le bois,
quand mon fils dormait, et que tu dormais aussi, j'ai failli t'embrasser tout doucement. Mais je serais mort de honte plutôt que de te le demander, et j'ai autant
souffert cette nuit-là qu'un homme qui brûlerait à petit feu. Depuis ce
temps-là j'ai rêvé à toi toutes les nuits. Ah ! comme je t'embrassais, Marie ! Mais
toi, pendant ce temps-là, tu dormais sans rêver. Et, à présent, sais-tu ce que je
pense ? c'est que si tu te retournais pour me regarder avec les yeux que j'ai pour
toi, et si tu approchais ton visage du mien, je crois que j'en tomberais mort de
joie. Et toi, tu penses que si pareille chose t'arrivait tu en mourrais de colère et
40 de honte !

Germain parlait comme dans un rêve sans entendre ce qu'il disait. La petite
Marie tremblait toujours ; mais comme il tremblait encore davantage, il ne s'en
apercevait plus. Tout à coup elle se retourna ; elle était toute en larmes et le
regardait d'un air de reproche. Le pauvre laboureur crut que c'était le dernier
coup, et, sans attendre son arrêt, il se leva pour partir ; mais la jeune fille l'arrêta
en l'entourant de ses deux bras, et, cachant sa tête dans son sein :

— Ah ! Germain, lui dit-elle en sanglotant, vous n'avez donc pas deviné que
je vous aime ?

Germain serait devenu fou, si son fils qui le cherchait et qui entra dans la
50 chaumière au grand galop sur un bâton, avec sa petite sœur en croupe qui fouettait
avec une branche d'osier ce coursier imaginaire, ne l'eût rappelé à lui-même. Il
le souleva dans ses bras, et le mettant dans ceux de sa fiancée :

— Tiens, lui dit-il, tu as fait plus d'un heureux en m'aimant !

Les Maîtres Sonneurs

A la fin de la *Mare au Diable*, George Sand avait évoqué
les longues veillées au village, où les récits se succèdent
tandis qu'on broie le chanvre. C'est au cours de ces
soirées de breyage, à Nohant, que le père Depardieu est censé raconter, en 1828, les
aventures de sa jeunesse, du temps où il n'était encore que TIENNET, vers 1770. Le roman
est divisé non en chapitres, mais en *veillées*, et l'auteur a tenté de reproduire, par son
style, la manière des conteurs du Berry.

TIENNET, *la jolie* BRULETTE *sa cousine et* JOSET *sont amis depuis l'enfance. Mais Joset n'est pas un garçon comme les autres : distrait et renfermé, il paraît un peu simple ; il rêve de musique, mais n'a pas de voix. Brulette devine qu'il a un secret et révèle à Tiennet la vérité de la chose : « c'est que Joset prétend inventer lui-même sa musique, et qu'il l'invente, de vrai. Il a réussi à faire une flûte de roseau, et il chante là-dessus. » Un mois plus tard, Joset consent à leur faire entendre sa musique. Quand il s'arrête de jouer, Tiennet s'écrie : « Où diantre prends-tu tout ça ! à quoi que ça peut servir, et qu'est-ce que tu veux signifier par là ? » Sans répondre, Joset se tourne vers Brulette.*

MAGIE DE LA MUSIQUE

GEORGE SAND célèbre ici *le merveilleux pouvoir de la musique,* qui ouvre les portes magiques du souvenir et du rêve, et permet à l'auditeur de communier avec l'artiste, lui-même transfiguré par l'inspiration créatrice. Mais ce qui intéresse surtout la romancière, c'est l'effet de l'art *sur des âmes simples.* Elle notait dans la Préface : « les paysans devinent ou comprennent beaucoup plus qu'on ne les en croit capables,... leurs aperçus soudains, même dans les choses de l'art, ressemblent à des révélations. » — IVe et Ve Veillées.

Il regardait Brulette qui s'était appuyée contre une chaise et qui avait la figure tournée du côté du mur.

Comme elle ne disait mot, Joset fut pris d'une flambée de colère, soit contre elle, soit contre lui-même, et je le vis faire comme s'il voulait briser sa flûte entre ses mains ; mais, au moment même, la belle fille regarda de son côté, et je fus bien étonné de voir qu'elle avait des grosses larmes au long des joues.

Alors Joseph courut auprès d'elle, et, lui prenant vivement les mains :

— Explique-toi, ma mignonne, dit-il, et fais-moi connaître si c'est de
10 compassion pour moi que tu pleures, ou si c'est de contentement ?

— Je ne sache point, répondit-elle, que le contentement d'une chose comme ça puisse faire pleurer. Ne me demande donc point si c'est que j'ai de l'aise ou du mal ; ce que je sais, c'est que je ne m'en puis empêcher, voilà tout.

— Mais à quoi est-ce que tu as pensé, pendant ma flûterie ? dit Joseph en la fixant beaucoup.

— A tant de choses, que je ne saurais point t'en rendre compte, répliqua Brulette.

— Mais enfin, dis-en une, reprit-il sur un ton qui signifiait de l'impa-
20 tience et du commandement.

— Je n'ai pensé à rien, dit Brulette ; mais j'ai eu mille ressouvenances du temps passé. Il ne me semblait point te voir flûter, encore que je t'ouïsse bien clairement ; mais tu me paraissais comme dans l'âge où nous demeurions ensemble, et je me sentais comme portée avec toi par un grand vent qui nous promenait tantôt sur les blés mûrs, tantôt sur des herbes folles, tantôt sur des eaux courantes ; et je voyais des prés, des bois, des fontaines, des pleins champs de fleurs et des pleins ciels d'oiseaux qui passaient dans les nuées. J'ai vu aussi, dans ma songerie, ta mère et

mon grand-père assis devant le feu, et causant de choses que je n'enten-
30 dais [1] point, tandis que je te voyais à genoux dans un coin, disant ta
prière, et que je me sentais comme endormie dans mon petit lit. J'ai vu
encore la terre couverte de neige, et des saulnées [2] remplies d'alouettes,
et puis des nuits remplies d'étoiles filantes, et nous les regardions, assis
tous deux sur un tertre, pendant que nos bêtes faisaient le petit bruit
de tondre l'herbe [3] ; enfin, j'ai vu tant de rêves que c'est déjà embrouillé
dans ma tête ; et si ça m'a donné l'envie de pleurer, ce n'est point par
chagrin, mais par une secousse de mes esprits que je ne peux point
t'expliquer du tout.

— C'est bien ! dit Joset. Ce que j'ai songé, ce que j'ai vu en flûtant,
40 tu l'as vu aussi ! Merci, Brulette ! Par toi, je sais que je ne suis point
fou et qu'il y a une vérité dans ce qu'on entend comme dans ce qu'on
voit. Oui, oui ! fit-il encore en se promenant dans la chambre à grandes
enjambées et en élevant sa flûte au-dessus de sa tête ; ça parle, ce méchant
bout de roseau ; ça dit ce qu'on pense ; ça montre comme avec les yeux ;
ça raconte comme avec les mots ; ça aime comme avec le cœur ; ça vit,
ça existe ! Et à présent, Joset le fou, Joset l'innocent, Joset l'ébervigé [4],
tu peux bien retomber dans ton imbécillité [5] ; tu es aussi fort, aussi
savant, aussi heureux qu'un autre !

Disant cela, il s'assit, sans plus faire attention à aucune chose autour
50 de lui.

Nous le dévisagions [6], Brulette et moi, car il n'était plus le Joset que
nous connaissions. Pour moi, il y avait quelque chose dans tout cela qui
me rappelait les histoires qu'on fait chez nous sur les sonneurs-corne-
museux, lesquels passent pour savoir endormir les plus mauvaises bêtes,
et mener, à nuitée, des bandes de loups par les chemins [7] comme d'autres
mèneraient des ouailles [8] aux champs. Joset n'était point dans une figure
naturelle à ce moment-là, devant moi. De chétif et pâlot, il paraissait
grandi et amendé [9], comme je l'avais vu dans la forêt [10]. Il avait de la
mine ; ses yeux étaient dans sa tête comme deux rayons d'étoile et quel-
60 qu'un qui l'aurait jugé le plus beau garçon du monde ne se serait point
trompé sur le moment.

– Indiquez les moments successifs du texte, leur contenu, leur enchaînement.
– La musique. a) Les idées sur la musique illustrées dans cette scène ; quel est leur intérêt ? – b) Les idées concernant le musicien ; – c) En quoi ces idées sont-elles romantiques ?
– Quel est, à vos yeux, le passage le plus poétique ? comment pourriez-vous caractériser cette poésie ?
– Appréciez cette page considérée comme une scène de roman (vie, naturel, psychologie).
● **Groupe thématique. La musique.** XXᵉ SIÈCLE. ROLLAND, p. 107-109. – GIONO, p. 512. – PROUST, p. 238 et 252. Distinguez dans ces textes diverses conceptions de la musique. Quelles est celle à laquelle vous êtes le plus sensible ?

— 1 Comprenais. — 2 Collets (régiona-
lisme). — 3 Souvenir ou rêve, selon vous ? —
4 « Littéralement l'étonné, celui qui écarquille
les yeux. » (Note de l'auteur). — 5 L'inspiration le rend distrait et apparemment
stupide. — 6 Acception ancienne, sans aucune
nuance péjorative. — 7 Cf. les charmeurs de
serpents, et la légende d'Orphée ; comparer
aussi p. 297, l. 32-42. — 8 Brebis (archaïsme).
— 9 Expliquer. — 10 Une nuit qu'il avait
surpris Joset en train de composer.

Joset a fait la connaissance d'un muletier du Bourbonnais, HURIEL, habile sonneur de cornemuse ; il part avec lui, pour se perfectionner dans son art auprès du père d'Huriel, maître sonneur réputé. Mais bientôt le muletier revient avec de mauvaises nouvelles : Joset est malade ; seule la présence de Brulette pourrait le guérir. Accompagnée du bon Tiennet, la jeune fille gagne donc, sous la conduite d'Huriel, les bois du haut Bourbonnais.

Le repas des bûcheux

En même temps que Tiennet et Brulette, le lecteur va être initié aux mœurs des *hommes de la forêt*, fendeux et bûcheux, charbonniers, muletiers qui transportent le charbon de bois jusqu'aux forges. Si Huriel est un garçon très sympathique, fort, courageux, gai, plus vif et plus hardi que les paysans du Berry, il se trouve parmi ses confrères muletiers des individus inquiétants. En revanche les bûcherons sont honnêtes, serviables et accueillants, malgré la rudesse de leur vie, et les Berrichons se trouveront bientôt à leur aise parmi les bûcheux (XIIIe Veillée).

Je n'eus point de peine à retrouver le chemin des loges, car c'est comme cela qu'on appelle les cabioles [1] des ouvriers forestiers.

Celle des Huriel [2] était la plus grande et la mieux construite, formant deux chambres, dont une pour Thérence. Au-devant régnait une façon de hangar, tuilé en verts balais [3], qui servait à l'abriter beaucoup du vent et de la pluie ; des planches de sciage, posées sur des souches, formaient une table dressée à l'occasion.

Pour l'ordinaire, la famille Huriel ne vivait que de pain et de fromage, avec quelques viandes salées, une fois le jour. Ce n'était point avarice ni misère, mais habitude de simplicité, ces gens des bois trouvant inutile et ennuyeux notre
10 besoin de manger chaud et d'employer les femmes à cuisiner depuis le matin jusqu'au soir [4].

Cependant, comptant sur l'arrivée de la mère à [5] Joseph, ou sur celle du père Brulet [6], Thérence avait souhaité leur donner leurs aises, et, dès la veille, s'était approvisionnée à Mesples [7]. Elle venait d'allumer le feu sur la clairière et avait convié ses voisines à l'aider. C'étaient deux femmes de bûcheux, une vieille et une laide. Il n'y en avait pas plus dans la forêt, ces gens n'ayant ni la coutume ni le moyen de se faire suivre au bois de leurs familles.

Les loges voisines, au nombre de six, renfermaient une douzaine d'hommes, qui commençaient à se rassembler sur un tas de fagots pour souper en compagnie
20 les uns des autres, de leur pauvre morceau de lard et de leur pain de seigle ; mais le Grand-Bûcheux, allant à eux, devant que de rentrer chez lui poser ses outils et son tablier, leur dit avec son air de brave homme : — Mes frères, j'ai aujourd'hui compagnie d'étrangers que je ne veux point faire pâtir de nos coutumes ; mais il ne sera pas dit qu'on mangera le rôti et boira le vin de Sancerre à la loge du Grand-Bûcheux sans que tous ses amis y aient part. Venez, je veux vous mettre en bonne connaissance avec mes hôtes, et ceux de vous qui me refuseront me feront de la peine.

Personne ne refusa, et nous nous trouvâmes rassemblés une vingtaine, je ne veux pas dire autour de la table, puisque ce monde-là ne tient point à ses aises,
30 mais assis, qui sur une pierre, qui sur l'herbage, l'un couché de son long sur des copeaux, l'autre juché sur un arbre tordu, et tous plus ressemblants, sans comparaison du saint baptême, à un troupeau de sangliers qu'à une compagnie de chrétiens.

— 1 Cabanes. — 2 Le Grand-Bûcheux, son fils Huriel et sa fille, la belle Thérence. — 3 Expliquer. — 4 A qui faut-il attribuer cette réflexion ? — 5 Tournure populaire. — 6 En fait ils ne sont pas venus. — 7 Près du bois de l'Alleu, en Bourbonnais.

Le bouquet du « revenez-y »

GEORGE SAND s'intéressait vivement au *folklore*. Dans l'Appendice de la *Mare au Diable*, elle décrivait longuement les rites ancestraux des noces berrichonnes ; c'est la gracieuse coutume du *mai* qu'elle évoque ici, avec beaucoup de fraîcheur et de poésie, en précisant les différences de traditions, d'une province à l'autre. Dans ce passage, elle a su insérer l'élément folklorique dans l'action avec un naturel parfait, sans jamais glisser à la digression ni au ton didactique (XXVIᵉ Veillée). — *Tiennet et Brulette ont retrouvé les Huriel au Chassin, à deux lieues de Nohant.*

Or çà, dit Huriel, debout, mon garçon, car nous voilà en retard. Sais-tu une chose ? c'est que nous sommes aujourd'hui au dernier jour de mai, et que c'est chez nous [1] la coutume d'attacher le bouquet à la porte de sa bonne amie, quand on ne s'est pas trouvé à même de le faire le premier jour du mois [2]. Il n'y a point de risques qu'on nous ait prévenus [3], puisque, d'une part, on ne sait point où sont logées ma sœur et ta cousine [4], et que, de l'autre, on ne pratique pas chez vous [5] ce bouquet du *revenez-y*. Mais nos belles sont peut-être déjà éveillées, et si elles sortent de leur chambre avant que le mai soit planté à l'huisserie [6], elles nous traiteront de paresseux.

10 — Comme cousin, répondis-je en riant, je te permets bien de planter ton mai, et comme frère, ta permission serait bonne pour le mien ; mais voilà le père qui n'entend peut-être pas de la même oreille ?

— Si fait ! dit le Grand-Bûcheux. Huriel m'a dit quelque chose de cela [7]. Essayer n'est pas difficile ; réussir, c'est autre chose ! Si tu sais t'y prendre, nous verrons bien, mon enfant. Cela te regarde !

Encouragé par son air d'amitié, je courus au buisson voisin et coupai, bien gaiement, tout un jeune cerisier sauvage en fleur, tandis qu'Huriel, qui s'était à l'avance pourvu d'un de ces beaux rubans tissus de soie et d'or qu'on vend dans son pays, et que les femmes mettent sous leurs coiffes de dentelle, mêlait de 20 l'épine blanche avec de l'épine rose et les nouait en un bouquet digne d'une reine.

Nous ne fîmes que trois enjambées du pré au château [8], et le silence qui y était nous assura que nos belles dormaient encore, sans doute pour avoir causé ensemble une bonne partie de la nuit ; mais notre étonnement fut grand lorsque, entrant dans le préau, nous vîmes un superbe mai tout chamarré de rubans blanc et argent, pendu à la porte que nous pensions étrenner.

— Oui-dà ! dit Huriel, se mettant en devoir d'arracher cette offrande suspecte et regardant de travers son chien qui avait passé la nuit dans le préau. Comment donc avez-vous gardé la maison, maître *Satan?* Avez-vous fait déjà des connaissances dans le pays, que vous n'avez pas mangé les jambes de ce planteur de mai [9] ?

Thérence accepte le mai de Tiennet, et Brulette choisit celui d'Huriel, présage heureux d'un double mariage. *Quant à Joset, il soupçonne injustement Brulette et mérite ainsi de se voir préférer Huriel. Il croyait aimer la jeune fille, mais en fait seul son art compte pour lui ; cette passion exclusive le condamne à la solitude en accentuant son égoïsme. Pour devenir* maître sonneur, *il doit subir des épreuves d'initiation que la perfidie de ses rivaux ferait tourner au drame, sans la courageuse intervention de ses amis. Peu après, il périt tristement, et sa fin solitaire contraste avec le* bonheur calme et paisible *des deux jeunes couples.*

— 1 En Bourbonnais. — 2 D'où le terme de *revenez-y*. — 3 Devancés. — 4 Thérence et Brulette. — 5 Dans le Berry. — 6 La porte et son cadre (terme de métier). — 7 De l'amour de Tiennet pour Thérence. — 8 Les hommes ont passé la nuit « à la franche étoile », les jeunes filles dans un château en ruines. — 9 Il s'agit de Joset, rival d'Huriel.

BALZAC

Les débuts dans la vie

1. LA FORMATION (1799-1821). HONORÉ DE BALZAC naquit en 1799 à Tours où son père, qui s'appelait en réalité Balzac sans particule, était administrateur de l'hospice. Le romancier a peut-être hérité de lui son goût prononcé pour les idées et les systèmes. Aîné de quatre enfants, Honoré marquera pour sa sœur Laure une prédilection partagée. De 1807 à 1813 il est pensionnaire chez les oratoriens de Vendôme (cf. p. 308), puis, son père étant nommé à Paris dans l'administration des vivres, il fréquente deux institutions parisiennes (1814-1816). Clerc chez un avoué, il commence son droit, suit des cours à la Sorbonne et se passionne pour la philosophie. Comme il affirme une *vocation littéraire*, sa famille l'installe dans une mansarde et lui laisse tenter une expérience d'un an : le résultat est un *Cromwell* manqué (1821) ; en s'acharnant à écrire une tragédie en vers, Balzac fait fausse route.

2. LES PREMIERS ROMANS (1821-1825). Il aborde alors un autre genre, le roman. Après deux essais sincères mais maladroits, il donne dans le goût du jour, pour gagner sa vie, et publie sous un pseudonyme et en collaboration des romans d'aventures ; tâche ingrate, mais précieuse pour la formation de sa technique. En 1822 il rencontre une femme beaucoup plus âgée que lui, Mme de Berny (cf. Analyse, p. 317), qui l'encourage de son affection, de ses conseils, et l'initie aux mœurs et au goût de l'ancien régime.

3. DES AFFAIRES DÉSASTREUSES (1825-1828). Comme le succès tarde à venir, Balzac se lance dans les affaires : il s'associe à un libraire, puis achète une imprimerie, rue Visconti. Il a ainsi l'occasion de fréquenter libraires-éditeurs, journalistes et écrivains ; son expérience personnelle lui inspirera plus tard une satire impitoyable des milieux de la presse et des lettres (cf. p. 323). Mais ses affaires aboutissent à un *désastre financier :* près de cent mille francs de dettes qui resteront pendant de longues années une lourde charge et un souci constant. De cet échec retentissant, il se consolera en édifiant dans ses romans des fortunes prodigieuses, d'ailleurs aussi fragiles que rapidement acquises.

Le maître du roman réaliste

1. LE JAILLISSEMENT CRÉATEUR (1829-1841). Après sa faillite, Balzac reprend la plume, cette fois avec succès. Il donne en 1829 ses premières œuvres réussies, la *Physiologie du mariage* qualifiée plus tard d' « étude analytique » et *Les Chouans*, roman historique où se mêlent une histoire d'amour et une intrigue policière. Dès lors les titres se multiplient à un rythme incroyable. En vingt ans Balzac va publier quelque 90 romans et nouvelles, 30 contes, 5 pièces de théâtre. Et il trouve encore le temps de fréquenter les salons, de voyager et d'échafauder cent moyens infaillibles de faire fortune.

En 1832, il songe à une *carrière politique ;* attiré un moment par les idées libérales, il professe maintenant des opinions *monarchistes et catholiques* et fonde sa doctrine sociale sur *l'autorité politique et religieuse*. En janvier 1833 commence sa correspondance avec une admiratrice polonaise, Mme HANSKA *(Lettres à l'Étrangère) ;* à plusieurs reprises il ira retrouver son amie à l'étranger, en Suisse, en Saxe et en Russie.

1. DIVERSITÉ BALZACIENNE (1830-1835). De *Gobseck* au *Père Goriot*, la production de Balzac se présente sous quatre aspects : *a) La Peau de chagrin* (1831), *Louis Lambert* (1832 ; cf. p. 308), *Séraphita*, *La Recherche de l'absolu* (1834) sont des romans PHILOSOPHIQUES. *b) Le Médecin de Campagne*, présenté également par l'auteur comme une œuvre philosophique, expose en fait un système ÉCONOMIQUE ET SOCIAL (le roman figurera plus tard dans les *Scènes de la vie de campagne*). *c)* Dans les *Contes drolatiques* (1832-1837) Balzac tente de faire revivre la VERVE RABELAISIENNE. *d)* Le ROMAN DE MŒURS est représenté par de nombreuses *Scènes de la vie privée*, telles que *Gobseck* (1830), *La Femme de trente ans* (1831), *Le Colonel Chabert*, *Le Curé de Tours* (1832). C'est dans cette veine que Balzac, approfondissant son réalisme et créant des types humains puissamment dessinés, donne coup sur coup deux chefs-d'œuvre : *Eugénie Grandet* (1833) et *Le Père Goriot* (1834-1835).

2. CRÉATION D'UN MONDE BALZACIEN (1835-1841). Dans le *Père Goriot* reparaissent pour la première fois des figures déjà connues du lecteur ; ce retour des personnages d'un roman à l'autre va permettre la composition d'une œuvre cyclique *faisant concurrence à l'état civil.* Balzac songe aussi à grouper ses scènes et études en un ensemble organisé qui serait une réplique de la société tout entière ; en 1837 il envisage le titre général d'*Études sociales.* Cependant il continue à accumuler les matériaux de cet édifice grandiose dont il entrevoit maintenant l'ordonnance : il publie *Le Lys dans la Vallée* (1835-1836 ; cf. p. 317-322), *Histoire de la grandeur et de la décadence de César Birotteau* (1837), *La Maison Nucingen* (1838 ; cf. p. 322), *Le Curé de Village, Béatrix* (1839), *Ursule Mirouet* (1841 ; cf. p. 309). L'élaboration d'*Illusions perdues* s'étend de 1837 à 1843.

II. L'ORGANISATION MÉTHODIQUE : LA COMÉDIE HUMAINE (1842-1850).

En 1842 Balzac choisit pour titre d'ensemble LA COMÉDIE HUMAINE ; il expose ses idées sur le roman et les principes directeurs de son œuvre dans un important Avant-propos (cf. p. 305). Ses romans sont répartis en *Études de mœurs*, de beaucoup les plus nombreuses, (*Scènes de la vie privée, de province, parisienne, politique, militaire et de campagne*), *Études philosophiques* et *Études analytiques.* Dans ces cadres viendront encore s'insérer *Les Paysans* (1844, *Vie de campagne*), *Modeste Mignon* (1844, *Vie privée*), *Le Cousin Pons* en 1846 et *La Cousine Bette* en 1847 (*Les Parents pauvres*, subdivision de la *Vie parisienne*), *Splendeurs et misères des courtisanes* (1838-1847, *Vie parisienne ;* p. 325).

En mars 1850 BALZAC, désormais riche et célèbre, peut enfin *épouser Mme Hanska*, veuve depuis 1841. Mais, épuisé par une prodigieuse activité cérébrale, *il meurt* trois mois après son retour à Paris, à cinquante et un ans, *le 19 août 1850.* Le romancier avait vécu si intensément dans l'univers créé par son imagination qu'il appela, dit-on, à son chevet d'agonisant Horace Bianchon, le grand médecin de la *Comédie humaine.*

Le génie de Balzac Balzac apparaît avant tout comme un observateur extraordinairement doué, mais ce don ne suffit pas à caractériser son génie : l'univers balzacien est imaginé au moins autant qu'observé. Baudelaire remarquait déjà : « J'ai maintes fois été étonné que la grande gloire de Balzac fût de passer pour un observateur ; il m'avait toujours semblé que son principal mérite était d'être visionnaire, et visionnaire passionné ». Enfin observation et imagination sont au moins en partie au service d'une foule d'idées qui constituent l'ossature de l'œuvre. Ces idées, Balzac a tenté de les organiser en un système cohérent dans l'Avant-propos de la *Comédie humaine.*

1. L'OBSERVATION. Balzac sait voir, fixer dans sa mémoire et reproduire dans son œuvre les sites, les objets et les hommes. Manié par lui, le réel garde toute son épaisseur, sa complexité, son foisonnement. Il y avait quelque chose de matériel dans la personne même de Balzac, dans son tempérament, et il excelle à nous imposer la présence de la réalité, de toutes les *réalités matérielles.* Pas de détail qu'il juge trop bas ou trop vulgaire, s'il est vrai et significatif. Les héros de Balzac sont des êtres de chair qui mangent et boivent, dont nous connaissons avec précision *le physique, le costume, la profession et le domicile.*

En outre l'observation de Balzac pénètre les caractères distinctifs des individus, des sexes, des âges de la vie, des différents milieux, des différentes époques (cf. p. 305). Par la *peinture des mœurs* la *Comédie humaine* constitue le document le plus précieux sur la Restauration et la Monarchie de Juillet. L'auteur souligne en particulier le pouvoir et les dangers de la *presse* (cf. p. 323), le rôle de *l'administration et de ses bureaux (Les Employés)*, la *soif de l'or*, qui est de tous les temps, mais connaît une recrudescence effrayante sous le régime censitaire, après la soif de gloire de l'Empire.

2. L'IMAGINATION. Son rôle est évident dans l'élaboration d'intrigues multiples et compliquées, qui se succèdent, rebondissent, s'entrecoupent. Souvent, d'ailleurs, l'imagination est soutenue par la documentation, et les fictions les plus surprenantes, qui font de Balzac l'un des ancêtres du roman policier, se fondent parfois sur la réalité. Mais la démarche de l'imagination balzacienne est surtout passionnante lorsqu'il s'agit de *créer un personnage*, de concevoir son caractère et ses passions d'après son

apparence physique. Nous citerons, après Théophile Gautier, ce texte essentiel de *Facino Cane* (1836) : « Chez moi l'observation était déjà devenue intuitive, elle pénétrait l'âme sans négliger le corps ; ou plutôt elle saisissait si bien les détails extérieurs qu'elle allait sur-le-champ au-delà ; elle me donnait la faculté de vivre de la vie de l'individu sur laquelle elle s'exerçait... Quitter ses habitudes, devenir un autre que soi par l'ivresse des facultés morales..., telle était ma distraction. » Et Gautier commentait : « Balzac... possédait le don de s'incarner dans des corps différents. Balzac fut un voyant » ; les deux ou trois mille types qu'il a créés, « il ne les copiait pas, il les vivait idéalement. »

À ce niveau, nous distinguons un Balzac dont l'imagination tend à se libérer des contraintes du réel. C'est celui qui, dans les *Études philosophiques*, aspire à sonder *la nature même de la pensée*, à percer le mystère de la communication des individus entre eux, avec le monde extérieur (cf. p. 308), avec les morts (cf. p. 309), avec l'Être universel. Fervent lecteur des *illuministes* et *occultistes* du XVIIIᵉ siècle (SAINT-MARTIN, SWEDENBORG), il hésite entre un spiritualisme presque mystique et un matérialisme qui ferait de la pensée un fluide magnétique comparable à l'électricité. Comme son héros Balthazar Claës, il poursuit la *recherche de l'absolu*, il brûle de trouver la formule qui rendrait compte à la fois *de la matière et de la pensée, de l'homme et de l'univers*.

3. LES IDÉES. Nous abordons ainsi, par son aspect le plus ambitieux, l'idéologie balzacienne. Aussi foisonnantes que ses héros, les idées de Balzac révèlent des *aspirations scientifiques* (même de ses rêves mystiques l'écrivain voudrait tirer une science positive) et une *curiosité universelle*. Elles embrassent tous les domaines, philosophique, psychologique et moral, politique, social, économique. Balzac a sa théorie de la mise en valeur des terres (cf. p. 319) ; il déplore le morcellement des domaines causé par la suppression du droit d'aînesse ; il fonde son édifice social sur la religion et la monarchie, disserte sur la psychologie comparée des peuples, etc... Cet *esprit de système* l'a conduit à chercher une théorie des passions dont voici le principe fondamental.

LA PENSÉE ET LA PASSION. La pensée se confond avec la passion, au stade de l'idée fixe (recherche de l'absolu, ambition, amour, etc...). *La passion est une force*, elle est « toute l'humanité », mais ses ravages sont effroyables : *elle détruit l'être qu'elle envahit* (par exemple Louis Lambert, le père Goriot, Mme de Mortsauf). Dès 1831, Balzac avait illustré cette idée au moyen du symbole de la *peau de chagrin* (cf. p. 314, n. 5) ; loi de la nature ou mythe créateur, elle domine toute son œuvre.

Le roman histoire des mœurs Toutes les autres idées essentielles de Balzac sont exposées dans l'Avant-propos de la *Comédie humaine*, qui nous révèle une conception originale du roman. Le point de départ est une « comparaison entre l'humanité et l'animalité » et la croyance dans *l'unité de composition* affirmée par les naturalistes comme par les illuministes : « Le Créateur ne s'est servi que d'un seul et même patron pour tous les êtres organisés ».

LES ESPÈCES SOCIALES ET LE MILIEU. C'est donc, d'après Geoffroy-Saint-Hilaire, l'influence du milieu qui explique les différences entre les espèces zoologiques. Balzac étend cette loi aux espèces sociales dont il entreprend la description et la classification, tâche d'autant plus difficile que, dans le règne humain, les facteurs de différenciation sont plus nombreux et plus complexes (milieu proprement dit : Paris, la province, la campagne ; profession, degré d'intelligence, ascension ou effondrement social).

L'HISTOIRE DES MŒURS. On passe ainsi de la classification des espèces sociales à l'histoire des mœurs, généralement négligée jusqu'ici par les historiens de profession. « La société française allait être l'historien, je ne devais être que le secrétaire ». C'est pour *faire concurrence à l'état civil* que Balzac a *relié ses compositions l'une à l'autre de manière à coordonner une histoire dont chaque chapitre* sera *un roman et chaque roman une époque*.

L'ÉPOPÉE INTIME. Cette histoire des mœurs, nourrie de faits quotidiens, aura moins d'éclat sans doute que l'histoire officielle, mais elle ne sera pas moins passionnante, ni moins sublime, car elle sera aussi l'histoire du cœur humain. « La bataille inconnue qui se livre dans une vallée de l'Indre entre Mme de Mortsauf et la passion est peut-être aussi grande que la plus illustre des batailles connues. »

LA MORALE. Historien des mœurs, le romancier ne peut dissimuler le mal qui est dans la société. Balzac se défend ici contre le reproche d'immoralité qui lui a été souvent adressé ; il insiste sur les figures vertueuses qui abondent dans son œuvre, sur la façon dont il a montré la « punition humaine ou divine, éclatante ou secrète » des fautes et des crimes (cf. p. 325 et 326). Néanmoins Balzac est un observateur sans illusions, sinon pessimiste : si le médecin Bianchon, l'avoué Derville doivent une brillante carrière à leurs qualités intellectuelles et morales, la *Comédie humaine* est peuplée de justes persécutés et de parvenus sans scrupules. Quant au châtiment du crime, il résulte d'ordinaire du jeu des *lois sociales* plutôt que d'une stricte application de la loi morale : ainsi les forbans de la finance se ruinent l'un l'autre, et Rubempré périt parce qu'il n'a pas assez de caractère pour être le digne complice de Vautrin.

LA DOCTRINE SOCIALE. En effet l'ambition de Balzac ne se borne pas à reproduire la société, il veut en découvrir *les lois*. La passion est le grand ressort social, aussi bien que le ressort individuel, mais elle n'est pas moins dangereuse pour la société que pour l'individu. Il faut donc une autorité puissante pour préparer, dompter et diriger la pensée, et pour s'opposer au débordement des passions. L'autorité civile ne suffit pas : « Le christianisme, et surtout le catholicisme, étant un système complet de répression des tendances dépravées de l'homme, est le plus grand élément d'ordre social ».

La méthode balzacienne

A ce système correspond la méthode de Balzac.

1. LES DESCRIPTIONS. La théorie des milieux a pour conséquence de longues descriptions préliminaires : les cadres doivent passer avant les portraits. A propos de l'usurier Gobseck, Balzac écrit : « sa maison et lui se ressemblaient. Vous eussiez dit l'huître et son rocher ». L'influence est d'ailleurs réciproque, ce qui rend la thèse beaucoup plus féconde : « L'homme... tend à représenter ses mœurs, sa pensée et sa vie dans tout ce qu'il approprie à ses besoins. » Si le type d'avarice du père Grandet n'est guère concevable que dans une petite ville (Saumur), inversement son intérieur, loin d'expliquer son avarice, la reflète. D'ordinaire ces descriptions minutieuses sont exclusivement réalistes, que le cadre soit luxueux ou sordide (cf. p. 311), et Balzac trouve son terrain d'élection dans la *petite bourgeoisie de province ;* pourtant il arrive que le milieu ne soit pas une maison ou un quartier, mais un site, aussi poétique que l'être qui lui donne son âme (cf. p. 318).

2. LES PORTRAITS. Après le cadre, le portrait. Le réalisme de Balzac consiste ici à aborder ses personnages de l'extérieur, à nous en faire d'abord un portrait physique détaillé. Leurs vêtements, leur visage, leur comportement révèlent leur caractère, leurs vices ou leurs passions (cf. p. 312). Vulgaire ou distingué, leur *nom* même est significatif.

3. L'APPAREIL SCIENTIFIQUE. Il n'est guère de personnages ou de traits de caractère que Balzac ne présente comme des résultantes d'une loi générale. D'après Ramon Fernandez, le romancier éprouvant une sorte de timidité à lancer dans l'action des héros doués arbitrairement de telle passion, de tel tempérament, préférerait rattacher leur cas à une loi... parfois inventée pour les besoins de la cause. Dans ses prétentions scientifiques il faudrait voir surtout une méthode d'exposition. Cette interprétation est confirmée par des réflexions de Balzac lui-même, dans les Paysans (I, 9) : « Quelques esprits accuseront ces explications de longueur ; mais l'historien des mœurs obéit à des lois plus dures que celles qui régissent l'historien des faits, il doit rendre tout probable, même le vrai ; tandis que, dans le domaine de l'histoire proprement dite, l'impossible est justifié par la raison qu'il est advenu ». Balzac ne conçoit pas le vraisemblable comme ce qui est courant ou médiocre : ses héros sont des titans qui vivent des aventures peu communes ; mais détails matériels et théories scientifiques assurent la vraisemblance.

4. LES TYPES HUMAINS. Les personnages risquaient d'être écrasés par tout ce qu'ils ont mission de représenter. En chacun d'eux « se cache toute une philosophie » ; les plus importants incarnent à la fois un milieu social, un tempérament et une passion. Goriot est « le Christ de la paternité », le parfumeur Birotteau personnifie l'honnêteté commerciale, Vautrin le crime, Madame de Mortsauf la vertu. Cette stylisation outrée,

où l'on reconnaît une tendance *romantique*, aurait pu nous donner des fantoches, jouets des déterminations extérieures ou des idées de l'auteur. En fait il n'en est rien :

a) L'idée directrice permet à Balzac de camper des types à la fois *représentatifs* et *fortement individualisés*, dans la grande tradition *classique :* le père Grandet est un nouvel Harpagon ; la passion exclusive du père Goriot prend une intensité *tragique* (p. 315).

b) La simplification du dessin est compensée par un fourmillement de détails qui donnent l'impression du *vécu*. Nous ne connaissons pas les héros de Balzac comme des personnages, mais comme des personnes véritables, en chair et en os. L'auteur a tiré un parti très heureux de leur réapparition : tantôt au premier plan, tantôt simples figurants, présentés sous des éclairages variés, continuant à exister quand le roman est fini, ayant un avenir et un passé, *ils semblent échapper à la littérature pour s'installer dans la vie réelle.*

c) Enfin ces personnages dépassent leur époque et les intentions conscientes de leur auteur. Ils n'obéissent en définitive à aucune autre détermination que celle de leur être profond. *Ils sont plus grands que nature sans cesser d'être vrais.* L'imagination de Balzac les a doués d'une énergie farouche, d'une activité inlassable, de passions dévorantes, ou d'une faiblesse sans mesure ; elle les a lancés dans cette jungle sociale ou se déchaîne la lutte pour la vie, leur permettant ainsi de se réaliser pleinement, jusqu'au triomphe ou à l'anéantissement.

L'art de Balzac

1. LES DÉFAUTS. Les romans de Balzac sont surchargés de descriptions interminables, de portraits souvent trop minutieux. Les explications préliminaires occupent parfois la moitié du volume. Les lecteurs délicats relèvent, chez le romancier, de la lourdeur dans l'expression et la pensée, des vulgarités déplacées, un goût pédantesque pour les développements didactiques, des généralisations hâtives qui font sourire (par exemple dans le *Lys* les considérations sur les tailles rondes, les tailles plates et les traits de caractère qui sont censés y correspondre, ou sur la Française et l'Anglaise incarnées respectivement par Mme de Mortsauf et Lady Dudley). Gide lui reprochait d'avoir encombré son œuvre « d'éléments hétérogènes, et proprement inassimilables par le roman ».

Peut-on même parler d'un art de Balzac ? Proust hésitait à le faire, car il ne décelait pas assez nettement dans la *Comédie humaine* cette stylisation du réel par laquelle se définit l'œuvre d'art. Telle serait la rançon du réalisme balzacien : l'élaboration du réel resterait insuffisante, et la réaction du lecteur plus émotionnelle que véritablement esthétique.

2. LES QUALITÉS. Mais Gide et Proust s'empressaient d'ajouter que *ces défauts sont inséparables des qualités de Balzac*. Sa démesure est l'envers d'une PUISSANCE inégalée. Cette puissance de Balzac se manifeste à tous les niveaux ; don naturel, elle est la marque que son génie imprime fortement sur tous les sujets qu'il aborde, mais elle ne doit pas nous empêcher de discerner une TECHNIQUE accomplie.

LA COMPOSITION. Cette technique se manifeste en particulier dans la composition des romans. Balzac conduit avec une maîtrise sans défaillance des intrigues complexes (cf. *Le Père Goriot*) ; il a le sens des scènes à faire, et sa composition favorite est *dramatique* (exposition, nœud, dénouement), mais il sait aussi varier les effets : le *Lys dans la Vallée* est un magnifique exemple de composition *poétique* et *mélodique*.

LA STYLISATION ESTHÉTIQUE dont nous parlions plus haut existe bien chez Balzac, mais elle n'est pas réalisée selon les règles classiques. Loin d'épurer le réel, de le décanter, le romancier le rend plus grouillant, plus débordant, plus énorme. Sa stylisation à lui se fait dans le sens du gigantisme, mais son univers est bien un univers créé, et non reproduit.

LE STYLE. De même le style du romancier, en dépit d'un travail acharné, n'est pas conforme à l'idéal de la rhétorique classique ; il manque d'aisance, de pureté, et Balzac était le premier à s'en affliger. Mais ce style appuyé, matériel, est bien personnel ; il est *l'expression vigoureuse d'un tempérament ;* il donne au lyrisme même une saveur réaliste et par là le retrempe aux sources. Parfaitement adapté aux intentions profondes du créateur, il contribue à nous imposer la présence intense des personnages, à souligner les situations dramatiques. Balzac retrouve le secret de Molière, avec ces *mots de nature* qui peignent, mieux que tout commentaire, les caractères et les passions (cf. p. 315).

Le rêve de Louis Lambert

BALZAC paraît hanté, surtout au début de sa carrière, par le problème de la *connaissance*; il voudrait percer *le mystère de la pensée*, de sa nature, de son pouvoir, de ses fonctions et de sa transmission. C'est le thème dominant de ses *Études philosophiques*. Dans *Louis Lambert*, il prête à son héros, qui d'ailleurs deviendra fou, un génie extraordinaire et des aspirations surhumaines. La psychologie moderne explique par une illusion mentale, *l'illusion du déjà vu* ou *hypermnésie*, les phénomènes semblables à celui qui est décrit ci-dessous. La scène se passe en 1812 : à cette date Balzac était effectivement élève des oratoriens au collège de Vendôme, comme le narrateur et son ami Lambert.

Le désir de voir le fameux château de Rochambeau [1], dont le propriétaire donnait quelquefois du laitage aux élèves, nous rendit tous sages. Rien n'empêcha donc la partie [2]. Ni moi ni Lambert, nous ne connaissions la jolie vallée du Loir où cette habitation a été construite. Aussi son imagination et la mienne furent-elles très préoccupées la veille de cette promenade, qui causait dans le collège une joie traditionnelle. Nous en parlâmes pendant toute la soirée, en nous promettant d'employer en fruits ou en laitage l'argent que nous possédions contrairement aux lois vendômoises. Le lendemain, après le dîner, nous partîmes à midi et demi, tous munis d'un cubique morceau de pain que l'on nous distribuait d'avance pour
10 notre goûter. Puis, alertes comme des hirondelles, nous marchâmes en groupe vers le célèbre castel, avec une ardeur qui ne nous permettait pas de sentir tout d'abord la fatigue.

Quand nous fûmes arrivés sur la colline d'où nous pouvions contempler et le château assis à mi-côte, et la vallée tortueuse où brille la rivière en serpentant dans une prairie gracieusement échancrée, — admirable paysage, un de ceux auxquels les vives sensations du jeune âge, ou celles de l'amour, ont imprimé tant de charmes que plus tard il ne faut jamais les aller revoir, Louis Lambert me dit : — Mais j'ai vu cela cette nuit en rêve !

Il reconnut et le bouquet d'arbres sous lequel nous étions, et la disposition des
20 feuillages, la couleur des eaux, les tourelles du château, les accidents, les lointains, enfin tous les détails du site qu'il apercevait pour la première fois. Nous étions bien enfants l'un et l'autre ; moi du moins, qui n'avais que treize ans ; car, à quinze ans, Louis pouvait avoir la profondeur d'un homme de génie ; mais, à cette époque, nous étions tous deux incapables de mensonge [3] dans les moindres actes de notre vie d'amitié. Si Lambert pressentait d'ailleurs par la toute-puissance de sa pensée l'importance des faits, il était loin de deviner d'abord leur entière portée ; aussi commença-t-il par être étonné de celui-ci. Je lui demandai s'il n'était pas venu à Rochambeau pendant son enfance ; ma question le frappa ; mais, après avoir consulté ses souvenirs, il me répondit négativement. Cet événe-
30 ment, dont l'analogue peut se retrouver dans les phénomènes du sommeil de beaucoup d'hommes, fera comprendre les premiers talents de Lambert ; en effet, il sut en déduire tout un système, en s'emparant, comme fit Cuvier dans un autre ordre de choses, d'un fragment de pensée pour reconstruire toute une création [4].

En ce moment, nous nous assîmes tous deux sous une vieille truisse [5] de chênes ; puis, après quelques moments de réflexion, Louis me dit :

— 1 C'est le château de la famille qui donna à la France l'illustre compagnon d'armes de La Fayette et de Washington. — 2 La partie de plaisir que constitue cette excursion. —

3 Lambert ne *ment* pas, mais il peut *se tromper :* noter qu'il n'avait pas mentionné ce « rêve » avant d'avoir vu le château. — 4 Cuvier reconstituait les animaux préhistoriques d'après un fragment de leur squelette. — 5 Touffe.

— Si le paysage n'est pas venu vers moi, ce qui serait absurde à penser, j'y suis donc venu. Si j'étais ici pendant que je dormais dans mon alcôve, ce fait ne constitue-t-il pas une séparation complète entre mon corps et mon être intérieur ? N'atteste-t-il pas je ne sais quelle faculté locomotive de l'esprit ou des 40 effets équivalant à ceux de la locomotion du corps ? Or, si mon esprit et mon corps ont pu se quitter pendant le sommeil, pourquoi ne les ferais-je pas également ment divorcer ainsi pendant la veille [6] ? Je n'aperçois point de moyens termes entre ces deux propositions.

L'APPARITION DU DOCTEUR MINORET

Dans *Ursule Mirouet* (1842) BALZAC expose de façon suivie ses idées sur le spiritisme (Chapitre VI, *Précis sur le magnétisme*), et surtout il dénoue son roman par une intervention de l'au-delà. Ainsi l'œuvre illustre de façon frappante les deux faces du génie balzacien, par l'insertion du *surnaturel* dans une intrigue *réaliste*; c'est une véritable *étude philosophique* en même temps qu'une scène typique de la *vie de province* (avidité des héritiers, vol du testament, complot tramé contre Ursule).

Retiré à Nemours, le docteur MINORET *a avantagé par testament sa petite-nièce* URSULE MIROUET ; *mais, surprenant le secret du mourant (l. 26), son neveu* MINORET-LEVRAULT *vole testament et valeurs. En outre, pour contraindre Ursule à quitter la ville, il la couvre d'infamie. C'est alors que* le mort intervient *(Chapitre XIX)*.

L'opinion publique de la petite ville avait reconnu la parfaite innocence d'Ursule, mais Ursule se rétablissait lentement. Dans cet état de prostration corporelle qui laissait l'âme et l'esprit libres [1], elle devint le théâtre de phénomènes dont les effets furent d'ailleurs terribles et de nature à occuper la science, si la science avait été mise dans une pareille confidence.

Dix jours après la visite de Mme de Portenduère [2], Ursule subit un rêve qui présenta les caractères d'une vision surnaturelle, autant par les faits moraux que par les circonstances, pour ainsi dire, physiques.

10 Feu Minoret, son parrain, lui apparut et lui fit signe de venir avec lui ; elle s'habilla, le suivit au milieu des ténèbres jusque dans la maison de la rue des Bourgeois, où elle trouva les moindres choses comme elles étaient le jour de la mort de son parrain. Le vieillard portait les vêtements qu'il avait sur lui la veille de sa mort, sa figure était pâle ; ses mouvements ne rendaient aucun son ; néanmoins, Ursule entendit parfaitement sa voix, quoique faible et comme répétée par un écho lointain. Le docteur amena sa pupille jusque dans le cabinet du pavillon chinois [3], où il lui fit

---

6 Inspiré de Swedenborg : l'*être intérieur* étant ainsi libéré de l'*être extérieur*, l'homme accéderait à l'état de pur esprit, à l'*angélisme*. Lambert envisage ensuite, à regret, une autre solution, moins exaltante que celle des *deux natures :* « Peut-être sommes-nous tout simplement doués de qualités intimes et perfectibles dans l'exercice, dont les développements produisent en nous des phénomènes d'activité, de pénétration, de vision, encore inobservés. »

— 1 Cf. fin du texte précédent et n. 6. « Son corps est en quelque sorte annulé » dit Balzac d'un sujet en état de « sommeil somnambulique » (Chapitre VI). — 2 Mère de Savinien (cf. n. 5) ; sa visite à Ursule a coupé court aux calomnies répandues sur le compte de l'héroïne. — 3 Attenant à la maison du Dr. Minoret.

soulever le marbre du petit meuble de Boule [4], comme elle l'avait soulevé
le jour de sa mort ; mais, au lieu de n'y rien trouver, elle vit la lettre
20 que son parrain lui recommandait d'aller y prendre ; elle la décacheta,
la lut, ainsi que le testament en faveur de Savinien [5].

— Les caractères de l'écriture, dit-elle au curé [6], brillaient comme s'ils
eussent été tracés avec les rayons du soleil, ils me brûlaient les yeux.

Quand elle regarda son oncle pour le remercier, elle aperçut sur ses
lèvres décolorées un sourire bienveillant. Puis, de sa voix faible et néanmoins claire, le spectre lui montra Minoret [7] écoutant la confidence dans
le corridor, allant dévisser la serrure et prenant le paquet de papiers.
Puis, de sa main droite, il saisit sa pupille et la contraignit à marcher
du pas des morts afin de suivre Minoret jusqu'à la poste. Ursule traversa
30 la ville, entra à la poste, dans l'ancienne chambre de Zélie [8], où le spectre
lui fit voir le spoliateur décachetant les lettres, les lisant et les brûlant.

— Il n'a pu, dit Ursule, allumer que la troisième allumette [9] pour
brûler les papiers, et il en a enterré les vestiges dans les cendres. Après,
mon parrain m'a ramenée à notre maison et j'ai vu M. Minoret-Levrault
se glissant dans la bibliothèque, où il a pris, dans le troisième volume des
Pandectes [10], les trois inscriptions [11] de chacune douze mille livres de rente,
ainsi que l'argent des arrérages [12] en billets de banque. « Il est, m'a dit
alors mon parrain, l'auteur des tourments qui t'ont mise à la porte du
tombeau ; mais Dieu veut que tu sois heureuse. Tu ne mourras point
40 encore, tu épouseras Savinien ! Si tu m'aimes, si tu aimes Savinien, tu
redemanderas ta fortune à mon neveu. Jure-le moi. »

A la suite de ces révélations d'outre-tombe, Zélie avoue le forfait commis par son mari qui
doit tout restituer ; en outre ils sont tous deux durement frappés par la Providence : leur fils
unique meurt dans un accident.

— *Sur quelles croyances de* BALZAC *repose ce texte ? comment rappelle-t-il que c'est une vision surnaturelle ?*
— *En quoi — et pourquoi — l'auteur manifeste-t-il, même dans une pareille scène, son souci de réalisme ?*
— *Montrez que* BALZAC *entend rédiger un procès verbal, une observation scientifique.*
— *Ce récit vous semble-t-il vraisemblable ? Quelles sont ses qualités et ses défauts ?*
• **Comparaison.** Ressemblances et différences avec l'extrait de *Louis Lambert*, p. 308.
• **Groupe thématique : Surnaturel.** p. 186 ; p. 246 ; p. 280 ; p. 348. – MOYEN AGE, p. 108 ; p. 158. – XXᵉ
SIÈCLE, p. 44

Le Père Goriot

Nous sommes à Paris en 1819, dans la pension de famille
tenue par Mme VAUQUER, *rue Neuve-Sainte-Geneviève*
(aujourd'hui rue Tournefort). Après avoir décrit les lieux (p. 311), Balzac nous présente
l'hôtesse et les pensionnaires, en particulier un vieillard, le PÈRE GORIOT *(p. 312 et 315) ;*
un « fameux gaillard » de quarante ans, jovial mais inquiétant, VAUTRIN *(p. 313) ; deux*
étudiants, RASTIGNAC *et* BIANCHON, *et une jeune fille,* VICTORINE TAILLEFER, *qui éprouve*
une secrète tendresse pour le beau Rastignac.

— 4 Ébéniste. — 5 Le Docteur avait rédigé
son testament non pas en faveur d'Ursule, mais
en faveur de Savinien de Portenduère qui doit
l'épouser. — 6 Après la troisième apparition,
Ursule s'est confiée à l'abbé Chaperon, ami du
défunt. — 7 Minoret-Levrault, maître de
poste à Nemours, l'auteur du vol. — 8 Femme
de Minoret-Levrault. — 9 Qu'indique ce détail ?
— 10 Recueil de jurisprudence datant de
Justinien. — 11 Titres qui faisaient l'objet
du testament. — 12 Revenus économisés depuis
l'achat des titres.

L'univers balzacien

« *Honoré de Balzac* », *anonyme, daguerreotype rehaussé de pastel, 1842.* (Maison de Balzac, Paris. Ph. Jeanbor © Arch. Photeb.)

« J'aime les êtres exceptionnels : j'en suis un ». Ce qu'il y avait d'exceptionnel chez Balzac, c'était le pouvoir de porter dans sa tête l'univers de la *Comédie Humaine,* **« une société toute entière »**, dit-il, « les deux ou trois mille figures saillantes d'une époque » (l'index de la « Pléiade » occupe environ 400 pages). Et plus encore le don qu'il avait d'entrer en sympathie avec ces personnages et d'animer intensément leur existence avec la volonté de nous les présenter — sans concession — comme des **êtres réels**.

S'opposant à la conception idéaliste du roman (cf. **p. 295**), Balzac répliquait en effet à George Sand : « Vous cherchez l'homme tel qu'il devrait être ; moi, je le prends tel qu'il est. Croyez-moi, nous avons raison tous deux ; ces deux chemins conduisent au même but ; j'aime aussi les **êtres exceptionnels** : j'en suis un ; il m'en faut d'ailleurs pour faire ressortir mes **êtres vulgaires**, et je ne les sacrifie jamais sans nécessité ; mais ces êtres vulgaires m'intéressent plus qu'ils ne vous intéressent ; je les grandis, je les idéalise en sens inverse dans leur laideur ou leur bêtise. Je donne à leur difformité des proportions effrayantes ou grotesques », (cf. Taine, « Le monde de Balzac », **p. 400**).

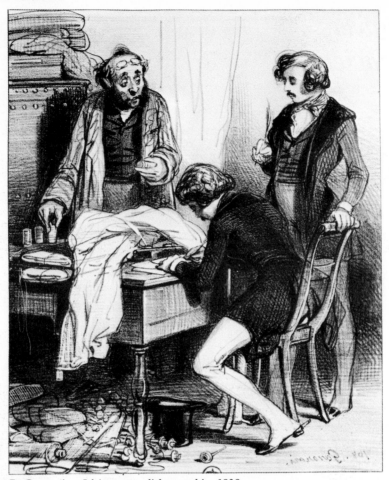

P. Gavarni, « L'Argent », lithographie, 1838. (Ph. © Bibl. Nat., Paris. Arch. Photeb.)

Les grandes passions

L'observation de la société contemporaine conduit Balzac à l'idée que les passions qui dirigent le monde sont la **soif de l'argent** et l'**ambition,** conditionnée elle-même par la richesse.

D'où l'importance dans la *Comédie Humaine* des **hommes d'argent,** parfois d'honnêtes notaires, le plus souvent des usuriers comme Gobseck ou des escrocs comme Nucingen. Balzac éprouve lui-même une véritable délectation à exposer les combinaisons financières (cf. **322**), les moyens de gérer un patrimoine (cf. **p. 319**) ou de réussir comme les journalistes qui vendent leur conscience (cf. **p. 323**).

Les **types balzaciens** (cf. **page ci-contre**) deviennent, par le jeu des passions, ou tyrans ou victimes.

Pour l'argent et la puissance, Vautrin n'hésite pas à aller jusqu'au crime (cf. **p. 313**). Il tente d'entraîner l'ambitieux Rastignac : il échoue, mais plus tard on retrouvera Rastignac enrichi malhonnêtement, ministre et pair de France. Pour l'argent, l'avare Grandet tyrannise sa fille Eugénie.

D'autre part, les grandes passions détruisent ceux qui — à la différence de Vautrin et même de Rastignac — ne parviennent pas à les dominer froidement. C'est le cas du père Goriot, « Christ de la paternité » (cf. **p. 312 ; 315**), de Mme de Mortsauf partagée entre sa passion amoureuse et sa vertu (cf. **p. 321**), du faible Lucien de Rubempré devenu, par ambition, le jouet du terrible Vautrin (cf. **p. 323-326**).

« *Vautrin à la pension Vauquer* », *H. Daumier, lithographie, XIXᵉ S.* (Bibl. Nat., Paris. Ph. Jeanbor © Arch. Photeb.)

« *Eugène de Rastignac* », *P. Gavarni, gravure, XIXᵉ S.* (Bibl. Nat., Paris. Ph. Jeanbor © Arch. Photeb.)

« *Goriot* », *A. Baulant, gravure d'après H. Daumier, XIXᵉ S.* (Maison de Balzac, Paris. Ph. Jeanbor © Arch. Photeb.)

« *Eugénie Grandet* », *C. Nanteuil, gravure, XIXᵉ siècle.* (Bibl. Nat., Paris. Ph. Jeanbor © Arch. Photeb.)

A. Leroux, « Grandet compte son or » (détail), gravure, 1911.
(Ph. © Bibl. Nat., Paris-Arch. Photeb © by S.P.A.D.E.M. 1985.)

La peinture des mœurs

Vie provinciale. Le regard aigu de Balzac pénètre dans le milieu étriqué de la maison de Saumur où Eugénie Grandet s'étiole, écrasée par le vieil avare qui, jusqu'à son dernier souffle, exigera de pouvoir contempler et caresser son or.

Vie parisienne. Balzac pénètre alternativement dans la sordide pension Vauquer (cf. **p. 311**) et dans le salon de la vicomtesse de Beauséant. Son réalisme n'est pas à sens unique : s'il nous décrit l'orgie qui, dans la *Peau de Chagrin* termine le banquet donné par le nouveau riche Taillefer (cf. **page ci-contre**), il évoque tout aussi bien le bal aristocratique où rêvent de se faire inviter les filles du père Goriot.

« *Scène d'orgie* », *Beyen, gravure d'après H. Baron, 1838.*
(Maison de Balzac, Paris. Ph. M. Didier © Arch. Photeb.)

« *Bal de société* », *Ch. Motte, lithographie d'après M. Lecomte, 1819.*
(Musée Carnavalet, Paris. Ph. J.-L. Charmet © Arch. Photeb.)

Sites balzaciens

« *Le château de Saché* » *lavis d'époque romantique.* (Maison de Balzac, Paris. Ph. Jeanbor © Arch. Photeb.)

« *Évocation du "Lys dans la vallée*" », *aquarelle attribuée à Maria du Fresnay, vers 1835.* (Maison de Balzac, Paris. Jeanbor © Arch. Photeb.)

Balzac résidait au château de Saché quand il travaillait au *Père Goriot* et au *Lys dans la vallée*. « Je vis dans un fond les masses romantiques du château de Saché, mélancolique séjour plein d'harmonies, trop graves pour les gens superficiels, chères aux poètes dont l'âme est endolorie. Aussi, plus tard, en aimai-je le silence, les grands arbres chenus, et ce je ne sais quoi de mystérieux épandu dans son vallon solitaire ! »

« La Vallée de l'Indre près de Saché ». (Ph. © Photothèque française/T.)

« Elle demeurait là, mon cœur ne me trompait point »

« Elle était, comme vous le savez déjà, sans rien savoir encore, LE LYS DE CETTE VALLÉE où elle croissait pour le ciel, en la remplissant du parfum de ses vertus » (cf. **p. 318**).

Dans *Le Lys dans la vallée,* la nature occupe une place exceptionnelle, et très originale. Balzac voulait évoquer chez une femme parfaitement vertueuse **le combat de la chair et de l'esprit.** Le coup de génie a été de recourir à un intercesseur entre Félix de Vandenesse et Mme de Mortsauf : le **paysage,** qui n'est plus seulement un décor ou le dépositaire des sentiments. Le paysage — lui-même corps et âme — leur communique un double message : message de volupté de la nature au printemps, message de paix, de sérénité, de pureté. C'est lui qui, par **correspondance**, établit l'harmonie entre leurs âmes et les aide à opérer la transmutation du plan sensible au plan de la spiritualité. Au prix d'une atroce contrainte, Mme de Mortsauf triomphe de ses sens : à sa chère vallée elle doit de rester le *lys* immaculé.

V. Manchon-Duchesne, « La Chambre de Balzac. Paris, rue Tournefort 24 », aquarelle, fin XIXe siècle. (Maison de Balzac, Paris. Ph. Jeanbor © Photeb.)

De la réalité au roman

Cette maison, où se trouvait une chambre de Balzac si l'on en croit la mention manuscrite en bas à droite, aurait inspiré l'auteur du *Père Goriot* pour la description de la pension Vauquer (cf. **p. 311**). A vrai dire, le charme de l'aquarelle ne correspond guère aux « plates horreurs » évoquées par Balzac. Peut-être a-t-il, comme il le disait à George Sand, idéalisé « en sens inverse ».

La pension Vauquer

BALZAC décrit avec une extrême minutie le quartier, la maison, l'intérieur où vivent ses héros.
Il nous livre ainsi de véritables documents, mais on a pu lui reprocher ces « inventaires de commis-
saire-priseur ». C'est qu'il s'intéresse passionnément aux *choses* et leur donne une vie intense ;
et surtout il croit à *l'influence du cadre*, à une harmonie entre les lieux et leurs habitants : ses
descriptions sont aussi des *préparations*. Toutes ces vieilleries laides et vulgaires de la pension
Vauquer constituent l'atmosphère des drames qui vont se nouer ; si nous n'étions pas pénétrés
de cette *misère sans poésie*, peut-être ressentirions-nous moins vivement la tentation de Rastignac
et le martyre du père Goriot.

Naturellement destiné à l'exploitation de la pension bourgeoise, le rez-de-
chaussée se compose d'une première pièce éclairée par les deux croisées de la rue,
et où l'on entre par une porte-fenêtre. Ce salon communique à une salle à manger
qui est séparée de la cuisine par la cage d'un escalier dont les marches sont en
bois et en carreaux mis en couleur et frottés. Rien n'est plus triste à voir que ce
salon meublé de fauteuils et de chaises en étoffe de crin à raies alternativement
mates et luisantes. Au milieu se trouve une table ronde à dessus de marbre Sainte-
Anne [1], décorée de ce cabaret [2] en porcelaine blanche ornée de filets d'or effacés
à demi que l'on rencontre partout aujourd'hui. Cette pièce, assez mal planchéiée,
10 est lambrissée [3] à hauteur d'appui. Le surplus des parois est tendu d'un papier
verni représentant les principales scènes de *Télémaque*, et dont les classiques
personnages sont coloriés. Le panneau d'entre les croisées grillagées offre aux
pensionnaires le tableau du festin donné au fils d'Ulysse par Calypso. Depuis
quarante ans, cette peinture excite les plaisanteries des jeunes pensionnaires, qui
se croient supérieurs à leur position en se moquant du dîner auquel la misère les
condamne. La cheminée en pierre, dont le foyer toujours propre atteste qu'il ne
s'y fait de feu que dans les grandes occasions, est ornée de deux vases pleins de
fleurs artificielles, vieillies et encagées [4], qui accompagnent une pendule en marbre
bleuâtre du plus mauvais goût. Cette première pièce exhale une odeur sans nom
20 dans la langue, et qu'il faudrait appeler l'*odeur de pension*. Elle sent le renfermé,
le moisi, le rance ; elle donne froid, elle est humide au nez, elle pénètre les vêtements ; elle a le goût d'une salle où l'on a dîné ; elle pue le service, l'office,
l'hospice. Peut-être pourrait-elle se décrire si l'on inventait un procédé pour
évaluer les quantités élémentaires et nauséabondes qu'y jettent les atmosphères
catarrhales et *sui generis* de chaque pensionnaire, jeune ou vieux. Eh bien, malgré
ces plates horreurs, si vous le compariez à la salle à manger, qui lui est contiguë,
vous trouveriez ce salon élégant et parfumé comme doit l'être un boudoir. Cette
salle, entièrement boisée, fut jadis peinte en une couleur indistincte aujourd'hui,
qui forme un fond sur lequel la crasse a imprimé ses couches de manière à y
30 dessiner des figures bizarres. Elle est plaquée de buffets gluants sur lesquels sont
des carafes échancrées, ternies, des ronds de moiré métallique [5], des piles
d'assiettes en porcelaine épaisse, à bords bleus, fabriquées à Tournai. Dans un
angle est placée une boîte à cases numérotées qui sert à garder les serviettes, ou
tachées ou vineuses, de chaque pensionnaire. Il s'y rencontre de ces meubles
indestructibles proscrits partout, mais placés là comme le sont les débris de la
civilisation aux Incurables. Vous y verriez un baromètre à capucin qui sort quand
il pleut, des gravures exécrables qui ôtent l'appétit, toutes encadrées en bois noir

— 1 Marbre de Belgique, gris veiné de | 3 Garnie de boiseries. — 4 Sous globe. — 5 Fer-
blanc. — 2 Service à café ou à liqueurs. — | blanc ou zinc dont les reflets rappellent ceux
                                            | de la moire.

verni à filets dorés ; un cartel [6] en écaille incrustée de cuivre ; un poêle vert, des
quinquets [7] d'Argand où la poussière se combine avec l'huile, une longue table
40 couverte en toile cirée assez grasse pour qu'un facétieux externe [8] y écrive son
nom en se servant de son doigt comme de style, des chaises estropiées, de petits
paillassons piteux en sparterie qui se déroule toujours sans se perdre jamais, puis
des chaufferettes misérables à trous cassés, à charnières défaites, dont le bois se
carbonise. Pour expliquer combien ce mobilier est vieux, crevassé, pourri, tremblant, rongé, manchot, borgne, invalide, expirant, il faudrait en faire une description qui retarderait trop l'intérêt de cette histoire, et que les gens pressés ne
pardonneraient pas. Le carreau rouge est plein de vallées produites par le frottement ou par les mises en couleur. Enfin là règne la misère sans poésie ; une misère
économe, concentrée, râpée. Si elle n'a pas de fange encore, elle a des taches ;
50 si elle n'a ni trous ni haillons, elle va tomber en pourriture.

LA DÉCHÉANCE DU PÈRE GORIOT

   Les personnages de Balzac sont décrits avec autant de précision réaliste que le décor.
Mais ce portrait du père Goriot présente un intérêt particulier : il ne peint pas l'*état*
du héros, mais son *changement*. C'est un portrait pathétique, car il traduit concrètement
le *drame secret* du vieillard. Négociant enrichi dans le commerce des pâtes alimentaires,
il s'est retiré après avoir doté et marié richement ses deux filles qu'il aime passionnément.
Or celles-ci, prises dans le tourbillon de la vie mondaine, le négligent, le renient, ne se
souvenant de son existence que pour venir lui demander de l'argent. Ulcéré dans sa
tendresse, le malheureux se prive de tout pour satisfaire leurs caprices.

Vers la fin de la troisième année, le père Goriot réduisit encore ses
dépenses, en montant au troisième étage et en se mettant à quarante-cinq
francs de pension par mois [1]. Il se passa de tabac, congédia son perruquier
et ne mit plus de poudre. Quand le père Goriot parut pour la première
fois sans être poudré, son hôtesse laissa échapper une exclamation de
surprise en apercevant la couleur de ses cheveux : ils étaient d'un gris
sale et verdâtre. Sa physionomie que des chagrins secrets avaient insensiblement rendue plus triste de jour en jour, semblait la plus désolée de
toutes celles qui garnissaient la table[2]. [...] Quand son trousseau fut usé, il
10 acheta du calicot [3] à quatorze sous l'aune pour remplacer son beau linge.
Ses diamants, sa tabatière d'or, sa chaîne, ses bijoux disparurent un à un.
Il avait quitté l'habit bleu barbeau [4], tout son costume cossu, pour porter,
été comme hiver, une redingote de drap marron grossier, un gilet en poil
de chèvre et un pantalon gris en cuir de laine. Il devint progressivement
maigre ; ses mollets tombèrent ; sa figure, bouffie par le contentement
d'un bonheur bourgeois, se rida démesurément ; son front se plissa, sa
mâchoire se dessina. Durant la quatrième année de son établissement

---

— 6 *Cartel :* pendule accrochée au mur. —
7 Lampes à huile ; du nom du fabricant qui
exploita l'invention du physicien Argand. —
8 Prenant les repas sans loger à la pension.
— 1 Il a d'abord payé 1.200 francs par an
pour un appartement au 1er étage, puis
900 francs au second ; il doit se contenter
maintenant d'une seule chambre. — 2 La
table où les pensionnaires prennent leurs repas
en commun. — 3 Tissu de coton à bon marché :
naguère ses chemises étaient en fine toile de
Hollande. — 4 Nom vulgaire du bluet.

rue Neuve-Sainte-Geneviève, il ne se ressemblait plus. Le bon vermicelier de soixante-deux ans qui ne paraissait pas en avoir quarante, le
20 bourgeois gros et gras, frais de bêtise, dont la tenue égrillarde réjouissait
les passants, qui avait quelque chose de jeune dans le sourire, semblait
être un septuagénaire hébété, vacillant, blafard. Ses yeux bleus si vivaces
prirent des teintes ternes et gris de fer ; ils avaient pâli, ne larmoyaient
plus, et leur bordure rouge semblait pleurer du sang. Aux uns il faisait
horreur ; aux autres il faisait pitié. De jeunes étudiants en médecine,
ayant remarqué l'abaissement de sa lèvre inférieure et mesuré le sommet
de son angle facial, le déclarèrent atteint de crétinisme, après l'avoir
longtemps houspillé sans en rien tirer. Un soir, après le dîner, Mme Vauquer lui ayant dit en manière de raillerie : « Eh bien, elles ne viennent
30 donc plus vous voir, vos filles ? » en mettant en doute sa paternité, le
père Goriot tressaillit comme si son hôtesse l'eût piqué avec un fer.

« Elles viennent quelquefois, répondit-il d'une voix émue.

— Ah ! ah ! vous les voyez encore quelquefois ? s'écrièrent les étudiants. Bravo, père Goriot ! »

Mais le vieillard n'entendit pas les plaisanteries que sa réponse lui
attirait : il était retombé dans un état méditatif que ceux qui l'observaient
superficiellement prenaient pour un engourdissement sénile dû à son
défaut d'intelligence.

- *Étudiez la composition et montrez que* BALZAC *progresse de l'extérieur vers l'intérieur.*
- *Comment* BALZAC *traduit-il de façon concrète l'appauvrissement du Père Goriot ?*
- *Dans quelle mesure et par quels signes devine-t-on le drame de l'amour paternel ?*
- *Quels sont selon* BALZAC *les effets physiques et mentaux d'une passion malheureuse ?*
- *En quoi peut-on parler, à propos de cette page, de mélange du* sublime *et du* grotesque, cf p. 232 ?

Le Tentateur

Dès le début du roman, un mystère plane sur la personne de VAUTRIN et cet individu devient de
plus en plus inquiétant. Il observe EUGÈNE DE RASTIGNAC, devine la faiblesse du jeune homme,
sa pauvreté, ses ambitions. Car Rastignac, reçu dans le monde, épris d'une des filles du père
Goriot, Mme de Nucingen, rêve de devenir riche et puissant, sans efforts. Un jour Vautrin le
prend à part, lui expose ses vues cyniques sur les moyens de parvenir et lui offre de faire sa fortune :
Victorine Taillefer est amoureuse de Rastignac, or elle serait une riche héritière si son frère mourait ;
rien de plus facile : Vautrin connaît un homme dont tous les duels se terminent par la mort de
l'adversaire... Rastignac est bouleversé, mais il résiste à cette horrible tentation. A quelque temps
de là, ayant surpris une conversation assez tendre entre Eugène et Victorine, *Vautrin revient à la
charge.*

Eugène se trouva seul et face à face avec Vautrin.

« Je savais bien que vous y arriveriez, lui dit cet homme en gardant un imperturbable sang-froid. Mais écoutez ! j'ai de la délicatesse tout comme un autre,
moi. Ne vous décidez pas dans ce moment, vous n'êtes pas dans votre assiette
ordinaire. Vous avez des dettes. Je ne veux pas que ce soit la passion, le désespoir,
mais la raison qui vous détermine à venir à moi. Peut-être vous faut-il un millier
d'écus. Tenez, le voulez-vous ? »

Ce démon [1] prit dans sa poche un portefeuille et en tira trois billets de banque qu'il fit papilloter aux yeux de l'étudiant. Eugène était dans la plus cruelle des
10 situations. Il devait au marquis d'Ajuda et au comte de Trailles cent louis [2] perdus sur parole. Il ne les avait pas et n'osait aller passer la soirée chez Mme de Restaud [3], où il était attendu. C'était une de ces soirées sans cérémonie où l'on mange des petits gâteaux, où l'on boit du thé, mais où l'on peut perdre six mille francs au whist.

« Monsieur, lui dit Eugène en cachant avec peine un tremblement convulsif, après ce que vous m'avez confié, vous devez comprendre qu'il m'est impossible de vous avoir des obligations.

— Eh bien, vous m'auriez fait de la peine de parler autrement, reprit le tentateur. Vous êtes un beau jeune homme, délicat, fier comme un lion et doux comme
20 une jeune fille. Vous seriez une belle proie pour le diable. J'aime cette qualité de jeunes gens. Encore deux ou trois réflexions de haute politique, et vous verrez le monde comme il est. En y jouant quelques petites scènes de vertu, l'homme supérieur y satisfait toutes ses fantaisies aux grands applaudissements des niais du parterre [4]. Avant peu de jours vous serez à nous. Ah ! si vous vouliez devenir mon élève, je vous ferais arriver à tout. Vous ne formeriez pas un désir qu'il ne fût à l'instant comblé, quoi que vous puissiez souhaiter [5] : honneurs, fortune, femmes. On vous réduirait toute la civilisation en ambroisie. Vous seriez notre enfant gâté, notre Benjamin [6], nous nous exterminerions tous pour vous avec plaisir. Tout ce qui vous ferait obstacle serait aplati. Si vous conservez des scru-
30 pules, vous me prenez donc pour un scélérat ? Eh bien, un homme qui avait autant de probité que vous croyez en avoir encore, M. de Turenne, faisait, sans se croire compromis, de petites affaires avec des brigands [7]. Vous ne voulez pas être mon obligé, hein ? Qu'à cela ne tienne, reprit Vautrin en laissant échapper un sourire. Prenez ces chiffons, et mettez-moi là-dessus, dit-il en tirant un timbre [8], là, en travers : *Accepté pour la somme de trois mille cinq cents francs payables en un an*. Et datez ! L'intérêt est assez fort pour vous ôter tout scrupules ; vous pouvez m'appeler juif, et vous regarder comme quitte de toute reconnais- sance. Je vous permets de me mépriser encore aujourd'hui, sûr que plus tard vous m'aimerez. Vous trouverez en moi de ces immenses abîmes, de ces vastes
40 sentiments concentrés que les niais appellent des vices ; mais vous ne me trouverez jamais ni lâche ni ingrat. Enfin, je ne suis ni un *pion* ni un *fou*, mais une *tour* [9], mon petit. — Quel homme êtes-vous donc ? s'écria Eugène. Vous avez été créé pour me tourmenter.

— Mais non, je suis un bon homme qui veut se crotter pour que vous soyez à l'abri de la boue pour le reste de vos jours. Vous vous demandez pourquoi ce dévouement ? Eh bien, je vous le dirai tout doucement quelque jour, dans le tuyau de l'oreille [10]. Je vous ai d'abord surpris en vous montrant le carillon de l'ordre social et le jeu de la machine ; mais votre premier effroi se passera comme celui du conscrit sur le champ de bataille, et vous vous accoutumerez à considérer
50 les hommes comme des soldats destinés à périr pour le service de ceux qui se sacrent rois eux-mêmes [11]. Les temps sont bien changés. Autrefois on disait à un

---

— 1 Cf. l. 20 et 42. — 2 Le *louis* valait 20 francs, l'*écu* 3 francs (cf. l. 8). — 3 Née Anastasie Goriot. — 4 Cf. la *Comédie humaine*. — 5 Dans la *Peau de chagrin*, le héros devait ce privilège à un talisman, mais, à chaque désir réalisé la durée de sa vie diminuait en même temps que la peau de chagrin. — 6 Dans la Bible, le plus jeune des fils de Jacob et le préféré de son père. — 7 Il s'agit des tractations de Turenne pendant la Fronde, que Vautrin interprète à sa façon. — 8 Papier timbré. — 9 Préciser le sens général de cette image empruntée au jeu d'échecs. — 10 Vautrin voudrait, par personne interposée, assouvir sa soif de domination et se venger de la société. — 11 Cf. Napoléon.

brave [12] : « Voilà cent écus, tue-moi M. un tel » ; et l'on soupait tranquillement après avoir mis un homme à l'ombre pour un oui, pour un non. Aujourd'hui je vous propose de vous donner une belle fortune contre un signe de tête qui ne vous compromet en rien, et vous hésitez. Le siècle est mou. »

Eugène signa la traite et l'échangea contre les billets de banque.

Ce sinistre VAUTRIN *n'est autre qu'un* forçat évadé, JACQUES COLLIN *dit Trompe-la-mort. Identifié par l'une des pensionnaires de la maison Vauquer, Mlle Michonneau, il est arrêté, le jour où Rastignac vient d'apprendre que le fils Taillefer a été tué en duel... Pour vaincre ses scrupules, Vautrin avait commencé, sans son assentiment, la réalisation de ce plan criminel !*

L'*AGONIE DU PÈRE GORIOT*

Le PÈRE GORIOT est mourant, ce qui n'empêche pas ses filles d'aller au bal. Le malheureux, qui les met *au rang des anges,* qui *aime jusqu'au mal qu'elles lui font,* se soucie encore de leurs plaisirs : « Se sont-elles bien amusées ? » demande-t-il à Rastignac qui le soigne. Il a des mots sublimes et déchirants : « Cette bonne Delphine, si je meurs, quel chagrin je lui causerai ! Nasie aussi ». Mais tandis que la mort approche, un désir obsédant l'envahit : *les revoir une dernière fois.* Désir ou plutôt crainte qu'il essaie en vain de chasser : il les connaît trop bien, en dépit de lui-même, *il sent qu'elles ne viendront pas.* Telle est l'ultime torture morale subie par ce *martyr de la paternité.*

J e les entends, elles viennent. Oh ! oui, elles viendront. La loi veut qu'on vienne voir mourir son père, la loi est pour moi [1]. Puis ça ne coûtera qu'une course. Je la payerai. Écrivez-leur que j'ai des millions à leur laisser ! Parole d'honneur. J'irai faire des pâtes d'Italie à Odessa [2]. Je connais la manière. Il y a, dans mon projet, des millions à gagner. Personne n'y a pensé. Ça ne se gâtera point dans le transport, comme le blé ou comme la farine. Eh ! eh ! l'amidon, il y aura là des millions ! Vous ne mentirez pas, dites-leur des millions, et, quand même elles viendraient par avarice [3], j'aime mieux être trompé, je les verrai. Je veux mes filles !

10 je les ai faites, elles sont à moi ! dit-il en se dressant sur son séant, en montrant à Eugène une tête dont les cheveux blancs étaient épars et qui menaçait par tout ce qui pouvait exprimer la menace.

— Allons, lui dit Eugène, recouchez-vous, mon bon père Goriot, je vais leur écrire. Aussitôt que Bianchon [4] sera de retour, j'irai, si elles ne viennent pas.

— Si elles ne viennent pas ? répéta le vieillard en sanglotant. Mais je serai mort, mort dans un accès de rage, de rage ! La rage me gagne ! En ce moment, je vois ma vie entière. Je suis dupe ! elles ne m'aiment pas, elles ne m'ont jamais aimé ! cela est clair. Si elles ne sont pas venues,

20 elles ne viendront pas. Plus elles auront tardé, moins elles se décideront à me faire cette joie. Je les connais. Elles n'ont jamais su rien deviner de mes chagrins, de mes douleurs, de mes besoins, elles ne devineront

---

— 12 Spadassin, tueur à gages.

— 1 Cf. l. 47-49. Un instant plus tôt, le vieillard s'écriait : « Envoyez-les chercher par la gendarmerie, de force ! la justice est pour moi, tout est pour moi, la nature, le Code civil. »

— 2 Lorsqu'il était vermicelier Goriot faisait venir d'Odessa des blés d'Ukraine. — 3 Cupidité. — 4 Étudiant en médecine, logé à la pension Vauquer, qui soigne le père Goriot.

pas plus ma mort ; elles ne sont seulement pas dans le secret de ma tendresse. Oui, je le vois, pour elles, l'habitude de m'ouvrir les entrailles [5] a ôté du prix à tout ce que je faisais. Elles auraient demandé à me crever les yeux, je leur aurais dit : « Crevez-les ! » Je suis trop bête. Elles croient que tous les pères sont comme le leur. Il faut toujours se faire valoir. Leurs enfants me vengeront [6]. Mais c'est dans leur intérêt de venir ici. Prévenez-les donc qu'elles compromettent leur agonie [7]. Elles com-
30 mettent tous les crimes en un seul... Mais allez donc, dites-leur donc que ne pas venir c'est un parricide ! Elles en ont assez commis sans ajouter celui-là. Criez donc comme moi : « Hé, Nasie [8] ! hé, Delphine ! venez à votre père, qui a été si bon pour vous et qui souffre ! » Rien, personne ! Mourrai-je donc comme un chien ! Voilà ma récompense, l'abandon. Ce sont des infâmes, des scélérates ; je les abomine [9], je les maudis ; je me relèverai, la nuit, de mon cercueil pour les remaudire, car, enfin, mes amis, ai-je tort ? elles se conduisent bien mal, hein !... Qu'est-ce que je dis ? Ne m'avez-vous pas averti que Delphine est là ? C'est la meilleure des deux... Vous êtes mon fils, Eugène, vous ! aimez-la [10],
40 soyez un père pour elle. L'autre est bien malheureuse [11]. Et leurs fortunes ! Ah ! mon Dieu ! J'expire, je souffre un peu trop ! Coupez-moi la tête, laissez-moi seulement le cœur [12].

— Christophe [13], allez chercher Bianchon, s'écria Eugène, épouvanté du caractère que prenaient les plaintes et les cris du vieillard, et ramenez-moi un cabriolet. — Je vais aller chercher vos filles, mon bon père Goriot, je vous les ramènerai.

— De force ! de force ! Demandez la garde, la ligne [14], tout ! tout ! dit-il en jetant à Eugène un dernier regard où brilla la raison. Dites au gouvernement, au procureur du roi, qu'on me les amène, je le veux !
50 — Mais vous les avez maudites.

— Qui est-ce qui a dit cela ? répondit le vieillard stupéfait. Vous savez bien que je les aime, je les adore ! Je suis guéri si je les vois... Allez, mon bon voisin, mon cher enfant, allez ! vous êtes bon, vous ; je voudrais vous remercier, mais je n'ai rien à vous donner que les bénédictions d'un mourant ![...] A boire ! les entrailles me brûlent ! Mettez-moi quelque chose sur la tête. La main de mes filles, ça me sauverait, je le sens... Mon Dieu ! qui refera leurs fortunes, si je m'en vais ? Je veux aller à Odessa pour elles, à Odessa, y faire des pâtes.

— Buvez ceci, dit Eugène en soulevant le moribond et le prenant dans
60 son bras gauche, tandis que de la main droite il tenait une tasse pleine de tisane.

— Vous devez aimer votre père et votre mère, vous ! dit le vieillard en serrant de ses mains défaillantes la main d'Eugène. Comprenez-vous

---

5 Cf. la légende du pélican (p. 215). — 6 En se montrant ingrats à leur tour. — 7 Préciser le sens. — 8 Diminutif d'Anastasie. — 9 Je les exècre. — 10 Rastignac est épris de Delphine de Nucingen. — 11 Follement éprise de Maxime de Trailles, Anastasie de Restaud s'est gravement compromise pour lui. — 12 Que traduit cette formule pathétique ? — 13 Le domestique de la pension. — 14 L'infanterie de ligne.

que je vais mourir sans les voir, mes filles ? Avoir soif toujours, et ne jamais boire, voilà comment j'ai vécu depuis dix ans [15]... Mes deux gendres ont tué mes filles. Oui, je n'ai plus eu de filles après qu'elles ont été mariées. Pères, dites aux Chambres de faire une loi sur le mariage ! Enfin, ne mariez pas vos filles, si vous les aimez.[...] C'est épouvantable, ceci ! Vengeance ! Ce sont mes gendres qui les empêchent de venir...
70 Tuez-les !... A mort le Restaud, à mort l'Alsacien [16], ils sont mes assassins !... La mort ou mes filles !... Ah ! c'est fini, je meurs sans elles !... Elles !... Nasie ! Fifine [17], allons, venez donc ! Votre papa sort [18]...

— Mon bon père Goriot, calmez-vous, voyons, restez tranquille, ne vous agitez pas, ne pensez pas.

— Ne pas les voir, voilà l'agonie ! — Vous allez les voir.

— Vrai ! cria le vieillard égaré. Oh ! les voir ! je vais les voir, entendre leur voix. Je mourrai heureux. Eh bien, oui, je ne demande plus à vivre, je n'y tenais plus, mes peines allaient croissant. Mais les voir, toucher leurs robes, ah ! rien que leurs robes [19], c'est bien peu ; mais que je sente
80 quelque chose d'elles ! Faites-moi prendre les cheveux [20]... veux...

Il tomba la tête sur l'oreiller comme s'il recevait un coup de massue. Ses mains s'agitèrent sur la couverture comme pour prendre les cheveux de ses filles. — Je les bénis, dit-il en faisant un effort... bénis...

- *En quoi la composition, au lieu d'être rationnelle, traduit-elle le délire de l'agonie ?*
- *Quelle est l'idée fixe qui domine, dans les contradictions de cette sorte de monologue ?*
- *La passion de Goriot : sa grandeur et sa naïveté, ses contradictions, sa lucidité et son aveuglement.*
- *En quoi la passion, la destinée, la fin du père Goriot sont-elles dignes de la tragédie ?*
- *Essais : a) Les effets de la passion paternelle dans le personnage de Goriot, p. 312 et 315 ; – b) Les divers aspects du réalisme balzacien dans les extraits du* Père Goriot, *p. 311-317.*
- *Essai. Comment* BALZAC *nous révèle-t-il un personnage, au physique et au moral ?*
- *Quelles relations établit-il entre le portrait moral et les éléments matériels ?*

Lorsque Mme de Restaud vient au chevet de son père, il est trop tard : le malheureux est dans le coma. Il meurt donc sans avoir revu ses filles ; elles n'assistent même pas aux obsèques que Rastignac et Bianchon doivent payer de leurs derniers sous! L'ingratitude monstrueuse de ces femmes du monde, le martyre du père Goriot, les diaboliques machinations de Vautrin... dure école pour Rastignac à ses débuts dans la vie. Désormais sans illusions, il verse « sa dernière larme de jeune homme », puis, contemplant Paris du cimetière du Père-Lachaise, il dit « ces mots grandioses », défi jeté à la société : « A nous deux maintenant ! »

Le Lys dans la Vallée

Le *Lys* occupe une place à part dans l'œuvre de Balzac. C'est un roman *poétique* où l'auteur évoque des souvenirs d'enfance et de jeunesse, chante sa Touraine natale et transpose en une idylle aussi pure que passionnée son amour pour Mme de Berny. Celle qu'il appelait la *dilecta*, l'élue de son cœur, y devient Mme DE MORTSAUF, délicieuse créature parée de toutes les séductions de l'âme et du corps. Balzac voulait faire d'elle une image de la « perfection terrestre », la « femme vertueuse fantastique » ; mais son génie réaliste veillait, et l'héroïne n'est pas une abstraction éthérée : sans rien perdre de son charme et de sa pureté, elle a la *vérité complexe d'un être de chair.*

---

15 Cf. Mme de Mortsauf (p. 321) : elle meurt de soif, au sens propre, mais l'origine de son mal est une immense *soif d'amour.* — 16 Le banquier Nucingen. — 17 Delphine. — 18 Commenter le double sens. — 19 Un amant ne parlerait pas autrement. — 20 Un médaillon contenant des cheveux de ses filles.

ELLE ÉTAIT LE LYS DE CETTE VALLÉE...

Dans le *Lys*, BALZAC a voulu « aborder la grande question du paysage en littérature ».
Ce beau site, il pouvait le contempler du château de Saché où il a écrit son roman ;
il le peint avec tendresse, et il le voit par les yeux d'un amoureux sensible à mille *harmonies* indéfinissables *entre la nature et sa passion*. La femme aimée, Mme de Mortsauf,
n'a été jusqu'ici qu'entrevue ; Félix ne sait rien d'elle, pas même son nom ; mais l'évidence immédiate d'une mystérieuse *correspondance* lui révèle qu'elle ne saurait vivre
que dans ce cadre admirable, et le cadre à son tour contribue à sa connaissance intuitive
de l'être aimé.

Sevré d'affection, FÉLIX DE VANDENESSE *a eu une enfance malheureuse. A vingt et un ans
ses sentiments, ses rêves, son physique même sont encore ceux d'un adolescent. Au printemps
de* 1814 *il rencontre dans un bal, à Tours, une belle inconnue dont il s'éprend sur-le-champ
et qu'il brûle de retrouver. C'est ce qui va se produire, à la faveur d'un séjour dans la vallée
de l'Indre.*

Là ¹ se découvre une vallée qui commence à Montbazon, finit à la
Loire, et semble bondir sous les châteaux posés sur ces doubles collines ;
une magnifique coupe d'émeraude au fond de laquelle l'Indre se roule
par des mouvements de serpent. A cet aspect je fus saisi d'un étonnement
voluptueux que l'ennui des landes ² ou la fatigue du chemin avait préparé.

— Si cette femme, la fleur de son sexe, habite un lieu dans le monde ³,
ce lieu, le voici.

A cette pensée, je m'appuyai contre un noyer sous lequel, depuis ce
jour, je me repose toutes les fois que je reviens dans ma chère vallée.
10 Sous cet arbre confident de mes pensées, je m'interroge sur les changements que j'ai subis pendant le temps qui s'est écoulé depuis le dernier
jour où j'en suis parti. Elle demeurait là, mon cœur ne me trompait
point : le premier castel que je vis au penchant d'une lande était son
habitation. Quand je m'assis sous mon noyer, le soleil de midi faisait
pétiller les ardoises de son toit et les vitres de ses fenêtres. Sa robe de
percale produisait le point blanc que je remarquai dans ses vignes sous
un albergier ⁴. Elle était, comme vous le savez déjà, sans rien savoir
encore, LE LYS DE CETTE VALLÉE, où elle croissait pour le ciel en la remplissant du parfum de ses vertus. L'amour infini, sans autre aliment qu'un
20 objet à peine entrevu dont mon âme était remplie, je le trouvais exprimé
par ce long ruban d'eau qui ruisselle au soleil entre deux rives vertes,
par ces lignes de peupliers qui parent de leurs dentelles mobiles ce val
d'amour, par les bois de chênes qui s'avancent entre les vignobles sur
des coteaux que la rivière arrondit toujours différemment, et par ces

---

— 1 Du village d'Artannes, sur la rive
droite de l'Indre. — 2 Les « landes de Charlemagne », plates et sablonneuses, que Félix
a traversées en venant de Tours à pied. —
3 Enfant, Félix se consolait de ses peines en
contemplant une étoile. « Tombée des steppes
bleus, songe-t-il après la rencontre au bal,
ma chère étoile s'était donc faite femme en
conservant sa clarté, ses scintillements et sa
fraîcheur. » — 4 L'*alberge* est une sorte de
pêche-abricot.

horizons estompés qui fuient en se contrariant [5]. Si vous voulez voir la nature belle et vierge comme une fiancée, allez là par un jour de printemps ; si vous voulez calmer les plaies saignantes de votre cœur, revenez-y par les derniers jours de l'automne ; au printemps l'amour y bat des ailes à plein ciel ; en automne, on y songe à ceux qui ne sont plus [6]. 30 Le poumon malade y respire une bienfaisante fraîcheur, la vue s'y repose sur des touffes dorées qui communiquent à l'âme·leurs paisibles douceurs. En ce moment, les moulins situés sur les chutes de l'Indre donnaient une voix à cette vallée frémissante, les peupliers se balançaient en riant, pas un nuage au ciel, les oiseaux chantaient, les cigales criaient, tout y était mélodie. Ne me demandez plus pourquoi j'aime la Touraine ; je ne l'aime ni comme on aime son berceau, ni comme on aime une oasis dans le désert, je l'aime comme un artiste aime l'art [7] [...] sans la Touraine, peut-être ne vivrais-je plus. Sans savoir pourquoi, mes yeux revenaient au point blanc, à la femme qui brillait dans ce vaste jardin comme, au milieu des buissons 40 verts, éclaterait la clochette d'un convolvulus [8], flétrie si l'on y touche.

- *Dans ce récit rétrospectif à la 1ʳᵉ personne :* a) *Montrez comment se superposent impressions et souvenirs d'époques différentes ;* – b) *Analysez l'impression d'ensemble qui en résulte.*
- *L'âme et la nature.* a) *En quoi le paysage est-il transfiguré par l'amour ?* – b) *Quelle est la valeur psychologique de cette révélation ?*
- *Le titre du roman d'après cette page : son sens, ses résonances, l'intérêt du choix de* BALZAC.
- *Le lyrisme :* a) *Ses éléments ;* – b) *En quoi est-il romantique ?* – c) *Quand est-il le plus personnel ?*
- **Groupe thématique : Paysages d'âme**, p. 285 ; p. 507 ; p. 543 ; p. 549.
- **Commentaire composé** l. 1-29. L'entrelacement du thème descriptif et du thème sentimental.

Aussi vertueuse que belle, Mme de Mortsauf agrée l'amour de Félix, mais pour l'épurer en une passion platonique et presque mystique. *Elle-même, de sept ans son aînée, prétend l'aimer comme un fils.* Il devient son confident et le réconfort dont elle avait tant besoin, entre un mari âgé, aigri par les souffrances de l'émigration, et deux enfants de santé fragile qu'elle n'a pu maintenir en vie qu'à force de tendresse et de soins.

Plans d'économie rurale

BALZAC se passionne pour les questions économiques. *Le Curé de village* et surtout *le Médecin de campagne* contiennent de véritables traités d'économie rurale. Mais il est plus frappant encore de voir le romancier prêter ses préoccupations à l'héroïne du *Lys dans la vallée*. MADAME DE MORTSAUF, créature angélique, fleur de spiritualité, est aussi une *femme de tête* ; elle a les pieds sur terre et administre à la perfection le domaine de son mari, que l'émigration avait ruiné. Ainsi cette page, apparemment déplacée dans un roman lyrique, complète notre connaissance du personnage ; elle révèle aussi un aspect de son drame intime : loin d'être aidée par son mari, Mme de Mortsauf ne trouve chez lui, même à cet égard, que mauvaise humeur et incompréhension.

Après dix ans d'efforts, la comtesse avait changé la culture de ses terres ; elle les avait *mises en quatre*, expression dont on se sert dans le pays pour expliquer les résultats de la nouvelle méthode suivant laquelle les cultivateurs ne sèment

---

— 5 Pour Félix de Vandenesse, tout, dans la nature, est allusion à son amour. Plus tard il le traduira par des « symphonies de fleurs », dont sa bien-aimée comprendra le langage. —

6 Au moment où le héros fait ce récit, la vallée a perdu son lys... — 7 « Il me restait, des premiers souvenirs de ma vie, le sentiment du beau qui respire dans le paysage de Tours ». — 8 Liseron.

de blé que tous les quatre ans, afin de faire rapporter chaque année un produit à la terre [1]. Pour vaincre l'obstination des paysans [2], il avait fallu résilier les baux, partager ses domaines en quatre grandes métairies, et les avoir *à moitié*, le cheptel [3] particulier à la Touraine et aux pays d'alentour. Le propriétaire donne l'habitation, les bâtiments d'exploitation et les semences à des colons [4] de bonne volonté avec lesquels il partage les frais de culture et les produits. Ce partage est
10 surveillé par un *métivier*, l'homme chargé de prendre la moitié due au propriétaire, système coûteux et compliqué par une comptabilité que varie à tout moment la nature des partages. La comtesse avait fait cultiver par M. de Mortsauf une cinquième ferme composée des terres réservées, sises autour de Clochegourde [5], autant pour l'occuper que pour démontrer par l'évidence des faits, à ses *fermiers à moitié*, l'excellence des nouvelles méthodes. Maîtresse de diriger les cultures, elle avait fait lentement, et avec sa persistance de femme, rebâtir deux de ses métairies sur le plan des fermes de l'Artois et de la Flandre.

Il est aisé de deviner son dessein. Après l'expiration des baux à moitié, la comtesse voulait composer deux belles fermes de ses quatre métairies, et les louer
20 en argent à des gens actifs et intelligents, afin de simplifier les revenus de Clochegourde. Craignant de mourir la première [6], elle tâchait de laisser au comte des revenus faciles à percevoir, et à ses enfants des biens qu'aucune impéritie [7] ne pourrait faire péricliter. En ce moment, les arbres fruitiers plantés depuis dix ans étaient en plein rapport. Les haies qui garantissaient les domaines de toute contestation future étaient poussées. Les peupliers, les ormes, tout était bien venu. Avec ses nouvelles acquisitions [8] et en introduisant partout le nouveau système d'exploitation, la terre de Clochegourde, divisée en quatre grandes fermes, dont deux restaient à bâtir, était susceptible de rapporter seize mille francs en écus [9], à raison de quatre mille francs par chaque ferme ; sans compter le clos de vigne,
30 ni les deux cents arpents [10] de bois qui les joignaient, ni la ferme modèle. Les chemins de ses quatre fermes pouvaient tous aboutir à une grande avenue qui, de Clochegourde, irait en droite ligne s'embrancher sur la route de Chinon. La distance entre cette avenue et Tours n'étant que de cinq lieues, les fermiers ne devaient pas lui manquer, surtout au moment où tout le monde parlait des améliorations faites par le comte, de ses succès et de la bonification de ses terres. Dans chacun des deux domaines achetés, elle voulait faire jeter une quinzaine de mille francs pour convertir les maisons de maîtres en deux grandes fermes, afin de les mieux louer après les avoir cultivées pendant une année ou deux, en y envoyant pour régisseur un certain Martineau, le meilleur, le plus probe de ses métiviers,
40 lequel allait se trouver sans place : car les baux à moitié de ses quatre métairies finissaient et le moment de les réunir en deux fermes et de louer en argent était venu.

A Paris, Félix de Vandenesse commence une brillante carrière dans l'entourage immédiat du roi Louis XVIII. C'est alors qu'une Anglaise hardie, lady Dudley, décide de faire sa conquête. Flatté, séduit, Félix cède à ses avances, tout en s'efforçant de conserver à Mme de Mortsauf la fidélité du cœur. Mais Mme de Mortsauf ne peut accepter ce partage ; torturée par la jalousie, elle traverse une crise terrible et bientôt tombe dangereusement malade. Rappelé d'urgence à Clochegourde, Félix, en proie à de cruels remords, la trouve mourante.

— 1 L'assolement triennal ou, comme ici, quadriennal, permet, par l'alternance des cultures, d'exploiter la terre sans l'épuiser ni la laisser périodiquement en jachère (improductive). — 2 Généralement routiniers. — 3 Type de bail concernant particulièrement le bétail (d'où le sens plus courant de *bétail*) ; prononcer *chetel*. — 4 Cultivateurs. — 5 Le château des Mortsauf. — 6 Ce qui se produira effectivement. — 7 Préciser le sens. — 8 Cf. l. 36. — 9 En *espèces*, alors que les revenus du métayage sont perçus en *nature* (l. 11-12). — 10 Cent hectares environ.

LE DERNIER COMBAT DE Mme DE MORTSAUF

Cette scène pathétique, qui porte la marque puissante de BALZAC, a fait l'objet de *tout un débat*. La critique, les amies mêmes de Balzac déploraient que la pureté de l'héroïne fût ternie au dernier moment par cette révolte, par ces accents trop humains. L'auteur répondait que « la lutte de la matière et de l'esprit est le fond du christianisme » et rappelait qu'aux « imprécations de la chair trompée, de la nature physique blessée » succède « la placidité sublime de l'âme, quand la comtesse est confessée et qu'elle meurt en sainte ».

Ce n'était plus ma délicieuse Henriette [1], ni la sublime et sainte Mme de Mortsauf ; c'était le quelque chose sans nom de Bossuet [2], qui se débattait contre le néant, et que la faim [3], les désirs trompés poussaient au combat égoïste de la vie contre la mort.

Je vins m'asseoir près d'elle en lui prenant, pour la baiser, sa main, que je sentis brûlante et desséchée. Elle devina ma douloureuse surprise dans l'effort même que je fis pour la déguiser. Ses lèvres décolorées se tendirent alors sur ses dents affamées pour essayer un de ces sourires forcés sous lesquels nous cachons également l'ironie de la vengeance,
10 l'attente du plaisir, l'ivresse de l'âme et la rage d'une déception.

— Ah ! c'est la mort, mon pauvre Félix, me dit-elle, et vous n'aimez pas la mort ! la mort odieuse, la mort de laquelle toute créature, même l'amant le plus intrépide, a horreur. Ici finit l'amour : je le savais bien. Lady Dudley [4] ne vous verra jamais étonné de son changement. Ah ! pourquoi vous ai-je tant souhaité, Félix ? Vous êtes enfin venu ; je vous récompense de ce dévouement par l'horrible spectacle qui fit du comte de Rancé un trappiste [5] ; moi qui désirais demeurer belle et grande dans votre souvenir, y vivre comme un lys éternel, je vous enlève vos illusions. Le véritable amour ne calcule rien. Mais ne vous enfuyez pas, restez.
20 M. Origet [6] m'a trouvée beaucoup mieux ce matin, je vais revenir à la vie, je renaîtrai sous vos regards. Puis, quand j'aurai recouvré quelques forces, quand je recommencerai à pouvoir prendre quelque nourriture, je redeviendrai belle. A peine ai-je trente-cinq ans, je puis encore avoir de belles années. Le bonheur rajeunit, et je veux connaître le bonheur. J'ai fait des projets délicieux : nous *les* [7] laisserons à Clochegourde et nous irons ensemble en Italie.

Des pleurs humectèrent mes yeux, je me tournai vers la fenêtre comme pour regarder les fleurs [8] ; l'abbé Birotteau [9] vint à moi précipitamment,

---

— 1 Félix a le privilège de nommer ainsi Mme de Mortsauf, comme le faisait la tante qui l'a élevée ; son prénom officiel est Blanche. — 2 « Un je ne sais quoi qui n'a plus de nom dans aucune langue » (cf. *XVIIe Siècle*, p. 267 et 277). — 3 Mme de Mortsauf, qui ne peut plus rien digérer, meurt de faim et de soif. — 4 L'Anglaise dont s'est épris Félix. — 5 On raconte que Rancé (1626-1700), réformateur de la Trappe, se convertit à la suite du choc qu'il éprouva en voyant le cadavre décapité de la femme qu'il aimait. — 6 Le médecin. — 7 Son mari et ses enfants. Pourquoi le mot est-il en italique (cf. l. 33) ? — 8 Cf. p. 319, n. 5. Pour Balzac, les émanations de ces fleurs expliquent en partie cette révolte de la chair, de même que l'opium qu'on va lui administrer aidera l'héroïne à retrouver en mourant toute sa sereine pureté. — 9 Confesseur de Mme de Mortsauf.

et se pencha vers le bouquet : — Pas de larmes ! me dit-il à l'oreille.
30   — Henriette, vous n'aimez donc plus notre chère vallée ? lui répondis-je afin de justifier mon brusque mouvement.

— Si, dit-elle en apportant son front sous mes lèvres par un mouvement de câlinerie ; mais, sans vous, elle m'est funeste... *Sans toi,*
reprit-elle en effleurant mon oreille de ses lèvres chaudes pour y jeter
ces deux syllabes comme deux soupirs.

*Au moment suprême, Mme de Mortsauf retrouve toute sa vertu, sa piété et même son
angélique beauté ; elle meurt en paix. Dans la mélancolie d'un paysage automnal, ses obsèques
rappellent une dernière fois, sur le mode mineur, le grand thème poétique du roman : « Il y eut
un gémissement unanime mêlé de pleurs qui semblait faire croire que cette vallée pleurait son
âme ». Enfin une lettre posthume adressée à Félix achève de nous révéler le long supplice de
l'héroïne : elle aussi, dès le premier jour, a aimé Félix de tout son être. Cet amour lui a révélé
le charme de la nature, l'ivresse de sentir et de vivre. C'est au prix d'un effort héroïque, de
souffrances infinies, qu'elle est restée fidèle à son devoir et à cet idéal de pureté qui fait d'elle, à
jamais, le lys de la vallée.*

– La description initiale. *Quel est son intérêt . a) en elle-même ? – b) par rapport à la suite ?*
– Les réactions de l'héroïne . *a) Soulignez le contraste entre les deux grands mouvements ; – b) Comment se fait
le revirement ? Comment s'explique-t-il ? Quelle est sa valeur pathétique ?*
– En quoi la scène est-elle typiquement balzacienne ? *Comment sont conçus les rapports de l'âme et du corps ?*
– **Entretien.** *Que pensez-vous : a) des critiques adressées à cette scène ? – b) de la réplique de* BALZAC *?*
• **Comparaison.** Ressemblances et différences entre cette agonie et celle du père Goriot, p. 315.
• **Groupe thématique : Le thème de l'interdiction.** XVIIIe SIÈCLE. ROUSSEAU, p. 287. – XIXe SIÈCLE.
FROMENTIN, p. 551. – XXe SIÈCLE. PEGUY, p. 157. – Opposer : CLAUDEL, p. 200.

Comment on fait fortune

L'argent joue un rôle considérable dans l'œuvre de Balzac, et il est très souvent mal acquis. Ainsi
la Maison Nucingen (1838), récit présenté sous forme de dialogue, a pour unique sujet les escroqueries par lesquelles le banquier Nucingen a édifié son immense fortune ; de véritables
escroqueries, mais assez habiles pour ne pas tomber sous le coup de la loi. C'est le journaliste
Émile Blondet qui a la parole, « homme de beaucoup d'esprit, mais décousu, brillant, capable,
paresseux..., perfide, comme il est bon, par caprices ».

La prospérité de la maison Nucingen est un des phénomènes les plus extraordinaires de notre époque, reprit Blondet. En 1804, Nucingen [1] était peu connu,
les banquiers d'alors auraient tremblé de savoir sur la place cent mille écus de
ses acceptations [2]. Ce grand financier sent alors son infériorité. Comment se faire
connaître ? Il suspend ses payements [3]. Bon ! Son nom, restreint à Strasbourg
et au quartier Poissonnière [4], retentit sur toutes les places ! Il désintéresse son
monde avec des valeurs mortes, et reprend ses payements ; aussitôt, son papier
se fait [5] dans toute la France. Par une circonstance inouïe, les valeurs revivent,
reprennent faveur, donnent des bénéfices. Le Nucingen est très recherché.
10 L'année 1815 arrive, mon gars réunit ses capitaux, achète des fonds avant la
bataille de Waterloo, suspend ses payements au moment de la crise, liquide [6]

— 1 Il épousera Delphine Goriot (cf. *le
Père Goriot*). — 2 Trois cent mille francs en
lettres de change acceptées par la banque
Nucingen, dont le capital ne devait donc pas
se monter à cette somme. — 3 Apprécier
l'ironie. — 4 C'était le quartier des banques
à Paris. — 5 Se répand. — 6 Paie ses créanciers.

avec des actions dans les mines de Wortschin qu'il s'était procurées à vingt pour cent au-dessous de la valeur à laquelle il les émettait lui-même ! oui Messieurs ! Il prend à Grandet cent cinquante mille bouteilles de vin de Champagne pour se couvrir, en prévoyant la faillite de ce vertueux père du comte d'Aubrion actuel [7], et autant à Duberghe en vins de Bordeaux. Ces trois cent mille bouteilles *acceptées* [8], acceptées, mon cher, à trente sous, il les a fait boire aux Alliés, à six francs, au Palais-Royal, de 1817 à 1819. Le papier de la maison Nucingen et son nom deviennent européens. Cet illustre [9] baron s'est élevé sur l'abîme où d'autres auraient sombré. Deux fois, sa liquidation a produit d'immenses avantages à ses créanciers : il a voulu les rouer, impossible ! Il passe pour le plus honnête homme du monde. A la troisième suspension, le papier de la maison Nucingen se fera en Asie, au Mexique, en Australie, chez les sauvages.

Illusions perdues LUCIEN CHARDON, *qui se fera appeler* DE RUBEMPRÉ *du nom de sa mère, est un jeune poète de province ; il semble appelé à un bel avenir lorsqu'il quitte Angoulême pour Paris. Mais la capitale, et surtout la faune des éditeurs, journalistes et gens de lettres lui réservent* de cruelles désillusions. *Le libraire Dauriat à qui il a soumis un manuscrit le lui rend avec de belles paroles, sans l'éditer ; Lucien s'aperçoit que Dauriat n'a même pas lu, ni fait lire ses sonnets ! Sur le conseil de journalistes cyniques, il écrit, pour se venger, une critique très sévère d'un livre de Raoul Nathan, édité par Dauriat.*

" Un journaliste est un acrobate "

BALZAC a sans aucun doute une rancune personnelle contre certains libraires-éditeurs, journalistes et critiques : cela explique en partie sa virulence. Mais, à condition de ne pas l'étendre à tous les milieux littéraires de l'époque, cette *satire* paraît criante de vérité. D'ailleurs c'est ici encore le *pouvoir corrupteur de l'argent* qui est finalement en cause, et la brillante désinvolture de Lousteau dissimule mal une triste dégradation morale. « Le Journal, dit un autre personnage, au lieu d'être un sacerdoce est devenu un moyen pour les partis ; de moyen, il s'est fait commerce ; et comme tous les commerces, il est sans foi ni loi. »

Au milieu du repas, quand le vin de Champagne eut monté toutes les têtes, la raison de la visite que faisaient à Lucien ses camarades se dévoila.

— Tu ne veux pas, lui dit Lousteau [1], te faire un ennemi de Nathan [2] ? Nathan est journaliste, il a des amis, il te jouerait un mauvais tour à sa première publication. N'as-tu pas *l'Archer de Charles IX* [3] à vendre [4] ? Nous avons vu Nathan ce matin, il est au désespoir ; mais tu vas lui faire un article où tu lui seringueras des éloges par la figure. — Comment ! après mon article contre son livre, vous voulez... demanda Lucien.

Émile Blondet [5], Hector Merlin, Étienne Lousteau, Félicien Vernou, tous interrompirent Lucien par un éclat de rire.

— Tu l'as invité à souper ici pour après-demain ? lui dit Blondet.

— Ton article, lui dit Lousteau, n'est pas signé. Félicien [6], qui n'est pas si

---

— 7 C'est le cousin Charles d'*Eugénie Grandet*. — 8 En règlement de ses créances. — 9 Ironique, car Nucingen est baron de fraîche date.

— 1 Rédacteur en chef du journal. Balzac le dépeint comme un *maigre et pâle jeune homme ;* ses illusions perdues se lisent sur son *beau visage déjà flétri.* — 2 Raoul Nathan a du talent, mais manque de caractère et de sincérité. Dans *Une Fille d'Ève*, Balzac le présente comme « une image de la jeunesse littéraire d'aujourd'hui, de ses fausses grandeurs et de ses misères réelles ». — 3 Manuscrit d'un roman historique. — 4 Terme révélateur ; relever dans la suite des formules analogues. — 5 Cf. p. 322. — 6 Vernou, qui ne peut souffrir Nathan, a fait publier l'article de Lucien dans le grand journal auquel il collabore.

neuf que toi, n'a pas manqué d'y mettre au bas un C, avec lequel tu pourras désormais signer tes articles dans son journal, qui est Gauche pure. Nous sommes tous de l'Opposition. Félicien a eu la délicatesse de ne pas engager tes futures opinions. Dans la boutique d'Hector, dont le journal est Centre droit, tu pourras signer par un L. On est anonyme pour l'attaque, mais on signe très bien l'éloge.

— Les signatures ne m'inquiètent pas, dit Lucien, mais je ne vois rien à dire en faveur du livre.

20 — Tu pensais donc ce que tu as écrit ? dit Hector à Lucien. — Oui [7].

— Ah ! mon petit, dit Blondet, je te croyais plus fort ! Non, ma parole d'honneur, en regardant ton front [8], je te douais d'une omnipotence semblable à celle des grands esprits, tous assez puissamment constitués pour pouvoir considérer toute chose dans sa double forme. Mon petit, en littérature, chaque idée a son envers et son endroit ; personne ne peut prendre sur lui d'affirmer quel est l'envers. Tout est bilatéral dans le domaine de la pensée. Les idées sont binaires. Janus [9] est le mythe de la critique et le symbole du génie. Il n'y a que Dieu de triangulaire [10] ! Ce qui met Molière et Corneille hors ligne, n'est-ce pas la faculté de faire dire *oui* à Alceste et *non* à Philinte, à Octave et à Cinna ? Rousseau, dans 30 la *Nouvelle Héloïse*, a écrit une lettre pour et une lettre contre le duel, oserais-tu prendre sur toi de déterminer sa véritable opinion ? Qui de nous pourrait prononcer entre Clarisse et Lovelace [11], entre Hector et Achille ? Quel est le héros d'Homère ? Quelle fut l'intention de Richardson ? La critique doit contempler les œuvres sous tous leurs aspects [12]. Enfin nous sommes de grands rapporteurs [13].

— Vous tenez donc à ce que vous écrivez ? lui dit Vernou d'un air railleur. Mais nous sommes des marchands de phrases, et nous vivons de notre commerce. Quand vous voudrez faire une grande et belle œuvre, un livre enfin, vous pourrez y jeter vos pensées, votre âme, vous y attacher, le défendre ; mais des articles lus aujourd'hui, oubliés demain, ça ne vaut à mes yeux que ce qu'on les paye. Si 40 vous mettez de l'importance à de pareilles stupidités, vous ferez donc le signe de la croix et vous invoquerez l'Esprit Saint pour écrire un prospectus !

Tous parurent étonnés de trouver à Lucien des scrupules et achevèrent de mettre en lambeaux sa robe prétexte [14] pour lui passer la robe virile des journalistes.

LUCIEN n'a pas assez d'énergie pour rester honnête dans un pareil milieu, et il est trop ambitieux pour se contenter d'une vie médiocre. Il va donc glisser sur la pente fatale qui le conduira à la fois à la misère et au déshonneur. Il est sur le point de se tuer lorsqu'il rencontre un soi-disant prêtre espagnol, CARLOS HERRERA, qui n'est autre que Jacques Collin dit Trompela-mort, alias VAUTRIN, de nouveau évadé du bagne. Plus malléable que Rastignac (cf. p. 313), Lucien de Rubempré se prêtera à toutes les machinations de Vautrin. C'est le sujet d'un nouveau roman, Splendeurs et Misères des Courtisanes (1838-1847). Quoiqu'il soit tout à fait dénué de scrupules, Lucien n'est pas de taille à faire équipe avec le géant du crime, et leur association aboutit fatalement à sa perte, tandis qu'aucune force humaine ne peut venir à bout de Vautrin (p. 325-326).

— 7 C'est pourtant sa rancune contre l'éditeur qui a dicté à Lucien l'éreintement de Nathan (cf. Analyse). Mais, comme il est encore relativement sincère, dans le feu de la rédaction il s'est mis à croire à ses critiques. — 8 Balzac s'intéressait vivement aux théories de GALL *(phrénologie)* et de LAVATER *(physiognomonie)*, d'après lesquelles on pourrait discerner le caractère et les dons intellectuels par l'étude de la conformation du crâne ou des traits du visage (cf. p. 313, l. 27). — 9 Janus *bifrons*, le dieu au double visage. — 10 On représente symboliquement la Trinité par un triangle équilatéral (égalité des trois personnes). — 11 Dans *Clarisse Harlowe*, le célèbre roman de Richardson (1748). — 12 Distinguer dans cette tirade la part de la vérité et celle du sophisme. — 13 Le *rapporteur* d'un projet de loi ou d'une question juridique doit exposer le pour et le contre avant de conclure. — 14 Vêtement porté par les adolescents, à Rome, jusqu'au jour où ils revêtaient la toge virile.

OU MÈNENT LES MAUVAIS CHEMINS

Soupçonné d'assassinat, le faux Carlos Herrera est arrêté ainsi que Lucien. Devant le juge d'instruction, Herrera reste impénétrable : le magistrat pense qu'il est bien le forçat Jacques Collin, mais ne saurait le prouver ; il espère avoir plus de succès avec Lucien de Rubempré.

Dès qu'il voit paraître Rubempré, « pâle, défait, les yeux rouges et gonflés », le juge Camusot sait qu'il n'aura pas affaire à un adversaire de la taille de Vautrin. Pour obtenir des aveux complets, il commence par le mettre en confiance ; il lui fait presque des excuses ; on l'a arrêté pour complicité dans un empoisonnement, or la justice sait maintenant qu'il s'agissait d'un suicide (c'est la vérité). Puis il lui montre qu'il connaît les hontes de sa vie passée. Le juge d'instruction aborde enfin l'essentiel, et *Rubempré s'effondre*. Ce qu'il avoue sans résistance ne tombe peut-être pas sous le coup du code pénal, mais *le déshonore à tout jamais. Lorsqu'il s'en aperçoit, il est trop tard.*

La Police et la Justice savent tout ce qu'elles veulent savoir, dit Camusot, songez bien à ceci. Maintenant, reprit-il en pensant à la qualité de père que s'était donnée Jacques Collin, connaissez-vous qui est ce prétendu Carlos Herrera ?

— Oui, monsieur, mais je l'ai su trop tard...

— Comment trop tard ? Expliquez-vous !

— Ce n'est pas un prêtre, ce n'est pas un Espagnol, c'est...

— Un forçat évadé, dit vivement le juge.

— Oui, répondit Lucien. Quand le fatal secret me fut révélé, j'étais

10 son obligé, j'avais cru me lier avec un respectable ecclésiastique...

— Jacques Collin... dit le juge en commençant une phrase.

— Oui, Jacques Collin, répéta Lucien, c'est son nom.

— Bien. Jacques Collin, reprit monsieur Camusot, vient d'être reconnu tout à l'heure par une personne [1], et s'il nie encore son identité, c'est, je crois, dans votre intérêt [2]. Mais je vous demandais si vous saviez qui est cet homme dans le but de révéler une autre imposture de Jacques Collin.

Lucien eut aussitôt comme un fer rouge dans les entrailles en entendant cette terrifiante observation.

20 — Ignorez-vous, dit le juge en continuant, qu'il prétend être votre père pour justifier l'extraordinaire affection dont vous êtes l'objet ?

— Lui ! mon père !... oh ! monsieur !... il a dit cela !...

Et il fondit en larmes.

— Greffier, donnez lecture au prévenu de la partie de l'interrogatoire du prétendu Carlos Herrera dans laquelle il s'est dit le père de Lucien de Rubempré.

— 1 Mme Poiret, née Michonneau, qui avait déjà fait arrêter Jacques Collin-Vautrin à la pension Vauquer (cf. Analyse, p. 315). —

2 Cette remarque du juge souligne la fatale erreur de tactique que vient de commettre Lucien.

Le poète écouta cette lecture dans un silence et dans une contenance qui fit peine à voir. — Je suis perdu ! s'écria-t-il.

— On ne se perd pas dans la voie de l'honneur et de la vérité, dit le juge.

30 — Mais vous traduirez Jacques Collin en Cour d'assises [3] ? demanda Lucien.

— Certainement, répondit Camusot qui voulut continuer à faire causer Lucien. Achevez votre pensée.

Mais, malgré les efforts et les remontrances du juge, Lucien ne répondit plus. La réflexion était venue trop tard, comme chez tous les hommes qui sont esclaves de la sensation. Là est la différence entre le poète et l'homme d'action : l'un se livre au sentiment pour le reproduire en images vives, il ne juge qu'après ; tandis que l'autre sent et juge à la fois. Lucien resta morne, pâle, il se voyait au fond du précipice où l'avait fait 40 rouler le juge d'instruction à la bonhomie de qui, lui le poète, il s'était laissé prendre. Il venait de trahir non pas son bienfaiteur, mais son complice qui, lui, avait défendu leur position avec un courage de lion, avec une habileté tout d'une pièce. Là où Jacques Collin avait tout sauvé par son audace, Lucien, l'homme d'esprit, avait tout perdu par son inintelligence et par son défaut de réflexion. Ce mensonge infâme et qui l'indignait servait de paravent à une plus infâme vérité [4]. Confondu par la subtilité du juge, épouvanté par sa cruelle adresse, par la rapidité des coups qu'il lui avait portés en se servant des fautes d'une vie mise à jour comme de crocs pour fouiller sa conscience, Lucien était là semblable à 50 l'animal que le billot [5] de l'abattoir a manqué. Libre et innocent à son entrée dans ce cabinet, en un instant il se trouvait criminel par ses propres aveux.

- *Composition.* a) *Étudiez dans la partie dialoguée les révélations obtenues par le juge ; – b) Montrez le contraste entre cette partie et la suite du texte ; comment sont-elles liées ?*
- *Précisez en quoi Lucien cause sa propre perte.*
- *Distinguez les états d'âme de Lucien expliquant l'attitude qui lui est fatale.*
- *Les idées de* BALZAC *sur ses personnages.* a) *Que pensez-vous de son jugement sur Lucien ? – b) En quoi admire-t-il Collin ? – c) Lucien vous paraît-il plus répréhensible que Collin ?*
- *Dans quelle mesure et en quoi le dénouement respecte-t-il la morale ? (utilisez l'analyse).*
- **Étude de texte.** *Dans ce duel entre Lucien et le juge, relevez ce qui justifie la distinction observée par* BALZAC *entre « le poète et l'homme d'action » (cf. l. 35-38).*
- **Essai.** *Jacques Collin, d'après l'analyse et les extraits des p. 313-315 et 324-326.*

De hautes protections arrêteront, de la façon la plus scandaleuse, l'action de la justice, sans parvenir cependant à sauver LUCIEN DE RUBEMPRÉ *qui s'est pendu dans sa cellule à la suite de l'interrogatoire. D'abord accablé par ce coup terrible, l'homme de fer qu'est Vautrin ne tarde pas à réagir : comme il détient des lettres dont la publication déshonorerait de grandes dames, il peut défier la justice et la société en la personne du procureur général de Grandville. Jugeant le forçat moins dangereux comme allié que comme adversaire, ce haut magistrat nomme* VAUTRIN *adjoint au chef de la sûreté ! Dénouement invraisemblable, dira-t-on, et pourtant conforme au destin historique de Vidocq (c'est* La dernière incarnation de Vautrin).

---

3 Préciser les réflexions de Lucien que révèle cette question. — 4 La complicité de Lucien. — 5 Maillet utilisé pour assommer les animaux de boucherie.

STENDHAL

Henri Beyle   GRENOBLE (1783-1799). Né à Grenoble en 1783, HENRI BEYLE, qui a perdu sa mère de bonne heure, gardera un mauvais souvenir de son enfance. Dès son jeune âge, révolté contre son père, contre sa tante Séraphie, contre la « tyrannie » de l'abbé Raillane son précepteur, il prend en horreur la religion et la monarchie, tandis que la philosophie du XVIIIᵉ siècle l'attire en la personne de son « excellent » grand-père Gagnon. L'adolescent étudie les mathématiques et le dessin, prépare l'École Polytechnique, se rend à Paris pour s'y présenter, mais renonce à son projet, sans doute parce qu'il aspire à une vie plus mouvementée.

L'ARMÉE (1800-1814). Avec l'appui de son cousin PIERRE DARU, secrétaire général à la guerre, il amorce une carrière militaire (1800), rejoint l'armée d'Italie (cf. p. 330) et devient sous-lieutenant au 6ᵉ dragons. L'Italie l'enchante mais l'armée l'ennuie et il démissionne en 1802.

A Paris, il rêve alors d'une autre gloire : il veut écrire « *des comédies comme Molière* », fréquente des actrices, mais ses essais dramatiques sont décevants. Il est plus près de sa véritable vocation lorsqu'il rédige son *Journal* (à partir de 1801) et se passionne pour les travaux des *idéologues*, qui poursuivent une analyse exacte des facultés de l'homme (Destutt de Tracy) et montrent l'influence de la physiologie sur la vie mentale (Cabanis).

En 1806, grâce à Daru, il reprend du service, cette fois dans l'intendance. Il exerce ses fonctions en Allemagne, en Autriche, devient conseiller d'État, intendant, participe aux campagnes de Russie et de Saxe, et enfin « tombe avec Napoléon » en avril 1814.

MILAN (1814-1821). La chute de l'empire prive Henri Beyle de son emploi mais lui rend la liberté. Il s'installe à Milan, dont le charme l'avait conquis en 1800. Ce sera sa patrie d'élection : *Arrigo Beyle, Milanese*, il ne veut pas d'autre épitaphe. L'Italie lui paraît un séjour sans égal pour qui veut être naturel et goûter le plaisir de vivre et d'aimer. A Milan il entreprend des travaux de critique musicale et picturale, d'ailleurs sans originalité : *Vies de Haydn, Mozart et Métastase, Histoire de la peinture en Italie*.

Son talent personnel commence à se manifester dans le premier ouvrage qu'il signe du nom de STENDHAL : *Rome, Naples et Florence* (1817). Mais en 1821, devenu suspect à la police autrichienne, il doit quitter Milan, se séparer de celle qu'il aime, Métilde Dembowska, et regagner Paris.

Stendhal   DES RÉFLEXIONS SUR L'AMOUR AU ROMAN D'ANALYSE (1821-1830). Dans les salons parisiens, Stendhal poursuit sa « chasse au bonheur ». Il médite sur l'art de plaire, observe en lui et autour de lui les effets de la passion. Sous l'influence des idéologues (il est reçu chez Destutt de Tracy), ses réflexions prennent un tour presque scientifique dans un essai psychologique, *De l'Amour*, qu'il publie en 1822.

L'un des premiers, il s'engage dans la bataille romantique avec *Racine et Shakespeare* (1823, édition augmentée en 1825) ; polémiste désinvolte et incisif, il y ébranle la citadelle classique ; il définit son idéal dramatique : tragédie nationale créant « l'illusion parfaite », comédie gaie jusqu'au « rire fou » ; enfin, donnant un tour personnel aux idées relativistes, il lance cette définition : « Le romanticisme est l'art de présenter aux peuples les œuvres littéraires qui, dans l'état actuel de leurs habitudes et de leurs croyances, sont susceptibles de leur donner le plus de plaisir possible. »

En 1827, il publie un roman d'analyse, *Armance*, qui n'a aucun succès. Son activité littéraire reste très diverse, comme en témoignent, après une *Vie de Rossini* (1823), des *Promenades dans Rome* (1829) ; mais, revenant au roman d'analyse, il donne à la fin de 1830 son premier chef-d'œuvre, *Le Rouge et le Noir* (cf. p. 332-338).

LE DIPLOMATE HOMME DE LETTRES (1830-1842). La situation financière de Stendhal devenait difficile, lorsque Molé, ministre de Louis-Philippe, le nomme consul à Trieste. Ses opinions libérales l'y rendent bientôt indésirable, et il rejoint en 1831, à Civita-Vecchia (États de l'Église), un poste dont l'attrait est d'être peu éloigné de Rome. En 1834 il commence un nouveau roman, *Lucien Leuwen*, qui restera inachevé. De 1836 à 1839, un congé lui permet de reprendre contact avec les salons parisiens, de voyager (*Mémoires d'un Touriste*, 1838), d'écrire *La Chartreuse de Parme* (1839 ; cf. p. 338-346) et des récits dramatiques tels que *L'Abbesse de Castro*, réunis plus tard sous le titre de *Chroniques italiennes*.

En 1839 il reprend ses fonctions à Civita-Vecchia, où il commence d'autres ouvrages, en particulier *Lamiel*, son dernier roman. Mais sa santé est altérée et il doit demander un nouveau congé (1841). Il meurt à Paris, d'une attaque d'apoplexie, en 1842.

L'ŒUVRE POSTHUME. Stendhal laissait de nombreux manuscrits inachevés, qui ont été publiés après sa mort : une *Vie de Napoléon*, ébauchée en 1817-1818, reprise en 1836-1838 et de nouveau abandonnée ; les deux romans déjà mentionnés, *Lucien Leuwen* et *Lamiel;* enfin des récits autobiographiques qui nous ont permis de bien connaître l'homme que fut Henri Beyle : son *Journal*, la *Vie de Henri Brulard* (enfance et adolescence ; cf. p. 330) et les *Souvenirs d'égotisme* (années 1821-1830).

L'homme

La personnalité de Stendhal paraît d'abord déconcertante et insaisissable. « La conscience de Beyle est un théâtre, notait Valéry, et il y a beaucoup de l'acteur dans cet auteur. » De fait nous avons parfois l'impression qu'il change de rôle à volonté. Mais ses écrits intimes, sans être de véritables confessions, nous révèlent le secret de son caractère.

SENSIBILITÉ ROMANTIQUE. Sous une attitude volontiers désinvolte ou cynique, Stendhal cache une sensibilité très vive, presque féminine, un enthousiasme prompt à s'enflammer, une imagination romanesque et passionnée. C'est ce qu'il appelle, dans *Henri Brulard* le côté espagnol de son tempérament. Il aime l'amour, la gloire, la générosité ; il aspire intensément au bonheur.

INTELLIGENCE CRITIQUE. Mais il réprime sans cesse les élans de sa sensibilité et de son imagination ; par peur d'être dupe, ou ridicule ; parce qu'il a horreur des effusions et de l'attendrissement facile ; parce que son intelligence lucide est toujours en éveil. Il s'analyse froidement, selon la méthode des idéologues, sans complaisance, sans céder à la tentation d'enjoliver ses souvenirs. Détestant tout ce qui n'est pas authentique, il a horreur des idées et des sentiments conventionnels, et surtout de l'hypocrisie.

Mais du même coup l'hypocrisie l'intéresse et le tente : son horreur pour elle devient une sorte de fascination. La dissimulation a d'abord été pour lui une nécessité : dans son enfance elle alterne avec la révolte ouverte ; puis elle est une arme contre la Restauration qu'il déteste et contre la monarchie de Juillet qu'il sert tout en la méprisant. Mais il en est venu à y voir une sorte de discipline personnelle, un jeu subtil, enfin une forme d'art : l'ironie. Cependant, parmi ses feintes, ses « grimaces », c'est la vérité profonde de son être qu'il poursuit constamment.

Le beylisme

Son œuvre révèle une *conception de la vie* et un *art de vivre* très personnel, que l'on a appelé le *beylisme*. Beyle et ses héros les plus typiques unissent deux traits de caractère souvent jugés inconciliables : çe sont des *épicuriens passionnés*. Pour Stendhal l'essentiel de la vie réside dans la « chasse au bonheur ». Dans cette « chasse » les hommes se montrent vraiment eux-mêmes, sans faux-fuyants ni dissimulation. Le plaisir ressenti est le grand critère, esthétique et moral. Cet épicurisme est inséparable d'un *individualisme* qui va jusqu'à *l'égotisme*, culte du moi non pas inquiet mais allègre, enthousiaste et conquérant. Stendhal aime les tempéraments ardents, originaux et passionnés. Les passions, lorsqu'elles sont sincères, enrichissent ceux qui les éprouvent, leur font goûter des sensations exaltantes, irremplaçables. Enfin l'individualité s'affirme par *l'énergie*, la « *virtù* », qui achève de distinguer les héros stendhaliens du vulgaire ; elle les anime dans les luttes que soutient leur amour ou leur ambition contre les obstacles, contre les préjugés, contre la morale même.

Individualisme, énergie, passions puissantes, vie dangereuse, goût du plaisir et sens du bonheur : ces traits rendent chère à Stendhal l'Italie des carbonari ou de la Renaissance.

Cet idéal est *romantique* à bien des égards, mais d'un romantisme qui ne ressemble nullement à celui de Chateaubriand ou de Lamartine : Stendhal est aussi un *héritier du XVIIIᵉ siècle*, fortement marqué par l'esprit voltairien. Il ignore le sentiment religieux, se défie du lyrisme et de l'éloquence. Analyste rigoureux, il réagit par l'ironie aux tentations de la sensibilité ; mais son ironie n'est plus celle de Voltaire, elle se nuance souvent de sympathie. Son épicurisme traduit une âme ardente, romantique, avide d'originalité, et qui redoute avant tout l'ennui.

La création littéraire

L'AUTEUR DANS SON ŒUVRE. Stendhal est constamment présent dans ses romans, doublement présent. 1) Il ne s'efface jamais complètement devant ses personnages : il les juge, se moque d'eux gentiment (cf. p. 339) ou les écrase de son mépris lorsqu'ils lui sont antipathiques. — 2) Ses héros lui ressemblent, le complètent ou le prolongent : Julien Sorel, Fabrice del Dongo, Lucien Leuwen sont des Stendhal possibles, nés à la fois des souvenirs et des rêves de leur auteur, plus brillants, plus entreprenants, plus séduisants que le jeune Henri Beyle, menant une vie plus mouvementée, plus dramatique et plus passionnante que la sienne. Le comte Mosca et M. Leuwen sont des frères un peu idéalisés de Stendhal à cinquante ans : ils ont son scepticisme souriant qui n'a pas éteint la flamme de la jeunesse. Quant à ses héroïnes, ou bien elles lui ressemblent elles aussi (Mathilde de la Mole et la Sanseverina illustrent son « espagnolisme »), ou bien elles incarnent un type de femme bien différent, qu'il aimait et dont il aurait voulu être aimé (Madame de Rênal, Clélia Conti).

Ainsi la création littéraire *compense* pour l'auteur les déceptions et les mesquineries de la vie, et elle lui permet de se livrer à *des variations*, imaginaires et passionnantes, *sur son propre destin*, à *des expériences* variées sur des aspects de son être demeurés à l'état de virtualités. On conçoit dès lors le *plaisir* qu'il prenait à écrire.

L'OBSERVATION RÉALISTE. Mais Stendhal ne laisse pas vagabonder son imagination. Soucieux avant tout de *vérité*, il contrôle les réactions des êtres nés de ses souvenirs et de ses rêves selon des méthodes empruntées aux sciences exactes ; il choisit d'ordinaire, comme canevas de leurs aventures, des événements réels ; enfin il les fait évoluer dans des milieux qu'il connaît bien, et qu'il peint d'après nature.

1. LA SCIENCE DE L'AMOUR. Dans son livre *De l'Amour*, il aborde cette passion en analyste rigoureux, presque en mathématicien. Il distingue quatre sortes d'amour : l'amour-passion, l'amour-goût, l'amour physique, l'amour de vanité. La naissance de l'amour comporte sept phases ; la plus importante est la *cristallisation*, véritable loi psychologique découverte par Stendhal : on pare l'objet aimé de mille perfections, de même qu'aux mines de sel de Salzbourg « un rameau effeuillé par l'hiver » s'enrichit « de cristallisations brillantes, d'une infinité de diamants mobiles et éblouissants » qui le rendent méconnaissable. Certes le romancier se garde bien de présenter les sentiments de ses héros comme de simples applications des lois qu'il a discernées ; les êtres vivants ne sont pas des schémas ou des épures ; mais il est significatif que Stendhal ait voulu *comprendre l'amour et l'analyser abstraitement avant de le peindre*.

2. LES FAITS RÉELS. Le sujet du *Rouge* est fourni à Stendhal par la *Gazette des Tribunaux* ; l'histoire de Julien Sorel reproduit à peu près exactement celle d'Antoine Berthet, condamné à mort par les assises de l'Isère et exécuté en février 1828, pour tentative de meurtre sur la personne de Mme Michoud, chez qui il avait été précepteur. Le sujet de la *Chartreuse* est emprunté à une chronique italienne (cf. p. 338).

3. LES TABLEAUX DE MŒURS. *Le Rouge et le Noir* porte un sous-titre révélateur : *Chronique de* 1830. Le roman présente un tableau de la société française (noblesse de province, milieux ecclésiastiques, aristocratie parisienne, etc.), et des mœurs politiques dans les dernières années de la Restauration. Dans *Lucien Leuwen*, nous assistons au triomphe de la bourgeoisie riche sous Louis-Philippe. *La Chartreuse de Parme* nous initie aux intrigues d'une petite cour italienne vers 1820 (cf. p. 341). Cette peinture, vivante et précise, est presque toujours *satirique*. L'auteur n'hésite pas à afficher des *partis pris* :

haine de l'absolutisme, anticléricalisme ; et il n'est pas plus tendre pour le régime hybride qui suit la révolution de Juillet. Il prête à Julien Sorel devant ses juges un véritable réquisitoire contre l'injustice sociale ; mais, en dépit de ses opinions libérales, il redoute dans la démocratie un nouveau conformisme, l'uniformité et l'ennui. D'ailleurs le « beylisme » n'est-il pas une révolte contre la contrainte sociale, quelle que soit sa nature ?

Le style de Stendhal

Si Stendhal n'est pas objectif dans ses jugements, il l'est par son *style*. Il n'aime pas la poésie, soupçonne Chateaubriand de « charlatanisme » parce qu'il arrondit majestueusement ses périodes. L'idéal, c'est la sécheresse du Code civil. « Je n'ai qu'un moyen d'empêcher mon imagination de me jouer des tours, c'est de marcher droit à l'objet » (*Henri Brulard*). « *Marcher droit à l'objet* », c'est sa démarche même lorsqu'il écrit. Il disait encore : « Je fais tous mes efforts pour être sec... Je tremble de n'avoir écrit qu'un soupir, quand je crois avoir noté une vérité. » Cette recherche d'un *tour froid*, d'un *ton positif* l'apparente aux *réalistes* et aux *naturalistes* qui se réclameront de lui. Mais son style n'est pas pour autant impersonnel, bien loin de là ; il n'est pas non plus monotone : dépouillé, incisif, parfois agressif, il sait aussi exprimer, sans s'alanguir, le lyrisme du bonheur.

La destinée de l'œuvre

Lorqu'elle n'a pas choqué les contemporains, l'œuvre de Stendhal les a laissés indifférents. Seul Balzac a deviné un chef-d'œuvre dans la *Chartreuse de Parme*. D'ailleurs Stendhal dédiait ce roman « *To the happy few* », à *l'élite restreinte* capable de l'apprécier, et il déclarait qu'il ne serait pas compris avant 1880. Vers cette date en effet un autre romancier, Paul Bourget, se passionnera pour son œuvre. Mais le mérite d'avoir « découvert » Stendhal revient à Taine, l'analyste de l'intelligence (cf. p. 401). Depuis, la connaissance de Stendhal n'a cessé de progresser, grâce à la publication des inédits et aux travaux d'une pléiade de stendhaliens fervents. Peut-être son audience reste-t-elle moins large que celle de Balzac, mais il a rejoint l'auteur de la *Comédie Humaine* au tout premier rang des maîtres du roman français. Il séduit notre époque par les aspects mêmes qui déplaisaient à ses contemporains, par son égotisme, sa pudeur devant l'émotion et les bons sentiments, sa manière désinvolte et paradoxale. *Son nom n'évoque pas seulement le génie du roman, mais une forme d'intelligence et de sensibilité, une attitude devant le réel et un art de vivre.*

En route pour l'Italie

A dix-sept ans Henri Beyle rejoint l'armée d'Italie. Il dissimule sous un masque impassible ses alarmes et surtout les élans de son imagination héroïque et romanesque ; mais il ne sait ni conduire son cheval ni se servir de son sabre ! On est frappé de la ressemblance entre Henri Beyle et Fabrice del Dongo (cf. p. 339), et l'attitude de l'homme mûr devant l'adolescent qu'il fut, faite *d'ironie et de tendresse*, est semblable à celle du romancier à l'égard de son héros. On notera encore le thème stendhalien du *bonheur ;* enfin le souci d'échapper, pour restituer le *souvenir authentique*, aux tentations de l'art, de l'imagination et de la sensibilité. (*Vie de Henri Brulard*, XLIV).

Mon jeune cheval fringant galopait donc au hasard au milieu de ces saules quand je m'entendis appeler : c'était le domestique sage et prudent du capitaine Burelviller qui enfin, en me criant de retirer la bride et s'approchant, parvint à arrêter le cheval après une galopade d'un quart d'heure au moins dans tous les sens. Il me semble qu'au milieu de mes peurs sans nombre, j'avais celle d'être entraîné dans le lac.

« Que me voulez-vous ? dis-je à ce domestique, quand enfin il eut pu calmer mon cheval. — Mon maître désire vous parler. »

Aussitôt je pensai à mes pistolets : c'est sans doute quelqu'un qui veut m'arrêter.
10 La route était couverte de passants, mais toute ma vie j'ai vu mon idée et non la

réalité (comme un *cheval ombrageux*, me dit dix-sept ans plus tard M. le comte de Tracy [1]).

Je revins fièrement au capitaine que je trouvai obligeamment [2] arrêté sur la grande route. « Que me voulez-vous, monsieur ? » lui dis-je, m'attendant à faire le coup de pistolet.

Le capitaine était un grand homme blond, entre deux âges, maigre, et d'un aspect narquois et fripon, rien d'engageant, au contraire. Il m'expliqua qu'en passant à la porte [3], M... lui avait dit :

« Il y a là un jeune homme qui s'en va à l'armée sur ce cheval, qui monte pour la première fois à cheval, et qui n'a jamais vu l'armée. Ayez la charité de le prendre avec vous pour les premières journées. »

M'attendant toujours à me fâcher et pensant à mes pistolets, je considérais le sabre droit et immensément long du capitaine Burelviller qui, ce me semble, appartenait à l'arme de la grosse cavalerie : habit bleu, boutons et épaulettes d'argent.

Je crois que pour comble de ridicule j'avais un sabre; même, en y pensant, j'en suis sûr.[..] *(Henry Beyle fait route avec le capitaine, qui lui apprend à monter à cheval.)*

J'étais absolument ivre, fou de bonheur et de joie. Ici commence une époque d'enthousiasme et de bonheur parfait. Ma joie, mon ravissement ne diminuèrent un peu que lorsque je devins dragon au 6e régiment et encore ce ne fut qu'une éclipse.

Je ne croyais pas être alors au comble du bonheur qu'un être humain puisse trouver ici-bas. Mais telle est la vérité pourtant. Et cela quatre mois après avoir été si malheureux à Paris, quand je m'aperçus ou crus m'apercevoir que Paris n'était pas, par soi, le comble du bonheur.

Comment rendrais-je le ravissement de Rolle [4] ?...

A Rolle, ce me semble, arrivé de bonne heure, ivre de bonheur de la lecture de la *Nouvelle Héloïse* [5] et de l'idée d'aller passer à Vevey, prenant peut-être Rolle pour Vevey, j'entendis tout à coup sonner en grande volée la cloche majestueuse d'une église située dans la colline, à un quart de lieue au-dessus de Rolle ou de Nyon, j'y montai. Je voyais ce beau lac s'étendre sous mes yeux, le son de la cloche était une ravissante musique qui accompagnait mes idées et leur donnait une physionomie sublime.

Là, ce me semble, a été mon approche la plus voisine du *bonheur parfait*.

Pour un tel moment il vaut la peine d'avoir vécu.

Dans la suite je parlerai de moments semblables, où le fond pour le bonheur était peut-être plus réel, mais la sensation était-elle aussi vive ? le transport du bonheur aussi parfait ?

Que dire d'un tel moment sans mentir, sans tomber dans le roman [6] ?

A Rolle ou Nyon, je ne sais lequel (à vérifier, il est facile de voir cette église entourée de huit ou dix grands arbres), à Rolle exactement commença le temps heureux de ma vie, ce pouvait être le 8 ou le 10 de mai 1800.

Le cœur me bat encore en écrivant ceci trente-six ans après. Je quitte mon papier, j'erre dans ma chambre et je reviens à écrire. J'aime mieux manquer quelque trait vrai que de tomber dans l'exécrable défaut de faire de la déclamation comme c'est l'usage.

— 1 Destutt de Tracy, le plus célèbre des *idéologues* dont la pensée a influencé Stendhal.
— 2 Commenter le contraste entre les deux adverbes. — 3 La porte de Lausanne, à Genève.
— 4 Petite ville du canton de Vaud, sur le lac de Genève. — 5 Le jeune homme n'ose dire ses *chimères*, ni *parler littérature* au capitaine; mais dès qu'il est seul, il en profite pour *aller rêver en paix*. — 6 Relever dans le texte tout ce qui illustre ce souci de *ne pas romancer les souvenirs*.

LE ROUGE ET LE NOIR

Sous la Restauration, M. DE RÊNAL, *maire ultra d'une petite ville de Franche-Comté, Verrières, décide d'engager comme précepteur de ses enfants le fils d'un charpentier,* JULIEN SOREL, *qui se destine à l'état ecclésiastique. Il présente ses offres au père Sorel ; celui-ci va chercher son fils à la scierie ; il l'aperçoit juché sur une pièce de la toiture : « Au lieu de surveiller attentivement l'action de tout le mécanisme, Julien lisait ».*

Un père et un fils

On remarquera l'art avec lequel STENDHAL insère dans l'action, juste au moment voulu, le portrait de son héros. La scène de la scierie, la présentation de Julien, le dialogue entre le père et le fils, tout concourt à dégager une impression dominante : *Julien Sorel est différent de son milieu ;* et il en sera de même dans tous les milieux où il évoluera. Pour le moment, apparemment impropre aux travaux de force et grand liseur, il est méprisé et rudoyé par son père, travailleur manuel illettré, ainsi que par ses frères. Cette différence et ces brimades font de lui un être secret, renfermé, sournois même, mais prêt à la révolte. Au fond il est passionné, fier, capable à la fois de rêves et de calcul, ambitieux aussi, mais de façon complexe : son désir d' « arriver » est aussi conscience de sa valeur, besoin de revanche, essor de l'imagination (I, 4 et 5).

Ce fut en vain qu'il appela Julien deux ou trois fois. L'attention que le jeune homme donnait à son livre, bien plus que le bruit de la scie, l'empêcha d'entendre la terrible voix de son père. Enfin, malgré son âge, celui-ci sauta lestement sur l'arbre soumis à l'action de la scie, et de là sur la poutre transversale qui soutenait le toit. Un coup violent fit voler dans le ruisseau le livre que tenait Julien ; un second coup aussi violent, donné sur la tête, en forme de calotte, lui fit perdre l'équilibre. Il allait tomber à douze ou quinze pieds plus bas, au milieu des leviers de la machine en action, qui l'eussent brisé, mais son père le retint de la main gauche comme il tombait :

10   — Eh bien ! paresseux, tu liras donc toujours tes maudits livres, pendant que tu es de garde à la scie ? Lis-les le soir quand tu vas perdre ton temps [1] chez le curé, à la bonne heure.

Julien, quoique étourdi par la force du coup et tout sanglant, se rapprocha de son poste officiel, à côté de la scie. Il avait les larmes aux yeux, moins à cause de la douleur physique que pour la perte de son livre qu'il adorait.

— Descends, animal, que je te parle.

Le bruit de la machine empêcha encore Julien d'entendre cet ordre. Son père qui était descendu, ne voulant pas se donner la peine de remonter sur le méca-nisme, alla chercher une longue perche pour abattre des noix, et l'en frappa sur
20 l'épaule. A peine Julien fut-il à terre que le vieux Sorel, le chassant rudement devant lui, le poussa vers la maison. « Dieu sait ce qu'il va me faire ! » se disait le jeune homme. En passant, il regarda tristement le ruisseau où était tombé son livre ; c'était celui de tous qu'il affectionnait le plus, le *Mémorial de Sainte-Hélène* [2].

Il avait les joues pourpres et les yeux baissés. C'était un petit jeune homme de dix-huit à dix-neuf ans, faible en apparence, avec des traits irréguliers, mais délicats, et un nez aquilin. De grands yeux noirs, qui, dans les moments tran-

---

— 1 Pour le père Sorel, les études sont du | temps perdu. — 2 Julien admire en secret Napoléon (cf. l. 42-47).

quilles, annonçaient de la réflexion et du feu, étaient animés en cet instant de l'expression de la haine la plus féroce [3]. Des cheveux châtain foncé, plantés fort
30 bas, lui donnaient un petit front, et, dans les moments de colère, un air méchant. Parmi les innombrables variétés de la physionomie humaine, il n'en est peut-être point qui se soit distinguée par une spécialité plus saisissante. Une taille svelte et bien prise annonçait plus de légèreté que de vigueur. Dès sa première jeunesse, son air extrêmement pensif et sa grande pâleur avaient donné l'idée à son père qu'il ne vivrait pas, ou qu'il vivrait pour être une charge à sa famille. Objet des mépris de tous à la maison, il haïssait ses frères et son père ; dans les jeux du dimanche, sur la place publique, il était toujours battu.

Il n'y avait pas un an que sa jolie figure commençait à lui donner quelques voix amies parmi les jeunes filles. Méprisé de tout le monde, comme un être
40 faible, Julien avait adoré ce vieux chirurgien-major qui un jour osa parler au maire au sujet des platanes [4].

Ce chirurgien payait quelquefois au père Sorel la journée de son fils, et lui enseignait le latin et l'histoire, c'est-à-dire ce qu'il savait d'histoire, la campagne de 1796 en Italie [5]. En mourant, il lui avait légué sa croix de la Légion d'honneur, les arrérages de sa demi-solde, et trente ou quarante volumes, dont le plus précieux venait de faire le saut dans *le ruisseau public*, détourné par le crédit de M. le maire [6].

A peine entré dans la maison, Julien se sentit l'épaule arrêtée par la puissante main de son père ; il tremblait, s'attendant à quelques coups.
50 — Réponds-moi sans mentir, lui cria aux oreilles la voix dure du vieux paysan, tandis que sa main le retournait, comme la main d'un enfant retourne un soldat de plomb.

Les grands yeux noirs et remplis de larmes de Julien se trouvèrent en face des petits yeux gris et méchants du vieux charpentier, qui avait l'air de vouloir lire jusqu'au fond de son âme.

***

— Réponds-moi sans mentir, si tu le peux, chien de *lisard ;* d'où connais-tu madame de Rênal, quand lui as-tu parlé ?
— Je ne lui ai jamais parlé, répondit Julien, je n'ai jamais vu cette dame qu'à l'église.
60 — Mais tu l'auras regardée, vilain effronté ?
— Jamais ! Vous savez qu'à l'église je ne vois que Dieu, ajouta Julien avec un petit air hypocrite [7], tout propre, selon lui, à éloigner le retour des taloches.
— Il y a pourtant quelque chose là-dessous, répliqua le paysan malin, et il se tut un instant ; mais je ne saurai rien de toi, maudit sournois. Au fait, je vais être délivré de toi, et ma scie n'en ira que mieux. Tu as gagné M. le curé ou tout autre, qui t'a procuré une belle place. Va faire ton paquet, et je te mènerai chez M. de Rênal, où tu seras précepteur des enfants.
— Qu'aurai-je pour cela ?
— La nourriture, l'habillement et trois cents francs de gages.
70 — Je ne veux pas être domestique [8].

— 3 Julien est enclin aux sentiments violents. — 4 Il avait critiqué la façon dont M. de Rênal faisait tailler les platanes de la promenade : trait d'audace de la part du chirurgien-major « jacobin et bonapartiste » ! — 5 Elle sera évoquée au début de la *Chartreuse de Parme.* —

6 Voulant acquérir l'emplacement primitif de l'atelier du père Sorel, M. de Rênal a détourné le ruisseau jusqu'au nouvel emplacement de la scierie. — 7 Julien aura souvent recours à *l'hypocrisie :* en quoi est-ce surprenant ? en quoi est-ce compréhensible ? — 8 Que révèle cette réplique ? (cf. l. 84-85).

— Animal, qui te parle d'être domestique ? est-ce que je voudrais que mon fils fût domestique ?

— Mais, avec qui mangerai-je ?

Cette demande déconcerta le vieux Sorel, il sentit qu'en parlant il pourrait commettre quelque imprudence ; il s'emporta contre Julien, qu'il accabla d'injures, en l'accusant de gourmandise [9], èt le quitta pour aller consulter ses autres fils.

Julien les vit bientôt après, chacun appuyé sur sa hache et tenant conseil. Après les avoir longtemps regardés, Julien, ne pouvant rien deviner, alla se placer de 80 l'autre côté de la scie, pour éviter d'être surpris. Il voulait penser mûrement à cette annonce imprévue qui changeait son sort, mais il se sentit incapable de prudence ; son imagination était tout entière à se figurer ce qu'il verrait dans la belle maison de M. de Rênal.

Il faut renoncer à tout cela, se dit-il, plutôt que de se laisser réduire à manger avec les domestiques. Mon père voudra m'y forcer ; plutôt mourir. J'ai quinze francs huit sous d'économies [10], je me sauve cette nuit ; en deux jours, par des chemins de traverse où je ne crains nul gendarme, je suis à Besançon ; là, je m'engage comme soldat, et, s'il le faut, je passe en Suisse. Mais alors plus d'avancement, plus d'ambition pour moi, plus de ce bel état de prêtre qui mène à tout [11].

Finalement la négociation aboutit ; Julien ne mangera pas avec les domestiques ; le voici donc à la grille de la maison du maire .

PREMIERS REGARDS, PREMIER BONHEUR

L'action est nouée dès cette première entrevue de Mme DE RÊNAL et de JULIEN SOREL (I, 6), qui aura une influence décisive sur leurs sentiments réciproques. D'après Stendhal, *le plus petit étonnement peut faire naître l'amour :* ainsi la surprise de Mme de Rênal la prépare à s'éprendre inconsciemment de Julien qui, de son côté, est conquis sur-le-champ. Mais cette scène, *si romanesque dans sa simplicité,* ne présente pas moins d'intérêt en elle-même que par ce qu'elle prépare. Stendhal s'est peut-être souvenu de la première rencontre de Rousseau avec Mme de Warens (cf. *XVIIIᵉ Siècle,* p. 320).

Avec la vivacité et la grâce qui lui étaient naturelles quand elle était loin des regards des hommes [1], madame de Rênal sortait par la porte-fenêtre du salon qui donnait sur le jardin, quand elle aperçut près de la porte d'entrée la figure d'un jeune paysan presque encore enfant [2], extrêmement pâle et qui venait de pleurer. Il était en chemise bien blanche, et avait sous le bras une veste fort propre de ratine violette.

Le teint de ce petit paysan était si blanc, ses yeux si doux, que l'esprit un peu romanesque de madame de Rênal [3] eut d'abord l'idée que ce pouvait être une jeune fille déguisée, qui venait demander quelque grâce 10 à M. le maire. Elle eut pitié de cette pauvre créature, arrêtée à la porte d'entrée, et qui évidemment n'osait pas lever la main jusqu'à la sonnette.

— 9 Est-il sincère ? Commenter. — 10 Quel est l'effet produit par cette précision ? — 11 Sous l'Empire, l'état militaire (le *Rouge*) était le meilleur moyen d'*avancer ;* mais sous la Restauration, c'est, selon Julien, l'état ecclésiastique (le *Noir*).

— 1 Stendhal nous a dépeint Mme de Rênal comme « une femme grande, bien faite », douée d'une « grâce naïve, pleine d'innocence et de vivacité », sans coquetterie ni affectation, et même « fort timide ». — 2 Cf. p. 332 (l. 25-39). — 3 « C'était une âme naïve » (chap. III).

Madame de Rênal s'approcha, distraite un moment de l'amer chagrin que lui donnait l'arrivée du précepteur [4]. Julien, tourné vers la porte, ne la voyait pas s'avancer. Il tressaillit quand une voix douce dit tout près de son oreille :

— Que voulez-vous ici, mon enfant ?

Julien se tourna vivement, et, frappé du regard si rempli de grâce de madame de Rênal, il oublia une partie de sa timidité. Bientôt, étonné de sa beauté, il oublia tout, même ce qu'il venait faire. Madame de Rênal
20 avait répété sa question.

— Je viens pour être précepteur, madame, lui dit-il enfin, tout honteux de ses larmes qu'il essuyait de son mieux.

Madame de Rênal resta interdite ; ils étaient fort près l'un de l'autre à se regarder. Julien n'avait jamais vu un être aussi bien vêtu et surtout une femme avec un teint si éblouissant, lui parler d'un air doux. Madame de Rênal regardait les grosses larmes qui s'étaient arrêtées sur les joues si pâles d'abord et maintenant si roses de ce jeune paysan. Bientôt elle se mit à rire avec toute la gaieté folle d'une jeune fille ; elle se moquait d'elle-même et ne pouvait se figurer tout son bonheur. [5]

– Le regard de Julien. *A quoi tient le charme de Mme de Rênal ? Pourquoi Julien y est-il particulièrement sensible ?*
– Le regard de Mme de Rênal. *Quels sentiments successifs lui inspire la vue de Julien, et pourquoi ?*
– Le comportement de Julien. *Étudiez-le ; que révèle-t-il ? Comparez-le au Julien de l'extrait précédent.*
– L'art de Stendhal. *Comment s'y prend-il pour révéler les sentiments des personnages et expliquer leurs réactions ? Comment rend-il la scène vivante pour le lecteur ?*
• **Comparaison.** Cf. Première rencontre de Rousseau et de Mme de Warens, XVIIIᵉ SIÈCLE, p. 320.

En dépit de sa piété, Mme de Rênal cède à la passion qui l'entraîne vers Julien. Mais, dans la petite ville, on ne tarde pas à parler de leur amour, et Julien doit partir. Après un séjour au combat, *à Besançon, il devient, à Paris, secrétaire du marquis de* LA MOLE, *dont la fille,* MATHILDE, *s'éprend de lui. Orgueilleuse mais* romanesque, *elle est séduite par* l'individualité originale *de ce plébéien, tandis que, sous leur vernis mondain uniforme, les jeunes aristocrates lui paraissent manquer absolument de* caractère.

Une vieille épée

Partagée entre la *passion* et *l'orgueil*, MATHILDE DE LA MOLE, après avoir donné des preuves d'amour à JULIEN SOREL, se montre soudain distante et hautaine. C'est au moment où elle paraît se détacher de lui que Julien éprouve vraiment de l'amour pour elle. Ainsi la passion apparaît comme un *combat*, des deux êtres l'un contre l'autre et de chacun contre lui-même. S'il s'humilie, Julien est perdu ; mais un geste irréfléchi de sa fierté outragée va reconquérir Mathilde. A la fois froide et passionnée, romanesque et lucide, celle-ci goûte intensément, et non sans une sorte de jouissance esthétique, des sentiments neufs, extrêmes et contradictoires, qui vont du *mépris* à *l'admiration*, de la *haine* à *l'amour* (II, 17).

M. de La Mole était sorti. Plus mort que vif, Julien alla l'attendre dans la bibliothèque [1]. Que devint-il en y trouvant mademoiselle de La Mole ?

— 4 Elle imaginait « un être grossier et mal peigné », dur et rébarbatif, « qui viendrait fouetter ses enfants ». — 5 De trouver ce précepteur si différent de ce qu'elle craignait.

— 1 Devant le mépris qu'affecte pour lui Mathilde de La Mole, Julien, la mort dans l'âme, s'est résigné à partir ; il vient en avertir le marquis.

En le voyant paraître, elle prit un air de méchanceté auquel il lui fut impossible de se méprendre.

Emporté par son malheur, égaré par la surprise, Julien eut la faiblesse de lui dire, du ton le plus tendre et qui venait de l'âme :

— Ainsi, vous ne m'aimez plus [2] ?

— J'ai horreur de m'être livrée au premier venu, dit Mathilde, en pleurant de rage contre elle-même.

10 — *Au premier venu!* s'écria Julien, et il s'élança sur une vieille épée du moyen âge qui pendait dans la bibliothèque comme une curiosité.

Sa douleur, qu'il croyait extrême au moment où il avait adressé la parole à mademoiselle de La Mole, venait d'être centuplée par les larmes de honte qu'il lui voyait répandre. Il eût été le plus heureux des hommes de pouvoir la tuer.

Au moment où il venait de tirer l'épée, avec quelque peine [3], de son fourreau antique, Mathilde, heureuse d'une sensation si nouvelle [4], s'avança fièrement vers lui ; ses larmes s'étaient taries.

L'idée du marquis de La Mole, son bienfaiteur, se présenta vivement à Julien. Je tuerais sa fille ! se dit-il, quelle horreur ! Il fit un mouvement pour jeter l'épée.

20 Certainement, pensa-t-il, elle va éclater de rire à la vue de ce mouvement de mélodrame [5] : il dut à cette idée le retour de tout son sang-froid. Il regarda la lame de la vieille épée curieusement et comme s'il y eût cherché quelque tache de rouille, puis la remit dans le fourreau, et avec la plus grande tranquillité la replaça au clou de bronze doré qui la soutenait.

Tout ce mouvement, fort lent sur la fin, dura bien une minute ; mademoiselle de La Mole le regardait étonnée : J'ai donc été sur le point d'être tuée par mon amant ! se disait-elle.

Cette idée la transportait dans les plus belles années du siècle de Charles IX et de Henri III [6].

30 Elle était immobile, debout et comme plus grande que de coutume devant Julien qui venait de replacer l'épée, elle le regardait avec des yeux d'où la haine s'était éclipsée. Il faut convenir qu'elle était bien séduisante en ce moment ; certainement jamais femme n'avait moins ressemblé à une poupée parisienne (ce mot était la grande objection de Julien contre les femmes de ce pays).

Je vais retomber dans quelque faiblesse pour lui, pensa Mathilde ; c'est bien pour le coup qu'il se croirait mon seigneur et maître, après une rechute, et au moment précis où je viens de lui parler si ferme. Elle s'enfuit [7].

Non sans peine, l'impérieuse Mathilde obtient de son père qu'il se résigne à la laisser épouser Julien. Celui-ci devient, par la grâce du marquis de La Mole, le chevalier Sorel de La Vernaye, lieutenant de hussards. Ainsi ses vœux vont être comblés lorsqu'un coup de théâtre se produit. M. de La Mole, qui a pris des renseignements sur son futur gendre, reçoit de Mme de Rênal une réponse accablante pour Julien : il ordonne aussitôt à sa fille de renoncer franchement à un «homme vil». Prévenu par Mathilde, Julien la quitte brusquement, après avoir pris connaissance de cette lettre fatale à son ambition.

— 2 En quoi commet-il une maladresse ? — 3 Préciser l'effet de cette notation. — 4 Elle aspire aux émotions violentes, rares dans le milieu mondain où elle vit. Cette *sensation* va être aussitôt exploitée par *l'imagination* (l. 26). — 5 Dès qu'il réfléchit, Julien devient sensible à la peur du ridicule. — 6 Comme Stendhal, elle aime le XVIe siècle, époque de l'individualisme, des grands caractères et de la passion à l'état pur. — 7 EXERCICE : *Comparer le caractère de Mathilde :* a) *à celui de Julien ;* — b) *à celui de Mme de Rênal.*

JULIEN TIRE SUR MADAME DE RÊNAL

Cette scène, qui marque un tournant décisif dans *l'action du roman*, est aussi caractéristique de *l'art de Stendhal*. L'auteur qui méprise, en plein romantisme, la rhétorique et la sentimentalité, nous la fait vivre, avec un *réalisme* non pas documentaire mais *psychologique*, selon *l'optique* même *du meurtrier* (II, 35-36).

Julien était parti pour Verrières. Dans cette route rapide, il ne put écrire à Mathilde comme il en avait le projet, sa main ne formait sur le papier que des traits illisibles.

Il arriva à Verrières un dimanche matin. Il entra chez l'armurier du pays, qui l'accabla de compliments sur sa récente fortune [1]. C'était la nouvelle du pays.

Julien eut beaucoup de peine à lui faire comprendre qu'il voulait une paire de pistolets. L'armurier, sur sa demande, chargea les pistolets.

Les trois coups sonnaient ; c'est un signal bien connu dans les villages
10 de France, et qui, après les diverses sonneries de la matinée, annonce le commencement immédiat de la messe.

Julien entra dans l'église neuve de Verrières. Toutes les fenêtres hautes de l'édifice étaient voilées avec des rideaux cramoisis [2]. Julien se trouva à quelques pas derrière le banc de madame de Rênal. Il lui sembla qu'elle priait avec ferveur. La vue de cette femme qui l'avait tant aimé fit trembler le bras de Julien d'une telle façon, qu'il ne put d'abord exécuter son dessein. Je ne le puis, se disait-il à lui-même ; physiquement, je ne le puis.

En ce moment le jeune clerc qui servait la messe sonna pour *l'élévation* [3].
20 Madame de Rênal baissa la tête qui un instant se trouva presque entièrement cachée par les plis de son châle. Julien ne la reconnaissait plus aussi bien ; il tira sur elle un coup de pistolet et la manqua ; il tira un second coup, elle tomba [4].

Julien resta immobile, il ne voyait plus. Quand il revint un peu à lui, il aperçut tous les fidèles qui s'enfuyaient de l'église ; le prêtre avait quitté l'autel. Julien se mit à suivre d'un pas assez lent quelques femmes qui s'en allaient en criant. Une femme qui voulait fuir plus vite que les autres le poussa rudement, il tomba. Ses pieds s'étaient embarrassés dans une chaise renversée par la foule ; en se relevant, il se sentit le cou serré ;
30 c'était un gendarme en grande tenue qui l'arrêtait. Machinalement Julien

---

— 1 Apprécier l'amertume de cette ironie du sort. — 2 Au début du roman, Julien avait eu la prémonition de son destin, en lisant sur un morceau de journal oublié dans l'église : « *Détails de l'exécution et des derniers moments de Louis Jenrel, exécuté à Besançon, le...* En sortant, Julien crut voir du sang près du bénitier, c'était de l'eau bénite qu'on avait répandue : le reflet des rideaux rouges qui couvraient les fenêtres la faisait paraître du sang. » (I, 5). — 3 Dans la réalité, c'est au moment de la *communion* qu'Antoine Berthet avait tiré sur Mme Michoud ; quelle est, d'après le contexte, la raison de cette modification ? — 4 Berthet avait tiré sur Mme Michoud, puis sur lui-même.

voulut avoir recours à ses petits pistolets ; mais un second gendarme s'emparait de ses bras.

Il fut conduit à la prison. On entra dans une chambre, on lui mit les fers aux mains, on le laissa seul ; la porte se ferma sur lui à double tour ; tout cela fut exécuté très vite, et il y fut insensible [5].

— Ma foi, tout est fini, dit-il tout haut en revenant à lui [6]... Oui, dans quinze jours la guillotine... ou se tuer d'ici là.

Son raisonnement n'allait pas plus loin ; il se sentait la tête comme si elle eût été serrée avec violence. Il regarda pour voir si quelqu'un le
40 tenait. Après quelques instants, il s'endormit profondément.

- *Précisez l'état mental de Julien ; commentez les détails qui vous le révèlent.*
- *Comment concilier les sentiments de Julien envers Mme de Rênal avec son désir de meurtre.*
- *Appréciez la gravité du crime : circonstances aggravantes et circonstances atténuantes.*
- *En quoi cette peinture objective d'un criminel est-elle intéressante du point de vue psychologique et moral ?*
- *En quoi ce récit correspond-il à l'état mental du meurtrier ? à l'idéal littéraire de STENDHAL ?*
- *Débat. L'attentat de Julien vous semble-t-il vraisemblable ? Le condamneriez-vous ?*
- *Essai. Le personnage de Julien Sorel d'après l'ensemble des extraits du roman, p. 332-338.*

La blessure de Mme de Rênal ne met pas sa vie en danger, et elle songe aussitôt à sauver son meurtrier. Mais son pardon demeure sans effet, de même qu'une intrigue conduite par Mathilde ; Julien est condamné à mort, après avoir bravé les jurés par une attitude révolutionnaire : « Messieurs, je n'ai point l'honneur d'appartenir à votre classe, vous voyez en moi un paysan qui s'est révolté contre la bassesse de sa fortune. » *La prison révèle à Julien que seul son premier amour comptait pour lui ; ses sentiments pour Mathilde n'avaient aucune profondeur, de même que son arrivisme.* « L'ambition était morte en son cœur, une autre passion était sortie de ses cendres ; il l'appelait le remords d'avoir assassiné Mme de Rênal. Dans le fait, il en était éperdument amoureux. » *Ainsi, grâce aux visites de Mme de Rênal, les derniers jours de ce condamné à mort sont des jours de bonheur. Enfin,* Julien marche à l'échafaud : « Tout se passa simplement, convenablement, et de sa part sans aucune affectation. » *Mme de Rênal lui avait promis de ne pas se tuer :* « Elle ne chercha en aucune manière à attenter à sa vie ; mais, trois jours après Julien, elle mourut en embrassant ses enfants. »

LA CHARTREUSE DE PARME

Stendhal rêvait de tirer un roman de *la vie d'Alexandre Farnèse* (1468-1549) ; d'autre part il travaillait à un récit de *la bataille de Waterloo.* Son œuvre prend forme du jour (3 septembre 1838) où il a l'idée de *transporter au XIXᵉ siècle* les événements que lui a révélés la chronique italienne : ainsi son héros sera à Waterloo ; du même coup l'auteur pourra faire la satire de l'absolutisme en peignant une petite cour italienne vers 1820 (cf. p. 341), et évoquer l'opposition libérale à la même époque et les complots des carbonari. Dès lors il travaille très rapidement : le roman sera rédigé en sept semaines (novembre-décembre 1838).

Un jeune noble milanais, FABRICE DEL DONGO, *rêve de gloire et de liberté. Pendant les Cent-Jours, il brûle de rejoindre l'armée de Napoléon. Sa tante* GINA DEL DONGO, *âme également généreuse et romanesque, l'aide à réaliser son dessein. En fait, Fabrice n'est pas le fils du marquis del Dongo, mais d'un officier français : cette hérédité n'est sans doute pas étrangère à ses sentiments. D'autre part on voit qu'aucune parenté réelle n'unit Fabrice à Gina.*

5 Commenter l'emploi du passif et du pronom indéfini on dans ce paragraphe. — 6 Quelle est l'importance de cette indication ?

FABRICE A WATERLOO

Dans les pages consacrées à Waterloo, STENDHAL poursuit un double objet : nous révéler le caractère de son héros au contact des événements, et du même coup restituer une bataille telle que la vit un combattant, bien plus, un novice qui voit le feu pour la première fois ; ainsi *toutes les traditions du récit historique et héroïque sont bousculées*. Comme à l'ordinaire, l'imagination créatrice de l'auteur travaille sur des impressions et des souvenirs personnels ; il notait dans son *Journal*, à la date de Bautzen : « Nous voyons fort bien de midi à trois heures tout ce qu'on peut voir d'une bataille, c'est-à-dire rien ». — Chapitre III.

Nous avouerons que notre héros était fort peu héros en ce moment. Toutefois, la peur ne venait chez lui qu'en seconde ligne ; il était surtout scandalisé de ce bruit [1] qui lui faisait mal aux oreilles. L'escorte prit le galop ; on traversait une grande pièce de terre labourée, située au-delà du canal, et ce champ était jonché de cadavres.

— Les habits rouges ! les habits rouges [2] ! criaient avec joie les hussards de l'escorte, et d'abord Fabrice ne comprenait pas ; enfin il remarqua [3] qu'en effet presque tous les cadavres étaient vêtus de rouge. Une circonstance lui donna un frisson d'horreur ; il remarqua que beau-
10 coup de ces malheureux habits rouges vivaient encore ; ils criaient évidemment pour demander du secours, et personne ne s'arrêtait pour leur en donner. Notre héros, fort humain, se donnait toutes les peines du monde pour que son cheval ne mît les pieds sur aucun habit rouge. L'escorte s'arrêta ; Fabrice, qui ne faisait pas assez d'attention à son devoir de soldat, galopait toujours en regardant un malheureux blessé.

— Veux-tu bien t'arrêter, blanc-bec ! lui cria le maréchal des logis. Fabrice s'aperçut qu'il était à vingt pas sur la droite en avant des géné- raux, et précisément du côté où ils regardaient avec leurs lorgnettes. En revenant se ranger à la queue des autres hussards restés à quelques pas
20 en arrière, il vit le plus gros de ces généraux qui parlait à son voisin, général aussi, d'un air d'autorité et presque de réprimande ; il jurait. Fabrice ne put retenir sa curiosité ; et, malgré le conseil de ne point parler, à lui donné par son amie la geôlière [4], il arrangea une petite phrase bien française, bien correcte, et dit à son voisin :

— Quel est-il ce général qui *gourmande* [5] son voisin ?

— Pardi, c'est le maréchal !

— Quel maréchal ?

— Le maréchal Ney, bêta ! Ah çà ! où as-tu servi jusqu'ici ?

— 1 Le bruit du canon, qui redouble à ce moment-là. — 2 Fantassins anglais. — 3 Cf. l. 9, 17, etc. Commenter l'emploi répété de ces verbes. — 4 Rendu suspect par son accent étranger, Fabrice avait été incarcéré, mais il a pu s'évader grâce à la femme du geôlier. — 5 En quoi le terme est-il comique ?

Fabrice, quoique fort susceptible, ne songea point à se fâcher de
30 l'injure ; il contemplait, perdu dans une admiration enfantine, ce fameux
prince de la Moskowa, le brave des braves.

Tout à coup on partit au grand galop. Quelques instants après, Fabrice
vit, à vingt pas en avant, une terre labourée qui était remuée d'une façon
singulière. Le fond des sillons était plein d'eau, et la terre fort humide,
qui formait la crête de ces sillons, volait en petits fragments noirs lancés
à trois ou quatre pieds de haut [6]. Fabrice remarqua en passant cet effet
singulier ; puis sa pensée se remit à songer à la gloire du maréchal. Il
entendit un cri sec auprès de lui : c'étaient deux hussards qui tombaient,
atteints par des boulets ; et, lorsqu'il les regarda, ils étaient déjà à vingt
40 pas de l'escorte. Ce qui lui sembla horrible, ce fut un cheval tout sanglant
qui se débattait sur la terre labourée, en engageant ses pieds dans ses
propres entrailles : il voulait suivre les autres ; le sang coulait dans la boue.

Ah ! m'y voilà donc enfin au feu ! se dit-il. J'ai vu le feu ! se répétait-il
avec satisfaction [7]. Me voici un vrai militaire. A ce moment, l'escorte
allait ventre à terre, et notre héros comprit que c'étaient des boulets qui
faisaient voler la terre de toutes parts. Il avait beau regarder du côté
d'où venaient les boulets, il voyait la fumée blanche de la batterie à une
distance énorme, et, au milieu du ronflement égal et continu produit par
les coups de canon, il lui semblait entendre des décharges beaucoup plus
50 voisines ; il n'y comprenait rien du tout [8].

– La technique de narration. *Quel en est le fil conducteur ? Qu'en résulte-t-il pour la succession et la présentation des faits ?*
– *A quoi tient le piquant des impressions de Fabrice, et par conséquent du récit ?*
– Le réalisme. *En quoi ce récit vous paraît-il plus véridique que les récits de bataille traditionnels ? De quelle nature est ici le réalisme de* STENDHAL ?
– *Analysez l'attitude du romancier envers son personnage. En quoi son ironie ressemble-t-elle à celle de* VOLTAIRE *cf.* XVIIIᵉ SIÈCLE, *p. 163-165 ? en quoi en diffère-t-elle ?*
• **Comparaison.** Comparez ce récit à celui de HUGO dans les *Misérables*, p. 201.
• **Groupe thématique. Regards sur Waterloo.** p. 79, p. 201, p. 340.

FABRICE « *a montré de l'enthousiasme pour Napoléon* » : *voilà de quoi* le rendre suspect
lorsqu'il revient en Italie après Waterloo. Mais à la cour de Parme, sa tante, devenue duchesse
SANSEVERINA, *rêve pour lui d'un brillant avenir. Le temps n'est plus où il pourrait s'illustrer
à la guerre : qu'il embrasse donc* la carrière ecclésiastique *(cf. Le Rouge et le Noir). Fabrice
va étudier la théologie à Naples ; de retour à Parme, il obtient la protection de l'archevêque ;
pourtant sa vie n'est nullement celle d'un futur prélat.* Attaqué par un comédien, Giletti,
il le tue ; *il était en état de légitime défense, mais doit prendre la fuite car une faction puissante
désire sa perte. Apprenant que son neveu a été* condamné par contumace, *la Sanseverina
demande une audience au prince de Parme, Ranuce-Ernest IV.*

— 6 Quand ce phénomène sera-t-il expliqué ?
pourquoi l'auteur n'en indique-t-il pas tout
de suite la cause ? — 7 Cf. *Henri Brulard ;*
le jeune Beyle a vu le feu pour la première
fois, à 17 ans, comme Fabrice : « Je traînai
quelques minutes pour montrer mon courage...
Le soir en y réfléchissant je ne revenais pas de
mon étonnement : *Quoi ! n'est-ce que ça ?* me
disais-je. » — 8 Quelle est l'importance de cette
formule ?

Contre-attaque de la Sanseverina

Pour faire annuler la condamnation de Fabrice, qu'elle aime, la duchesse Sanseverina dispose d'un puissant moyen d'action sur le prince de Parme : elle est le plus aimable ornement et la femme la plus spirituelle de sa cour. Elle lui annonce donc sa décision de quitter Parme ; le prince est atterré : le départ de la Sanseverina le condamnerait à l'ennui ; de plus elle ne manquerait pas de le couvrir de ridicule (cf. l. 14-15 et 21-24). De cette situation, STENDHAL a tiré une excellente *scène de comédie*, comédie de mœurs et comédie psychologique, *où le pathétique côtoie la satire*. Le prince a des aspects bouffons, mais il est redoutable et méchant, et sous son cabotinage percent des sentiments vrais. La duchesse est superbe d'audace et de passion. Moins brillant qu'elle, mais plus complexe, Mosca illustre le conflit entre les vives émotions de l'amour et la maîtrise de soi du philosophe, la parfaite éducation de l'homme du monde (Chapitre XIV).

Le pauvre général Fontana [1] montra sa figure pâle et totalement renversée, et ce fut avec l'air d'un homme à l'agonie qu'il prononça ces mots mal articulés : Son excellence le comte Mosca sollicite l'honneur d'être introduit.

— Qu'il entre ! dit le prince en criant ; et comme Mosca saluait :

— Eh bien, lui dit-il, voici madame la duchesse Sanseverina qui prétend quitter Parme à l'instant pour aller s'établir à Naples, et qui par-dessus le marché me dit des impertinences.

— Comment ! dit Mosca pâlissant [2].

— Quoi ! vous ne saviez pas ce projet de départ ?

10 — Pas la première parole ; j'ai quitté madame à six heures, joyeuse et contente.

Ce mot produisit sur le prince un effet incroyable. D'abord il regarda Mosca ; sa pâleur croissante lui montra qu'il disait vrai et n'était point complice du coup de tête de la duchesse. En ce cas, se dit-il, je la perds pour toujours ; plaisir et vengeance [3], tout s'envole en même temps. A Naples elle fera des épigrammes avec son neveu Fabrice sur la grande colère du petit prince de Parme. Il regarda la duchesse ; le plus violent mépris et la colère se disputaient son cœur ; ses yeux étaient fixés en ce moment sur le comte Mosca, et les contours si fins de cette belle bouche exprimaient le dédain le plus amer. Toute cette figure disait : vil courtisan [4] ! Ainsi, pensa le prince après l'avoir examinée, je perds ce moyen de 20 la rappeler en ce pays [5]. Encore en ce moment, si elle sort de ce cabinet elle est perdue pour moi ; Dieu sait ce qu'elle dira de mes juges à Naples... Et avec cet esprit et cette force de persuasion divine que le ciel lui a donnés, elle se fera croire de tout le monde. Je lui devrai la réputation d'un tyran ridicule qui se lève la nuit pour regarder sous son lit [6]... Alors, par une manœuvre adroite et comme cherchant à se promener pour diminuer son agitation, le prince se plaça de nouveau devant la porte du cabinet ; le comte était à sa droite à trois pas de distance, pâle, défait, et tellement tremblant qu'il fut obligé de chercher un appui sur le dos du fauteuil que la duchesse avait occupé au commencement de l'audience et que le prince, dans un moment de colère, avait poussé au loin. Le comte était 30 amoureux. Si la duchesse part je la suis, se disait-il ; mais voudra-t-elle de moi à sa suite ? voilà la question.

A la gauche du prince, la duchesse debout, les bras croisés et serrés contre la poitrine, le regardait avec une impertinence admirable ; une pâleur complète et

---

— 1 Aide de camp du prince ; il est désemparé car, en l'entendant « gratter » à la porte, le prince a répondu par des injures ! — 2 Premier ministre de Ranuce-Ernest IV (cf. l. 41), Mosca est épris de la duchesse. — 3 Il voudrait la garder à sa cour, à la fois pour jouir de sa présence et pour se venger de l'affront qu'elle vient de lui infliger. — 4 La colère de la duchesse retombe aussi sur Mosca, qui n'a pas su empêcher la condamnation de Fabrice. — 5 Expliquer cette réflexion. — 6 Brave à la guerre, il vit dans la terreur des conspirations.

profonde avait succédé aux vives couleurs qui naguère animaient cette tête sublime.

Le prince, au contraire des deux autres personnages, avait la figure rouge et l'air inquiet ; sa main gauche jouait d'une façon convulsive avec la croix attachée au grand cordon de son ordre qu'il portait sous l'habit ; de la main droite il se caressait le menton.

40 — Que faut-il faire ? dit-il au comte, sans trop savoir ce qu'il faisait lui-même et entraîné par l'habitude de le consulter sur tout.

— Je n'en sais rien en vérité, Altesse Sérénissime, répondit le comte de l'air d'un homme qui rend le dernier soupir. Il pouvait à peine prononcer les mots de sa réponse. Le ton de cette voix donna au prince la première consolation que son orgueil blessé eût trouvée dans cette audience [7], et ce petit bonheur lui fournit une phrase heureuse pour son amour-propre.

— Eh bien, dit-il, je suis le plus raisonnable des trois ; je veux bien faire abstraction complète de ma position dans le monde. Je vais parler *comme un ami ;* et il ajouta avec un beau sourire de condescendance bien imité des temps heureux 50 de Louis XIV [8], *comme un ami parlant à des amis :* Madame la duchesse, ajouta-t-il, que faut-il faire pour vous faire oublier une résolution intempestive ?

— En vérité, je n'en sais rien, répondit la duchesse avec un grand soupir, en vérité, je n'en sais rien, tant j'ai Parme en horreur. Il n'y avait nulle intention d'épigramme dans ce mot, on voyait que la sincérité même parlait par sa bouche.

Le comte se tourna vivement de son côté ; l'âme du courtisan était scandalisée ; puis il adressa au prince un regard suppliant. Avec beaucoup de dignité et de sang-froid le prince laissa passer un moment ; puis s'adressant au comte :

— Je vois, dit-il, que votre charmante amie est tout à fait hors d'elle-même ; c'est tout simple, elle *adore* son neveu. Et, se tournant vers la duchesse, il ajouta, 60 avec le regard le plus galant et en même temps de l'air que l'on prend pour citer le mot d'une comédie : *Que faut-il faire pour plaire à ces beaux yeux ?*

La duchesse dicte alors ses conditions, et le prince capitule devant cet ultimatum : Fabrice ne sera pas inquiété. Mais, par une insigne perfidie, Ranuce-Ernest IV fait arrêter le jeune homme qui se croyait en sécurité, et se contente de réduire sa peine de vingt ans à douze ans de forteresse. Encore a-t-on tout lieu de croire que Fabrice, incarcéré dans la tour Farnèse, va être empoisonné. Mais Stendhal nous réserve une surprise : loin de gémir sur son sort, FABRICE va trouver le bonheur en prison *(cf.* Le Rouge et le Noir, *analyse p. 338).*

LE BONHEUR EN PRISON

La fille du gouverneur de la prison, CLÉLIA CONTI, a assisté avec une vive émotion à l'incarcération de FABRICE ; celui-ci, de son côté, a été frappé par « l'expression de mélancolie » de Clélia, par sa beauté, par sa « physionomie angélique ». Dans sa cellule, il donne libre cours à son *imagination romanesque :* « Je conçois que Clélia se plaise dans cette solitude aérienne... Si ces oiseaux qui sont là sous ma fenêtre lui appartiennent, je la verrai... Rougira-t-elle en m'apercevant ? » Et il s'endort sur ces aimables pensées.

Verrai-je Clélia ? se dit Fabrice en s'éveillant. Mais ces oiseaux sont-ils à elle ? Les oiseaux commençaient à jeter des petits cris et à

— 7 Commenter ce sentiment. — 8 Il imite constamment les manières, le regard, le ton de | Louis XIV, dont le portrait en pied orne son cabinet.

chanter, et à cette élévation c'était le seul bruit qui s'entendît dans les airs. Ce fut une sensation pleine de nouveauté et de plaisir pour Fabrice que ce vaste silence qui régnait à cette hauteur : il écoutait avec ravissement les petits gazouillements interrompus et si vifs par lesquels ses voisins les oiseaux saluaient le jour. S'ils lui appartiennent, elle paraîtra un instant dans cette chambre, là sous ma fenêtre. Et tout, en examinant les immenses chaînes des Alpes, vis-à-vis le premier étage desquelles la
10 citadelle de Parme semblait s'élever comme un ouvrage avancé, ses regards revenaient à chaque instant aux magnifiques cages de citronnier et de bois d'acajou qui, garnies de fils dorés, s'élevaient au milieu de la chambre fort claire, servant de volière. Ce que Fabrice n'apprit que plus tard, c'est que cette chambre était la seule du second étage du palais qui eût de l'ombre de onze heures à quatre : elle était abritée par la tour Farnèse.

Quel ne va pas être mon chagrin, se dit Fabrice, si, au lieu de cette physionomie céleste et pensive que j'attends et qui rougira peut-être un peu si elle m'aperçoit, je vois arriver la grosse figure de quelque femme de
20 chambre bien commune, chargée par procuration de soigner les oiseaux [1] ! Mais si je vois Clélia, daignera-t-elle m'apercevoir ? Ma foi, il faut faire des indiscrétions pour être remarqué ; ma situation doit avoir quelques privilèges ; d'ailleurs nous sommes tous deux seuls ici et si loin du monde ! Je suis un prisonnier, apparemment ce que le général Conti et les autres misérables de cette espèce appellent un de leurs subordonnés... Mais elle a tant d'esprit, ou pour mieux dire tant d'âme, comme le suppose le comte [2], que peut-être, à ce qu'il dit, méprise-t-elle le métier de son père ; de là viendrait sa mélancolie ! Noble cause de tristesse ! Mais après tout je ne suis point précisément un étranger pour elle. Avec
30 quelle grâce pleine de modestie elle m'a salué hier soir [3] ! Je me souviens fort bien que, lors de notre rencontre près de Côme, je lui dis : Un jour je viendrai voir vos beaux tableaux de Parme ; vous souviendrez-vous de ce nom : Fabrice del Dongo ? L'aura-t-elle oublié ? elle était si jeune alors [4] !

Mais à propos, se dit Fabrice étonné en interrompant tout à coup le cours de ses pensées, j'oublie d'être en colère ! Serais-je un de ces grands courages comme l'antiquité en a montré quelques exemples au monde [5] ? Suis-je un héros sans m'en douter ? Comment ! moi qui avais tant peur de la prison, j'y suis, et je ne me souviens pas d'être triste ! c'est bien le cas de dire que la peur a été cent fois pire que le mal. Quoi ! j'ai besoin
40 de me raisonner pour être affligé de cette prison, qui, comme le dit Blanès [6], peut durer dix ans comme dix mois ? Serait-ce l'étonnement de tout ce nouvel établissement qui me distrait de la peine que je devrais

---

— 1 Par ce trait d'humour, Fabrice freine un instant son imagination romanesque (cf. Beyle en garde contre le côté *espagnol* de sa nature). — 2 Le comte Mosca (cf. extrait précédent). — 3 Au moment de son incar- cération. — 4 Cette première rencontre a eu lieu sept ans plus tôt, en 1815 ; Clélia avait alors 12 ans. — 5 Est-ce vraiment par *stoïcisme* que Fabrice *oublie d'être en colère ?* — 6 Vieux prêtre adonné à l'astrologie, qui a prédit à Fabrice qu'il serait emprisonné.

éprouver ? Peut-être que cette bonne humeur indépendante de ma volonté et peu raisonnable cessera tout à coup, peut-être en un instant je tomberai dans le noir malheur que je devrais éprouver.

Dans tous les cas, il est bien étonnant d'être en prison et de devoir se raisonner pour être triste [7] ! Ma foi, j'en reviens à ma supposition, peut-être que j'ai un grand caractère.

(Chapitre XVIII).

– *Comment se traduit et comment s'explique l'allégresse paradoxale de Fabrice ?*
– *Analysez : a) le rôle de l'imagination dans la naissance de l'amour ; – b) l'humour de* STENDHAL.
– *Soulignez le mélange de perspicacité et de naïveté dans la façon dont le héros s'analyse.*
– *Montrez le rôle de ces deux aspirations chères à* STENDHAL *: a) être heureux ; – b) être un héros.*
• **Groupe thématique : Monologue intérieur.** Justifiez cette technique. XXᵉ SIÈCLE, p. 281, p. 420, p. 450, p. 454, p. 469, p. 637.

Les oiseaux étaient bien à Clélia ; celle-ci paraît à la fenêtre, et c'est le début d'une idylle entre les deux jeunes gens *à la fois si près l'un de l'autre et si séparés par des obstacles matériels que surmonte l'ingéniosité de leur amour. Fabrice est tout à son bonheur :* « Avec quels transports il eût refusé la liberté, si on la lui eût offerte en cet instant ! » *Ainsi la Sanseverina, qui a élaboré tout un plan d'évasion, se heurte à cet obstacle imprévu : pour rien au monde Fabrice ne voudrait quitter cette prison illuminée par la présence de Clélia. Il faudra, pour le décider, que la jeune fille joigne ses instances à celles de la duchesse, et, trahissant son père, prenne une part active à l'évasion.*

L'évasion de Fabrice

A première vue, cette scène ne déparerait pas *un roman de cape et d'épée*. Mais de temps à autre un sourire, un clin d'œil de l'auteur nous met en éveil. STENDHAL *n'est pas dupe :* il aime ce *romanesque* et l'utilise en psychologue averti, mais il a trop d'esprit pour se prendre au jeu. Il parvient ainsi, sans rompre le charme, à se détacher de son propre récit pour en souligner les invraisemblances : exercice d'équilibre qui demandait beaucoup d'art et de virtuosité (Chapitre XXII).

Vers le minuit un de ces brouillards épais et blancs que le Pô jette quelquefois sur ses rives s'étendit d'abord sur la ville, et ensuite gagna l'esplanade et les bastions au milieu desquels s'élève la grosse tour de la citadelle. Fabrice crut voir que, du parapet de la plate-forme, on n'apercevait plus les petits acacias qui environnaient les jardins établis par les soldats au pied du mur de cent quatre-vingts pieds. Voilà qui est excellent [1], pensa-t-il.

Un peu après que minuit et demi eût sonné, le signal de la petite lampe parut à la fenêtre de la volière [2]. Fabrice était prêt à agir ; il fit un signe de croix, puis attacha à son lit la petite corde destinée à lui faire descendre les trente-cinq pieds qui le séparaient de la plate-forme où était le palais. Il arriva sans encombre sur
10 le toit du corps de garde occupé depuis la veille par les deux cents hommes de renfort dont nous avons parlé. Par malheur les soldats, à minuit trois quarts qu'il était alors, n'étaient pas encore endormis ; pendant qu'il marchait à pas de loup sur le toit de grosses tuiles creuses, Fabrice les entendait qui disaient que le diable était sur le toit, et qu'il fallait essayer de le tuer d'un coup de fusil. Quelques voix

---

— 7 Souligner l'intérêt de cette réflexion.

— 1 Préciser en quoi — 2 Cf. p 342, l. 1-13. C'est Clélia Conti qui donne ce signal.

prétendaient que ce souhait était d'une grande impiété, d'autres disaient que si l'on tirait un coup de fusil sans tuer quelque chose [3], le gouverneur les mettrait tous en prison pour avoir alarmé la garnison inutilement. Toute cette belle discussion faisait que Fabrice se hâtait le plus possible en marchant sur le toit et qu'il
20 faisait beaucoup plus de bruit. Le fait est qu'au moment où, pendu à sa corde, il passa devant les fenêtres, par bonheur à quatre ou cinq pieds de distance à cause de l'avance du toit, elles étaient hérissées de baïonnettes. Quelques-uns ont prétendu [4] que Fabrice, toujours fou, eut l'idée de jouer le rôle du diable, et qu'il jeta à ces soldats une poignée de sequins. Ce qui est sûr, c'est qu'il avait semé des sequins sur le plancher de sa chambre, et il en sema aussi sur la plate-forme dans son trajet de la tour Farnèse au parapet, afin de se donner la chance de distraire les soldats qui auraient pu se mettre à le poursuivre.

Arrivé sur la plate-forme et entouré de sentinelles qui ordinairement criaient tous les quarts d'heure une phrase entière : *Tout est bien autour de mon poste*, il
30 dirigea ses pas vers le parapet du couchant et chercha la pierre neuve [5].

Ce qui paraît incroyable et pourrait faire douter du fait si le résultat n'avait eu pour témoin une ville entière, c'est que les sentinelles placées le long du parapet n'aient pas vu et arrêté Fabrice ; à la vérité, le brouillard dont nous avons parlé commençait à monter, et Fabrice a dit que, lorsqu'il était sur la plate-forme, le brouillard lui semblait arrivé déjà jusqu'à moitié de la tour Farnèse. Mais ce brouillard n'était point épais, et il apercevait fort bien les sentinelles dont quelques-unes se promenaient. Il ajoutait que, poussé comme par une force surnaturelle, il alla se placer hardiment entre deux sentinelles assez voisines. Il défit tranquillement la grande corde qu'il avait autour du corps, et qui s'embrouilla deux fois [6] ;
40 il lui fallut beaucoup de temps pour la débrouiller et l'étendre sur le parapet. Il entendait les soldats parler de tous les côtés, bien résolu à poignarder le premier qui s'avancerait vers lui [7]. Je n'étais nullement troublé, ajoutait-il, il me semblait que j'accomplissais une cérémonie.

TRISTESSE DE LA SANSEVERINA

L'évasion a réussi ; la duchesse et Fabrice gagnent Belgirate, au bord du lac Majeur. Mais Fabrice, plongé dans une profonde mélancolie, reste insensible et au site enchanteur et à l'amour de Gina : *en recouvrant la liberté, il a perdu le bonheur*. « Il était au désespoir d'être hors de prison. Il se gardait bien d'avouer cette cause de sa tristesse, elle eût amené des questions auxquelles il ne voulait pas répondre. » Voici donc la duchesse, à son tour, en proie à *d'amères réflexions* et aux *tourments de la jalousie* (Chapitre XXII).

Ainsi quelle inquiétude, quelle douleur pour la duchesse ! Cet être adoré, singulier, vif, original, était désormais sous ses yeux en proie à une rêverie profonde ; il préférait la solitude même au plaisir de parler de toutes choses, et à cœur ouvert, à la meilleure amie qu'il eût au monde. Toujours il était bon, empressé, reconnaissant auprès de la duchesse ; il

---

— 3 En quoi l'expression est-elle amusante ? —
4 Ne sent-on pas ici de la *parodie* ? Préciser et rapprocher d'autres passages du texte. —

5 Elle marque le point où Fabrice doit franchir le parapet. — 6 Quel est ici l'effet recherché ?
— 7 Quelle est maintenant notre impression ?

eût, comme jadis, donné cent fois sa vie pour elle ; mais son âme était
ailleurs. On faisait souvent quatre ou cinq lieues sur ce lac sublime sans
se dire une parole. La conversation, l'échange de pensées froides désormais possible entre eux, eût peut-être semblé agréable à d'autres ; mais
10 eux se souvenaient encore, la duchesse surtout, de ce qu'était leur conversation avant ce fatal combat avec Giletti [1] qui les avait séparés. Fabrice
devait à la duchesse l'histoire des neuf mois passés dans une horrible
prison, et il se trouvait que sur ce séjour il n'avait à dire que des paroles
brèves et incomplètes [2].

Voilà ce qui devait arriver tôt ou tard, se disait la duchesse avec une
tristesse sombre. Le chagrin m'a vieillie [3], ou bien il aime réellement, et
je n'ai plus que la seconde place dans son cœur. Avilie, atterrée par ce
plus grands des chagrins possibles [4], la duchesse se disait quelquefois :
Si le ciel voulait que Ferrante [5] fût devenu tout à fait fou ou manquât
20 de courage, il me semble que je serais moins malheureuse. Dès ce
moment ce demi-remords empoisonna l'estime que la duchesse avait
pour son propre caractère [6]. Ainsi, se disait-elle avec amertume, je me
repens d'une résolution prise : je ne suis donc plus une del Dongo !

Le ciel l'a voulu, reprenait-elle : Fabrice est amoureux, et de quel
droit voudrais-je qu'il ne fût pas amoureux ? Une seule parole d'amour
véritable a-t-elle jamais été échangée entre nous ?

Cette idée si raisonnable lui ôta le sommeil [7], et enfin ce qui montrait
que la vieillesse et l'affaiblissement de l'âme étaient arrivés pour elle
avec la perspective d'une illustre vengeance, elle était cent fois plus
30 malheureuse à Belgirate qu'à Parme. Quant à la personne qui pouvait
causer l'étrange rêverie de Fabrice, il n'était guère possible d'avoir des
doutes raisonnables : Clélia Conti, cette fille si pieuse, avait trahi son
père puisqu'elle avait consenti à enivrer la garnison, et jamais Fabrice
ne parlait de Clélia ! Mais, ajoutait la duchesse se frappant la poitrine
avec désespoir, si la garnison n'eût pas été enivrée, toutes mes inventions,
tous mes soins devenaient inutiles ; ainsi c'est elle qui l'a sauvé [8].

– *Quels changements observe la duchesse dans l'attitude de Fabrice ? Quels sentiments sont ainsi révélés ?*
– *Sur quelles idées, quels sentiments portent les réflexions de la duchesse ? à quoi reconnaît-on qu'elle est profondément
jalouse ? où apparaît l'ironie de l'auteur ?*
• **Comparaison.** Étudiez, en expliquant le changement, les deux visages de Gina dans les p. 341, 346.

---

*Ferrante Palla, exécutant la vengeance de la Sanseverina, empoisonne le prince de Parme.
Sous le nouveau prince, Fabrice est de nouveau en danger, et sa tante le sauve une seconde fois.
Clélia a fait vœu, par remords, de ne jamais revoir celui qu'elle aime ; pourtant l'amour est
le plus fort, et les deux jeunes gens se retrouvent. Mais bientôt le malheur les frappe, Clélia
meurt, et Fabrice, devenu entre temps archevêque, renonce à toutes ses dignités et se retire
à la Chartreuse de Parme, où il meurt lui-même peu après.*

— 1 Cf. Analyse, p. 340. — 2 Pourquoi ?
(cf. l. 30-34). — 3 Elle a quinze ans de plus que
Fabrice. — 4 Préciser l'intention humoristique. — 5 Ferrante Palla, carbonaro condamné
à mort par contumace, que la duchesse a chargé d'assassiner le prince de Parme. —
6 En quoi cette attitude est-elle paradoxale,
du point de vue *moral ?* — 7 Commenter cette
remarque ; dans quelle intention Stendhal
l'a-t-il exprimée de la sorte ? — 8 Pourquoi
cette idée provoque-t-elle le *désespoir* de Gina ?

Deux héros stendhaliens

J.O Södermak, « Portrait de Stendhal », peinture, 1840.
(Musée National du Château de Versailles. Ph. H. Josse © Arch. Photeb.)

Julien Sorel et Fabrice del Dongo. Les héros stendhaliens ressemblent sans doute à l'auteur, mais ils constituent surtout des variations sur ce qu'il aurait voulu être, dans les aventures extraordinaires qu'il imaginait. Julien et Fabrice sont des **passionnés**, l'un avide de s'élever, l'autre amoureux de la gloire, tous deux grands admirateurs de Napoléon. Au service de leur **ambition**, ces **individualistes** déploient une **énergie exceptionnelle**, — avec plus de continuité, avec la dissimulation que lui impose la société, chez Julien (cf. **p. 401**), — avec plus de fantaisie, de fougueuse jeunesse chez Fabrice que l'auteur considère avec une tendresse ironique et complice.

J.-L. David, « Le Général Bonaparte » (détail), esquisse, vers 1797/1798. (Musée du Louvre, Paris. Ph. H. Josse © Arch. Photeb.)

H.-J. Dubouchet, gravure pour « Le Rouge et le Noir », 1884. (Ph. © Bibl. Nat., Paris. Arch. Photeb.)

Début d'une ascension sociale

L'idole secrète de Julien Sorel est Bonaparte qui « lieutenant obscur et sans fortune, s'était fait le maître du monde avec son épée ». Pour « arriver à la fortune », le petit paysan ambitieux sera contraint à l'**hypocrisie**, sans pourtant s'humilier, car il est **orgueilleux**. Le voici, encore adolescent, accueilli par Mme de Rênal pour devenir le précepteur de ses enfants (cf. **p. 334**). C'est la première étape d'une ascension extraordinaire.

« *Le Salon de l'hôtel de la Mole* »
dans « *Le Rouge et le Noir* », *film*
de Claude Autant-Lara. (Avec G. Philipe et A. Lualdi, 1954. Ph. © Coll. Cinestar.)

« *Une vieille épée* » *dans* « *Le
Rouge et le Noir* », *film de Claude
Autant-Lara.* (Avec G. Philipe et A. Lualdi,
1954. Ph. © Coll. Cinestar.)

Brillante réussite et chute brutale

Devenu secrétaire du Marquis de la Mole
qui s'intéresse à sa carrière, Julien se met à
porter beau et traite **d'égal à égal** avec les jeunes aristocrates assez futiles qui font la cour
à Mlle de la Mole. « Celui-là n'est pas né à
genoux », pense-t-elle avec admiration. Elle
se donne à lui, mais ne pouvant tolérer son
regret de s'être « livrée au premier venu »,
l'orgueilleux menace de la tuer (cf. **p. 335**).
Follement éprise, la jeune Mathilde obtient
de son père la permission de l'épouser, et « le
chevalier Julien Sorel de la Vernaye » reçoit
un brevet de lieutenant de hussards. Il est au
comble de « l'ambition la plus effrénée »
quand son aventure finit **tragiquement** à la
suite d'une lettre compromettante de Mme de
Rênal, la seule femme qu'il ait vraiment aimée
(cf. **p. 337**).

L. Bacler d'Albe, « La Bataille de Rivoli, 14 Janvier 1797 » (détail), peinture, 1797. (Musée National du Château de Versailles. Ph. H. Josse © Arch. Photeb.)

V. Foulquier, « L'arrestation de Fabrice del Dongo », gravure, 1883. (Ph. © Bibl. Nat., Paris. Arch. Photeb.)

De Waterloo à la prison

Comme Julien Sorel, FABRICE DEL DONGO est un admirateur de Napoléon. Au début de *La Chartreuse de Parme,* l'adolescent, **avide de s'illustrer,** s'enfuit de son pays pour participer à la bataille de Waterloo. Stendhal, qui a servi l'Empereur, parle en homme d'expérience : Fabrice ne découvre de la bataille que ce qu'en voit le combattant écarté de la mêlée (cf. **p. 339** ; voir au contraire « Le dernier carré à Waterloo », planche VI).

De retour à Parme, Fabrice, provoqué par le comédien Giletti, tue son adversaire ; arrêté par les gendarmes, il est incarcéré dans la tour Farnèse (cf. **p. 340-341**).

V. Foulquier, « Clélia dans la volière », gravure, 1883. (Ph. © Bibl. Nat., Paris. Photeb.)

V. Foulquier, « L'Évasion de Fabrice del Dongo », gravure, 1883. (Bibl. Nat., Paris. Ph. Jeanbor © Arch. Photeb.)

L'amour et l'évasion

Conséquence paradoxale : dans sa prison Fabrice « oubliait complètement d'être malheureux ». C'est que, de sa fenêtre, il communique par signes avec la jeune Clélia Conti, fille du gouverneur, qui vient régulièrement donner à manger à ses oiseaux (cf. **p. 342**) !

Il souhaiterait rester éternellement dans cette prison ! Mais la Sanseverina, sa tante, le décide à s'évader avec la complicité de Clélia. Évasion d'une **folle témérité** qui révèle son **énergie** (cf. **p. 344**). C'est le côté romanesque de *La Chartreuse de Parme*, mais ce n'est qu'une dimension de cette œuvre : l'amour, avec ses joies et ses tristesses, y joue un grand rôle ; et le roman, si animé, si coloré au début, se termine sur le mode mineur, dans une grisaille mélancolique.

Deux héroïnes de Mérimée

Prosper Mérimée, aquarelle pour « Colomba », 1869. (Collection particulière. Ph. © Giraudon/T.)

« Carmen », film de Francesco Rosi, 1983. (Avec Julia Migenes Johnson. Ph. © Coll. Cinestar.)

Femmes de caractère. Comme les héros stendhaliens, Colomba et Carmen sont l'une et l'autre douées d'une **énergie farouche**. Elles sont pourtant fort **différentes** : l'une est calculatrice et d'une ténacité redoutable ; l'autre est frivole, fataliste et n'écoute que ses instincts.

MÉRIMÉE

Sa carrière   Né à Paris en 1803 dans une famille cultivée, PROSPER MÉRIMÉE doit à ses parents des *tendances voltairiennes* ainsi que le *goût des lettres et des arts*. Il fait de bonnes humanités, étudie le droit, puis fréquente les salons et devient l'ami de STENDHAL.

DE LA FANTAISIE AU ROMAN HISTORIQUE (1825-1829). Esprit brillant et volontiers *ironique*, il se signale d'abord par des *mystifications littéraires*. Le *Théâtre de Clara Gazul* (1825), soi-disant traduit de l'espagnol, contient de courtes pièces, colorées, animées par des passions violentes, et qui seraient *mélodramatiques* si l'on n'y sentait constamment *l'humour* de l'auteur. *La Guzla* (1827) est un recueil de *ballades* que plusieurs érudits crurent authentiquement *illyriennes*.

Le jeune écrivain s'oriente ensuite vers le *genre historique* qui passionne alors le public. Il donne en 1828 *La Jacquerie*, « scènes féodales » relatant sous la forme dramatique une révolte de paysans au XIVᵉ siècle, puis une *Chronique du règne de Charles IX* (1829), qui fait revivre avec beaucoup d'art et de vérité l'époque de la Saint-Barthélemy.

LE MAITRE DE LA NOUVELLE (1829-1870). Cette année 1829 est décisive dans la carrière de Mérimée : il donne à la *Revue de Paris* ses premières nouvelles, trouvant ainsi le genre le mieux adapté à son talent, et qu'il pratiquera désormais avec un succès éclatant. *L'Enlèvement de la redoute* est un nouveau récit historique (campagne de Russie) ; *Tamango* évoque la traite des nègres avec une ironie mordante ; dans *Mateo Falcone*, histoire corse, la sobriété de la narration fait ressortir la cruauté du drame. Puis c'est en 1830 *Le Vase étrusque*, et *La Double Méprise* en 1833.

En 1834 *Les Ames du Purgatoire* révèlent chez Mérimée un vif intérêt pour le *fantastique* (cf. p. 348), déjà sensible dans la *Vision de Charles XI* (1829), et qui s'épanouira dans *La Vénus d'Ille* (1837), dans *Lokis*, histoire d'un homme à demi ours (1869), et dans *Djoumane* (œuvre posthume).

Nommé en 1834 *inspecteur général des monuments historiques*, Mérimée parcourt toute la France dans ses tournées. Il voyage aussi à l'étranger (Angleterre, Espagne, Italie, Grèce, Orient). Ses impressions et la documentation recueillie sur place alimentent sa correspondance, des œuvres d'érudition et de nouveaux récits. Avec *Colomba* (1840) et *Carmen* (1845), il *élargit le cadre de la nouvelle* dramatique. Il a rapporté le sujet de *Colomba* d'un voyage en Corse. *Carmen* retrace les mœurs des gitans d'Espagne.

Mérimée s'intéresse également à la *littérature russe* qu'il contribue à répandre en France, par ses traductions d'œuvres de Gogol, Pouchkine et Tourguenieff. Sous le Second Empire, l'écrivain, qui était très lié avec la famille de Montijo, est nommé sénateur et devient un familier de la cour des Tuileries où il organise des divertissements littéraires. Gravement malade depuis 1869, accablé par les défaites de 1870 et la chute de l'Empire, il meurt à Cannes le 23 septembre 1870.

L'art de Mérimée   ROMANTISME ET RÉALISME. Mérimée appartient à une génération *romantique* et son œuvre en porte des marques : goût pour la *mystification* au début de sa carrière ; goût plus durable pour le *fantastique*, pour les *passions fortes et même déchaînées*, pour les *descriptions colorées et pittoresques* ; sens de la *fatalité*. Mais, comme Stendhal, il contrôle sans cesse ses tendances romantiques et sa sensibilité. Son *intelligence critique*, son *scepticisme* lui dictent une attitude *objective* ; ce détachement se traduit par une constante ironie, qui va du discret clin d'œil au lecteur jusqu'à l'humour noir (cf. p. 351). Le goût de la chose vue, du fait vrai, de la documentation précise et de l'objectivité font de lui un *écrivain réaliste*.

UN ART PUR ET SOBRE. La valeur suprême est à ses yeux *l'art du récit*. Comme l'a noté Lanson, l'œuvre de Mérimée « relève de la théorie de l'art pour l'art » (cf. p. 264). La nouvelle, genre étroit, ne supporte pas une facture médiocre, elle exige beaucoup de densité et de concision ; l'effet qu'elle produit doit être rapide et décisif. Mérimée a porté cet art à la perfection : la *pureté* et la *concision* toutes classiques de son style contrastent avec la violence des passions ; les termes empruntés à la langue corse ou gitane donnent à *Colomba* et à *Carmen* une couleur locale précise et frappante ; la *tension dramatique* tient constamment le lecteur en haleine. Si les nouvelles de Mérimée ne font pas vibrer les cordes les plus secrètes de la sensibilité, *elles offrent à l'intelligence un plaisir d'une rare qualité.*

La vision de Don Juan

Cette page des *Ames du Purgatoire* (1834) illustre le goût de MÉRIMÉE pour le *fantastique.* On notera la précision et la sobriété du récit, qui n'enlève rien, au contraire, à l'effet saisissant de cette vision funèbre et surnaturelle. La nouvelle suit une tradition espagnole illustrant le problème de la *foi* et des *œuvres* : quels que soient ses crimes, un homme peut être sauvé par la grâce s'il garde la foi. Mérimée considère avec beaucoup de détachement cet aspect mystique de la légende de don Juan, mais il se garde bien de laisser paraître ici la moindre ironie : que deviendrait le fantastique si l'auteur ne semblait pas y croire ?

S'il a hérité du courage de son père, DON JUAN DE MARAÑA *n'a pas suivi l'exemple de piété que lui donnait sa mère. Ses instincts et les mauvaises influences ont fait de lui un séducteur et un bretteur sans vergogne. Une nuit, à Séville, il se dispose à enlever une religieuse, Doña Teresa.*

Tout à coup une musique lugubre et solennelle vint frapper son oreille. Il distingua d'abord les chants que l'Église a consacrés aux enterrements. Bientôt une procession tourna le coin de la rue et s'avança vers lui. Deux longues files de pénitents [1] portant des cierges allumés précédaient une bière couverte de velours noir et portée par plusieurs figures habillées à la mode antique, la barbe blanche et l'épée au côté. La marche était fermée par deux files de pénitents en deuil et portant des cierges comme les premiers. Tout ce convoi s'avançait lentement et gravement. On n'entendait pas le bruit des pas sur le pavé, et l'on eût dit que chaque figure glissait plutôt qu'elle ne marchait [2]. Les plis longs et
10 roides des robes et des manteaux semblaient aussi immobiles que les vêtements de marbre des statues.

A ce spectacle, don Juan éprouva d'abord cette espèce de dégoût que l'idée de la mort inspire à un épicurien. Il se leva et voulut s'éloigner, mais le nombre des pénitents et la pompe du cortège le surprirent et piquèrent sa curiosité. La procession se dirigeant vers une église voisine dont les portes venaient de s'ouvrir avec bruit [3], don Juan arrêta par la manche une des figures qui portaient des cierges et lui demanda poliment quelle était la personne qu'on allait enterrer. Le pénitent leva la tête : sa figure était pâle et décharnée comme celle d'un homme qui sort d'une longue et douloureuse maladie. Il répondit d'une voix sépulcrale :
20 — C'est le comte don Juan de Maraña.

Cette étrange réponse fit dresser les cheveux sur la tête de don Juan ; mais l'instant d'après il reprit son sang-froid et se mit à sourire.

— J'aurai mal entendu, se dit-il, ou ce vieillard se sera trompé.

Il entra dans l'église en même temps que la procession. Les chants funèbres recommencèrent, accompagnés par le son éclatant de l'orgue ; et des prêtres vêtus de chapes de deuil entonnèrent le *De profundis* [4]. Malgré ses efforts pour paraître calme, don Juan sentit son sang se figer. S'approchant d'un autre pénitent, il lui dit :

— 1 Membres de confréries religieuses, assistant en robe blanche, grise ou noire aux enterrements et aux processions. — 2 Que nous révèle cette phrase ? relever les indications qui viendront compléter cette première impression. — 3 Commenter le contraste avec la marche silencieuse du cortège. — 4 « *Du fond de l'abîme* j'ai crié vers vous, Seigneur » : psaume 129, que l'on chante pour les défunts.

— Quel est donc le mort que l'on enterre ? — Le comte don Juan de Maraña,
30 répondit le pénitent d'une voix creuse et effrayante. Don Juan s'appuya contre
une colonne pour ne pas tomber. Il se sentait défaillir, et tout son courage l'avait
abandonné. Cependant le service continuait, et les voûtes de l'église grossissaient
encore les éclats de l'orgue et des voix [5] qui chantaient le terrible *Dies irae* [6]. Il
lui semblait entendre les chœurs des anges au jugement dernier. Enfin, faisant
un effort, il saisit la main d'un prêtre qui passait près de lui. Cette main était
froide comme du marbre. — Au nom du ciel ! mon père, s'écria-t-il, pour qui
priez-vous ici, et qui êtes-vous ?

— Nous prions pour le comte don Juan de Maraña, répondit le prêtre en le
regardant fixement avec une expression de douleur. Nous prions pour son âme,
40 qui est en péché mortel, et nous sommes des âmes que les messes et les prières
de sa mère ont tirées des flammes du purgatoire [7]. Nous payons au fils la dette
de la mère ; mais cette messe, c'est la dernière qu'il nous est permis de dire pour
l'âme du comte don Juan de Maraña.

En ce moment l'horloge de l'église sonna un coup : c'était l'heure fixée pour
l'enlèvement de Teresa.

— Le temps est venu ! s'écria une voix qui partait d'un angle obscur de l'église,
le temps est venu ! est-il à nous ?

Don Juan tourna la tête et vit une apparition horrible. Don Garcia, pâle et
sanglant, s'avançait vers le capitaine Gomare [8], dont les traits étaient encore
50 agités d'horribles convulsions. Ils se dirigèrent tous deux vers la bière, et don
Garcia, en jetant le couvercle à terre avec violence, répéta : « Est-il à nous [9] ? »
En même temps un serpent gigantesque [10] s'éleva derrière lui, et, le dépassant
de plusieurs pieds, semblait prêt à s'élancer dans la bière... Don Juan s'écria :
« Jésus ! » et tomba évanoui sur le pavé.

Converti par cet avertissement du ciel, DON JUAN *entre au couvent. Pourtant, il succombera*
encore une fois à la tentation : un gentilhomme dont il a jadis déshonoré les sœurs et tué le
père, pénètre un jour dans le cloître et le provoque en duel ; don Juan lui demande pardon,
mais, recevant un soufflet, il cède à l'orgueil, se bat et tue son adversaire. Ses remords sont
inexprimables ; il multiplie les macérations et meurt en odeur de sainteté.

COLOMBA

Quelques années après Waterloo, un lieutenant corse
en demi-solde, ORSO DELLA REBBIA, *regagne son pays natal.*
Pendant la traversée, il a fait la connaissance d'un colonel irlandais et de sa fille, miss LYDIA
NEVIL, *dont il s'est épris. Mais dans son village de Pietranera, au nord de Bastia, il trouve*
une atmosphère dramatique d'état de siège, entretenue par sa sœur COLOMBA. *Leur père, le*
colonel della Rebbia, a été assassiné : l'enquête a conclu à la culpabilité d'un bandit tué peu
après, mais d'après Colomba l'assassin est le chef d'une famille rivale, l'avocat BARRICINI,
et elle n'omet rien pour exciter Orso à la vengeance. *Orso est un brave, mais il considère*
la vendetta *comme une survivance barbare ; ses années de service lui ont appris le respect*
de la discipline et de la légalité ; en outre son amour est en jeu, et la pensée de Lydia Nevil
l'aide à résister à l'influence de Colomba ; enfin et surtout il ne peut croire à la culpabilité des
Barricini. Le préfet tente de rétablir la paix entre les deux familles, lorsqu'un bandit mandé
par Colomba, BRANDOLACCIO, *apporte des révélations accablantes pour les Barricini. A la*
suite d'une scène violente, Orso provoque en duel un des fils de son ennemi, ORLANDUCCIO,
qui refuse ce combat loyal. Alors Colomba intervient de nouveau.

— 5 Préciser la relation entre cet effet de *cres-cendo* et l'émotion de don Juan. — 6 *Jour de colère* (le jour du jugement dernier) : prose chantée à l'office des morts. — 7 Cf. le titre de la nouvelle. — 8 Compagnons d'armes de don Juan : le premier est mort sans songer à son salut ; le second avait laissé son argent à don Juan en lui demandant de faire dire des messes pour le repos de son âme, mais don Juan a perdu cet argent au jeu. — 9 Préciser le sens. — 10 Que représente ce serpent ?

Le cheval mutilé

On admirera dans cette page la *perfection du récit* sobre, précis, dramatique dans sa froideur objective. Au lieu d'annoncer ce qui va se passer, MÉRIMÉE *ménage l'intérêt* avec un art consommé : le geste cruel de COLOMBA s'entoure de *mystère* et reste *incompréhensible* au lecteur, jusqu'à ce qu'il soit enfin éclairé par un trait des *mœurs corses*. Quel horizon inquiétant nous est alors ouvert sur l'âme de cette jeune fille, *prête à tout* pour pousser son frère à la *vendetta!* (*Colomba*, chapitre XVI).

O rso s'étant retiré dans sa chambre, Colomba envoya coucher Saveria [1] et les bergers, et demeura seule dans la cuisine où se préparait le bruccio [2]. De temps en temps elle prêtait l'oreille et paraissait attendre impatiemment que son frère fût couché. Lorsqu'elle le crut enfin endormi, elle prit un couteau, s'assura qu'il était tranchant, mit ses petits pieds dans de gros souliers, et, sans faire le moindre bruit, elle entra dans le jardin.

Le jardin, fermé de murs, touchait à un terrain assez vaste, enclos de haies, où l'on mettait les chevaux, car les chevaux corses ne connaissent guère l'écurie. En général on les lâche dans un champ et l'on s'en rapporte à leur intelligence 10 pour trouver à se nourrir et à s'abriter contre le froid et la pluie.

Colomba ouvrit la porte du jardin avec la même précaution, entra dans l'enclos, et en sifflant doucement elle attira près d'elle les chevaux, à qui elle portait souvent du pain et du sel. Dès que le cheval noir [3] fut à sa portée, elle le saisit fortement par la crinière et lui fendit l'oreille avec son couteau. Le cheval fit un bond terrible et s'enfuit en faisant entendre ce cri aigu qu'une vive douleur arrache quelquefois aux animaux de son espèce. Satisfaite [4] alors, Colomba rentrait dans le jardin, lorsque Orso ouvrit sa fenêtre et cria : « Qui va là ? » En même temps elle entendit qu'il armait son fusil. Heureusement pour elle, la porte du jardin était dans une obscurité complète, et un grand figuier la couvrait en partie. 20 Bientôt, aux lueurs intermittentes qu'elle vit briller dans la chambre de son frère, elle conclut qu'il cherchait à rallumer sa lampe. Elle s'empressa alors de fermer la porte du jardin, et se glissant le long des murs, de façon que son costume noir se confondît avec le feuillage sombre des espaliers, elle parvint à rentrer dans la cuisine quelques moments avant qu'Orso ne parût.

— Qu'y a-t-il ? lui demanda-t-elle. — Il m'a semblé, dit Orso, qu'on ouvrait la porte du jardin. — Impossible. Le chien aurait aboyé. Au reste, allons voir.

Orso fit le tour du jardin, et après avoir constaté que la porte extérieure était bien fermée, un peu honteux de cette fausse alerte, il se disposa à regagner sa chambre.

30 — J'aime à voir, mon frère, dit Colomba, que vous devenez prudent, comme on doit l'être dans votre position. — Tu me formes [5], répondit Orso. Bonsoir.

Le matin avec l'aube Orso s'était levé, prêt à partir. Son costume annonçait à la fois la prétention à l'élégance d'un homme qui veut se présenter devant une femme à qui il veut plaire [6], et la prudence d'un Corse en vendette. Par-dessus une redingote bleue bien serrée à la taille, il portait en bandoulière une petite boîte de fer-blanc contenant des cartouches, suspendue à un cordon de soie verte ; son stylet [7] était placé dans une poche de côté, et il tenait à la main le beau fusil de Manton [8] chargé à balles. Pendant qu'il prenait à la hâte une tasse de café

— 1 La servante. — 2 « Espèce de fromage à la crème cuit. C'est un mets national en Corse. » (Mérimée). — 3 Celui qu'Orso doit monter le lendemain. — 4 Apprécier ce mot.

— 5 C'est que tu fais mon éducation. Quel est le ton d'Orso ? — 6 Orso va au devant de Lydia Nevil (cf. analyse). — 7 Poignard. — 8 Armurier anglais célèbre à l'époque ; ce fusil a été donné à Orso par le colonel Nevil.

versée par Colomba, un berger était sorti pour seller et brider le cheval. Orso
40 et sa sœur le suivirent de près et entrèrent dans l'enclos. Le berger s'était emparé
du cheval, mais il avait laissé tomber selle et bride, et paraissait saisi d'horreur,
pendant que le cheval, qui se souvenait de la blessure de la nuit précédente et qui
craignait pour son autre oreille, se cabrait, ruait, hennissait, faisait le diable à quatre.

— Allons, dépêche-toi! lui cria Orso.— Ha! Ors' Anton' [9]! ha! Ors' Anton'!
s'écriait le berger, sang de la Madone! etc. C'étaient des imprécations sans
nombre et sans fin, dont la plupart ne pourraient se traduire.

— Qu'est-il donc arrivé? demanda Colomba.

Tout le monde s'approcha du cheval, et, le voyant sanglant et l'oreille fendue,
ce fut une exclamation générale de surprise et d'indignation. Il faut savoir que
50 mutiler le cheval de son ennemi est, pour les Corses, à la fois une vengeance, un
défi et une menace de mort [10]. « Rien qu'un coup de fusil n'est capable d'expier
ce forfait [11]. » Bien qu'Orso, qui avait longtemps vécu sur le continent, sentît
moins qu'un autre l'énormité de l'outrage, cependant, si dans ce moment quelque
barriciniste se fût présenté à lui, il est probable qu'il lui eût fait immédiatement
expier une insulte qu'il attribuait à ses ennemis.

— Les lâches coquins! s'écria-t-il, se venger sur une pauvre bête, lorsqu'ils
n'osent me rencontrer en face!

— Qu'attendons-nous? s'écria Colomba impétueusement. Ils viennent nous
provoquer, mutiler nos chevaux, et nous ne leur répondrions pas! Êtes-vous
60 hommes? — Vengeance! répondirent les bergers. Promenons le cheval dans le
village [12] et donnons l'assaut à leur maison.

— Il y a une grange couverte de paille qui touche à leur tour, dit le vieux Polo
Griffo, en un tour de main je la ferai flamber.

Un autre proposait d'aller chercher les échelles du clocher de l'église; un
troisième, d'enfoncer les portes de la maison Barricini au moyen d'une poutre
déposée sur la place et destinée à quelque bâtiment en construction. Au milieu
de toutes ces voix furieuses, on entendait celle de Colomba annonçant à ses
satellites qu'avant de se mettre à l'œuvre chacun allait recevoir d'elle un grand
verre d'anisette.

*Orso refuse encore de se venger, mais quelques instants plus tard, parti à la rencontre de
Miss Nevil, il essuie deux coups de feu tirés par les fils Barricini qui le guettaient, cachés près
du sentier. Quoiqu'il soit atteint au bras gauche, le lieutenant abat ses deux adversaires
des deux coups de son fusil. A ce moment survient le bandit Brandolaccio.*

L'humour noir de Brandolaccio

Devant les deux cadavres, Brandolaccio n'éprouve aucune émotion, si ce n'est l'admiration de
l'artiste, du connaisseur, pour un travail impeccable : *quel superbe tableau de chasse!* MÉRIMÉE
affecte une parfaite objectivité, mais, s'il ne prend pas à son compte cet *humour macabre*, il l'exploite
avec un plaisir évident. Brandolaccio l'amuse et lui plaît par son *naturel* et sa *verve*. L'insensibilité
du bandit et son langage pittoresque résument en *traits accusés* les *mœurs corses* qui ont frappé
l'auteur. En outre l'attitude de Brandolaccio marque une *détente* après la scène de l'embuscade,
et souligne *par contraste* l'émotion violente d'Orso (Chapitre XVII).

Ho! Ors' Anton'! vous êtes blessé! lui demanda Brandolaccio accourant
tout essoufflé. Dans le corps ou dans les membres?...

9 C'est ainsi qu'on prononce
en Corse *Orso Antonio.* — 10 Pourquoi, selon
vous, l'auteur n'a-t-il pas expliqué plus tôt l'acte de Colomba? — 11 Rétablir l'expression
de La Fontaine que Mérimée adapte plai-
samment à la situation. — 12 Pourquoi?

— Au bras. — Au bras ! ce n'est rien. Et l'autre ? — Je crois l'avoir touché.
Brandolaccio, suivant son chien [1], courut à l'enclos [2] le plus proche et se pencha
pour regarder de l'autre côté du mur. Là, ôtant son bonnet :

— Salut au seigneur Orlanduccio, dit-il [3]. Puis se tournant du côté d'Orso, il le
salua à son tour d'un air grave.

— Voilà, dit-il, ce que j'appelle un homme proprement accommodé [4].

— Vit-il encore ? demanda Orso respirant avec peine.

10 — Oh ! il s'en garderait ; il a trop de chagrin de la balle que vous lui avez mise
dans l'œil. Sang de la Madone, quel trou ! Bon fusil, ma foi. Quel calibre ! Ça
vous écarbouille [5] une cervelle ! Dites donc, Ors' Anton', quand j'ai entendu
d'abord pif ! pif ! je me suis dit : Sacrebleu ! ils escofient [6] mon lieutenant. Puis
j'entends boum ! boum [7] ! Ah ! je dis, voilà le fusil anglais qui parle : il riposte...
Mais, Brusco, qu'est-ce que tu me veux donc ?

Le chien le mena à l'autre enclos.

— Excusez [8] ! s'écria Brandolaccio stupéfait. Coup double ! rien que cela !
Peste ! on voit bien que la poudre est chère, car vous l'économisez.

— Qu'y a-t-il, au nom de Dieu ! demanda Orso [9].

20 — Allons ! ne faites donc pas le farceur, mon lieutenant ! vous jetez le gibier [10]
par terre, et vous voulez qu'on vous le ramasse... En voilà un qui va en avoir un
drôle de dessert aujourd'hui ! c'est l'avocat Barricini [11]. De la viande de
boucherie [12], en veux-tu, en voilà ! Maintenant qui diable héritera ?

— Quoi ! Vincentello mort aussi ?

— Très mort. Bonne santé à nous autres [13] ! Ce qu'il y a de bon avec vous,
c'est que vous ne les faites pas souffrir. Venez donc voir Vincentello : il est encore
à genoux, la tête appuyée contre le mur. Il a l'air de dormir. C'est là le cas de dire :
sommeil de plomb. Pauvre diable !

Orso détourna la tête avec horreur. — Es-tu sûr qu'il soit mort ?

30 — Vous êtes comme Sampiero Corso [14], qui ne donnait jamais qu'un coup.
Voyez-vous là..., dans la poitrine, à gauche ? tenez, comme Vincileone fut
attrapé à Waterloo. Je parierais bien que la balle n'est pas loin du cœur. Coup
double ! Ah ! je ne me mêle plus de tirer. Deux en deux coups !... A balle !...
Les deux frères !... S'il avait eu un troisième coup, il aurait tué le papa... On
fera mieux une autre fois... Quel coup, Ors' Anton' !... Et dire que cela n'arrivera
jamais à un brave garçon comme moi de faire coup double sur des gendarmes [15] !

*Colomba peut triompher : le colonel della Rebbia est bien vengé ! Grâce au témoignage
de Lydia Nevil et de son père, Orso ne sera pas inculpé, la légitime défense étant établie ; il
pourra donc épouser celle qu'il aime. Quant à Colomba, l'auteur achève de la peindre dans
un épilogue : rencontrant, au cours d'un voyage en Italie, le vieux Barricini, qui n'est plus
qu'une épave depuis la mort de ses fils et avoue maintenant l'assassinat du colonel, elle savoure
la joie de la vengeance, sans éprouver la moindre velléité de pitié ou de pardon.*

— 1 Cf. lignes 15-16. — 2 « Au maquis brûlé succédaient plusieurs champs en culture, enclos, selon l'usage du pays, de murs en pierres sèches à hauteur d'appui. » — 3 Qu'indiquent ce geste et ces paroles, et comment faut-il interpréter la question d'Orso, l. 9 ? — 4 « Arrangé ». — 5 Forme ancienne du verbe *écrabouiller*, qu'on trouve chez Rabelais. — 6 Tuent (terme d'argot). — 7 Apprécier le choix des onomatopées (cf. *Quel calibre !* l. 11). — 8 Traduit, avec une ironie familière, l'étonnement admiratif. — 9 Commenter le contraste entre les réactions d'Orso et celles de Brandolaccio. — 10 Apprécier la métaphore ; comment est-elle préparée ? — 11 Père d'Orlanduccio et de Vincentello. — 12 Cf. chapitre III : « Le matelot ne doutait pas qu'Orso ne revînt en Corse *pour faire la vengeance*, c'était son expression, et affirmait qu'avant peu on verrait *de la viande fraîche* dans le village de Pietranera ». — 13 « *Salute a noi !* Exclamation qui accompagne ordinairement le mot de *mort*, et qui lui sert comme de correctif » (Mérimée). — 14 Patriote corse du XVIᵉ siècle, célèbre par ses exploits contre les Génois. — 15 Apprécier ce dernier trait.

CARMEN   Carmen *est à la fois une sorte de reportage brillant et romancé sur les* mœurs *des gitans d'Espagne et la dramatique histoire d'un homme victime d'une* passion fatale. *Au cours d'un voyage en Espagne, l'auteur a rencontré un bandit de grand chemin,* José Navarro. *A quelque temps de là, apprenant qu'il a été arrêté et va être exécuté, il obtient de le voir dans sa prison, et le brigand* lui raconte son histoire. *Si le jeune Basque doux et sérieux qu'était* don José Lizzarabengoa *s'est transformé en un redoutable bandit, c'est qu'il a été* ensorcelé par une femme, la belle gitane Carmen : « *Tu es le diable, lui disais-je. — Oui, me répondait-elle.* » *Par amour pour elle, il a trahi son devoir de soldat, puis il a déserté, est devenu contrebandier, voleur et assassin. Finalement, délaissé par Carmen, il l'a tuée sans cesser de l'aimer.*

LA MORT DE CARMEN

Le dénouement de *Carmen* est d'une *sobriété saisissante.* Pour peindre cet acte sanglant, la passion brûlante de don José, l'inflexible résolution de Carmen, Mérimée s'est refusé tous les effets pathétiques faciles. Il nous révèle de la sorte *la fatalité* à l'état pur et donne à une scène qui pouvait être mélodramatique la dignité et le dépouillement de *la tragédie.* N'est-ce pas d'ailleurs cette *présence du tragique dans le monde moderne* qui donne leur sens profond à *Carmen* et à *Colomba?* (*Carmen,* chapitre IV).

Quand la messe fut dite [1], je retournai à la venta [2]. J'espérais que Carmen se serait enfuie ; elle aurait pu prendre mon cheval et se sauver [3]... mais je la retrouvai. Elle ne voulait pas qu'on pût dire que je lui avais fait peur. Pendant mon absence, elle avait défait l'ourlet de sa robe pour en retirer le plomb. Maintenant, elle était devant une table, regardant dans une terrine pleine d'eau le plomb qu'elle avait fait fondre, et qu'elle venait d'y jeter [4]. Elle était si occupée de sa magie qu'elle ne s'aperçut pas d'abord de mon retour. Tantôt elle prenait un morceau de plomb et le tournait de tous les côtés d'un air triste, tantôt elle chantait quel-
10 qu'une de ces chansons magiques où elles invoquent Marie Padilla, la maîtresse de don Pédro, qui fut, dit-on, la *Bari Crallisa,* ou la grande reine des Bohémiens [5] :
— Carmen, lui dis-je, voulez-vous venir avec moi ?
Elle se leva, jeta sa sébile, et mit sa mantille sur sa tête comme prête à partir. On m'amena mon cheval, elle monta en croupe et nous nous éloignâmes. — Ainsi, lui dis-je, ma Carmen, après un bout de chemin, tu veux bien me suivre, n'est-ce pas ?
— Je te suis à la mort, oui, mais je ne vivrai plus avec toi.
Nous étions dans une gorge solitaire ; j'arrêtai mon cheval.
20 — Est-ce ici ? dit-elle.
Et d'un bond elle fut à terre. Elle ôta sa mantille, la jeta à ses pieds, et se tint immobile un poing sur la hanche, me regardant fixement.
— Tu veux me tuer, je le vois bien, dit-elle ; c'est écrit, mais tu ne me feras pas céder.

— 1 José est allé trouver un ermite, et lui a demandé de « dire une messe pour une âme qui va peut-être paraître devant son Créateur » (cf. l. 58-59). — 2 Auberge. — 3 Il l'avait menacée en ces termes : « Réflechis ; je suis au bout de ma patience et de mon courage ; prends ton parti ou je prendrai le mien ». — 4 Les bohémiennes lisent l'avenir dans « du plomb fondu jeté dans l'eau ». — 5 Marie Padilla aurait ensorcelé le roi don Pèdre.

— Je t'en prie, lui dis-je, sois raisonnable. Écoute-moi ! tout le passé
est oublié. Pourtant, tu le sais, c'est toi qui m'as perdu ; c'est pour toi
que je suis devenu un voleur et un meurtrier. Carmen ! ma Carmen !
laisse-moi te sauver et me sauver avec toi.

    — José, répondit-elle, tu me demandes l'impossible. Je ne t'aime
30 plus ; toi, tu m'aimes encore, et c'est pour cela que tu veux me tuer.
Je pourrais bien encore te faire quelque mensonge ; mais je ne veux
pas m'en donner la peine. Tout est fini entre nous. Comme mon rom [6],
tu as le droit de tuer ta romi ; mais Carmen sera toujours libre. Calli [7]
elle est née, calli elle mourra. — Tu aimes donc Lucas [8] ? lui demandai-
je. — Oui, je l'ai aimé, comme toi, un instant, moins que toi peut-être.
A présent je n'aime plus rien, et je me hais pour t'avoir aimé.

    Je me jetai à ses pieds, je lui pris les mains, je les arrosai de mes
larmes. Je lui rappelai tous les moments de bonheur que nous avions
passés ensemble. Je lui offris de rester brigand pour lui plaire. Tout,
40 monsieur, tout ; je lui offris tout, pourvu qu'elle voulût m'aimer encore !
Elle me dit :

    — T'aimer encore, c'est impossible. Vivre avec toi, je ne le veux pas.

    La fureur me possédait. Je tirai mon couteau. J'aurais voulu qu'elle
eût peur et me demandât grâce, mais cette femme était un démon.

    — Pour la dernière fois, m'écriai-je, veux-tu rester avec moi !

    — Non, non ! non ! dit-elle en frappant du pied. Et elle tira de son
doigt une bague que je lui avais donnée et la jeta dans les broussailles.

    Je la frappai deux fois. C'était le couteau du Borgne [9] que j'avais pris,
ayant cassé le mien. Elle tomba au second coup sans crier. Je crois encore
50 voir son grand œil noir me regarder fixement ; puis il devint trouble et se
ferma. Je restai anéanti une bonne heure devant ce cadavre. Puis, je me
rappelai que Carmen m'avait dit souvent qu'elle aimerait à être enterrée
dans un bois. Je lui creusai une fosse avec mon couteau et je l'y déposai.
Je cherchai longtemps sa bague et je la trouvai à la fin. Je la mis dans la
fosse auprès d'elle avec une petite croix. Peut-être ai-je eu tort. Ensuite
je montai sur mon cheval, je galopai jusqu'à Cordoue, et au premier
corps de garde je me fis connaître. J'ai dit que j'avais tué Carmen ;
mais je n'ai pas voulu dire où était son corps. L'ermite était un saint
homme. Il a prié pour elle ! Il a dit une messe pour son âme... Pauvre
60 enfant ! Ce sont les *Calés* qui sont coupables pour l'avoir élevée ainsi.

– La composition : *a) Distinguez les phases du meurtre ; – b) Soulignez la progression dramatique.*
– *Qu'y a-t-il de paradoxal dans l'attitude du meurtrier et de sa victime ? Montrez le rôle de la fatalité.*
– Carmen et Don José. *Deux conceptions de l'amour ; en quoi s'opposent-elles ? Quelles en sont les conséquences ?*
– *En quoi les sentiments de Don José sont-ils pathétiques ? En quoi son récit est-il pourtant objectif ?*
– Technique narrative. *Étudiez et expliquez, dans cette confession, l'alternance du récit et du dialogue.*
• **Comparaison.** Ressemblances et différences entre le caractère de Carmen et celui de Colomba, p. 350.

— 6 Mari, en langue gitane ; *romi* : femme. | à mot *noir*, nom que les bohémiens se donnent
    | dans leur langue. » — 8 Un picador. — 9 Con-
— 7 « *Calo;* féminin, *calli* ; pluriel, *calés*. Mot | trebandier tué en duel par José.

L'HISTOIRE AU XIXe SIÈCLE

On peut dire que le XIXe siècle a été *le siècle de l'histoire.* Montesquieu et Voltaire avaient déjà jeté les bases de la science et de la critique historiques, mais ils avaient été peu suivis. En outre Montesquieu était philosophe plutôt qu'historien, et la tendance de Voltaire lui-même restait relativement abstraite (histoire de la civilisation). Ni l'un ni l'autre ne poursuivaient cette *résurrection du passé* que vont tenter, avec MICHELET, les principaux historiens du XIXe siècle.

Ce goût et ce sens de l'histoire ont pris des formes variées. — 1º Ils se manifestent à la fois par la vogue de la *littérature historique* et par l'essor de *l'histoire proprement dite.* — 2º Le XIXe siècle a vu *l'évolution du genre* depuis le *récit pittoresque* jusqu'à *l'histoire scientifique.* Quoique l'élaboration de la science historique se poursuive de façon continue, on peut distinguer deux grands courants successifs se rattachant le premier au *romantisme,* le second au *positivisme* (cf. p. 385).

Les circonstances **1. LES ÉVÉNEMENTS HISTORIQUES.** De 1789
favorables à 1815 la France et l'Europe ont été bouleversées par des
événements extraordinaires. A l'évolution lente des siècles précédents succèdent soudain une extrême instabilité et une prodigieuse *accélération du rythme de l'histoire.*

2. **LA PENSÉE ROMANTIQUE.** Le sentiment de vivre une époque historique est d'autant plus vif que le romantisme oppose à la nature humaine permanente des classiques la passion de l'individuel et du relatif. Les romantiques s'intéressent au passé pour lui-même, parce qu'il est différent du présent ; et du même coup le présent prend à son tour une valeur particulière : il devient un moment unique, irremplaçable, au sein d'une perpétuelle évolution. On pourrait donner un sens historique au fameux vers de Vigny : « Aimez ce que jamais on ne verra deux fois ».

3. **LE RÉGIME PARLEMENTAIRE.** La monarchie tempérée permet aux opinions de s'exprimer avec une liberté encore restreinte sous la Restauration mais beaucoup plus large sous Louis-Philippe. L'histoire fournit exemples et arguments aux orateurs parlementaires et aux journalistes. Elle se confond parfois avec la politique et même avec la polémique (cf. Augustin Thierry et Michelet). D'une façon générale, le mouvement historique est inséparable du mouvement libéral.

4. **LES SCIENCES ANNEXES.** L'archéologie, la philologie, l'étude des manuscrits et des inscriptions, qui font alors des progrès considérables, fournissent des bases sûres aux travaux des historiens. Ainsi Champollion déchiffre les hiéroglyphes égyptiens en 1822 ; l'École des Chartes est fondée en 1816, l'École d'Athènes en 1846, la Commission des Monuments historiques en 1837.

I. L'HISTOIRE ROMANTIQUE

LE ROLE DE CHATEAUBRIAND. Dans ce domaine comme dans beaucoup d'autres, l'initiateur a été CHATEAUBRIAND. De l'*Essai sur les Révolutions* aux *Mémoires d'Outre-Tombe,* son œuvre illustre les principaux aspects de l'histoire romantique : elle embrasse le passé, le présent et même l'avenir (cf. p. 84), et met l'accent sur les deux périodes qui vont être traitées avec prédilection : le Moyen Age, la Révolution et l'Empire; elle fournit des exemples brillants de récits, de portraits, d'évocations d'atmosphère ; elle unit à la narration la philosophie de l'histoire et l'épopée. Enfin, *Les Martyrs* annoncent à la fois le roman historique et la véritable histoire : c'est en lisant le bardit des Francs (p. 63) qu'Augustin Thierry sentit naître sa vocation d'historien (cf. p. 357).

La littérature historique

Le goût de l'histoire se manifeste dans le roman, le drame et la poésie romantiques.

1. LE ROMAN. Sous l'influence de Chateaubriand et de l'Écossais Walter Scott, le *roman historique* est pratiqué par Vigny *(Cinq-Mars, Stello)*, Hugo (cf. p. 195), Mérimée *(Chronique du règne de Charles IX)*, Balzac *(Les Chouans)* ; puis, d'une façon assez fantaisiste mais passionnante, par Alexandre Dumas père *(Les Trois Mousquetaires*, 1844 ; *Le Vicomte de Bragelonne*, 1845 ; *Vingt ans après*, 1847, etc.).

2. LE DRAME. Hugo, Vigny, Musset portent à la scène événements et personnages historiques (cf. p. 235-262). Stendhal appelle de ses vœux une *tragédie nationale* que tentent de réaliser Vitet dans ses *scènes historiques* et Alexandre Dumas père, avec *Henri III et sa cour* (1829), *Charles VII chez ses grands vassaux* (1831). Le sens de l'histoire entraîne la recherche d'une *couleur locale* exacte ou du moins pittoresque.

3. LA POÉSIE. L'histoire et l'actualité inspirent aux poètes des accents *satiriques, polémiques, patriotiques* ou *épiques*. Ainsi Victor Hugo contribue à répandre la légende napoléonienne, puis il attaque Napoléon III (cf. p. 166), enfin il chante l'épopée de l'humanité (cf. p. 185). Les *Chansons* de Béranger, les *Messéniennes* de Casimir Delavigne (1815-1822), les *Iambes* d'Auguste Barbier (1831) témoignent également de cette influence de l'histoire sur la poésie.

Les écoles historiques

On peut distinguer trois tendances principales dans le premier courant historique du XIXᵉ siècle : 1° l'histoire narrative ; — 2° l'histoire philosophique ; — 3° l'histoire « résurrection intégrale » du passé, telle que la pratique MICHELET (cf. p. 362).

L'HISTOIRE NARRATIVE. Elle est représentée par Barante, par Thiers et Mignet, et surtout par AUGUSTIN THIERRY (cf. p. 357). Pour ces écrivains l'histoire consiste dans *le récit* des événements.

Le baron Prosper DE BARANTE (1782-1866) fut préfet sous l'Empire, puis député, pair de France et ambassadeur. Son *Histoire des ducs de Bourgogne* (1824-1826) est une *chronique* agréable et éloquente. « J'ai tenté, déclare l'auteur, de restituer à l'histoire elle-même l'attrait que le roman historique lui a emprunté. Elle doit être avant tout exacte et sérieuse ; mais il m'a semblé qu'elle pouvait en même temps vraie et vivante... Je n'ai mêlé d'aucune réflexion, d'aucun jugement les événements que je raconte ».

ADOLPHE THIERS (1797-1877) était déjà connu comme historien avant de devenir un grand homme d'État. On lui doit une *Histoire de la Révolution* (1823-1827) et une *Histoire du Consulat et de l'Empire* (1845-1862), remarquables par la clarté et l'objectivité du récit. Son ami FRANÇOIS MIGNET publia aussi une *Histoire de la Révolution* (1824).

Dans la Préface des *Études historiques* (1831), Chateaubriand distinguait de l'histoire *descriptive* (Barante, Thierry) le « *système fataliste* » de Thiers et Mignet : l'objectivité de ces derniers lui paraissait dangereuse : selon lui, leur méthode « sépare la morale de l'action humaine » et « bannit l'*individu* pour ne s'occuper que de l'*espèce* ».

L'HISTOIRE PHILOSOPHIQUE. Guizot, Quinet, TOCQUEVILLE (cf. p. 359) attachent beaucoup moins d'importance à la narration : ils songent moins à relater les faits de façon vivante et détaillée qu'à les *expliquer*, à discerner *les causes et les lois historiques*. Leurs œuvres invitent le lecteur à réfléchir sur *le sens de l'histoire*.

Comme Thiers, GUIZOT (1787-1874) fut à la fois historien et homme d'État. Professeur à la Sorbonne, il est libéral sous la Restauration, mais devient sous Louis-Philippe le chef du parti de la « résistance » : il souhaite que la bourgeoisie garde le pouvoir et tente de freiner le mouvement démocratique. Il trouve dans l'étude de l'histoire la confirmation de ses idées politiques. Ses ouvrages portent l'empreinte de son intelligence pénétrante et de son esprit austère (*Histoire de la Révolution d'Angleterre*, 1826-1856 ; *Histoire de la Civilisation en France* et en Europe, 1845, etc...).

Professeur au Collège de France, EDGAR QUINET (1803-1875) fut l'ami de Michelet, son allié dans la lutte anticléricale. Son œuvre est vaste et diverse : poèmes en vers *(Prométhée)* ou en prose *(Ahasvérus, Merlin l'Enchanteur)*, récits de voyages, ouvrages historiques : *Le Génie des Religions* (1842), *Les Révolutions d'Italie* (1848-1852), *La Révolution* (1865). Inspirée par un tempérament *lyrique* et *romantique*, sa philosophie militante est plus exaltée, plus entraînante que rigoureuse.

AUGUSTIN THIERRY

SA VIE (1795-1856). Né à Blois en 1795, AUGUSTIN THIERRY sent s'éveiller sa vocation d'historien en lisant, à l'âge de quinze ans, le bardit des Francs dans les *Martyrs* (cf. p. 63) : « Je quittai la place où j'étais assis et, marchant d'un bout à l'autre de la salle, je répétai à haute voix en faisant sonner mes pas sur le pavé : Pharamond, Pharamond, nous avons combattu avec l'épée. Aujourd'hui, si je me fais lire la page qui m'a tant frappé, je retrouve mes émotions d'il y a trente ans ».

Entré à l'École Normale en 1811, il devient ensuite secrétaire de Saint-Simon (cf. p. 385), collabore à des journaux *libéraux*, puis se consacre à la *recherche historique*. Devenu aveugle, il continue cependant à travailler, avec l'aide de sa femme et de ses secrétaires, et meurt en 1856.

SON ŒUVRE. Augustin Thierry joint *l'érudition* à *l'imagination*. Ses *Récits des Temps mérovingiens* (1840) restent un modèle de *narration* documentée, vivante et exacte (cf. ci-dessous). Mais il ne limite pas l'histoire à la narration : — 1) Au début de sa carrière, il adopte une *thèse :* l'influence de la *race*, qu'illustre la *Conquête de l'Angleterre par les Normands* (1825) ; l'histoire d'Angleterre s'explique par le conflit entre les conquérants Normands et les Saxons vaincus. Cette théorie reste contestable ; d'ailleurs Thierry lui-même reconnaîtra plus tard son caractère *polémique* (révolte du peuple français, descendant des Gallo-Romains, contre l'aristocratie issue des conquérants Germains). — 2) L'*Essai sur l'histoire de la formation et des progrès du Tiers État* (1850) révèle une conception de l'histoire moins passionnée et moins anecdotique : cet ouvrage marque une étape dans l'élaboration de la *science historique*.

Frédégonde fait assassiner Chlodowig

Ce texte illustre la conception à la fois *narrative* et *psychologique* de l'histoire qui caractérise les *Récits des Temps mérovingiens*. Pour les *faits*, AUGUSTIN THIERRY suit GRÉGOIRE DE TOURS (VIe siècle) ; quant aux *sentiments* de Frédégonde, il les reconstitue d'une façon très attachante et très plausible, complétant par l'intuition du moraliste l'information de l'historien. — HILPERIK (ou Chilpéric), roi de Neustrie, et FRÉDÉGONDE son épouse viennent de perdre leurs deux fils dans une épidémie (580, *Septième Récit*).

Mobiles du crime   En témoignage de ses regrets paternels, Hilperik fit de grands dons aux églises et aux pauvres. Il ne retourna pas à Braine [1], dont le séjour lui était devenu odieux, et où l'épidémie continuait ses ravages ; parti de Soissons avec Frédégonde, il s'alla établir avec elle dans l'une des maisons royales qui bordaient la vaste forêt de Cuise, à peu de distance de Compiègne. On était alors au mois d'octobre, à l'époque de la chasse d'automne, espèce de solennité nationale au plaisir de laquelle tout homme de race franke se livrait avec une passion capable de lui faire oublier les plus grands chagrins. Le mouvement, le bruit, l'attrait d'un exercice violent
10 et quelquefois périlleux, calmaient la tristesse du roi et le rendaient par intervalles à son humeur habituelle ; mais, pour la douleur de Frédégonde, il n'y avait ni distraction ni trêve. Ses souffrances comme mère s'aggravaient du changement que la mort de ses deux fils allait amener dans sa situation comme reine, et des craintes qu'elle en concevait pour l'avenir. Il ne restait plus qu'un héritier du

---

— 1 Braisne, sur la Vesle, à 18 km. de Soissons, séjour favori des rois mérovingiens.

royaume de Neustrie, et c'était Chlodowig, le fils d'une autre femme [2], de l'épouse qu'elle avait supplantée autrefois, l'homme qu'un complot récent [3] venait de lui signaler comme l'objet de l'espérance et des intrigues de ses ennemis. La perspective du veuvage, malheur qu'elle devait craindre chaque jour, la frappait d'épouvante ; elle se voyait, dans ses appréhensions, dégradée de son rang, privée d'honneur, de pouvoir, de richesses, soumise, par représailles, ou à des traitements cruels ou à des humiliations pires que la mort.

Ce nouveau tourment d'âme ne la conduisit pas au même genre de pensées que le premier. Un moment élevée au-dessus d'elle-même par ce que l'instinct maternel porte en soi d'inspirations nobles et tendres, elle était retombée dans sa propre nature, l'égoïsme sans frein, l'astuce et la cruauté. Elle se mit à chercher les moyens de tendre à Chlodowig un piège où il perdît la vie...

La reine obtient de Hilperik qu'il envoie son fils à Braine où l'épidémie continue de sévir, mais Chlodowig échappe au mal. Frédégonde l'accuse alors d'avoir fait périr par des maléfices les deux petits princes, ses demi-frères.

Mort de Chlodowig

De quelques détours qu'on usât pour le surprendre, Chlodowig fut inébranlable dans ses dénégations sur les faits allégués ; mais, ne résistant pas au plaisir de se faire gloire de la puissance et du dévouement de ses amis, il en nomma un grand nombre. Cette information suffit à la reine, qui mit fin à son enquête pour passer à l'exécution de ce qu'elle avait résolu. Au matin du quatrième jour, Chlodowig, toujours lié et enchaîné, fut conduit de Chelles [4] à Noisy [5], domaine royal situé à peu de distance sur l'autre rive de la Marne. Ceux qui le transférèrent ainsi, comme pour un changement de prison, avaient des ordres secrets ; peu d'heures après son arrivée, il fut frappé à mort d'un couteau qu'on laissa dans la plaie, et enterré dans une fosse creusée le long du mur d'une chapelle dépendant du palais de Noisy.

Le meurtre consommé, des gens instruits par Frédégonde se rendirent auprès du roi et lui annoncèrent que Chlodowig, poussé au désespoir par la grandeur de son crime et l'impossibilité du pardon, s'était tué de sa propre main ; comme preuve du suicide, ils ajoutèrent que l'arme qui avait causé la mort était encore dans la blessure. Hilperik, imperturbable dans sa crédulité, ne conçut aucun doute, ne fit ni enquête ni examen ; regardant son fils comme un coupable qui s'était puni lui-même, il ne le pleura point et ne donna pas même des ordres pour sa sépulture. Cette omission fut mise à profit par la reine, dont l'inimitié ne pouvait s'assouvir ; elle s'empressa de commander qu'on déterrât le corps de sa victime et qu'on le jetât dans la Marne, pour qu'il fût à jamais impossible de l'ensevelir honorablement. Mais ce calcul de barbarie demeura sans effet ; au lieu de se perdre au fond de la rivière ou d'être emportés au loin par le courant, les restes de Chlodowig furent poussés dans un filet tendu par un pêcheur du voisinage. Quand cet homme vint lever ses filets, il retira de l'eau un cadavre, et reconnut le jeune prince à sa longue chevelure [6] qu'on n'avait point songé à lui enlever. Touché de respect et de compassion, il transporta le corps sur la rive et l'inhuma dans une fosse qu'il couvrit de gazon afin de là reconnaître, gardant pour lui seul le secret d'un acte de piété qui pouvait causer sa perte.

---

2 Audowere, répudiée par Hilperik à la suite d'une manœuvre perfide de Frédégonde. — 3 Ourdi par Leudaste, comte de Tours. — 4 Aujourd'hui en Seine-et-Marne. — 5 Noisy-le-Grand. — 6 Signe distinctif des Mérovingiens, symbole de leur droit héréditaire au trône, d'après une coutume antique, d'origine probablement religieuse.

TOCQUEVILLE

SA VIE (1805-1859). Magistrat sous la Restauration, le comte Alexis DE TOCQUEVILLE fut chargé d'étudier le système pénitentiaire aux États-Unis ; ayant élargi considérablement son enquête, il rapporta de cette mission la matière d'un grand ouvrage historique, *De la Démocratie en Amérique* (1835-1840). Député, puis *ministre des Affaires étrangères* en 1849, il renonça à la vie politique après le 2 décembre et se consacra à des travaux historiques publiant en 1856 *L'Ancien Régime et la Révolution*.

L'HISTOIRE PHILOSOPHIQUE. Sous les faits, Tocqueville distingue avec une grande clairvoyance *le sens et les lois de l'évolution historique*, dominée par le *triomphe de la démocratie*. Comme Montesquieu, il procède à de larges *synthèses* : l'exemple des États-Unis lui permet de définir les conditions et les principes du gouvernement démocratique ; dans l'œuvre de la Révolution française il voit la suite logique d'un mouvement amorcé sous l'ancien régime.

Ses vues et sa méthode, qui influencèrent les historiens de la seconde moitié du siècle, n'ont rien perdu de leur valeur.

Le triomphe de la démocratie

Cette page révèle les *idées politiques* de TOCQUEVILLE, ancêtre de la démocratie chrétienne, et sa *méthode dialectique*. A l'exemple de Montesquieu, il énonce une *loi*, puis se livre à une *démonstration* fondée sur l'examen des faits historiques. Cette loi générale, sa foi l'interprète comme une manifestation de la volonté de Dieu *(De la Démocratie en Amérique, Introduction)*.

Une grande révolution démocratique s'opère parmi nous ; tous la voient, mais tous ne la jugent point de la même manière. Les uns la considèrent comme une chose nouvelle, et, la prenant pour un accident, ils espèrent pouvoir encore l'arrêter ; tandis que d'autres la jugent irrésistible, parce qu'elle leur semble le fait le plus continu, le plus ancien et le plus permanent que l'on connaisse dans l'histoire .[...]

Lorsqu'on parcourt les pages de notre histoire, on ne rencontre pour ainsi dire pas de grands événements qui, depuis sept cents ans, n'aient tourné au profit de l'égalité.

10 Les croisades et les guerres des Anglais [1] déciment les nobles et divisent leurs terres ; l'institution des communes [2] introduit la liberté démocratique au sein de la monarchie féodale ; la découverte des armes à feu égalise le vilain et le noble sur le champ de bataille ; l'imprimerie offre d'égales ressources à leur intelligence ; la poste vient déposer la lumière sur le seuil de la cabane du pauvre comme à la porte des palais ; le protestantisme soutient que tous les hommes sont également en état de trouver le chemin du ciel. L'Amérique, qui se découvre, présente à la fortune mille routes nouvelles, et livre à l'obscur aventurier les richesses et le pouvoir.

Si, à partir du XIe siècle, vous examinez ce qui se passe en France de cinquante 20 en cinquante années, au bout de chacune de ces périodes, vous ne manquerez point d'apercevoir qu'une double révolution s'est opérée dans l'état de la société.

— 1 Sous Louis VII, Philippe-Auguste | et Saint Louis (XIIe et XIIIe siècles) ; puis la guerre de Cent ans. — 2 Au XIIe siècle. —

Le noble aura baissé dans l'échelle sociale, le roturier s'y sera élevé ; l'un descend, l'autre monte. Chaque demi-siècle les rapproche, et bientôt ils vont se toucher.

Et ceci n'est pas seulement particulier à la France. De quelque côté que nous jetions nos regards, nous apercevons la même révolution qui se continue dans tout l'univers chrétien.

Partout on a vu les divers incidents de la vie des peuples tourner au profit de la démocratie ; tous les hommes l'ont aidée de leurs efforts : ceux qui avaient en vue de concourir à ses succès et ceux qui ne songeaient point à la servir, ceux qui ont
30 combattu pour elle, et ceux mêmes qui se sont déclarés ses ennemis ; tous ont été poussés pêle-mêle dans la même voie, et tous ont travaillé en commun, les uns malgré eux, les autres à leur insu, aveugles instruments dans les mains de Dieu.

Le développement graduel de l'égalité des conditions est donc un fait providentiel [3], il en a les principaux caractères : il est universel, il est durable, il échappe chaque jour à la puissance humaine ; tous les événements, comme tous les hommes, servent à son développement.

Serait-il sage de croire qu'un mouvement social qui vient de si loin pourra être suspendu par les efforts d'une génération ? Pense-t-on qu'après avoir détruit la féodalité et vaincu les rois, la démocratie reculera devant les bourgeois et les
40 riches ? S'arrêtera-t-elle maintenant qu'elle est devenue si forte et ses adversaires si faibles ?

Où allons-nous donc ? Nul ne saurait le dire ; car déjà les termes de comparaison nous manquent : les conditions sont plus égales de nos jours, parmi les chrétiens, qu'elles ne l'ont jamais été dans aucun temps ni dans aucun pays du monde ; ainsi la grandeur de ce qui est déjà fait empêche de prévoir ce qui peut se faire encore.

Garanties de la liberté

Devant cette *révolution irrésistible*, l'auteur éprouve *une sorte de terreur religieuse*, qui traduit avant tout la méditation du penseur chrétien devant un *fait providentiel*, mais révèle aussi une inquiétude. En effet Tocqueville a discerné avec une remarquable lucidité les dangers que les progrès constants de l'ÉGALITÉ pouvaient présenter pour la LIBERTÉ INDIVIDUELLE : « Le despotisme me paraît particulièrement à redouter dans les âges démocratiques... Dans les siècles d'égalité, chaque individu est naturellement isolé ; il n'a point d'amis héréditaires dont il puisse exiger le concours, point de classe dont les sympathies lui soient assurées ; on le met aisément à part, et on le foule impunément aux pieds. »

Contre l'oppression de l'individu, deux garanties essentielles : la *liberté de la presse* et l'*indépendance du pouvoir judiciaire :*

« Pour garantir l'indépendance personnelle..., je ne m'en fie point aux grandes assemblées politiques, aux prérogatives parlementaires, à la proclamation de la souveraineté du peuple. Toutes ces choses se concilient, jusqu'à un certain point, avec la servitude individuelle [4] ; mais cette servitude ne saurait être complète si la presse est libre. La presse est, par excellence, l'instrument démocratique de la liberté...

La force des tribunaux a été, de tout temps, la plus grande garantie qui se puisse offrir à l'indépendance individuelle ; mais cela est surtout vrai dans les siècles démocratiques ; les droits et les intérêts particuliers y sont toujours en péril, si le pouvoir judiciaire ne grandit et ne s'étend à mesure que les conditions s'égalisent. » (Tome II, IV, chap. 7).

Enfin la démocratie que Tocqueville appelle de ses vœux est une *démocratie chrétienne*, qui respecterait la dignité de la personne humaine : « Le christianisme qui a rendu tous les hommes égaux devant Dieu, ne répugnera pas à voir tous les citoyens égaux devant la loi. »

---

3 Voulu par Dieu. — 4 Cf. Montesquieu : « Il pourra arriver que la constitution sera libre, et que le citoyen ne le sera point » (*Esprit des Lois*, XII, I).

MICHELET

La formation (1798-1830)

UNE ENFANCE LABORIEUSE. Le caractère de Jules Michelet fut trempé dès l'enfance par le *labeur* et la *pauvreté*. Né à Paris en 1798, fils d'un imprimeur ruiné par le régime de la Presse sous le Consulat et l'Empire, il travaille à douze ans dans l'atelier paternel. « Avant de faire des livres, écrira-t-il plus tard, j'en ai *composé* matériellement ; j'ai assemblé des lettres avant d'assembler des idées ». De ses origines, de son expérience du travail manuel, il gardera *un ardent amour pour le peuple.*

DE BRILLANTES ÉTUDES. De très bonne heure il sent naître sa *vocation d'historien* en visitant le Musée des Monuments français : « Je remplissais ces tombeaux de mon imagination, je sentais ces morts à travers les marbres » (cf. p. 364). Il commence au collège Charlemagne (1812-1816) d'excellentes études qu'il poursuivra, tout en gagnant sa vie comme répétiteur puis comme professeur, jusqu'au doctorat ès lettres (1819) et à l'agrégation (1821).

HISTOIRE ET PHILOSOPHIE. Professeur d'histoire au collège Sainte-Barbe depuis 1822, Michelet est nommé en 1827 maître de conférences à l'École Normale Supérieure où il enseigne d'abord la philosophie et l'histoire, puis l'histoire ancienne et l'archéologie (1829). Il se passionne pour la *philosophie de l'histoire*, méditant les doctrines de Victor Cousin, de l'Allemand Herder et de l'Italien Vico dont il traduit la *Science nouvelle* (1827). A Vico il devra, au moins en partie, l'idée que « l'homme est son propre Prométhée » (cf. p. 365, l. 8-27). Durant cette période, Michelet commence à voyager, en Angleterre (1828), puis en Italie (1830). Enfin il compose une *Histoire romaine*, qui paraît en 1831.

L'histoire vivante (1831-1843)

MICHELET PROFESSEUR. En 1831, Michelet est nommé chef de la section historique aux Archives Nationales (cf. p. 364). Déjà en possession d'une philosophie de l'histoire exposée la même année dans son *Introduction à l'Histoire universelle*, il va disposer aux Archives de tout un champ d'investigations encore inexploré. En même temps, son enseignement à l'École Normale, qui porte désormais sur le Moyen Age et les Temps modernes, achève d'orienter ses recherches vers le *passé national*. En outre, il supplée Guizot à la Sorbonne (cours d'histoire moderne) de 1833 à 1835. En 1838 la chaire d'Histoire et Morale du Collège de France lui est attribuée. L'historien complète son information par des voyages en France et à l'étranger (Belgique, 1832 ; Angleterre, 1834 ; Pays-Bas, 1837 ; Suisse, 1838).

L'HISTOIRE DE FRANCE, Tomes I a VI. De 1833 à 1844, Michelet publie son œuvre la plus remarquable, l'*Histoire de France* des origines à la mort de Louis XI : les tomes I et II, *Origines* et *Tableau de la France* (cf. p. 367) paraissent en 1833, le tome III en 1837, le tome IV en 1840, le tome V en 1841 et le tome VI en 1844. Au livre X du tome V, les chapitres III et IV sont consacrés à Jeanne d'Arc (cf. p. 370-374) ; l'auteur en donnera une édition séparée en 1853.

L'histoire partiale (1843-1874)

L'ÉCRIVAIN ENGAGÉ. A partir de 1842-1843 Michelet s'engage avec ardeur dans les luttes de son temps. Considérant l'Église comme un obstacle à la liberté politique et au progrès social, il rompt avec le catholicisme et adopte une attitude violemment anticléricale dans *Les Jésuites* (en collaboration avec Quinet, 1843). Ses sentiments démocratiques s'expriment dans *Le Peuple* (1846), où il proteste contre la misère des ouvriers et souhaite l'union des classes dans un commun amour de la patrie.

Cette évolution vers la littérature militante a une répercussion immédiate sur son œuvre historique : dès 1842 Michelet prend en horreur le Moyen Age qu'il aimait naguère : il lui en veut maintenant d'avoir trop duré, retardant le progrès des lumières (cf. p. 375).

L'HISTOIRE DE LA RÉVOLUTION. Avec cette impatience nerveuse dont il va donner tant de preuves désormais, Michelet saute par-dessus trois siècles de notre histoire pour aborder la Révolution française. Il publie les sept volumes de l'*Histoire de la Révolution* de 1847 à 1853. C'est une grande œuvre encore, partiale certes et souvent discutable, mais extrêmement vivante et enthousiaste (cf. p. 379).

LES DÉCEPTIONS. Après le grand espoir de 1848, Michelet connaît une crise pénible lorsque Louis-Napoléon Bonaparte renverse la République. Le peuple n'a pas pu assurer lui-même sa propre émancipation : il en résulte une évolution de l'historien dans sa foi démocratique ; comme il reprend justement l'histoire de la Renaissance, tout l'incite à mettre l'accent sur le rôle des individualités fortes, des héros (cf. p. 376, l. 37-41). Destitué au début de l'Empire de toutes ses fonctions officielles, Michelet va raidir son attitude et devenir de plus en plus partial. Il se soucie moins désormais de comprendre que de juger et de condamner.

L'HISTOIRE DE FRANCE, Tomes VII a XVII. Michelet était fait pour aimer, non pour haïr : dans les volumes de son Histoire de France de la Renaissance à la Révolution (1855-1867), sa haine de l'ancien régime l'inspire mal. Et surtout son œuvre devient hymne (cf. p. 377) ou pamphlet (cf. p. 375), mais n'a plus la sûreté qui convient à l'histoire. Sa tendance à ériger les faits en symboles s'exaspère ; elle se substitue à l'information patiente et à l'interprétation prudente des documents. Pourtant la *Préface* de 1869 apporte à ce monument grandiose un admirable couronnement (cf. p. 365).

LA NATURE ET L'HUMANITÉ. Michelet a toujours eu l'âme d'un *poète*, mais, déçu peut-être par les hommes, il cherche maintenant dans la *nature* la poésie qu'il trouvait naguère dans l'histoire. Cette nouvelle inspiration se traduit dans L'*Oiseau* (1856), L'*Insecte* (1857), La *Mer* (1861), La *Montagne* (1864). Cependant *sa tendresse pour les hommes reste grande*, ainsi qu'en témoignent L'*Amour* (1859), puis La *Femme* (1860), et l'écrivain affirme son *espoir en l'avenir* dans La *Bible de L'Humanité* (1864) ; pour préparer cet avenir, il expose dans *Nos Fils* ses idées sur l'éducation (1869).

DERNIÈRES ANNÉES. Les malheurs de la France en 1870-1871 atteignent cruellement le *patriote* et l'*idéaliste* ; Michelet est frappé de congestion en apprenant, à Pise, que l'insurrection de la Commune succède à la défaite. Jusqu'à sa mort, à Hyères en février 1874, il poursuit cependant la composition d'une dernière œuvre, l'*Histoire du XIXe Siècle*, qui paraîtra en 1876 (trois volumes, du Directoire à Waterloo).

LA CONCEPTION DE L'HISTOIRE

L'histoire résurrection

Michelet pouvait écrire avec une juste fierté : « Que ce soit là ma part dans l'avenir d'avoir, non pas atteint, mais marqué le but de l'histoire... Thierry y voyait une *narration* et M. Guizot une *analyse*. Je l'ai nommée *résurrection* et ce nom lui restera ». Il a en effet conçu l'histoire comme une « *résurrection de la vie intégrale* » du passé (Préface de 1869).

LA VIE INTÉGRALE. Ce serait trahir la réalité que de la morceler : Michelet tente de saisir dans leur constante interaction les faits économiques, politiques, sociaux et moraux, car « tout est solidaire de tout, tout est mêlé à tout ». A travers des événements à première vue disparates il cherche l'âme d'une époque.

LA RÉSURRECTION. Comment *faire revivre* ce qui n'est plus ? L'histoire, dit Michelet, est « l'intelligence de la vie », mais il ne faut pas entendre par là une opération intellectuelle abstraite : il s'agit d'une *intuition* fondée sur le don de *sympathie*. Taine a signalé le rôle que joue, dans la résurrection entreprise par l'historien, *l'imagination du cœur*, et Michelet lui-même présentait son entreprise comme une sorte d'opération *magique* (cf. p. 364).

La philosophie de l'histoire   La marche de l'histoire n'est pas livrée au hasard : Michelet discerne un fil conducteur qui guide son intuition. Idéaliste, il croit à une *libération progressive de l'humanité :* « Avec le monde a commencé une guerre qui doit finir avec le monde, et pas avant ; celle de l'homme contre la nature, de l'esprit contre la matière, de la liberté contre la fatalité. L'histoire n'est pas autre chose que le récit de cette interminable lutte » (*Introduction à l'Histoire universelle*, 1831). Le devenir historique s'éclaire par le « travail de soi sur soi », l'homme se forge lui-même, il est « son propre Prométhée » (cf. p. 365). Dans cette émancipation humaine, la France est appelée à un rôle privilégié : « Une et identique depuis plusieurs siècles, elle doit être considérée comme une personne qui vit et se meut. Le signe et la garantie de l'organisme vivant, la puissance de l'assimilation, se trouve ici au plus haut degré » (1831).

Le symbolisme historique   A cette philosophie de l'histoire est lié le *symbolisme* qui caractérise Michelet. Dans les faits, les livres, les individus, il voit des signes ou des incarnations du grand mouvement historique. Ce symbolisme trouve sa plus belle expression dans la figure sublime de JEANNE D'ARC (cf. p. 373), mais il se manifeste à chaque instant, à propos de Roland, de la cathédrale gothique (cf. p. 368), de l'*Imitation de Jésus-Christ*, de Diderot (cf. p. 377) ou de Valmy (cf. p. 379). Il en résulte des raccourcis saisissants, des intuitions exaltantes, des élans pathétiques et un animisme universel : rien n'est matière, rien n'est mort, aux yeux de Michelet.

Mais les risques sont graves : l'imagination de Michelet s'enflamme parfois à la légère, il se fie à son instinct au point de retenir d'emblée quelques impressions et de négliger tout ce qui pourrait les contredire. Augustin Thierry, tout en reconnaissant son talent inimitable, s'inquiétait déjà de « cette méthode... qui voit dans chaque fait le signe d'une idée, et dans le cours des événements humains une perpétuelle psychomachie [lutte entre les idées]. L'histoire a été ainsi jetée hors des voies qui lui sont propres ; elle a passé du domaine de l'analyse et de l'observation exacte dans celui des hardiesses synthétiques ».

L'évolution de Michelet   Ce danger s'accroît à mesure que Michelet évolue, passant de l'histoire enthousiaste à l'histoire partiale. « Je le déclare, écrit-il en 1856, cette histoire n'est point impartiale. Elle ne garde pas un sage et prudent équilibre entre le bien et le mal. Au contraire, elle est partiale, franchement et vigoureusement, pour le droit et la vérité ». Il s'érige en juge, faisant comparaître les morts devant le tribunal de l'histoire et prononçant ses sentences au nom de principes simplistes : « L'ennemi, c'est le passé, le barbare Moyen Age... L'ami, c'est l'avenir, le progrès et l'esprit nouveau, 89 qu'on voit poindre déjà sur l'horizon lointain, c'est la Révolution » (Préface du Tome XV). En fait, il est à la fois juge et partie, confondant ses convictions avec la vérité ; il se fait le vengeur de tous les opprimés ; il lui arrive même de se comparer au bourreau : « Je le marque au fer chaud », dit-il du cardinal Dubois.

Histoire et poésie   Taine l'a montré, Michelet est poète autant et peut-être plus qu'historien (cf. p. 403). D'où la difficulté qu'on éprouve à juger son œuvre : moins poétique, elle serait plus sereine, plus exacte et plus sûre, mais elle perdrait l'essentiel de ses qualités littéraires et humaines, elle ne serait plus cette étonnante résurrection du passé.

LA SENSIBILITÉ. Michelet est d'abord *poète*, et poète *romantique*, par une *sensibilité frémissante.* Son histoire est *lyrique*, reflétant constamment son idéal, les crises qu'il traverse, ses espoirs ou ses déceptions. « Ma vie fut en ce livre », dit-il très justement (cf. p. 366, l. 28). Il aime la France comme un être vivant, comme une femme. Il chérit les humbles du passé comme des frères malheureux qu'il voudrait aider et consoler.

L'IMAGINATION. Il revit réellement par la pensée les époques dont il retrace l'histoire. Il les recrée et les anime de son *imagination épique.* Sa résurrection du passé n'est pas une lente recomposition fragment par fragment, mais une véritable *vision.*

L'ART. Enfin Michelet est poète par son *art*. Il a le *mouvement lyrique*, le don du *rythme* et des *images*. Fortement scandée, sa phrase est *émotionnelle* et *inspirée*. A mesure qu'il avance en âge, il multiplie les *vers blancs* de douze huit et six syllabes (cf. p. 366 et 377) ; il adopte volontiers le *verset* qui traduit à la fois sa nervosité impérieuse et son enthousiasme lyrique.

Selon la célèbre formule de Taine (p. 404), l'*Histoire* de MICHELET est vraiment l'*épopée lyrique de la France*.

La danse galvanique des morts

En 1831, MICHELET est nommé chef de la section historique aux Archives : un champ fécond, encore inexploré, s'ouvre ainsi à ses recherches. A entrer de la sorte en contact direct avec le passé, l'historien éprouve une joie immense, qu'il traduit de la façon la plus saisissante par ce dialogue avec les morts qu'il va faire revivre. Outre sa *vocation* et sa *méthode*, cette page nous révèle donc son *imagination poétique* et ses dons de *visionnaire* (Préface de 1833).

P our moi, lorsque j'entrai la première fois dans ces catacombes manuscrites, dans cette nécropole des monuments nationaux, j'aurais dit volontiers, comme cet Allemand entrant au monastère de Saint-Vanne : « Voici l'habitation que j'ai choisie et mon repos aux siècles des siècles ! »

Toutefois je ne tardai pas à m'apercevoir dans le silence apparent de ces galeries, qu'il y avait un mouvement, un murmure qui n'était pas de la mort. Ces papiers, ces parchemins laissés là depuis longtemps ne demandaient pas mieux que de revenir au jour. Ces papiers ne sont pas des papiers, mais des vies d'hommes, de provinces, de peuples. D'abord, les familles et les fiefs, blasonnés
10 dans leur poussière, réclamaient contre l'oubli. Les provinces se soulevaient, alléguant qu'à tort la centralisation avait cru les anéantir. Les ordonnances de nos rois prétendaient n'avoir pas été effacées par la multitude des lois modernes. Si on eût voulu les écouter tous, comme disait ce fossoyeur au champ de bataille, il n'y en aurait pas eu un de mort. Tous vivaient et parlaient, ils entouraient l'auteur d'une armée à cent langues, que faisait taire rudement la grande voix de la République et de l'Empire.

Doucement, messieurs les morts [1], procédons par ordre, s'il vous plaît. Tous vous avez droit sur l'histoire. L'individuel est beau comme individuel, le général comme général. Le Fief a raison, la Monarchie davantage, encore plus la Répu-
20 blique [2] !... La province doit revivre ; l'ancienne diversité de la France sera caractérisée par une forte géographie. Elle doit reparaître, mais à condition de permettre que, la diversité s'effaçant peu à peu, l'identification du pays succède à son tour. Revive la monarchie, revive la France ! Qu'un grand essai de classification serve une fois de fil en ce chaos. Une telle systématisation servira, quoique imparfaite. Dût la tête s'emboîter mal aux épaules, la jambe s'agencer mal à la cuisse, c'est quelque chose de revivre.

Et à mesure que je soufflais sur leur poussière, je les voyais se soulever. Ils tiraient du sépulcre qui la main, qui la tête, comme dans le Jugement dernier de Michel-Ange [3], ou dans la Danse des morts [4]. Cette danse galvanique [5] qu'ils
30 menaient autour de moi, j'ai essayé de la reproduire en ce livre.

— 1 Commenter cette apostrophe. — 2 On discerne ici à la fois le *sens historique* de l'auteur et sa foi dans le *progrès*. — 3 Fresque de la Chapelle Sixtine. — 4 Sujet souvent traité par l'art du Moyen Age. — 5 Galvani (1737-1798) avait découvert que l'électricité provoquait des contractions chez des animaux morts : ainsi l'histoire rendra aux morts le mouvement et la vie.

PRÉFACE DE 1869

L'*Histoire de France* est achevée : MICHELET peut maintenant embrasser du regard l'ensemble de son œuvre, en dégager la *conception* et la *méthode*. Certes, la confrontation du vieillard usé à la tâche avec le jeune homme enthousiaste de juillet 1830 ne va pas sans mélancolie ; mais l'historien est soutenu par la juste fierté de la tâche accomplie et par les vives passions qui continuent à agiter son âme. Dans cette préface, il se livre tout entier au lecteur, avec ses partis pris, ses haines, son amertume parfois, mais aussi avec *sa foi dans l'histoire* et *sa tendresse lyrique pour le peuple et pour la France*. — Conçue dans « l'éclair de Juillet », son œuvre a été animée par l'ambition grandiose de réaliser la *résurrection de la vie intégrale*. Après avoir rendu hommage à Augustin Thierry son devancier, Michelet marque en quoi il se sépare de lui, sur la question de la *race*.

La France   La race, élément fort et dominant aux temps
a fait la France barbares, avant le grand travail des nations,
                      est moins sensible, est faible, effacée presque,
à mesure que chacune s'élabore, se personnifie. L'illustre M. Mill [1] dit
fort bien : « Pour se dispenser de l'étude des influences morales et
sociales, ce serait un moyen trop aisé que d'attribuer les différences de
caractère, de conduite, à des différences naturelles indestructibles. »
Contre ceux qui poursuivent cet élément de race et l'exagèrent aux
temps modernes, je dégageai de l'histoire elle-même un fait moral
10 énorme et trop peu remarqué. C'est le puissant *travail de soi sur soi* [2], où
la France, par son progrès propre, va transformant tous ses éléments
bruts. De l'élément romain municipal, des tribus allemandes, du clan
celtique, annulés, disparus, nous avons tiré à la longue des résultats
tout autres, et contraires même, en grande partie, à tout ce qui les
précéda.

La vie a sur elle-même une action de personnel enfantement, qui, de
matériaux préexistants, nous crée des choses absolument nouvelles. Du
pain, des fruits, que j'ai mangés, je fais du sang rouge et salé qui ne
rappelle en rien ces aliments d'où je le tire. — Ainsi va la vie historique,
20 ainsi va chaque peuple, se faisant, s'engendrant, broyant, amalgamant
des éléments, qui y restent sans doute à l'état obscur et confus, mais
sont bien peu de chose relativement à ce que fit le long travail de la
grande âme.

La France a fait la France, et l'élément fatal de race m'y semble
secondaire. Elle est la fille de sa liberté. Dans le progrès humain, la part
essentielle est à la force vive, qu'on appelle homme. *L'homme est son
propre Prométhée*.[...]

— 1 Le philosophe anglais John Stuart Mill (1806-1873). — 2 Idées empruntée à Vico. Michelet écrit dans cette même Préface : « Je n'eus de maître que Vico. Son principe de la force vive, de *l'humanité qui se crée*, fit et mon livre et mon enseignement. »

L'auteur présent   Ma vie fut en ce livre, elle a passé en lui.
   dans son œuvre   Il a été mon seul événement. Mais cette
30   identité du livre et de l'auteur n'a-t-elle pas un
danger ? L'œuvre n'est-elle pas colorée des sentiments, du temps, de
celui qui l'a faite ?

C'est ce qu'on voit toujours. Nul portrait si exact, si conforme au
modèle, que l'artiste n'y mette un peu de lui. Nos maîtres en histoire
ne se sont pas soustraits à cette loi. Tacite, en son Tibère, se peint aussi
avec l'étouffement de son temps, « les quinze longues années » de silence.
Thierry, en nous contant Klodowig [3], Guillaume et sa conquête [4], a le
souffle intérieur, l'émotion de la France envahie récemment, et son
opposition au règne qui semblait celui de l'étranger.

40   Si c'est là un défaut, il nous faut avouer qu'il nous rend bien service.
L'historien qui en est dépourvu, qui entreprend de s'effacer en écrivant,
de ne pas être, de suivre par derrière la chronique contemporaine
(comme Barante [5] a fait pour Froissart), n'est point du tout historien.
Le vieux chroniqueur, très charmant, est absolument incapable de dire
à son pauvre valet qui va sur ses talons, ce que c'est que le grand, le
sombre, le terrible quatorzième siècle. Pour le savoir, il faut toutes nos
forces d'analyse et d'érudition, il faut un engin qui perce les mystères,
inaccessibles à ce conteur. Quel engin, quel moyen ? La personnalité
moderne si puissante et tant agrandie [6].[...]

50 **Adieu à la France**   Voilà comment quarante ans ont passé. Je
                         ne m'en doutais guère lorsque je commençai.
Je croyais faire un abrégé de quelques volumes peut-être en quatre ans,
en six ans. Mais on n'abrège que ce qui est bien connu. Et ni moi, ni
personne alors ne savait cette histoire.

Après mes deux premiers volumes seulement, j'entrevis dans ses
perspectives immenses cette *terra incognita* [7]. Je dis : « Il faut dix ans... »
Non, mais vingt, mais trente... Et le chemin allait s'allongeant devant
moi. Je ne m'en plaignais pas. Aux voyages de découverte, le cœur
s'étend, grandit, ne voit plus que le but. On s'oublie tout à fait. Il m'en
60 advint ainsi. Poussant toujours plus loin dans ma poursuite ardente, je
me perdis de vue, je m'absentai de moi. J'ai passé à côté du monde, et
j'ai pris l'histoire pour la vie.

La voici écoulée. Je ne regrette rien. Je ne demande rien. Eh ! que
demanderais-je, chère France [8], avec qui j'ai vécu, que je quitte à si
grand regret ! Dans quelle communauté j'ai passé avec toi quarante
années (dix siècles) ! Que d'heures passionnées, nobles, austères, nous

---

— 3 Cf. p. 357-358. — 4 De l'Angleterre. —
5 Cf. p. 356. — 6 Michelet ajoute un peu plus
loin : « L'histoire, dans le progrès du temps,
fait l'historien bien plus qu'elle n'est faite
par lui. Mon livre m'a créé. C'est moi qui fus
son œuvre. Ce fils a fait son père. » — 7 *Terre inconnue :* on désignait ainsi, sur les cartes, les régions inexplorées. — 8 Cf. « Le premier je la vis (la France) comme une âme et une personne. »

eûmes ensemble, souvent, l'hiver même, avant l'aube ! Que de jours
de labeur et d'étude au fond des Archives ! Je travaillais pour toi,
j'allais, venais, cherchais, écrivais. Je donnais chaque jour de moi-même
70 tout, peut-être encore plus. Le lendemain matin, te trouvant à ma table,
je me croyais le même, fort de ta vie puissante et de ta jeunesse éternelle.

Mais comment, ayant eu ce bonheur singulier d'une telle société,
ayant longues années vécu de ta grande âme, n'ai-je pas profité plus en
moi ? Ah ! c'est que pour te refaire tout cela il m'a fallu reprendre ce
long cours de misère, de cruelle aventure, de cent choses morbides et
fatales. J'ai bu trop d'amertumes. J'ai avalé trop de fléaux, trop de
vipères et trop de rois [9].

Eh bien ! ma grande France, s'il a fallu, pour retrouver ta vie, qu'un
homme se donnât, passât et repassât tant de fois le fleuve des morts [10],
80 il s'en console, te remercie encore. Et son plus grand chagrin, c'est qu'il
faut te quitter ici.

– « La France a fait la France ». *a) Exposez la thèse de* MICHELET *; en quoi est-elle idéaliste ? – b) Quelle est
selon vous sa fécondité, et son importance dans son œuvre, d'après les extraits.*
– « L'auteur présent dans son œuvre. » *Commentez cette conception subjective de l'histoire.*
« Adieu à la France ». *Étudiez le lyrisme de* MICHELET *: sentiments, ton, expression, rythme.*
– *Contraction (l. 1-49). Essai : Commentez à l'aide d'exemples une idée qui vous intéresse.*
– *Contraction.* FUSTEL DE COULANGES, *la méthode historique, p. 383. Comparez avec les idées de* MICHELET.
– *Essai. La conception de l'histoire selon* MICHELET *et* FUSTEL DE COULANGES *: avantages et inconvénients.*

La Bretagne

« Sans une base géographique, le peuple, l'acteur historique, semble marcher en l'air comme
dans les peintures chinoises où le sol manque. Et notez que ce sol n'est pas seulement le théâtre
de l'action. Par la nourriture, le climat, etc., il y influe de cent manières. Tel le nid, tel l'oiseau.
Telle la patrie, tel l'homme. » Voilà le principe directeur du *Tableau de la France* (1833). MICHELET
nous montre ici le Breton aux prises avec une nature *atroce*, luttant contre elle, mais aussi marqué
par elle. Nous trouverons dans cette page non pas une description calme et mesurée de la Bretagne,
mais un magnifique *poème en prose*, sauvage, exalté, tout empreint de l'influence du *romantisme*
et peut-être d'*Ossian*.

Rien de sinistre et formidable comme cette côte de Brest ; c'est la limite
extrême, la pointe, la proue de l'ancien monde. Là, les deux ennemis sont en
face : la terre et la mer, l'homme et la nature [1]. Il faut voir quand elle s'émeut, la
furieuse, quelles monstrueuses vagues elle entasse à la pointe de Saint-Mathieu,
à cinquante, à soixante, à quatre-vingts pieds ; l'écume vole jusqu'à l'église où
les mères et les sœurs sont en prières. Et même dans les moments de trêve, quand
l'Océan se tait, qui a parcouru cette côte funèbre sans dire ou sentir en soi :
Tristis usque ad mortem [2] !

— 9 Apprécier le sarcasme. — 10 L'Achéron,
onde qu'on ne repasse point (*irremeabilis unda*,
Virgile) ; l'auteur s'est comparé plus haut à
Énée descendu aux Enfers. Apprécier cette
image poétique et cf. p. 364.
— 1 « Avec le monde a commencé une guerre
qui doit finir avec le monde et pas avant ;

celle de l'homme contre la nature, de l'esprit
contre la matière, de la liberté contre la fatalité.
L'histoire n'est pas autre chose que le récit
de cette interminable lutte. » *(Introduction
à l'Histoire universelle).* — 2 « Triste jusqu'à
la mort » (paroles du Christ pendant son
agonie au Jardin des Oliviers).

C'est qu'en effet il y a là pis que les écueils, pis que la tempête. La nature est
10 atroce, l'homme est atroce, et ils semblent s'entendre [3]. Dès que la mer leur jette
un pauvre vaisseau, ils courent à la côte, hommes, femmes et enfants ; ils tombent
sur cette curée. N'espérez pas arrêter ces loups, ils pilleraient tranquillement
sous le feu de la gendarmerie. Encore s'ils attendaient toujours le naufrage, mais
on assure qu'ils l'ont souvent préparé. Souvent, dit-on, une vache, promenant
à ses cornes un fanal mouvant, a mené les vaisseaux sur les écueils. Dieu sait alors
quelles scènes de nuit [4] ! On en a vu qui, pour arracher une bague au doigt d'une
femme qui se noyait, lui coupaient le doigt avec les dents [5].

L'homme est dur sur cette côte. Fils maudit de la création, vrai Caïn, pourquoi
pardonnerait-il à Abel ? La nature ne lui pardonne pas. La vague l'épargne-t-elle
20 quand, dans les terribles nuits de l'hiver, il va par les écueils attirer le varech
flottant qui doit engraisser son champ stérile, et que si souvent apporte le flot apporte
l'herbe et emporte l'homme ? L'épargne-t-elle quand il glisse en tremblant sous
la pointe du Raz, aux rochers rouges où s'abîme l'*enfer de Plogoff*, à côté de la
baie des Trépassés, où les courants portent les cadavres depuis tant de siècles ?
C'est un proverbe breton : « Nul n'a passé le Raz sans mal ou sans frayeur. » Et
encore : « Secourez-moi, grand Dieu, à la pointe du Raz, mon vaisseau est si
petit, et la mer est si grande ! »

LA CATHÉDRALE GOTHIQUE

Chateaubriand a réhabilité la cathédrale gothique (cf. p. 54). Tandis que Hugo en fait
le personnage principal de *Notre-Dame de Paris* (cf. p. 195), MICHELET célèbre le sublime
élan de spiritualité qu'elle révèle, qu'elle incarne. Cette page semble animée du *souffle*
même qui jadis éleva vers le ciel ces prières de pierre (Tome II, 1833).

Voilà un prodigieux entassement, une œuvre d'Encelade [1]. Pour
soulever ces rocs à quatre, à cinq cents pieds dans les airs, les géants, ce
semble, ont sué... Ossa sur Pélion, Olympe sur Ossa... Mais non, ce n'est
pas un confus amas de choses énormes, une agrégation inorganique...
Il y a eu là quelque chose de plus fort que le bras des Titans... Quoi donc ?
le souffle de l'esprit. Ce léger souffle qui passa devant la face de Daniel [2],
emportant les royaumes et brisant les empires, c'est lui encore qui a
gonflé les voûtes, qui a soufflé [3] les tours au ciel. Il a pénétré d'une vie
puissante et harmonieuse toutes les parties de ce grand corps, il a suscité
10 d'un grain de sénevé [4] la végétation du prodigieux arbre. L'esprit est
l'ouvrier de sa demeure. Voyez comme il travaille la figure humaine

---

3 Comparer cette idée à celle des l. 2-3 ;
comment les concilier ? — 4 Comment
l'émotion se traduit-elle dans le style ? —
5 « Je rapporte cette tradition du pays sans
la garantir. Il est superflu d'ajouter que la
trace de ces mœurs barbares disparaît chaque
jour. » (Note de Michelet).

— 1 Un des Titans qui entassèrent les
montagnes, pour atteindre Zeus qu'ils voulaient

détrôner. — 2 Souvenir biblique (*Daniel*,
chap. VII). — 3 Apprécier ce terme (cf.
l. 25). — 4 Parabole de l'Évangile : « Le
royaume des cieux est semblable à un grain
de sénevé qu'un homme prend et sème dans
son champ. Ce grain est la plus petite de
toutes les semences, mais... il devient un
arbre ; de sorte que les oiseaux du ciel viennent
se reposer sur ses branches. (*Mat. XIII*,
31-32).

dans laquelle il est enfermé, comme il imprime la physionomie, comme il en forme et déforme les traits ; il creuse l'œil de méditations, d'expérience et de douleurs, il laboure le front de rides et de pensées, les os mêmes, la puissante charpente du corps, il la plie et la courbe au mouvement de la vie intérieure. De même, il fut l'artisan de son enveloppe de pierre, il la façonna à son usage, il la marqua au dehors, au dedans, de la diversité de ses pensées ; il y dit son histoire, il prit bien garde que rien n'y manquât de la longue vie qu'il avait vécue, il y grava tous ses
20 souvenirs, toutes ses espérances, tous ses regrets, tous ses amours. Il y mit, sur cette froide pierre, son rêve, sa pensée intime. Dès qu'une fois il eut échappé des catacombes, de la crypte mystérieuse où le monde païen l'avait tenu, il la lança au ciel, cette crypte [5] ; d'autant plus profondément elle descendit, d'autant plus haut elle monta ; la flèche flamboyante [6] échappa comme le profond soupir d'une poitrine oppressée depuis mille ans. Et si puissante était la respiration, si fortement battait ce cœur du genre humain, qu'il fit jour de toutes parts dans son enveloppe ; elle éclata d'amour pour recevoir le regard de Dieu. Regardez l'orbite amaigri [7] et profond de la croisée gothique, de cet *œil ogival* [8],
30 quand il fait effort pour s'ouvrir, au XIIᵉ siècle. Cet œil de la croisée gothique est le signe par lequel se classe la nouvelle architecture. L'art ancien, adorateur de la matière, se classait par l'appui matériel du temple, par la colonne, colonne toscane, dorique, ionique. L'art moderne, fils de l'âme et de l'esprit, a pour principe, non la forme, mais la physionomie, mais l'œil ; non la colonne, mais la croisée ; non le plein, mais le vide.

Au XIIᵉ et au XIIIᵉ siècles, la croisée enfoncée dans la profondeur des murs, comme le solitaire de la Thébaïde [9] dans une grotte de granit, est toute retirée en soi : elle médite et rêve. Peu à peu elle avance du dedans au dehors, elle arrive à la superficie extérieure du mur. Elle
40 rayonne en belles roses mystiques [10], triomphantes de la gloire céleste. Mais le XIVᵉ siècle est à peine passé que ces roses s'altèrent ; elles se changent en figures flamboyantes ; sont-ce des flammes, des cœurs ou des larmes ? Tout cela peut-être à la fois.

– *Quelle est l'idée dominante du texte ? Indiquez : a) quelle est son importance aux yeux de* MICHELET, *(cf. p. 367, n. 1) ;*
– *b) en quoi la cathédrale gothique en est une heureuse illustration.*
– *Comment l'auteur a-t-il rendu sensible le mysticisme qui présida à la construction des cathédrales ?*
– *Montrez de façon précise comment la cathédrale devient un être vivant, humain.*
– **Entretien.** MICHELET *en viendra à critiquer durement l'architecture gothique (extrait p. 370, écrit en 1842, publié en 1855). Comment s'explique selon-vous ce revirement ? ne peut-on déceler dans la page de 1833 quelques éléments qui le rendent un peu moins surprenant ?*
• **Groupe thématique. Poésie et signification de la cathédrale gothique :** CHATEAUBRIAND, p. 54.
– HUGO, p. 196. – MICHELET.

5 Fréquentes dans l'architecture romane, les *cryptes* (églises souterraines) tendent à disparaître dans l'architecture gothique. — 6 Le mot qualifie la dernière phase de l'art gothique, caractérisée par des lignes particulièrement élancées. — 7 Commenter le choix de l'épithète. — 8 On croyait à l'époque que le mot *ogive* venait de l'allemand *Auge* (œil), mais cette étymologie est inexacte. — 9 Désert situé près de Thèbes, en Égypte, où se retirèrent les premiers ermites chrétiens. — 10 Les rosaces des cathédrales.

**Fragilité
du gothique**

« Pourquoi donc tout autour cette armée d'arcs-boutants, ces énormes contreforts, cet éternel échafaudage qui semble oublié du maçon ? Retirez-les ; laissez les voûtes se soutenir d'elles-mêmes. Tout ce bâtiment, vu de près, communique au spectateur un sentiment de fatigue. Il avoue, tout neuf encore, sa caducité précoce. On s'inquiète, on est tenté, le voyant chercher tant d'appuis, d'y porter la main pour le soutenir.

Que laisse-t-il au dehors, sous l'action destructive des pluies, des hivers ? Les appuis qui font sa solidité. Vous diriez d'un faible insecte montrant, traînant
10 après lui un cortège de membres grêles, qui, blessés, le feront choir. Une construction robuste abriterait, envelopperait ses soutiens, garants de sa durée. Celle-ci, qui laisse au hasard ces organes essentiels, est naturellement maladive. Elle exige qu'on entretienne autour d'elle un peuple de médecins ; je n'appelle pas autrement les villages de maçons que je vois établis au pied de ces édifices, vivant, engraissant là-dessus, eux et leurs nombreux enfants, réparateurs héréditaires de cette existence fragile qu'on refait si bien pièce à pièce, qu'au bout de deux ou trois cents ans pas une pierre peut-être ne subsiste de la construction primitive.

S'il y a un monument romain à côté, le contraste est grand. Dans son altière
20 solitude, il regarde dédaigneusement l'éternel raccommodage de son fragile voisin, et cette fourmilière d'hommes qui le fait vivre et qui en vit. Lui, bâti depuis deux mille ans par la main des légions, il reste invincible aux hivers, n'ayant pas plus besoin de l'homme que les Alpes ou les Pyrénées. » (*Introduction à la Renaissance*, § X).

La vocation de Jeanne

« L'historien, écrit MICHELET à propos de JEANNE D'ARC, a pour spéciale mission d'expliquer ce qui paraît miracle, de l'entourer des précédents, des circonstances qui l'amènent, de le ramener à la nature. » Telle est bien ici sa démarche : par l'évocation de la spiritualité de Jeanne et de l'atmosphère dans laquelle elle a grandi, il tente de nous faire comprendre comment l'héroïque enfant en vint à entendre ses voix, à prendre conscience de son extraordinaire vocation. Sans doute laisse-t-il un peu vagabonder son *imagination romanesque*, accordant trop de place aux fées, trop peu à la mystique chrétienne ; mais nous le sentons en étroite *sympathie* avec la Sainte, et il a su conserver à cette merveilleuse histoire *toute sa beauté poétique et sublime*.

Tout le monde connaissait sa charité, sa piété. Ils voyaient bien que c'était la meilleure fille du village. Ce qu'ils ignoraient, c'est qu'en elle la vie d'en haut absorba toujours l'autre et en supprima le développement vulgaire. Elle eut, d'âme et de corps, ce don divin de rester enfant... Née sous les murs mêmes de l'église, bercée du son des cloches et nourrie de légendes, elle fut une légende elle-même, rapide et pure, de la naissance à la mort.

Elle fut une légende vivante [1]... Mais la force de vie, exaltée et concentrée, n'en devint pas moins créatrice. La jeune fille, à son insu, *créait*, pour ainsi parler, et *réalisait* ses propres idées, elle en faisait des êtres, elle leur communiquait, du

_____
— 1 Cf. p. 373 (l. 1-4).

10 trésor de sa vie virginale, une splendide et toute-puissante existence, à faire pâlir les misérables réalités du monde [2].

Si *poésie* veut dire *création* [3], c'est là sans doute la poésie suprême. Il faut savoir par quels degrés elle en vint jusque-là, de quel humble point de départ.

Humble à la vérité, mais déjà poétique. Son village était à deux pas des grandes forêts des Vosges. De la porte de la maison de son père, elle voyait le vieux bois *des chênes*. Les fées hantaient ce bois ; elles aimaient surtout une certaine fontaine près d'un grand hêtre qu'on nommait l'arbre des fées, des *dames*. Les petits enfants y suspendaient des couronnes, y chantaient. Ces anciennes *dames* et maîtresses des forêts ne pouvaient plus, disait-on, se rassembler à la fontaine ;
20 elles en avaient été exclues pour leurs péchés. Cependant l'Église se défiait toujours des vieilles divinités locales ; le curé, pour les chasser, allait chaque année dire une messe à la fontaine.

Jeanne naquit parmi ces légendes, dans ces rêveries populaires. Mais le pays offrait à côté une tout autre poésie, celle-ci, sauvage, atroce, trop réelle, hélas ! la poésie de la guerre... La guerre ! ce mot seul dit toutes les émotions ; ce n'est pas tous les jours sans doute l'assaut et le pillage, mais bien plutôt l'attente, le tocsin, le réveil en sursaut, et dans la plaine au loin le rouge sombre de l'incendie... État terrible, mais poétique ; les plus prosaïques des hommes, les Écossais du bas pays, se sont trouvés poètes parmi les hasards du *border* [4] ; de ce désert
30 sinistre, qui semble encore maudit, ont pourtant germé les ballades [5], sauvages et vivaces fleurs.

Jeanne eut sa part dans ces romanesques aventures. Elle vit arriver les pauvres fugitifs, elle aida, la bonne fille, à les recevoir ; elle leur cédait son lit et allait coucher au grenier. Ses parents furent aussi une fois obligés de s'enfuir. Puis, quand le flot des brigands fut passé, la famille revint et retrouva le village saccagé, la maison dévastée, l'église incendiée.

Elle sut ainsi ce que c'était que la guerre. Elle comprit cet état anti-chrétien, elle eut horreur de ce règne du diable, où tout homme mourait en péché mortel. Elle se demanda si Dieu permettrait cela toujours, s'il ne mettrait pas un terme à ces
40 misères, s'il n'enverrait pas un libérateur, comme il l'avait fait si souvent pour Israël, un Gédéon, une Judith [6] ?... Elle savait que plus d'une femme avait sauvé le peuple de Dieu, que dès le commencement il avait été dit que la femme écraserait le serpent [7]. Elle avait pu voir au portail des églises sainte Marguerite, avec saint Michel, foulant aux pieds le dragon [8]... Si, comme tout le monde disait, la perte du royaume était l'œuvre d'une femme, d'une mère dénaturée [9], le salut pouvait bien venir d'une fille. C'est justement ce qu'annonçait une prophétie de Merlin [10] ; cette prophétie, enrichie, modifiée selon les provinces, était devenue toute lorraine dans le pays de Jeanne d'Arc. C'était une pucelle des Marches de *Lorraine* qui devait sauver le royaume.

---

2 On songe, en lisant ces lignes, à Michelet lui-même, dont le symbolisme *idéalise* les êtres, en faisant d'eux l'incarnation de grandes idées. — 3 C'est en effet le sens étymologique du mot *poésie*. — 4 *Frontière* entre l'Écosse et l'Angleterre, théâtre de nombreux combats. — 5 Recueillies par Walter Scott. — 6 *Gédéon* délivra les Israélites du joug des Madianites ; *Judith* tua Holopherne qui assiégeait Béthulie. — 7 Tentée par le démon sous la forme d'un serpent, Ève avait commis le péché originel ; une autre femme, Marie, devait permettre la rédemption de l'espèce humaine en devenant la mère du Christ. — 8 Jeanne va entendre les voix de saint Michel, de sainte Marguerite (et de sainte Catherine). — 9 Isabeau de Bavière : le traité de Troyes (1420) dépossédait son fils, le dauphin Charles, et livrait la France à Henri V d'Angleterre. — 10 L'Enchanteur, personnage des romans de chevalerie.

Jeanne au bûcher

MICHELET évoque avec une extrême *discrétion* la mort affreuse de JEANNE sur le bûcher, mais s'attache à dégager *le sens profond de cette mort*, dernière étape, décisive, dans l'ascension de la Sainte ; cela le ramène tout naturellement au récit : les contemporains n'ont-ils pas eu, au moment même de son supplice, la soudaine révélation de la sainteté de Jeanne d'Arc ? On sent dans tout le passage, contenue mais d'autant plus communicative, *l'émotion de l'historien*, faite de pitié, d'admiration et de pieuse tendresse.

Cependant la flamme montait... Au moment où elle la toucha, la malheureuse frémit et demanda *de l'eau* bénite ; *de l'eau*, c'était apparemment le cri de la frayeur... Mais, se relevant [1] aussitôt, elle ne nomma plus que Dieu, que ses anges et ses Saintes. Elle leur rendit témoignage : « Oui, mes voix étaient de Dieu, mes voix ne m'ont pas trompée !... » Que toute incertitude ait cessé dans les flammes, cela nous doit faire croire qu'elle accepta la mort pour la *délivrance* promise [2], qu'elle n'entendit plus le *salut* au sens judaïque [3] et matériel, comme elle avait fait jusque-là, qu'elle vit clair enfin, et que, sortant des ombres, elle obtint ce qui lui manquait de lumière et de sainteté.

10 Cette grande parole est attestée par le témoin obligé et juré de la mort, par le dominicain qui monta avec elle sur le bûcher, qu'elle en fit descendre, mais qui d'en bas lui parlait, l'écoutait et lui tenait la croix.

Nous avons encore un autre témoin de cette mort sainte, un témoin bien grave, qui lui-même fut sans doute un saint. Cet homme, dont l'histoire doit conserver le nom, était le moine augustin déjà mentionné, frère Isambart de La Pierre ; dans le procès, il avait failli périr pour avoir conseillé la Pucelle, et néanmoins, quoique si bien désigné à la haine des Anglais, il voulut monter avec elle dans la charrette, lui fit venir la croix de la paroisse, l'assista parmi cette foule furieuse, et sur l'échafaud et au bûcher.

20 Vingt ans après [4], les deux vénérables religieux, simples moines, voués à la pauvreté et n'ayant rien à gagner ni à craindre en ce monde, déposent ce qu'on vient de lire : « Nous l'entendions, disent-ils, dans le feu, invoquer ses Saintes, son archange ; elle répétait le nom du Sauveur... Enfin, laissant tomber sa tête, elle poussa un grand cri : « Jésus ! »

« Dix mille hommes pleuraient... » Quelques Anglais seuls riaient ou tâchaient de rire. Un d'eux, des plus furieux, avait juré de mettre un fagot au bûcher ; elle expirait au moment où il le mit, il se trouva mal ; ses camarades le menèrent à une taverne, pour le faire boire et reprendre ses esprits ; mais il ne pouvait se remettre : « J'ai vu, disait-il hors de lui-même, j'ai vu de la bouche, avec le dernier 30 soupir, s'envoler une colombe. » D'autres avaient lu dans les flammes le mot qu'elle répétait : « Jésus ! » Le bourreau alla le soir trouver frère Isambart ; il était tout épouvanté ; il se confessa, mais il ne pouvait croire que Dieu lui pardonnât jamais... Un secrétaire du roi d'Angleterre disait tout haut en revenant : « Nous sommes perdus ; nous avons brûlé une sainte ! »

Cette parole, échappée à un ennemi, n'en est pas moins grave. Elle restera. L'avenir n'y contredira pas. Oui, selon la Religion, selon la Patrie, Jeanne d'Arc fut une sainte [5].

— 1 Préciser le sens. — 2 Ses voix lui promettant la *délivrance*, Jeanne crut longtemps qu'elle aurait la vie sauve et serait libérée. — 3 C'est-à-dire *concret* et *littéral* : les Juifs attendaient du Messie leur salut *matériel ;* mais pour les Chrétiens, il a apporté aux hommes le salut de leur âme, la vie éternelle. — 4 Au procès de réhabilitation de Jeanne d'Arc (1455). — 5 Elle sera célébrée chaque année par une fête nationale à partir de 1919, et canonisée par l'Église en 1920.

LA LEÇON DE JEANNE D'ARC

MICHELET va maintenant méditer sur l'histoire de JEANNE D'ARC et sur les enseignements qu'elle nous laisse. On voit s'affirmer ici sa foi dans l'*Évangile héroïque* dont Jeanne est la plus haute incarnation, et dans la *tendresse de cœur*, qui peut seule purifier l'action de tout fanatisme et assurer le salut de l'humanité.

Quelle légende plus belle que cette incontestable histoire ? Mais il faut se garder bien d'en faire une légende, on doit en conserver pieusement tous les traits, même les plus humains, en respecter la réalité touchante et terrible.

Que l'esprit romanesque y touche, s'il ose ; la poésie ne le fera jamais Eh ! que saurait-elle ajouter ?... L'idée qu'elle avait, pendant tout le Moyen Age, poursuivie de légende en légende [1], cette idée se trouva à la fin être une personne ; ce rêve, on le toucha. La Vierge secourable des batailles que les chevaliers appelaient, attendaient d'en haut, elle
10 fut ici-bas... En qui ? c'est la merveille. Dans ce qu'on méprisait, dans ce qui semblait le plus humble, dans une enfant, dans la simple fille des campagnes, du pauvre peuple de France... Car il y eut un peuple, il y eut une France. Cette dernière figure du passé fut aussi la première du temps qui commençait [2]. En elle apparurent à la fois la Vierge... et déjà la Patrie [3].

Telle est la poésie de ce grand fait, telle en est la philosophie, la haute vérité. Mais la réalité historique n'en est pas moins certaine ; elle ne fut que trop positive et trop cruellement constatée... Cette vivante énigme, cette mystérieuse créature, que tous jugèrent surnaturelle, cet ange ou
20 ce démon, qui, selon quelques-uns, devait s'envoler un matin, il se trouva que c'était une jeune femme, une jeune fille, qu'elle n'avait point d'ailes, qu'attachée comme nous à un corps mortel, elle devrait souffrir, mourir, et de quelle affreuse mort !

Mais c'est justement dans cette réalité qui semble dégradante, dans cette triste épreuve de la nature, que l'idéal se retrouve et rayonne. Les contemporains eux-mêmes y reconnurent le Christ parmi les pharisiens... Toutefois nous devons y voir encore autre chose, la Passion de la Vierge, le martyre de la pureté.

Il y a eu bien des martyrs ; l'histoire en cite d'innombrables, plus ou
30 moins purs, plus ou moins glorieux. L'orgueil a eu les siens, et la haine

---

— 1 Cf. p. 371, l. 41-fin. — 2 Au règne de la religion succède, selon Michelet, celui de la patrie. — 3 « Souvenons-nous toujours, Français, que la Patrie chez nous est née du cœur d'une femme, de sa tendresse et de ses larmes, du sang qu'elle a donné pour nous. » (Introduction à *Jeanne d'Arc*).

et l'esprit de dispute. Aucun siècle n'a manqué de martyrs batailleurs, qui sans doute mouraient de bonne grâce, quand ils n'avaient pu tuer... Ces fanatiques n'ont rien à voir ici. La sainte fille n'est point des leurs, elle eut un signe à part : bonté, charité, douceur d'âme.

Elle eut la douceur des anciens martyrs, mais avec une différence [4]. Les premiers chrétiens ne restaient doux et purs qu'en fuyant l'action, en s'épargnant la lutte et l'épreuve du monde. Celle-ci fut douce dans la plus âpre lutte, bonne parmi les mauvais, pacifique dans la guerre même ; la guerre, ce triomphe du diable, elle y porta l'esprit de Dieu.

40   Elle prit les armes quand elle sut « la pitié qu'il y avait au royaume de France [5] ». Elle ne pouvait voir « couler le sang français ». Cette tendresse de cœur, elle l'eut pour tous les hommes ; elle pleurait après les victoires et soignait les Anglais blessés.

Pureté, douceur, bonté héroïque, que cette suprême beauté de l'âme se soit rencontrée en une fille de France, cela peut surprendre les étrangers qui n'aiment à juger notre nation que par la légèreté de ses mœurs. Disons-leur (et sans partialité, aujourd'hui que tout cela est si loin de nous) que sous cette légèreté, parmi ses folies et ses vices même, la vieille France ne fut pas nommée sans cause le peuple très chrétien [6]. C'était

50   certainement le peuple de l'amour et de la grâce. Qu'on l'entende humainement ou chrétiennement, aux deux sens, cela sera toujours vrai.

Le sauveur de la France devait être une femme. La France était femme elle-même. Elle en avait la mobilité, mais aussi l'aimable douceur, la pitié facile et charmante, l'excellence au moins du premier mouvement. Lors même qu'elle se complaisait aux vaines élégances et aux raffinements extérieurs, elle restait au fond plus près de la nature. Le Français, même vicieux, gardait plus qu'aucun autre le bon sens et le bon cœur [7].

– Composition. *Étudiez l'élargissement progressif de la méditation sur Jeanne d'Arc.*
– *En quoi* MICHELET *trouve-t-il l'histoire de Jeanne d'Arc à la fois naturelle et prodigieuse ? (cf. p. 370-371).*
– *Précisez les vertus essentielles de Jeanne d'Arc ; comment s'explique la prédilection de* MICHELET *pour cette héroïne ?*
– *Étudiez dans ses nuances le patriotisme de* MICHELET.
– **Contraction** *(ensemble du texte).* **Essai.** *Deux conceptions de l'action, d'après les l. 29-34.*
– **Essai.** *Jeanne d'Arc vue par* PEGUY, XXe SIÈCLE, *p. 144-149.*

— 4 Au début du tome VII, Michelet insistera sur cette idée : « L'Évangile monastique, renouvelé alors par le livre de l'*Imitation*, nous dit : *Fuyez ce méchant monde.* L'Évangile héroïque (un livre ? non, une âme) nous dit : *Sauvez ce monde, combattez et mourez pour lui.* » — 5 Dans l'introduction, Michelet commente ainsi cette parole de Jeanne : « Touchant secret de femme ! La Pitié fut si grande en elle qu'elle n'eut plus pitié d'elle-même, qu'elle fit ce souverain effort de s'arracher à sa nature ; elle souffrit tant des maux des autres, et fut si tendre, qu'elle en fut intrépide et brava tous les maux. » — 6 Dans le *Mystère des Saints Innocents*, Péguy fera dire à Dieu qu'il n'a « point trouvé léger » le peuple *inventeur de la cathédrale* et de *la croisade.* — 7 Et l'auteur conclut en exhortant les Français à pratiquer cette bonté qui est force et héroïsme : « Il n'y a que les grands cœurs qui sachent combien il y a de gloire à *être bon.* »

Du Moyen Age à la Renaissance

Ce *Moyen Age* qu'il avait compris et aimé, voici que MICHELET *le prend en haine*. Il y découvre maintenant (1842) une vaste entreprise, concertée, d'abrutissement de l'humanité ; il lui reproche surtout d'avoir trop longtemps survécu à lui-même, entravant la Renaissance et l'avènement des temps modernes. Son *exaspération* se traduit dans le *style*, impatient, nerveux, fébrile. Des versets enflammés, des formules incisives, des raccourcis audacieux ; mais *l'histoire a cédé la place à la polémique*. (Tome VII, *Introduction à la Renaissance*, § XIV).

Pourquoi la Renaissance arrive-t-elle trois cents ans trop tard ? Pourquoi le Moyen Age vit-il trois siècles après sa mort ?

Son terrorisme, sa police, ses bûchers, n'auraient pas suffi. L'esprit humain eût tout brisé. L'École [1] le sauva, la création d'un grand peuple de raisonneurs contre la Raison.

Le néant fut fécond, créa.

De la philosophie proscrite naquit l'infinie légion des ergoteurs, la dispute sérieuse, acharnée, du vide et du rien.

De la religion étouffée naquit le monde béat des mystiques raisonnables, l'art
10 de délirer sagement.

De la proscription de la nature et des sciences sortirent en foule les fripons et les dupes, qui lurent aux astres et firent de l'or [2].[...]

Les masses ainsi amorties, que pourront les grandes âmes ? Des apparitions surhumaines, à réveiller les morts, vont venir, et ne feront rien. Ils voient passer Jeanne d'Arc, et disent : « Quelle est cette fille [3] ? »

Dante a bâti sa cathédrale [4] et Brunelleschi calcule Santa Maria del Fiore [5]. Mais on ne goûte que Boccace [6]. L'orfèvrerie domine l'architecture. La vieille église gothique, *in extremis*, s'entoure de petits ornements, frisures, guipures, etc., elle s'attife et se fait jolie [7].

20 La persévérante culture du faux, continuée tant de siècles, l'attention soutenue d'aplatir la cervelle humaine, a porté ses fruits. A la nature proscrite a succédé l'anti-nature [8], d'où spontanément naît le monstre, sous deux faces, monstre de fausse science, monstre de perverse ignorance. Le scolastique et le berger, l'inquisiteur et la sorcière offrent deux peuples opposés. Toutefois les uns et les autres, les sots en hermine, les fous en haillons, ont au fond la même foi, la foi du Mal, comme maître et prince de ce monde. Les sots, terrifiés du triomphe du Diable, brûlent les fous pour protéger Dieu [9].

C'est bien là le fond des ténèbres. Et il se passe un demi-siècle sans que l'imprimerie [10] y ramène un peu de lumière. La grande encyclopédie juive [11],
30 publiée dans sa discordance de siècles, d'écoles et de doctrines, embrouille d'abord et complique les perplexités de l'esprit humain. La prise de Constantinople, la Grèce réfugiée, n'aident guère ; les manuscrits qui arrivent cherchent des lecteurs sérieux ; les principaux ne seront imprimés qu'au siècle suivant.

— 1 La philosophie scolastique, que Michelet juge stérile et même néfaste. — 2 Astrologues et alchimistes. — 3 Opposer à ces vues pessimistes le texte de la p. 373. — 4 Le *monument* poétique qu'est sa *Divine Comédie* (1302-1321). — 5 Église de Florence, dont la coupole fut construite par Brunelleschi (1377-1446) ; Michelet considère cet architecte comme l'un des grands génies annonciateurs des temps modernes. — 6 Et ses contes légers. — 7 Apprécier le choix des termes et le ton ; à quoi l'auteur fait-il allusion ? — 8 Souvenir du mythe de *Physis* et *Antiphysie*, au *Quart Livre* de Rabelais. — 9 Michelet développera ce thème dans *La Sorcière* (1862). — 10 Introduite en France en 1470. — 11 L'auteur pense peut-être à celle qui fut publiée à Venise en 1547.

Ainsi, grandes découvertes, machines, moyens matériels, secours fortuits, tout est encore inutile. A la mort de Louis XI et dans les premières années qui suivent, rien ne permet de prévoir l'approche d'un jour nouveau.

Tout l'honneur en sera à l'âme, à la volonté héroïque [12]. Un grand mouvement va se faire, de guerre et d'événements, d'agitations confuses, de vague inspiration. Ces avertissements obscurs, sortis des foules, mais peu entendus d'elles, quelqu'un 40 (Colomb, Copernic ou Luther) les prendra pour lui seul, se lèvera, répondra : « Me voici ! »

« Louis XIV enterre un monde »

MICHELET a été formé par nos écrivains classiques, et ne saurait rester insensible à la grandeur du siècle de Louis XIV. Pourtant il insinue *la critique* au sein même d'éloges accordés chichement et comme à contre-cœur. C'est qu'il est en proie à un double préjugé : *préjugé romantique contre l'art classique* et surtout *préjugé contre l'absolutisme*. Reprenant l'histoire de la monarchie après avoir traité la Révolution française, il commet l'erreur de tout juger, du XVIe au XVIIIe siècle, *par rapport à la Révolution*, exalte tout ce qui la prépare, déteste tout ce qui la retarde. Dans la *Préface* de 1869 il qualifiera ainsi sa propre attitude : « De Médicis à Louis XIV une autopsie sévère a caractérisé ce gouvernement de cadavres. » — Préface du tome XII.

Le déplorable dénouement du règne de Louis XIV [1] ne peut cependant nous faire oublier ce que la société, la civilisation d'alors, avaient eu de beau et de grand.

Il faut le reconnaître. Dans la fantasmagorie [2] de ce règne, la plus imposante qui ait surpris l'Europe depuis la solide grandeur de l'Empire romain, tout n'était pas illusion. Nul doute qu'il n'y ait eu là une harmonie qui ne s'est guère vue avant ou après. Elle fit l'ascendant singulier de cette puissance qui ne fut pas seulement redoutée, mais autorisée [3], imitée. Rare hommage que n'ont obtenu nullement les grandes tyrannies militaires.

10 Elle subsiste, cette autorité, continuée dans l'éducation et la société par la grâce, par le caractère lumineux d'une littérature aimable [4] et tout humaine. Tous commencent par elle. Beaucoup ne la dépassent pas. Que de temps j'y ai mis ! Les trente années que je resserre ici m'ont, je crois, coûté trente années.

Non que j'y aie travaillé tout ce temps-là de suite. Mais, dès mon enfance et toute ma vie, je me suis occupé du règne de Louis XIV. Ce n'est pas qu'il y ait alors grande invention [5], si l'on songe à la petite Grèce (ce miracle d'énergie féconde), à la magnifique Italie, au nerveux et puissant XVIe siècle. Mais que voulez-vous ? C'est une harmonie. Ces gens-là se croyaient un monde complet, et ignoraient le reste. Il en est résulté quelque chose d'agréable et de suave, qui a 20 aussi une grandeur relative.

J'étais tout jeune que je lisais cet honnête Boileau, ce mélodieux Racine ; j'apprenais la fanfare, peu diversifiée, de Bossuet [6]. Corneille, Pascal, Molière, La Fontaine, étaient mes maîtres. La seule chose qui m'avertit et me fit chercher

---

12 Michelet ne croit plus que le peuple puisse accéder par ses propres moyens au progrès et à la liberté : il insiste maintenant sur le rôle des individus. Cf. « L'histoire est celle de l'âme et de la pensée originale, de l'initiative féconde, de l'héroïsme, héroïsme d'action, héroïsme de création. » *(Préface de la Renaissance).*

— 1 Misère du peuple, invasion du Nord de la France. — 2 En quoi le terme est-il péjoratif ? — 3 Officiellement reconnue. — 4 Apprécier le qualificatif ; cf. *agréable et suave* (l. 19). — 5 Affirmation à discuter. — 6 L'auteur vous paraît-il rendre un hommage suffisant à Boileau, Racine et Bossuet ? —

ailleurs, c'est que ces très grands écrivains achèvent [7] plutôt qu'ils ne commencent. Leur originalité (pour la plupart du moins) est d'amener à une forme exquise des choses infiniment plus grandioses de l'Antiquité et de la Renaissance.

Rien chez eux qui atteigne la hauteur colossale du drame grec, de Dante, de Shakespeare ou de Rabelais [8].[...]

Louis XIV enterre un monde. Comme son palais de Versailles, il regarde le couchant. Après un court moment d'espoir (1661-1666), les cinquante ans qui suivent ont l'effet général du grand parc tristement doré en octobre et novembre à la tombée des feuilles [9]. Les vrais génies d'alors, même en naissant, ne sont pas jeunes, et, quoi qu'ils fassent, ils souffrent de l'impuissance générale. La tristesse est partout [10], dans les monuments, dans les caractères ; âpre dans Pascal, dans Colbert, suave en Madame Henriette, en La Fontaine, Racine et Fénelon. La sécurité triomphale qu'affiche Bossuet n'empêche pas le siècle de sentir qu'il a usé ses forces dans des questions surannées. Tous ont affirmé fort et ferme, mais un peu plus qu'ils ne croyaient. Ils ont tâché de croire, et y sont parvenus, à la rigueur, non sans fatigue. Cet attribut divin (commun au XVIe siècle), à pas un n'est resté : *La Joie!* La joie, le rire des Dieux, comme on l'entendit à la Renaissance, celui des héros, des grands inventeurs, qui voyaient commencer un monde, on ne l'entend plus depuis Galilée [11]. Le plus fort du temps, son puissant comique, Molière, meurt de mélancolie [12].

Diderot

Ici l'enthousiasme de MICHELET se donne libre cours : il éclate en un *hymne exalté*, disposé en *versets*, où abondent les *vers blancs* de 6, 8 et 12 syllabes. L'historien, qui devient surtout poète, est en effet séduit, entraîné par le tempérament généreux, l'intelligence féconde, la vitalité débordante de DIDEROT ; et surtout il voit en lui *le génie même de la Révolution.*

Voltaire l'appelle *Panto-phile*, amant de toute la nature, ou plutôt amoureux de tout.

Il n'est pas moins *Pan-urge*, l'universel faiseur [1]. C'est un fils d'ouvrier (comme Rousseau, Beaumarchais et tant d'autres). Langres, sa ville, fabrique de bons couteaux et de mauvais tableaux, l'inspire aux métiers et aux arts [2].

De son troisième nom qui lui va mieux encore, c'est le vrai *Prométhée*. Il fit plus que ses œuvres. Il fit surtout des hommes [3]. Il souffla sur la France, souffla sur l'Allemagne. Celle-ci l'adopta plus que la France encore, par la voix solennelle de Gœthe [4].

Grand spectacle de voir le siècle autour de lui. Tous venaient à la file puiser au puits de feu. Ils y venaient d'argile, ils en sortaient de flamme. Et, chose merveilleuse, c'était la libre flamme de la nature propre à chacun. Il fit jusqu'à ses ennemis, les grandit, les arma de ce qu'ils tournèrent contre lui.

---

7 Montrer comment Michelet a tiré parti de l'ambiguïté de ce terme. — 8 C'est exactement le point de vue de Hugo dans *William Shakespeare*. — 9 Symbolisme poétique, mais arbitraire. — 10 A discuter. — 11 « La joie de l'inventeur, heureux d'avoir trouvé et heureux de donner, celle qui sourit dans les dialogues de Galilée. » (Tome VIII, *La Réforme*). — 12 Légende romantique.

— 1 Au sens favorable : *créateur*. — 2 Cf. l'*Encyclopédie*. — 3 Après avoir façonné l'homme avec du limon, Prométhée, pour lui donner la vie, avait dérobé le feu céleste (cf. l. 11). — 4 Le *Neveu de Rameau* fut d'abord connu par la traduction de Gœthe. —

Il faut le voir à l'œuvre, et travaillant pour tous. Aux timides chercheurs, il donnait l'étincelle, et souvent la première idée. Mais l'idée grandiose les effrayait ? Ils avaient peu d'haleine ? Il leur donnait le souffle, l'âme chaude et la vie par torrents. Comment réaliser ? S'il les voyait en peine, de sibylle et prophète, il était tout à coup, pour les tirer de là, ouvrier, maçon, forgeron ; il ne s'arrêtait pas que l'œuvre ne surgît, brusquement ébauchée, devant son auteur stupéfait.

20   Les plus divers esprits sortirent de Diderot ; d'un de ses essais, Condillac [5] ; d'un mot, Rousseau dans ses premiers débuts [6]. Grimm le suça vingt ans. De son labeur immense et de sa richesse incroyable coula le fleuve trouble, plein de pierres, de graviers, qu'on appelle du nom de Raynal [7].

Un torrent révolutionnaire. On peut dire davantage. La Révolution même, son âme, son génie, fut en lui [8]. Si de Rousseau vint Robespierre, « de Diderot jaillit Danton » (*Aug. Comte*).

« Ce qui me reste, c'est ce que j'ai donné. » Ce mot que le Romain généreux dit en expirant, Diderot aussi pouvait le dire. Nul monument achevé n'en reste, mais cet esprit commun, la grande vie qu'il a mise en ce monde, et qui flotte
30 orageuse en ses livres incomplets. Source immense et sans fond. On y puisa cent ans. L'infini reste encore.

Dans l'année même (1746) où Vauvenargues publia ses *Essais* [9], ses vues sur l'*action*, Diderot publia ses *Pensées* [10], où il dit un mot admirable. Il demande que Dieu ait sa libre *action*, qu'il sorte de la captivité des temples et des dogmes, et qu'il se mêle à tout, remette en tout la vie divine :

« Élargissez Dieu [11] ! »

- **Comparaison.** Voici en quels termes TAINE jugeait DIDEROT (*Origines de la France contemporaine*) : a) *Montrer en quoi les deux historiens divergent, à partir d'une image commune.* – b) *Comment expliquer cette opposition ?* – c) *Comment vous représentez-vous Diderot, à partir de ces deux textes ?*
  « Diderot, dit Voltaire, est *un four trop chaud qui brûle tout ce qu'il cuit ;* ou plutôt, c'est un volcan en éruption qui, pendant quarante ans, dégorge les idées de tout ordre et de toute espèce, bouillonnantes et mêlées, métaux précieux, scories grossières, boues fétides ; le torrent continu se déverse à l'aventure, selon les accidents du terrain, mais toujours avec l'éclat rouge et les fumées âcres d'une lave ardente. Il ne possède pas ses idées, mais ses idées le possèdent ; il les subit ; pour en réprimer la fougue et les ravages, il n'a pas ce fond solide de bon sens pratique, cette digue intérieure de prudence sociale qui, chez Montesquieu et même chez Voltaire, barre la voie aux débordements. Tout déborde chez lui, hors du cratère trop plein, sans choix, par la première fissure ou crevasse qui se rencontre, selon les hasards d'une lecture, d'une lettre, d'une conversation, d'une improvisation, non pas en petits jets multipliés comme chez Voltaire, mais en larges coulées qui roulent aveuglément sur le versant le plus escarpé du siècle. »

---

5 Il existe des rapports indiscutables entre le *sensualisme* de Condillac et les idées de Diderot (dans la *Lettre sur les Aveugles* par exemple), mais Michelet méconnaît l'originalité de Condillac. — 6 Cf. *XVIIIᵉ Siècle*, p. 268, dernier §. — 7 Auteur d'une *Histoire philosophique des établissements et du commerce des Européens dans les deux Indes*, à laquelle collabora Diderot. — 8 On reconnaît la tendance de Michelet à incarner une idée, un mouvement, dans un homme. — 9 C'est-à-dire l'*Introduction à la connaissance de l'esprit humain*. — 10 *Pensées philosophiques*. — 11 « Les hommes ont banni la Divinité d'entre eux ; ils l'ont reléguée dans un sanctuaire. Détruisez ces enceintes, élargissez Dieu, voyez-le partout où il est, ou dites qu'il n'est pas » (Diderot). Michelet ajoute un peu plus loin : « Après la longue mort des trente dernières années du règne de Louis XIV, il y eut un réveil violent de toutes les énergies cachées. « *Dieu s'élargit* », on peut le dire, il s'échappa, La vie parut partout. Des lettres aux arts, des arts à la Nature tout s'anima, tout devint force vive. »

VALMY

MICHELET excelle à mettre en vedette les *grandes scènes historiques*, comme la prise de la Bastille ou, ici, la bataille de Valmy, en dégageant de l'événement son *retentissement durable*, son *sens profond*. Les idées, les sentiments de l'auteur interviennent sans cesse dans un récit d'ailleurs vivant et exact. Sans que soit altérée la vérité des faits, *l'histoire prend* ainsi *les accents de l'épopée* (*Révolution française*, VII, chap. 8).

Les Prussiens ignoraient si parfaitement à qui ils avaient affaire, qu'ils crurent avoir pris Dumouriez, lui avoir coupé le chemin [1]. Ils s'imaginèrent que cette armée *de vagabonds, de tailleurs, de savetiers,* comme disaient les émigrés, avait hâte d'aller se cacher dans Châlons, dans Reims. Ils furent un peu étonnés quand ils les virent audacieusement postés à ce moulin de Valmy. Ils supposèrent du moins que ces gens-là, qui, la plupart, n'avaient jamais entendu le canon, s'étonneraient [2] au concert nouveau de soixante bouches à feu. Soixante leur répondirent, et tout le jour, cette armée, composée en partie de gardes nationales [3],
10 supporta une épreuve plus rude qu'aucun combat : l'immobilité sous le feu. On tirait dans le brouillard au matin et, plus tard, dans la fumée. La distance néanmoins était petite. On tirait dans une masse ; peu importait de tirer juste. Cette masse vivante, d'une armée toute jeune, émue de son premier combat, d'une armée ardente et française, qui brûlait d'aller en avant, tenue là sous les boulets, les recevant par milliers, sans savoir si les siens portaient, elle subissait, cette armée [4], la plus grande épreuve peut-être. On a tort de rabaisser l'honneur de cette journée [5]. Un combat d'attaque ou d'assaut aurait moins honoré la France.
20 Un moment, les obus des Prussiens, mieux dirigés, jetèrent de la confusion. Ils tombèrent sur deux caissons qui éclatèrent, tuèrent, blessèrent beaucoup de monde. Les conducteurs de chariots s'écartant à la hâte de l'explosion, quelques bataillons semblaient commencer à se troubler. Le malheur voulut encore qu'à ce moment un boulet vînt tuer le cheval de Kellermann [6] et le jeter par terre. Il en remonta un autre avec beaucoup de sang-froid, raffermit les lignes flottantes.
Il était temps. Les Prussiens, laissant la cavalerie en bataille pour soutenir l'infanterie, formaient celle-ci en trois colonnes, qui marchaient vers le plateau de Valmy (vers onze heures). Kellermann voit ce mou-
30 vement, forme aussi trois colonnes en face et fait dire sur toute la ligne :
« Ne pas tirer, mais attendre, et les recevoir à la baïonnette. »
Il y eut un moment de silence. La fumée se dissipait. Les Prussiens

---

— 1 La manœuvre de Dumouriez avait placé l'armée française face à l'ouest : il semblait donc que les Prussiens lui coupaient la retraite. — 2 Préciser le sens. — 3 A quoi tend cette précision ? — 4 Apprécier la cons-truction de la phrase ; que traduit-elle chez l'auteur ? — 5 En disant que ce fut une simple canonnade, et non une véritable bataille. — 6 Commandant l'armée de la Moselle, il avait fait sa jonction avec Dumouriez la veille.

avaient descendu, ils franchissaient l'espace intermédiaire avec la gravité d'une vieille armée de Frédéric, et ils allaient monter aux Français. Brunswick [7] dirigea sa lorgnette, et il vit un spectacle surprenant, extraordinaire. A l'exemple de Kellermann, tous les Français, ayant leurs chapeaux à la pointe des sabres, des épées, des baïonnettes, avaient poussé un grand cri... Ce cri de trente mille hommes remplissait toute la vallée : c'était comme un cri de joie, mais étonnamment prolongé ; il
40 ne dura guère moins d'un quart d'heure ; fini, il recommençait toujours avec plus de force ; la terre en tremblait... C'était : « Vive la Nation ! »

Les Prussiens montaient, fermes et sombres. Mais tout ferme que fût chaque homme, les lignes flottaient, elles formaient par moment des vides, puis elles les remplissaient. C'est que de gauche elles recevaient une pluie de fer, qui leur venait de Dumouriez.

Brunswick arrêta ce massacre inutile et fit sonner le rappel.

Le spirituel et savant général avait très bien reconnu, dans l'armée qu'il avait en face, un phénomène qui ne s'était guère vu depuis les guerres de religion : *une armée de fanatiques*, et, s'il l'eût fallu, de martyrs.
50 Il répéta au roi ce qu'il avait toujours soutenu, contrairement aux émigrés, que l'affaire était difficile, et qu'avec les belles chances que la Prusse avait en ce moment pour s'étendre dans le Nord [8], il était absolument inutile et imprudent de se compromettre avec ces gens-ci.

Le roi était extrêmement mécontent, mortifié. Vers quatre ou cinq heures, il se lassa de cette éternelle canonnade qui n'avait guère de résultat que d'aguerrir l'ennemi. Il ne consulta pas Brunswick, mais dit qu'on battît la charge. Lui-même, dit-on, approcha avec son état-major, pour reconnaître de plus près ces furieux, ces sauvages. Il poussa sa courageuse et docile infanterie sous le feu de la mitraille, vers le plateau
60 de Valmy. Et, en avançant, il reconnut la ferme attitude de ceux qui l'attendaient là-haut. Ils s'étaient déjà habitués au tonnerre qu'ils entendaient depuis tant d'heures, et ils commençaient à s'en rire. Une sécurité visible régnait dans leurs lignes. Sur toute cette jeune armée planait quelque chose, comme une lueur héroïque, où le roi ne comprit rien (sinon le retour en Prusse).

Cette lueur était la Foi.

Et cette joyeuse armée [9] qui d'en haut le regardait, c'était déjà l'armée de la RÉPUBLIQUE.

Fondée le 20 septembre à Valmy, par la victoire, elle fut, le 21, décrétée
70 à Paris, au sein de la Convention.

– Composition. *Indiquez les phases de la bataille et dégagez le caractère de ce récit historique.*
– *Montrez que la bataille est surtout présentée du point de vue des Prussiens ; expliquez pourquoi.*
– Symbolisme. *Étudiez la tendance de MICHELET à découvrir des symboles sous les faits historiques.*
– *Comment se manifestent ici le patriotisme et la foi démocratique de l'auteur ?*
• **Groupe thématique. L'idée de la France** et le **patriotisme** de MICHELET d'après les extraits p. 361-380.

---

7 Chef des Prussiens. — 8 Allusion au partage de la Pologne. — 9 Opposer l. 42.

II. LA SCIENCE HISTORIQUE

Histoire
et positivisme
« Nous avons évoqué l'histoire, et la voici partout ;
nous en sommes assiégés, étouffés, écrasés ; nous marchons
tout courbés sous ce bagage, nous ne respirons plus,
n'inventons plus. Le passé tue l'avenir. » Ces réflexions désabusées surprennent de la part
de Michelet (1855, Préface de la *Renaissance*) ; elles révèlent en fait que, vers le milieu
du siècle, l'histoire évolue dans un sens très différent de l'évocation poétique et symbolique
tentée par le grand historien romantique.

Selon la formule de Taine, « l'histoire est un art, mais elle est aussi une science »
(cf. p. 404, l. 47) : elle va affirmer de plus en plus ce caractère scientifique, sous l'influence
de l'érudition germanique et de la philosophie positiviste.

1. L'INFLUENCE GERMANIQUE. Les travaux des érudits allemands, philologues, archéologues, historiens comme CURTIUS (1814-1896) et MOMMSEN (1817-1903) contribuent
à répandre chez nos écrivains la *rigueur* et les *méthodes scientifiques*.

2. L'INFLUENCE POSITIVISTE. En France même, le *positivisme* d'AUGUSTE COMTE (cf.
p. 385) amène les historiens à considérer leur discipline comme une véritable *science*, dont
le but est la découverte des *lois* qui régissent des *faits positifs*, scrupuleusement établis.
TAINE et RENAN, que nous retrouverons au chapitre de la *critique littéraire* (p. 399 et 393),
étendent aux *sciences morales* le *déterminisme* qui préside aux phénomènes du monde
physique (cf. Diderot, *XVIIIᵉ Siècle*, p. 211-213). Renan voue à la science un véritable
culte, Taine professe la philosophie positiviste. Enfin, la méthode de FUSTEL DE COULANGES
le plus grand historien du second demi-siècle, révèle également l'influence d'Auguste
Comte (cf. p. 382).

Renan historien
HISTOIRE ET PHILOLOGIE. L'exemple d'ERNEST RENAN
illustre l'importance que prend au XIXᵉ siècle la *science
du langage*, sous l'impulsion de savants comme Jean-Louis BURNOUF, Eugène BURNOUF
son fils, et Émile LITTRÉ (1801-1881), lexicologue érudit et philosophe positiviste. Renan
lui-même aborde l'histoire par la voie de la *philologie :* sa connaissance des langues et de
l'archéologie du Moyen-Orient le conduisent à des études d'histoire des religions qui
répondent d'autre part à ses préoccupations philosophiques.

L'HISTOIRE DES RELIGIONS. Renan publie de 1863 à 1881 une *Histoire des Origines du
Christianisme*, dont le premier volume est consacré à la *Vie de Jésus*, puis une *Histoire
du peuple d'Israël* (1887-1893). L'historien, très marqué par l'esprit évangélique, considère
le Christ comme un homme admirable, mais ne croit pas à sa *nature divine ;* il cherche
donc des raisons *naturelles* aux miracles relatés dans les Évangiles et tente d'expliquer
d'une façon *purement humaine* la croyance en la *résurrection de Jésus-Christ* sur laquelle
est fondée la religion chrétienne.

Taine historien
Philosophe, critique, historien de l'art et de la littérature, TAINE aborde l'histoire proprement dite après
1870, avec les *Origines de la France contemporaine* (1875-1894 ; *I. l'Ancien Régime, II. la
Révolution, III. le Régime moderne*). Impressionné par les violences de la Commune, il
juge sévèrement l'œuvre de la Révolution française et condamne par des formules
frappantes les responsables de la Terreur.

Taine n'a pas l'érudition d'un Michelet ou d'un Fustel de Coulanges. D'autre part,
en histoire comme en critique, son *système déterministe* manque de souplesse et ne peut
rendre compte de toute la réalité. Il explique les faits historiques par les mêmes facteurs
que les œuvres littéraires, cherchant à découvrir le rôle de la *race*, du *milieu*, du *moment*,
et la *faculté maitresse* des hommes d'État (cf. p. 399). L'œuvre retient surtout l'attention
par la *netteté des vues d'ensemble*, par la *vigueur* du style et des *portraits psychologiques*.

FUSTEL DE COULANGES

SA VIE (1830-1889). Né en 1830, FUSTEL DE COULANGES devient membre de l'École d'Athènes à sa sortie de l'École Normale Supérieure. Il est ensuite professeur de lycée, enseigne à la Faculté de Strasbourg, est nommé maître de conférences à l'École Normale, puis professeur à la Sorbonne, et *directeur de l'École Normale* (1880-1883). Épuisé par ses travaux, il doit abandonner sa chaire à la Sorbonne, et meurt prématurément en 1889.

SON ŒUVRE. Fustel de Coulanges se consacre d'abord à *l'histoire ancienne*, publiant un *Mémoire sur l'île de Chio* (1857), une thèse sur *Polybe* (1858) et un grand ouvrage qui restera son chef-d'œuvre, *La Cité antique* (1864, cf. ci-dessous). Ses recherches s'orientent ensuite vers le *passé national :* dans l'*Histoire des Institutions de l'ancienne France* il analyse la formation du *régime féodal* dans notre pays (1875-1891). L'écrivain a défini sa méthode dans diverses études réunies sous le titre de *Recherches* et *Nouvelles Recherches sur quelques problèmes d'histoire*, et de *Questions historiques* (cf. p. 383).

SA MÉTHODE. FUSTEL DE COULANGES *est-le véritable fondateur de la science historique* dont il a énoncé les principes essentiels : *érudition, objectivité, esprit critique.* S'opposant à MICHELET, il se défie des écarts de l'imagination, des généralisations hâtives (« Pour un jour de synthèse il faut des années d'analyse »), du parti pris et de la tendance spontanée à assimiler le passé au présent (cf. p. 383). Il procède à de larges enquêtes, comparables à celles de TOCQUEVILLE (cf. p. 359), mais conduites avec plus de rigueur scientifique, sous l'influence du *positivisme* (cf. p. 385). Si les résultats de ses travaux sont parfois dépassés, *sa méthode reste celle des historiens contemporains.*

En outre, Fustel unit à la rigueur scientifique un *talent littéraire* remarquable dans sa sobriété. Il montre que l'histoire peut être vivante et évocatrice sans recourir au pittoresque.

La religion principe de la famille antique

Dans cette page de *la Cité Antique* (livre II, chapitre I), FUSTEL DE COULANGES pose le principe fondamental de son étude : « Une famille était un groupe de personnes auxquelles la religion permettait d'invoquer le même foyer et d'offrir le repas funèbre aux mêmes ancêtres ». Par élargissements progressifs de la *famille* à la *phratrie*, puis à la *tribu*, enfin à la *cité*, l'historien montrera le rôle du *culte du foyer et des ancêtres* dans la *conception primitive de la cité*. On notera la rigueur de l'argumentation et l'efficacité d'un style pur et sobre qui, sans jamais rechercher le pittoresque, évoque pourtant de façon frappante la vie du groupe familial antique.

Si nous nous transportons par la pensée au milieu de ces anciennes générations d'hommes, nous trouvons dans chaque maison un autel et autour de cet autel la famille assemblée. Elle se réunit chaque matin pour adresser au foyer ses premières prières, chaque soir pour l'invoquer une dernière fois. Dans le courant du jour, elle se réunit encore auprès de lui pour le repas qu'elle se partage pieusement après la prière et la libation [1]. Dans tous ses actes religieux, elle chante en commun des hymnes que ses pères lui ont légués.

Hors de la maison, tout près, dans le champ voisin, il y a un tombeau. C'est la seconde demeure de cette famille. Là reposent en commun plusieurs générations
10 d'ancêtres ; la mort ne les a pas séparés. Ils restent groupés dans cette seconde existence, et continuent à former une famille indissoluble.

— 1 Offrande aux dieux de quelques gouttes de vin avant de boire.

Entre la partie vivante et la partie morte de la famille, il n'y a que cette distance de quelques pas qui sépare la maison du tombeau. A certains jours, qui sont déterminés pour chacun par sa religion domestique, les vivants se réunissent auprès des ancêtres. Ils leur portent le repas funèbre, leur versent le lait et le vin, déposent les gâteaux et les fruits, ou brûlent pour eux les chairs d'une victime. En échange de ces offrandes, ils réclament leur protection ; ils les appellent leurs dieux, et leur demandent de rendre le champ fertile, la maison prospère, les cœurs vertueux...

L'historien montre ensuite que le principe de la famille antique n'est pas uniquement la filiation, ni l'affection naturelle, ni la puissance paternelle ou maritale.

20   Ce qui unit les membres de la famille antique, c'est quelque chose de plus puissant que la naissance, que le sentiment, que la force physique : c'est la religion du foyer et des ancêtres. Elle fait que la famille forme un corps dans cette vie et dans l'autre. La famille antique est une association religieuse plus encore qu'une association de nature. Aussi verrons-nous plus loin que la femme n'y sera vraiment comptée qu'autant que la cérémonie sacrée du mariage l'aura initiée au culte ; que le fils n'y comptera plus, s'il a renoncé au culte ² ou s'il a été émancipé ; que l'adopté y sera, au contraire, un véritable fils, parce que, s'il n'a pas le lien du sang, il aura quelque chose de mieux, la communauté du culte ; que le légataire qui refusera d'adopter le culte de cette famille n'aura pas la
30   succession ; qu'enfin la parenté et le droit à l'héritage seront réglés, non d'après la naissance, mais d'après les droits de participation au culte tels que la religion les a établis. Ce n'est sans doute pas la religion qui a créé la famille, mais c'est elle assurément qui lui a donné ses règles, et de là est venu que la famille antique a reçu une constitution si différente de celle qu'elle aurait eue, si les sentiments naturels avaient été seuls à la fonder.

La méthode historique

L'historien est sans cesse tenté de *considérer le passé à la lumière du présent*. Cette *illusion d'optique* est la source de nombreuses erreurs. Pour Fustel de Coulanges, *l'objectivité* ne consiste donc pas seulement dans l'absence de parti pris, elle exige un *constant effort de dépaysement*, de transplantation. L'historien moderne ne pourra comprendre l'antiquité sans pénétrer au préalable « des usages, des croyances, un tour d'esprit » tout à fait différents de ceux d'aujourd'hui *(Recherches et Questions)*. On opposera cette attitude à celle de Michelet qui se fiait à son *intuition*, s'appuyait sur des *symboles* et en était même venu à affirmer que l'histoire devait être *partiale*.

Quelle que soit l'insuffisance des documents, c'est peut-être en nous-mêmes qu'il faut chercher la principale cause de nos erreurs ou des idées inexactes que nous nous sommes faites de l'histoire de l'ancienne Rome. Les anciennes sociétés avaient des usages, des croyances, un tour d'esprit qui ne ressemblaient en rien à nos usages, à nos croyances, à notre manière de penser. Or, il est ordinaire que l'homme ne juge les autres hommes que d'après soi. Depuis que l'on étudie l'histoire romaine, chaque génération l'a jugée d'après elle-même. Il y a trois cents ans, on se représentait les consuls assez semblables, pour la nature du pouvoir, aux princes qui régnaient en Europe. Au XVIIIᵉ siècle, alors que les
10   philosophes étaient assez portés à nier la valeur du fait psychologique que l'on

— 2 Pour entrer, par adoption, dans une autre famille.

appelle le sentiment religieux [1], on croyait volontiers que la religion romaine n'avait pu être qu'une heureuse imposture des hommes d'État [2]. Après les luttes de la Révolution française, on a pensé que notre expérience des guerres civiles nous rendrait plus facile la notion des révolutions de Rome ; l'esprit des historiens modernes a été dominé par cette idée que l'histoire intérieure de Rome devait avoir ressemblé à celle de l'Europe et de la France ; que la plèbe était la commune du moyen âge, comme le patriciat était la noblesse ; que le tribunat du peuple était la représentation d'une démocratie analogue à celle que nous trouvons dans notre histoire ; que les Gracques, Marius, Saturninus, Catilina [3] même,
20 ressemblaient à nos réformateurs, comme César et Auguste aux empereurs de ce siècle.

De là une perpétuelle illusion. Le danger ne serait pas grand, s'il ne s'agissait, pour la science historique, que d'éclaircir la suite des guerres ou la chronologie des consuls. Mais l'histoire doit arriver à connaître les institutions, les croyances, les mœurs, la vie entière d'une société, sa manière de penser, les intérêts qui l'agitent, les idées qui la dirigent. — C'est sur tous ces points que notre vue est absolument troublée par la préoccupation du présent. Nous serons toujours impuissants à comprendre les anciens, si nous continuons à les étudier en pensant à nous. C'est en eux-mêmes, et sans nulle comparaison avec nous qu'il faut les
30 observer.

La première règle que nous devons nous imposer est donc d'écarter toute idée préconçue, toute manière de penser qui soit subjective [4] : chose difficile, vœu qui est peut-être impossible à réaliser complètement ; mais plus nous approcherons du but, plus nous pourrons espérer de connaître et de comprendre les anciens. Le meilleur historien de l'antiquité sera celui qui aura le plus fait abstraction de soi-même, de ses idées personnelles et des idées de son temps, pour étudier l'antiquité.

Pour arriver là, la condition est de tenir notre esprit et nos yeux également attachés sur les textes anciens. Étudier l'histoire d'une ancienne société dans
40 des livres modernes, si remarquables que soient plusieurs de ces livres par le talent et par l'érudition, c'est toujours s'exposer à se faire une idée inexacte de l'antiquité. Il faut lire les documents anciens, les lire tous [5], et si nous n'osons pas dire ne lire qu'eux, du moins n'accorder qu'à eux une entière confiance. Non pas les lire légèrement, mais avec une attention scupuleuse et en cherchant, dans chaque mot, le sens que la langue du temps attribuait à chaque mot [6], dans chaque phrase la pensée de l'auteur [7].

Il faut faire comme Descartes. La méthode historique ressemble au moins en un point à la méthode philosophique. Nous ne devons croire qu'à ce qui est démontré [8]. Or, quand il s'agit des anciens, il n'y a pas de conjecture [9] ni de
50 système moderne qui puissent nous démontrer une vérité. Les seules preuves nous viennent des anciens eux-mêmes [10].

— 1 L'auteur a montré au contraire que le sentiment religieux était le principe constitutif de la *famille* et de la *cité antiques* (cf. p. 382). — 2 Ainsi Montesquieu dans sa *Dissertation sur la politique des Romains dans la religion* (1716). — 3 Tous avaient proposé des réformes ou tenté des révolutions *démocratiques*. — 4 Cf. Fénelon : « Le bon historien n'est d'aucun temps ni d'aucun pays ». — 5 Pourquoi ? — 6 L'historien sera donc aussi un philologue. — 7 Et non les résonances pour le lecteur moderne. — 8 Cf. Descartes : « ne recevoir jamais aucune chose pour vraie que je ne la connusse évidemment être telle » (1re règle de la méthode). — 9 Cf. l. 5-21. — 10 L'historien signale plus loin un mauvais usage de *l'esprit critique* à l'égard des textes anciens : « On a jugé d'après la conscience et la logique des choses qui ne s'étaient faites ni suivant la logique absolue, ni suivant les habitudes de la conscience moderne ».

LA CRITIQUE AU XIXᵉ SIÈCLE

Positivisme et critique — Au XIXᵉ siècle la critique littéraire, de plus en plus *érudite*, tend, comme l'histoire, à devenir une *science*. SAINTE-BEUVE rivalise avec les naturalistes lorsqu'il discerne des *familles d'esprits ;* TAINE recherche les *lois* de la création littéraire ; RENAN estime que « le *savant* seul a le droit d'admirer ». Cette évolution traduit l'influence d'une philosophie fondée sur l'expérience et sur les méthodes de la science : le *positivisme*.

1. LE SAINT-SIMONISME. Dès l'époque romantique, le comte de SAINT-SIMON (1760-1825) jette les bases d'une réorganisation de la morale et de la société selon des principes *scientifiques*. Ses disciples contribueront à l'avènement de « l'ère industrielle ».

2. LE POSITIVISME. D'après AUGUSTE COMTE (1798-1857), l'humanité a dépassé *l'état théologique* et *l'état métaphysique* pour accéder à *l'état positiviste*, caractérisé par le triomphe des connaissances *positives*, c'est-à-dire fondées sur une certitude rationnelle et scientifique (*Cours de Philosophie Positive*, 1830-1842). Auguste Comte crée la *sociologie*, et aboutit, dans son *Système de Politique Positive* (1854), à une RELIGION DE L'HUMANITÉ.

3. LE SCIENTISME. La confiance dans la science devient une véritable *foi*. On croit que la science, substituant ses merveilles à celles de la fiction, va bientôt résoudre tous les problèmes, élucider le mystère du monde, rendre inutiles la religion et la métaphysique. Cet enthousiasme trouve son expression dans *L'Avenir de la Science*, de RENAN (p. 395).

SAINTE-BEUVE

Recherche d'une vocation — I. LA MÉDECINE. Né à Boulogne-sur-Mer en 1804, Charles-Augustin SAINTE-BEUVE commence ses humanités dans sa ville natale et les poursuit à Paris à partir de 1818. Puis il amorce des *études de médecine :* cette orientation révèle et bientôt confirme, chez le jeune homme qui s'est peu à peu détaché de la religion, le goût des *connaissances positives*. Mais d'autres tendances le détournent bientôt de la médecine.

II. PREMIERS ESSAIS CRITIQUES. Dès 1824 il collabore au journal *Le Globe*, récemment fondé. En 1827 un article assez élogieux sur les *Odes et Ballades* lui vaut l'amitié de Victor Hugo. Puis il donne au *Globe* un *Tableau historique et critique de la poésie française et du théâtre français au XVIᵉ siècle* qui paraît en librairie en 1829. Cet ouvrage confère au lyrisme romantique ses lettres de noblesse en le rattachant à une tradition nationale méconnue au XVIIᵉ et au XVIIIᵉ siècle.

III. LE LYRISME (cf. p. 285). D'ailleurs Sainte-Beuve participe lui-même au mouvement poétique du romantisme : en 1829 également, il publie *Vie, Poésies et Pensées de Joseph Delorme*, que suivront en 1830 les *Consolations*. Mais son lyrisme intime manque d'éclat et Sainte-Beuve comprend qu'il ne sera jamais l'égal de Lamartine ou de Victor Hugo. Il en conçoit de l'amertume et quelque aigreur jalouse à l'égard de ses rivaux. Il publiera encore des poèmes (*Pensées d'Août*, 1837), mais sans en attendre la célébrité.

IV. UN ROMAN INTIME : « VOLUPTÉ ». Hésitant sur sa vocation, incertain dans ses aspirations, Sainte-Beuve traverse *une grave crise morale*. Dans l'espace d'une dizaine d'années, il a subi l'influence des idéologues, connu l'enthousiasme romantique, goûté la religiosité de Lamartine, puis le saint-simonisme, enfin le mysticisme de Lamennais (cf. p. 293), *sans parvenir à se fixer*. Tenté chaque fois, et un moment séduit, il affirme finalement son indépendance, mais ressent douloureusement *sa solitude*. Une liaison avec Mme Victor Hugo, où il joue un rôle peu reluisant, accroît son malaise et contribue à l'écarter du romantisme.

Le roman qu'il publie en 1834, *Volupté*, prend une valeur de *témoignage :* c'est l'histoire d'une âme, de ses inquiétudes et de ses doutes, un adieu à la jeunesse et au romantisme. Le héros du roman, Amaury, se fait prêtre : Sainte-Beuve, lui aussi, choisit une voie austère mais où il pourra donner sa mesure : *la critique littéraire.*

Le critique

Une curiosité intellectuelle toujours en éveil, une finesse psychologique peu commune et une grande puissance de travail vont faire de Sainte-Beuve un critique éminent. Il recueille d'abord de nombreux articles sous le titre de *Critiques et Portraits Littéraires* (1836-1839), *Portraits de Femmes* (1844), *Portraits Contemporains* (1846). Il tire ensuite d'un cours professé à Lausanne (1837-1838) un livre sur le jansénisme, *Port-Royal* (1840-1859, p. 389), et d'un cours à Liège un livre sur *Chateaubriand et son groupe littéraire sous l'Empire* (1861).

L'homme reste ondoyant et divers : au moment des lectures des *Mémoires d'Outre-Tombe* à l'Abbaye-aux-bois (cf. p. 70), il paraît conquis par l'art de Chateaubriand, mais après la mort de « l'enchanteur » il multiplie les réserves, allant parfois jusqu'à l'insinuation perfide. Rallié à l'Empire, il enseigne à l'École Normale (1857-1861) et devient sénateur (1865), mais se range dans l'opposition libérale.

Chaque lundi, il donne au *Constitutionnel*, puis au *Moniteur* et au *Temps*, un article de critique. Ce sont ces « feuilletons » qui constituent les *Causeries du Lundi* (1851-1862) et les *Nouveaux Lundis* (1863-1870). En mourant (octobre 1869), Sainte-Beuve laissait, outre une importante *correspondance*, des notes intimes, *Mes Poisons* (publiées en 1926).

Sa méthode critique

BIOGRAPHIES ET PORTRAITS. A la différence de TAINE (cf. p. 399), SAINTE-BEUVE n'eut jamais de système critique, mais une *méthode*, souple et intuitive, conforme à son tempérament. A travers le livre et l'auteur, *c'est l'homme qu'il recherche,* sa vie, son esprit, son âme (cf. p. 389). De là son goût pour les *Mémoires*, et la place que tiennent dans son œuvre *biographies* et *portraits littéraires*. Lorsque le siècle sera dominé par le scientisme, il comparera sa méthode à celle du *naturaliste*, mais la classification des *familles d'esprits* l'a moins retenu que *l'analyse des individualités* (cf. p. 387 et 388). Il a réussi également de très belles études de *milieux*, et de *courants d'idées*.

LES INCONVÉNIENTS. Cette méthode, si souple soit-elle, a été très discutée. Gustave Lanson reprochait à Sainte-Beuve d'en être venu « à faire de la biographie presque le tout de la critique... Au lieu d'employer les biographies à expliquer les œuvres, il a employé les œuvres à constituer des biographies ». Selon Marcel Proust, sa méthode méconnaît « qu'un livre est le produit d'un autre *moi* que celui que nous manifestons dans la société... » Ainsi s'expliquerait que Sainte-Beuve n'ait pas discerné le génie de Stendhal ou de Baudelaire, qu'il connaissait fort bien comme *hommes*.

Il est évidemment fâcheux que Sainte-Beuve *se soit trompé si souvent sur ses contemporains*. Son parti pris antiromantique, sa jalousie même expliquent bien des erreurs de jugement ; son goût raffiné l'empêchait d'apprécier Balzac. Mais peut-être est-il impossible à un critique d' « éclairer à la fois le présent et le passé. Le Sainte-Beuve interprète de la littérature contemporaine et le Sainte-Beuve interprète de la littérature classique n'ont pu coexister. Ils se sont succédé » (Albert Thibaudet).

SAINTE-BEUVE MORALISTE. Mais à l'égard du passé, du classicisme surtout, Sainte-Beuve fait preuve d'une admirable *intuition*. Il maintient les droits de *l'esprit de finesse*, à côté de la critique érudite. Il nous montre tout ce qu'un esprit pénétrant peut lire dans les lignes d'un texte, et entre les lignes. Grand critique, cet amateur d'âmes fut peut-être un *moraliste* plus remarquable encore.

Son art

En outre ses études sont empreintes d'un véritable *charme*. Le style révèle un goût exquis ; volontiers métaphorique, coulant sans fadeur, il séduit le lecteur et rend toutes les nuances et les délicatesses d'une pensée subtile. Il traduit et communique un plaisir raffiné à vivre parmi les chefs-d'œuvre, dans l'intimité des grands auteurs ; il est ainsi l'expression parfaite d'un véritable *épicurisme de la critique*.

Ainsi comprise, la critique devient vraiment « une *invention* et une *création perpétuelle* ».

L'heure du premier chef-d'œuvre

Dès 1829, au début d'une étude sur Corneille parue dans le *Globe*, SAINTE-BEUVE marque le rôle que joueront les *biographies* dans sa conception de la critique et de l'histoire littéraire. Le moment décisif pour « *saisir, embrasser et analyser tout l'homme* » est celui où l'écrivain donne son premier chef-d'œuvre, où son génie, « depuis quelque temps adulte et viril,... s'épanouit à l'aurore d'un triomphe » *(Portraits littéraires. — Pierre Corneille).*

Lorsqu'on ne commence à connaître un grand homme que dans le fort de sa gloire, on n'imagine pas qu'il ait jamais pu s'en passer, et la chose nous paraît si simple que souvent on ne s'inquiète pas le moins du monde de s'expliquer comment cela est advenu ; de même que, lorsqu'on le connaît dès l'abord et avant son éclat, on ne soupçonne pas d'ordinaire ce qu'il devra être un jour [1] : on vit auprès de lui sans songer à le regarder, et l'on néglige sur son compte ce qu'il importerait le plus d'en savoir. Les grands hommes eux-mêmes contribuent souvent à fortifier cette double illusion par leur façon d'agir : jeunes, inconnus, obscurs, ils s'effacent, se taisent, éludent l'attention et n'affectent [2] aucun rang,
10 parce qu'ils n'en veulent qu'un [3], et que, pour y mettre la main, le temps n'est pas encore mûr ; plus tard, salués de tous et glorieux, ils rejettent dans l'ombre leurs commencements, d'ordinaire rudes et amers ; ils ne racontent pas volontiers leur propre formation [4], pas plus que le Nil n'étale ses sources [5]. Or, cependant, le point essentiel dans une vie de grand écrivain, de grand poète, est celui-ci : saisir, embrasser et analyser tout l'homme au moment où, par un concours plus ou moins lent ou facile, son génie, son éducation et les circonstances [6] se sont accordés de telle sorte qu'il ait enfanté son premier chef-d'œuvre [7]. Si vous comprenez le poète à ce moment critique, si vous dénouez ce nœud auquel tout en lui se liera désormais, si vous trouvez, pour ainsi dire, la clef de cet anneau
20 mystérieux, moitié de fer, moitié de diamant, qui rattache sa seconde existence, radieuse, éblouissante et solennelle, à son existence première, obscure, refoulée, solitaire, et dont plus d'une fois il voudrait dévorer la mémoire, alors on peut dire de vous que vous possédez à fond et que vous savez votre poète ; vous avez franchi avec lui les régions ténébreuses, comme Dante avec Virgile [8] ; vous êtes digne de l'accompagner sans fatigue et comme de plain-pied à travers ses autres merveilles.

De *René* au dernier ouvrage de M. de Chateaubriand, des premières *Méditations* à tout ce que pourra créer jamais M. de Lamartine, d'*Andromaque* à *Athalie*, du *Cid* à *Nicomède*, l'initiation est facile, on tient à la main le fil conduc-
30 teur, il ne s'agit plus que de le dérouler. C'est un beau moment pour le critique comme pour le poète que celui où l'un et l'autre peuvent, chacun dans un juste sens, s'écrier avec cet ancien : *Je l'ai trouvé* [9] ! Le poète trouve la région où son génie peut vivre et se déployer désormais ; le critique trouve l'instinct et la loi [10] de ce génie.

— 1 Ce sera l'erreur de Sainte-Beuve à l'égard de Stendhal et de Baudelaire. — 2 Ne prétendent à. — 3 Lequel ? — 4 La critique biographique sera donc au besoin *indiscrète* (cf. l. 22). — 5 Tandis qu'il *étale* son delta. Les sources du Nil n'étaient pas encore connues. —

6 Cf. le système de Taine, p. 399. — 7 *Le Cid*, pour Corneille. — 8 Dans la *Divine Comédie*, Virgile guide Dante à travers l'Enfer et le Purgatoire. — 9 Ayant découvert le principe de l'hydrostatique, Archimède se serait écrié : « Euréka » *(J'ai trouvé).* — 10 La critique sera donc à la fois *intuitive* et *rationnelle*.

Réponse à Taine

Dans cette page, SAINTE-BEUVE montre nettement en quoi *sa méthode, plus souple et plus intuitive, diffère du système de* TAINE, malgré des ressemblances notables (cf. p. 387, l. 15-17 et n. 6). Après avoir rivalisé de rigueur avec Taine en l'attaquant sur son propre terrain, celui de la *démonstration,* il suit la pente de son tempérament, que les inflexions du style révélaient dès le début (Article consacré à l'*Histoire de la Littérature anglaise* de Taine ; *Nouveaux Lundis,* tome VIII, 1864).

« L'esprit humain, dites-vous, coule avec les événements comme un fleuve [1]. » Je répondrais *oui* et *non.* Mais je dirai hardiment *non* en ce sens qu'à la différence d'un fleuve, l'esprit humain n'est point composé d'une quantité de gouttes *semblables.* Il y a distinction de qualité dans bien des gouttes. En un mot, il n'y avait qu'une âme au XVIIe siècle pour faire *La Princesse de Clèves* [2] : autrement il n'en serait sorti des quantités.

Et en général il n'est qu'une âme, une forme particulière d'esprit pour faire tel ou tel chef-d'œuvre. Quand il s'agit de témoins historiques, je conçois des équivalents : je n'en connais pas en matière de goût [3]. Supposez un grand talent
10 de moins, supposez le moule, ou mieux, le miroir magique d'un seul vrai poète brisé dans le berceau à sa naissance, il ne s'en rencontrera plus jamais un autre qui soit exactement le même ni qui en tienne lieu. Il n'y a de chaque vrai poète qu'un exemplaire.

Je prends un autre exemple de cette spécialité unique du talent. *Paul et Virginie* [4] porte certainement des traces de son époque ; mais, si *Paul et Virginie* n'avait pas été fait, on pourrait soutenir par toutes sortes de raisonnements spécieux et plausibles qu'il était impossible à un livre de cette qualité virginale de naître dans la corruption du XVIIIe siècle : Bernardin de Saint-Pierre seul l'a pu faire. C'est qu'il n'y a rien, je le répète, de plus imprévu que le talent, et il
20 ne serait pas le talent s'il n'était imprévu, s'il n'était un seul entre plusieurs, un seul entre tous.

Je ne sais si je m'explique bien : c'est là le point vif que la méthode et le procédé de M. Taine n'atteint pas, quelle que soit son habileté à s'en servir [5]. Il reste toujours en dehors, jusqu'ici, échappant à toutes les mailles du filet, si bien tissé qu'il soit, cette chose qui s'appelle l'individualité du talent, du génie. Le savant critique l'attaque et l'investit, comme ferait un ingénieur [6] ; il la cerne, la presse et la resserre, sous prétexte de l'environner de toutes les conditions extérieures indispensables : ces conditions servent, en effet, l'individualité et l'originalité personnelle, la provoquent, la sollicitent, la mettent plus ou moins à même
30 d'agir ou de réagir, mais sans la créer. Cette parcelle qu'Horace appelle divine *(divinae particulam aurae* [7]*)* et qui l'est du moins dans le sens primitif et naturel, ne s'est pas encore rendue à la science, et elle reste inexpliquée. Ce n'est pas une raison pour que la science désarme et renonce à son entreprise courageuse. Le

— 1 Formule de Taine dans son article sur Mme de La Fayette. — 2 Cf. *XVIIe Siècle,* p. 355-367. — 3 Que veut dire Sainte-Beuve ? — 4 Cf. *XVIIIe Siècle,* p. 347-352. — 5 Cf. : « Il lui échappe le plus vif de l'homme, ce qui fait que de vingt hommes ou de cent, ou de mille, soumis en apparence presque aux mêmes conditions intrinsèques ou extérieures, pas un ne se ressemble, et qu'il en est un seul entre tous qui excelle avec originalité. Enfin l'étincelle même du génie en ce qu'elle a d'essentiel, il ne l'a pas atteinte ». — 6 Un officier du génie ; montrer comment Sainte-Beuve développe, puis reprend cette métaphore militaire. Sa méthode consistait, disait-il, à *faire le siège* des écrivains. — 7 Parcelle du souffle divin.

siège de Troie a duré dix ans ; il est des problèmes qui dureront peut-être autant que la vie de l'humanité même [8].

Nous tous, partisans de la méthode naturelle en littérature et qui l'appliquons chacun selon notre mesure à des degrés différents, nous tous, artisans et serviteurs d'une même science que nous cherchons à rendre aussi exacte que possible, sans nous payer de notions vagues et de vains mots, continuons donc d'observer sans
40 relâche, d'étudier et de pénétrer les conditions des œuvres diversement remarquables et l'infinie variété des formes de talent ; forçons-les de nous rendre raison [9] et de nous dire comment et pourquoi elles sont de telle ou telle façon et qualité plutôt que d'une autre, dussions-nous ne jamais tout expliquer et dût-il rester, après tout notre effort, un dernier point et comme une dernière citadelle irréductible.

- *Analysez l'argumentation de* SAINTE-BEUVE *; montrez en quoi le second argument complète le premier pour réfuter la thèse de* TAINE.
- *Comment concilier les idées du § 2 avec la* méthode naturelle *(discernement des familles d'esprits) ?*
- *Soulignez les différences d'esprit et de tempérament entre* SAINTE-BEUVE *et* TAINE.
- **Exposé.** *Pour ou contre* SAINTE-BEUVE *: dans quelle mesure la connaissance de l'homme peut-elle être utile pour comprendre son œuvre ?*
- **Débat.** *Qu'apporte au lecteur le critique littéraire tel que l'entendent : a)* SAINTE-BEUVE *; b)* TAINE *?*
- **Contraction** *(ensemble du texte).* **Essai :** *« Il n'y a de chaque vrai poète qu'un exemplaire .»*

Pascal

Cette page illustre la démarche de SAINTE-BEUVE lorsqu'il tente de *cerner l'individualité d'un génie* (Cf. p. 388, l. 22-33). Si jamais son désir de *découvrir une âme derrière une œuvre* fut légitime, c'est bien à propos de PASCAL. Cette analyse est complexe, profonde, souvent probante, et animée par un élément poétique lorsqu'elle risquerait de devenir trop abstraite. Satisfait-elle entièrement le lecteur ? On y sent des réticences, en dépit de formules très nettes, et quelque chose d'un peu fuyant : comme un refus de s'engager sans réserves. En fait une pareille analyse *nous en apprend autant, et peut-être davantage, sur Sainte-Beuve que sur Pascal.* Nous y lisons entre les lignes les aspirations du critique, sa nostalgie de la certitude, sa faculté de tout comprendre sans toutefois sortir de lui-même ni se donner tout entier (*Port-Royal*, livre III, chapitre IX).

Esprit logique, géométrique, scrutateur des causes, fin, net, éloquent, il me représente la perfection de l'entendement humain en ce que cet entendement a de plus défini, de plus distinct en soi, de plus détaché par rapport à l'Univers. Il se replie et il habite au sommet de la pensée proprement dite *(arx mentis* [1] *)*, dans une sphère de clarté parfaite. Clarté d'une part et ténèbres partout au-delà, effroyables espaces [2], il n'y a pas de milieu pour lui. Il ne se laisse pas flotter aux limites, là où ces ombres recèlent pourtant et quelquefois dévoilent à demi des vérités autres que les vérités toutes claires et démontrables [3]. Plus d'un vaste esprit en travail des grands problèmes, et en quête des origines, a fait effort pour

---

8 Montrer en quoi Sainte-Beuve s'oppose au scientisme (cf. p. 385). — 9 De nous donner des explications, c'est-à-dire : de nous livrer leur secret.

— 1 La citadelle, ou le sommet de l'esprit. — 2 Cf. l. 30-32, et *XVIIe Siècle*, p. 144-146. — 3 La pensée de Sainte-Beuve aime à errer sur ces confins et à y pressentir des vérités qui ne sont pas *claires* ni *démontrables*.

10 remonter vers les âges d'enfantement, ou comme on dit, les Époques de la nature [4], vers ces jours antérieurs où *l'esprit de Dieu était porté sur les eaux* [5], et pour arracher aux choses mêmes des lueurs indépendantes de l'homme. Pascal prend le monde depuis le sixième jour [6], il prend l'Univers réfléchi dans l'entendement humain ; il se demande s'il y a là, par rapport aux fins de l'homme, des lumières et des résultats. Avant tout, le bien et le mal l'occupent ; sur l'heure et sans marchander, il a besoin de clarté et de certitude, d'une satisfaction nette et pleine ; en d'autre termes, il a besoin du souverain bien, il a soif du bonheur [7]. Pascal possède au plus haut degré d'intensité le sentiment de la *personne humaine*.

Or, par là, par cette disposition rigoureuse et circonscrite, par cette concen-
20 tration de pensée et de sentiment, Pascal retrouve toute force et toute profondeur. Ce seul point, creusé à fond, va lui suffire pour regagner le reste. Si nous le voyons s'élancer d'un tel effort pour embrasser, comme dans un naufrage, le pied de l'arbre de la Croix, c'est que la vue des misères de l'homme, la propre conscience de son ennui [8], de son inquiétude et de sa détresse, c'est que tout ce qu'il sent en lui de tourmenté et de haïssable, lui inspire l'énergie violente [9] du salut. Quand j'ai dit que l'esprit de Pascal se refusait par sa nature à certaines vues, à certaines atteintes et échappées dans d'autres ordres de vérités, j'ai peut-être été trop loin d'oser ainsi lui assigner des bornes que pourraient déranger bien des aperçus de ses *Pensées* [10] ; mais ce qui est certain, c'est que, si ce n'était par nature,
30 il s'y refusait au moins par volonté. Simple atome pensant en présence de l'Univers, au sein, comme il dit, de ces espaces infinis qui l'enferment et dont *le silence éternel l'effraye*, sa volonté se roidit, et défend à cet esprit puissant (plus puissante elle-même) d'aller au hasard et de flotter ou de sonder avec une curiosité périlleuse à tous les confins [11]. Car sa volonté, ou, pour la mieux nommer, sa personnalité humaine n'aime pas à se sentir moindre que les choses [12] ; elle se méfie de cet Univers qui l'opprime, de ces infinités qui de toutes parts l'engloutissent, et qui vont éteindre en elle par la sensation continue, si elle n'y prend garde, son être moral et son tout [13]. Elle a peur d'être subornée, elle a peur de s'écouler. C'est donc en elle seule et dans l'idée sans cesse agitée de sa grandeur et de sa faiblesse,
40 de ses contradictions incompréhensibles et de son chaos, que cette pensée se ramasse, qu'elle fouille et qu'elle remue, jusqu'à ce qu'elle trouve enfin l'unique clef, la foi [14], cette foi qu'il définissait (on ne saurait assez répéter ce mot aimable) *Dieu sensible au cœur*, ou encore *le cœur incliné par Dieu* [15]. Telle est la foi de Pascal dans sa règle vivante. Voilà le point moral où tout aboutit en lui, l'endroit où il réside d'habitude tout entier, où sa volonté s'affermit et se transforme dans ce qu'il appelle la Grâce, où sa pensée la plus distincte se rencontre et se confond avec son sentiment le plus ému. Il aime, il s'apaise, il se passionne désormais par là.

---

4 Sainte-Beuve fait allusion au titre d'un ouvrage de Buffon (cf. *XVIIIe Siècle*, p. 253-256). — **5** Avant que Dieu n'eût créé la lumière et séparé la terre et les eaux : « La terre était informe et vide ; les ténèbres couvraient l'abîme » *(Genèse)*. — **6** Celui où Dieu créa l'homme *(Genèse)*. — **7** En quel sens faut-il l'entendre ? — **8** Cf. *XVIIe Siècle*, p. 155. — **9** Apprécier cette expression. — **10** En particulier le fragment sur *les deux infinis* (cf. n. 2). — **11** Pascal méditait une Lettre de la folie de la science humaine et de la philosophie. — **12** Cf. *XVIIe Siècle*, p. 157, *Le roseau pensant*. — **13** La pensée risquerait de se perdre dans la matière infinie, ou d'abou-

tir à un panthéisme vague. — **14** Cf. *XVIIe Siècle*, p. 160-161. — **15** Cf. *XVIIe Siècle*, p. 169, et ces lignes de Sainte-Beuve dans les *Lundis* (29 mars 1852) : « On n'a jamais mieux fait sentir que lui ce que c'est que la foi ; la foi parfaite, c'est Dieu sensible au cœur, non à la raison. — Qu'il y a loin, dit-il, de la connaissance de Dieu à l'aimer !... La manière émue dont ce grand esprit souffrant et en prière nous parle de ce qu'il y a de plus particulier dans la religion, de Jésus-Christ en personne, est faite pour gagner tous les cœurs, pour leur inspirer je ne sais quoi de profond et leur imprimer à jamais un respect attendri ».

CLASSIQUE ET ROMANTIQUE

Le cours inaugural de SAINTE-BEUVE à l'École Normale traite *de la Tradition en Littérature*. Il contient en particulier ce parallèle entre classicisme et romantisme, que l'on pourra opposer à celui de Mme de Staël (p. 17). *Romantique repenti*, Sainte-Beuve se plaît à invoquer l'autorité de GŒTHE, dont l'évolution avait été analogue à la sienne. A l'exemple de Gœthe, et c'est sans doute l'intérêt majeur de son jugement, il envisage *classicisme* et *romantisme* comme des *attitudes de l'âme humaine* qui sont *de tous les temps*, mais alternent selon les *circonstances historiques* (12 avril 1858. *Causeries du Lundi*, tome XV).

Le classique, dans son caractère le plus général et dans sa plus large définition, comprend les littératures à l'état de santé et de fleur heureuse, les littératures en plein accord et en harmonie avec leur époque, avec leur cadre social, avec les principes et les pouvoirs dirigeants de la société ; contentes d'elles-mêmes, — entendons-nous bien [1], contentes d'être de leur nation, de leur temps, du régime où elles naissent et fleurissent (la joie de l'esprit, a-t-on dit, en marque la force [2] ; cela est vrai pour les littératures comme pour les individus) ; les littératures qui sont et qui se sentent chez elles, dans leur voie, non déclassées,
10 non troublantes, n'ayant pas pour principe le *malaise*, qui n'a jamais été un principe de beauté. Ce n'est pas moi, messieurs, qui médirai des littératures romantiques ; je me tiens dans les termes de Gœthe [3] et de l'explication historique. On ne naît pas quand on veut, on ne choisit pas son moment pour éclore ; on n'évite pas, surtout dans l'enfance, les courants généraux qui passent dans l'air, et qui soufflent le sec ou l'humide, la fièvre ou la santé ; et il est de tels courants pour les âmes [4]. Ce sentiment de premier contentement, où il y a, avant tout, de l'espérance et où le découragement n'entre pas, où l'on se dit qu'on a devant soi une époque plus longue que soi, plus forte que soi, une époque
20 protectrice et juge, qu'on a un beau champ à une carrière, à un développement honnête et glorieux en plein soleil, voilà ce qui donne le premier fonds sur lequel s'élèvent ensuite, palais et temples réguliers, les œuvres harmonieuses. Quand on vit dans une perpétuelle instabilité publique, et qu'on voit la société changer plusieurs fois à vue [5], on est tenté de ne pas croire à l'immortalité littéraire et de se tout accorder en conséquence. Or, ce sentiment de sécurité et d'une saison fixe et durable, il n'appartient à personne de se le donner ; on le respire avec l'air aux heures de la jeunesse. Les littératures romantiques, qui sont surtout de coup de main [6] et d'aventure, ont leurs mérites, leurs exploits,
30 leur rôle brillant, mais en dehors des cadres ; elles sont à cheval sur deux ou trois époques, jamais établies en plein dans une seule, inquiètes, chercheuses, excentriques de leur nature, ou très en avant ou très en arrière, volontiers ailleurs, — errantes.

— 1 Quelle erreur d'interprétation pourrait-on commettre ; — 2 Mot attribué à Ninon de Lenclos. — 3 « J'appelle le classique *le sain*, et le romantique *le malade*. » — 4 Cf. p. 399. — 5 Préciser. — 6 Métaphore militaire. —

La littérature classique ne se plaint pas, ne gémit pas, ne *s'ennuie* pas [7]. Quelquefois on va plus loin avec la douleur et par la douleur, mais la beauté est plus tranquille.

Le classique, je le répète, a cela, au nombre de ses caractères, d'aimer sa patrie, son temps, de ne voir rien de plus désirable ni de plus beau ; il en a le légitime orgueil. *L'activité dans l'apaisement* serait sa devise.

40 Cela est vrai du siècle de Périclès, du siècle d'Auguste comme du règne de Louis XIV [8]. Écoutons-les parler, sous leur beau ciel et comme sous leur coupole d'azur, les grands poètes et les orateurs de ce temps-là : leurs hymnes de louanges sonnent encore à nos oreilles ; ils ont été bien loin dans l'applaudissement.

Le romantique a la nostalgie, comme Hamlet [9] ; il cherche ce qu'il n'a pas, et jusque par-delà les nuages [10] ; il rêve, il vit dans les songes. Au dix-neuvième siècle, il adore le moyen âge ; au dix-huitième, il est déjà révolutionnaire avec Rousseau. Au sens de Gœthe, il y a des romantiques de divers temps : le jeune homme de Chrysostome [11], Stagyre,

50 Augustin [12] dans sa jeunesse, étaient des romantiques, des Renés anticipés, des malades ; mais c'étaient des malades pour guérir, et le Christianisme les a guéris : il a exorcisé le démon. Hamlet, Werther, Childe-Harold, les Renés purs, sont des malades pour chanter et souffrir, pour jouir de leur mal [13], des romantiques plus ou moins par dilettantisme [14] : — la maladie pour la maladie.

– *Quel est l'intérêt de cette conception du classicisme et du romantisme ? a) D'après quels exemples paraît-elle fondée sur la réalité littéraire et historique ? – b) Quels en sont les dangers ?*
– *Que nous révèle ce texte : a) sur les goûts personnels et l'idéal de l'auteur ? (commentez la formule : « Le malaise n'a jamais été un principe de beauté ») ; – b) sur sa méthode.*
– *A quoi voyez-vous que* SAINTE-BEUVE *parle ici en professeur chargé de maintenir la tradition ?*
– *L'art de* SAINTE-BEUVE : *a) appréciez les images ; – b) tentez de définir les qualités du style.*
● **Groupe thématique : Classique et romantique.** p. 17 ; p. 19 ; p. 231. – XVIIᵉ SIÈCLE, p. 347 ; p. 397. – XXᵉ SIÈCLE, p. 294.
● **Comparaison.** Montrez en quoi les lignes suivantes, dissipant toute équivoque, élargissent heureusement la définition du classicisme : « Un vrai classique, ...c'est un auteur qui a enrichi l'esprit humain, qui en a réellement augmenté le trésor, qui lui a fait faire un pas de plus, qui a découvert quelque vérité morale non équivoque, ou ressaisi quelque passion éternelle dans ce cœur où tout semblait connu et exploré ; qui a rendu sa pensée, son observation ou son invention, sous une forme n'importe laquelle, mais large et grande, fine et sensée, saine et belle en soi ; qui a parlé à tous dans un style à lui et qui se trouve aussi celui de tout le monde, dans un style nouveau sans néologisme, nouveau et antique, aisément contemporain de tous les âges. Un tel classique a pu être un moment révolutionnaire, il a pu le paraître du moins, mais il ne l'est pas ; il n'a fait main basse d'abord autour de lui, il n'a renversé ce qui le gênait que pour rétablir bien vite l'équilibre au profit de l'ordre et du beau... Croire qu'en imitant certaines qualités de pureté, de sobriété, de correction et d'élégance, indépendamment du caractère même et de la flamme, on deviendra classique, c'est croire qu'après Racine père il y a lieu à des Racine fils ; rôle estimable et triste, ce qui est le pire en poésie. Il y a plus : il n'est pas bon de paraître trop vite et d'emblée classique à ses contemporains ; on a grande chance alors de ne pas rester tel pour la postérité. » (*Qu'est-ce qu'un classique ?* 21 octobre 1850).

---

7 Opposer Chateaubriand disant qu'il avait *bâillé sa vie.* — 8 Considérés depuis Voltaire comme les trois grands *siècles classiques.* — 9 En quoi Hamlet vous paraît-il incarner l'inquiétude romantique ? — 10 Cf. Chateaubriand (p. 42 et 76). — 11 Saint Jean Chrysostome, Père de l'Église célèbre par ses éloquentes homélies (*IVᵉ Siècle*). — 12 Saint Augustin (354-430) a raconté dans ses *Confessions* sa jeunesse inquiète. — 13 Que pourrait-on objecter, à propos de René ? — 14 Expliquer le terme et discuter l'idée.

RENAN

Du catholicisme au scientisme

LE SÉMINAIRE. Né à Tréguier (Côtes-du-Nord) en 1823 dans une famille modeste, ERNEST RENAN grandit à l'ombre de la cathédrale, auprès d'une mère pieuse et d'une sœur, Henriette, son aînée de douze ans. Enfant sensible et studieux, il se destine de bonne heure au *sacerdoce*. Il entre en 1838 au petit séminaire à Paris, puis étudie la théologie au grand séminaire de Saint-Sulpice. Il devient un hébraïsant distingué et se passionne pour l'exégèse ; mais cette étude critique des textes sacrés ébranle sa foi. Son cœur reste très attaché au christianisme, mais *sa raison éprouve des doutes insurmontables* et, en 1845, par honnêteté intellectuelle, *il renonce à devenir prêtre*.

L'AVENIR DE LA SCIENCE. Il a besoin d'une *foi* et d'une *certitude*. L'atmosphère du temps, ses propres recherches, l'amitié de MARCELIN BERTHELOT, qui va devenir un savant chimiste, orientent RENAN vers la *religion de la science*. Son enthousiasme, sa conviction que la connaissance scientifique peut révéler à l'homme le secret de toutes choses s'expriment dans *L'Avenir de la Science* (rédigé en 1848, publié en 1890).

PHILOLOGIE ET HISTOIRE DES RELIGIONS. Lui-même contribue pour sa part au mouvement scientifique du siècle par ses travaux de philologie et d'histoire des religions. Il écrit une *Histoire générale et Système comparé des Langues sémitiques* (1855), un *Essai sur l'Origine du Langage* (1858) et des *Études d'histoire religieuse* (1857). Chargé d'une mission archéologique en Syrie, il visite la Palestine et médite une *Vie de Jésus* sur les lieux mêmes où a vécu le Christ. Sa sœur Henriette, qui l'a accompagné meurt en Orient, et Renan lui-même tombe gravement malade (1861). A son retour il publie la *Vie de Jésus*, premier volume d'une *Histoire des Origines du Christianisme* (1863-1881 ; cf. p. 381) que suivra l'*Histoire du Peuple d'Israël* (1887-1893). Renan ne croit plus à la divinité de Jésus-Christ, mais il vénère la personne du Christ et l'Évangile.

Les jouissances intellectuelles

Sous la Troisième République, Renan devient une personnalité officielle : il entre à l'Académie Française (1876), est nommé administrateur du Collège de France (1883) ; par son *rationalisme nuancé*, par les *séductions de son art*, il exerce, jusqu'à sa mort (en 1892) et bien au-delà, une influence considérable.

Mais l'âge, l'expérience, les événements de 1870-1871 ont ébranlé ses certitudes enthousiastes de 1848. Sans renier son scientisme, l'écrivain évolue vers le *scepticisme*, conséquence extrême d'un sens aigu du *relativisme historique* (cf. p. 394). Il reste résolument idéaliste, et n'abandonne jamais la recherche de la vérité, mais il n'est plus si sûr de la découvrir ; partagé entre sa sensibilité celtique et son culte athénien pour la raison harmonieuse (cf. p. 396), il donne parfois l'impression de *jouir en dilettante* d'une pensée complexe et de la confrontation d'idées difficilement conciliables. Ces tendances se révèlent dans les *Dialogues philosophiques* (1876) et les *Drames philosophiques* (1878-1886). Enfin Renan évoque le passé et retrace son itinéraire spirituel dans des *Souvenirs d'Enfance et de Jeunesse* tout empreints de lyrisme (1883).

La double nature de Renan

RENAN porte en lui *une double nature ;* de là l'originalité et le charme un peu ambigu de son œuvre. Cet *érudit exact* qui crut longtemps la science toute-puissante est aussi un *poète* d'une *sensibilité* presque féminine. Le rationaliste garde la nostalgie de son enfance pieuse et de ses rêves. Le positiviste dont la *Vie de Jésus* scandalisa les croyants garde une *religiosité* vague mais profonde. Renan a tenté d'ailleurs de concilier rationnellement *science et poésie* (cf. p. 395). Il a eu conscience de sa propre complexité, se définissant lui-même comme « un romantique protestant contre le romantisme, un utopiste prêchant en politique le terre-à-terre », bref, comme «un tissu de contradictions». Et il ajoutait : « Je ne m'en plains pas, puisque cette constitution morale m'a procuré les plus vives jouissances intellectuelles qu'on puisse goûter ».

L'admiration historique

Le *relativisme historique* et *l'enthousiasme pour la science* dictent à RENAN sa conception de la *critique.* L'importance des liens unissant une œuvre à son époque est incontestable ; *l'érudition* a donc sa place dans la critique littéraire. Nous adhérons aussi à la réaction de l'auteur contre un conservatisme du goût et un dogmatisme étroit. Mais les œuvres vraiment grandes ne demeurent-elles pas *éternellement belles et vivantes,* abstraction faite de leur « encadrement » ? A cet égard la pensée de Renan trahit quelque hésitation, et peut-être du parti pris.

On a délicatement fait sentir combien les chefs-d'œuvre de l'art antique entassés dans nos musées perdaient de leur valeur esthétique. Sans doute, puisque leur position et la signification qu'ils avaient à l'époque où ils étaient vrais [1] faisaient les trois quarts de leur beauté. Une œuvre n'a de valeur que dans son encadrement, et l'encadrement de toute œuvre, c'est son époque. Les sculptures du Parthénon ne valaient-elles pas mieux à leur place que plaquées par petits morceaux sur les murs d'un musée ? J'admire profondément les vieux monuments religieux du moyen âge ; mais je n'éprouve qu'un sentiment très pénible devant ces modernes églises gothiques, bâties par un architecte en redin-
10 gote, rajustant des fragments de dessins empruntés aux vieux temples. L'admiration absolue est toujours superficielle : nul plus que moi n'admire les *Pensées* de Pascal, les *Sermons* de Bossuet ; mais je les admire comme œuvres du XVIIe siècle. Si ces œuvres paraissaient de nos jours, elles mériteraient à peine d'être remarquées [2]. La vraie admiration est historique [3]. La couleur locale a un charme incontestable quand elle est vraie ; elle est insipide dans le pastiche. J'aime l'Alhambra [4] et Brocéliande [5] dans leur vérité ; je me ris du romantique qui croit, en combinant ces mots, faire une œuvre belle.[...]
Parmi les œuvres de Voltaire, celles-là sont bien oubliées, où il a copié les formes du passé. Qui est-ce qui lit *La Henriade* ou les tragédies en dehors du
20 collège ! Mais celles-là sont immortelles [6] où il a déposé l'élégant témoignage de sa finesse, de son immoralité, de son spirituel scepticisme ; car celles-là sont vraies [7]...
C'est donc uniquement au point de vue de l'esprit humain, en se plongeant dans son histoire non pas en curieux, mais par un sentiment profond et une intime sympathie, que la vraie admiration des œuvres primitives est possible. Tout point de vue dogmatique est absolu, toute appréciation sur des règles modernes est déplacée. La littérature du XVIIe siècle est admirable dans son milieu, mais à condition qu'on la reporte à son milieu, au XVIIe siècle. Il n'y a que des pédants de collège qui puissent y voir le type éternel de la beauté. Ici comme partout, la critique est la condition de la grande esthétique. Le vrai sens des
30 choses n'est possible que pour celui qui se place à la source même de la beauté, et, du centre de la nature humaine, contemple dans tous les sens, avec le ravissement de l'extase, ses éternelles productions dans leur infinie variété : temples, statues, poèmes, philosophies, religions, formes sociales, passions, vertus, souffrances, amour, et la nature elle-même qui n'aurait aucune valeur sans l'être conscient qui l'idéalise.
                                    L'Avenir de la Science, X (Calmann-Lévy éditeurs).

— 1 Que veut dire Renan ? le choix du mot *vrais* ne vous *paraît-il pas discutable ?* — 2 Qu'en pensez-vous ? Pourquoi, selon vous, Renan choisit-il ces deux exemples ? — 3 Cf. cette autre formule célèbre : « Le savant seul a le droit d'admirer » (*Avenir de la Science,* XV). — 4 Palais mauresque, à Grenade, où Chateaubriand a situé une scène du *Dernier Abencérage.* — 5 Forêt enchantée, dans les romans de chevalerie. — 6 Comment concilier cette affirmation avec celles des l. 10-14 ? — 7 Renan ne dit plus *étaient* (cf. l. 3), mais *sont.*

Science et poésie

Dans l'*Avenir de la Science*, RENAN parvient à concilier les exigences de sa raison et celles de sa sensibilité : à ses yeux *les progrès de la science,* loin d'exclure tout merveilleux, remplaceront la poésie de la fiction par *la poésie supérieure de la réalité.*

Sans doute les patientes investigations de l'observateur, les chiffres qu'accumule l'astronome, les longues énumérations du naturaliste ne sont guère propres à réveiller le sentiment du beau : le beau n'est pas dans l'analyse ; mais le beau réel, celui qui ne repose pas sur les fictions de la fantaisie humaine, est caché dans les résultats de l'analyse. Disséquer le corps humain, c'est détruire sa beauté ; et pourtant, par cette dissection, la science arrive à y reconnaître une beauté d'un ordre bien supérieur et que la vue superficielle n'aurait pas soupçonnée[1]. Sans doute ce monde enchanté, où a vécu l'humanité avant d'arriver à la vie réfléchie, ce monde conçu comme moral, passionné, plein de vie et de sentiment[2], avait
10 un charme inexprimable, et il se peut qu'en face de cette nature sévère et inflexible que nous a créée le rationalisme, quelques-uns se prennent à regretter le miracle et à reprocher à l'expérience de l'avoir banni de l'univers. Mais ce ne peut être que par l'effet d'une vue incomplète des résultats de la science. Car le monde véritable que la science nous révèle est de beaucoup supérieur au monde fantastique créé par l'imagination. On eût mis l'esprit humain au défi de concevoir les plus étonnantes merveilles, on l'eût affranchi des limites que la réalisation impose toujours à l'idéal, qu'il n'eût pas osé concevoir la millième partie des splendeurs que l'observation a démontrées. Nous avons beau enfler nos conceptions, nous n'enfantons que des atomes au prix de la réalité des choses[3]. N'est-ce pas un fait
20 étrange que toutes les idées que la science primitive s'était formées sur le monde nous paraissent étroites, mesquines, ridicules, auprès de ce qui s'est trouvé véritable ? La terre semblable à un disque, à une colonne, à un cône[4], le soleil gros comme le Péloponnèse, ou conçu comme un simple météore s'allumant tous les jours, les étoiles roulant à quelques lieues sur une voûte solide, des sphères concentriques, *un univers fermé*[5], étouffant, des murailles, un cintre étroit contre lequel va se briser l'instinct de l'infini, voilà les plus brillantes hypothèses auxquelles était arrivé l'esprit humain. Au-delà, il est vrai, était le monde des anges avec ses éternelles splendeurs ; mais là encore, quelles étroites limites, quelles conceptions finies ! Le temple de notre Dieu n'est-il pas agrandi, depuis
30 que la science nous a découvert l'infinité des mondes ? Et pourtant on était libre alors de créer des merveilles : on taillait en pleine étoffe, si j'ose le dire ; l'observation ne venait pas gêner la fantaisie ; mais c'était à la méthode expérimentale, que plusieurs se plaisent à représenter comme étroite et sans idéal, qu'il était réservé de nous révéler, non pas cet infini métaphysique dont l'idée est la base même de la raison de l'homme, mais cet infini réel, que jamais il n'atteint dans les plus hardies excursions de sa fantaisie. Disons donc sans crainte que, si le merveilleux de la fiction a pu jusqu'ici sembler nécessaire à la poésie, le merveilleux de la nature, quand il sera dévoilé dans toute sa splendeur, constituera une poésie mille fois plus sublime, une poésie qui sera la réalité même, qui
40 sera à la fois science et philosophie. *L'Avenir de la Science*, V (Calmann-Lévy éditeurs).

— 1 Tenter de préciser quelle est cette beauté. — 2 Cf. la mythologie gréco-latine. — 3 Renan emprunte cette phrase à Pascal (cf. *XVIIe Siècle*, p. 145, l. 12-14). — 4 Conceptions des philosophes de Milet (VIe siècle avant J.-C.). — 5 Un géographe du VIe siècle « imagine le monde comme un coffre oblong » dont « le ciel forme le couvercle cintré ».

PRIÈRE SUR L'ACROPOLE

En 1865, sur l'Acropole d'Athènes, devant les Propylées, l'Erechthéion, devant le *Parthénon* surtout, RENAN eut l'éclatante révélation du *miracle grec*, harmonie parfaite, à l'échelle de l'homme, entre la *beauté*, la *raison* et le *sens du divin*. « Le beau n'est ici que l'honnêteté absolue, la raison, le respect même envers la divinité ». Cette révélation lui inspira une *méditation lyrique* sur le destin de l'humanité et sur lui-même, sous la forme d'une *prière à Athéna*, rédigée en partie sur-le-champ et complétée lors de la publication dans la *Revue des Deux-Mondes*, en 1876.

« **O** noblesse! ô beauté simple et vraie! déesse dont le culte signifie raison et sagesse, toi dont le temple est une leçon éternelle de conscience et de sincérité, j'arrive tard au seuil de tes mystères ; j'apporte à ton autel beaucoup de remords. Pour te trouver, il m'a fallu des recherches infinies. L'initiation que tu conférais à l'Athénien naissant par un sourire, je l'ai conquise à force de réflexions, au prix de longs efforts.

« Je suis né, déesse aux yeux bleus, de parents barbares, chez les Cimmériens [1] bons et vertueux qui habitent au bord d'une mer sombre, hérissée de rochers, toujours battue par les orages. On y connaît à peine
10 le soleil ; les fleurs sont les mousses marines, les algues et les coquillages coloriés qu'on trouve au fond des baies solitaires. Les nuages y paraissent sans couleur, et la joie même y est un peu triste ; mais des fontaines d'eau froide y sortent du rocher, et les yeux des jeunes filles y sont comme ces vertes fontaines où, sur des fonds d'herbes ondulées, se mire le ciel.

« Mes pères, aussi loin que nous pouvons remonter, étaient voués aux navigations lointaines, dans des mers que tes Argonautes [2] ne connurent pas. J'entendis, quand j'étais jeune, les chansons des voyages polaires ; je fus bercé au souvenir des glaces flottantes, des mers brumeuses
20 semblables à du lait, des îles peuplées d'oiseaux qui chantent à leurs heures et qui, prenant leur volée tous ensemble, obscurcissent le ciel.

« Des prêtres d'un culte étranger [3], venu des Syriens de Palestine, prirent soin de m'élever. Ces prêtres étaient sages et saints. Ils m'apprirent les longues histoires de Cronos [4], qui a créé le monde, et de son fils, qui a, dit-on, accompli un voyage sur la terre. Leurs temples sont trois fois hauts comme le tien, ô Eurhythmie [5], et semblables à des forêts ; seulement ils ne sont pas solides ; ils tombent en ruine au bout de cinq ou six cents ans [6] ; ce sont des fantaisies de barbares, qui s'imaginent qu'on peut faire quelque chose de bien en dehors des règles que
30 tu as tracées à tes inspirés, ô Raison. Mais ces temples me plaisaient ; je n'avais pas étudié ton art divin ; j'y trouvais Dieu. On y chantait des

---

— 1 Peuple mythique, perdu dans les brumes du Nord. De qui s'agit-il ici ? — 2 Grecs partis, avec Jason, à la conquête de la Toison d'Or. — 3 Quel est ce culte ? en quoi Renan peut-il le qualifier ainsi ? — 4 Père de Zeus, dans la mythologie grecque ; transposer. — 5 Déesse de l'harmonie. — 6 Cf. Michelet (p. 370, *Fragilité du gothique*).

cantiques dont je me souviens encore : « Salut, étoile de la mer,... reine
« de ceux qui gémissent en cette vallée de larmes » ; ou bien : « Rose
« mystique, Tour d'ivoire, Maison d'or, Étoile du matin... » Tiens,
déesse, quand je me rappelle ces chants, mon cœur se fond, je deviens
presque apostat [7]. Pardonne-moi ce ridicule ; tu ne peux te figurer le
charme que les magiciens barbares ont mis dans ces vers, et combien
il m'en coûte de suivre la raison toute nue...

Le règne de la déesse a connu une trop longue éclipse : « *pendant mille ans on t'a traitée*
d'idole, ô Vérité » ; *maintenant encore des barbares s'en prennent à ses serviteurs : Renan*
lui-même l'a douloureusement éprouvé. Pourtant, qu'Athéna veuille bien pardonner à l'huma-
nité : « *Étincelle qui allumes et entretiens le feu chez les héros et les hommes de génie,*
fais de nous des spiritualiste accomplis... Le monde ne sera sauvé qu'en revenant à toi ».

« Ferme en toi, je résisterai à mes fatales conseillères ; à mon scepti-
40 cisme [8], qui me fait douter du peuple, à mon inquiétude d'esprit, qui,
quand le vrai est trouvé, me le fait chercher encore ; à ma fantaisie, qui,
après que la raison a prononcé, m'empêche de me tenir en repos. O Archégète [9], idéal que l'homme de génie incarne en ses chefs-d'œuvre, j'aime
mieux être le dernier dans ta maison que le premier ailleurs. Oui, je
m'attacherai au stylobate [10] de ton temple ; j'oublierai toute discipline
hormis la tienne, je me ferai stylite [11] sur tes colonnes, ma cellule sera sur
ton architrave [12]. Chose plus difficile ! pour toi, je me ferai, si je peux,
intolérant, partial [13]. Je n'aimerai que toi. Je vais apprendre ta langue [14],
désapprendre le reste. Je serai injuste pour ce qui ne te touche pas ;
50 je me ferai le serviteur du dernier de tes fils. Les habitants actuels [15] de
la terre que tu donnas à Érechthée [16], je les exalterai, je les flatterai.
J'essaierai d'aimer jusqu'à leurs défauts ; je me persuaderai, ô Hippia [17],
qu'ils descendent des cavaliers qui célèbrent là-haut, sur le marbre de
ta frise [18], leur fête éternelle. J'arracherai de mon cœur toute fibre qui
n'est pas raison et art pur. Je cesserai d'aimer mes maladies [19], de me
complaire en ma fièvre. Soutiens mon ferme propos, ô Salutaire ; aide-
moi, ô toi qui sauves !
« Que de difficultés, en effet, je prévois ! que d'habitudes d'esprit
j'aurai à changer ! que de souvenirs charmants je devrai arracher de
60 mon cœur ! J'essaierai ; mais je ne suis pas sûr de moi. Tard je t'ai
connue, beauté parfaite. J'aurai des retours, des faiblesses. Une philosophie, perverse sans doute, m'a porté à croire que le bien et le mal,
le plaisir et la douleur, le beau et le laid, la raison et la folie se transforment
les uns dans les autres par des nuances aussi indiscernables que celles
du cou de la colombe. Ne rien aimer, ne rien haïr absolument, devient

— 7 Commenter le choix paradoxal de ce terme
et les sentiments qu'il révèle. — 8 Dans quel
passage du texte apparaît-il ? — 9 Principe
créateur et tutélaire. — 10 Soubassement qui
supporte les colonnes. — 11 Ermite qui vit
au sommet d'une colonne. — 12 Partie de
l'édifice qui repose sur les chapiteaux. —
13 Que veut dire Renan ? a-t-il raison selon
vous ? — 14 Préciser le sens. — 15 En principe les Athéniens, mais symboliquement, de
qui s'agit-il ? — 16 Roi mythique d'Athènes,
dont la mémoire est liée au second temple
d'Athéna sur l'Acropole, l'*Érechthéion*. —
17 Cavalière ; épithète d'Athéna. — 18 La
frise des Panathénées (Parthénon). — 19 Dégager le sens.

alors une sagesse. Si une société, si une philosophie, si une religion eût possédé la vérité absolue, cette société, cette philosophie, cette religion aurait vaincu les autres et vivrait seule à l'heure qu'il est. Tous ceux qui, jusqu'ici, ont cru avoir raison se sont trompés, nous le voyons clairement.
70 Pouvons-nous sans folle outrecuidance croire que l'avenir ne nous jugera pas comme nous jugeons le passé ? Voilà les blasphèmes que me suggère mon esprit profondément gâté. Une littérature qui, comme la tienne, serait saine de tout point n'exciterait plus maintenant que l'ennui.

« Tu souris de ma naïveté. Oui, l'ennui... Nous sommes corrompus : qu'y faire ? J'irai plus loin, déesse orthodoxe [20], je te dirai la dépravation intime de mon cœur. Raison et bon sens ne suffisent pas. Il y a de la poésie dans le Strymon [21] glacé et dans l'ivresse du Thrace [22]. Il viendra des siècles où tes disciples passeront pour les disciples de l'ennui. Le
80 monde est plus grand que tu ne crois. Si tu avais vu les neiges du pôle et les mystères du ciel austral, ton front, ô déesse toujours calme, ne serait pas si serein ; ta tête, plus large, embrasserait divers genres de beauté.

« Tu es vraie, pure, parfaite ; ton marbre n'a point de tache ; mais le temple d'Hagia-Sophia [23], qui est à Byzance, produit aussi un effet divin avec ses briques et son plâtras. Il est l'image de la voûte du ciel. Il croulera ; mais, si ta cella [24] devait être assez large pour contenir une foule, elle croulerait aussi [25].

« Un immense fleuve d'oubli nous entraîne dans un gouffre sans
90 nom. O abîme, tu es le Dieu unique. Les larmes de tous les peuples sont de vraies larmes ; les rêves de tous les sages renferment une part de vérité. Tout n'est ici-bas que symbole et que songe. Les dieux passent comme les hommes [26], et il ne serait pas bon qu'ils fussent éternels. La foi qu'on a eue ne doit jamais être une chaîne. On est quitte envers elle quand on l'a soigneusement roulée dans le linceul de pourpre où dorment les dieux morts. »

Souvenirs d'Enfance et de Jeunesse (Calmann-Lévy éditeurs).

- *En quoi ce texte mérite-t-il son titre de prière ? Que représente Athéna pour* RENAN *?*
- *Distinguez : a) une profession de foi ; – b) un examen de conscience ; – c) une résolution.*
- *Lignes 58-96 : a) Distinguez les éléments du débat intérieur ; – b) Quelle impression vous laisse la fin du texte ?*
- *c) Dégagez en définitive : la philosophie de* RENAN *; le portrait de l'homme lui-même.*
- *Distinguez ce qui relève : a) de la culture grecque ; – b) de la formation chrétienne.*
- *a) A quoi tient, selon vous, l'originalité de cette page ? Étudiez la transposition et le symbole ; – b) En quoi cet art illustre-t-il l'idéal exprimé ici et traduit-il la personnalité de l'auteur ?*
- ***Essai.*** *Commentez cette formule : « Les rêves de tous les sages renferment une part de vérité ».*
- ***Contraction.*** *« L'admiration historique », p. 394.* ***Essai*** *: au choix parmi les thèmes du texte (par ex. : l. 14).*
- ***Contraction.*** *« Science et poésie » p. 395.* ***Essai.*** *Le merveilleux de la fiction et le merveilleux de la nature.*

—————— 20 Déesse qui détiens la vérité. — 21 Fleuve de Thrace. — 22 La Thrace était le pays d'Orphée, et de Dionysos, dieu de toutes les ivresses. Renan évoque ainsi la littérature du nord (cf. Mme de Staël, p. 15). — 23 L'église byzantine de Sainte-Sophie (Sophia = Sagesse) à Constantinople. - 24 Partie réservée du sanctuaire. — 25 Expliquer le symbole. — — 26 Cf. Gautier, p. 270, v. 49.

TAINE

Sa carrière (1828-1893)

LE NORMALIEN PHILOSOPHE. Né à Vouziers en 1828, HIPPOLYTE TAINE entre premier à l'École Normale Supérieure (1848) et se consacre à l'étude de la *philosophie*. Mais ses idées *déterministes* sont incompatibles avec la doctrine officielle de l'époque, et il est refusé à l'agrégation en 1851. Il renonce alors provisoirement à l'Université et choisit un sujet *littéraire* pour sa thèse de doctorat.

LE CRITIQUE. Cette thèse paraît en 1853, c'est l'*Essai sur La Fontaine et ses Fables* (édition définitive, *La Fontaine et ses Fables*, 1860). Taine publie ensuite un *Essai sur Tite-Live* (1856), puis un ouvrage sur *Les Philosophes français du XIXe siècle*, qui commence à le faire connaître (1857). Il consacre à des études de CRITIQUE LITTÉRAIRE de nombreux articles qui seront recueillis dans les *Essais de Critique et d'Histoire* (1858), suivis de *Nouveaux Essais* (1865) et de *Derniers Essais* (1894). Il expose son *système critique* dans l'*Introduction* à l'*Histoire de la Littérature anglaise* (1863).

Nommé professeur à l'École des Beaux-Arts, Taine aborde l'ESTHÉTIQUE et l'HISTOIRE DE L'ART, publiant de 1865 à 1869 des cours sur l'Italie, les Pays-Bas et la Grèce, réunis ensuite sous le titre de *Philosophie de l'Art*. D'autres ouvrages traduisent ses *impressions de voyage* en France, en Italie et en Angleterre. En 1870, couronnant cette phase de sa carrière, paraît un livre que le philosophe avait longuement médité : *De l'Intelligence*.

L'HISTORIEN (cf. p. 381). La défaite de la France et la Commune, qui l'ont vivement affecté, amènent l'écrivain à entreprendre une grande œuvre HISTORIQUE. Il cherche dans le passé récent de notre pays les causes des malheurs qui viennent de le frapper : tel est le sens profond des *Origines de la France contemporaine* (1875-1893). Membre de l'Académie Française depuis 1878, Taine meurt à Paris en 1893.

Le déterminisme scientiste

Sous ses divers aspects, critique, historique, philosophique, l'œuvre de TAINE présente une remarquable *unité*; elle est inspirée tout entière par un *système clair et cohérent*, ce qui explique son influence, qui fut longtemps considérable. La « faculté maîtresse » de Taine, pour lui appliquer une de ses expressions favorites, était l'*intelligence classificatrice*, ou *l'esprit de système* : ce fut à la fois sa force et sa faiblesse. Il s'est attaché à réduire en formules claires et distinctes, parfaitement intelligibles, toute la réalité psychologique, esthétique et historique. Cette démarche correspond à une *exigence de son esprit* et à sa *foi déterministe*.

« Tous les sentiments, écrivait-il, toutes les idées, tous les états de l'âme humaine sont des produits, ayant leurs causes et leurs lois, et tout l'avenir de l'histoire consiste dans la recherche de ces causes et de ces lois. L'assimilation des recherches historiques et psychologiques aux recherches physiologiques et chimiques, voilà mon objet et mon idée maîtresse ». Il disait encore : « Le vice et la vertu ne sont que des produits comme le vitriol et le sucre ».

Le système critique

TAINE tente donc de découvrir *les causes et les lois* de la *création littéraire*. Les facteurs déterminants sont au nombre de trois : *la race, le milieu, le moment*. « *La race*, ce sont ces dispositions innées et héréditaires que l'homme apporte avec lui à la lumière ». *Le milieu* est fonction du climat et de l'organisation sociale (cf. Montesquieu et Mme de Staël). *Le moment* fait intervenir l'évolution historique : du seul fait des dates, il résulte que les tragédies de Voltaire ne pouvaient ressembler à celles de Corneille. L'œuvre naît de la façon dont la *faculté maîtresse* de l'écrivain réagit à ces trois influences. Ainsi LA FONTAINE incarne *l'esprit gaulois* (race), il est *champenois* (milieu), *il vit sous Louis XIV* (moment) ; sa faculté maîtresse est *l'imagination poétique* (la faculté d'oublier le monde réel, et celle de vivre dans le monde idéal » ; ainsi, « sans quitter le caractère gaulois, La Fontaine le dépassa ». La faculté maîtresse de MICHELET est *l'imagination du cœur* (cf. p. 403).

Ce système, satisfaisant pour l'esprit par sa netteté, ouvre des *directions de recherches* que la critique littéraire n'a pas cessé d'exploiter, mais il conduit Taine à des *simplifications abusives*, presque absurdes parfois : ainsi le XVIIe siècle est placé, Racine y compris, sous le signe de la *raison oratoire ;* « au XVIe siècle le lucide et prosaïque esprit français essaya inutilement d'enfanter une poésie vivante » ! SAINTE-BEUVE montra sur-le-champ qu'il était impossible de *déduire* une œuvre littéraire, surtout une œuvre de premier plan, à partir des composantes de la race, du milieu et du moment (cf. p. 388).

Taine n'est vraiment un grand critique que *lorsque son intelligence brillante se libère d'un système étroit :* il a eu en particulier le mérite de « découvrir » Stendhal (cf. p. 401) et d'analyser avec une lucidité sévère mais extrêmement pénétrante le génie de Michelet.

Le monde de Balzac

TAINE analyse parfaitement les caractères généraux du monde balzacien, mais cet intellectuel est choqué par la *vulgarité* du créateur et de sa création : de là toutes ces formules restrictives et ces insinuations désobligeantes. Ce *raffinement du goût* peut surprendre de la part d'un homme qui voulait assimiler la psychologie à la physiologie et à la chimie, mais son *matérialisme* était d'une autre sorte que celui de Balzac ; le romancier travaillait en pleine pâte humaine, tandis que le critique ramène à une *mécanique abstraite* les activités de l'esprit. Pourtant TAINE doit en partie à BALZAC son système *de la race, du milieu et du moment,* qui à son tour inspirera à ZOLA la théorie du roman *naturaliste* et même *expérimental.*

Il est armé de brutalité et de calcul, la réflexion l'a muni de combinaisons savantes, sa rudesse lui ôte la crainte de choquer. Personne n'est plus capable de peindre les bêtes de proie [1], petites ou grandes. Telle est l'enceinte où le pousse et l'enferme [2] sa nature ; c'est un artiste puissant et pesant, ayant pour serviteurs et pour maîtres des goûts et des facultés de naturaliste. A ce titre, il copie le réel, il aime les monstres grandioses, il peint mieux que le reste la bassesse et la force [3]. Ce sont ces matériaux qui vont composer ses personnages, rendre les uns imparfaits et les autres admirables selon que leur substance s'accommodera ou répugnera au moule dans lequel elle doit entrer.

10   Au plus bas sont les gens de métier et de province. Jadis, ils n'étaient que des grotesques, exagérés pour faire rire ou négligemment esquissés dans un coin du tableau. Balzac les décrit sérieusement ; il s'intéresse à eux ; ce sont ses favoris, et il a raison, car il est là dans son domaine [4]. Ils sont l'objet propre du naturaliste. Ils sont les espèces de la société, pareilles aux espèces de la nature [5]. Chacune d'elles a ses instincts, ses besoins, ses armes, sa figure distincte. Le métier crée des variétés dans l'homme, comme le climat crée des variétés dans l'animal ; l'attitude qu'il impose à l'âme, étant constante, devient définitive ; les facultés et les penchants qu'il comprime s'atténuent ; les facultés et les penchants qu'il exerce s'agrandissent ; l'homme naturel et primitif disparaît ; il reste un être

20 déjeté et fortifié, formé et déformé, enlaidi, mais capable de vivre. — Cela est repoussant, peu importe ; ces difformités acquises plaisent à l'esprit de Balzac. Il entre volontiers dans la cuisine, dans le comptoir et dans la friperie ; il ne se rebute d'aucune odeur et d'aucune souillure ; il a les sens grossiers. Bien mieux ou bien pis, il se trouve à son aise dans ces âmes ; il y rencontre la sottise en pleine fleur, la vanité épineuse et basse ; mais surtout l'intérêt. Rien ne l'en écarte, ou plutôt tout l'y ramène ; il triomphe dans l'histoire de l'argent [6] ; c'est le grand moteur humain, surtout dans ces bas-fonds où l'homme doit calculer, amasser et

---

— 1 Comme Vautrin ou Nucingen. —   p. 324-326). — 4 Apprécier le ton. — 5 Ici
2 Préciser la critique (cf. *et pour maîtres*, l. 5). —   (l. 14-20), Taine s'inspire de l'Avant-propos
3 Par exemple Rubempré et Vautrin (cf.   de la *Comédie Humaine.* — 6 Cf. p. 322.

ruser sous peine de vie [7]. Balzac prend part à cette soif de gain, il lui gagne notre sympathie, il l'embellit, par l'habileté et la patience des combinaisons qu'il lui
30 prête. Sa puissance systématique et son franc amour pour la laideur humaine ont construit l'épopée des affaires et de l'argent. — De là ces salons de province [8], où les gens hébétés par le métier et par l'oisiveté viennent en habits fripés et en cravates raides causer des successions ouvertes et du temps qu'il fait, sortes d'étouffoirs où toute idée périt ou moisit, où les préjugés se hérissent, où les ridicules s'étalent, où la cupidité et l'amour-propre, aigris par l'attente, s'acharnent par cent vilenies et mille tracasseries à la conquête d'une préséance ou d'une place. — De là ces bureaux de ministère [9] où les employés s'irritent, s'abrutissent ou se résignent, les uns cantonnés dans une manie, faiseurs de calembours ou de collections, d'autres inertes et mâchant des plumes, d'autres inquiets comme
40 des singes en cage, mystificateurs et bavards, d'autres installés dans leur niaiserie comme un escargot dans sa coque, heureux de minuter leurs paperasses en belle ronde irréprochable, la plupart faméliques et rampant par des souterrains fangeux pour empocher une gratification ou un avancement. — De là ces boutiques [10] éclaboussées par la fange de Paris, assourdies du tintamarre des voitures, obscurcies par la morne humidité du brouillard, où de petits merciers flasques et blêmes passent trente ans à ficeler des paquets, à persécuter leurs commis, à aligner des inventaires, à mentir et à sourire. — De là surtout ces petits journaux [11], la plus cruelle peinture de Balzac, où l'on vend la vérité et surtout le mensonge, où l'on débite de l'esprit à telle heure et à tant la ligne, « absolument comme on
50 allume un quinquet », où l'écrivain, harcelé de besoins, affamé d'argent, forcé d'écrire, se traite en machine, traite l'art en cuisine, méprise tout, se méprise lui-même, et ne trouve d'oubli que dans les orgies de l'esprit et des sens. — De là ses prisons [12], ses tables d'hôte [13], son Paris, sa province, et ce tableau toujours le même, toujours varié, des difformités et des cupidités humaines.

Nouveaux Essais de Critique et d'Histoire. Balzac (Librairie Hachette éditeur).

Le caractère de Julien Sorel

Si cette belle analyse du caractère de Julien Sorel tourne au *plaidoyer*, c'est que TAINE estime plus important de *comprendre* un être que de porter sur lui un *jugement moral*. Chez STENDHAL, il admire surtout *l'idéologue* qui excelle à « composer » un caractère. Il est significatif que, dans cet article, le critique se réfère sans cesse au *Rouge et Noir* et fort peu à la *Chartreuse de Parme :* ce roman, par ses qualités *poétiques*, se prêtait beaucoup moins à une *analyse intellectuelle*.

Un caractère est naturel [1] quand il est d'accord avec lui-même, et que toutes ses oppositions dérivent de certaines qualités fondamentales [2], comme les mouvements divers d'une machine partent tous d'un moteur unique [3]. Les actions et les sentiments ne sont vrais que parce qu'ils sont conséquents, et l'on obtient la vraisemblance dès qu'on applique la logique du cœur. Rien de mieux composé

——————— 7 Sans quoi il perdrait la vie. — 8 Dans *Eugénie Grandet* par exemple. — 9 Dans *Les Employés.* — 10 Boutiques de parfumeur (*César Birotteau*), de drapier (*La Maison du Chat-qui-pelote*), etc. — 11 Cf. p. 323. — 12 Cf. Vautrin et Rubempré incarcérés à la Conciergerie (p. 325). — 13 Cf. p. 311.
— 1 Quelques lignes plus haut, Taine résumait ainsi la première impression que laisse la conduite de Julien Sorel : « Quel monstre et quel paradoxe ! Voilà de quoi dérouter tout le monde ». A quoi tient donc le *naturel* de son caractère ? — 2 C'est bien ainsi que Stendhal entendait le *naturel*. — 3 Scientiste convaincu, Taine applique à la psychologie les termes de la *mécanique*.

que le caractère de Julien. Il a pour ressort un orgueil excessif [4], passionné, ombrageux, sans cesse blessé, irrité contre les autres, implacable à lui-même, et une imagination inventive et ardente, c'est-à-dire la faculté de produire au choc du moindre événement des idées en foule et de s'y absorber. De là une concen-
10 tration habituelle, un retour perpétuel sur soi-même, une attention incessamment repliée et occupée à s'interroger, à s'examiner, à se bâtir un modèle idéal auquel il se compare, et d'après lequel il se juge et se conduit. Se conformer à ce modèle, bon ou mauvais, est ce que Julien appelle le *devoir* [5], et ce qui gouverne sa vie. Les yeux fixés sur lui-même, occupé à se violenter, à se soupçonner de faiblesse, à se reprocher ses émotions, il est téméraire pour ne pas manquer de courage, il se jette dans les pires dangers de peur d'avoir peur. Ce modèle, Julien ne l'emprunte pas, il le crée, et telle est la cause de son originalité, de ses bizarreries et de sa force ; en cela, il est supérieur, puisqu'il *invente* sa conduite, et il choque la foule moutonnière, qui ne sait qu'imiter. Maintenant, mettez cette âme dans les
20 circonstances où Beyle la place, et vous verrez [6] quel modèle elle doit imaginer, et quelle nécessité admirable enchaîne et amène ses sentiments et ses actions. Julien, délicat, joli garçon, est maltraité par son père et ses frères, despotes brutaux, qui, selon l'usage, haïssent ce qui diffère d'eux [7]. Un vieux chirurgien-major, son cousin, lui conte les batailles de Napoléon, et le souvenir du sous-lieutenant devenu empereur exalte ses dégoûts et ses espérances ; car nos premiers besoins façonnent nos premières idées, et nous composons le modèle admirable et désirable, en le comblant des biens dont le manque nous a d'abord fait souffrir [8]. A chaque heure du jour, il entend ce cri intérieur : Parvenir ! Non qu'il souhaite étaler du luxe et jouir ; mais il veut sortir de l'humiliation et de la dépendance
30 où sa pauvreté l'enfonce, et cesser de voir les objets grossiers et les sentiments bas parmi lesquels sa condition le retient [9]. Parvenir, comment ? Songeons que notre éducation nous fait notre morale [10], que nous jugeons la société d'après les trente personnes qui nous entourent, et que nous la traitons comme on nous a traités. Vous avez été dès l'enfance aimé par de bons parents : ils ont songé pour vous à votre subsistance, ils vous ont caché toutes les vilenies de la vie ; à vingt ans, entrant dans le monde, vous l'avez cru juste, et vous regardiez la société comme une paix. Donc Julien devait la regarder comme une guerre [11]. Haï, maltraité, spectateur perpétuel de manœuvres avides, obligé, pour vivre, de dissi-muler, de souffrir et de mentir, il arrive dans le monde en ennemi. Il a tort, soit.
40 Il vaut mieux être opprimé qu'oppresseur, et toujours volé qu'un jour voleur ; cela est clair. Je ne veux point l'excuser [12] ; je veux seulement montrer qu'il peut être au fond très généreux, très reconnaissant, bon, disposé à la tendresse et à toutes les délicatesses du désintéressement [13], et cependant agir en égoïste, exploiter les hommes, et chercher son plaisir et sa grandeur à travers les misères des autres.   *Nouveaux Essais de Critique et d'Histoire.* Stendhal (Librairie Hachette éditeur).

---

4 Cf. p. 334, l. 84-85, et p. 336, où s'affrontent l'orgueil de Mathilde et celui de Julien. — 5 Un soir Mme de Rênal retire sa main que Julien a effleurée par mégarde : « Julien pensa qu'il était de son *devoir* d'obtenir que l'on ne retirât pas cette main quand il la touchait. L'idée d'un devoir à accomplir, et d'un ridicule ou plutôt d'un sentiment d'infé-riorité à encourir si l'on n'y parvenait pas, éloigna sur-le-champ tout plaisir de son cœur ». Que penser de ce « devoir », du point de vue moral ? — 6 Taine nous convie à une sorte d'*expérimentation.* — 7 Cf. p. 332. —

8 Ainsi Stendhal dote souvent ses héros, par compensation, des qualités qu'il aurait voulu avoir. — 9 Son ambition, en effet, n'a rien de vulgaire. — 10 On reconnaît ici le déterminisme de l'auteur. — 11 Cf. l'analyse p. 338, et ce mot de Stendhal sur son héros : « C'était l'homme malheureux en guerre avec toute la société ». — 12 Est-ce bien sûr ? — 13 Cf. ce jugement de Stendhal sur Julien Sorel : « Au lieu de marcher du tendre au rusé, comme la plupart des hommes, l'âge lui eût donné la bonté facile à s'attendrir, il se fût guéri d'une méfiance folle ».

MICHELET : SA FACULTÉ MAITRESSE

TAINE se montre sensible à *l'imagination inspirée* de MICHELET, mais la lucidité de son jugemént n'en est nullement altérée. Ce fervent de l'intelligence critique et de la science *refuse de confondre poésie et histoire.* Pour bien comprendre sa réaction, il faut songer que cet article, écrit en février 1855, concerne plus spécialement la *Renaissance* (Tome VII), où Michelet se laisse entraîner par sa *sensibilité nerveuse* et sa *passion partisane.*

M. Michelet est un poète, un poète de la grande espèce ; à ce titre il saisit les ensembles et les fait saisir. Cette imagination si impressionnable [1] est touchée par les faits généraux aussi bien que par les faits particuliers, et sympathise avec la vie des siècles comme avec la vie des individus ; il voit les passions d'une époque entière aussi nettement que celles d'un homme, et peint avec autant de vivacité le Moyen Age ou la Renaissance que Philippe le Bel ou François Ier. Tant d'images brillantes, de mouvements passionnés, d'anecdotes piquantes, de réflexions et de récits, sont gouvernés par une pensée maîtresse, et l'ouvrage entier, comme une
10 armée enthousiaste, se porte d'un seul mouvement vers un seul but.
Ce mouvement est entraînant [2] ; en vain on voudrait résister, il faut lire jusqu'au bout. Le livre saisit l'esprit dès la première page ; en dépit des répugnances, des objections, des doutes, il reste maître de l'attention et ne la lâche plus. Il est écrit avec une passion contagieuse, souvent maladive, qui fait souffrir le lecteur, et pourtant l'enchante : on est étonné de se sentir remué par des mouvements si brusques et si puissants ; on voudrait revenir à la sérénité du raisonnement et de la logique, et on ne le peut pas ; l'inspiration se communique à notre esprit et l'emporte ; on pense à ce dialogue [3] où Platon peint le dieu attirant à lui l'âme du
20 poète, et le poète attirant à lui l'âme de ses auditeurs, comme une chaîne d'anneaux aimantés qui se communiquent l'un à l'autre la vertu magnétique, et sont enlevés bien haut dans l'air, attachés l'un à l'autre, et suspendus au premier aimant. Aucun poète n'exerce plus que M. Michelet cette domination charmante ; lorsque pour la première fois on commence à penser et qu'on le rencontre, on ne peut s'empêcher de l'accepter pour maître ; il est fait pour séduire et gouverner les esprits qui s'ouvrent, et il l'a prouvé...

Après avoir analysé ce charme tout puissant, fait d'imagination et d'enthousiasme, et les accents par lesquels il s'exerce, Taine en vient aux critiques que laissait pressentir le début de son article. S'il entraîne son lecteur, Michelet ne le convainc pas.

— 1 Dans un 2e article, Taine précisera : « *M. Michelet a l'imagination du cœur plutôt que celle des yeux* (à la différence de V. Hugo) : *sa plus grande puissance est la faculté d'être ému ;... il ne décrit jamais pour décrire ; il n'imagine que pour sentir* ». — 2 Sainte-Beuve disait du Tome III de l'Histoire de France : « Il y a des endroits où je trouve comme l'entrain d'une ronde de Sabbat. C'est poétique. Est-ce juste historiquement ? » (*Lettre* à *Michelet,* 1837). — 3 *Ion* (533 d-e).

On entre en défiance lorsqu'on voit un petit fait érigé en symbole d'une civilisation [4], un particulier transformé en représentant d'une époque, tel personnage changé en missionnaire de la Providence ou de la nécessité, les idées s'incarnant en des personnes, les hommes perdant leur figure et leur caractère réel pour devenir des moments de l'histoire. L'esprit du lecteur se trouble ; il voit les faits se changer en idées et les idées en faits ; tout se fond et se confond à ses yeux en une poésie vague qui berce son imagination par le chant des phrases harmonieuses, sans qu'aucune loi certaine et prouvée [5] puisse s'affermir au milieu de tant d'hypothèses vacillantes et d'affirmations hasardées. Bien plus, le hardi moqueur donne prise parfois aux moqueries des autres ; il est téméraire même contre le bon sens ; il oublie que certaines images sont grotesques, et on ne sait trop si on doit s'attrister ou rire lorsqu'on le voit présenter comme un symbole des inventions religieuses du XVe siècle l'instrument d'église nommé *serpent* [6]. Ajoutons enfin que ce style forcé, ces alliances de mots étonnantes, cette habitude de sacrifier l'expression juste à l'expression violente, donnent l'idée d'un esprit pour qui la passion s'est tournée en maladie, et qui, après avoir faussé volontairement la langue, pourrait involontairement fausser la vérité.[...]

L'histoire est un art, il est vrai, mais elle est aussi une science ; elle demande à l'écrivain l'inspiration, mais elle lui demande aussi la réflexion ; si elle a pour ouvrière l'imagination créatrice, elle a pour instruments la critique prudente et la généralisation circonspecte ; il faut que ses peintures soient aussi vivantes que celles de la poésie, mais il faut que son style soit aussi exact, ses divisions aussi marquées, ses lois aussi prouvées, ses inductions [7] aussi précises que celles de l'histoire naturelle. M. Michelet a laissé grandir en lui l'imagination poétique. Elle a couvert ou étouffé les autres facultés qui d'abord s'étaient développées de concert avec elle. Son histoire a toutes les qualités de l'inspiration : mouvement, grâce, esprit, couleur, passion, éloquence ; elle n'a point celles de la science : clarté, justesse, certitude, mesure, autorité. Elle est admirable et incomplète ; elle séduit et ne convainc pas. Peut-être, dans cinquante ans, quand on voudra la définir, on dira qu'elle est l'épopée lyrique de la France.

Essais de Critique et d'Histoire. M. Michelet (Librairie Hachette éditeur).

– La faculté maîtresse de Michelet. *a) Comment se traduit-elle ? – b) Quels sont ses avantages ? – c) Quels sont, selon Taine, ses dangers pour un historien ? – c) Quelle est votre opinion à ce sujet ?*
– *a) En quoi le § 2 laisse-t-il présager les critiques qui suivront ? – b) En quoi les défauts de* MICHELET *sont-ils la rançon de ses qualités ?*
– **Essai.** *Selon* TAINE, MICHELET *a écrit « L'épopée lyrique de la France » : à l'aide des extraits de* MICHELET *justifiez cette formule ; montrez que cet éloge implique aussi une critique sévère.*
– **Contraction** (*ensemble du texte*). *Essai : « L'histoire est un art, mais aussi une science ».*
• **Groupe thématique : Critique historique.** p. 383. – XVIIIe SIÈCLE : p. 24, p. 144 ; p. 147. – XXe SIÈCLE, p. 337.

— 4 Cf. p. 363, *Le Symbolisme.* — 5 Pour Taine, l'histoire est une *science*, cf. l. 47-54 et p. 381. — 6 Instrument à vent, en forme de serpent, longtemps utilisé dans les églises. — 7 L'*induction* est le raisonnement par lequel on passe des *faits* à la *loi* qui les régit.

LECONTE DE LISLE
ET LE PARNASSE

Le charme des Iles　　Né à la Réunion en 1818, LECONTE DE LISLE est fils d'un chirurgien des armées impériales devenu planteur de canne à sucre. Après avoir passé à Nantes sa première enfance, il séjourne dans son île natale entre dix et dix-huit ans (1828-1837) et fait ses études au collège de Saint-Denis de la Réunion. De 1837 à 1843 il est de retour en France, y passe son baccalauréat et suit sans grande ardeur les cours de la Faculté de Droit de Rennes : on voudrait faire de lui un magistrat, et il ne pense déjà qu'à la littérature. Il s'engage sans succès dans le journalisme et, déçu, revient une dernière fois à la Réunion pour dix-huit mois (1843-1845). Ces *longs séjours au pays natal* laisseront en lui une empreinte ineffaçable. Éveillé de bonne heure à la poésie (sa mère était une cousine du poète PARNY), fervent admirateur des *Orientales* (cf. p. 159) il est envoûté par le sortilège de cette *nature exotique :* toute sa vie il en gardera le regret nostalgique, avivé par le souvenir d'une cousine morte à dix-neuf ans, qu'il aimait en secret ; c'est elle qu'il évoque mélancoliquement dans les derniers vers du *Manchy :* « O charme de mes premiers rêves ! » .

L'enthousiasme　　Dès son séjour à Rennes, LECONTE DE LISLE, étudiant
fouriériste　　pauvre, s'était passionné pour les idées généreuses de
　　　　　　LAMENNAIS (cf. p. 293) : l'aspiration à un ordre social plus juste et plus libre l'avait conduit au socialisme. A Paris, sous l'influence de l'helléniste Louis MÉNARD, il écrit des poèmes inspirés des *mythes héroïques* de la Grèce, qu'il interprète librement en y insérant un *message démocratique et fouriériste* (cf. p. 8) : au nombre d'une vingtaine, ces poèmes paraissent de 1845 à 1847 dans le journal phalanstérien *La Phalange* (cf. p. 407). La révolution de 1848 soulève son enthousiasme : il prend l'initiative de pétitions qui aboutissent à l'abolition de l'esclavage, puis il entreprend une tournée de propagande révolutionnaire en Bretagne. Mais au premier contact avec les réalités politiques ses illusions s'écroulent. Devant l'indifférence du peuple, « éternelle race d'esclaves », il comprend que la révolution est condamnée : quelques mois plus tard, il est arrêté au cours des journées de juin et déplore amèrement que le peuple « balayé par quatre hommes et un caporal » soit rentré chez lui « froid, indifférent et inerte ». Sans abandonner sa foi dans la République et le progrès social, LECONTE DE LISLE se détourne de la politique active vers « la contemplation sereine des formes divines ».

La religion de l'art　　Désormais l'histoire de sa vie se confond avec celle de ses œuvres : *Poèmes Antiques* (1852), *Poèmes Barbares* (1862), *Les Erinnyes* (1873), *Poèmes Tragiques* (1884), *Derniers Poèmes* (1895, posthume). Refusant avec hauteur de se plier au goût du public, *il considère l'art comme une religion* et compose patiemment ses recueils. La perfection de sa poésie fait de lui la « chef de file » de la nouvelle génération : c'est autour de lui que se rassemblent les jeunes qui formeront le groupe du PARNASSE (cf. p. 418). Dans son modeste salon, la plupart des grands poètes de la fin du siècle viennent recevoir l'initiation ou la consécration.

Pour assurer son existence, LECONTE DE LISLE traduit les chefs-d'œuvre de la littérature grecque (notamment l'*Iliade* et l'*Odyssée*), et doit se résigner à accepter une pension, sans rien aliéner de sa liberté. En 1870, sa joie de voir rétablir la République est troublée par l'horreur que lui inspirent les excès de la Commune et les attaques dont il est l'objet pour avoir figuré sur la liste des pensions impériales. Pourtant, le poète se réhabilite aux yeux des républicains en publiant des œuvres de propagande démocratique, et il est nommé bibliothécaire du Sénat (1873). A son tour l'Académie l'accueille en 1886 pour succéder à HUGO qui l'avait toujours soutenu lors de ses candidatures antérieures. Avant de mourir, en 1894, LECONTE DE LISLE assiste au triomphe du symbolisme qu'il a vainement combattu ; mais son œuvre, si elle a peu de chances d'être jamais populaire, rallie les suffrages de ceux qui restent fidèles au rêve parnassien.

Leconte de Lisle et la poésie Avant 1848, LECONTE DE LISLE chante ses aspirations politiques et sociales (cf. p. 407, *Niobé*) ; mais après l'échec de la révolution, le poète déçu renonce aux effusions lyriques pour réaliser l'*union de la science et de l'art.*

I. L'IMPERSONNALITÉ. Dès la préface des *Poèmes Antiques* (1852), il sonne le glas du lyrisme romantique : « *Le thème personnel et ses variations trop répétées ont épuisé l'attention* ». Sa réserve hautaine répugne aux confidences trop directes : « *Il y a dans l'aveu public des angoisses du cœur et de ses voluptés non moins amères une vanité et une profanation gratuites* ». Dans le sonnet des *Montreurs* (1862) qui est comme une réplique à MUSSET (cf. p. 215), il refuse de livrer à la « plèbe carnassière » son « cœur ensanglanté » :

> Je ne te vendrai pas mon ivresse ou mon mal,
> Je ne livrerai pas ma vie à tes huées,
> Je ne danserai pas sur ton tréteau banal
> Avec tes histrions et tes prostituées.

Cette *impersonnalité* n'est pas *l'impassibilité.* Certes LECONTE DE LISLE ne fait pas étalage de ses émotions et c'est la discrétion même de ses rares confidences qui les rend si poignantes *(Nox, Le Manchy, L'Illusion Suprême)*. Pourtant beaucoup de ses poèmes nous laissent deviner ses *sentiments profonds :* nostalgie du pays natal, amertumes du citoyen ou de l'amant trahi, inquiétude métaphysique, culte de la beauté. La *philosophie pessimiste* qui émane de ses recueils constitue le message de ce poète que l'on prétend impassible (cf. p. 411, 413, 414, 418).

2. L'UNION DE L'ART ET DE LA SCIENCE. Renonçant au lyrisme, la poésie ne saurait non plus s'épanouir dans une *épopée moderne :* nous sommes une « *génération savante* » inaccessible aux enthousiasmes que suscitait autrefois le poète épique. La poésie n'a donc d'autre ressource que de *revenir vers le passé*, et de rentrer ainsi « dans la voie intelligente de l'époque », celle de la science et de la philosophie *positiviste :* « Le génie et la tâche de ce siècle sont de retrouver et de réunir les titres de famille de l'intelligence humaine ». Il ne s'agit plus d'évoquer le passé par les prestiges de l'imagination et de la couleur locale, comme aux beaux temps du romantisme, mais de faire revivre à l'aide de la *documentation* la plus récente « les idées et les faits, la vie intime et la vie extérieure, tout ce qui constitue la raison d'être, de croire, de penser, d'agir, des races anciennes ». Ainsi « *l'art et la science, longtemps séparés par suite des efforts divergents de l'intelligence, doivent tendre à s'unir étroitement, si ce n'est à se confondre* » (cf. Flaubert, p. 457).

Ce programme était ambitieux sans doute, et l'on a reproché à LECONTE DE LISLE de prendre des libertés avec l'exactitude historique : c'est lui reprocher d'être *artiste*, et c'est mal poser le problème. En fait ses poèmes grecs ou hindous, ses légendes scandinaves supportent une analyse approfondie : aucun autre poète n'offre une résurrection du passé conciliant à ce point la puissance évocatrice et la solidité de l'information. La tentative de vivifier l'art en faisant appel à la science a permis des réussites éclatantes.

3. LE CULTE DE LA BEAUTÉ. Hostile aux débordements du lyrisme romantique et aux défaillances formelles qui en sont souvent la rançon, LECONTE DE LISLE assigne à l'art la mission la plus haute : *réaliser la Beauté.* Dans la Préface des *Poèmes Antiques*, il insiste sur la nécessité d'assainir la langue poétique en lui donnant « des formes plus nettes et plus précises ». Son culte de l'Art rappelle celui de GAUTIER (cf. p. 263), avec une intransigeance qui relève du « fanatisme ». C'est ainsi que dans un article du *Nain Jaune* (1864), il proclame que l'art est un « luxe intellectuel », réservé à une élite, indépendant de la vérité, de l'utilité et de la morale, et n'ayant qu'un seul objet : le Beau. Cette *mystique de la Beauté* qui fait de l'art la fin suprême de l'activité intellectuelle deviendra l'aspiration commune des jeunes poètes Parnassiens (cf. p. 418). LECONTE DE LISLE, leur maître

incontesté, leur prodigua les conseils de langue et de prosodie pour atteindre à « une facture parfaite sans laquelle il n'y a rien ».

Il s'est lui-même imposé les contraintes d'un *art difficile et probe*. Conscient des faiblesses dues à l'improvisation, il s'astreignait à une documentation minutieuse, contrôlait lucidement son inspiration, et remaniait ses vers jusqu'à ce qu'il eût le sentiment d'une *exécution parfaite*. La nature même de son génie contribue à cette *impression de plénitude*. Doué d'une mémoire visuelle extrêmement fidèle, Leconte de Lisle a comme faculté maîtresse l'aptitude à reproduire les formes, les lignes, les couleurs : c'est un art de *peintre* ou même de *sculpteur*, aux contours fermes et nets.

Les quelques poèmes que nous citons donneront une idée de sa *perfection formelle :* pureté de la langue, sûreté de la versification, science des sonorités et du rythme. Cette beauté régulière, harmonieuse et calme mais d'une gravité un peu austère, a la splendeur des statues de marbre qui symbolisent son rêve de beauté.

POÈMES ANTIQUES

Dans l'édition de 1852, les *Poèmes Antiques* réunissaient 31 pièces, dont certaines déjà publiées dans *La Phalange ;* l'édition de 1874 en contient 54.

Poèmes grecs   Admirateur de CHÉNIER, et considérant que depuis l'antiquité « la décadence et la barbarie ont envahi l'esprit humain », LECONTE DE LISLE a placé la majeure partie des *Poèmes Antiques* sous le signe de la beauté grecque.

I. LES MYTHES HÉROÏQUES. Les premiers poèmes publiés dans *La Phalange* (1845-1847) retraçaient les mythes grecs de l'époque héroïque ; c'étaient aussi des *symboles* qui traduisaient les tristesses et les aspirations de l'auteur. Pour respecter l'idéal d'*impersonnalité* formulé dans la Préface (cf. p. 406), LECONTE DE LISLE les a profondément remaniés. Ainsi *Hélène*, qui symbolisait d'abord la fatalité de l'amour, devient l'histoire dramatique et lyrique de la guerre de Troie ; *Khirôn*, qui reprenait le thème romantique du poète conduisant l'humanité vers le progrès, devient une revue des légendes et des croyances de la Grèce primitive. C'est *Niobé* qui offre l'exemple le plus remarquable de ces remaniements.

NIOBÉ   Dans cette œuvre inspirée d'Homère et d'Hésiode, *l'union de la science et de l'art* se traduit par une poésie érudite, surchargée de noms grecs et d'allusions aux antiques légendes ; mais la Grèce primitive est évoquée avec une magnificence qui enchante l'imagination.

A Thèbes, au cours d'un festin donné par le roi AMPHION, *l'aède chante la victoire de Zeus sur les Titans. Soudain* NIOBÉ *se dresse et lui impose silence : elle est fille de Tantale, ce Titan à qui Zeus inflige un supplice éternel. Aux dieux usurpateurs elle oppose les anciens dieux, les Titans : elle exalte l'héroïsme de* PROMÉTHÉE, *qui a été puni pour avoir voulu libérer les hommes, mais qui aura un jour sa revanche.*

Fière de ses sept fils et de ses sept filles, NIOBÉ *défie Apollon et Artémis, enfants de Létô et de Zeus. Alors, dans une scène tumultueuse, on voit apparaître* APOLLON *et* ARTÉMIS *dont les flèches transpercent tour à tour les quatorze enfants de Niobé. Elle assiste à ce massacre, « immobile et muette », refusant de s'humilier.*

Selon la légende, Niobé fut changée en rocher. Mais, transfigurée par l'art, ne vit-elle pas encore dans la statue qu'on admire au musée de Florence, toute de noblesse et de fierté douloureuse ? Il semble au poète que ces grands yeux, « vides comme la nuit », poursuivent un rêve : celui de ses fils sans cesse renaissants et qui peut-être un jour triompheront des Dieux :

> Oh ! qui soulèvera le fardeau de tes jours ?
> Niobé, Niobé ! Souffriras-tu toujours ?

C'est sur cette interrogation que se termine *Niobé* dans les *Poèmes Antiques*. La fin primitive de ce poème, inspirée par les doctrines *positivistes*, annonçait le temps où l'humanité affranchie n'honorerait plus que les hommes de génie :

> O mère, ton supplice un jour devra finir.
> Un grand jour brillera dans notre nuit amère...
> Attends ! et ce jour-là tu renaîtras, ô mère !
> Dans ta blancheur divine et ta sérénité ;
> Tu briseras le marbre et l'immobilité ;
> Ton cœur fera bondir ta poitrine féconde ;
> Ton palais couvrira la surface du monde,
> Et tes enfants, frappés par les dieux rejetés,
> Tes enfants, ces martyrs des cultes détestés,
> Seuls dieux toujours vivants que l'amour multiplie,
> Guérissant des humains l'inquiète folie,
> Chanteront ton orgueil sublime et ta beauté.
> O fille de Tantale, ô mère Humanité !

Dans les *Poèmes Antiques*, par la suppression de cet épilogue humanitaire, *Niobé* perdait l'essentiel de sa portée philosophique : désormais cette *œuvre impersonnelle* se présentait comme un hymne à la beauté sculpturale, une prestigieuse reconstitution de la Grèce primitive, une tentative scientifique pour exprimer le polythéisme grec.

II. L'IDYLLE ANTIQUE. Après 1848, déçu par l'échec de la révolution, LECONTE DE LISLE glisse vers l'Art pour l'Art et se résigne à n'être que *poète antique*. Plutôt qu'une véritable résurrection du passé, il nous présente la Grèce de ses rêves, terre d'harmonie où la vie est douce et riante, dans une nature verdoyante et amie de l'homme *(Kybèle, Pan, Klytie, Les Bucoliastes, Thestylis, Kléarista)*. Parfois cependant il s'inspire plus directement des anciens ; les poèmes fidèlement imités de THÉOCRITE comptent parmi ses chefs-d'œuvre : *Le Vase, Les Plaintes du Cyclope, L'enfance d'Héraklès, La mort de Penthée, Héraklès au Taureau.*

L'ENFANCE D'HÉRAKLÈS

LECONTE DE LISLE s'inspire de l'*Idylle XXIV* de THÉOCRITE, mais n'en a retenu que l'épisode le plus dramatique, celui qui se prêtait aux effets *pittoresques* et *plastiques* qui caractérisent l'art parnassien. Avec un sens très juste de la différence des civilisations, il se garde de suivre la tradition qui donnait aux dieux grecs le nom des divinités latines correspondantes. On retrouve ici la manière de CHÉNIER (cf. *Hercule sur l'Œta*), avec plus de fermeté dans la description et plus de variété expressive dans la versification.

Au début du poème (v. 1-20), LECONTE DE LISLE nous présente un tableau plein de grâce familière : ALKMÈNE, *mère d'*HÉRAKLÈS *et d'*IPHIKLÈS *couche ses deux enfants* « en un creux bouclier à la bordure haute » *et, les caressant* « d'une légère main », *elle demande à la Nuit bienveillante et aux Heures divines de bercer leur sommeil. Puis, c'est le silence de la nuit...*

Les Dieux dormaient, rêvant l'odeur des sacrifices ;
Mais, veillant seule, Héra [1], féconde en artifices,
Suscita deux dragons écaillés, deux serpents
Horribles, aux replis azurés et rampants,
Qui devaient étouffer, messagers de sa haine,
Dans son berceau guerrier l'Enfant de la Thébaine [2].

— 1 Par jalousie, Héra (nom grec de Junon) veut faire périr les enfants de sa rivale Alkmène aimée de Zeus (Jupiter). — 2 Alkmène est l'épouse du chef thébain Amphitryon (cf. Molière, *Amphitryon : XVIIᵉ Siècle*, p. 182). —

Ils franchissent le seuil et son double pilier,
Et dardent leur œil glauque au fond du bouclier.
Iphiklès, en sursaut, à l'aspect des deux bêtes,
30   De la langue qui siffle et des dents toutes prêtes,
Tremble, et son jeune cœur se glace, et, pâlissant,
Dans sa terreur soudaine il jette un cri perçant,
Se débat, et veut fuir le danger qui le presse [3] ;
Mais Héraklès, debout, dans ses langes se dresse,
S'attache aux deux serpents, rive à leurs cous visqueux
Ses doigts divins, et fait, en jouant avec eux,
Leurs globes [4] élargis sous l'étreinte subite
Jaillir [5] comme une braise au-delà de l'orbite.
Ils fouettent en vain l'air, musculeux et gonflés ;
40   L'enfant sacré les tient, les secoue étranglés [6],
Et rit en les voyant, pleins de rage et de bave [7],
Se tordre tout autour [8] du bouclier concave.
Puis il les jette morts le long des marbres blancs,
Et croise pour dormir ses petits bras sanglants [9].

Dors, Justicier futur [10], dompteur des anciens crimes,
Dans l'attente et l'orgueil de tes faits magnanimes ;
Toi que les pins d'Oita [11] verront, bûcher sacré,
La chair vive, et l'esprit par l'angoisse épuré,
Laisser, pour être un Dieu [12], sur la cime enflammée
Ta cendre et ta massue et la peau de Némée [13] !

(*Poèmes Antiques*, A. Lemerre, édit.).

– *Comment le poète a-t-il opposé l'attitude des deux frères (détails précis, versification) ? Quels contrastes établit-il pour évoquer la lutte entre Héraklès et les serpents ?*
– *Comment le poète parvient-il à nous présenter Héraklès sous ses deux aspects : l'enfant, le héros ?*
– *L'art parnassien. a) Relevez les termes et les procédés qui donnent au récit son caractère pittoresque ; – b) Quels sont les vers qui ont une valeur plastique ? – c) Relevez les détails qui évoquent particulièrement la Grèce antique.*
– *Comment l'inspiration s'élargit-elle aux v. 45-50 ? Comparez-la à la fin primitive de Niobé, p. 408.*
– **Commentaire composé** : « *Les Dieux... sanglants* ». *Caractères de l'art parnassien d'après cet épisode.*
• **Comparaison.** Hellénisme. La peinture d'un épisode héroïque. XVIIIᵉ SIÈCLE, CHENIER, p. 373.

---

3 Étudier les coupes et le rythme des v. 29-33 : quel est l'effet obtenu ? — 4 Montrer la valeur évocatrice de ce terme. — 5 Comprendre : *fait... jaillir.* — 6 Cf. v. 43 : « *il les jette morts* ». Expliquer l'effet obtenu par cette construction. — 7 Étudier les sonorités. — 8 Allitération expressive. — 9 Préciser le rôle de ce dernier terme. — 10 Héraklès combattra les monstres (cf. les *douze travaux*), puis débarrassera les hommes de tyrans injustes. — 11 Ou Œta, montagne de Thessalie où Héraklès éleva son bûcher, pour mettre fin aux souffrances que lui infligeait la tunique du centaure Nessus. — 12 Dans *La robe du Centaure*, Leconte de Lisle interprète symboliquement la mort d'Héraklès. La tunique de Nessus, ce sont les « désirs que rien ne dompte » qui torturent les hommes de génie et préparent leur apothéose : « *Vous consumez un homme et vous faites un Dieu!* » — 13 Du *lion* de Némée.

III. HYMNES A LA BEAUTÉ. Pour Leconte de Lisle, l'Hellade est par excellence le pays de la beauté. A son *idéal parnassien* correspond la beauté sereine des chefs-d'œuvre de la plastique grecque, la statue de *Niobé* ou la *Vénus de Milo :*

> Du bonheur impassible ô symbole adorable,
> Calme comme la Mer en sa sérénité,
> Nul sanglot n'a brisé ton sein inaltérable,
> Jamais les pleurs humains n'ont terni ta beauté.

Le *paganisme antique* satisfait même, plus que tout autre culte, son aspiration à la beauté. Volontairement, au début et à la fin de ces poèmes grecs, il dresse le personnage d'*Hypatie*, philosophe d'Alexandrie qui périt victime des chrétiens pour être restée fidèle aux anciens dieux (370-415). Cette femme symbolise la sagesse paisible et l'harmonieuse pureté de la pensée grecque, et le poète déplore que ces valeurs aient été supplantées par le christianisme : avec elles se serait perdu le goût de la beauté matérielle éternisée par les marbres de Paros.

> Dors, ô blanche victime, en notre âme profonde,
> Dans ton linceul de vierge et ceinte de lotos ;
> Dors ! l'impure laideur est la reine du monde
> Et nous avons perdu le chemin de Paros.

Poèmes hindous   En tête du recueil définitif des *Poèmes Antiques*, Leconte de Lisle a groupé sept « poèmes hindous ». Cette inspiration occupe une place de choix dans son *art* et sa *pensée*. Elle répond à l'idée du *renouvellement de la poésie* par les données de la *science*. C'est surtout à partir de 1840 que, sous l'impulsion de Burnouf, les Orientalistes font connaître les religions de l'Inde. Recourant à cette source de poésie originale, Leconte de Lisle y voit l'occasion de décrire une *nature exotique* et d'évoquer des *légendes étranges*. Il respecte généralement l'esprit des poèmes de l'Inde ; il tente même de dégager la signification des mythes et la réalité historique qu'ils recouvrent. Mais, procédant avant tout en poète, il puise librement dans ces œuvres vastes et touffues, ordonne, clarifie, combine des éléments disparates et en ajoute d'autres, jaillis de son imagination.

Cet ensemble, d'un abord parfois difficile, mérite pourtant l'attention, car il offre de grandes beautés. On peut y distinguer des poèmes lyriques : *Sûryâ* (hymne au soleil, source de vie), *Prière védique pour les morts ;* des poèmes épiques : *L'arc de Civa* (qui résume en trente stances la première partie de l'immense *Ramayana*), *Çunacépa* (épopée et poème d'amour) ; et surtout des poèmes philosophiques : *Bhagavat, La Vision de Brahma, La mort de Valmiki.*

BHAGAVAT. Ce long poème dialogué tire son titre d'un des noms du dieu Vichnou : le *Bienheureux.* Au terme d'une écrasante journée de soleil, trois Brahmanes « ensevelis vivants dans leurs songes austères » se laissent aller à gémir sur leurs malheurs : ils représentent *la souffrance humaine.*

> Une plainte est au fond de la rumeur des nuits,
> Lamentation large et souffrance inconnue
> Qui monte de la terre et roule dans la nue ;
> Soupir du globe errant dans l'éternel chemin,
> Mais effacé toujours par le soupir humain...
> Cri de l'âme, sanglot du cœur supplicié,
> Qui t'entend sans gémir d'amour et de pitié ?

Mais, sur les conseils de Ganga, la déesse du Gange, ils gravissent le mont Kaîlaça « Où siège Bhagavat sur un trône d'ivoire », et la contemplation béatifique du dieu leur rend *la paix intérieure :* « Ils s'unirent tous trois à l'Essence première... » Tel est le remède à la misère humaine : se détacher de ce monde qui n'est qu'illusion, pour remonter à l'Essence des choses.

LA VISION DE BRAHMA. Le dieu Brahma, « le chef des créatures », est admis à contempler le dieu suprême Bhagavat, que le poète évoque en une magnifique description panthéiste (cf. p. 192). Interprète de l'angoisse humaine comme Jésus dans *Le Mont des Oliviers* (cf. p. 133), il questionne Bhagavat sur *le problème du mal :*

> D'où vient que, remplissant la terre de sanglots,
> Tu souffres, ô mon maître, au sein de l'âme humaine ?

Et Bhagavat lui révèle le mot de l'énigme. En fait, c'est l'Illusion, la divine Maya, qui donne au monde ses formes diverses, « esprit et corps, ciel pur, monts et flots orageux » : *rien de tout cela n'existe en réalité*, pas plus que les joies ou les souffrances qui ne sont que des rêves :

> Rien n'est vrai que l'unique et morne Éternité :
> O Brahma ! toute chose est le rêve d'un rêve.

Cette *philosophie de l'Illusion*, où la seule réalité est le Néant divin, c'est celle des ascètes, perdus dans la contemplation jusqu'à mourir au monde extérieur. La mort de Valmiki nous présente l'auteur du *Ramayana* qui, son œuvre terminée, s'absorbe totalement dans son rêve : « L'esprit ne sent plus rien des sens ni de soi-même ». C'est alors que des millions de fourmis montent à l'assaut de son corps et né laissent du poète immortel qu'un « roide squelette ».

Dans ces poèmes hindous, le décor, les croyances créent un effet de *dépaysement* intense. Pourtant l'art de Leconte de Lisle consiste à placer au cœur de ces poésies les émotions et *les problèmes qui hantent l'humanité*, et à faire discrètement de ces Hindous les interprètes de *sa propre inquiétude*. La philosophie de l'Illusion est loin d'être pour lui une simple curiosité exotique : source de paix intérieure, certitude du retour au Néant qui est l'unique réalité, elle sera le grand *remède aux misères humaines* (cf. p. 412, v. 25-32).

MIDI

Les *Poèmes Antiques* se terminent par une douzaine de *Poésies diverses :* les plus remarquables, *Juin, Midi, Nox,* sont inspirées par le sentiment de la nature. On étudiera dans *Midi* la précision évocatrice de cette poésie qui fait une si grande place aux paysages dominés par le soleil (cf. p. 417). La Nature telle que la voit Leconte de Lisle n'est pas accueillante comme celle des romantiques, mais elle garde sa *majesté*, son *mystère*, et s'accorde avec la *philosophie sereine* qui s'exprime dans ses *poèmes hindous.*

Midi, Roi des étés, épandu sur la plaine,
Tombe en nappes d'argent [1] des hauteurs du ciel bleu.
Tout se tait [2]. L'air flamboie et brûle sans haleine ;
La Terre est assoupie en sa robe de feu.

L'étendue est immense, et les champs n'ont point d'ombre,
Et la source est tarie où buvaient les troupeaux [3] ;
La lointaine [4] forêt, dont la lisière est sombre,
Dort là-bas, immobile, en un pesant repos [5].

— 1 Expliquer l'image et les impressions qu'elle suggère. — 2 Comment le poète souligne-t-il l'idée ? — 3 Expliquer cette construction : est-ce une maladresse ? — 4 Pourquoi cette précision ? — 5 Étudier l'effet obtenu par le rythme et l'allitération.

Seuls, les grands blés mûris, tels qu'une mer dorée [6],
10 Se déroulent au loin, dédaigneux du sommeil ;
Pacifiques enfants de la Terre sacrée [7],
Ils épuisent sans peur la coupe du Soleil [8].

Parfois, comme un soupir [9] de leur âme brûlante,
Du sein des épis lourds qui murmurent entre eux,
Une ondulation majestueuse et lente
S'éveille, et va mourir à l'horizon poudreux [10].

Non loin, quelques bœufs blancs, couchés parmi les herbes,
Bavent avec lenteur sur leurs fanons épais,
Et suivent de leurs yeux languissants et superbes
20 Le songe intérieur [11] qu'ils n'achèvent jamais.

Homme, si, le cœur plein de joie ou d'amertume,
Tu passais vers midi dans les champs radieux,
Fuis ! la Nature est vide [12] et le Soleil consume :
Rien n'est vivant ici [13], rien n'est triste ou joyeux.

Mais si, désabusé des larmes et du rire [14],
Altéré [15] de l'oubli de ce monde agité,
Tu veux, ne sachant plus pardonner ou maudire [16],
Goûter une suprême et morne [17] volupté,

Viens ! Le Soleil te parle en paroles sublimes ;
30 Dans sa flamme implacable absorbe-toi [18] sans fin ;
Et retourne à pas lents vers les cités infimes [19],
Le cœur trempé sept fois dans le Néant divin [20].

(*Poèmes Antiques*, A. Lemerre, édit.).

– *Quelles impressions dominantes retenez-vous après avoir lu le poème ? Comment sont-elles créées ?*
– *Strophes III et IV. Relevez et commentez les traits évoquant la vie dans cette nature.*
– *Strophes I à V. Étudiez les images ; à quelles intentions se rattachent-elles ?*
– *Expliquez :* « *la Nature est vide* » *(v. 23). Quel est selon l'auteur, le rapport entre la Nature et l'Homme ?*
– *A quoi reconnaissez-vous le pessimisme du poète ? Quel remède propose-t-il à nos agitations ? En quoi cette philosophie s'accorde-t-elle avec celle des poètes hindous, p. 410-411 ?*
– **Débat.** *Diriez-vous que ce poème est : a) impersonnel ; b) impassible ? Justifiez votre opinion.*
• **Comparaison.** « Midi ». Cf. le début du *Cimetière marin*, XXe SIÈCLE, p. 325 : ressemblances et différences.
• **Groupes thématiques :** a) **Nature indifférente.** p. 143 ; p. 117 ; p. 142 ; p. 163 ; p. 181. – XVIe SIÈCLE, p. 131. – XXe SIÈCLE, p. 148. – b) **Nature amie.** p. 34 ; p. 46 ; p. 96 ; p. 98 ; p. 138 ; p. 226. – XVIe SIÈCLE, p. 124 ; p. 126.

— 6 Étudier la reprise de cette image. Cf. v. 15-16. — 7 Préciser les *idées* suggérées par les deux adjectifs. — 8 Expliquer l'image et l'emploi qu'en fait le poète. — 9 S'agit-il de souffrance ? — 10 Étudier dans les v. 15 et 16 le rapport entre le rythme et l'idée. — 11 Quel peut être ce songe ? Cf. *Le Rêve du Jaguar* (v. 17-22). — 12 Cf. Vigny, p. 142. — 13 Opposer Musset, p. 227, v. 29-32. — 14 Tout, en effet, est Illusion (cf. p. 411, haut). — 15 Pré-

ciser le sens. — 16 Détaché des vanités terrestres, comme les ascètes hindous (cf. p. 410). — 17 Pourquoi *morne* ? — 18 S'agit-il seulement comme pour Lamartine de « se plonger » dans le sein de la nature ? (cf. p. 97, v. 49-52). Comparer aussi avec Rousseau (*XVIIIe Siècle*, p. 340-341). — 19 Expliquer l'épithète. — 20 Le Néant qui *seul* est Dieu, le monde n'étant que « *le rêve d'un rêve* » (cf. p. 411).

Dans *Nox*, LECONTE DE LISLE évoque le charme apaisant d'une nuit sereine et les « saintes rumeurs » de la nature, « *Entretien lent et doux de la Terre et du Ciel* » :

> O mers, ô bois songeurs, voix pieuses du monde,
> Vous m'avez répondu durant mes jours mauvais ;
> Vous avez apaisé ma tristesse inféconde,
> Et dans mon cœur aussi vous chantez à jamais !

Mais le sentiment profond du poète est bien celui de *l'indifférence de la nature*. Il l'exprimera sous une forme saisissante dans *La Fontaine aux Lianes (Poèmes Barbares)*, où nous voyons le cadavre d'un jeune désespéré qui repose au fond d'une fontaine limpide, entouré d'une nature luxuriante et heureuse :

> La Nature se rit des souffrances humaines ;
> Ne contemplant jamais que sa propre grandeur,
> Elle dispense à tous ses forces souveraines
> Et garde pour sa part le calme et la splendeur.

POÈMES BARBARES

Civilisations mortes, religions disparues

Après les *Poèmes Antiques*, consacrés surtout à la Grèce, les *Poèmes Barbares* (1862-1878) vont faire revivre les civilisations étrangères au monde gréco-romain, celles des peuples que les Grecs appelaient « barbares ».

1. CIVILISATIONS ET MYTHOLOGIES. C'est par leurs *mythologies* que nous connaissons le mieux ces peuples primitifs, leur histoire, leurs mœurs, leurs modes de pensée : dans cette sorte de *Légende des Siècles*, les religions occupent une place essentielle. LECONTE DE LISLE évoque l'antiquité biblique *(Qaïn, La Vigne de Naboth)*, l'Égypte *(Néférou Ra)*, l'antiquité homérique *(Ekhidna, Le Combat homérique)*, les peuples musulmans de la Perse et de l'Inde *(La Vérandah, Djihan-Arâ, Le Conseil du Fakir)*, l'Espagne médiévale *(La Tête du Comte, La Ximena)*, les peuplades du Pacifique *(La Genèse Polynésienne) ;* une place particulière est réservée aux pays nordiques ou celtiques, avec leurs cosmogonies étranges et leur rudesse « barbare » : *La Légende des Nornes, Le Barde de Temrah, L'Épée d'Agantyr, Le cœur de Hialmar* (cf. p. 414), *Les Larmes de l'Ours, Le Runoïa, La Mort de Sigurd, Le Jugement de Komor, Le Massacre de Mona*.

C'était un univers poétique à peu près nouveau que LECONTE DE LISLE trouvait dans les travaux de *la science contemporaine*. Il avait d'ailleurs le sentiment de s'associer au mouvement positiviste en recherchant dans le passé lointain les formes de la pensée primitive et en soulignant le rapport entre les croyances des peuples et les paysages, les climats qui les ont fait éclore. L'étude de ses sources révèle qu'il s'est documenté sérieusement ; mais comme dans les *Poèmes Antiques*, loin de se comporter en historien, il procède en amateur de vieilles légendes et en artiste : il n'hésite pas à altérer des textes ou à imaginer des détails nouveaux pour rendre ses récits plus passionnants et ses tableaux plus pittoresques. De toute façon la science de son temps elle-même serait aujourd'hui dépassée : si nous admirons encore ces poèmes c'est pour leur *caractère étrange* et leur *perfection formelle*.

2. LA MORT DES DIEUX. « Barbare », cette revue des civilisations l'est encore par la vision sinistre d'une humanité en proie à des *superstitions grossières* qui déchaînent à travers les siècles les fanatismes et les massacres. LECONTE DE LISLE manifeste une hostilité particulière pour le Catholicisme : il souligne, à la manière voltairienne, les ambitions des papes et les atrocités de l'Inquisition au Moyen Age (cf. *Poèmes Tragiques : Les Siècles maudits*). Pourtant, il parle de Jésus avec respect, car aux yeux des croyants et des incroyants le Christ incarne la compassion pour les misères humaines :

> Tu n'auras pas menti, tant que la race humaine
> Pleurera dans le temps et dans l'éternité. *(Le Nazaréen)*.

Mais en dépit de cette vénération, il se résigne à livrer à l'oubli cette grande figure, sans distinguer son culte des diverses conceptions religieuses « dont l'humanité a vécu, et qui *toutes ont été vraies à leur heure*, puisqu'elles étaient les formes idéales de ses rêves et de ses espérances ». C'est cette conception, froidement historique et positiviste, qui lui inspirera *La Paix des Dieux (Derniers Poèmes)*, où il évoque le « Charnier divin » :

> Là sont tous les Dieux morts, anciens songes de l'homme,
> Qu'il a conçus, créés, adorés et maudits...

Ainsi l'angoisse, métaphysique qui s'exprimait dans *Bhagavat* (cf. p. 410) se dissipe dans une *attitude négative*. En tête du recueil, LECONTE DE LISLE a placé le vaste ensemble de *Qaïn* (1869), le plus évocateur peut-être des *Poèmes Barbares*, qui symbolise sa révolte contre les Dieux. Les contradictions entre la puissance divine et la responsabilité humaine lui paraissent inacceptables pour la raison (cf. Vigny, p. 133). Il fait de Qaïn une *victime*, un malheureux devenu meurtrier de son frère bien-aimé Abel, parce que c'était la volonté du Dieu jaloux. Il lui prête cette *attitude de défi* qui était déjà celle de *Niobé* (cf. p. 407) : Qaïn se vengera en arrachant au joug de Iaveh (Jehova) la race des hommes libres.

LE CŒUR DE HIALMAR

Pour composer ce *Poème Barbare*, LECONTE DE LISLE s'inspire particulièrement du *Chant de mort de Hialmar* figurant dans les *Chants populaires du Nord* (1842) de Xavier Marmier. Dans ce chant, Hialmar confiait à un compagnon d'armes l'anneau d'or qu'il destinait à sa fiancée. Ici, c'est son propre cœur qu'il demande au Corbeau d'arracher de sa poitrine pour le porter à la fille d'Ylmer ; et loin de regretter la vie, le guerrier se réjouit d'aller au paradis des braves. Afin d'évoquer une *civilisation primitive*, le poète a voulu accuser le caractère *farouche* de cet épisode (cf. p. 63).

> Une nuit claire, un vent glacé. La neige est rouge.
> Mille braves sont là qui dorment sans tombeaux,
> L'épée au poing, les yeux hagards [1]. Pas un ne bouge.
> Au-dessus tourne et crie un vol de noirs corbeaux.
>
> La lune froide verse au loin sa pâle flamme [2].
> Hialmar se soulève [3] entre les morts sanglants,
> Appuyé des deux mains au tronçon de sa lame.
> La pourpre du combat ruisselle de ses flancs.
>
> — Holà ! Quelqu'un a-t-il encore un peu d'haleine [4],
> Parmi tant de joyeux et robustes garçons
> Qui, ce matin, riaient et chantaient à voix pleine
> Comme des merles dans l'épaisseur des buissons ?
>
> Tous sont muets. Mon casque est rompu, mon armure
> Est trouée, et la hache a fait sauter ses clous.
> Mes yeux saignent. J'entends un immense murmure
> Pareil aux hurlements de la mer [5] et des loups.

10

— 1 Montrer l'intérêt de chaque notation. — évocatrice du verbe (cf. v. 7). — 4 Expliquer
2 Cf. p. 130, v. 1-3. — 3 Préciser la valeur le sens. — 5 Étudier cette expression hardie. —

Viens par ici, Corbeau, mon brave mangeur d'hommes [6] !
Ouvre-moi la poitrine avec ton bec de fer.
Tu nous retrouveras demain tels que nous sommes [7].
20 Porte mon cœur tout chaud à la fille d'Ylmer.

Dans Upsal [8], où les Jarls [9] boivent la bonne bière,
Et chantent, en heurtant les cruches d'or, en chœur,
A tire-d'aile vole [10], ô rôdeur de bruyère !
Cherche ma fiancée et porte-lui mon cœur.

Au sommet de la tour que hantent les corneilles
Tu la verras debout [11], blanche, aux longs cheveux noirs.
Deux anneaux d'argent fin lui pendent aux oreilles,
Et ses yeux sont plus clairs que l'astre des beaux soirs.

Va, sombre messager, dis-lui bien que je l'aime,
30 Et que voici mon cœur. Elle reconnaîtra
Qu'il est rouge et solide et non tremblant et blême ;
Et la fille d'Ylmer, Corbeau, te sourira [12] !

Moi, je meurs. Mon esprit coule par vingt blessures.
J'ai fait mon temps. Buvez, ô loups, mon sang vermeil.
Jeune, brave, riant, libre et sans flétrissures,
Je vais m'asseoir parmi les Dieux, dans le soleil [13].

(*Poèmes Barbares*, A. Lemerre, édit.).

— *Étudiez la composition du récit et sa progression dramatique.*
— *Quel est le trait dominant du caractère d'Hialmar et des guerriers ? En quoi le décor est-il en harmonie avec ce caractère ?*
— *Définissez les scènes évoquées dans les strophes 5 et 6. Comment l'auteur a-t-il fait ressortir le contraste entre ces scènes et le reste du poème ? Quel est son but ?*
— *Quelle conception de l'amour se manifeste dans cet épisode ? Qu'en pensez-vous ?*
— *L'art. Relevez et commentez les passages les plus réussis par leur valeur picturale ou sculpturale.*
• **Comparaison.** Poèmes « barbares ». Cf. CHATEAUBRIAND, le « Bardit des Francs », p. 63.

Le rêve exotique   Lorsque, se détournant des Dieux, LECONTE DE LISLE
exprime sa foi dans un avenir de progrès, c'est le mirage
fouriériste qui reparaît encore ; mais, devant les laideurs du monde qui l'entoure, il se
réfugie volontiers dans *le rêve exotique*, les souvenirs du pays natal .

1. LA NATURE. Il a la nostalgie des *pays tropicaux*, avec leur végétation puissante
et prodigieusement variée, leurs forêts peuplées de félins et de reptiles (cf. p. 417). Par
goût des *couleurs éclatantes*, il décrit souvent la nature écrasée par les feux de midi (cf.

6 Expliquer cette saisissante alliance de mots. —
7 Comment interpréter cette indication ? —
8 Ville de Suède, aujourd'hui célèbre par son
Université. — 9 Nobles scandinaves, qui
correspondent à nos *comtes* (pron. : *Iarls*). —
10 Quel est l'effet produit par l'inversion ? —
11 Comment interpréter cette attitude ? —
12 Expliquer ce sourire, d'après les vers qui
précèdent. — 13 Préciser les croyances
« barbares » qui animent cette strophe. En
quoi le ton diffère-t-il de celui des premiers
vers ?

p. 411, 417) ; mais il aime aussi évoquer en contraste la fraîcheur reposante d'une gorge « pleine d'ombre » *(La Ravine Saint-Gilles, La Fontaine aux Lianes)* ou le calme d'un « lieu sauvage au rêve hospitalier » *(Le Bernica)*. Plus nuancée qu'on ne l'a prétendu quelquefois, sa palette joue avec les coloris les plus délicats *(L'Aurore, Un coucher de soleil, La chute des Étoiles, Effet de Lune)*. Enfin, l'union de la science et de l'art nous vaut ici encore des images originales : devant cette nature qui paraît éternelle, le poète se représente le monde dans les premiers temps, secoué par les éruptions volcaniques *(La Ravine Saint-Gilles, La Forêt Vierge) ;* ou encore, avant de décrire la splendeur des *Clairs de Lune*, il nous suggère une saisissante vision cosmique :

> Le spectre monstrueux d'un univers détruit,
> Jeté comme une épave à l'Océan du vide.

2. LES ANIMAUX. Grand paysagiste, Leconte de Lisle est aussi un remarquable animalier. Il a une prédilection pour *la faune sauvage :* lions, tigres, panthères et jaguars (cf. p. 417), éléphants, aigles et condors. Il a l'art de les situer dans leur cadre familier, environnés d'autres animaux des mêmes climats. Il lui suffit de *quelques traits bien choisis* pour suggérer leur forme, leur couleur, leur silhouette, leurs attitudes caractéristiques : le glissement sournois de *La Panthère noire*,

> Inquiète, les yeux aigus comme des flèches,
> Elle ondule, épiant l'ombre des rameaux lourds...

ou la démarche puissante des éléphants rugueux, « gercés comme une vieille écorce » *(La Forêt vierge)*.

Non content de saisir leur aspect extérieur, Leconte de Lisle s'efforce de pénétrer leurs instincts, leur *âme rudimentaire* (cf. p. 417), leur « rêve intérieur » : ainsi cette vision qui soutient les *Éléphants* dans leur marche persévérante à travers les déserts :

> Ils rêvent en marchant du pays délaissé,
> Des forêts de figuiers où s'abrita leur race.
> Ils reverront le fleuve échappé des grands monts,
> Où nage en mugissant l'hippopotame énorme...

Parfois, en accord avec les théories évolutionnistes, le poète leur prête des *aspirations obscures* qui sont peut-être le germe des sentiments humains. Le rêve des *Éléphants* est une forme de nostalgie. Les aboiements lugubres d'une troupe de chiens affamés, aperçus autrefois sur une plage aride du Cap, expriment une sorte d'angoisse métaphysique *(Les Hurleurs)* :

> Devant la lune errante aux livides clartés,
> Quelle angoisse inconnue, au bord des noires ondes,
> Faisait pleurer une âme en vos formes immondes ?
> Pourquoi gémissiez-vous, spectres épouvantés ?

Leconte de Lisle n'abuse pas de ces rapprochements : il ne nous trace pas, comme Buffon, le « portrait moral » du lion ou du tigre. Mais, pour un poète resté *lyrique* en dépit de sa volonté d'être impersonnel, il était tentant de faire de ces animaux des *symboles*. Ainsi, dans *Le Sommeil du Condor*, le « vaste Oiseau » assiste à la montée progressive de la nuit, déferlant vers les cimes des Andes ; puis « il s'enlève » brusquement, cherchant un isolement aristocratique qui nous rappelle celui du poète :

> Dans un cri rauque, il monte où n'atteint pas le vent,
> Et loin du globe noir, loin de l'astre vivant,
> Il dort, dans l'air glacé, les ailes toutes grandes.

LE RÊVE DU JAGUAR

Sous une forme très ramassée, *Le Rêve du Jaguar* nous offre les éléments essentiels de la *poésie exotique* chez LECONTE DE LISLE : une *nature tropicale* avec le contraste du soleil accablant et de l'ombre bienfaisante ; la *faune* caractéristique des pays chauds. Le vocabulaire, le rythme, les allitérations et les sons, toutes les ressources poétiques sont mises en œuvre pour nous présenter un *félin redoutable* et ses instincts à demi conscients : l'art du *peintre animalier* touche ici à la perfection.

Sous les noirs acajous, les lianes en fleur,
Dans l'air lourd, immobile et saturé de mouches [1],
Pendent, et, s'enroulant en bas parmi les souches,
Bercent le perroquet splendide et querelleur,
L'araignée au dos jaune et les singes farouches [2].
C'est là que le tueur de bœufs et de chevaux [3],
Le long des vieux troncs morts à l'écorce moussue,
Sinistre et fatigué, revient à pas égaux.
Il va, frottant ses reins musculeux qu'il bossue ;
10 Et, du mufle béant par la soif alourdi,
Un souffle rauque et bref, d'une brusque secousse,
Trouble les grands lézards, chauds des feux de midi,
Dont la fuite étincelle à travers l'herbe rousse.
En un creux du bois sombre interdit au soleil
Il s'affaisse, allongé sur quelque roche plate ;
D'un large coup de langue il se lustre la patte ;
Il cligne ses yeux d'or hébétés de sommeil ;
Et, dans l'illusion de ses forces inertes,
Faisant mouvoir sa queue et frissonner ses flancs,
20 Il rêve qu'au milieu des plantations vertes,
Il enfonce d'un bond ses ongles ruisselants [4]
Dans la chair des taureaux effarés et beuglants [5].

(Poèmes Barbares, A. Lemerre, éditeur).

— Le décor. a) *Relevez et classez les éléments qui créent l'atmosphère exotique ; – b) Précisez le rôle du décor dans le poème ; – c) Étudiez dans les v. 1-5 la qualité évocatrice de la phrase.*
— Le jaguar. a) *Relevez les détails pittoresques évoquant la démarche et les mœurs du félin ; – b) Lesquels ont une valeur plastique ? – c) Quels instincts se manifestent dans le rêve ?*
— *Étudiez les effets de rythme et la valeur évocatrice des allitérations.*
— *Commentaire composé. L'art du peintre animalier.*
— *Essai. L'exotisme grec et « barbare » dans les poèmes de* LECONTE DE LISLE *et de* HEREDIA.
● **Groupe thématique : L'âme animale.** p. 130 ; p. 417. — XVIIᵉ SIÈCLE, p. 250 et *Fables.* — XVIIIᵉ SIÈCLE, p. 251. — XXᵉ SIÈCLE, p. 519 ; p. 528.

— 1 Montrer que ces notations *diverses* concourent à une même impression. — 2 Les épithètes des v. 4 et 5 sont-elles *descriptives* ? A quoi tient leur valeur *évocatrice* ? — 3 Justifier le choix de la périphrase. — 4 Étudier comment procède le poète pour suggérer la brusque détente du félin. — 5 Dans *Le Jaguar*, nous assistons à la course éperdue du bœuf qui « emporte au hasard son fauve cavalier ». Ici l'intention est différente : préciser.

La Faim, telle est aux yeux du *poète pessimiste* la loi universelle : la nature ne peut entretenir la vie que par des massacres *(Poèmes Tragiques : Sacra fames)* :

> La faim sacrée est un long meurtre légitime,
> Des profondeurs de l'ombre aux cieux resplendissants,
> Et l'homme et le requin, égorgeur ou victime,
> Devant ta face, ô Mort, sont tous deux innocents.

LECONTE DE LISLE n'a que mépris pour ses contemporains avides de richesses :

> « Hommes tueurs de Dieux, les temps ne sont pas loin,
> Où, sur un grand tas d'or vautrés dans quelque coin...
> Vous mourrez bêtement en emplissant vos poches » *(Aux Modernes)*.

A la fin des *Poèmes Barbares*, avec une sorte de complaisance, il évoque le moment où la « voix sinistre des vivants » se taira, lorsque le globe heurtant un autre univers

> « Ira fertiliser de ses restes immondes
> Les sillons de l'espace où fermentent les mondes » *(Solvet Saeclum)*.

LES PARNASSIENS

C'est entre 1860 et 1866 que se constitue le groupe des *poètes parnassiens*. Réagissant contre le romantisme sentimental et confidentiel symbolisé par Musset, ils entourent de leur respect Th. GAUTIER, devenu le champion de l'art pour l'art (cf. p. 263) et reconnaissent pour maître LECONTE DE LISLE. Le mouvement est d'abord lié au sort de revues éphémères : la *Revue fantaisiste* (1861) de Catulle Mendès et la *Revue du Progrès* (1863-1864) de Xavier de Ricard. De la fusion de ces deux revues naît le journal hebdomadaire *L'Art* (1865-1866) dont l'esthétique est essentiellement celle que Leconte de Lisle venait de définir dans le *Nain Jaune* (1864, cf. p. 406). Faute de pouvoir assurer la publication régulière de *L'Art*, ces jeunes poètes éditent chez Alphonse Lemerre un « recueil de vers nouveaux » qu'ils intitulent, en souvenir de la montagne des Muses, *Le Parnasse Contemporain* (1866). Il contient entre autres des poèmes de Gautier, Banville, Leconte de Lisle, Baudelaire, Heredia, Ménard, Coppée, Catulle Mendès, Léon Dierx, Sully Prudhomme, Verlaine et Mallarmé. Un deuxième *Parnasse Contemporain* (1871) accueille des noms nouveaux : V. de Laprade, Glatigny, Anatole France, Mérat, Valade, Plessis, Ch. Cros. Le troisième *Parnasse Contemporain* (1876) n'est plus qu'une anthologie de la production poétique de l'année, sans la moindre unité de doctrine.

En fait, les Parnassiens n'ont jamais constitué une école. C'est plutôt un *groupe* caractérisé par des tendances communes, dont la première est *le culte de la perfection formelle*. Ils ont protesté contre l'accusation d'être « impassibles », soutenant au contraire que leur poésie sereine, équilibrée, aux lignes pures et sculpturales était plus que toute autre apte à éterniser les grandes émotions et les fortes pensées philosophiques.

Banville

Théodore de BANVILLE (1823-1891) appartient à la seconde génération de l'Art pour l'Art, celle qui, avec LECONTE DE LISLE, assure la transition entre Théophile Gautier et les jeunes Parnassiens. Dès ses premiers recueils, *Les Cariatides* (1842) et *Les Stalactites* (1846) il s'inspire de l'art grec et montre son goût pour les œuvres courtes et minutieusement ciselées. Doué d'une grande facilité, il attache plus de prix à la *virtuosité de la forme* qu'à l'originalité de l'inspiration et compare l'œuvre poétique à un exercice d'acrobatie, à un tour de force verbal (*Odes Funambulesques*, 1857). Son talent souple et varié se joue dans les genres à forme fixe inspirés du Moyen Age : *Ballades joyeuses à la manière de Villon* (1873), *Rondels à la manière de Charles d'Orléans* (1875). Dans son *Petit Traité de Versification française* (1872) il résume avec intransigeance les règles du métier poétique remises en honneur par les Parnassiens ; mais il pousse l'outrance jusqu'à ne voir dans la poésie qu'un jeu de rimes riches, car « la rime est tout le vers » (Opposer Verlaine, p. 510).

Sculpteur, cherche avec soin...

Tirée des *Stalactites* (1846), cette pièce annonce déjà l'idéal qui sera vingt ans plus tard celui du Parnasse. Tout en écartant les grands sujets mythologiques, le poète les évoque d'un trait en une série de *scènes pittoresques* et *animées*. Mais il leur préfère les *lignes calmes et pures* d'un bas-relief semblable à la procession des jeunes Athéniennes, dans la frise des Panathénées qui ornait le Parthénon. Cette prédilection pour une *œuvre sculpturale*, taillée dans un « marbre sans défaut », qui annonce *L'Art* (cf. p. 270) de Th. Gautier, est exprimée sous une forme elle-même « impeccable ».

Sculpteur, cherche avec soin, en attendant l'extase [1],
Un marbre sans défaut pour en faire un beau vase ;
Cherche longtemps sa forme et n'y retrace pas
D'amours mystérieux ni de divins combats.
Pas d'Héraklès vainqueur du monstre de Némée,
Ni de Cypris [2] naissant sur la mer embaumée ;
Pas de Titans [3] vaincus dans leurs rebellions,
Ni de riant Bacchos [4] attelant les lions
Avec un frein tressé de pampres et de vignes ;
Pas de Léda jouant dans la troupe des cygnes
Sous l'ombre des lauriers en fleurs, ni d'Artémis [5]
Surprise au sein des eaux dans sa blancheur de lys.
Qu'autour du vase pur, trop beau pour la Bacchante [6],
La verveine mêlée à des feuilles d'acanthe
Fleurisse, et que plus bas des vierges lentement
S'avancent deux à deux, d'un pas sûr et charmant,
Les bras pendant le long de leurs tuniques droites
Et les cheveux tressés sur leurs têtes étroites.

(Fasquelle, édit.).

Heredia

Descendant des conquistadores espagnols, José-Maria de HEREDIA est né à Cuba en 1842. Après avoir fait ses études à Paris, il passe par l'École des Chartes et va consacrer toute sa vie à la littérature. Il devient l'ami et le disciple le plus fidèle de LECONTE DE LISLE, publie ses sonnets dans les trois volumes du *Parnasse Contemporain* et dans diverses Revues, et les rassemble en 1893 dans *Les Trophées*. Entré à l'Académie en 1894, nommé conservateur de la Bibliothèque de l'Arsenal en 1901, Heredia meurt en 1905.

LES TROPHÉES. Comme des *trophées* destinés à perpétuer les souvenirs glorieux, ces 118 sonnets évoquent les civilisations passées, les pays lointains, les paysages de Bretagne. On a voulu, à tort, en faire une « Légende des Siècles en miniature ». Le poète distingue des groupes intitulés *La Grèce et la Sicile*, *Rome et les Barbares*, *Le Moyen Age et la Renaissance ;* mais il ne cherche pas à donner une vue d'ensemble de l'évolution humaine, encore moins à suggérer une philosophie de l'histoire. En réalité HEREDIA est un *érudit* et un *amateur d'art :* de ses lectures, de ses impressions personnelles il retient les *images* qui l'ont séduit par leur pittoresque, par leur charme artistique, et il fait revivre le passé dans une galerie de *petits tableaux* ou de *miniatures* finement enluminées. Cet art scrupuleux et probe est considéré comme le modèle de *l'objectivité parnassienne*. Heredia lui-même a déclaré : « Le poète est d'autant plus vraiment et largement humain qu'il est plus impersonnel ». Pourtant, même dans ses évocations du passé nous devinons l'âme ardente de l'auteur, sa sensibilité devant la nature (cf. p. 420, 423), sa mélancolie devant la mort, l'amour de la gloire qui l'enflamme au souvenir de ses ancêtres (cf. p. 422), sa nostalgie du pays natal *(Brise marine)*.

— 1 L'inspiration. — 2 Nom grec de Vénus, née de l'écume de la mer. — 3 Cf. *XVIᵉ Siècle*, p. 122. — 4 Bacchus, dieu de la vigne, souvent représenté sur un char attelé de lions et de tigres. — 5 Nom grec de Diane : le chasseur Actéon l'avait surprise au bain. — 6 Prêtresse de Bacchus.

L'ART DU SONNET. Plus que le choix des sujets ou des thèmes, c'est la *maîtrise technique* qui fait l'originalité de HEREDIA. Il a porté à sa perfection l'art du sonnet. Dans un cadre étroit et rigoureux, il évoque les légendes grecques (cf. p. 420), les grandes scènes historiques (cf. p. 421), l'âme d'un peuple ou d'un paysage (cf. p. 423), le « rêve héroïque et brutal » des Conquérants (cf. p. 422). Cette densité, ce relief sont dus à la sûreté de son érudition, au choix des tableaux, à la précision des détails : termes rares et justes, riches de couleur locale ; teintes vives et tranchées ; verbes de mouvement qui accusent la netteté du dessin. Tous les moyens concourent à la *puissance évocatrice du sonnet :* la composition, la science subtile du rythme, des rimes, des coupes, des rejets, des allitérations, de l'harmonie verbale ; et surtout le choix du *dernier vers* destiné à frapper l'imagination, à élargir le tableau, à nous lancer vers l'infini du rêve.

STYMPHALE

Dans la première partie du recueil, *La Grèce et la Sicile*, HEREDIA consacre quelques grands ensembles aux légendes mythologiques : *Hercule et les Centaures, Artémis et les Nymphes, Persée et Andromède*. Voici l'un des six sonnets du groupe *Hercule et les Centaures*. En quelques vers, le poète retrace l'un des douze travaux : scène animée, toute en contrastes, où nous admirons la force tranquille du héros justicier et dompteur de monstres (cf. p. 408). Mais le poète parnassien fait aussi figure de *savant :* il a lu la *Mythologie de la Grèce Antique* (1879) de Paul Decharme et, très habilement, à travers le récit pittoresque, il nous suggère l'interprétation symbolique qui fait de cette légende un *mythe solaire.*

Et partout devant lui, par milliers, les oiseaux [1],
De la berge fangeuse où le Héros dévale [2],
S'envolèrent, ainsi qu'une brusque rafale,
Sur le lugubre [3] lac dont clapotaient les eaux.

D'autres, d'un vol plus bas croisant leurs noirs réseaux,
Frôlaient le front baisé par les lèvres d'Omphale [4],
Quand, ajustant au nerf [5] la flèche triomphale,
L'Archer superbe fit un pas dans les roseaux.

Et dès lors, du nuage effarouché qu'il crible,
Avec des cris stridents plut une pluie horrible [6]
Que l'éclair [7] meurtrier rayait de traits de feu.

Enfin, le Soleil vit, à travers ces nuées
Où son arc avait fait d'éclatantes trouées,
Hercule tout sanglant sourire au grand ciel bleu.

(*Les Trophées*, A. Lemerre, éditeur).

– *Étudiez : a) la composition du récit ; – b) la relation entre la succession des scènes et la structure du sonnet.*
– **Le mythe.** *a)Précisez le cadre ; – b) Quels sont les éléments pittoresques de la scène de chasse ? – c) Quels sont les traits essentiels de la personnalité du héros ?*
– **Le symbole.** *Relevez les détails (en particulier les images) qui justifient les interprétations qui font d'Héraklès : a) un dieu solaire chassant les nuées d'orages ; – b) un dieu libérateur de l'humanité.*
– **Versification.** *Étudiez : a) les effets de rythme ; – b) la valeur expressive des allitérations.*
● **Groupe thématique : Mythologie.** p. 290 ; p. 408. – XVIᵉ SIÈCLE, p. 123. – XVIIIᵉ SIÈCLE, p. 371-374.
– *Commentaire composé. Mythe et évocation pittoresque ; diverses interprétations symboliques.*

— 1 Ce sont des sortes de Harpyes qui se nourrissent de chair humaine. — 2 Expliquer ce présent (cf. v. 9). — 3 Var. : *sinistre.* — 4 Reine de Lydie, aimée d'Hercule qui, oubliant ses travaux, s'attardait auprès d'elle à filer de la laine. — 5 La *corde* de l'arc. — 6 Le sang des oiseaux percés de flèches. — 7 Les flèches, promptes comme l'éclair.

SOIR DE BATAILLE

Dans la deuxième partie, *Rome et les Barbares*, parmi de nombreuses pièces d'inspiration bucolique, se détachent deux ensembles célèbres consacrés à Hannibal *(La Trebbia, Après Cannes)* et à Antoine et Cléopatre *(Le Cydnus, Soir de Bataille, Antoine et Cléopâtre)*. Au soir d'une bataille remportée par Marc-Antoine sur les Parthes, le sonnet qu'on va lire dresse comme sur un socle l'image du général vainqueur. Tout en retraçant cet épisode de la carrière d'Antoine, le poète réveille en nous le souvenir de maints *textes classiques* où Rome est en lutte contre les Barbares.

Le choc avait été très rude [1]. Les tribuns [2]
Et les centurions, ralliant les cohortes [3],
Humaient encor, dans l'air où vibraient leurs voix fortes,
La chaleur du carnage et ses âcres parfums.

D'un œil morne, comptant leurs compagnons défunts,
Les soldats regardaient, comme des feuilles mortes,
Tourbillonner au loin les archers de Phraortes [4] ;
Et la sueur coulait de leurs visages bruns.

C'est alors qu'apparut, tout hérissé de flèches [5],
Rouge du flux vermeil de ses blessures fraîches,
Sous la pourpre flottante [6] et l'airain rutilant [7],

Au fracas des buccins [8] qui sonnaient leur fanfare,
Superbe, maîtrisant son cheval qui s'effare,
Sur le ciel enflammé, l'Imperator [9] sanglant !

(Les Trophées, A. Lemerre, éditeur).

Le sonnet qui suit, *Antoine et Cléopâtre*, nous montre le général romain invinciblement séduit par la reine d'Égypte, mais pressentant déjà la défaite navale d'Actium :

Et sur elle courbé, l'ardent Imperator
Vit dans ses larges yeux étoilés de points d'or
Toute une mer immense où fuyaient des galères.

– *Étudiez la* composition *du tableau ; à quelle intention artistique obéit-elle ?*
– Quatrains. *Relevez les détails : a) qui évoquent un soir de bataille ; – b) qui situent la scène dans l'antiquité romaine ; – c) qui précisent l'état physique et moral des soldats.*
– Tercets. *A quoi tient le contraste avec les quatrains (ton, couleur, impression générale) ?*
• **Groupe thématique : Après la bataille.** XXᵉ siècle. Jules Romains, p. 438-439. – Barbusse, p. 495.
– *Essai. La technique du sonnet et son utilisation littéraire : a) dans les extraits de Heredia ; – b) dans les extraits de Baudelaire. Points communs et différences.*

— 1 Étudier cet effet de rythme. — 2 Officiers supérieurs au nombre de six pour une légion de six mille hommes. — 3 La *cohorte* comprend six *centuries* (groupe de *cent* fantassins) commandées chacune par un centurion. — 4 Nom d'une dynastie de rois Mèdes, que le poète assimile à Phraates, roi des Parthes. Les *cavaliers* parthes étaient des *archers* redoutables. — 5 Interpréter ce détail. — 6 Le manteau de pourpre, insigne du commandement suprême. — 7 La cuirasse d'airain rougeâtre. — 8 Trompettes militaires. — 9 Titre romain du général en chef.

LES CONQUÉRANTS

A la fin de la troisième partie, *Le Moyen Age et la Renaissance*, HEREDIA consacre huit sonnets aux Conquistadores, qu'il chante par ailleurs dans un ensemble épique intitulé *Les Conquérants de l'Or*. C'est que le poète garde avec ferveur le souvenir du pays natal et la mémoire de son ancêtre, don Pedro de Heredia, compagnon de Cortez et fondateur de Carthagène des Indes. Sans retracer une expédition particulière, c'est tout l'esprit d'une époque et d'un pays qu'il ressuscite, tous les appétits, tous les rêves des CONQUÉRANTS. Ce sonnet est peut-être le plus parfait du recueil : si la netteté, la précision martelée de *l'art parnassien* évoquent à merveille l'élan brutal des aventuriers, cet art sait aussi s'assouplir pour traduire les langueurs de l'âme devant le mystère.

Comme un vol de gerfauts [1] hors du charnier [2] natal,
Fatigués de porter leurs misères hautaines [3],
De Palos de Moguer [4], routiers [5] et capitaines
Partaient, ivres d'un rêve héroïque et brutal.

Ils allaient conquérir le fabuleux [6] métal
Que Cipango [7] mûrit [8] dans ses mines lointaines,
Et les vents alizés [9] inclinaient leurs antennes [10]
Aux [11] bords mystérieux du monde occidental.

Chaque soir, espérant [12] des lendemains épiques,
L'azur phosphorescent de la mer des Tropiques
Enchantait [13] leur sommeil d'un mirage doré [14] ;

Ou, penchés à l'avant [15] des blanches caravelles [16],
Ils regardaient monter en un ciel ignoré [17]
Du fond de l'Océan des étoiles nouvelles [18].

(Les Trophées, A. Lemerre, éditeur).

– *En indiquant la composition, étudiez la progression dramatique vers le rêve et le mystère.*
– *Relevez les détails qui évoquent : a) l'Espagne ; – b) le XVᵉ ou le XVIᵉ SIÈCLE.*
– *Analysez le caractère et les aspirations des conquérants ; commentez : « rêve héroïque et brutal ».*
– *Par quels traits HEREDIA a-t-il créé un climat épique et merveilleux ?*
– *Étudiez le contraste entre le premier quatrain et les tercets (termes, images, rimes, allitérations). En quoi le second quatrain assure-t-il la transition entre ces deux tons ?*
● **Comparaison.** Thème opposé. Cf. XVIᵉ SIÈCLE. DU BELLAY. « Heureux qui comme Ulysse », p. 113.
– *Commentaire composé. De l'ivresse initiale à l'extase devant le mystère ; le symbole.*

— 1 Grands faucons utilisés au moyen âge pour la chasse. Étudier la *justesse* de la comparaison. — 2 L'aire où ces oiseaux apportent leurs proies. — 3 A quel personnage de *Ruy Blas* appliquerait-on cette expression ? (cf. p. 241). — 4 C'est à Palos, avant-port de Moguer en Andalousie, que Christophe Colomb s'embarqua en 1492. — 5 Soldats aventuriers et pillards. Quelle impression produit l'omission des articles ? Quel est l'effet du rejet au v. 4 ? — 6 Objet de récits légendaires, comme le *Livre des Merveilles* de Marco Polo. — 7 Nom que Colomb donnait au Japon, but de son expédition (en chinois : Zippan-Khou). — 8 Selon les alchimistes, les métaux étaient une même substance plus ou moins mûrie dans la terre : l'or représentait l'état de maturité parfaite. — 9 Vents réguliers d'Est en Ouest, dans la zone tropicale. Étudier les sonorités expressives et montrer la valeur évocatrice du verbe *inclinaient*. — 10 Vergues qui soutenaient les voiles. — 11 Vers les. — 12 A quel mot renvoie ce participe ? Construction libre, selon l'usage classique. — 13 Sens classique. — 14 Expliquer le passage de la *vision* au *mirage*. — 15 Qu'indique cette attitude ? — 16 Bâtiments portugais à grandes voiles blanches triangulaires. — 17 Étudier l'effet produit par l'enjambement. — 18 Cinglant vers l'hémisphère austral, ils découvrent de nouvelles constellations, comme la Croix du Sud. Comment interprètent-ils ce prodige ?

SOLEIL COUCHANT

Après *L'Orient et les Tropiques*, groupe consacré surtout à l'Égypte *(La Vision de Khem)*, au Japon *(Le Samouraï, Le Daïmio)* et à de splendides paysages *(Fleurs de Feu, Le Récif de Corail)*, HEREDIA rassemble dans une cinquième partie, *La Nature et le Rêve*, des poèmes inspirés par la Bretagne. En comparant ce sonnet à ceux qui précèdent, on appréciera la *souplesse* d'un art qui renonce à être érudit ou éclatant pour se faire *intime*, *discret* : comme à mi-voix, le poète note les impressions apaisantes qui le pénètrent dans la magie du soleil couchant.

Les ajoncs éclatants [1], parure du granit,
Dorent l'âpre sommet que le couchant allume ;
Au loin, brillante encor par sa barre d'écume,
La mer sans fin commence où la terre finit [2].

A mes pieds c'est la nuit, le silence. Le nid [3]
Se tait, l'homme est rentré sous le chaume qui fume ;
Seul, l'Angélus du soir, ébranlé dans la brume [4],
A la vaste rumeur de l'Océan s'unit.

Alors, comme du fond d'un abîme, des traînes [5],
Des landes, des ravins, montent des voix lointaines
De pâtres attardés ramenant le bétail.

L'horizon tout entier s'enveloppe dans l'ombre,
Et le soleil mourant, sur un ciel riche et sombre,
Ferme les branches d'or de son rouge éventail [6].

(Les Trophées, A. Lemerre, éditeur).

— *Indiquez la composition et précisez pour chaque partie les impressions dominantes.*
— *La description. a) Recherchez les termes précis et concrets ; – b) Relevez les mots qui éveillent des sensations colorées et ceux qui soulignent les contrastes entre l'ombre et la lumière ; – c) Par quels moyens le poète évoque-t-il le silence, l'intimité, le calme du crépuscule ?*
— *Étudiez les effets produits par les coupes (v. 5-10) et par les vers larges et amples (où sont-ils placés ?)*
— *Comment le poète suggère-t-il la douceur mélancolique du soir et la tombée progressive de la nuit ?*
• **Comparaison.** Relevez les détails qui s'appliquent particulièrement à la Bretagne et comparez ce tableau de la Bretagne à celui de MICHELET, p. 367 : ressemblances et différences.
— *Commentaire composé.* Art de suggérer l'apaisement progressif ; magie du couchant.
• **Groupe thématique : Crépuscule et scènes nocturnes.** Comparer les évocations de CHATEAUBRIAND (p. 46-47 ; p. 53 et 56), de LAMARTINE (p. 103), de VIGNY (p. 138, str. 2 et 3), de HUGO (p. 170 et 188), de HEREDIA (ci-dessus), de BAUDELAIRE (p. 449), de FLAUBERT (p. 472), des GONCOURT (p. 482). Tenter de les classer par affinités, tout en soulignant l'originalité de chaque écrivain : a) dans l'art de la description et de la suggestion ; – b) dans le rapport établi entre l'évocation et les intentions de l'auteur.

— 1 Préciser leur couleur d'après le v. 2. — 2 Quelle est l'impression créée par ce contraste ? — 3 Montrer la valeur expressive du terme. — 4 Cf. p. 442, v. 1-4. — 5 Lisières des forêts ou chemins creux. — 6 Cf. p. 52, § 2 ; p. 103, v. 8 ; p. 449, v. 12.

Sully Prudhomme SULLY PRUDHOMME (1839-1907) est parnassien par le culte de la forme et le goût de la science, mais ses œuvres sont loin d'être impersonnelles : pour des générations il fut le poète du *Vase brisé*.

I. LA POÉSIE INTÉRIEURE. Dans ses premiers recueils, *Stances et Poèmes* (1865), *Les Épreuves* (1866), *Les Solitudes* (1869), *Les Vaines Tendresses* (1875), il se distingue des autres Parnassiens par sa sensibilité, son goût de l'analyse intérieure, son besoin de nous confier les « affections obscures et ténues de l'âme » ; c'est un cœur noble, épris d'idéal, qui se plaît à exalter le devoir, la vertu, la patrie.

2. LA POÉSIE PHILOSOPHIQUE. Doté d'une solide culture scientifique (il avait été ingénieur au Creusot), SULLY PRUDHOMME a rêvé d'*unir la poésie et la science*, et, dans cette voie, d'aller plus loin que Leconte de Lisle qui goûtait médiocrement « les hymnes et les odes inspirées par la vapeur et la télégraphie électrique ». Il traduit en vers le Livre I du *Poème de la Nature* de Lucrèce (1878), et entreprend de « faire entrer dans le domaine de la poésie les merveilleuses conquêtes de la science et les hautes synthèses de la spéculation moderne ». Ses grands ensembles philosophiques et métaphysiques, *La Justice* (1878) et *Le Bonheur* (1888), très admirés à l'époque par les milieux intellectuels, n'échappent pas aux écueils de la poésie didactique : prosaïsme, gaucherie, périphrases, obscurités. En dépit de quelques formules heureuses ils sont difficilement lisibles.

LE CYGNE

Ce poème célèbre est un des plus représentatifs de *l'esthétique parnassienne*, par le sujet lui-même, la précision évocatrice de la description, la perfection du style et de la versification. On sentira mieux *l'impersonnalité* de cet art si l'on compare ce poème au *Cygne* de BAUDELAIRE (cf. p. 447) et à celui de MALLARMÉ (cf. p. 536).

Sans bruit, sous le miroir des lacs profonds et calmes,
Le cygne chasse l'onde avec ses larges palmes,
Et glisse. Le duvet de ses flancs est pareil
A des neiges d'avril qui croulent au soleil ;
Mais, ferme et d'un blanc mat, vibrant sous le zéphire,
Sa grande aile l'entraîne ainsi qu'un lent navire.
Il dresse son beau col au-dessus des roseaux,
Le plonge, le promène allongé sur les eaux,
Le courbe gracieux comme un profil d'acanthe [1],
10 Et cache son bec noir dans sa gorge éclatante.
Tantôt le long des pins, séjour d'ombre et de paix,
Il serpente, et, laissant les herbages épais
Traîner derrière lui comme une chevelure,
Il va d'une tardive et languissante allure.
La grotte où le poète écoute ce qu'il sent [2],
Et la source qui pleure un éternel absent [3],
Lui plaisent ; il y rôde ; une feuille de saule
En silence tombée effleure son épaule.

— 1 La feuille d'acanthe qui orne les chapiteaux corinthiens présente de gracieuses ondulations. — 2 Expliquer l'idée. Que penser de l'expression ? — 3 On songe à quelque légende mythologique.

Tantôt il pousse au large, et, loin du bois obscur,
20 Superbe, gouvernant du côté de l'azur,
Il choisit, pour fêter sa blancheur qu'il admire,
La place éblouissante où le soleil se mire.
Puis, quand les bords de l'eau ne se distinguent plus,
A l'heure où toute forme est un spectre confus,
Où l'horizon brunit rayé d'un long trait rouge,
Alors que pas un jonc, pas un glaïeul ne bouge,
Que les rainettes [4] font dans l'air serein leur bruit,
Et que la luciole [5] au clair de lune luit,
L'oiseau, dans le lac sombre où sous lui se reflète
30 La splendeur d'une nuit lactée et violette,
Comme un vase d'argent parmi les diamants,
Dort, la tête sous l'aile, entre deux firmaments.

(*Les Solitudes*, A. Lemerre, édit.).

– *Étudiez la composition du poème ; précisez les idées et les sentiments qui assurent son unité.*
– La description. *a) Le cygne : relevez les traits qui évoquent avec précision sa forme, sa couleur, sa silhouette, ses mouvements ; – b) Le cadre : distinguez les éléments qui mettent en valeur le cygne, ceux qui nous révèlent sa « psychologie », ceux qui créent des « images de beauté ».*
– **Essai.** *D'après ce poème comment définiriez-vous la perfection parnassienne (images, comparaisons, versification) ?*
• **Groupe thématique.** Comparaison avec Baudelaire « Le Cygne », p. 447, et Mallarmé, p. 536.

Les yeux

L'impersonnalité parnassienne ne représente qu'une étape provisoire dans la poésie de Sully Prudhomme. Il avait besoin d'exprimer, avec une finesse qui tend parfois à la préciosité, toutes les nuances d'une *sensibilité délicate*. La beauté des yeux qui se ferment, l'éclat des étoiles : de ce *rapprochement symbolique* le poète, dont le cœur ne peut se résigner au néant, tire la croyance en *l'immortalité de l'âme* et en l'existence d'une vie future.

Bleus ou noirs, tous aimés, tous beaux,
Des yeux sans nombre ont vu l'aurore ;
Ils dorment au fond des tombeaux
Et le soleil se lève encore.

Les nuits plus douces que les jours
Ont enchanté des yeux sans nombre ;
Les étoiles brillent toujours
Et les yeux se sont remplis d'ombre.

Et comme les astres penchants
Nous quittent, mais au ciel demeurent,
Les prunelles ont leurs couchants,
Mais il n'est pas vrai qu'elles meurent :

Oh ! qu'ils aient perdu le regard,
10 Non, non, cela n'est pas possible !
Ils se sont tournés quelque part
Vers ce qu'on nomme l'invisible ;

Bleus ou noirs, tous aimés, tous beaux,
Ouverts à quelque immense aurore,
De l'autre côté des tombeaux
Les yeux qu'on ferme voient encore. 20

(*La Vie intérieure*, A. Lemerre, édit.).

— 4 Petites grenouilles vertes. — 5 Insecte ailé qui brille comme le ver luisant.

La Voie lactée

La poésie de SULLY PRUDHOMME est teintée d'une secrète *mélancolie*. Cette âme était trop noble, trop délicate pour n'être pas blessée par les réalités de la vie : les déceptions amoureuses, les deuils, la réserve qui lui était naturelle lui ont fait éprouver de bonne heure la *solitude* de l'homme devant les autres hommes et devant Dieu. Dans *La Voie Lactée*, l'imagination émue de l'artiste et ses connaissances astronomiques se rencontrent pour renouveler par un touchant *symbole* le thème romantique de la solitude morale.

Aux étoiles j'ai dit un soir :
« Vous ne paraissez pas heureuses ;
Vos lueurs, dans l'infini noir,
Ont des tendresses douloureuses ;

Et je crois voir au firmament
Un deuil blanc mené par des vierges
Qui portent d'innombrables cierges
Et se suivent languissamment.

Êtes-vous toujours en prière ?
10 Êtes-vous des astres blessés ?
Car ce sont des pleurs de lumière,
Non des rayons, que vous versez.

Vous, les étoiles, les aïeules
Des créatures et des dieux,
Vous avez des pleurs dans les yeux... »
Elles m'ont dit : « Nous sommes seules...

Chacune de nous est très loin
Des sœurs dont tu la crois voisine ;
Sa clarté caressante et fine
Dans sa patrie est sans témoin ;   20

Et l'intime ardeur de ses flammes
Expire aux cieux indifférents. »
Je leur ai dit : « Je vous comprends !
Car vous ressemblez à des âmes :

Ainsi que vous, chacune luit
Loin des sœurs qui semblent près d'elle.
Et la solitaire immortelle
Brûle en silence dans la nuit. »

(*Les Solitudes*, A. Lemerre, éditeur).

Le Zénith

Les grands ensembles philosophiques de SULLY PRUDHOMME sont aujourd'hui tombés dans l'oubli. Pourtant *Le Zénith* (*Parnasse Contemporain*, 1876), lié à des circonstances dramatiques, continue à retenir l'attention. En avril 1875, trois aéronautes, Sivel, Crocé-Spinelli et Tissandier, partis de Paris à bord du ballon *Le Zénith* pour se livrer à des observations scientifiques, montèrent jusqu'à 8.600 m. et atterrirent quelques heures plus tard dans l'Indre : seul Tissandier était survivant. Pour SULLY PRUDHOMME cet exploit devient le *symbole du dévouement à la science* et l'ascension du *Zénith* représente l'épopée du « genre humain qui monte ». Dans un élan spiritualiste, faisant écho à VIGNY (cf. p. 147), le philosophe affirme l'immortalité du savant et du poète toujours vivants par leurs œuvres et par leur exemple.

Sully Prudhomme fait le récit de l'ascension, d'abord pleine de charmes, jusqu'au moment où un dialogue tragique s'élève entre la chair accablée d'angoisse et l'esprit avide d'infini :

     « *O maître, quel tourment ta volonté m'inflige!*
     Je succombe. — Plus haut! — Pitié! — Plus haut! te dis-je. »

Et l'ascension se poursuit ; mais les héroïques navigateurs tombent inanimés...

Un seul s'est réveillé de ce funèbre somme,
Les deux autres... ô vous, qu'un plus digne vous nomme,
Qu'un plus proche de vous dise qui vous étiez !
Moi, je salue en vous le genre humain qui monte,
Indomptable vaincu des cimes qu'il affronte,
Roi d'un astre, et pourtant jaloux [1] des cieux entiers !

—————————
— 1 Avide de posséder.

L'espérance a volé sur vos sublimes traces,
Enfants perdus, lancés en éclaireurs des races
Dans l'air supérieur, à nos songes trop cher,
10 Vous de qui la poitrine obstinément fidèle,
Défiant l'inconnu d'un immense coup d'aile,
Brava jusqu'à la mort l'irrespirable éther !

Mais quelle mort ! la chair, misérable martyre,
Retourne par son poids où la cendre l'attire :
Vos corps sont revenus demander des linceuls ;
Vous les avez jetés, dernier lest, à la terre,
Et, laissant retomber le voile du mystère [2],
Vous avez achevé l'ascension tout seuls [3] !

Pensée, amour, vouloir, tout ce qu'on nomme l'âme,
20 Toute la part de vous que l'infini réclame,
Plane encor sans figure, anéanti ? non pas !
Tel un vol de ramiers que son pays rappelle
Part, s'enfonce et s'efface en la plaine éternelle,
Mais n'y devient néant que pour les yeux d'en bas.

Mourir où les regards d'âge en âge s'élèvent,
Où tendent tous les fronts qui pensent et qui rêvent !
Où se règlent les temps [4] graver son souvenir !
Fonder au ciel sa gloire, et dans le grain qu'on sème
Sur terre propager le plus pur de soi-même,
30 C'est peut-être expirer, mais ce n'est pas finir [5] :

Non ! de sa vie à tous léguer l'œuvre et l'exemple,
C'est la revivre en eux plus profonde et plus ample,
C'est durer dans l'espèce en tout temps, en tout lieu,
C'est finir d'exister dans l'air où l'heure sonne
Sous le fantôme étroit qui borne la personne,
Mais pour commencer d'être à la façon d'un dieu !

L'éternité du sage est dans les lois qu'il trouve ;
Le délice éternel que le poète éprouve,
C'est un soir de durée au cœur des amoureux !
40 Car l'immortalité, l'âme de ceux qu'on aime,
C'est l'essence du bien, du beau, du vrai, Dieu même,
Et ceux-là seuls sont morts qui n'ont rien laissé d'eux [6].

(A. Lemerre, éditeur).

François Coppée

Né à Paris, employé au ministère de la Guerre, puis bibliothécaire du Sénat et archiviste de la Comédie Française, FRANÇOIS COPPÉE (1842-1908) a d'abord publié un recueil d'inspiration purement parnassienne *(Le Reliquaire*, 1866*)*. Mais ses goûts allaient à la peinture *familière* et *réaliste* de la vie de Paris et des petites gens : *Les Intimités* (1868), *La Grève des Forgerons* (1869), *Les Humbles* (1872), *Promenades et Intérieurs* (1872). Des sujets les plus prosaïques il a su tirer une poésie pittoresque, attendrie ou humoristique (cf. p. 428).

— 2 Le mystère céleste. — 3 Étudier le caractère sublime de l'interprétation. — 4 Ce sont les astres qui mesurent le temps. — 5 Expliquer cette distinction. — 6 Souvenir de la philosophie platonicienne : après la mort, l'âme contemple les Idées éternelles du Vrai, du Beau, du Bien. Mais comment Sully Prudhomme conçoit-il cette immortalité des hommes de génie ?

Promenades et Intérieurs

Extraits des *Promenades et Intérieurs*, ces quelques dizains donnent une image assez complète de la manière de FRANÇOIS COPPÉE. Les deux premiers nous offrent, après un paysage d'hiver dans la pure tradition parnassienne (I), les notations d'une sensibilité délicate mais un peu facile qui avaient assuré la popularité de l'auteur (II). Mais la veine personnelle de COPPÉE, c'est celle du « pâle enfant du vieux Paris », du poète des *Intimités* et des *Humbles* qui se plaît à décrire avec un *réalisme poétique* les scènes des faubourgs et de la banlieue (III) ; cette Muse familière nous rappellerait celle de Sainte-Beuve (cf. p. 286) si elle n'était relevée par quelque pointe d'humour (IV).

L'allée est droite et longue, et sur le ciel d'hiver
Se dressent hardiment les grands arbres de fer,
Vieux ormes dépouillés dont le sommet se touche.
Tout au bout, le soleil, large et rouge, se couche.
A l'horizon il va plonger dans un moment.
Pas un oiseau. Parfois un lointain craquement
Dans les taillis déserts de la forêt muette ;
Et là-bas, cheminant, la noire silhouette,
Sur le globe empourpré qui fond comme un lingot,
D'une vieille à bâton, ployant sous son fagot.

Le soir, au coin du feu, j'ai pensé bien des fois
A la mort d'un oiseau, quelque part, dans les bois.
Pendant les tristes jours de l'hiver monotone,
Les pauvres nids déserts, les nids qu'on abandonne,
Se balancent au vent sous un ciel gris de fer.
Oh ! comme les oiseaux doivent mourir l'hiver !
Pourtant, lorsque viendra le temps des violettes,
Nous ne trouverons pas leurs délicats squelettes
Dans le gazon d'avril, où nous irons courir.
Est-ce que les oiseaux se cachent pour mourir ?

C'est vrai, j'aime Paris d'une amitié malsaine ;
J'ai partout le regret des vieux bords de la Seine.
Devant la vaste mer, devant les pics neigeux,
Je rêve d'un faubourg plein d'enfance et de jeux,
D'un coteau tout pelé d'où ma Muse s'applique
A noter les tons fins d'un ciel mélancolique,
D'un bout de Bièvre, avec quelques champs oubliés,
Où l'on tend une corde aux troncs des peupliers
Pour y faire sécher la toile et la flanelle,
Ou d'un coin pour pêcher dans l'île de Grenelle.

Comme le champ de foire est désert, la baraque
N'est pas ouverte, et sur son perchoir le macaque
Cligne ses yeux méchants et grignote une noix
Entre la grosse caisse et le chapeau chinois ;
Et deux bons paysans sont là, bouche béante,
Devant la toile peinte où l'on voit la géante,
Telle qu'elle a paru devant les Cours,
Soulevant décemment ses jupons un peu courts
Pour qu'on ne puisse pas supposer qu'elle triche,
Et montrant son mollet à l'empereur d'Autriche.

(A. Lemerre, éditeur).

BAUDELAIRE

Né à Paris en 1821, Charles BAUDELAIRE était le fils d'un aimable sexagénaire disciple des philosophes et amateur de peinture. Sa mère, veuve en 1827, se remarie l'année suivante avec le commandant Aupick, futur général, ambassadeur et sénateur sous l'Empire. Révolté par ce mariage, l'enfant, qui ne s'entend pas avec son beau-père, est mis en pension à Lyon, puis au Lycée Louis-le-Grand. C'est un élève cynique, singulier, qui éprouve de « lourdes mélancolies », un « *sentiment de destinée éternellement solitaire* ».

Bohème
et dandysme

Pendant trois ans (1839-1841), BAUDELAIRE mène au quartier latin la vie dissipée de *la Bohème littéraire*.

I. LA BOHÈME. Il y retrouve Louis Ménard, fréquente Leconte de Lisle et Pierre Dupont, se lie avec Le Vavasseur, chef de « l'École Normande ». Il lit beaucoup, devient ultra-romantique et disciple de GAUTIER ; il se passionne aussi pour J. DE MAISTRE à qui l'on rattache certains aspects « catholiques » de son inspiration.

2. LE VOYAGE. Pour l'arracher à cette vie « scandaleuse », sa famille l'embarque à Bordeaux sur un voilier en partance pour les Indes (1841). Pris de nostalgie, BAUDELAIRE n'ira pas plus loin que l'île Bourbon et sera de retour au bout de dix mois. Sur le bateau il s'isole orgueilleusement, indifférent à tout ce qui n'est pas littérature. En réalité ce voyage enrichit sa sensibilité, l'éveille à la poésie de la mer, du soleil, de l'exotisme.

3. LE DANDYSME. Dès son retour, BAUDELAIRE exige sa part de l'héritage paternel et se lance dans l'existence dorée de la bohème riche. Il habite le somptueux hôtel Pimodan ; il est vêtu avec recherche : mais, selon son idéal du dandysme, cette élégance matérielle n'est « qu'un symbole de la supériorité aristocratique de son esprit ». Il se lie avec la mulâtresse Jeanne DUVAL, la *Vénus Noire* (cf. p. 436), qu'en dépit d'amours orageuses il gardera comme compagne presque jusqu'à sa mort. C'est la période heureuse de son existence, où il écrit déjà certains poèmes des *Fleurs du Mal*. Mais sa prodigalité menace déjà son patrimoine. Sa famille lui impose un *conseil judiciaire* qui le limite à une rente mensuelle de deux cents francs (1844) : désormais il vivra misérablement.

L'activité littéraire

Baudelaire se consacre d'abord à la *critique d'art :* il va s'imposer comme un des maîtres du genre, avec le *Salon de* 1845, le *Salon de* 1846, *l'Exposition Universelle de* 1855 et le *Salon de* 1859.

La politique l'accapare quelque temps au moment de la Révolution de 1848 : on le trouve dans la rue, les mains noires de poudre ; il fonde un journal, publie des articles violents. Mais cette ardeur s'évanouit et il revient vite à la littérature.

Depuis 1846-1847 il a découvert l'œuvre de l'Américain EDGAR POE en qui il salue un esprit frère du sien, mystérieusement accordé avec son génie et son destin. Il entreprend avec ferveur de traduire ses *Contes*, dont la publication se poursuivra jusqu'en 1855. De temps à autre pourtant, quelques poèmes de BAUDELAIRE trouvent place dans diverses Revues et de 1852 à 1855, son activité de poète se trouve stimulée par l'adoration quasi-mystique qu'il voue à Mme SABATIER (cf. p. 436-440). Le recueil des *Fleurs du Mal*, mûri depuis tant d'années, paraît enfin en 1857. Baudelaire est aussitôt *condamné en correctionnelle* pour immoralité. Il s'empresse de remplacer les six poèmes incriminés et publie une Seconde Édition, enrichie de 35 pièces nouvelles (1861).

Mais, miné par la maladie, abusant de l'opium et du haschich, il est contraint de produire avec une activité fiévreuse de quoi alléger les dettes qui l'écrasent. Du moins son génie éclate-t-il dans la lucidité avec laquelle il signale à l'attention l'écrivain Th. de Quincey (*Les Paradis Artificiels*, 1860), le génie de Wagner qu'il est à peu près seul à défendre (*Richard Wagner et Tannhauser*, 1861), le talent de Constantin Guys.

L'exil volontaire
et la mort

En 1864, il s'exile en Belgique avec l'espoir d'une fructueuse tournée de conférences. Mais il végète à Bruxelles, s'obstinant à écrire quelques *Poèmes en Prose*, et résolu à ne rentrer en France que « glorieusement ». Abattu par une crise en mars 1866, il est transporté à Paris, aphasique, à demi paralysé, et meurt en août 1867.

Les Fleurs du mal

Publié en 1857 et remanié en 1861, le recueil des *Fleurs du Mal* compte dans la seconde édition 129 poèmes. « Dans ce livre atroce, disait Baudelaire, j'ai mis toute ma pensée, tout mon cœur, toute ma religion (travestie), toute ma haine » (A Ancelle, 1866). A la différence des Romantiques, il affectera, il est vrai, de voir dans son recueil un livre de poésie pure (Projet de Préface, 1859-1860). Pourtant, ce qui lui donne son unité, c'est la confession sincère que l'auteur nous fait de son mal, de ses espérances, de ses défaillances, de sa déchéance. S'opposant aux poètes illustres qui ont choisi « les provinces les plus fleuries du domaine poétique », il se propose « d'extraire la beauté du Mal ».

A travers sa propre expérience, le poète a voulu retracer *la tragédie de l'être humain*, souvent dissimulée sous une fausse pudeur : « *Hypocrite lecteur, mon semblable, mon frère !* » C'est la tragédie de « l'homme double », créature déchue et objet d'un perpétuel conflit entre le Ciel et l'Enfer : « *Il y a dans tout homme, à toute heure, deux postulations simultanées, l'une vers Dieu, l'autre vers Satan. L'invocation vers Dieu ou spiritualité est un désir de monter en grade ; celle de Satan ou animalité est une joie de descendre* ». C'est ce perpétuel conflit qui, en dépit d'un apparent désordre, explique la *composition secrète* du recueil. A des ensembles où paraissent triompher les aspirations vers *l'Idéal* succèdent d'autres ensembles qui évoquent de lamentables chutes, sources du mal moral que le poète appelle *le Spleen* (cf. p. 442) : cette alternance sans cesse renouvelée traduit la dualité de l'âme soumise à la double postulation.

Dans la première partie intitulée *Spleen et Idéal*, voulant guérir son âme de l'Ennui qui règne ici-bas, BAUDELAIRE s'adresse à la Poésie (cf. p. 431-435), puis à l'Amour (cf. p. 436-441), autant de remèdes impuissants à dissiper définitivement le Spleen, dont la tyrannie finit par écraser l'âme vaincue (cf. p. 442-445). Sans se décourager, le poète se tourne vers d'autres *moyens d'évasion :* le spectacle de la ville et la communion avec ses semblables (II, *Tableaux Parisiens,* cf. p. 446-448), les « paradis artificiels » (III, *Le Vin*) ; le vice (IV, *Fleurs du Mal,* cf. p. 450). Toutes ces tentatives sont vaines : alors, par une réaction désespérée, le poète vaincu s'abandonne à la mystique noire : « O Satan, prends pitié de ma longue misère ! » (V. *Révolte*). Et quand enfin toutes les possibilités terrestres ont été épuisées, Baudelaire se tourne vers le dernier remède, le grand « Voyage » vers un autre monde, « Au fond de l'Inconnu pour trouver du nouveau » (VI, *La Mort*, p. 452).

Le poète et la poésie

Spleen et Idéal débute par une dizaine de pièces sur la condition du poète et la mission de la poésie. Dans *Bénédiction*, le poète nous est présenté comme un déshérité, « étranger » parmi les hommes et torturé par la foule qui ne le comprend pas (cf. p. 434). Pourtant, à la différence du *Moïse* de Vigny (cf. p. 125), BAUDELAIRE accepte cette infortune : « *Soyez béni, mon Dieu, qui donnez la souffrance Comme un divin remède à nos impuretés* ». C'est que « la douleur est la noblesse unique », la rançon contre laquelle Dieu permet à l'artiste d'accéder au monde supérieur de la Beauté, reflet de la perfection divine. Dans notre univers déchu, en proie au Spleen, où l'âme est engluée dans le péché et soumise à l'attirance infernale, le poète est celui dont l'esprit ne se plaît que dans les hautes sphères de l'Idéal (cf. p. 433). Il pénètre dans le domaine mystérieux des *correspondances* entre le matériel et le spirituel (cf. p. 431) : ses intuitions lui permettent de comprendre les secrets de la nature et d'atteindre à une connaissance de l'au-delà divin (cf. p. 433). Il a ainsi la révélation d'un *monde supérieur* qui échappe à la prise sournoise du spleen. L'art nous procure donc le pressentiment de « ces joies divines et enivrantes qu'à travers la poésie ou à travers la musique nous ne faisons qu'entrevoir par échappées rapides et confuses. » Cette *évasion hors du réel* guérit le poète de son spleen et il s'efforce à son tour de communiquer aux autres hommes la vision extatique du Beau.

Mais à ces élans vers l'Idéal viennent s'opposer les *obstacles du réel :* la maladie *(La Muse malade)*, la pauvreté qui contraint le poète à avilir son art *(La Muse vénale)*, l'oisiveté qui stérilise l'inspiration *(Le mauvais moine)*, le Temps, cet ennemi qui « mange la vie » *(L'Ennemi)*, le Guignon qui étouffe les œuvres dans l'oubli. Et surtout les tortures de l'artiste toujours insatisfait de son œuvre : « Pour piquer dans le but, de mystique nature, Combien, ô mon carquois, perdre de javelots ! » *(La mort des artistes)*.

CORRESPONDANCES

Le terme de « *correspondance* » appartient au vocabulaire des mystiques (cf. p. 441, n. 3) et BAUDELAIRE a précisé sa pensée dans ses *Notes nouvelles sur Edgar Poe* (1857) : « C'est cet admirable, cet immortel instinct du Beau qui nous fait considérer la Terre et ses spectacles comme un aperçu, comme une *correspondance* du ciel. La soif insatiable de tout ce qui est au-delà, et que révèle la vie, est la preuve la plus évidente de notre immortalité. C'est à la fois par la poésie et *à travers* la poésie, par et *à travers* la musique que l'âme entrevoit les splendeurs situées derrière le tombeau. » Le rôle exaltant du poète sera donc de saisir intuitivement ces mystérieuses *correspondances* « pour atteindre une part de cette splendeur » surnaturelle (cf. *Élévation*, p. 433). Ce sonnet expose aussi l'idée des *correspondances sensibles* qui vont révolutionner l'expression poétique devenue de plus en plus une « sorcellerie évocatoire » (cf. Rimbaud).

La Nature est un temple [1] où de vivants piliers
Laissent parfois sortir de confuses paroles [2] :
L'homme y passe à travers des forêts de symboles [3]
Qui l'observent avec des regards familiers.

Comme de longs échos qui de loin se confondent
Dans une ténébreuse et profonde unité [4]
Vaste comme la nuit et comme la clarté,
Les parfums, les couleurs et les sons se répondent.

Il est des parfums [5] frais comme des chairs d'enfants,
Doux comme les hautbois, verts comme les prairies,
— Et d'autres, corrompus, riches et triomphants [6],

Ayant l'expansion des choses infinies,
Comme l'ambre, le musc, le benjoin et l'encens,
Qui chantent les transports de l'esprit et des sens.

– Quatrain I. *a) Relevez les termes qui invitent à chercher dans la nature des symboles d'une réalité spirituelle ; – b) Comment les correspondances peuvent-elles nous éclairer sur la condition humaine ?*
– Quatrain II. *a) De quelle autre catégorie de correspondances s'agit-il ? – b) Comment se rattache-t-elle à la correspondance évoquée dans le 1ᵉʳ quatrain ? – c) Est-elle plus accessible ? Pourquoi ?*
– Tercets. *a) Étudiez les correspondances établies entre sensations différentes ; – b) Comment peuvent-elles s'étendre à des impressions d'ordre intellectuel ou moral ?*
– *En quoi consiste, selon vous, l'art de* BAUDELAIRE *dans ce sonnet ?*
– **Entretien.** *Étudiez les correspondances dans « Les Phares » (cf. p. 432 et illustrations) ; expliquez les v. 29-40.*

— 1 Le lieu matériel où l'homme entre en communication avec le monde spirituel. — 2 Peut-être comparaison avec les chênes prophétiques de Dodone, dont le bruissement rendait des oracles. — 3 Cf. « *Tout se rapporte, dans ce monde que nous voyons, à un autre monde que nous ne voyons pas. Nous vivons... au milieu d'un système de choses invisibles manifestées visiblement* » (J. de Maistre). — 4 Cf. « Ce qui serait vraiment surprenant, c'est que le son ne pût pas suggérer la couleur, que les couleurs ne pussent pas donner l'idée d'une mélodie, et que le son et la couleur fussent impropres à traduire des idées ; les choses s'étant toujours exprimées par une *analogie réciproque*, depuis le jour où Dieu a proféré le monde comme *une complexe et indivisible totalité* » (*R. Wagner et Tannhauser*, 1861). — 5 Les parfums occupent une grande place dans la poésie baudelairienne (cf. p. 437). — 6 Correspondance non plus avec d'autres sensations mais avec des états d'âme, des idées morales.

Les Phares

Ce poème est une des meilleures illustrations des ressources nouvelles que l'expression poétique va tirer de l'idée des *Correspondances*. Dans le cadre étroit d'un quatrain, BAUDELAIRE, admirable critique d'art, éveille des *sensations* qui, par une magie parfois surprenante, « *correspondent* » à celles que suscite en nous l'œuvre de chaque grand maître. Ces artistes qui interprètent le langage mystérieux de la nature et traduisent les inquiétudes humaines sont les *phares* qui éclairent la route des hommes en leur donnant l'intuition d'une *dignité* étrangère à leur condition mortelle.

Rubens [1], fleuve d'oubli, jardin de la paresse,
Oreiller de chair fraîche où l'on ne peut aimer,
Mais où la vie afflue et s'agite sans cesse,
Comme l'air dans le ciel et la mer dans la mer ;

Léonard de Vinci [2], miroir profond et sombre,
Où des anges charmants, avec un doux souris
Tout chargé de mystère, apparaissent à l'ombre
Des glaciers et des pins qui ferment leur pays ;

10 Rembrandt [3], triste hôpital tout rempli de murmures,
Et d'un grand crucifix décoré seulement,
Où la prière en pleurs s'exhale des ordures,
Et d'un rayon d'hiver traversé brusquement ;

Michel-Ange [4], lieu vague où l'on voit des Hercules
Se mêler à des Christs, et se lever tout droits
Des fantômes puissants qui dans les crépuscules
Déchirent leur suaire en étirant leurs doigts ;

Colères de boxeur, impudences de faune,
Toi qui sus ramasser la beauté des goujats [5],
Grand cœur gonflé d'orgueil, homme débile et jaune,
20 Puget [6], mélancolique empereur des forçats ;

Watteau [7], ce carnaval où bien des cœurs illustres,
Comme des papillons, errent en flamboyant,
Décors frais et légers éclairés par des lustres
Qui versent la folie à ce bal tournoyant ;.[...]

Delacroix [8], lac de sang hanté des mauvais anges,
Ombragé par un bois de sapins toujours vert,
Où, sous un ciel chagrin, des fanfares étranges
Passent, comme un soupir étouffé de Weber ;

— 1 Rubens (1577-1640) : allusion à ses tableaux mythologiques aux chairs opulentes et fraîches. — 2 Léonard de Vinci (1452-1519) : cf. le mystère de la *Joconde* et de *saint Jean-Baptiste*, et le paysage de la *Vierge aux Rochers*. — 3 Rembrandt (1606-1669) : cf. *La Leçon d'Anatomie* et *Les Pèlerins d'Emmaüs*. — 4 Michel-Ange (1475-1564) : cf. son *Moïse*, les *Esclaves* et les fresques de la chapelle Sixtine. — 5 Valets d'armée (dans le bas-relief d'*Alexandre et Diogène*). — 6 Sculpteur français du XVIIᵉ siècle, qui vécut à Toulon où était le *bagne* : auteur de statues puissantes (*Milon de Crotone, Hercule*), et de statuettes de *faunes*. — 7 Watteau (1684-1721) : cf. ses *Fêtes Galantes* et ses *Comédiens Italiens*. Étudier l'art de la suggestion. — 8 Delacroix (1798-1863), peintre romantique, très admiré de Baudelaire qui commente ainsi cette évocation : « *Lac de sang* : le rouge ; *hanté des mauvais anges* : surnaturalisme ; *un bois toujours vert* : le vert, complémentaire du rouge ; *ciel chagrin* : les fonds tumultueux et orageux de ses tableaux ; *les fanfares de Weber* : idées de musique romantique que réveillent les harmonies de sa couleur » (*Curiosités Esthétiques*).

Ces malédictions, ces blasphèmes, ces plaintes,
30 Ces extases, ces cris, ces pleurs, ces *Te Deum* [9],
Sont un écho redit par mille labyrinthes ;
C'est pour les cœurs mortels un divin [10] opium !

C'est un cri répété par mille sentinelles,
Un ordre renvoyé par mille porte-voix ;
C'est un phare allumé sur mille citadelles,
Un appel de chasseurs perdus dans les grands bois !

Car c'est vraiment, Seigneur, le meilleur témoignage
Que nous puissions donner de notre dignité
Que cet ardent sanglot qui roule d'âge en âge
Et vient mourir au bord de votre éternité [11] !

Élévation

Ce titre nous oriente déjà vers une *interprétation mystique*. Loin des médiocrités terrestres et des sources du Spleen, c'est dans *les régions sublimes de l'Idéal* que le poète trouve son vrai climat. En interprétant les mystérieuses *correspondances* (cf. p. 431) entre le monde visible et les réalités supérieures, la Poésie conduit en effet ses élus vers les cimes où BAUDELAIRE veut établir la sérénité de son rêve. On étudiera avec quel art, recourant au vocabulaire du monde *matériel*, il a créé ces impressions d'*élan spirituel*, d'ascension exaltante, d'activité libre et heureuse. On pourra aussi rechercher la différence entre cette aspiration vers l'Idéal et celles des *romantiques* (p. 42 et 95).

Au-dessus des étangs, au-dessus des vallées,
Des montagnes, des bois, des nuages, des mers,
Par delà le soleil, par delà les éthers,
Par delà les confins des sphères étoilées [1],

Mon esprit, tu te meus avec agilité,
Et, comme un bon nageur qui se pâme [2] dans l'onde,
Tu sillonnes gaîment l'immensité profonde
Avec une indicible et mâle volupté [3].

Envole-toi bien loin de ces miasmes morbides,
10 Va te purifier dans l'air supérieur,
Et bois, comme une pure et divine liqueur,
Le feu clair qui remplit les espaces limpides.

Derrière les ennuis et les vastes chagrins
Qui chargent de leur poids l'existence brumeuse [4],
Heureux celui qui peut, d'une aile vigoureuse,
S'élancer vers les champs lumineux et sereins [5] !

Celui dont les pensers, comme des alouettes,
Vers les cieux le matin prennent un libre essor,
— Qui plane sur la vie et comprend sans effort
Le langage des fleurs et des choses muettes [6] !

9 Chant d'action de grâces *(Te Deum laudamus)*. — 10 Montrer la valeur mystique de l'adj. *divin*, rapproché du mot *mortels*. — 11 Cette *dignité*, que révèle l'aspiration vers la beauté, n'est rien auprès de l'*éternité* de Dieu, de même que l'art humain n'est qu'un pâle reflet de la perfection divine.

— 1 Souvenir de Platon qui décrit dans le *Phédon* l'ascension des âmes vers le pur séjour supra-terrestre. — 2 Préciser le sens de ce verbe d'après le contexte. — 3 L'esprit est fait pour ces espaces (cf. p. 434, v. 13-14). — 4 Étudier le contraste entre les deux parties de la strophe. — 5 Étudier les sons qui dominent dans cette strophe. — 6 Cf. p. 431.

L'ALBATROS

L'idée initiale de ce poème, paru seulement en 1859, remonterait à un incident du voyage à la Réunion (1841). Pour symboliser le poète, BAUDELAIRE ne songe ni à l'aigle royal des romantiques ni à la solitude orgueilleuse du condor, décrite par Leconte de Lisle. Il choisit un *symbole plus douloureux :* l'albatros représente la *dualité de l'homme* cloué au sol et aspirant à l'infini ; il représente surtout *le poète,* cet incompris, celui qui, dans le poème en prose intitulé *L'Étranger,* répond aux hommes surpris de voir qu'il n'aime rien ici-bas : « *J'aime les nuages... les nuages qui passent...là-bas, là-bas... les merveilleux nuages !* »

Souvent [1], pour s'amuser, les hommes d'équipage
Prennent des albatros, vastes oiseaux des mers [2],
Qui suivent, indolents [3] compagnons de voyage,
Le navire glissant sur les gouffres amers [4].

A peine les ont-ils déposés sur les planches,
Que ces rois de l'azur [5], maladroits et honteux,
Laissent piteusement [6] leurs grandes ailes blanches
Comme des avirons [7] traîner à côté d'eux.

Ce voyageur ailé, comme il est gauche et veule !
Lui, naguère si beau, qu'il est comique et laid [8] !
L'un agace son bec avec un brûle-gueule [9],
L'autre mime, en boitant, l'infirme qui volait [10] !

Le Poète est semblable au prince des nuées
Qui hante la tempête et se rit de l'archer [11] ;
Exilé sur le sol au milieu des huées,
Ses ailes de géant [12] l'empêchent de marcher [13].

– *Étudiez la correspondance entre les deux volets de la comparaison. Montrez qu'ils s'éclairent réciproquement et relevez dans le premier les termes qui s'appliquent symboliquement au poète.*
– *Relevez dans les v. 1-12 les détails qui créent une impression de souvenir vécu.*
– *L'albatros est-il entièrement décrit ? Sur quels éléments insiste le poète, et pourquoi ?*
– *La strophe III a été ajoutée sur le conseil d'un ami. A quoi est-elle destinée ?*
– **Commentaire composé.** *Le symbole et sa traduction poétique.*
• **Groupe thématique. Le poète et les hommes** d'après BAUDELAIRE et les poèmes cités dans le questionnaire p. 128.

— 1 Baudelaire a assisté *une fois* à pareille scène ; pourquoi la présente-t-il comme *habituelle ?* 2 Leur envergure peut dépasser 3 m. 50. Préciser l'impression créée par cette apposition. — 3 Comment imaginez-vous leur vol ? En quoi l'adjectif conviendra-t-il pour évoquer le poète ? — 4 Étudier la valeur évocatrice du rythme et des sons dans les v. 3 et 4. — 5 Cf. *Élévation* (p. 433). — 6 Étudier l'effet produit par cet adverbe, et par le rythme des v. 7 et 8. — 7 Expliquer le choix de cette comparaison et l'intention de l'auteur. — 8 Étudier dans les v. 9 et 10 les contrastes d'idées et de rythmes. — 9 Pipe de marin à tuyau très court. Pourquoi ce terme vulgaire ? — 10 Expliquer ce rappel des v. 2 et 3 à cet endroit du poème. — 11 L'albatros (et le poète) nous apparaissent-ils sous le même jour qu'au v. 3 ? — 12 Anacoluthe fréquente dans le style classique. Quel est l'effet obtenu par cette rupture de construction ? — 13 Retrouve-t-on l'impression de ridicule des v. 5-12 ?

Hymne à la Beauté

Dans *La Beauté* (cf. l'exercice), BAUDELAIRE symbolisait par une statue impassible la perfection du beau idéal, transfiguration du réel et tourment de l'artiste. Cet *Hymne à la Beauté* (1860) présente une conception plus moderne, plus inquiétante aussi, en accord avec l'inspiration même des *Fleurs du Mal*. La beauté est-elle *divine* ou *satanique ?* Torturé par le spleen, le poëte renonce à ses aspirations morales ou mystiques et finit par l'accepter, d'où qu'elle vienne, comme un remède à sa détresse. Par une fusion artistique très réussie, la Beauté prend ici le visage et le caractère de la Femme, elle aussi infernale et divine, et l'on voit, à l'arrière-plan, s'esquisser le *thème de l'amour* qui peut être perdition ou rédemption.

Viens-tu du ciel profond ou sors-tu de l'abîme,
O Beauté ? Ton regard, infernal et divin [1],
Verse confusément le bienfait et le crime [2],
Et l'on peut pour cela te comparer au vin.

Tu contiens dans ton œil le couchant et l'aurore ;
Tu répands des parfums comme un soir orageux [3] ;
Tes baisers sont un philtre [4] et ta bouche une amphore
Qui fait le héros lâche et l'enfant courageux.

Sors-tu du gouffre noir ou descends-tu des astres ?
10 Le Destin [5] charmé suit tes jupons comme un chien ;
Tu sèmes au hasard la joie et les désastres,
Et tu gouvernes tout et ne réponds de rien [6].

Tu marches sur des morts, Beauté, dont tu te moques ;
De tes bijoux l'Horreur n'est pas le moins charmant [7],
Et le Meurtre, parmi tes plus chères breloques,
Sur ton ventre orgueilleux danse amoureusement.[...]

Que tu viennes du ciel ou de l'enfer, qu'importe [8],
O Beauté ! monstre énorme, effrayant, ingénu !
Si ton œil, ton souris, ton pied, m'ouvrent la porte
20 D'un Infini [9] que j'aime et n'ai jamais connu ?

De Satan ou de Dieu, qu'importe ? Ange ou Sirène [10],
Qu'importe, si tu rends, — fée aux yeux de velours,
Rythme, parfum, lueur, ô mon unique reine ! —
L'univers moins hideux et les instants moins lourds ?

Cf. La Beauté (1857) : *Ses yeux sont* « De purs miroirs qui font toutes choses plus belles ».

Je suis belle, ô mortels ! comme un rêve de pierre,
Et mon sein, où chacun s'est meurtri tour à tour,
Est fait pour inspirer au poëte un amour
Éternel et muet ainsi que la matière.

Je trône dans l'azur comme un sphinx incompris ;
J'unis un cœur de neige à la blancheur des cygnes ;
Je hais le mouvement qui déplace les lignes,
Et jamais je ne pleure et jamais je ne ris...

— 1 Étudier dans le poème ce caractère double et l'équivoque qui en résulte. — 2 Cf. « Je ne conçois guère un type de Beauté où il n'y ait du Malheur » *(Journaux intimes)*. — 3 Analyser cette impression (cf. p. 431, v. 9-14). — 4 Étudier ce pouvoir magique d'après les v. 7-12. — 5 Qui, chez les Grecs, commandait même aux dieux. — 6 Indiquer les nuances que cette strophe ajoute à la précédente. — 7 Opposer Lamartine : « *L'émotion par le laid,* s'appelle tout simplement l'horreur » (1857). — 8 Cf. p. 453, v. 35. — 9 Montrer la différence avec les *Phares* (p. 433, v. 29-40). — 10 Les Sirènes attiraient les matelots sur des récifs.

La vie antérieure

Souvenir ou rêve d'une *existence antérieure* où tout est correspondance, « *ordre et beauté, luxe, calme et volupté* » (cf. p. 441). Mais même dans ce pays idéal l'âme avide d'infini garde la *nostalgie d'un autre monde :* telle est la vanité de tout bonheur terrestre (cf. p. 452-453) !

J'ai longtemps habité sous de vastes portiques
Que les soleils marins teignaient de mille feux
Et que leurs grands piliers, droits et majestueux,
Rendaient pareils, le soir, aux grottes basaltiques.

Les houles, en roulant les images des cieux,
Mêlaient d'une façon solennelle et mystique
Les tout-puissants accords de leur riche musique
Aux couleurs du couchant reflété par mes yeux.

C'est là que j'ai vécu dans les voluptés calmes,
Au milieu de l'azur, des vagues, des splendeurs
Et des esclaves nus, tout imprégnés d'odeurs,

Qui me rafraîchissaient le front avec des palmes,
Et dont l'unique soin était d'approfondir
Le secret douloureux qui me faisait languir.

Baudelaire
poète de l'amour

Dans la lutte contre l'Ennui, l'AMOUR occupe auprès de l'Art une place privilégiée. BAUDELAIRE a connu, sans parvenir à les associer, les deux formes complémentaires de l'amour humain : la *passion sensuelle*, auprès de JEANNE DUVAL, et les élans de l'*amour spiritualisé* qu'il vouait à MME SABATIER.

1. L'AMOUR SENSUEL. Plus que la volupté, BAUDELAIRE voit dans cet amour une source d'évasion par *l'exotisme* ou par le *plaisir esthétique*. La beauté brune de JEANNE DUVAL, le parfum de sa chevelure éveillent un monde de sensations et d'images ensoleillées (cf. p. 437). Il aime voir « *miroiter sa peau* » et, pour sa démarche onduleuse, il la compare à « *un serpent qui danse* » ou à « *un beau vaisseau qui prend le large,* | *Chargé de toile et va roulant* | *Suivant un rythme doux et paresseux et lent* » *(Le Beau Navire).* Sa sensibilité d'artiste s'émeut devant la beauté sculpturale de la Vénus Noire, « *Statue aux yeux de jais, grand ange au front d'airain* ». Mais, blessé par sa douloureuse expérience, BAUDELAIRE analyse les amertumes de cet amour : trahison, cruauté, perversité, trouble de l'âme (cf. p. 450). Loin d'apporter la paix, il a un goût de *péché* et de *mort* (cf. p. 437).

2. L'AMOUR SPIRITUALISÉ. Les *Fleurs du Mal* nous révèlent la quête ardente et nostalgique d'un *au-delà sentimental*, répondant à une *mystique de l'amour*. Du physique de MME SABATIER, surnommée « la Présidente » et amie d'un financier, nous ne savons à peu près rien : elle apparaît comme désincarnée. Pour le poète, en effet, l'amour n'est un remède aux maux de notre âme que s'il se maintient *hors des contingences charnelles*, s'il est fraternité, tendresse d'amante, de sœur et de mère (cf. p. 441 et 453). La femme aimée devient « *l'Ange gardien, la Muse et la Madone* », parée de vertus et de charmes supraterrestres (cf. p. 438). L'amour s'établit ainsi sur des hauteurs divines, *inaccessibles au spleen* (cf. 439).

Mais hélas ce monde idéal se dérobe sans cesse : après le cycle de l'amour spiritualisé surviennent les *rechutes vers la sensualité* auxquelles le poids des concupiscences originelles enchaîne la misère humaine *(L'Irrémédiable).* La partie centrale du recueil, intitulée *Fleurs du Mal*, se termine sur deux poèmes qui situent définitivement l'amour parmi les sources du spleen : *Un voyage à Cythère* (cf. p. 450) et *L'Amour et le crâne*, où la passion apparaît comme un fléau destructeur de l'Humanité.

Parfum exotique

Auprès de Jeanne DUVAL qui représente l'attrait de la sensualité, BAUDELAIRE trouvait le charme de l'*évasion exotique*, liée aux souvenirs de son voyage aux Iles. Dans ce sonnet comme dans *La Chevelure* où triomphent les correspondances, le parfum capiteux de la femme de couleur transporte le poète dans un pays de soleil et de bien-être : les odeurs, les visions et les chants enlèvent son âme vers *le monde des rêves* où il « hume à longs traits le vin du souvenir ».

Quand, les deux yeux fermés, en un soir chaud d'automne,
Je respire l'odeur [1] de ton sein chaleureux,
Je vois se dérouler des rivages heureux
Qu'éblouissent les feux d'un soleil monotone ;

Une île paresseuse où la nature donne
Des arbres singuliers [2] et des fruits savoureux ;
Des hommes dont le corps est mince et vigoureux,
Et des femmes dont l'œil par sa franchise étonne [3].

Guidé par ton odeur vers de charmants climats,
Je vois un port rempli de voiles et de mâts [4]
Encor tout fatigués par la vague marine,

Pendant que le parfum des verts tamariniers
Qui circule dans l'air et m'enfle la narine,
Se mêle dans mon âme au chant des mariniers.

Remords posthume

Au poète avide d'infini, l'amour sensuel peut offrir quelques instants d'évasion mais non la paix et la satisfaction de l'âme. Pour BAUDELAIRE, la douceur traîtresse de cet amour a un arrière-goût de *perdition* et de *néant* : le charme physique de la femme aimée éveille irrésistiblement l'horreur du tombeau, la décomposition de la chair, et la hantise du péché qui prépare les longs remords.

Lorsque tu dormiras, ma belle ténébreuse [1],
Au fond d'un monument construit en marbre noir,
Et lorsque tu n'auras pour alcôve et manoir [2]
Qu'un caveau pluvieux et qu'une fosse creuse [3] ;

Quand la pierre, opprimant ta poitrine peureuse
Et tes flancs qu'assouplit un charmant nonchaloir [4],
Empêchera ton cœur de battre et de vouloir,
Et tes pieds de courir leur course aventureuse [5],

Le tombeau, confident de mon rêve infini
(Car le tombeau toujours comprendra le poète [6]),
Durant ces longues nuits d'où le somme est banni,

Te dira : « Que vous sert, courtisane imparfaite,
De n'avoir pas connu ce que pleurent les morts [7] ?
Et le ver rongera ta peau comme un remords.

— 1 Cf. *La Chevelure* : « Comme d'autres esprits voguent sur la musique | Le mien, ô mon amour ! nage sur ton parfum ». 2 Baudelaire avait le goût de l'étrange et du bizarre. — 3 Par opposition à la femme civilisée qui ne serait que caprice et trahison. — 4 Cf. p. 454.
— 1 Allusion fréquente au teint de Jeanne Duval, « brune comme les nuits ». Cf. « Je t'adore à l'égal de la voûte nocturne | O vase de tristesse... ». — 2 Demeure. — 3 Cf. « Des divans profonds comme des tombeaux » *(La Mort des Amants)*. — 4 Indolence. — 5 Allusion à son tempérament capricieux et volage. — 6 Conception mystique de la poésie. — 7 Préciser le sens de la périphrase.

L'aube spirituelle

Voici maintenant, dédié à Mme SABATIER, un sonnet qui oppose à l'amertume des amours physiques et de la débauche la *pureté spirituelle* d'un amour mystique, portant en lui-même son gage d'immortalité. Se souvenant de la distinction pascalienne entre l'ange et la bête (cf. *XVIIᵉ Siècle*, p 158), BAUDELAIRE voit dans la victoire de ce sentiment épuré le *triomphe de l'âme sur la matière*.

Quand chez les débauchés l'aube blanche et vermeille
Entre en société de [1] l'Idéal rongeur [2],
Par l'opération d'un mystère vengeur [3]
Dans la brute [4] assoupie un Ange se réveille.

Des Cieux Spirituels l'inaccessible azur,
Pour l'homme terrassé qui rêve encore et souffre,
S'ouvre et s'enfonce [5] avec l'attirance du gouffre.
Ainsi, chère Déesse [6], Être lucide et pur,

Sur les débris fumeux des stupides orgies
Ton souvenir plus clair [7], plus rose, plus charmant [8],
A mes yeux agrandis voltige incessamment.

Le soleil a noirci la flamme des bougies ;
Ainsi [9], toujours vainqueur, ton fantôme [10] est pareil,
Ame resplendissante, à l'immortel Soleil !

Que diras-tu ce soir...

Hommage plein de ferveur dont le caractère mystique apparaissait plus nettement encore dans le texte primitif où les épithètes du v. 3, rappelant les litanies de la Vierge, avaient pour initiales des majuscules. Mme SABATIER n'est plus une créature terrestre : elle est devenue *l'Ange* qui protège le poète des turpitudes de la débauche, *la Muse* qui le conduit « sur la route du Beau », *la Madone* qui le sauve avec sa douce autorité.

Que diras-tu ce soir, pauvre âme solitaire,
Que diras-tu, mon cœur, cœur autrefois flétri,
A la très belle, à la très bonne, à la très chère,
Dont le regard divin t'a soudain refleuri ?

— Nous mettrons notre orgueil à chanter ses louanges :
Rien ne vaut la douceur de son autorité ;
Sa chair spirituelle a le parfum des Anges,
Et son œil nous revêt d'un habit de clarté.

Que ce soit dans la nuit et dans la solitude,
Que ce soit dans la rue et dans la multitude,
Son fantôme [10] dans l'air danse comme un flambeau.

Parfois il parle et dit : « Je suis belle, et j'ordonne
Que pour l'amour de moi vous n'aimiez que le Beau :
Je suis l'Ange gardien, la Muse et la Madone. »

— 1 L'aube est la compagne inséparable de l'Idéal. — 2 L'Idéal est une puissance active et tyrannique (cf. v. 7). — 3 Expliquer l'expression. — 4 *Var.* : « Dans la *bête* assoupie... » Montrer que *brute* est plus expressif. — 5 Préciser cette impression. Comment est-elle créée ? — 6 *Var.* : « Ainsi, Forme divine... » — 7 Pourquoi : *plus* clair ? — 8 Comparer la variante : « plus rose *et* plus charmant ». — 9 Expliquer cette nouvelle comparaison. — 10 Image.

HARMONIE DU SOIR

Cette pièce a été inspirée par Mme SABATIER. C'est une sorte de *pantoum*, poème à forme fixe d'origine malaise révélé par Victor Hugo dans les *Orientales* et utilisé depuis par Leconte de Lisle dans les *Poèmes tragiques*. En plus des reprises de vers qu'on notera ici, le *pantoum* régulier offre deux thèmes traités parallèlement de strophe en strophe et le premier vers doit se répéter à la fin du poème. De ce genre subtil et précieux, BAUDELAIRE n'a gardé que les reprises de vers, pour leur effet d'*incantation* religieuse. Dans *Harmonie du soir*, tout est suggestion, « sorcellerie évocatoire » ; néanmoins une étude attentive révèlera que, loin d'être une simple juxtaposition de sensations, le poème est soigneusement composé et s'élève progressivement vers l'extase mystique qui le termine.

Voici venir les temps [1] où vibrant sur sa tige
Chaque fleur s'évapore ainsi qu'un encensoir [2],
Les sons et les parfums tournent dans l'air du soir [3],
Valse mélancolique et langoureux [4] vertige !

Chaque fleur s'évapore ainsi qu'un encensoir ;
Le violon frémit comme un cœur qu'on afflige [5] ;
Valse mélancolique et langoureux vertige !
Le ciel est triste et beau [6] comme un grand reposoir [7].

Le violon frémit comme un cœur qu'on afflige,
Un cœur tendre, qui hait le néant vaste et noir [8] !
Le ciel est triste et beau comme un grand reposoir ;
Le soleil s'est noyé dans son sang qui se fige [9].

Un cœur tendre, qui hait le néant vaste et noir,
Du passé lumineux [10] recueille tout vestige !
Le soleil s'est noyé dans son sang qui se fige...
Ton souvenir en moi luit comme un ostensoir [11] !

— *Examinez les termes et l'enchaînement des sentiments qui conduisent à une sorte d'extase mystique.*
— *Étudiez : a) le rôle des comparaisons pour accorder la sensibilité du lecteur avec les émotions du poète ; – b) Comment est créée la double impression d'ensorcellement et de mélancolie ?*
— *Soulignez les correspondances de sensations, et les cas où elles s'associent à des idées morales.*
— *Étudiez l'effet mélodique créé par les reprises de vers (lesquelles ? à quelles places ?) ; comment la portée et la résonance du vers se modifie-t-elle dans un autre contexte ?*
— *La mélodie. a) Relevez quelques exemples d'allitérations et d'harmonies imitatives ; – b) Étudiez dans certains vers l'alternance de sons aigus et de sons graves ; – c) Sur combien de rimes est construit le poème ? Quelle est l'impression produite par le contraste de ces rimes ?*
— ***Entretien.*** *Quels usages du* pantoum *(cf. introduction) le poète a-t-il observés ? Quel parti en a-t-il tiré ?*
— ***Commentaire composé.*** *Musique et « sorcellerie évocatoire ».*

— 1 Formule biblique. *Préciser le rythme et le ton.* — 2 Cassolette où l'on brûle l'encens dans les églises. Cf. *Vigny*, p. 138 (v. 28-32). — 3 Cf. *Correspondances*, p. 431, v. 8. — 4 Empreint d'une molle langueur. Étudier les nuances introduites dans ce vers par les deux épithètes. — 5 Comment est suggéré le caractère aigu de la souffrance ? — 6 Étudier l'alliance de ces deux impressions ? — 7 Autel orné de fleurs et de draperies où l'on s'arrête au cours d'une procession. Expliquer le rappro-chement suggéré avec le ciel au couchant. — 8 Étudier l'harmonie de ce vers (rythme et sons). — 9 Cf. Chateaubriand, p. 57 (l. 20-28). Par comparaison, étudier l'émotion qui perce à travers le pittoresque. — 10 Cf. p. 449, v. 9. Expliquer le recours à ces souvenirs « lumineux ». — 11 Cadre d'or ou d'argent où l'on expose l'hostie consacrée, offerte à l'adoration des fidèles. Il est généralement circulaire et orné de rayons comme un « soleil ». — *Étudier l'ordre des mots dans ce vers.*

Réversibilité

Ce titre fait allusion au dogme catholique de la « communion des saints » selon lequel les mérites d'un juste sont « *réversibles* » sur les autres fidèles. Malade, tourmenté par le spleen, prématurément vieilli, BAUDELAIRE était comme ébloui par l'équilibre physique et moral de Mme SABATIER. Dans cette *invocation* qu'il lui adresse anonymement il espère que, par ses prières, « l'Ange » reportera sur le poète un peu de sa rayonnante santé et le guérira de ses maux. Cette litanie où dominent les notes douloureuses du *Spleen* se termine sur une strophe radieuse comme *l'Idéal*.

> Ange plein de gaîté, connaissez-vous l'angoisse [1],
> La honte, les remords, les sanglots, les ennuis,
> Et les vagues terreurs de ces affreuses nuits [2]
> Qui compriment le cœur comme un papier qu'on froisse ?
> Ange plein de gaîté, connaissez-vous l'angoisse ?
>
> Ange plein de bonté, connaissez-vous la haine,
> Les poings crispés dans l'ombre et les larmes de fiel,
> Quand la Vengeance bat son infernal rappel
> Et de nos facultés se fait le capitaine [3] ?
> 10   Ange plein de bonté, connaissez-vous la haine ?
>
> Ange plein de santé, connaissez-vous les Fièvres,
> Qui, le long des grands murs de l'hospice blafard,
> Comme des exilés [4], s'en vont d'un pied traînard,
> Cherchant le soleil rare et remuant les lèvres [5] ?
> Ange plein de santé, connaissez-vous les Fièvres ?
>
> Ange plein de beauté, connaissez-vous les rides,
> Et la peur de vieillir et ce hideux tourment
> De lire la secrète horreur du dévoûment [6]
> Dans des yeux où longtemps burent nos yeux avides [7] ?
> 20   Ange plein de beauté, connaissez-vous les rides ?
>
> Ange plein de bonheur, de joie et de lumières,
> David mourant aurait demandé la santé
> Aux émanations de ton corps enchanté [8] ;
> Mais de toi je n'implore, ange, que tes prières,
> Ange plein de bonheur, de joie et de lumières !

— 1 Étudier le contraste contenu dans les 4 premiers *refrains*. — 2 Éléments du spleen baudelairien que l'on retrouvera dans les autres poèmes de ce recueil. — 3 Expliquer ces images empruntées à l'art de la guerre. —

4 VAR. : *Comme des prisonniers*. Expliquer la nuance. — 5 Étudier les éléments qui contribuent à créer cette impression de malaise. — 6 Expliquer cette « secrète horreur ». — 7 Cf. *A une passante*, p. 446, v. 6-8. — 8 Souvenir biblique (*Rois*, I, 1).

L'invitation au voyage

Cette *Invitation au Voyage*, où passent comme sur des touches de rêve tant de thèmes baudelairiens, est un des poèmes les plus *mélodieux* de notre langue. Avec cette science du *rythme* et
des *harmonies secrètes* qui tient parfois de la magie, l'auteur y résume ses aspirations essentielles :
beaucoup de ses poésies ne sont-elles pas, en somme, des invitations au voyage ?

Mon enfant, ma sœur [1], *Jeanne Duval*
  Songe à la douceur
D'aller là-bas [2] vivre ensemble !
  Aimer à loisir,
  Aimer et mourir *elle est exotique*
Au pays qui te ressemble [3] ! *ses yeux*
  Les soleils mouillés *un peu exotique*
  De ces ciels [4] brouillés
Pour mon esprit [5] ont les charmes [6]
10 Si mystérieux
  De tes traîtres yeux,
Brillant à travers leurs larmes.

Là, tout n'est qu'ordre et beauté,
Luxe, calme et volupté [7].

  Des meubles luisants,
  Polis par les ans,
Décoreraient notre chambre ;
  Les plus rares fleurs
  Mêlant leurs odeurs
Aux vagues senteurs de l'ambre [8],   20
  Les riches plafonds,
  Les miroirs profonds,
La splendeur orientale,
  Tout y parlerait
  A l'âme en secret [9]
Sa douce langue natale [10].

Là, tout n'est qu'ordre et beauté,
Luxe, calme et volupté.

    30 Vois sur ces canaux
    Dormir ces vaisseaux
  Dont l'humeur est vagabonde ; *bateau, voyage, partir*
    C'est pour assouvir
    Ton moindre désir
  Qu'ils viennent du bout du monde.
    Les soleils couchants
    Revêtent les champs,
  Les canaux, la ville entière,
    D'hyacinthe [11] et d'or ;
    Le monde s'endort
40 Dans une chaude lumière.

  Là, tout n'est qu'ordre et beauté,
  Luxe, calme et volupté.

– *Montrez que ce poème, qui est avant tout rythme et suggestion, présente néanmoins une trame intellectuelle précise, où les idées s'enchaînent selon une progression logique.*
– *Strophe I. Étudiez la correspondance entre le Paysage et la Femme, et le charme qui en résulte.*
– *Précisez le sens des termes du refrain, et étudiez comment ils se complètent et se modifient.*
– *Strophes II et III : relevez les éléments qui correspondent à chaque terme du refrain.*
– *Relevez les détails du paysage qui pourraient évoquer la Hollande.*
– *Étudiez la composition de la strophe, son rythme, l'effet produit par le refrain.*
• **Groupe thématique.** Le **thème du voyage** et de l'**exotisme** dans les extraits de BAUDELAIRE.

— 1 Pour Baudelaire, la femme aimée est « la sœur d'élection » (cf. p. 453, v. 27). — 2 En quoi cette expression favorise-t-elle le rêve ? — 3 Cf. « Ne pourrais-tu pas te mirer, comme parlent les mystiques, dans ta propre *corres- pondance ? »* (*Invitation au Voyage*, poème en prose). — 4 Pluriel de *ciel*, dans le voca- bulaire technique des peintres : Baudelaire pense aux paysages hollandais aperçus dans les musées. — 5 C'est l'esprit qui perçoit ces correspondances. — 6 L'attrait magique (sens classique). — 7 Cf. p. 436, v. 9. — 8 Parfum exotique (cf. v. 23 et 34). — 9 Cf. p. 433, v. 20. — 10 Nostalgie de la « patrie idéale » où l'âme a vécu dans une « vie antérieure » (cf. p. 436). — 11 Couleur d'un jaune rougeâtre.

Le spleen Baudelairien

[handwritten: boredom, melancholy]

Dans la lutte incessante entre l'*Idéal* et le *Spleen*, c'est celui-ci qui peu à peu devient maître de l'âme. Survivance attardée du mal romantique, ce spleen doit sa *teinte spéciale* à la personnalité de l'auteur. A sa source il y a la détresse de BAUDELAIRE, ses ennuis matériels, ses déficiences physiques, « l'hiver » de son corps et de son âme (cf. p. 440 et 443), les tourments de sa vie amoureuse (cf. p. 437 et 450), l'obsession précoce de la vieillesse et de la mort (cf. p. 443) ; il y a enfin, chez ce poète hanté par l'Idéal (cf. p. 433), le refus

« D'un monde où l'action n'est pas la sœur du rêve ».

De fait, ramené à son origine profonde, *le spleen baudelairien est essentiellement métaphysique*. Devant les maux qui l'oppressent, le poète tente désespérément de s'évader vers les sphères de l'Idéal ; mais sans cesse le réel vient arrêter ces élans, et les *rechutes* rendent sa détresse plus intolérable. Cet échec de l'infini dans le fini humain aboutit au découragement, à la nostalgie d'une âme exilée (cf. p. 447), au sentiment de notre *nature irrémédiablement déchue* et de l'inutilité de tout effort libérateur, puisque « C'est le Diable qui tient les fils qui nous remuent ». La conscience angoissée de notre misère s'exprime dans le *thème double du Temps :* tantôt hantise des précieuses secondes que nous laissons fuir sans en faire bon usage, tantôt lassitude à l'idée qu'il faudra vivre encore « demain, après-demain et toujours », d'une existence désolée par l'*Ennui* (cf. p. 452 et p. 454, I).

Pareille exploration de la misère humaine conduit à un *écrasement de l'être* qui constitue, avec diverses nuances, *l'état de spleen :* sensation d'étouffement et d'impuissance (cf. p. 442), solitude morale (cf. p. 446 et 449), sentiment d'incurable ennui (cf. p. 445) pensées macabres et cruelles (cf. p. 443, 445), malaises et hallucinations poussés jusqu'aux limites de la folie (cf. p. 444).

La cloche fêlée

D'abord intitulé *Le Spleen*, ce sonnet exprime un des éléments les plus douloureux du mal baudelairien : une impression d'*étouffement*, le sentiment d'une insurmontable *impuissance* à créer et peut-être même à vivre. On étudiera par quel jeu de contrastes et d'émouvantes comparaisons le poète nous communique sa nostalgie et jusqu'à la sensation de son malaise.

Il est amer et doux [1], pendant les nuits d'hiver,
D'écouter [2], près du feu qui palpite et qui fume [3],
Les souvenirs lointains lentement s'élever [4]
Au bruit des carillons qui chantent dans la brume [5].

Bienheureuse la cloche au gosier vigoureux *[handwritten: parle fort - suggère un être humain]*
Qui, malgré sa vieillesse, alerte et bien portante,
Jette fidèlement son cri religieux,
Ainsi qu'un vieux soldat [6] qui veille sous la tente [7] !

Moi, mon âme est fêlée [8], et lorsqu'en ses ennuis
Elle veut de ses chants peupler l'air froid des nuits [9],
Il arrive souvent que sa voix affaiblie

Semble le râle épais [10] *[handwritten: rasping breath]* d'un blessé qu'on oublie
Au bord d'un lac de sang, sous un grand tas de morts,
Et qui meurt, sans bouger, dans d'immenses efforts [11].

— 1 Analyser ce sentiment complexe. — 2 Var. : *De sentir...* Expliquer la correction. — 3 Préciser l'impression créée par ce tableau. — 4 Rime *normande*. Commenter dans les v. 2 et 3 les effets d'allitérations. — 5 Étudier dans ce quatrain les correspondances. — 6 Rapprocher les termes de la comparaison. — 7 Définir le ton de la strophe : quels regrets peut-on deviner par contraste ? — 8 Étudier l'effet produit par ces coupes. — 9 Est-ce encore l'atmosphère du 1er quatrain ? — 10 Comparer cet hémistiche aux rédactions primitives : *Ressemble aux hurlements* (1851) et *Ressemble aux râlements* (1855). — 11 Étudier les coupes et l'ordre des termes, et préciser l'impression suggérée par ce tableau.

CHANT D'AUTOMNE

Pour le poète miné par le Spleen, *l'automne* n'a plus le charme lamartinien des paysages en accord avec une douce mélancolie ; c'est déjà l'annonce de l'hiver, de la *souffrance physique*, et, par correspondance, des *malaises* d'une *âme* qui sent venir les grandes crises. Ce poème est très représentatif de la « manière » baudelairienne : la sensation première est immédiatement interprétée ; la pensée oscille entre le matériel et le surnaturel ; tout est signe, message, image plus claire de la condition humaine. Et le recours perpétuel à la suggestion accentue encore ce climat de *mystère poétique*.

Bientôt nous plongerons dans les froides ténèbres [1] ;
Adieu, vive clarté de nos étés trop courts [2] !
J'entends déjà tomber avec des chocs funèbres
Le bois [3] retentissant sur le pavé des cours.

Tout l'hiver va rentrer [4] dans mon être [5] : colère,
Haine [6], frissons, horreur, labeur dur et forcé,
Et, comme le soleil dans son enfer polaire [7],
Mon cœur ne sera plus qu'un bloc rouge et glacé [8].

J'écoute [9] en frémissant chaque bûche qui tombe ;
L'échafaud qu'on bâtit n'a pas d'écho plus sourd [10].
Mon esprit est pareil à la tour qui succombe
Sous les coups du bélier infatigable et lourd [11].

Il me semble, bercé [12] par ce choc monotone,
Qu'on cloue en grande hâte un cercueil quelque part...
Pour qui ? — C'était hier l'été ; voici l'automne [13] !
Ce bruit mystérieux sonne comme un départ [14].

– Strophe I. *a) De quelle sensation est né ce poème ? Quelles idées éveille-t-elle ? – b) Quel climat est ainsi créé ?*
– *c) Comment le rythme et l'harmonie soulignent-ils cette impression ?*
– Strophe II. *Montrez que chaque manifestation de l'hiver évoque aussi « l'hiver de l'âme ». – b) Étudiez dans les v. 7-8 le passage de la comparaison à l'image ; à quoi tend cette image bizarre ?*
– Strophe III. *a) Étudiez la ressemblance et les différences entre les deux évocations de l'échafaud et du bélier ; – b) Comment le rythme reproduit-il le martèlement du bélier ?*
– Strophe IV. *a) Comment est créée l'impression de mystère ? – b) Comment comprenez-vous les vers 15-16 ? – c) Cette strophe reflète-t-elle la même inquiétude que les précédentes ?*
– **Exposé.** *La hantise des suggestions funèbres dans les extraits des* Fleurs du Mal. *Quel est son rôle ?*
– **Commentaire composé.** *Le jeu des suggestions et des correspondances à partir de la sensation initiale.*

— 1 *De l'hiver.* En quoi l'expression est-elle suggestive ? — 2 Étudier et expliquer le contraste d'harmonie entre ce vers et le reste de la strophe. — 3 Les bûches qu'on rentre en vue de l'hiver. — 4 Préciser le sens de ce verbe. — 5 Comment le poète a-t-il marqué cet envahissement total (vocabulaire et rythme) ? — 6 *Colère, haine :* Que désignent ces images appliquées à l'hiver ? — 7 Le soleil est comparé à un *damné :* pourquoi ? — 8 Rouge de son *ardeur* intérieure en conflit avec les *glaces* de l'existence. *Étudier le contraste de rythme entre les deux parties de cette strophe.* — 9 Cf. *J'entends* (v. 3) : l'état d'âme est-il le même ? — 10 Pascal compare aussi les hommes à des condamnés qui, « se regardant les uns les autres avec douleur et sans espérance, attendent leur tour ». — 11 Pourquoi Baudelaire pense-t-il au *bélier*, machine de siège ? — 12 Ce terme appartient-il au même climat que ceux des vers précédents ? — 13 Le poète veut-il seulement évoquer la fuite des saisons ? — 14 Cf. *Le Voyage* (p. 452-453).

SPLEEN : « *QUAND LE CIEL BAS ET LOURD...* »

Dans ce poème, BAUDELAIRE évoque le *spleen* sous sa forme aiguë et nettement *pathologique*. Ce n'est pas, comme dans le suivant (p. 445), cet état d'ennui où l'âme s'enlise interminablement : le spleen revêt ici un caractère plus *dramatique*. De strophe en strophe, dans une atmosphère de malaise croissant, on assiste à la *montée vers la crise nerveuse ;* elle éclate, violente et désordonnée, pour aboutir bientôt à une détente ; mais celle-ci n'est pas libératrice, car l'Angoisse règne désormais sur l'âme vaincue qui renonce à ses aspirations vers l'Idéal. On découvre, dans ces quelques strophes, à quel point *l'expression poétique se trouve enrichie par le jeu des correspondances :* comment pourrait-on, autrement que par la suggestion, donner une idée de ces états morbides où l'homme sent passer sur lui, selon l'aveu même de BAUDELAIRE, « le vent de l'aile de l'imbécillité » ?

Quand le ciel bas et lourd pèse comme un couvercle [1]
Sur l'esprit gémissant en proie aux longs ennuis,
Et que de l'horizon embrassant tout le cercle
Il nous verse [2] un jour noir plus triste que les nuits ;

Quand la terre est changée en un cachot humide [3],
Où l'Espérance, comme une chauve-souris [4],
S'en va battant les murs de son aile timide
Et se cognant la tête à des plafonds pourris [5] ;

10   Quand la pluie [6], étalant ses immenses traînées,
D'une vaste prison imite les barreaux [7],
Et qu'un peuple muet d'infâmes araignées [8]
Vient tendre ses filets au fond de nos cerveaux,

Des cloches tout à coup sautent avec furie [9]
Et lancent vers le ciel un affreux hurlement,
Ainsi que des esprits errants et sans patrie [10]
Qui se mettent à geindre opiniâtrement [11].

— Et de longs corbillards [12], sans tambours ni musique,
Défilent lentement dans mon âme ; l'Espoir,
Vaincu, pleure et l'Angoisse atroce, despotique [13],
20   Sur mon crâne incliné plante son drapeau noir [14].

— 1 Définir cette impression qui se précise aux v. 3 et 4. — 2 *Var.* : Il nous *fait...* Comparer les deux verbes. — 3 Montaigne et Pascal parlaient aussi de la terre, ce « petit cachot » (*XVIIe Siècle*, p. 145). Montrer la différence d'intention. — 4 Par comparaison avec les images qui symbolisent habituellement l'espérance, qu'a voulu suggérer Baudelaire. — 5 Étudier la valeur évocatrice des v. 7 et 8. A-t-on la même impression que p. 443 (v. 11-12) ? — 6 Montrer la progression depuis le v. 1. — 7 Quelle est l'impression traduite par les mots : *étalant, immenses traînées, vaste* prison (cf. p. 445, v. 18). — 8 *Var.* : « *d'horribles* araignées ». Comparer les deux rédactions. — 9 Hallucination auditive. Opposer cette interprétation au thème habituel des cloches depuis Chateaubriand. — 10 Cf. p. 453, n. 15. — 11 Quel est l'effet produit par cet adverbe ? — 12 *Var.* : Et d'*anciens* corbillards. Étudier l'impression que veut créer le poète. — 13 *Var.* : et l'Espoir — *Pleurant comme un vaincu*, l'Angoisse *despotique...* Montrer la grande supériorité de la rédaction définitive. — 14 Comme un *pirate* victorieux. Comment le poète évoque-t-il la *cruauté* de l'Angoisse ? Quel est le rôle de l'image finale ?

– Composition. *Distinguez et définissez les trois moments de la crise évoquée par* BAUDELAIRE.
– Strophes II et III. *a) Étudiez les correspondances entre le décor pluvieux et le paysage intérieur du poète ; – b) Montrez que les sensations réelles sont déformées pour s'accorder avec son malaise.*
– Strophe IV. *a) Qu'exprime la disproportion entre les deux parties de la période des v. 1 à 16 ? – b) Quels sont les caractères marquants de cette crise ? Comment sont-ils suggérés ?*
– Strophe V. *a) Expliquez le contraste entre les strophes V et IV ? – b) Quelle est l'impression finale ?*
– *Étudiez dans le poème la lutte entre l'Idéal et le Spleen, et la défaite de l'Idéal.*
• **Groupe thématique.** Étudiez les différentes nuances du **Spleen baudelairien,** d'après les p. 442-445.
– *Commentaire composé. Évocation pathologique et dramatique du Spleen.*

Spleen : « *J'ai plus de souvenirs...* »

« Ce que je sens, c'est un immense découragement, une sensation d'isolement insupportable, une peur perpétuelle d'un malheur vague, une défiance complète de ses forces, une absence totale de désirs, une impossibilité de trouver un amusement quelconque... Je me demande sans cesse : A quoi bon ceci ? à quoi bon cela ? C'est le véritable esprit de spleen. » (A sa mère, 1857). Le poète suggère cet éternel *ennui,* nuancé d'*angoisse morbide,* en mêlant aux grâces alanguies et décadentes d'un *XVIIIe siècle désuet* quelques *visions étranges et macabres,* et en faisant servir à l'expression du *Spleen* les images *exotiques* qui sont habituellement pour lui des éléments d'évasion vers l'*Idéal.*

J'ai plus de souvenirs que si j'avais mille ans.

Un gros meuble à tiroirs encombrés de bilans,
De vers, de billets doux, de procès, de romances,
Avec de lourds cheveux roulés dans des quittances [1],
Cache moins de secrets que mon triste cerveau.
C'est une pyramide [2], un immense caveau,
Qui contient plus de morts que la fosse commune.
— Je suis un cimetière abhorré de la lune [3],
Où, comme des remords, se traînent de longs vers [4]
10   Qui s'acharnent toujours sur mes morts les plus chers [5].
Je suis un vieux boudoir plein de roses fanées,
Où gît tout un fouillis de modes [6] surannées,
Où les pastels plaintifs [7] et les pâles Boucher [8],
Seuls, respirent l'odeur [9] d'un flacon débouché [10].

Rien n'égale en longueur les boiteuses journées,
Quand, sous les lourds flocons des neigeuses années,
L'ennui, fruit de la morne incuriosité,
Prend les proportions de l'immortalité [11].
— Désormais tu n'es plus, ô matière vivante !
20   Qu'un granit entouré d'une vague épouvante,
Assoupi dans le fond d'un Sahara brumeux ;
Un vieux sphinx ignoré du monde insoucieux,
Oublié sur la carte, et dont l'humeur farouche
Ne chante qu'aux rayons du soleil qui se couche [12] !

— 1 Reflet de la vie du poète où des éléments *douloureux* s'entrelacent avec des souvenirs plus *tendres.* Quelle est l'impression définitive ? — 2 Dégager l'idée qui préside à l'enchaînement de ces images funèbres. — 3 Opposer les cimetières romantiques doucement éclairés par la lune. — 4 Cf. « *Et le ver rongera ta peau comme un remords* » (p. 437). — 5 Les souvenirs heureux (opposer p. 449, v. 9-11). — 6 Parures, dentelles... — 7 Expliquer cette correspondance. — 8 Peintre galant du XVIIIe s. aux teintes tendres et douces. — 9 Var. : *Hument le vieux parfum...* — 10 Relever dans les v. 11-14 les termes qui créent l'impression d'ennui. — 11 Expliquer l'idée. — 12 Au contraire de la statue de Memnon qui émettait des sons harmonieux au soleil *levant. Relever dans les v. 19-24 les détails étranges.*

Les Aveugles

C'est dans la ville et ses spectacles que le poète des *Tableaux Parisiens* va maintenant chercher un remède à son spleen. Mais toujours sa méditation le ramène à lui-même, à sa solitude, à l'angoisse de la créature exilée de sa « patrie » mystique et livrée à ce que PASCAL appelait la « misère de l'homme sans Dieu ». Inspiré d'une remarque d'Hoffmann et de la *Parabole des aveugles* de Breughel le Vieux, le poème serait moins vrai à notre époque où l'aveugle se comporte de plus en plus comme les « voyants ».

Contemple-les, mon âme ; ils sont vraiment affreux [1] !
Pareils aux mannequins [2], vaguement [3] ridicules ;
Terribles, singuliers comme les somnambules [4],
Dardant on ne sait où leurs globes ténébreux.

Leurs yeux, d'où la divine étincelle est partie,
Comme s'ils regardaient au loin, restent levés
Au ciel ; on ne les voit jamais vers les pavés
Pencher rêveusement leur tête appesantie [5].

Ils traversent ainsi le noir illimité,
Ce frère du silence éternel [6]. O cité !
Pendant qu'autour de nous [7] tu chantes, ris et beugles [8],

Éprise du plaisir jusqu'à l'atrocité [9],
Vois, je me traîne aussi [10] ! mais, plus qu'eux hébété [11],
Je dis : Que cherchent-ils au Ciel, tous ces aveugles ?

A une passante

Un de ces poèmes comme il ne saurait en éclore que dans les grandes villes, où se croisent sans cesse des destins anonymes, où chaque jour des âmes secrètement accordées frôlent peut-être, en vain, le bonheur. La séduction de cette élégante inconnue répond à la *conception baudelairienne de la beauté* féminine et poétique, « qui fait rêver à la fois, mais d'une manière confuse, de volupté et de tristesse ; qui comporte une idée de mélancolie, de lassitude, même de satiété... ».

La rue assourdissante autour de moi hurlait.
Longue, mince, en grand deuil, douleur majestueuse,
Une femme passa, d'une main fastueuse
Soulevant, balançant le feston et l'ourlet ;

Agile et noble, avec sa jambe de statue.
Moi, je buvais, crispé comme un extravagant [12],
Dans son œil, ciel livide où germe l'ouragan,
La douceur qui fascine et le plaisir qui tue [13].

Un éclair... puis la nuit ! — Fugitive beauté
Dont le regard m'a fait soudainement renaître [14],
Ne te verrai-je plus que dans l'éternité ?

Ailleurs, bien loin d'ici ! trop tard ! *jamais* peut-être !
Car j'ignore où tu fuis, tu ne sais où je vais,
O toi que j'eusse aimée, ô toi qui le savais [15] !

— 1 Expliquer ce début volontairement choquant. — 2 Leur démarche est *mécanique*. — 3 Souligner la nuance. — 4 Ils marchent les yeux ouverts, sans voir. — 5 Étudier dans ce quatrain les effets de coupes et d'enjambements. — 6 Préciser les correspondances des v. 9 et 10. — 7 Expliquer ce pluriel. — 8 Qu'évoquent tous ces verbes ? Montrer qu'il y a une progression. — 9 Cf. p. 449, v. 5-7. — 10 Cf. p. 451, v. 33. — 11 L'esprit « émoussé ». — 12 Comme un *égaré*. — 13 Cf. p. 435. — 14 Cf. p. 438, v. 4. — 15 Étudier les suggestions mystérieuses de ce tercet.

Le Cygne

Parlant à Sainte-Beuve de ses *Poèmes en Prose*, BAUDELAIRE se présente comme un poète de la ville « accrochant sa pensée rapsodique à chaque accident de sa flânerie ». Il le fait déjà dans ses *Tableaux Parisiens* : que de souvenirs et de méditations viennent « s'accrocher » à un spectacle en lui-même banal ! Ce *cygne* devient le symbole de tous les *exilés*, des *blessés de la vie*, de ceux qui ont la *nostalgie* d'une patrie idéale. — Dans la deuxième édition des *Fleurs du Mal*, ce poème était dédié à VICTOR HUGO, l'exilé de Guernesey.

Andromaque, je pense à vous ! Ce petit fleuve [1],
Pauvre et triste miroir où jadis resplendit
L'immense majesté de vos douleurs de veuve [2],
Ce Simoïs menteur [3] qui par vos pleurs grandit,

A fécondé soudain ma mémoire fertile,
Comme je traversais le nouveau Carrousel [4].
— Le vieux Paris n'est plus (la forme d'une ville
Change plus vite, hélas ! que le cœur d'un mortel)...

Baudelaire évoque alors un spectacle qu'il aperçut un jour en ces lieux :

Un cygne qui s'était évadé de sa cage,
Et, de ses pieds palmés frottant la pavé sec,
Sur le sol raboteux traînait son blanc plumage.
Près d'un ruisseau sans eau la bête, ouvrant le bec,

Baignait nerveusement ses ailes dans la poudre...
Vers le ciel ironique et cruellement bleu,
Sur son cou convulsif tendant sa tête avide,
Comme s'il adressait des reproches à Dieu !

Paris change ! mais rien dans ma mélancolie
10 N'a bougé ! palais neufs, échafaudages, blocs,
Vieux faubourgs, tout pour moi devient allégorie [5],
Et mes chers souvenirs sont plus lourds que des rocs.

Aussi devant ce Louvre une image m'opprime [6] :
Je pense à mon grand cygne, avec ses gestes fous,
Comme les exilés [7], ridicule et sublime [8],
Et rongé d'un désir sans trêve ! et puis à vous,

Andromaque, des bras d'un grand époux tombée [9],
Vil bétail, sous la main du superbe Pyrrhus [10],
Auprès d'un tombeau vide [11] en extase courbée ;
20 Veuve d'Hector, hélas ! et femme d'Hélénus [12] !

Je pense à la négresse [13], amaigrie et phtisique,
Piétinant dans la boue, et cherchant, l'œil hagard,
Les cocotiers absents de la superbe Afrique
Derrière la muraille immense du brouillard [14] ;

— 1 Le *Simoïs*, fleuve de la région de Troie, qu'Andromaque captive de Pyrrhus, en Epire, avait reproduit artificiellement pour retrouver l'image de la patrie perdue (cf. *Enéide*, III, 295 sq.). — 2 Cf. v. 20. — 3 Virgile (*Enéide*, III, 302) nous présente Andromaque « sur les bords d'un faux Simoïs » *(falsi Simoentis ad undam)*. — 4 Esplanade que le Second Empire était en train d'établir entre le Louvre et les Tuileries, en démolissant les vieilles maisons pittoresques qui en occupaient l'emplacement. — 5 Revêt un sens symbolique. — 6 M'accable de son poids. — 7 Ce cygne privé d'eau avait « le cœur plein de son beau lac natal ». — 8 Expliquer ces deux adjectifs. — 9 C'est l'expression même de Virgile : *dejectam conjuge tanto*. — 10 Fils d'Achille. — 11 Le *cénotaphe* qu'elle avait élevé à la mémoire d'Hector. — 12 La veuve d'Hector avait épousé le devin Hélénus, fils de Priam, et esclave comme elle. — 13 Victime du mirage de Paris. — 14 Étudier l'image.

A quiconque a perdu ce qui ne se retrouve
Jamais, jamais ! à ceux qui s'abreuvent de pleurs [15]
Et tettent la Douleur comme une bonne louve [16] !
Aux maigres orphelins séchant comme des fleurs !

Ainsi dans la forêt [17] où mon esprit s'exile
30　Un vieux Souvenir sonne à plein souffle du cor [18] !
Je pense aux matelots oubliés dans une île,
Aux captifs, aux vaincus !... à bien d'autres encor [19] !

La servante au grand cœur...

Cet hommage à une servante est un des rares poèmes où BAUDELAIRE consente à « prostituer les choses saintes de la famille ». Il gardait un souvenir ému de la vieille MARIETTE qui l'avait élevé jusqu'à l'âge de dix ans, et il l'associait chaque soir à ses prières. On trouve ici une sympathie pour les humbles qui n'apparaît guère dans les *Fleurs du Mal*, mais qui s'exprimera à maintes reprises dans les *Poèmes en Prose*. Dans ces quelques vers, la *poésie familière* et prosaïque, qui convenait au thème de la servante, alterne avec le *grand lyrisme* inspiré par la mort : par delà les fantaisies macabres de Gautier, on remonte aux douloureuses évocations de Villon.

La servante au grand cœur dont vous [1] étiez jalouse,
Et qui dort son sommeil sous une humble pelouse [2],
Nous devrions pourtant [3] lui porter quelques fleurs.
Les morts, les pauvres morts, ont de grandes douleurs [4] ;
Et quand octobre souffle, émondeur des vieux arbres,
Son vent mélancolique à l'entour de leurs marbres,
Certe, ils doivent trouver les vivants bien ingrats
De dormir, comme ils font, chaudement dans leurs draps,
Tandis que, dévorés de noires songeries,
10　Sans compagnon de lit, sans bonnes causeries,
Vieux squelettes gelés travaillés par le ver,
Ils sentent s'égoutter les neiges de l'hiver
Et le siècle couler, sans qu'amis ni famille
Remplacent les lambeaux [5] qui pendent à leur grille.

Lorsque la bûche siffle et chante, si le soir [6],
Calme, dans le fauteuil je la voyais s'asseoir,
Si, par une nuit bleue et froide de décembre,
Je la trouvais tapie [7] en un coin de ma chambre,
Grave, et venant du fond de son lit éternel,
20　Couver l'enfant grandi de son œil maternel,
Que pourrais-je répondre à cette âme pieuse,
Voyant tomber des pleurs de sa paupière creuse [8] ?

— 15 Préciser le sentiment et le ton. — 16 Cf. la louve romaine allaitant Romulus et Rémus. — 17 La forêt des songes et des souvenirs. — 18 Cf. p. 433, v. 36. — 19 Comment interpréter l'allusion ?

— 1 Le poète s'adresse à sa *mère*. — 2 Dans un cimetière parisien. — 3 Préciser cette nuance. — 4 Baudelaire suppose souvent que les morts gardent leur sensibilité (cf. p. 437). Relever dans les v. 4-14 les termes qui rendent sensible l'horreur physique et morale de la mort. — 5 Les couronnes et les fleurs abandonnées. — 6 Étudier l'apparition et son étrangeté. — 7 Discrètement. — 8 Qu'y a-t-il d'émouvant dans cette fin ?

RECUEILLEMENT

Paru en novembre 1861, quelques mois après la deuxième édition des *Fleurs du Mal*, ce sonnet contraste, par son climat d'*apaisement*, avec la détresse du poète à cette époque. Pourtant, si le ton est apaisé dès le début, le *calme* ne s'établit vraiment que vers la fin du poème. Sur un thème cher aux romantiques, on appréciera l'originalité de cette « cohabitation » avec la Douleur devenue pour BAUDELAIRE « la noblesse unique », « le divin remède à nos impuretés » (*Bénédiction*). Quant aux *tercets*, ils ont rallié tous les suffrages : ce poète, parfois si près de VILLON par son réalisme macabre, est aussi celui qui a su créer des *impressions féeriques et pourtant naturelles*, avec un merveilleux pouvoir de suggestion.

Sois sage, ô ma Douleur, et tiens-toi plus tranquille.
Tu réclamais le Soir ; il descend ; le voici :
Une atmosphère obscure enveloppe la ville,
Aux uns portant la paix, aux autres le souci [1].   *ambiguen*

Pendant que des mortels [2] la multitude vile,
Sous le fouet du Plaisir, ce bourreau sans merci [3],
vous sentez coupable   Va cueillir des remords [4] dans la fête servile,
Ma Douleur, donne-moi la main ; viens par ici [5],   *le rejet*

Loin d'eux [6]. Vois se pencher [7] les défuntes Années,
Sur les balcons du ciel, en robes surannées [8] ;   *vieille, qui date, pas à la mode*
Surgir du fond des eaux le Regret souriant [9] ;

Le Soleil moribond s'endormir sous une arche,
Et, comme un long linceul [10] traînant à l'Orient,
Entends, ma chère, entends [11] la douce Nuit qui marche [12].

- **Premier quatrain.** *a) Quel paraît être le « caractère » de la Douleur personnifiée ? – b) Comment le poète s'adresse-t-il à elle aux v. 1, 2, 8 et 14 ? – c) A quoi tient le calme de cette strophe ?*
- **Second quatrain.** *a) Par quels arguments le poète repousse-t-il la tentation des plaisirs ? – b) Étudiez leur évocation satirique ; – c) Pourquoi leur préfère-t-il la solitude avec sa douleur ?*
- **Tercets.** *a) A quels éléments est due la « magie » de ces tercets ? – b) Étudiez la combinaison des visions immatérielles et du paysage urbain. – c) Comparez les rimes des quatrains et des tercets.*
- *Discutez ces mots de VALERY : « Les premiers et les derniers vers de cette poésie sont d'une telle magie que le milieu ne fait pas sentir son ineptie et se tient aisément pour nul et inexistant ».*
- **Groupe thématique.** La **lutte entre l'Idéal et le Spleen** dans les extraits des *Fleurs du Mal.*
- *Essai. Étudiez le système de correspondances par lesquelles s'exprime le spleen baudelairien.*
- *Commentaire composé. Le triomphe de l'Idéal sur le Spleen et son expression poétique.*

— 1 Ce thème baudelairien de la diversité des activités urbaines à la nuit tombante est traité dans *Le Crépuscule du soir*. — 2 Préciser le ton. — 3 Étudier ces images et expliquer l'expression *fête servile* (v. 7). — 4 Opposer les formules épicuriennes : *Cueillez votre jeunesse... Cueillez dès aujourd'hui les roses de la vie...* — 5 Interpréter le contraste de rythme entre les v. 5-7 et le v. 8. — 6 Montrer l'audace de ce rejet. Quel est l'effet obtenu ? — 7 Préciser l'impression créée par cette succession d'infinitifs (v. 9, 11, 12). — 8 Étudier la correspondance entre ces images et les doux souvenirs qui apaisent la Douleur. — 9 Expliquer l'alliance de mots (cf. v. 7). — 10 Les mots *moribond* et *linceul* produisent-ils ici une impression d'horreur macabre ? — 11 Est-ce une impropriété de terme ? — 12 Étudier le rôle de la rime *féminine* à la fin de ce poème.

Un voyage à Cythère

Au cœur même de son recueil, Baudelaire a placé une quatrième partie intitulée *Fleurs du Mal* où paraissent irrémédiablement brisés les élans qui, dans les trois premières parties, portaient sans cesse le poète vers l'*Idéal*. Au large de Cérigo (*Cythère*), Gérard de Nerval avait eu la surprise de voir se détacher sur le ciel un objet qu'il prit d'abord pour une statue : « C'était un gibet, un gibet à trois branches dont une seule était garnie ». De cette simple anecdote, Baudelaire a tiré un des poèmes les plus caractéristiques de la diversité de son art, de son horreur du péché et de la mort, de la hantise qui lui présente partout l'image de sa déchéance physique et morale.

Mon cœur, comme un oiseau, voltigeait tout joyeux [1]
Et planait librement à l'entour des cordages [2] ;
Le navire roulait sous un ciel sans nuages,
Comme un ange enivré du soleil radieux.

Quelle est cette île triste et noire ? — C'est Cythère [3],
Nous dit-on, un pays fameux dans les chansons,
Eldorado [4] banal de tous les vieux garçons [5].
Regardez, après tout, c'est une pauvre terre.

— Ile des doux secrets et des fêtes du cœur [6] !
10   De l'antique Vénus le superbe fantôme
Au-dessus de tes mers plane comme un arome,
Et charge les esprits d'amour et de langueur.

Belle île aux myrtes [7] verts, pleine de fleurs écloses,
Vénérée à jamais par toute nation,
Où les soupirs des cœurs en adoration
Roulent comme l'encens sur un jardin de roses

Ou le roucoulement éternel d'un ramier [8] !
— Cythère n'était plus qu'un terrain des plus maigres
Un désert rocailleux troublé par des cris aigres [9].
20   J'entrevoyais pourtant un objet singulier !

Ce n'était pas un temple aux ombres bocagères,
Où la jeune prêtresse, amoureuse des fleurs,
Allait, le corps brûlé de secrètes chaleurs,
Entre-bâillant sa robe aux brises passagères ;

Mais voilà qu'en rasant la côte d'assez près
Pour troubler les oiseaux avec nos voiles blanches [10],
Nous vîmes que c'était un gibet à trois branches,
Du ciel se détachant en noir, comme un cyprès [11].

— 1 Comparer la variante : *Mon cœur se balançait comme un ange joyeux.* — 2 Cf. p. 433 et p. 434. — 3 Dans l'antiquité, l'île de Cythère était consacrée à Vénus. — 4 En espagnol : *Le Doré.* Pays imaginaire, prodigieusement riche en or. Expliquer l'emploi du terme au sens figuré. — 5 Que penser de cette définition ? — 6 Songer aux *Fêtes Galantes* de Watteau, qui a peint un *Embarquement pour Cythère* ; cf. aussi Verlaine, p. 507. — 7 Plante consacrée à Vénus. — 8 Expliquer cette comparaison. — 9 Étudier le contraste d'harmonie entre les v. 18-19 et ceux qui les précèdent. — 10 Pourquoi ce rappel du premier quatrain ? — 11 Justifier la comparaison avec cet arbre funéraire.

De féroces oiseaux perchés sur leur pâture
Détruisaient avec rage un pendu déjà mûr,
Chacun plantant, comme un outil, son bec impur [12]
Dans tous les coins saignants de cette pourriture ;

Les yeux étaient deux trous, et du ventre effondré,
Les intestins pesants lui coulaient sur les cuisses,
Et ses bourreaux, gorgés de hideuses délices,
L'avaient à coups de bec absolument châtré.

Sous les pieds, un troupeau de jaloux quadrupèdes,   loup etc.
30   Le museau relevé, tournoyait et rôdait ;
Une plus grande bête au milieu s'agitait
Comme un exécuteur entouré de ses aides [13].

Habitant de Cythère, enfant d'un ciel si beau,
Silencieusement tu souffrais ces insultes,
En expiation de tes infâmes cultes
Et des péchés qui t'ont interdit le tombeau.

Ridicule pendu [14], tes douleurs sont les miennes [15] !
Je sentis, à l'aspect de tes membres flottants,
Comme un vomissement, remonter vers mes dents
Le long fleuve de fiel des douleurs anciennes ;

Devant toi, pauvre diable au souvenir si cher [16],
J'ai senti tous les becs et toutes les mâchoires
Des corbeaux lancinants et des panthères noires [17]   souffrances dans le passé
40   Qui jadis aimaient tant à triturer ma chair [18].

— Le ciel était charmant, la mer était unie [19] ;
Pour moi tout était noir et sanglant désormais,
Hélas ! et j'avais, comme en un suaire épais [20],
Le cœur enseveli dans cette allégorie [21].

Dans ton île, ô Vénus ! je n'ai trouvé debout
Qu'un gibet symbolique où pendait mon image...
— Ah ! Seigneur ! donnez-moi la force et le courage
De contempler mon cœur et mon corps sans dégoût !

- *Distinguez les deux parties du poème et examinez en détail le passage de la description au symbole.*
- *Montrez que le poète a multiplié les contrastes et cherchez, dans chaque cas précis, la raison d'être de l'alternance entre la joie et l'horreur.*
- *Comment* BAUDELAIRE *a-t-il suggéré le rêve de bonheur qu'évoque la légende de Cythère ?*
- *Étudiez les caractères les plus saisissants du réalisme baudelairien et sa valeur symbolique.*
- *Dégagez la valeur générale du poème et commentez le sens du dernier quatrain.*
- **Essai.** *Étude d'ensemble de ce poème considéré comme le type de la lutte entre Spleen et Idéal.*
- **Groupe thématique.** Les visages de **la femme** et de **l'amour** dans les extraits des *Fleurs du Mal*.

---

12 Variante : *Et chacun jusqu'aux yeux plantait son bec impur.* — 13 Etudier l'impression différente produite par les strophes 7 et 8. — 14 Variante : *Pauvre pendu muet* (cf. v. 49). Expliquer l'intention qui a dicté cette correction. — 15 Cf. p. 446 et p. 447. S'agit-il de douleurs de même nature ? — 16 Pourquoi lui est-il si cher ? — 17 Cf. strophes 7 et 8. — 18 Montrer la valeur expressive de l'allitération. — 19 Comment le rythme souligne-t-il l'idée ? — 20 Étudier ce curieux effet de rythme. — 21 Cf. v. 46.

La Mort

La Mort est la *dernière espérance* de ceux que hante l'infini et qui ne sauraient s'accommoder de la médiocrité terrestre. Dans un autre monde, les amants connaîtront un amour épuré de toute sensualité, fusion totale des esprits et des cœurs *(La mort des Amants)*, les pauvres recevront le prix de leurs misères (cf. ci-dessous), les artistes torturés par leur idéal verront « s'épanouir les fleurs de leur cerveau » *(La mort des Artistes)*. Après ces chants d'espérance, l'inquiétude fait encore surgir un doute, avec *Le Rêve d'un curieux* : si la vie aboutissait au néant, si le rideau se levait sur une scène vide ? Mais Baudelaire n'a pas voulu fermer le livre sur un échec : à la fin du *Voyage*, l'âme impatiente s'élance vers l'Infini.

La Mort des Pauvres

Les Pauvres attendent de la Mort la revanche de leur dénuement. Ils l'imaginent d'abord en termes prosaïques comme la fin de leurs misères matérielles ; mais *le thème s'élargit* vers des horizons mystiques où la pauvreté est conçue, à la manière chrétienne, comme une *sanctification* qui a une valeur d'échange avec Dieu et permet d'accéder à des *richesses surnaturelles*.

C'est la Mort qui console, hélas ! et qui fait vivre [1] ;
C'est le but de la vie, et c'est le seul espoir
Qui, comme un élixir, nous monte et nous enivre,
Et nous donne le cœur de marcher jusqu'au soir [2] ;

A travers la tempête, et la neige, et le givre,
C'est la clarté vibrante à notre horizon noir ;
C'est l'auberge fameuse inscrite sur le livre [3],
Où l'on pourra manger, et dormir, et s'asseoir ;

C'est un Ange qui tient dans ses doigts magnétiques
Le sommeil et le don des rêves extatiques [4],
Et qui refait le lit des gens pauvres et nus ;

C'est la gloire des Dieux [5], c'est le grenier mystique [6],
C'est la bourse du pauvre et sa patrie antique [7],
C'est le portique ouvert sur les Cieux inconnus !

Le Voyage

Paru en 1859, ce long poème dont nous citons les deux dernières parties (VII et VIII) semble écrit pour apporter au terme du recueil *l'expression la plus complète de la pensée baudelairienne* ; il figure à la fin des éditions de 1861 et 1868. Dans les 108 premiers vers, le poète évoque l'inutilité de nos voyages pour échapper au spleen : quelles qu'en soient les causes, blessures de la vie, besoin d'infini, trahisons de l'amour, nostalgie du changement, nous allons à l'échec car notre âme reste la même et le mal est en nous. Le « voyage » dans la société humaine nous montre partout « le spectacle ennuyeux de l'éternel péché ». Il ne nous reste donc plus qu'à placer nos espérances dans le *grand Voyage* vers le gouffre, Enfer ou Ciel, qui apaisera la hantise de l'Infini.

Amer savoir, celui qu'on tire du voyage !
Le monde, monotone et petit, aujourd'hui,
Hier, demain, toujours, nous fait voir notre image :
Une oasis d'horreur dans un désert d'ennui !

— 1 Qui fait *accepter* la vie. Expliquer ce paradoxe. — 2 Étudier comment cette image se précise dans la suite du sonnet. — 3 Peut-être allusion à la parabole évangélique du Samaritain qui recueille un blessé sur la route et le fait soigner dans une auberge (Luc, X, 30-36). — 4 Rêves avant-coureurs de la félicité éternelle. — 5 Dont jouissent les Dieux. — 6 Grenier céleste où toute faim peut s'apaiser. — 7 Comme le Poète, le Pauvre est un exilé.

Faut-il partir ? rester ? Si tu peux rester, reste ;
Pars, s'il le faut [1]. L'un court, et l'autre se tapit
Pour tromper l'ennemi vigilant et funeste,
Le Temps [2] ! Il est, hélas ! des coureurs sans répit,

10 Comme le Juif errant [3] et comme les apôtres,
A qui rien ne suffit, ni wagon ni vaisseau,
Pour fuir ce rétiaire [4] infâme ; il en est d'autres
Qui savent le tuer [5] sans quitter leur berceau.

Lorsque enfin il mettra le pied sur notre échine,
Nous pourrons espérer [6] et crier : En avant !
De même qu'autrefois nous partions pour la Chine,
Les yeux fixés au large et les cheveux au vent,

Nous nous embarquerons sur la mer des Ténèbres [7]
Avec le cœur joyeux d'un jeune passager.
Entendez-vous ces voix, charmantes et funèbres [8],
20 Qui chantent : « Par ici ! vous qui voulez manger

« Le Lotus parfumé ! c'est ici qu'on vendange
Les fruits miraculeux dont votre cœur a faim [9] ;
Venez vous enivrer [10] de la douceur étrange
De cette après-midi qui n'a jamais de fin ! »

A l'accent familier nous devinons le spectre [11] ;
Nos Pylades [12] là-bas tendent leurs bras vers nous.
« Pour rafraîchir ton cœur nage vers ton Électre [13] ! »
Dit celle dont jadis nous baisions les genoux.

*
**

O Mort, vieux capitaine, il est temps ! levons l'ancre !
30 Ce pays nous ennuie, ô Mort ! Appareillons !
Si le ciel et la mer sont noirs comme de l'encre,
Nos cœurs que tu connais sont remplis de rayons !

Verse-nous ton poison pour qu'il nous réconforte !
Nous voulons, tant ce feu nous brûle le cerveau,
Plonger au fond du gouffre, Enfer ou Ciel, qu'importe [14] ?
Au fond de l'Inconnu pour trouver du *nouveau* [15] !

— 1 Pourquoi : « Si tu peux » et « s'il le faut ? » — 2 Cf. « O douleur ! ô douleur ! Le Temps mange la vie, Et l'obscur Ennemi qui nous ronge le cœur Du sang que nous perdons croît et se fortifie » *(L'Ennemi)*. — 3 Condamné à errer jusqu'à la fin du Monde, pour avoir insulté le Christ. Que penser de ce rapprochement avec les apôtres qui parcourent la terre pour prêcher l'Évangile ? — 4 Gladiateur romain armé d'un filet et d'un trident. Chercher dans les v. 8-13 les termes qui précisent cette comparaison du Temps avec un rétiaire. — 5 Comment peuvent-ils « tuer » le Temps ? — 6 Cf. La Mort des Pauvres, v. 2. — 7 Justifier l'expression (cf. v. 31). —

8 Expliquer cette alliance de termes. — 9 Ayant goûté au *lotus*, les compagnons d'Ulysse *oubliaient leur patrie* et ne voulaient plus quitter le pays des Lotophages *(Odyssée,* IX). — 10 Cf. Enivrez-vous (p. 454). — 11 Un ami qui nous appelle de l'au-delà. — 12 Ami *fidèle* d'Oreste. — 13 *Sœur* d'Oreste. L'amour épuré deviendra fraternité des esprits et des cœurs : thème de La Mort des Amants (cf. p. 441, v. 1). — 14 Cf. p. 435, v. 17. — 15 Cf. le poème en prose *Anywhere out of the world* où le poète propose à son âme de voyager pour dissiper son spleen. Elle finit par lui crier : « N'importe où ! n'importe où ! pourvu que ce soit hors du monde ».

Petits Poèmes en Prose

« Quel est celui d'entre nous qui n'a pas, dans ses jours d'ambition, rêvé le miracle d'une prose poétique, musicale sans rythme et sans rime, assez souple et assez heurtée pour s'adapter aux mouvements lyriques de l'âme, aux ondulations de la rêverie, aux soubresauts de la conscience ? » Baudelaire a-t-il tenu cette gageure ? On en aura une idée d'après ces quelques exemples où reviennent les thèmes du Temps et du Voyage et où le poète exprime son intérêt pour les humbles. Le titre de cet ensemble de cinquante poèmes aurait peut-être été *Spleen de Paris*.

Enivrez-vous

Il faut être toujours ivre. Tout est là : c'est l'unique question. Pour ne pas sentir l'horrible fardeau du Temps qui brise vos épaules et vous penche vers la terre, il faut vous enivrer sans trêve. Cesse

Mais de quoi ? De vin, de poésie ou de vertu, à votre guise. Mais enivrez-vous.

Et si quelquefois, sur les marches d'un palais, sur l'herbe verte d'un fossé, dans la solitude morne de votre chambre, vous vous réveillez, l'ivresse déjà diminuée ou disparue, demandez au vent, à la vague, à l'étoile, à l'oiseau, à l'horloge, à tout ce qui fuit, à tout ce qui gémit, à tout ce qui roule, à tout ce qui
10 chante, à tout ce qui parle, demandez quelle heure il est ; et le vent, la vague, l'étoile, l'oiseau, l'horloge, vous répondront : « Il est l'heure de s'enivrer ! Pour n'être pas les esclaves martyrisés du Temps, enivrez-vous ; enivrez-vous sans cesse ! De vin, de poésie ou de vertu, à votre guise. »

Le port

Un port est un séjour charmant pour une âme fatiguée des luttes de la vie. L'ampleur du ciel, l'architecture mobile des nuages, les colorations changeantes de la mer, le scintillement des phares, sont un prisme merveilleusement propre à amuser les yeux sans jamais les lasser. Les formes élancées des navires, au gréement compliqué, auxquels la houle imprime des oscillations harmonieuses, servent à entretenir
20 dans l'âme le goût du rythme et de la beauté. Et puis, surtout, il y a une sorte de plaisir mystérieux et aristocratique pour celui qui n'a plus ni curiosité ni ambition, à contempler, couché dans le belvédère ou accoudé sur le môle, tous ces mouvements de ceux qui partent et de ceux qui reviennent, de ceux qui ont encore la force de vouloir, le désir de voyager ou de s'enrichir.

Les fenêtres

Celui qui regarde au dehors à travers une fenêtre ouverte ne voit jamais autant de choses que celui qui regarde une fenêtre fermée. Il n'est pas d'objet plus profond, plus mystérieux, plus fécond, plus ténébreux, plus éblouissant qu'une fenêtre éclairée d'une chandelle. Ce qu'on peut voir au soleil est toujours moins intéressant que ce
30 qui se passe derrière une vitre.

Dans ce trou noir ou lumineux vit la vie, rêve la vie, souffre la vie.

Par delà des vagues de toits, j'aperçois une femme mûre, ridée déjà, pauvre, toujours penchée sur quelque chose, et qui ne sort jamais. Avec son visage, avec son vêtement, avec son geste, avec très peu de données, j'ai refait l'histoire de cette femme, ou plutôt sa légende, et quelquefois je me la raconte à moi-même en pleurant.

Si c'eût été un pauvre vieux homme, j'aurais refait la sienne tout aussi aisément.

Et je me couche, fier d'avoir vécu et souffert dans d'autres que moi-même.

Peut-être me direz-vous : « Es-tu sûr que cette légende soit la vraie ? » Qu'im-
40 porte ce que peut être la réalité placée hors de moi, si elle m'a aidé à vivre, à sentir que je suis et *ce que* je suis ?

Baudelaire et les correspondances

Carjat, « Charles Baudelaire », photographie, vers 1861.
(Ph. © Carjat. Arch. Phot. Paris. Arch. Photeb © by S.P.A.D.E.M. 1985.)

La théorie des correspondances est la clé de la poésie baudelairienne (cf. **p. 431**). Dans *Les Phares* (cf. **p. 432**), s'appuyant sur son expérience de critique d'art, Baudelaire démontre avec virtuosité la fécondité de cette conception. Chaque quatrain suggère par correspondance l'univers particulier d'un artiste différent — cet univers singulier que Proust, parlant du musicien, appelait sa « patrie inconnue » (cf. **XXᵉ siècle, p. 253**). Dans les pages suivantes, où sont reproduites quelques œuvres célèbres, on observera la diversité des approches et, du même coup, l'éventail des possibilités d'expression offertes par les correspondances : tantôt Baudelaire fait allusion à tel tableau précis ; tantôt il combine les impressions éprouvées devant diverses œuvres picturales ; tantôt — par exemple à propos de Delacroix — son quatrain ne renvoie à aucun tableau (cf. son commentaire, **p. 432**, note 8), mais la correspondance s'établit par la magie des mots et expressions et de leur pouvoir de **suggestion**. Le poème devient, selon les termes de Baudelaire lui-même, une « **sorcellerie évocatoire** ».

*Léonard de Vinci, « La Vierge aux rochers », peinture, fin
XVᵉ siècle.* (Musée du Louvre, Paris. Ph. H. Josse © Arch. Photeb.)

Les Phares (cf. p. 432)

« Léonard de Vinci, miroir profond et sombre,
Où des anges charmants, avec un doux souris
Tout chargé de mystère, apparaissent à l'ombre
Des glaciers et des pins qui ferment leur pays. »

XLVIII

Michel-Ange, « Le Jugement dernier » (détail), fresque, 1536-1541.
(Chapelle Sixtine, cité du Vatican. Ph. Scala © Arch. Photeb.)

Les Phares (cf. p. 432)

« Michel-Ange, lieu vague où l'on voit des Hercules
Se mêler à des Christs, et se lever tout droits
Des fantômes puissants qui dans les crépuscules
Déchirent leur suaire en étirant leurs doigts. »

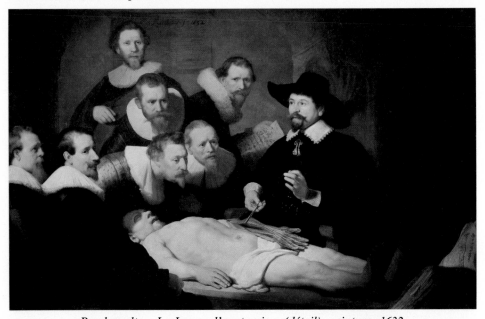

Rembrandt, « La Leçon d'anatomie » (détail), peinture, 1632.
(Mauritshuis, La Haye. Ph. Scala © Arch. Photeb.)
« Rembrandt, triste hôpital tout rempli de murmures... » (*Les Phares,* cf. **p. 432**)

P. Brueghel L'Ancien, « La Parabole des aveugles », peinture, 1568.
(Musée de Capodimonte, Naples. Ph. © Nimatallah - Artephot, Ziolo.)

« Vois, je me traîne aussi ! Mais plus qu'eux hébété.
Je dis : « Que cherchent-ils au Ciel, tous ces aveugles ? » (*Les Aveugles,* cf. **p. 446**)

A. Watteau, « L'Embarquement pour Cythère », peinture, 1718.
(Château de Charlottenbourg, Berlin. Ph. L. Joubert © Arch. Photeb.)

« Watteau, ce carnaval où bien des cœurs illustres,
Comme des papillons, errent en flamboyant... » (*Les Phares*, cf. **p. 432 ; p. 450**)

E. Delacroix, « Dante et Virgile aux Enfers », peinture, 1822.
(Musée du Louvre, Paris. Ph. H. Josse © Arch. Photeb.)

« Delacroix, lac de sang hanté de mauvais anges,
Ombragé par un bois de sapins toujours vert... »

L'idéal féminin de Baudelaire

Ch. Baudelaire, « Jeanne Duval »,
dessin, vers 1860. (Coll. part., Paris. Ph.
Jeanbor © Arch. Photeb.)

Ch. Baudelaire, « Jeanne Duval »,
dessin, vers 1858-1860. (Bibl. Nat., Paris.
Ph. © Arch. Photeb.)

*E. Delacroix, « Aline, la mulâtresse »
(détail), peinture, vers 1824.* (Musée
Fabre, Montpellier. Ph. C. O'Sughrue © Arch.
Photeb.)
(cf. « Parfum exotique », p. 437.)

**L'oscillation entre amour sensuel et amour
spiritualisé.** En stylisant (en haut, à droite) le
portrait plus réaliste de gauche, Baudelaire semble
avoir voulu donner à la Vénus noire la douceur de
« la Muse et la Madone », titre dont il paraît Mme
Sabatier, en l'idéalisant aussi.

Ch. Baudelaire, « Jeanne Duval »,
dessin, XIXe siècle. (Bibl. littéraire Jacques
Doucet, Paris. Ph. © Giraudon.)

Réalisme et naturalisme

E. Giraud, « Portrait de
G. Flaubert », peinture,
XIXᵉ siècle. (Musée National du
Château de Versailles. Ph.
H. Josse © Arch. Photeb.)

E. Manet, « Portrait
d'Émile Zola », peinture,
1868. (Galeries du Jeu de
Paume, Musée d'Orsay, Paris. Ph.
H. Josse © Arch. Photeb.)

*Le décor rappelle que
l'auteur engagé de
J'accuse s'est aussi battu
pour la peinture de Manet
(dont l'Olympia avait fait
scandale) et s'est intéressé
à l'art japonais.*

Après 1850, deux figures de
proue du roman : pour le réalisme, **Gustave Flaubert** (cf.
p. 456 – 457) ; pour le naturalisme, **Émile Zola** (cf. **p. 483 –
484**).

A.-A. Fourie, « Repas de noces à Yport », peinture, XIXᵉ siècle. (Musée des Beaux-Arts, Rouen. Ph. © Lauros - Giraudon.)

E. Guérard, « Promenade au bois : Le Pré Catelan », lithographie, 1859. (Musée Carnavalet, Paris. Ph. J.-L. Charmet © Arch. Photeb.)

C. Guys, « Femme », aquarelle, XIXᵉ siècle. (Musée Carnavalet, Paris. Ph. Jeanbor © Arch. Photeb.)

Emma Bovary : la réalité et le rêve

Noce normande, comme celle de *Madame Bovary,* qui, à vrai dire, était plus pittoresque et plus haute en couleurs (cf. **p. 459**) !

Le **mirage de Paris** dont rêvait Emma Bovary : « Elle savait les modes nouvelles, l'adresse des bons tailleurs, les jours de Bois ou d'Opéra » (I, 9).

La « Femme » de Constantin Guys, que Baudelaire appelait « le peintre de la vie moderne » pourrait faire songer à la « passante » dont le regard a croisé celui du poète : « O toi que j'eusse aimée... » (cf. **p. 446**).

E. Degas, « Les Repasseuses », peinture, vers 1884. (Galeries du Jeu de Paume, Musée d'Orsay, Paris. Ph. H. Josse © Photeb.)

La réalité transfigurée par l'art

Transfiguré par la palette de l'impressionniste, un de ces métiers pénibles — comme celui de Gervaise dans *L'Assommoir* (cf. **p. 485**) — dont le naturalisme de Zola faisait un de ses sujets de prédilection.

P.-A. Renoir, « *Le Déjeuner des canotiers* », peinture, 1879. (Chicago Art Institute. Ph. J. Martin © Arch. Photeb.)

J. Adler, « *La Grève* », peinture, 1899. (Musée des Beaux-Arts, Pau. Ph. L. Joubert © Arch. Photeb © by S.P.A.D.E.M., 1985.)

Deux images de la société à la fin du XIXᵉ siècle

La vie heureuse des snobs que fréquentait Maupassant, dans les guinguettes sur les bords de la Seine (cf. **p. 492**).

La dure vie et les luttes des ouvriers évoquées par Zola dans *Germinal* (cf. **p. 490**).

RÉALISME ET NATURALISME

Du *Roman de Renard* à Villon, de Rabelais à Furetière, de Boileau à La Bruyère, de Marivaux à Diderot, le courant réaliste reparaît sans cesse dans notre littérature. Dans la première moitié du XIXᵉ siècle la tendance à l'observation réaliste s'affirme plus nettement dans les romans de STENDHAL (cf. p. 329), les nouvelles de MÉRIMÉE (cf. p. 347) et surtout l'œuvre de BALZAC (cf. p. 303-307).

LE RÉALISME, défini par une doctrine et une esthétique, ne s'impose toutefois qu'après 1850. Engagée par des peintres (Daumier, Millet et surtout Courbet), la bataille est menée par Champfleury, Duranty, Murger (*Scènes de la vie de Bohème*, 1851) et le réalisme triomphe à la publication de *Madame Bovary* (1857). Bien qu'il soit de tempérament romantique et artiste, c'est FLAUBERT qui, par l'exemple et la doctrine (cf. p. 456), a engagé le roman dans la voie de l'observation méthodique et objective ; dans la recherche passionnées du document vécu, les Goncourt ont poussé plus loin encore, jusqu'au seuil du naturalisme (cf. p. 477).

LE NATURALISME a été défini par ZOLA. Sous l'influence de Claude Bernard et de Taine, il prétend appliquer à l'étude des réalités humaines la méthode des sciences expérimentales (cf. p. 484) et s'attache surtout à peindre les milieux populaires et même les bas-fonds. Autour de Zola, les disciples qu'il réunissait dans sa maison de campagne de Médan, Paul Alexis, Henri Céard, Léon Hennique, J.-K. Huysmans et MAUPASSANT, constituent le *groupe naturaliste* qui se manifesta par la publication d'un recueil de nouvelles, *Les Soirées de Médan* (1880). Mais les plus remarquables d'entre eux se dégagèrent de cette doctrine étroite et de ces prétentions scientifiques : chez Maupassant, le naturalisme n'est plus que l'observation de la réalité jusque dans ses plus humbles détails (cf. p. 492) et de même chez d'excellents écrivains rattachés habituellement au courant naturaliste, entre autres Alphonse DAUDET (cf. p. 498), Jules Vallès, Charles-Louis Philippe et Jules Renard.

GUSTAVE FLAUBERT

Adolescence romantique
Né en 1821, FLAUBERT a grandi dans le cadre mélancolique de l'Hôtel-Dieu de Rouen où son père, chirurgien réputé, était médecin-chef : il y a puisé dès l'enfance un fond de *tristesse* et de *pessimisme* et sans doute aussi le goût de la science, de l'*observation méticuleuse et objective*.

1. UN HÉRITIER DE RENÉ. Au lycée de Rouen, de 1832 à 1839, élève doué mais indiscipliné, FLAUBERT partage l'*exaltation romantique* des adolescents de province qui traînent encore la mélancolie de RENÉ et font des rêves « superbes d'extravagance » : « On n'était pas seulement troubadour, insurrectionnel et oriental ; on était, avant tout, artiste. Les pensums finis, la littérature commençait, et on se crevait les yeux à lire au dortoir des romans. On portait un poignard dans sa poche, comme Antony... Mais quelle haine de toute platitude ! quels élans vers la grandeur ! » Les premiers écrits de ce lycéen romantique sont des contes fantastiques, des confidences autobiographiques, un roman « métaphysique et à apparitions » (*Smarh*, 1839).

2. « L'UNIQUE PASSION » DE FLAUBERT. Au cours de l'été 1836, à Trouville, quelques paroles banales échangées avec Élisa SCHLÉSINGER, femme d'un éditeur de musique, troublent son jeune cœur : c'est le début d'une passion muette qui deviendra chez l'homme mûr une adoration discrète et quasi mystique. Il ne lui écrira sa première lettre d'amour que 35 ans plus tard, lorsqu'elle sera veuve. Élisa Schlésinger sera l'inspiratrice des *Mémoires d'un Fou* (1838), de *Novembre* (1842) et de la première *Éducation Sentimentale* (1845), avant de reparaître sous les traits de Marie Arnoux dans la seconde *Éducation Sentimentale* (1869).

3. L'ÉTUDIANT PARISIEN. Après son baccalauréat, FLAUBERT poursuit à Paris des études de Droit qui le passionnent moins que la littérature (1842-1844). Accueilli chez le sculpteur Pradier où il rencontre les célébrités du romantisme, il se lie avec Hugo, sa grande admiration. Il vient d'entreprendre la première *Éducation Sentimentale* quand, brusquement, un jour d'octobre 1843, il est terrassé par une maladie nerveuse.

Le solitaire de Croisset   Toujours à la merci d'une crise, FLAUBERT se retire dans sa propriété de Croisset, sur la rive droite de la Seine, non loin de Rouen. Rendu encore plus pessimiste par la perte de son père et de sa sœur (1846) il se consacre à sa mère et à une nièce orpheline, renonce à la vie mondaine et se donne au *culte fanatique de l'Art*, seule consolation à la « triste plaisanterie » de l'existence. Les événements de sa vie seront désormais ses voyages, ses relations avec ses amis (surtout le poète Louis BOUILHET), sa liaison avec Louise Colet ; sa correspondance avec cette femme de lettres nous renseigne sur son travail et ses idées littéraires.

Il se consacre désormais à ses romans, composés patiemment, au prix d'un *labeur méthodique et acharné*. Au retour d'un voyage en Égypte, il passe 53 mois à écrire *Madame Bovary* (ce roman lui vaut un procès qui se termine par un acquittement et le rend célèbre, 1857) ; s'il entreprend un voyage en Tunisie (1858), c'est pour se préparer à la rédaction de *Salammbô* (1862). Enfin il reprend le projet, trois fois abandonné déjà, de retracer le douloureux roman de sa passion pour Mme Schlésinger : il passe cinq ans à rédiger l'*Éducation Sentimentale* (1869) dont l'échec lui cause une immense déception.

Repris par ses crises nerveuses, FLAUBERT aura la douleur de perdre sa mère (1872) et ses amis les plus chers : Bouilhet (1869), Sainte-Beuve (1869), J. de Goncourt (1870) et George Sand (1876). Ses dernières années seront encore assombries par l'insuccès de la *Tentation de Saint Antoine* (1874) et de ses essais dramatiques (*Le Candidat*, 1874). Avec une admirable générosité, il sacrifie toute sa fortune pour sauver sa nièce de la faillite : les *ennuis matériels* viennent donc s'ajouter à ses déceptions. Aussi déverse-t-il son amertume dans le roman satirique de *Bouvard et Pécuchet* qui lui impose d'écrasantes recherches érudites et qu'il laissera inachevé.

Toutefois *quelques satisfactions* viennent adoucir ses dernière épreuves. Le recueil des *Trois Contes* (1877) est salué unanimement comme un chef-d'œuvre ; la jeune génération « naturaliste » groupée autour de ZOLA donne un dîner en son honneur, et il a la joie d'assister au succès de son filleul MAUPASSANT, dont il avait encouragé les débuts en le soumettant à une rigoureuse discipline (cf. p. 492). C'est ainsi, écœuré par la « sottise bourgeoise » et pourtant réconforté par l'influence croissante de son œuvre, que FLAUBERT meurt subitement en 1880 .

Flaubert et le réalisme   « *Il y a en moi, littérairement parlant,* deux bonshommes distincts : *un qui est épris de gueulades, de lyrisme, de grands vols d'aigle, de toutes les sonorités de la phrase et des sommets de l'idée ; un autre qui creuse et qui fouille le vrai tant qu'il peut, qui aime à accuser le petit fait aussi puissamment que le grand, qui voudrait vous faire sentir presque matériellement les choses qu'il reproduit* » (1852).

1. LA TENTATION ROMANTIQUE. Le premier de ces « bonshommes », c'est l'admirateur de Hugo, l'héritier de René, grandi en plein *romantisme* et « ravagé » par la passion dès l'adolescence, s'abandonnant au délire de l'imagination avec « un infini besoin de sensations intenses » (cf. p. 455). A partir de 1849, la discipline *réaliste* va brider mais non briser cette nature fougueuse : sa *Correspondance* en fait foi, FLAUBERT restera un cœur sensible et vibrant, plein de tendresse et d'enthousiasme. Si son réalisme lui impose de « peindre des bourgeois » dans *Madame Bovary*, l'*Éducation sentimentale*, *Bouvard et Pécuchet*, il s'offre la revanche de libérer son imagination en écrivant *Salammbô*, la *Tentation de Saint Antoine*, la *Légende de Saint Julien*, *Hérodias*. Et, même dans les œuvres « bourgeoises », c'est avec une secrète délectation qu'il évoque — fût-ce pour les railler — les élans et les rêves de ses personnages (cf. p. 459).

2. LA MÉTHODE SCIENTIFIQUE : LE RÉALISME. FLAUBERT a passé sa jeunesse dans un *milieu médical* où l'observation rigoureuse des phénomènes était de règle et où s'affirmait déjà la croyance au *déterminisme physiologique*. De là l'idée *d'étendre à la psychologie la méthode des sciences biologiques*, c'est-à-dire de multiplier les observations objectives afin de peindre les choses dans leur réalité et peut-être de s'élever jusqu'aux lois des phénomènes psychologiques. La *documentation* est donc devenue la condition, parfois écrasante, de son labeur d'écrivain.

Puisque ses romans s'inspirent, pour la plupart, d'événements réels — contemporains ou historiques —, il se livre à de *vastes enquêtes :* il recherche ce qu'étaient ses personnages, leur hérédité, leur conduite, les lieux où ils ont vécu, et il reste généralement aussi près de la réalité que son art de romancier le lui permet (cf. p. 458 et 469).

Ce *souci de l'exactitude documentaire* était devenu pour FLAUBERT une hantise. Avant de décrire l'empoisonnement de Mme Bovary (cf. p. 467) ou les effets de la faim sur les Mercenaires (cf. p. 476), il consulte plusieurs traités médicaux. Dans l'*Éducation Sentimentale,* au prix de recherches écrasantes, il reconstitue l'atmosphère parisienne entre 1840 et 1851, et en particulier les journées révolutionnaires, avec une précision qui a provoqué l'admiration de l'historien Georges Sorel. Le cas extrême est représenté par *Bouvard et Pécuchet,* roman inachevé pour lequel FLAUBERT a dépouillé plus de 1.500 volumes !

Par la documentation, il se proposait d'acquérir « ce *coup d'œil médical de la vie,* cette *vue du vrai* qui est le seul moyen d'arriver à de grands effets d'émotion ». Encore le romancier doit-il opérer un choix dans ses documents pour « *rester dans les généralités probables »,* c'est-à-dire dépouiller les faits de leur caractère accidentel et leur donner une valeur de vérité universelle (cf. *Madame Bovary,* p. 459, II).

3. L'ART OBJECTIF. Le romancier ne peut être vrai que s'il observe l'âme humaine « *avec l'impartialité qu'on met dans les sciences physiques »,* c'est-à-dire sans faire intervenir ses sentiments personnels. « L'artiste, dit Flaubert, doit s'arranger de façon à faire croire à la postérité qu'il n'a pas vécu ». Aussi s'efforce-t-il de *paraître absent de son œuvre :* il souligne ce qui, dans l'hérédité, le milieu, les circonstances, conditionne et explique les actes de ses personnages (cf. p. 459) ; et, s'il peint la vie psychologique, il retient surtout ce qu'elle a de concret, d'objectivement perceptible dans ses manifestations.

Sans doute l'impersonnalité absolue est impraticable, mais il faut « par un effort de l'esprit, *se transporter dans les personnages,* et non pas les attirer à soi. » FLAUBERT y parvenait, au point de passer des journées entières dans l'illusion : « Aujourd'hui, dit-il en écrivant *Madame Bovary,* homme et femme tout ensemble, amant et maîtresse à la fois, je me suis promené à cheval, dans une forêt, par une après-midi d'automne, sous des feuilles jaunes, et j'étais les chevaux, les feuilles, le vent, les paroles qu'on se disait... » Puissance de l'*autosuggestion :* il avait à la bouche le goût de l'arsenic, en décrivant l'empoisonnement de Mme *Bovary !* (cf. p. 467). Il s'observait lui-même avec tant de maîtrise que, sans verser pour autant dans le lyrisme, il a pu tirer de ses propres émotions les éléments romantiques de *Madame Bovary* ou de *Salammbô ;* dans une œuvre autobiographique comme l'*Éducation Sentimentale,* il regarde vivre de l'extérieur le personnage de FRÉDÉRIC MOREAU, qu'il a pourtant créé en grande partie à son image.

Traité dans un esprit objectif, *le roman ne saurait obéir à une thèse moralisatrice.* Néanmoins *toute œuvre vraie porte en elle-même son enseignement* et « si le lecteur ne tire pas d'un livre la morale qui doit s'y trouver, c'est que le lecteur est un imbécile ou que le livre est faux ». A vrai dire, en dépit de tous ses efforts, FLAUBERT n'est pas parvenu à réaliser une œuvre parfaitement impersonnelle. Il laisse parfois deviner son humeur, surtout quand il raille la sottise bourgeoise : plutôt qu'une vision impartiale du monde, ses romans reflètent le *pessimisme fondamental* de l'ermite de Croisset.

4. LE CULTE DE LA FORME. « Le but de l'art, c'est *le beau* avant tout ». Créer de la beauté, telle est bien pour FLAUBERT l'unique mission de l'artiste, en dehors de toute considération morale ou sociale. Il ne suffit pas de faire vrai : « *il faut partir du réalisme pour aller jusqu'à la beauté »,* qui seule donne à l'œuvre une *valeur éternelle.* Cette beauté résulte d'un accord total entre la forme et la pensée : « *plus l'expression se rapproche de la pensée, plus le mot colle dessus, et plus c'est beau ».* FLAUBERT a même poussé l'idolâtrie de la forme jusqu'à ajouter : « C'est pour cela qu'il n'y a ni beaux ni vilains sujets et qu'on pourrait presque établir comme axiome, en se plaçant au point de vue de l'art pur, qu'il n'y en a aucun, *le style étant à lui seul une manière absolue de voir les choses*». Plus qu'aucun autre il a connu les « affres du style ». Inlassablement il reprenait son paragraphe, en le retouchant sans cesse : on compte jusqu'à quatorze rédactions de certains épisodes de la bataille du Macar (cf. p. 475) ; — puis, déclamant sa phrase à pleine voix, il la soumettait à ce qu'il appelait l'épreuve du « *gueuloir* » : « Il écoutait le rythme de sa prose, s'arrêtait pour saisir une sonorité fuyante, combinait les tons, éloignait les assonances, disposait les virgules avec conscience, comme les haltes d'un long chemin. » (Maupassant). Au prix de ce labeur, FLAUBERT est devenu *un de nos plus grands prosateurs*, par la propriété des termes, par l'*harmonie* qui fait de certaines pages de véritables poèmes, et peut-être plus encore par la *valeur évocatrice* des rythmes et des sons.

« Peu d'hommes auront autant souffert que moi pour la littérature » écrivait-il à propos de *Salammbô*. S'il s'est imposé jusqu'à la torture la recherche des documents et la quête inlassable du style c'est que, sceptique sur toutes les choses humaines et peut-être divines, il vouait à son art la *foi* qui soutient les martyrs, et seule la littérature redonnait un sens à son existence.

MADAME BOVARY

Consultés en 1849 sur la première version de la *Tentation de Saint Antoine*, BOUILHET et MAXIME DU CAMP auraient exprimé leur déception devant cette œuvre trop lyrique, et conseillé à FLAUBERT un sujet plus terre à terre. Le choix de l'écrivain se fixa sur un *fait divers récent :* l'histoire d'un ancien élève de son père, Eugène DELAMARE, médecin à Ry, dont la femme infidèle avait fini par s'empoisonner, et qui lui-même était mort de chagrin. Dès son retour d'Égypte (1851), FLAUBERT se mit à ce « terrible pensum » et après plus de quatre ans d'un labeur acharné, *Madame Bovary* parut dans la *Revue de Paris* (1856) puis en librairie (1857).

I. LE ROMAN RÉALISTE. L'écrivain s'était inspiré de l'*aventure réelle* avec une exactitude presque « scientifique ». Sous le nom de Yonville, c'est la bourgade de Ry qui nous est minutieusement décrite, dans sa platitude banale : la pharmacie, l'auberge du *Lion d'Or*, la diligence *L'Hirondelle* ont réellement existé (cf. p. 463).

Même vérité dans les personnages : Bovary est le portrait à peu près exact de Delamare, et Mme BOVARY ressemble par bien des traits à Mme Delamare ; d'autres sont plus composites mais également tirés du réel : il a fallu emprunter à plusieurs pharmaciens pour composer un HOMAIS (cf. p. 463) ! Enfin, quand il n'est plus soutenu par le fait divers, le romancier crée l'*impression de réalité* par des détails qu'il a observés lui-même : il a assisté à des scènes semblables à la noce paysanne qu'il nous décrit, ou à l'inauguration du Comice agricole. Ainsi le *réalisme* de FLAUBERT apparaît aussi bien dans le tableau d'une luxueuse soirée (cf. p. 461) que dans la description d'un intérieur sordide (cf. p. 465) ou dans l'évocation des derniers moments d'EMMA BOVARY torturée par le poison (p. 467).

II. LES CARACTÈRES, LE « BOVARYSME ». Sur le plan *psychologique*, le réalisme consistera à observer les hommes selon une *parfaite objectivité* afin d'imaginer avec le *maximum de vraisemblance* les idées, les sentiments, le langage même des personnages. La médiocrité de BOVARY (cf. p. 461), la bêtise solennelle de HOMAIS (cf. p. 463), la timidité de LÉON (cf. p. 466), les récriminations de la nourrice (cf. p. 465) offrent cette *vérité « à nous en faire crier »* que recherchait l'auteur, et qui est sans doute *éternelle*. Dans le cas d'EMMA BOVARY, Flaubert s'est attaché à marquer l'influence des impressions d'enfance et de jeunesse (cf. p. 459), puis des événements extérieurs (cf. p. 461) sur l'évolution des sentiments de son héroïne ; et, tout au long du roman, *en vertu d'une sorte de déterminisme*, c'est par l'interaction des circonstances et des travers de son caractère qu'elle glisse comme sur une pente vers l'ennui, le mensonge, l'infidélité, et enfin le suicide.

EMMA BOVARY est surtout victime des *illusions qu'elle nourrit sur elle-même* et d'aspirations qui ne s'accordent nullement avec sa situation de petite bourgeoise sentimentale. *Satire du romantisme féminin*, sans doute, liée à l'époque où se situe le roman ; mais, plus généralement, il s'agit d'un *travers profondément humain* que FLAUBERT avait étudié sur lui-même (cf. « *Mme Bovary, c'est moi* »). Quand il écrivait : « Ma pauvre Bovary souffre et pleure dans vingt villages de France », il sentait qu'en observant un cas individuel il avait fait de son héroïne un *type universel*. Cette tendance des hommes à se croire tels qu'ils voudraient être et à rêver de bonheurs illusoires qui leur sont inaccessibles, FLAUBERT la dénoncera dans la plupart de ses romans comme la source principale de leurs maux. Cette redoutable *faculté d'illusion* a reçu le nom, désormais traditionnel, de *bovarysme*.

III. « MADAME BOVARY » ET LA MORALE. Même si la peinture était vraie, n'était-il pas dangereux de présenter comme *naturel* l'enchaînement en quelque sorte fatal qui faisait de Mme Bovary une mauvaise épouse, une mauvaise mère, et la précipitait dans des fautes que l'auteur ne craignait pas d'évoquer ? C'est tout le *problème de la vérité et de la moralité* dans l'œuvre littéraire. Néanmoins l'avocat de FLAUBERT obtint son acquittement en·faisant valoir qu'une telle lecture inspire l'horreur du vice, et que l'expiation terrible de la faute doit inciter normalement à la vertu.

UNE JEUNE FILLE ROMANESQUE

Fille d'un cultivateur aisé, EMMA ROUAULT a épousé le médiocre CHARLES BOVARY, « officier de santé » à Tostes, en Normandie. Cette jeune fille romanesque rêvait de « se marier à minuit, aux flambeaux » : elle a dû se contenter d'une *noce paysanne*, décrite par FLAUBERT en une page célèbre, d'un *vigoureux réalisme*. Peu de temps après la noce, « Emma cherchait à savoir ce que l'on entendait au juste dans la vie par les mots de *félicité*, de *passion* et d'*ivresse* qui lui avaient paru si beaux dans les livres ». C'est qu'*elle rêve la vie à travers ses lectures romantiques ;* et FLAUBERT, évoquant le couvent où elle a fait ses études, nous fait découvrir à leur naissance *les sentiments de la future Mme Bovary*. Mais cette peinture est loin d'être tout à fait objective : en étudiant l'influence du romantisme sur l'âme de cette pensionnaire, l'auteur revoit *sa propre jeunesse* et laisse percer son *humeur satirique* (I, 6).

Le soir, avant la prière, on faisait dans l'étude une lecture religieuse. C'était, pendant la semaine, quelque résumé d'Histoire sainte ou les *Conférences* de l'abbé Frayssinous, et, le dimanche, des passages du *Génie du Christianisme*, par récréation. Comme elle écouta, les premières fois, la lamentation sonore des mélancolies romantiques se répétant à tous les échos de la terre et de l'éternité [1] ! Si son enfance se fût écoulée dans l'arrière-boutique d'un quartier marchand, elle se serait peut-être ouverte alors aux envahissements lyriques de la nature, qui, d'ordinaire, ne nous arrivent que par la traduction des écrivains [2]. Mais elle connais-
10 sait trop la campagne ; elle savait le bêlement des troupeaux, les laitages, les charrues [3]. Habituée aux aspects calmes, elle se tournait au contraire vers les accidentés. Elle n'aimait la mer qu'à cause de ses tempêtes, et la verdure seulement lorsqu'elle était clairsemée parmi les ruines. Il fallait

---

— 1 Montrer que cette phrase évoque elle-même le style de Chateaubriand. — 2 Comment s'exerce ici l'influence du milieu ? — 3 Son enfance s'est écoulée à la ferme des Bertaux (cf. p. 462, l. 54).

qu'elle pût retirer des choses une sorte de profit personnel [4] ; et elle rejetait comme inutile tout ce qui ne contribuait pas à la consommation immédiate de son cœur, — étant de tempérament plus sentimental qu'artiste, cherchant des émotions et non des paysages.

Il y avait au couvent une vieille fille qui venait tous les mois, pendant huit jours, travailler à la lingerie. Protégée par l'archevêché comme
20 appartenant à une ancienne famille de gentilshommes ruinés sous la Révolution [5], elle mangeait au réfectoire à la table des bonnes sœurs, et faisait avec elles, après le repas, un petit bout de causette avant de remonter à son ouvrage. Souvent les pensionnaires s'échappaient de l'étude pour l'aller voir. Elle savait par cœur des chansons galantes du siècle passé, qu'elle chantait à demi-voix, tout en poussant son aiguille. Elle contait des histoires, vous [6] apprenait des nouvelles, faisait en ville vos commissions, et prêtait aux grandes, en cachette, quelque roman qu'elle avait toujours dans les poches de son tablier, et dont la bonne demoiselle elle-même avalait [7] de longs chapitres, dans les intervalles de
30 sa besogne. Ce n'étaient qu'amours, amants, amantes [8], dames persécutées s'évanouissant dans des pavillons solitaires, postillons qu'on tue à tous les relais, chevaux qu'on crève à toutes les pages, forêts sombres, troubles du cœur, serments, sanglots, larmes et baisers, nacelles au clair de lune, rossignols dans les bosquets, *messieurs* braves comme des lions, doux comme des agneaux, vertueux comme on ne l'est pas, toujours bien mis, et qui pleurent comme des urnes. Pendant six mois, à quinze ans, Emma se graissa donc les mains à cette poussière des vieux cabinets de lecture. Avec Walter Scott, plus tard, elle s'éprit de choses historiques, rêva bahuts, salle des gardes et ménestrels. Elle aurait voulu vivre dans
40 quelque vieux manoir, comme ces châtelaines au long corsage, qui, sous le trèfle des ogives, passaient leurs jours, le coude sur la pierre et le menton dans la main, à regarder venir du fond de la campagne un cavalier à plume blanche qui galope sur un cheval noir.[...] Elle se laissa glisser dans les méandres lamartiniens, écouta les harpes sur les lacs, tous les chants de cygnes mourants, toutes les chutes de feuilles, les vierges pures qui montent au ciel, et la voix de l'Éternel discourant dans les vallons...

– L'analyse psychologique. *a) Dégagez les principaux traits du caractère d'Emma ; – b) Dans quelle mesure cette psychologie s'explique-t-elle par son enfance et par le milieu où elle a vécu ? – c) En quoi son tempérament exercera-t-il une influence déterminante sur la vie de Mme Bovary ?*
– Le romantisme. *a) Relevez les thèmes romantiques groupés dans ce passage ; élucidez les allusions les plus évidentes ; – b) A quels indices reconnaît-on les intentions satiriques de l'auteur ?*
– L'art de l'écrivain. *a) Relevez les traits d'observation réaliste ; – b) Étudiez l'art de suggérer une scène ou un tableau pittoresque ; – c) L'humour de* FLAUBERT.
– **Essai**. *Étudiez le regard satirique de* FLAUBERT *dans les extraits de* Madame Bovary.
– **Commentaire composé**: *l. 18-43. Satire : a) de la vieille fille ; – b) de la littérature ultra-romantique.*

— **4** *Profit personnel* : préciser le sens de cette expression, d'après le contexte. — **5** Montrer l'utilité de ces détails pour la suite du passage. — **6** Indiquer la nuance introduite par ce passage à la 2e personne. — **7** Commenter le choix de ce verbe. — **8** Cf. les sentiments d'Emma à l'église : « Les comparaisons de fiancé, d'époux, d'amant céleste et de mariage éternel qui reviennent dans les sermons lui soulevaient au fond de l'âme des douceurs inattendues ».

Le mirage du grand monde

M. et Mme BOVARY ont été invités à une réception chez le marquis de la Vaubyessard. Avec quelle émotion EMMA pénètre enfin dans ce *grand monde* qu'elle ne connaissait que par les romans ! Aussi ne perd-elle pas un seul détail du *spectacle*, des *conversations*, des *plaisirs* de cette soirée inoubliable : procédé habile de l'écrivain réaliste qui nous dépeint les choses *comme les voient ses personnages* et nous révèle ainsi leurs sentiments. Au sortir de ce rêve, la petite bourgeoise émerveillée ne pourra supporter le retour à son *existence terne*, auprès d'un mari sans envergure, « qui prenait avec l'âge des allures épaisses ». FLAUBERT consacrera un chapitre entier à l'évocation de ces longues *journées d'ennui* où Mme Bovary éprouve des « bouffées d'affadissement ». (I, 8 et 9).

Emma fit sa toilette avec la conscience méticuleuse d'une actrice à son début. Elle disposa ses cheveux d'après les recommandations du coiffeur, et elle entra dans sa robe de barège, étalée sur le lit. Le pantalon de Charles le serrait au ventre.

— Les sous-pieds vont me gêner pour danser, dit-il.

— Danser ? reprit Emma.

— Oui !

— Mais tu as perdu la tête ! on se moquerait de toi, reste à ta place. D'ailleurs, c'est plus convenable pour un médecin, ajouta-t-elle [1].

Charles se tut. Il marchait de long en large, attendant qu'Emma fût habillée.

10 Il la voyait par derrière, dans la glace, entre deux flambeaux [2]. Ses yeux noirs semblaient plus noirs. Ses bandeaux, doucement bombés vers les oreilles, luisaient d'un éclat bleu ; une rose à son chignon tremblait sur une tige mobile, avec des gouttes d'eau factices au bout de ses feuilles. Elle avait une robe de safran pâle, relevée [3] par trois bouquets de roses pompon mêlées de verdure.

Charles vint l'embrasser sur l'épaule.

— Laisse-moi ! dit-elle, tu me chiffonnes [4].

On entendit une ritournelle de violon et les sons d'un cor. Elle descendit l'escalier, se retenant de courir.

Les quadrilles étaient commencés. Il arrivait du monde. On se poussait. Elle

20 se plaça près de la porte, sur une banquette.

Quand la contredanse fut finie, le parquet resta libre pour les groupes d'hommes causant debout et les domestiques en livrée qui apportaient de grands plateaux. Sur la ligne des femmes assises, les éventails peints s'agitaient, les bouquets cachaient à demi le sourire des visages, et les flacons à bouchon d'or tournaient dans des mains entr'ouvertes dont les gants blancs marquaient la forme des ongles et serraient la chair au poignet. Les garnitures de dentelles, les broches de diamants, les bracelets à médaillon frissonnaient aux corsages, scintillaient aux poitrines, bruissaient sur les bras nus. Les chevelures, bien collées sur les fronts et tordues à la nuque, avaient, en couronnes, en grappes ou en rameaux, des

30 myosotis, du jasmin, des fleurs de grenadier, des épis ou des bluets. Pacifiques à leurs places, des mères à figure renfrognée portaient des turbans rouges [5].

Le cœur d'Emma lui battit un peu lorsque, son cavalier la tenant par le bout des doigts, elle vint se mettre en ligne et attendit le coup d'archet pour partir. Mais bientôt l'émotion disparut ; et, se balançant au rythme de l'orchestre, elle glissait en avant, avec des mouvements légers du cou. Un sourire lui montait aux lèvres à certaines délicatesses du violon, qui jouait seul, quelquefois, quand

---

— 1 Que nous révèle ce dialogue ? — 2 Procédé réaliste : nous la voyons par les yeux de Charles Bovary. — 3 Dont la *teinte* était | *relevée...* — 4 Montrer le contraste entre leurs sentiments. — 5 Étudier la valeur satirique de ce dernier trait.

les autres instruments se taisaient ; on entendait le bruit clair des louis d'or qui se versaient à côté, sur le tapis des tables ; puis tout reprenait à la fois, le cornet à piston lançait un éclat sonore, les pieds retombaient en mesure, les jupes se
40 bouffaient et frôlaient, les mains se donnaient, se quittaient ; les mêmes yeux, s'abaissant devant vous, revenaient se fixer sur les vôtres [6].[...]

A trois pas d'Emma, un cavalier en habit bleu causait Italie avec une jeune femme pâle, portant une parure de perles. Ils vantaient la grosseur des piliers de Saint-Pierre, Tivoli, le Vésuve, Castellamare et les Cassines, les roses de Gênes, le Colisée au clair de lune. Emma écoutait de son autre oreille une conversation pleine de mots qu'elle ne comprenait pas. On entourait un tout jeune homme qui avait battu, la semaine d'avant, *Miss Arabelle* et *Romulus*, et gagné deux mille louis à sauter un fossé, en Angleterre [7]. L'un se plaignait de ses coureurs qui engraissaient ; un autre, des fautes d'impression qui avaient dénaturé le nom
50 de son cheval.

L'air du bal était lourd ; les lampes pâlissaient. On refluait dans la salle de billard. Un domestique monta sur une chaise et cassa deux vitres ; au bruit des éclats de verre, Mme Bovary tourna la tête et aperçut dans le jardin, contre les carreaux, des faces de paysans qui regardaient. Alors le souvenir des Bertaux lui arriva [8]. Elle revit la ferme, la mare bourbeuse, son père en blouse sous les pommiers, et elle se revit elle-même, comme autrefois, écrémant avec son doigt les terrines de lait dans la laiterie. Mais, aux fulgurations de l'heure présente, sa vie passée, si nette jusqu'alors, s'évanouissait tout entière, et elle doutait presque de l'avoir vécue [9]. Elle était là ; puis autour du bal, il n'y avait plus que de l'ombre,
60 étalée sur tout le reste. Elle mangeait alors une glace au marasquin [10], qu'elle tenait de la main gauche dans une coquille de vermeil, et fermait à demi les yeux, la cuiller entre les dents [11].[...]

La journée fut longue, le lendemain [12].[...] Comme le bal déjà lui semblait loin ! Qui donc écartait, à tant de distance, le bal d'avant-hier et le soir d'aujourd'hui ? Son voyage à la Vaubyessard avait fait un trou dans sa vie, à la manière de ces grandes crevasses qu'un orage, en une seule nuit, creuse quelquefois dans les montagnes. Elle se résigna pourtant ; elle serra pieusement dans la commode sa belle toilette et jusqu'à ses souliers de satin, dont la semelle s'était jaunie à la cire glissante du parquet. Son cœur était comme eux : au frottement de la richesse,
70 il s'était placé dessus quelque chose qui ne s'effacerait pas.[...]

Au fond de son âme, cependant, elle attendait un événement. Comme les matelots en détresse, elle promenait sur la solitude de sa vie des yeux désespérés, cherchant au loin quelque voile blanche dans les brumes de l'horizon. Elle ne savait pas quel serait ce hasard, ce vent qui le pousserait jusqu'à elle, vers quel rivage il la mènerait, s'il était chaloupe ou vaisseau à trois ponts, chargé d'angoisses ou plein de félicités jusqu'aux sabords. Mais, chaque matin, à son réveil, elle l'espérait pour la journée, et elle écoutait tous les bruits, se levait en sursaut, s'étonnait qu'il ne vînt pas ; puis, au coucher du soleil, toujours plus triste, désirait être au lendemain.[...]
80 Est-ce que cette misère durerait toujours ? Est-ce qu'elle n'en sortirait pas ? Elle valait bien, cependant, toutes celles qui vivaient heureuses ! Elle avait vu des

---

6 Étudier dans le paragraphe la valeur évocatrice du rythme. — 7 Dans un concours hippique : préoccupations aristocratiques ! — 8 Pourquoi l'auteur a-t-il placé ici ce rappel du passé ? — 9 Que nous indique cette notation ? — 10 Liqueur de cerise. — 11 Apprécier l'art de l'écrivain dans cette fin de §. — 12 A la fin de la soirée, Emma a été entraînée dans une valse éblouissante par un vicomte !... Le voici maintenant retombée dans sa vie monotone.

duchesses à la Vaubyessard qui avaient la taille plus lourde et les façons plus communes, et elle exécrait l'injustice de Dieu ; elle s'appuyait la tête aux murs pour pleurer ; elle enviait les existences tumultueuses, les nuits masquées, les insolents plaisirs avec tous les éperduments qu'elle ne connaissait pas et qu'ils devaient donner.

– La psychologie. *Analysez ou imaginez les sentiments d'Emma : a) Avant le bal ; – b) Quand elle danse ; – c) Quand elle écoute les conversations ; – d) Quand elle « revoit » les Berteaux.*
– *Comment procède* FLAUBERT *pour évoquer les regrets et l'ennui douloureux de son héroïne ?*
– L'art de la description : *a) Comment s'y prend l'écrivain pour évoquer l'animation du groupe des femmes (l. 21-31) ? – b) Dans les l. 32-41, étudiez l'art d'évoquer les attitudes et les mouvements.*
• **Comparaison.** L'ennui de Madame Bovary et le spleen baudelairien.
– *Commentaire composé : l. 71-86. Le « bovarysme » : l'ennui et les rêves ; images et comparaisons.*

L'arrivée à Yonville

Pour arracher sa femme à l'ennui qui altère sa santé, Charles Bovary décide de s'installer à Yonville-l'Abbaye. AVEC un réalisme minutieux, FLAUBERT nous a décrit cette petite cité normande et nous a fait assister à l'arrivée de l'*Hirondelle*, la diligence d'où débarquent Charles et Emma BOVARY. Les voici attablés à l'auberge du *Lion d'Or* en compagnie du pharmacien HOMAIS et du clerc de notaire LÉON DUPUIS. La sottise prétentieuse du demi-savant Homais laisse entrevoir les longues journées d'ennui qui attendent ici encore Mme Bovary. Cependant les goûts romantiques du jeune LÉON s'accordent mieux avec le tempérament rêveur d'EMMA, et ces deux âmes sœurs se sentent déjà liées par une *mystérieuse sympathie* (II, 2).

Homais demanda la permission de garder son bonnet grec, de peur des coryzas [1].

Puis, se tournant vers sa voisine :

— Madame, sans doute, est un peu lasse ? on est si épouvantablement cahoté dans notre *Hirondelle !*

— Il est vrai, répondit Emma ; mais le dérangement m'amuse toujours : j'aime à changer de place.

— C'est une chose si maussade, soupira le clerc, que de vivre cloué aux mêmes endroits !

10 — Si vous étiez comme moi, dit Charles, sans cesse obligé d'être à cheval...

— Mais, reprit Léon s'adressant à Mme Bovary, rien n'est plus agréable, il me semble ; quand on le peut, ajouta-t-il [2].

— Du reste, disait l'apothicaire, l'exercice de la médecine n'est pas fort pénible en nos contrées ; car l'état de nos routes permet l'usage du cabriolet, et, générale-ment, l'on paye assez bien, les cultivateurs étant aisés. Nous avons, sous le rapport médical [3], à part les cas ordinaires d'entérite, bronchite, affections bilieuses, etc., de temps à autre quelques fièvres intermittentes à la moisson, mais, en somme, peu de choses graves, rien de spécial à noter, si ce n'est beaucoup d'humeurs froides, et qui tiennent sans doute aux déplorables conditions hygié-
20 niques de nos logements de paysans. Ah ! vous trouverez bien des préjugés à combattre, monsieur Bovary ; bien des entêtements de routine, où se heurteront quotidiennement tous les efforts de votre science [4] ; car on a recours encore aux

---

— 1 Homais ne peut parler de « *rhumes de cerveau* » comme tout le monde ! — 2 Expliquer ces points de vue différents (cf. p. 462, l. 45-50).

3 Que veut montrer Homais en donnant ces précisions ? — 4 Ce pharmacien se veut homme de science et de progrès et se proclame déiste à la manière de Rousseau.

neuvaines, aux reliques, au curé, plutôt que de venir naturellement chez le médecin ou chez le pharmacien [5]. Le climat, pourtant, n'est point, à vrai dire, mauvais, et même nous comptons dans la commune quelques nonagénaires. Le thermomètre (j'en ai fait les observations [6]) descend en hiver jusqu'à quatre degrés, et, dans la forte saison, touche vingt-cinq, trente centigrades tout au plus, ce qui nous donne vingt-quatre Réaumur au maximum, ou autrement cinquante-quatre Fahrenheit (mesure anglaise [7],) pas davantage ! — et, en effet, nous sommes abrités des vents
30 du nord par la forêt d'Argueil d'une part, des vents d'ouest par la côte Saint-Jean de l'autre ; et cette chaleur, cependant, qui à cause de la vapeur d'eau dégagée par la rivière et la présence considérable des bestiaux dans les prairies, lesquels exhalent, comme vous savez, beaucoup d'ammoniaque, c'est-à-dire azote, hydrogène et oxygène (non azote et hydrogène seulement [8]), et qui, pompant l'humus de la terre, confondant toutes ces émanations différentes, les réunissant en un faisceau, pour ainsi dire, et se combinant de soi-même avec l'électricité répandue dans l'atmosphère, lorsqu'il y en a, pourrait à la longue, comme dans les pays tropicaux, engendrer des miasmes insalubres ; — cette chaleur, dis-je, se trouve justement tempérée du côté d'où elle vient ou plutôt d'où elle viendrait,
40 c'est-à-dire du côté sud, par les vents de sud-est, lesquels, s'étant rafraîchis d'eux-mêmes en passant sur la Seine, nous arrivent quelquefois tout d'un coup, comme des brises de Russie [9].

— Avez-vous du moins quelques promenades dans les environs ? continuait Mme Bovary parlant au jeune homme.

— Oh ! fort peu, répondit-il. Il y a un endroit que l'on nomme la Pâture, sur le haut de la côte, à la lisière de la forêt. Quelquefois, le dimanche, je vais là, et j'y reste avec un livre, à regarder le soleil couchant [10].

— Je ne trouve rien d'admirable comme les soleils couchants, reprit-elle, mais au bord de la mer, surtout.

50 — Oh ! j'adore la mer, dit M. Léon.

— Et puis ne vous semble-t-il pas, répliqua Mme Bovary, que l'esprit vogue plus librement sur cette étendue sans limites, dont la contemplation vous élève l'âme et donne des idées d'infini, d'idéal ?

— Il en est de même des paysages de montagnes, reprit Léon. J'ai un cousin qui a voyagé en Suisse l'année dernière, et qui me disait qu'on ne peut se figurer la poésie des lacs, le charme des cascades, l'effet gigantesque des glaciers. On voit des pins d'une grandeur incroyable, en travers des torrents, des cabanes suspendues sur des précipices, et, à mille pieds sous vous, des vallées entières quand les nuages s'entr'ouvrent. Ces spectacles doivent enthou-
60 siasmer, disposer à la prière, à l'extase ! Aussi je ne m'étonne plus de ce musicien célèbre qui, pour exciter mieux son imagination, avait coutume d'aller jouer du piano devant quelque site imposant.

— Vous faites de la musique ? demanda-t-elle.

— Non, mais je l'aime beaucoup, répondit-il...

— Et quelle musique préférez-vous ?

— Oh ! la musique allemande, celle qui porte à rêver.

— 5 On apprendra par la suite que Homais exerce illégalement la médecine... Il n'en recevra pas moins la croix d'honneur à la fin du roman ! — 6 A quoi tend cette parenthèse ? — 7 Que penser de ces précisions ? — 8 Que révèle la parenthèse ? — 9 Montrer l'absurdité de ces explications et dégager de cette « éloquente » période le caractère de M. Homais. — 10 Indiquer les œuvres romantiques dont l'influence se reconnaît dans la suite du dialogue.

NAISSANCE D'UNE IDYLLE

Quelques semaines après avoir mis au monde une petite fille, Mme BOVARY éprouve tout à coup le besoin de voir son enfant. Encore mal remise, elle accepte le bras de LÉON qu'elle a rencontré en chemin et qui, au risque de la compromettre, l'accompagne chez la nourrice. C'est pour l'écrivain *réaliste* l'occasion d'évoquer l'intérieur d'une demeure misérable et les récriminations de la nourrice. L'*idylle* qui se noue discrètement entre les deux personnages nous révèle un autre aspect du talent de FLAUBERT : l'*analyste*, amateur de « dissections psychologiques », qui saisit à leur naissance des *sentiments encore imprécis* (II, 3).

La chambre, au rez-de-chaussée, la seule du logis, avait, au fond, contre la muraille, un large lit sans rideaux, tandis que le pétrin occupait le côté de la fenêtre, dont une vitre était raccommodée avec un soleil de papier bleu. Dans l'angle, derrière la porte, des brodequins à clous luisants étaient rangés sous la dalle du lavoir, près d'une bouteille pleine d'huile qui portait une plume à son goulot ; un *Mathieu Laensberg* [1] traînait sur la cheminée poudreuse, parmi des pierres à fusil [2], des bouts de chandelle et des morceaux d'amadou. Enfin, la dernière superfluité de cet appartement était une Renommée soufflant dans des trompettes,
10 image découpée sans doute à même quelque prospectus de parfumerie et que six pointes à sabot clouaient au mur. L'enfant d'Emma dormait à terre, dans un berceau d'osier. Elle la prit avec la couverture qui l'enveloppait, et se mit à chanter doucement en se dandinant.

Léon se promenait dans la chambre ; il lui semblait étrange de voir cette belle dame en robe de nankin tout au milieu de cette misère. Mme Bovary devint rouge ; il se détourna, croyant que ses yeux peut-être avaient eu quelque impertinence. Puis elle recoucha la petite qui venait de vomir sur sa collerette. La nourrice aussitôt vint l'essuyer, protestant qu'il n'y paraîtrait pas.
20 — Elle m'en fait bien d'autres, disait-elle, et je ne suis occupée qu'à la rincer continuellement ! Si vous aviez donc la complaisance de commander à Camus, l'épicier, qu'il me laisse prendre un peu de savon lorsqu'il m'en faut ? ce serait plus commode pour vous, que je ne dérangerais pas.

— C'est bien, c'est bien ! dit Emma. Au revoir, mère Rollet !

Et elle sortit en essuyant ses pieds sur le seuil.

La bonne femme l'accompagna jusqu'au bout de la cour, tout en parlant du mal qu'elle avait à se relever la nuit :

— J'en suis si rompue quelquefois que je m'endors sur ma chaise ;
30 aussi, vous devriez pour le moins me donner une petite livre de café moulu qui me ferait un mois et que je prendrais le matin avec du lait [3]. [...]

— 1 Almanach populaire. — 2 Pour allumer le feu. — 3 Revenant à la charge la nourrice réclame encore un cruchon d'eau-de-vie pour son mari qui a « des crampes terribles à la poitrine » !

Débarrassée de la nourrice, Emma reprit le bras de M. Léon... Ils s'en revinrent à Yonville en suivant le bord de l'eau. Dans la saison chaude, la berge plus élargie découvrait jusqu'à leur base les murs des jardins, qui avaient un escalier de quelques marches descendant à la rivière. Elle coulait sans bruit, rapide et froide à l'œil; de grandes herbes minces s'y courbaient ensemble, selon le courant qui les poussait, et comme des chevelures vertes abandonnées s'étalaient dans sa limpidité. Quelquefois, à la pointe des joncs ou sur la feuille des nénufars, un insecte à pattes
40 fines marchait ou se posait. Le soleil traversait d'un rayon les petits globules bleus des ondes qui se succédaient en se crevant, les vieux saules ébranchés miraient dans l'eau leur écorce grise; au-delà, tout alentour, la prairie semblait vide. C'était l'heure du dîner dans les fermes, et la jeune femme et son compagnon n'entendaient en marchant que la cadence de leurs pas sur la terre du sentier, les paroles qu'ils se disaient, et le frôlement de la robe d'Emma qui bruissait tout autour d'elle.

Les murs des jardins, garnis à leur chaperon de morceaux de bouteilles, étaient chauds comme le vitrage d'une serre. Dans les briques, des ravenelles avaient poussé, et, du bord de son ombrelle déployée, Mme Bo-
50 vary, tout en passant, faisait s'égrener en poussière jaune un peu de leurs fleurs flétries; ou bien quelque branche des chèvrefeuilles et des clématites qui pendaient au dehors traînait un moment sur la soie, en s'accrochant aux effilés.

Ils causaient d'une troupe de danseurs espagnols, que l'on attendait bientôt sur le théâtre de Rouen.

— Vous irez? demanda-t-elle.

— Si je le peux, répondit-il.

N'avaient-ils rien autre chose à se dire? Leurs yeux pourtant étaient pleins d'une causerie plus sérieuse; et, tandis qu'ils s'efforçaient à
60 trouver des phrases banales, ils sentaient une même langueur les envahir tous les deux; c'était comme un murmure de l'âme, profond, continu, qui dominait celui des voix. Surpris d'étonnement à cette suavité nouvelle, ils ne songeaient pas à s'en raconter la sensation ou en découvrir la cause. Les bonheurs futurs, comme les rivages des tropiques, projettent sur l'immensité qui les précède leurs mollesses natales, une brise parfumée, et l'on s'assoupit dans cet enivrement, sans même s'inquiéter de l'horizon que l'on n'aperçoit pas.

La terre, à un endroit, se trouvait effondrée par le pas des bestiaux; il fallut marcher sur de grosses pierres vertes, espacées dans la boue.
70 Souvent, elle s'arrêtait une minute à regarder où poser sa bottine, — et, chancelant sur le caillou qui tremblait, les coudes en l'air, la taille penchée, l'œil indécis, elle riait alors, de peur de tomber dans les flaques d'eau[4]. Quand ils furent arrivés devant son jardin, Mme Bovary poussa la petite barrière, monta les marches en courant et disparut.

— 4 Étudier la vérité de cette scène. Que veut suggérer le romancier?

– **Le réalisme.** *Montrez que les l. 1-13 offrent la description précise d'une réalité vulgaire ; relevez les détails évoquant la misère ; – b) D'après les l. 14-31, précisez et expliquez le caractère de la nourrice ; en quoi ce dialogue donne-t-il une impression de vérité ?*
– **L'idylle.** *a) Dans le paysage des l. 32-74, étudiez l'union de la précision et de la poésie ; en quoi vous paraît-il de nature à favoriser la naissance de cette idylle ? – b) Comment* FLAUBERT *a-t-il suggéré l'harmonie des cœurs ? Comment explique-t-il le silence des deux personnages ?*
– **Essai.** *Étudiez dans Mme Bovary le type de langage prêté à chaque personnage et ce qu'il nous révèle de chacun.*
– **Commentaire composé** : *l. 32-62. Un paysage, deux cœurs à l'unisson : la relation entre ces éléments.*

Cette idylle se dessine discrètement, mais EMMA *se contente de rêver et reste fidèle à son devoir. Pourtant le départ de* LÉON *pour Paris la laisse désemparée, plus seule, plus malheureuse qu'à Tostes. Elle devient alors la proie de* RODOLPHE BOULANGER, *riche propriétaire dont elle sera follement éprise. Elle le supplie de l'enlever avec son enfant, mais peu soucieux d'aliéner sa liberté, le Don Juan l'abandonne. Accablée par ce nouveau coup,* Mme BOVARY *tombe malade ; pour la distraire au moment de sa convalescence,* BOVARY *l'emmène au théâtre à Rouen, où le hasard la remet en présence de* LÉON. *Dans la* Troisième Partie, *nous assistons à la déchéance progressive d'*EMMA. *Devenue la maîtresse de* LÉON, *elle vit dans le mensonge, contracte des dettes, néglige totalement son ménage. Elle ne parvient d'ailleurs pas à être heureuse, car elle se lasse de sa nouvelle passion et souhaite «des amours de prince». Incapable de payer ses dettes, menacée de voir saisir ses meubles et ne voulant pas subir cette ignominie, elle finit par s'empoisonner à l'arsenic et meurt après d'atroces souffrances.* BOVARY *découvre peu à peu les trahisons de sa femme, mais, inconsolable, il traîne une existence misérable et meurt à son tour, après lui avoir pardonné. Quant à* HOMAIS, *riche et considéré, il est décoré de la croix d'honneur.*

L'empoisonnement d'Emma Bovary

Pour décrire la mort d'EMMA BOVARY, Flaubert avait étudié dans des ouvrages de médecine les symptômes de l'empoisonnement par l'arsenic. On sera plus sensible à la technique de l'*écrivain réaliste* si, avant d'aborder ce récit, on relit l'évocation de la mort d'ATALA, héroïne romantique, qui périt elle aussi empoisonnée (cf. p. 36).

Elle s'assit à son secrétaire, et écrivit une lettre qu'elle cacheta lentement, ajoutant la date du jour et l'heure. Puis elle dit d'un ton solennel :

— Tu la liras demain ; d'ici-là, je t'en prie, ne m'adresse pas une seule question !... Non, pas une ! — Mais... — Oh ! laisse-moi !

Et elle se coucha tout du long sur son lit.

Une saveur âcre qu'elle sentait dans sa bouche la réveilla. Elle entrevit Charles et referma les yeux.

Elle s'épiait curieusement, pour discerner si elle ne souffrait pas. Mais non ! rien encore. Elle entendait le battement de la pendule, le bruit du feu, et Charles, 10 debout près de sa couche, qui respirait. — Ah ! c'est bien peu de chose, la mort ! pensait-elle ; je vais m'endormir, et tout sera fini !

Elle but une gorgée d'eau et se tourna vers la muraille. Cet affreux goût d'encre continuait.

— J'ai soif !... oh ! j'ai bien soif ! soupira-t-elle.

— Qu'as-tu donc ! dit Charles, qui lui tendait un verre.

— Ce n'est rien !... Ouvre la fenêtre... j'étouffe !

Elle fut prise d'une nausée si soudaine, qu'elle eut à peine le temps de saisir son mouchoir sous l'oreiller.

— Enlève-le ! dit-elle vivement ; jette-le !

20   Il la questionna ; elle ne répondit pas. Elle se tenait immobile, de peur que la moindre émotion ne la fît vomir. Cependant, elle sentait un froid de glace qui lui montait des pieds jusqu'au cœur.

    — Ah ! voilà que ça recommence ! murmura-t-elle. — Que dis-tu ? Elle roulait la tête avec un geste doux, plein d'angoisse, et tout en ouvrant continuellement les mâchoires, comme si elle eût porté sur sa langue quelque chose de très lourd. A huit heures, les vomissements reparurent. Charles observa qu'il y avait au fond de la cuvette une sorte de gravier blanc, attaché aux parois de la porcelaine : — C'est extraordinaire ! c'est singulier ! répéta-t-il.

    Mais elle dit d'une voix forte : — Non, tu te trompes !...

30   Puis elle se mit à geindre, faiblement d'abord. Un grand frisson lui secouait les épaules, et elle devenait plus pâle que le drap où s'enfonçaient ses doigts crispés. Son pouls inégal était presque insensible maintenant. Des gouttes suintaient sur sa figure bleuâtre, qui semblait comme figée dans l'exhalaison d'une vapeur métallique. Ses dents claquaient, ses yeux agrandis regardaient vaguement autour d'elle, et à toutes les questions elle ne répondait qu'en hochant la tête ; même elle sourit deux ou trois fois. Peu à peu, ses gémissements furent plus forts. Un hurlement sourd lui échappa ; elle prétendit qu'elle allait mieux et qu'elle se lèverait tout à l'heure. Mais les convulsions la saisirent ; elle s'écria : — Ah ! c'est atroce, mon Dieu !

40   Il se jeta à genoux contre son lit.

    — Parle ! qu'as-tu mangé ? Réponds, au nom du ciel ! Et il la regardait avec des yeux d'une tendresse comme elle n'en avait jamais vu.

    — Eh bien, là..., là... dit-elle d'une voix défaillante.

    Il bondit au secrétaire, brisa le cachet et lut tout haut ! *Qu'on n'accuse personne...* Il s'arrêta, se passa la main sur les yeux, et relut encore.

    — Comment !... Au secours ! à moi !

    Et il ne pouvait que répéter ce mot : « Empoisonnée ; empoisonnée ! »...

    Félicité courut chez Homais, qui s'exclama sur la place ; Mme Lefrançois l'entendit au *Lion d'or* ; quelques-uns se levèrent pour l'apprendre à leurs voisins,

50 et toute la nuit le village fut en éveil.

    Éperdu, balbutiant, près de tomber, Charles tournait dans la chambre. Il se heurtait aux meubles, s'arrachait les cheveux, et jamais le pharmacien n'avait cru qu'il pût y avoir de si épouvantable spectacle...

    Puis, revenu près d'elle, il s'affaissa par terre sur le tapis, et il restait la tête appuyée contre le bord de sa couche à sangloter.

    — Ne pleure pas ! lui dit-elle. Bientôt je ne te tourmenterai plus !

    — Pourquoi ? Qui t'a forcée ?

    Elle répliqua : — Il le fallait, mon ami. — N'étais-tu pas heureuse ? Est-ce ma faute ? J'ai fait tout ce que j'ai pu pourtant !

60   — Oui..., c'est vrai..., tu es bon, toi !

    Et elle lui passait la main dans les cheveux, lentement. La douceur de cette sensation surchargeait sa tristesse ; il sentait tout son être s'écrouler de désespoir à l'idée qu'il fallait la perdre, quand, au contraire, elle avouait pour lui plus d'amour que jamais ; et il ne pouvait rien ; il ne savait pas, il n'osait, l'urgence d'une résolution immédiate achevait de le bouleverser.

    Elle en avait fini, songeait-elle, avec toutes les trahisons, les bassesses et les innombrables convoitises qui la torturaient. Elle ne haïssait personne, maintenant ; une confusion de crépuscule s'abattait en sa pensée, et de tous les bruits de la terre, Emma n'entendait plus que l'intermittente lamentation de ce pauvre cœur, douce et indistincte, comme le dernier écho d'une symphonie qui s'éloigne.

SALAMMBÔ

Après le « pensum » réaliste de *Madame Bovary*, FLAUBERT aspirait à des horizons plus larges. Il voulait donner libre cours à son imagination, s'offrir « une bosse de lyrisme ». Mis sur la voie par les évocations historiques de MICHELET (cf. p. 362) et sans doute par le *Roman de la Momie* de Th. GAUTIER (1857), il eut l'idée de ressusciter un épisode peu connu de l'histoire de Carthage, d'après l'historien grec POLYBE.

I. ARCHÉOLOGIE ET RÉALISME. Dès le premier chapitre, il fut arrêté par ses *scrupules réalistes*. Il ne pouvait se résoudre à traiter l'histoire avec la fantaisie des romanciers romantiques. Faute de pouvoir observer directement pour être vrai, comme dans *Madame Bovary*, il voulut du moins être « *probable* ». Pour y parvenir, il visita en Tunisie le théâtre même de son épisode, et dépouilla tout ce qu'on pouvait lire à son époque sur l'antiquité méditerranéenne. Fort de ces documents, FLAUBERT décrit les événements antiques avec autant de *précision* que s'il les avait sous les yeux. Certaines descriptions sont une véritable *marqueterie de détails* tirés de textes anciens. Un tel labeur inspire encore du respect aux érudits, bien que nos exigences soient devenues plus grandes et qu'on puisse reprocher à FLAUBERT de restituer la Carthage du IIIe siècle à l'aide d'éléments puisés à diverses époques de l'histoire du monde méditerranéen. C'est ainsi par exemple qu'à propos de la guerre des Mercenaires nous voyons défiler en quelques chapitres tous les procédés de combat, toutes les méthodes de siège de la guerre antique. Ces évocations si précises s'imposent avec la force de l'*hallucination ;* parfois même tous ces détails étranges mais généralement intelligibles (Sainte-Beuve exagérait en demandant un lexique !) inspirent, par leur amoncellement, une certaine *lassitude*.

II. LE ROMAN ÉPIQUE. Si le roman archéologique est contestable, *Salammbô* reste dans ses meilleures pages, une *grande œuvre poétique*. Par son imagination, par la magie de son style, FLAUBERT parvient à suggérer l'atmosphère d'une *ville africaine*, au carrefour de la civilisation et de la barbarie, avec ses contrastes de luxe et de misère, d'ascétisme mystique et de superstitions cruelles (cf. p. 473), d'héroïsme et de lâcheté. La psychologie des personnages est peut-être sommaire, mais les *descriptions* sont d'une grande *magnificence* et parfois d'une admirable *poésie* (cf. p. 472). Le récit qui a de temps à autre des airs de *roman d'aventures* (cf. p. 474) atteint à la *grandeur épique* surtout quand FLAUBERT évoque la foule des Mercenaires, leurs festins (cf. p. 469), leurs combats (cf. p. 475), leur agonie au défilé de la Hache.

Salammbô et les Barbares

Au terme de la première guerre punique (241 av. J.-C.), malgré l'opposition du chef carthaginois HAMILCAR, le parti de la paix a traité avec Rome. A moitié ruinée par un énorme tribut, Carthage tarde à payer ses Mercenaires qui s'impatientent et menacent de se révolter. Pour les apaiser, le Sénat leur a offert, dans les jardins d'Hamilcar qui est absent, un *festin* dont FLAUBERT nous fait une description magnifique. Dans les vapeurs de l'ivresse, ces Barbares, pris d'une *fureur destructive*, incendient les jardins, massacrent les esclaves d'Hamilcar, mutilent ses éléphants et ses lions et font bouillir, pour les manger, les poissons sacrés ! C'est au milieu de ce désordre que nous verrons paraître SALAMMBÔ, la fille d'Hamilcar, adoratrice de Tanit (chap. I).

Ils recommençaient à boire. Les parfums qui leur coulaient du front mouillaient de gouttes larges leurs tuniques en lambeaux, et s'appuyant des deux poings sur les tables qui leur semblaient osciller comme des navires, ils promenaient à l'entour leurs gros yeux ivres, pour dévorer par la vue ce qu'ils ne pouvaient prendre. D'autres, marchant tout au milieu des plats sur les nappes de pourpre, cassaient à coups de pied les escabeaux d'ivoire et les fioles tyriennes en verre. Les chansons se mêlaient au râle des esclaves agonisant parmi les coupes brisées. Ils demandaient du vin, des viandes, de l'or... Ils déliraient en cent langages. Quelques-uns se croyaient aux étuves, à cause de la buée qui flottait autour d'eux, ou bien, apercevant des feuillages, ils s'imaginaient être à la chasse et couraient sur leurs compagnons comme sur des bêtes sauvages. L'incendie de l'un à l'autre gagnait tous les arbres, et les hautes masses de verdure, d'où s'échappaient de longues spirales blanches, semblaient des volcans qui commencent à fumer. La clameur redoublait; les lions blessés rugissaient dans l'ombre.

Le palais s'éclaira d'un seul coup à sa plus haute terrasse, la porte du milieu s'ouvrit, et une femme, la fille d'Hamilcar elle-même, couverte de vêtements noirs, apparut sur le seuil. Elle descendit le premier escalier qui longeait obliquement le premier étage, puis le second, le troisième, et elle s'arrêta sur la dernière terrasse, au haut de l'escalier des galères [1]. Immobile et la tête basse, elle regardait les soldats.

Derrière elle, de chaque côté, se tenaient deux longues théories [2] d'hommes pâles, vêtus de robes blanches à franges rouges qui tombaient droit sur leurs pieds. Ils n'avaient pas de barbe, pas de cheveux, pas de sourcils. Dans leurs mains étincelantes d'anneaux, ils portaient d'énormes lyres et chantaient tous, d'une voix aiguë, un hymne à la divinité de Carthage. C'étaient les prêtres eunuques du temple de Tanit [3], que Salammbô appelait souvent dans sa maison.

Enfin, elle descendit l'escalier des galères. Les prêtres la suivirent. Elle s'avança dans l'avenue des cyprès, et elle marchait lentement entre les tables des capitaines, qui se reculaient un peu en la regardant passer.

Sa chevelure, poudrée d'un sable violet, et réunie en forme de tour selon la mode des vierges chananéennes [4], la faisait paraître plus grande. Des tresses de perles attachées à ses tempes descendaient jusqu'aux coins de sa bouche, rose comme une grenade entr'ouverte. Il y avait sur sa poitrine un assemblage de pierres lumineuses, imitant par leur bigarrure les écailles d'une murène [5]. Ses bras, garnis de diamants, sortaient nus de sa tunique sans manches, étoilée de fleurs rouges sur un fond tout noir. Elle portait entre les chevilles une chaînette d'or pour régler sa marche, et son grand manteau de pourpre sombre, taillé dans une étoffe inconnue, traînait derrière elle, faisant à chacun de ses pas comme une large vague qui la suivait.

Les prêtres, de temps à autre, pinçaient sur leurs lyres des accords presque étouffés, et dans les intervalles de la musique, on entendait le petit bruit de la chaînette d'or avec le claquement régulier de ses sandales en papyrus.

Personne encore ne la connaissait. On savait seulement qu'elle vivait retirée dans les pratiques pieuses. Des soldats l'avaient aperçue la nuit, sur le haut de son palais, à genoux devant les étoiles, entre les tourbillons des cassolettes allumées. C'était la lune qui l'avait rendue si pâle, et quelque chose des Dieux l'enveloppait comme une vapeur subtile. Ses prunelles semblaient regarder tout au loin au-delà des espaces terrestres. Elle marchait en inclinant la tête, et tenait à sa main droite une petite lyre d'ébène.

— 1 « Grand escalier droit en bois d'ébène, portant aux angles de chaque marche la proue d'une galère vaincue » (*galère* : navire de guerre). — 2 Cortèges (grec : *theoria*). — 3 Déesse de la Lune. — 4 Les Phéniciens, fondateurs de Carthage, étaient originaires du pays de Chanaan, en Palestine. — 5 Grande anguille marine.

SALAMMBÔ *exprime son désespoir d'avoir perdu les poissons sacrés, et adresse aux Merce-*
naires de violents reproches. *Puis, accompagnée sur la lyre,* elle chante « *les aventures de*
Melkarth, dieu des Sidoniens et père de sa famille ». *Les Barbares, stupéfaits, l'écoutent*
« *la bouche ouverte, en allongeant la tête* ».

Aucun ne la regardait comme un jeune chef numide placé aux tables des
capitaines, parmi des soldats de sa nation [6]. Sa ceinture était si hérissée de dards [7],
qu'elle faisait une bosse dans son large manteau, noué à ses tempes par un lacet
de cuir. L'étoffe bâillant sur ses épaules enveloppait d'ombre son visage, et l'on
n'apercevait que les flammes de ses deux yeux fixes. C'était par hasard qu'il se
trouvait au festin, — son père le faisant vivre chez les Barca [8], selon la coutume
des rois, qui envoyaient leurs enfants dans les grandes familles pour préparer
des alliances ; mais depuis six mois que Narr'Havas y logeait, il n'avait point
encore aperçu Salammbô ; et, assis sur les talons, la barbe baissée vers les hampes
60 de ses javelots, il la considérait en écartant les narines comme un léopard qui est
accroupi dans les bambous.
De l'autre côté des tables se tenait un Libyen de taille colossale et à courts
cheveux noirs frisés. Il n'avait gardé que sa jaquette militaire, dont les lames
d'airain déchiraient la pourpre du lit. Un collier à lune d'argent s'embarrassait
dans les poils de sa poitrine. Des éclaboussures de sang lui tachetaient la face, il
s'appuyait sur le coude gauche ; et la bouche grande ouverte il souriait.
Salammbô n'en était plus au rythme sacré. Elle employait simultanément tous
les idiomes des Barbares, délicatesse de femme pour attendrir leur colère. Aux
Grecs, elle parlait grec, puis elle se tournait vers les Ligures, vers les Campaniens,
70 vers les Nègres ; et chacun en l'écoutant retrouvait dans cette voix la douceur de
sa patrie. Emportée par les souvenirs de Carthage, elle chantait maintenant les
anciennes batailles contre Rome ; ils applaudissaient. Elle s'enflammait à la lueur
des épées nues ; elle criait, les bras ouverts. Sa lyre tomba, elle se tut ; — et,
pressant son cœur à deux mains, elle resta quelques minutes les paupières closes
à savourer l'agitation de tous ces hommes.
Mâtho le Libyen se penchait vers elle. Involontairement elle s'en approcha, et,
poussée par la reconnaissance de son orgueil [9], elle lui versa dans une coupe d'or
un long jet de vin pour se réconcilier avec l'armée.
« Bois ! » dit-elle.
80 Il prit la coupe, et il la portait à ses lèvres quand un Gaulois le frappa sur
l'épaule, tout en débitant d'un air jovial des plaisanteries dans la langue de son
pays. Spendius [10] n'était pas loin : il s'offrit à les expliquer.
« Parle ! dit Mâtho. — Les Dieux te protègent, tu vas devenir riche. A quand
les noces ? — Quelles noces ? — Les tiennes ! car chez nous, dit le Gaulois,
lorsqu'une femme fait boire un soldat, c'est qu'elle lui offre sa couche. »
Il n'avait pas fini que Narr'Havas, en bondissant, tira un javelot de sa ceinture,
et appuyé du pied droit sur le bord de la table, il le lança contre Mâtho.
Le javelot siffla entre les coupes, et, traversant le bras du Libyen, le cloua sur la
nappe si fortement, que la poignée en tremblait dans l'air.
90 Mâtho l'arracha vite ; mais il n'avait pas d'armes, il était nu ; levant à deux bras
la table surchargée, il la jeta conte Narr'Havas, tout au milieu de la foule qui se
précipitait entre eux. Les soldats et les Numides se serraient à ne pouvoir tirer

———————————— 6 Certaines tribus numides | orgueil ? pourquoi cette reconnaissance ? —
étaient alliées de Carthage. — 7 Petits javelots | 10 Esclave grec que Mâtho vient de libérer
passés à sa ceinture. — 8 Hamilcar est le chef | et qui deviendra avec lui l'un des chefs des
de la famille des Barca. — 9 D'où vient cet | Mercenaires révoltés.

leurs glaives. Mâtho avançait en donnant de grands coups avec sa tête. Quand il la releva, Narr'Havas avait disparu. Il le chercha des yeux. Salammbô aussi était partie.

Alors sa vue se tournant sur le palais, il aperçut tout en haut la porte rouge à croix noire qui se refermait. Il s'élança.

On le vit courir entre les proues des galères, puis réapparaître le long des trois escaliers jusqu'à la porte rouge qu'il heurta de tout son corps. En haletant, il s'appuya contre le mur pour ne pas tomber.

— *Montrez le caractère dramatique du récit ; étudiez les effets les plus saisissants.*
— *Salammbô. a) Quelle impression produit-elle à son apparition ? — b) Quel genre de beauté caractérise cette jeune fille ? — c) Quels traits de son caractère apparaissent dans cette scène ?*
— *Narr'Havas et Mâtho. a) Étudiez la précision et le pittoresque barbare de ces deux portraits. — b) En quoi sont-ils différents par leur physique et leur comportement ?*
— *Essai. Si vous étiez metteur en scène quel type de film consacreriez-vous à Salammbô ? Comment adapteriez-vous à l'écran les extraits (et l'analyse) de ce roman ?*
— *Commentaire composé : lignes 1-21. Une évocation « barbare ». Effet de contraste.*

INVOCATION A TANIT

SALAMMBÔ a grandi « dans les abstinences les jeûnes et les purifications », consumée d'ardeur pour les choses *religieuses*. La réservant pour quelque alliance politique, son père a refusé d'en faire une prêtresse ; mais elle rêve d'être initiée au *culte secret de Tanit* et de pénétrer dans le temple où seuls les prêtres approchent l'idole de la déesse et son *voile* sacré. Avant de nous faire assister à l'*étrange invocation* de SALAMMBÔ, Flaubert évoque, en un *mystérieux clair-obscur*, le spectacle nocturne de Carthage vue de la terrasse du palais d'Hamilcar (Chap. III).

La lune se levait à ras des flots, et, sur la ville encore couverte de ténèbres, des points lumineux, des blancheurs brillaient : le timon d'un char dans une cour, quelque haillon de toile suspendu, l'angle d'un mur, un collier d'or à la poitrine d'un dieu [1]. Les boules de verre sur les toits des temples rayonnaient, çà et là, comme de gros diamants [2]. Mais de vagues ruines, des tas de terre noire, des jardins faisaient des masses plus sombres dans l'obscurité, et au bas de Malqua [3], des filets de pêcheurs s'étendaient d'une maison à l'autre, comme de gigantesques chauves-souris déployant leurs ailes. On n'entendait plus le grincement des roues
10 hydrauliques qui apportaient l'eau au dernier étage des palais ; et au milieu des terrasses les chameaux reposaient tranquillement, couchés sur le ventre, à la manière des autruches [4]. Les portiers dormaient dans les rues contre le seuil des maisons ; l'ombre des colosses [5] s'allongeait sur les places désertes ; au loin quelquefois la fumée d'un sacrifice brûlant encore s'échappait par les tuiles de bronze, et la brise lourde apportait avec des parfums d'aromates les senteurs de la marine et l'exhalaison des murailles chauffées par le soleil. Autour de Carthage [6] les ondes

---

— 1 Expliquer le *choix* de ces détails. — 2 Ce trait est-il uniquement pittoresque ? — 3 Faubourg de Carthage. — 4 En quoi le rythme souligne-t-il l'impression ? — 5 Statues colossales. — 6 La ville était presque entièrement entourée d'eau.

immobiles resplendissaient, car la lune étalait sa lueur tout à la fois sur
le golfe environné de montagnes et sur le lac de Tunis, où des phéni-
20 coptères [7] parmi les bancs de sable formaient de longues lignes roses,
tandis qu'au-delà, sous les catacombes [8], la grande lagune salée miroitait
comme un morceau d'argent. La voûte du ciel bleu s'enfonçait à l'horizon,
d'un côté dans le poudroiement des plaines, de l'autre dans les brumes
de la mer, et sur le sommet de l'Acropole les cyprès pyramidaux bordant
le temple d'Eschmoûn [9] se balançaient, et faisaient un murmure, comme
les flots réguliers qui battaient lentement le long du môle, au bas des
remparts [10].

Salammbô monta sur la terrasse de son palais, soutenue par une esclave
qui portait dans un plat de fer des charbons enflammés.

30 Il y avait au milieu de la terrasse un petit lit d'ivoire, couvert de peaux
de lynx avec des coussins en plume de perroquet, animal fatidique
consacré aux Dieux, et dans les quatre coins s'élevaient quatre longues
cassolettes remplies de nard, d'encens, de cinnamome et de myrrhe [11].
L'esclave alluma les parfums. Salammbô regarda l'étoile polaire ; elle
salua lentement les quatre coins du ciel et s'agenouilla sur le sol parmi la
poudre d'azur qui était semée d'étoiles d'or, à l'imitation du firmament.
Puis les deux coudes contre les flancs, les avant-bras tout droits et les
mains ouvertes, en se renversant la tête sous les rayons de la lune, elle dit :
« *O Rabbetna!... Baalet!... Tanit!* » et sa voix se traînait d'une façon
40 plaintive, comme pour appeler quelqu'un. « *Anaïtis! Astarté! Derceto!*
Astoreth! Mylitta! Athara! Elissa! Tiratha [12] *!... Par les symboles cachés,* —
par les cistres [13] *résonnants,* — *par les sillons de la terre,* — *par l'éternel*
silence et par l'éternelle fécondité, — *dominatrice de la mer ténébreuse et des*
plages azurées, ô Reine des choses humides, salut ! »

Elle se balança tout le corps deux ou trois fois, puis se jeta le front dans
la poussière, les bras allongés.

Son esclave la releva lestement, car il fallait, d'après les rites, que
quelqu'un vînt arracher le suppliant à sa prosternation ; c'était lui dire
que les Dieux l'agréaient, et la nourrice de Salammbô ne manquait
50 jamais à ce devoir de piété.

– Carthage. a) *Étudiez le clair-obscur et l'utilisation des lumières nocturnes pour mettre en place les détails ; – b) Quelle
impression générale se dégage du tableau ? Comment* FLAUBERT *l'a-t-il créée ? – c) Relevez ce qui évoque Carthage
et sa civilisation.*
– *En quoi ce paysage peut-il exercer une influence sur l'état d'âme de Salammbô ?*
– L'invocation à Tanit. a) *Étudiez la précision pittoresque des attitudes ; – b) A quoi reconnaît-on la piété de
Salammbô ? – c) Comment* FLAUBERT *a-t-il suggéré une impression de mélancolie et de mystère ? En quoi
s'accorde-t-elle avec le culte célébré ?*
– **Commentaire composé** : *lignes 1-27. Le clair-obscur ; les comparaisons ; le rythme des phrases.*
– **Essai.** *Étudiez* Salammbô *comme tentative de « résurrection du passé » selon l'idéal de* MICHELET, *p. 362.*

— 7 *Phénicoptères* : Flamants roses (étymologie grecque : « *aux ailes rouges* »). —
8 Cimetière souterrain. — 9 Dieu phénicien
assimilé à Esculape. — 10 Étudier la valeur
évocatrice du rythme. — 11 Parfums tirés
de plantes aromatiques. — 12 Noms donnés
dans les rites orientaux à Tanit, déesse de la
Lune et de la fécondité. Salammbô les répétait,
dit plus bas Flaubert, « sans qu'ils eussent
pour elle de signification distincte ». —
13 Instruments dont le son est produit par des
anneaux qui glissent sur des tringles.

Le voile de Tanit

Les Carthaginois ont décidé les Mercenaires à se retirer loin de la ville, en attendant leur solde. Mais les BARBARES s'impatientent et reviennent camper sous les murs de Carthage. MATHO est encore envoûté par le souvenir de SALAMMBÔ. Une nuit, accompagné de Spendius, il pénètre secrètement jusqu'au temple de Tanit et dérobe le voile de la déesse, le *zaïmph* « d'où dépendent les destinées de Carthage ». Persuadé que ce talisman le rendra maître de SALAMMBÔ, il se glisse dans la chambre de la jeune fille, lui déclare son amour et lui révèle qu'il a dérobé le voile de Tanit pour le lui offrir. Revenue de sa stupéfaction, elle donne l'alerte ; mais tous restent paralysés devant le *zaïmph*... (Chap. V).

Du fond des Mappales [1], des hauteurs de l'Acropole, des catacombes, des bords du lac, la multitude accourut. Les patriciens sortaient de leur palais, les vendeurs de leurs boutiques ; les femmes abandonnaient leurs enfants ; on saisit des épées, des haches, des bâtons ; mais l'obstacle qui avait empêché Salammbô les arrêta. Comment reprendre le voile ? Sa vue seule était un crime ; il était de la nature des Dieux et son contact faisait mourir.

Sur le péristyle des temples, les prêtres désespérés se tordaient les bras. Les gardes de la Légion [2] galopaient au hasard ; on montait sur les maisons, sur les terrasses, sur l'épaule des colosses [3] et dans la mâture des navires. Il s'avançait
10 cependant, et à chacun de ses pas la rage augmentait, mais la terreur aussi. Les rues se vidaient à son approche, et ce torrent d'hommes qui fuyaient rejaillissait des deux côtés jusqu'au sommet des murailles. Il ne distinguait partout que des yeux grands ouverts comme pour le dévorer, des dents qui claquaient, des poings tendus, et les imprécations de Salammbô retentissaient en se multipliant.

Tout à coup, une longue flèche siffla, puis une autre, et des pierres ronflaient ; mais les coups, mal dirigés (car on avait peur d'atteindre le zaïmph), passaient au-dessus de sa tête. D'ailleurs se faisant du voile un bouclier, il le tendait à droite, à gauche, devant lui, par derrière ; et ils n'imaginaient aucun expédient. Il marchait de plus en plus vite, s'engageant par les rues ouvertes. Elles étaient
20 barrées avec des cordes, des chariots, des pièges [4] ; à chaque détour il revenait en arrière. Enfin il entra sur la place de Khamon, où les Baléares avaient péri [5] ; Mâtho s'arrêta, pâlissant comme quelqu'un qui va mourir. Il était bien perdu cette fois ; la multitude battait des mains.

Il courut jusqu'à la grande porte fermée. Elle était très haute, tout en cœur de chêne, avec des clous de fer et doublée d'airain. Mâtho se jeta contre. Le peuple trépignait de joie, voyant l'impuissance de sa fureur ; alors il prit sa sandale, cracha dessus et en souffleta les panneaux immobiles. La ville entière hurla. On oubliait le voile maintenant, et ils allaient l'écraser. Mâtho promena sur la foule de grands yeux vagues. Ses tempes battaient à l'étourdir ; il se sentait envahi par
30 l'engourdissement des gens ivres. Tout à coup, il aperçut la longue chaîne que l'on tirait pour manœuvrer la bascule [6] de la porte. D'un bond il s'y cramponna, en roidissant ses bras, en s'arc-boutant des pieds ; et, à la fin, les battants énormes s'entr'ouvrirent.

Quand il fut dehors, il retira de son cou le grand zaïmph et l'éleva sur sa tête le plus haut possible. L'étoffe, soutenue par le vent de la mer, resplendissait au

---

— 1 Vieux quartiers. — 2 Recrutée parmi les jeunes patriciens. — 3 Statues colossales. — 4 Pour arrêter les Mercenaires qui assiègent la ville. — 5 Un groupe de 300 Baléares qui formaient l'arrière-garde avaient été retenus et massacrés au moment du départ des Mercenaires. — 6 Comme dans les châteaux-forts. —

soleil avec ses couleurs, ses pierreries et la figure de ses dieux [7]. Mâtho, le portant ainsi, traversa toute la plaine jusqu'aux tentes des soldats, et le peuple, sur les murs, regardait s'en aller la fortune [8] de Carthage.

Les éléphants à la bataille du Macar

La majeure partie du roman est consacrée aux péripéties de la *lutte entre les Barbares et Hamilcar* enfin revenu à Carthage. Sièges, surprises, batailles rangées, supplices atroces ; FLAUBERT accumule peut-être trop d'événements, créant parfois une lassante impression de *surcharge*. Mais, considéré isolément, chaque épisode est un chef-d'œuvre de *composition* et de *reconstitution historique*. Sans prétendre à une parfaite exactitude archéologique, le romancier a su dominer la masse de ses documents et, par la vigueur de son *imagination*, dresser devant nous des *scènes d'une vérité saisissante*. Voici par exemple un épisode de la bataille du fleuve Macar, qui se terminera par la déroute des Barbares, commandés par Spendius. Qui ne croirait lire un *fragment d'épopée*, en assistant à cette horrible mêlée ? *Artiste avant tout*, Flaubert tend parfois au bas-relief à la manière parnassienne et, par la magie de son art, les scènes d'horreur elles-mêmes sont parées d'une étrange beauté (Chap. VIII).

La phalange [1] commençait à osciller, les capitaines couraient éperdus, les serre-files poussaient les soldats, et les Barbares s'étaient reformés ; ils revenaient ; la victoire était pour eux.

Mais un cri, un cri épouvantable éclata, un rugissement de douleur et de colère : c'étaient les soixante-douze éléphants qui se précipitaient sur une double ligne, Hamilcar ayant attendu que les Mercenaires fussent tassés en une seule place pour les lâcher contre eux ; les Indiens [2] les avaient si vigoureusement piqués que du sang coulait sur leurs larges oreilles. Leurs trompes, barbouillées de minium [3], se tenaient droites en l'air, pareilles à des serpents rouges ; leurs
10 poitrines étaient garnies d'un épieu, leur dos d'une cuirasse, leurs défenses allongées par des lames de fer courbes comme des sabres, — et pour les rendre plus féroces, on les avait enivrés avec un mélange de poivre, de vin pur et d'encens. Ils secouaient leurs colliers de grelots, criaient ; et les éléphantarques baissaient la tête sous le jet des phalariques [4] qui commençaient à voler du haut des tours [5].

Afin de mieux leur résister, les Barbares se ruèrent en foule compacte ; les éléphants se jetèrent au milieu, impétueusement. Les éperons de leur poitrail, comme des proues de navire, fendaient les cohortes ; elles refluaient à gros bouillons. Avec leurs trompes, ils étouffaient les hommes, ou bien, les arrachant du sol, par-dessus leur tête ils les livraient aux soldats dans les tours ; avec leurs
20 défenses, ils les éventraient, les lançaient en l'air, et de longues entrailles pendaient à leurs crocs d'ivoire comme des paquets de cordages à des mâts. Les Barbares tâchaient de leur crever les yeux, de leur couper les jarrets ; d'autres, se glissant sous leur ventre, y enfonçaient un glaive jusqu'à la garde et périssaient écrasés ; les plus intrépides se cramponnaient à leurs courroies [6] ; sous les flammes, sous les balles [7], sous les flèches ils continuaient à scier les cuirs, et la tour d'osier s'écroulait comme une tour de pierres. Quatorze de ceux qui se trouvaient à l'extrémité droite, irrités de leurs blessures, se retournèrent sur le second rang ; les Indiens saisirent leur maillet et leur ciseau [8] et, l'appliquant au joint de la tête, à tour de bras ils frappèrent un grand coup.
30 Les bêtes énormes s'affaissèrent, tombèrent les unes par-dessus les autres.

---

7 Brodée sur le voile. — 8 Le talisman qui protégeait la ville.

— 1 Lourde masse de fantassins carthaginois entraînés par Hamilcar pour écraser les Barbares. — 2 Hindous conducteurs d'éléphants, appelés plus bas *éléphantarques*. — 3 Rouge vif. — 4 Flèches enflammées. — 5 Portées par les éléphants (cf. l. 19). — 6 Les *sangles* qui maintenaient les tours. — 7 Balles de plomb des frondeurs. — 8 Prévus pour abattre la bête devenue furieuse.

Ce fut comme une montagne ; et sur ce tas de cadavres et d'armures, un éléphant monstrueux qu'on appelait *Fureur de Baal*, pris par la jambe entre des chaînes, resta jusqu'au soir à hurler, avec une flèche dans l'œil.

Cependant les autres, comme des conquérants qui se délectent dans leur extermination, renversaient, écrasaient, piétinaient, s'acharnaient aux cadavres, aux débris. Pour repousser les manipules [9] serrés en couronnes autour d'eux, ils pivotaient sur leurs pieds de derrière, dans un mouvement de rotation continuelle, en avançant toujours. Les Carthaginois sentirent redoubler leur vigueur, et la bataille recommença.

MATHO *finit par encercler le camp d'*HAMILCAR. *C'est alors que* SALAMMBÔ *se rend sous la tente du Barbare et, abusant de son amour, lui dérobe le* zaïmph. *Les Mercenaires reprennent le siège de Carthage, mais* HAMILCAR *parvient à les enfermer dans le* Défilé de la Hache *où ils meurent de faim dans d'atroces souffrances.* SPENDIUS *périt crucifié. Quant à* MATHO, *dernier survivant, il est torturé dans les rues par la populace et vient expirer aux pieds de* SALAMMBÔ *qui l'aimait secrètement et tombe morte à son tour.* « Ainsi mourut la fille d'Hamilcar pour avoir touché au manteau de Tanit ».

LES GONCOURT

Deux vies,
une œuvre

EDMOND (1822-1896) et JULES (1830-1870) DE GONCOURT offrent un cas exceptionnel de communion totale dans la création littéraire. Collectionneurs passionnés, ils commencent par écrire des études sur le XVIIIe siècle : *Histoire de la société française pendant la Révolution* (1854) *et le Directoire* (1855) ; *Portraits intimes du XVIIIe siècle* (1857) ; *L'Art Français du XVIIIe siècle* (1859) ; *La Femme au XVIIIe siècle* (1862). Toutes ces études qui font revivre la société, les mœurs, le mobilier, l'art, reposent sur une vaste et minutieuse *documentation*. A partir de 1860 les deux frères appliquent au roman leur méthode, leur goût du document, et publient une série d'œuvres réalistes : *Charles Demailly* (1860), *Sœur Philomène* (1861), *Renée Mauperin* (1864), *Germinie Lacerteux* (1865), *Manette Salomon* (1867), *Madame Gervaisais* (1869).

Resté seul après 1870, EDMOND DE GONCOURT prolonge l'œuvre commune en continuant le *Journal* que les deux frères avaient commencé en 1851, et en publiant *La Fille Élisa* (1877) et *Les Frères Zemgano* (1879). Son tempérament original se dégage ensuite plus nettement dans *La Faustin* (1882) *Chérie* (1884) et des études sur l'art japonais qu'il révèle aux contemporains (*Outamaro*, 1891). Son salon d'Auteuil, peuplé de bibelots (le « grenier » des Goncourt) devient le rendez-vous de ses amis écrivains, parmi lesquels il désigne les premiers membres de l'Académie Goncourt instituée par son testament.

Réalisme et
« écriture artiste »

Pour les Goncourt, les romanciers qui sont « les raconteurs du présent » doivent s'inspirer de la méthode des historiens qui sont « les raconteurs du passé ».

1. DOCUMENTATION MÉTHODIQUE. Les GONCOURT ont la passion des documents « d'après nature ». Leurs PERSONNAGES sont presque tous empruntés à la réalité : *Charles Demailly* et *Manette Salomon* sont des romans à clefs ; *Sœur Philomène* est l'histoire d'une infirmière de l'hôpital de Rouen, *Germinie Lacerteux* celle d'une de leurs bonnes, *Madame Gervaisais* celle d'une de leurs tantes. Dans *Renée Mauperin*, ils se souviennent d'une amie d'enfance ; M. Mauperin est leur propre père et Denoisel ressemble à Jules de Goncourt (cf. p. 480). Pour les MILIEUX, ils vont se documenter sur place : dans les hôpitaux (*Sœur Philomène*, cf. p. 478), sur les fortifications ou dans la banlieue (*Germinie Lacerteux*, cf. p. 481), dans une auberge de Barbizon (*Manette Salomon*), à Rome où ils se rendent « par dévouement à la littérature » pour préparer

---

— 9 Groupes d'environ 200 fantassins.

Madame Gervaisais. Enfin leur *Journal*, enrichi chaque jour d'une moisson d'observations, leur offre une mine inépuisable de détails vécus.

2. PEINTURE DE LA SOCIÉTÉ CONTEMPORAINE. « Raconteurs du présent », leur méthode les vouait à la *peinture de mœurs*. Chacun de leurs romans porte sur un « secteur » de la société contemporaine sur lequel s'est concentrée leur enquête : la vie d'un hôpital (*Sœur Philomène*, cf. p. 478), les hommes de lettres *(Charles Demailly)* ou les artistes *(Manette Salomon)*, la « jeune bourgeoisie » (*Renée Mauperin*, cf. p. 479), les milieux catholiques *(Madame Gervaisais)*. Dans leur volonté d'être modernes, ils se sont demandé « si ce qu'on appelle les *basses classes* n'avaient pas droit au roman » : ils les évoquent avec d'autant plus de complaisance qu'elles offrent un champ nouveau à l'observation réaliste *(Germinie Lacerteux, cf. p.* 481).

3. ÉTUDE DE CAS PATHOLOGIQUES. « Créatures passionnées, nerveuses, maladivement impressionnables », les GONCOURT recherchent avidement les sensations nouvelles, « le poignant des choses qui nous touchent, nous font vibrer les nerfs et saigner le cœur ». Ils étudient les cas anormaux, les détraquements nerveux, avec une rigueur qu'ils veulent « *scientifique* » : *Madame Gervaisais* est l'étude médicale d'une crise religieuse ; *Germinie Lacerteux* celle d'un cas d'hystérie.

4. « L'ÉCRITURE ARTISTE ». Leur idéal est de créer « *la plus vive impression du vrai humain* » à l'aide de tableaux ou de conversations, faiblement liés par une intrigue qui reste à l'arrière-plan. Les *dialogues* surtout, par leur « sténographie ardente », atteignent à « l'intensité de la vie » (cf. p. 480). Dans les *descriptions* au contraire, voulant combiner les impressions de l'un et de l'autre, ils aboutissent à une surcharge qui manque de naturel.

D'ailleurs leur sensibilité perçoit des *nuances subtiles* qu'ils tentent de traduire dans leur pureté par des raffinements de style impressionniste : termes rares, néologismes, alliances de mots, ruptures de la syntaxe traditionnelle, rythmes évocateurs. Cette « *écriture artiste* », comme ils l'appelaient, est originale mais artificielle, et ses délicatesses ne s'accordent pas toujours avec leur sujet lorsqu'ils évoquent les milieux populaires.

Aristocrates de goûts et de tempérament, les GONCOURT étaient des *artistes raffinés*, et c'est ce qui les distingue des naturalistes, dont ils sont pourtant les précurseurs et les initiateurs, s'il est vrai que ZOLA découvrit sa vocation en lisant *Germinie Lacerteux.*

A L'HOPITAL, LA NUIT

Pour écrire *Sœur Philomène* (1861), les GONCOURT ont passé plusieurs jours dans les salles d'hôpitaux. « Il nous faut, disaient-ils, faire des études sur le vrai, sur le vif, sur le saignant ». Les scènes du roman, dont l'héroïne est une infirmière religieuse, retracent la *vie d'un hôpital,* les réactions des malades, les conversations des internes, les visites du chirurgien en chef. Dès la première page nous sommes plongés dans une atmosphère lourde et étrange ; on notera pourtant le côté *artiste* du réalisme des Goncourt.

La salle est haute et vaste [1]. Elle est longue, et se prolonge dans une ombre où elle s'enfonce sans finir.

Il fait nuit. Deux poêles jettent par leur porte ouverte une lueur rouge. De distance en distance, des veilleuses, dont la petite flamme décroît à l'œil, laissent tomber une traînée de feu sur le carreau luisant. Sous leurs lueurs douteuses et vacillantes, les rideaux blanchissent confusément à droite et à gauche contre les murs, des lits s'éclairent vaguement, des files de lits apparaissent à demi que la nuit laisse deviner. A un bout de la salle, dans les profondeurs noires, quelque chose semble pâlir, qui a
10 l'apparence d'une vierge de plâtre.

— 1 Ce sont les premiers mots du roman : quel est l'effet recherché ?

L'air est tiède, d'une tiédeur moite. Il est chargé d'une odeur fade, d'un goût écœurant de cérat [2] échauffé et de graine de lin bouillie. Tout se tait. Rien ne bruit, rien ne remue. La nuit dort, le silence plane. A peine si, de loin en loin, il sort de l'ombre immobile et muette un frippement étouffé, une plainte éteinte, un soupir... Puis la salle retombe dans une paix sourde et mystérieuse [3].

Là-bas où une lampe à bec est posée, à côté d'un petit livre de prières, sur une chaise dont elle éclaire la paille, une grosse fille qui a les deux pieds appuyés au bâton de la chaise se lève, les cheveux ébouriffés par le sommeil, du grand fauteuil recouvert avec un drap blanc, où elle se tenait somnolente. Elle passe comme une silhouette, sur la lumière de la lampe, va à un poêle, prend la pointe de fer posée sur la cendre chaude, remue et tracasse deux ou trois fois le charbon de terre, revient à son fauteuil, repose ses pieds sur le bâton de la chaise et s'allonge de côté [4].

Le feu, avivé, rayonne plus rouge. Dans leur godet de verre allongé, pendu à deux branches de fer arrondies, les veilleuses s'éteignent et se raniment. Leur lumignon se lève et s'abaisse, comme un souffle, sur l'huile lumineuse et transparente. Le fumivore [5] qui se balance à leur flamme mobile, projette sur les poutrelles du plafond une ombre énorme dont le cercle s'agite et remue sans cesse. Au-dessous, à droite et à gauche, la lumière coule mollement, du verre suspendu, sur le pied des lits, sur la bande de toile froncée qui les couronne, sur les rideaux dont elle jette l'ombre en écharpe au travers d'un corps pelotonné sous une couverture. Les formes, les lignes s'ébauchent en tremblant dans le demi-jour incertain qui les baigne, tandis qu'entre les lits, les fenêtres hautes, mal voilées par les rideaux, laissent passer la clarté bleuâtre d'une belle nuit d'hiver sereine et glacée.

De veilleuse en veilleuse, la perspective s'éloigne, les images s'effacent et se confondent. Aux endroits où la clarté de l'une cesse et où la clarté de celle qui suit ne luit pas encore, de grandes ombres noires se lèvent toutes droites et se joignent au plafond, mettant la nuit aux deux côtés de la salle. Au-delà, l'œil perçoit encore une confuse blancheur ; puis la nuit revient, une nuit opaque où tout disparaît.

Fasquelle, éditeur.

— Composition. *a) Étudiez, au début, la découverte progressive de l'aspect de la salle ; — b) En quoi les détails du § 3 complétent-ils l'évocation ? — c) Relevez les détails réalistes du § 4.*
— *Relevez les détails précis et minutieux qui révèlent une documentation attentive.*
— *Étudiez : a) les détails observés avec justesse qui sont décrits avec la volonté de produire un effet artistique ; — b) Les jeux d'ombres et de lumières ; — c) la création d'une impression de « paix sourde et mystérieuse ».*
— *Style. a) Relevez les mots rares, les expressions recherchées qui témoignent d'un « style artiste » ; — b) Étudiez comment par le choix des verbes, les choses sont animées d'une vie mystérieuse.*
— **Commentaire composé** : *l. 1-24. Création d'une atmosphère ; — « style artiste ».*

— 2 Le *cérat* est un onguent à base de cire et d'huile. — 3 Comparer le rythme de ce § à celui du précédent : pourquoi sont-ils différents ? — 4 Comment l'auteur a-t-il évoqué la somnolence de la fille de salle ? — 5 Appareil destiné à absorber la fumée.

Un moyen de s'enrichir : le mariage

Dans *Renée Mauperin* (1864) qu'ils voulaient d'abord intituler *La jeune Bourgeoisie*, les GONCOURT ont voulu faire une *étude sociale*. Nous pénétrons chez M. Mauperin, ancien officier de Napoléon devenu industriel sous le Second Empire : une série de scènes, pour la plupart dialoguées, nous dépeignent les mœurs et les idées de la bourgeoisie moderne. Ainsi la conversation qu'on va lire, entre Mme MAUPERIN et son fils HENRI, jeune avocat, nous révèle ce que pense du mariage « *le jeune homme moderne*, tel que le font au sortir du collège, depuis l'avènement du roi Louis-Philippe, la fortune des doctrinaires, le règne du parlementarisme ». Les temps sont changés depuis le romantisme, sa mélancolie, ses élans spontanés ! (chap. VII).

Alors, veux-tu me dire pour Mlle Herbault... C'est bien toi qui as fait tout rompre...

— Mlle Herbault ? La présentation à l'Opéra avec son père ? Ah ! non... Oui, oui, Mlle Herbault [1]... le dîner chez Mme Marquisat, n'est-ce pas ? la dernière, enfin ? Un guet-apens où tu m'as envoyé sans me dire gare ! Il faut avouer que tu es d'une innocence [2] !... On m'annonce [3] : *Môssieu Henri Mauperin !* une de ces annonces ronflantes qui disent : « Voilà le futur ! » Je trouve les candélabres du salon allumés. La maîtresse de maison, que j'ai bien vue deux fois dans ma vie, m'accable de sourires ; son fils, que je ne connais pas, me serre les
10 mains. Il y a dans le salon une mère et une fille qui n'ont pas l'air de me voir : très bien ! Naturellement, on me place à dîner à côté de la jeune personne : famille de province, fortune en fermes, goûts simples... Je vois tout cela à la soupe. La mère, de l'autre côté de la table, était en arrêt [4] sur nous ; une mère impossible, qui avait une toilette !... Je lui demande, à la fille, si elle a vu le *Prophète* [5] à l'Opéra. — Oui, c'est superbe. — Il y a aussi cet effet au troisième acte. — Ah ! oui, cet effet... cet effet... — Elle ne l'avait pas vu plus que moi. Une menteuse, d'abord. Je m'amuse à la pousser là-dessus ; cela la rend grinchue. On passe au salon. — Quelle jolie robe ! avez-vous remarqué, me dit la maîtresse de la maison. Croiriez-vous que je lui connais cette robe-là depuis cinq ans ?
20 Emmeline est d'un soin ! Elle a un ordre ! — Des grigous qui voulaient me mettre dedans...

— Tu crois ? Pourtant les renseignements...

— Une femme qui fait durer ses robes cinq ans ! Cela dit tout, cela suffit ! On voit sa dot dans un bas de laine ! On voit une fortune en terres, deux et demi de l'argent, les réparations, les impôts, les procès, les fermiers qui ne payent pas, le beau-père qui vous estime des biens invendables... Non, non, je ne suis pas assez jeune [6]... Je veux me marier, mais bien me marier [7]... Laisse-moi faire, tu verras. Sois tranquille, je ne suis pas de ceux qu'on prend avec un : *Elle a de si beaux cheveux et elle aime tant sa mère !...* Vois-tu, maman, sans en avoir l'air, j'ai
30 beaucoup réfléchi au mariage... Ce qu'il y a de plus difficile à gagner dans ce monde, ce qui se paye le plus cher, ce qu'on arrache et ce qui se conquiert, ce qu'on n'obtient qu'à force de génie, de chance, de bassesses, de privations,

---

— 1 Comment est créée l'impression de *vie* dans le mouvement et le style de ce dialogue ? — 2 Mme Mauperin craint que son fils n'expose sa vie à l'occasion de quelque rivalité sentimentale ; aussi voudrait-elle le marier. — 3 Dans cette amusante scène de *comédie mondaine*, on étudiera la *vérité de l'observation*, et le caractère d'Henri Mauperin. — 4 Expliquer cette image. — 5 Opéra de Meyerbeer. — 6 « Henri Mauperin avait,

comme beaucoup de jeunes gens du temps présent, non l'âge de sa vie, mais l'âge de son temps. La froideur de la jeunesse, ce grand signe de la seconde moitié du XIXe siècle, marquait toute sa personne... C'était un esprit pratique. Il professait le culte de l'utile, des vérités mathématiques, des religions positives et des sciences exactes » (Chap. VII). — 7 Dégager les deux conceptions du mariage qui vont s'opposer dans la fin de cette tirade.

d'efforts enragés, de persévérance, de résolution, d'énergie, d'audace, de travail, c'est l'argent, n'est-ce pas ? c'est le bonheur et l'honneur d'être riche, c'est la jouissance et la considération du million. Eh bien, j'ai vu qu'il y avait un moyen d'arriver à cela, à l'argent, tout droit et tout de suite, sans fatigue, sans peine, sans génie, simplement, naturellement, immédiatement et honorablement : ce moyen, c'est le mariage... J'ai encore vu ceci : c'est qu'il n'y avait besoin ni d'être supérieurement beau, ni d'être étonnamment spirituel pour faire un mariage riche ;
40 il fallait seulement le vouloir, le vouloir froidement et de toutes ses forces, masser sur cette carte-là toutes ses chances, faire en un mot sa carrière de se marier...

Fasquelle, éditeur.

Encore un mariage manqué...

« La petite demoiselle enfantine, timide, honteuse, balbutiante, dressée à tout ignorer, ne sachant ni se tenir sur ses jambes ni s'asseoir sur une chaise, c'est passé, c'est vieux, c'est usé... Aujourd'hui ce n'est plus ça » (Chap. IV). RENÉE MAUPERIN représente « *la jeune fille moderne*, telle que l'éducation artistique et garçonnière des trente dernières années l'ont faite » : sa *personnalité* est d'autant plus accusée qu'elle est toute droiture, toute spontanéité et que l'extrême faiblesse de son père à son égard a favorisé son *émancipation*. La voici s'entretenant avec DENOISEL, son parrain et son confident : sa liberté d'attitude et de langage, sa volonté de choisir elle-même son mari étaient pour les GONCOURT un aspect original de la « *vérité moderne* » (chap. XXXIII).

— « Je viens de rater un mariage, telle que vous me voyez.
— Encore ? mais c'est une spécialité !
— Oh ! ce n'est que le quatorzième... Je suis encore dans la moyenne [1]... Et c'est vous qui me l'avez fait rater... — Moi ? par exemple !... Comment ça ? »
Renée se leva, enfonça ses mains dans ses poches, et se mit à marcher d'un bout du salon à l'autre. De temps en temps, elle s'arrêtait court et pirouettait sur un talon en faisant une espèce de sifflement [2].
« Oui, vous ! fit-elle en revenant à Denoisel. Si je vous disais que j'ai refusé deux millions ? — Ils ont dû être bien étonnés [3].
10 — Vous dire, par exemple, que je n'ai pas été tentée... Il ne faut pas se faire plus forte qu'on est... avec vous, je ne pose pas... Eh bien ! si, un moment j'ai été bien près d'être pincée... C'était M. Barousse qui avait arrangé ça... très gentiment... Ici, vous comprenez, on me travaillait... Maman et Henri me donnaient des assauts. J'étais sciée [4] toute la journée... Et puis, à part moi, je rêvais aussi un peu... Enfin, ce qu'il y a de sûr, c'est que j'ai été deux nuits à dormir très mal... C'est plein d'insomnies, les millions ! Il faut dire aussi, pour être juste, que je pensais beaucoup à papa dans tout cela... Aurait-il été fier ! hein ? Aurait-il joui de mes cent mille livres de rentes !... C'est qu'il a une vanité pour moi... Vous rappelez-vous sa fameuse colère : « Un gendre qui laisserait monter ma fille en
20 omnibus [5]!... » Il était superbe !... Là dessus, vous me revenez, oui, vous, ...vos idées, vos paradoxes, vos théories, toutes sortes de paroles que vous m'avez dites... Je pense à votre mépris de l'argent... en y pensant ça me gagne... Et crac ! un beau matin, je dételle [6]... Vous déteignez trop sur moi, mon cher, décidément...
— Mais moi... moi, je suis un imbécile... Ah ! je suis désolé... Je croyais bien que ça ne se gagnait pas, par exemple... Voyons, vraiment, c'est moi ?...
— Oui, vous, beaucoup... et aussi un peu *lui*... — Ah !
— Oui, un peu aussi M. Lemeunier... Quand je sentais la fortune me monter un peu trop à la tête, quand j'avais trop envie de devenir madame Lemeunier...

— 1 Pourquoi cette précision ? — 2 A quoi tend cette série de notations ? — 3 Montrer l'humour de cette réplique. — 4 Comment expliquer cette image ? — 5 Commenter ce trait de mœurs. — 6 Expliquer l'image. —

je le regardais... Et vous ne saviez pas me dire si vrai l'autre jour... Je me sentais
30 femme... vous n'avez pas d'idée ! A côté de cela, je le voyais si bon... Ah ! par
exemple, en voilà une bonté... J'avais beau le tourner, le retourner, parce que ça
me taquinait, à la fin, sa perfection... Eh bien ! rien ! On le sentait bon de tous les
côtés, cet homme-là ! Oh ! c'était, sous ce rapport-là, un autre monsieur que
Reverchon et les autres [7] ! Figurez-vous qu'il me disait : « Mademoiselle, je sais
bien que je ne vous plais pas ; mais laissez-moi attendre du temps que je vous
déplaise un peu moins..... » Il en était attendrissant... Il y avait des jours où j'étais
au moment de lui dire : « Si nous pleurions un peu ensemble, hein ?... » Heureusement que quand il me donnait comme ça envie de pleurer, papa, de l'autre
côté, me donnait des envies de rire... Il avait une si drôle de figure, ce bon père,
40 moitié gaie, moitié triste... Je n'ai jamais vu un bonheur si résigné... La tristesse
de me perdre et la joie de me voir faire un beau mariage... cela faisait chez lui
un méli-mélo ! Enfin, c'est fini tout ça maintenant. Dieu Merci ! Il me
fait les gros yeux, avez-vous vu ? papa, quand maman nous regarde [8]... Mais
ce n'est pas ses vrais gros yeux [9]... Il est bien content, au fond... moi je
le vois [10]... »

Fasquelle, éditeur.

Pour faire un mariage riche mais entaché d'infamie, HENRI MAUPERIN *prend le titre de
noblesse d'une famille qu'il croit éteinte et devient M. de Villacourt. Intransigeante sur
l'honneur et croyant rompre ainsi le mariage,* RENÉE MAUPERIN *prévient le dernier
descendant de cette famille qui provoque Henri Mauperin et le tue en duel. Accablée de
remords,* RENÉE *dépérit lentement et succombe à une maladie de cœur.*

PROMENADE « A LA CAMPAGNE »

Dans *Germinie Lacerteux* (1865), les GONCOURT analysent « *scientifiquement* » un cas
d'hystérie, avec toutes les étapes de la déchéance qui conduit la malheureuse servante
de l'ivresse au vol, à la débauche, à la maladie, à la mort. Au chapitre XII, GERMINIE
accompagnée de son fiancé JUPILLON, fils d'une crémière, fait une longue promenade vers
ce qui tient lieu de campagne pour les Parisiens. La description de ce *paysage hybride*
de la proche banlieue, la peinture des *milieux populaires*, ouvraient la voie au *naturalisme* ;
mais la personnalité des GONCOURT se manifeste ici encore par les recherches de « *l'écriture
artiste* » et, vers la fin du texte, par une *acuité de notations* qu'on ne saurait attribuer à la
jeune servante (Chap. XII).

Ils arrivaient derrière Montmartre à ces espèces de grands fossés, à ces
carrés en contre-bas où se croisent de petits sentiers foulés et gris. Un
peu d'herbe était là, frisée, jaunie et veloutée par le soleil, qu'on apercevait tout en feu dans les entre-deux des maisons. Et Germinie aimait
à y retrouver les cardeuses de matelas au travail, les chevaux d'équarris-
sage [1] pâturant la terre pelée, les pantalons garance [2] des soldats, jouant
aux boules, les enfants enlevant un cerf-volant noir dans le ciel clair.
Au bout de cela, l'on tournait pour aller traverser le pont du chemin de
fer par ce mauvais campement de chiffonniers, le quartier des Limousins
10 du bas de Clignancourt. Ils passaient vite contre ces maisons bâties

---

7 Ses autres soupirants. — 8 Depuis ce
mariage manqué, Mme Mauperin est « d'une
humeur de dogue ». — 9 Comment nous
apparaît M. Mauperin dans cette page ? —

10 Comparer le caractère de Renée Mauperin
à celui de son frère (cf. texte précédent).
— 1 Destinés à être abattus pour la boucherie (*équarrir* : écorcher). — 2 Teinte rouge
extraite de la racine d'une plante, la *garance*.

de démolitions [3] volées, et suant [4] les horreurs qu'elles cachent ; ces huttes, tenant de la cabane et du terrier, effrayaient vaguement Germinie : elle y sentait tapis tous les crimes de la nuit[5].[...]

Ils descendaient, passaient la porte [6], longeaient les débits de saucisson de Lorraine, les marchands de gaufres, les cabarets en planches, les tonnelles sans verdure et au bois encore blanc où un pêle-mêle d'hommes, de femmes, d'enfants, mangeaient des pommes de terre frites, des moules et des crevettes, et ils arrivaient au premier champ, à la première herbe vivante [7] : sur le bord de l'herbe, il y avait une voiture à bras chargée de
20 pain d'épice et de pastilles de menthe, et une marchande de coco vendait à boire sur une table dans le sillon... Étrange campagne où tout se mêlait, la fumée de la friture à la vapeur du soir, le bruit des palets d'un jeu de tonneau au silence versé du ciel [8], l'odeur de la poudrette [9] à la senteur des blés verts, la barrière à l'idylle, et la foire à la Nature [10] ! Germinie en jouissait pourtant ; et poussant Jupillon plus loin, marchant juste au bord du chemin, elle se mettait à passer, en marchant, ses jambes dans les blés, pour sentir sur ses bas leur fraîcheur et leur chatouillement.

Quand ils revenaient, elle voulait remonter sur le talus. Il n'y avait plus de soleil. Le ciel était gris en bas, rose au milieu, bleuâtre en haut. Les
30 horizons s'assombrissaient ; les verdures se fonçaient, s'assourdissaient, les toits de zinc des cabarets prenaient des lumières de lune [11], des feux commençaient à piquer l'ombre, la foule devenait grisâtre, les blancs de linge devenaient bleus. Tout peu à peu s'effaçait, s'estompait, se perdait dans un reste mourant de jour sans couleur, et, de l'ombre qui s'épaississait, commençait à monter, avec le tapage des crécelles, le bruit d'un peuple qui s'anime à la nuit, et du vin qui commence à chanter [12]. Sur le talus, le haut des grandes herbes se balançait sous la brise qui les inclinait.

Germinie se décidait à partir. Elle revenait, toute remplie de la nuit tombante [13], s'abandonnant à l'incertaine vision des chose entrevues,
40 passant les maisons sans lumière, revoyant tout sur son chemin comme pâli, lassée par la route dure à ses pieds et contente d'être lasse, lente, fatiguée, défaillante à demi, et se trouvant bien. Aux premiers réverbères allumés de la rue du Château elle tombait d'un rêve sur le pavé [14].

Fasquelle, éditeur.

— Composition. a) Distinguez les zones traversées en allant vers les champs ; – b) Comment est souligné le caractère mixte de celle qui fait la transition entre la ville et la campagne ?
— Étudiez la précision dans l'évocation de la réalité vulgaire, comment est créée l'impression de liesse populaire ?
— En quoi le réalisme des deux derniers § diffère-t-il de celui des deux précédents ?
— Analysez et expliquez les sentiments de Germinie au cours de la promenade.
— Style. a) Commentez les termes et expressions traduisant les nuances des sensations ; – b) A quoi tend le choix des verbes dans les l. 28-37 ? – c) Relevez les termes rares, les alliances de mots expressives.
— Commentaire composé : lignes 14-37. Réalité populaire et écriture artiste.

— 3 Matériaux de démolition. — 4 Expliquer l'image. — 5 Étudier le choix des termes : quel est l'effet produit ? — 6 La porte de Clignancourt. — 7 Cf. l. 3. — 8 Étudier l'effet de style. — 9 Poussière fine provenant d'excréments desséchés. — 10 Montrer l'élargissement progressif du thème. — 11 Expliquer l'expression. — 12 Commenter ce trait. — 13 Étudier l'impression ainsi traduite. — 14 Commenter le rythme de ce §.

ÉMILE ZOLA

Sa carrière   Né à Paris en 1840, fils d'un Italien naturalisé, Émile ZOLA fait ses études à Aix-en-Provence puis à Paris. Après un échec au baccalauréat (1859), il entre à la librairie Hachette pour ficeler des paquets, se fait remarquer par son intelligence et se voit confier le service de la publicité. Le succès de ses premiers écrits, d'inspiration *romantique*, le lance dans le journalisme avec des feuilletons et des articles virulents, en faveur de Manet (*Mes Haines*, 1866).

Admirateur des Goncourt et séduit par les idées de Taine et de Claude Bernard, il évolue assez vite vers le *réalisme* et même le « *naturalisme* » qui se manifeste déjà dans *Thérèse Raquin* (1867) et *Madeleine Férat* (1868) dix ans avant qu'il n'en expose la doctrine. Dès 1868, il trace le plan d'ensemble du cycle des *Rougon-Macquart* et, à partir de 1871, au prix d'un labeur régulier, il va publier à la cadence moyenne d'un roman par an les 20 livres de cette « *histoire naturelle et sociale d'une famille sous le Second Empire* ». C'est à partir du 7ᵉ volume, *L'Assommoir* (1877), que le succès, dû au scandale, le rend célèbre.

Autour de ZOLA se groupent alors les écrivains de l'*école naturaliste* (cf. p. 455) : ils se réunissent dans sa villa de Médan, non loin de Paris, et publient en commun *Les Soirées de Médan* (1880). Pour exposer sa doctrine, le « maître » donne *Le Roman expérimental* (1880), *Le Naturalisme au théâtre* (1881) et *Les Romanciers Naturalistes* (1881). Désormais chacun de ses livres est un événement littéraire : il obtient son plus grand triomphe avec *Germinal* (1885). Sans se laisser émouvoir par la défection de quelques disciples qui protestent contre l'outrance du naturalisme (*Manifeste des Cinq*, 1888), ZOLA termine en 1893 la série des *Rougon-Macquart* et publie aussitôt les *Trois villes : Lourdes* (1894), *Rome* (1896), *Paris* (1897).

Ses enquêtes sur le monde du travail l'ont conduit au *socialisme* et il s'engage dans la mêlée politique et sociale. Il publie un vibrant article en faveur de Dreyfus (*J'accuse*, 1898) : condamné à un an de prison et radié de la Légion d'Honneur, il doit s'exiler en Angleterre (1898-1899). A son retour, tout à ses aspirations humanitaires, il entreprend les *Quatre Évangiles : Fécondité* (1899), *Travail* (1901), *Vérité* (posthume 1903), et *Justice*, qui reste inachevé, car Zola meurt prématurément d'une asphyxie accidentelle (1902).

Zola romancier   Comme Flaubert et les Goncourt, ZOLA a la passion du *document :* il prépare chaque roman par une *enquête sociologique* et engage même le réalisme dans les voies du *naturalisme* à prétentions scientifiques. Par bonheur sa doctrine étroite et hasardeuse n'a pas bridé son tempérament d'écrivain.

I. LA DOCTRINE NATURALISTE. Disciple de Taine, ZOLA croit à la *subordination de la psychologie à la physiologie* « Notre héros n'est plus le pur esprit, l'homme abstrait du XVIIIᵉ siècle, il est le sujet *physiologique* de notre science actuelle, un être qui est composé d'organes et qui trempe dans *un milieu* dont il est pénétré à chaque heure... *Tous les sens vont agir sur l'âme.* Dans chacun de ses mouvements l'âme sera précipitée ou ralentie par la vue, l'odorat, l'ouïe, le goût, le toucher. La conception d'une âme isolée, fonctionnant toute seule dans le vide, devient fausse. C'est de la mécanique psychologique, ce n'est plus de la vie. »

1. Le romancier naturaliste soulignera donc particulièrement *les conditions physiologiques, l'influence des milieux et des circonstances* qui, selon lui, *déterminent* la personne humaine. Ce point de vue, loin d'être négligeable, est un élément de vérité dans le roman moderne. Mais par désir de peindre « des bonshommes physiologiques évoluant sous l'influence des milieux » ZOLA donne trop volontiers la prééminence aux instincts, à la « bête humaine » ; ses héros sont souvent des impulsifs ou des natures frustes dont on saisit plus aisément le comportement extérieur ; dans les cas extrêmes il choisit des personnages « entraînés à chaque acte de leur vie par le fatalisme de leur chair » ; ainsi dans *Thérèse Raquin*, ce couple d'assassins dont le remords « consiste en un simple désordre organique ». Il en résulte un *climat de vulgarité matérielle* qui, pour être aux antipodes de la psychologie abstraite, finit par être aussi *conventionnel*.

2. D'autre part, l'auteur du *Roman Expérimental* s'inspire des idées de CLAUDE BERNARD sur la biologie, science où l'expérimentation permet de contrôler les hypothèses et de formuler des lois. A son tour, le romancier naturaliste sera un « *expérimentateur* » qui vérifie les lois dégagées par l'observation : son expérience consiste à « faire mouvoir les personnages dans une histoire particulière pour y montrer que la succession des faits y sera telle que l'exige *le déterminisme des phénomènes* mis à l'étude » ; il étudiera « le mécanisme des faits en agissant sur eux par les *modifications* des circonstances et des milieux sans jamais s'écarter des *lois de la nature* ». « Au bout, il y a *la connaissance de l'homme*, la connaissance scientifique, dans son action individuelle et sociale » : dégageant les *lois* qui régissent individus et sociétés, le romancier deviendrait un auxiliaire du progrès.

Ces prétentions scientifiques ne résistent pas à l'analyse : on ne saurait assimiler à l'expérimentation du biologiste, sanctionnée par le succès ou par l'échec, celle du romancier dont l'imagination s'exerce librement, dans le cadre de prétendues « lois de la nature », sans jamais recevoir de démenti. ZOLA écrivait lui-même : « *Il est indifférent que le fait générateur soit reconnu comme absolument vrai ;* ce fait sera surtout une hypothèse scientifique, empruntée aux traités médicaux. Mais lorsque ce fait sera posé, lorsque je l'aurai accepté comme un axiome, en déduire *mathématiquement* tout le volume, et être alors d'une absolue vérité... »

II. LES ROUGON-MACQUART. Les « lois scientifiques » qui vont dominer toute la série des *Rougon-Macquart* sont empruntées au *Traité de l'hérédité naturelle* du Dr Lucas (1850). A travers cinq générations successives, ZOLA a voulu suivre « le travail secret qui donne aux enfants d'un même père des passions et des caractères différents à la suite des croisements et des façons particulières de vivre ». Dans *Le Docteur Pascal* (Chap. V), il nous présente l'Arbre généalogique de cette famille, avec, à l'origine, la Tante Dide, internée comme folle, dont la tare initiale pèse sur les appétits de toute sa descendance et détermine « selon les milieux, chez chacun des individus de cette race, les sentiments, les désirs, les passions, toutes les manifestations humaines, naturelles et instinctives dont les produits prennent les noms de vertus et de vices ». Ce parti pris pseudo-scientifique, aujourd'hui bien désuet, constitue l'incontestable *faiblesse de ces romans à thèse*, mais entraîne l'écrivain à faire vivre avec un relief parfois saisissant une *grande variété de types humains*, et à brosser une des plus larges *fresques sociales* de notre littérature.

Comme ces personnages partis du peuple « s'irradient dans *toute la société contemporaine* », l'enquête du romancier nous présente tour à tour une petite ville de Provence (*La Fortune des Rougon*, 1871), le monde de la finance (*La Curée*, 1872 ; *L'Argent*, 1891), les Halles (*Le Ventre de Paris*, 1873), les milieux ecclésiastiques (*La Conquête de Plassans ; La faute de l'abbé Mouret*, 1875), les politiciens (*Son Excellence Eugène Rougon*, 1876), les ouvriers parisiens (*L'Assommoir*, 1877), le monde des viveurs (*Nana*, 1880), les bourgeois (*Pot-Bouille*, 1882), les grands magasins (*Au bonheur des dames*, 1883), les mineurs (*Germinal*, 1885), les artistes (*L'Œuvre*, 1886), les paysans (*La Terre*, 1887), les brodeuses (*Le Rêve*, 1888), les chemins de fer (*La Bête Humaine*, 1890), la guerre (*La Débâcle*, 1892), le médecin hanté par les lois de l'hérédité (*Le docteur Pascal*, 1893). C'est bien « *l'histoire naturelle et sociale d'une famille sous le Second Empire* ».

III. LE TEMPÉRAMENT ÉPIQUE. La psychologie des personnages est généralement assez courte, sauf lorsqu'il s'agit d'êtres simples, aux sentiments élémentaires (cf. p. 485 et 489). Mais ZOLA est *un incomparable évocateur des foules*, surtout des foules en mouvement, avec la diversité des vêtements, des attitudes, des visages : ainsi la cohue des ouvriers qui se hâtent vers leur travail ou leur demeure (*L'Assommoir*, chap. I et XII), l'agitation des spéculateurs à la Bourse (*L'Argent*, chap. X), la charge de cavalerie dans *La Débâcle*, la course hagarde des mineurs dans *Germinal* (cf. p. 490). S'il nous suggère le caractère confus et démesuré de ces masses humaines, il nous fait aussi percevoir *l'existence d'une âme collective* chez ceux qui partagent la même détresse (cf. p. 487) ou la même exaltation (cf. p. 490). Les *objets* eux-mêmes reçoivent de sa puissante imagination *une vie mystérieuse :* ils deviennent des monstres qui guettent ou frappent leurs victimes comme l'Alambic dans *l'Assommoir* (cf. p. 489) ou la Mine dans *Germinal*, des forces gigantesques qui luttent et qui souffrent comme la Locomotive dans *La Bête humaine*, des êtres collectifs doués d'une personnalité consciente comme le Grand Magasin dans *Au bonheur des Dames* ou le Carreau des Halles dans *Le Ventre de Paris* .

C'est par ce *souffle romantique* qui l'apparente à Victor Hugo que ZOLA, écrivain naturaliste, a dégagé son originalité et enrichi le roman de *pages puissamment épiques*. Il donnait ainsi sa pleine signification à sa fameuse définition de l'art : « *Un coin de la création vu à travers un tempérament* ».

L'Assommoir Dans la *Préface* de ce roman tant attaqué pour son sujet et pour son style, ZOLA explique ses intentions : « J'ai voulu peindre *la déchéance fatale d'une famille ouvrière, dans le milieu empesté de nos faubourgs*. Au bout de l'ivrognerie et de la fainéantise, il y a le relâchement des liens *de la* famille, les ordures de la promiscuité, l'oubli progressif des sentiments honnêtes, puis comme dénoûment la honte et la mort. C'est *de la morale en action*, simplement ».

« La forme seule a effaré. On s'est fâché contre les mots. Mon crime est d'avoir eu la curiosité littéraire de ramasser et de couler dans un moule très travaillé *la langue du peuple*. Ah ! la forme, là est le grand crime ! Des dictionnaires de cette langue existent pourtant, des lettrés l'étudient et jouissent de sa verdeur, de l'imprévu et de la force de ses images. Elle est un régal pour les grammairiens fureteurs ».

« *C'est une œuvre de vérité, le premier roman sur le peuple, qui ne mente pas et qui ait l'odeur du peuple*. Et il ne faut point conclure que le peuple tout entier est mauvais, car mes personnages ne sont pas mauvais, ils ne sont qu'ignorants et gâtés par le milieu de rude besogne et de misère où ils vivent ».

RENCONTRE DE COUPEAU ET DE GERVAISE

Après un chapitre fort sombre où GERVAISE MACQUART, abandonnée avec ses deux enfants, attend en vain le retour de l'ouvrier tanneur Auguste Lantier, cette rencontre est comme un rayon de soleil. La vie paraît commencer ce jour-là pour GERVAISE et COUPEAU, et le rêve sympathique de la jeune femme semble à portée de leurs mains. Mais la rencontre se fait au *cabaret*, et l'*alambic* du père Colombe surveille déjà ses victimes.

Vers onze heures et demie, un jour de beau soleil, Gervaise et Coupeau, l'ouvrier zingueur, mangeaient ensemble une prune [1], à l'Assommoir [2] du père Colombe. Coupeau, qui fumait une cigarette sur le trottoir, l'avait forcée à entrer comme elle traversait la rue, revenant de porter du linge ; et son grand panier carré de blanchisseuse était par terre, près d'elle, derrière la petite table de zinc.[...]

« Oh ! c'est vilain de boire [3] ! » dit-elle à demi-voix. Et elle raconta qu'autrefois, avec sa mère, elle buvait de l'anisette, à Plassans [4]. Mais elle avait failli en mourir un jour, et ça l'avait dégoûtée ; elle ne pouvait plus
10 voir les liqueurs : « Tenez, ajouta-t-elle en montrant son verre, j'ai mangé ma prune ; seulement, je laisserai la sauce [5], parce que ça me ferait du mal. »

Coupeau, lui aussi, ne comprenait pas qu'on pût avaler de pleins verres d'eau-de-vie. Une prune par-ci par-là, ça n'était pas mauvais. Quant au vitriol [6], à l'absinthe et aux autres cochonneries, bonsoir ! il n'en fallait pas. Les camarades avaient beau le blaguer, il restait à la porte, lorsque ces cheulards-là [7] entraient à la mine à poivre [8]. Le papa Coupeau, qui était zingueur comme lui, s'était écrabouillé la tête sur le pavé de la rue Coquenard, en tombant, un jour de ribotte [9], de la gouttière du n° 25 ;

— 1 Prune macérée dans de l'eau-de-vie. — 2 Nom d'un cabaret proche des abattoirs de Belleville, devenu, par une atroce ironie, le nom de tous les cabarets. — 3 Cette réflexion est inspirée à Gervaise par la vue de quelques camarades de Coupeau, déjà égarés par l'ivresse. — 4 Ville imaginaire de Provence, berceau des Rougon et des Macquart. — 5 L'eau-de-vie (cf. n. 1). — 6 *L'alcool*. Expliquer ce terme d'argot. — 7 Buveurs. — 8 Au *cabaret*. Expliquer l'image. — 9 Ivresse. —

et ce souvenir, dans la famille, les rendait tous sages. Lui, lorsqu'il passait
20 rue Coquenard et qu'il voyait la place, il aurait plutôt bu l'eau du ruisseau
que d'avaler un canon [10] gratis chez le marchand de vin. Il conclut par
cette phrase : « Dans notre métier, il faut des jambes solides. »

Gervaise avait repris son panier. Elle ne se levait pourtant pas, le tenait
sur ses genoux, les regards perdus, rêvant, comme si les paroles du jeune
ouvrier éveillaient en elle des pensées lointaines d'existence. Et elle dit
encore, lentement, sans transition apparente : « Mon Dieu ! je ne suis
pas ambitieuse, je ne demande pas grand-chose... Mon idéal, ce serait
de travailler tranquille, de manger toujours du pain, d'avoir un trou un
peu propre pour dormir, vous savez, un lit, une table et deux chaises,
30 pas davantage... Ah ! je voudrais aussi élever mes enfants, en faire de bons
sujets, si c'était possible... Il y a encore un idéal, ce serait de ne pas être
battue, si je me remettais jamais en ménage ; non, ça ne me plairait pas
d'être battue... Et c'est tout, vous voyez, c'est tout ».

Elle cherchait, interrogeait ses désirs, ne trouvait plus rien de sérieux
qui la tentât [11]. Cependant, elle reprit, après avoir hésité : « Oui, on peut
à la fin avoir le désir de mourir dans son lit... Moi, après avoir bien
trimé [12] toute ma vie, je mourrais volontiers dans mon lit, chez moi. »

Et elle se leva. Coupeau, qui approuvait vivement ses souhaits, était
déjà debout, s'inquiétant de l'heure. Mais ils ne sortirent pas tout de
40 suite ; elle eut la curiosité d'aller regarder, au fond, derrière la barrière de
chêne, le grand alambic de cuivre rouge, qui fonctionnait sous le vitrage
clair de la petite cour ; et le zingueur, qui l'avait suivi, lui expliqua
comment ça marchait, indiquant du doigt les différentes pièces de
l'appareil, montrant l'énorme cornue d'où tombait un filet limpide
d'alcool. L'alambic, avec ses récipients de forme étrange, ses enroule-
ments sans fin de tuyaux, gardait une mine sombre ; pas une fumée ne
s'échappait ; à peine entendait-on un souffle intérieur, un ronflement
souterrain ; c'était comme une besogne de nuit faite en plein jour, par
un travailleur morne, puissant et muet. Cependant, Mes-Bottes [13],
50 accompagné de ses deux camarades, était venu s'accouder sur la barrière,
en attendant qu'un coin du comptoir fût libre. Il avait un rire de poulie
mal graissée, hochant la tête, les yeux attendris, fixés sur la machine à
soûler. Tonnerre de Dieu ! elle était bien gentille ! Il y avait, dans ce gros
bedon de cuivre, de quoi se tenir le gosier au frais pendant huit jours.
Lui, aurait voulu qu'on lui soudât le bout du serpentin entre les dents,
pour sentir le vitriol encore chaud l'emplir, lui descendre jusqu'aux
talons, toujours, toujours, comme un petit ruisseau. Dame ! il ne se
serait plus dérangé, ça aurait joliment remplacé les dés à coudre [14] de ce
roussin [15] de père Colombe ! Et les camarades ricanaient, disaient que cet
60 animal de Mes-Bottes avait un fichu grelot [16], tout de même. L'alambic,

— 10 Un canon : *un verre.* — 11 Étudier ce rêve de bonheur et l'harmonie entre les deux personnages. — 12 Travaillé dur. — 13 Sobri-quet d'un camarade de Coupeau. — 14 Petits verres, insuffisants. — 15 Les cabaretiers servaient d'indicateurs à la police (en argot « *la rousse* »). — 16 Était un fameux bavard.

sourdement, sans une flamme, sans une gaieté dans les reflets éteints de ses cuivres, continuait, laissait couler sa sueur d'alcool, pareil à une source lente et entêtée, qui à la longue devait envahir la salle, se répandre sur les boulevards extérieurs, inonder le trou immense de Paris.

Chap. II. Fasquelle, éditeur.

- *En quoi ces deux personnages paraissent-ils sérieux et sympathiques ? A quels traits devine-t-on l'hérédité qui pèsera sur leur destin ? et l'influence du milieu ?*
- *L'alambic.* a) *Relevez les éléments purement pittoresques et évocateurs ; – b) Étudiez les termes qui en font un personnage vivant et un monstre redoutable (cf. p. 489, l. 44-52).*
- *Le langage. Étudiez les éléments réalistes dans la conversation et surtout dans le discours indirect.*
- **Entretien.** a) *Le langage populaire dans les extraits de* l'Assommoir *; b) Vous paraît-il en accord avec le sujet ?*
- • **Groupe thématique.** Les **ouvriers** et leur **milieu social** sous le Second Empire, d'après les extraits de ZOLA.

GERVAISE *se décide à épouser* COUPEAU. *Sérieux et travailleur, le ménage se dispose à louer une petite boutique quand, par malheur,* COUPEAU *fait une chute du haut d'un toit et se casse la jambe. Il prend son métier en aversion et, pour tromper l'ennui de la convalescence, il se met à fréquenter le cabaret. Cependant, à la faveur d'un prêt,* GERVAISE *a pu louer la boutique : elle y installe une blanchisserie qui prospère grâce à son activité et à son esprit avisé. Mais* COUPEAU *sombre de plus en plus dans l'ivrognerie et la brutalité ; sa femme elle-même prend des habitudes de paresse et d'inconduite, et néglige son travail.* ZOLA *nous fait assister à la chute progressive de leur fortune jusqu'au jour où ils sont obligés de céder leur boutique et d'emménager dans un* taudis.

La misère

En évoquant la décadence du ménage COUPEAU, c'est *la misère de toute une classe* que nous décrit ici l'écrivain réaliste. On peut faire la part de la thèse sociale, mais quand on connaît son culte du document observé, on est conduit à considérer cette page comme un *témoignage* sur la condition ouvrière à une époque où la législation sociale était inexistante. Par sa hantise du froid, de la faim et de la mort, cette peinture de la misère prend parfois des *accents baudelairiens ;* et sa *vigueur* singulière résulte d'emprunts constants au langage du milieu qui nous est décrit (Chap. X).

Deux années s'écoulèrent, pendant lesquelles ils s'enfoncèrent de plus en plus. Les hivers surtout les nettoyaient [1]. S'ils mangeaient du pain au beau temps, les fringales [2] arrivaient avec la pluie et le froid, les danses devant le buffet, les dîners par cœur [3], dans la petite Sibérie de leur cambuse [4]. Ce gredin de décembre entrait chez eux par-dessous la porte, et il apportait tous les maux, le chômage des ateliers, les fainéantises engourdies des gelées, la misère noire des temps humides. Le premier hiver, ils firent encore du feu quelquefois, se pelotonnant autour du poêle, aimant mieux avoir chaud que de manger ; le second hiver, le poêle ne se dérouilla seulement pas, il glaçait la pièce de sa mine lugubre de borne de fonte. Et ce qui leur cassait les jambes, ce qui les exterminait, c'était par-dessus tout de payer leur terme. Oh ! le terme de janvier, quand il n'y avait pas un radis [5] à la maison et que le père Boche présentait la quittance ! Ça soufflait davantage de froid, une tempête du Nord. M. Marescot arrivait, le samedi suivant, couvert d'un bon paletot, ses grandes pattes fourrées dans des gants de laine ; et il avait toujours le mot d'expulsion à la bouche, pendant que la neige tombait dehors, comme si elle leur préparait un lit sur le trottoir, avec des draps blancs. Pour payer le terme, ils auraient vendu de leur chair. C'était le terme qui vidait le buffet et le poêle. Dans la maison entière, d'ailleurs, une lamentation montait.

— 1 Ruinaient. — 2 *Avoir la fringale :* avoir faim. — 3 Expliquer ces images popu-laires exprimant la privation de nourriture. — 4 Logement exigu comme, sur un bateau, le magasin aux vivres. — 5 « Pas un sou ». —

On pleurait à tous les étages, une musique de malheur ronflant le long de l'escalier
20 et des corridors. Si chacun avait eu un mort chez lui, ça n'aurait pas produit un
air d'orgues aussi abominable. Un vrai jour du jugement dernier, la fin des fins,
la vie impossible, l'écrasement du pauvre monde[6].[...] Un ouvrier, le maçon du
cinquième, avait volé chez son patron[7].[...]

Au milieu de cette existence enragée par la misère, Gervaise souffrait encore des
faims qu'elle entendait râler autour d'elle. Ce coin de la maison était le coin des
pouilleux, où trois ou quatre ménages semblaient s'être donné le mot pour ne pas
avoir du pain tous les jours. Les portes avaient beau s'ouvrir, elles ne lâchaient
guère souvent des odeurs de cuisine. Le long du corridor, il y avait un silence de
crevaison[8], et les murs sonnaient creux, comme des ventres vides. Par moments,
30 des danses[9] s'élevaient, des larmes de femmes, des plaintes de mioches affamés,
des familles qui se mangeaient[10] pour tromper leur estomac. On était là dans une
crampe au gosier générale, bâillant par toutes ces bouches tendues ; et les poitrines
se creusaient, rien qu'à respirer cet air, où les moucherons eux-mêmes n'auraient
pas pu vivre, faute de nourriture. Mais la grande pitié de Gervaise était surtout
le père Bru, dans son trou, sous le petit escalier. Il s'y retirait comme une mar-
motte, s'y mettait en boule, pour avoir moins froid ; il restait des journées sans
bouger, sur un tas de paille. La faim ne le faisait même plus sortir, car c'était bien
inutile d'aller gagner dehors de l'appétit, lorsque personne ne l'avait invité en ville.
Quand il ne reparaissait pas de trois ou quatre jours, les voisins poussaient sa
40 porte, regardaient s'il n'était pas fini. Non, il vivait quand même, pas beaucoup,
mais un peu, d'un œil seulement ; jusqu'à la mort qui l'oubliait ! Gervaise, dès
qu'elle avait du pain, lui jetait des croûtes. Si elle devenait mauvaise et détestait
les hommes, à cause de son mari, elle plaignait toujours bien sincèrement les
animaux ; et le père Bru, ce pauvre vieux, qu'on laissait crever, parce qu'il ne
pouvait plus tenir un outil, était comme un chien pour elle, une bête hors de
service, dont les équarrisseurs[11] ne voulaient même pas acheter la peau ni la
graisse. Elle en gardait un poids sur le cœur, de le savoir continuellement là, de
l'autre côté du corridor, abandonné de Dieu et des hommes, se nourrissant uniquement de lui-même, retournant à la taille d'un enfant, ratatiné et desséché à la
50 manière des oranges qui se racornissent sur les cheminées[12].

                                                              Fasquelle, éditeur.

Sur la pente

COUPEAU ne travaille plus régulièrement et consomme au cabaret tout ce qu'il gagne. Pour la
première fois GERVAISE, qui l'a attendu en vain, vient le chercher à l'Assommoir où il boit sa paye
avec d'autres ivrognes. A son tour *elle va se laisser glisser sur la pente* qui conduit à l'ivresse et aux
pires déchéances : on étudiera la *progression* vers cette chute à demi-consciente et on remarquera
le lien entre cette *dégradation* et la *misère* des personnages. ZOLA lui-même nous invite à rapprocher
cette scène de celle de leur rencontre : quel changement de ton et de langage ! Seule la « *machine
à soûler* », de plus en plus monstrueuse, continue imperturbablement son œuvre de mort (Chap. X).

Tiens ! c'est toi, la vieille ! cria le zingueur, qu'un ricanement étranglait.
Ah ! elle est farce, par exemple !... Hein ? pas vrai, elle est farce ! »
Tous riaient, Mes-bottes, Bibi-la-Grillade, Bec-Salé, dit Boit-sans-Soif. Oui,

---

6 Étudier, d'après ce §, Zola peintre et *poète*
de la misère. — 7 Préciser l'intention qui a
dicté ce dernier trait. — 8 Cf. l. 44 : « crever ».
— 9 Des échanges de coups. —10 Étudier

cette expression saisissante. — 11 Ouvriers
des abattoirs qui écorchent et dépècent les
bêtes mortes. — 12 En étudiant le contraste
entre les deux parties du §, montrer la souplesse
de l'art de Zola.

ça leur semblait farce [1] ; et ils n'expliquaient pas pourquoi. Gervaise restait debout, un peu étourdie.[...]

Fichue bête ! dit-il enfin, tu peux bien t'asseoir une minute. On est mieux là qu'à barboter dehors... Eh bien ! oui, je ne suis pas rentré, j'ai eu des affaires. Quand tu feras ton nez [2], ça n'avancera à rien... Reculez-vous donc, vous autres.

Gervaise, pour ne pas se faire remarquer, prit une chaise et s'assit à trois pas
10 de la table. Elle regarda ce que buvaient les hommes, du casse-gueule [3] qui luisait pareil à de l'or, dans les verres ; il y en avait une petite mare coulée sur la table, et Bec-Salé, dit Boit-sans-Soif, tout en causant, trempait son doigt, écrivit un nom de femme : *Eulalie*, en grosses lettres. Elle trouva Bibi-la-Grillade joliment ravagé [4], plus maigre qu'un cent de clous. Mes-Bottes avait un nez qui fleurissait, un vrai dahlia bleu de Bourgogne .[...]

« Dis donc, Marie-bon-Bec, ne fais pas ta gueule ! cria Coupeau. Tu sais, à Chaillot [5] les rabat-joie !... Qu'est-ce que tu veux boire ?

— Rien, bien sûr, répondit la blanchisseuse. Je n'ai pas dîné, moi.

— Eh bien ! raison de plus ; ça soutient, une goutte de quelque chose. »
20 Mais, comme elle ne se décidait pas, Mes-Bottes se montra galant de nouveau : « Madame doit aimer les douceurs, murmura-t-il.

— J'aime les hommes qui ne se soûlent pas, reprit-elle en se fâchant. Oui, j'aime qu'on rapporte sa paie et qu'on soit de parole, quand on a fait une promesse.

— Ah ! c'est ça qui te chiffonne [6] ! dit le zingueur, sans cesser de ricaner. Tu veux ta part. Alors, grande cruche, pourquoi refuses-tu une consommation ?... Prends donc, c'est tout bénéfice. » Elle le regarda fixement, l'air sérieux, avec un pli qui lui traversait le front d'une raie noire. Et elle lui répondit d'une voix lente : « Tiens ! tu as raison, c'est une bonne idée. Comme ça, nous boirons la monnaie ensemble. »
30 Bibi-la-Grillade se leva pour aller lui chercher un verre d'anisette. Elle approcha sa chaise, elle s'attabla. Pendant qu'elle sirotait son anisette, elle eut tout d'un coup un souvenir, elle se rappela la prune qu'elle avait mangée avec Coupeau, jadis, près de la porte, lorsqu'il lui faisait la cour. En ce temps-là, elle laissait la sauce des fruits à l'eau-de-vie [7]. Et, maintenant, voici qu'elle se remettait aux liqueurs. Oh ! elle se connaissait, elle n'avait pas pour deux liards de volonté. On n'aurait eu qu'à lui donner une chiquenaude sur les reins pour l'envoyer faire une culbute dans la boisson. Même ça lui semblait très bon, l'anisette, peut-être un peu trop doux, un peu écœurant. Et elle suçait son verre .[...]

« Ah bien ! merci, cria Coupeau qui retourna le verre d'anisette vidé par sa
40 femme, tu nous pompes joliment ça ! Voyez donc, la coterie [8], ça ne lanterne [9] guère ». — Madame redouble ? demanda Bec-Salé, dit Boit-sans-Soif.

Non, elle en avait assez. Elle hésitait pourtant. L'anisette lui barbouillait le cœur. Elle aurait plutôt pris quelque chose de raide [10] pour se guérir l'estomac. Et elle jetait des regards obliques sur la machine à soûler [11], derrière elle. Cette sacrée marmite, ronde comme un ventre de chaudronnière grasse, avec son nez qui s'allongeait et se tortillait, lui soufflait un frisson dans les épaules, une peur mêlée d'un désir. Oui, on aurait dit la fressure [12] de métal d'une grande gueuse, de quelque sorcière qui lâchait goutte à goutte le feu de ses entrailles. Une jolie source de poison, une opération qu'on aurait dû enterrer dans une cave, tant elle

---

— 1 Comique. — 2 Ton visage renfrogné. — 3 Eau-de-vie très forte. — 4 Par l'abus de l'alcool. — 5 Cf. « Envoyer promener ». — 6 Qui te fâche. — 7 Cf. p. 485, l. 11. — 8 « La société », « les camarades ». — 9 Traîne en longueur. — 10 Une boisson forte. — 11 L'alambic, cf. p. 486, l. 40-64. — 12 Ensemble formé par le cœur, la rate, le foie et les poumons d'un animal.

50 était effrontée et abominable ! Mais ça n'empêchait pas, elle aurait voulu mettre son nez là-dedans, renifler l'odeur, goûter à la cochonnerie, quand même sa langue brûlée aurait dû en peler du coup comme une orange.

« Qu'est-ce que vous buvez donc là ? demanda-t-elle sournoisement aux hommes, l'œil allumé par la belle couleur d'or de leurs verres. — Ça, ma vieille, répondit Coupeau, c'est le camphre [13] du papa Colombe... Fais pas la bête, n'est-ce pas ? On va t'y faire goûter. »

Et lorsqu'on lui eut apporté un verre de vitriol [14], et que sa mâchoire se contracta, à la première gorgée, le zingueur reprit, en se tapant sur les cuisses : « Hein ! ça te rabote le sifflet [15] !... Avale d'une lampée. Chaque tournée retire un 60 écu de six francs de la poche du médecin [16]. »

Au deuxième verre, Gervaise ne sentit plus la faim qui la tourmentait. Maintenant, elle était raccommodée avec Coupeau, elle ne lui en voulait plus de son manque de parole.[...] La vie ne lui offrait pas tant de plaisirs...

Fasquelle, éditeur.

Maintenant la chute du ménage se précipite. COUPEAU, *qui perd progressivement la raison, est enfermé à Sainte-Anne dans une cellule capitonnée. Devant sa femme, il est pris d'une terrible crise de delirium* tremens *et meurt dans d'affreuses souffrances. Réduite à la mendicité,* GERVAISE *succède au père Bru, dans son trou, sous l'escalier (cf. p. 488), jusqu'au moment où elle s'en va, elle aussi,* « de misère, des ordures et des fatigues de sa vie gâtée ».

Germinal

A la suite d'une grève générale à Anzin et d'une visite faite à cette occasion dans les mines du Nord, ZOLA avait accumulé sur des centaines de fiches ses observations prises sur le vif. Ce fut la matière de *Germinal*, épopée de la Mine, considérée comme son chef-d'œuvre.

Le mécanicien en chômage ÉTIENNE LANTIER, fils de Gervaise Macquart (cf. p. 485), est engagé aux mines de Montsou. Les mineurs gagnent misérablement leur vie et des conflits les opposent à la Compagnie qui veut leur imposer des conditions plus draconiennes encore. Adepte des idées socialistes, LANTIER les décide à *faire grève* pour affirmer leur résistance. Mais la Compagnie compte sur *la faim* pour les réduire. Le jour vient en effet où les grévistes affamés échappent au contrôle de LANTIER. En une masse furieuse, ils se précipitent vers les mines, détruisent les installations et déferlent jusqu'à la direction pour réclamer du pain (cf. ci-dessous). On envoie des forces de police : *la bagarre aboutit à une fusillade où de nombreux grévistes sont tués.* Vaincus, les mineurs doivent reprendre le travail pour ne pas mourir de faim. Dans la suite du roman, une *catastrophe* provoquée par le nihiliste Souvarine ensevelit des équipes entières, à l'exception de LANTIER qui, rétabli, retourne à Paris où il va se consacrer à l'émancipation des travailleurs.

« *DU PAIN ! DU PAIN !* ... »

Soulevés par *la faim* et excités par les destructions qu'ils viennent d'opérer, les grévistes affluent vers la demeure de M. Hennebeau, le directeur. Il se trouve que Mme HENNEBEAU et quelques-uns de ses invités, surpris dans leur promenade, ont dû se réfugier dans une grange et observent avec inquiétude cette « vision rouge de la révolution » qui menace leurs « situations acquises ». Page justement célèbre par la *beauté sinistre* de cette misère en révolte, par l'*ampleur épique* du flot humain qui déferle, par le prolongement de la scène dans une *hallucination* prophétique (V[e] partie, 5).

Les femmes avaient paru, près d'un millier de femmes, aux cheveux épars dépeignés par la course, aux guenilles montrant la peau nue, des nudités de femelles lasses d'enfanter des meurt-de-faim. Quelques-unes

---

— 13 Eau-de-vie âpre et violente. — 14 Alcool. — 15 Le gosier. — 16 Expliquer l'argument.

tenaient leur petit entre les bras, le soulevaient, l'agitaient, ainsi qu'un drapeau de deuil et de vengeance. D'autres, plus jeunes, avec des gorges gonflées de guerrières, brandissaient des bâtons ; tandis que les vieilles, affreuses, hurlaient si fort, que les cordes de leurs cous décharnés semblaient se rompre. Et les hommes déboulèrent ensuite, deux mille furieux, des galibots [1], des haveurs [2], des raccommodeurs [3], une masse
10 compacte qui roulait d'un seul bloc, serrée, confondue, au point qu'on ne distinguait ni les culottes déteintes ni les tricots de laine en loques, effacés dans la même uniformité terreuse. Les yeux brûlaient, on voyait seulement les trous des bouches noires, chantant *la Marseillaise* [4], dont les strophes se perdaient en un mugissement confus, accompagné par le claquement des sabots sur la terre dure. Au-dessus des têtes, parmi le hérissement des barres de fer, une hache passa, portée toute droite ; et cette hache unique, qui était comme l'étendard de la bande, avait, dans le ciel clair, le profil aigu d'un couperet de guillotine.

« Quels visages atroces ! » balbutia Mme Hennebeau.
20 Négrel [5] dit entre ses dents : « Le diable m'emporte si j'en reconnais un seul ! D'où sortent-ils donc, ces bandits-là ? »

Et, en effet, la colère, la faim, ces deux mois de souffrances et cette débandade enragée au travers des fosses, avaient allongé en mâchoires de bêtes fauves les faces placides des houilleurs de Montsou. A ce moment, le soleil se couchait, les derniers rayons d'une pourpre sombre ensanglantaient la plaine. Alors, la route sembla charrier du sang, les femmes, les hommes continuaient à galoper, saignants comme des bouchers en pleine tuerie.

« Oh ! superbe ! » dirent à demi-voix Lucie et Jeanne [6], remuées dans
30 leur goût d'artistes par cette belle horreur.

Elles s'effrayaient pourtant, elles reculèrent près de Mme Hennebeau, qui s'était appuyée sur une auge. L'idée qu'il suffisait d'un regard entre les planches de cette porte disjointe, pour qu'on les massacrât, la glaçait. Négrel se sentait blêmir, lui aussi, très brave d'ordinaire [7], saisi là d'une épouvante supérieure à sa volonté, une de ces épouvantes qui soufflent de l'inconnu. Dans le foin, Cécile [8] ne bougeait plus. Et les autres, malgré leur désir de détourner les yeux, ne le pouvaient pas, regardaient quand même.

C'était la vision rouge de la révolution qui les emporterait tous, fata-
40 lement, par une soirée sanglante de cette fin de siècle. Oui, un soir, le peuple lâché, débridé, galoperait ainsi sur les chemins ; et il ruissellerait

---

— 1 Manœuvres travaillant au « boisage » des galeries. — 2 Piqueurs, qui entaillent les galeries. — 3 Ouvriers chargés de l'entretien des voies et des « boisages ». — 4 Cf. *La Marseillaise*, de Rude, à l'Arc de Triomphe. — 5 Ingénieur. — 6 Filles de Deneulin, proprié- taire d'une petite mine, qui essaie en vain de tenir tête à l'avidité des grandes Compagnies. Il devra finalement leur vendre son entreprise et se résigner à la surveiller, à titre d'ingénieur salarié. — 7 Plus tard, au moment de la catas- trophe, l'ingénieur Négrel descendra seul dans le puits pour secourir les mineurs ensevelis. — 8 Fille des Grégoire, actionnaires qui vivent douillettement, grâce au travail des mineurs. —

du sang des bourgeois, il promènerait des têtes, il sèmerait l'or des coffres éventrés.

Les femmes hurleraient, les hommes auraient ces mâchoires de loups, ouvertes pour mordre. Oui, ce seraient les mêmes guenilles, le même tonnerre de gros sabots, la même cohue effroyable, de peau sale, d'haleine empestée, balayant le vieux monde, sous leur poussée débordante de barbares. Des incendies flamberaient, on ne laisserait pas debout une pierre des villes, on retournerait à la vie sauvage dans les bois, après la
50 grande ripaille, où les pauvres, en une nuit, videraient les caves des riches. Il n'y aurait plus rien, plus un sou des fortunes, plus un titre des situations acquises, jusqu'au jour où une nouvelle terre repousserait peut-être. Oui, c'étaient ces choses qui passaient sur la route, comme une force de la nature, et ils en recevaient le vent terrible au visage [9].
Un grand cri s'éleva, domina *la Marseillaise :*

« Du pain ! du pain ! du pain ! »

Fasquelle, éditeur.

– *Comment Zola suggère-t-il la misère des mineurs ? En quoi explique-t-elle leur attitude ?*
– Zola peintre des foules. a) *Étudiez la variété des éléments descriptifs ; – b) Comment est créée l'impression de mouvement et de puissance ? Celle de l'existence d'une âme collective ?*
– *Étudiez : a) les traits d'une grandeur épique ; – b) les détails symboliques ou hallucinants.*
– *Comparez la « vision » des l. 39-54 et la scène des l. 1-19, et expliquez les différences.*
• **Comparaison.** Quelles différences y a-t-il, entre *Germinal* et l'*Assommoir* (thèmes, ton, style) ?
• **Groupe thématique.** La tendance à **l'élaboration épique** dans les extraits de ZOLA.

MAUPASSANT

Sa carrière

Né en 1850 au château de Miromesnil près de Dieppe, GUY DE MAUPASSANT connaît d'abord auprès de sa mère, à Étretat, la vie heureuse d'un « poulain échappé » ; il y acquiert une connaissance intime de la campagne normande et de ses paysans. Chassé du séminaire d'Yvetot pour son rationalisme, il finit ses études au lycée de Rouen ; son correspondant, le poète Louis BOUILHET, encourage ses débuts poétiques. Le jeune homme s'engage comme garde mobile en 1870 et assiste à la débâcle, dont il évoquera les scènes dans plusieurs nouvelles. Après 1871, il accepte, pour gagner sa vie, une place de commis dans un ministère : à l'observation de ce milieu de bureaucrates, il joint celle des jeunes snobs, car il est solidement musclé, pratique le canotage et fréquente les « guinguettes » où l'on s'amuse sur les bords de la Seine. C'est entre 1871 et 1880 qu'il se prépare sa carrière : il compose des poèmes *(Le Mur ; Au bord de l'eau) ;* mais surtout il subit l'influence de FLAUBERT, ami d'enfance de sa mère, qui l'entraîne à observer la réalité avec des yeux neufs, lui impose des exercices de style et lui fait des « remarques de pion ». A la même époque, MAUPASSANT est reçu chez ZOLA : une nouvelle, *Boule de Suif,* parue en 1880 dans *Les Soirées de Médan* (cf. p. 455) lui vaut son premier succès et détermine sa vocation de conteur.

De 1880 à 1891, il va publier environ trois cents nouvelles (qui seront réunies en dix-huit volumes) et six romans : *Une Vie* (1883), *Bel Ami* (1885), *Mont Oriol* (1887), *Pierre*

---

9 Lantier aspire à cette révolution violente grâce à laquelle « du sang nouveau ferait la société nouvelle ». Toutefois à la fin du roman, il pense que l'union des travailleurs permettra leur émancipation pacifique : « Il songeait à présent que la violence peut-être n'hâtait pas les choses... Cela valait bien la peine de galoper à trois mille, en une bande dévastatrice ! Vaguement, il devinait que la légalité un jour, pouvait être plus terrible ».

et Jean (1888), *Fort comme la Mort* (1889) et *Notre Cœur* (1890). Le succès lui ouvre les portes de la haute société : ses derniers romans dépeignent la vie mondaine et sont directement inspirés par les tourments infligés à son « pauvre cœur » par ses relations féminines. Devenu riche et propriétaire du yacht *Le Bel-Ami*, il fait des croisières en Méditerranée et rapporte ses impressions de voyage dans *Au Soleil* (1884), *Sur l'eau* (1888), *La Vie errante* (1890).

Très tôt il avait souffert de névralgies et depuis 1884 sont mal s'était progressivement aggravé sous l'effet du surmenage intellectuel, des excès physiques, des paradis artificiels. Des hallucinations visuelles ajoutaient à son angoisse : il avait l'impression de sentir auprès de lui une présence mystérieuse et hostile. Il était hanté par l'idée de la mort et la folie finit par se déclarer en 1891. Après un suicide manqué, il fut interné dans la maison de santé du docteur Blanche où il mourut en 1893 sans avoir retrouvé sa lucidité.

| **Un conteur réaliste et artiste** | Sa vision du monde est profondément *pessimiste*, mais *l'accent* de ses contes a évolué et il a fini par réagir contre les excès du naturalisme. |

1. SON PESSIMISME. Dans le *désespoir philosophique*, MAUPASSANT va plus loin encore que Flaubert qui, lui, gardait la foi dans son art. Disciple de Schopenhauer, « le plus grand saccageur de rêves qui ait passé sur la terre », il s'en prend à tout ce qui peut inspirer quelque confiance dans la vie. Il nie la Providence, considère Dieu comme « ignorant de ce qu'il fait », attaque la religion comme une duperie. L'univers est un déchaînement de forces aveugles et inconnaissables ; l'homme est « une bête à peine supérieure aux autres » ; le progrès n'est qu'une chimère. Le spectacle de la bêtise, loin de l'amuser, finira par lui faire horreur. Même l'amitié lui semblera une odieuse tromperie, puisque les hommes sont impénétrables les uns aux autres et voués à la solitude.

2. L'ÉVOLUTION DU CONTEUR. Ce pessimisme généralisé, MAUPASSANT l'attribue à sa *lucidité d'écrivain :* « Pourquoi donc cette souffrance de vivre ? C'est que je porte en moi cette seconde vue qui est en même temps la force et toute la misère des écrivains. J'écris parce que je comprends et je souffre de tout ce qui est, parce que je le connais trop » *(Sur l'Eau).* Toutefois, selon le progrès de sa maladie, *sa manière de conteur va subir une évolution.* Ses premiers recueils, *La Maison Tellier* (1881), *Mademoiselle Fifi* (1882), *Les Contes de la Bécasse* (1883) offrent surtout des récits secs, animés d'une verve âpre et sarcastique : on y sent ses intentions polémiques, son désir d'attaquer la religion, les préjugés bourgeois, la déloyauté féminine. Du jour où l'écrivain ressent les atteintes de son mal, son accent devient moins satirique : déjà dans *Une Vie* (roman, 1883), tout en jugeant sévèrement l'existence, il accorde une place à la vertu, à la bonté ; de plus en plus ses nouvelles se nuancent d'émotion, de sympathie pour les petites gens, les vieilles filles incomprises *(Miss Harriett*, 1884), les déshérités de la vie (*Monsieur Parent*, 1885). Sur la fin de sa carrière, une trentaine de nouvelles sont inspirées par l'angoisse, la hantise de l'invisible, l'idée du suicide *(La Peur, Lui ?, Solitude, Le Horla, L'Endormeuse).*

3. « LA VÉRITÉ CHOISIE ET EXPRESSIVE ». A l'école de Flaubert, MAUPASSANT avait appris à découvrir dans chaque chose « un aspect qui n'ait été vu et dit par personne ». Plus qu'à la trame de ses récits (histoires de chasse, anecdotes gaillardes, farces paysannes, faits divers parisiens), l'intérêt de ses contes tient à la *peinture vraie* des milieux, des mœurs, des types les plus divers, qu'il s'agisse du monde rustique (cf. p. 494), des bourgeois ou des employés. La passion de ce qu'il appelait « *l'humble vérité* » l'a conduit à rompre avec l'esthétique naturaliste. Dans la préface de *Pierre et Jean* (1888), il conteste la formule « Toute la vérité » qui conduirait à « énumérer les multitudes d'incidents insignifiants qui emplissent notre existence » ; au contraire, « le réaliste, s'il est un artiste, cherchera non pas à nous montrer la photographie banale de la vie, mais à nous en donner la vision plus complète, plus saisissante, plus probante que la réalité même ». De fait, loin d'étaler une documentation massive, Maupassant se distingue par son sens de la mesure : choisissant les *traits les plus caractéristiques*, il crée, avec une remarquable sobriété et une grande simplicité de style « la couleur, le ton, l'aspect, le mouvement de la vie même ». Et cette recherche de « *la vérité choisie et expressive* » renoue avec la tradition classique.

La Bête à Maît'Belhomme

Voici un des meilleurs *contes rustiques* de MAUPASSANT. Réduite à elle-même l'anecdote serait insignifiante, mais elle sert de prétexte à une *scène de genre* dessinée avec une sobriété de trait particulièrement expressive : le départ de la diligence dans une bourgade normande. L'auteur aime situer son récit dans un *lieu public :* diligence (il l'avait déjà fait pour *Boule de Suif*), chemin de fer, place de marché, auberge ou bureau de ministère ; il peut ainsi tracer en quelques mots la silhouette humoristique de divers *types humains*, toujours très vivants et très naturels.

La diligence du Havre allait quitter Criquetot et tous les voyageurs attendaient l'appel de leur nom dans la cour de l'hôtel du Commerce tenu par Malandain fils. C'était une voiture jaune, montée sur des roues jaunes aussi autrefois, mais rendues presque grises par l'accumulation des boues. Celles de devant étaient toutes petites ; celles de derrière, hautes et frêles, portaient le coffre difforme et enflé comme un ventre de bête. Trois rosses blanches, dont on remarquait, au premier coup d'œil, les têtes énormes et les gros genoux ronds, attelées en arbalète, devaient traîner cette carriole qui avait du monstre dans sa structure et son allure. Les chevaux semblaient endormis déjà devant l'étrange véhicule.

10 Le cocher, Césaire Horlaville, un petit homme à gros ventre, souple, cependant, par suite de l'habitude constante de grimper sur les roues et d'escalader l'impériale, la face rougie par le grand air des champs, les pluies, les bourrasques et les petits verres, les yeux devenus clignotants sous les coups de vent et de grêle, apparut sur la porte de l'hôtel en s'essuyant la bouche d'un revers de main.

De larges paniers ronds, pleins de volailles effarées, attendaient devant des paysannes immobiles. Césaire Horlaville les prit l'un après l'autre et les posa sur le toit de sa voiture ; puis il y plaça plus doucement ceux qui contenaient des œufs ; il y jeta ensuite, d'en bas, quelques petits sacs de grain, de menus paquets enveloppés de mouchoirs, de bouts de toile ou de papiers. Puis il ouvrit la porte 20 de derrière et, tirant une liste de sa poche, il lut en appelant :

— Monsieur le curé de Gorgeville.

Le prêtre s'avança, un grand homme puissant, large, gros, violacé et d'air aimable. Il retroussa sa soutane pour lever le pied, comme les femmes retroussent leurs jupes, et grimpa dans la guimbarde.

— L'instituteur de Rollebosc-les-Grinets.

L'homme se hâta, long, timide, enredingoté jusqu'aux genoux ; et il disparut à son tour dans la porte ouverte.

— Maît'Poiret, deux places.

Poiret s'en vint, haut et tordu, courbé par la charrue, maigri par l'abstinence, 30 osseux, la peau séchée par l'oubli des lavages. Sa femme le suivait, petite et maigre, pareille à une bique fatiguée, portant à deux mains un immense parapluie vert.

— Maît'Rabot, deux places.

Rabot hésita, étant de nature perplexe. Il demanda : « C'est ben mé qu't'appelles ? » Le cocher, qu'on avait surnommé « dégourdi », allait répondre une facétie, quand Rabot piqua une tête vers la portière, lancé en avant par une poussée de sa femme, une gaillarde haute et carrée dont le ventre était vaste et rond comme une futaille, les mains larges comme des battoirs. Et Rabot fila dans la voiture, à la façon d'un rat qui rentre dans son trou.

40 — Maît'Ganiveau.

Un gros paysan, plus lourd qu'un bœuf, fit plier les ressorts et s'engouffra à son tour dans l'intérieur du coffre jaune.

— Maît'Belhomme.

Belhomme, un grand maigre, s'approcha, le cou de travers, la face dolente, un mouchoir appliqué sur l'oreille comme s'il souffrait d'un fort mal de dents.

Tous portaient la blouse bleue par-dessus de singulières vestes de drap noir ou verdâtre, vêtements de cérémonie qu'ils découvraient dans les rues du Havre, et leurs chefs étaient coiffés de casquettes de soie, hautes comme des tours, suprême élégance dans la campagne normande. Césaire Horlaville referma la
50 portière de sa boîte, puis monta sur son siège et fit claquer son fouet...

Soudain Maît'Belhomme qui tenait toujours son mouchoir sur son oreille se mit à gémir d'une façon lamentable. Il faisait « gniau... gniau... gniau », en tapant du pied pour exprimer son affreuse souffrance.

— Vous avez donc bien mal aux dents ? demanda le curé.

Le paysan cessa un instant de geindre pour répondre : « Non point, m'sieu le curé... c'est point des dents... c'est de l'oreille, du fond de l'oreille... — Qu'est-ce que vous avez donc dans l'oreille. Un dépôt ? — J'sais point si c'est un dépôt, mais j'sais ben que c'est eune bête, un'grosse bête, qui m'a entré d'dans, vu que j'dormais su l'foin, dans l'grenier. — Un'bête, vous êtes sûr ? — Si j'en suis sûr ?
60 comme du Paradis, m'sieu le curé, vu qu'a m'grignote l'fond de l'oreille. A m'mange la tête, pour sûr ! a m'mange la tête. Oh ! gniau... gniau... gniau... »

Et il se remit à taper du pied.

Un grand intérêt s'était éveillé dans l'assistance. Chacun donnait son avis. Poiret voulait que ce fût une araignée, l'instituteur que ce fût une chenille. Il avait vu ça une fois déjà à Capemuret, dans l'Orne, où il était resté six ans ; même la chenille était entrée dans la tête et sortie par le nez. Mais l'homme était demeuré sourd de cette oreille-là, puisqu'il avait le tympan crevé.

— C'est plutôt un ver, déclara le curé.

Maît'Belhomme, la tête renversée de côté et appuyée contre la portière, car il
70 était monté le dernier, gémissait toujours.

— Oh ! gniau... gniau... gniau... j'croirais ben qu'c'est eune frémi, eune grosse frémi, tant qu'a mord... T'nez, m'sieu le curé, a galope... a galope... Oh ! gniau... gniau... gniau... qué misère !...

— T'as point vu le médecin ? demanda Ganiveau.

— Pour sûr non.

— D'où vient ça ?

La peur du médecin sembla guérir Belhomme.

Albin Michel, éditeur.

Le médecin ? Maît'Belhomme n'a pas de sous pour « ces fainéants-là », qui viennent « eune fois, deux fois, trois fois, quat'fois, cinq fois » et vous demandent « deusse écus pour sûr »! Pour le délivrer de son supplice, on arrête la diligence dans une auberge et on entreprend de noyer la « bête ». On emplit l'oreille du patient de l'eau mêlée de vinaigre et on le retourne « tout d'une pièce » sur une cuvette. Enfin on aperçoit une bestiole qui s'agite au fond de la cuvette. Maît'Belhomme la contemple gravement, puis « Il grogna : Te voilà, charogne ! et cracha dessus ».

— *Relevez les détails bien observés qui créent l'impression de vérité ; indiquez ceux qui évoquent le monde rustique, et plus particulièrement la Normandie.*
— *Étudiez la variété des types humains et l'art de les caractériser en quelques mots.*
— *Dégagez et classez les éléments du comique ; comment se manifeste l'esprit satirique de l'auteur ?*
— *Essai. D'après les extraits, tentez de définir la technique du conte chez MAUPASSANT.*

La Peur

MAUPASSANT est un des maîtres du *conte fantastique* et son art rappelle celui d'Edgar Poe. Écrites surtout dans ses dernières années, *les nouvelles de la peur et de l'angoisse* sont inspirées par ses troubles nerveux, ses hallucinations, son inquiétude devant le mystère. Les aliénistes les considèrent comme de précieux témoignages sur les progrès de son mal. Ainsi, dans *Le Horla*, obsédé par la présence d'un être invisible dont il devient peu à peu l'esclave, le héros en vient à incendier sa demeure et décide de se tuer. Sans être à proprement parler un récit fantastique, le conte qu'on va lire est un *drame de l'épouvante :* on étudiera comment Maupassant sait nous faire partager l'angoisse de ses personnages et tendre l'émotion jusqu'au dénouement.

C'était l'hiver dernier, dans une forêt du nord-est de la France. La nuit vint deux heures plus tôt, tant le ciel était sombre. J'avais pour guide un paysan qui marchait à mon côté, par un tout petit chemin, sous une voûte de sapins dont le vent déchaîné tirait des hurlements. Entre les cimes, je voyais courir des nuages en déroute, des nuages éperdus qui semblaient fuir devant une épouvante. Parfois, sous une immense rafale, toute la forêt s'inclinait dans le même sens avec un gémissement de souffrance ; et le froid m'envahissait, malgré mon pas rapide et mon lourd vêtement.

Nous devions souper chez un garde forestier dont la maison n'était plus
10 éloignée de nous. J'allais là pour chasser.

Mon guide, parfois, levait les yeux et murmurait : « Triste temps ! » Puis il me parla des gens chez qui nous arrivions. Le père avait tué un braconnier deux ans auparavant, et, depuis ce jour, il semblait sombre, comme hanté d'un souvenir. Ses deux fils, mariés, vivaient avec lui.

Les ténèbres étaient profondes. Je ne voyais rien devant moi, ni autour de moi, et toute la branchure des arbres entrechoqués emplissait la nuit d'une rumeur incessante. Enfin, j'aperçus une lumière, et bientôt mon compagnon heurtait une porte. Des cris aigus de femmes nous répondirent. Puis, une voix d'homme, une voix étranglée, demanda : « Qui va là ? » Mon guide se nomma. Nous entrâmes.
20 Ce fut un inoubliable tableau.

Un vieux homme à cheveux blancs, à l'œil fou, le fusil chargé dans la main, nous attendait debout au milieu de la cuisine, tandis que deux grands gaillards, armés de haches, gardaient la porte. Je distinguai dans les coins sombres deux femmes à genoux, le visage caché contre le mur.

On s'expliqua. Le vieux remit son arme contre le mur et ordonna de préparer ma chambre ; puis comme les femmes ne bougeaient point, il me dit brusquement : « Voyez-vous, monsieur, j'ai tué un homme, voilà deux ans, cette nuit. L'autre année, il est venu m'appeler. Je l'attends encore ce soir ».

Puis il ajouta d'un ton qui me fit sourire : « Aussi nous ne sommes pas tran-
30 quilles ». Je le rassurai comme je pus, heureux d'être venu justement ce soir-là, et d'assister au spectacle de cette terreur superstitieuse. Je racontai des histoires, et je parvins à calmer à peu près tout le monde.

Près du foyer, un vieux chien, presque aveugle et moustachu, un de ces chiens qui ressemblent à des gens qu'on connaît, dormait le nez dans ses pattes.

Au-dehors, la tempête acharnée battait la petite maison, et, par un étroit carreau, une sorte de judas placé près de la porte, je voyais soudain tout un fouillis d'arbres bousculés par le vent à la lueur de grands éclairs.

Malgré mes efforts, je sentais bien qu'une terreur profonde tenait ces gens, et chaque fois que je cessais de parler, toutes les oreilles écoutaient au loin. Las
40 d'assister à ces craintes imbéciles, j'allais demander à me coucher, quand le vieux garde tout à coup fit un bond de sa chaise, saisit de nouveau son fusil, en bégayant d'une voix égarée : « Le voilà ! le voilà ! Je l'entends ! » Les deux femmes retombèrent à genoux dans leurs coins en se cachant le visage ; et les fils reprirent leurs haches. J'allais tenter encore de les apaiser, quand le chien endormi s'éveilla brusquement et, levant sa tête, tendant le cou, regardant vers le feu de son œil presque éteint, il poussa un de ces lugubres hurlements qui font tressaillir les voyageurs, le soir, dans la campagne. Tous les yeux se portèrent sur lui, il restait maintenant immobile, dressé sur ses pattes comme hanté d'une vision, et il se remit à hurler vers quelque chose d'invisible, d'inconnu, d'affreux sans doute,
50 car tout son poil se hérissait. Le garde, livide, cria : « Il le sent ! il le sent ! il était là quand je l'ai tué. » Et les deux femmes égarées se mirent, toutes les deux, à hurler avec le chien.

Malgré moi, un grand frisson me courut entre les épaules. Cette vision de l'animal dans ce lieu, à cette heure, au milieu de ces gens éperdus, était effrayante à voir.

Alors, pendant une heure, le chien hurla sans bouger ; il hurla comme dans l'angoisse d'un rêve ; et la peur, l'épouvantable peur entrait en moi ; la peur de quoi ? Le sais-je ? C'était la peur, voilà tout.

Nous restions immobiles, livides, dans l'attente d'un événement affreux,
60 l'oreille tendue, le cœur battant, bouleversés au moindre bruit. Et le chien se mit à tourner autour de la pièce, en sentant les murs et gémissant toujours. Cette bête nous rendait fous ! Alors, le paysan qui m'avait amené se jeta sur elle, dans une sorte de paroxysme de terreur furieuse, et, ouvrant une porte donnant sur une petite cour, jeta l'animal dehors.

Il se tut aussitôt ; et nous restâmes plongés dans un silence plus terrifiant encore. Et soudain tous ensemble, nous eûmes une sorte de sursaut : un être glissait contre le mur du dehors vers la forêt ; puis il passa contre la porte, qu'il sembla tâter, d'une main hésitante ; puis on n'entendit plus rien pendant deux minutes qui firent de nous des insensés ; puis il revint, frôlant toujours la muraille ;
70 et il gratta légèrement, comme ferait un enfant avec son ongle ; puis soudain une tête apparut contre la vitre du judas, une tête blanche avec des yeux lumineux comme ceux des fauves. Et un son sortit de sa bouche, un son indistinct, un murmure plaintif.

Alors un bruit formidable éclata dans la cuisine. Le vieux garde avait tiré. Et aussitôt les fils se précipitèrent, bouchèrent le judas en dressant la grande table qu'ils assujettirent avec le buffet.

Et je vous jure qu'au fracas du coup de fusil que je n'attendais point, j'eus une telle angoisse du cœur, de l'âme et du corps, que je me sentis défaillir, prêt à mourir de peur.
80 Nous restâmes là jusqu'à l'aurore, incapables de bouger, de dire un mot, crispés dans un affolement indicible.

On n'osa débarricader la sortie qu'en apercevant, par la fente d'un auvent, un mince rayon de jour.

Au pied du mur, contre la porte, le vieux chien gisait, la gueule brisée d'une balle.

Il était sorti de la cour en creusant un trou sous une palissade.

Albin Michel, éditeur.

ALPHONSE DAUDET

Sa vie, son œuvre   Alphonse DAUDET est né à Nîmes en 1840. Il fait ses
études au lycée de Lyon ; puis la ruine de ses parents,
négociants en soieries, l'oblige à entrer comme répétiteur au collège d'Alès (1855-1857).
Accueilli à Paris par son frère aîné, l'historien Ernest Daudet qui l'aidera dans sa carrière,
il publie des vers (*Les Amoureuses*, 1858), et devient secrétaire du duc de Morny (1860).
Son existence assurée, il écrit des contes fantaisistes, cherche sa voie dans le théâtre
(*La Dernière Idole*, 1862) et atteint le succès avec *Le Petit Chose* (1868), roman où revivent
les souvenirs amers de sa jeunesse. Il conquiert la célébrité avec un recueil de contes (les
premiers en collaboration avec Paul ARÈNE) : *Les Lettres de mon Moulin* (1869) ; elles sont
inspirées par sa Provence natale, qu'il évoquera de nouveau dans un roman burlesque,
Tartarin de Tarascon, 1872 (ce héros reparaîtra dans *Tartarin sur les Alpes*, en 1885,
et *Port-Tarascon*, en 1890). Alphonse DAUDET sert comme mobile en 1870-71, fait
jouer en 1872 *L'Arlésienne*, que la musique de Bizet rendra célèbre, et tire de ses impressions de guerre les *Contes du Lundi* (1873), d'inspiration surtout patriotique.

Comblé par la fortune, DAUDET s'engage alors dans la voie du roman réaliste, consacré
à la peinture des mœurs contemporaines. Il publie *Fromont jeune et Risler aîné* (1874,
l'industrie et le commerce parisiens), *Jack* (1876), *Le Nabab* (1877, le monde des affaires
et de la politique), *Les Rois en exil* (1879, les milieux cosmopolites), *Numa Roumestan*
(1881, histoire d'un député du Midi), *L'Évangéliste* (1883, le fanatisme religieux), *Sapho*
(1884, la bohème et les artistes), *L'Immortel* (1888, les milieux académiques). Dans ses
dernières années, DAUDET écrit encore plusieurs volumes de souvenirs ; il encourage les
jeunes écrivains qu'il accueille dans sa villa de Champrosay, supportant avec constance
la longue et douloureuse maladie qui devait l'emporter en 1897.

Fantaisie et réalité   DAUDET s'orienta d'abord vers une littérature *fantaisiste*
et *poétique*. Qui ne connaît le charmant conteur du *Petit
Chose* (cf. p. 499) et des *Lettres de mon Moulin*, ses récits mêlés d'humour et d'émotion, sa
merveilleuse sensibilité ? Puis vint le réalisme caricatural de *Tartarin de Tarascon*
(cf. p. 500) et la veine plus âpre des *Contes du Lundi*.

C'est à partir de *Fromont jeune et Risler aîné* qu'il fait vraiment figure d'écrivain
réaliste. Désormais ses romans, qui finiront par constituer un tableau des mœurs dans le
second demi-siècle, vont reposer sur une moisson d'*observations* au jour le jour : « Je
collectionne depuis trente ans une multitude de petits cahiers sur lesquels les remarques,
les pensées n'ont parfois qu'une ligne serrée, de quoi se rappeler un geste, une intonation,
développés, agrandis plus tard pour l'harmonie de l'œuvre importante. » Même ses *sujets*
sont tirés de la réalité : « Tous les personnages de *Fromont* ont vécu ou vivent encore »,
nous dit-il ; et ailleurs : « J'ai connu le vrai *Nabab* en 1864 » (cf. p. 502). Aussi ZOLA,
l'année même de *L'Assommoir*, salua *Le Nabab* (1877) comme une œuvre naturaliste ;
toutefois, si DAUDET lui manifesta son amitié au moment où il était attaqué, il n'adhéra
jamais formellement à sa doctrine. Au lieu de procéder par enquêtes « scientifiques », il
accueille toutes les impressions et les sensations que lui offrent les circonstances, étant,
de son propre aveu, « une machine à sentir ». Loin de se prétendre objectif, il observe le
réel avec une *ironie amusée*, souvent avec *sympathie* ou *émotion*. Même s'il peint les laideurs
de la société, son pessimisme n'a rien de systématique : il fait une large place à la *poésie*,
aux bons sentiments, et sa *belle humeur* nous réconcilie avec la vie. Son talent d'écrivain,
qu'il définit comme « *un singulier mélange de fantaisie et de réalité* », enchante les lecteurs
de tous les âges, de tous les milieux, pour lesquels il est ainsi ce qu'il rêvait d'être :
« *un marchand de bonheur* ».

BAMBAN

ALPHONSE DAUDET met toujours beaucoup de lui-même, souvenirs ou sensations, dans tous ses récits. L'histoire de DANIEL EYSSETTE, le *Petit Chose*, n'est autre que celle de son enfance, plus ou moins transposée, et celle du temps où il commençait à gagner sa vie dans des conditions difficiles. L'épisode qu'on va lire est très caractéristique de sa manière qui s'apparente à celle de DICKENS : un récit pittoresque où *l'ironie* et *l'humour*, habilement dosés, tournent à *l'émotion* et même à *l'attendrissement*. La sensibilité de DAUDET, comme celle du conteur anglais, se penche avec sympathie vers les *faibles* et surtout vers les *enfants malheureux*.

Surveillant au collège de Sarlande, dans les Cévennes, DANIEL EYSSETTE a pris en aversion un jeune élève « sale, mal peigné, mal vêtu, sentant le ruisseau et, pour que rien ne lui manquât, affreusement bancal », ce qui lui avait valu le surnom de BAMBAN.

J'adressais chaque semaine au principal un rapport circonstancié sur l'élève Bamban et les nombreux désordres que sa présence entraînait. Malheureusement mes rapports restaient sans réponse et j'étais toujours obligé de me montrer dans les rues, en compagnie de M. Bamban, plus sale et plus bancal que jamais.

Un dimanche entre autres, un beau dimanche de fête et de grand soleil, il m'arriva pour la promenade dans un état de toilette tel que nous en fûmes tous épouvantés. Vous n'avez jamais rien rêvé de semblable. Des mains noires, des souliers sans cordons, de la boue jusque dans les
10 cheveux, presque plus de culottes..., un monstre.

Le plus risible, c'est qu'évidemment on l'avait fait très beau, ce jour-là, avant de me l'envoyer. Sa tête, mieux peignée qu'à l'ordinaire, était encore roide de pommade, et le nœud de cravate avait je ne sais quoi qui sentait les doigts maternels. Mais il y a tant de ruisseaux avant d'arriver au collège !

Bamban s'était roulé dans tous.

Quand je le vis prendre son rang parmi les autres, paisible et souriant comme si de rien n'était, j'eus un mouvement d'horreur et d'indignation.

Je lui criai : « Va-t-en ! »
20 Bamban pensa que je plaisantais et continua de sourire. Il se croyait très beau, ce jour-là !

Je lui criai de nouveau : « Va-t-en ! va-t-en ! »

Il me regarda d'un air triste et soumis, son œil suppliait, mais je fus inexorable et la division s'ébranla, le laissant seul au milieu de la rue. Je me croyais délivré de lui pour toute la journée, lorsqu'au sortir de la ville des rires et des chuchotements à mon arrière-garde me firent retourner la tête. A quatre ou cinq pas derrière nous, Bamban suivait la promenade gravement.

« Doublez le pas, » dis-je aux deux premiers.
30 Les élèves comprirent qu'il s'agissait de faire une niche au bancal, et la division se mit à filer un train d'enfer.

De temps en temps, on se retournait pour voir si Bamban pouvait suivre, et on riait de l'apercevoir là-bas, bien loin, gros comme le poing, trottant dans la poussière de la route, au milieu des marchands de gâteaux et de limonade. Cet enragé-là arriva à la Prairie presque en même temps que nous. Seulement, il était pâle de fatigue et tirait la jambe à faire pitié.

J'en eus le cœur touché et, un peu honteux de ma cruauté, je l'appelai près de moi doucement.

40 Il avait une petite blouse fanée, à carreaux rouges, la blouse du petit Chose [1], au collège de Lyon.

Je la reconnus tout de suite, cette blouse, et, dans moi-même, je me disais : « Misérable, tu n'as pas honte ? Mais c'est toi, c'est le petit Chose que tu t'amuses à martyriser ainsi. » Et, plein de larmes intérieures, je me mis à aimer de tout mon cœur ce pauvre déshérité.

Bamban s'était assis par terre à cause de ses jambes qui lui faisaient mal. Je m'assis près de lui. Je lui parlai... Je lui achetai une orange... J'aurais voulu lui laver les pieds [2].

Le petit Chose, chap. VI. Fasquelle, édit.

– *Expliquez comment l'auteur construit son récit pour aboutir à l'attendrissement de la fin*
– *Étudiez la progression parallèle des détails cruels et des traits émouvants ; en est-il de même vers la fin ?*
• **Comparaison.** Différence entre ce réalisme pittoresque et celui de ZOLA (cf. p. 487 et 490). Lequel préférez-vous ?
• **Comparaison.** Ressemblances et différences entre le « Nabab » p. 502 et Turcaret (cf. XVIIIe SIÈCLE, p. 40-43).
– *Entretien. Rôle de la caricature pour la présentation des types humains dans les extraits de* DAUDET.

Tartarin, le chasseur de lions

Enfant du Midi, DAUDET immortalise dans *Tartarin de Tarascon* le type héroï-comique du méridional bon enfant, mais fanfaron et « menteur par imagination ». TARTARIN s'est fait une réputation de terrible chasseur et se voit obligé, un peu à contre-cœur, de s'embarquer pour l'Algérie où il trouvera des fauves dignes de son fusil. Avec quelle *verve ironique* le conteur nous fait assister au départ du héros et à l'enthousiasme des Tarasconnais pour leur idole ! C'est ici la *caricature* de l'exubérance méridionale, mais DAUDET est aussi, avec Mistral, le délicieux *poète de la Provence*, de sa beauté, de sa gentillesse, de ses fêtes.

Enfin, il arriva, le jour solennel, le grand jour.

Dès l'aube, tout Tarascon était sur pied, encombrant le chemin d'Avignon et les abords de la petite maison du baobab [1].

Toute cette foule se pressait, se bousculait devant la porte de Tartarin, ce bon M. Tartarin, qui s'en allait tuer des lions chez les *Teurs* [2]...

— 1 Daniel Eyssette se souvient du temps, tout récent, où il était *boursier* au collège de Lyon ; ses camarades plus riches considéraient sa *blouse* avec condescendance et son professeur l'appelait avec mépris « *le petit Chose* ». — 2 Comme le Christ lavant les pieds de ses disciples. Geste consacré de charité chrétienne.

— 1 Arbre gigantesque d'Afrique. Tartarin qui rêve d'expéditions lointaines n'a dans son jardin que des plantes exotiques ; on venait contempler le dimanche, son *baobab*... « qui tenait à l'aise dans un pot de réséda ». — 2 « Les Turcs » : c'est ainsi que les Tarasconnais désignaient tous les Orientaux. —

Au milieu de cette cohue, les chasseurs de casquettes [3] allaient et venaient, fiers du triomphe de leur chef, et traçant sur leur passage comme des sillons glorieux.

Devant la maison du baobab, deux grandes brouettes... Des hommes apportaient des malles, des caisses, des sacs de nuit, qu'ils empilaient sur les brouettes. A chaque nouveau colis, la foule frémissait. On se nommait les objets à haute voix. « Ça, c'est la tente-abri... Ça, ce sont les conserves... la pharmacie... les caisses d'armes... » Et les chasseurs de casquettes donnaient des explications.

Tout à coup, vers dix heures, il se fit un grand mouvement dans la foule.

La porte du jardin tourna sur ses gonds violemment.

« C'est lui !... C'est lui !... » criait-on.

C'était lui...

Quand il parut sur le seuil, deux cris de stupeur partirent de la foule :

« C'est un *Teur* !... — Il a des lunettes ! »

Tartarin de Tarascon, en effet, avait cru de son devoir, allant en Algérie, de prendre le costume algérien. Large pantalon bouffant de toile blanche, petite veste collante à boutons de métal, deux pieds de ceinture rouge autour de l'estomac, le cou nu, le front rasé, sur sa tête une gigantesque *chéchia* (bonnet rouge) et un flot [4] bleu d'une longueur !... Avec cela, deux lourds fusils, un sur chaque épaule, un grand couteau de chasse à la ceinture, sur le ventre une cartouchière, sur la hanche un revolver se balançant dans sa poche de cuir. C'est tout... Ah ! pardon, j'oubliais les lunettes, une énorme paire de lunettes bleues, qui venaient là bien à propos pour corriger ce qu'il y avait d'un peu trop farouche dans la tournure de notre héros !

— Vive Tartarin !... Vive Tartarin, hurla le peuple...

Calme et fier, quoiqu'un peu pâle, il s'avança sur la chaussée, regarda ses brouettes, et, voyant que tout était bien, prit gaillardement le chemin de la gare... L'express Paris-Marseille n'était pas encore arrivé. Tartarin et son état-major entrèrent dans les salles d'attente. Pour éviter l'encombrement, derrière eux le chef de gare fit fermer les grilles.

Pendant un quart d'heure, Tartarin se promena de long en large dans les salles, au milieu des chasseurs de casquettes. Il leur parlait de son voyage, de sa chasse, promettant d'envoyer des peaux. On s'inscrivait sur son carnet pour une peau comme pour une contredanse...

Enfin, la cloche sonna. Un roulement sourd, un sifflet déchirant ébranla les voûtes. En voiture ! en voiture !

— Adieu, Tartarin... ! adieu, Tartarin !...

— Adieu, tous !... murmura le grand homme.

Et, sur les joues du brave commandant Bravida [5], il embrassa son cher Tarascon.

Puis, il s'élança sur la voie et monta dans un wagon plein de Parisiennes qui pensèrent mourir de peur en voyant arriver cet homme étrange avec tant de carabines et de revolvers [6].

Tartarin de Tarascon, I, XIII. Fasquelle, édit.

---

3 A Tarascon, selon Daudet, faute de gibier les chasseurs lancent leur casquette en l'air et s'exercent à l'atteindre en plein vol. — 4 Ou floc, houppe de laine de soie du bonnet oriental. — 5 « Ancien capitaine d'habillement... ». — 6 *En fait de lion, l'intrépide chasseur va tuer... un âne. Après de multiples aventures burlesques, il rentrera à Tarascon où ses exploits imaginaires ajouteront à sa considération.*

« Une opération superbe... »

D'origine provençale, Bernard Jansoulet dit le NABAB est un parvenu qui est rentré de Tunisie avec une prodigieuse fortune. Sa richesse suffira à faire de lui un des rois éphémères de la capitale et même le protégé de Son Excellence le duc de Mora, Ministre d'État. Cette aventure nous introduit dans *le monde de la politique, de la banque et des affaires.* Le NABAB est au fond un brave homme grisé par son argent : il devient la proie des aventuriers qui s'arrangent pour être invités à sa table et l'attaquent à tour de rôle à la fin du repas. Tout l'art consiste à flatter la *vanité* de ce M. Jourdain moderne pour provoquer sa *générosité.* Le voici aux prises avec deux aigrefins de la *Caisse Territoriale,* qui n'existe guère que sur le papier et dans ses magnifiques bureaux destinés à inspirer confiance aux naïfs actionnaires. On verra que pour arracher un gros chèque au NABAB les deux complices se complètent admirablement : le volubile « gouverneur » PAGANETTI et le digne M. DE MONTPAVON, paré de son titre et de ses hautes relations !

Montpavon saisit le gouverneur : « A nous. » Et tous deux, s'élançant sur le Nabab l'entraînent vers un divan, l'assoient de force, le serrent entre eux avec un petit rire féroce qui semble signifier : « Qu'est-ce que nous allons lui faire ? » Lui tirer de l'argent, le plus d'argent possible. Il en faut pour remettre à flot la *Caisse Territoriale,* ensablée depuis des années, enlisée jusqu'en haut de sa mâture... Une opération superbe, ce renflouement, s'il faut en croire ces deux messieurs ; car la Caisse submergée est remplie de lingots, de matières précieuses, des mille richesses variées d'un pays neuf dont tout le monde parle et que personne ne connaît. En fondant cet établissement sans pareil, Paganetti de Porto-
10 Vecchio a eu pour but de monopoliser l'exploitation de toute la Corse : mines de fer, de soufre, de cuivre, carrières de marbre, coiralleries, huîtrières, eaux ferrugineuses, sulfureuses, immenses forêts de thuyas, de chênes-lièges, et d'établir, pour faciliter cette exploitation, un réseau de chemins de fer à travers l'île, plus un service de paquebots. Telle est l'œuvre gigantesque à laquelle il s'est attelé. Il y a englouti des capitaux considérables, et c'est le nouveau venu, l'ouvrier de la dernière heure, qui bénéficiera de tout.

Pendant qu'avec son accent italien, des gestes effrénés, le Corse énumère les « esplendeurs » de l'affaire, Montpavon, hautain et digne, approuve de la tête avec conviction et, de temps en temps, quand il juge le moment convenable, jette
20 dans la conversation le nom du duc de Mora, qui fait toujours son effet sur le Nabab.

— Enfin, qu'est-ce qu'il faudrait ?

— Des millions, dit Montpavon fièrement, du ton d'un homme qui n'est pas embarrassé pour s'adresser ailleurs. Oui, des millions. Mais l'affaire est magnifique. Et, comme disait Son Excellence, il y aurait là pour un capitaliste une haute situation à prendre, même une situation politique. Pensez donc ! dans ce pays sans numéraire on pouvait devenir conseiller général, député... Le Nabab tressaille... Et le petit Paganetti, qui sent l'appât frémir sur son hameçon : « Oui, député, vous le serez quand je voudrai... Sur un signe de moi, toute la Corse est
30 à votre dévotion... » Puis il se lance dans une improvisation étourdissante, comptant les voix dont il dispose, les cantons qui se lèveront à son appel. « Vous m'apportez vos capitaux... moi zé vous donne tout oun pople. » L'affaire est enlevée.

Le Nabab, chap. II. Fasquelle, édit.

Le NABAB sera en effet élu député de la Corse. Mais le baron HEMERLINGUE, riche financier qui est son ancien compagnon de misère mais s'est brouillé avec lui, parvient à faire invalider l'élection et à le ruiner. Le NABAB meurt d'apoplexie, abandonné de tous.

VERLAINE

Le Saturnien   PAUL VERLAINE, né à Metz en 1844, perd bientôt la candeur d'une enfance sensible et rêveuse ; mais il en garde la nostalgie, et le genre canaille qu'il affecte dissimule un grand besoin de tendresse. Dès l'adolescence on le sent partagé entre les deux *postulations simultanées* dont parle Baudelaire, *l'une vers Dieu, l'autre vers Satan*. Il fait ses études à Paris au lycée Bonaparte (aujourd'hui Condorcet), passe le baccalauréat en 1862 et entre dans l'administration municipale en qualité d'expéditionnaire à l'Hôtel de Ville.

DÉBUTS POÉTIQUES. Peu absorbant, cet emploi lui permet de cultiver ses dons poétiques et de fréquenter les cafés littéraires ; il se lie avec Catulle Mendès, Sully Prudhomme, Anatole France et François Coppée. En 1865 il donne à la revue *L'Art*, récemment fondée, deux poèmes et des études sur Barbey d'Aurevilly et Baudelaire. En 1866 il apporte sa contribution au *Parnasse contemporain* (cf. p. 418) et publie un premier recueil, les *Poèmes Saturniens*, où se révèlent, en dépit d'une profession de foi parnassienne, des tendances tout à fait personnelles : *sensibilité inquiète, sensualité, musicalité suggestive* (cf. p. 506-507).

INQUIÉTUDE SECRÈTE. Si Verlaine se déclare *saturnien*, né sous une « Influence maligne », ayant « Bonne part de malheur et bonne part de bile », ce n'est point par jeu : le fait est qu'un drame intime assombrit sa vie. Il s'est mis à *boire* (vers 1863 probablement), peut-être pour échapper à une *tristesse anxieuse ;* mais, sous l'effet de l'absinthe, il sombre dans des crises de *fureur insensée*. La mort de son père (1865), puis celle d'une cousine qu'il aimait tendrement contribuent à le déxaser. En 1869, au cours de scènes affreuses, il brutalise sa mère.
Dans les *Fêtes Galantes* (1869 ; cf. p. 507-508) on est tenté de voir l'œuvre d'un dilettante presque « décadent », épris d'art pur, de sensations exquises et de raffinements précieux ; en réalité toutes ces scènes galantes sont des *paysages intérieurs :* le poète transpose ses propres aspirations, d'une façon délicieuse et ambiguë ; veut-il se fuir ou se retrouver ? peut-être ne le sait-il pas lui-même. Mais cette comédie légère de l'amour trahit une *nostalgie*, le *besoin de sentiments simples, sincères et profonds*.

De l'idylle   MATHILDE. Cette même année 1869, la rencontre
au drame   d'une jeune fille de seize ans, MATHILDE MAUTÉ, illumine
d'un *immense espoir* la vie de Verlaine. Mathilde lui apporte la pureté candide à laquelle il aspire parmi ses hontes secrètes ; voici « l'Être de lumière » qui l'aidera à vaincre ses démons. Le poète célèbre la petite fiancée qu'il va épouser en août 1870, il chante son amour et ses bonnes résolutions dans les vers tout simples et intimes de *La Bonne Chanson* (1870 ; cf. p. 508). C'est le « naïf épithalame », après la grâce quintessenciée, frivole et mélancolique des *Fêtes Galantes*.

RIMBAUD. Hélas ! l'idylle dure peu. Pendant le siège de Paris, Verlaine se remet à boire, puis, suspect de sympathies pour la Commune, il perd son emploi ; enfin paraît RIMBAUD (septembre 1871, cf. p. 517). Verlaine abandonne sa femme pour mener avec ce « Satan adolescent » une *existence vagabonde* en Angleterre et en Belgique. Il fixera les impressions de ces courses errantes dans les *Romances sans paroles* (parues en 1874), où l'on discerne *l'influence poétique de Rimbaud*.
En juillet 1873, l'aventure tourne au *drame :* à Bruxelles Verlaine, qui a bu, tire deux coups de revolver sur Rimbaud et le blesse légèrement. Il est condamné à deux ans de prison et subit sa peine à Bruxelles d'abord, puis à Mons.

Sagesse　　　　　　LA CONVERSION. En prison, Verlaine éprouve
d'amers regrets et un repentir sincère (cf. p. 516). Il
voudrait reprendre la vie commune avec sa femme, mais apprend que celle-ci a obtenu
un jugement de séparation (mai 1874) ; il éprouve une douleur cruelle qui achève de *le
ramener à Dieu* (cf. p. 512). Cette *conversion*, qui se préparait depuis de longs mois, lui
inspire les admirables poèmes *mystiques* qui, restés longtemps manuscrits sous le titre
collectif de *Cellulairement*, seront publiés dans *Sagesse* en 1881 (cf. p. 513). Pénétré de
l'amour divin, Verlaine prend le ferme propos de mener désormais une vie meilleure.

LA VIE SIMPLE ET TRANQUILLE. Après sa libération (janvier 1875), Verlaine
s'efforce, pendant plusieurs années, de *vivre conformément à son idéal chrétien :* les poèmes
de *Sagesse* traduisent souvent sa lutte contre les tentations (cf. p. 514). Il est d'abord
professeur en Angleterre, puis en France, dans un collège de Rethel. Ensuite il tente
d'exploiter une ferme, mais l'entreprise échoue et peu à peu, las de « la vie humble aux
travaux ennuyeux et faciles » qu'il célébrait naguère, *Verlaine est repris par ses anciens vices.*

La déchéance　　　　Il recommence à boire, à frapper sa mère qui ne l'a
jamais abandonné. Il se résigne à partager sa vie et sa
poésie même entre ses aspirations mystiques et sa sensualité : après *Sagesse*, c'est *Jadis
et Naguère* (1885) ; à la spiritualité d'*Amour*, de *Bonheur*, de *Liturgies Intimes* s'opposent
les accents charnels de *Parallèlement* (titre significatif) et de plusieurs autres recueils.
Il connaît l'indigence, le taudis, la misère physique. A la mort de sa mère, en 1886, il se
trouve complètement démuni de ressources.

Pourtant sa situation matérielle s'améliorera, car on s'avise soudain que *ce vagabond*
qui se traîne d'hôpital en hôpital, de café en café, est ou plutôt a été *un grand poète*. Il se
forme comme une légende de Verlaine : on se rappelle qu'il a révélé au public l'œuvre de
Tristan Corbière, de Rimbaud, de Mallarmé *(Les Poètes Maudits) ;* on lui demande des
conférences, des souvenirs *(Mémoires d'un Veuf, Mes Hôpitaux, Mes Prisons, Confessions) ;*
on le sacre même « prince des poètes » à la mort de Leconte de Lisle (1894). Le contraste
règnera jusqu'au bout : Verlaine meurt misérablement en janvier 1896, mais une foule
d'écrivains, de poètes et d'admirateurs accompagne son cercueil de l'église Saint-Étienne-
du-Mont au cimetière des Batignolles.

Une candeur　　　　On a parfois reproché à Verlaine de faire fi de l'intelli-
　　subtile　　　gence ; en effet sa poésie authentique n'est jamais intellectuelle : inspirée par la sensibilité de l'auteur, c'est sur
notre sensibilité à l'état pur qu'elle agit, nous pénétrant, par les sens et le cœur, jusqu'à
l'âme. Ce *lyrisme confidentiel* s'exprime le plus souvent en demi-teintes, par un chant à
mi-voix : il établit entre Verlaine et son lecteur une communion intime, ineffable, d'âme
à âme.

Cette poésie pose un problème : elle nous séduit par sa pureté, par sa fraîcheur, par une
sorte d'innocence miraculeusement préservée ; or qui oserait prétendre que l'homme était
candide ? Quant à son art, Valéry a fait justice du mythe de la naïveté : « Ce naïf est un
primitif organisé, un primitif comme il n'y a jamais eu de primitif, et qui procède d'un
artiste fort habile et fort conscient... Jamais art plus subtil que cet art, qui suppose qu'on
en fuit un autre, et non point qu'on ne le précède ». La « candeur » de Verlaine et de sa
poésie est donc complexe, et ambiguë (les *Fêtes Galantes* suffiraient à le prouver), mais elle
n'est pas menteuse, ni artificielle. En marge des écoles et des théories, Verlaine a su
élaborer le seul art capable d'exprimer les aspirations les plus profondes de son être :
« L'art, mes enfants, c'est d'être absolument soi-même ».

L'âme et les sens　　　Verlaine est un nerveux, à la fois sensuel et sensible,
partagé entre la volupté et l'anxiété, entre l'appel des
plaisirs et le besoin d'un bonheur paisible et serein. Son cœur bientôt corrompu et blasé
garde une émouvante nostalgie de la candeur perdue. Il voudrait retrouver le « cœur
enfantin et subtil », l'irresponsabilité du jeune âge ; il rêve d'être encore un enfant qu'on
berce, qu'on dorlote et qu'on câline. Cette soif d'innocence se traduit dans son amour

pour Mathilde Mauté, et plus profondément, de façon pathétique et sublime, dans les élans mystiques de *Sagesse*. Le vieux cœur flétri et souillé fait place à un jeune cœur lavé par la souffrance et par la grâce, tout vibrant d'amour (cf. p. 512). D'abord craintive et confuse (p. 513), l'âme s'abandonne, extasiée, à l'appel divin.

LE SYMBOLISME. Verlaine ne se contente pas de nous dire ce qu'il éprouve, *il nous le fait sentir* par de constantes *transpositions* qui traduisent les sentiments en termes d'impressions ou de sensations. Une tentation devient un ciel cuivré, ou un orage (p. 514, v. 1-2, 5-8) ; l'amour de Dieu

> monte sans biaiser
> Jusqu'où ne grimpe pas ton pauvre amour de chèvre,
> Et t'emportera, comme un aigle vole un lièvre,
> Vers des serpolets qu'un ciel cher vient arroser.

A la quête de la candeur morale correspond une vision du monde étonnamment *pure*, et *digne d'un primitif :*

> Le ciel est, par-dessus le toit,
> Si bleu, si calme.

Après la conversion, le paysage impressionniste prend lui-même un sens *mystique :* il est intuition d'un monde sans pesanteur et sans souillure, antérieur au péché des hommes.

La musique verlainienne

Mais c'est surtout par la *musique* des vers que s'exerce ce pouvoir de suggestion. « De la musique avant toute chose, Et pour cela préfère l'impair » lit-on dans l'*Art poétique* (p. 510).

1. **L'IMPAIR.** Le vers *impair* est en effet l'un des instruments favoris de poète ; vers de trois (p. 507), cinq, sept syllabes (p. 508), et surtout impairs caractéristiques de *neuf* (p. 510), *onze* et *treize* syllabes (p. 515). Ces rythmes légers, subtils, étrangers à l'éloquence, *laissent une large place au rêve*. Les vers de onze et treize syllabes, numériquement voisins de l'alexandrin mais très éloignés de lui par leur mélodie, obligent le lecteur à vaincre un automatisme pour saisir leur cadence propre, *plus fluide et plus complexe*.

2. **LE RYTHME ACCENTUEL.** L'alexandrin lui-même est traité de la façon la plus originale : il cesse d'être architectural et devient purement *musical*. Ces vers, écrivait Paul Claudel, « ne sont pas formés par des syllabes, ils sont animés par une mesure. Ce n'est plus un membre logique durement découpé, c'est une haleine, la respiration de l'esprit ; il n'y a plus de césures, il n'y a plus qu'une ondulation, une série de gonflements et de détentes ». L'alexandrin traditionnel a quatre accents : Verlaine en fait très souvent un *trimètre* (trois accents) : « De la douceur, de la douceur, de la douceur ! ». Il le disloque par des coupes et des rejets hardis (cf. p. 513, *Mon Dieu m'a dit...*). Mais, modéré dans ses audaces, *il n'ira jamais jusqu'au vers libre des symbolistes* (p. 540).

3. **LES SONORITÉS.** Tenté un moment par les rimes difficiles et frappantes à la manière de Banville (cf. p. 418), Verlaine préfère bientôt des effets beaucoup plus discrets ; il dénoncera même la rime riche comme un procédé barbare, antimusical (p. 511, v. 22-28). Il pratique parfois l'assonance, ou se libère de la règle d'alternance des rimes masculines et féminines (p. 508 et 515). En définitive il conserve la rime mais l'assouplit, la choisit évocatrice, introduit des rimes intérieures, des allitérations ou de subtiles dissonances. La rime n'est plus qu'un des multiples éléments sonores dont il dispose pour traduire délicatement ses impressions.

4. **LA SYNTAXE.** Le *rythme de la phrase* elle-même échappe aux règles de la rhétorique, à la syntaxe de la langue littéraire : il est *émotionnel* et *musical*. Les tournures de la langue parlée accroissent l'impression d'intimité (cf. p. 511, v. 21, 24). Le laisser-aller apparent transcrit les *inflexions de la voix*, la confidence de l'âme « en allée ». « Les nonchalances sont ses plus grands artifices » disait de la « parfaite beauté » un autre poète indépendant, Mathurin Régnier.

En lisant les poèmes de Verlaine, c'est un *chant* que nous entendons ; bientôt nous nous plaisons à reconnaître une *voix* dont l'accent est inimitable car il révèle une *âme* (cf. p. 515).

Mon rêve familier

Dans les POÈMES SATURNIENS, on remarqua d'abord des pièces *parnassiennes* telles que *La Mort de Philippe II* ou l'*Épilogue ;* aujourd'hui nous y cherchons surtout une poésie plus *mystérieuse* et plus *musicale,* comme celle de ce sonnet intime où apparaît déjà toute l'originalité de VERLAINE.

Je fais souvent ce rêve étrange et pénétrant [1]
D'une femme inconnue, et que j'aime, et qui m'aime,
Et qui n'est, chaque fois, ni tout à fait la même
Ni tout à fait une autre [2], et m'aime [3] et me comprend.

Car elle me comprend [4], et mon cœur, transparent
Pour elle seule, hélas [5] ! cesse d'être un problème
Pour elle seule, et les moiteurs de mon front blême,
Elle seule les sait rafraîchir, en pleurant.

Est-elle brune, blonde ou rousse ? — Je l'ignore.
Son nom ? Je me souviens qu'il est doux et sonore
Comme ceux des aimés que la Vie exila [6].

Son regard est pareil au regard des statues [7],
Et pour sa voix, lointaine, et calme, et grave, elle a
L'inflexion des voix chères qui se sont tues [8].

Poèmes saturniens (Messein, éditeur).

Soleils couchants

« De la musique avant toute chose » : ce poème en vers *impairs* illustre à l'avance le précepte verlainien (cf. p. 510). Légère, sinueuse, doucement incantatoire par ses rimes et ses mots repris comme des thèmes musicaux, la *phrase mélodique* épouse le *rythme berceur* de la *rêverie* et fait vibrer mélancoliquement notre sensibilité.

Une aube affaiblie
Verse par les champs
La mélancolie
Des soleils couchants [1].
La mélancolie
Berce de doux chants
Mon cœur qui s'oublie [2]
Aux [3] soleils couchants.

Et d'étranges rêves,
Comme des soleils
Couchants sur les grèves,
Fantômes vermeils [4],
Défilent sans trêves,
Défilent, pareils
A des [5] grands soleils
Couchants sur les grèves [6].

Poèmes saturniens (Messein, éditeur).

— 1 Combien ce vers a-t-il d'accents ? (cf. p. 505, *Le rythme accentuel*, et relever d'autres exemples dans ce sonnet) ; quelle remarque appellent les syllabes accentuées ? — 2 Commenter cette impression de *rêve* (cf. v. 9-11). — 3 Quel est l'effet de cette répétition (cf. *pour elle seule*, v. 6-8) ? — 4 Apprécier la façon dont le 2e quatrain est lié au 1er. — 5 Que traduit ce soupir ? — 6 Préciser le sens. — 7 Commenter cette notation, ainsi que celle des v. 13-14. — 8 Montrer en quoi Verlaine s'écarte dans ce sonnet, de la versification classique (accents, coupes, enjambements).

— 1 Comment expliquer ce rapport entre l'*aube* et les *soleils couchants?* — 2 Échappant à l'angoisse grâce à cette *douce* mélancolie. — 3 Préciser le sens. — 4 Commenter cette alliance de mots. — 5 Dans quelle intention, selon vous, Verlaine a-t-il employé *des* plutôt que *de?* — 6 Étudier la disposition des rimes.

Chanson d'automne

Ici encore, VERLAINE tente d'exorciser par la musique l'inquiétude de son âme. Mais dans ce poème *la tristesse est plus précise :* nostalgie du passé, inquiétude de se sentir emporté, sans pouvoir réagir, par un « vent mauvais ». Le *rythme* traduit ce sentiment complexe, fait *d'angoisse* et *d'abandon,* par le jeu délicat des vers de quatre et trois syllabes ; ces mètres courts donnent à la *rime,* qui revient à intervalles très rapprochés, des résonances particulièrement suggestives.

Les sanglots longs
Des violons
De l'automne [1]
Blessent mon cœur
D'une langueur
Monotone [2].

Tout suffocant
Et blême, quand
Sonne l'heure,
Je me souviens
Des jours anciens
Et je pleure,

Et je m'en vais
Au vent mauvais
Qui m'emporte
Deçà, delà,
Pareil à la [3]
Feuille morte [4].

Poèmes saturniens (Messein, éditeur).

CLAIR DE LUNE

VERLAINE s'inspire des peintres de FÊTES GALANTES du XVIIIe siècle, de Watteau en particulier, et ses *transpositions musicales* révèlent à la fois la subtilité de son art et les tendances profondes de son tempérament. Une inquiétude indéfinissable, apparemment sans cause, rôde sous ces ombrages ; ces êtres aimables et comblés *n'ont pas l'air de croire à leur bonheur.* Nous n'entendons d'abord que des *dissonances* à peine perceptibles, mais à la fin du recueil un *crescendo* savamment ménagé laissera paraître l'*angoisse* et le *désespoir.* — *Clair de lune* a été mis en musique par Gabriel Fauré et Claude Debussy.

Votre âme est un paysage choisi
Que vont charmant [5] masques et bergamasques [6],
Jouant du luth, et dansant, et quasi
Tristes [7] sous leurs déguisements fantasques.

Tout en chantant sur le mode mineur [8]
L'amour vainqueur et la vie opportune,
Ils n'ont pas l'air de croire à leur bonheur [9]
Et leur chanson se mêle au clair de lune [10],

Au calme clair de lune [11] triste et beau,
Qui fait rêver les oiseaux dans les arbres
Et sangloter d'extase les jets d'eau,
Les grands jets d'eau svelte parmi les marbres [12].

Fêtes galantes (Messein, éditeur).

— 1 Quelle nuance affective unit le son du violon à l'atmosphère de l'automne ? — 2 Comment le poète a-t-il rendu cette monotonie ? — 3 Montrer en quoi cette hardiesse de versification est en harmonie avec le sentiment exprimé. — 4 Cf. p. 515 une impression analogue, traduite par le vol de la mouette. — 5 Que traduit cette forme progressive (empruntée à la langue du XVIe siècle) ? — 6 Habitants de *Bergame,* en Italie ; le mot désigne aussi d'anciens airs de danse (cf. v. 3). — 7 Apprécier l'effet du rejet, de la coupe et des sonorités. — 8 Qui exprime généralement la tristesse. — 9 Souligner le contraste entre le v. 6 et le v. 7. — 10 Par une sorte de *correspondance.* — 11 Apprécier l'effet de la *reprise* (cf. v. 12). — 12 Cf. Hugo, *La Fête chez Thérèse* (*Contemplations,* I, 22) : « Et troublés comme on l'est en songe, vaguement, | Ils sentaient par degrés se mêler à leur âme, | A leurs discours secrets, à leurs regards de flamme, | A leurs cœurs, à leurs sens, à leur molle raison, | Le clair de lune bleu qui baignait l'horizon. »

— *Quel est, d'après le vers 1, le sens symbolique de ce paysage de fête galante ?*
— *Comment est rendue l'impression d'une mélancolie profonde sous l'allégresse apparente ?*
— *Montrez comment les personnages, les sentiments, le cadre se fondent en une impression commune.*
— *Tentez d'analyser la suggestion par la versification, les sonorités, le mouvement de la phrase.*
— **Essai.** *Watteau et les transpositions d'art de* BAUDELAIRE, *p. 432 et de* VERLAINE, *p. 507-508. Voir les illustrations : groupes thématiques* XV *et* XVIII.
— **Commentaire composé.** *Un paysage d'âme (cf. p. 285 ; p. 441 ; p.543]). ; – une transposition d'art.*

Mandoline

Bergers de pastorale et personnages de la comédie italienne évoluent avec grâce dans un décor enchanteur. C'est comme une *griserie délicieuse* qui charme les sens mais ne satisfait point le cœur ; et VERLAINE semble hésiter entre un *dilettantisme raffiné* et on ne sait quelle *secrète nostalgie.*

Les donneurs de sérénades
Et les belles écouteuses
Échangent des propos fades
Sous les ramures chanteuses [1].

C'est Tircis et c'est Aminte [2],
Et c'est l'éternel Clitandre,
Et c'est Damis qui pour mainte
Cruelle [3] fait maint vers tendre.

Leurs courtes vestes de soie,
Leurs longues robes à queues,
Leur élégance, leur joie [4]
Et leurs molles ombres bleues

Tourbillonnent dans l'extase [5]
D'une lune rose et grise,
Et la mandoline jase
Parmi les frissons de brise [6].

Fêtes galantes (Messein, éditeur).

J'ai presque peur, en vérité...

Ce poème de LA BONNE CHANSON unit à la ferveur de la *lettre d'amour*, simple et timide, la grâce naïve de la *romance sentimentale*. Mais si l'on songe à la triste fin de l'idylle, il prend aussi une valeur *pathétique*. Ce n'est point par badinage amoureux que VERLAINE parle de sa *peur ;* il se connaît trop lui-même et sent rôder encore les ombres inquiétantes du passé. De son amour pour Mathilde il attend un miracle : quel réveil si l'*illusion céleste* allait se dissiper ! C'est ce qui rend si émouvant cet acte de foi et d'espérance dans le pouvoir de l'amour (strophes 5 et 6).

J'ai presque peur, en vérité,
Tant je sens ma vie enlacée
A la radieuse pensée
Qui m'a pris l'âme l'autre été [1],

Tant votre image, à jamais chère,
Habite en ce cœur tout à vous,
Mon cœur uniquement jaloux
De vous aimer et de vous plaire [2] ;

Et je tremble, pardonnez-moi
D'aussi franchement vous le dire,
A penser qu'un mot, un sourire
De vous [3] est désormais ma loi,

Et qu'il vous suffirait d'un geste,
D'une parole ou d'un clin d'œil,
Pour mettre tout mon être en deuil
De son illusion céleste.

Mais plutôt je ne veux [4] vous voir,
L'avenir dût-il m'être sombre
Et fécond en peines sans nombre,
Qu'à travers un immense espoir,

Plongé dans ce bonheur suprême
De me dire encore et toujours,
En dépit des mornes retours [5],
Que je vous aime, que je t'aime !

La Bonne Chanson (Messein, éditeur).

— 1 Commenter cette épithète. — 2 Bergers de pastorale, ainsi que *Damis. Clitandre* est l'amoureux, dans la comédie italienne. — 3 Apprécier le rejet ; analyser l'effet ironique de ce vers. — 4 Commenter l'emploi de ces mots abstraits, à côté de *vestes, robes* et *ombres.* — 5 Cf. *Clair de lune,* v. 11 (p. 507). — 6 Quelle remarque appellent les *rimes ?*

— 1 Verlaine a rencontré Mathilde Mauté en juin 1869. — 2 Montrer que la phrase traduit cet *enlacement* de la vie du poète à son amour. — 3 Apprécier l'effet du rejet et de la coupe. — 4 Noter l'effort conscient, délibéré, pour écarter l'inquiétude. — 5 Retours des mauvais instincts rejetés maintenant dans le passé.

La poésie à la croisée des chemins

H. Fantin-Latour, « Un Coin de table » (détail : Verlaine et Rimbaud), peinture, 1872. (Galeries du Jeu de Paume, Musée d'Orsay, Paris. Ph. H. Josse © Arch. Photeb.)

E. Manet, « Portrait de S. Mallarmé », peinture, 1876. (Galeries du Jeu de Paume, Musée d'Orsay, Paris. Ph. H. Josse © Arch. Photeb.)

Verlaine reste fidèle au lyrisme intime ; son originalité tient à la recherche parfaitement consciente (cf. **p. 510)** de la suggestion par toutes les ressources de la musicalité, du rythme, de la syntaxe.

Rimbaud est en révolte contre les valeurs de la politique, de la morale, de l'esthétique. Faisant éclater les cadres du langage, il aboutit à des créations saisissantes par leur étrangeté et les impressions qu'elles suscitent. Il atteindra le point extrême où il sera contraint de renoncer (cf. **p. 527).**

Mallarmé, à la différence de Rimbaud, veut faire du poème une fête de l'intellect. Mais l'usage de symboles difficiles, d'allusions obscures, d'ellipses qui sont, dit-il, autant d'hommages à la perspicacité du lecteur, lui vaut une réputation d'hermétisme qui n'a rien à voir avec l'incommunicabilité sur laquelle a trébuché Rimbaud.

A. Watteau, « La Gamme d'Amour » (détail), peinture, vers 1717.
(National Gallery, Londres. Ph. Eileen Tweedy © Arch. Photeb.)

Verlaine et les « Fêtes galantes »

Les donneurs de sérénades
Et les belles écouteuses
Échangent des propos fades
Sous les ramures chanteuses

Après les *Poèmes Saturniens* (cf. **p. 506-507**) où les confessions intimes se mêlent curieusement à des évocations parnassiennes, Verlaine trouve une voie originale : celle des transpositions d'art, surtout influencées par la manière de Watteau (cf. **p. 507-508**).

E. Degas, « Au café, dit l'Absinthe », peinture, 1876. (Galeries du Jeu de Paume, Musée d'Orsay, Paris. Ph. H. Josse © Arch. Photeb.)

Le « pauvre Lélian »

Les ravages de l'alcool (cf. *L'Assommoir*, **p. 485**) n'ont pas épargné le pauvre Verlaine. De rechute en rechute, il deviendra sur la fin de sa vie cette loque humaine dont les caricaturistes ont fixé l'image. Mais l'ivresse n'est qu'un des mauvais ferments qui pourrissent son corps et son âme. Mésentente conjugale, fuite avec Rimbaud, dépravation sexuelle, fréquentations louches laissent leur trace dans son œuvre : des sursauts pour se reprendre, des promesses de s'amender pour rentrer en grâce (cf. **p. 508**), une incurable tristesse (cf. **p. 509 ; 514**), la contrition qui s'exprime dans *Sagesse* (cf. **p. 511-516**).

Dans le premier poème de Sagesse *(cf. p. 512),* Verlaine *use d'une allégorie médiévale. Le bon « Chevalier Malheur », en le perçant de sa lance lui a donné un avertissement salutaire et l'a invité à rentrer dans la voie de la « sagesse ».*

L. Fini, « Aurélia », gravure, Ed. du « Club International de Bibliophilie », Monaco, 1960. (Ph. © Bibl. Nat., Paris. Arch. Photeb © by S.P.A.D.E.M., 1985.)

Du réel au surréel. *Alors que la poésie de Verlaine est parfaitement claire, on assiste, dans la veine paranoïaque de l'*Aurélia *de Nerval (cf. p. 280), à la résurgence de tendances irrationnelles dans la pensée et dans l'expression, par exemple chez Baudelaire ou Lautréamont (cf. p. 539). Une place est faite à l'hallucination, à l'onirisme, à l'étrange, toutes tendances qui trouvent leur écho dans la* Saison en Enfer *de Rimbaud, et dans ses tentatives pour « se faire voyant ».*

« *Le Bateau ivre* », *dessin attribué à A. Rimbaud, édition de 1920.* (Ph. © Bibl. Nat., Paris. Arch. Photeb.)
« *Libre, fumant, monté de brumes violettes...* »

J.-M.-W. Turner, « *Yacht s'approchant de la côte* », *peinture, vers 1835-1840.* (Tate Gallery, Londres. Ph. E. Tweedy © Arch. Photeb.)
« *J'ai vu le soleil bas, taché d'horreurs mystiques...* »

O. Redon, « *Dans la Mer, coquillages et fleurs fantastiques* », *pastel, fin XIXᵉ-début XXᵉ s.* (Coll. part. Ph. © R. Percheron - Artephot, Ziolo.)

« *Se faire voyant* ». *La quête de l'étrange ou de l'hallucination — comme dans cette œuvre d'Odilon Redon, peintre aimé des symbolistes —, le désir de « se faire voyant » par un « long immense et déraisonné dérèglement des sens » trouveront leur aboutissement dans les poèmes souvent hermétiques des* Illuminations *(cf. 527).*

Cl. Monet, «Étang aux nymphéas », peinture, 1904. (Musée des Beaux-Arts, Caen.
Ph. © Réunion des musées nationaux © by S.P.A.D.E.M., 1985.)

Poésie et peinture

A « l'alchimie du verbe » répond la vision impressionniste de la nature. Bientôt la toile ne sera plus couverte que de taches colorées sans qu'on puisse identifier le sujet. De même, à la fin d'*Une Saison en Enfer*, Rimbaud, éperdu, laissait échapper cet aveu douloureux : « Je ne sais plus parler ». La poésie avait atteint une limite : l'incommunicable.

Ariettes oubliées

Les ROMANCES SANS PAROLES commencent par des *Ariettes oubliées* dont voici la IIIᵉ et la VIIᵉ. *Romances, ariettes*, ces termes révèlent l'aspect *musical* du recueil, également remarquable par un *impressionnisme* hardi, dû pour une part à l'influence de Rimbaud, et qui apparaît en particulier dans les *Paysages belges* (cf. *Charleroi*).

> Il pleut doucement sur la ville.
> ARTHUR RIMBAUD.

Il pleure [1] dans mon cœur
Comme il pleut sur la ville.
Quelle est cette langueur
Qui pénètre mon cœur [2] ?

O bruit doux [3] de la pluie
Par terre et sur les toits !
Pour un cœur qui s'ennuie,
O le chant de la pluie !

Il pleure sans raison
Dans ce cœur qui s'écœure [4].
Quoi ! nulle trahison ?
Ce deuil est sans raison.

C'est bien la pire peine
De ne savoir pourquoi,
Sans amour et sans haine,
Mon cœur a tant de peine [5].

O triste, triste [6] était mon âme
A cause, à cause d'une femme [7].

Je ne me suis pas consolé
Bien que mon cœur s'en soit allé,

Bien que mon cœur, bien que mon âme
Eussent fui loin de cette femme.

Je ne me suis pas consolé,
Bien que mon cœur s'en soit allé.

Et mon cœur, mon cœur trop sensible
Dit à mon âme : Est-il possible,

Est-il possible, — le fût-il, —
Ce fier exil, ce triste exil ?

Mon âme dit à mon cœur : Sais-je
Moi-même, que nous veut ce piège

D'être présents bien qu'exilés [8],
Encore que loin en allés ?

Romances sans paroles (Messein, éditeur).

Charleroi

Parmi les champs et les usines, le train roule à toute allure. Au *rythme haletant et saccadé* de sa course, *un chaos de sensations et d'impressions fulgurantes* « gifle l'œil » et emplit l'oreille du voyageur. Assourdi, étourdi, il éprouve une sorte de vertige. Mais cette *ivresse de sensations brutales* ne peut abolir une *mélodie secrète*, perçue dans les intervalles du fracas, qui unit l'âme et le paysage dans une harmonie mystérieuse et mélancolique (strophes 1 et 7).

Dans l'herbe noire
Les Kobolds [1] vont.
Le vent profond
Pleure, on veut croire [2].

Quoi donc se sent [3] ?
L'avoine siffle.
Un buisson gifle
L'œil au passant.

Plutôt des bouges
Que des maisons.
Quels horizons
De forges rouges [4] !

On sent donc quoi ?
Des gares tonnent,
Les yeux s'étonnent,
Où Charleroi [5] ?

10

— 1 Quelle impression traduit ce tour impersonnel (cf. *il pleut*)? — 2 Étudier la disposition des *rimes* dans ce poème. — 3 Commenter la place de l'adjectif. — 4 Apprécier l'effet de la *rime intérieure* (cf. v. 1). — 5 Cf. le vieux refrain de romance : « Que mon cœur, mon cœur a de peine ! » — 6 Commenter cette répétition et comparer v. 2, 4-5, 9, 10-11, 12 et la reprise des vers 3-4. — 7 La femme du poète. — 8 Préciser le sens.

— 1 Lutins malicieux des légendes germaniques. — 2 Verlaine aime cette expression ; cf. « D'une douleur *on veut croire* orpheline... D'une agonie *on veut croire* câline » (*Sagesse*, III, 9). — 3 Pour rendre l'interrogation plus vivante, Verlaine s'écarte volontiers des usages de la langue littéraire ; cf. v. 13, 19 et p. 511, v. 24. — 4 Charleroi est un centre d'industrie minière et métallurgique. — 5 Pourquoi ce tour elliptique, selon vous ?

Parfums sinistres !	Sites brutaux !
Qu'est-ce que c'est ?	Oh ! votre haleine,
Quoi bruissait	Sueur humaine,
20 Comme des sistres [6] ?	Cris des métaux !

Dans l'herbe noire
Les Kobolds vont.
Le vent profond
Pleure, on veut croire.

Romances sans paroles (Messein, éditeur).

ART POÉTIQUE

Composé dès 1874, l'*Art poétique* fut considéré comme un *manifeste symboliste* lorsqu'il parut dix ans plus tard dans *Jadis et Naguère*. Toujours soucieux de rester indépendant, VERLAINE en minimisa l'importance, déclarant que ce n'était « qu'une chanson après tout ». En réalité, s'il ne prétendait pas faire école, il avait remarquablement défini sa conception personnelle de la poésie. On notera en particulier le rôle attribué au *vers impair*, l'*horreur de la rhétorique* et la réaction contre les acrobaties de Banville (v. 22-28).

A Charles Morice [1]

De la musique avant toute chose,
Et pour cela préfère l'Impair,
Plus vague et plus soluble dans l'air,
Sans rien en lui qui pèse ou qui pose [2].

Il faut aussi que tu n'ailles point
Choisir tes mots sans quelque méprise :
Rien de plus cher que la chanson grise
Où l'Indécis au Précis se joint.

C'est des beaux yeux derrière des voiles,
10 C'est le grand jour tremblant [3] de midi,
C'est, par un ciel d'automne attiédi,
Le bleu fouillis des claires étoiles [4] !

Car nous voulons la Nuance encor,
Pas la Couleur, rien que la nuance !
Oh ! la nuance seule fiance
Le rêve au rêve et la flûte au cor [5] !

6 Instruments de musique de l'ancienne Égypte ; la comparaison évoque quelque *rite mystérieux* (cf. le *fantastique*, v. 2).

— 1 Poète symboliste. — 2 Commenter ces deux termes et l'allitération. — 3 Montrer que ce terme correspond à une réalité précise. — 4 Quelle *nuance* apparente ces trois évocations ? — 5 Cf. *Sagesse*, III, 13 : « Tout à l'heure déferlait | L'onde, roulée en volutes. | *De cloches comme des flûtes...* ». —

Fuis du plus loin la Pointe [6] assassine,
L'Esprit cruel et le Rire impur,
Qui font pleurer les yeux de l'Azur [7],
20 Et tout cet ail de basse cuisine ! *pas raffinée*

Prend l'éloquence et tords-lui son cou !
Tu feras bien, en train d'énergie,
De rendre un peu la Rime assagie.
Si l'on n'y veille, elle ira jusqu'où [8] ?

O qui dira les torts de la Rime !
Quel enfant sourd ou quel nègre fou
Nous a forgé ce bijou d'un sou [9]
Qui sonne creux et faux sous la lime ?

De la musique encore et toujours !
30 Que ton vers soit la chose envolée
Qu'on sent qui fuit d'une âme en allée
Vers d'autres cieux à d'autres amours.

Que ton vers soit la bonne aventure
Éparse au vent crispé [10] du matin
Qui va fleurant [11] la menthe et le thym...
Et tout le reste est littérature [12].

Jadis et Naguère (Messein, éditeur).

— *Dégagez la composition : ce que* VERLAINE *souhaite ; ce qu'il proscrit ; quel est le thème essentiel ?*
— *La musique.* a) *Pourquoi cette primauté attribuée à la musique ? –* b) *En quoi l'impair est-il musical ? –* c)*Expliquez la critique de la rime ; –* d) *Comparez avec* GAUTIER, *p. 270 et avec l'idéal parnassien.*
— *La méprise et la nuance. Précisez ce que veut dire* VERLAINE *; cf. le Symbolisme, p. 539.*
— *Quelle est l'importance du refus de la rhétorique et de la distinction entre poésie et littérature ?*
— **Essai.** *Étudiez l'application de ces préceptes :* a) *dans ce poème ;* b) *dans d'autres poèmes des extraits.*

Sagesse Paru en 1881, le recueil de *Sagesse* groupe quelques pièces *composées en prison* (p. 513, 515 et 516) et des poèmes, beaucoup plus nombreux, *postérieurs à la libération* de Verlaine. C'est la *conversion* du poète qui crée le lien entre ces éléments divers et donne son sens à l'ensemble. Ou bien elle est évoquée directement (p. 512 et 513), ou bien elle dicte à Verlaine de bonnes résolutions et le soutient contre les tentations qui reparaissent (p. 514). Elle explique ses retours sur le passé et répond aux questions que son âme inquiète se posait dans l'angoisse (p. 515 et 516). C'est elle encore qui lui permet d'espérer que Mathilde Mauté reprendra la vie commune (p. 515). Les paysages eux-mêmes, tout en rappelant ceux des *Romances sans paroles*, prennent une nuance discrètement mystique (*L'Échelonnement des haies...*).

6 Trait d'esprit, dans les épigrammes ou à la fin d'autres poèmes. — 7 L'Idéal (cf. Mallarmé, p. 532, 533, 535). — 8 Cf. *Charleroi*, p. 509 (v. 5, n. 3). — 9 Montrer en quoi les sons évoquent une musique *barbare*. — 10 Préciser la sensation traduite par cet adjectif et la transposition opérée par le poète. — 11 Cf. « que vont charmant... », p. 507, v. 2. — 12 Comment ce mot peut-il prendre un sens péjoratif ?

BON CHEVALIER MASQUÉ...

Dans ce poème, placé en tête de SAGESSE, Verlaine exprime, par une *allégorie* inspirée de la littérature et de l'art du Moyen Age, le rôle que le malheur a joué dans sa conversion. La souffrance morale a été la plaie bienfaisante par laquelle a pénétré la grâce (cf. p. 504, *La conversion*). L'*imagerie* digne d'un *primitif*, la *ferveur* et le *langage mystiques* s'unissent à la bonhomie verlainienne en une poésie extrêmement originale.

Bon chevalier masqué [1] qui chevauche en silence,
Le Malheur a percé mon vieux cœur [2] de sa lance.

Le sang de mon vieux cœur n'a fait qu'un jet vermeil,
Puis s'est évaporé sur les fleurs, au soleil [3].

L'ombre éteignit mes yeux, un cri vint à ma bouche,
Et mon vieux cœur est mort dans un frisson farouche.

Alors le chevalier Malheur s'est rapproché,
Il a mis pied à terre et sa main [4] m'a touché.

Son doigt ganté de fer entra dans ma blessure
10 Tandis qu'il attestait sa loi d'une voix dure.

Et voici qu'au contact glacé du doigt de fer
Un cœur me renaissait, tout un cœur pur et fier.

Et voici que [5], fervent d'une candeur [6] divine,
Tout un cœur jeune et bon battit dans ma poitrine.

Or, je restais tremblant, ivre, incrédule un peu [7],
Comme un homme qui voit des visions de Dieu [8].

Mais le bon chevalier, remonté sur sa bête,
En s'éloignant, me fit un signe de la tête

Et me cria (j'entends *encore* [9] cette voix) :
20 « Au moins, prudence ! Car c'est bon pour une fois [10]. »

Sagesse, I, 1 (Messein, éditeur).

– *Comment Verlaine représente-t-il le drame de sa conversion ? A-t-elle été progressive ?*
– *Distinguez les phases de ce drame et les mouvements lyriques correspondants.*
– *Expliquez les éléments symboliques qui parlent à notre imagination.*
– *Comment se fondent souvenirs du Moyen Age et inspiration mystique ?*
– *Essai.* *Étudiez les symboles et les images dans les poèmes extraits de* Sagesse.

— 1 Qualificatif à expliquer d'après la suite. — 2 Chez saint Paul, « le vieil homme » désigne le pêcheur avant qu'il n'ait été touché par la grâce. — 3 L'image fait songer au tableau de quelque primitif. Cf. « Et tout mon sang chrétien chanta la Chanson pure » (*Sagesse*, I, 18). — 4 Ce n'est plus le coup de lance du v. 2, et pourtant cette main est dure et glacée (v. 9 et 11) : préciser le sens symbolique. — 5 Que traduit cette répétition ? — 6 Verlaine avait d'abord écrit : « brûlant d'une ferveur... » ; apprécier la correction. — 7 Commenter la place de ce terme. — 8 Expression biblique. — 9 Pourquoi, selon vous, le poète insiste-t-il sur ce mot ? — 10 Apprécier ce ton de bonhomie familière.

MON DIEU M'A DIT...

L'inspiration *mystique* de *Sagesse* trouve son expression la plus belle et la plus émouvante dans un groupe de dix sonnets composés à la prison de Mons en 1874. C'est le *dialogue pathétique entre Dieu et l'âme du pécheur*, qui d'abord n'ose pas répondre à l'appel divin. Brûlant d'amour et rempli d'humilité, VERLAINE a trouvé des accents dignes des plus grands mystiques, dignes de Pascal et du *Mystère de Jésus*. Au pécheur qui ose enfin s'écrier : « Je suis indigne, mais je sais votre clémence,... Et j'aspire en tremblant... », Dieu répondra : « Pauvre âme, c'est cela ! »

I

Mon Dieu m'a dit : « Mon fils, il faut m'aimer. Tu vois
Mon flanc percé, mon cœur qui rayonne et qui saigne [1],
Et mes pieds offensés [2] que Madeleine [3] baigne
De larmes, et mes bras douloureux sous le poids

De tes péchés, et mes mains ! Et tu vois la croix,
Tu vois les clous, le fiel, l'éponge, et tout t'enseigne
A n'aimer, en ce monde amer où la chair règne [4],
Que ma Chair et mon Sang [5], ma parole et ma voix [6].

Ne t'ai-je pas aimé jusqu'à la mort [7] moi-même,
10 O mon frère en mon Père, ô mon fils en l'Esprit [8],
Et n'ai-je pas souffert, comme c'était écrit [9] ?

N'ai-je pas sangloté ton angoisse suprême
Et n'ai-je pas sué la sueur de tes nuits [10],
Lamentable ami qui me cherches où je suis [11] ? »

II

J'ai répondu : « Seigneur, vous avez dit mon âme [12].
C'est vrai que je vous cherche et ne vous trouve pas.
Mais vous aimer ! Voyez comme je suis en bas,
Vous dont l'amour toujours monte comme la flamme [13].

Vous, la source de paix que toute soif réclame,
20 Hélas ! voyez un peu tous mes tristes combats !
Oserai-je adorer la trace de vos pas,
Sur ces genoux saignants d'un rampement infâme ?

— 1 Cf. les images pieuses représentant le *Sacré Cœur*. — 2 *Blessés*, mais avec une résonance affective que le mot tient de son sens habituel. — 3 Marie-Madeleine, prosternée aux pieds du Christ en croix. — 4 Montrer en quoi les sons suggèrent l'âpreté et le désordre de ce monde. — 5 Dans l'Eucharistie, le pain et le vin deviennent la Chair et le Sang de Jésus-Christ. — 6 Vers fortement scandé (marquer les 4 accents) : que traduit ce rythme appuyé ? — 7 Jusqu'à mourir pour toi. — 8 Allusion au mystère de la Trinité. — 9 Comme l'annonçaient les Prophéties de l'Ancien Testament. — 10 Commenter la construction des 2 verbes. Par sa sueur sanglante, son agonie au Jardin des Oliviers et sa mort sur la croix, le Christ participe à toutes les souffrances humaines. — 11 Cf. *Mystère de Jésus* : « Tu ne me chercherais pas, si tu ne m'avais trouvé ». — 12 Préciser le sens. — 13 Montrer comment le vers rend ce mouvement ascendant.

Et pourtant je vous cherche en longs tâtonnements,
Je voudrais que votre ombre au moins vêtît ma honte,
Mais vous n'avez pas d'ombre [14], ô vous dont l'amour monte,

O vous, fontaine calme, amère aux seuls amants
De leur damnation [15], ô vous toute lumière,
Sauf aux yeux dont un lourd baiser tient la paupière [16] ! »

Sagesse, II, 4 (Messein, éditeur).

– L'appel de Dieu : *a) Quel est le mot essentiel ? Comment est-il chaque fois mis en valeur ? – b) Comment le Christ justifie-t-il son appel ? – c) Analysez les éléments qui le rendent pathétique.*
– La réponse du pécheur. *Étudiez : a) le débat de l'âme entre sa confiance en Dieu et le sentiment de son indignité ; – b) le contraste entre la pureté de l'amour mystique et la faiblesse, les souillures du pécheur.*
– **Essai.** *La démarche mystique dans ces sonnets et dans le Mystère de Jésus, XVIIe SIÈCLE, p. 170.*
● **Groupe thématique : Expérience mystique.** p. 553. – XVIIe SIÈCLE. PASCAL, p. 170 ; p. 172. – XXe SIÈCLE, BERGSON, p. 82. – CENDRARS , p. 40. – ROLLAND, p. 110. – BARRÈS, p. 127. – CLAUDEL, p. 150 ; p. 202. – MONTHERLANT, p. 580.

Les faux beaux jours...

La conversion n'a pu mettre VERLAINE à l'abri des *tentations*. « Paris, octobre 1875, sur le bord d'une rechute », telle est l'indication donnée par le poète, en marge de ce sonnet, dans un exemplaire annoté de *Sagesse*. Nous sentons son âme encore meurtrie et haletante de la lutte, mais non pas vaincue. La beauté du poème tient surtout à la *splendeur du symbolisme* et à son union étroite avec *l'expression directe des sentiments.*

Les faux beaux jours [1] ont lui tout le jour [2], ma pauvre âme,
Et les voici briller aux cuivres du couchant [3].
Ferme les yeux, pauvre âme, et rentre sur-le-champ ;
Une tentation des pires [4]. Fuis l'Infâme [5].

Ils ont lui tout le jour en longs grêlons [6] de flamme,
Battant toute vendange aux collines, couchant
Toute moisson de la vallée, et ravageant
Le ciel tout bleu, le ciel chanteur [7] qui te réclame.

O pâlis, et va-t-en, lente et joignant les mains.
Si ces hiers [8] allaient manger [9] nos beaux demains ?
Si la vieille folie était encore en route ?

Ces souvenirs, va-t-il falloir les retuer ?
Un assaut furieux, le suprême sans doute !
O, va prier contre l'orage [10], va prier.

Sagesse, I, 7 (Messein, éditeur).

— 14 Cf. v. 27. — 15 Commenter ce rejet expressif. — 16 La sensualité ferme les paupières du pécheur à la lumière divine.

— 1 Expliquer comment cette expression peut désigner une tentation. — 2 Cette répétition est-elle une négligence ? préciser l'effet produit. — 3 Pour ce symbolisme, cf. *Sagesse*, I, 19 : « Voix de l'Orgueil : un cri puissant comme d'un cor, | Des étoiles de sang sur des cuirasses d'or ; | On trébuche à travers des chaleurs d'incendie... » — 4 Apprécier le style ; cf. v. 13. — 5 Le démon tentateur. — 6 Quel est l'effet de cette rime intérieure ? — 7 Cf. *les ramures chanteuses* (p. 508, v. 4) ; mais le sens est-il le même ici ? — 8 Le *vieil homme* (p. 512, v. 2 et n. 2) n'est pas mort ; cf. v. 11-12. — 9 Est-ce le terme attendu ? en quoi est-il expressif ? — 10 Cf. v. 5-8.

Écoutez la chanson bien douce

Ce poème, composé en 1878, est une *tendre prière* adressée à MATHILDE MAUTÉ pour la persuader de reprendre la vie commune. Si VERLAINE, qui semble un peu oublier la gravité de ses torts, ne put fléchir Mathilde, il nous a laissé un chef-d'œuvre où les *accents de l'âme* trouvent leur expression parfaite dans une *musique* délicate, discrète et prenante. Espoir et tristesse, candeur et habileté, appel pathétique et confidence murmurée, mélodie subtile sous sa simplicité apparente : tels sont les principaux secrets de *l'intimité verlainienne*.

Écoutez la chanson bien douce
Qui ne pleure que pour vous plaire [1].
Elle est discrète, elle est légère :
Un frisson d'eau sur de la mousse [2] !

La voix vous fut connue (et chère [3] ?)
Mais à présent elle est voilée [4]
Comme une veuve [5] désolée,
Pourtant comme elle encore fière,

Et dans les longs plis de son voile
10 Qui palpite aux brises d'automne,
Cache et montre au cœur qui s'étonne
La vérité comme une étoile.

Elle dit, la voix reconnue,
Que la bonté c'est notre vie,

Que de la haine et de l'envie
Rien ne reste, la mort venue.

Elle parle aussi de la gloire
D'être simple sans plus attendre,
Et de noces d'or et du tendre
Bonheur d'une paix sans victoire [6].   20

Accueillez [7] la voix qui persiste
Dans son naïf épithalame [8].
Allez, rien n'est meilleur à l'âme
Que de faire une âme moins triste !

Elle est *en peine* et *de passage*,
L'âme qui souffre sans colère,
Et comme sa morale est claire !...
Écoutez la chanson bien sage [9].

Sagesse, I, 16 (Messein, éditeur).

- *Indiquer* la composition *en marquant bien la* progression (*d'*Écoutez à Accueillez ; *de la chanson bien douce à la chanson bien sage ; de la chanson à la voix puis à l'âme*).
- *Préciser les* inflexions de la voix, *suivant que le poète veut* séduire, émouvoir *ou* persuader.
- *Étudier :* a) *l'expression* symbolique ; — b) *l'expression* directe *des* sentiments.
- *A quoi tient l'impression de* parfaite simplicité *qui contribue tant à nous* émouvoir ?
- *Tenter d'analyser le* charme mélodieux *de cette* chanson (*rimes, rapports entre les sons, rythme, etc.*).

JE NE SAIS POURQUOI...

VERLAINE est en prison ; il évoque le paysage marin qu'il contemplait naguère durant les traversées de Belgique en Angleterre, et voici que le vol de la mouette lui paraît figurer le rythme de sa propre destinée, et le cri de l'oiseau sa propre détresse. Cette pièce offre un exemple remarquable du *symbolisme* verlainien et illustre, par une *combinaison unique de vers impairs*, le pouvoir *évocateur* de ces rythmes chers au poète.

Je ne sais pourquoi
Mon esprit amer [1]
D'une aile inquiète et folle vole sur la mer [2].
Tout ce qui m'est cher,
D'une aile d'effroi
Mon amour le couve au ras des flots. Pourquoi, pourquoi [3] ?

— 1 Apprécier l'allitération ; cf. *Il pleure dans mon cœur...*, v. 1-2 (p. 509). — 2 Montrer la valeur évocatrice des sons. — 3 Préciser le ton et le sentiment. — 4 Montrer comment est renouvelée l'expression « une voix *voilée* ». — 5 Expliquer cette allusion à la situation de Verlaine. — 6 Quelle serait cette *paix sans victoire* ? — 7 Préciser la différence avec *Écoutez* (v. 1). — 8 Chant célébrant un mariage ; cf. *La Bonne Chanson*. — 9 Cf. le vers 1.
— 1 Ce mot est comme la charnière du symbole (de la détresse morale au paysage marin). — 2 Ce vers dessine le vol de l'oiseau. — 3 Que traduit cette question répétée ?

Mouette à l'essor mélancolique.
Elle suit la vague, ma pensée,
A tous les vents du ciel balancée,
10 Et biaisant quand la marée oblique,
Mouette à l'essor mélancolique.

Ivre de soleil
Et de liberté [4],
Un instinct la guide à travers cette immensité.
La brise d'été
Sur le flot vermeil [5]
Doucement la porte en un tiède demi-sommeil.

Parfois si tristement elle crie
Qu'elle alarme au lointain le pilote,
20 Puis au gré du vent se livre et flotte
Et plonge, et l'aile toute meurtrie
Revole [6], et puis si tristement crie !

Je ne sais pourquoi
Mon esprit amer
D'une aile inquiète et folle vole sur la mer.
Tout ce qui m'est cher,
D'une aile d'effroi
Mon amour le couve au ras des flots. Pourquoi, pourquoi ?

Sagesse, III, 7 (Messein, éditeur).

— Le symbole. *a) Expliquez l'assimilation entre l'âme du poète et la mouette ; précisez les impressions et les sentiments qu'elle traduit ; – b) Comment est-elle introduite, puis exploitée ?*
— L'art. *Que remarquez-vous dans la composition des strophes et l'agencement des rimes ? – b) Étudiez comment le rythme impair rend le vol de la mouette et les mouvements de l'âme.*
— *Commentaire composé. Le symbole et sa traduction artistique.*
● **Groupe thématique.** La diversité des **thèmes verlainiens** et leur unité, dans *Sagesse* (extraits).

Le ciel est par-dessus le toit...

Ce poème est daté de Bruxelles, prison des Petits-Carmes, septembre 1873. Antérieur à la conversion. il nous permet d'imaginer quel fut *l'itinéraire spirituel* de VERLAINE. On ne sait qu'admirer davantage, de *l'intensité du sentiment* ou de *la fraîcheur de l'art*. La pièce a été souvent mise en musique (Gabriel Fauré, Reynaldo Hahn, etc.).

Le ciel est, par-dessus le toit,
　　Si bleu, si calme !
Un arbre, par-dessus le toit,
　　Berce sa palme.

La cloche, dans le ciel qu'on voit
　　Doucement tinte.
Un oiseau sur l'arbre qu'on voit
　　Chante sa plainte.

Mon Dieu, mon Dieu, la vie est là,
　　Simple et tranquille.
Cette paisible rumeur-là
　　Vient de la ville.

— Qu'as-tu fait, ô toi que voilà
　　Pleurant sans cesse,
Dis, qu'as-tu fait, toi que voilà,
　　De ta jeunesse [7] ?

Sagesse, III, 6 (Messein, éditeur).

— 4 Verlaine est en prison. — 5 Éclatant.

— 6 Que traduisent les rejets ? cf. rythme des v. 7-11. — 7 Cf. Villon, *Moyen Age*, p. 213.

RIMBAUD

très jeune

La révolte UN POÈTE DE SEIZE ANS. Né à Charleville en 1854,
Arthur Rimbaud est élevé sévèrement par sa mère.
Il fait de brillantes études au collège de la ville et se distingue en particulier dans les
exercices de vers latins. Mais il montre un caractère difficile, emporté, et des tendances
à la fugue ; bientôt il *se révolte* ouvertement contre le milieu familial, les convenances, la
morale et la religion.

En 1870 son professeur de rhétorique, Georges Izambard, encourage ses *essais poétiques*.
Ceux-ci révèlent, chez l'adolescent qui a beaucoup lu, une étonnante faculté d'assimilation, une extrême précocité et même une originalité incontestable (cf. p. 520). Pourtant
son évolution va être si rapide que, dès l'année suivante, il reniera ses poèmes de 1870,
recommandant à son ami Demeny de les brûler.

L'ATTRACTION DE PARIS. Les événements de 1870-1871 accentuent son attitude
de révolte et son goût de l'aventure, très vif depuis l'enfance. Après la déclaration de
guerre, au lieu de se présenter au baccalauréat, il gagne Paris, pour être d'ailleurs arrêté
aussitôt car il a voyagé sans billet. Georges Izambard le fait libérer, le reçoit à Douai, puis
le ramène à Charleville. Rimbaud applaudit à la chute de l'Empire, apprend avec joie
l'insurrection de la Commune et s'indigne de la répression.

Dans ses poèmes il attaque violemment Napoléon III, le conformisme bourgeois et le
catholicisme ; mais il laisse paraître sa pitié pour les enfants pauvres *(Les Effarés)* ou les
morts de la guerre *(Le Dormeur du val)*. Cependant il brûle toujours d'aller à Paris, de
connaître les milieux littéraires et de faire publier ses vers.

RIMBAUD ET VERLAINE. En septembre son rêve se réalise : il a envoyé des poèmes
à Verlaine et celui-ci, enthousiasmé, l'invite à Paris. Rimbaud choque ceux qu'il approche
par la grossièreté de ses manières, mais, lorsqu'il quitte la capitale en juillet 1872, Verlaine
le suit (cf. p. 503). Ils mènent alors, en Belgique et en Angleterre, une existence errante
qui inspire à Verlaine ses *Romances sans paroles* et à Rimbaud certaines de ses *Illuminations*.
Finalement c'est le drame : le 10 juillet 1873, à Bruxelles, Verlaine blesse son ami d'une
balle de revolver. Après sa conversion il tentera vainement de le ramener à Dieu, et ils
cesseront de se voir après une dernière réunion à Stuttgart en 1875.

L'aventure « IL FAUT ÊTRE VOYANT ». La vie qu'il mène en
du voyant marge de la morale et de la société n'est pour Rimbaud
que l'aspect extérieur d'une prodigieuse aventure, conçue
dans son esprit dès le printemps de 1871 : *l'aventure du voyant*. « Je dis qu'il faut être
voyant, se faire voyant. — Le Poète se fait voyant par un long, immense et raisonné
dérèglement de tous les sens. Toutes les formes d'amour, de souffrance, de folie ; il
cherche lui-même, il épuise en lui tous les poisons, pour n'en garder que les quintessences »
(*Lettre à Paul Demeny*, 15 mai 1871). « Fils du Soleil », *Rimbaud va tenter d'embrasser
l'univers par la magie des sensations, des hallucinations et d'un langage poétique renouvelé.*

DU BATEAU IVRE AUX ILLUMINATIONS. Lorsqu'il arrive à Paris en 1871, il
vient de composer un long poème, BATEAU IVRE, qui décrit de façon symbolique l'expérience dont il rêve et qui peut-être a déjà commencé (cf. p. 522). Peu après, le sonnet des
Voyelles esquisse des perspectives sur un monde où les sons et les couleurs se répondent
(cf. p. 521).

Dans les poèmes de 1872, le « dérèglement des sens » se traduit par des superpositions
hardies de sensations ou d'images (cf. p. 526) ; ainsi *Marine* nous offre la surimpression
d'un paysage marin à un paysage terrestre. En même temps Rimbaud crée le *vers libre*,
que les symbolistes redécouvriront une douzaine d'années plus tard (cf. p. 540). Ces

poèmes seront publiés dans *Les Illuminations* (sous-titre : *Vers nouveaux et Chansons*), à côté des pièces en prose, mais le titre d'*Illuminations* ne convient en réalité qu'à ces dernières.

En 1873 Rimbaud rédige une relation de ses « folies », Une Saison en Enfer, qu'il achève après le drame de Bruxelles (cf. p. 525). Comme l'œuvre exprime des remords, et se termine par un « adieu » à la révolte, aux hallucinations et à la poésie (cf. p. 527), on a longtemps cru les Illuminations antérieures à *Une Saison en Enfer ;* mais il n'en est rien, comme l'a montré M. de Bouillane de Lacoste, et ces *poèmes en prose* datent en majorité de 1874-1875. Peut-être faut-il placer avant *Une Saison en Enfer* l'ébauche ou la première rédaction de quelques pièces, mais, dans l'ensemble, les *Illuminations* marquent la dernière étape de l'évolution poétique de Rimbaud.

L'aventure exotique

S'il n'est pas immédiatement suivi d'effet, l'*adieu* d'*Une Saison en Enfer* ne va pas tarder à prendre tout son sens : après 1875, Rimbaud *cesse d'écrire* et commence une nouvelle carrière, de voyages et d'aventures exotiques, moins exaltante mais très mouvementée. Il s'engage dans l'armée hollandaise pour gagner Java, où il déserte à peine arrivé (1876). Revenu en Europe, il séjourne en Autriche et en Allemagne ; puis il se rend à Chypre et enfin, à partir de 1880, gère un comptoir commercial tantôt à Aden, en Arabie, tantôt à Harrar, au cœur de l'Abyssinie ; on mettait alors vingt jours pour gagner cette ville, à cheval, à travers le désert.

Au bout de dix ans ses affaires devenaient prospères lorsque, atteint d'une tumeur au genou, il doit rentrer en France pour se faire soigner. Amputé d'une jambe à Marseille, il meurt quelques mois plus tard, en septembre 1891.

L'énigme de Rimbaud

LE MYTHE. Le destin de Rimbaud, ses ambitions, sa poésie, son brusque silence présentent un caractère si *extraordinaire* qu'il s'est formé autour de lui une légende, un véritable « mythe ». On a sollicité ses actes, ses paroles, ses écrits dans les sens les plus opposés : on l'a considéré comme une sorte de météore, dont l'apparition aurait marqué l'avènement de la seule « vraie » poésie ! Il a des dévots, lui qui se montrait si hostile à toute tradition et témoignait si peu de respect à la plupart de ses devanciers. Bref, sa vie et sa poésie excitent l'imagination au point qu'il est difficile de les juger avec mesure et sérénité.

GÉNIE ET ADOLESCENCE. Un fait demeure frappant : en Rimbaud, le poète meurt vers la vingt et unième année. Il semble donc bien que sa révolte et son génie soient liés à ce que, chez d'autres êtres, on appelle *la crise de l'adolescence*. Le souffle qu'il fait passer dans notre poésie est celui d'une jeunesse âpre, exigeante, exaltée ; *de l'adolescence on discerne chez lui les troubles, l'intransigeance, la soif d'absolu*. Puis, arrivé à l'âge d'homme, Rimbaud se tait : il est étrangement pathétique de le voir se survivre ainsi à lui-même, revenu sur la terre des hommes... Rien de plus frappant dans son œuvre que d'y voir *la maturité du génie suppléer à la maturité des ans*.

LA RÉVOLUTION POÉTIQUE

En poésie comme en politique et en morale, Rimbaud fut un *révolutionnaire*. Sans doute il n'innove pas *absolument :* il subit lui-même des influences, celle de Baudelaire surtout ; pourtant le *renouvellement* qu'il apporte à la poésie est d'une extrême importance : le caractère impérieux des formules et la qualité des réalisations en témoignent, ainsi que leurs profondes répercussions. De nombreux poètes vont en effet se réclamer de Rimbaud : il apportera à Paul Claudel une véritable révélation ; des surréalistes comme André Breton salueront en lui un précurseur.

Le principe   En 1871, Rimbaud rompt avec la « *vieillerie poétique* ». Passant en revue les poètes qui l'ont précédé, il les juge catégoriquement d'après ce seul critère : dans quelle mesure ont-ils été *voyants* ? Ainsi « Hugo a bien du VU dans les derniers volumes », et « Baudelaire est le premier voyant, roi des poètes, *un vrai Dieu* » ; mais il a vécu « dans un milieu trop artiste ; et la forme si vantée en lui est mesquine : les inventions d'inconnu réclament des formes nouvelles » *(Lettre à Demeny)*.

Le poète doit chercher du *nouveau* et arriver à l'*inconnu*. Dans cette « lettre du voyant », RIMBAUD prend donc la succession de BAUDELAIRE, qui écrivait à la fin du *Voyage* :

> Nous voulons, tant ce feu nous brûle le cerveau,
> Plonger au fond du gouffre, Enfer ou Ciel, qu'importe ?
> Au fond de l'Inconnu pour trouver du *nouveau* !

« Enfer ou Ciel ? » Rimbaud va choisir l'enfer moral de la vie déréglée, l'enfer spirituel de l'hallucination délibérément cultivée (cf. *Une Saison en Enfer*).

Au fond de l'inconnu   « VOLEUR DE FEU ». On hésite donc à qualifier de *mystique* la tentative de Rimbaud, malgré l'autorité de Paul Claudel et de nombreux critiques : son attitude est trop opposée à la morale, à la religion, à la véritable contemplation. Peut-être même était-il matérialiste. Et pourtant sa recherche est bien « mystique » en ce sens qu'elle dépasse largement la perspective littéraire et qu'elle poursuit *l'absolu*. Rimbaud veut « acquérir des pouvoirs surnaturels », atteindre « l'âme universelle ». Par une sorte d'ascèse à rebours, puisqu'il se livre à ses sens au lieu de les tenir en bride, le poète voyant « devient entre tous le grand malade, le grand criminel, le grand maudit, — et le suprême Savant ! — Car il arrive à l'*inconnu* ! » Hanté par le mystère des rapports entre le moi et le monde, il voudrait *étreindre l'univers*, comme il étreint l'Aube dans une des *Illuminations* (cf. p. 528), et par là le recréer. Il rivalise ainsi avec Dieu, sans croire en lui ; nouveau Prométhée, il tente de lui *voler le feu*.

« J'ÉTAIS MUR POUR LE TRÉPAS... ». Si cette aventure doit être *fatale au voyant*, peu importe : « Quand, affolé, il finirait par perdre l'intelligence de ses visions, il les a vues ! Qu'il crève dans son bondissement par les choses inouïes et innommables : viendront d'autres horribles travailleurs ; ils commenceront par les horizons où l'autre s'est affaissé ! » Ainsi le Bateau ivre s'écrie : « Oh ! que ma quille éclate ! oh ! que j'aille à la mer ! » (cf. p. 525, v. 92). Rimbaud se soucie peu de son sort matériel, de sa personne, « car JE est un autre » ; c'est-à-dire qu'il distingue de son être apparent le moi profond capable de *sonder l'inconnu*.

Trouver du nouveau   « JE FIXAIS DES VERTIGES ». Par un dérèglement systématique de ses sens, Rimbaud *s'habitue à l'hallucination*. A l'époque de *Bateau ivre*, ses visions restent encore littéraires, au moins en partie, mais bientôt il les vivra véritablement. Dans les *Illuminations*, la fusion devient totale entre le décor réel et le spectacle imaginaire. Rimbaud pousse jusqu'à leurs extrêmes conséquences les *correspondances* baudelairiennes : les diverses sensations se substituent l'une à l'autre sans que rien nous en prévienne, ou bien elles se combinent en une sorte de magie. On assiste à une transmutation des éléments mêmes du monde et de la pensée, où objets, impressions et rêves tourbillonnent dans une sorte de vertige ; c'est le sens de la formule célèbre : « Je devins un Opéra fabuleux ».

L'ALCHIMIE DU VERBE. Pour *fixer ces vertiges*, Rimbaud se forge « un verbe poétique accessible à tous les sens », une langue « résumant tout, parfums, sons, couleurs ». A cet égard, les hardiesses de *Bateau ivre* sont encore modérées : coupes expressives, allitérations suggestives, métaphores audacieuses, contraste entre les termes de la langue triviale et l'essor soudain de la poésie pure. Mais Rimbaud passe ensuite au *vers libéré* (cf. p. 526), au *vers libre* et enfin au *poème en prose* dans les *Illuminations* : les images deviennent alors hallucinatoires ; le rythme et les effets de sonorités échappent à l'analyse mais retentissent profondément en nous avec tout le mystère d'une étonnante *magie verbale* (cf. p. 527-528).

Ophélie

Sans doute RIMBAUD n'est pas encore lui-même lorsqu'il compose ce poème : le symbole reste romantique, la manière est inspirée de celle des peintres *préraphaélies* anglais et la grâce mélodieuse du rythme et de l'évocation annonce plutôt le symbolisme alangui d'un Albert Samain (cf. p. 543) que les visions fulgurantes de *Bateau ivre*. Pourtant le poète semble deviner ce qu'il sera bientôt et prévoir le *désarroi tragique* auquel aboutira son expérience de *voyant*.

I

Sur l'onde calme et noire où dorment les étoiles
La blanche Ophélia flotte comme un grand lys,
Flotte très lentement, couchée en ses longs voiles [1]...
— On entend dans les bois lointains des hallalis [2].

Voici plus de mille ans que la triste Ophélie
Passe, fantôme blanc, sur le long fleuve noir,
Voici plus de mille ans que sa douce folie
Murmure sa romance à la brise du soir.

Le vent baise ses seins et déploie en corolle [3]
10   Ses grands voiles bercés mollement par les eaux ;
Les saules frissonnants pleurent [4] sur son épaule,
Sur son grand front rêveur [5] s'inclinent les roseaux.

Les nénuphars froissés soupirent autour d'elle ;
Elle éveille parfois, dans un aune qui dort,
Quelque nid d'où s'échappe un petit frisson d'aile ;
— Un chant mystérieux tombe des astres d'or [6].

II

O pâle Ophélia ! belle comme la neige !
Oui, tu mourus, enfant, par un fleuve emporté !
— C'est que les vents tombant des grands monts de Norvège [7]
20   T'avaient parlé tout bas de l'âpre liberté [8] ;

C'est qu'un souffle, tordant ta grande chevelure,
A ton esprit rêveur portait d'étranges bruits ;
Que ton cœur entendait la voix de la Nature
Dans les plaintes de l'arbre et les soupirs des nuits [9] ;

— 1 Étudier dans ces vers la valeur suggestive des sons, des *l* en particulier. — 2 Sonneries de cor annonçant, dans les chasses à courre, que la bête est prise. — 3 Noyée en cueillant des fleurs (cf. v. 34), Ophélie devient elle-même semblable à une fleur. — 4 Cf. les saules *pleureurs*. — 5 Montrer que ce mot annonce la suite du poème. — 6 Sans rompre le rythme de la mélodie, ce vers ouvre d'immenses perspectives à notre imagination. — 7 L'action de *Hamlet* se déroule au Danemark. — 8 Rimbaud prête ici à Ophélie ses propres aspirations. — 9 C'est maintenant l'inspiration poétique, la révélation des secrets du monde.

C'est que la voix des mers folles, immense râle,
Brisait ton sein d'enfant, trop humain et trop doux ;
C'est qu'un matin d'avril, un beau cavalier pâle,
Un pauvre fou [10], s'assit muet à tes genoux !

Ciel ! Amour ! Liberté ! Quel rêve, ô pauvre Folle !
30   Tu te fondais à lui comme une neige au feu ;
Tes grandes visions étranglaient ta parole
— Et l'Infini terrible effara ton œil bleu [11] !

III

— Et le Poète dit qu'aux rayons des étoiles
Tu viens chercher, la nuit, les fleurs que tu cueillis,
Et qu'il a vu sur l'eau, couchée en ses longs voiles,
La blanche Ophélia flotter, comme un grand lys.

Poésies (Mercure de France, éditeur).

Voyelles

En écrivant ce sonnet (1871), RIMBAUD s'est-il souvenu d'un *alphabet en couleur* sur lequel il aurait appris à lire ? a-t-il voulu élaborer tout un système de *correspondance* entre les sons et les couleurs (cf. p. 526, l. 14) ? De toute façon, il a donné libre cours, dans ces associations étonnantes, à son *imagination hardie*, et il nous a invités à le suivre sur cette voie mystérieuse des « synesthésies ».

A noir, E blanc, I rouge, U vert, O bleu : voyelles,
Je dirai quelque jour vos naissances latentes [1] :
A, noir corset velu des mouches éclatantes
Qui bombinent [2] autour des puanteurs cruelles,

Golfes d'ombres ; E, candeurs [3] des vapeurs et des tentes,
Lances des glaciers fiers, rois blancs, frissons d'ombelles [4] ;
I, pourpres, sang craché, rire des lèvres belles
Dans la colère ou les ivresses pénitentes ;

U, cycles, vibrements divins des mers virides [5],
Paix des pâtis [6] semés d'animaux, paix des rides
Que l'alchimie imprime aux grands fronts studieux ;

O, suprême Clairon plein des strideurs [7] étranges,
Silences traversés des Mondes et des Anges :
— O l'Oméga [8], rayon violet de Ses yeux [9] !

Poésies (Mercure de France, éditeur).

— 10 Hamlet. — 11 Rimbaud semble avoir le pressentiment de son expérience de *voyant*. Cf. *Une Saison en enfer* : « Je ne sais plus parler ».

— 1 Cachées. — 2 *Bourdonnement ;* mot créé par Rimbaud d'après le verbe latin *bombino.* —

3 Blancheurs. — 4 Le nom de cette inflorescence évoque des fleurs *blanches.* — 5 Vertes (latin, *viridis*). — 6 Pâturages. — 7 *Bruits stridents ;* mot créé par Rimbaud. — 8 *O* long, en grec. — 9 Il s'agirait d'une jeune fille qui aimait Rimbaud.

LE BATEAU IVRE

Ce poème a frappé dès l'abord par son *originalité*, qu'on l'ait estimée géniale ou scandaleuse. Puis on y a décelé peu à peu un grand nombre de *souvenirs littéraires* (Gautier, Hugo, etc.). Il est intéressant de constater que RIMBAUD lui-même n'a pu se passer de cette nourriture, mais cela ne diminue nullement la valeur de *Bateau ivre* et le caractère exceptionnel de ces innovations poétiques. Qu'il puise dans les *rêves d'enfance* ou les *réminiscences de lectures*, le génie de Rimbaud amalgame tous ces éléments, les assimile, les transfigure en leur imprimant sa *marque puissante*.

Comme je descendais des Fleuves impassibles,
Je ne me sentis plus guidé par les haleurs [1] :
Des Peaux-Rouges criards les avaient pris pour cibles
Les ayant cloués nus aux poteaux de couleurs [2].

J'étais insoucieux de tous les équipages,
Porteur de blés flamands ou de coton anglais.
Quand avec mes haleurs ont fini ces tapages
Les Fleuves m'ont laissé descendre où je voulais.

Dans les clapotements furieux des marées,
10 Moi, l'autre hiver, plus sourd que les cerveaux d'enfants [3],
Je courus ! Et les Péninsules démarrées [4]
N'ont pas subi tohu-bohus plus triomphants [5].

La tempête a béni [6] mes réveils maritimes.
Plus léger qu'un bouchon j'ai dansé sur les flots
Qu'on appelle rouleurs éternels de victimes [7],
Dix nuits, sans regretter l'œil niais des falots [8] !

Plus douce qu'aux enfants la chair des pommes sures,
L'eau verte pénétra ma coque de sapin
20 Et des taches de vins bleus et des vomissures
Me lava [9], dispersant gouvernail et grappin [10].

Et dès lors, je me suis baigné dans le Poème
De la Mer, infusé d'astres et latescent [11],
Dévorant les azurs verts ; où, flottaison [12] blême
Et ravie, un noyé pensif parfois descend ;

— 1 C'est le *Bateau* qui parle, un chaland qui, délaissant les voies fluviales, s'est aventuré sur la mer. — 2 On discerne ici le goût de Rimbaud pour la violence et la façon dont son imagination créatrice utilise ses lectures d'enfant. — 3 Les enfants savent s'enfermer dans l'univers de leurs jeux et de leurs rêves. — 4 qui ont rompu leurs amarres ; cf. le mythe grec des îles flottantes. — 5 Montrer en quoi le rythme et les sons de la strophe traduisent les *clapotements furieux des marées*. — 6 Comblé. — 7 Allusion à *Oceano Nox*, où Victor Hugo s'écrie, en s'adressant aux marins « sous l'aveugle océan *à jamais* enfouis » : « Vous *roulez* à travers les sombres étendues. » — 8 Les lanternes des ports sont comme des yeux ouverts sur les ténèbres (cf. v. 100). — 9 Apprécier le rejet. — 10 Il ne peut donc plus gouverner ni aborder. — 11 D'un blanc laiteux. — 12 Emploi de l'abstrait pour le concret ; relever d'autres exemples de ce tour.

Où, teignant tout à coup les bleuités, délires
Et rythmes lents sous les rutilements du jour,
Plus fortes que l'alcool, plus vastes que vos lyres,
Fermentent les rousseurs amères de l'amour !

30 Je sais les cieux crevant en éclairs, et les trombes,
Et les ressacs et les courants : je sais le soir,
L'Aube exaltée [13] ainsi qu'un peuple de colombes,
Et j'ai vu quelquefois ce que l'homme a cru voir [14] !

J'ai vu le soleil bas taché d'horreurs mystiques,
Illuminant de longs figements violets,
Pareils à des acteurs de drames très antiques,
Les flots roulant au loin leurs frissons de volets [15] !

J'ai rêvé [16] la nuit verte aux neiges éblouies,
Baisers montant aux yeux des mers avec lenteurs,
La circulation des sèves inouïes,
40 Et l'éveil jaune et bleu des phosphores chanteurs [17] !

J'ai suivi, des mois pleins, pareille aux vacheries
Hystériques, la houle à l'assaut des récifs,
Sans songer que les pieds lumineux des Maries
Pussent forcer le mufle aux Océans poussifs !

J'ai heurté, savez-vous, d'incroyables Florides
Mêlant aux fleurs des yeux de panthères à peaux
D'hommes ! Des arcs-en-ciel tendus comme des brides
Sous l'horizon des mers, à de glauques troupeaux !

J'ai vu fermenter les marais énormes, nasses
50 Où pourrit dans les joncs tout un Léviathan [18] !
Des écroulements d'eaux au milieu des bonaces [19],
Et les lointains vers les gouffres cataractant !

Glaciers, soleils d'argent, flots nacreux [20], cieux de braises !
Échouages hideux au fond des golfes bruns
Où les serpents géants dévorés des punaises
Choient, des arbres tordus, avec de noirs [21] parfums !

— 13 *Sens concret :* qui s'élève dans le ciel. — 14 Quelle est l'importance de ce vers ? — 15 Rimbaud songe aux bandes d'ombre et de lumière dessinées par le soleil donnant sur des persiennes fermées. — 16 Noter la progression, depuis *J'ai vu.* — 17 Correspondance de sensations. — 18 Monstre biblique, ainsi que *Béhémot* (v. 82). — 19 Accalmies. — 20 Le mot paraît forgé par Rimbaud (sur *nacre*). — 21 Affreux, inquiétants.

J'aurais voulu montrer aux enfants ces dorades
Du flot bleu, ces poissons d'or, ces poissons chantants.
— Des écumes de fleurs ont bercé mes dérades [22]
60 Et d'ineffables vents m'ont ailé par instants.

Parfois, martyr lassé des pôles et des zones,
La mer dont le sanglot faisait mon roulis doux
Montait vers moi ses fleurs d'ombre aux ventouses jaunes
Et je restais ainsi qu'une femme à genoux...

Presque île [23], ballottant sur mes bords les querelles
Et les fientes d'oiseaux clabaudeurs [24] aux yeux blonds.
Et je voguais, lorsqu'à travers mes liens frêles
Des noyés descendaient dormir, à reculons !...

Or moi, bateau perdu sous les cheveux des anses,
70 Jeté par l'ouragan dans l'éther sans oiseau,
Moi dont les Monitors [25] et les voiliers des Hanses [26]
N'auraient pas repêché la carcasse ivre d'eau ;

Libre, fumant, monté de [27] brumes violettes,
Moi qui trouais le ciel rougeoyant comme un mur
Qui porte, confiture [28] exquise aux bons poètes,
Des lichens de soleil et des morves d'azur [29],

Qui courais, taché de lunules électriques,
Planche folle, escorté des hippocampes noirs,
Quand les juillets faisaient crouler à coups de triques
80 Les cieux ultramarins [30] aux [31] ardents entonnoirs ;

Moi qui tremblais, sentant geindre à cinquante lieues
Le rut des Béhémots et les Maelstroms [32] épais,
Fileur éternel des immobilités bleues,
Je regrette l'Europe aux anciens parapets !

J'ai vu des archipels sidéraux ! et des îles
Dont les cieux délirants sont ouverts au vogueur :
Est-ce en ces nuits sans fonds que tu dors et t'exiles,
Million d'oiseaux d'or, ô future Vigueur [33] ? —

— 22 Formé sur *dérader :* sortir d'une rade poussé par le vent. — 23 Ile flottante. — 24 Criailleurs. — 25 Vaisseaux garde-côtes. — 26 Ligues de villes maritimes, au Moyen Age. — 27 Par des... (en guise d'équipage). — 28 Régal. — 29 Apprécier cette alliance de mots. — 30 Bleu d'outremer. — 31 Dans les. — 32 Tourbillons. — 33 *La force conquérante et créatrice ;* l'épuisement du Bateau rend cette strophe très pathétique.

Mais, vrai, j'ai trop pleuré ! Les Aubes sont navrantes.
90   Toute lune est atroce et tout soleil amer :
L'âcre amour m'a gonflé de torpeurs enivrantes.
O que ma quille éclate ! O ! que j'aille à la mer [34] !

Si je désire une eau d'Europe, c'est la flâche [35] *puddle (un flaque d'eau)*
Noire et froide où vers le crépuscule embaumé
Un enfant accroupi plein de tristesses, lâche
Un bateau frêle comme un papillon de mai [36].

Je ne puis plus, baigné de vos langueurs, ô lames,
Enlever leur sillage [37] aux porteurs de cotons [38],
Ni traverser l'orgueil des drapeaux et des flammes [39],
Ni nager sous les yeux horribles des pontons [40].

Poésies (Mercure de France, éditeur).

– **Composition.** *Définissez : a) les trois grandes parties du poème ; – b) le mouvement de chacune d'elles.*
– **Élucidez** *le symbole en comparant point par point l'expérience du Bateau à celle de* RIMBAUD *voyant.*
– **L'imagination.** *a) Commentez les images et les visions les plus saisissantes ; – b) En quoi vous semblent-elles originales ?*
– **Relevez :** *a) les particularités de langue (vocabulaire, syntaxe, figures) ; – b) les hardiesses de versification.*
– **Essai.** RIMBAUD « *voyant* » *d'après* Le Bateau ivre *et les poèmes des* Illuminations.
• **Groupe thématique.** Le thème de l'évasion *dans les extraits de* BAUDELAIRE *et de* RIMBAUD.
– **Commentaire composé :** *v. 85-100. L'évocation de l'aventure ; le sentiment de l'échec.*

ALCHIMIE DU VERBE

Ce passage d'UNE SAISON EN ENFER expose avec une remarquable clarté *l'expérience surhumaine* tentée par RIMBAUD ; il aide ainsi à pénétrer le secret des vers de 1872 et des *Illuminations*. La « lettre du voyant » avait défini l'étonnante ambition de Rimbaud : voici comment il a tenté de la réaliser. Quant au poème cité comme exemple, il permet de saisir le double passage de la chose vue à la *vision* et de la versification classique au *poème en prose*.

l'avoue

A moi. L'histoire d'une de mes folies.

Depuis longtemps, je me vantais de posséder tous les paysages possibles, et trouvais dérisoires les célébrités de la peinture et de la poésie modernes.

J'aimais les peintures idiotes, dessus de porte, décors, toiles de saltimbanques, enseignes, enluminures [1] populaires ; la littérature démodée, latin d'église, livres érotiques sans orthographe, romans de nos aïeules, contes de fées, petits livres de l'enfance, opéras vieux, refrains niais, rythmes naïfs [2].

---

34 Que je sombre dans les flots (aspiration à la *mort*). — 35 *Flaque*, en dialecte ardennais. — 36 Quel destin dérisoire ce serait pour le Bateau, après sa prodigieuse aventure ! — 37 Suivre de près les navires de commerce. —

38 Cf. v. 6. — 39 Passer parmi les vaisseaux portant le grand pavois. — 40 Naviguer de port en port, comme un caboteur (*ponton :* vieux navire ancré dans un port).
— 1 C'est l'un des sens du titre *Illuminations*.
— 2 Examiner le rythme de cette fin de §.

10 Je rêvais croisades, voyages de découvertes [3] dont on n'a pas de
relations, républiques sans histoires, guerres de religion étouffées,
révolutions de mœurs, déplacement de races et de continents [4] ; je
croyais à tous les enchantements.

J'inventai la couleur des voyelles ! — A noir, E blanc, I rouge, O bleu,
U vert [5]. — Je réglai la forme et le mouvement de chaque consonne et,
avec des rythmes instinctifs, je me flattai d'inventer un verbe poétique
accessible, un jour ou l'autre, à tous les sens [6]. Je réservais la traduction.

Ce fut d'abord une étude. J'écrivais des silences, des nuits, je notais
l'inexprimable. Je fixais des vertiges.

20   Loin des oiseaux, des troupeaux, des villageoises [7],
Que buvais-je, à genoux dans cette [8] bruyère
Entourée de tendres bois de noisetiers,
Dans un brouillard d'après-midi tiède et vert ?

Que pouvais-je boire dans cette jeune Oise,
— Ormeaux sans voix, gazon sans fleurs, ciel couvert ! —
Boire à ces gourdes jaunes, loin de ma case
Chérie ? Quelque liqueur d'or [9] qui fait suer.

Je faisais une louche [10] enseigne d'auberge.
— Un orage vint chasser le ciel. Au soir [11]
30   L'eau des bois se perdait sur les sables vierges,
Le vent de Dieu [12] jetait des glaçons aux mares ;

Pleurant, je voyais de l'or, — et ne pus boire [13].

La vieillerie poétique avait une bonne part dans mon alchimie du verbe.
Je m'habituai à l'hallucination simple [14] : je voyais très franchement
une mosquée à la place d'une usine, une école de tambours faite par des
anges, des calèches sur les routes du ciel, un salon au fond d'un lac ; les
monstres, les mystères ; un titre de vaudeville dressait des épouvantes
devant moi.

Puis j'expliquai mes sophismes magiques avec l'hallucination des
40 mots !

Je finis par trouver sacré le désordre de mon esprit. J'étais oisif, en
proie à une lourde fièvre : j'enviais la félicité des bêtes, — les chenilles
qui représentent l'innocence des limbes, les taupes, le sommeil de la
virginité !

— 3 Au sens propre et au sens figuré ; cf. *Bateau Ivre*. — 4 Cf. p. 522, v. 11-12. — 5 Cf. p. 521. — 6 Cf. les correspondances baudelairiennes. — 7 C'est le poème de 1872 intitulé *Larme*, et publié dans les *Vers nouveaux et Chansons* avec des variantes importantes. — 8 Var. : *Je buvais accroupi dans quelque...* — 9 Var. : *Que tirais-je à la gourde de colocase* (plante tropicale) ? *Quelque liqueur d'or, fade etc...* — 10 Var. :

Tel, j'eusse été mauvaise... — 11 Var. : *Puis l'orage changea le ciel, jusqu'au soir : Ce furent des pays noirs, des lacs, des perches, Des colonnades sous la nuit bleue, des gares.* — 12 Var. : *Le vent, du ciel,...* — 13 Var. : *Or! tel qu'un pêcheur d'or ou de coquillages, Dire que je n'ai pas eu souci de boire!* Rimbaud cite ensuite un autre poème de 1872 : *Bonne pensée du matin.* — 14 « Il faut être voyant », disait Rimbaud.

Mon caractère s'aigrissait. Je disais adieu au monde dans d'espèces de romances [15].

Une Saison en Enfer (Mercure de France, éditeur).

– *a) Pourquoi* RIMBAUD *a-t-il tenté sa révolution poétique (l. 2-13)? – b) En quoi consiste cette révolution (hallucination et verbe poétique)? – c) Comment se traduit la révolte dans les idées et le ton?*
– *A quoi reconnaissez-vous que* RIMBAUD *condamne maintenant sa « folie » ?*
– *Quels sont les caractères poétiques de cette prose ?*
– *Le poème en vers libérés. Examinez : a)La longueur des vers ; – b) La place des coupes ; – c) l'agencement et la nature des rimes ; – d) Les effets de sonorités.*
• **Comparaison.** La première et la seconde version du poème de 1872 intitulé *Larme* (voir les notes).
– **Essai.** *« Vieillerie poétique » et aventure créatrice dans* Une saison en Enfer *et* Illuminations.
– **Essai.** *L'étrangeté et l'originalité de la vision dans les trois extraits des* Illuminations.

UNE SAISON EN ENFER *s'achève sur un émouvant* Adieu. *Parvenu au seuil de la démence* (« Je ne sais plus parler »), *usé par des excès de toute sorte, Rimbaud se livre à un douloureux retour sur lui-même. Cet orgueilleux conçoit maintenant le prix de l'humilité, ce révolté aspire à une communion humaine :* « J'ai essayé d'inventer de nouvelles fleurs, de nouveaux astres, de nouvelles chairs, de nouvelles langues. J'ai cru acquérir des pouvoirs surnaturels. Eh bien ! je dois enterrer mon imagination et mes souvenirs ! Une belle gloire d'artiste et de conteur emportée ! — Moi ! moi qui me suis dit mage ou ange, dispensé de toute morale, je suis rendu au sol, avec un devoir à chercher et la vérité rugueuse à étreindre ! Paysan ! — Suis-je trompé ? la charité serait-elle la sœur de la mort pour moi ? — Enfin je demanderai pardon pour m'être nourri de mensonge. Et allons. — Mais pas une main amie ! et où puiser le secours ? »

ILLUMINATIONS

Le sous-titre prévu par Rimbaud *(Painted plates)* prouve qu'il entendait le mot *Illuminations* dans son sens anglais d'*enluminures*. Mais ces poèmes en prose, d'ordinaire très courts, sont bien aussi des *visions hallucinées :* « J'ai seul la clef de cette parade sauvage » *(Parade)*. Tel est justement le danger : ces visions de Rimbaud risquent de nous demeurer étrangères. Pourtant, la première impression de stupeur une fois dissipée, nous découvrons que cet univers poétique ne nous est pas inaccessible, et nous goûtons la saveur charnelle de ces évocations étranges ou la légèreté aérienne de ce verset qui défie toute pesanteur : « J'ai tendu des cordes de clocher en clocher ; des guirlandes de fenêtre à fenêtre ; des chaînes d'or d'étoile à étoile, et je danse » *(Phrases)*.

Mystique

Sur la pente du talus, les anges tournent leurs robes de laine [1], dans les herbages d'acier et d'émeraude.

Des prés de flammes bondissent jusqu'au sommet du mamelon. A gauche, le terreau de l'arête est piétiné par tous les homicides et toutes les batailles, et tous les bruits désastreux filent leur courbe [2]. Derrière l'arête de droite, la ligne des orients, des progrès.

Et, tandis que la bande, en haut du tableau [3], est formée de la rumeur tournante et bondissante des conques des mers et des nuits humaines,

La douceur fleurie des étoiles, et du ciel, et du reste descend en face du talus, comme un panier, contre notre face [4], et fait l'abîme fleurant et bleu là-dessous.

— 15 Comme la *Chanson de la plus haute tour.*
— 1 Cf. p. 526, l. 34-36. — 2 Noter la fusion des sensations auditives et visuelles (cf. l. 8-9). — 3 La vision est présentée comme un tableau, mais *arête* et *bande* sont des termes d'*architecture*. — 4 *Mystique* est « La vision d'un homme couché, qui regarde le paysage en renversant la tête » (Thibaudet).

Fleurs   D'un gradin d'or — parmi les cordons de soie, les gazes grises, les velours verts et les disques de cristal [5] qui noircissent comme du bronze au soleil, — je vois la digitale s'ouvrir sur un tapis de filigranes d'argent, d'yeux [6] et de chevelures.

Des pièces d'or jaune semées sur l'agate, des piliers d'acajou supportant un dôme d'émeraudes, des bouquets de satin blanc et de fines verges de rubis entourent la rose d'eau.

Tels qu'un dieu aux énormes yeux bleus et aux formes de neige, la mer et le ciel attirent aux terrasses de marbre la foule des jeunes et fortes roses [7].

Illuminations (Mercure de France, éditeur).

AUBE

« C'est simplement une course dans le matin, — un admirable morceau, d'une clarté et d'une fraîcheur presque sacrées, d'une langue aussi belle que n'importe quelle page française, et qui tient à notre mémoire aussi bien que les plus beaux vers » (Albert Thibaudet). Cette pièce est en effet l'une des *Illuminations* les plus évocatrices et l'une de celles où l'*alchimie* de RIMBAUD demeure pénétrable.

J'ai embrassé l'aube d'été.

Rien ne bougeait encore au front des palais [1]. L'eau était morte. Les camps d'ombres ne quittaient pas la route du bois. J'ai marché, réveillant les haleines vives et tièdes ; et les pierreries regardèrent [2], et les ailes [3] se levèrent sans bruit.

La première entreprise [4] fut, dans le sentier déjà empli de frais et blêmes éclats, une fleur qui me dit son nom.

Je ris au wasserfall [5] qui s'échevela à travers les sapins : à la cime argentée je reconnus la déesse [6].

Alors je levai un à un les voiles. Dans l'allée, en agitant les bras. Par la plaine, où je l'ai dénoncée au coq. A la grand'ville, elle fuyait parmi les clochers et les dômes ; et, courant comme un mendiant sur les quais de marbre, je la chassais [7].

En haut de la route, près d'un bois de lauriers, je l'ai entourée avec ses voiles amassés, et j'ai senti un peu son immense corps. L'aube et l'enfant tombèrent au bas du bois.

Au réveil, il était midi.   *Illuminations* (Mercure de France, éditeur).

— *Montrez que la première phrase, avec le double sens du mot* embrasser, *donne la clé du poème.*
— *Le moi et le monde. Montrez que* RIMBAUD, *au lieu de contempler un spectacle et de le subir, en quelque sorte, parle (sur quel ton ?) comme s'il provoquait les transformations du paysage à l'aube.*
— *Qu'éprouvez-vous devant ces impressions et leur traduction ? Quelles notations préférez-vous ? Pourquoi ?*
• **Comparaison.** *D'après les extraits, comparez la conception du poème en prose selon* BAUDELAIRE *et selon* RIMBAUD.
— *Commentaire composé. En quoi le terme d'Illumination convient-il particulièrement à cette pièce ?*

— 5 Étudier les sonorités, dans ce début. — 6 Songer aux *yeux* qui semblent se dessiner sur la queue *ocellée* du paon ou l'aile de certains papillons ; cf. l. 19 et *Aube*, l. 4. — 7 On peut penser que les *fleurs*, vues de tout près par Rimbaud couché dans l'herbe, se transforment en *pierreries* sous la lumière éclatante, puis font naître le grandiose élargis-sement de la fin.
— 1 Dans la vision de Rimbaud, le décor devient somptueux : cf. *les pierreries*, l. 4, et *Fleurs*. — 2 Interprétation fantastique des premiers scintillements (cf. l. 7). — 3 Peut-être les *ailes* de la Nuit. — 4 Conquête. — 5 *Chute d'eau*, en allemand. — 6 L'aube, qui éclaire d'abord les cimes (l. 11-12). — 7 Poursuivais.

MALLARMÉ

Sa vie (1842-1898)   La vie de Stéphane Mallarmé présente peu d'incidents notables. Consacrée tout entière à la poésie, elle se résume dans le drame secret du poète en proie aux affres de la création, dans les étapes de son œuvre, dans l'évolution de son idéal et de sa technique.

LA FORMATION. Né à Paris en 1842, privé de sa mère à l'âge de cinq ans, Stéphane Mallarmé est un enfant rêveur, d'« âme lamartinienne » dira-t-il plus tard. Il est mis en pension à dix ans ; au lycée de Sens, où il achève ses études secondaires, il écrit déjà des vers et découvre avec enthousiasme, en 1861, les *Fleurs du Mal*. Il part ensuite pour l'Angleterre où il se marie (1863) ; à Londres il compose *Les Fenêtres* (cf. p. 532) ; peu après il est reçu au certificat d'aptitude à l'enseignement de l'anglais.

LA CARRIÈRE UNIVERSITAIRE. 1. TOURNON. Il débute au collège de Tournon, mais la routine de sa profession, qu'il exerce d'ailleurs avec conscience, ne tarde pas à le rebuter. La monotonie, la banalité ou la laideur de la vie quotidienne l'affligent plus encore. La douceur même d'un foyer qu'égaie en novembre 1864 la naissance d'une fille ne lui apporte pas le bonheur. L'auteur des *Fenêtres* poursuit ardemment, presque désespérément, un *idéal poétique* élevé, peut-être inaccessible. Il est *hanté* par *l'Azur* et éprouve une cruelle souffrance lorsque, devant la feuille blanche, il se sent incapable d'écrire, ou du moins de traduire dans une grande œuvre sa communion avec l'Être et avec la Beauté.

En 1866 Mallarmé donne au *Parnasse contemporain* dix poèmes, dont *Les Fenêtres*, *L'Azur* (p. 533) et *Brise marine* (p. 535). Mais il a déjà dépassé la conception de la poésie que ces pièces illustrent : il travaille maintenant à deux vastes ensembles dont l'élaboration durera dix ans : *Hérodiade*, drame lyrique qui restera à l'état de fragments, et *L'Après-midi d'un Faune*, publié en 1876.

2. PARIS. Après un séjour à Besançon, Mallarmé enseigne à Avignon ; puis il est nommé à Paris (1871). En 1874 il s'installe rue de Rome où il recevra chaque mardi, à partir de 1880, un groupe croissant d'amis et de disciples.

C'est l'époque où il publie *Toast funèbre*, hommage à la mémoire de Théophile Gautier (1873), puis *Le Tombeau d'Edgar Poe* (1877, cf. p. 537). Ces poèmes, le premier surtout, montrent qu'il s'oriente franchement vers l'*hermétisme*. not affected by outward happenings

LA CÉLÉBRITÉ. Jusque vers 1884, Mallarmé reste un poète peu connu et peu apprécié ; seule une élite très restreinte l'admire, et il se montre d'ailleurs dédaigneux de la renommée. Mais coup sur coup, la même année, Verlaine dans les *Poètes maudits* et Huysmans dans *A Rebours* révèlent au public lettré son nom et son œuvre. La jeune école symboliste va le considérer comme son maître, et les mardis de la rue de Rome réuniront autour de Mallarmé un grand nombre de disciples charmés par ses propos sur la poésie et la musique : René Ghil, Gustave Kahn, Jules Laforgue, Viélé-Griffin, Henri de Régnier, Maurice Barrès, Paul Claudel, André Gide, Paul Valéry.

Avec la *Prose pour des Esseintes* (des Esseintes est le héros de *A Rebours*), Mallarmé avait donné en 1885 une sorte d'*art poétique* vraiment sibyllin. En 1897 il réunit sous le titre de *Divagations* diverses réflexions sur la nature de la poésie, et, poussant toujours plus avant sur la voie de l'hermétisme, il publie un poème déconcertant jusque dans sa présentation typographique : *Un coup de dés jamais n'abolira le hasard*. L'année suivante, il meurt brusquement dans sa propriété de Valvins (septembre 1898).

Le sacerdoce du poète   Sa vie durant, STÉPHANE MALLARMÉ pratiqua un seul culte, celui de la *Poésie*, une seule religion, celle de l'*Idéal*, entendu non pas au sens moral mais au sens métaphysique de ce terme : l'Essence des choses opposée aux apparences contingentes. A ses yeux, la Poésie exige un *don de soi total*, un *désintéressement absolu :* sans parler du profit matériel, le poète ne doit même pas songer à la gloire ; sa vocation entraîne une sorte d'ascèse, un renoncement aux jouissances communes. Mallarmé se reprochait comme des fautes ses échecs, son impuissance passagère à traduire par le verbe la révélation poétique (cf. p. 533 et 536). Cette attitude si noble, cette exigence exaltante et hautaine expliquent la vénération dont il fut entouré, comme un prêtre, un saint et peut-être un martyr de la Poésie.

L'ÉVOLUTION DE MALLARMÉ

Sur ce point, Mallarmé n'a jamais varié. Cependant sa conception de la poésie et sa technique ont évolué, à mesure que sa personnalité s'affirmait et que sa quête de l'absolu devenait plus hardie.

Sous le signe de Baudelaire   BAUDELAIRE apporte au jeune poète une véritable *révélation.* Son influence, complétée par celle d'EDGAR POE, est déterminante dans les poèmes de 1862-1865 (cf. p. 532-535). Au réel, méprisable ou hideux, Mallarmé oppose l'Idéal, le « vierge Azur », le « ciel antérieur où fleurit la Beauté ». Il connaît, sous le nom d'Ennui, le spleen baudelairien ; il ressent, lui aussi, l'appel du large, le rêve d'un mystérieux « ailleurs » (cf. p. 535). Dans cette période, ses symboles sont toujours parfaitement clairs, parfois même explicités *(Les Fenêtres) ;* à l'exemple d'Edgar Poe il pratique une composition rigoureuse *(L'Azur).*

Cependant des thèmes personnels apparaissent. Déjà l'*Azur* n'est plus tout à fait l'Idéal baudelairien ; la hantise mallarméenne est moins morale, *plus métaphysique.* Le symbole de la *vitre* ouvre des horizons nouveaux : transparente, elle est pourtant un obstacle ; et elle est encore un miroir. Dans les miroirs, dans les yeux, Mallarmé cherche le *reflet* d'objets qui ne sont eux-mêmes que le pâle reflet des Idées mères.

Le grand œuvre   Bientôt son ambition s'accroît, il ne se contente plus de poèmes fragmentaires mais rêve d'un livre qui renfermerait toute son expérience poétique. Il pense déjà ce qu'il répondra plus tard à l'enquête de Jules Huret (1891) : « le monde est fait pour aboutir à un beau livre ». L'influence de l'occultisme accroît son désir de réaliser ce *grand œuvre,* et il espère surmonter la douloureuse impuissance qui le torture dans des moments de vide intérieur. Mais il n'aboutit pas d'emblée à l'unité : il partage son temps entre deux longs poèmes, *Hérodiade* et le *Faune.*

HÉRODIADE. De ce drame, Mallarmé n'écrira que l'*ouverture* (monologue de la nourrice), une *scène* entre Hérodiade et la nourrice et un intermède lyrique, le *Cantique de saint Jean.* Dans sa pureté hautaine et glacée, Hérodiade semble symboliser la *beauté inaccessible* qui hante le poète. Mais cette pureté est menacée par le sombre destin qu'entrevoit la jeune fille.

LE FAUNE. Ce poème sera publié en 1876 sous le titre *L'Après-midi d'un Faune* et il inspirera à CLAUDE DEBUSSY un admirable *Prélude.* Le Faune s'oppose à Hérodiade et la complète : il exprime les élans et les rêves sensuels. Peut-être représente-t-il le poète qui, après avoir chanté le monde, se trouve finalement réduit au silence.

Dans cette phase de son évolution, la manière de Mallarmé devient hermétique. Les constructions sont difficiles ; le symbole, très enveloppé, paraît susceptible d'interprétation très diverses.

« L'hyperbole »   Plus hermétique encore va être la *Prose pour des Esseintes* (1885). Ce poème en octosyllabes illustre le rôle que joue dans l'œuvre de Mallarmé l'*hyperbole,* c'est-à-dire le *saut au-delà,* le passage du contingent au nécessaire, de l'apparence à la réalité cachée. Ainsi le poète écrit dans l'*Avant-dire* (Préface) au *Traité du Verbe* de René Ghil (1886 ; cf. p. 540) : « Je dis : une fleur ! et... musicalement se lève, idée même et suave, l'absente de tous bouquets » (la Fleur en soi, l'Idée de fleur). Mais en cherchant l'essence, l'Être, Mallarmé est constamment menacé de déboucher sur le *néant,* soit que l'univers se révèle un *chaos* et non point l'ordre suprême, soit que son harmonie demeure *intraduisible.* Aussi la poésie mallarméenne est-elle envahie par l'*absence,* par le *vide,* par des mots significatifs comme *inanité* ou *abolir,* réunis dans ce vers étonnant et un peu inquiétant : « Aboli bibelot d'inanité sonore » *(Ses purs ongles très haut...).*

« Un coup de dés.. » Enfin, dans une dernière étape, Mallarmé tente de traduire pour la vue aussi bien que pour l'oreille l'effort de la pensée aux prises avec le chaos de l'univers et le mystère du langage poétique. Il commente ainsi, dans une lettre à André Gide (1897) l'étrange disposition typographique de *Un coup de dés jamais n'abolira le hasard :* « Le rythme d'une phrase ou même d'un objet n'a de sens que s'il les imite, et, figuré sur le papier, repris par la lettre à l'estampe originelle, n'en sait rendre, malgré tout, quelque chose ».

L'HERMÉTISME

Ses raisons Nous avons vu Mallarmé pratiquer une poésie de plus en plus difficile, de plus en plus hermétique. Cette évolution s'explique par trois raisons principales : 1) une tendance spontanée ; 2) un effort conscient pour faire du verbe poétique un langage ésotérique accessible aux seuls initiés ; 3) la nature même de cette poésie.

1. RAFFINEMENT ET CONCISION. On discerne chez Mallarmé une sorte de *préciosité*, le goût de ce qui est subtil, compliqué, sinon contourné (le rythme de sa prose est frappant à cet égard) ; il dédaigne l'ordinaire, le banal. D'autre part il aime la *concision* et répugne à expliquer, à développer.

2. LA POÉSIE LANGUE SACRÉE. Prêtre de la poésie, il refuse au *profane* l'accès du temple. Dès 1862, il écrivait dans l'*Artiste :* « Toute chose sacrée et qui veut demeurer sacrée s'enveloppe de mystère. Les religions se retranchent à l'abri d'arcanes dévoilés au seul prédestiné : l'art a les siens... J'ai souvent demandé pourquoi ce caractère nécessaire a été refusé à un seul art, au plus grand. Je parle de la poésie... Les premiers venus entrent de plain-pied dans un chef-d'œuvre, et, depuis qu'il y a des poètes, il n'a pas été inventé, pour l'écartement des importuns, une langue immaculée, des formules hiératiques dont l'étude aride aveugle le profane... ». La difficulté *aiguillonnera* au contraire l'initié.

3. LE MYSTÈRE POÉTIQUE. Enfin l'hermétisme est pour lui une nécessité, car l'essence même de la poésie est *mystérieuse, insaisissable.* Mallarmé ne veut ni d'une poésie descriptive ni d'une poésie d'idées ; il traduit les concepts en symboles ; au lieu de *nommer* un objet, il tente de faire naître en nous l'impression et comme le désir de sa présence, ou le vide de son absence.

Sa technique 1. LA PHRASE. Il faut insuffler au langage une vie nouvelle, « Donner un sens plus pur aux mots de la tribu ». Et comme Mallarmé conserve le vers régulier (jusqu'à *Un coup de dés...*), adoptant même volontiers le cadre strict du sonnet, c'est sur la structure de la *phrase* que va porter son effort. Il la disloque en écartant le verbe du sujet, l'infinitif de l'auxiliaire, en multipliant les appositions (souvent placées avant le mot auquel elles se rapportent), les ellipses ou au contraire les périphrases. Cette désarticulation n'est nullement livrée au hasard : elle figurera par exemple, dans un naufrage, le *désordre* des débris épars sur les flots (*A la nue...*).

2. LES MOTS. Ainsi mis en vedette, les mots sont pour ainsi dire *recréés.* De signes algébriques qu'ils étaient ils deviennent des signes dans le ciel. D'autant plus que Mallarmé les choisit souvent évocateurs, vieillis *(mandore)*, rares *(Idumée, nixe)* ou sibyllins *(ptyx)*.

3. LA MUSIQUE. Il groupe alors les mots selon leurs affinités musicales, tire des effets étonnants du *pouvoir de suggestion des sons.* Dans le sonnet *Ses purs ongles très haut...* les rimes en *ix, yx,* et *ixe* contribuent à créer une atmosphère étrange. Tel autre sonnet est célèbre par la symphonie des *i* (cf. p. 536). La basse de la tempête est rendue par le jeu savant des *a,* des *b* et des *l* (*A la nue...*, p. 538, v. 2).

Ses dangers Si séduisante que soit cette tentative, elle présente de graves dangers : la poésie risque de devenir tout à fait *incommunicable*, et de *se dissoudre dans le silence.* Mallarmé s'est coupé du grand public ; on ne peut aborder ses poèmes les plus caractéristiques sans s'aider de tout un appareil de *gloses* et d'*exégèses* (nous avons eu parfois recours à celles de Mme E. NOULET) ; et que devient alors la communion, si précieuse et si exaltante, entre le lecteur et le poète ?

LES FENÊTRES

Ce poème est une fervente profession de foi *idéaliste ;* en l'envoyant à son ami Cazalis,
le 3 juin 1863, MALLARMÉ se félicitait que « l'Action ne fût pas la sœur du Rêve » et il
ajoutait : « Si le Rêve était ainsi défloré et abaissé, où donc nous sauverions-nous, nous
autres malheureux que la terre dégoûte et qui n'avons que le Rêve pour refuge ? O mon
Henri, abreuve-toi d'Idéal. Le bonheur d'ici-bas est ignoble — il faut avoir les mains
bien calleuses pour le ramasser... il ne faut pas voir au-dessus de ce plafond de bonheur
le ciel de l'Idéal, ou fermer les yeux exprès. » Quant au *symbole,* il a été suggéré au jeune
poète par une strophe des *Phares,* de BAUDELAIRE (cf. p. 432, v. 9-12).

Las du triste hôpital, et de l'encens fétide [1]
Qui monte en la blancheur banale [2] des rideaux
Vers le grand crucifix ennuyé du mur vide,
Le moribond sournois y redresse un vieux dos,

Se traîne et va, moins pour chauffer sa pourriture
Que pour voir du soleil sur les pierres [3], coller
Les poils blancs et les os de la maigre figure
Aux fenêtres qu'un beau rayon clair veut hâler,

Et la bouche, fiévreuse et d'azur bleu [4] vorace,
10   Telle, jeune, elle alla respirer son trésor,
Une peau virginale et de jadis ! encrasse
D'un long baiser amer les tièdes carreaux d'or.

Ivre, il vit [5], oubliant l'horreur des saintes huiles,
Les tisanes, l'horloge et le lit infligé,
La toux ; et quand le soir saigne parmi les tuiles,
Son œil, à l'horizon de lumière gorgé,

Voit des galères d'or [6], belles comme des cygnes,
Sur un fleuve de pourpre et de parfums dormir
En berçant l'éclair fauve et riche de leurs lignes
20   Dans un grand nonchaloir chargé de souvenir [7] !

Ainsi, pris du dégoût de l'homme à l'âme dure
Vautré dans le bonheur, où ses seuls appétits
Mangent, et qui s'entête à chercher cette ordure
Pour l'offrir à la femme allaitant ses petits [8],

Je fuis et je m'accroche à toutes les croisées
D'où l'on tourne l'épaule à la vie, et, béni,
Dans leur verre, lavé d'éternelles rosées,
Que dore le matin chaste de l'Infini

— 1 Le parfum de l'encens se mêle aux
odeurs de l'hôpital ; mais l'alliance de mots
tend aussi à présenter la religion sous l'aspect
matériel de ses rites (cf. v. 3 et 13). — 2 Commenter l'emploi du mot *abstrait* et l'allitération.
— 3 Son geste est donc *désintéressé ;* quelle est
l'importance de cette précision ? — 4 Comment
expliquer ce pléonasme apparent ? — 5 Préciser l'effet des sons ; de même v. 15. — 6 Apprécier l'ampleur du mouvement (v. 15-20) et le
contraste avec le début de la strophe 4. — 7 Ce
vers et l'ensemble de la strophe sont tout à fait
baudelairiens. — 8 Commenter le choix du
terme et relever dans la strophe d'autres signes
de la même intention.

Je me mire [9] et me vois ange ! et je meurs [10], et j'aime

30   — Que la vitre soit l'art, soit la mysticité [11] —

A renaître, portant mon rêve en diadème,

Au ciel antérieur où fleurit la Beauté [12] !

Mais, hélas ! Ici-bas est maître : sa hantise

Vient m'écœurer parfois jusqu'en cet abri sûr,

Et le vomissement impur de la Bêtise

Me force à me boucher le nez devant l'azur.

Est-il moyen, ô Moi qui connais [13] l'amertume,

D'enfoncer le cristal par le monstre [14] insulté

Et de m'enfuir, avec mes deux ailes sans plume [15]

— Au risque de tomber pendant l'éternité ?

Poésies (Librairie Gallimard, éditeur, tous droits réservés).

– Symbole et composition . a) *Résumez et appréciez le symbole ; – b) Montrez qu'il est d'abord présenté puis explicité selon la méthode traditionnelle (cf.* VIGNY*, p. 130) ; – c) Soulignez le lien entre les deux parties.*

– L'idéal. *Comment est exprimée, par opposition à la matière, la pureté absolue de l'Idéal, objet de poésie ?*

– *Que représente* vivre *(cf. v. 30) ? Expliquez matériellement et symboliquement son triple aspect.*

– L'art. *Appréciez l'effet produit par des rejets et enjambements, des sonorités, des disjonctions.*

– **Entretien.** *En quoi* MALLARMÉ *a-t-il utilisé et transformé les suggestions de la strophe des «* Phares *», p. 432 ?*

• **Groupe thématique.** Recherchez dans « Les Fenêtres », « L'Azur », « Brise Marine », tout ce qui se rattache à la veine des *Fleurs du Mal*, et les éléments par lesquels « *Mallarmé dépasse le baudelairisme* » (G. Poulet).

L'AZUR

Irrésistiblement attiré par l'*Azur*, MALLARMÉ se sent incapable d'atteindre la *perfection poétique* dont il rêve. Alors l'attirance devient *hantise* : l'Azur le regarde avec ironie, le poursuit comme un remords vivant. En vain le poète tente de se dérober, et même de blasphémer l'Idéal : *toute fuite est inutile, l'appel de l'Azur reste le plus fort*. Mallarmé a traduit ce drame intérieur, cette obsession, avec un lyrisme *exalté*, presque *romantique*, qui est rare chez lui et va même disparaître complètement de son œuvre.

De l'éternel azur la sereine ironie

Accable, belle indolemment comme les fleurs,

Le poète impuissant qui maudit son génie

A travers un désert stérile de Douleurs.

Fuyant, les yeux fermés, je le sens qui regarde

Avec l'intensité d'un remords [1] atterrant,

Mon âme vide [2]. Où fuir [3] ? Et quelle nuit hagarde

Jeter, lambeaux [4], jeter sur ce mépris navrant [5] ?

— 9 *Je me mire* : ici la *vitre* devient *miroir ;* comparer v. 5-8 et v. 38. — 10 Pour renaître purifié (cf. v. 31-32) : idée et expression *mystiques* (cf. p. 512). — 11 D'après le reste du poème, s'agit-il de la *religion ?* — 12 Cf. le paradis platonicien des *Idées.* — 13 Première rédaction : *mon Dieu qui voyez...* Commenter cette correction. — 14 Quel est ce *monstre ?* —

15 En quoi l'expression prépare-t-elle le dernier vers ?

— 1 Le remords de *ne pas créer* (cf. le *Péché*, v. 22). — 2 Comment ce *vide* est-il rendu ? — 3 Cf. v. 5 et v. 35. — 4 Expliquer la construction (cf. *Palmes!* dans *Don du poème*, v. 6). — 5 Comment interpréter cette *ironie* (v. 1), ce *mépris* attribués à l'Azur ?

Brouillards, montez ! versez vos cendres monotones
10 Avec de longs haillons de brume dans les cieux
Que noiera le marais livide des automnes
Et bâtissez un grand plafond silencieux !

Et toi, sors des étangs léthéens [6] et ramasse
En t'en venant la vase et les pâles roseaux,
Cher Ennui, pour boucher d'une main jamais lasse
Les grands trous bleus que font méchamment les oiseaux [7].

Encor ! que sans répit les tristes cheminées
Fument, et que de suie une errante prison
Éteigne dans l'horreur de ses noires traînées
20 Le soleil se mourant jaunâtre à l'horizon !

— Le Ciel est mort [8]. — Vers toi, j'accours ! donne, ô matière
L'oubli de l'Idéal cruel et du Péché
A ce martyr qui vient partager la litière
Où le bétail heureux des hommes est couché [9].

Car j'y veux, puisque enfin ma cervelle vidée
Comme le pot de fard [10] gisant au pied d'un mur,
N'a plus l'art d'attifer la sanglotante idée,
Lugubrement bâiller [11] vers un trépas obscur...

En vain ! L'Azur triomphe, et je l'entends qui chante
30 Dans les cloches. Mon âme, il se fait voix pour plus [12]
Nous faire peur avec sa victoire méchante,
Et du métal vivant sort en bleus [13] angelus !

Il roule par la brume, ancien [14] et traverse
Ta native [15] agonie ainsi qu'un glaive sûr ;
Où fuir dans la révolte inutile et perverse ?
Je suis hanté. L'Azur ! L'Azur ! L'Azur ! l'Azur !

(Librairie Gallimard, éditeur).

– Composition. *Indiquez le plan de ce poème en montrant la rigueur de sa composition.*
– *Analysez le symbolisme fondé sur la double nature de l'Azur (le ciel bleu et l'Idéal).*
– La hantise. *Comment* MALLARMÉ *a-t-il rendu la présence réelle, intense, obsédante de l'Azur ?*
– Le drame intérieur. *Expliquez la souffrance du poète et son reniement momentané.*
– Le lyrisme. *Montrez de façon précise comment se traduit l'intensité des sentiments.*
– **Essai.** *Les deux attitudes du poète devant l'Idéal, dans « Les Fenêtres » et « L'Azur » ; justifiez votre préférence.*

— 6 Qui donnent l'oubli (adj. rare formé sur le mot *Léthé*). — 7 En perçant, comme intentionnellement, l'écran de brouillard tendu entre le poète et l'Azur. — 8 C'est l'illusion de la *délivrance.* — 9 Cf. *Les Fenêtres,* v. 21-24. — 10 Expliquer le rapport avec *l'art d'attifer...* — 11 L'infinitif est fortement disjoint de *j'y veux :* quel est l'effet produit ? — 12 Davantage. — 13 Apprécier cette *correspondance* (cf. *il se fait voix*). — 14 Cf. *éternel* (v. 1). — 15 Éprouvée par l'âme dès qu'elle *naît* à la poésie.

Brise marine

MALLARMÉ traduit ici par l'*appel du large* l'aspiration à l'*azur*, à l'*au-delà poétique* qui le hante. L'influence de BAUDELAIRE est très nette, trop nette peut-être (cf. *Le Voyage*, p. 452, *Parfum exotique*, etc.) ; pourtant les tours hardis (v. 8, 13-15) ou négatifs (v. 4-8), les thèmes privilégiés (v. 4 et 7), les résonances moins charnelles que chez Baudelaire et l'insistance sur les risques de cette aventure (v. 13-15) laissent prévoir ce que va être la poésie de Mallarmé.

La chair est triste, hélas ! et j'ai lu tous les livres.
Fuir ! là-bas fuir ! Je sens que des oiseaux sont ivres
D'être parmi l'écume inconnue et les cieux !
Rien, ni les vieux jardins reflétés par les yeux [1]
Ne retiendra ce cœur qui dans la mer [2] se trempe,
O nuits ! ni la clarté déserte de ma lampe
Sur le vide papier que la blancheur défend [3]
Et ni [4] la jeune femme allaitant son enfant [5].
Je partirai ! Steamer balançant ta mâture,
Lève l'ancre pour une exotique nature !
Un Ennui, désolé par les cruels espoirs,
Croit encore à l'adieu suprême des mouchoirs !
Et, peut-être, les mâts, invitant les orages,
Sont-ils de ceux qu'un vent penche sur les naufrages
Perdus, sans mâts, sans mâts [6], ni fertiles îlots...
Mais, ô mon cœur, entends le chant des matelots.

(Librairie Gallimard, éditeur).

Don du poème

Composée en 1865 comme la précédente, cette pièce, beaucoup plus originale et aussi plus mystérieuse, permet de mesurer l'*évolution* de MALLARMÉ. Elle repose sur la comparaison entre le *poème*, fruit du travail nocturne, et l'*enfant nouveau-né* qu'allaite Mme Mallarmé. L'aurore apporte l'amère *désillusion* qui suit la fièvre créatrice : le poème paraît alors débile, mal venu ; et qui lui donnera, comme au nouveau-né de chair, la nourriture dont il semble *affamé* lui aussi ?

Je t'apporte l'enfant d'une nuit d'Idumée [7] !
Noire [8], à l'aile saignante et pâle, déplumée [9],
Par le verre brûlé d'aromates et d'or,
Par les carreaux glacés, hélas ! mornes encor,
L'aurore se jeta sur la lampe angélique,
Palmes [10] ! et quand elle a montré cette relique [11]
A ce père essayant un sourire ennemi,
La solitude bleue et stérile a frémi [12].
O la berceuse, avec ta fille [13] et l'innocence
De vos pieds froids, accueille une horrible naissance :
Et ta voix rappelant viole et clavecin,
Avec le doigt fané presseras-tu le sein
Par qui coule en blancheur sibylline la femme
Pour les lèvres que l'air du vierge azur affame ?

(Librairie Gallimard, éditeur).

— 1 Mallarmé aime évoquer les objets par leur *reflet*. — 2 L'aventure poétique. — 3 Le poète se sent paralysé devant la *feuille blanche*. — 4 Ni même. — 5 La fille de Mallarmé, Geneviève, née en novembre 1864. — 6 Cf. *A la nue...* (p. 538, v. 5 et 8). — 7 Le pays d'Edom, en Palestine. Terre maudite ? ou simplement lieu de l'action d'*Hérodiade*, qui serait alors le poème nouveau-né. — 8 Comment expliquer cette épithète paradoxale ? — 9 A quoi est comparée l'*aurore ?* — 10 Apposition à l'*aurore ;* commenter. — 11 Ce qui *reste* du travail de la nuit. — 12 L'*azur* (cf. v. 14) a frémi d'*horreur*. — 13 Cf. n. 5.

LE VIERGE, LE VIVACE...

Ce poème, souvent nommé *le sonnet du cygne*, fut publié en 1885 mais relève peut-être d'une inspiration très antérieure. L'*art* en est admirable dans sa limpidité immatérielle ; quant au *sens*, il a donné lieu à des controverses. Nous adoptons l'interprétation de Mme E. Noulet : MALLARMÉ déplore la *période de stérilité* qu'il se reproche comme une *faute ;* pourra-t-il, plus heureux que le cygne enfermé dans sa prison de glace, *reprendre son vol vers l'Azur ?*

Le vierge, le vivace et le bel aujourd'hui
Va-t-il nous [1] déchirer avec un coup d'aile ivre
Ce lac dur oublié que hante sous le givre
Le transparent glacier [2] des vols qui n'ont pas fui [3] !

Un cygne d'autrefois [4] se souvient que c'est lui
Magnifique [5] mais qui sans espoir se délivre [6]
Pour n'avoir pas chanté [7] la région où vivre [8]
Quand du stérile hiver a resplendi l'ennui [9].

Tout son col secouera cette blanche agonie
Par l'espace infligée à l'oiseau qui le nie [10],
Mais non l'horreur du sol où le plumage est pris [11].

Fantôme qu'à ce lieu son pur éclat assigne [12],
Il s'immobilise au [13] songe froid de mépris [14]
Que vêt parmi [15] l'exil inutile [16] le Cygne.

(Librairie Gallimard, éditeur).

– *Commentez le symbole dans son développement ; appréciez l'assimilation du poète à un cygne.*
– *Montrez comment s'opposent, en dépit de certaines apparences, la limpidité de l'azur où le cygne rêve de prendre son essor, et la stérilité transparente et glacée de son exil.*
– L'art. *a) On qualifie ce sonnet de « symphonie en i majeur » : étudiez l'effet du son i à la rime et dans le cours des vers ; – b) Montrez comment le poète nous rend sensibles, par la magie des sons, l'espoir, le regret, la nostalgie et la douloureuse impuissance du cygne et du poète.*
• **Groupe thématique. Le thème du cygne.** MALLARMÉ, BAUDELAIRE, p. 447, SULLY PRUDHOMME, p. 424.
– *Essai. Le sentiment de l'impuissance de l'artiste et sa traduction poétique dans les poèmes des p. 532-535 (on pourra citer aussi Musset et Baudelaire).*
– *Commentaire composé (en équipe). Tentez d'établir le commentaire composé de ce poème difficile.*

— 1 Emploi *explétif*, ou plutôt *expressif*. — 2 Le cygne est pris sous la glace. — 3 Et des poèmes qui ne sont pas nés. — 4 Tel est le drame du cygne : il se sent identique à lui-même ; or, ne pouvant plus voler, est-il encore un cygne ? (cf. *Fantôme*, v. 12). — 5 Qui *fut* magnifique. — 6 Tente sans espoir de se délivrer. — 7 Voilà la faute qu'expient le cygne et le poète. — 8 L'Azur. — 9 Considéré souvent par Mallarmé comme la saison de la création lucide, l'*hiver* est ici stérilisant. Pour l'*ennui*, cf. p. 534, v. 13-16 et p. 535 *(Brise marine)*, v. 11-12. — 10 Comme le poète tentait de nier l'Azur (cf. p. 534, v. 21-28). — 11 Il pourra redresser la tête hors de sa prison de glace, mais non prendre son vol. — 12 Il est voué soit à l'azur éthéré, soit à cet exil glacé. — 13 Dans le. — 14 De mépris pour lui-même. — 15 Archaïsme. — 16 L'exil loin de l'Azur ; exil *infécond*, et aussi *vain* car le cygne ne peut oublier sa vocation.

LE TOMBEAU D'EDGAR POE

MALLARMÉ considérait EDGAR POE (1809-1849) comme son *maître en poésie* au même titre que Baudelaire. Aussi contribua-t-il par le sonnet que voici à célébrer sa mémoire, lorsqu'un monument lui fut élevé à Baltimore, « un bloc de basalte que l'Amérique appuya sur l'ombre légère du Poète, pour sa sécurité qu'elle n'en ressortît jamais ». Mallarmé semble d'abord *imaginer le bas-relief* qui aurait pu orner ce monument ; puis il médite sur l'*incompréhension* dont Edgar Poe fut victime ; enfin, dans un puissant *élargissement*, il montre la valeur *symbolique* du simple bloc de pierre sans sculptures. (Première publication : 1877).

Tel qu'en Lui-même enfin l'éternité le change,
Le poète suscite [1] avec un glaive nu [2]
Son siècle épouvanté de n'avoir pas connu [3]
Que la mort triomphait dans cette voix étrange [4] !

Eux [5], comme un vil sursaut d'hydre [6] oyant jadis l'ange
Donner un sens plus pur aux mots de la tribu [7],
Proclamèrent très haut le sortilège bu [8]
Dans le flot sans honneur de quelque noir mélange [9].

Du sol et de la nue hostiles, ô grief [10] !
Si notre idée avec [11] ne sculpte un bas-relief
Dont la tombe de Poe éblouissante s'orne [12],

Calme bloc ici-bas chu d'un désastre obscur [13],
Que ce granit du moins montre à jamais sa borne [14]
Aux noirs vols du Blasphème épars dans le futur [15] !

(Librairie Gallimard, éditeur).

– Composition. *Étudiez l'enchaînement des idées dans ce sonnet.*
– *Appréciez la façon dont les idées sont transcrites en images, par une sorte de* mythologie *nouvelle.*
– *Comment* MALLARMÉ *nous engage-t-il à considérer* POE *et plus généralement le Poète ? En quoi peut-on reconnaître ici :* a) *un thème romantique ;* – b) *la conception de la poésie propre à* MALLARMÉ *?*
– *Commentez des constructions hardies et des sonorités suggestives ; quels sont les vers les plus frappants ?*
• **Groupe thématique. La technique du sonnet** chez MALLARMÉ comparée à celle de BAUDELAIRE et des poètes de la Pléiade.
• **Groupe thématique. La protestation** de MALLARMÉ et celle de VIGNY dans *Chatterton*, p. 255-262.
– *Commentaire composé (en équipe). Tentez d'établir le commentaire composé de ce poème difficile.*

— 1 Réveille (sens étymologique), arrache à la vie matérielle. — 2 Le Poète devient *archange* (cf. l'*ange*, v. 5). — 3 Reconnu, compris. — 4 La *mort* hantait l'imagination d'Edgar Poe ; cf. aussi le rôle de l'*absence*, du *néant* dans la poésie de Mallarmé. — 5 Ses contemporains *(son siècle)*. — 6 La *foule* devient un monstre aux mille têtes. — 7 Appliquer ce vers à la poésie de Mallarmé. — 8 Quelle serait la construction courante ? — 9 On disait qu'Edgar Poe puisait son inspiration dans l'alcool. — 10 Mallarmé déplore les *torts* des hommes (le *sol*) et du destin (la *nue*) envers Edgar Poe. — 11 Avec le *bloc* (v. 12). — 12 Subjonctif. — 13 Considéré comme un *aérolithe*, le bloc de pierre représente symboliquement cet autre *météore* : la poésie d'Edgar Poe. — 14 La limite infranchissable qu'il constitue. — 15 Apprécier dans ce vers l'esquisse d'un *mythe*.

Sainte

Le titre primitif de ce poème, composé en 1865, était plus explicite : *Sainte Cécile jouant sur l'aile d'un chérubin* (cf. v. 9-16). Mais MALLARMÉ a voulu rendre *plus immatérielle* encore l'évocation de cette figure de vitrail et de la musique qu'il entendait résonner au fond de lui-même tandis qu'il la contemplait en imagination.

A la fenêtre [1] recélant
Le santal [2] vieux qui se dédore
De sa viole étincelant
Jadis avec flûte ou mandore [3],

Est la Sainte pâle, étalant
Le livre vieux [4] qui se déplie
Du Magnificat ruisselant
Jadis selon vêpre et complie [5] :

A ce vitrage d'ostensoir [6]
Que frôle une harpe par l'Ange
Formée avec son vol du soir [7]
Pour la délicate phalange

Du doigt que, sans le vieux santal
Ni le vieux livre, elle balance
Sur le plumage instrumental,
Musicienne du silence [8].

(Librairie Gallimard, éditeur).

Une dentelle...

Cette pièce fait partie d'un groupe de quatre sonnets publiés en 1887 et reliés par le thème de *l'absence*. Ici, du vide de la chambre sans lit, dans la pâle lumière de l'aube, MALLARMÉ passe à cette impression de vide intérieur qui est *aspiration à la poésie*, et à une autre *absence*, pathétique, celle d'une œuvre réalisant son idéal (cf. « on *aurait pu* naître »).

Une dentelle [9] s'abolit
Dans le doute du Jeu suprême [10]
A n'entr'ouvrir [11] comme un blasphème
Qu'absence éternelle de lit [12].

Cet unanime blanc conflit
D'une guirlande avec la même [13],
Enfoui contre la vitre blême
Flotte plus qu'il n'ensevelit.

Mais chez qui [14] du rêve se dore
Tristement dort une mandore [15]
Au creux néant musicien [16]

Telle [17] que vers quelque fenêtre [18]
Selon nul ventre que [19] le sien
Filial on aurait pu naître [20]

A la nue...

Paru pour la première fois en 1895, ce sonnet révèle un nouveau progrès de MALLARMÉ dans le sens de l'hermétisme : *la ponctuation disparaît* (sauf aux vers 5-6). Après *l'absence*, c'est le *désastre*, le *naufrage* qui, peut-être, a déchaîné sa fureur pour n'ensevelir qu'un *rêve* (« le flanc enfant d'une sirène ») : nouveau symbole de la *création avortée*.

A la nue accablante tu [21]
Basse [22] de basalte et de laves
A même les échos esclaves
Par une trompe sans vertu

Quel sépulcral naufrage (tu
Le sais, écume, mais y baves)
Suprême une entre les épaves [23]
Abolit le mât devêtu [24]

Ou cela [25] que furibond faute
De quelque perdition haute [26]
Tout l'abîme vain éployé

Dans le si blanc cheveu qui traîne [27]
Avarement aura noyé
Le flanc enfant d'une sirène.

(Librairie Gallimard, éditeur).

— 1 Sur le vitrail (cf. v. 9) ; mais la Sainte apparaît comme *à la fenêtre*. — 2 Le bois de la viole. — 3 Ancien instrument à cordes, voisin de la mandoline. — 4 *Le missel*. Noter la place de l'adj. (cf. v. 2). — 5 Offices de l'après-midi et du soir. — 6 Cf. p. 439, n. 11. — 7 Avec son *aile* (cf. v. 15), dans le soir. — 8 Expression applicable à la poésie même de Mallarmé. — 9 La dentelle des *rideaux* : cf. *contre la vitre* (v. 7). — 10 Dans la lumière incertaine de l'aube (le *Jeu* est sans doute l'alternance de la nuit et du jour). — 11 En ne révélant. — 12 La chambre est vide. — 13 Avec *elle-même* ; c'est un « fouillis de dentelles » (Mme E. Noulet). — 14 *Chez celui chez qui* (le poète). — 15 Cf. n. 3. 16 La *caisse de résonance* de la mandore, et *l'aspiration* du poète (cf. v. 13). — 17 Se rapporte à *mandore*. — 18 Cf. *Les Fenêtres*. — 19 Sinon. — 20 Le poète ne peut *naître à l'art* que selon ses aspirations personnelles. — 21 Du verbe *taire* ; se rapporte à *naufrage*. 22 Apposition à *nue*. — 23 Le vers forme une apposition à *mât*. — 24 De ses voiles. — 25 Complément de *abolit* ; repris par *flanc*. — 26 Comme le *mât*. — 27 L'écume.

LE SYMBOLISME

Un idéal et une « école » Lorsqu'on parle de *symbolisme* à propos de la poésie française du XIXᵉ siècle, on désigne tantôt *un large courant d'idéalisme poétique* qui s'étend sur toute la seconde moitié du siècle, tantôt *une école littéraire* qui triomphe vers les années 1885-1900, ou, pour mieux dire, un groupe de poètes unis par des aspirations communes et des vues analogues sur la technique du vers. Il convient donc de distinguer un courant symboliste et une école symboliste, pour dissiper dans la mesure du possible l'ambiguïté que ce mot présente, par la fluidité même des notions qu'il résume. On notera que nos plus grands poètes symbolistes, de Nerval à Mallarmé, ont vécu avant la constitution de l'école symboliste ou ne se sont pas rangés expressément sous sa bannière. Quant au symbolisme considéré comme une école, il s'émiette en une série de groupes éphémères : décadents, vers-libristes, instrumentistes, etc...

L'idéal symboliste MYSTÈRE ET SUGGESTION. Le symbolisme repose sur le *sens du mystère :* le mystère règne en nous et autour de nous, il est l'essence même de la réalité. Ainsi la poésie ne saurait être descriptive ; pour atteindre l'âme des choses, au-delà des apparences, elle usera du *symbole*, elle se fera *suggestive, fluide, musicale* et *incantatoire*. Elle sera liée à une philosophie de l'inconnaissable et du subconscient : c'est le *rêve* de chaque poète qui s'exprimera dans son œuvre. On est à l'opposé de la conception parnassienne, du positivisme et du réalisme.

LES PRÉCURSEURS. Pour découvrir les origines lointaines du symbolisme, il faudrait remonter jusqu'aux illuministes du XVIIIᵉ siècle (Swedenborg, Mesmer, Saint-Martin) et même jusqu'à la théorie platonicienne des *idées ;* sans aller jusque là, on voit cette conception prendre corps au XIXᵉ siècle chez des poètes appartenant à deux générations.

1. LA PREMIÈRE GÉNÉRATION. Dès 1822, HUGO déclare : « La poésie, c'est tout ce qu'il y a d'intime dans tout », et il affirme l'existence d'un monde idéal, sous le monde réel (cf. p. 159, *Les Odes*) ; plus tard il tentera de percer le mystère du monde et confiera ses révélations au verbe poétique (cf. p. 173). Mais les véritables initiateurs du symbolisme sont NERVAL et BAUDELAIRE, le premier par son *expérience du surréel* et l'*épanchement du rêve dans sa vie* (cf. p. 271-272), le second par sa théorie poétique et mystique des *correspondances* (cf. p. 431).

2. LA SECONDE GÉNÉRATION. En 1869 paraissent les *Chants de Maldoror*, de LAUTRÉAMONT (1846-1870 ; de son vrai nom, Isidore Ducasse). Si cette œuvre exaltée, fulgurante et cruelle annonce surtout le surréalisme, elle s'inscrit aussi dans le mouvement symboliste. Ce poème en prose, venant après ceux de Baudelaire (cf. p. 454), avant ceux de Rimbaud (cf. p. 527), contribue à la libération de la forme poétique ; et surtout il traduit de façon symbolique les angoisses presque démentes de son auteur et sa terrible hantise du Mal.

Avec VERLAINE, la poésie devient musique suggestive ; par la « nuance », la « méprise » ou des symboles subtils, elle parvient à évoquer des états à demi conscients, presque insaisissables : rêves, nostalgie, malaise ou béatitude (cf. p. 503-516). Plus hardi, RIMBAUD accentue l'aspect *surréel* du symbolisme et, cherchant à créer un langage « accessible à tous les sens », rompt avec les traditions de la forme poétique (cf. p. 517-528). Quant à MALLARMÉ, il reste à l'écart de toute école, et pousse bien au-delà du symbole proprement dit sur la voie de l'*hermétisme ;* mais sa haute conception de l'*idéal*, son dévouement total au sacerdoce poétique et ses dons exceptionnels font de lui le plus grand et le plus pur de nos symbolistes (cf. p. 529-538).

Enfin des poètes moins illustres ont également contribué à l'avènement du symbolisme: Charles Cros (1842-1888), Tristan Corbière (1845-1875 ; *Les Amours jaunes*, 1873) et Germain Nouveau (1852-1920), qui fut l'ami de Rimbaud.

L'école symboliste   I. LES DÉCADENTS. Vers 1880 plusieurs jeunes poètes vont secouer le joug de la stricte discipline parnassienne. Comme il arrive dans les périodes de *décadence*, ils cherchent dans le laisser-aller un suprême raffinement, désarticulant le vers et la syntaxe, mêlant à des recherches subtiles les tours familiers, les jeux de mots, la naïveté des refrains populaires. Bientôt ils se pareront du titre de *décadents*, péjoratif dans la bouche de leurs adversaires. En 1884, Verlaine fait connaître Tristan Corbière et Rimbaud *(Les Poètes maudits)* ; dans *A Rebours*, Huysmans célèbre Mallarmé et lance, avec son héros Des Esseintes, le type du décadent. En 1885, un volume de parodies, *Les Déliquescences d'Adoré Floupette*, par Gabriel Vicaire et Henri Beauclair, loin de nuire à la nouvelle école, met en vedette des poètes tels que Laurent Tailhade, Georges Rodenbach, Éphraïm Mikhaël et JULES LAFORGUE (cf. p. 541).

II. LES SYMBOLISTES. 1. REVUES ET MANIFESTES. Le « décadisme » est bientôt détrôné par le symbolisme, et *Le Décadent* par de nouvelles revues : *Le Symboliste*, créé par Gustave Kahn (1886), *La Plume* (1889), *Le Mercure de France* (1890), *La Revue blanche* (1891). En septembre 1886, JEAN MORÉAS donne au *Figaro* le *Manifeste du symbolisme ;* la poésie cherchera dans les apparences sensibles « leurs affinités ésotériques [accessibles aux seuls initiés] avec des Idées primordiales ». La même année, René Ghil publie son *Traité du Verbe*, précédé d'un *Avant-dire* de Mallarmé ; il y expose une théorie de l'*instrumentation verbale*, qui reprend et amplifie les correspondances établies par Rimbaud dans le sonnet des *Voyelles* (cf. p. 521).

2. LE VERS LIBRE. Pour le rythme, Moréas recommande « l'alexandrin à arrêts multiples et mobiles » et certains mètres impairs ; Albert Samain s'en tient au vers classique. Mais l'une des principales innovations des symbolistes réside dans l'usage du *vers libre*, inauguré simultanément par LAFORGUE et KAHN, et pratiqué après eux par Stuart Merrill et Vielé-Griffin. La longueur du vers et l'organisation de la strophe ne sont plus soumises à des règles fixes (cf. p. 541) ; on emploie des vers de plus de douze syllabes, comme Merrill dans ce quatrain des *Fastes (La Visitation de l'Amour) :*

> Je veux que l'Amour entre comme un ami dans notre maison,
> Disais-tu, bien-aimée, ce soir rouge d'automne
> Où dans leur cage d'osier les tourterelles monotones
> Râlaient, palpitant en soudaine pâmoison.

La rime s'atténue en assonance, ou même elle disparaît. Le rythme des poèmes se modèle sur celui des émotions ou de la rêverie, et l'on voit s'effacer progressivement la distinction entre le vers et la prose rythmée.

III. L'ÉCOLE ROMANE. Mais une *réaction* se dessine bientôt contre les « déliquescences » du sentiment et la dislocation du vers. Fils de la Grèce antique (cf. p. 545), JEAN MORÉAS rompt avec les symbolistes et fonde en 1891 l'*école romane*, qui retrouve une inspiration plus sobre et une technique toute classique, à l'imitation des nos poètes de la Pléiade et du XVIIe siècle. Moréas est suivi par Ernest Raynaud, Raymond de La Tailhède, Maurice du Plessys et Charles Maurras.

Pourtant le symbolisme survit à cette crise : les dernières années du XIXe siècle et le début du XXe verront s'épanouir un *néo-symbolisme* illustré par de grands poètes.

Un décadent :   La vie de JULES LAFORGUE (1860-1887) fut brève et
Jules Laforgue   triste. Ayant perdu sa mère de bonne heure, il ne trouve
                      qu'auprès de sa sœur la tendresse à laquelle son âme aspire.
Maladif, pauvre et mélancolique, il adopte une philosophie pessimiste, voilée par un humour désinvolte mais au fond pathétique. Lecteur de l'impératrice à la cour de Berlin (1881), il rentre en France en 1886 et meurt tuberculeux l'année suivante. Il avait publié *Les Complaintes* (1885) et *L'Imitation de Notre-Dame la Lune* (1886) ; à sa mort il laissait d'autres poèmes : *Derniers Vers*, *Le Sanglot de la Terre*, et un recueil de contes, les *Moralités légendaires*. Parmi les gamineries « estudiantines », on discerne dans son œuvre une *fantaisie poétique* extrêmement originale et une *émouvante sincérité*.

L'hiver qui vient

Ce poème en *vers libres* représente assez bien la tendance *décadente* : une familiarité presque triviale, ou réaliste avec ostentation, y coudoie des raffinements très subtils du sentiment, de l'image et de l'expression. Mais au-delà des modes transitoires, c'est la *nature* de LAFORGUE qu'il révèle, sa fantaisie à la fois railleuse et poétique, sa tristesse, et l'obsession du mal qui le ronge (cf. v. 66-70). — *Derniers Vers.*

Blocus sentimental [1] ! Messageries du Levant !...
Oh ! tombée de la pluie ! Oh ! tombée de la nuit,
Oh ! le vent !...
La Toussaint, la Noël et la Nouvelle Année,
Oh ! dans les bruines, toutes mes cheminées !...
D'usines...

On ne peut plus s'asseoir, tous les bancs sont mouillés ;
Crois-moi, c'est bien fini jusqu'à l'année prochaine,
Tant les bancs sont mouillés, tant les bois sont rouillés,
10 Et tant les cors ont fait ton ton, ont fait ton taine !...

Ah ! nuées accourues des côtes de la Manche,
Vous nous avez gâté notre dernier dimanche.

Il bruine ;
Dans la forêt mouillée, les toiles d'araignées
Ploient sous les gouttes d'eau, et c'est leur ruine.

Soleils plénipotentiaires des travaux en blonds Pactoles
Des spectacles agricoles [2],
Où êtes-vous ensevelis ?
Ce soir un soleil fichu [3] gît au haut du coteau,
20 Gît sur le flanc, dans les genêts, sur son manteau :
Un soleil blanc comme un crachat d'estaminet
Sur une litière de jaunes genêts,
De jaunes genêts d'automne.
Et les cors lui sonnent [4] !
Qu'il revienne...
Qu'il revienne à lui !
Taïaut ! taïaut ! et hallali !
O triste antienne, as-tu fini !...
Et font les fous !...
30 Et il gît là, comme une glande arrachée dans un cou,
Et il frissonne, sans personne !...

Allons, allons, et hallali !
C'est l'Hiver bien connu qui s'amène ;

— 1 Cf. Blocus *continental* !... Apprécier l'humour et cf. le jeu de mots v. 64-65 *(paniers, robes à paniers...).* — 2 Soleils *tout-puissants* présidant aux *riches* moissons *dorées.* — 3 Relever d'autres termes très familiers. — 4 *Cors* est aussi le sujet de *font* (v. 29).

Oh ! les tournants des grandes routes,
Et sans petit Chaperon Rouge qui chemine !...
Oh ! leurs ornières des chars de l'autre mois,
Montant en donquichottesques rails
Vers les patrouilles des nuées en déroute
Que le vent malmène vers les transatlantiques bercails !...
40 Accélérons, accélérons, c'est la saison bien connue, cette fois.

Et le vent, cette nuit, il en a fait de belles !
O dégâts, ô nids, ô modestes jardinets !
Mon cœur et mon sommeil : ô échos des cognées !...

Tous ces rameaux avaient encor leurs feuilles vertes,
Les sous-bois ne sont plus qu'un fumier de feuilles mortes ;
Feuilles, folioles, qu'un bon vent vous emporte
Vers les étangs par ribambelles,
Ou pour le feu du garde-chasse,
Ou les sommiers des ambulances
50 Pour les soldats loin de la France.

C'est la saison, c'est la saison, la rouille envahit les masses,
La rouille ronge en leurs spleens kilométriques
Les fils télégraphiques des grandes routes où nul ne passe.

Les cors, les cors, les cors — mélancoliques !...
Mélancoliques !...
S'en vont, changeant de ton,
Changeant de ton et de musique,
Ton ton, ton taine, ton ton !...
Les cors, les cors, les cors...
60 S'en sont allés au vent du Nord.

Je ne puis plus quitter ce ton : que d'échos !...
C'est la saison, c'est la saison, adieu vendanges !...
Voici venir les pluies d'une patience d'ange,
Adieu vendanges, et adieu tous les paniers,
Tous les paniers Watteau des bourrées sous les marronniers.
C'est la toux dans les dortoirs du lycée qui rentre,
C'est la tisane sans le foyer,
La phtisie pulmonaire attristant le quartier,
Et toute la misère des grands centres.

70 Mais, lainages, caoutchoucs, pharmacie, rêve,
Rideaux écartés du haut des balcons des grèves
Devant l'océan de toitures des faubourgs,
Lampes, estampes, thé, petits-fours,
Serez-vous pas mes seules amours !
(Oh ! et puis, est-ce que tu connais, outre les pianos,
Le sobre et vespéral mystère hebdomadaire
Des statistiques sanitaires
Dans les journaux ?)

Non, non ! c'est la saison et la planète falote [5] !
80 Que l'autan [6], que l'autan
Effiloche les savates que le Temps se tricote !
C'est la saison. Oh déchirements ! c'est la saison !
Tous les ans, tous les ans,
J'essaierai en chœur d'en donner la note.

Un modéré :
Albert Samain

La vie discrète d'ALBERT SAMAIN (1858-1900), modeste expéditionnaire à l'Hôtel-de-Ville de Paris, fut transfigurée par sa passion pour la poésie. Il publia deux recueils lyriques, *Au Jardin de l'Infante* (1893) et *Aux Flancs du Vase* (1898), suivis, après sa mort, du *Chariot d'or* et d'un drame en vers, *Polyphème*. Sa sensibilité élégante et délicate, presque féminine, lui a inspiré des poèmes rêveurs et nostalgiques, très représentatifs de *l'atmosphère symboliste*. Mais en réalité Samain s'écarte peu de la poésie traditionnelle : ses symboles restent toujours clairs, il n'est ni tenté ni par l'hermétisme ni par le vers libre, et son maître est Victor Hugo plus encore que Baudelaire.

Mon âme est une infante...

On trouvera ici un exemple de ces *paysages d'âme* qu'ont aimés les symbolistes. Cette poésie manque sans doute de vigueur, mais, dans sa distinction langoureuse et son allusion constante à une réalité mystérieuse au-delà des choses visibles, elle nous incite au *rêve* et possède un remarquable pouvoir de *suggestion*. En outre, elle nous rappelle la complexité des courants littéraires qui s'entre-croisent en cette fin de siècle, car si l'atmosphère est symboliste, ALBERT SAMAIN s'inspire volontiers de Victor Hugo, et il montre un goût du décor somptueux qui l'apparente aux Parnassiens.

Mon âme est une infante en robe de parade,
Dont l'exil [1] se reflète, éternel et royal,
Aux grands miroirs déserts d'un vieil Escurial,
Ainsi qu'une galère oubliée en la rade [2].

Aux pieds de son fauteuil, allongés noblement,
Deux lévriers d'Écosse aux yeux mélancoliques [3]
Chassent, quand il lui plaît, les bêtes symboliques [4]
Dans la forêt du rêve et de l'Enchantement.

Son page favori, qui s'appelle Naguère [5],
10 Lui lit d'ensorcelants poèmes à mi-voix,
Cependant qu'immobile, une tulipe aux doigts [6],
Elle écoute mourir en elle leur mystère...

— 5 La *lune*, chère à Laforgue ainsi que le mot *falot*. — 6 Vent violent, bourrasque d'automne ou d'hiver.

— 1 Commenter cet emploi d'un mot abstrait ; relever d'autres exemples. — 2 L'infante, l'Escurial, la galère (cf. v. 23-24) font penser à *La Rose de l'Infante* dans la *Légende des Siècles*. — 3 Ces animaux racés contribuent à créer l'atmosphère de distinction rêveuse et aristocratique. — 4 Cf. les tapisseries de la Dame à la *licorne* (XVᵉ siècle) et le symbolisme du *Roman de la Rose* ou des poèmes de Charles d'Orléans (*Moyen Age*, p. 191-196 et 205-209). — 5 Que représentent ce page et les poèmes qu'il lit ? — 6 Dans le poème de Hugo, l'infante tient une *rose* : cf. aussi le vers de Vigny : « Marche à travers les champs *une fleur à la main* » (p. 138, v. 28).

Le parc alentour d'elle étend ses frondaisons,
Ses marbres, ses bassins, ses rampes à balustres,
Et, grave, elle s'enivre à ces songes illustres
Que recèlent pour nous les nobles horizons.

Elle est là résignée, et douce, et sans surprise,
Sachant trop pour lutter comme tout est fatal,
Et se sentant, malgré quelque dédain natal,
20 Sensible à la pitié comme l'onde à la brise.

Elle est là résignée, et douce en ses sanglots,
Plus sombre seulement quand elle évoque en songe
Quelque Armada sombrée à l'éternel mensonge,
Et tant de beaux espoirs endormis sous les flots [7].

Des soirs [8] trop lourds de pourpre où sa fierté soupire,
Les portraits de Van Dyck aux beaux doigts longs et purs [9],
Pâles en velours noir sur l'or vieilli des murs,
En leurs grands airs défunts la font rêver d'empire.

Les vieux mirages d'or [10] ont dissipé son deuil,
30 Et dans les visions où son ennui s'échappe,
Soudain — gloire ou soleil — un rayon qui la frappe
Allume en elle tous les rubis de l'orgueil.

Mais d'un sourire triste elle apaise ces fièvres ;
Et, redoutant la foule aux tumultes de fer,
Elle écoute la vie — au loin — comme la mer...
Et le secret se fait plus profond sur ses lèvres.

Rien n'émeut d'un frisson l'eau pâle de ses yeux
Où s'est assis l'Esprit voilé des Villes mortes [11] ;
Et par les salles, où sans bruit tournent les portes [12],
40 Elle va, s'enchantant de mots mystérieux.

L'eau vaine [13] des jets d'eau là-bas tombe en cascade,
Et, pâle à la croisée, une tulipe aux doigts,
Elle est là, reflétée aux miroirs d'autrefois,
Ainsi qu'une galère oubliée en la rade.

Mon Ame est une infante en robe de parade [14].

Au Jardin de l'Infante (Mercure de France, éditeur).

— 7 Cf. *La Rose de l'Infante* ; expliquer le symbole. — 8 Quelle est la fonction de ce mot ? — 9 Cf. les portraits de Charles Ier, d'Henriette d'Angleterre, de l'artiste par lui-même, de sa femme, etc. — 10 Montrer que cette expression recèle plusieurs sens superposés. — 11 Cf. Bruges-la-morte et ses canaux ; commenter l'allégorie. — 12 Autour de l'infante, des présences devinées, mais aucun être visible. — 13 Préciser le sens. — 14 Apprécier l'effet produit, depuis le v. 42, par la répétition d'expressions ou de vers entiers du début du poème.

La réaction romane Né à Athènes en 1856, Johannès Papadiamantopoulos
Jean Moréas se fixe bientôt à Paris et prend le pseudonyme de JEAN
MORÉAS. Ses premiers recueils, *Les Syrtes* (1884) et *Les*
Cantilènes (1886), font de lui. le chef du groupe symboliste, dont il rédige le manifeste.
Mais parmi les raffinements quintessenciés il a conservé le goût de la plastique grecque
et de la beauté classique. Fondateur de l'école romane (1891), il traduit dans les vers
impeccables des *Stances* (1899-1901) ses impressions, ses déceptions, son culte de la
poésie et sa tristesse stoïque. Il meurt à Saint-Mandé en 1910.

Stances

Le titre même de *Stances* évoque la poésie *classique*. Dans ces courtes pièces, JEAN MORÉAS
vise à la perfection formelle et impose à sa sensibilité frémissante une stricte discipline : jamais
l'émotion n'est épuisée ; elle s'exprime avec discrétion et s'épure, à la flamme de l'art (cf. v. 39-40),
en images ou en visions de *beauté*.

Ne dites pas : la vie est un joyeux festin [1] ;
Ou c'est d'un esprit sot ou c'est d'une âme basse.
Surtout ne dites point : elle est malheur sans fin ;
C'est d'un mauvais courage et qui trop tôt se lasse.

Riez comme au printemps s'agitent les rameaux,
Pleurez comme la bise ou le flot sur la grève [2],
Goûtez tous les plaisirs et souffrez tous les maux ;
Et dites : c'est beaucoup et c'est l'ombre d'un rêve [3].

(I, 11.)

***

Les morts m'écoutent seuls, j'habite les tombeaux [4] ;
10 Jusqu'au bout je serai l'ennemi de moi-même.
Ma gloire est aux ingrats, mon grain est aux corbeaux ;
Sans récolter jamais je laboure et je sème [5].

Je ne me plaindrai pas : qu'importe l'Aquilon [6],
L'opprobre et le mépris, la face de l'injure !
Puisque quand je te touche, ô lyre d'Apollon,
Tu sonnes chaque fois plus savante et plus pure [7] ?

(I, 12.)

***

Quand pourrai-je, quittant tous les soins inutiles
Et le vulgaire ennui de l'affreuse cité,
Me reconnaître [8] enfin dans les bois, frais asiles,
20 Et sur les calmes bords d'un lac plein de clarté !

— 1 Formule épicurienne souvent reprise par nos poètes (cf. La Fontaine, *XVIIᵉ Siècle*, p. 249, v. 52 ; Gilbert, *XVIIIᵉ Siècle*, p. 364, v. 25). — 2 Apprécier ces comparaisons symboliques ; cf. v. 25-28. — 3 Commenter l'expression et l'attitude devant la vie que révèle ce poème. — 4 Caractériser le ton de ce début. — 5 Cf. v. 27-28. — 6 Que représente ce vent ? — 7 Cf. v. 29-40. — 8 Préciser le sens.

Mais plutôt, je voudrais songer sur tes rivages,
Mer, de mes premiers jours berceau délicieux [9].
J'écouterai gémir tes mouettes sauvages,
L'écume de tes flots rafraîchira mes yeux.

Ah ! le précoce hiver a-t-il rien qui m'étonne ?
Tous les présents d'avril, je les ai dissipés,
Et je n'ai pas cueilli la grappe de l'automne,
Et mes riches épis, d'autres les ont coupés.

                                                    (II, 7.)

                            *
                          *   *

O toi qui sur mes jours de tristesse et d'épreuve
30   Seule reluis encor,
Comme un ciel étoilé qui, dans la nuit d'un fleuve,
          Brise ses flèches d'or [10],

Aimable poésie, enveloppe mon âme
            D'un subtil élément,
Que je devienne l'eau, la tempête et la flamme,
          La feuille et le sarment ;

Que, sans m'inquiéter de ce qui trouble l'homme,
            Je croisse verdoyant
Tel un chêne divin [11], et que je me consomme [12]
40   Comme le feu brillant [13] !

                                                    (III, 12.)

                            *
                          *   *

Sunium, Sunium [14], sublime promontoire
            Sous le ciel le plus beau,
De l'âme et de l'esprit, de toute humaine gloire
            Le berceau, le tombeau !

Jadis, bien jeune encor, lorsque le jour splendide
            Sort de l'ombre vainqueur [15],
Ton image a blessé, comme d'un trait rapide [16],
            Les forces de mon cœur.

Ah ! qu'il saigne, ce cœur ! et toi, mortelle vue,
50   Garde toujours doublé [17],
Au-dessus d'une mer azurée et chenue [18],
            Un temple mutilé [19].   (IV, 4.)

                    Les Stances (Mercure de France, éditeur).

— 9 Cf. v. 41-52. — 11 Explique cette belle image. — 11 Souvenir de l'antiquité et des poètes de la Pléiade (cf. *XVIe Siècle* : Du Bellay, p. 106 et Ronsard, p. 127-128, v. 31-42). — 12 Que je me *consume* (emprunt à la langue du XVIe). — 13 La strophe utilisée ici est celle de Malherbe dans la *Consolation à M. du Périer* (cf. *XVIIe Siècle*, p. 19). Examiner l'effet produit par les vers de 6 syllabes. —

14 Cap à l'extrémité sud de l'Attique, où se dressent les ruines d'un temple de Poseidon. 15 Le combat de la lumière contre les ténèbres prend la valeur d'un mythe. — 16 Cf. les flèches d'Apollon, dieu de la lumière. — 17 Le temple est *doublé* par son reflet dans les flots. — 18 Blanchissante d'écume (souvenir de la poésie grecque). — 19 Apprécier l'effet de ce mot final et ses résonances symboliques.

LE ROMAN IDÉALISTE

Représenté dans la première moitié du XIXᵉ siècle par GEORGE SAND (cf. p. 295), le *courant idéaliste* subsiste en pleine période réaliste et naturaliste. On lit encore les romans de Jules SANDEAU, *Mademoiselle de la Seiglière* (1848), *La Roche aux Mouettes* (1871) ; ceux d'Octave FEUILLET, *Le Roman d'un jeune homme pauvre* (1848), *M. de Camors* (1867), *Julia de Trécœur* (1872) ; et ceux d'Hector MALOT, *Romain Kalbris* (1869), *Sans famille* (1878). Mais, il faut l'avouer, la plupart de ces œuvres romanesques nous paraissent aujourd'hui bien fades et conventionnelles. Toutefois, entre les auteurs restés à l'écart du mouvement réaliste, EUGÈNE FROMENTIN mérite une place à part, avec *Dominique* (1862), un des chefs-d'œuvre du roman d'analyse (cf. ci-dessous).

A la tendance idéaliste on peut également rattacher des écrivains plus passionnés, qui professent un *catholicisme militant* et réagissent violemment contre le matérialisme :

BARBEY D'AUREVILLY, polémiste fougueux, dont les romans et nouvelles sont très dramatiques, a le goût de l'étrange et du mystère (*L'Ensorcelée ; Les Diaboliques*, 1874).

VILLIERS DE L'ISLE ADAM, génie satirique, d'une ironie aiguë (*Contes Cruels*, 1883 ; *L'Ève future*, 1886 ; *Nouveaux Contes Cruels*, 1888), a mis en scène dans *Axel* (1890) des héros qui méprisent les choses terrestres et ne trouvent de refuge que dans la mort.

LÉON BLOY, critique virulent des mœurs modernes, du positivisme et de la démocratie (*Le Désespéré*, 1886), est un « pèlerin de l'Absolu » ; son désespoir n'a qu'une limite : la foi.

Parmi ces écrivains dont l'idéalisme est lié à la ferveur religieuse, le cas le plus intéressant est celui de HUYSMANS (cf. p. 553), transfuge du naturalisme.

Eugène Fromentin

Né à La Rochelle, EUGÈNE FROMENTIN (1820-1876) passe son enfance dans le domaine familial de Saint-Maurice, recueillant des impressions de *nature* qui resteront ineffaçables. Pendant ses études au collège de La Rochelle, il s'éprend d'une jeune créole, de quatre ans son aînée, Jenny CHESSÉ, et lui dédie des vers ; mais elle se marie à dix-sept ans en 1834. Pour apaiser son désarroi, on envoie le jeune homme à Paris où il se consacre bientôt à la *peinture*. Chaque année, aux vacances, il revoit celle qu'il aime et l'idylle se poursuit, jusqu'à la mort brutale de Jenny (1844). Désemparé, FROMENTIN fait plusieurs séjours en Algérie où l'attire son talent de *peintre orientaliste*. Il en rapporte des toiles éclatantes et deux volumes de souvenirs, *Un été dans le Sahara* (1857) et *Une année dans le Sahel* (1859). Peintre et écrivain de valeur, il se révèlera aussi grand *critique d'art* avec *Les Maîtres d'Autrefois* (Belgique et Hollande, 1876). Mais son œuvre maîtresse reste *Dominique* (1862).

DOMINIQUE

C'est « *le roman du souvenir* ». Avec diverses transpositions destinées à dépister les curieux, FROMENTIN évoque le cadre de sa jeunesse, ses impressions d'enfance, ses compagnons, l'idylle qui a marqué son adolescence. Le romantisme de ces confidences voilées et de certains épisodes romanesques (cf. p. 551), le sentiment poétique de la nature (cf. p. 548), la condition des personnages, leur noblesse morale, le triomphe de la volonté sur les passions les plus ardentes (cf. p. 552) : autant d'éléments qui caractérisent le *roman idéaliste*.

Mais *Dominique* doit à son caractère *autobiographique* un *accent de réalité* qui lui assure une valeur originale. Comme son héros, FROMENTIN avait « le don cruel d'assister à sa vie comme à un spectacle donné par un autre » : aussi le roman s'impose-t-il par l'acuité des *sensations*, la justesse et la pénétration de *l'analyse psychologique*, l'*émotion* de certaines scènes presque muettes, écrites pour revivre de chers souvenirs. Ce chef-d'œuvre du roman personnel contient un *message moral :* FROMENTIN condamne les chimères romantiques : il veut montrer que le bonheur consiste à bien connaître la vie et à la prendre simplement, raisonnablement, « à hauteur d'homme ».

Propriétaire du domaine des Trembles où il vit heureux en famille, DOMINIQUE DE BRAY raconte à un de ses amis le roman de son existence. Orphelin, élevé à la campagne puis au collège, il devient l'ami d'Olivier d'Orsel et de sa cousine MADELEINE, un peu plus âgée que lui. Le regret qu'il éprouve pendant une absence de la jeune fille lui révèle que son amitié s'est

transformée en amour. *Mais hélas, Madeleine est fiancée et devient* MME DE NIÈVRES.
C'est en vain que DOMINIQUE *cherche à l'oublier à Paris, dans le travail et les plaisirs : repris
par sa passion, il invite* MME DE NIÈVRES *et son mari à* passer les vacances aux Trembles.

DEUX MOIS DE BONHEUR

« Ce séjour unique dans mes souvenirs fut un mélange de continuelles délices et de
tourments où je me purifiai. Il n'y a pas un jour qui ne soit marqué par une tentation
petite ou grande, pas une minute qui n'ait eu son battement de cœur, son frisson, son
espérance ou son dépit. Je pourrais vous dire aujourd'hui, moi dont c'est la grande
mémoire, la date et le lieu précis de mille émotions bien légères, et dont la trace est
cependant restée ». Dans cette page s'unissent de façon très heureuse les deux qualités
maîtresses de FROMENTIN : la délicatesse de *l'analyse* et l'aptitude à traduire les nuances
subtiles d'une *sensibilité* toujours en éveil (Chap. XI).

Madeleine n'était jamais venue aux Trembles [1], et ce séjour un peu
triste et fort médiocre lui plaisait pourtant. Quoiqu'elle n'eût pas les
mêmes raisons que moi pour l'aimer, elle m'en avait si souvent entendu
parler, que mes propres souvenirs en faisaient pour elle une sorte de pays
de connaissance et l'aidaient sans doute à s'y trouver bien.

« Votre pays vous ressemble, me disait-elle. Je me serais doutée de ce
qu'il était, rien qu'en vous voyant. Il est soucieux, paisible et d'une
chaleur douce. La vie doit y être très calme et réfléchie. Et je m'explique
maintenant beaucoup mieux certaines bizarreries de votre esprit, qui sont
10 les vrais caractères de votre pays natal. »

Je trouvais le plus grand plaisir à l'introduire aussi dans la familiarité
de tant de choses étroitement liées à ma vie. C'était comme une suite de
confidences subtiles qui l'initiaient à ce que j'avais été, et l'amenaient
à comprendre ce que j'étais. Outre la volonté de l'entourer de bien-être,
de distractions et de soins, il y avait ce secret désir d'établir entre nous
mille rapports d'éducation, d'intelligence, de sensibilité, presque de
naissance et de parenté, qui devaient rendre notre amitié plus légitime
en lui donnant je ne sais combien d'années de plus en arrière.

J'aimais surtout à essayer sur Madeleine l'effet de certaines influences
20 plutôt physiques que morales auxquelles j'étais moi-même si continuellement assujetti. Je la mettais en face de certains tableaux de campagne
choisis parmi ceux qui, invariablement composés d'un peu de verdure,
de beaucoup de soleil et d'une immense étendue de mer, avaient le don
infaillible de m'émouvoir [2]. J'observais dans quel sens elle en serait
frappée, par quels côtés d'indigence ou de grandeur ce triste et grave
horizon toujours nu pourrait lui plaire. Autant que cela m'était permis,
je l'interrogeais sur ces détails de sensibilité tout extérieure. Et lorsque
je la trouvais d'accord avec moi, ce qui arrivait beaucoup plus souvent
que je ne l'eusse espéré, lorsque je distinguais en elle l'écho tout à fait
30 exact et comme l'unisson de la corde émue qui vibrait en moi, c'était une

---

— 1 « En pleine campagne, au bord de notre
mer si belle en pareille saison. » Fromentin
évoque avec ferveur ces paysages d'Aunis et de
Saintonge. — 2 C'est ici le *peintre* qui parle.

conformité de plus dont je me réjouissais comme d'une nouvelle alliance.

Je commençais ainsi à me laisser voir sous beaucoup d'aspects qu'elle avait pu soupçonner, mais sans les comprendre. En jugeant à peu près des habitudes normales de mon existence, elle arrivait à connaître assez exactement quel était le fond caché de ma nature. Mes prédilections lui révélaient une partie de mes aptitudes, et ce qu'elle appelait des bizarreries lui devenait plus clair à mesure qu'elle en découvrait mieux les origines. Rien de tout cela n'était un calcul ; j'y cédais assez ingénument pour n'avoir aucun reproche à me faire, si tant est qu'il y eût là la moindre
40 apparence de séduction ; mais que ce fût innocemment ou non, j'y cédais. Elle en paraissait heureuse. De mon côté, grâce à ces continuelles communications qui créaient entre nous d'innombrables rapports, je devenais plus libre, plus ferme, plus sûr de moi dans tous les sens, et c'était un grand progrès, car Madeleine y voyait un pas fait dans la franchise. Cette fusion complète, et de tous les instants, dura sans aucun accident pendant deux grands mois. Je vous cache les blessures secrètes, infinies ; elles n'étaient rien, si je les compare aux consolations qui aussitôt les guérissaient. Somme toute, j'étais heureux ; oui, je crois que j'étais heureux, si le bonheur consiste à vivre rapidement, à aimer de toutes ses forces, sans aucun sujet de repentir et sans espoir.

– – La composition. *Comment l'auteur nous fait-il percevoir l'intimité progressive qui s'établit entre les deux personnages ? En ont-ils conscience au même degré ?*
– *Définissez le rôle de la nature dans la « fusion » des âmes, et l'originalité de cette conception.*
– *Étudiez le caractère de Dominique : a) d'après la « ressemblance » avec son pays natal ; – b) d'après son attitude envers Madeleine et les sentiments qu'il éprouve.*
• **Comparaison.** *Le paysage et les âmes dans ce passage et dans le* Lys dans la vallée, *p. 318.*
– *Entretien. De quels héros rapprocheriez-vous ces personnages ; à quels personnages les opposeriez-vous ?*

« Un aveu qui n'était plus à faire... »

De retour à Paris, DOMINIQUE comprend que MADELEINE soupçonne son secret ; il s'efforce de prendre l'avantage par tout un jeu de sous-entendus, « sur un terrain semé de pièges » : « Je ne sais quelle envie perverse me prit de la gêner, de l'assiéger, de la contraindre dans sa dernière réserve ». A cette « stratégie insensée », MADELEINE répond avec un calme parfait, élevant entre eux « un mur d'acier d'une froideur et d'une résistance impénétrables ». Furieux de cet échec, DOMINIQUE reste *un mois sans la voir*, mais il ne peut contenir plus longtemps sa passion et décide de « brusquer les choses ». Il se présente chez MADELEINE en l'absence de M. de Nièvres (chap. XII). Il la trouve seule dans son boudoir, « les yeux un peu rouges... comme si elle eût pleuré quelques minutes auparavant ». L'émotion gagne peu à peu les deux personnages...

Madeleine avait les yeux baissés sur sa broderie, qu'elle piquait un peu au hasard de son aiguille. Elle avait complètement changé de visage, d'allure ; son air, encore une fois soumis et désarmé, m'attendrit jusqu'à me faire oublier le but insensé de ma visite · [...]

Souvent je m'étais demandé ce qui arriverait, si, pour me débarrasser d'un poids trop lourd qui m'écrasait, très simplement, et comme si mon amie Madeleine pouvait entendre avec indulgence l'aveu des sentiments qui s'adressaient à Mme de Nièvres [1], je disais à Madeleine que je l'aimais. Je mettais en scène [2] cette expli-

---
– 1 Expliquer cette distinction. — 2 Dans son imagination.

cation fort grave. Je la supposais seule, en état de m'écouter, et dans une situation
10 qui supprimait tout danger ³. Je prenais alors la parole, et, sans préambule, sans
adresse, sans faux-fuyants, sans phrases, aussi franchement que je l'aurais dite au
confident le plus intime de ma jeunesse, je lui racontais l'histoire de mon affection ⁴,
née d'une amitié d'enfant devenue subitement de l'amour. J'expliquais comment
ces transitions insensibles m'avaient mené peu à peu de l'indifférence à l'attrait,
de la peur à l'entraînement, du regret de son absence au besoin de ne plus la
quitter, du sentiment que j'allais la perdre à la certitude que je l'adorais, du soin
de sa tranquillité au mensonge, enfin de la nécessité de me taire à jamais, à l'irrésistible besoin de lui tout avouer et de lui demander pardon. Je lui disais que
j'avais résisté, lutté, que j'avais beaucoup souffert ; ma conduite en était le meilleur
20 témoignage. Je n'exagérais rien, je ne lui faisais au contraire qu'à demi le tableau
de mes douleurs, pour la mieux convaincre que je mesurais mes paroles et que
j'étais sincère. Je lui disais en un mot que je l'aimais avec désespoir, en d'autres
termes, que je n'espérais rien que son absolution pour des faiblesses qui se
punissaient elles-mêmes et sa pitié pour des maux sans ressource. [...]
Pendant un court moment d'angoisse extrême, cette idée d'en finir ⁵ se présenta
de nouveau, comme une tentation plus forte et plus irrésistible que jamais. Je me
rappelai tout à coup pourquoi j'étais venu. Je pensai qu'en aucun temps peut-être
une pareille occasion ne me serait offerte. Nous étions seuls. Le hasard nous
plaçait dans la situation exacte que j'avais choisie. La moitié des aveux étaient
30 faits ⁶. L'un et l'autre nous arrivions à ce degré d'émotion qui nous permettait,
à moi de beaucoup oser, à elle de tout entendre. Je n'avais plus qu'un mot à dire
pour briser cet horrible écrou du silence qui m'étranglait chaque fois que je
pensais à elle. Je cherchais seulement une phrase, une première phrase ; j'étais
très calme, je croyais du moins me sentir tel : il me semble même que mon visage
ne laissait pas trop apercevoir le débat extraordinaire qui se passait en moi. Enfin
j'allais parler, quand, pour m'enhardir davantage, je levai les yeux sur Madeleine.
Elle était dans l'humble attitude que je vous ai dite, clouée sur son fauteuil, sa
broderie tombée, les deux mains croisées par un effort de volonté, qui sans doute
en diminuait le tremblement, tout le corps un peu frissonnant, pâle à faire pitié,
40 les joues comme un linge, les yeux en larmes, grands ouverts, attachés sur moi
avec la fixité lumineuse de deux étoiles. Ce regard étincelant et doux, mouillé
de larmes, avait une signification de reproche, de douceur, de perspicacité
indicible. On eût dit qu'elle était moins surprise encore d'un aveu qui n'était plus
à faire, qu'effrayée de l'inutile anxiété qu'elle apercevait en moi. Et s'il lui avait
été possible de parler, dans un instant où toutes les énergies de sa tendresse et de
sa fierté me suppliaient ou m'ordonnaient de me taire, elle m'eût dit une seule chose
que je savais trop bien : c'est que les confidences étaient faites, et que je me
conduisais comme un lâche ! Mais elle demeurait immobile, sans geste, sans voix,
les lèvres fermées, les yeux rivés sur moi, les joues en pleurs, sublime d'angoisse,
50 de douleur et de fermeté ⁷.
« Madeleine, m'écriai-je en tombant à ses genoux, Madeleine, pardonnez-moi. »
Mais elle se leva à son tour, par un mouvement de femme indignée que je
n'oublierai jamais ; puis elle fit quelques pas vers sa chambre ; et comme je me
traînais vers elle, la suivant, cherchant un mot qui ne l'offensât plus, un dernier
adieu pour lui dire au moins qu'elle était un ange de prévoyance et de bonté, pour

---

3 Cf. lignes 28-36. — 4 Les lignes
12-24 constituent un résumé du drame intérieur
de Dominique depuis le début du roman. —
5 Par une explication décisive. — 6 Dominique

a laissé entendre que pour lui la vie n'a plus
de sens, et Madeleine n'a pu dissimuler son
trouble. — 7 Dans quelle mesure peut-on
parler ici d'un *réalisme* de Fromentin ?

la remercier de m'avoir épargné des folies, — avec une expression plus accablante encore de pitié, d'indulgence et d'autorité, la main levée comme si de loin elle eût voulu la poser sur mes lèvres, elle fit encore le geste de m'imposer silence et disparut.

MADELEINE *se considère comme responsable de cette passion qu'elle a inspirée inconsciemment. Elle entreprend de «guérir»* DOMINIQUE *par l'habitude, le voyant souvent, l'encourageant à lutter. Mais elle se prend elle-même à ce jeu et, sur le point de trahir son amour, elle se retire à Nièvres et supplie Dominique de ne plus la revoir. Pour s'étourdir, le jeune homme se lance dans la littérature et la politique. Il perd de vue* MADELEINE *jusqu'au jour où, dans une exposition de peinture, devant un* portrait *de la jeune femme il devine l'inquiétude secrète qui la mine. Sans hésiter, il se rend auprès d'elle. M. de Nièvres est en voyage et, cette fois encore,* DOMINIQUE *se trouve seul en présence de* MADELEINE. « *Je ne sais quel étourdissement la prit qui la rendit extraordinaire et positivement folle d'imprévoyance, d'exaltation et de hardiesse... Nous passâmes ainsi trois jours en promenades, en courses téméraires, soit au château, soit dans les futaies ; trois jours inouïs de bonheur, si le sentiment de je ne sais quelle enragée destruction de son repos peut s'appeler du bonheur...* »

La tentation dépassée

L'aristocratique *chevauchée à travers bois* est un épisode presque classique du roman idéaliste. Il en existe de célèbres dans les œuvres de G. SAND (*Mauprat*) ou d'Octave FEUILLET. FLAUBERT lui-même a retracé la promenade à cheval de la romanesque Emma Bovary en compagnie de Rodolphe : l'aventure aboutit lamentablement à la défaillance de l'héroïne. Dans *Dominique* au contraire, la poursuite haletante et dramatique traduit *l'agitation des âmes* divisées entre leur passion et leur conscience. Le dénouement souligne cette différence entre la *littérature réaliste* où les instincts ont presque toujours une force déterminante et le *roman idéaliste* où la volonté des nobles âmes leur permet de rester dans *le devoir* (Chapitre XVII).

Le troisième jour, elle exigea, malgré mes refus, que je montasse un des chevaux de son mari. « Vous m'accompagnerez, me dit-elle ; j'ai besoin d'aller vite et de me promener très loin. »

Elle courut s'habiller, fit seller un cheval que M. de Nières avait dressé pour elle, et, comme s'il se fût agi de se faire audacieusement enlever devant ses domestiques, en plein jour : « Partons », me dit-elle.

A peine arrivée sous bois, elle prit le galop. Je fis comme elle, et je la suivis. Elle hâta le pas dès qu'elle me sentit sur ses talons, cravacha son cheval, et sans motif le lança à fond de train. Je me mis à son allure, et j'allais l'atteindre quand elle
10 fit un nouvel effort qui me laissa derrière. Cette poursuite irritante, effrénée, me mit hors de moi. Elle montait une bête légère et la maniait de façon à décupler sa vitesse. A peine assise, tout le corps soulevé pour diminuer encore le poids de sa frêle stature, sans un cri, sans un geste, elle filait éperdument et comme emportée par un oiseau. Je courais moi-même à toute allure, immobile, les lèvres sèches, avec la fixité machinale d'un jockey dans une course de fond. Elle tenait le milieu d'un sentier étroit, un peu encaissé, raviné par le bord, où deux chevaux ne pouvaient passer de front, à moins que l'un des deux ne se rangeât. La voyant obstinée à me barrer le passage, je grimpai sous bois, et je l'accompagnai quelque temps ainsi, au risque de me briser la tête cent fois pour une ; puis, le moment
20 venu de lui couper la route, je franchis le talus, tombai dans le chemin creux et y mis mon cheval de travers. Elle vint s'arrêter court à deux pas de moi, et les deux bêtes animées et tout écumantes se cabrèrent un moment, comme si elles avaient eu le sentiment que leurs cavaliers voulaient combattre. Je crois vraiment que Madeleine et moi nous nous regardâmes avec colère, tant cette joute extravagante mêlait d'excitation et de défi à d'autres sentiments intraduisibles. Elle se tint devant moi, sa cravache à pommeau d'écaille entre les dents, les joues livides,

les yeux injectés et m'éclaboussant de lueurs sanglantes ; puis elle fit entendre un ou deux éclats de rire convulsifs qui me glacèrent. Son cheval repartit ventre à terre.

30 Pendant une minute au moins, comme Bernard de Mauprat attaché aux pas d'Edmée [1], je la regardai fuir sous la haute colonnade des chênes, son voile au vent, sa longue robe obscure soulevée avec la surnaturelle agilité d'un petit démon noir. Quand elle eut atteint l'extrémité du sentier et que je ne la vis plus que comme un point dans les rousseurs du bois, je repris ma course en poussant malgré moi un cri de désespoir. Arrivé juste à l'endroit où elle avait disparu, je la trouvai dans l'entre-croisement de deux routes, arrêtée, haletante et m'attendant, le sourire aux lèvres.

« Madeleine, lui dis-je en me ruant sur elle et lui prenant le bras, cessez ce jeu cruel ; arrêtez-vous, ou je me fais tuer ! »

Elle me répondit seulement par un regard direct qui m'empourpra le visage, 40 et reprit plus posément l'allée du château. Nous revînmes au pas, sans échanger une seule parole, nos chevaux marchant côte à côte, se frôlant les mâchoires et se couvrant mutuellement d'écume. Elle descendit à la grille, traversa la cour à pied tout en fouettant le sable avec sa cravache, monta droit à sa chambre et ne reparut que le soir.

Le soir MADELEINE *retrouve* DOMINIQUE *dans le salon. Pendant quelques secondes leur passion est plus forte que leur volonté et ils échangent leur premier baiser.* « *Elle eut le sentiment que nous étions perdus ; elle poussa un cri... Je compris à peu près que je la tuais ; je ne distinguais pas très bien s'il s'agissait de son honneur ou de sa vie* ». *Mais* MADELEINE *se reprend tout à coup et se retire avec effroi, sans le quitter des yeux,* « *comme on agit avec un être malfaisant* ». *Quand elle redescendra, sa conscience d'honnête femme aura triomphé.*

Il était dix heures à peu près quand Madeleine entra, changée à faire peur et méconnaissable aussi, comme un convalescent que la mort a touché de près...

« Vous partez demain, me dit Madeleine en me parlant debout, et j'étais debout comme elle. — Oui, lui dis-je. — Et nous ne nous reverrons jamais ! »

Je ne répondis pas.

50 « Jamais, reprit-elle ; entendez-vous ? Jamais. J'ai mis entre nous le seul obstacle qui puisse nous séparer sans idée de retour. »

Je me jetai à ses pieds, je pris ses deux mains sans qu'elle y résistât ; je sanglotais. Elle eut une courte faiblesse qui lui coupa la voix ; elle retira ses mains et me les rendit dès qu'elle eut repris sa fermeté : « Je ferai tout mon possible pour vous oublier. Oubliez-moi, cela vous sera plus facile encore. Mariez-vous, plus tard, quand vous voudrez. Ne vous imaginez pas que votre femme puisse être jalouse de moi, car à ce moment-là je serai morte ou heureuse, ajouta-t-elle, avec un tremblement qui faillit la renverser. Adieu. »

Je restai à genoux, les bras étendus, attendant un mot plus doux qu'elle ne 60 disait pas. Un dernier retour de faiblesse ou de pitié le lui arracha : « Mon pauvre ami ! me dit-elle ; il fallait en venir là. Si vous saviez combien je vous aime ! Je ne vous l'aurais pas dit hier ; aujourd'hui cela peut s'avouer, puisque c'est le mot défendu qui nous sépare. »

Elle, exténuée tout à l'heure, elle avait retrouvé par miracle je ne sais quelle ressource de vertu qui la raffermissait à mesure. Je n'en avais plus aucune.

Elle ajouta, je crois, une ou deux paroles que je n'entendis pas ; puis elle s'éloigna doucement comme une vision qui s'évanouit, et je ne la revis plus, ni ce soir-là, ni le lendemain, ni jamais.

---

1 Allusion à un épisode de *Mauprat*, roman de G. Sand à qui Fromentin a dédié *Dominique*.

J.-K. Huysmans   Né à Paris et d'origine hollandaise, Joris-Karl Huysmans (1848-1907) adhère d'abord au naturalisme. Avec
les autres disciples de Zola, il collabore aux *Soirées de Médan* (cf. p. 455), puis il publie
des romans documentaires qu'il situe dans les milieux populaires : *Les Sœurs Vatard*
(1879 : un atelier de brochage), *Croquis Parisiens* (1880), *En Ménage* (1881), *A vau l'eau*
(1882). Son style est nerveux, apte à rendre intensément les sensations en termes pittoresques et truculents ; pourtant, comme celui des Goncourt, il se distingue par une
recherche qui révèle un *tempérament artiste, en quête de sensations délicates*.

Ces aspirations inquiètes et raffinées s'expriment dans *A Rebours* (1884) qui marque la
rupture de Huysmans avec le naturalisme. Son héros, Des Esseintes, riche et blasé, représente à l'état aigu ce qu'on a appelé la *déliquescence*, le mal des époques décadentes où l'on
cherche désespérément du nouveau. Il n'aime que les écrivains latins de la décadence
ou les modernes : Baudelaire, Verlaine et Mallarmé. Dégoûté de « la vulgaire réalité » il
s'ingénie à savourer des sensations rares, en recourant sans cesse à l'artifice, et cela jusqu'à
la névrose, à l'hallucination, presque jusqu'à la folie. Observant des correspondances
entre les liqueurs et les notes de musique, il « arrivait à se procurer dans le gosier des
sensations analogues à celles que la musique verse à l'oreille » et avec cet « orgue à
bouche », il parvenait à « se jouer sur la langue de silencieuses mélodies ». Même recherche
insatiable dans le choix des bijoux, des parfums, des fleurs : « Après les fleurs factices,
singeant les véritables fleurs, il voulait des fleurs naturelles imitant des fleurs fausses. »
« Ses tendances vers l'artifice, ses besoins d'excentricité... c'étaient, au fond, des transports, des *élans vers un idéal*, vers un univers inconnu, vers une béatitude lointaine... »

Après avoir longuement cherché sa voie hors du matérialisme et s'être intéressé
au satanisme et à la magie noire (*Là-bas*, 1891), Huysmans découvre la beauté de l'art
chrétien. Il fait un séjour à la Trappe d'Igny, dans la Marne, et au terme de pénibles
débats intérieurs, il aboutit à la foi (*En Route*, 1895). Son existence est totalement transformée, et ses dernières œuvres, *La Cathédrale* (1898), *L'Oblat* (1903), *Les Foules de
Lourdes* (1905) sont d'un chrétien parvenu à la ferveur mystique.

Une évolution remarquable a donc conduit Huysmans *à l'opposé du naturalisme*.
Pourtant, si son inspiration s'est transfigurée, il reste fidèle à son tempérament d'écrivain
et voudrait concilier avec ses aspirations nouvelles ce qui demeure fécond dans le naturalisme : « Il faudrait garder la véracité du document, la précision du détail, la langue étoffée
et nerveuse du réalisme, mais il faudrait aussi se faire puisatier d'âme et ne pas vouloir
expliquer le mystère par les maladies des sens... Il faudrait, en un mot, suivre la grande
voie si profondément tracée par Zola, mais il serait nécessaire aussi de tracer dans l'air
un chemin parallèle, une autre route, d'atteindre les en-deçà et les après, de faire, en un
mot, *un naturalisme spiritualiste* » *(Là-bas)*.

En route

Après avoir prêté à Des Esseintes ses tendances décadentes, Huysmans exprime ses tâtonnements et sa quête anxieuse de la foi par le personnage de Durtal que nous voyons ici, nouvel
arrivé à la Trappe, « en route » vers la conversion. Bouleversé par la scène saisissante qu'on va lire,
Durtal tombera à genoux, « l'*âme emmenée par celle des autres, hors du monde, loin de son charnier,
loin de son corps*... » On imaginera ce que serait devenue cette évocation sous la plume d'un écrivain
naturaliste ; par contraste, cette page illustre les *critiques* que Huysmans a formulées dans *Là-bas* :
« Ce que je reproche au naturalisme, ce n'est pas le lourd badigeon de son gros style, c'est l'immon-
dice de ses idées ; ce que je lui reproche, c'est d'avoir *incarné le matérialisme en littérature*... Quand
il s'est agi d'expliquer une passion quelconque, il a tout mis sur le compte des appétits et des
instincts. »

Durtal tira quelques bouffées d'une cigarette, puis il s'achemina vers la
chapelle [1]. Il tourna doucement le loquet de la porte ; le vestibule où il pénétrait
était sombre, mais la rotonde [2], bien qu'elle fût vide, était illuminée par de

---

— 1 Éveillé en pleine nuit par un cau- | chemar, il est sorti pour « respirer de l'air
frais ». — 2 Partie qui *entoure* l'autel.

nombreuses lampes. Il fit un pas, se signa et recula, car il venait de heurter un corps ; il regarda à ses pieds.

Il entrait sur un champ de bataille [3].

Par terre, des formes humaines étaient couchées dans des attitudes de combattants fauchés par la mitraille ; les unes à plat ventre, les autres à genoux ; celles-ci affaissées les mains par terre, comme frappées dans le dos, celles-là
10 étendues les doigts crispés sur la poitrine, celles-là encore se tenant la tête ou tendant les bras.

Et, de ce groupe d'agonisants, ne s'élevaient aucun gémissement, aucune plainte. Durtal contemplait, stupéfié, ce massacre de moines ; et il resta soudain bouche béante. Une écharpe de lumière tombait d'une lampe que le père sacristain venait de déplacer dans la rotonde et, traversant le porche, elle éclairait un moine à genoux devant l'autel voué à la Vierge.

C'était un vieillard de plus de quatre-vingts ans ; il était immobile ainsi qu'une statue, les yeux fixes, penché dans un tel élan d'adoration que toutes les figures extasiées des Primitifs [4] paraissaient, près de la sienne, efforcées [5] et froides.
20 Le masque était pourtant vulgaire ; le crâne ras, sans couronne, hâlé par tous les soleils et par toutes les pluies, avait le ton des briques ; l'œil était voilé, couvert d'une taie par l'âge ; le visage plissé, ratatiné, culotté tel qu'un vieux buis, s'enfonçait dans un taillis de poils blancs et le nez un peu camus achevait de rendre singulièrement commun l'ensemble de cette face.

Et il sortait, non des yeux, non de la bouche, mais de partout et de nulle part, une sorte d'angélité [6] qui se diffusait sur cette tête, qui enveloppait tout ce pauvre corps courbé dans un tas de loques.

Chez ce vieillard, l'âme ne se donnait même pas la peine de réformer la physionomie, de l'anoblir [7] ; elle se contentait de l'annihiler en rayonnant ; c'était, en
30 quelque sorte, le nimbe des anciens saints ne demeurant plus autour du chef mais s'étendant sur tous ses traits, baignant, apâli [8], presque invisible, tout son être.

Et il ne voyait et n'entendait rien ; des moines se traînaient sur les genoux, venaient pour se réchauffer, pour s'abriter auprès de lui et il ne bougeait, muet et sourd, assez raide pour qu'on pût le croire mort, si, par instants, la lèvre inférieure n'eût remué, soulevant dans ce mouvement sa grande barbe.

L'aube blanchit les vitres et, dans l'obscurité qui commençait à se dissiper, les autres frères apparurent à leur tour à Durtal ; tous ces blessés de l'amour divin priaient ardemment, jaillissaient hors d'eux-mêmes, sans bruit, devant l'autel.

Il y en avait de tout jeunes à genoux et le buste droit, d'autres, les prunelles en
40 extase, repliés en arrière et assis sur leurs talons, d'autres encore faisaient le chemin de croix et souvent ils étaient posés, les uns devant les autres, face à face et il se regardaient sans se voir avec des yeux d'aveugles.

Et parmi ces convers [9], quelques pères, ensevelis dans leurs grandes coules [10] blanches, gisaient, prosternés, baisaient la terre.

Oh ! prier, prier comme ces moines ! s'écria Durtal.

Il sentait son malheureux être se détendre ; dans cette atmosphère de sainteté, il se dénoua et il s'affaissa sur les dalles, demandant humblement pardon au Christ de souiller par sa présence la pureté de ce lieu.

En Route. Plon, éditeur.

---

3 Étudier les termes qui vont prolonger cette impression. — 4 Les peintres *primitifs* du moyen âge. — 5 Terme rare comme les aime Huysmans. — 6 Douceur angélique (néologisme). — 7 Ennoblir. 8 Pâli ; mais n'y a-t-il pas une nuance ? — 9 Moines chargés des tâches matérielles. — 10 Vêtements à capuchon.

LE THÉATRE APRÈS LE ROMANTISME

L'échec des *Burgraves* (1843, cf. p. 154) et le succès de la *Lucrèce* de Ponsard semblaient marquer un retour à la tragédie, remise en honneur par le talent de RACHEL. Mais ce triomphe fut bref et la comédie qui s'impose après 1850 fait surtout songer au drame bourgeois défini par DIDEROT (cf. *XVIIIe Siècle*, p. 227-229).

LA COMÉDIE D'INTRIGUE a assuré le succès d'ingénieux dramaturges, habiles à ménager des situations pathétiques ou bouffonnes et à dénouer des imbroglios. C'est le cas de SCRIBE, auteur de plus de trois cents comédies ; de Victorien SARDOU (*Patrie*, 1869 ; *La Tosca*, 1887 ; *Mme Sans-Gêne*, 1893), ou de LABICHE dont les farces contiennent une satire des mœurs bourgeoises (*Le Voyage de M. Perrichon*, 1860).

LA COMÉDIE DE MŒURS, fondée sur l'observation, tourne à la *pièce à thèse :* ÉMILE AUGIER (1820-1889) situe ses intrigues dans la riche bourgeoisie où la passion de l'argent prime les scrupules de conscience, les élans du cœur ou les liens familiaux. Il n'hésite pas à aborder les questions d'actualité : opposition des catégories sociales, prépondérance des hommes d'affaires, puissance de la presse et des diffamateurs, problèmes du divorce et des enfants naturels. Son chef-d'œuvre, *Le gendre de M. Poirier* (1854) transpose *Le Bourgeois Gentilhomme* dans la société moderne.

ALEXANDRE DUMAS FILS (1824-1895) est le fils naturel du romancier. Son premier succès, *La Dame aux Camélias* (1852), est une pièce romantique où l'on voit une courtisane retrouver dans une passion sincère sa pureté et sa noblesse d'âme. Mais DUMAS s'est consacré au *théâtre à thèse*, « théâtre utile » qui a pour objet « la perfectibilité, la moralisation, l'idéal ». Il s'en prend à la tyrannie de l'argent (*La Question d'Argent*, 1857), aux préjugés qui condamnent à être des parias les enfants naturels (*Le fils naturel*, 1858) ou la jeune fille séduite qui s'est rachetée (*Les idées de Mme Aubray*, 1867 ; *Denise*, 1885). Les pièces de DUMAS sont habilement construites et offrent des situations poignantes ; mais ses intrigues, subordonnées à la thèse sociale, sont artificielles, ses personnages simplifiés à l'excès, et l'abus des *tirades moralisatrices* les rend parfois insupportables.

LE THÉATRE NATURALISTE. Engagée sur le terrain du roman (cf. p. 483), la bataille naturaliste s'est étendue à la scène. Vers 1880, ZOLA s'attaque à ce qu'il appelle *la convention*, qui affadit la comédie contemporaine : le théâtre naturaliste doit « apporter la puissance de la réalité », multiplier les scènes qui seront des « tranches de vie », sans la moindre concession à la morale bourgeoise, et dans des décors scrupuleusement documentaires. Beaucoup de romans de Zola, des Goncourt, de Daudet furent adaptés à la scène, généralement sans grand succès.

Les chefs-d'œuvre du théâtre naturaliste sont dus à un écrivain que son caractère tenait à l'écart et que la nouvelle école adopta bruyamment : HENRY BECQUE (1837-1899), auteur des *Corbeaux* (1882) et de *la Parisienne* (1885). En s'attachant au réalisme des décors et à la vérité de l'interprétation, le *Théâtre Libre*, fondé par ANTOINE (1887) assura le triomphe éphémère du drame naturaliste.

LE THÉATRE SYMBOLISTE. Par réaction contre le naturalisme, le *Théâtre d'Art* (puis *Théâtre de l'Œuvre*) fit applaudir le symbolisme avec les pièces de MAETERLINCK (1862-1949) : *Pelléas et Mélisande* (1892), *Monna Vanna* (1902) et *L'Oiseau bleu* (1909).

LES CORBEAUX   *L'industriel* VIGNERON *meurt subitement; il avait emprunté pour commencer à faire bâtir : aussitôt les* « corbeaux » *s'abattent sur la veuve et les enfants. Le vieux* TEISSIER, *associé de Vigneron, voulant acquérir à vil prix les terrains et les immeubles, s'entend avec le notaire* BOURDON : *celui-ci devra décider la famille à les vendre immédiatement pour échapper à la charge du fisc et des hypothèques. Leurs projets seront un moment contrariés par l'architecte* LEFORT (cf. *p. 556*) ; *mais l'habile* Teissier *attire* Lefort *dans son camp et la famille* Vigneron *est dépouillée.*

Toutefois l'odieux vieillard s'est épris de l'aînée des filles, MARIE, *qui se sacrifie et l'épouse pour sauver les siens. La famille sera désormais protégée par le vieux « corbeau » dont le dernier mot est atroce :* « Vous êtes entourée de fripons, mon enfant, depuis la mort de votre père. »

Les corbeaux

Sous les yeux de Mme Vigneron et de ses enfants, qui sont en plein désarroi, l'architecte LEFORT et le notaire BOURDON s'affrontent âprement comme s'ils défendaient l'un et l'autre la malheureuse famille : en réalité chacun d'eux ne pense qu'à ses propres intérêts. Dans ce dialogue intense, l'écrivain naturaliste nous peint implacablement *la triste réalité :* la morale se dégagera d'elle-même.

LEFORT : Les héritiers se trouvent dans une passe difficile, mais dont ils peuvent sortir à leur avantage. Ils ont sous la main un homme dévoué, intelligent, estimé universellement sur la place de Paris, c'est l'architecte du défunt qui devient le leur. L'écouteront-ils ? S'ils repoussent ses avis et sa direction, *(avec une pantomime comique)* la partie est perdue pour eux.

BOURDON : Arrivez donc, monsieur, sans tant de phrases, à ce que vous proposez.

LEFORT : Raisonnons dans l'hypothèse la plus défavorable. M. Lefort, qui vous parle en ce moment, est écarté de l'affaire. On règle son mémoire, loyalement, sans le chicaner sur chaque article, M. Lefort n'en demande pas plus pour lui. 10 Que deviennent les immeubles ? Je répète qu'ils sont éloignés du centre, chargés de servitudes, j'ajoute : grevés d'hypothèques, autant de raisons qu'on fera valoir contre les propriétaires au profit d'un acheteur mystérieux qui ne manquera pas de se trouver là. *(Avec volubilité)* On dépréciera ces immeubles, on en précipitera la vente, on écartera les acquéreurs, on trompera le tribunal pour obtenir une mise à prix dérisoire, on étouffera les enchères. Voilà une propriété réduite à zéro.

BOURDON : Précisez, monsieur, j'exige que vous précisiez. Vous dites : on fera telle, telle et telle chose. Qui donc les fera, s'il vous plaît ? Savez-vous que de pareilles manœuvres ne seraient possibles qu'à une seule personne et que vous incriminez le notaire qui sera chargé de l'adjudication ? 20

LEFORT : C'est peut-être vous, mònsieur.

BOURDON : Je ne parle pas pour moi, monsieur, mais pour tous mes confrères qui se trouvent atteints par vos paroles. Vous attaquez bien légèrement la corporation la plus respectable que je connaisse. Vous mettez en suspicion la loi elle-même dans la personne des officiers publics chargés de l'exécuter. Vous faites pis, monsieur, si c'est possible. Vous troublez la sécurité des familles. Il vous sied bien vraiment de produire une accusation semblable et de nous arriver avec un mémoire de trente-sept mille francs.

LEFORT : Je demande à être là quand vous présenterez votre note.

BOURDON : Terminons, monsieur. En deux mots, qu'est-ce que vous proposez ? 30

LEFORT : J'y arrive, à ce que je propose. Je propose aux héritiers Vigneron de continuer les travaux...

BOURDON : Allons donc, il fallait le dire tout de suite. Vous êtes architecte, vous proposez de continuer les travaux.

LEFORT : Laissez-moi finir, monsieur.

BOURDON : C'est inutile. Si madame Vigneron veut vous entendre, libre à elle ; mais moi, je n'écouterai pas plus longtemps des divagations. Quelle somme mettez-vous sur la table ? Madame Vigneron n'a pas d'argent, je vous en préviens, où est le vôtre ? Dans trois mois nous nous retrouverions au même point, avec cette différence que votre mémoire, qui est aujourd'hui de trente-sept mille francs, 40 s'élèverait au double au train dont vous y allez. Ne me forcez pas à en dire davantage. Je prends vos offres telles que vous nous les donnez. Je ne veux pas y voir quelque combinaison ténébreuse qui ferait de vous un propriétaire à bon marché.

LEFORT : Qu'est-ce que vous dites, monsieur ? Regardez-moi donc en face. Est-ce que j'ai l'air d'un homme à combinaison ténébreuse ? Ma parole d'honneur, je n'ai jamais vu un polichinelle pareil.

BOURDON, *se contenant, à mi-voix :* Comment m'appelez-vous, saltimbanque ?
Madame Vigneron se lève pour intervenir.

TEISSIER : Laissez, madame, ne dites rien. On n'interrompt jamais une conversation d'affaires.

LEFORT, *à madame Vigneron :* Je cède la place, madame. Si vous désirez 50 connaître mon projet et les ressources dont je dispose, vous me rappellerez. Dans le cas contraire, vous auriez l'obligeance de me régler mon mémoire le plus tôt possible. Il faut que je fasse des avances à tous mes clients, moi, tandis qu'un notaire tripote avec l'argent des siens. *(Il se retire).*

TEISSIER : Attendez-moi, Lefort, nous ferons un bout de chemin ensemble *(A madame Vigneron)* Je vous laisse avec Bourdon, madame, profitez de ce que vous le tenez.

Les Corbeaux, II, 9. Stock, éditeur.

PELLÉAS ET MÉLISANDE

Immortalisé par la musique de Debussy, *Pelléas et Mélisande* (1892) est sans doute le chef-d'œuvre de MAETERLINCK et du *théâtre symboliste*. L'intrigue de ce drame est très dépouillée. Au cours d'une chasse, le farouche prince GOLAUD, qui est veuf, rencontre au bord d'une fontaine une adolescente toute en pleurs, MÉLISANDE. Il l'épouse et l'emmène au fond des forêts dans son manoir où vit aussi son jeune frère PELLÉAS. Aussitôt Pelléas et Mélisande se sentent attirés l'un vers l'autre. Ce sentiment reste longtemps discret, jusqu'au soir où, sur le point de partir, Pelléas embrasse la longue chevelure de Mélisande. C'est dans cette scène, de conception si originale, qu'on pourra étudier *les caractères du drame symboliste :* sous son ingénuité apparente, le dialogue, traduction de l'inconscient, est tout en pressentiments, en correspondances (les jeux de la lumière et des ténèbres, les colombes), en suggestions mystérieuses (Acte III, sc. 2).

PELLÉAS : Que fais-tu là à la fenêtre en chantant comme un oiseau qui n'est pas d'ici ?

MÉLISANDE : J'arrange mes cheveux pour la nuit.

PELLÉAS : C'est là ce que je vois sur le mur ?... Je croyais que c'était un rayon de lumière...

MÉLISANDE : J'ai ouvert la fenêtre ; la nuit me semblait belle...

PELLÉAS : Il y a d'innombrables étoiles ; je n'en ai jamais vu autant que ce soir... Mais la lune est encore sur la mer... Ne reste pas dans l'ombre, Mélisande, penche-toi un peu, que je voie tes cheveux dénoués. *(Elle se penche).*

PELLÉAS : Oh ! Mélisande !... Oh ! tu es belle !... tu es belle ainsi !... penche- 10 toi ! penche-toi !... laisse-moi venir plus près de toi...

MÉLISANDE : Je ne puis pas venir plus près... Je me penche tant que je peux...

PELLÉAS : Je ne peux pas monter plus haut... donne-moi du moins ta main ce soir... avant que je m'en aille... Je pars demain...

MÉLISANDE : Non, non, non...

PELLÉAS : Si, si, je pars, je partirai demain... donne-moi ta main, ta petite main sur mes lèvres...

MÉLISANDE : Je ne te donne pas ma main si tu pars...

PELLÉAS : Donne, donne...

MÉLISANDE : Tu ne partiras pas ?... Je vois une rose dans les ténèbres... 20

PELLÉAS : Où donc ? Je ne vois que les branches du saule qui dépassent le mur.

MÉLISANDE : Plus bas, plus bas, dans le jardin ; là-bas, dans le vert sombre.

PELLÉAS : Ce n'est pas une rose... J'irai voir tout à l'heure, mais donne-moi ta main d'abord, d'abord ta main...

MÉLISANDE : Voilà, voilà... je ne puis me pencher davantage...

PELLÉAS : Mes lèvres ne peuvent pas atteindre ta main...

MÉLISANDE : Je ne puis pas me pencher davantage... Je suis sur le point de tomber... — Oh ! oh ! mes cheveux descendent de la tour !...

(Sa chevelure se révulse tout à coup, tandis qu'elle se penche, et inonde Pelléas).

PELLÉAS : Oh ! Oh ! qu'est-ce que c'est ?... Tes cheveux, tes cheveux descendent vers moi !... Toute ta chevelure, Mélisande, toute ta chevelure est tombée de la tour !... Je la tiens dans mes mains, je la touche des lèvres... Je la tiens dans les bras, je la mets autour de mon cou... Je n'ouvrirai plus les mains cette nuit... ³⁰

MÉLISANDE : Laisse-moi ! laisse-moi !... Tu vas me faire tomber !...

PELLÉAS : Non, non, non,... je n'ai jamais vu de cheveux comme les tiens, Mélisande !... Vois, vois ; ils viennent de si haut et m'inondent jusqu'au cœur... Ils sont tièdes et doux comme s'ils venaient du ciel !... Je ne vois plus le ciel à travers tes cheveux et leur belle lumière me cache sa lumière !... Regarde, regarde donc, mes mains ne peuvent plus les contenir... Ils me fuient, ils me fuient jusqu'aux branches du saule... Ils s'échappent de toutes parts... Ils tressaillent, ils s'agitent, ils palpitent dans mes mains comme des oiseaux d'or ; et ils m'aiment, ⁴⁰ ils m'aiment mille fois mieux que toi !...

MÉLISANDE : Laisse-moi, laisse-moi, quelqu'un pourrait venir...

PELLÉAS : Non, non, non ; je ne te délivre pas cette nuit... Tu es ma prisonnière cette nuit ; toute la nuit, toute la nuit...

MÉLISANDE : Pelléas ! Pelléas...

PELLÉAS : Tu ne t'en iras plus... Entends-tu mes baisers ?... Ils s'élèvent le long des mille mailles d'or... Il faut que chacune d'elles t'en apporte un millier ; et en retienne autant pour t'embrasser encore quand je n'y serai plus... Tu vois, tu vois, je puis ouvrir les mains... Tu vois, j'ai les mains libres et tu ne peux m'abandonner... *(Des colombes sortent de la tour et volent autour d'eux dans la nuit).* ⁵⁰

MÉLISANDE : Qu'y a-t-il, Pelléas ? Qu'est-ce qui vole autour de moi ?

PELLÉAS : Ce sont les colombes qui sortent de la tour... je les ai effrayées ; elles s'envolent...

MÉLISANDE : Ce sont mes colombes. — Allons-nous en, laisse-moi ; elles ne reviendraient plus...

PELLÉAS : Pourquoi ne reviendraient-elles plus ?

MÉLISANDE : Elles se perdront dans l'obscurité... Laisse-moi relever la tête... J'entends un bruit de pas... Laisse-moi ! — C'est Golaud !... Je crois que c'est Golaud !... Il nous a entendus...

PELLÉAS : Attends ! Attends !... Tes cheveux sont mêlés aux branches... ⁶⁰ Attends, Attends !... Il fait noir... *(Entre Golaud par le chemin de ronde).*

GOLAUD : Que faites-vous ici ?

PELLÉAS : Ce que je fais ici... Je...

GOLAUD : Vous êtes des enfants... Mélisande, ne te penche pas ainsi à la fenêtre, tu vas tomber... Vous ne savez pas qu'il est tard ? Il est près de minuit. — Ne jouez pas ainsi dans l'obscurité. Vous êtes des enfants... *(Riant nerveusement)* Quels enfants !... Quels enfants !... *(Il sort avec Pelléas).*

Fasquelle, éditeur.

GOLAUD *a beau les considérer comme « des enfants », désormais sa jalousie sera en éveil. Il finira par tuer* PELLÉAS *et blesser légèrement* MÉLISANDE, *mais celle-ci ne survivra pas à celui qu'elle aime. Elle succombe sous les yeux du meurtrier qui découvre trop tard* l'innocence de cet amour *resté pudique et pur.*

ANATOLE FRANCE AVANT 1900

« Le bon maître »   Né à Paris, fils d'un libraire du quai Malaquais, Anatole THIBAULT, qui prendra le pseudonyme d'ANATOLE FRANCE (1844-1924), s'initie dès l'enfance au culte des beaux livres. Après de solides humanités, il devient bibliothécaire du Sénat et publie d'abord des vers parnassiens (*Poèmes dorés*, 1873), puis un poème dramatique (*Les Noces Corinthiennes*, 1876). C'est un fin critique qui tiendra de 1887 à 1893 la chronique de *La Vie Littéraire* au journal *Le Temps*. Dès 1881, avec *Le Crime de Sylvestre Bonnard*, il découvre sa vraie voie, celle du roman ironique teinté d'humanisme et de philosophie sceptique. Il évoque ensuite ses souvenirs d'enfance dans *Le Livre de mon Ami* (1885) et aborde le roman historique dans *Thaïs* (1889) ; puis il revient au conte philosophique avec *La Rôtisserie de la Reine Pédauque* (1892) et *Les Opinions de Jérôme Coignard* (1893). Après un roman d'amour assez désabusé (*Le Lys Rouge*, 1894), il retourne à son inspiration favorite : *L'Orme du Mail* (1897) et *Le Mannequin d'Osier* (1897), qui forment les deux premiers volumes de l'*Histoire Contemporaine*, sont une satire amusée mais implacable des intrigues religieuses et des ridicules d'une ville provinciale.

L'année 1897 marque un *tournant décisif* dans la carrière d'ANATOLE FRANCE. Dès le début de l'affaire Dreyfus, poussé par la passion de la justice et de la vérité qui se voilait sous son ironie, il s'associe à la campagne de ZOLA pour la revision du procès. *Désormais il se mêlera de plus en plus aux luttes politiques*, prêtant son appui aux socialistes, et sur la fin de sa vie aux communistes. Aussi la satire se fait plus âpre dans les deux derniers volumes de l'*Histoire Contemporaine : L'Anneau d'améthyste* (1899) et *M. Bergeret à Paris* (1901) ; et les aspirations sociales deviennent manifestes dans *Crainquebille* (1902) et *Sur la Pierre Blanche* (1905). Après une *Vie de Jeanne d'Arc* (1908), l'écrivain revient à la littérature militante avec *L'Ile des Pingouins* (1908), *La Révolte des Anges* (1914) et même *Les Dieux ont soif* (1912) : cette évocation de la Terreur, qui est peut-être son chef-d'œuvre, nous le montre partagé entre son idéal de pureté républicaine et son horreur du fanatisme. Très affecté par la guerre de 1914, ANATOLE FRANCE, le « bon maître » qui accueillait si aimablement ses disciples dans la Villa Saïd, se retire en Touraine dans sa propriété de La Béchellerie. Il consacrera ses dernières années à revivre ses souvenirs d'enfance, dans *Le Petit Pierre* (1918) et *La Vie en fleur* (1922).

Sa pensée, son art   Le *scepticisme souriant* d'ANATOLE FRANCE nous le présente, surtout dans la première moitié de sa carrière, sous les traits d'un *dilettante* ami des livres, qui se plaît à broder sur ses lectures et à jongler avec les idées. Pourtant, de son œuvre comme de celle de VOLTAIRE à qui il ressemble par bien des traits, on peut dégager les grandes lignes d'une pensée qui se précisera de plus en plus. Particulièrement *sceptique sur la question religieuse*, il s'attaque souvent à l'Église, coupable à ses yeux de fanatisme et d'hostilité à la démocratie ; à l'austérité chrétienne il oppose les jouissances d'un *épicurien délicat*. En matière politique et sociale, il critique inlassablement les *préjugés* sur lesquels reposent l'injustice, l'intolérance, l'oppression, la guerre (cf. p. 561). Ses préférences vont à la République parce qu'elle respecte *la liberté* des citoyens (cf. p. 564) ; poussant plus loin encore ses aspirations humanitaires, il rêve d'un *régime socialiste* qui laisserait les individus libres tout en assurant leur bien-être. Il est sans illusion sur la nature humaine ; il espère pourtant que la cause du *progrès social*, tant de fois remis à plus tard, finira par triompher (cf. p. 562).

Le penseur a été discuté, mais l'*écrivain rallie tous les suffrages*. Son style limpide, aisé et élégant, est le plus merveilleux instrument dont ait disposé une intelligence pour exprimer, sans vaine subtilité, les nuances les plus fines. Il use de l'*ironie* avec une souplesse de ton et une variété infinies (cf. p. 563-564) ; mais cette ironie est tempérée par la *pitié* que lui inspire la misère de ses semblables.

« SAVOIR N'EST RIEN, IMAGINER EST TOUT »

SYLVESTRE BONNARD, membre de l'Institut, s'est endormi sur son bureau et rêve qu'une petite fée lui apparaît, assise sur le dos d'une vieille *Chronique de Nuremberg.* Selon la manière favorite d'ANATOLE FRANCE, l'amusante conversation entre le respectable érudit et la « petite personne » va nous conduire à des réflexions sur la science et le rêve poétique qui sortent du cadre de cette anecdote pleine d'humour.

J e vis tout à coup, sans m'être aperçu de sa venue, une petite personne assise sur le dos du livre, un genou replié et une jambe pendante, à peu près dans l'attitude que prennent sur leur cheval les amazones d'Hyde-Park ou du bois de Boulogne. Elle était si petite que son pied ballant ne descendait pas jusqu'à la table sur laquelle s'étalait en serpentant la queue de sa robe. Mais son visage et ses formes étaient d'une femme adulte.

A la magnificence du costume médiéval, à la baguette de coudrier, SYLVESTRE BONNARD *reconnaît* une fée. *Il se dispose à l'accueillir respectueusement, quand elle le traite avec espièglerie, lui jette des coquilles au visage et lui chatouille les narines avec sa plume d'oie !*

« Madame, dis-je avec politesse et dignité, vous accordez l'honneur de votre visite non à un morveux ni à un rustre, mais bien à un bibliothécaire assez heureux pour vous connaître et qui sait que jadis vous emmê-
10 liez dans les crèches les crins de la jument, buviez le lait dans les jattes écumeuses, couliez des graines à gratter dans le dos des aïeules, faisiez pétiller l'âtre au nez des bonnes gens et, pour tout dire, mettiez le désordre et la gaieté dans la maison. Vous pouvez vous vanter, de plus, d'avoir, le soir, dans les bois, fait les plus jolies peurs du monde aux couples attardés. Mais je vous croyais évanouie à jamais depuis trois siècles au moins. Se peut-il, madame, qu'on vous voie en ce temps de chemins de fer et de télégraphes ? Ma concierge, qui fut nourrice en son temps, ne sait pas votre histoire, et mon petit voisin, que sa bonne mouche encore, affirme que vous n'existez pas.
20 — Qu'en dites-vous ? s'écria-t-elle d'une voix argentine, en se campant dans sa petite taille royale d'une façon cavalière et en fouettant comme un hippogriffe le dos de la *Chronique de Nuremberg.*
— Je ne sais, lui répondis-je en me frottant les yeux.
Cette réponse, empreinte d'un scepticisme profondément scientifique, fit sur mon interlocutrice le plus déplorable effet.
« Monsieur Sylvestre Bonnard, me dit-elle, vous n'êtes qu'un cuistre. Je m'en étais toujours doutée. Le plus petit des marmots qui vont par les chemins avec un pan de chemise à la fente de leur culotte me connaît mieux que tous les gens à lunettes de vos Instituts et de vos Académies.
30 Savoir n'est rien, imaginer est tout. Rien n'existe que ce qu'on imagine. Je suis imaginaire. C'est exister, cela, je pense. On me rêve et je parais ! Tout n'est que rêve, et, puisque personne ne rêve de vous, Sylvestre Bonnard, c'est vous qui n'existez pas. Je charme le monde, je suis partout, sur un rayon de lune, dans le frisson d'une source cachée, dans le

feuillage mouvant qui chante, dans les blanches vapeurs qui montent, chaque matin, du creux des prairies, au milieu des bruyères roses, partout !... On me voit, on m'aime. On soupire, on frissonne sur la trace légère de mes pas qui font chanter les feuilles mortes. Je fais sourire les petits enfants, je donne de l'esprit aux plus épaisses nourrices. Penchée
40 sur les berceaux, je lutine, je console et j'endors, et vous doutez que j'existe : Sylvestre Bonnard, votre chaude douillette recouvre le cuir d'un âne. »

Elle se tut ; l'indignation gonflait ses fines narines et, tandis que j'admirais, malgré mon dépit, la colère héroïque de cette petite personne, elle promena ma plume dans l'encrier, comme un aviron dans un lac, et me la jeta au nez le bec en avant. Je me frottai le visage que je sentis tout mouillé d'encre. Elle avait disparu... (II, 2. Calmann-Lévy, éditeurs).

SYLVESTRE BONNARD *consacre sa vie à la recherche d'un manuscrit rare : l'auteur raille doucement cette innocente passion. Mais la vie du vieil érudit se trouve bouleversée par la rencontre de la petite-fille d'une femme qu'il a aimée timidement autrefois. Pour arracher la jeune orpheline à l'égoïsme d'un tuteur malhonnête, l'austère savant va commettre «un crime» si l'on juge d'après les lois : il enlève sa protégée ; puis il la marie à un de ses étudiants.*

– La Fée. a) *Comment l'auteur a-t-il créé dans ce récit une atmosphère de merveilleux ?* – b) *Précisez la nuance de ce merveilleux ; à quoi tient son charme pour le lecteur ?*
– Les idées. a) *Dégagez les idées sérieuses ; –* b) *Comment sont-elles insérées dans la fiction ?*
– Le conteur. a) *Classez les procédés humoristiques ; –* b) *Étudiez les éléments poétiques de cette page.*
– **Essai.** *Commentez, à l'aide d'exemples, ce paradoxe : « Rien n'existe que ce qu'on imagine ».*
• **Groupe thématique : La République.** cf. p. 564. – XXᵉ SIÈCLE, p. 88. – XVIIIᵉ s. p. 98 ; 411.

LES OPINIONS DE JÉROME COIGNARD

Le pittoresque abbé JÉROME COIGNARD anime de sa « philosophie » le cadre XVIIIᵉ siècle de *La Rôtisserie de la Reine Pédauque.* Dans *Les Opinions de M. Jérôme Coignard,* c'est au cours de ses entretiens avec son disciple Jacques Tournebroche, fils de rôtisseur, que cet étrange abbé nous livre les réflexions qui sont celles de l'auteur lui-même. Vers 1893, ANATOLE FRANCE aspire à dépasser l'aspect purement critique de son *scepticisme* pour faire de l'intelligence lucide le point de départ du *progrès social.* « Rien ne ressemble moins à la philosophie de Rousseau que celle de M. l'abbé Coignard. Cette dernière est empreinte d'une bienveillante ironie. Elle est indulgente et facile. Fondé sur l'infirmité humaine, elle est solide par la base... »

Les préjugés   « Pourquoi, lui disait son disciple fidèle, pourquoi donc, ô le meilleur des maîtres, réduire en poussière les fondements du droit, de la justice, des lois, et généralement de toutes les magistratures civiles et militaires, puisque vous reconnaissez qu'il faut un droit, une justice, une armée, des magistrats et des sergents ?

— Mon fils, répondait M. l'abbé Coignard, j'ai toujours observé que les maux des hommes leur viennent de leurs préjugés, comme les araignées et les scorpions sortent de l'ombre des caveaux et de l'humidité des courtils. Il est bon de promener la tête-de-loup et le balai un peu à l'aveuglette dans tous les coins
10 obscurs. Il est bon même de donner çà et là quelque petit coup de pioche dans les murs de la cave et du jardin ; cela fait peur à la vermine et prépare les ruines nécessaires. — J'y consens volontiers, répondait le doux Tournebroche, mais quand vous aurez détruit tous les principes, ô mon maître, que subsistera-t-il ? »

A quoi le maître répondait : « Après la destruction de tous les faux principes, la société subsistera, parce qu'elle est fondée sur la nécessité, dont les lois, plus vieilles que Saturne [1], régneront encore quand Prométhée [2] aura détrôné Jupiter. »

Depuis le temps où l'abbé Coignard parlait ainsi, Prométhée a plusieurs fois détrôné Jupiter, et les prophéties du sage se sont vérifiées si littéralement qu'on doute aujourd'hui, tant le nouvel ordre ressemble à l'ancien, si l'empire n'est point resté à l'antique Jupiter [3]. Plusieurs même nient l'avènement du Titan. On ne voit plus, disent-ils, sur sa poitrine la blessure par où l'aigle de l'injustice lui arrachait le cœur et qui devait saigner éternellement. Il ne sait rien des douleurs et des révoltes de l'exil. Ce n'est pas le dieu ouvrier qui nous était promis et que nous attendions, c'est le gras Jupiter de l'ancien et risible Olympe. Quand donc paraîtra-t-il, le robuste ami des hommes, l'allumeur du feu, le Titan encore cloué sur son rocher ? Un bruit effrayant venu de la montagne annonce qu'il soulève de dessus le roc inique ses épaules déchirées et nous sentons sur nous les flammes de son souffle lointain [4].

La guerre

« Il est admirable, Tournebroche, mon fils, que la guerre [5] et la chasse, dont la seule pensée nous devrait accabler de honte et de remords en nous rappelant les misérables nécessités de notre nature et notre méchanceté invétérée, puissent au contraire servir de matière à la superbe des hommes, que les peuples chrétiens continuent d'honorer le métier de boucher et de bourreau quand il est ancien dans les familles, et qu'enfin on mesure chez les peuples polis l'illustration des citoyens sur la quantité de meurtres et de carnages qu'ils portent pour ainsi dire dans leurs veines.

— Monsieur l'abbé, demandai-je à mon bon maître, ne croyez-vous pas que le métier des armes est tenu pour noble à cause des dangers qu'on y court et du courage qu'il y faut déployer ?

— Mon fils, répondit mon bon maître, si vraiment l'état des hommes est noble en proportion du danger qu'on y court, je ne craindrai pas d'affirmer que les paysans et les manouvriers sont les plus nobles hommes de l'État, car ils risquent tous les jours de mourir de fatigue et de faim. Les périls auxquels les soldats et les capitaines s'exposent sont moindres en nombre comme en durée, ils ne sont que de peu d'heures pour toute une vie et consistent à affronter les balles et les boulets qui tuent moins sûrement que la misère. Il faut que les hommes soient légers et vains, mon fils, pour donner aux actions d'un soldat plus de gloire qu'aux travaux d'un laboureur et pour mettre les ruines de la guerre à plus haut prix que les arts de la paix.

— Monsieur l'abbé, demandai-je encore, n'estimez-vous pas que les soldats sont nécessaires à la sûreté de l'État, et que nous devons les honorer en reconnaissance de leur utilité ?

— Il est vrai, mon fils, que la guerre est une des nécessités de la nature humaine, et qu'on ne peut s'imaginer des peuples qui ne se battent point, c'est-à-dire qui ne soient ni homicides, ni pillards, ni incendiaires. Vous ne concevez pas non plus un prince qui ne serait pas quelque peu usurpateur. On lui en ferait trop de reproche et on l'en mépriserait comme de ne point aimer la gloire. La guerre est donc nécessaire à l'homme ; elle lui est plus naturelle que la paix, qui n'en est que l'intervalle. Aussi voit-on les princes jeter leurs armées les unes contre les

---

— 1 L'âge d'or, à l'origine des temps. — 2 Le Titan qui déroba le feu du ciel pour le donner aux hommes après les avoir créés. Jupiter l'enchaîna sur le Caucase, où un vautour venait lui ronger le foie. Prométhée symbolise le génie humain en révolte contre la tutelle divine. — 3 Expliquer l'allusion. — 4 Comment interpréter ce langage symbolique ? — 5 Dans cette diatribe contre la guerre, on fera la part des arguments incontestables et des déformations inspirées par la polémique.

60 autres sur le plus mauvais prétexte, pour la raison la plus futile. Ils invoquent leur honneur qui est d'une excessive délicatesse. Il suffit d'un souffle pour y faire une tache qu'on ne peut laver que dans le sang de dix, vingt, trente, cent mille hommes, selon la population de la principauté. Pour peu qu'on y songe, on ne conçoit pas bien comment l'honneur du prince peut être lavé par le sang de ces malheureux, ou plutôt on conçoit que ce ne sont là que des mots vides de sens ; mais les hommes se font tuer volontiers pour des mots. Ce qui est encore plus admirable, c'est qu'un prince tire beaucoup d'honneur du vol d'une province et que l'attentat qui serait puni de mort chez un hardi particulier devienne louable s'il est consommé avec la plus furieuse cruauté par un souverain à l'aide de ses
70 mercenaires. »

Mon bon maître ayant parlé ainsi, tira sa boîte de sa poche et huma quelques grains de tabac qui y restaient.

« Monsieur l'abbé, lui demandai-je, n'est-il point des guerres justes et faites pour une bonne cause ?

— Tournebroche, mon fils, me répondit-il, les peuples polis ont beaucoup outré l'injustice de la guerre, et ils l'ont rendue très inique en même temps que très cruelle. Les premières guerres furent entreprises pour l'établissement des tribus sur les terres fertiles. C'est ainsi que des Israélites conquirent le pays de Chanaan. La faim les poussait. Les progrès de la civilisation ont étendu la guerre
80 à la conquête de colonies et de comptoirs, comme il se voit par l'exemple de l'Espagne, de la Hollande, de l'Angleterre et de la France. Enfin on a vu des rois et des empereurs voler des provinces dont ils n'avaient pas besoin, qu'ils ruinèrent, qu'ils désolèrent sans profit pour eux et sans autre avantage que d'y élever des pyramides et des arcs de triomphe. Et cet abus de la guerre est le plus odieux, en sorte qu'il faut croire ou que les peuples deviennent de plus en plus méchants par le progrès des arts, ou plutôt que la guerre, étant une nécessité de la nature humaine, on la fait encore pour elle-même quand on a perdu toute raison de la faire [6]. »

(XI. Calmann-Lévy, éditeurs).

Le Général Cartier de Chalmot

Publiée d'abord de 1895 à 1900 en une série d'articles de presse, l'*Histoire Contemporaine*, chronique de l'actualité, est pleine d'allusions aux événements et aux personnages de la Troisième République. D'une plume élégante mais impitoyable, ANATOLE FRANCE retrace les *menus incidents* qui rompent la monotonie de la vie de province, et dessine une *galerie de portraits* ou plutôt de caricatures : le préfet, le général, l'archevêque et les abbés qui intriguent pour devenir évêques, l'archiviste, le libraire... Le portrait du général CARTIER DE CHALMOT est un chef-d'œuvre d'*humour :* on étudiera la variété des tons et des procédés qui donnent tant de saveur à l'*ironie francienne*.

Cartier de Chalmot, monarchiste et chrétien, gardait à la République une désapprobation pleine, silencieuse et simple. Ne lisant point les journaux et ne causant avec personne, il mésestimait par principe un pouvoir civil dont il ignorait les actes. Il obéissait et se taisait. On admirait dans les châteaux de la région sa douloureuse résignation, inspirée par le sentiment du devoir, affermie par un mépris profond de tout ce qui n'était pas militaire, assurée par une difficulté croissante de penser et de dire, rendue sensible et touchante par les progrès d'une maladie de foie.

On savait que le général Cartier de Chalmot restait dans le fond de son cœur
10 fidèle à la royauté. On savait moins qu'un jour de l'année 1893, il avait reçu au

---

— 6 EXERCICE : La critique de la guerre d'après │ La Bruyère (XVIIe *Siècle*, p. 421), Voltaire, (*XVIIIe Siècle*, p. 163) et Anatole France.

cœur un de ces coups comparables à ceux que les chrétiens disent frappés par la grâce et qui mettent au-dedans de l'homme, avec la force du tonnerre, une douceur inattendue et profonde. Cet événement s'était produit le 4 juin, à cinq heures du soir, dans les salons de la préfecture. Là, parmi des fleurs que Mme Worms-Clavelin [1] avait elle-même assemblées, M. le président Carnot [2], de passage dans la ville, avait reçu les officiers de la garnison. Le général Cartier de Chalmot, présent au milieu de son état-major, vit pour la première fois le président et soudain, sans motif apparent, sans raison exprimable, il fut transpercé d'une admiration foudroyante. En une seconde, devant la gravité douce et la chaste
20 raideur du chef de l'État, tous ses préjugés étaient tombés. Il oublia que ce souverain était civil. Il le vénéra et l'aima. Il se sentit tout à coup enchaîné par des liens de sympathie et de respect à cet homme jaune et triste comme lui, mais auguste et serein comme un maître. Il prononça avec un bredouillement martial le compliment officiel qu'il avait appris par cœur [3].

Le président lui répondit : « Je vous remercie au nom de la République et de la Patrie que vous servez loyalement. » Alors tout ce que le général Cartier de Chalmot avait depuis vingt-cinq ans amassé de dévouement au prince aimant jaillit de son cœur vers M. le président, dont le visage placide gardait une surprenante immobilité et qui parlait d'une voix lamentable, sans un mouvement ni des
30 joues ni des lèvres, scellées de noir par la barbe. Sur cette face de cire, aux yeux honnêtes et lents, sur cette poitrine de peu de vie, magnifiquement barrée du grand cordon rouge, dans toute cette figure d'automate souffrant, le général lisait à la fois la dignité du chef et la disgrâce de l'homme malheureusement né, qui n'a jamais ri. A son admiration se mêlait de l'attendrissement.

Un an plus tard il apprenait la fin tragique de ce président [4] pour le salut duquel il aurait voulu mourir et qu'il revoyait désormais, dans sa pensée, raide et noir, comme le drapeau roulé autour de sa hampe et recouvert de son étui, dans la caserne [5].   (L'Orme du Mail, ch. VI. Calmann-Lévy, éditeurs).

M. Bergeret et la République

Au centre de l'*Histoire Contemporaine* évolue M. BERGERET, professeur de littérature latine, à qui ANATOLE FRANCE prête ses réflexions d'intellectuel sceptique et souvent désabusé. Dans l'*Orme du Mail* (1897), pour répliquer aux attaques de son interlocuteur préféré l'abbé LANTAIGNE, supérieur du grand séminaire, M. BERGERET prend la *défense de la République* : « Tous les liens y sont relâchés, ce qui affaiblit l'État, mais soulage les personnes, et procure une certaine facilité de vivre et une liberté que détruisent malheureusement les tyrannies locales ». Dans le texte ci-dessous, l'éloge inattendu de ces faiblesses que l'on reproche habituellement à la République peut inciter à établir de *sages comparaisons ;* ne doit-il pas aussi nous inviter à considérer les *limites* au-delà desquelles ces précieuses qualités deviendraient de graves défauts ? (Chap. XIII).

J'ai été nourri sous l'Empire, dans l'amour de la République. « Elle est la justice », me disait mon père, professeur de rhétorique au lycée de Saint-Omer. Il ne la connaissait pas. Elle n'est pas la justice. Mais elle est la facilité. Monsieur l'abbé, si vous aviez l'âme moins haute, moins grave et plus accessible aux riantes pensées, je vous confierais la République actuelle, la République de 1897, me plaît et me touche par sa modestie. Elle consent à n'être point admirée. Elle n'exige que peu de respect et renonce même à l'estime. Il lui suffit de vivre. C'est là tout son désir : il est légitime. Les êtres les plus humbles tiennent à la vie.

— 1 Femme du préfet : avec son mari elle joue un rôle de premier plan dans le roman. — 2 Sadi Carnot avait été élu président en 1887. — 3 Étudier l'art avec lequel est présenté « l'évé-

nement » ; examiner en particulier les adjectifs. — 4 Il fut assassiné à Lyon (1894). — 5 Préciser l'impression produite par les deux termes de cette comparaison pris isolément ; étudier l'effet obtenu par le lien établi entre eux.

Comme le bûcheron du fabuliste [1], comme l'apothicaire de Mantoue qui surprit si
10 fort ce jeune fou de Roméo [2], elle craint la mort, et c'est sa seule crainte. Elle se
défie des princes et des militaires. En danger de mort, elle serait très méchante.
La peur la ferait sortir de son naturel et la rendrait très féroce. Ce serait dommage.
Mais tant qu'on n'attente point à sa vie et qu'on n'en veut qu'à son honneur, elle
est débonnaire. Un gouvernement de ce caractère m'agrée et me rassure. Tant
d'autres furent impitoyables par amour-propre ! Tant d'autres assurèrent par
des cruautés leurs droits, leur grandeur et leur prospérité ! Tant d'autres versèrent
le sang pour leur prérogative et leur majesté ! Elle n'a point d'amour-propre ; elle
n'a point de majesté. Heureux défaut qui nous la garde innocente ! Pourvu qu'elle
vive, elle est contente. Elle gouverne peu. Je serais tenté de l'en louer plus que de
20 tout le reste. Et, puisqu'elle gouverne peu, je lui pardonne de gouverner mal. Je
soupçonne les hommes d'avoir, de tout temps, beaucoup exagéré les nécessités du
gouvernement et les bienfaits d'un pouvoir fort. Assurément les pouvoirs forts
font les peuples grands et prospères. Mais les peuples ont tant souffert, au long des
siècles, de leur grandeur et de leur prospérité, que je conçois qu'ils y renoncent.
La gloire leur a coûté trop cher pour qu'on ne sache pas gré à nos maîtres actuels
de ne nous en procurer que de la coloniale. Si l'on découvrait enfin l'inutilité de
tout gouvernement, la République de Monsieur Carnot aurait préparé cette
inappréciable découverte. Et il faudrait lui en avoir quelque reconnaissance.
Toute réflexion faite, je me sens très attaché à nos institutions.
Ainsi parla M. Bergeret, maître de conférence à la Faculté des lettres.

(Calmann-Lévy, éditeurs).

PIERRE LOTI

Sa vie, son œuvre   Né à Rochefort, JULIEN VIAUD (1850-1923) passe par
l'École Navale et sera officier de marine pendant quarante-
deux ans. Il a retracé ses souvenirs de jeunesse dans *Le Roman d'un enfant* (1890), *Prime
Jeunesse* (1919), *Un jeune officier pauvre* (1923).

Ses voyages le conduisent dans des pays mal connus à son époque : Tahiti (1871), le
Sénégal (1873), Constantinople (1877), le Tonkin (campagne de 1883-1885), la Chine
et le Japon (1886), le Maroc (1889), la Palestine (1896), la Perse et les Indes (1898), la
Chine (1902), Constantinople (1903), l'Égypte (1906) et, après sa retraite, retour à
Constantinople et voyage à New-York (1910). Publiée sous le nom de LOTI que lui avait
donné une jeune Tahitienne, son œuvre est d'abord celle de *notre plus grand romancier
exotique au XIXe siècle*. Elle nous transporte sous les climats les plus divers : la Turquie
surtout, sa patrie d'élection (*Aziyadé*, 1879 ; *Les Désenchantées*, 1906), l'Océanie (*Rarahu*,
1880, idylle polynésienne qui deviendra *Le Mariage de Loti*, 1882), l'Afrique (*Le roman
d'un spahi*, 1881), l'Extrême-Orient (*Madame Chrysanthème*, 1887). La Bretagne et la vie
des marins lui inspirent ses chefs-d'œuvre (*Mon frère Yves*, 1883 ; *Pêcheur d'Islande*, 1886),
ainsi que le pays basque où il se retirera à la fin de sa vie (*Ramuntcho*, 1897).

Dans les romans de LOTI, les paysages, le cadre exotique occupent autant de place que
l'intrigue ; celle-ci disparaît tout à fait dans ses beaux récits de voyages : *La mort de
Philae* (1909) et *Un pèlerin d'Angkor* (1911). Son vocabulaire est simple, presque pauvre ;
et pourtant son art, essentiellement *impressionniste*, fait pénétrer en nous, avec toutes leurs
nuances, les sensations si diverses recueillies par ce voyageur toujours à l'affût du nouveau.
Il aime les *personnages primitifs et frustes*, animés de fortes passions qui presque toujours
aboutissent à l'échec, à la souffrance. C'est qu'au fond de lui-même ce romantique attardé
porte une incurable *mélancolie*. Son goût des idylles exotiques et des civilisations lointaines
traduit son perpétuel besoin d'évasion ; mais sa pensée reste obsédée par l'*idée de la mort*
et la conviction que toute agitation humaine est illusion et vanité.

---

1 Cf. *XVIIe Siècle*, p. 215. — 2 En lui refusant du poison (*Roméo et Juliette*, V, 1).

DANS LA TEMPÊTE

Officier de marine, Loti est un de nos plus grands peintres de la mer, de ses enchantements ou, comme dans cet extrait de *Pêcheur d'Islande*, de ses tempêtes (II, 2). Le début du roman retrace la rude existence des marins qui pêchent la morue au large de l'Islande, au sein d'une nature étrange et parfois hostile. Yann et Sylvestre, qui font partie de l'équipage de la *Marie*, sont unis par une grande amitié. Yann est épris de Gaud, la cousine de Sylvestre. C'est un excellent cœur, un matelot de grande valeur, mais son caractère sauvage et têtu l'empêche de se déclarer. Dans les derniers chapitres, après la mort de Sylvestre (cf. p. 568), Yann finira par épouser Gaud ; mais il repartira pour la nouvelle campagne de pêche et, emporté par une tempête, il ne reviendra plus jamais.

C'était bien du très gros temps, et il fallait veiller. Mais, tant qu'on a devant soi de l'espace libre, de l'espace pour courir !...

Yann et Sylvestre étaient à la barre, attachés par la ceinture. Ils chantaient encore la chanson de *Jean-François de Nantes ;* grisés de mouvement et de vitesse, ils chantaient à pleine voix, riant de ne plus s'entendre au milieu de tout ce déchaînement de bruits, s'amusant à tourner la tête pour chanter contre le vent et perdre haleine.

« Eh ben ! les enfants, ça sent-il le renfermé, là-haut ? » leur demandait Guermeur [1], passant sa figure barbue par l'écoutille entrebâillée, comme
10 un diable prêt à sortir de sa boîte.

Oh ! non, ça ne sentait pas le renfermé, pour sûr.

Ils n'avaient pas peur, ayant la notion exacte de ce qui est *maniable*, ayant confiance dans la solidité de leur bateau, dans la force de leurs bras. Et aussi dans la protection de cette vierge de faïence [2] qui, depuis quarante années de voyages en Islande, avait dansé tant de fois cette mauvaise danse-là, toujours souriante entre ses bouquets de fausses fleurs...

Jean-François de Nantes :
Jean-François,
Jean-François !

En général, on ne voyait pas loin autour de soi ; à quelques centaines de mètres, tout paraissait finir en espèces d'épouvantes vagues, en crêtes blêmes qui se hérissaient, fermant la. vue. On se croyait toujours au
20 milieu d'une scène restreinte, bien que perpétuellement changeante ; et, d'ailleurs, les choses étaient noyées dans cette sorte de fumée d'eau qui fuyait en nuage, avec une extrême vitesse, sur toute la surface de la mer.

Mais, de temps à autre, une éclaircie se faisait vers le nord-ouest d'où une *saute de vent* pouvait venir : alors une lueur frisante arrivait de l'horizon ; un reflet traînant, faisant paraître plus sombre le dôme de ce ciel, se répandait sur les crêtes blanches agitées. Et cette éclaircie était triste à regarder ; ces lointains entrevus, ces échappées serraient le cœur davantage en donnant trop bien à comprendre que c'était le même chaos partout, la même fureur — jusque derrière ces grands horizons vides et

---

— 1 Capitaine de la *Marie*. — 2 « Contre un panneau du fond une sainte vierge en faïence était fixée sur une planchette, à une place d'honneur... Elle avait dû écouter plus d'une ardente prière, à des heures d'angoisses ».

30 infiniment au-delà : l'épouvante n'avait pas de limites, et on était seul au milieu !

Une clameur géante sortait des choses comme un prélude d'apocalypse jetant l'effroi des fins de monde. Et on y distinguait des milliers de voix : d'en haut, il en venait de sifflantes ou de profondes, qui semblaient presque lointaines à force d'être immenses : cela, c'était le vent, la grande âme de ce désordre, la puissance invisible menant tout. Il faisait peur, mais il y avait d'autres bruits, plus rapprochés, plus matériels, plus menaçants de détruire, que rendait l'eau tourmentée, grésillant comme sur des braises...

40 Toujours cela grossissait.

Et, malgré leur allure de fuite, la mer commençait à les couvrir, à les *manger*, comme ils disaient : d'abord des embruns fouettant de l'arrière, puis de l'eau à paquets, lancée avec une force à tout briser. Les lames se faisaient toujours plus hautes, plus follement hautes, et pourtant elles étaient déchiquetées à mesure ; on en voyait de grands lambeaux verdâtres, qui étaient de l'eau retombante que le vent jetait partout. Il en tombait de lourdes masses sur le pont, avec un bruit claquant, et alors la *Marie* vibrait tout entière comme de douleur. Maintenant on ne distinguait plus rien, à cause de toute cette bave blanche, éparpillée ;

50 quand les rafales gémissaient plus fort, on la voyait courir en tourbillons plus épais — comme, en été, la poussière des routes. Une grosse pluie, qui était venue, passait aussi tout en biais, horizontale, et ces choses ensemble sifflaient, cinglaient, blessaient comme des lanières.

Ils restaient tous deux à la barre, attachés et se tenant ferme, vêtus de leurs *cirages*, qui étaient durs et luisants comme des peaux de requins ; ils les avaient bien serrés au cou, par des ficelles goudronnées, bien serrés aux poignets et aux chevilles pour ne pas laisser d'eau passer, et tout ruisselait sur eux, qui enflaient le dos quand cela tombait plus dru, en s'arc-boutant bien pour ne pas être renversés. La peau des joues leur

60 cuisait et ils avaient la respiration à toute minute coupée. Après chaque grande masse d'eau tombée, ils se regardaient, en souriant, à cause de tout ce sel amassé dans leur barbe.

A la longue pourtant, cela devenait une extrême fatigue, cette fureur qui ne s'apaisait pas, qui restait toujours à son extrême paroxysme exaspéré. Les rages des hommes, celles des bêtes s'épuisent et tombent vite ; il faut subir longtemps, longtemps celles des choses inertes qui sont sans cause et sans but, mystérieuses comme la vie et comme la mort.

(Calmann-Lévy, éditeurs).

- La composition. *Étudiez comment est suggérée la montée progressive de la tempête.*
- *Analysez la psychologie des deux marins, en soulignant l'évolution de leur état d'esprit.*
- *Recherchez les éléments qui créent l'impression du mouvement et de sa continuité.*
- *Comment l'auteur suggère-t-il l'étrangeté du spectacle et des sensations visuelles ?*
- *Étudiez les images et les comparaisons par lesquelles Loti personnifie le navire et les éléments ; comment nous donne-t-il pourtant l'impression de choses « sans cause et sans but » ?*
- *Relevez les termes empruntés au langage des marins ; est-ce de la « couleur locale » ?*
- **Comparaison.** BERNARDIN DE SAINT-PIERRE, Le naufrage du Saint-Géran, XVIIIᵉ SIÈCLE, p. 351.

L'agonie de Sylvestre

Enrôlé pour la campagne du Tonkin, SYLVESTRE se conduit héroïquement, mais est grièvement blessé dans une embuscade : LOTI nous décrit son agonie au fond du *navire hôpital* qui le ramène vers sa Bretagne natale (III, 2). C'est, avec l'exotisme, le thème fondamental de toute son œuvre : la souffrance, la *hantise de la mort*, l'angoisse des départs et des séparations, la mélancolie des civilisations qui se meurent ; thème pathétique en accord avec l'*incurable tristesse* d'une âme dominée par le sentiment de notre impuissance devant la destinée. Le récit qu'on va lire est poignant et crée une impression de malaise ; on étudiera pourtant les *survivances romantiques* qui distinguent LOTI des romanciers réalistes ou naturalistes : la pitié pour son héros, la poésie qui transfigure les détails les plus atroces.

Depuis le départ d'Ha-Long, il en était mort plus d'un, qu'il avait fallu jeter dans l'eau profonde, sur ce grand chemin de France ; beaucoup de ces petits lits s'étaient débarrassés de leur pauvre contenu. Et ce jour-là, dans l'hôpital mouvant, il faisait très sombre : on avait été obligé, à cause de la houle, de fermer les mantelets en fer des sabords, et cela rendait plus horrible cet étouffoir des malades. Il allait plus mal, lui, c'était la fin. Couché toujours sur son côté percé, il le comprimait des deux mains, avec tout ce qui lui restait de force, pour immobiliser cette eau, cette décomposition liquide dans ce poumon droit, et tâcher de respirer seulement avec l'autre. Mais cet autre aussi, peu à peu, s'était pris par voisinage,
10 et l'angoisse suprême était commencée.

Toute sorte de visions du pays hantaient son cerveau mourant ; dans l'obscurité chaude, des figures aimées ou affreuses venaient se pencher sur lui ; il était dans un perpétuel rêve d'halluciné, où passaient la Bretagne et l'Islande.

Le matin, il avait fait appeler le prêtre, et celui-ci, qui était un vieillard habitué à voir mourir des matelots, avait été surpris de trouver, sous cette enveloppe si virile, la pureté d'un petit enfant.

Il demandait de l'air, de l'air ; mais il n'y en avait nulle part ; les manches à vent n'en donnaient plus ; l'infirmier, qui l'éventait tout le temps avec un éventail à fleurs chinoises, ne faisait que remuer sur lui des buées malsaines, des fadeurs
20 cent fois respirées, dont les poitrines ne voulaient plus. Quelquefois, il lui prenait des rages désespérées pour sortir de ce lit, où il sentait si bien la mort venir ; d'aller au plein vent là-haut, essayer de revivre... Oh ! les autres, qui couraient dans les haubans, qui habitaient dans les hunes !... Mais tout son grand effort pour s'en aller n'aboutissait qu'à un soulèvement de sa tête et de son cou affaibli, — quelque chose comme ces mouvements incomplets que l'on fait pendant le sommeil. — Eh ! non, il ne pouvait plus ; il retombait dans les mêmes creux de son lit défait, déjà englué par la mort ; et chaque fois, après la fatigue d'une telle secousse, il perdait pour un instant conscience de tout.

Pour lui faire plaisir, on finit par ouvrir un sabord, bien que ce fût encore
30 dangereux, la mer n'étant pas assez calmée. C'était le soir vers six heures. Quand cet auvent de fer fut soulevé, il entra de la lumière seulement, de l'éblouissante lumière rouge. Le soleil couchant apparaissait à l'horizon avec une extrême splendeur, dans la déchirure d'un ciel sombre ; sa lueur aveuglante se promenait au roulis, et il éclairait cet hôpital vacillant, comme une torche que l'on balance.

De l'air, non, il n'en vint point ; le peu qu'il y en avait dehors était impuissant à entrer ici, à chasser les senteurs de la fièvre. Partout, à l'infini, sur cette mer équatoriale, ce n'était qu'humidité chaude, que lourdeur irrespirable. Pas d'air nulle part, pas même pour les mourants qui haletaient.

...Une dernière vision l'agita beaucoup : sa vieille grand-mère, passant sur un
40 chemin, très vite, avec une expression d'anxiété déchirante ; la pluie tombait sur
elle, de nuages bas et funèbres ; elle se rendait à Paimpol, mandée au bureau de la
marine pour y être informée qu'il était mort.

Il se débattait maintenant ; il râlait. On épongeait au coin de sa bouche de l'eau
et du sang, qui étaient remontés de sa poitrine, à flots, pendant ses contorsions
d'agonie. Et le soleil magnifique l'éclairait toujours ; au couchant, on eût dit
l'incendie de tout un monde, avec du sang plein les nuages ; par le trou de ce
sabord ouvert entrait une large bande de feu rouge, qui venait finir sur le lit de
Sylvestre, faire un nimbe autour de lui. (Calmann-Lévy, éditeurs).

Charme de l'ancienne Turquie

Loti a toujours aimé *se déguiser*, opérer ce qu'il appelait un « changement de décor » : il avait
transformé son logis de Rochefort en *maison orientale*, avec même une petite mosquée, et il y vivait
en costume exotique. Il a aimé se mêler, vêtu en indigène, à la vie des pays où le conduisaient ses
voyages. Comme *Les Désenchantées* (1906), *Aziyadé*, son premier roman, est l'histoire d'une idylle
avec une jeune musulmane, dans le cadre, pour lui plein de charmes, de l'*ancienne Turquie*. Pour
passer inaperçu, le bel officier de marine s'est métamorphosé en Arif-Effendi et habite « dans le
vieux Stamboul, dans le saint faubourg d'Eyoub ». Ce bref chapitre (III, 7) évoque *la journée
heureuse d'un bon musulman* qui jouit des délices de l'existence, en attendant de rentrer dans le logis
meublé à la turque où l'attend, dans le mystère, *la plus romantique des aventures d'amour.*

Qui me rendra ma vie d'Orient, ma vie libre et en plein air, mes longues
promenades sans but et le tapage de Stamboul ?

Partir le matin de l'Atméïdan, pour aboutir la nuit à Eyoub ; faire, un chapelet
à la main, la tournée des mosquées ; s'arrêter à tous les cafedjis, aux turbés, aux
mausolées, aux bains et sur les places ; boire le café de Turquie dans les microsco-
piques tasses bleues à pied de cuivre ; s'asseoir au soleil, et s'étourdir doucement
à la fumée d'un narguilé ; causer avec les derviches ou les passants ; être soi-même
une partie de ce tableau plein de mouvement et de lumière ; être libre, insouciant
et inconnu ; et penser qu'au logis la bien-aimée vous attendra le soir.

10 Quel charmant petit compagnon de route que mon ami Achmet, gai ou rêveur,
homme du peuple et poétique à l'excès, riant à tout bout de champ et dévoué
jusqu'à la mort !

Le tableau s'assombrit à mesure qu'on s'enfonce dans le vieux Stamboul,
qu'on s'approche du saint quartier d'Eyoub et des grands cimetières. Encore des
échappées sur la nappe bleue de Marmara, les îles ou les montagnes d'Asie, mais
les passants rares et les cases tristes ; — un sceau de vétusté et de mystère, — et les
objets extérieurs racontant les histoires farouches de la vieille Turquie.

Il est nuit close, le plus souvent, quand nous arrivons à Eyoub, après avoir
dîné n'importe où, dans quelqu'une de ces petites échoppes turques où Achmet
20 vérifie lui-même la propreté des ingrédients et en surveille la préparation.

Nous allumons nos lanternes pour rejoindre le logis, — ce petit logis si perdu et
si paisible, dont l'éloignement même est un des charmes. (Calmann-Lévy, éditeur).

*Ce qui l'attend dans ce logis, c'est son chat Kédi-bey et son domestique Yousouf, et surtout,
c'est « elle » : « Aziyadé, assise comme une fille de l'Orient sur une pile de tapis et de coussins,
est occupée à teindre ses ongles en rouge orange, opération de la plus haute importance... »
Hélas ! l'aventure se termine de façon poignante : l'officier est appelé vers d'autres cieux et
doit faire des adieux déchirants à cette vie de rêve, à cette femme qui l'aime « de l'amour le plus
profond, le plus pur, le plus humble aussi. » Quand il reviendra quelques mois plus tard, il
apprendra qu'elle est morte, et il ira se faire tuer à la bataille de Kars, au service de la Turquie.*

Au Japon : présentations...

Avec son art *impressionniste*, PIERRE LOTI a admirablement traduit ses sensations devant les *paysages d'Extrême-Orient ;* mais il ne parvient pas à pénétrer la psychologie japonaise, lui qui se sentait « l'âme à moitié arabe ». Aussi observe-t-il de l'extérieur les mœurs désuètes des peuples jaunes ; et il en tire des *scènes pittoresques et pleines d'humour* comme, dans *Madame Chrysanthème,* cette présentation d'une fiancée proposée à notre insatiable amateur de souvenirs exotiques.

J'aperçois, vue de dos, une petite poupée en toilette, que l'on achève d'attifer dans la rue solitaire : un dernier coup d'œil maternel aux coques énormes de la ceinture, aux plis de la taille. Sa robe est en soie gris perle, son *obi* [1] en satin mauve ; un piquet de fleurs d'argent tremble dans ses cheveux noirs ; un dernier rayon mélancolique du couchant l'éclaire ; cinq ou six personnes l'accompagnent... Oui, évidemment c'est elle, mademoiselle Jasmin... ma fiancée qu'on m'amène !...

Je me précipite au rez-de-chaussée, qu'habitent la vieille madame Prune, ma propriétaire, et son vieux mari ; ils sont en prières devant l'autel de leurs ancêtres. « Les voilà, madame Prune, dis-je en japonais, les voilà ! Vite le thé, le réchaud,
10 les braises, les petites pipes pour les dames, les petits pots en bambou pour cracher leur salive ! montez avec empressement tous les accessoires de ma réception ! » J'entends le portail qui s'ouvre, je remonte. Des socques de bois se déposent à terre ; l'escalier crie sous des pieds déchaussés... Nous nous regardons, Yves et moi, avec une envie de rire...

Entre une vieille dame, deux vieilles dames, trois vieilles dames, émergeant l'une après l'autre avec des révérences à ressorts que nous rendons tant bien que mal, ayant conscience de notre infériorité dans le genre. Puis des personnes d'un âge intermédiaire, puis des jeunes tout à fait, une douzaine au moins, les amies, les voisines, tout le quartier. Et tout ce monde, en entrant chez moi, se confond
20 en politesses réciproques : et je te salue — et tu me salues — et je te resalue et tu me le rends — et je te resalue encore, et je ne te le rendrai jamais selon ton mérite — et moi je me cogne le front par terre, et toi tu piques du nez sur le plancher ; les voilà toutes à quatre pattes les unes devant les autres ; c'est à qui ne passera pas, à qui ne s'assoira pas, et des compliments infinis se marmottent à voix basse, la figure contre le parquet.

Elles s'asseyent pourtant, en un cercle cérémonieux et souriant à la fois, nous deux restant debout les yeux fixés sur l'escalier. Et enfin émerge à son tour le petit piquet de fleurs d'argent, le chignon d'ébène, la robe gris perle et la ceinture mauve... de mademoiselle Jasmin ma fiancée... !
30 Ah ! mon Dieu, mais je la connaissais déjà ! Bien avant de venir au Japon, je l'avais vue, sur tous les éventails, au fond de toutes les tasses à thé, avec son air bébête, son minois bouffi, ses petits yeux percés à la vrille au-dessus de ces deux solitudes, blanches et roses jusqu'à la plus extrême invraisemblance, qui sont ses joues. Elle est jeune, c'est tout ce que je lui accorde ; elle l'est tellement même que je me ferais presque un scrupule de la prendre. L'envie de rire me quitte tout à fait et je me sens au cœur un froid plus profond. Partager une heure de ma vie avec cette petite créature, jamais !

Elle s'avance souriante, d'un air contenu de triomphe, et M. Kangourou paraît derrière elle, dans son complet de drap gris. Nouveaux saluts. La voilà à quatre
40 pattes, elle aussi, devant ma propriétaire, devant mes voisines...

Cependant mon air déçu n'a pas échappé aux visiteuses. M. Kangourou m'interroge anxieux : « Comment te plaît-elle ? » Et je réponds à voix basse mais résolument : « Non !... celle-là, je n'en veux pas... Jamais ! »   Calmann-Lévy, édit.

— 1 Large ceinture du costume national des Japonaises.

A l'aube du XXᵉ siècle

G. Moreau, « Le Poète voyageur », peinture, XIXᵉ siècle. (Musée Gustave Moreau, Paris. Ph. © Bulloz - Photeb.)

A l'aube du XXᵉ siècle, ce Pégase déjà surréaliste semble prêt à s'envoler vers de nouvelles contrées de l'univers poétique.

INDEX DES
GROUPEMENTS THÉMATIQUES

Les chiffres en romain sont ceux des pages où l'on trouvera, dans les *questionnaires* ou les *notices*, de nombreux renvois aux textes à organiser librement en groupements thématiques. Les chiffres *en italique* renvoient aux textes à lire ou à consulter.

Société. – Naissance de la société : 116.
– L'homme et la société : 132.
– Évolution sociale. – *Lire 106-110, 162, 293, 359, 379, 490, 564.*
– Conducteurs de peuples : 172.
– Le poète dans la société. – *Lire p. 259.*
– Contestation. – *Lire p. 487, 490-492.*
– Rupture avec l'ordre social. – *Lire p. 314.*
Solitude. – a) douloureuse : 28, 43.
– *Consulter p. 23, 26, 27, 40, 217.*
b) orgueilleuse. – *Lire p. 115, 130.*
Souvenir : 166, 90, 228.
– Le souvenir et le rêve : 277.
– Souvenir affectif : 122.
– La nature et le souvenir : 25.

Spleen.
Baudelaire p. 445, 449.
Mallarmé : 533, 534.
Madame Bovary et le spleen : 463.
Surnaturel : 219, 310. – *Lire p. 348.*
Symboles. – du poète : 128. – *Voir* Poète.
– de l'inspiration : 265.
– dans « Sagesse » : 512.

Vie. – Vie universelle : 184.
– Apprentissage de la vie : 211.
– Vie antérieure : 275.
Voyage : 441.
« Voyant ». – Hugo : 181. – Rimbaud : p. 525.

ILLUSTRATIONS

GROUPEMENTS THÉMATIQUES

Iconographie : M. de Mlodzianowski, E. Montigny, L. Vacher.

TABLE DES MATIÈRES

TABLE DES MATIÈRES

Achevé d'imprimer par MAURY-Imprimeur S.A. – 45330 Malesherbes
Nº d'impression : H85/17204
Dépôt légal : Juin 1953 – Dépôt légal de ce tirage : Septembre 1985